Veröffentlichungen zum Steuerrecht

herausgegeben von

Joachim Englisch, Heike Jochum
und André Meyer

13

Tim Maciejewski

Nichtanwendungsgesetze

Eine verfassungsrechtliche Verortung zwischen Rechtskontinuität, Gewaltenteilung, Rechtsschutzgebot und Rückwirkungsverbot

Mohr Siebeck

Tim Maciejewski, geboren 1986; Duales Studium zum Diplom-Finanzwirt (FH); Studium der Rechtswissenschaften in Hamburg und Auckland; 2014 Erste Juristische Prüfung; Wissenschaftlicher Mitarbeiter am Lehrstuhl für Steuerrecht an der Bucerius Law School; 2015–2019 Dozent an der Norddeutschen Akademie für Finanzen und Steuerrecht; seit 2017 Dozent an der Bundesfinanzakademie am Bundesministerium der Finanzen; 2020 Promotion; seit 2020 Rechtsreferendar beim Hanseatischen Oberlandesgericht.
orcid.org/0000-0001-5908-5051

Gedruckt mit Unterstützung des Förderungsfonds Wissenschaft der VG WORT.

ISBN 978-3-16-159970-5 / eISBN 978-3-16-160001-2
DOI 10.1628/978-3-16-160001-2

ISSN 2509-3347 / eISSN 2569-4561 (Veröffentlichungen zum Steuerrecht)

Die Deutsche Nationalbibliothek verzeichnet diese Publikation in der Deutschen Nationalbibliographie; detaillierte bibliographische Daten sind über *http://dnb.dnb.de* abrufbar.

Das Buch wurde von epline in Böblingen aus der Garamond gesetzt, von Gulde Druck in Tübingen auf alterungsbeständiges Werkdruckpapier gedruckt und von der Buchbinderei Spinner in Ottersweier gebunden.

Printed in Germany.

Vorwort

Die vorliegende Arbeit wurde im Mai 2020 durch den Promotionsausschuss der Bucerius Law School in Hamburg als Dissertation angenommen. Die mündliche Prüfung fand am 26. Juni 2020 statt. Die Arbeit befindet sich auf dem Rechtsstand zum 31.12.2019. Neuere Entwicklungen wurden punktuell berücksichtigt. Insbesondere wurde die Rechtsprechung des Bundesverfassungsgerichts mit Bezug zu Nichtanwendungsgesetzen, die den wesentlichen Untersuchungsgegenstand dieser Arbeit bilden, bis zum 30.6.2021 ausgewertet.

Mein besonderer Dank gilt Frau Prof. Dr. Birgit Weitemeyer, die mich als wissenschaftliche Hilfskraft (2010–2014) und sodann als wissenschaftlicher Mitarbeiter (seit 2014) in vielfältiger Weise gefördert hat. Sie hat mir bei der Themenwahl und der Ausgestaltung der Arbeit größtmöglichen wissenschaftlichen Freiraum gelassen, die Entstehung der Arbeit stets interessiert, engagiert und mit dem jederzeitigen Angebot zum fachlichen Austausch begleitet und schließlich – ausgesprochen schnell – das Erstgutachten erstellt. Herzlicher Dank gebührt auch Herrn Prof. Dr. Ulrich Hufeld, der das Zweitgutachten ebenfalls in kurzer Zeit erstellt hat und von dessen zielführenden Anmerkungen, insbesondere zum Begriff des Nichtanwendungsgesetzes, ich bei der Finalisierung der Druckfassung sehr profitieren konnte.

Die Arbeit ist während meiner Tätigkeit als wissenschaftlicher Mitarbeiter am Lehrstuhl für Steuerrecht und am Institut für Stiftungsrecht und das Recht der Non-Profit-Organisationen an der Bucerius Law School entstanden, auf die ich mit Freude zurückblicke. Die Erlebnisse und Begegnungen mit Kolleginnen und Kollegen im fachlichen und privaten Rahmen haben mich und die Lebensphase meiner Promotion nachhaltig geprägt. Namentlich nennen möchte ich Julia Theele als Herz und Seele des Lehrstuhls und des Instituts, ohne die unsere Arbeit weder so erfolgreich sein könnte noch auch nur annähernd so viel Freude bereiten würde. Mit Jan Krekeler, Ruben Rehr, Philipp Sahrmann und Dr. Frederik Schumacher durfte ich in der Lehre im Sachen- und Steuerrecht besonders eng zusammenarbeiten, gemeinsam neue Wege beschreiten und eingetretene Pfade begradigen. Mit Dr. Victor Klene und Dr. Jens Theilen hatte ich die Möglichkeit, das Institut für Stiftungsrecht und das Recht der Non-Profit-Organisationen auf Tagungen im Ausland zu vertreten und Einblicke in die Förderung gemeinnütziger Organisationen in anderen Rechtskreisen zu sammeln. Der Austausch mit diesen und weiteren Kolleginnen und Kollegen in unserer regelmäßigen Doktorandenrunde und auf gemeinsamen Seminaren hat meinen Horizont erweitert und wichtige Impulse für den Fortgang meiner Arbeit geleistet. Auch der ursprüngliche Anstoß für diese Arbeit geht auf ein Projekt mit zwei späteren Kollegen zurück, nämlich auf die gemeinsame Teilnahme mit Dr. Philipp Heller und Dr. Frederik Schumacher am Moot Court des Bundesfinanzhofs und der Deutschen Steuerjuristischen Gesellschaft, in dessen Rahmen ich mich erstmals intensiv mit einem steuerlichen Nichtanwendungsgesetz auseinandergesetzt habe.

Ich war während meines Studiums und während meiner Promotion Stipendiat der Studienstiftung des deutschen Volkes. Für die ideelle und finanzielle Förderung und die Gelegenheit zum akademischen Austausch – auch und insbesondere über die Grenzen des eigenen Fachs hinaus – bin ich sehr dankbar.

Der Druck der Arbeit wurde durch einen Druckkostenzuschuss des Förderungsfonds Wissenschaft der VG Wort GmbH erleichtert. Die Dissertation wurde mit dem Promotionspreis 2020 der Bucerius Law School und mit dem Gerhard-Thoma-Ehrenpreis 2020 des Fachinstituts der Steuerberater e. V. ausgezeichnet. Für die Förderung und die Auszeichnungen bin ich dankbar und fühle mich geehrt. Sie lassen mich hoffen, dass die Arbeit auf wissenschaftliches Interesse stoßen wird.

Der größte Dank gebührt meiner Familie. Ohne die uneingeschränkte, liebevolle und vielseitige Unterstützung meiner Eltern, Karin und Franz-Josef Maciejewski, wäre es mir nicht möglich gewesen, zu studieren, zu promovieren, und meinen bisherigen Lebensweg zu gehen. Vor allem aber danke ich meiner Ehefrau Dr. Christina Maciejewski. Sie hat mich während der gesamten Promotion und darüber hinaus stets bedingungslos unterstützt, in belastenden Arbeits- und Lebensphasen aufgebaut und motiviert und den erfolgreichen Abschluss einzelner Etappen oder ganzer Projekte mit mir gefeiert – nicht zuletzt, weil sie als Wissenschaftlerin jeden einzelnen Schritt meines Weges aus eigener Erfahrung nachfühlen konnte. Das liebe- und vertrauensvolle Zusammenleben mit ihr und unserer wunderbaren Tochter Isabella macht es erst möglich, jeden Tag mit Freude und Energie zu beginnen und sich gemeinsam immer wieder Neuem zuzuwenden. Ihnen ist diese Arbeit gewidmet.

Hamburg, im Juli 2021 Tim Maciejewski

Inhaltsübersicht

Inhaltsverzeichnis

§ 1 Einleitung

A. Problemaufriss

Will man sich einen ersten Eindruck von dem Phänomen steuerrechtlicher Nichtanwendungsgesetze verschaffen, genügt ein Blick auf die jüngere Entwicklung zur steuerlichen Behandlung von Ausbildungskosten. Das mehraktige Zusammenspiel zwischen Bundesfinanzhof, Finanzverwaltung und Gesetzgeber legt (fast) alle Probleme der in dieser Arbeit behandelten Thematik offen:

Über mehrere Jahrzehnte hinweg differenzierte der Bundesfinanzhof in seiner Rechtsprechung zwischen den Kosten für eine Fortbildung in einem bereits ausgeübten Beruf und den Kosten einer Ausbildung zu einem künftigen Beruf: Fortbildungskosten waren durch die bereits ausgeübte Tätigkeit veranlasst und damit als Werbungskosten (§ 9 Abs. 1 S. 1 EStG) oder Betriebsausgaben (§ 4 Abs. 4 EStG) steuerlich abzugsfähig. Ein entsprechender Zusammenhang mit einer konkreten Tätigkeit fehlte hingegen nach Ansicht des Bundesfinanzhofs bei Ausbildungskosten, die deshalb grundsätzlich zur steuerlich unbeachtlichen Sphäre der privaten Lebensführung zählten (§ 12 Nr. 1 EStG).[1] Für diese Kosten bestand lediglich ein – der Höhe nach auf maximal 1.227 € pro Jahr beschränkter – Sonderausgabenabzug nach § 10 Abs. 1 Nr. 7 EStG, der es aber insbesondere nicht erlaubte, Verluste aus der Zeit der Ausbildung in spätere Veranlagungszeiträume vorzutragen und mit künftigen positiven Einkünften zu verrechnen. Der Bundesfinanzhof wendete diese Grundsätze in ständiger Rechtsprechung an[2] und die Finanzämter legten sie ihrer Veranlagungspraxis zugrunde. In der wissenschaftlichen Literatur wurde die Abgrenzung hingegen zunehmend kritisiert: Auch die Kosten einer erstmaligen Ausbildung könnten bereits spezifisch auf eine berufliche Tätigkeit vorbereiten. Dann handele es sich um Werbungskosten oder Betriebsausgaben, die nach der einfachgesetzlichen

---

[1] Diese Rechtsprechungsgrundsätze gingen auf die sogenannte „Lebenskampfthese“ des Reichsfinanzhofs zurück, der – ohne weitere Begründung – annahm, dass „die Erlangung der für den Lebenskampf notwendigen Kenntnisse und Fertigkeiten grundsätzlich der privaten Lebensführung zugehört, die Aufwendungen hierfür daher nicht abzugsfähig sind.“; RFH, Urteil v. 24.6.1937 – IV A 20/36, RStBl 1937, 1089, 1090.

[2] Vgl. nur den Überblick über die bis dahin bestehende Rechtsprechungspraxis in BFH, Urteil v. 4.12.2002 – VI R 120/01, BFHE 201, 156 = BStBl II 2003, 403, juris Rn. 10ff.; BFH, Urteil v. 17.12.2002 – VI R 137/01, BFHE 201, 211 = BStBl II 2003, 407, juris Rn. 13ff.

Systematik vorrangig vor Sonderausgaben abzuziehen seien. Angesichts der Vielzahl von beruflichen Aus- und Fortbildungsmöglichkeiten sei die von der Rechtsprechung vorgenommene Typisierung zu pauschal und mit dem Gleichbehandlungsgebot aus Art. 3 Abs. 1 GG nicht vereinbar.[3]

Nachdem sich auch verschiedene Finanzgerichte[4] dieser Kritik angeschlossen hatten, gab der Bundesfinanzhof mit drei Urteilen aus den Jahren 2002[5] und 2003[6] seine bisherige Rechtsprechung auf und entschied, dass auch die Kosten einer erstmaligen Berufsausbildung Werbungskosten oder Betriebsausgaben und nicht nur beschränkt abzugsfähige Sonderausgaben darstellen können. Damit konnten insbesondere Hochschulstudenten die Kosten eines Erststudiums steuerlich geltend machen und – im Rahmen eines Verlustvortrags nach § 10d Abs. 2 EStG – mit Einkünften aus einer im Anschluss an das Studium ausgeübten beruflichen Tätigkeit verrechnen. Zehntausende Steuerpflichtige gingen mit Änderungsanträgen, Einsprüchen oder Klagen gegen bereits ergangene Einkommensteuerbescheide vor oder reichten Einkommensteuererklärungen für vergangene Jahre nach.

Die Entscheidungen des Bundesfinanzhofs wurden zwar im Bundessteuerblatt II veröffentlicht und mithin von der Finanzverwaltung grundsätzlich in allen noch änderbaren Veranlagungsfällen angewendet.[7] Allerdings reagierte nur wenige Monate später der Gesetzgeber:[8] Um die bei einer allgemeinen Anwendung der neuen Rechtsprechungsgrundsätze prognostizierten Steuerausfälle in Höhe von jährlich 1,5 Milliarden Euro zu verhindern,[9] wurde in § 12 Nr. 5

[3] Vgl. für einen Überblick über diese und weitere Kritikpunkte mit jeweils umfangreichen Nachweisen BFH, Urteil v. 4.12.2002 – VI R 120/01, BFHE 201, 156 = BStBl II 2003, 403, juris Rn. 18 ff.; BFH, Urteil v. 17.12.2002 – VI R 137/01, BFHE 201, 211 = BStBl II 2003, 407, juris Rn. 20 ff.

[4] Z. B. FG Hessen, Urteil v. 18.7.1997 – 11 K 1446/97, EFG 1998, 181; FG Hessen, Urteil v. 29.9.1999 – 12 K 1823/97, EFG 2000, 355; FG Berlin, Urteil v. 21.1.1997 – 5170/96, EFG 1997, 1105; FG Niedersachsen, Urteil v. 6.8.1997 – XIII 252/93, EFG 1998, 640; FG Niedersachsen, Urteil v. 25.3.1998 – IV 664/94, EFG 1999, 19; FG Niedersachsen, Urteil v. 28.2.2001 – 4 K 177/97, EFG 2001, 1424; FG Nürnberg, Urteil v. 4.3.1998 – III 75/97, EFG 1998, 1511; FG Brandenburg, Urteil v. 23.11.1999 – 3 K 1011/98 E, EFG 2000, 424; FG Schleswig-Holstein, Urteil v. 8.3.2000 – V 221/98, EFG 2000, 780; FG Baden-Württemberg, Urteil v. 29.2.2000 – 4 K 344/98, EFG 2000, 783; FG Köln, Urteil v. 8.2.2000 – 9 K 1857/99, EFG 2001, 676; FG Düsseldorf, Urteil v. 17.5.2001 – 10 K 3721/98 E, EFG 2001, 1011; FG Düsseldorf, Urteil v. 27.8.2001 – 17 K 4198/98 E, EFG 2001, 1600; FG Rheinland-Pfalz, Urteil v. 14.8.2001 – 2 K 1607/99, EFG 2002, 127; FG Münster, Urteil v. 17.4.2001 – 14 K 7649/98 E, EFG 2001, 1122; FG Münster, Urteil v. 21.8.2001 – 1 K 5736/98 E, EFG 2002, 79.

[5] BFH, Urteil v. 4.12.2002 – VI R 120/01, BFHE 201, 156 = BStBl II 2003, 403, juris Rn. 22 ff.; BFH, Urteil v. 17.12.2002 – VI R 137/01, BFHE 201, 211 = BStBl II 2003, 407, juris Rn. 24 ff.

[6] BFH, Urteil v. 27.5.2003 – VI R 33/01, BFHE 202, 314 = BStBl II 2004, 884, juris Rn. 12 ff.

[7] Zur Anwendung von Entscheidungen des Bundesfinanzhofs durch die Finanzverwaltung noch im Einzelnen unter § 2 A. III. 4.

[8] Gesetz zur Änderung der Abgabenordnung v. 21.7.2004 (BGBl I 2004, 1753).

[9] Die Gesetzgebungsmaterialien nehmen ausdrücklich auf die drei Entscheidungen des

EStG ein neues Abzugsverbot geschaffen. Danach konnten Aufwendungen für eine erstmalige Berufsausbildung und für ein Erststudium weder von den einzelnen Einkunftsarten noch vom Gesamtbetrag der Einkünfte abgezogen werden, wenn diese nicht im Rahmen eines Dienstverhältnisses stattfinden. Zugleich erhöhte der Gesetzgeber den Höchstbetrag für den Sonderausgabenabzug von Berufsausbildungskosten auf 4.000 €. Die Neuregelungen dieses (ersten) Nichtanwendungsgesetzes traten rückwirkend auf den 1.1.2004 in Kraft.[10]

Damit normierte der Gesetzgeber genau den Grundsatz, den der Bundesfinanzhof aufgegeben hatte. Er korrigierte den Rechtsprechungswechsel, um die bisherige Rechtslage – jedenfalls dem Grunde nach – wiederherzustellen. Allerdings bestanden damit auch die gesetzessystematischen und verfassungsrechtlichen Einwände fort, die schon gegen die ursprüngliche Rechtsprechung des Bundesfinanzhofs erhoben wurden. Steuerbescheide wurden dementsprechend weiterhin mit Einsprüchen und Klagen angefochten bzw. laufende Rechtsbehelfsverfahren mit entsprechend angepasster Argumentation fortgeführt.

Zunächst schien es so, als habe der Gesetzgeber sein Ziel erreicht: In zwei Urteilen aus dem Jahr 2009[11] zum Streitjahr 2005 äußerte sich der Bundesfinanzhof erstmals zu dem neu geschaffenen Abzugsverbot in § 12 Nr. 5 EStG: Er legte die Norm zwar insoweit verfassungskonform einschränkend aus, als die Kosten eines Erststudiums nur dann vom Abzug ausgeschlossen seien, wenn der Steuerpflichtige vor Beginn dieses Studiums auch noch keine andere (nichtakademische) Ausbildung abgeschlossen hat. Andernfalls würden in gleichheitswidriger Weise Steuerpflichtige, die nach abgeschlossener Berufsausbildung erstmalig ein Studium aufnehmen, gegenüber denjenigen benachteiligt, die nacheinander zwei nichtakademische Ausbildungen oder zwei Studiengänge durchlaufen oder ein Erststudium im Rahmen eines Dienstverhältnisses absolvieren. In den konkret zu entscheidenden Fällen kam das Abzugsverbot nach dieser verfassungskonformen Auslegung nicht zur Anwendung, weil die Steuerpflichtigen jeweils bereits vor Studienbeginn eine andere Ausbildung abgeschlossen hatten. Grundsätzlich entnahm der Bundesfinanzhof der Norm aber die gesetzgeberische Typisierung, dass die Kosten einer Erstausbildung nicht beruflich bzw. betrieblich veranlasst seien und deshalb nicht als Werbungskosten oder Betriebsausgaben abgezogen werden könnten. Die mit den Urteilen aus den Jahren 2002 und 2003 aufgestellten Leitlinien schienen danach auf Basis der neuen gesetzlichen Grundlagen nicht mehr anwendbar zu sein. Endgültig geklärt war die Rechtslage aber noch nicht: Weil in beiden entschiedenen Fäl-

---

Bundesfinanzhofs Bezug, vgl. BT-Drs. 15/3339, S. 10; zu den prognostizierten Steuerausfällen vgl. BT-Drs. 15/3339, S. 2.

[10] Art. 6 Abs. 2 des Gesetzes zur Änderung der Abgabenordnung.

[11] BFH, Urteil v. 18.6.2009 – VI R 14/07, BFHE 225, 393 = BStBl II 2010, 816, juris Rn. 22 ff.; BFH, Urteil v. 18.6.2009 – VI R 31/07, BFH/NV 2009, 1797, juris Rn. 24 ff.

len das Abzugsverbot verfassungskonform eng ausgelegt wurde und nach dieser Auslegung nicht zur Anwendung kam, waren die Ausführungen des Bundesfinanzhofs zur grundsätzlichen Bedeutung von § 12 Nr. 5 EStG als zulässigem typisierten Ausschluss der Kosten einer erstmaligen Berufsausbildung jeweils nicht entscheidungserheblich. Der Fokus verschob sich dementsprechend auf weitere anhängige Verfahren zur Auslegung von § 12 Nr. 5 EStG, in denen die Steuerpflichtigen noch keine andere Ausbildung abgeschlossen hatten. Steuerbescheide wurden dementsprechend weiterhin mit Einsprüchen angefochten und laufende Rechtsbehelfsverfahren mit Verweis auf die noch anhängigen Verfahren offengehalten.[12]

Und tatsächlich legte der Bundesfinanzhof die Gesetzeslage in drei Urteilen aus dem Jahr 2011 zu den Streitjahren 2004 und 2005 anders aus:[13] Nach den Einleitungssätzen zu § 12 EStG und § 10 EStG blieben jeweils die Regelungen zum Werbungskosten- und Betriebsausgabenabzug in § 9 ff. EStG bzw. § 4 ff. EStG unberührt, sodass trotz des Abzugsverbots in § 12 Nr. 5 EStG und des begrenzten Sonderausgabenabzugs in § 10 Abs. 1 Nr. 7 EStG Berufsausbildungskosten unbeschränkt als Werbungskosten oder Betriebsausgaben abgezogen werden könnten.[14] Die in den Gesetzgebungsmaterialien zum ersten Nichtanwendungsgesetz erkennbare Absicht, einen unbeschränkten Abzug von Erstausbildungskosten auszuschließen, schlage sich nicht hinreichend im Gesetzestext nieder.[15] Damit stellte der Bundesfinanzhof gesetzessystematische Erwägungen in den Vordergrund, die bereits in seinen Entscheidungen aus den Jahren 2002[16] und 2003[17] angeklungen waren. Das erste Nichtanwendungsgesetz lief nach dieser Auslegung leer: Insbesondere diejenigen Studenten, die nach dem Rechtsprechungswechsel des Bundesfinanzhofs Steuerklärungen eingereicht oder Steuerbescheide mit Einsprüchen und Klagen angefochten hatten, konnten ihre Ausbildungskosten steuerlich absetzen.

---

[12] Zu den vom jeweiligen Verfahrensstand abhängigen Möglichkeiten, ein Besteuerungsverfahren im Hinblick auf eine mutmaßlich präsumtive Entscheidung des Bundesfinanzhofs offenzuhalten noch im Einzelnen unter § 2 A. III. 3. a) und § 5 B.

[13] An seinen generellen Erwägungen aus den beiden Entscheidungen im Jahr 2009 hielt der Bundesfinanzhof ausdrücklich nicht mehr fest; BFH, Urteil v. 28.7.2011 – VI R 5/10, BFHE 234, 262 = BStBl II 2012, 553, juris Rn. 28; BFH, Urteil v. 28.7.2011 – VI R 7/10, BFHE 234, 271 = BStBl II 2012, 557, juris Rn. 26; BFH, Urteil v. 28.7.2011 – VI R 38/10, BFHE 234, 279 = BStBl II 2012, 561, juris Rn. 25.

[14] BFH, Urteil v. 28.7.2011 – VI R 5/10, BFHE 234, 262 = BStBl II 2012, 553, juris Rn. 16 ff.; BFH, Urteil v. 28.7.2011 – VI R 7/10, BFHE 234, 271 = BStBl II 2012, 557, juris Rn. 15 ff.; BFH, Urteil v. 28.7.2011 – VI R 38/10, BFHE 234, 279 = BStBl II 2012, 561, juris Rn. 13 ff.

[15] BFH, Urteil v. 28.7.2011 – VI R 5/10, BFHE 234, 262 = BStBl II 2012, 553, juris Rn. 22 ff.; BFH, Urteil v. 28.7.2011 – VI R 7/10, BFHE 234, 271 = BStBl II 2012, 557, juris Rn. 20 ff.; BFH, Urteil v. 28.7.2011 – VI R 38/10, BFHE 234, 279 = BStBl II 2012, 561, juris Rn. 19 ff.

[16] BFH, Urteil v. 4.12.2002 – VI R 120/01, BFHE 201, 156 = BStBl II 2003, 403, juris Rn. 26; BFH, Urteil v. 17.12.2002 – VI R 137/01, BFHE 201, 211 = BStBl II 2003, 407, juris Rn. 27.

[17] BFH, Urteil v. 27.5.2003 – VI R 33/01, BFHE 202, 314 = BStBl II 2004, 884, juris Rn. 15.

Allerdings wendete die Finanzverwaltung diese Urteile des Bundesfinanzhofs nicht über die entschiedenen Einzelfälle hinaus an.[18] Vielmehr schuf der Gesetzgeber noch im Jahr 2011[19] abermals neue Vorschriften, um „die ursprüngliche Rechtslage wiederherzustellen“:[20] In §9 Abs. 6 EStG und §4 Abs. 9 EStG wurde ausdrücklich geregelt, dass Aufwendungen des Steuerpflichtigen für seine Berufsausbildung oder für sein Studium nur dann Werbungskosten bzw. Betriebsausgaben sind, wenn der Steuerpflichtige zuvor bereits eine Erstausbildung abgeschlossen hat.[21] Zugleich erhöhte der Gesetzgeber den Höchstbetrag für den Sonderausgabenabzug abermals auf nunmehr 6.000 €. Die Änderungen finden rückwirkend schon für Veranlagungszeiträume ab 2004 und damit auch in allen noch laufenden Rechtsbehelfsverfahren Anwendung (§52 Abs. 12 S. 11, Abs. 23d S. 5 und Abs. 30a EStG i. d. F. des BeitrRLUmsG).

Während der achte Senat des Bundesfinanzhofs die mit diesem zweiten Nichtanwendungsgesetz geschaffene Gesetzeslage in einem Urteil zu den Streitjahren 2004 und 2005 insgesamt für verfassungskonform hielt,[22] setzte der sechste Senat mehrere Verfahren zu den Streitjahren 2004 bis 2008 nach Art. 100 Abs. 1 GG aus und holte eine Entscheidung des Bundesverfassungsgerichts darüber ein, ob das neu geschaffene Abzugsverbot in §9 Abs. 6 EStG mit dem Grundgesetz vereinbar ist.[23] Zwar verstoße die rückwirkende Einführung der Norm nicht gegen das Rückwirkungsverbot.[24] Das Abzugsverbot verletze aber

---

[18] Zwar wurden die Entscheidungen im Bundessteuerblatt II veröffentlicht, zum Zeitpunkt der Veröffentlichung wurden entsprechende Fälle aber bereits von den rückwirkend eingeführten §9 Abs. 6 EStG und §4 Abs. 9 EStG erfasst.

[19] Gesetz zur Umsetzung der Beitreibungsrichtlinie sowie zur Änderung weiterer steuerlicher Vorschriften (Beitreibungsrichtlinie-Umsetzungsgesetz – BeitrRLUmsG) v. 7.12.2011 (BGBl I 2011, S. 2592).

[20] Vgl. mit ausdrücklichem Bezug auf die Entscheidungen des Bundesfinanzhofs aus den Jahren 2009 und 2011 BT-Drs. 17/7524, S. 5, 16; ein entsprechendes Vorgehen wurde in der Literatur bereits erwartet; vgl. nur *Weitemeyer/Süß*, NJW 2011, 2844, 2847.

[21] Parallel dazu wurde der Wortlaut des Abzugsverbots in §12 Nr. 5 EStG dahingehend präzisiert, dass er die Kosten eines Erststudiums nur dann erfasst, wenn das Studium zugleich die Erstausbildung darstellt; Art. 2 Nr. 8 BeitrRLUmsG. Insoweit wurde also die verfassungskonform einschränkende Auslegung des Bundesfinanzhofs in den Gesetzestext übernommen; vgl. BT-Drs. 17/7524, S. 11.

[22] BFH, Urteil v. 5.11.2013 – VIII R 22/12, BFHE 243, 486 = BStBl II 2014, 165, juris Rn. 13ff.

[23] BFH, Vorlagebeschluss v. 17.7.2014 – VI R 61/11, EStB 2014, 437; BFH, Vorlagebeschluss v. 17.7.2014 – VI R 2/12, BFHE 247, 25; BFH, Vorlagebeschluss v. 17.7.2014 – VI R 8/12, BFHE 247, 64; BFH, Vorlagebeschluss v. 17.7.2014 – VI R 38/12, DStZ 2014, 868; BFH, Vorlagebeschluss v. 17.7.2014 – VI R 2/13, DStZ 2014, 868; BFH, Vorlagebeschluss v. 17.7.2014 – VI R 72/13, DStZ 2014, 868.

[24] BFH, Vorlagebeschluss v. 17.7.2014 – VI R 61/11, EStB 2014, 437, juris Rn. 105ff.; BFH, Vorlagebeschluss v. 17.7.2014 – VI R 2/12, BFHE 247, 25, juris Rn. 106ff.; BFH, Vorlagebeschluss v. 17.7.2014 – VI R 8/12, BFHE 247, 64, juris Rn. 100ff.; BFH, Vorlagebeschluss v. 17.7.2014 – VI R 38/12, DStZ 2014, 868, juris Rn. 108ff.; BFH, Vorlagebeschluss v. 17.7.2014 – VI R 2/13, DStZ 2014, 868, juris Rn. 102ff.; BFH, Vorlagebeschluss v. 17.7.2014 – VI R 72/13, DStZ 2014, 868, juris Rn. 103ff.

den allgemeinen Gleichheitsgrundsatz (Art. 3 Abs. 1 GG) in seiner Ausprägung als Gebot der Besteuerung nach der wirtschaftlichen Leistungsfähigkeit in doppelter Hinsicht: Zum einen überschreite der Gesetzgeber die verfassungsrechtlichen Grenzen zulässiger Typisierung, indem er für die Kosten einer erstmaligen Berufsausbildung außerhalb eines Dienstverhältnisses stets eine überwiegend private Veranlassung unterstelle und damit das objektive Nettoprinzip durchbreche, während die Kosten von Zweitausbildungen und Erstausbildungen im Rahmen eines Dienstverhältnisses als beruflich veranlasst eingestuft werden.[25] Zum anderen zähle der Aufwand für die eigene Berufsausbildung zu den Kosten der Existenzsicherung, denen der Steuerpflichtige sich nicht ohne weiteres entziehen könne und die deshalb bei der Bestimmung der wirtschaftlichen Leistungsfähigkeit unter dem Gesichtspunkt des subjektiven Nettoprinzips Berücksichtigung finden müssten.[26]

Der zweite Senat des Bundesverfassungsgerichts verwarf diese Bedenken in seinem Beschluss vom 19.11.2019:[27] Dem Gesetzgeber stehe es bis zur Grenze der Willkür frei, multikausale und multifinale Wirkungszusammenhänge zu gewichten und in diesem Sinne gemischt veranlasste Kosten entweder dem erwerbsbezogenen Bereich oder dem privaten Bereich zuzuordnen.[28] Zudem habe der Gesetzgeber einen weitgehenden Typisierungsspielraum bei der steuerlichen Behandlung derartiger Kosten.[29] Die legislative Entscheidung, Erstausbildungskosten als Sonderausgaben einzustufen während Kosten einer Folgeausbildung Werbungskosten sind, lasse sich nach diesem Maßstab rechtfertigen: Der Zusammenhang zwischen einer Erstausbildung und einem später ausgeübten konkreten Beruf sei regelmäßig nur gering ausgeprägt.[30] Vielmehr biete eine Erstausbildung die Möglichkeit, sich seinen Begabungen und Fähigkeiten entsprechend zu entwickeln und allgemeine Kompetenzen zu erwerben, die nicht zwangsläufig für einen künftigen Beruf notwendig sind. Sie präge daher die Per-

---

[25] BFH, Vorlagebeschluss v. 17.7.2014 – VI R 61/11, EStB 2014, 437, juris Rn. 67 ff.; BFH, Vorlagebeschluss v. 17.7.2014 – VI R 2/12, BFHE 247, 25, juris Rn. 68 ff.; BFH, Vorlagebeschluss v. 17.7.2014 – VI R 8/12, BFHE 247, 64, juris Rn. 62 ff.; BFH, Vorlagebeschluss v. 17.7.2014 – VI R 38/12, DStZ 2014, 868, juris Rn. 70 ff.; BFH, Vorlagebeschluss v. 17.7.2014 – VI R 2/13, DStZ 2014, 868, juris Rn. 64 ff.; BFH, Vorlagebeschluss v. 17.7.2014 – VI R 72/13, DStZ 2014, 868, juris Rn. 65 ff.

[26] BFH, Vorlagebeschluss v. 17.7.2014 – VI R 61/11, EStB 2014, 437, juris Rn. 89 ff.; BFH, Vorlagebeschluss v. 17.7.2014 – VI R 2/12, BFHE 247, 25, juris Rn. 90 ff.; BFH, Vorlagebeschluss v. 17.7.2014 – VI R 8/12, BFHE 247, 64, juris Rn. 84 ff.; BFH, Vorlagebeschluss v. 17.7.2014 – VI R 38/12, DStZ 2014, 868, juris Rn. 92 ff.; BFH, Vorlagebeschluss v. 17.7.2014 – VI R 2/13, DStZ 2014, 868, juris Rn. 86 ff.; BFH, Vorlagebeschluss v. 17.7.2014 – VI R 72/13, DStZ 2014, 868, juris Rn. 87 ff.

[27] BVerfG, Beschluss v. 19.11.2019 – 2 BvL 22–27/14, DStR 2020, 93; zur dogmatischen Einordnung der Entscheidung vgl. nur *Maciejewski*, BLJ 2020, 5; zu Gestaltungsmöglichkeiten *de lege lata* und rechtspolitischen Reformansätzen *ders.*, FR 2020, 545.

[28] BVerfG, Beschluss v. 19.11.2019 – 2 BvL 22–27/14, DStR 2020, 93, juris Rn. 112 f.

[29] BVerfG, Beschluss v. 19.11.2019 – 2 BvL 22–27/14, DStR 2020, 93, juris Rn. 114.

[30] BVerfG, Beschluss v. 19.11.2019 – 2 BvL 22–27/14, DStR 2020, 93, juris Rn. 126 f.

son in einem umfassenden Sinne.[31] Auch die Ungleichbehandlung mit Kosten einer Erstausbildung im Rahmen eines Dienstverhältnisses sei gerechtfertigt, weil die dienstliche Pflicht zum Besuch der Ausbildungsveranstaltungen eine etwaige private Mitveranlassung überlagere.[32] Die Beschränkung des Sonderausgabenabzugs auf 4.000 € bzw. 6.000 € verletze schließlich nicht das Gebot der steuerlichen Freistellung des Existenzminimums und sei angesichts des weitgehenden Typisierungsspielraums des Gesetzgebers bei gemischt veranlassten Kosten auch im Lichte der Berufsfreiheit ausreichend.[33] Ob die rückwirkende Anwendung von §9 Abs. 6 und §4 Abs. 9 EStG verfassungsrechtlich zulässig ist, ließ der zweite Senat des Bundesverfassungsgerichts ausdrücklich offen.[34]

Mit der Vorlage des sechsten Senats des Bundesfinanzhofs und der Entscheidung des zweiten Senats des Bundesverfassungsgerichts wurde zwar ein Schlussstrich unter den verfassungsrechtlichen Streit um eine mögliche Verletzung von Art. 3 Abs. 1 GG durch die Abzugsverbote gezogen, das Ende der Nichtanwendungsgesetze zu Berufsausbildungskosten war indes noch nicht erreicht: Der sechste Senat legte den Begriff der Berufsausbildung in §9 Abs. 6 EStG deutlich weiter aus als die Finanzverwaltung: Während die Finanzverwaltung annahm, eine Berufsausbildung liege nur bei rechtlich geordneten Lehrgängen vor, die mit einer staatlichen oder staatlich anerkannten Prüfung abgeschlossen werden,[35] genügte es nach Ansicht des sechsten Senats, dass der Steuerpflichtige Kenntnisse, Fähigkeiten oder Erfahrungen erwirbt, die ihn befähigen, mit der angestrebten Tätigkeit Einkünfte zu erzielen.[36] Auf die Dauer, Struktur und Rahmenbedingungen der Vermittlung komme es hingegen nicht an. Die Auslegung des sechsten Senats führte dazu, dass in deutlich mehr Fällen eine abgeschlossene Erstausbildung vorlag und dementsprechend die Kosten eines sich daran anschließenden Studiums oder einer weiteren Ausbildung steuerlich abgezogen werden konnten. Auch auf dieses Urteil reagierte der Gesetzgeber mit einem (dritten) Nichtanwendungsgesetz,[37] indem er – mit Wirkung für zukünftige Veranlagungszeiträume ab dem 1.1.2015[38] – in §9 Abs. 6 S. 2–5 EStG einschränkenden Merkmale für die erstmalige Berufsausbildung

[31] BVerfG, Beschluss v. 19.11.2019 – 2 BvL 22–27/14, DStR 2020, 93, juris Rn. 124.

[32] BVerfG, Beschluss v. 19.11.2019 – 2 BvL 22–27/14, DStR 2020, 93, juris Rn. 139f.

[33] BVerfG, Beschluss v. 19.11.2019 – 2 BvL 22–27/14, DStR 2020, 93, juris Rn. 147ff.

[34] BVerfG, Beschluss v. 19.11.2019 – 2 BvL 22–27/14, DStR 2020, 93, juris Rn. 92.

[35] Bundesministerium der Finanzen vom 22.9.2010, IV C 4-S 2227/07/10002:002, BStBl I 2010, 721, Rz. 4ff.

[36] BFH, Urteil v. 28.2.2013 – VI R 6/12, BFHE 240, 352 = BStBl II 2015, 180, juris Rn. 18; der Bundesfinanzhof setzte insoweit seine vor der Einführung von §9 Abs. 6 EStG und §4 Abs. 9 EStG begründete Rechtsprechung zum Begriff der Berufsausbildung fort, vgl. BFH, Urteil v. 27.10.2011 – VI R 52/10, BFHE 235, 444 = BStBl II 2012, 825, juris Rn. 14f.

[37] Gesetz zur Anpassung der Abgabenordnung an den Zollkodex der Union und zur Änderung weiterer steuerlicher Vorschriften v. 22.12.2014 (BGBl I 2014, 2417).

[38] Art. 16 Abs. 2 des Gesetzes zur Anpassung der Abgabenordnung an den Zollkodex der Union und zur Änderung weiterer steuerlicher Vorschriften v. 22.12.2014.

aufnahm, die sich weitgehend mit den bislang von der Finanzverwaltung vertretenen Auslegungsgrundsätzen decken,[39] und in § 4 Abs. 9 S. 2 EStG auf diese neu geschaffenen Regelungen verwies.[40] Für Altfälle aus Veranlagungszeiträumen vor dem 31.12.2014 erklärte die Finanzverwaltung die Entscheidung des Bundesfinanzhofs für allgemein anwendbar.[41]

Schon diese beispielhafte Darstellung von drei thematisch miteinander zusammenhängenden Nichtanwendungsgesetzen zeigt, dass dieser Gesetzestyp grundlegende – von der spezifischen Diskussion zur Vereinbarkeit der einfachgesetzlichen Behandlung von Berufsausbildungskosten mit dem allgemeinen Gleichheitsgrundsatz unabhängige – verfassungsrechtliche Fragen aufwirft. Diese betreffen zunächst das staatsorganisationsrechtliche Verhältnis zwischen Legislative, Exekutive und Judikative im gewaltengeteilten Staat: Muss der Gesetzgeber auf judikative Entscheidungen Rücksicht nehmen? Darf er auch solche normativen Grundsätze im Gesetz verankern, die die Fachgerichte ausdrücklich und mit gewichtigen Gründen aufgegeben haben (erstes und zweites Nichtanwendungsgesetz zu Berufsausbildungskosten)? Kann mit einem Nichtanwendungsgesetz auch eine Gesetzesinterpretation der Verwaltung zu geltendem Recht werden, die die Rechtsprechung zuvor als rechtswidrig verworfen hat (drittes Nichtanwendungsgesetz)? Wird durch eine solche Gesetzesnovelle das System des gerichtlichen Rechtsschutzes in Frage gestellt, weil die als Prozesspartei unterlegene Finanzverwaltung regelmäßig im Gesetzgebungsverfahren an der Erstellung des Nichtanwendungsgesetzes mitwirkt? Oder steht es dem Gesetzgeber stets frei, eine Sachfrage nach seinen Vorstellungen zu regeln – völlig unabhängig davon, wie diese zuvor von den anderen Gewalten behandelt wurde?

Diese Konflikte zwischen den Gewalten berühren zugleich unmittelbar die Interessen der Bürger: Kann sich der Einzelne bei seinen zukünftigen Investitionsentscheidungen daran orientieren, wie die zuständigen Fachgerichte die gesetzlichen Bestimmungen in vergleichbaren Fällen ausgelegt haben (drittes Nichtanwendungsgesetz)? Verletzt der Gesetzgeber schutzwürdiges Vertrauen, wenn er eine höchstrichterliche Entscheidung rückwirkend korrigiert? Macht es dafür einen Unterschied, ob sich die Rückwirkung auf alle noch offenen Sachverhalte erstreckt (zweites Nichtanwendungsgesetz) oder auf den laufenden und zukünftige Veranlagungszeiträume beschränkt wird (erstes Nichtanwendungsgesetz)? Schützt der Gesetzgeber, der einen Rechtsprechungswechsel korrigiert, umgekehrt die Interessen derjenigen, die mit einer Fortführung der bisherigen Rechtslage kalkuliert haben (erstes und zweites Nichtanwendungsgesetz)?

[39] In den Gesetzgebungsmaterialien wird auf die weitgehende Übereinstimmung nicht besonders hingewiesen; vgl. BT-Drs. 18/3017, S. 42 f.

[40] Gleichzeitig wurde das Abzugsverbot in § 12 Nr. 5 EStG aufgehoben.

[41] Das Urteil wurde allerdings erst nach Inkrafttreten der Neuregelungen im Bundessteuerblatt II veröffentlicht.

Macht es bei all dem einen Unterschied, ob die Verwaltung die gerichtlichen Entscheidungen allgemein anwendet (erstes und drittes Nichtanwendungsgesetz) oder nicht (zweites Nichtanwendungsgesetz)? Und ist es schließlich noch mit der verfassungsrechtlichen Garantie effektiven Rechtsschutzes vereinbar, wenn ein Rechtsbehelfsverfahren im Hinblick auf eine höchstrichterliche Entscheidung offengehalten wird, das für den Bürger positive Ergebnis dieser Entscheidung dann im offengehaltenen Verfahren aber nicht mehr angewendet werden kann, weil mittlerweile ein rückwirkendes Nichtanwendungsgesetz ergangen ist (zweites Nichtanwendungsgesetz)?

Um diesen Fragen nachzugehen werden Nichtanwendungsgesetze in der Folge einer verfassungsrechtlichen Analyse unterzogen. Ausgangspunkt ist das geltende Verfassungsrecht und die dazu entwickelte Dogmatik. Rechtstheoretische Fragen lassen sich naturgemäß nicht ausklammern, stehen aber nicht im Zentrum der Untersuchung. Vielmehr werden die besonderen verfassungsrechtlichen Konfliktlinien bei Nichtanwendungsgesetzen aufgezeigt und anhand allgemein handhabbarer Maßstäbe aufgelöst.

Die Untersuchung konzentriert sich dabei auf steuerrechtliche Nichtanwendungsgesetze, weil sowohl die tatsächliche Praxis der Nichtanwendungsgesetzgebung als auch die Diskussion über ihre verfassungsrechtliche Zulässigkeit primär eine steuerrechtliche ist.[42] Auch die bereits ergangenen Entscheidungen, in denen sich das Bundesverfassungsgericht mit Nichtanwendungsgesetzen auseinandergesetzt hat, behandeln ganz überwiegend,[43] die insoweit aktuell vor dem Bundesverfassungsgericht anhängigen Verfahren ausschließlich[44] steuerliche Nichtanwendungsgesetze. Die Arbeit führt die verfassungsrechtlichen Bezüge in einer umfassenden Untersuchung zusammen und legt dabei einen

[42] Zu Ausmaß und Gründen der spezifisch steuerrechtlichen Nichtanwendungsgesetzgebung sowie dem Stand der wissenschaftlichen Diskussion jeweils auch in Abgrenzung zur Situation in anderen Rechtsbereichen vgl. im Einzelnen noch unter §2 A. und C.

[43] Die einzigen nichtsteuerlichen Ausnahmen bilden BVerfG, Beschluss v. 21.7.2010 – 1 BvL 11/06, 1 BvL 12/06, 1 BvL 13/06, 1 BvR 2530/05, BVerfGE 126, 369 zur Berücksichtigung von originären und abgeleiteten Fremdrentenansprüchen bei Ansprüchen aus der gesetzlichen Rentenversicherung und BVerfG, Beschluss v. 2.5.2012 – 2 BvL 5/10, BVerfGE 131, 20 zur vorübergehenden Erhöhung des beamtenrechtlichen Ruhegehaltssatzes auf der Grundlage des Mindestruhegehalts. Die Entwicklung der bundesverfassungsgerichtlichen Rechtsprechung zu Nichtanwendungsgesetzen wird im Überblick unter §2 C. I. und detailliert unter §6 C. III. 1. dargestellt.

[44] Az. 2 BvL 15/14: §50d Abs. 10 S. 1 EStG i. V. m. §§52 Abs. 59a S. 10f. EStG i. d. F. des Gesetzes zur Umsetzung der Amtshilferichtlinie sowie zur Änderung steuerlicher Vorschriften (Amtshilferichtlinie-Umsetzungsgesetz) v. 26.6.2013 (BGBl I 2013, S. 1809) gegen BFH, Urteil v. 17.10.2007 – I R 5/06, BFHE 219, 518 = BStBl II 2009, 356 und BFH, Urteil v. 8.9.2010 – I R 74/09, BFHE 231, 84 = BStBl II 2014, 788; Az. 2 BvL 21/14: §50d Abs. 9 S. 3 EStG i. V. m. §52 Abs. 59a S. 9 EStG i. d. F. des Amtshilferichtlinie-Umsetzungsgesetzes gegen BFH, Urteil v. 11.1.2012 – I R 27/11, BFHE 236, 327; Az. 2 BvR 2674/14: §20 Abs. 1 Nr. 7 S. 3 EStG i. V. m. §52a Abs. 8 S. 2 EStG i. d. F. des Jahressteuergesetzes 2010 v. 8.12.2010 (BGBl I 2010, S. 1768) gegen BFH, Urteil v. 15.6.2010 – VIII R 33/07, BFHE 230, 109 = BStBl II 2011, 503.

Schwerpunkt auf die neueren Entwicklungen in der Rückwirkungsdogmatik des Bundesverfassungsgerichts, deren Reichweite – auch und insbesondere für Nichtanwendungsgesetze – noch nicht abschließend geklärt sind und auch durch die jüngsten Entscheidungen des Bundesverfassungsgerichts vom 19.11.2019 und vom 25.3.2021 nicht weiter präzisiert wurden.

Gleichzeitig betrachtet die Arbeit Nichtanwendungsgesetze unter einer Perspektive, die in der bisherigen Diskussion allenfalls angedeutet wird: Entscheidungen des Bundesfinanzhofs können aufgrund ihrer mindestens faktischen Breitenwirkung im Steuerrecht zu einer wesentlichen Umgestaltung der Rechtslage führen. Gerade im Steuerrecht besteht aber ein gemeinsames Interesse von Steuerpflichtigen, Finanzverwaltung und Fiskus an einer möglichst gleichbleibenden, jedenfalls nur schrittweise und nicht disruptiv veränderten Rechtslage. Die Arbeit untersucht dieses Interesse an Rechtskontinuität mit seinen besonderen steuerrechtlichen Ausprägungen, seinen verfassungsrechtlichen Rang und den möglichen Beitrag, den Nichtanwendungsgesetze zu seinem Schutz leisten können.

Die verfassungsrechtliche Analyse betrachtet Nichtanwendungsgesetze damit nicht nur als kompetenzrechtlichen Grenzfall zwischen den Gewalten und als möglichen Eingriff in die Rechte einzelner Steuerpflichtiger, sondern zugleich als Instrument zum Schutz verfassungsrechtlicher Werte. Es gilt, die Grenzen der damit umschriebenen Spannungsverhältnisse auszuloten.[45]

B. Gang der Untersuchung

Die Untersuchung gliedert sich in fünf Teile: Zunächst sollen Nichtanwendungsgesetze als Instrumente des deutschen (Ertrag-)Steuerrechts charakterisiert werden.[46] Erst mit Blick auf die bereichsspezifische Gewaltenteilung und den Zustand und die Entwicklung des materiellen Rechts wird verständlich, warum Nichtanwendungsgesetze vor allem im Steuerrecht zu finden sind und warum die Diskussion über ihre verfassungsrechtlichen Grenzen fast aus-

---

[45] Zielrichtung und Schwerpunkt der Arbeit unterscheiden sich damit deutlich von der bislang einzigen monographischen Behandlung des Themas durch *Suck*, Das Nichtanwendungsgesetz als Instrument der Steuerpolitik, 2018. *Suck* unternimmt den Versuch, die bereits bestehenden steuerrechtlichen Nichtanwendungsgesetze systematisch zu erfassen und rechtspolitisch einzuordnen. Er geht zwar auch auf die verfassungsrechtliche Zulässigkeit von Nichtanwendungsgesetzen ein und entwickelt insoweit eigene Thesen; *ders.*, Das Nichtanwendungsgesetz als Instrument der Steuerpolitik, 2018, S. 251 ff., zu seinen Thesen insbesondere noch unter § 4 B. II. und III. Er behandelt aber weder einen möglichen Konflikt mit dem Gebot effektiven Rechtsschutzes noch geht er auf den Beitrag von Nichtanwendungsgesetzen zum Schutz der Rechtskontinuität ein. Zur bisherigen wissenschaftlichen Diskussion noch ausführlich unter § 2 C. III. und IV.

[46] Dazu sogleich unter § 2.

schließlich dort geführt wird. Steuerrechtliche Nichtanwendungsgesetze lassen sich typologisch ein- und damit von anderen Gesetzestypen abgrenzen.

In einem zweiten Teil wird die kontinuitätswahrende Bedeutung von Nichtanwendungsgesetzen herausgearbeitet.[47] Gerade im Steuerrecht besteht ein wechselseitiges Interesse von Staat und Bürgern an Rechtskontinuität, zu dessen Schutz Nichtanwendungsgesetze einen Beitrag leisten können.

Die Arbeit wendet sich in den verbleibenden drei Teilen den verfassungsrechtlichen Grenzen steuerrechtlicher Nichtanwendungsgesetze zu. Zunächst wird ihre Vereinbarkeit mit dem Grundsatz der Gewaltenteilung behandelt.[48] Nichtanwendungsgesetze werden einerseits kritisiert, weil die Finanzverwaltung im Gesetzgebungsverfahren eine entscheidende Rolle einnimmt. Zum anderen ist zu hinterfragen, ob der Gesetzgeber aus Rücksicht auf die Rechte der Judikative von Nichtanwendungsgesetzen absehen muss.

Sodann wird untersucht, ob Nichtanwendungsgesetze das Gebot effektiven Rechtsschutzes verletzen.[49] Eine besondere Brisanz entfalten Nichtanwendungsgesetze insoweit immer dann, wenn sie als Reaktion auf eine Entscheidung des Bundesfinanzhofs in einem steuerrechtlichen „Musterverfahren" ergehen, wenn also eine Vielzahl von Parallelverfahren gerade im Hinblick auf die nun gesetzlich überschriebene Entscheidung offengehalten wurden.

Schließlich regeln Nichtanwendungsgesetze häufig auch in der Vergangenheit abgeschlossene oder zumindest begonnene Sachverhalte, sodass sie sich an den Grenzen des verfassungsrechtlichen Rückwirkungsverbots messen lassen müssen.[50] Das Bundesverfassungsgericht hat das Rückwirkungsverbot insbesondere für steuerrechtliche Fälle in den vergangenen Jahren mehrfach weiterentwickelt und präzisiert, was sich auch auf die Beurteilung rückwirkender Nichtanwendungsgesetze auswirkt.

---

[47] Dazu unter § 3.
[48] Dazu unter § 4.
[49] Dazu unter § 5.
[50] Dazu unter § 6.

§ 2 Bedeutung, Kontext und Typologie steuerrechtlicher Nichtanwendungsgesetze

Bevor eine verfassungsrechtliche Analyse begonnen werden kann, muss in einem ersten Schritt der Untersuchungsgegenstand umrissen werden. Zu diesem Zweck wird in der Folge ausgehend von einer ersten begrifflichen Annäherung an Nichtanwendungsgesetze[1] die tatsächliche Verbreitung und systematische Stellung derartiger Gesetze im Steuerrecht und in anderen Rechtsgebieten untersucht.[2] Ziel der Untersuchung ist es, den *status quo* der Nichtanwendungsgesetzgebung zu erfassen, Unterschiede zwischen dem Steuerrecht und anderen Rechtsgebieten herauszuarbeiten und Erklärungsansätze dafür zu liefern, warum Nichtanwendungsgesetze vor allem als steuerrechtliches Phänomen wahrgenommen und diskutiert werden. Auf dieser Basis kann der Begriff des Nichtanwendungsgesetzes sodann typologisch ein- und von anderen gesetzlichen Maßnahmen abgegrenzt werden.[3] Anhand der so gewonnenen Typologie lässt sich schließlich der bisherige Diskurs um die verfassungsrechtliche Zulässigkeit von Nichtanwendungsgesetzen nachvollziehen.[4] Aus der Analyse des *status quo*, der besonderen Ausgangssituation im Steuerrecht und des bisherigen Diskurses werden die Fragestellungen für die verfassungsrechtliche Analyse im weiteren Verlauf der Arbeit entwickelt.

A. Zum Begriff des Nichtanwendungsgesetzes

Der Begriff des Nichtanwendungsgesetzes wird im steuerrechtlichen Schrifttum seit Jahrzehnten verwendet,[5] um eine gesetzgeberische Reaktion auf eine

---

[1] Sogleich unter § 2 A.

[2] Dazu unter § 2 B.

[3] Dazu unter § 2 C.

[4] Dazu unter § 2 D.

[5] Vgl. auch *Desens*, Bindung der Finanzverwaltung an die Rechtsprechung, 2011, S. 66: „hat sich durchgesetzt"; statt aller nur die entsprechende Bezeichnung bei *Knobbe-Keuk*, BB 1988, 1086, 1087; *J. Lang*, StuW 1992, 14, 15; *Scholtz*, FS Klein, 1994, S. 1041, 1041; *Offerhaus*, in: Herzig/Günkel/Niemann (Hrsg.), Steuerberater-Jahrbuch 1995/1996, 1996, S. 7, 12, 16, 27; *Hey*, DStR 2004, 1897, 1898; *Pezzer*, DStR 2004, 525, 526; *Wernsmann/Desens*, DStR 2008, 221, 223; *Desens*, Bindung der Finanzverwaltung an die Rechtsprechung, 2011, S. 65 f.; *Weber-Grellet*, FS Lang, 2011, S. 927, 933; *Tipke*, Die Steuerrechtsordnung, Band III, 2. Auflage 2012,

fachgerichtliche Entscheidung zu beschreiben:[6] Nachdem der Bundesfinanzhof eine steuerrechtliche Norm in einer bestimmten Weise ausgelegt hat, wird der Gesetzeswortlaut so angepasst, dass ebendiese Auslegung unmöglich wird. Die Entscheidung bzw. deren Grundsätze können damit nicht auf weitere Fälle übertragen werden. Die gesetzliche Änderung verhindert die Anwendung der Rechtsprechungsgrundsätze und ist deshalb Nichtanwendungsgesetz.

Dieses allgemeine Grundverständnis wird dabei im Detail in unterschiedlicher Weise konkretisiert: So begreifen einige Autoren unter einem Nichtanwendungsgesetz eine Regelung, die in grundlegender Weise von der gerichtlichen Normauslegung abweicht.[7] Exemplarisch für eine solche Umgestaltung stehen gesetzliche Neuregelungen, die eine höchstrichterlich verworfene Verwaltungspraxis gesetzlich verankern[8] oder nach einem Rechtsprechungswechsel die vom Gericht aufgegebenen Auslegungsgrundsätze gesetzlich wiederherstellen.[9] Andere Autoren begreifen demgegenüber jede Gesetzesanpassung, die in Reaktion auf eine gerichtliche Entscheidung ergeht, unabhängig von ihrer Tragweite als Nichtanwendungsgesetz.[10] Diese unterschiedlichen Begriffsbestimmungen werden aber kaum einmal thematisiert. Vielmehr wird der Begriff des Nichtanwendungsgesetzes weit überwiegend als selbstverständlich vorausgesetzt und lediglich anhand des jeweiligen Anlassfalles illustriert.[11]

S. 1382; *Hey*, JZ 2014, 500, 503; *Englisch*, in: Tipke/Lang, 23. Auflage 2018, §5 Rn. 40; teilweise wird der Begriff um den Zusatz „rechtsprechungsbrechend" ergänzend; so z. B. *Wernsmann*, in: HHSp., §4 AO Rn. 178; *Völker/Ardizzoni*, NJW 2004, 2413, 2413; *Drüen*, DStR-Beih 2012, 85, 86; *ders.*, Ubg 2014, 747, 753; *ders.*, StuW 2015, 210, 215 ff.; *Maciejewski*, FR 2014, 432, 436.

[6] Vereinzelt finden sich auch andere Begriffe; vgl. z. B. *Kruse*, DStJG 18, 1995, S. 115, 125; *Pezzer*, FR 2006, 646, 652; *Drüen*, DStR-Beih 2012, 85, 85 ff.: „Korrekturgesetzgebung"; *Crezelius*, FS Felix, 1989, S. 37, 38 ff.; *Seer*, in: Tipke/Kruse, Einführung FGO Rn. 58, 126: „rechtsprechungsüberholende" Legislativakte; besonders drastisch *Felix*, BB 1988, 1500, 1501: „Gesetzgebungsmissbrauch".

[7] In diesem Sinne beispielsweise die Formulierungen bei *J. Lang*, StuW 1992, 14, 14 f.; *ders.*, DRiZ 1992, 365, 365; *Offerhaus*, in: Herzig/Günkel/Niemann (Hrsg.), Steuerberater-Jahrbuch 1995/1996, 1996, S. 7, 12, 16; *Pezzer*, DStR 2004, 525, 528: Gesetzgeber „revidiert" bzw. „konterkariert" die höchstrichterliche Rechtsprechung; ähnlich auch *Höng/Baumgartner*, Ubg 2016, 751, 751: Rechtsprechung soll „ausgehebelt" werden.

[8] Auf diese Fallgruppe beschränken *Völker/Ardizzoni*, NJW 2004, 2413, 2413 (Fn. 3) den Begriff der Nichtanwendungsgesetze; als einen wichtigen Unterfall nennt sie z. B. auch *Mellinghoff*, FS Landau, 2016, S. 69, 83.

[9] Mit Bezug zu dieser Fallgruppe z. B. *Drüen*, Ubg 2014, 747, 749; *Maciejewski*, FR 2014, 432, 436; zur Fallgruppe der konservierenden Nichtanwendungsgesetze noch unter §2 C. V.

[10] In diesem Sinne z. B. *Desens*, Bindung der Finanzverwaltung an die Rechtsprechung, 2011, S. 65 f.; *Drüen*, DStR-Beih 2012, 85, 86; *ders.*, StuW 2015, 210, 215; *Suck*, Das Nichtanwendungsgesetz als Instrument der Steuerpolitik, 2018, S. 129; i. E. auch *Hey*, JZ 2014, 500, 504; *Mellinghoff*, FS Landau, 2016, S. 69, 83; noch weitgehender, aber mit dem Wortsinn nicht mehr vereinbar *Scholtz*, FS Klein, 1994, S. 1041, 1046, der auch Gesetze, die eine Entscheidung des Bundesfinanzhofs bestätigen, als Nichtanwendungsgesetze bezeichnet.

[11] Vgl. z. B. *Knobbe-Keuk*, BB 1988, 1086, 1087; *Hey*, DStR 2004, 1897, 1898; *Wernsmann/*

Diese selbstverständliche Verwendung überrascht nicht nur mit Blick auf die uneinheitliche Konkretisierung, sondern vor allem, wenn man die Perspektive über das steuerrechtliche Schrifttum hinaus weitet: Als Erstes fällt auf, dass der Begriff des Nichtanwendungsgesetzes zwar eine legislative Maßnahme bezeichnet, vom Verfassungs- und Gesetzgeber selbst aber nicht verwendet wird. Weder findet er sich im Text des Grundgesetzes[12] noch lassen sich Einzelgesetze nachweisen, die den Titel „Nichtanwendungsgesetz" oder eine Variante dieses Begriffes tragen.[13] Auch in Gesetzgebungsmaterialien wird er – mit einer einzigen Ausnahme aus jüngster Zeit[14] – nicht aufgegriffen.

Aber auch andere Gewalten benutzen den Begriff des Nichtanwendungsgesetzes nicht. Er findet sich nicht in Verwaltungsanweisungen. Fachgerichte und das Bundesverfassungsgericht setzen sich zwar – in unterschiedlicher Intensität[15] – mit den durch Nichtanwendungsgesetze (vermeintlich) aufgeworfenen verfassungsrechtlichen Fragestellungen auseinander. Sie machen sich den Begriff aber kaum einmal zu eigen. In der Rechtsprechung des Bundesfinanzhofs findet er sich nur in einer einzigen Formulierung in zwei Entscheidungen des ersten Senats.[16] Finanzgerichte bezeichnen steuerliche Änderungsgesetze zwar verschiedentlich als Nichtanwendungsgesetze,[17] allerdings meist nur beiläufig und ohne weitere Erläuterung.[18] Ansonsten referieren Bundesfinanzhof

Desens, DStR 2008, 221, 223; *Tipke*, Die Steuerrechtsordnung, Band III, 2. Auflage 2012, S. 1382; *Englisch*, in: Tipke/Lang, 23. Auflage 2018, § 5 Rn. 40.

[12] Auch die Weimarer Reichsverfassung nannte den Begriff nicht, obwohl Nichtanwendungsgesetze zur Zeit der Weimarer Republik bereits erlassen wurden; vgl. nur *Bühler*, in: Spitaler (Hrsg.), Steuerberater-Jahrbuch 1955/1956, 1956, S. 19, 51 f.; zur historischen Entwicklung noch unter § 2 B. I.

[13] Dies weist *Suck*, Das Nichtanwendungsgesetz als Instrument der Steuerpolitik, 2018, S. 220, 305 für alle 163 von ihm identifizierten Nichtanwendungsgesetze gegen Entscheidungen des Bundesfinanzhofs nach.

[14] Stellungnahme des Bundesrates v. 23.9.2019 zum Entwurf eines Gesetzes zur weiteren steuerlichen Förderung der Elektromobilität und zur Änderung weiterer steuerlicher Vorschriften, BR-Drs. 356/19 (Beschluss), S. 30; BT-Drs. 19/13436, S. 227 mit Bezug auf eine (mittlerweile Gesetz gewordene) Anpassung des Anschaffungskostenbegriffs in § 17 Abs. 2a EStG und eine (im weiteren Gesetzgebungsverfahren verworfene) Anpassung des Veräußerungsbegriffs in § 20 Abs. 2 EStG.

[15] Zur Beurteilung der Verfassungskonformität von Nichtanwendungsgesetzen durch das Bundesverfassungsgericht und durch die Fachgerichte noch unter § 2 D. I. und II.

[16] BFH, Urteil v. 14.3.2006 – I R 1/04, BFHE 213, 38 = BStBl II 2006, 549, juris Rn. 34; BFH, Beschluss v. 22.2.2006 – I B 145/05, BFHE 213, 29 = BStBl II 2006, 546, juris Rn. 30.

[17] FG Düsseldorf, 27.11.2002 v. Urteil – 16 K 1189/01 F, EFG 2003, 559, juris Rn. 23; FG Münster, Urteil v. 20.1.2010 – 10 K 526/08 E, DStRE 2011, 205, juris Rn. 50 f.; FG Düsseldorf, Urteil v. 7.12.2010 – 13 K 1214/06 E, EFG 2011, 878, juris Rn. 42; FG Niedersachsen, Urteil v. 15.5.2013 – 9 K 238/12, EFG 2013, 1337, juris Rn. 27; FG Düsseldorf, Urteil v. 19.11.2015 – 8 K 3664/11 F, EFG 2016, 209, juris Rn. 92; FG Köln, Urteil v. 16.2.2016 – 10 K 2335/11, EFG 2016, 793, juris Rn. 35 f.

[18] Eine knappe Definition findet sich bei FG Baden-Württemberg, Urteil v. 25.9.2012 – 5 K 3889/11, juris, juris Rn. 37: Gesetzgeber „negiert" die Rechtsprechungsänderung.

und Finanzgerichte den Begriff nur im Rahmen des Parteivortrags.[19] In Entscheidungen der ordentlichen Gerichte wird – soweit ersichtlich – nur eine einzige gesellschaftsrechtliche Gesetzesnovelle als Nichtanwendungsgesetz bezeichnet.[20] Das Bundessozialgericht verwendet den Begriff in einer einzelnen Entscheidung.[21] In der Rechtsprechung der Arbeitsgerichte und derjenigen der Verwaltungsgerichte fehlt er vollständig. Auch das Bundesverfassungsgericht spricht nicht von Nichtanwendungsgesetzen.

In rechtswissenschaftlichen Veröffentlichungen außerhalb des Steuerrechts – die sich generell seltener mit gesetzgeberischen Reaktionen auf fachgerichtliche Entscheidungen auseinandersetzen[22] – finden sich teilweise andere Begriffsbildungen,[23] ohne dass einer dieser Begriffe eine ähnlich weit reichende Verbreitung erreicht hätte, wie derjenige des Nichtanwendungsgesetzes im Steuerrecht. Noch häufiger bleibt es bei einer abstrakten Umschreibung der Interaktion von Rechtsprechung und Gesetzgeber, ohne dass diese mit einem bestimmten Schlagwort umschrieben wird.[24] Der Begriff des Nichtanwendungsgesetzes

[19] Vgl. z. B. BFH, Urteil v. 3.8.2005 – I R 74/02, BFH/NV 2006, 19, juris Rn. 11; FG Niedersachsen, Urteil v. 26.11.2009 – 1 K 405/05, EFG 2010, 417, juris Rn. 6; FG Bremen, Urteil v. 9.6.2010 – 3 K 57/09 (1), EFG 2010, 1813, juris Rn. 94; FG Düsseldorf, Beschluss v. 5.9.2011 – 1 V 2325/11 A(E), EFG 2012, 120, juris Rn. 13; FG Schleswig-Holstein, Urteil v. 4.9.2013 – 2 K 159/11, EFG 2013, 1995, juris Rn. 34; FG Köln, Urteil v. 16.2.2016 – 10 K 2335/11, EFG 2016, 793, juris Rn. 11; FG Düsseldorf, Zwischenurteil v. 17.12.2018 – 2 K 3874/15 F, EFG 2019, 505, juris Rn. 68, 101.

[20] BGH, Urteil v. 26.1.2009 – II ZR 260/07, BGHZ 179, 249, juris Rn. 14 ff.; BGH, Urteil v. 16.2.2009 – II ZR 120/07, BGHZ 180, 38, juris Rn. 26; OLG Köln, Urteil v. 28.12.2012 – I-18 U 48/12, NZG 2014, 179, juris Rn. 85: alle mit Bezug auf § 30 Abs. 1 S. 3 GmbHG; daneben findet sich der Begriff noch bei LG Mannheim, Urteil v. 9.7.2010 – 7 O 265/09 (Kart), juris, juris Rn. 78, dort aber mit Bezug auf eine einkommensteuerrechtliche Regelung.

[21] BSG, Urteil v. 18.12.2013 – B 12 R 2/11 R, USK 2013, 175, juris Rn. 39, 41.

[22] Zur unterschiedlichen Verbreitung von Nichtanwendungsgesetzen in der Rechtswirklichkeit und als Thema des wissenschaftlichen Diskurses noch im Detail unter § 2 B. I. und II. sowie § 2 D. II.-IV.

[23] Vgl. z. B. *F. Weber*, Anlässe und Methoden der Rechtsrückbildung im Gesellschaftsrecht, 2003, S. 51 f.; *Fleischer*, GmbHR 2009, 1, 11; *ders.*, in: MüKo GmbHG, 3. Auflage 2018, Einleitung Rn. 133: „Rechtsrückbildung"; *Fleischer/Wedemann*, AcP 209 (2009), 597, 617 ff.: „Derogation von Richterrecht"; *Kisker*, NJW 1981, 889, 893 f.; *Mishra*, Zulässigkeit und Grenzen der Urteilsschelte, 1997, S. 243: „Folgenkorrektur".

[24] Vgl. aus der verfassungsrechtlichen Kommentarliteratur nur *Morgenthaler*, in: BeckOK GG, Art. 97 Rn. 8; *Wassermann*, in: AK GG, 3. Auflage 2001, Art. 92 Rn. 21; *Schulze-Fielitz*, in: Dreier, GG, 3. Auflage 2018, Art. 97 Rn. 23; *Hillgruber*, in: Maunz/Dürig, GG, Art. 97 Rn. 87; *Sachs*, in: Sachs, GG, 7. Auflage 2014, Art. 20 Rn. 82; *Heusch*, in: Schmidt-Bleibtreu/Hofmann/Henneke, GG, 14. Auflage 2018, Art. 95 Rn. 14; *Classen*, in: v. Mangoldt/Klein/Starck, 7. Auflage 2018, Art. 97 Rn. 8; aus monografischen Bearbeitungen *Stahl*, Die Bindung der Staatsgewalten an die höchstrichterliche Rechtsprechung, 1973, S. 198 f.; *Hergenröder*, Zivilprozessuale Grundlagen richterlicher Rechtsfortbildung, 1995, S. 198 f.; *Payandeh*, Judikative Rechtserzeugung, 2017, S. 246 f.; und aus kürzeren Abhandlungen *Müller*, DÖV 1964, 226, 228 ff.; *Redeker*, NJW 1972, 409, 413; *Ipsen*, DVBl. 1984, 1102, 1106; *Herzog*, FS Simon, 1987, S. 103, 109 f.; *Hommelhoff*, ZGR 1988, 460, 479; *Rüfner*, DRiZ 1992, 457, 462; *Siegel*, DÖV 2010, 1, 10 f.; *Schönberger*, VVDStRL 71, 2012, S. 298, 313.

wird als spezifisch steuerrechtlicher Begriff identifiziert, aber in der Regel nicht als allgemeinverbindlich übernommen.[25]

Die auffällige Diskrepanz in der Begriffsverwendung zeigt zweierlei: Zum einen ist der Begriff des Nichtanwendungsgesetzes weniger eindeutig als seine weitgehend selbstverständliche Verwendung im steuerrechtlichen Schrifttum suggeriert. Zum anderen geht mit seiner Verwendung ein – regelmäßig kritisches – Vorverständnis einher, was auch erklärt, warum Gerichte den Begriff weitgehend meiden: Indem ein Gesetz als Nichtanwendungsgesetz bezeichnet wird, wird eine bestimmte Regelungsintention oder zumindest eine dementsprechende Wirkung unterstellt. Das Ziel oder der Effekt des Gesetzes besteht darin, eine gerichtliche Normauslegung nicht in Parallelfällen anzuwenden. Damit werden andere gesetzgeberische Motivationen und weiter reichende Effekte des Gesetzes ausgeblendet. Zudem stellt die Begriffsbildung eine Parallele zum Nichtanwendungserlass her – also der konkludenten oder ausdrücklichen verwaltungsinternen Anweisung, eine bestimmte Entscheidung des Bundesfinanzhofs nicht über den entschiedenen Einzelfall hinaus anzuwenden.[26] Das Nichtanwendungsgesetz als legislative Maßnahme wird damit zumindest begrifflich in die Nähe einer Verwaltungsanweisung gerückt.[27] Darin findet zum einen die vielfach geäußerte Kritik eines zu weitgehenden Einflusses der Finanzverwaltung auf das Gesetzgebungsverfahren im Steuerrecht[28] Ausdruck.[29] Zum anderen wird die verfassungsrechtliche Kritik an Nichtanwendungserlassen[30] zumindest begrifflich auch auf Nichtanwendungsgesetze übertragen und damit implizit eine Rechtfertigungslast des Gesetzgebers unterstellt.[31]

Wenn diese Arbeit in der Folge den im steuerrechtlichen Diskurs weithin verwendeten Begriff des Nichtanwendungsgesetzes aufgreift, so geschieht dies

[25] Vgl. z.B. *Hergenröder*, Zivilprozessuale Grundlagen richterlicher Rechtsfortbildung, 1995, S. 198f.; *Fleischer/Wedemann*, AcP 209 (2009), 597, 618f.; für eine Übernahme *K. Schmidt*, JZ 2009, 10, 17ff.

[26] Zu einzelnen Typen von Nichtanwendungserlassen sowie Parallelen und Unterschieden zwischen Nichtanwendungsgesetz und Nichtanwendungserlass noch im Detail unter §2 B. III. 4.

[27] Als Maßnahmen der Finanzverwaltung werden Nichtanwendungsgesetze beispielsweise eingeordnet von *Felix*, Stbg 1988, 15, 20; *J. Lang*, StuW 1992, 14, 15; *ders.*, DRiZ 1992, 365, 365; *Harald Schaumburg*, in: Brandt (Hrsg.), Für eine bessere Steuerrechtskultur, 2004, S. 73, 95; *Pezzer*, DStR 2004, 525, 528; *ders.*, FR 2006, 646, 653; *Spindler*, FS Solms, 2005, S. 53, 56; *ders.*, DStR 2007, 1061, 1062; *Herden*, FS Spindler, 2011, S. 445, 448; *Gosch*, FS Spindler, 2011, S. 379, 380f.; *Vinken*, FS Spindler, 2011, S. 549, 557; noch zugespitzter bezeichnet *J. Voß*, Ungewißheit im Steuerrecht, 1992, S. 23 Nichtanwendungsgesetze als „Nichtanwendungserlasse höherer Ordnung".

[28] Zum Einfluss der Finanzverwaltung auf den Gesetzgebungsprozess unter §2 B. III. 2.

[29] Ob diese Kritik nach verfassungsrechtlichen Maßstäben berechtigt ist, wird im Detail unter §4 B. erörtert.

[30] Zur verfassungsrechtlichen Kritik an Nichtanwendungserlassen unter §2 B. III. 4. b).

[31] Ob eine solche Rechtfertigungslast tatsächlich besteht, wird im Detail unter §4 C. erörtert.

angesichts der vorstehenden Erkenntnisse unter doppeltem Vorbehalt: Zum einen ist der Begriff als solcher nicht selbstverständlich und jedenfalls nicht trennscharf.[32] Als Ausgangspunkt kann zwar die weite Auslegung des Begriffs dienen, nach der jede legislative Reaktion auf eine fachgerichtliche Entscheidung, mit der die Übertragung der Entscheidungsgrundsätze auf Parallelverfahren vermieden wird, ein Nichtanwendungsgesetz darstellt. In der Folge muss der Begriff aber kontextualisiert[33] und konkretisiert[34] werden. Zum anderen soll mit der Verwendung des Begriffs keine verfassungsrechtliche oder auch nur rechtspolitische Wertung verbunden werden. Es ist vielmehr Aufgabe dieser Arbeit, zu untersuchen, warum eine gesetzgeberische Reaktion auf eine fachgerichtliche Entscheidung gerade im Steuerrecht mit einem prima facie kritischen Begriff belegt wird, welche verfassungsrechtlichen Kritikpunkte bestehen[35] und inwiefern die erhobene Kritik berechtigt ist.[36] Auf Basis dieser Ergebnisse ist darauf zurückzukommen, ob bzw. inwieweit der Begriff des Nichtanwendungsgesetzes eine angemessene Beschreibung der Rechtswirklichkeit und deren verfassungsrechtlicher Bezüge darstellt.[37]

B. Nichtanwendungsgesetze als Phänomen des deutschen (Ertrag-)Steuerrechts

I. Quantitativer und qualitativer Einfluss von Nichtanwendungsgesetzen im deutschen (Ertrag-)Steuerrecht

Nichtanwendungsgesetze haben im deutschen Steuerrecht historische Tradition. Erste Beispiele[38] finden sich schon in der Zeit der Weimarer Republik: So hatte der Reichsfinanzhof im Jahr 1925 entschieden, dass Schuldverschreibungen, für die gewerblich genutzte bebaute Grundstücke haften, von der Obligationensteuer[39] befreit sein können[40] und eine entgegenstehende untergesetzliche Regelung in der vom Reichsfinanzminister erlassenen Durchführungsbestimmung zur Obligationensteuer für ungültig erklärt.[41] Der Reichsfinanzminister

32 Vgl. auch *Desens*, Bindung der Finanzverwaltung an die Rechtsprechung, 2011, S. 71.

33 Dazu unter § 2 B.

34 Dazu unter § 2 C.

35 Dazu unter § 2 D.

36 Dazu unter §§ 4–6.

37 Dazu unter § 4 D., § 5 D., § 6 D. und abschließend unter § 7.

38 Nach *Bühler*, in: Spitaler (Hrsg.), Steuerberater-Jahrbuch 1955/1956, 1956, S. 19, 51 f. waren Nichtanwendungsgesetze in der Weimarer Republik keine Ausnahmen, quantitative Erhebungen sind insoweit allerdings nicht ersichtlich.

39 Die Obligationensteuer diente der Erfassung von Inflationsgewinnen infolge der Hyperinflation von 1923; vgl. *Hensel*, Steuerrecht, 3. Auflage 1933, S. 10.

40 Hintergrund war die Vermeidung einer Doppelbesteuerung mit landesrechtlichen Steuern auf Inflationsgewinne.

41 RFH, Urteil v. 5.5.1925 – II A 301/24, RFHE 15, 163.

ordnete in Reaktion auf diese Entscheidung an, die für ungültig erklärte Bestimmung weiterhin anzuwenden.[42] Noch im selben Jahr wurden sodann die gesetzlichen Bestimmungen so geändert, dass nur noch Schuldverschreibungen, für die ausschließlich zu Wohnzwecken genutzte Grundstücke hafteten, steuerbefreit sein können.[43] Die Neuregelungen traten rückwirkend auf den 14.2.1924 in Kraft.[44]

Während in der Zeit des Dritten Reichs – angesichts des weitgehenden Einflusses des nationalsozialistischen Regimes auf die Tätigkeit der Gerichte nicht überraschend – keine Nichtanwendungsgesetze erlassen wurden,[45] findet das Gesetzgebungsinstrument in der Bundesrepublik regelmäßig Anwendung. *Suck* hat durch die Auswertung von Gesetzesmaterialien für den Zeitraum vom 1.9.1950[46] bis zum 31.3.2016 166 Nichtanwendungsgesetze ermittelt.[47] Während in den 1960er und 1970er Jahren im Schnitt weniger als ein Nichtanwendungsgesetz pro Jahr erging (7 Gesetze von 1960 bis 1969, 6 Gesetze von 1970 bis 1979), verdoppelte sich die Zahl der Nichtanwendungsgesetze in den 1980er Jahren (14 Gesetze von 1980–1989), um sich in den 1990er noch einmal zu verdreifachen (46 Nichtanwendungsgesetze von 1990–1999). Auf diesem Niveau hat sich die Zahl seitdem stabilisiert, tendenziell steigt sie sogar weiter an (44 Nichtanwendungsgesetze von 2000–2009; 46 Nichtanwendungsgesetze von 2010–2016).[48] Es ergeht mithin im Schnitt alle zwei bis drei Monate ein steuerliches Nichtanwendungsgesetz. Dabei liegt der Schwerpunkt der Nichtanwendungsgesetzgebung im Ertragsteuerrecht. Insgesamt 119 Nichtanwendungsgesetze betreffen das Einkommen-, Körperschaft- oder Gewerbesteuerrecht, wobei allein 94

---

[42] Vgl. *Bühler*, Allgemeines Steuerrecht, 1927, S. 311 Fn. 10a.

[43] Gesetz über Änderungen des Finanzausgleichs zwischen Reich, Ländern und Gemeinden v. 10.8.1925 (RGBl. I 1925, 254); als historisch erstes Beispiel für ein steuerrechtliches Nichtanwendungsgesetz in Deutschland ebenfalls aufgegriffen von *Desens*, Bindung der Finanzverwaltung an die Rechtsprechung, 2011, S. 65f.; *Suck*, Das Nichtanwendungsgesetz als Instrument der Steuerpolitik, 2018, S. 133f.

[44] Art. II §19 Abs. 4 a) des Gesetzes über Änderungen des Finanzausgleichs zwischen Reich, Ländern und Gemeinden. Bemerkenswert ist, dass die Rückwirkung sich auch auf bereits rechtskräftig entschiedene Fälle erstreckte.

[45] Vgl. im Einzelnen *Suck*, Das Nichtanwendungsgesetz als Instrument der Steuerpolitik, 2018, S. 134ff.; zu verschiedenen Strategien, mit denen das nationalsozialistische Regime Einfluss auf den gerichtlichen Entscheidungsprozess nahm, vgl. *Mishra*, Zulässigkeit und Grenzen der Urteilsschelte, 1997, S. 260ff.

[46] Der Bundesfinanzhof nahm zum 1.9.1950 seine Arbeit auf, §7 Abs. 1 des Gesetzes über den Bundesfinanzhof (BGBl I 1950, 257).

[47] *Suck*, Das Nichtanwendungsgesetz als Instrument der Steuerpolitik, 2018, S. 203f.; konkrete quantitative Aussagen finden sich ansonsten nur bei *Pezzer*, DStR 2004, 525, 526, der von „an die 60“ Nichtanwendungsgesetzen im Zeitraum von 1990 bis 2004 ausgeht. Diese Fälle bilden eine Teilmenge der von *Suck* ermittelten Nichtanwendungsgesetze, vgl. *Suck*, Das Nichtanwendungsgesetz als Instrument der Steuerpolitik, 2018, S. 203. Der weiteren Untersuchung wird daher die von *Suck* erhobene Datenbasis zugrunde gelegt.

[48] Vgl. zur zeitlichen Entwicklung *Suck*, Das Nichtanwendungsgesetz als Instrument der Steuerpolitik, 2018, S. 213f.

Gesetze auf das Einkommensteuerrecht entfallen. Nimmt man noch die Nichtanwendungsgesetze zum Außen- und Umwandlungsteuerrecht hinzu, ergingen 127 der 166 von *Suck* ermittelten Gesetze zu ertragsteuerlichen Fragestellungen. Eine bedeutende Rolle spielen daneben nur noch verfahrensrechtliche Nichtanwendungsgesetze (insgesamt 28 Nichtanwendungsgesetze betreffen die Abgabenordnung, die Finanzgerichtsordnung oder das Amtshilferecht).[49]

Nichtanwendungsgesetze sind im Ertragsteuerrecht aber nicht nur quantitativ, sondern auch qualitativ von besonderer Relevanz. Wesentliche Regelungen des Einkommensteuergesetzes gehen auf Nichtanwendungsgesetze zurück oder waren durch sie betroffen. Dies soll in der Folge an einigen Beispielen illustriert werden. Zugleich wird damit ein erster Einblick in die unterschiedlichen Arten von Nichtanwendungsgesetzen gegeben. Die Beispiele werden im Verlauf der Arbeit wieder aufgegriffen, um verschiedene verfassungsrechtliche Konfliktlinien zu illustrieren.

Mit dem – soweit ersichtlich – ersten ertragsteuerlichen Nichtanwendungsgesetz nach Gründung der Bundesrepublik[50] reagierte der Gesetzgeber auf die von der Rechtsprechung entwickelte sog. Vervielfältigungstheorie zur Abgrenzung zwischen gewerblicher und freiberuflicher Tätigkeit: Nach der Vervielfältigungstheorie erzielte ein grundsätzlich freiberuflich tätiger Steuerpflichtiger dann Einkünfte aus Gewerbebetrieb, wenn er durch den Einsatz qualifizierter Hilfskräfte seine Arbeitskraft vervielfachte oder seine eigene Tätigkeit ersetzte.[51] Bereits die Beschäftigung von mehr als einem qualifizierten Mitarbeiter konnte zu einer Umqualifikation der Einkünfte und damit zu einer Belastung des Gewinns mit Gewerbesteuer führen.[52] Nachdem der Bundesfinanzhof eine vom Bundesministerium der Finanzen angeregte Abmilderung dieser Rechtsprechung für Berufsgruppen, bei denen zur Erfüllung der Berufsaufgaben mehrere vorgebildete Hilfskräfte erforderlich sind, abgelehnt hatte,[53] schuf der Gesetzgeber rückwirkend[54] die auch heute noch gültige und für die Abgren-

---

[49] Vgl. zur Verteilung auf die einzelnen Rechtsbereiche *Suck*, Das Nichtanwendungsgesetz als Instrument der Steuerpolitik, 2018, S. 211 f.

[50] Art. 1 Nr. 8 des Gesetzes zur Änderung des Einkommensteuergesetzes, des Körperschaftsteuergesetzes, des Gewerbesteuergesetzes und des Wohnungsbau-Prämiengesetzes (Steueränderungsgesetz 1960) vom 30.7.1960, BGBl I 1960, S. 616; auch *Suck*, Das Nichtanwendungsgesetz als Instrument der Steuerpolitik, 2018, S. 418 f. sieht hierin das erste Beispiel für ertragsteuerliche Nichtanwendungsgesetzgebung nach Gründung der Bundesrepublik.

[51] Siehe nur BFH, Urteil v. 29.1.1952 – I 65/51 U, BFHE 56, 252 = BStBl III 1952, 99, juris Rn. 7 f.; BFH, Urteil v. 2.10.1952 – IV 474/51 U, BFHE 56, 749 = BStBl III 1952, 287, juris Rn. 4; BFH, Urteil v. 15.10.1953 – IV 221/52 U, BFHE 58, 180 = BStBl III 1953, 361, juris Rn. 14 jew. m. w. N. auf die schon vom RFH begründete ständige Rechtsprechung.

[52] Vgl. z. B. BFH, Urteil v. 29.1.1952 – I 65/51 U, BFHE 56, 252 = BStBl III 1952, 99, juris Rn. 8; BFH, Urteil v. 15.10.1953 – IV 221/52 U, BFHE 58, 180 = BStBl III 1953, 361, juris Rn. 15.

[53] BFH, Urteil v. 7.11.1957 – IV 668/55 U, BFHE 66, 85 = BStBl III 1958, 34, juris Rn. 43 ff.

[54] Die Vorschrift war erstmals für den Veranlagungszeitraum 1955 (im Saarland erstmals

zung zwischen Freiberuflern und Gewerbetreibenden zentrale Regelung des §18 Abs. 1 Nr. 1 S. 3 und 4 EStG.[55] Danach ist die Mithilfe fachlich vorgebildeter Arbeitskräfte unschädlich, solange der Freiberufler selbst noch aufgrund eigener Fachkenntnisse leitend und eigenverantwortlich tätig ist. Die Regelung steht beispielhaft für die – vergleichsweise seltenen[56] – begünstigenden Nichtanwendungsgesetze.[57]

Eine andere zentrale ertragsteuerliche Norm, die auf ein Nichtanwendungsgesetz zurückgeht, ist die Regelung zu gewerblich geprägten Personengesellschaften in §15 Abs. 3 Nr. 2 EStG. Danach gilt die Tätigkeit einer nicht gewerblich tätigen Personengesellschaft gleichwohl in vollem Umfang als Gewerbebetrieb, wenn bei der Gesellschaft ausschließlich Kapitalgesellschaften oder andere gewerblich geprägte Personengesellschaften persönlich haftende Gesellschafter und auch nur diese Gesellschaften oder Nicht-Gesellschafter zur Geschäftsführung befugt sind. Die Regelung wiederholt die Voraussetzungen der früheren sog. Geprägerechtsprechung des Bundesfinanzhofs, nach der eine Personengesellschaft dann gewerbliche Einkünfte erzielte, wenn an ihr eine Kapitalgesellschaft beteiligt ist, die ihr das Gepräge gibt und ihre Tätigkeit entscheidend bestimmt.[58] Nachdem der Große Senat des Bundesfinanzhofs die Geprägerechtsprechung mit seiner Entscheidung vom 25.6.1984 aufgegeben hatte,[59] stellte der Gesetzgeber sie im Folgejahr[60] rückwirkend[61] gesetzlich wieder

---

für den Veranlagungszeitraum 1959/1960) anzuwenden, soweit Veranlagungen nicht bereits rechtskräftig erfolgt waren, Art. 2 Abs. 7 des Steueränderungsgesetzes 1960.

55 Die Gesetzgebungsmaterialien nehmen ausdrücklich auf die bisherige Rechtsprechung Bezug, BT-Drs. 3/1811, S. 11 f.

56 Nach der Erhebung von *Suck*, Das Nichtanwendungsgesetz als Instrument der Steuerpolitik, 2018, S. 240 ergehen nur 15,95 % der Nichtanwendungsgesetze zugunsten des Steuerpflichtigen, während 76,09 % der Nichtanwendungsgesetze profiskalische Wirkungen entfalten. Die verbleibenden 7,98 % entfallen auf neutrale Nichtanwendungsgesetze, die insbesondere das steuerrechtliche Verfahrensrecht betreffen.

57 Zur typologischen Abgrenzung zwischen belastenden, begünstigenden und neutralen Nichtanwendungsgesetzen noch unter §2 C. II.

58 Vgl. insbesondere BFH, Urteil v. 17.3.1966 – IV 233/65, IV 234/65, IV 233, 234/65, BFHE 84, 471 = BStBl III 1966, 171, juris Rn. 7 ff.; BFH, Urteil v. 3.8.1972 – IV R 235/67, BFHE 106, 331 = BStBl II 1972, 799, juris Rn. 9 ff.; BFH, Urteil v. 22.11.1972 – I R 252/70, BFHE 108, 208 = BStBl II 1973, 405, juris Rn. 11 ff.

59 BFH, Beschluss v. 25.6.1984 – GrS 4/82, BFHE 141, 405 = BStBl II 1984, 751, juris Rn. 133 ff.

60 Steuerbereinigungsgesetz 1986 vom 19.12.1985 (BGBl I 1985, 2436).

61 Die Norm des §15 Abs. 3 Nr. 2 EStG war nach §52 Abs. 20b S. 1 EStG i. d. F. des Steuerbereinigungsgesetz 1986 auch schon für Veranlagungszeiträume vor 1986 anzuwenden. Soweit Veranlagungen noch nicht bestandskräftig waren oder unter dem Vorbehalt der Nachprüfung standen und sich eine Steuerpflicht von Veräußerungs- oder Entnahmegewinnen erst aus der Anwendung von §15 Abs. 3 Nr. 2 EStG ergab, nahm §52 Abs. 20b S. 3 ff. EStG solche Gewinne von der Besteuerung aus, bei denen entweder das obligatorische Veräußerungsgeschäft, dessen dingliche Erfüllung oder die Entnahmehandlung in den Zeitraum zwischen Veröffentlichung des Beschlusses des Großen Senats vom 25.6.1984 und der Beschlussfassung der Bundesregierung über das Steuerbereinigungsgesetz 1986 fiel.

her. Die damit geschaffene Möglichkeit, durch gesellschaftsrechtliche Gestaltungen bei einer Personengesellschaft Einkünfte aus Gewerbebetrieb gewissermaßen „auf Antrag" zu ermöglichen, ist als Gestaltungsmittel des (nationalen) deutschen Steuerrechts nicht mehr wegzudenken.

Die Regelung des § 15 Abs. 3 Nr. 2 EStG steht exemplarisch für die überproportional häufigen Nichtanwendungsgesetze gegen Entscheidungen des Großen Senats des Bundesfinanzhofs.[62] Ein weiteres Beispiel sind die Abzugsverbote für Geldbußen in § 4 Abs. 5 S. 1 Nr. 8 EStG und Geldstrafen in § 12 Nr. 4 EStG. Sie wurden als Reaktion auf zwei Beschlüsse vom 21.11.1983[63] eingeführt,[64] mit denen der Große Senat eine ständige, auch von der Finanzverwaltung angewendete Rechtsprechung aufgegeben hatte, nach der einem steuerwirksamen Abzug von Geldstrafen und -bußen der Grundsatz der Einheit der Rechtsordnung entgegenstehe.[65] Beide Neuregelungen sind – ebenso wie das in der Einleitung dargestellte erste Nichtanwendungsgesetz zu Berufsausbildungskosten – zugleich Beispiele für Nichtanwendungsgesetze, mit denen der Gesetzgeber einen Rechtsprechungswechsel korrigiert.[66] Nichtanwendungsgesetze betreffen also insbesondere solche Fragen, in denen der Bundesfinanzhof seine Auffassung geändert hat oder verschiedene Senate unterschiedliche Standpunkte eingenommen haben, sodass der Große Senat eine Entscheidung treffen musste. Diese Beobachtung unterstreicht den maßgeblichen inhaltlichen Einfluss der Nichtanwendungsgesetzgebung auf das deutsche Ertragsteuerrecht.

[62] In dem von *Suck* zugrunde gelegten Untersuchungszeitraum wurden 7,83 % der Entscheidungen des Großen Senats mit einem Nichtanwendungsgesetz belegt, während die Quote bei den sonstigen Entscheidungen des Bundesfinanzhofs nur 0,0021 % beträgt; *Suck*, Das Nichtanwendungsgesetz als Instrument der Steuerpolitik, 2018, S. 235 f. Zu den Gründen für diese Häufung noch unter § 2 B. III. 3. a), § 3 D.

[63] BFH, Beschluss v. 21.11.1983 – GrS 2/82, BFHE 140, 50 = BStBl II 1984, 160, juris Rn. 49 ff.; der Parallelbeschluss BFH, Beschluss v. 21.11.1983 – GrS 3/82, BFHE 140, 62 = BStBl II 1984, 166 wurde nur mit seinem Leitsatz veröffentlicht.

[64] Gesetz zur Änderung des Einkommensteuergesetzes und des Körperschaftsteuergesetzes vom 25.7.1984 (BGBl I 1984, 1006); die neu geschaffenen Vorschriften waren nach § 52 Abs. 3a und Abs. 19a EStG i. d. F. des Gesetzes zur Änderung des Einkommensteuergesetzes und des Körperschaftsteuergesetzes auch auf Veranlagungszeiträume vor der Gesetzesverkündung anwendbar, soweit Steuerbescheide noch nicht bestandskräftig veranlagt waren oder unter dem Vorbehalt der Nachprüfung standen.

[65] Vgl. nur BFH, Urteil v. 21.7.1955 – IV 373/54 U, BFHE 61, 361 = BStBl III 1955, 338, juris Rn. 15 ff.; BFH, Urteil v. 10.9.1957 – I 322/56 S, BFHE 65, 471 = BStBl III 1957, 415, juris Rn. 5 ff.; BFH, Urteil v. 25.8.1961 – VI 99/59 S, BFHE 73, 591 = BStBl III 1961, 482, juris Rn. 8 f.; BFH, Urteil v. 6.11.1968 – I R 12/66, BFHE 94, 56 = BStBl II 1969, 74, juris Rn. 8 ff.; BFH, Urteil v. 18.5.1972 – IV R 122/68, BFHE 105, 486 = BStBl II 1972, 623, juris Rn. 9; BFH, Urteil v. 18.12.1975 – IV R 12/72, BFHE 118, 307 = BStBl II 1976, 370, juris Rn. 13; zur Entwicklung in der Rechtsprechung des Reichsfinanzhofs siehe BFH, Beschluss v. 21.11.1983 – GrS 2/82, BFHE 140, 50 = BStBl II 1984, 160, juris Rn. 39 ff.

[66] Nach *Suck*, Das Nichtanwendungsgesetz als Instrument der Steuerpolitik, 2018, S. 237 entfallen 9,2 % der Nichtanwendungsgesetze auf Entscheidungen, mit denen der Bundesfinanzhof eine bisherige Rechtsprechung aufgegeben hat. Zum besonderen Typus der konservierenden Nichtanwendungsgesetze noch unter § 2 C. V.

In jüngerer Vergangenheit zeigt sich dieser Einfluss vor allem im deutschen internationalen Steuerrecht. Zentrale Normen für (Qualifikations-)Konflikte zwischen der Auslegung eines Doppelbesteuerungsabkommens und dem nationalen Steuerrecht wurden durch Nichtanwendungsgesetze geformt: So entschied der Bundesfinanzhof,[67] dass Zinsen aus einem Darlehen, das ein Mitunternehmer seiner Mitunternehmerschaft gewährt hat, im Abkommensrecht grundsätzlich anders qualifiziert werden als im nationalen Recht. Nach nationalem Recht erzielt der Mitunternehmer insoweit (Sonder-)Einkünfte aus Gewerbebetrieb (§ 15 Abs. 1 S. 1 Nr. 2 S. 1 Hs. 2 EStG). Fehlen entsprechende ausdrückliche Regelungen in dem jeweiligen Doppelbesteuerungsabkommen, so zählen die Zinsen nach Ansicht des Bundesfinanzhofs für den Mitunternehmer nicht zu seinen Einkünften aus Unternehmensgewinnen (Art. 7 OECD-MA), sondern unterfallen den Regelungen des Zinsartikels (Art. 11 OECD-MA). Hat die Mitunternehmerschaft ihren Sitz im Inland und zahlt die Zinsen an einen Mitunternehmer im DBA-Ausland, hat Deutschland nach dieser Interpretation – anders als wenn es sich um Unternehmensgewinne aus einer inländischen Betriebsstätte handeln würde (Art. 7 Abs. 1 OECD-MA) – kein Besteuerungsrecht an den Zinseinkünften (Art. 11 Abs. 1 OECD-MA). Die Finanzverwaltung wendete diese Entscheidungen nicht allgemein an.[68] Der Gesetzgeber reagierte[69] mit der rückwirkenden[70] Einführung von § 50d Abs. 10 EStG, nach dem Sondereinkünfte im Sinne von § 15 Abs. 1 S. 1 Nr. 2 S. 1 Hs. 2 EStG für die Anwendung eines Doppelbesteuerungsabkommens, das keine Sonderregelungen für derartige Einkünfte enthält, zu den Unternehmensgewinnen zählen.[71] Damit wird die Auslegung des Doppelbesteuerungsabkommens durch eine einfachgesetzliche Regelung verbindlich vorgegeben und etwaige entgegenstehende Regelungen des Abkommens werden für unbeachtlich erklärt (sog. Treaty Override).[72]

Allerdings verfehlte diese Regelung in ihrer ursprünglichen Fassung ihr Ziel: Der Bundesfinanzhof entschied, dass ein deutsches Besteuerungsrecht an derartigen Zinszahlungen auch durch § 50d Abs. 10 i. d. F. JStG 2009 nicht be-

---

[67] Insbesondere BFH, Urteil v. 10.8.2006 – II R 59/05, BFHE 214, 518 = BStBl II 2009, 758, juris Rn. 65; BFH, Urteil v. 17.10.2007 – I R 5/06, BFHE 219, 518 = BStBl II 2009, 356, juris Rn. 16 jew. m. w. N.

[68] Eine Veröffentlichung im Bundessteuerblatt II erfolgte erst nach Inkrafttreten des Nichtanwendungsgesetzes.

[69] Die Gesetzgebungsmaterialien nehmen ausdrücklich auf die Rechtsprechung des Bundesfinanzhofs Bezug, BR-Drs. 545/08 (Beschluss), S. 3; BT-Drs. 16/11108, S. 23.

[70] Die Neuregelung war gemäß § 52 Abs. 59a S. 8 EStG i. d. F. JStG 2009 in allen Fällen anzuwenden, in denen die Einkommen- und Körperschaftsteuer noch nicht bestandskräftig festgesetzt war.

[71] Die Norm wurde in ihrer ursprünglichen Fassung durch das Jahressteuergesetz 2009 (JStG 2009) v. 19.12.2008 (BGBl I 2008, 2794) eingeführt.

[72] Ein Treaty Override begründet für sich genommen keinen Verfassungsverstoß; BVerfG, Beschluss v. 15.12.2015 – 2 BvL 1/12, BVerfGE 141, 1, juris Rn. 33 ff.

gründet werde, weil die Zinszahlungen zwar zu Unternehmensgewinnen umqualifiziert werden, allerdings weder in der Norm noch in den Doppelbesteuerungsabkommen angeordnet werde, dass diese Sondervergütungen (bzw. die zugehörigen Vermögensgegenstände) auch einer inländischen Betriebsstätte zuzuordnen sind.[73] Auch diese Entscheidungen wurden von der Finanzverwaltung nicht allgemein angewendet, sondern erst nach dem Inkrafttreten eines neuerlichen Nichtanwendungsgesetzes,[74] mit dem §50d Abs. 10 EStG rückwirkend[75] neugefasst und um entsprechende Zuordnungsregeln ergänzt wurde, im Bundessteuerblatt II veröffentlicht. In seiner jetzigen Fassung erstreckt §50d Abs. 10 EStG die im nationalen Recht bestehenden Grundsätze zur Besteuerung von Sondereinkünften – einen der zentralen Grundsätze der deutschen Besteuerung von Personengesellschaften bzw. ihren Gesellschaftern – auch auf grenzüberschreitende Sachverhalte zum DBA-Ausland.

In ähnlicher Form – jedoch beschränkt auf bestimmte Altfälle – erstreckt §50i Abs. 1 EStG weitere zentrale Qualifikationsentscheidungen auf grenzüberschreitende Fallkonstellationen: Die Norm begründet im Wege eines Treaty Overrides ein deutsches Besteuerungsrecht an dem Gewinn aus der Veräußerung von bestimmten Wirtschaftsgüter, wenn diese auf eine Personengesellschaft übertragen worden sind, deren Tätigkeit nach §15 Abs. 3 EStG als Gewerbebetrieb gilt (§50i Abs. 1 S. 1 EStG), also insbesondere auf gewerblich geprägte Personengesellschaften (§15 Abs. 3 Nr. 2 EStG, s. o.). Entsprechendes gilt, wenn die Wirtschaftsgüter auf eine Einzelperson oder auf eine Personengesellschaft übertragen wurden, die nach den von der Rechtsprechung entwickelten Grundsätzen einer Betriebsaufspaltung[76] gewerbliche Einkünfte erzielt (§50i Abs. 1 S. 4 EStG). Beide Regelungen sind partielle[77] Nichtanwendungsgesetze zu Entscheidungen des Bundesfinanzhofs, der eine Parallelität zwischen Einkünften aus Gewerbebetrieb nach nationalem Recht und Unternehmensgewinnen im

---

[73] Insbes. BFH, Urteil v. 8.9.2010 – I R 74/09, BFHE 231, 84 = BStBl II 2014, 788, juris Rn. 17ff.; BFH, Urteil v. 7.12.2011 – I R 5/11, BFH/NV 2012, 556, juris Rn. 15; so auch schon diverse Stellungnahmen in der Literatur, vgl. nur *Boller/Eilinghoff/S. Schmidt*, IStR 2009, 109, 115; *Boller/S.* Schmidt, IStR 2009, 852, 852; *C. Schmidt*, IStR 2010, 413, 430; mit anderer Begründung aber identischem Ergebnis *Kramer*, IStR 2010, 239, 239f.; a. A. *Frotscher*, IStR 2009, 593, 596.

[74] Gesetz zur Umsetzung der Amtshilferichtlinie sowie zur Änderung steuerlicher Vorschriften (Amtshilferichtlinie-Umsetzungsgesetz) v. 26.6.2013 (BGBl I 2013, S. 1809).

[75] Die Neuregelung ist nach §52 Abs. 59a S. 10 EStG i. d. F. des Amtshilferichtlinie-Umsetzungsgesetzes in allen Fällen anzuwenden, in denen die Einkommen- oder Körperschaftsteuer noch nicht bestandskräftig festgesetzt worden ist.

[76] Vgl. nur BFH, Urteil v. 25.6.1957 – I 119/56 U, BFHE 65, 181 = BStBl III 1957, 303, juris Rn. 13ff.; BFH, Beschluss v. 8.11.1971 – GrS 2/71, BFHE 103, 440 = BStBl II 1972, 63, juris Rn. 17ff.; BFH, Urteil v. 10.11.2005 – IV R 29/04, BFHE 211, 305 = BStBl II 2006, 173, juris Rn. 18ff.; jew. unter Bezugnahme auf die ständige, bis auf den Reichsfinanzhof zurückgehende Rechtsprechung.

[77] Zur Differenzierung zwischen umfassenden und partiellen Nichtanwendungsgesetzen noch unter §2 C. V.

Sinne der Doppelbesteuerungsabkommen jeweils abgelehnt hatte.[78] Ebenso wie bei §50d Abs. 10 EStG benötigte der Gesetzgeber mehrere Anläufe, um das mit dem Nichtanwendungsgesetz verfolgte Regelungsziel zu erreichen.[79]

Ein weiteres Nichtanwendungsgesetz jüngerer Zeit im Bereich des deutschen internationalen Steuerrechts ist §50d Abs. 11 EStG, der keine Konflikte zwischen dem Abkommensrecht und nationalem Steuerrecht bei der Einkünftequalifikation, sondern solche bei der Zurechnung von Einnahmen betrifft: Danach sind Dividenden, die nach einem Doppelbesteuerungsabkommen in Deutschland beim Zahlungsempfänger von der Besteuerung freizustellen sind (sog. DBA-Schachtelprivileg für Dividendenzahlungen zwischen Kapitalgesellschaften) gleichwohl in Deutschland steuerpflichtig, insoweit sie nach deutschem Steuerrecht einer anderen Person als dem Zahlungsempfänger zuzurechnen sind und bei dieser Person nach dem Doppelbesteuerungsabkommen keine Freistellung möglich wäre. Mit dieser Norm wird – abermals im Wege eines Treaty Overrides – die Entscheidung des Bundesfinanzhofs vom 19.5.2010[80] rückwirkend korrigiert:[81] Der Bundesfinanzhof hatte eine vollständige Freistellung auch dann angenommen, wenn die Dividenden nach deutschem Steuerrecht (teilweise) einer Personengesellschaft oder einer natürlichen Person zuzurechnen sind, die sich unmittelbar jeweils nicht auf das DBA-Schachtelprivileg berufen können.[82]

---

[78] Zur gesetzlichen Fiktion aus §15 Abs. 3 EStG BFH, Urteil v. 28.4.2010 – I R 81/09, BFHE 229, 252 = BStBl II 2014, 754, juris Rn. 22; BFH, Beschluss v. 19.5.2010 – I B 191/09, BFHE 229, 322 = BStBl II 2011, 156, juris Rn. 15; BFH, Urteil v. 9.12.2010 – I R 49/09, BFHE 232, 145 = BStBl II 2011, 482, juris Rn. 18; BFH, Urteil v. 24.8.2011 – I R 46/10, BFHE 234, 339 = BStBl II 2014, 764, juris Rn. 16; zur Umqualifikation nach den Grundsätzen der Betriebsaufspaltung BFH, Urteil v. 25.5.2011 – I R 95/10, BFHE 234, 63 = BStBl II 2014, 760, juris Rn. 22.

[79] Die Norm wurde in ihrer ursprünglichen Form durch das Amtshilferichtlinie-Umsetzungsgesetz vom 26.6.2013 (BGBl I 2013, 1809) eingeführt, durch das Gesetz zur Anpassung des nationalen Steuerrechts an den Beitritt Kroatiens zur EU und zur Änderung weiterer steuerlicher Vorschriften vom 25.7.2014 (BGBl I 2014, S. 1266) ergänzt und schließlich durch das Gesetz zur Umsetzung der Änderungen der EU-Amtshilferichtlinie und von weiteren Maßnahmen gegen Gewinnkürzungen und -verlagerungen vom 20.12.2016 (BGBl I 2016, S. 3000) nochmals neu gefasst.

[80] BFH, Urteil v. 19.5.2010 – I R 62/09, BFHE 230, 18, juris Rn. 24ff.; das Urteil wurde nicht im Bundessteuerblatt II veröffentlicht und von der Finanzverwaltung dementsprechend nicht über den entschiedenen Einzelfall hinaus angewendet.

[81] Die Norm wurde durch das Gesetz zur Änderung des Gemeindefinanzreformgesetzes und von steuerlichen Vorschriften v. 8.5.2012 (BGBl I 2012, S. 1030) eingeführt. Nach §52 Abs. 59a S. 9 EStG i. d. F. dieses Gesetzes fand die Norm erstmals auf Dividendenzahlungen Anwendung, die nach dem 31.12.2011 geleistet wurden.

[82] Der entschiedene Fall betraf eine Dividendenzahlung von einer in Frankreich ansässigen Kapitalgesellschaft an eine in Deutschland ansässige KGaA. Die KGaA gilt zwar für Zwecke des Doppelbesteuerungsabkommens als Kapitalgesellschaft, nach §15 Abs. 1 Nr. 3 EStG wird sie aber in Bezug auf die Gewinnanteile der persönlich haftenden Gesellschafter wie eine Personengesellschaft behandelt, d. h. auf Ebene der KGaA erzielte Einnahmen werden unmittelbar den persönlichen Gesellschaftern zugerechnet und durch diese versteuert.

Schließlich wurde auch § 50d Abs. 9 EStG in seiner heutigen Fassung maßgeblich durch Nichtanwendungsgesetze geprägt. Nach dieser Regelung wird eine durch ein Doppelbesteuerungsabkommen grundsätzlich angeordnete Freistellung von Einkünften in Deutschland gleichwohl nicht gewährt, soweit der andere Staat diese Einkünfte ebenfalls nicht oder nur mit einem ermäßigten Steuersatz besteuert, weil er entweder das Doppelbesteuerungsabkommen anders auslegt als Deutschland (§ 50d Abs. 9 S. 1 Nr. 1 EStG) oder im Rahmen seiner Regelungen zur beschränkten Steuerpflicht die entsprechenden Einkünfte nicht erfasst (§ 50d Abs. 9 S. 1 Nr. 2 EStG). Die Regelung schränkt also die Freistellungsmethode ein und ordnet – im Wege eines Treaty Overrides – den Rückfall des Besteuerungsrechts an Deutschland an. Insoweit bereits im Doppelbesteuerungsabkommen selbst entsprechende Rückfallklauseln vereinbart sind, ordnet § 50d Abs. 9 S. 4 EStG an, dass diese auch dann Anwendung finden, wenn der andere Staat nur Teile der Einkünfte besteuert. Sowohl das Einfügen des Worts „soweit“ anstelle des bisherigen „wenn“ in § 50d Abs. 9 S. 1 EStG als auch des neuen § 50d Abs. 9 S. 4 EStG sind eine gesetzgeberische Reaktion[83] auf die Rechtsprechung des Bundesfinanzhofs,[84] nach der ein Rückfall des Besteuerungsrechts an Deutschland nicht schon dann in Betracht kam, wenn der ausländische Staat sein Besteuerungsrecht nur teilweise ausgeübt hat. Auch die Konfliktregelung in § 50d Abs. 9 S. 3 EStG ist ein (rückwirkendes) Nichtanwendungsgesetz:[85] Danach bleiben die Anwendung von Bestimmungen eines Doppelbesteuerungsabkommens, von § 50d Abs. 8 EStG oder von § 20 Abs. 2 AStG unberührt, soweit diese Regelungen zu einer weitergehenden Einschränkung der Freistellungsmethode führen. Der Bundesfinanzhof[86] hatte demgegenüber § 50d Abs. 8 EStG, der die Freistellung von Einkünften aus nichtselbständiger Arbeit davon abhängig macht, dass der Steuerpflichtige bestimmte Nachweise über die steuerliche Behandlung der Einkünfte im anderen Staat erbringt, als

---

[83] Gesetz zur Umsetzung der Änderungen der EU-Amtshilferichtlinie und von weiteren Maßnahmen gegen Gewinnkürzungen und -verlagerungen v. 20.12.2016 (BGBl I 2016, S. 3000). Die Neuregelungen sind ab dem Veranlagungszeitraum 2017 und mithin nur für zukünftige Fälle anwendbar. Zur Abgrenzung zwischen rückwirkenden Nichtanwendungsgesetzen und Nichtanwendungsgesetzen mit Wirkung *pro futuro* noch unter § 2 C. IV.

[84] BFH, Beschluss v. 19.12.2013 – I B 109/13, BFHE 244, 40, juris Rn. 8f.; BFH, Urteil v. 20.5.2015 – I R 68/14, BFHE 250, 96 = BStBl II 2016, 90, juris Rn. 12f.; BFH, Urteil v. 20.5.2015 – I R 69/14, BFH/NV 2015, 1395, juris Rn. 12f.; BFH, Urteil v. 21.1.2016 – I R 49/14, BFHE 253, 115 = BStBl II 2017, 107, juris Rn. 23, 29; die Finanzverwaltung hat die Entscheidungen vor Erlass des Nichtanwendungsgesetzes allgemein angewendet.

[85] Die Norm wurde durch das Amtshilferichtlinie-Umsetzungsgesetz vom 26.6.2013 (BGBl I 2013, 1809) eingeführt und ist gemäß § 52 Abs. 59a S. 9 EStG in der Fassung dieses Gesetzes auf alle Fälle anzuwenden, in denen die Einkommen- oder Körperschaftsteuer noch nicht bestandskräftig festgesetzt worden ist.

[86] BFH, Urteil v. 11.1.2012 – I R 27/11, BFHE 236, 327, juris Rn. 12f.; die Entscheidung wurde nicht im Bundessteuerblatt II veröffentlicht und dementsprechend von der Finanzverwaltung über den entschiedenen Einzelfall hinaus nicht angewendet.

vorrangige Spezialregelung angesehen, die einen Rückgriff auf die allgemeine Rückfallklausel des § 50d Abs. 9 EStG ausschließt.

Angesichts der eingangs dargestellten quantitativen Erhebungen und des beispielhaften Panoramas bis heute relevanter Nichtanwendungsgesetze lässt sich der *status quo* zusammenfassend beschreiben: Nichtanwendungsgesetze prägen das deutsche Ertragsteuerrecht.[87]

II. Nichtanwendungsgesetze gegen Entscheidungen der anderen Gerichtsbarkeiten

Wenn die besondere Relevanz im Steuerrecht betont wird, soll damit nicht der Eindruck entstehen, Nichtanwendungsgesetze würden in anderen Rechtsbereichen gar nicht vorkommen. Anhand ausgesuchter Einzelfälle lässt sich vielmehr belegen, dass auch Entscheidungen ordentlicher Gerichte und anderer Fachgerichte von gesetzgeberischen Korrekturen betroffen sind.[88]

So wurden beispielsweise[89] mit dem Gesetz zur Modernisierung des GmbH-Rechts und zur Bekämpfung von Missbräuchen (MoMiG) vom 23.10.2008[90] gleich mehrere gesellschafts- und insolvenzrechtliche Entscheidungen des Bundesgerichtshofs revidiert: Gemäß dem neu geschaffenen § 19 Abs. 4 GmbHG befreit eine verdeckte Sacheinlage den Gesellschafter einer GmbH nicht von seiner

---

[87] Vgl. ebenso *Crezelius*, FS Felix, 1989, S. 37, 37; *Hey*, BB 2000, 1453, 1459; *dies.*, DStR 2004, 1897, 1898; *dies.*, JZ 2014, 500, 503; *Desens*, Bindung der Finanzverwaltung an die Rechtsprechung, 2011, S. 66.

[88] Vgl. auch die Darstellungen von Einzelfällen bei *Suck*, Das Nichtanwendungsgesetz als Instrument der Steuerpolitik, 2018, S. 145 ff.; zum Gesellschafts- und Insolvenzrecht bei *K. Schmidt*, JZ 2009, 10, 17 f.; *Fleischer/Wedemann*, AcP 209 (2009), 597, 604 ff.; zum öffentlichen Recht bei *Müller*, DÖV 1964, 226, 229 f.; *Redeker*, NJW 1972, 409, 409; zum Arbeitsrecht bei *Herschel*, AuR 1985, 265, 266; *Blomeyer*, FS Obermayer, 1986, S. 15, 16; zum Sozialrecht bei *Rüfner*, DRiZ 1992, 457, 461 f. Die hier dargestellten Beispiele gehen überwiegend auf die genannten Veröffentlichungen zurück.

[89] Als älteres Beispiel lässt sich die Einführung von § 35 Abs. 4 GmbHG a. F. (heute § 35 Abs. 3 S. 1 GmbHG) durch das Gesetz zur Änderung des Gesetzes betreffend die Gesellschaften mit beschränkter Haftung und anderer haftungsrechtlicher Vorschriften v. 4.7.1980 (BGBl I 1980, 836) anführen, der entgegen BGH, Urteil v. 19.4.1971 – II ZR 98/68, BGHZ 56, 97, juris Rn. 12 ff. die Anwendung von § 181 BGB auch für Geschäfte zwischen dem Alleingesellschafter einer Ein-Personen-GmbH und der Gesellschaft anordnet. Auch die mit dem Gesetz zur Verbesserung der Wettbewerbsfähigkeit deutscher Konzerne an Kapitalmärkten und zur Erleichterung der Aufnahme von Gesellschafterdarlehen v. 20.4.1998 (BGBl I 1998, S. 707) und durch das Gesetz zur Kontrolle und Transparenz im Unternehmensbereich v. 27.4.1998 (BGBl I 1998, S. 786) in § 32a Abs. 3 S. 2, 3 GmbHG a. F. eingeführten Ausnahmen vom Eigenkapitalersatzrecht (Kleinbeteiligungs- und Sanierungsprivileg, nach dem heutigen insolvenzrechtlichen Modell in § 39 Abs. 4 S. 2 und Abs. 5 InsO geregelt) schränkten die bis dahin bestehende Rechtsprechung des Bundesgerichtshof ein; vgl. z. B. BGH, Urteil v. 21.9.1981 – II ZR 104/80, BGHZ 81, 311, juris Rn. 16 f.; BGH, Urteil v. 19.9.1988 – II ZR 255/87, BGHZ 105, 168, juris Rn. 24 f. jew. m. w. N.

[90] Gesetz zur Modernisierung des GmbH-Rechts und zur Bekämpfung von Missbräuchen (MoMiG) v. 23.10.2008 (BGBl I 2008, S. 2026).

Einlageverpflichtung. Der Wert des verdeckt eingelegten Vermögensgegenstands ist aber auf die fortbestehende Geldeinlageverpflichtung des Gesellschafters anzurechnen. Der Bundesgerichtshof hatte demgegenüber angenommen, dass eine an sich untersagte verdeckte Einlage durch eine nachträgliche Satzungsänderung geheilt werden könne.[91] Auch die Neuregelung in § 19 Abs. 5 GmbHG, nach der ein Gesellschafter bei einer bereits im Vorfeld vereinbarten Rückzahlung seiner Geldeinlage von seiner Einlageverpflichtung gleichwohl frei wird, wenn ein vollwertiger, durch die Gesellschaft jederzeit fällig stellbarer Rückzahlungsanspruch besteht, steht im Widerspruch zu der vorherigen Rechtsprechung des Bundesgerichtshofs, die in solchen Fällen des „Hin- und Herzahlens" insgesamt keine Leistung des Gesellschafters annahm.[92] Mit den Regelungen in § 30 Abs. 1 S. 2 Var. 2 GmbHG und § 57 Abs. 1 S. 3 Var. 2 AktG kehrte der Gesetzgeber zudem für die Gewährung eines Darlehens von der Gesellschaft an den Gesellschafter zu der vom Bundesgerichtshof zuvor[93] aufgegebenen bilanziellen Betrachtungsweise[94] zurück: Wenn die Darlehensauszahlung durch einen vollwertigen Rückgewähranspruch gedeckt ist, liegt keine verbotene Rückzahlung von Einlagen vor. Im umgekehrten Fall eines vom Gesellschafter an die Gesellschaft gewährten Darlehens führt nach § 30 Abs. 1 S. 3 GmbHG und § 57 Abs. 1 S. 4 AktG die Rückzahlung des Darlehens entgegen der bisherigen Rechtsprechung des Bundesgerichtshofs[95] auch dann nicht zu einer verbotenen Einlagenrückgewähr, wenn das Darlehen der Gesellschaft erst nach Ausbruch einer Krise gewährt wurde. Insolvenzrechtlich erlaubt es schließlich § 19 Abs. 2 S. 2 InsO unter erleichterten Voraussetzungen, (früher sog. eigenkapitalersetzende) Gesellschafterdarlehen bei der Feststellung einer Überschuldung außer Acht zu lassen.[96]

Im Bereich des Strafrechts hat aus jüngerer Zeit[97] vor allem die Reaktion des Gesetzgebers auf die Entscheidung des Landgerichts Köln vom

---

[91] BGH, Beschluss v. 4.3.1996 – II ZB 8/95, BGHZ 132, 141, juris Rn. 24 ff.; BGH, Versäumnisurteil v. 7.7.2003 – II ZR 235/01, BGHZ 155, 329, juris Rn. 15 ff.

[92] BGH, Urteil v. 9.1.2006 – II ZR 72/05, BGHZ 165, 352, juris Rn. 9 ff. m. w. N.

[93] BGH, Urteil v. 24.11.2003 – II ZR 171/01, BGHZ 157, 72, juris Rn. 10 ff.

[94] Vgl. schon RG, Urteil v. 20.12.1935 – II 113/35, RGZ 150, 28, juris Rn. 32 ff.

[95] BGH, Urteil v. 26.3.1984 – II ZR 14/84, BGHZ 90, 370, juris Rn. 13 ff.; BGH, Urteil v. 30.1.2006 – II ZR 357/03, ZIP 2006, 466, juris Rn. 6 ff.

[96] Entgegen BGH, Urteil v. 8.1.2001 – II ZR 88/99, BGHZ 146, 264, juris Rn. 15 ff. muss der Gesellschafter für seinen Rückforderungsanspruch nur noch einen Rangrücktritt hinter die in § 39 Abs. 1 Nr. 1–5 InsO genannten Ansprüche erklären, kann aber insbesondere vorrangig vor der Auskehrung des Stammkapitals Auszahlung verlangen.

[97] Ein älteres Beispiel bildet die Einfügung von § 56 StGB (heute § 18 StGB) durch das Dritte Strafrechtsänderungsgesetz v. 4.8.1953 (BGBl I 1953, S. 735), nach dem eine Bestrafung wegen eines erfolgsqualifizierten Delikts entgegen BGH, Urteil v. 28.9.1951 – 2 StR 391/51, BGHSt 1, 332, juris Rn. 10 ff. nicht schon dann möglich ist, wenn der Täter die besondere Folge, an die das Delikt die höhere Strafe knüpft, kausal verursacht hat, sondern nur, wenn er insoweit mindestens fahrlässig gehandelt hat. Weitere Nichtanwendungsgesetze gegen strafgerichtliche Entscheidungen sind nicht ersichtlich.

7.5.2012[98] große Aufmerksamkeit in der (Fach-)Öffentlichkeit erhalten. Das Landgericht hatte die fachkundige Beschneidung eines männlichen Kleinkindes (Zirkumzision) aus religiösen Gründen für eine tatbestandsmäßige und nicht durch eine Einwilligung der Eltern rechtfertigungsfähige Körperverletzung (§223 Abs. 1 StGB) gehalten und im entschiedenen Einzelfall nur aufgrund eines unvermeidbaren Verbotsirrtums (§17 S. 1 StGB) von einer Strafe abgesehen. Der Gesetzgeber fügte daraufhin §1631d BGB ein, wonach die Personensorge der Eltern auch das Recht umfasst, in eine medizinisch nicht erforderliche, aber fachgerecht durchzuführende Beschneidung des nicht einsichts- und urteilsfähigen Kindes einzuwilligen.[99]

Sowohl Entscheidungen der ordentlichen als auch der Verwaltungsgerichtsbarkeit waren durch die gesetzlichen Neuregelungen in §6 Abs. 3 KWG a. F. und §81 Abs. 1 S. 3 VAG a. F. – heute zusammengeführt in §4 Abs. 4 FinDAG – betroffen, nach dem die jeweiligen Aufsichtsbehörden[100] ihre Befugnisse und Aufgaben nur im öffentlichen Interesse und nicht auch im Interesse privater Anleger oder Versicherter erfüllen, sodass ein Amtshaftungsanspruch dieser Personen wegen der Verletzung einer Aufsichtspflicht ausscheidet.[101] Entscheidungen des Bundesverwaltungsgerichts wurden in jüngerer Zeit[102] daneben beispielsweise im Beamten-,[103] Bau-[104], Jagd-[105] oder Haushaltsrecht[106] gesetzlich korrigiert.

[98] LG Köln, Urteil v. 7.5.2012 – 151 Ns 169/11, NJW 2012, 2128, juris Rn. 7ff.

[99] Die Vorschrift wurde durch das Gesetz über den Umfang der Personensorge bei einer Beschneidung des männlichen Kindes v 20.12.2012 (BGBl I 2012, S. 2749) eingeführt.

[100] Die ursprünglichen Regelungen betrafen das Bundesaufsichtsamt für das Kreditwesen und das Bundesaufsichtsamt für das Versicherungswesen. Die heute gültige inhaltsgleiche Regelung betrifft die Bundesanstalt für Finanzdienstleistungsaufsicht (BaFin), in der die vorgenannten Behörden gemeinsam mit dem Bundesaufsichtsamt für den Wertpapierhandel zum 1.5.2002 aufgegangen sind.

[101] Damit bestätigte der Gesetzgeber die Rechtsprechung des Bundesverwaltungsgerichts (BVerwG, Urteil v. 14.10.1980 – 1 A 12/78, BVerwGE 61, 59, juris Rn. 127f.), während der Bundesgerichtshof (BGH, Urteil v. 15.2.1979 – III ZR 108/76, BGHZ 74, 144, juris Rn. 7ff.; BGH, Urteil v. 12.7.1979 – III ZR 154/77, BGHZ 75, 120, juris Rn. 11ff.) davon ausging, dass die Aufsichtspflichten auch dem Schutz privater Interessen dienten.

[102] Für ältere Beispiele vergleiche die Übersicht bei *Müller*, DÖV 1964, 226, 229f.

[103] Vgl. beispielsweise die Anpassung von §14a Abs. 1 Hs. 1 BeamtVG durch das Gesetz zur Neuordnung und Modernisierung des Bundesdienstrechts (Dienstrechtsneuordnungsgesetz) v. 5.2.2009 (BGBl I 2009, S. 160), mit der entgegen BVerwG, Urteil v. 23.6.2005 – 2 C 25/04, BVerwGE 124, 19, juris Rn. 11ff.; BVerwG, Urteil v. 12.11.2009 – 2 C 29/08, ZBR 2010, 258, juris Rn. 9ff. eine vorübergehende Erhöhung des bloßen Mindestruhegehaltssatzes ausgeschlossen wird.

[104] Vgl. beispielsweise die Änderungen von §11 Abs. 1 S. 1 Nr. 1 BauGB und §124 BauGB durch das Gesetz zur Stärkung der Innenentwicklung in den Städten und Gemeinden und weiteren Fortentwicklung des Städtebaurechts v. 11.6.2013, mit denen entgegen BVerwG, Urteil v. 1.12.2010 – 9 C 8/09, BVerwGE 138, 244, juris Rn. 33f. erschließungsrechtliche Verträge den städtebaulichen Verträgen gleichgestellt werden und mithin keinen strengeren Anforderungen mehr unterliegen.

[105] Vgl. beispielsweise die Änderung von §19 Abs. 1 Nr. 2 c) BJagdG durch das erste Gesetz zur Änderung des Bundesjagdgesetzes v. 1.11.2016 (BGBl I 2016, S. 2451) entgegen

Ein aktuelles Beispiel[107] für ein Nichtanwendungsgesetz gegen eine Entscheidung des Bundesarbeitsgerichts bildet das Tarifeinheitsgesetz: Nachdem das Bundesarbeitsgericht – entgegen der bisherigen Rechtsprechung[108] – entschieden hatte, dass innerhalb eines Betriebes auch unterschiedliche Tarifverträge Anwendung finden können,[109] schuf der Gesetzgeber mit § 4a TVG eine neue Kollisionsregelung.[110] Danach gilt von zwei sich in ihrem Anwendungsbereich überschneidenden Tarifverträgen immer nur derjenige, der von der Gewerkschaft abgeschlossen wurde, die im jeweiligen Betrieb die meisten in einem Arbeitsverhältnis stehenden Mitglieder hat.

Schließlich lassen sich in jüngerer Zeit[111] auch Nichtanwendungsgesetze finden, mit denen der Gesetzgeber auf Entscheidungen des Bundessozialgerichts reagiert. So wurde § 22b Abs. 1 S. 1 FRG rückwirkend dahingehend geändert, dass Rentenansprüche von Vertriebenen und Spätaussiedlern für Versicherungszeiten im Herkunftsland auch dann auf insgesamt 25 Entgeltpunkte beschränkt sind, wenn bei einer Einzelperson eigene Ansprüche wegen einer Beschäftigung im Ausland mit Ansprüchen aus einer Hinterbliebenenrente wegen einer Beschäftigung des Verstorbenen im Ausland zusammentreffen.[112] Das Bundessozialgericht hatte die vorherige Fassung der Norm so ausgelegt, dass der Höchstbetrag in diesen Fällen zweimal ausgenutzt werden kann.[113] Ein weiteres

---

BVerwG, Urteil v. 7.3.2016 – 6 C 60/14, NVwZ-RR 2016, 904, juris Rn. 12 ff.; BVerwG, Urteil v. 7.3.2016 – 6 C 59/14, juris, juris Rn. 12 ff.

[106] Vgl. beispielsweise die Einfügung von § 96 Abs. 4 BHO durch das Gesetz zur Änderung des Finanzausgleichsgesetzes und der Bundeshaushaltsordnung v. 15.7.2013 (BGBl I 2013, S. 2395) mit dem der Zugang zu Prüfungsergebnissen und -berichten des Bundesrechnungshofs entgegen BVerwG, Urteil v. 15.11.2012 – 7 C 1/12, NVwZ 2013, 431, juris Rn. 20 ff. auf abgeschlossene Prüfungen beschränkt und Akteneinsicht teilweise ausgeschlossen wird.

[107] Als älteres Beispiel kann die Ermöglichung sachgrundloser Befristungen von Arbeitsverträgen durch das Beschäftigungsförderungsgesetz v. 26.4.1985 (BGBl I 1985, S. 710) im Widerspruch zu BAG, Beschluss v. 12.10.1960 – GS 1/59, BAGE 10, 65, juris Rn. 28 ff. genannt werden.

[108] Die bisherige Rechtsprechung folgte dem Grundsatz der Tarifeinheit, vgl. nur BAG, Urteil v. 29.3.1957 – 1 AZR 208/55, BAGE 4, 37, juris Rn. 7; BAG, Urteil v. 29.11.1978 – 4 AZR 304/77, juris, juris Rn. 14; BAG, Urteil v. 20.3.1991 – 4 AZR 455/90, BAGE 67, 330, juris Rn. 22 ff.; BAG, Urteil v. 4.12.2002 – 10 AZR 113/02, RdA 2003, 375, juris Rn. 29 ff. jew. m. w. N.

[109] BAG, Urteil v. 7.7.2010 – 4 AZR 549/08, BAGE 135, 80, juris Rn. 21 ff.

[110] Die Vorschrift wurde durch das Gesetz zur Tarifeinheit v. 3.7.2015 (BGBl I 2015, S. 1130) eingeführt.

[111] Für ältere Beispiele vgl. *Rüfner*, DRiZ 1992, 457, 461 f.

[112] Die Vorschrift wurde durch Art. 9 Nr. 2 des Gesetzes zur Sicherung der nachhaltigen Finanzierungsgrundlagen der gesetzlichen Rentenversicherung (RVN) vom 21.7.2004 (BGBl I 2004, S. 1791) geändert. Die Neuregelung trat gemäß Art. 15 Abs. 3 RVN mit Wirkung vom 7.5.1996 in Kraft.

[113] BSG, Urteil v. 30.8.2001 – B 4 RA 118/00 R, BSGE 88, 288, juris Rn. 17 ff.; dieser Auslegung schlossen sich in der Folge der achte und der 13. Senat des Bundessozialgerichts an; BSG, Urteil v. 11.3.2004 – B 13 RJ 44/03 R, BSGE 92, 248, juris Rn. 16 ff.; BSG, Urteil v. 7.7.2004 – B 8 KN 10/03 R, BSGE 93, 85, juris Rn. 17 ff.

aktuelles Beispiel bildet das Gesetz zur Neuordnung des Rechts der Syndikusanwälte und zur Änderung der Finanzgerichtsordnung[114] mit dem der Gesetzgeber auf zwei Entscheidungen des Bundessozialgerichts[115] reagiert und – unter bestimmten Voraussetzungen auch rückwirkend[116] – Syndikusanwälten eine Befreiung von der Rentenversicherungspflicht ermöglicht hat.

Obwohl Nichtanwendungsgesetze also als eine gesetzgeberische Maßnahme charakterisiert werden können, die rechtsgebietsübergreifend zum Einsatz kommt, ist damit die besondere Bedeutung im Steuerrecht nicht widerlegt: Soweit ersichtlich fehlt es zwar bislang an umfassenden Untersuchungen zum quantitativen und qualitativen Einfluss von nichtsteuerlichen Nichtanwendungsgesetzen.[117] Die vorhandenen Stellungnahmen gehen aber übereinstimmend davon aus, dass der Gesetzgeber insoweit nur in Einzelfällen auf eine fachgerichtliche Entscheidung mit einem derogierenden Gesetz reagiert.[118] Teilweise verweisen Autoren auch ausdrücklich auf den verbreiteten Einsatz von Nichtanwendungsgesetzen im Steuerrecht, um den Ausnahmecharakter im außersteuerrechtlichen Bereich kontrastierend zu betonen.[119] Die tatsächliche Verbreitung des Phänomens scheint also außerhalb des Steuerrechts deutlich geringer zu sein. Dies spiegelt sich auch in der – noch detaillierter zu betrachtenden[120] – wissenschaftlichen Diskussion um die verfassungsrechtliche Zulässigkeit und die rechtspolitische Bewertung von Nichtanwendungsgesetzen wider: Im Steuerrecht hat sich ein jahrzehntelanger Diskurs entwickelt, der anhand aktueller Beispiele immer wieder neu aufflammt.[121] In anderen Rechtsbereichen

---

[114] Gesetz zur Neuordnung des Rechts der Syndikusanwälte und zur Änderung der Finanzgerichtsordnung v. 21.12.2015 (BGBl I 2015, S. 2517).

[115] BSG, Urteil v. 3.4.2014 – B 5 RE 13/14 R, BSGE 115, 267, juris Rn. 28 ff.; BSG, Urteil v. 3.4.2014 – B 5 RE 9/14 R, WM 2014, 1883, juris Rn. 18 ff.

[116] Vgl. die neugeschaffenen Regelungen in § 231 Abs. 4b SGB VI.

[117] *K. Schmidt*, JZ 2009, 10, 12 regt an, über die Grenzen eines gesetzgeberischen Eingriffs in die richterliche Rechtsfindung müsse mehr nachgedacht werden; nach *Fleischer*, in: MüKo GmbHG, 3. Auflage 2018, Einleitung Rn. 133 bilde der Aufsatz von *Fleischer/Wedemann*, AcP 209 (2009), 597 die bislang einzige ausführlichere Studie zu Nichtanwendungsgesetzen im Gesellschaftsrecht und „der Fragenkreis harre dringend einer näheren Untersuchung"; im Arbeitsrecht bezeichnet *Blomeyer*, FS Obermayer, 1986, S. 15, 15 ff. Nichtanwendungsgesetze als bis dahin gar nicht untersuchte Fragestellung; für das Sozialrecht verweist auch *Rüfner*, DRiZ 1992, 457, 459 auf fehlende Untersuchungen zur Reaktion der anderen Gewalten auf höchstrichterliche Entscheidungen.

[118] Für das Gesellschaftsrecht *Fleischer*, in: MüKo GmbHG, 3. Auflage 2018; *Fleischer/Wedemann*, AcP 209 (2009), 597, 620 f.; für das Arbeitsrecht *Blomeyer*, FS Obermayer, 1986, S. 15, 15 ff.; für das Sozialrecht bezeichnet *Rüfner*, DRiZ 1992, 457, 462 Nichtanwendungsgesetze zwar als „nicht selten", nennt aber für die „vergangenen Jahrzehnte" nur drei Beispiele.

[119] *Goette*, Einführung in das neue GmbH-Recht, 2008, Rn. 31 Fn. 20 befürchtete bei Erlass des MoMiG ähnliche Zustände im Gesellschaftsrecht; *Fleischer*, in: MüKo GmbHG, 3. Auflage 2018, stellt fest, dass sich die Befürchtung *Goettes* nicht bestätigt hat; ebenso auch schon *Fleischer/Wedemann*, AcP 209 (2009), 597, 620 f.

[120] Siehe dazu unter § 2 B. III.

[121] Vgl. zuletzt nur die Stellungnahme des Bundesrates zum Entwurf eines Gesetzes zur

wird selbst bei Neuregelungen, deren Verfassungskonformität in verschiedener Hinsicht zweifelhaft und innerhalb der Fachliteratur lebhaft umstritten ist, allenfalls bei der Darstellung der historischen Genese der Norm erwähnt, dass es sich um eine Reaktion auf eine vorangegangene fachgerichtliche Entscheidung handelt. Verfassungsrechtliche Konsequenzen werden daraus aber nicht gezogen. So spielte es beispielsweise weder in der Diskussion um die gesetzgeberische Neuregelung zur Zirkumzision[122] noch in der Debatte um das Tarifeinheitsgesetz[123] eine Rolle, dass es sich jeweils um Nichtanwendungsgesetze handelt.

Nichtanwendungsgesetze existieren also auch außerhalb des Steuerrechts, sie sind dort aber weniger stark verbreitet und erfahren – zumindest in ihrer Eigenschaft als Nichtanwendungsgesetz – keine besondere Beachtung durch die Fachliteratur. Dieser Befund bestätigt zum einen steuerrechtliche Nichtanwendungsgesetze als primären Untersuchungsgegenstand dieser Arbeit. Zum anderen wirft er die Frage auf, warum Nichtanwendungsgesetze gerade im Steuerrecht stark verbreitet sind und viel diskutiert werden. Auch wenn die bislang fehlenden systematischen Untersuchungen zu Nichtanwendungsgesetzen in anderen Rechtsbereichen zur Vorsicht bei der Formulierung einer endgültigen Antwort mahnen,[124] lassen sich Besonderheiten des Steuerrechts identifizieren, die eine Nichtanwendungsgesetzgebung einerseits faktisch begünstigen und sie andererseits rechtlich als besonders diskussionswürdig erscheinen lassen. Diesen spezifischen Charakteristika – namentlich zum einen dem besonderen Zusammenwirken der Staatsgewalten im Steuerrecht[125] und zum anderen der durch diese steuerrechtsspezifische Gewaltenteilung maßgeblich geprägten Entwicklung des materiellen Ertragsteuerrechts[126] – wendet sich die Untersuchung nunmehr zu.

---

weiteren steuerlichen Förderung der Elektromobilität und zur Änderung weiterer steuerlicher Vorschriften, in der eine Anpassung des Anschaffungskostenbegriffs in § 17 Abs. 2a EStG entgegen BFH, Urteil v. 11.7.2017 – IX R 36/15, BFHE 258, 427 als „problematisches" Nichtanwendungsgesetz bezeichnet wird; BR-Drs. 356/19 (Beschluss), S. 30; BT-Drs. 19/13436, S. 227.

[122] Vergleiche nur die Zusammenstellung der diversen verfassungsrechtlichen Kritikpunkte bei *Eschelbach*, in: BeckOK StGB, § 223 Rn. 9 ff.; *Mandla*, FPR 2013, 244; jew. m. w. N.

[123] Auch das BVerfG, Urteil v. 11.7.2017 – 1 BvR 1571/15, 1 BvR 1588/15, 1 BvR 2883/15, 1 BvR 1043/16, 1 BvR 1477/16, BVerfGE 146, 71, das die vielstimmige verfassungsrechtliche Kritik des Schrifttums referiert, geht mit keinem Wort auf den Charakter der Neuregelung als Nichtanwendungsgesetz ein.

[124] *Suck*, Das Nichtanwendungsgesetz als Instrument der Steuerpolitik, 2018, S. 155 ff. vermutet als Grund für das verstärkte Eingreifen des Gesetzgebers im Steuerrecht die unmittelbare Auswirkung höchstrichterlicher Entscheidungen für die öffentlichen Haushalte. Damit lässt sich aber noch nicht erklären, warum es im Sozialrecht nicht ähnlich häufig zu Nichtanwendungsgesetzen kommt. Auch hier drohen (angesichts der Vielzahl der betroffenen Fälle unter Umständen gravierende) Mindereinnahmen durch eine flächendeckende Anwendung für die Bürger günstiger Entscheidungen der Sozialgerichte.

[125] Dazu sogleich unter § 2 B. III.

[126] Dazu unter § 2 B. IV.

III. Nichtanwendungsgesetze im Kontext steuerrechtsspezifischer Gewaltenteilung

Der Grundsatz der Gewaltenteilung mit seiner klassischen Differenzierung zwischen Legislative, Exekutive und Judikative stellt eine zentrale Organisationsentscheidung des deutschen Verfassungsrechts dar.[127] Ob und in welchem Umfang sich aus diesem verfassungsrechtlichen Maßstab Grenzen für Nichtanwendungsgesetze ableiten lassen, wird im weiteren Verlauf der Arbeit noch herauszuarbeiten sein.[128] Hier erfolgt zunächst eine Bestandsaufnahme: Die tatsächliche Aufgaben- und Machtverteilung zwischen den drei Staatsgewalten im Steuerrecht bildet den Hintergrund für den Einsatz von Nichtanwendungsgesetzen und die Debatte über ihre Zulässigkeit.

1. Das „Diktum des Gesetzgebers" als Ausgangspunkt

Da in weiten Teilen verfassungs- und unionsrechtliche Vorgaben fehlen, wird das Steuerrecht in einem ersten Schritt maßgeblich durch den Gesetzgeber gestaltet. Das Grundgesetz enthält zwar steuerrechtsspezifische Regelungen zu den Gesetzgebungskompetenzen von Bund und Ländern (Art. 105 GG), zur Verteilung des Steueraufkommens (Art. 106–107 GG) sowie zur Verwaltung (Art. 108 GG). Diese Vorschriften nennen einen gewissen Bestand historisch anerkannter Steuerarten[129] und liefern mögliche Anknüpfungspunkte für steuerliche Belastungen.[130] Daraus folgen aber keine strikten Vorgaben für die inhaltliche Ausgestaltung der einzelnen Steuern und insbesondere für die Höhe der steuerlichen Belastung. Die in den Art. 105 ff. GG genannten Steuern sind Typusbegriffe, deren Typus bildende Merkmale dem historisch gewachsenen deutschen Steuerrecht zu entnehmen sind; neu geschaffene Steuern müssen einem der in den Art. 105 ff. GG genannten Typusbegriffe zuzuordnen sein.[131]

[127] Vgl. nur die ständige Rechtsprechung des Bundesverfassungsgerichts, z. B. BVerfG, Urteil v. 18.12.1953 – 1 BvL 106/53, BVerfGE 3, 225, juris Rn. 54; BVerfG, Beschluss v. 10.10.1972 – 2 BvL 51/69, BVerfGE 34, 52, juris Rn. 28; BVerfG, Urteil v. 17.7.1984 – 2 BvE 11/83; 2 BvE 15/83, BVerfGE 67, 100, juris Rn. 102; BVerfG, Nichtannahmebeschluss v. 8.3.2006 – 2 BvR 486/05, BVerfGK 7, 363, juris Rn. 73; BVerfG, Urteil v. 21.10.2014 – 2 BvE 5/11, BVerfGE 137, 185, juris Rn. 131; BVerfG, Urteil v. 2.6.2015 – 2 BvE 7/11, NVwZ 2015, 1377, juris Rn. 104; BVerfG, Beschluss v. 30.6.2015 – 2 BvR 1282/11, NVwZ 2015, 1434, juris Rn. 125; zur verfassungsrechtlichen Entwicklung noch unter § 4 A.

[128] Dazu unter § 4.

[129] Z. B. Einkommensteuer (Art. 106 Abs. 1 Nr. 6, Abs. 3, 5, 6, Art. 107 Abs. 1 GG), Körperschaftsteuer (Art. 106 Abs. 1 Nr. 6, Abs. 3, Art. 107 Abs. 1 GG), Gewerbesteuer (Art. 106 Abs. 6 GG), Umsatzsteuer (Art. 106 Abs. 3, 4, 5a, 6, Art. 107 Abs. 1, 2 GG), Vermögensteuer (Art. 106 Abs. 1 Nr. 5, Abs. 2 Nr. 1 GG), Erbschaftsteuer (Art. 106 Abs. 2 Nr. 2 GG), Grundsteuer (Art. 106 Abs. 6 GG), Kraftfahrzeugsteuer (Art. 106 Abs. 1 Nr. 3, Art. 106b GG).

[130] Z. B. Einkommen, Umsatz, Aufwand (Art. 105 Abs. 2a, Art. 106 Abs. 6 GG), Verbrauch (Art. 105 Abs. 2a, Art. 106 Abs. 1 Nr. 2 GG).

[131] BVerfG, Beschluss v. 13.4.2017 – 2 BvL 6/13, BVerfGE 145, 171, juris Rn. 64 ff.; *Seiler*,

Ein darüberhinausgehendes „Steuererfindungsrecht" des Bundes oder der Länder besteht nicht.[132] Die Vorschriften liefern aber den positiv-rechtlichen Anknüpfungspunkt dafür, dass der Staat die (wirtschaftliche) Freiheit seiner Bürger überhaupt durch die Erhebung von Steuern beeinträchtigen darf.[133] Hinzu tritt die materielle Erwägung, dass die Verfassung Aufgaben auf staatliche Institutionen überträgt und diese Institutionen finanziert werden müssen. Weil andere Finanzierungsmöglichkeiten rechtlich oder faktisch limitiert sind, bilden Steuern die wichtigste staatliche Einnahmequelle[134] – ein demokratisch marktwirtschaftlich organisierter Staat ist ein Steuerstaat.[135]

Dem sich daraus ergebenden Steuerzugriffsrecht des Gesetzgebers setzen die Freiheitsgrundrechte nach der ständigen Rechtsprechung des Bundesverfassungsgerichts nur in Extremfällen Grenzen: Die Menschenwürdegarantie aus Art. 1 Abs. 1 GG fordert die steuerliche Freistellung eines Existenzminimums.[136] Die Schutzgarantie für Ehe und Familie in Art. 6 I GG verbietet Steu-

---

in: Maunz/Dürig, GG, Art. 105 Rn. 121 f.; *Kube*, in: BeckOK GG, Art. 105 GG Rn. 42; *ders.*, HFSt 3, 2016, S. 53, 58 ff. jew. m. w. N.

132 BVerfG, Beschluss v. 13.4.2017 – 2 BvL 6/13, BVerfGE 145, 171, juris Rn. 69 ff.; *Seiler*, in: Maunz/Dürig, GG, Art. 105 Rn. 123 f.; *Kube*, in: BeckOK GG, Art. 105 GG Rn. 42 f. jew. m. w. N.

133 *F. Kirchhof*, BB 2017, 662, 662; vgl. auch BVerfG, Beschluss v. 13.4.2017 – 2 BvL 6/13, BVerfGE 145, 171, juris Rn. 60 m. w. N.

134 Zu den verschiedenen Finanzierungsmöglichkeiten, ihren rechtlichen und tatsächlichen Grenzen und der sich daraus ergebenden Dominanz der Steuererhebung noch im Detail unter § 3 A. II. 1.

135 Ausdrücklich BVerfG, Beschluss v. 8.6.1988 – 2 BvL 9/85, 2 BvL 3/86, BVerfGE 78, 249, juris Rn. 43; BVerfG, Beschluss v. 7.11.1995 – 2 BvR 413/88, 2 BvR 1300/93, BVerfGE 93, 319, juris Rn. 149; der Sache nach seitdem ständige Rechtsprechung; vgl. nur BVerfG, Beschluss v. 31.5.1990 – 2 BvL 12/88, 2 BvL 13/88, 2 BvR 1436/87, BVerfGE 82, 159, juris Rn. 90; BVerfG, Beschluss v. 17.7.2003 – 2 BvL 1/99, 2 BvL 4/99, 2 BvL 6/99, 2 BvL 16/99, 2 BvL 18/99, 2 BvL 1/01, BVerfGE 108, 186, juris Rn. 114 ff.; BVerfG, Beschluss v. 18.5.2004 – 2 BvR 2374/99, BVerfGE 110, 370, juris Rn. 85; BVerfG, Beschluss v. 25.6.2014 – 1 BvR 668/10, 1 BvR 2104/10, BVerfGE 137, 1, juris Rn. 42; BVerfG, Beschluss v. 17.1.2017 – 2 BvL 2/14, 2 BvL 3/14, 2 BvL 4/14, 2 BvL 5/14, NVwZ 2017, 696, juris Rn. 62 f. jew. m. w. N.; vgl. aus der Literatur nur den Überblick bei *Seiler*, in: Maunz/Dürig, GG, Art. 105 Rn. 41 ff.; *Kube*, in: BeckOK GG, Art. 105 Rn. 2; *P. Kirchhof*, HStR V, 3. Auflage 2007, § 119 Rn. 27 ff. sowie grundlegend *Isensee*, FS Ipsen, 1977, S. 409 ff.; zur historischen Entwicklung *Heun*, in: Sacksofsky/Wieland (Hrsg.), Vom Steuerstaat zum Gebührenstaat, 2000, S. 10, 10 ff.; *P. Kirchhof*, HStR V, 3. Auflage 2007, § 118 Rn. 6 ff.; kritisch zur normativen Reichweite des Steuerstaatsprinzips z. B. *Heun*, in: Sacksofsky/Wieland (Hrsg.), Vom Steuerstaat zum Gebührenstaat, 2000, S. 10, 19 ff.; *Grossekettler*, in: Sacksofsky/Wieland (Hrsg.), Vom Steuerstaat zum Gebührenstaat, 2000, S. 24, 37 ff.; *Hendler*, in: Sacksofsky/Wieland (Hrsg.), Vom Steuerstaat zum Gebührenstaat, 2000, S. 68, 82 ff.; *Sacksofsky*, in: Sacksofsky/Wieland (Hrsg.), Vom Steuerstaat zum Gebührenstaat, 2000, S. 188, 199 ff. m. w. N.

136 BVerfG, Beschluss v. 29.5.1990 – 1 BvL 20/84, 1 BvL 26/84, 1 BvL 4/86, BVerfGE 82, 60, juris Rn. 99; BVerfG, Beschluss v. 16.3.2005 – 2 BvL 7/00, BVerfGE 112, 268, juris Rn. 71; BVerfG, Beschluss v. 13.2.2008 – 2 BvL 1/06, BVerfGE 120, 125, juris Rn. 104; BVerfG, Urteil v. 9.12.2008 – 2 BvL 1/07, 2 BvL 2/07, 2 BvL 1/08, 2 BvL 2/08, BVerfGE 122, 210, juris Rn. 18; BVerfG, Beschluss v. 10.11.1998 – 2 BvR 1057/91, 2 BvR 1226/91, 2 BvR 980/91, BVerf-

erbelastungen für das Existenzminimum von Ehepartnern und Kindern.[137] Berufsfreiheit (Art. 12 GG)[138] und Eigentumsgarantie (Art. 14 Abs. 1 GG)[139] stehen erdrosselnden Steuern entgegen, die die Ausübung eines Berufs oder die Nutzung des Eigentums insgesamt unmöglich machen.

Von diesen Sonderkonstellationen abgesehen werden Steuergesetze aber regelmäßig nicht an Freiheitsgrundrechten, sondern am allgemeinen Gleichheitssatz (Art. 3 Abs. 1 GG) gemessen, der vom Bundesverfassungsgericht im Steuerrecht durch zwei miteinander verknüpfte Leitlinien konkretisiert wird. Der Gesetzgeber muss sich am Gebot der Besteuerung nach der finanziellen Leistungsfähigkeit (oder Leistungsfähigkeitsprinzip) und dem Gebot der Folgerichtigkeit orientieren.[140] Nach dem Leistungsfähigkeitsprinzip bildet die finanzielle Leistungsfähigkeit des Einzelnen einen sachlichen Grund für die

---

GE 99, 216, juris Rn. 67; BVerfG, Beschluss v. 13.10.2009 – 2 BvL 3/05, BVerfGE 124, 282, juris Rn. 24.

[137] BVerfG, Beschluss v. 29.5.1990 – 1 BvL 20/84, 1 BvL 26/84, 1 BvL 4/86, BVerfGE 82, 60, juris Rn. 100; BVerfG, Beschluss v. 10.11.1998 – 2 BvR 1057/91, 2 BvR 1226/91, 2 BvR 980/91, BVerfGE 99, 216, juris Rn. 67; BVerfG, Beschluss v. 16.3.2005 – 2 BvL 7/00, BVerfGE 112, 268, juris Rn. 71; BVerfG, Beschluss v. 13.2.2008 – 2 BvL 1/06, BVerfGE 120, 125, juris Rn. 104; BVerfG, Urteil v. 9.12.2008 – 2 BvL 1/07, 2 BvL 2/07, 2 BvL 1/08, 2 BvL 2/08, BVerfGE 122, 210, juris Rn. 64; BVerfG, Urteil v. 9.12.2008 – 2 BvL 1/07, 2 BvL 2/07, 2 BvL 1/08, 2 BvL 2/08, BVerfGE 122, 210, juris Rn. 64; BVerfG, Beschluss v. 13.10.2009 – 2 BvL 3/05, BVerfGE 124, 282, juris Rn. 24.

[138] Ständige Rechtsprechung, vgl. nur BVerfG, Beschluss v. 23.10.1958 – 1 BvR 458/58, BVerfGE 8, 222, juris Rn. 17 ff.; BVerfG, Beschluss v. 30.10.1961 – 1 BvR 833/59, BVerfGE 13, 181, juris Rn. 4 f.; BVerfG, Beschluss v. 15.10.1963 – 1 BvL 29/56, BVerfGE 17, 135, juris Rn. 7; BVerfG, Beschluss v. 8.12.1970 – 1 BvR 95/68, BVerfGE 29, 327, juris Rn. 24 ff.; BVerfG, Beschluss v. 1.4.1971 – 1 BvL 22/67, BVerfGE 31, 8, juris Rn. 38; BVerfG, Beschluss v. 25.9.1992 – 2 BvL 5/91, 2 BvL 8/91, 2 BvL 14/91, BVerfGE 31 87, 153, juris Rn. 64.

[139] Ständige Rechtsprechung, vgl. nur BVerfG, Beschluss v. 14.5.1968 – 2 BvR 544/63, BVerfGE 23, 288, juris Rn. 18; BVerfG, Beschluss v. 17.7.1974 – 1 BvR 51/69, BVerfGE 38, 61, juris Rn. 150; BVerfG, Beschluss v. 31.5.1990 – 2 BvL 12/88, 2 BvL 13/88, 2 BvR 1436/87, BVerfGE 82, 159, juris Rn. 23 f.; BVerfG, Beschluss v. 25.9.1992 – 2 BvL 5/91, 2 BvL 8/91, 2 BvL 14/91, BVerfGE 31 87, 153, juris Rn. 13; den für die Vermögensteuer aus Art. 14 Abs. 2 GG entwickelten „Halbteilungsgrundsatz“, nach dem die Vermögensteuer nur zu den übrigen Ertragsteuern hinzutreten darf, soweit die steuerliche Gesamtbelastung des Sollertrags in der Nähe einer hälftigen Teilung zwischen Bürger und Staat verbleibt (BVerfG, Beschluss v. 22.6.1995 – 2 BvL 37/91, BVerfGE 93, 121, juris Rn. 48 ff.), hat das Bundesverfassungsgericht ausdrücklich nicht auf andere Steuern übertragen (BVerfG, Beschluss v. 18.1.2006 – 2 BvR 2194/99, BVerfGE 115, 97, juris Rn. 41 ff.; BVerfG, Nichtannahmebeschluss v. 18.2.2009 – 1 BvR 1334/07, BVerfGK 15, 89, juris Rn. 10) sodass er im aktuellen Steuerrecht (ohne Vermögensteuer) faktisch keinen Anwendungsbereich hat.

[140] Ständige Rechtsprechung, vgl. nur BVerfG, Urteil v. 6.3.2002 – 2 BvL 17/99, BVerfGE 105, 73, juris Rn. 197; BVerfG, Beschluss v. 4.12.2002 – 2 BvR 400/98; 2 BvR 1735/00, BVerfGE 107, 27, juris Rn. 51; BVerfG, Beschluss v. 7.11.2006 – 1 BvL 10/02, BVerfGE 117, 1, juris Rn. 95, 97; BVerfG, Beschluss v. 21.6.2006 – 2 BvL 2/99, BVerfGE 116, 164, juris Rn. 70; BVerfG, Beschluss v. 21.7.2010 – 1 BvR 611/07, 1 BvR 2464/07, BVerfGE 126, 400, juris Rn. 80; BVerfG, Urteil v. 17.12.2014 – 1 BvL 21/12, BStBl II 2015, 50, juris Rn. 123; BVerfG, Urteil v. 5.11.2014 – 1 BvF 3/11, BVerfGE 137, 350, juris Rn. 41; BVerfG, Nichtannahmebeschluss v. 30.9.2015 – 2 BvR 1066/10, FR 2016, 78, juris Rn. 27.

Verteilung der Steuerbelastung: Gleich leistungsfähige Steuerpflichtige sollten einer Steuerbelastung in gleicher Höhe unterliegen (horizontale Steuergerechtigkeit), während sich die Besteuerung unterschiedlich leistungsfähiger Steuerpflichtiger in angemessener Weise unterscheiden sollte (vertikale Steuergerechtigkeit).[141] Anhand welcher Merkmale der Gesetzgeber die Leistungsfähigkeit der Steuerpflichtigen misst, ist durch das Leistungsfähigkeitsprinzip aber ebenso wenig vorgegeben wie die Höhe der steuerlichen Belastung. Der Gesetzgeber unterliegt insoweit nur einem Willkürverbot.[142] Steuerobjekt und -tarif können mithin weitgehend frei bestimmt werden.[143] Erst wenn der Gesetzgeber diese Auswahl getroffen hat, ergeben sich aus dem Gebot der Folgerichtigkeit[144] strengere Grenzen: Eine einmal getroffene Belastungsentscheidung muss folgerichtig im Sinne einer Belastungsgleichheit umgesetzt werden.[145] Ausnahmen bedürfen eines besonderen sachlichen Grundes.[146] Ein grundlegender Systemwechsel muss klar als solcher erkennbar sein.[147]

---

141 BVerfG, Beschluss v. 15.1.2014 – 1 BvR 1656/09, BVerfGE 135, 126, juris Rn. 58; BVerfG, Nichtannahmebeschluss v. 29.9.2015 – 2 BvR 2683/11, DStR 2015, 2757, juris Rn. 29; BVerfG, Nichtannahmebeschluss v. 30.9.2015 – 2 BvR 1066/10, FR 2016, 78, juris Rn. 28; BVerfG, Urteil v. 6.3.2002 – 2 BvL 17/99, BVerfGE 105, 73, juris Rn. 198; BVerfG, Beschluss v. 21.6.2006 – 2 BvL 2/99, BVerfGE 116, 164, juris Rn. 70.

142 *Heintzen*, in: Baer/Lepsius/Schönberger u. a. (Hrsg.), Jahrbuch des öffentlichen Rechts der Gegenwart, 2016, S. 493, 502; *F. Kirchhof*, BB 2017, 662, 664; vgl. BVerfG, Beschluss v. 15.1.2008 – 1 BvL 2/04, BVerfGE 120, 1, juris Rn. 85; BVerfG, Beschluss v. 15.1.2014 – 1 BvR 1656/09, BVerfGE 135, 126, juris Rn. 69; BVerfG, Urteil v. 5.11.2014 – 1 BvF 3/11, BVerfGE 137, 350, juris Rn. 51; BVerfG, Urteil v. 17.12.2014 – 1 BvL 21/12, BStBl II 2015, 50, juris Rn. 123, 125.

143 Ständige Rechtsprechung, vgl. z. B. BVerfG, Beschluss v. 6.12.1983 – 2 BvR 1275/79, BVerfGE 65, 325, juris Rn. 90; BVerfG, Beschluss v. 4.12.2002 – 2 BvR 400/98; 2 BvR 1735/00, BVerfGE 107, 27, juris Rn. 51; BVerfG, Beschluss v. 15.1.2008 – 1 BvL 2/04, BVerfGE 120, 1, juris Rn. 82; BVerfG, Beschluss v. 4.2.2009 – 1 BvL 8/05, BVerfGE 123, 1, juris Rn. 55; BVerfG, Beschluss v. 21.7.2010 – 1 BvR 611/07, 1 BvR 2464/07, BVerfGE 126, 400, juris Rn. 80 jew. m. w. N.

144 Ständige Rechtsprechung, vgl. schon BVerfG, Beschluss v. 7.5.1968 – 1 BvR 420/64, BVerfGE 23, 242, juris Rn. 42; zuletzt z. B. BVerfG, Beschluss v. 24.3.2015 – 1 BvR 2880/11, BStBl II 2015, 622, juris Rn. 40; BVerfG, Nichtannahmebeschluss v. 29.9.2015 – 2 BvR 2683/11, DStR 2015, 2757, juris Rn. 29; BVerfG, Nichtannahmebeschluss v. 30.9.2015 – 2 BvR 1066/10, FR 2016, 78, juris Rn. 29 m. w. N.

145 Vgl. z. B. BVerfG, Beschluss v. 4.12.2002 – 2 BvR 400/98; 2 BvR 1735/00, BVerfGE 107, 27, juris Rn. 51; BVerfG, Beschluss v. 7.11.2006 – 1 BvL 10/02, BVerfGE 117, 1, juris Rn. 97; BVerfG, Beschluss v. 15.1.2008 – 1 BvL 2/04, BVerfGE 120, 1, juris Rn. 82; BVerfG, Beschluss v. 24.3.2015 – 1 BvR 2880/11, BStBl II 2015, 622, juris Rn. 40; BVerfG, Nichtannahmebeschluss v. 29.9.2015 – 2 BvR 2683/11, DStR 2015, 2757, juris Rn. 29; BVerfG, Nichtannahmebeschluss v. 30.9.2015 – 2 BvR 1066/10, FR 2016, 78, juris Rn. 29.

146 Vgl. z. B. BVerfG, Beschluss v. 21.6.2006 – 2 BvL 2/99, BVerfGE 116, 164, juris Rn. 70; BVerfG, Beschluss v. 15.1.2008 – 1 BvL 2/04, BVerfGE 120, 1, juris Rn. 82; BVerfG, Beschluss v. 21.7.2010 – 1 BvR 611/07, 1 BvR 2464/07, BVerfGE 126, 400, juris Rn. 80; BVerfG, Beschluss v. 18.7.2012 – 1 BvL 16/11, BVerfGE 132, 179, juris Rn. 32; BVerfG, Urteil v. 5.11.2014 – 1 BvF 3/11, BVerfGE 137, 350, juris Rn. 41; BVerfG, Beschluss v. 24.3.2015 – 1 BvR 2880/11, BStBl II 2015, 622, juris Rn. 40; BVerfG, Nichtannahmebeschluss v. 29.9.2015 – 2 BvR 2683/11,

Auch diese zweistufige Gleichheitsprüfung, bei der die Rechtfertigungslast auf der zweiten konkretisierenden Stufe ansteigt,[148] belässt dem Gesetzgeber aber noch einen erheblichen Gestaltungsspielraum: Zum einen kann er von einer folgerichtigen Umsetzung abweichen, um zu vereinfachen und zu typisieren.[149] Da steuerrechtliche Vorschriften in der Regel mehrere Tausend, je nach Regelungszusammenhang unter Umständen auch mehrere Hunderttausend oder mehrere Millionen Fälle betreffen, können sie nicht alle Einzelfälle gleichermaßen zutreffend erfassen. Der Gesetzgeber darf und muss deshalb generalisieren. Er darf sich am Regelfall orientieren, der nach seinen Erfahrungen die regelungsbedürftigen Sachverhalte zutreffend wiedergibt, und dabei tatsächliche Unterschiede und Besonderheiten selbst dann vernachlässigen, wenn sie ihm bekannt sind.[150] Zum anderen darf der Gesetzgeber mit steuerrechtlichen Vorschriften auch außerfiskalische Lenkungs- und Förderungszwecke verfolgen.[151] Indem er erwünschtes Verhalten steuerlich verschont oder unerwünschtes Verhalten mit einer steuerlichen Sonderbelastung belegt, kann er mittelbar gestaltend auf Wirtschaft und Gesellschaft Einfluss nehmen. Dienen steuerrechtliche Vorschriften erkennbar[152] zumindest auch außerfiskalischen Zwecken (steuer-

---

DStR 2015, 2757, juris Rn. 29; BVerfG, Nichtannahmebeschluss v. 30.9.2015 – 2 BvR 1066/10, FR 2016, 78, juris Rn. 29.

147 Insbesondere BVerfG, Urteil v. 9.12.2008 – 2 BvL 1/07, 2 BvL 2/07, 2 BvL 1/08, 2 BvL 2/08, BVerfGE 122, 210, juris Rn. 80; vgl. auch BVerfG, Beschluss v. 6.7.2010 – 2 BvL 13/09, BVerfGE 126, 268, juris Rn. 43.

148 Diese Abstufung der Rechtfertigungslasten ist insoweit bemerkenswert, als die auf erster Stufe getroffene Entscheidung über Besteuerungsobjekt und -tarif die Rechte des Steuerpflichtigen regelmäßig in stärkerem Maße beeinträchtigt als die auf zweiter Stufe getroffenen Entscheidungen über die konkrete Ausgestaltung der Belastungsentscheidung; *F. Kirchhof*, BB 2017, 662, 664 spricht anschaulich von einer „inversen" Prüfung des Art. 3 Abs. 1 GG.

149 Ständige Rechtsprechung, vgl. nur BVerfG, Urteil v. 20.4.2004 – 1 BvR 905/00, 1 BvR 1748/99, BVerfGE 110, 274, juris Rn. 58; BVerfG, Beschluss v. 15.1.2008 – 1 BvL 2/04, BVerfGE 120, 1, juris Rn. 83; BVerfG, Nichtannahmebeschluss v. 30.9.2015 – 2 BvR 1066/10, FR 2016, 78, juris Rn. 31; BVerfG, Urteil v. 9.12.2008 – 2 BvL 1/07, 2 BvL 2/07, 2 BvL 1/08, 2 BvL 2/08, BVerfGE 122, 210, juris Rn. 60; BVerfG, Beschluss v. 31.5.1988 – 1 BvR 520/83, BVerfGE 78, 214, juris Rn. 36; BVerfG, Beschluss v. 8.10.1991 – 1 BvL 50/86, BVerfGE 84, 348, juris Rn. 40; BVerfG, Beschluss v. 31.5.1990 – 2 BvL 12/88, 2 BvL 13/88, 2 BvR 1436/87, BVerfGE 82, 159, juris Rn. 111; BVerfG, Beschluss v. 10.04.1997 – 2 BvL 77/92, BVerfGE 96, 1, juris Rn. 25.

150 Vgl. z. B. BVerfG, Urteil v. 9.12.2008 – 2 BvL 1/07, 2 BvL 2/07, 2 BvL 1/08, 2 BvL 2/08, BVerfGE 122, 210, juris Rn. 60; BVerfG, Nichtannahmebeschluss v. 29.9.2015 – 2 BvR 2683/11, DStR 2015, 2757, juris Rn. 31; BVerfG, Nichtannahmebeschluss v. 30.9.2015 – 2 BvR 1066/10, FR 2016, 78, juris Rn. 31; BVerfG, Beschluss v. 21.6.2006 – 2 BvL 2/99, BVerfGE 116, 164, juris Rn. 75; jew. m. w. N.

151 Ständige Rechtsprechung, vgl. nur BVerfG, Beschluss v. 22.6.1995 – 2 BvL 37/91, BVerfGE 93, 121, juris Rn. 76; BVerfG, Beschluss v. 11.11.1998 – 2 BvL 10/95, BVerfGE 99, 280, juris Rn. 69; BVerfG, Urteil v. 20.4.2004 – 1 BvR 905/00, 1 BvR 1748/99, BVerfGE 110, 274, juris Rn. 59 f.; BVerfG, Beschluss v. 21.6.2006 – 2 BvL 2/99, BVerfGE 116, 164, juris Rn. 74; BVerfG, Urteil v. 5.11.2014 – 1 BvF 3/11, BVerfGE 137, 350, juris Rn. 43; BVerfG, Urteil v. 17.12.2014 – 1 BvL 21/12, BStBl II 2015, 50, juris Rn. 124.

152 Vgl. z. B. BVerfG, Beschluss v. 22.6.1995 – 2 BvL 37/91, BVerfGE 93, 121, juris Rn. 76;

liche Lenkungsnormen, vgl. auch § 3 Abs. 1 Hs. 2 AO) und sind diese außerfiskalischen Zwecke ihrerseits gleichheitsgerecht ausgestaltet,[153] rechtfertigt dies eine Ausnahme vom Folgerichtigkeitsgebot.

Der Gesetzgeber benötigt mithin verfassungsrechtlich keine besondere Rechtfertigung, um überhaupt Steuern zu erheben, er ist in der Auswahl von Besteuerungsobjekt und -tarif weitgehend frei und muss sich bei der Ausgestaltung der steuerrechtlichen Regelungen nicht nur an der wirtschaftlichen Leistungsfähigkeit der Steuerpflichtigen orientieren, sondern kann auch außerfiskalische Ziele verfolgen. Neben dem Verfassungs- gewinnt zwar das Unionsrecht zunehmend an Bedeutung, sein Einfluss ist im Bereich der nicht harmonisierten[154] direkten[155] Steuern aber weiterhin nur punktuell: Die Grundfreiheiten fordern eine Rechtfertigung für Diskriminierungen und Beschränkungen bei grenzüberschreitenden Sachverhalten,[156] das unionsrechtliche Beihilfeverbot verbietet selektive Begünstigungen einzelner Unternehmen.[157] Damit werden zwar bestimmte Ausgestaltungen des Steuertatbestands verhindert oder zumindest eingeschränkt. Die Befugnis des Gesetzgebers, die grundlegenden steuerlichen Belastungsentscheidungen nach politischen Kriterien zu treffen und damit das steuerliche System als solches zu prägen, wird

BVerfG, Beschluss v. 11.11.1998 – 2 BvL 10/95, BVerfGE 99, 280, juris Rn. 69; BVerfG, Urteil v. 6.3.2002 – 2 BvL 17/99, BVerfGE 105, 73, juris Rn. 161; BVerfG, Urteil v. 20.4.2004 – 1 BvR 905/00, 1 BvR 1748/99, BVerfGE 110, 274, juris Rn. 60; BVerfG, Beschluss v. 21.6.2006 – 2 BvL 2/99, BVerfGE 116, 164, juris Rn. 74; BVerfG, Urteil v. 5.11.2014 – 1 BvF 3/11, BVerfGE 137, 350, juris Rn. 43.

153 Vgl. z. B. BVerfG, Beschluss v. 11.11.1998 – 2 BvL 10/95, BVerfGE 99, 280, juris Rn. 69; BVerfG, Urteil v. 20.4.2004 – 1 BvR 905/00, 1 BvR 1748/99, BVerfGE 110, 274, juris Rn. 60; BVerfG, Beschluss v. 21.6.2006 – 2 BvL 2/99, BVerfGE 116, 164, juris Rn. 74.

154 Nur vereinzelt existiert unionsrechtliches Sekundärrecht mit ertragsteuerrechtlichem Bezug, vgl. beispielsweise die Richtlinie (EU) 2011/96 des Rates v. 30.11.2011 über das gemeinsame Steuersystem der Mutter- und Tochtergesellschaften verschiedener Mitgliedstaaten – „Mutter-Tochter-Richtlinie" (ABl. L 345/8 v. 29.12.2011), die Richtlinie (EU) 2016/1164 des Rates v. 12.7.2016 mit Vorschriften zur Bekämpfung von Steuervermeidungspraktiken mit unmittelbaren Auswirkungen auf das Funktionieren des Binnenmarkts – „ATAD I" (ABl. L 193/1 v. 19.7.2016) und die Richtlinie (EU) 2017/952 des Rates v. 29.5.2017 zur Änderung der Richtlinie (EU) 2016/1164 bezüglich hybrider Gestaltungen mit Drittländern – „ATAD II" (ABl. L 144/1 v. 7.6.2017).

155 Die Umsatzsteuer als wichtigste indirekte Steuer ist hingegen unionsrechtlich durch die Mehrwertsteuersystemrichtlinie weitgehend harmonisiert.

156 Vgl. zum Einfluss der Grundfreiheiten auf das deutsche Ertragsteuerrecht nur *Cordewener*, Europäische Grundfreiheiten und nationales Steuerrecht, 2002, S. 15 ff.; *Haase*, Internationales und Europäisches Steuerrecht, 2017, Rn. 787 ff.; *Englisch*, in: Tipke/Lang, 23. Auflage 2018, § 4 Rn. 24 ff., 79 ff.; *Reimer/Englisch*, in: Schaumburg/Englisch (Hrsg.), Europäisches Steuerrecht, 2. Auflage 2019, Rn. 7.1 ff.

157 Vgl. zum Einfluss des Beihilfeverbots im deutschen Steuerrecht nur *Blumenberg/Kring*, Europäisches Beihilferecht und Besteuerung, 2011; *Englisch*, in: Tipke/Lang, 23. Auflage 2018, § 4 Rn. 37 ff., 115 ff.; *Kokott*, DStJG 42, 2018, S. 535 ff.; *Englisch*, in: Schaumburg/Englisch (Hrsg.), Europäisches Steuerrecht, 2. Auflage 2019, Rn. 9.1 ff.; *Dobratz*, in: Musil/Weber-Grellet, Europäisches Steuerrecht, 2019, Art. 107 AEUV Rn. 1 ff.

aber nicht in Frage gestellt.[158] Angesichts dieses weitgehenden legislativen Gestaltungsspielraums, der auch die verfassungs- und unionsrechtliche Prüfung vorstrukturiert, lebt das Steuerrecht – in den Worten des Bundesverfassungsgerichts – „aus dem Diktum des Gesetzgebers."[159]

Unter diesen verfassungs- und unionsrechtlichen Voraussetzungen hat sich das deutsche Ertragsteuerrecht zu einer hochkomplexen Materie entwickelt. Die einschlägigen Regelungen finden sich nicht in einer einzigen Kodifikation, sondern verteilt auf verschiedene Gesetze, die teils alternativ, teils kumulativ Anwendung finden. So wird beispielsweise das Einkommen einer Kapitalgesellschaft kumulativ nach dem Körperschaftsteuergesetz und dem Gewerbesteuergesetz besteuert. Beide Gesetze verweisen für die Einkommensermittlung auf das Einkommensteuergesetz (§8 Abs. 1 KStG, §7 S. 1 GewStG), modifizieren das so ermittelte Ergebnis aber dann in vielfältiger (und jeweils unterschiedlicher) Hinsicht. Je nach Sachverhaltskonstellation können zusätzlich Vorschriften aus dem Umwandlungs- oder Außensteuergesetz Anwendung finden. Die einzelnen Vorschriften weisen ihrerseits wiederum einen hohen Komplexitätsgrad auf. Fast alle Normen verwenden auslegungsbedürftige und streitanfällige unbestimmte Rechtsbegriffe. Zum Teil werden unterschiedliche Begriffe für dieselbe materielle Regelung verwendet,[160] zum Teil hat ein Begriff je nach Verwendung verschiedene Bedeutungen.[161] Viele Tatbestände sehen Ausnahmen und Rückausnahmen vor.

Als Beispiel seien hier nur die Regelungen zur Zinsschranke genannt: Die Grundregelung in §4h EStG umfasst bereits fünf Absätze, für Körperschaften erfolgt eine weitere Modifikation durch §8a KStG mit drei weiteren Absätzen. Die Zinsschranke normiert dabei systematisch eine Ausnahme von dem Grundsatz, dass betrieblich veranlasste Aufwendungen den Gewinn mindern (§4 Abs. 4 EStG). Diese Ausnahme wird wiederum durch Rückausnahmen

---

[158] Dies zeigt anschaulich auch die ständige Rechtsprechung des Europäischen Gerichtshofs zum unionsrechtlichen Beihilfeverbot, nach der ein steuerlicher Vorteil keine selektive Begünstigung darstellt, wenn er „durch die Natur und den inneren Aufbau des Steuersystems gerechtfertigt ist"; vgl. nur EuGH, Urteil v. 2.7.1974 – C-173/73, Slg. I 1974, 709, juris Rn. 33; EuGH, Urteil v. 8.11.2001 – C-143/99, Slg. I 2001, 8365, juris Rn. 42; EuGH, Urteil v. 6.9.2006 – C-88/03, Slg. I 2006, 7115, juris Rn. 81; EuGH, Urteil v. 15.11.2011 – C-106/09 P und C-107/09 P, C-106–09 P, C-107/09 P, Slg. I 2011, 11113, juris Rn. 145.

[159] BVerfG, Urteil v. 24.1.1962 – 1 BvR 232/60, BVerfGE 13, 318, juris Rn. 29; BVerfG, Urteil v. 5.11.2014 – 1 BvF 3/11, BVerfGE 137, 350, juris Rn. 33; als treffende Zustandsbeschreibung ebenfalls aufgegriffen von *Meister*, DStZ 1992, 449, 449; *Mellinghoff*, DStJG 27, 2004, S. 25, 32; *Drüen*, StuW 2015, 210, 214; *F. Kirchhof*, JZ 2018, 1068, 1069.

[160] So müssen Werbungskosten ebenso wie Betriebsausgaben nur in einem Veranlassungszusammenhang mit einer steuerbaren Tätigkeit stehen, obwohl der Wortlaut von §9 Abs. 1 S. 1 EStG auf einen finalen Zusammenhang hindeutet; vgl. nur BFH, Beschluss v. 10.1.2012 – VI B 80/11, BFH/NV 2012, 782, juris Rn. 5 m. w. N.

[161] Vgl. z. B. zu unterschiedlichen Bedeutungen des Betriebsbegriffs im Ertragsteuerrecht *Wied*, in: Blümich, §4 EStG Rn. 63 f. und zu verschiedenen Bedeutungen des Begriffs der Einkünfte im Kontext von §22 EStG *Meßmer*, BB-Beilage 1/1981, 1, 12.

(§ 4h Abs. 2 S. 1 EStG) außer Kraft gesetzt. Allein die Rückausnahme, die einen unbegrenzten Schuldzinsenabzug zulässt, wenn die Konzerneigenkapitalquote nicht maßgeblich unterschritten wird (§ 4h Abs. 2 S. 1 c) EStG), hat 16 (!) Sätze und verweist für mehrere Begriffe auf andere Normen des Handelsgesetzbuchs oder der Abgabenordnung. Für Mitunternehmerschaften (§ 4h Abs. 1 S. 2 EStG) und Körperschaften werden diese Rückausnahmen schließlich von weiteren Voraussetzungen (§ 8a Abs. 2 und 3 KStG) abhängig gemacht. Die vom Gesetzgeber gewählte Regelungstechnik erschwert es, die Funktionsweise und tragende Grundgedanken der Norm zu erfassen; trotz der umfangreichen Normierungen sind diverse Auslegungsfragen offen.[162]

Erklären lassen sich die komplexen Konstruktionen zum einen dadurch, dass mit steuerrechtlichen Normen häufig gleich mehrere Regelungszwecke verfolgt werden. Der Gesetzgeber hat von der Möglichkeit, Steuerrecht zur Lenkung wirtschaftlichen Verhaltens einzusetzen, weitgehend Gebrauch macht. In fast jeder steuerrechtlichen Norm finden sich Anreizregelungen mit positiver oder negativer Wirkung. Die Querverbindungen zwischen verschiedenen Regelungen machen es dabei häufig erforderlich, in einer Norm eingeräumte Steuerverschonungen an anderer Stelle wieder einzuschränken, um eine zu weitgehende (und damit aus Sicht des Gesetzgebers missbräuchliche) Inanspruchnahme zu verhindern (spezielle Missbrauchsvermeidungsvorschriften).[163] Zudem sind die Vorschriften mit ihren Ausnahmen und Rückausnahmen in der Regel Ergebnis eines politischen Kompromisses: Der Bundesrat muss nach Art. 105 Abs. 3 GG allen Bundesgesetzen über Steuern zustimmen, deren Ertrag ganz oder teilweise den Ländern oder Gemeinden zusteht. Im Bereich der aufkommensstärksten Steuern kann der Bund daher keine Regelungen ohne die Zustimmung der Länder treffen (vgl. Art. 106 Abs. 2 ff GG), was häufig auch einen Kompromiss zwischen verschiedenen politischen Lagern erforderlich macht. Insoweit Verschonungsregelungen Partikularinteressen bestimmter Bevölkerungsgruppen befriedigen, zeigt sich in ihnen schließlich der Einfluss von Lobbygruppen auf den Gesetzgebungsprozess.

Die verschiedenen Regelungszwecke lassen sich abermals an den Regelungen zur Zinsschranke veranschaulichen: Die Abzugsbeschränkung soll Investitionen im Inland attraktiver machen und ein „Absaugen" inländischer Gewinne durch übermäßige Verlagerung von Fremdfinanzierungsaufwendungen ins Inland vermeiden.[164] Auch die verschärften Voraussetzungen in § 8a Abs. 2 und

---

162 Kritisch zur Regelungstechnik und den sich ergebenden Unstimmigkeiten bei der Zinsschranke auch *Birk*, DStR 2014, 65, 73; *Prinz*, in: HHR, § 8a KStG Rn. 17; zum Teil geht die Kritik soweit, die Norm in Teilen für nicht plan- und anwendbar anzusehen, vgl. *Prinz*, in: HHR, § 8a KStG Rn. 27 ff.

163 *Englisch*, in: Tipke/Lang, 23. Auflage 2018, § 5 Rn. 124; umfassend *Hey*, StuW 2008, 167; *Gabel*, Verfassungsrechtliche Maßstäbe spezieller Missbrauchsnormen im Steuerrecht, 2011.

164 BT-Drs. 16/4841, S. 47 f.; *Hick*, in: HHR, § 4h EStG Rn. 4; *Seiler*, in: Kirchhof, EStG, 18. Auflage 2019, § 4h Rn. 1.

Abs. 3 KStG sollen einem bestimmten Verhalten, nämlich der (übermäßigen) Finanzierung der Gesellschaft mit Fremd- statt mit Eigenkapital durch bestimmte qualifiziert beteiligte Gesellschafter entgegenwirken.[165] Die Rückausnahmen bei einem Zinsaufwandssaldo von weniger als drei Millionen Euro (§ 4h Abs. 2 S. 1 a) EStG) und bei fehlender Konzernzugehörigkeit (§ 4h Abs. 2 S. 1 b) EStG) dienen einerseits der Konkretisierung des missbräuchlichen Verhaltens[166] und privilegieren gleichzeitig kleinere und mittelständische Unternehmen gegenüber internationalen Großkonzernen.[167]

Die Komplexität des Rechts steigt zum anderen aber auch durch die Art und Weise, wie der Gesetzgeber auf externe Regelungsanlässe reagiert: Wird die Unvereinbarkeit einer steuerrechtlichen Vorschrift mit dem Verfassungs- oder Unionsrecht festgestellt oder steht diese zumindest im Raum, erfolgen regelmäßig nur punktuelle Korrekturen. Der identifizierte Konflikt wird (vermeintlich) beseitigt, beispielsweise indem der Tatbestand der Norm eingeschränkt oder die Rechtsfolge abgemildert wird. Häufig resultieren aus diesen Anpassungen zusätzliche Ausnahmen und Rückausnahmen. So gab es beispielsweise vielstimmige verfassungsrechtliche Kritik[168] an der Regelung des § 8c Abs. 1 KStG, nach der die bei einer Körperschaft angefallenen vortragsfähigen Verluste in Folge eines Wechsels der Anteilseigner anteilig oder vollständig untergehen konnten.[169] Der Gesetzgeber reagierte auf die Kritik zunächst, indem er Anteilserwerbe zu Sanierungszwecken (§ 8c Abs. 1a KStG) und konzerninterne Übertragungen (§ 8c Abs. 1 S. 5 KStG) vom Anwendungsbereich ausnahm und eine Verlustverrechnung insoweit zuließ, als den Verlusten im Übertragungszeitpunkt im Inland steuerpflichtige stille Reserven gegenüberstehen (§ 8c Abs. 1 S. 6 ff. KStG).[170] Schließlich schuf er mit § 8d KStG die Möglichkeit, auf Antrag und unter weiteren einschränkenden Voraussetzungen von der Anwendung des § 8c Abs. 1 KStG abzusehen, wenn die Körperschaft trotz des Anteilserwerbs ihren Geschäftsbetrieb im Wesentlichen unverändert fort-

---

[165] BT-Drs. 16/4841, S. 74 f.; *Pohl*, in: Lippross/Seibel, Basiskommentar Steuerrecht, 6/2015, § 4h EStG Rn. 1; *Prinz*, in: HHR, § 8a KStG Rn. 17.

[166] *Prinz*, in: HHR, § 8a KStG Rn. 25; *Hick*, in: HHR, § 4h EStG Rn. 42.

[167] BT-Drs. 16/4841, S. 48; *Hick*, in: HHR, § 4h EStG Rn. 4.

[168] Vgl. nur FG Hamburg, Vorlagebeschluss v. 4.4.2011 – 2 K 33/10, EFG 2011, 1460, juris Rn. 50 ff. m. w. N.

[169] Ein Übergang von mehr als 25 % der Anteile innerhalb von fünf Jahren führte zu einem anteiligen Untergang der Verluste entsprechend der übertragenen Anteile. Ein Übergang von mehr als 50 % der Anteile führte (und führt auch nach der heutigen Regelung immer noch) zu einem vollständigen Untergang der Verluste.

[170] Die sog. Sanierungsklausel in § 8c Abs. 1a EStG wurde durch das Gesetz zur verbesserten Berücksichtigung von Vorsorgeaufwendungen v. 16.7.2009 (BGBl I 2009, S. 1959), die sog. Konzernklausel in § 8c Abs. 1 S. 5 KStG und die sog. Stille-Reserven-Klausel in § 8c Abs. 1 S. 6 ff. KStG wurden durch das Gesetz zur Beschleunigung des Wirtschaftswachstums v. 22.12.2009 (BGBl I 2009, S. 3950) eingeführt. Vgl. zur Rechtsentwicklung insgesamt BVerfG, Beschluss v. 29.3.2017 – 2 BvL 6/11, BVerfGE 145, 106, juris Rn. 2 ff.

führt.[171] Das grundsätzliche Konzept, nach dem eine Anteilsübertragung auf Ebene der Gesellschafter zu einem Untergang der Verluste auf Ebene der Körperschaft führen kann, blieb aber unangetastet. Auch nachdem das Bundesverfassungsgericht nunmehr entschieden hat, dass § 8c Abs. 1 KStG in der Variante des teilweisen Verlustuntergangs zumindest bis zur Einführung von § 8d KStG nicht mit der Verfassung vereinbar war,[172] kam es nicht zu einer konzeptionellen Neuregelung des Verlustuntergangs.[173]

In vergleichbarer Weise tragen Nichtanwendungsgesetze häufig zur Komplexität des Ertragsteuerrechts bei: Steuerliche Tatbestände werden um Sonderregelungen ergänzt, um damit der bisherigen Normauslegung durch den Bundesfinanzhof den argumentativen Boden zu entziehen. So erweitern die neu geschaffenen Abzugsbeschränkungen für Berufsausbildungskosten in § 4 Abs. 9 EStG und § 9 Abs. 6 EStG[174] sowie die ergänzende Regelung in § 33 Abs. 2 S. 4 EStG, nach der Prozesskosten nur in engen Grenzen als außergewöhnliche Belastungen abzugsfähig sind,[175] ohnehin schon komplexe Regelungen um weitere Ausnahmen. Diese Beispiele zeigen zugleich, dass derartige punktuelle Neuregelungen ihrerseits häufig neue Auslegungsfragen aufwerfen und damit die Rechtslage weiter verkomplizieren: So existierte für Berufsausbildungskosten zusätzlich zu den neu geschaffenen Abzugsverboten in § 4 Abs. 9 EStG und § 9 Abs. 6 EStG weiterhin auch das Abzugsverbot in § 12 Nr. 5 EStG. Welcher Anwendungsbereich für diese Norm neben den systematisch vorrangigen Neuregelungen noch bestehen sollte, war bis zur Aufhebung von § 12 Nr. 5 EStG[176] unklar.[177] Unmittelbar nach Inkrafttreten von § 33 Abs. 2 S. 4 EStG entbrannte ein Streit darüber, ob die Norm Scheidungskosten in gleichem Maße zum Abzug zulässt wie die bisherige Rechtsprechung.[178] Erst durch das Urteil des

---

171 Die Norm wurde durch das Gesetz zur Weiterentwicklung der steuerlichen Verlustverrechnung bei Körperschaften v. 20.12.2016 (BGBl I 2016, S. 2998) eingeführt.

172 BVerfG, Beschluss v. 29.3.2017 – 2 BvL 6/11, BVerfGE 145, 106.

173 Bislang hat der Gesetzgeber mit dem Gesetz zur Vermeidung von Umsatzsteuerausfällen beim Handel mit Waren im Internet und zur Änderung weiterer steuerlicher Vorschriften v. 11.12.2018 (BGBl I 2018, S. 2338) ausschließlich die vom Bundesverfassungsgericht für verfassungswidrig erklärte Variante der Vorschrift ersatzlos gestrichen.

174 Vgl. zur Entstehungsgeschichte bereits im Detail unter § 1 A.

175 Die Regelung wurde durch das Amtshilferichtlinie-Umsetzungsgesetz vom 26.6.2013 (BGBl I 2013, S. 1809) eingefügt in Reaktion auf BFH, Urteil v. 12.5.2011 – VI R 42/10, BFHE 234, 30 = BStBl II 2011, 1015, juris Rn. 12 ff.

176 Die Vorschrift wurde durch das Gesetz zur Anpassung der Abgabenordnung an den Zollkodex der Union und zur Änderung weiterer steuerlicher Vorschriften vom 22.12.2014 (BGBl I 2014, S. 2417) gestrichen; der Gesetzgeber ging davon aus, dass die Norm gegenstandslos geworden war, vgl. BT-Drs. 18/3017, S. 44.

177 Vgl. *Thürmer*, in: Blümich, § 12 EStG Rn. 9; *C. Korn*, SteuK 2015, 23, 25; *Paintner*, DStR 2015, 1, 7.

178 Dafür insbesondere FG Münster, Urteil v. 21.11.2014 – 4 K 1829/14 E, EFG 2015, 221, juris Rn. 29 f.; *Nieuwenhuis*, DStR 2014, 1701, 1702; a. A. z. B. Sächsisches FG, Urteil v. 13.11.2014 – 2 K 1399/14, EFG 2015, 644, juris Rn. 13 ff.; FG Niedersachsen, Urteil v.

Bundesfinanzhofs vom 18.5.2017 (und damit mehr als vier Jahre später) wurde die Rechtslage dahingehend geklärt, dass § 33 Abs. 2 S. 4 EStG engere Maßstäbe anlegt.[179]

Forderungen, den Normbestand im Ertragsteuerrecht zu reduzieren und zu vereinfachen, werden seit Jahrzehnten erhoben. Schon 1971 stellte *Klaus Tipke* fest, die Klage über das Einkommensteuerrecht als „Steuerdschungel, [...] Steuerirrgarten oder [...] Steuerwirrwarr" sei allgegenwärtig.[180] In den 1980er Jahren wurde vor allem die „Normenflut" beklagt,[181] in den 1990er Jahren wurde der Begriff des „Steuerchaos" zum geflügelten Wort in Festschriftbeiträgen und Aufsätzen.[182] In jüngerer Vergangenheit hat sich die Diskussion – gewissermaßen auf einer Metaebene – den Möglichkeiten und Grenzen zugewandt, in denen eine Steuerreform überhaupt möglich ist.[183] Alle Vorschläge für eine umfassende systematisch orientierte Neukodifikation sind aber bislang politisch gescheitert[184] und eine grundlegende Reform des Ertragsteuerrechts ist derzeit nicht absehbar.[185]

2. *Maßgeblicher Einfluss der (Bundes-)Finanzverwaltung auf die Rechtsanwendung im Massenverfahren*

Während der Gesetzgeber die grundlegenden Entscheidungen über die systematische Ausrichtung des Steuerrechts trifft, wird die steuerrechtliche Praxis

18.2.2015 – 3 K 297/14, EFG 2015, 725, juris Rn. 58 ff.; *Heim*, DStZ 2013, 165, 168; *Kanzler*, FR 2014, 209, 214.

179 BFH, Urteil v. 18.5.2017 – VI R 9/16, BFHE 258, 142 = BStBl II 2017, 988, juris Rn. 15 ff.

180 *Tipke*, StuW 1971, 2, 2; ganz ähnlich auch *J. Lang*, FR 1993, 661, 662, der „Steuerdickicht und Steuerdschungel" als gängige Begriffe nennt.

181 Z. B. *Meßmer*, BB-Beilage 1/1981, 1, 7 ff.; *Kloepfer*, VVDStRL 40, 1982, S. 63, 73; *K. Vogel*, DStJG 12, 1989, S. 123, 125.

182 *Mössner*, FS Lang, 2011, S. 83, 84 f. führt den Begriff auf die oben zitierte Veröffentlichung von *Klaus Tipke* aus dem Jahr 1971 zurück. Vom Steuerchaos wurde aber vor allem in den Folgejahren gesprochen, vgl. z. B. *J. Lang*, Stbg 1994, 10, 11; *Fischer*, FS Heigl, 1995, S. 171, 171; *Helsper*, BB 1996, 2326. Der Begriff wird von *Mössner* nunmehr als „allgemeine Meinung" zur Beschreibung des deutschen Steuerrechts bezeichnet.

183 Vergleiche im Einzelnen die Beiträge in *Jachmann-Michel* (Hrsg.), Erneuerung des Steuerrechts, 2014.

184 Zu nennen sind aus jüngerer Zeit insbesondere das vom Sachverständigenrat zur Begutachtung der gesamtwirtschaftlichen Entwicklung gemeinsam mit dem Max-Planck-Institut für Geistiges Eigentum, Wettbewerbs- und Steuerrecht vorgelegte Konzept einer dualen Einkommensteuer (*Sachverständigenrat zur Begutachtung der gesamtwirtschaftlichen Entwicklung*, Reform der Einkommens- und Unternehmensbesteuerung durch die duale Einkommensteuer, 2006) das von *Paul Kirchhof* entwickelte „Bundessteuergesetzbuch" (*P. Kirchhof*, Bundessteuergesetzbuch, 2011), sowie der Vorschlag eines „Steuergesetzbuchs" der Stiftung Marktwirtschaft (*J. Lang/Eilfort*, Strukturreform der deutschen Ertragssteuern, 2013).

185 Vgl. zuletzt die historische Analyse von *Bach*, StuW 2019, 105, 116 f., der mit Blick auf die evolutionäre Entwicklung des deutschen Steuerrechts in den letzten einhundert Jahren davon ausgeht, dass dessen Grundstrukturen auf absehbare Zeit unverändert bleiben werden.

maßgeblich durch die Finanzverwaltung geprägt. Dabei müssen die komplexen gesetzlichen Regelungen jährlich auf mehrere Millionen Steuerfälle angewendet werden. Nach Angaben des Bundesfinanzministeriums gibt es in Deutschland ca. 40 Millionen einkommensteuerpflichtige natürliche Personen und ca. 3,3 Millionen steuerpflichtige Unternehmen.[186] Neben die laufenden Veranlagungsverfahren[187] treten ca. 3,3 Millionen Einspruchsverfahren und ungefähr 60.000 finanzgerichtliche Klagen:[188] Das steuerrechtliche Verfahren ist ein Massenverfahren. Zuständig sind grundsätzlich[189] die Finanzverwaltungen der Länder (Art. 108 Abs. 2 S. 1 GG), die bei allen Steuern, deren Ertrag ganz oder teilweise auch dem Bund zusteht, im Auftrag des Bundes tätig werden (Art. 108 Abs. 3 S. 1 GG). Dieser Grundsatz ist aber durch diverse Sonderregelungen eingeschränkt, die dem Bund weitreichende Einflussmöglichkeiten einräumen: So kann durch Bundesgesetz mit Zustimmung des Bundesrates eine punktuell abweichende Verwaltungszuständigkeit bestimmt werden, wenn und soweit dadurch der Vollzug der Steuergesetze erheblich verbessert oder erleichtert wird. Bundesbehörden können statt Landes- oder Landes- statt Bundesbehörden tätig werden;[190] Bundes- und Landesbehörden können bei der Verwaltung zusammenwirken (Art. 108 Abs. 4 S. 1 GG).[191] Auch eine länderübergreifende Übertragung von Zuständigkeiten und ein Zusammenwirken verschiedener Landesbehörden kann durch ein zustimmungsbedürftiges Bundesgesetz angeordnet werden (Art. 108 Abs. 4a S. 1 GG). Zudem kann der Bund mit Zustimmung des Bundesrates den Aufbau der Landesfinanzbehörden,[192] das von ihnen anzuwendende Verfahren[193] und die Ausbildung der Landesfinanzbeamten[194] regeln (Art. 108 Abs. 2 S. 2, Abs. 5 S. 2 GG). Insoweit Bundes- und Lan-

---

[186] Bundesministerium der Finanzen, Datensammlung zur Steuerpolitik, Ausgabe 2018, S. 37 ff., 63, abrufbar unter www.bundesfinanzministerium.de.

[187] Zwischen 12 und 13 Millionen unbeschränkt einkommensteuerpflichtige natürliche Personen werden nicht veranlagt, sondern unterliegen mit ihren Einkünften nur einer Quellenbesteuerung (insbesondere Lohnsteuer); vgl. Bundesministerium der Finanzen, Datensammlung zur Steuerpolitik, Ausgabe 2018, S. 38.

[188] Bundesministerium der Finanzen, Statistik über die Einspruchsbearbeitung in den Finanzämtern im Jahr 2017, abrufbar unter www.bundesfinanzministerium.de.

[189] Bundesfinanzbehörden sind nach Art. 108 Abs. 1 S. 1 GG unmittelbar nur für die Verwaltung von Zöllen, bundesgesetzlich geregelten Verbrauchsteuern, der Kraftfahrzeugsteuer sowie der Abgaben im Rahmen der Europäischen Gemeinschaften zuständig.

[190] Auf dieser Grundlage wurden beispielsweise dem Bundeszentralamt für Steuern umfangreiche Aufgaben zugeordnet (vgl. § 5 FVG).

[191] Vgl. insbesondere die Regelungen in §§ 18 ff. FVG.

[192] Vgl. §§ 2 ff. FVG.

[193] Der Bundesgesetzgeber hat von dieser Befugnis vor allem mit dem Erlass der Abgabenordnung Gebrauch gemacht (vgl. § 1 Abs. 1 S. 1 AO).

[194] Der Bundesgesetzgeber hat von dieser Befugnis mit dem Erlass des Steuerbeamtenausbildungsgesetzes Gebrauch gemacht (vgl. §§ 1 ff. StBAG). Ergänzend wurde auf Grundlage von § 8 StBAG durch das Bundesfinanzministerium mit Zustimmung des Bundesrates die Prüfungs- und Ausbildungsordnung für die Steuerbeamtinnen und Steuerbeamte erlassen.

desfinanzbehörden bei der Verwaltung zusammenwirken, können Verfahrensvorgaben bereits dann für alle Länder verbindlich werden, wenn eine im Gesetz bestimmte Mehrheit der Länder zustimmt (Art. 108 Abs. 4 S. 3 GG).[195] Der Bundesfinanzminister kann schließlich gegenüber den Landesfinanzbehörden Weisungen erteilen (Art. 108 Abs. 3 S. 2 GG) und die Bundesregierung mit Zustimmung des Bundesrates allgemeine Verwaltungsvorschriften erlassen (Art. 108 Abs. 7 GG).

Der Einfluss des Bundes zeigt sich insbesondere beim Erlass von Verwaltungsanweisungen, mit denen eine einheitliche Verwaltungspraxis sichergestellt werden soll. Die Bundesregierung erlässt mit Zustimmung des Bundesrates zu einzelnen Gesetzen Richtlinien und Hinweise, die – ähnlich wie ein Gesetzeskommentar – die Auslegung der einzelnen Vorschriften erläutern (Art. 108 Abs. 7 GG).[196] Daneben treten BMF-Schreiben, die vom Bundesfinanzministerium in Abstimmung mit den obersten Finanzbehörden der Länder erlassen werden, und die sich mit einzelnen Normen, normübergreifenden Problemkomplexen oder sogar ganzen Gesetzen beschäftigen.[197] Zwar gibt es auch noch Erlasse der obersten Landesbehörden (meist koordinierte „gleichlautende" Ländererlasse) und Verfügungen der Oberfinanzdirektionen als Landesmittelbehörden. Fragen von überregionaler und grundsätzlicher Bedeutung werden aber an das Bundesfinanzministerium herangetragen und die Landesfinanzbehörden setzen sich nicht in Widerspruch zur Rechtsauffassung des Bundesfinanzministeriums (§ 14 Abs. 2 der Geschäftsordnung über die Regelungen zur Zusammenarbeit des Bundes mit den Ländern nach § 21a FVG).[198]

---

[195] Vgl. insbesondere die Regelungen zum Einsatz von automatisierten Einrichtungen für die Festsetzung und Erhebung von Steuern in § 20 Abs. 2 S. 3 FVG und zu einheitlichen Verwaltungsgrundsätzen und allgemeinen fachlichen Weisungen in § 21a Abs. 1 S. 2 FVG.

[196] Vgl. z. B. EStR, EStH, KStR, KStH.

[197] Das Verfahren zum Erlass eines BMF-Schreibens geht auf eine Übereinkunft zwischen dem damaligen Bundesfinanzminister und dem Vorsitzenden der Konferenz der Landesfinanzminister aus dem Jahr 1970 zurück (vgl. zur historischen Entwicklung *Desens*, Bindung der Finanzverwaltung an die Rechtsprechung, 2011, S. 35 ff.). Nach Einführung von § 21a Abs. 1 S. 1 f. FVG durch das Föderalismusreform-Begleitgesetz v. 5.9.2006 (BGBl I 2006, S. 2098) besteht auch eine bundesgesetzliche Grundlage; vgl. auch §§ 14 ff. der Geschäftsordnung über die Regelungen zur Zusammenarbeit des Bundes mit den Ländern nach § 21a FVG, abgedruckt bei *Suck*, Das Nichtanwendungsgesetz als Instrument der Steuerpolitik, 2018, S. 361 ff. Ob BMF-Schreiben allgemeine Weisungen im Sinne von Art. 108 Abs. 3 S. 2 GG, Ausdruck der in Art. 108 Abs. 4 S. 1, 3 GG vorgesehenen Kooperationsmöglichkeiten zwischen Bund und Ländern oder mehrseitig-konsensuale Verwaltungsinstrumente sui generis sind, ist umstritten; vgl. zu den vertretenen Ansichten nur *Desens*, Bindung der Finanzverwaltung an die Rechtsprechung, 2011, S. 39 ff.; *Helbich*, Vertrauensschutz in Verwaltungsvorschriften des Steuerrechts, 2015, S. 82 ff.; *Suck*, Das Nichtanwendungsgesetz als Instrument der Steuerpolitik, 2018, S. 80 f. jew. m. w. N. Der Streit ist aber letztlich nur akademischer Natur, weil BMF-Schreiben in der Praxis seit Jahrzehnten von den Landesfinanzbehörden befolgt werden.

[198] Abgedruckt bei *Suck*, Das Nichtanwendungsgesetz als Instrument der Steuerpolitik, 2018, S. 361 ff.

Ausnahmsweise enthalten Verwaltungsanweisungen Vorgaben für die Ausübung von Ermessen (ermessenslenkende Verwaltungsanweisungen)[199] oder vereinfachende Typisierungen wie pauschale Abzugsbeträge oder Abschreibungstabellen (typisierende Verwaltungsanweisungen).[200] In der Regel erläutern die Verwaltungsanweisungen aber ausschließlich die Auslegung einzelner Tatbestandsmerkmale (norminterpretierende Verwaltungsanweisungen). Derartige Verwaltungsanweisungen binden nur die Finanzämter, sind aber gerichtlich voll überprüfbar und entfalten demnach keine rechtliche Außenwirkung.[201] Gleichwohl prägen sie faktisch die Besteuerungspraxis in ganz entscheidendem Maße.[202] Indem sie die Anwendung der komplexen steuerrechtlichen Nor-

---

[199] Ermessen haben Finanzbehörden nur bei Verfahrenshandlungen oder bei Billigkeitsmaßnahmen. Sehen Verwaltungsanweisungen insoweit Vorgaben für die Ausübung des Ermessens vor, liegt hierin ein starkes Indiz für eine entsprechende Verwaltungspraxis, von der die Finanzbehörden wegen des aus Art. 3 Abs. 1 GG folgenden Gleichbehandlungsgebots nur aus sachlichen Gründen abweichen dürfen. Diese Selbstbindung der Verwaltung ist auch gerichtlich überprüfbar; vgl. nur BVerwG, Urteil v. 23.7.1958 – V C 328.56, BVerwGE 7, 180, juris Rn. 42; BVerwG, Urteil v. 26.11.1970 – VIII C 41.68, BVerwGE 36, 313, juris Rn. 11; BVerwG, Urteil v. 13.9.1973 – II C 13.73, BVerwGE 44, 72, juris Rn. 22; BVerwG, Urteil v. 21.8.2003 – 3 C 49/02, BVerwGE 118, 379, juris Rn. 12; BFH, Urteil v. 28.6.2000 – X R 24/95, BFHE 192, 32 = BStBl II 2000, 514, juris Rn. 51; BFH, Urteil v. 10.10.2001 – XI R 52/00, BFHE 196, 572 = BStBl II 2002, 201, juris Rn. 18 f.; BFH, Urteil v. 21.7.2009 – VII R 52/08, BFHE 226, 102 = BStBl II 2010, 51, juris Rn. 9; *Drüen*, in: Tipke/Kruse, §4 AO Rn. 93 f.; *Koenig*, in: Koenig, AO, 3. Auflage 2014, §4 Rn. 55; *Gersch*, in: Klein, AO, 14. Auflage 2018, §4 Rn. 9, 12.

[200] Derartige Typisierungen werden grundsätzlich auch von den Finanzgerichten zugrunde gelegt, wenn sie im Einzelfall nicht zu einem offensichtlich unzutreffenden Ergebnis führen; vgl. nur BFH, Urteil v. 20.3.1980 – IV R 11/76, BFHE 130, 307 = BStBl II 1980, 455, juris Rn. 13; BFH, Urteil v. 8.8.1986 – VI R 195/82, BFHE 147, 247 = BStBl II 1986, 824, juris Rn. 21 f.; BFH, Urteil v. 26.1.1994 – VI R 118/89, BFHE 173, 174 = BStBl II 1994, 529, juris Rn. 7; BFH, Urteil v. 9.12.1999 – III R 74/97, BFHE 191, 125 = BStBl II 2001, 311, juris Rn. 30; BFH, Urteil v. 15.4.2010 – VI R 20/08, BFHE 229, 203 = BStBl II 2010, 805, juris Rn. 14; BFH, Urteil v. 14.4.2011 – IV R 46/09, BFHE 233, 214 = BStBl II 2011, 696, juris Rn. 32; *Koenig*, in: Koenig, AO, 3. Auflage 2014, §4 Rn. 58; *Gersch*, in: Klein, AO, 14. Auflage 2018, §4 Rn. 11; kritisch *Drüen*, in: Tipke/Kruse, §4 Rn. 91 m. w. N.

[201] Vgl. nur BFH, Urteil v. 14.5.1991 – VIII R 111/86, BFHE 164, 526 = BStBl II 1992, 164, juris Rn. 17 ff.; BFH, Urteil v. 26.4.1995 – XI R 81/93, BFHE 178, 4 = BStBl II 1995, 754, juris Rn. 14; BFH, Urteil v. 26.4.1995 – XI R 81/93, BFHE 178, 4 = BStBl II 1995, 754, juris Rn. 13; BFH, Urteil v. 9.12.1999 – III R 74/97, BFHE 191, 125 = BStBl II 2001, 311, juris Rn. 28; BFH, Urteil v. 12.11.2009 – VI R 20/07, BFHE 227, 435 = BStBl II 2010, 845, juris Rn. 27; BFH, Urteil v. 13.1.2011 – V R 12/08, BFHE 232, 261 = BStBl II 2012, 61, juris Rn. 68; *Drüen*, in: Tipke/Kruse, §4 AO Rn. 84; *Koenig*, in: Koenig, AO, 3. Auflage 2014, §4 Rn. 54; *Gersch*, in: Klein, AO, 14. Auflage 2018, §4 Rn. 10; *Englisch*, in: Tipke/Lang, 23. Auflage 2018, §5 Rn. 28; *Tipke*, Die Steuerrechtsordnung, Band III, 2. Auflage 2012, S. 1432, 1436 ff.; *Helbich*, Vertrauensschutz in Verwaltungsvorschriften des Steuerrechts, 2015, S. 87 ff.; vgl. auch BVerfG, Beschluss v. 31.5.1988 – 1 BvR 520/83, BVerfGE 78, 214, juris Rn. 37; BVerfG, Kammerbeschluss v. 28.6.1993 – 1 BvR 390/89, NVwZ 1994, 475, juris Rn. 13.

[202] *Hey*, Steuerplanungssicherheit als Rechtsproblem, 2002, S. 24 ff.; *Tipke*, Die Steuerrechtsordnung, Band III, 2. Auflage 2012, S. 1432 f., 1438 f.; *Hey*, FS Kirchhof, 2013, §153 Rn. 14; *Helbich*, Vertrauensschutz in Verwaltungsvorschriften des Steuerrechts, 2015, S. 77 f.; *F. Kirch-*

men kalkulierbarer machen, erhöhen sie die Steuerplanungssicherheit.[203] Dies gilt insbesondere, wenn es auf die Auslegung unbestimmter Rechtsbegriffe ankommt oder das systematische Zusammenspiel zwischen verschiedenen Normkomplexen nicht eindeutig ist. Der Steuerpflichtige kann auf der Grundlage der Verwaltungsanweisungen die Rechtsauffassung des für ihn zuständigen Finanzamts antizipieren und in seine Steuerplanung einbeziehen: Treffen die Verwaltungsanweisungen für den von ihm verwirklichten Sachverhalt eine eindeutige Aussage, kann er mit hoher Sicherheit davon ausgehen, dass das Finanzamt dieser Normauslegung folgen wird. Weicht der Sachverhalt des Steuerpflichtigen nur in einzelnen Punkten ab, können die Verwaltungsanweisungen zumindest noch als Anhaltspunkt und Argumentationshilfe dienen. Will der Steuerpflichtige hingegen eine Normauslegung vertreten, die von einer Verwaltungsanweisung abweicht, wird er mit hoher Wahrscheinlichkeit ein Einspruchs- und Klageverfahren anstrengen müssen. Kann der Steuerpflichtige den Sachverhalt noch gestalten, bieten ihm Verwaltungsanweisungen die Möglichkeit, verschiedene Gestaltungen im Hinblick auf ihre vermutliche Beurteilung durch die Finanzbehörden zu bewerten. Die mit einem unter Umständen erforderlichen Gerichtsverfahren einhergehenden Kosten, Verzögerungen und Rechtsunsicherheiten können dabei eingepreist werden. Insbesondere bei Fragestellungen, zu denen finanzgerichtliche Entscheidungen bislang fehlen (beispielweise, weil die zugrundeliegenden Normen erst vor kurzem in Kraft getreten sind), bilden Verwaltungsanweisungen damit auch für den Steuerpflichtigen einen ganz wesentlichen Orientierungspunkt.[204] Die Finanzverwaltung unter maßgeblichem Einfluss des Bundesfinanzministeriums liefert im Steuerrecht typischerweise die für die Praxis zunächst maßgebliche „Erstinterpretation“[205] des Gesetzes.

Der Einfluss der Finanzverwaltung ist aber nicht auf die Interpretation und Anwendung bestehender Gesetze beschränkt. Vielmehr übernimmt sie auch beim Entwurf neuer Steuergesetze eine wesentliche Rolle: Gesetzesentwürfe werden maßgeblich durch Beamte der Finanzministerien, vor allem des Bundesfinanzministeriums entwickelt. Dies gilt insbesondere für Entwürfe der Bundesregierung. Aber auch Gesetzesinitiativen des Bundesrates oder solche aus der

hof, JZ 2018, 1068, 1070; *Schmitt*, FS 100 Jahre Steuerrechtsprechung, 2018, S. 251, 253; *Englisch*, in: Tipke/Lang, 23. Auflage 2018, § 5 Rn. 32 aus betriebswirtschaftlicher Perspektive *J. Voß*, Ungewißheit im Steuerrecht, 1992, S. 19 ff.; allgemein zum praktischen Stellenwert von Verwaltungsvorschriften schon *Ossenbühl*, AöR 92 (1967), 1, 2 f.: „nicht weniger wichtig als Gesetze“.

[203] Zum Interesse des Steuerpflichtigen an Steuerplanungssicherheit noch ausführlich unter § 3 A. I. 1.

[204] *Hey*, Steuerplanungssicherheit als Rechtsproblem, 2002, S. 670 ff.; *dies.*, FS Kirchhof, 2013, § 153 Rn. 14.

[205] *Drüen*, in: Tipke/Kruse, § 4 AO Rn. 19; *P. Kirchhof*, in: Maunz/Dürig, GG, Art. 3 Abs. 1 Rn. 288; *Jachmann-Michel*, in: Maunz/Dürig, GG, Art. 95 Rn. 22; *Leisner*, Die allgemeine Bindung der Finanzverwaltung an die Rechtsprechung, 1980, S. 26; *Tipke*, Die Steuerrechtsordnung, Band III, 2. Auflage 2012, S. 1443 f.; *Simonek*, FS 100 Jahre Steuerrechtsprechung, 2018, S. 275, 277; *Thiemann*, FS 100 Jahre Steuerrechtsprechung, 2018, S. 129, 138 f.

Mitte des Bundestages basieren regelmäßig zumindest auf Formulierungshilfen des Bundes- oder eines Landesfinanzministeriums.[206] Angesichts der Komplexität des bestehenden Steuerrechts bezeichnen selbst Mitglieder des Finanzausschusses im deutschen Bundestag – also Parlamentarier, die sich ständig mit Steuergesetzen beschäftigen – eine fachkundige Hilfestellung durch Ministerialbeamte als unverzichtbar.[207] Auch Nichtanwendungsgesetze werden regelmäßig unter Mitwirkung der Finanzverwaltung entwickelt.[208]

Die Finanzverwaltung wirkt also in einer Doppelfunktion bei der Gestaltung der Steuerrechtslage mit: Einerseits liefert sie Impulse für die Entwicklung des komplizierten Gesetzesrechts. Andererseits prägt sie die tatsächliche Anwendung dieser Gesetze, indem sie offene Tatbestandsmerkmale oder systematische Beziehungen zwischen einzelnen Normen und Normkomplexen in behördeninternen Verwaltungsanweisungen konkretisiert und damit eine weitgehend einheitliche Verwaltungspraxis sicherstellt. Für beide Funktionen nimmt das Bundesfinanzministerium eine herausgehobene Stellung ein.

3. Gerichtliche Streitentscheidung mit präjudizieller Wirkung

a) Die tatsächliche Relevanz von Entscheidungen des Bundesfinanzhofs

Aus der bisherigen Zustandsbeschreibung ergibt sich ein besonderes Rechtsschutzbedürfnis des Steuerpflichtigen: Die komplexen Regelungszusammen-

---

[206] Vgl. speziell zur Situation im Steuerrecht nur *Heilgeist*, in: Deutsches Wissenschaftliches Institut der Steuerberater (Hrsg.), Die Finanzverwaltung – ein Ersatzgesetzgeber?, 2006, S. 7, 7; *Mössner*, in: Deutsches Wissenschaftliches Institut der Steuerberater (Hrsg.), Die Finanzverwaltung – ein Ersatzgesetzgeber?, 2006, S. 11, 16; *Heide Schaumburg/Harald* Schaumburg, FS Spindler, 2011, S. 171, 173; *Tipke*, Die Steuerrechtsordnung, Band III, 2. Auflage 2012, S. 1379; *Höng/Baumgartner*, Ubg 2016, 751, 755 f.; *F. Kirchhof*, JZ 2018, 1068, 1070; *Schmitt*, FS 100 Jahre Steuerrechtsprechung, 2018, S. 251, 258 f.; allgemein *Siedler*, Gesetzgeber und Bundesverfassungsgericht, 1999, S. 33 f.; *König*, FS Ule, 1987, S. 121, 122; *Rottmann*, FG 10 Jahre Gesellschaft für Rechtspolitik, 1984, S. 329, 331; *Schneider*, Gesetzgebung, 3. Auflage 2002, Rn. 93; *Ossenbühl*, HStR V, 3. Auflage 2007, § 100 Rn. 82; *Kloepfer*, NJW 2011, 131, 133; *Däke*, in: Kloepfer (Hrsg.), Gesetzgebungsoutsourcing, 2011, S. 19, 22; *Stadler*, in: Kloepfer (Hrsg.), Gesetzgebungsoutsourcing, 2011, S. 15, 16; *Fischedick*, in: Baldus/Theisen/Vogel (Hrsg.), „Gesetzgeber" und Rechtsanwendung, 2013, S. 63, 68 f. zum Einfluss der Finanzverwaltung auf den Gesetzgebungsprozess im Einzelnen noch unter § 4 B. I. 2., II.

[207] *Binding*, in: Deutsches Wissenschaftliches Institut der Steuerberater (Hrsg.), Die Finanzverwaltung – ein Ersatzgesetzgeber?, 2006, S. 53, 53; *Frechen*, in: Deutsches Wissenschaftliches Institut der Steuerberater (Hrsg.), Die Finanzverwaltung – ein Ersatzgesetzgeber?, 2006, S. 32, 32 f.; *Rzepka*, in: Deutsches Wissenschaftliches Institut der Steuerberater (Hrsg.), Die Finanzverwaltung – ein Ersatzgesetzgeber?, 2006, S. 35, 35.; vgl. auch *Greve*, DVBl 2011, 30, 31 f.

[208] *Suck*, Das Nichtanwendungsgesetz als Instrument der Steuerpolitik, 2018, S. 295 ff. kann für mehr als 80 % der von ihm untersuchten Nichtanwendungsgesetze sicher einen Einfluss der Finanzverwaltung auf den Gesetzgebungsprozess nachweisen; bei den verbleibenden knapp 20 % finden sich in den Gesetzgebungsmaterialien vereinzelt ebenfalls Indizien für maßgebliche Vorbereitungstätigkeiten der Finanzministerien.

hänge schaffen vielfach Rechtsunsicherheit, auch weil das Verfassungsrecht dem Gesetzgeber kaum strikte Grenzen setzt. Dem Steuerpflichtigen steht zudem eine hierarchisch stark organisierte Finanzverwaltung gegenüber, die bundesweit weitgehend einheitliche Vorgaben für die Auslegung der Steuergesetze entwickelt und im Einzelfall umsetzt. Dass die Finanzverwaltung zudem schon bei der Entwicklung der Steuergesetze beteiligt ist, kann zumindest den Eindruck einer staatlichen Übermacht erwecken, gegen die sich der Steuerpflichtige zur Wehr setzen muss, wenn er der Auffassung der Finanzverwaltung nicht folgen will.[209]

Als Ausdruck seines verfassungsrechtlichen Anspruchs auf effektiven Rechtsschutz (Art. 19 Abs. 4 GG) kann der Steuerpflichtige gegen einen vermeintlich rechtswidrigen Steuerbescheid Klage vor einem Finanzgericht erheben und gegebenenfalls ein Revisionsverfahren vor dem Bundesfinanzhof anstreben. Die Gerichte entscheiden über die Auslegung der streitentscheidenden Normen und die Subsumtion des konkreten Sachverhalts unter diese Normen. Ihre Entscheidung ist nach § 110 Abs. 1 Nr. 1 FGO bindend. Die Bindungswirkung beschränkt sich allerdings in sachlicher Hinsicht auf den konkreten Streitgegenstand und in persönlicher Hinsicht auf die Beteiligten des Rechtsstreits, also nach § 57 FGO auf den Kläger, den Beklagten, den Beigeladenen sowie das Bundes- oder ein Landesfinanzministerium, wenn diese nach § 122 Abs. 2 FGO dem Verfahren beigetreten sind. Eine strikte Bindung für andere Streitfälle, in denen sich dieselbe Auslegungsfrage stellt, wird einfachgesetzlich hingegen nicht angeordnet.

Das bedeutet allerdings nicht, dass einer finanzgerichtlichen Entscheidung über den entschiedenen Einzelfall hinaus keine Bedeutung zukommt. Im Gegenteil: Nimmt das Gericht zur Auslegung einer Norm Stellung, so positioniert es sich damit häufig – zumindest inzident – auch zu Verwaltungsanweisungen, die diese Norm interpretieren und erläutern. Stimmt das Gericht der exekutiven Norminterpretation zu, bestätigt es die bisherige Verwaltungspraxis. Kommt es hingegen zu einer anderen Auslegung, stellt es inzident auch die Behandlung zahlreicher Parallelfälle aufgrund der Verwaltungsanweisung in Frage. Die weitgehende Harmonisierung der Verwaltungspraxis im Steuerrecht durch Richtlinien, Hinweise und BMF-Schreiben sorgt damit unmittelbar dafür, dass finanzgerichtliche Entscheidungen auch jenseits des konkret entschiedenen Streitgegenstands und für andere als die nach § 110 FGO unmittelbar gebundenen Personen relevant sind.

Dies gilt insbesondere für Entscheidungen des Bundesfinanzhofs, der als oberstes Bundesgericht (Art. 95 Abs. 1 GG) an der Spitze des finanzgerichtlichen Instanzenzugs steht. Seine verfassungsrechtliche Aufgabe ist es vor allem, eine einheitliche Auslegung der Steuergesetze sicherzustellen, indem er auf eine

---

209 Vgl. *Schön*, FS Lang, 2011, S. 221, 221 f.; *Schönfeld/Bergmann*, DStR 2015, 257, 261.

einheitliche Rechtsprechung der Finanzgerichte hinwirkt. Ausdrücklich wird die Einheitlichkeit der Rechtsprechung zwar nur in Art. 95 Abs. 3 S. 1 GG als verfassungsrechtliches Ziel genannt, der die Einrichtung eines Gemeinsamen Senats der obersten Bundesgerichte anordnet.[210] Eine solche Vereinheitlichung zwischen den obersten Bundesgerichten macht aber nur dann Sinn, wenn auch innerhalb eines Gerichtszweigs die Rechtsprechung angeglichen wird.[211] Da es für Bürger und Behörden zudem wesentlich darauf ankommt, wie die abstrakten gesetzlichen Vorgaben für den jeweiligen Einzelfall konkretisiert werden, trägt eine einheitliche Rechtsprechung auch zur Rechtssicherheit und Vorhersehbarkeit des einfachen Rechts bei.[212] Zur Umsetzung dieser verfassungsrechtlichen Zielvorgaben sieht die Finanzgerichtsordnung zwar nur dann ausnahmsweise eine strikte Bindung eines Finanzgerichts an die Rechtsauffassung des Bundesfinanzhofs vor, wenn eine Sache zur anderweitigen Verhandlung und Entscheidung zurückverwiesen wird (§ 126 Abs. 5 FGO).[213] Gegen ein finanzgerichtliches Urteil ist aber die Revision zuzulassen, wenn die Rechtsfrage grundsätzliche Bedeutung hat (§ 115 Abs. 2 Nr. 1 FGO)[214] oder eine Entscheidung des Bundesfinanzhofs zur Fortbildung des Rechts oder zur Sicherung einer einheitlichen Rechtsprechung erforderlich ist (§ 115 Abs. 2 Nr. 2 FGO).[215] Damit kann gegen eine finanzgerichtliche Entscheidung, in der eine Norm abweichend von der bisherigen Rechtsprechung des Bundesfinanzhofs ausgelegt wird, stets Revision eingelegt werden. Finanzgerichte orientieren sich daher in der Regel an der Norminterpretation des Bundesfinanzhofs.[216] Auch der Bundesfinanzhof selbst[217] betont den besonderen Wert von Kontinuität bzw. Ste-

[210] Will ein oberstes Bundesgericht von der Entscheidung eines anderen obersten Bundesgerichts oder des Gemeinsamen Senats abweichen, muss es die Rechtsrage dem Gemeinsamen Senat vorlegen, § 2 Abs. 1 RsprEinhG.

[211] *Desens*, Bindung der Finanzverwaltung an die Rechtsprechung, 2011, S. 306; *Payandeh*, Judikative Rechtserzeugung, 2017, S. 187.

[212] *Jachmann-Michel*, in: Maunz/Dürig, GG, Art. 95 Rn. 17; *Schulze-Fielitz*, in: Dreier, GG, 3. Auflage 2018, Art. 95 Rn. 18; *Voßkuhle*, in: v. Mangoldt/Klein/Starck, 7. Auflage 2018, Art. 95 Rn. 3 f.; *Classen*, in: v. Mangoldt/Klein/Starck, 7. Auflage 2018, Art. 97 Rn. 18.

[213] Vgl. auch die entsprechenden Vorschriften für die anderen Fachgerichtsbarkeiten: §§ 563 Abs. 2 ZPO, 358 Abs. 1 StPO, 144 Abs. 6 VwGO, 72 Abs. 5 ArbGG i. V. m. 563 Abs. 2 ZPO, 170 Abs. 5 SGG.

[214] Vgl. auch die entsprechenden Vorschriften für die anderen Fachgerichtsbarkeiten: §§ 511 Abs. 4 S. 1 Nr. 1 Var. 1, 543 Abs. 2 S. 1 Nr. 1 ZPO, §§ 124 Abs. 2 Nr. 3, 132 Abs. 2 Nr. 1 VwGO, §§ 64 Abs. 3 Nr. 1, 72 Abs. 2 Nr. 1 ArbGG, §§ 144 Abs. 2 Nr. 1, 160 Abs. 2 Nr. 1 SGG.

[215] Auch §§ 511 Abs. 4 S. 1 Nr. 1 Var. 3, 543 Abs. 2 S. 1 Nr. 2 ZPO nennen ausdrücklich die „Sicherung einer einheitlichen Rechtsprechung" als Revisionsgrund, während §§ 124 Abs. 2 Nr. 4, 132 Abs. 2 Nr. 2 VwGO, §§ 64 Abs. 3 Nr. 3, 72 Abs. 2 Nr. 2 ArbGG, §§ 144 Abs. 2 Nr. 2, 160 Abs. 2 Nr. 2 SGG die Revision zulassen, wenn das Urteil von der Entscheidung eines höherrangigen Gerichts abweicht und auf dieser Abweichung beruht.

[216] *Jachmann-Michel*, in: Maunz/Dürig, GG, Art. 95 Rn. 21; *Brandt*, in: Beermann/Gosch, AO/FGO, § 110 FGO Rn. 28; *Schönberger*, VVDStRL 71, 2012, S. 298, 319 f.

[217] Zur Kontinuitätsgewähr durch den Bundesfinanzhof noch ausführlich unter § 3 B.

tigkeit in seiner Rechtsprechung.[218] Eine Abkehr von einer früheren Auslegung hält er nur für möglich, wenn dafür gewichtige rechtliche Argumente oder erheblich veränderte tatsächliche Rahmenbedingungen sprechen.[219] Zwischen den einzelnen Senaten des Bundesfinanzhofs wird die Einheitlichkeit der Rechtsprechung schließlich durch die Regelung des § 11 Abs. 2 FGO abgesichert: Will ein Senat des Bundesfinanzhofs von einer Entscheidung eines anderen Senats abweichen, muss er die Rechtsfrage einem aus Vertretern verschiedener Senate gebildeten Großen Senat zur Entscheidung vorlegen.[220] Im Ergebnis müssen Entscheidungen des Bundesfinanzhofs in anderen gerichtlichen Verfahren damit zwar nicht zwingend befolgt werden, sie bilden aber Präjudizien,[221] von denen nur ausnahmsweise und nur mit hinreichender Begründung abgewichen wird.

Diese präjudizielle Wirkung von Entscheidungen des Bundesfinanzhofs liegt auch weiteren steuerverfahrensrechtlichen Regelungen zugrunde, die „Musterverfahren" vor dem Bundesfinanzhof ermöglichen: Ist die Auslegung eines Steuergesetzes Gegenstand eines Verfahrens vor dem Bundesfinanzhof, können Steuerfestsetzungen insoweit nach § 165 Abs. 1 S. 2 Nr. 4 AO vorläufig erfolgen.[222] Einspruchsverfahren ruhen in diesen Fällen kraft Gesetzes nach § 363 Abs. 2 S. 2 AO. Klageverfahren vor den Finanzgerichten können mit Zustimmung der Parteien nach § 155 S. 1 FGO i. V. m. § 251 S. 1 ZPO bis zur Entscheidung des Bundesfinanzhofs zum Ruhen gebracht werden. Schließlich liegt die präjudizielle Wirkung höchstrichterlicher Entscheidungen auch der vertrauensschützenden und kontinuitätswahrenden[223] Regelung in § 176 Abs. 1 S. 1 Nr. 3

---

[218] Vgl. nur BFH, Urteil v. 18.6.2015 – VI R 17/14, BFHE 250, 153 = BStBl II 2015, 800, juris Rn. 15; BFH, Urteil v. 21.11.1980 – VI R 202/79, BFHE 132, 63 = BStBl II 1981, 131, juris Rn. 20; BFH, Urteil v. 29.7.1965 – V 71/61 S, BFHE 83, 125 = BStBl III 1965, 545, juris Rn. 20; BFH, Beschluss v. 27.11.1989 – GrS 1/88, BFHE 158, 563 = BStBl II 1990, 160, juris Rn. 68; BFH, Beschluss v. 24.4.2012 – IX B 154, BFHE 236, 557 = BStBl II 2012, 454, juris Rn. 27; BFH, Beschluss v. 15.7.1991 – GrS 1/90, BFHE 165, 225 = BStBl II 1992, 78, juris Rn. 74.

[219] Vgl. nur BFH, Urteil v. 13.11.1963 – GrS 1/63 S, BFHE 78, 315 = BStBl III 1964, 124, juris Rn. 16; BFH, Beschluss v. 15.7.1968 – GrS 2/67, BFHE 93, 75 = BStBl II 1968, 666, juris Rn. 28; BFH, Beschluss v. 26.11.1973 – GrS 5/71, BFHE 111, 242 = BStBl II 1974, 132, juris Rn. 49; BFH, Beschluss v. 25.6.1984 – GrS 4/82, BFHE 141, 405 = BStBl II 1984, 751, juris Rn. 159; BFH, Beschluss v. 27.11.1989 – GrS 1/88, BFHE 158, 563 = BStBl II 1990, 160, juris Rn. 68; BFH, Beschluss v. 21.9.2009 – GrS 1/06, BFHE 227, 1 = BStBl II 2010, 672, juris Rn. 120; BFH, Beschluss v. 24.4.2012 – IX B 154, BFHE 236, 557 = BStBl II 2012, 454, juris Rn. 27.

[220] Vgl. auch die entsprechenden Vorschriften für die anderen Fachgerichtsbarkeiten: §§ 132 Abs. 2 GVG, 11 Abs. 2 VwGO, 45 Abs. 2 ArbGG, 41 Abs. 2 SGG.

[221] Gemeint hier als verallgemeinerungsfähiges Ergebnis eines Gerichts bei der Beantwortung einer bestimmten Rechtsfrage; vgl. zur Begriffs- und Bedeutungsvielfalt auch in Abgrenzung zum „Richterrecht" und der „richterlichen Rechtsfortbildung" *Payandeh*, Judikative Rechtserzeugung, 2017, S. 46 ff.

[222] Vgl. zu den einzelnen Verfahrensunterbrechungen im Hinblick auf Musterverfahren und den verbleibenden Reaktionsmöglichkeiten des Steuerpflichtigen noch im Detail unter § 5 B.

[223] Zur kontinuitätswahrenden Dimension von § 176 Abs. 1 S. 1 Nr. 3 AO noch unter § 3 C. I. 1. g).

AO zugrunde: Weicht der Bundesfinanzhof mit seiner Entscheidung von einer früheren Auslegung ab und hat die Finanzverwaltung die bisherige Rechtsprechungslinie bei der Steuerfestsetzung angewandt, so darf die geänderte Rechtsprechung bei der Korrektur eines bestandskräftigen Steuerbescheids nicht zulasten des Steuerpflichtigen berücksichtigt werden.[224]

Die Finanzverwaltung dokumentiert den präjudiziellen Einfluss von Entscheidungen des Bundesfinanzhofs dadurch, dass sie den weit überwiegenden Teil der Entscheidungen im Bundessteuerblatt II oder im Internet veröffentlicht[225] und damit über den entschiedenen Einzelfall hinaus für anwendbar erklärt.[226] Häufig werden gerichtliche Leitsätze auch in Verwaltungsrichtlinien übernommen oder es wird in Verwaltungshinweisen besonders auf bestimmte Entscheidungen des Bundesfinanzhofs aufmerksam gemacht. Legt ein Beamter eine Rechtsnorm entgegen einer gefestigten Rechtsprechung des Bundesfinanzhofs aus, kann dies eine fahrlässige Verletzung seiner Amtspflicht zu gesetzmäßigem Handeln darstellen.[227] Auch Rechtsanwälte und Steuerberater müssen präjudizielle Entscheidungen des Bundesfinanzhofs schließlich bei ihrer Beratung berücksichtigen, um sich gegenüber ihren Mandanten nicht schadensersatzpflichtig zu machen.[228]

Entscheidungen des Bundesfinanzhofs sind damit – anders als die eingeschränkte Bindungswirkung des §110 Abs. 1 Nr. 1 FGO auf den ersten Blick vermuten lässt – in der Praxis der wesentliche Orientierungspunkt für die Auslegung der Steuergesetze.[229] Sie haben faktisch überragende Bedeutung für die Bestimmung der steuerrechtlichen Rechtslage, auf deren Basis die Steuerpflich-

---

224 *Bartone*, in: von Wedelstädt, AO/FGO, 22. Auflage 2018, §176 AO Rn. 19; *von Groll*, in: HHSp., §176 AO Rn. 160; *Koenig*, in: Koenig, AO, 3. Auflage 2014, §176 Rn. 24.

225 Nach den Erhebungen von *Desens*, Bindung der Finanzverwaltung an die Rechtsprechung, 2011, S. 62f. werden 98,8% aller vom Bundesfinanzhof zur Veröffentlichung vorgesehenen Entscheidungen (sog. V-Entscheidungen) innerhalb von drei Jahren auch im Bundessteuerblatt veröffentlicht; zum Veröffentlichungsverfahren noch sogleich unter §2 B. III. 4. a).

226 Zu Reaktionen der Finanzverwaltung auf Entscheidungen des Bundesfinanzhofs noch sogleich unter §2 B. III. 4.

227 Ständige Rechtsprechung, vgl. nur BGH, Urteil v. 23.3.1959 – III ZR 207/57, BGHZ 30, 19, juris Rn. 11; BGH, Beschluss v. 19.12.1991 – III ZR 9/91, NJW-RR 1992, 919, juris Rn. 2; BGH, Urteil v. 9.12.2004 – III ZR 263/04, BGHZ 161, 305, juris Rn. 12; BGH, Urteil v. 4.7.2013 – III ZR 342/12, BGHZ 198, 1, juris Rn. 10.

228 Ständige Rechtsprechung, vgl. nur BGH, Urteil v. 28.9.2000 – IX ZR 6/99, BGHZ 145, 256, juris Rn. 31ff.; BGH, Urteil v. 6.11.2008 – IX ZR 140/07, BGHZ 178, 258, juris Rn. 9; BGH, Urteil v. 23.9.2010 – IX ZR 26/09, DStR 2010, 2374, juris Rn. 8 jew. m. w. N.

229 Vgl. statt aller nur die eindringlichen Umschreibungen von *Offerhaus*, in: Herzig/Günkel/Niemann (Hrsg.), Steuerberater-Jahrbuch 1995/1996, 1996, S. 7, 12f.: „Aussagen des Bundesfinanzhofs haben häufig eine Breitenwirkung – einen Multiplikationseffekt –, wie sie bei anderen Gerichtszweigen nur selten zu finden ist."; *G. Kirchhof*, in: HHR, Einführung Rn. 141: „Urteile des Bundesfinanzhofs [...] geben in der Regel die praxisprägende Bedeutung des Gesetzes vor." und *Levedag*, FS 100 Jahre Steuerrechtsprechung, 2018, S. 181, 183: „Entscheidungen des Bundesfinanzhofs [...] prägen die steuerrechtliche Praxis in einer Weise, die oftmals den Gesetzestext in den Hintergrund treten lässt."

tigen ihre wirtschaftlichen Entscheidungen treffen und anhand derer die Finanzverwaltung die Folgen dieser Entscheidungen beurteilt.

b) Der Diskurs um die faktische oder normative Wirkung von Präjudizien

Auch wenn die soeben dargestellte weitreichende Bedeutung von Präjudizien des Bundesfinanzhofs im Steuerrecht und der obersten Bundesgerichte allgemein unbestritten ist, besteht keine Einigkeit darüber, ob diese Wirkung allein faktischer Natur ist oder auf einen normativen Zusammenhang zurückzuführen ist.

Die mit diesem Diskurs verbundenen rechtstheoretischen und verfassungsrechtlichen Fragen sind vielfältig.[230] Im Kontext dieser Arbeit sind sie einerseits nicht unmittelbar einschlägig, weil eine präjudizielle Wirkung höchstrichterlicher Entscheidungen nur in Bezug auf Gerichte und Behörden diskutiert wird. Es besteht Uneinigkeit darüber, ob bzw. unter welchen Voraussetzungen ein Gericht bei der Auslegung einer Norm den Erwägungen aus einer früheren Entscheidung folgen muss und inwieweit Behörden bei ihrer Entscheidungsfindung wiederum gerichtliche Norminterpretationen berücksichtigen müssen. Selbst Autoren, die insoweit nicht nur von einer faktischen, sondern von einer normativen Wirkung von höchstrichterlichen Entscheidungen für andere Gerichte und Behörden ausgehen, erstrecken diese Wirkung aber nicht auf den parlamentarischen Gesetzgeber, da es gerade seine verfassungsrechtliche Aufgabe ist, die grundlegenden Entscheidungen zur Bestimmung der Rechtslage selbst zu treffen.[231] Er befindet sich damit in einer fundamental anderen Ausgangsposition als Gerichte oder Behörden, die das vom Gesetzgeber geschaffene Recht im jeweiligen Einzelfall auslegen und anwenden müssen. Ob für diese Anwendung im Einzelfall eine wie auch immer geartete Bindung an eine höchstrichterliche Entscheidung bestehen kann, sagt dementsprechend unmittelbar nichts über die in dieser Arbeit untersuchte Frage aus, ob und inwieweit der Gesetzgeber bei der Schaffung neuer gesetzlicher Regelungen Rücksicht auf eine solche Entscheidung nehmen muss. Ausgangspunkt für die Suche nach verfassungsrechtlichen Grenzen für Nichtanwendungsgesetze muss dementsprechend nicht eine eventuelle normative Wirkung gerichtlicher Entscheidungen für andere Gerichte und Behörden sein, sondern das spezifische verfassungsrechtliche Kompetenzverhältnis zwischen Gesetzgeber und Judikative.[232]

---

[230] Zuletzt umfassend *Payandeh*, Judikative Rechtserzeugung, 2017; vgl. jeweils als exemplarische Vertreter verschiedener Strömungen zudem *Larenz*, FS Schima, 1969, S. 247 ff.; *ders.*, Methodenlehre der Rechtswissenschaft, 6. Auflage 1991, S. 429 ff.; *Kriele*, Theorie der Rechtsgewinnung, 2. Auflage 1976, S. 243 ff.; *Fikentscher*, Methoden des Rechts IV, 1977, S. 269 ff, 313 ff.; *Gusy*, DÖV 1992, 461, 467 ff.; *Reinhardt*, Konsistente Jurisdiktion, 1997; *Kähler*, Strukturen und Methoden der Rechtsprechungsänderung, 2. Auflage 2011, S. 416 ff.

[231] Vgl. z.B. *Gusy*, DÖV 1992, 461, 469 f.; *Reinhardt*, Konsistente Jurisdiktion, 1997, S. 110 f.; *Payandeh*, Judikative Rechtserzeugung, 2017, S. 246 f.

[232] Zur Frage, ob der Grundsatz der Gewaltenteilung bzw. eine daraus abgeleitete Ge-

Andererseits besteht eine wechselseitige Verknüpfung zwischen den Wirkungen einer höchstrichterlichen Entscheidung und denjenigen eines Nichtanwendungsgesetzes. Je weiter der präjudizielle Einfluss einer Entscheidung des Bundesfinanzhofs geht, desto stärker verändert ein Nichtanwendungsgesetz, mit dem die materiellen Kernaussagen dieser Entscheidung korrigiert werden, die Rechtslage. Die Frage nach dem verfassungsrechtlichen und rechtstheoretischen Grund der soeben rechtstatsächlich beschriebenen präjudiziellen Wirkung soll daher nicht ausgeblendet werden, wenngleich die Darstellung sich hier auf wesentliche Positionen und Argumentationsstrukturen beschränken muss. Insoweit der Diskurs sich mit der Funktion der Rechtsprechung im System der Gewaltenteilung auseinandersetzt, werden diese Gedankengänge im späteren Verlauf der Arbeit wieder aufgegriffen.[233]

Die wohl immer noch überwiegende Auffassung im wissenschaftlichen Schrifttum geht davon aus, dass Präjudizien nur faktische, aber keine normativen Wirkungen entfalten.[234] Ausgangspunkt ist das traditionelle Verständnis, nach dem als Quellen des innerstaatlichen Rechts nur geschriebene Normen und das nachrangige Gewohnheitsrecht in Betracht kommen. Gerichtliche Entscheidungen können zwar ausnahmsweise zu Gewohnheitsrecht erstarken, wenn Gerichte zur Ausfüllung einer gesetzlichen Lücke rechtsfortbildend tätig werden und die so geschaffenen Grundsätze allgemeine Akzeptanz finden.[235] Gerade in normgeprägten Rechtsbereichen wie dem Steuerrecht legen

---

waltenloyalität dem Gesetzgeber Schranken beim Erlass von Nichtanwendungsgesetzen auferlegt, noch ausführlich unter § 4 C.

233 Siehe insbesondere noch unter § 4 C. I. 2.

234 Stellvertretend für diese Auffassung *Larenz*, FS Schima, 1969, S. 247 ff.; *ders.*, Methodenlehre der Rechtswissenschaft, 6. Auflage 1991, S. 429 ff.; *Wank*, Grenzen richterlicher Rechtsfortbildung, 1978, S. 36 f.; *Bettermann*, HStR III, 2. Auflage 1996, § 73 Rn. 27 ff.; *Röhl/Röhl*, Allgemeine Rechtslehre, 3. Auflage 2008, S. 565 ff.; *Classen*, in: v. Mangoldt/Klein/Starck, 7. Auflage 2018, Art. 92 Rn. 14; *Hopfauf*, in: Schmidt-Bleibtreu/Hofmann/Henneke, GG, 14. Auflage 2018, vor Art. 92 Rn. 67, 70; *Robbers*, in: Bonner Komm. GG, Art. 20 Abs. 3 Rn. 3331; *O. Klein*, JZ 2018, 64, 64, 66; als überwiegende Auffassung eingeschätzt auch von *Reinhardt*, Konsistente Jurisdiktion, 1997, S. 436 f.; *Pohl*, Rechtsprechungsänderung und Rückanknüpfung, 2005, S. 38 f.; *Röhl/Röhl*, Allgemeine Rechtslehre, 3. Auflage 2008, S. 562; *Desens*, Bindung der Finanzverwaltung an die Rechtsprechung, 2011, S. 191; *Payandeh*, Judikative Rechtserzeugung, 2017, S. 125 mit Fn. 67; *Wassermann*, in: AK GG, 3. Auflage 2001, Art. 97 Rn. 55; *Rüthers/Fischer/Birk*, Rechtstheorie, 10. Auflage 2018, Rn. 236 mit jeweils weiteren Nachweisen zu Vertretern dieser Auffassung; vgl. im Steuerrecht z. B. *Bühler*, Allgemeines Steuerrecht, 1927, S. 311; *Grund*, in: Spitaler (Hrsg.), Steuerberater-Jahrbuch 1955/1956, 1956, S. 371, 392; *J. Lang*, DRiZ 1992, 365, 368; *Offerhaus*, in: Herzig/Günkel/Niemann (Hrsg.), Steuerberater-Jahrbuch 1995/1996, 1996, S. 7, 12 f.; *Desens*, Bindung der Finanzverwaltung an die Rechtsprechung, 2011, S. 235 f.; *Weber-Grellet*, FS Lang, 2011, S. 927, 932 ff.; *Wernsmann*, in: HHSp., § 4 AO Rn. 187; *Koenig*, in: Koenig, AO, 3. Auflage 2014, § 4 Rn. 64; *G. Kirchhof*, in: HHR, Einführung Rn. 140; *Suck*, Das Nichtanwendungsgesetz als Instrument der Steuerpolitik, 2018, S. 69.

235 Statt aller *Larenz*, FS Schima, 1969, S. 247, 253 ff.; *ders.*, Methodenlehre der Rechtswissenschaft, 6. Auflage 1991, S. 433; *Harald Schaumburg*, in: Brandt (Hrsg.), Für eine bes-

Gerichtsentscheidungen aber in der Regel nur den Inhalt der gesetzlichen Normen offen; sie sind also keine eigenen Rechtsquellen, sondern bloße Rechtserkenntnisquellen.[236] Aus der fehlenden Rechtsquelleneigenschaft folgert die überwiegende Meinung, dass Gerichtsentscheidungen – jenseits des Ausnahmefalls eines gerichtlich geprägten Gewohnheitsrechts – kein „Recht" im Sinne von Art. 20 Abs. 3 GG sind und keine bindende Wirkung für die vollziehende Gewalt und die Rechtsprechung entfalten.

Diese fehlende Bindungswirkung ergebe sich auch zwingend aus der verfassungsrechtlichen Garantie der richterlichen Unabhängigkeit (Art. 97 Abs. 1 GG). Der Richter ist nur dem Gesetz unterworfen und vor einer Beeinflussung durch andere Gewalten geschützt. Dieser Schutz erstreckt sich nach herrschender Meinung auch auf die Judikative selbst:[237] Zum einen dürfe die gerichtsinterne Organisation und die Zusammenarbeit in Senaten nicht dazu führen, dass dem einzelnen Richter eine Entscheidung in der Sache vorgegeben wird. Zum anderen erlaube die richterliche Unabhängigkeit dem Richter auch, von den Entscheidungen anderer Gerichte oder eigenen Entscheidungen der Vergangenheit abzuweichen, wenn er von der sachlichen Argumentation dieser vormaligen Judikate nicht überzeugt ist.[238] Die Bindung an das Gesetz zwinge ihn vielmehr sogar, die gesetzlichen Vorgaben im konkreten Fall bestmöglich umzusetzen und damit – wenn dies nach seiner Einschätzung notwen-

---

sere Steuerrechtskultur, 2004, S. 73, 86; *Röhl/Röhl*, Allgemeine Rechtslehre, 3. Auflage 2008, S. 544 f.

[236] Statt aller nur *Ossenbühl*, AöR 92 (1967), 478, 490 ff.; *Larenz*, FS Schima, 1969, S. 247, 261 f.; *ders.*, Methodenlehre der Rechtswissenschaft, 6. Auflage 1991, S. 432; *Röhl/Röhl*, Allgemeine Rechtslehre, 3. Auflage 2008, S. 544 f.; *Hopfauf*, in: Schmidt-Bleibtreu/Hofmann/Henneke, GG, 14. Auflage 2018, vor Art. 92 Rn. 43; speziell zu Entscheidungen des Bundesfinanzhofs *Leisner*, Die allgemeine Bindung der Finanzverwaltung an die Rechtsprechung, 1980, S. 46 ff.; *Harald Schaumburg*, in: Brandt (Hrsg.), Für eine bessere Steuerrechtskultur, 2004, S. 73, 86; *Wieland*, DStR 2004, 1, 3 f.; *Weber-Grellet*, FS Lang, 2011, S. 927, 936; *Koenig*, in: Koenig, AO, 3. Auflage 2014, § 4 Rn. 64; a. A. z. B. *Pohl*, Rechtsprechungsänderung und Rückanknüpfung, 2005, S. 71 ff.; *Drüen*, in: Tipke/Kruse, § 4 AO Rn. 110, 112 f.; *Rüthers/Fischer/Birk*, Rechtstheorie, 10. Auflage 2018, Rn. 239 ff.

[237] *Meyer*, in: v. Münch/Kunig, GG, 6. Auflage 2012, Art. 97 Rn. 15; *Sodan*, HStR V, 3. Auflage 2007, § 113 Rn. 25; *Hillgruber*, in: Maunz/Dürig, GG, Art. 97 Rn. 21 ff.; *Pieroth*, in: Jarass/Pieroth, GG, 15. Auflage 2018, Art. 97 Rn. 7; *Birk*, DStJG 27, 2004, S. 9, 22; *H. A. Wolff*, in: Hömig/Wolff, GG, 12. Auflage 2018, Art. 97 Rn. 6; kritisch zu dieser Schutzrichtung *Hey*, Steuerplanungssicherheit als Rechtsproblem, 2002, S. 604 f.; *Payandeh*, Judikative Rechtserzeugung, 2017, S. 168 ff.

[238] *Ossenbühl*, AöR 92 (1967), 478, 483 f.; *Larenz*, FS Schima, 1969, S. 247, 260; *ders.*, Methodenlehre der Rechtswissenschaft, 6. Auflage 1991, S. 430; *Sodan*, HStR V, 3. Auflage 2007, § 113 Rn. 25, 29; *Kähler*, Strukturen und Methoden der Rechtsprechungsänderung, 2. Auflage 2011, S. 394 f.; *Detterbeck*, in: Sachs, GG, 7. Auflage 2014, Art. 97 Rn. 14 f.; *Hopfauf*, in: Schmidt-Bleibtreu/Hofmann/Henneke, GG, 14. Auflage 2018, Art. 92 Rn. 79, 85 f.; *Meyer*, in: v. Münch/Kunig, GG, 6. Auflage 2012, Art. 97 Rn. 26; *Pieroth*, in: Jarass/Pieroth, GG, 15. Auflage 2018, Art. 97 Rn. 7.

dig ist – auch von einer früheren Gesetzesauslegung abzuweichen.[239] Wäre der Richter an frühere Entscheidungen gebunden, drohe eine Erstarrung der Rechtsprechung wenn nicht gar der gesamten Rechtsordnung.[240]

Teilweise wird die nur faktische Wirkung höchstrichterlicher Präjudizien schließlich mit einem Umkehrschluss zu §31 BVerfGG begründet: Nur für Entscheidungen des Bundesverfassungsgerichts sei eine Bindung aller Gerichte und Behörden (§31 Abs. 1 BVerfGG) sowie die Gesetzeskraft bestimmter Entscheidungen (§31 Abs. 2 BVerfGG) angeordnet. Dies sei Ausdruck der herausgehobenen verfassungsrechtlichen Stellung des Bundesverfassungsgerichts. Demgegenüber komme Entscheidungen der obersten Bundesgerichte, für die entsprechende einfachgesetzliche Regelungen fehlen, keine den Einzelfall übergreifenden Bindungswirkungen zu.[241]

Die Rechtsprechung des Bundesverfassungsgerichts scheint zunächst diese überwiegende Auffassung in wesentlichen Punkten zu stützen.[242] So betont das Gericht regelmäßig, höchstrichterliche Rechtsprechung sei kein Gesetzesrecht und erziele keine damit vergleichbaren Wirkungen.[243] Die Rechtspflege sei aufgrund der Unabhängigkeit der Richter konstitutionell uneinheitlich.[244] Gerich-

239 *Larenz*, Methodenlehre der Rechtswissenschaft, 6. Auflage 1991, S. 430; *Maurer*, HStR IV, 3. Auflage 2006, §79 Rn. 143.

240 *Ossenbühl*, AöR 92 (1967), 478, 481; *Larenz*, FS Schima, 1969, S. 247, 252f.; *Hey*, Steuerplanungssicherheit als Rechtsproblem, 2002, S. 608ff.; *Kähler*, Strukturen und Methoden der Rechtsprechungsänderung, 2. Auflage 2011, S. 405ff.; *Wassermann*, in: AK GG, 3. Auflage 2001, Art. 97 Rn. 55.

241 Vgl. z.B. *Bühler*, in: Spitaler (Hrsg.), Steuerberater-Jahrbuch 1955/1956, 1956, S. 19, 48f.; *Ossenbühl*, AöR 92 (1967), 478, 494; *Hey*, Steuerplanungssicherheit als Rechtsproblem, 2002, S. 604f.; *H.-F. Lange*, NJW 2002, 3657, 3658; *Wieland*, DStR 2004, 1, 3; *Weber-Grellet*, FS Lang, 2011, S. 927, 932ff.; *Schlenk*, Bundesfinanzhof und Finanzverwaltung in Kooperation und Unabhängigkeit, 2012, S. 134; *Wernsmann*, in: HHSp., §4 AO Rn. 178; *Suck*, Das Nichtanwendungsgesetz als Instrument der Steuerpolitik, 2018, S. 69.

242 Dementsprechend berufen sich Vertreter einer rein faktischen Wirkung von Präjudizien auch auf das Bundesverfassungsgericht, vgl. z.B. *Hey*, Steuerplanungssicherheit als Rechtsproblem, 2002, S. 609 Fn. 85; *Röhl/Röhl*, Allgemeine Rechtslehre, 3. Auflage 2008, S. 565f.

243 BVerfG, Beschluss v. 26.6.1991 – 1 BvR 779/85, BVerfGE 84, 212, juris Rn. 42; BVerfG, Beschluss v. 6.11.1991 – 1 BvR 825/88, NVwZ-RR 1992, 491, juris Rn. 15; BVerfG, Beschluss v. 15.1.2009 – 2 BvR 2044/07, BVerfGE 122, 248, juris Rn. 85; BVerfG, Beschluss v. 21.7.2010 – 1 BvL 11/06, 1 BvL 12/06, 1 BvL 13/06, 1 BvR 2530/05, BVerfGE 126, 369, juris Rn. 79; BVerfG, Nichtannahmebeschluss v. 25.4.2015 – 1 BvR 2314/12, NJW 2015, 1867, juris Rn. 13; BVerfG, Nichtannahmebeschluss v. 5.11.2015 – 1 BvR 1667/15, DB 2015, 2927, juris Rn. 12.

244 BVerfG, Beschluss v. 26.4.1988 – 1 BvR 669/87, 1 BvR 686/87, 1 BvR 687/87, BVerfGE 78, 123, juris Rn. 10; BVerfG, Beschluss v. 3.11.1992 – 1 BvR 1243/88, BVerfGE 87, 273, juris Rn. 15; BVerfG, Beschluss v. 8.4.1998 – 1 BvR 1680/93, 1 BvR 183/94, 1 BvR 1580/94, BVerfGE 98, 17, juris Rn. 108; BVerfG, Beschluss v. 26.3.1999 – 1 BvR 1431/90, NVwZ 1999, 450, juris Rn. 13; BVerfG, Nichtannahmebeschluss v. 23.6.2000 – 1 BvR 830/00, NVwZ 2000, 1163, juris Rn. 25; BVerfG, Nichtannahmebeschluss v. 5.6.2002 – 2 BvR 888/01, NVwZ-RR 2002, 705, juris Rn. 4; BVerfG, Nichtannahmebeschluss v. 4.9.2006 – 1 BvR 1911/06, NJW-RR 2007, 347, juris Rn. 14; BVerfG, Beschluss v. 21.7.2010 – 1 BvL 11/06, 1 BvL 12/06, 1 BvL 13/06, 1 BvR 2530/05, BVerfGE 126, 369, juris Rn. 79.

te seien weder an ihre eigenen früheren Entscheidungen noch an die Entscheidungen anderer Gerichte gebunden.[245] Denkbar sei allenfalls, dass bei einem Rechtsprechungswechsel für in der Vergangenheit begründete oder bereits abgeschlossene Sachverhalte Vertrauensschutz gewährt werden müsse,[246] wenn die Rechtsprechungsänderung für den Bürger nicht vorhersehbar war.[247] Der Geltungsgrund höchstrichterlicher Entscheidungen über den Einzelfall hinaus beruhe aber allein auf der Überzeugungskraft ihrer Gründe sowie der Autorität und Kompetenz des Gerichts.[248]

Dass das Bundesverfassungsgericht nicht nur auf die Überzeugungskraft der Gründe, sondern zugleich auf die Autorität und Kompetenz des präjudizierenden Gerichts verweist, lässt sich aber auch als Hinweis darauf verstehen, dass von einer höchstrichterlichen Entscheidung nicht nur faktische, sondern rechtliche Wirkungen ausgehen.[249] Autorität und Kompetenz sind nicht nur faktische Umstände, sondern ergeben sich aus rechtlichen Vorgaben, insbesondere dem Instanzenzug und dem Auswahlprozess für Richter. Wenn das Bundesverfassungsgericht eine gesetzesgleiche Wirkung von Präjudizien ablehnt, schließt es damit zwar eine abstrakt-generelle und unbedingte Bindung an die Auslegung des Gerichts aus. Dies bedeutet aber noch nicht, dass höchstrichterliche Entscheidungen nicht in anderer Art und Weise bei der Entscheidungsfindung von

---

245 Deutlich BVerfG, Beschluss v. 15.1.2009 – 2 BvR 2044/07, BVerfGE 122, 248, juris Rn. 57; BVerfG, Nichtannahmebeschluss v. 5.11.2015 – 1 BvR 1667/15, DB 2015, 2927, juris Rn. 12: „Die verfassungsrechtlichen Maßstäbe, an denen Rechtsprechungsänderungen zu messen sind, unterscheiden sich, abgesehen von dem Gesichtspunkt des Vertrauensschutzes [...], nicht von denjenigen, die gegenüber dem erstmaligen Aufstellen eines Rechtssatzes durch ein Gericht angezeigt sind."; BVerfG, Beschluss v. 2.5.2012 – 2 BvL 5/10, BVerfGE 131, 20, juris Rn. 81: „Weder sind die unteren Gerichte an die höchstrichterliche Rechtsprechung gebunden, noch sind es die obersten Gerichte selbst."

246 Das Bundesverfassungsgericht lehnt es insoweit aber ab, das für Gesetze entwickelte Rückwirkungsverbot auf Rechtsprechungsänderungen zu übertragen; vgl. BVerfG, Beschluss v. 11.11.1964 – 1 BvR 488/62, 1 BvR 562/63, 1 BvR 216/64, BVerfGE 18, 224, juris Rn. 38; BVerfG, Beschluss v. 16.12.1981 – 1 BvR 898/79, 1 BvR 1132/79, 1 BvR 1150/79, 1 BvR 1333/79, 1 BvR 1181/79, 1 BvR 83/80, 1 BvR 416/80, 1 BvR 1117/79, 1 BvR 603/80, BVerfGE 59, 128, juris Rn. 81; BVerfG, Beschluss v. 26.6.1991 – 1 BvR 779/85, BVerfGE 84, 212, juris Rn. 42; offen gelassen in BVerfG, Beschluss v. 19.2.1975 – 1 BvR 418/71, BVerfGE 38, 386, juris Rn. 37.

247 BVerfG, Beschluss v. 26.6.1991 – 1 BvR 779/85, BVerfGE 84, 212, juris Rn. 43; BVerfG, Nichtannahmebeschluss v. 6.5.2008 – 2 BvR 1926/07, BVerfGK 13, 521, juris Rn. 29; BVerfG, Beschluss v. 15.1.2009 – 2 BvR 2044/07, BVerfGE 122, 248, juris Rn. 85; BVerfG, Nichtannahmebeschluss v. 26.9.2011 – 2 BvR 2216/06, BVerfGK 19, 89, juris Rn. 64; BVerfG, Nichtannahmebeschluss v. 5.11.2015 – 1 BvR 1667/15, DB 2015, 2927, juris Rn. 12.

248 BVerfG, Beschluss v. 26.6.1991 – 1 BvR 779/85, BVerfGE 84, 212, juris Rn. 42; BVerfG, Beschluss v. 6.11.1991 – 1 BvR 825/88, NVwZ-RR 1992, 491, juris Rn. 15; BVerfG, Beschluss v. 15.1.2009 – 2 BvR 2044/07, BVerfGE 122, 248, juris Rn. 85; BVerfG, Beschluss v. 21.7.2010 – 1 BvL 11/06, 1 BvL 12/06, 1 BvL 13/06, 1 BvR 2530/05, BVerfGE 126, 369, juris Rn. 79; BVerfG, Nichtannahmebeschluss v. 25.4.2015 – 1 BvR 2314/12, NJW 2015, 1867, juris Rn. 13; BVerfG, Nichtannahmebeschluss v. 5.11.2015 – 1 BvR 1667/15, DB 2015, 2927, juris Rn. 12.

249 *Payandeh*, Judikative Rechtserzeugung, 2017, S. 300ff.

Behörden und Gerichten zu berücksichtigen sind.[250] Überzeugender erscheint es vielmehr – im Einklang mit namhaften Stimmen in der Literatur[251] – davon auszugehen, dass Präjudizien normative Wirkungen entfalten. Wie im Folgenden entfaltet werden soll, besteht vielmehr eine verfassungsrechtliche Pflicht, sich mit Präjudizien auseinanderzusetzen und nur bei hinreichenden sachlichen Gründen von ihnen abzuweichen.[252]

Zwar mag es zutreffen, dass Gerichtsentscheidungen keine eigenständigen Rechtsquellen sind. Daraus lassen sich aber – schon angesichts der fehlenden Klarheit darüber, was eine Rechtsquelle ist und welche Rechtsfolgen mit der Rechtsquelleneigenschaft verbunden sind[253] – nur begrenzte Rückschlüsse zie-

---

[250] *Pohl*, Rechtsprechungsänderung und Rückanknüpfung, 2005, S. 79; *Kähler*, Strukturen und Methoden der Rechtsprechungsänderung, 2. Auflage 2011, S. 458 f.; auch *Larenz* als prominenter Vertreter einer nur faktischen Wirkung von Präjudizien lehnt ausdrücklich nur eine strenge Bindung gerichtlicher Entscheidungen ab; vgl. *Bydlinski*, Juristische Methodenlehre und Rechtsbegriff, 2. Auflage 1991, S. 504 Fn. 261; *Reinhardt*, Konsistente Jurisdiktion, 1997, S. 438 f.

[251] Z. B. *Jachmann-Michel*, in: Maunz/Dürig, GG, Art. 95 Rn. 19; *Heusch*, in: Schmidt-Bleibtreu/Hofmann/Henneke, GG, 14. Auflage 2018, Art. 95 Rn. 13; *Kriele*, Theorie der Rechtsgewinnung, 2. Auflage 1976, S. 243 ff.; *Bydlinski*, Juristische Methodenlehre und Rechtsbegriff, 2. Auflage 1991, S. 506 ff.; *Reinhardt*, Konsistente Jurisdiktion, 1997, S. 496 ff.; *Röthel*, Normkonkretisierung im Privatrecht, 2004, S. 94 ff.; *Payandeh*, Judikative Rechtserzeugung, 2017, S. 134 ff., 259 ff.; vgl. auch die Überblicke über verschiedene Ansätze normativer Wirkungen bei *Pohl*, Rechtsprechungsänderung und Rückanknüpfung, 2005, S. 39 ff.

[252] Ebenso (mit im Einzelnen unterschiedlicher Begründung und teils weiteren Differenzierungen) *Heusch*, in: Schmidt-Bleibtreu/Hofmann/Henneke, GG, 14. Auflage 2018, Art. 95 Rn. 13; *Jachmann-Michel*, in: Maunz/Dürig, GG, Art. 95 Rn. 19; *Reinhardt*, Konsistente Jurisdiktion, 1997, S. 496 ff.; *Röthel*, Normkonkretisierung im Privatrecht, 2004, S. 94 ff.; *Payandeh*, Judikative Rechtserzeugung, 2017, S. 134 ff., 259 ff. als Ausfluss einer Kooperationspflicht zwischen den Gerichten *Kähler*, Strukturen und Methoden der Rechtsprechungsänderung, 2. Auflage 2011, S. 441 ff.; tendenziell weiter *Kriele*, Theorie der Rechtsgewinnung, 2. Auflage 1976, S. 253 (nur präsumtive Bindung, keine inhaltlichen Anforderungen an Gründe, die zur Abweichung berechtigen); enger *Bydlinski*, Juristische Methodenlehre und Rechtsbegriff, 2. Auflage 1991, S. 506 ff. (Präjudiz bindet, solange nicht nachweislich falsch); noch enger mit Wirkung für die Finanzverwaltung *Leisner*, Die allgemeine Bindung der Finanzverwaltung an die Rechtsprechung, 1980, S. 82 ff. (strikte Bindung an jede Entscheidung des Bundesfinanzhofs). Nach Ansicht von *Röthel*, Normkonkretisierung im Privatrecht, 2004, S. 93 f. wird eine solche „argumentative Verbindlichkeit" im jüngeren Schrifttum „ganz überwiegend" angenommen; vgl. allerdings demgegenüber die Nachweise in Fn. 234.

[253] In der Regel werden mit Rechtsquellen verbindliche und allgemeingültige Anordnungen verbunden; vgl. nur *Rüthers/Fischer/Birk*, Rechtstheorie, 10. Auflage 2018, Rn. 217 ff. Teilweise bejahen Autoren entgegen der herrschenden Meinung zwar die Rechtsquelleneigenschaft von Präjudizien, diese sollen aber gleichwohl keine allgemeine Bindung entfalten, weil sie aus normhierarchischen Gründen dem Gesetzesrecht nicht widersprechen dürfen; vgl. z. B. *Pohl*, Rechtsprechungsänderung und Rückanknüpfung, 2005, S. 71 ff.; *Rüthers/Fischer/Birk*, Rechtstheorie, 10. Auflage 2018, Rn. 272 f. Diese Konstruktion steht aber vor dem Problem, wie ein solcher Widerspruch überhaupt festgestellt werden soll, da die gerichtliche Interpretation erst den Inhalt des Gesetzes ermittelt, *Payandeh*, Judikative Rechtserzeugung, 2017, S. 123 f.

hen.[254] Selbst, wenn man höchstrichterliche Entscheidungen als bloße Rechtserkenntnisquellen einstuft, muss dies nicht bedeuten, dass sie ausschließlich faktische Wirkungen haben. Entscheidend ist nicht die kategoriale Einteilung als Rechtsquelle oder Rechtserkenntnisquelle, sondern vielmehr der Blick auf gerichtliche Entscheidungen im mehrstufigen Prozess der Rechtsgewinnung.[255] Insoweit wird die traditionelle kontinentaleuropäische Sichtweise, nach der Gerichte ausschließlich das vom Gesetzgeber (und mit Einschränkungen von der Exekutive) gesetzte Recht anwenden,[256] heute kaum mehr vertreten. Gerichte ordnen nicht nur mechanisch bestimmte Elemente eines Sachverhalts gesetzlichen Tatbestandsmerkmalen zu und sprechen die sich daraus ergebende Rechtsfolge aus. Die Vorstellung, Gesetze hätten umfassende determinierende Kraft und die Rolle des Richters erschöpfe sich in derjenigen eines „Subsumtionsautomaten", wird jedenfalls der heutigen Realität[257] nicht gerecht.[258] Die rechtstheoretische Diskussion hat sich von der Frage, ob der Richter bei der Anwendung einer Rechtsnorm einen eigenen Entscheidungsspielraum hat, auf die Frage verlagert, wie weit dieser Entscheidungsspielraum reicht und wie er durch den Gesetzgeber oder die juristische Methodik beschränkt werden kann bzw. muss.[259] Es besteht aber weitgehende Einigkeit darüber, dass gerichtlichen Entscheidungen stets auch ein rechtsschöpfendes Element innewohnt.[260]

---

[254] Vgl. *Hey*, Steuerplanungssicherheit als Rechtsproblem, 2002, S. 599 ff.; *Röhl/Röhl*, Allgemeine Rechtslehre, 3. Auflage 2008, S. 571; *Desens*, Bindung der Finanzverwaltung an die Rechtsprechung, 2011, S. 221 f.; *Payandeh*, Judikative Rechtserzeugung, 2017, S. 120 f.

[255] *Bumke*, in: Bumke (Hrsg.), Richterrecht zwischen Gesetzesrecht und Rechtsgestaltung, 2012, S. 1, 23 stellt treffend fest, dass sich weder mit der Einstufung von Gerichtsentscheidungen als bindendem Recht noch als bloß faktischer Rechtserkenntnis der tatsächliche Umgang mit Präjudizien schlüssig erklären lässt.; vgl. auch *Röhl/Röhl*, Allgemeine Rechtslehre, 3. Auflage 2008, S. 572.

[256] Vgl. z. B. *Bettermann*, HStR III, 2. Auflage 1996, § 73 Rn. 27 ff.; historisch wird diese Ansicht insbesondere zurückgeführt auf *Montesquieu*, Vom Geist der Gesetze, 1965 (orig. 1748), S. 225: „Die Richter der Nation sind [...] lediglich der Mund, der den Wortlaut des Gesetzes spricht." *Jestaedt*, Grundrechtsentfaltung im Gesetz, 1999, S. 308 bezeichnet die Alternativität von Rechtsetzung und Rechtsanwendung treffend als „gepflegten Traditionsbestand."

[257] Auch für vergangene Zeiträume ist das zweifelhaft; vgl. nur *Schlüter*, Das Orbiter dictum, 1973, S. 3 f. m. w. N.; umfassend zur historischen Entwicklung *Ogorek*, Richterkönig oder Subsumtionsautomat?, 2. Auflage 2008.

[258] Deutlich *Hassemer*, in: Hassemer/Neumann/Saliger (Hrsg.), Einführung in Rechtsphilosophie und Rechtstheorie der Gegenwart, 9. Auflage 2016, S. 227, 227 f.: naive Vorstellung, die mittlerweile überwunden ist; vgl. auch *Hergenröder*, Zivilprozessuale Grundlagen richterlicher Rechtsfortbildung, 1995, S. 133 f.; *Sobota*, Das Prinzip Rechtsstaat, 1997, S. 101 f.; *Jestaedt*, Grundrechtsentfaltung im Gesetz, 1999, S. 309; *Röthel*, Normkonkretisierung im Privatrecht, 2004, S. 21 ff.; *Schönberger*, VVDStRL 71, 2012, S. 298, 301; *Bumke*, in: Bumke (Hrsg.), Richterrecht zwischen Gesetzesrecht und Rechtsgestaltung, 2012, S. 33, 37 ff.

[259] Vgl. nur den systematisierenden Überblick über aktuelle Diskussionsansätze bei *Bumke*, in: Bumke (Hrsg.), Richterrecht zwischen Gesetzesrecht und Rechtsgestaltung, 2012, S. 1, 11 m. w. N.

[260] Vgl. nur BVerfG, Beschluss v. 14.2.1973 – 1 BvR 112/65, BVerfGE 34, 269, juris Rn. 38;

Besonders einsichtig ist dies zunächst in Bereichen, in denen gesetzliche Entscheidungsmaßstäbe weitgehend fehlen, wie beispielsweise im Arbeitskampf- oder im Staatshaftungsrecht.[261] Insoweit sind die Gerichte, um ihrer Pflicht zur Rechtsgewährung im Einzelfall nachzukommen, aufgerufen, selbst Maßstäbe zu entwickeln. Aber auch im weitgehend gesetzlich geprägten Steuerrecht finden sich – wie oben bereits dargestellt[262] – regelmäßig Generalklauseln und unbestimmte Rechtsbegriffe, die von den Gerichten ausgefüllt und konkretisiert werden müssen,[263] ohne dass dabei eine bestimmte Lösung logisch zwingend vorgegeben wäre.[264] Selbst vermeintlich begrifflich eindeutige Formulierungen lassen sich ausgehend vom Verwendungskontext und vom jeweiligen Vorverständnis des Interpretierenden unterschiedlich verstehen.[265] Die juristische Methodenlehre führt zwar zu einer gewissen Systematisierung der Argumentation (insbesondere) anhand der auf *Friedrich Carl von Savigny* zurück-

---

Reinhardt, Konsistente Jurisdiktion, 1997, S. 311 ff.; *Jestaedt*, Grundrechtsentfaltung im Gesetz, 1999, S. 317 ff.; *Röthel*, Normkonkretisierung im Privatrecht, 2004, S. 21, 55; *Ossenbühl*, HStR V, 3. Auflage 2007, § 100 Rn. 55; *Bumke*, in: Bumke (Hrsg.), Richterrecht zwischen Gesetzesrecht und Rechtsgestaltung, 2012, S. 33, 37 ff.; *Jestaedt*, in: Bumke (Hrsg.), Richterrecht zwischen Gesetzesrecht und Rechtsgestaltung, 2012, S. 49, 62 ff., 68 f.; *Hassemer*, in: Hassemer/Neumann/Saliger (Hrsg.), Einführung in Rechtsphilosophie und Rechtstheorie der Gegenwart, 9. Auflage 2016, S. 227, 228; *Payandeh*, Judikative Rechtserzeugung, 2017, S. 26 ff.

[261] Zu strukturellen Parallelen und Unterschieden bei der richterlichen Maßstabsbildung in Rechtsbereichen mit hoher und geringer Regelungsdichte („Rechtslücken") vgl. nur *Röthel*, Normkonkretisierung im Privatrecht, 2004, S. 124 ff. m. w. N.

[262] Vgl. zur gesetzgeberischen Regelungstechnik im Einzelnen § 2 B. III. 1.; zur für die Praxis häufig notwendigen Konkretisierung durch Verwaltungsanweisungen § 2 B. III. 2.

[263] BVerfG, Beschluss v. 14.2.1973 – 1 BvR 112/65, BVerfGE 34, 269, juris Rn. 43 f.; BVerfG, Beschluss v. 3.4.1990 – 1 BvR 1186/89, BVerfGE 82, 6, juris Rn. 21; BVerfG, Beschluss v. 26.6.1991 – 1 BvR 779/85, BVerfGE 84, 212, juris Rn. 41; BVerfG, Beschluss v. 12.11.1997 – 1 BvR 479/92, 1 BvR 307/94, BVerfGE 96, 375, juris Rn. 53; *Ossenbühl*, HStR V, 3. Auflage 2007, § 100 Rn. 56; *Hergenröder*, Zivilprozessuale Grundlagen richterlicher Rechtsfortbildung, 1995, S. 169 ff.

[264] Die Verwendung von Generalklauseln und unbestimmten Rechtsbegriffen lässt sich auch als Delegation der Rechtsetzungsbefugnis vom Gesetzgeber auf die Rechtsprechung begreifen; so z. B. *Reinhardt*, Konsistente Jurisdiktion, 1997, S. 347 ff.; *Jestaedt*, Grundrechtsentfaltung im Gesetz, 1999, S. 324 f. mit Fn. 176; *ders.*, in: Bumke (Hrsg.), Richterrecht zwischen Gesetzesrecht und Rechtsgestaltung, 2012, S. 49, 65 f.; *Röthel*, Normkonkretisierung im Privatrecht, 2004, S. 56 ff.; *Röhl/Röhl*, Allgemeine Rechtslehre, 3. Auflage 2008, S. 633; *Rüthers/Fischer/Birk*, Rechtstheorie, 10. Auflage 2018, Rn. 835 ff. In besonderem Maße konkretisierungsbedürftig sind Begriffe, deren Bedeutung sich nur durch eine normative Wertung bestimmen lässt, die nicht ihrerseits durch den Gesetzgeber vorgegeben ist (z. B. „gute Sitten" in §§ 138 Abs. 1, 826 BGB); vgl. zu derartigen (offen) normativen Begriffen nur *Röthel*, Normkonkretisierung im Privatrecht, 2004, S. 28 f., 31 ff.; *Rüthers/Fischer/Birk*, Rechtstheorie, 10. Auflage 2018, Rn. 183 m. w. N.

[265] Vgl. zur begrenzten Genauigkeit von Gesetzesbegriffen nur *Rüthers/Fischer/Birk*, Rechtstheorie, 10. Auflage 2018, 161, 164 ff.; *Schroth*, in: Hassemer/Neumann/Saliger (Hrsg.), Einführung in Rechtsphilosophie und Rechtstheorie der Gegenwart, 9. Auflage 2016, S. 243, 243 ff.; *Röthel*, Normkonkretisierung im Privatrecht, 2004, S. 25 ff.; *Payandeh*, Judikative Rechtserzeugung, 2017, S. 30 ff. jew. m. w. N.

zuführenden Auslegungskanones.[266] Es besteht aber keine Einigkeit darüber, ob die Anwendung dieser Methodik verfassungsrechtlich zwingend ist,[267] in welchem Verhältnis die einzelnen Auslegungsmethoden zueinander stehen,[268] ob mit der Auslegung der objektivierte Bedeutungsgehalt einer Norm oder der subjektive Wille des Normgebers ermittelt werden soll[269] und inwieweit dem Wortlaut der Norm dabei eine begrenzende Wirkung zukommt.[270] Methodisch lassen sich daher regelmäßig verschiedene Ergebnisse rechtfertigen.[271] Hinzu kommt schließlich, dass die Auslegung der Norm stets anlässlich eines konkreten Einzelfalls erfolgt. Zwar kann man theoretisch zwischen der Auslegung des gesetzlichen Tatbestands und der Subsumtion des Sachverhalts unter diesen Tatbestand trennen. Gerichte stellen sich dem ersten Schritt aber nicht auf einer abstrakten Ebene, sondern vor dem Hintergrund eines tatsächlichen Geschehens. Der Blick des Richters wandert zwischen konkretem Sachverhalt und gesetzlichem Beurteilungsmaßstab hin und her.[272] Der konkrete Sachverhalt beeinflusst damit auch die Auswahl und das Verständnis der abstrakten Entscheidungsmaßstäbe.[273]

---

[266] Vgl. nur *Röthel*, Normkonkretisierung im Privatrecht, 2004, S. 132f.; *Röhl/Röhl*, Allgemeine Rechtslehre, 3. Auflage 2008, S. 504ff.; *Schroth*, in: Hassemer/Neumann/Saliger (Hrsg.), Einführung in Rechtsphilosophie und Rechtstheorie der Gegenwart, 9. Auflage 2016, S. 243, 256ff.; *Rüthers/Fischer/Birk*, Rechtstheorie, 10. Auflage 2018, S. 698ff.; die Auslegungskanones tragen über ihre originäre Funktion als Methode des Textverständnisses hinaus generell zur Rationalisierung juristischer Argumentation bei; *Röthel*, Normkonkretisierung im Privatrecht, 2004, S. 144ff.

[267] Vgl. nur *Jestaedt*, Grundrechtsentfaltung im Gesetz, 1999, S. 332ff.; *ders.*, in: Bumke (Hrsg.), Richterrecht zwischen Gesetzesrecht und Rechtsgestaltung, 2012, S. 49, 66; *Röthel*, Normkonkretisierung im Privatrecht, 2004, S. 48f.; *Rüthers/Fischer/Birk*, Rechtstheorie, 10. Auflage 2018, S. 704ff.

[268] Vgl. nur *Röhl/Röhl*, Allgemeine Rechtslehre, 3. Auflage 2008, S. 631f.; *Hassemer*, in: Hassemer/Neumann/Saliger (Hrsg.), Einführung in Rechtsphilosophie und Rechtstheorie der Gegenwart, 9. Auflage 2016, S. 227, 237; *Schroth*, in: Hassemer/Neumann/Saliger (Hrsg.), Einführung in Rechtsphilosophie und Rechtstheorie der Gegenwart, 9. Auflage 2016, S. 243, 265f.; *Jestaedt*, Grundrechtsentfaltung im Gesetz, 1999, S. 342f.; *Wank*, Grenzen richterlicher Rechtsfortbildung, 1978, S. 76f.

[269] Vgl. nur *Röhl/Röhl*, Allgemeine Rechtslehre, 3. Auflage 2008, S. 627ff.; *Rüthers/Fischer/Birk*, Rechtstheorie, 10. Auflage 2018, S. 796ff.; *Jestaedt*, Grundrechtsentfaltung im Gesetz, 1999, S. 345ff.; m. w. N. zu Vertretern beider Auffassungen.

[270] Vgl. nur einerseits *Hergenröder*, Zivilprozessuale Grundlagen richterlicher Rechtsfortbildung, 1995, S. 137; *Klatt*, Theorie der Wortlautgrenze, 2004, S. 219ff. und andererseits *Depenheuer*, Der Wortlaut als Grenze, 1988, S. 38ff.; *Jestaedt*, Grundrechtsentfaltung im Gesetz, 1999, S. 340ff.; *ders.*, in: Bumke (Hrsg.), Richterrecht zwischen Gesetzesrecht und Rechtsgestaltung, 2012, S. 49, 59f.

[271] Zudem wird die Methodik noch durch die Rahmenbedingungen des jeweiligen Rechtsgebiets bestimmt, vgl. nur *Wank*, Grenzen richterlicher Rechtsfortbildung, 1978, S. 30; *Rüthers/Fischer/Birk*, Rechtstheorie, 10. Auflage 2018, Rn. 672ff.

[272] *Engisch*, Logische Studien zur Gesetzesanwendung, 3. Auflage 1963, S. 14f.

[273] *Wank*, Grenzen richterlicher Rechtsfortbildung, 1978, S. 21f.; *Hergenröder*, Zivilprozessuale Grundlagen richterlicher Rechtsfortbildung, 1995, S. 188f.; *Reinhardt*, Konsistente Jurisdiktion, 1997, S. 396ff.; *Jestaedt*, Grundrechtsentfaltung im Gesetz, 1999, S. 314f.; *Röhl/*

Gesetzliche Normen begrenzen also zwar die richterliche Entscheidung, sie belassen aber regelmäßig noch Entscheidungsspielräume. Indem Gerichte die gesetzlichen Vorgaben ergänzen und im Hinblick auf den jeweils zu entscheidenden Einzelfall konkretisieren, leisten sie einen arbeitsteiligen Beitrag zur Rechtsetzung. Erst durch diese Konkretisierung wird das Gesetz handhabbar und kann seine volle Wirksamkeit in der Praxis entfalten.[274] Gerichte sind für diesen konkretisierenden Akt der Rechtserzeugung auch in besonderem Maße geeignet: Sie sind mit unabhängigen, nach ihrer fachlichen Kompetenz ausgewählten Richtern besetzt, sodass ihre Entscheidungsprozesse frei von politischen Einflüssen allein auf die bestmögliche Verwirklichung der abstrakt-generellen Vorgaben im konkreten Fall ausgerichtet werden können. Gleichzeitig haben sie anhand der konkret zu entscheidenden Sachverhalte die tatsächlichen Auswirkungen dieser abstrakten Regelungen in der Praxis in besonderem Maße vor Augen.[275] Wenn gerichtlichen Entscheidungen aber über die bloße Normanwendung hinaus für den jeweiligen Einzelfall auch ein rechtserzeugendes Element innewohnt, erscheint es naheliegend, dass auch die Wirkungen der Entscheidung für andere Fälle nicht nur faktischer, sondern normativer Natur sind.[276]

Dafür spricht auch, dass schon die verfassungsrechtlichen Regelungen in Art. 95 Abs. 1 und Abs. 3 GG eine – nicht näher bestimmte – einzelfallübergreifende Wirkung von Gerichtsentscheidungen voraussetzen.[277] Eine Vereinheitlichung der Rechtsprechung innerhalb der jeweiligen Fachgerichtsbarkeit oder zwischen den Fachgerichtsbarkeiten ist nur dann überhaupt erforderlich, wenn die getroffenen Entscheidungen auch für zukünftige Fälle von Bedeutung sind. Dabei ist die Einheitlichkeit der Rechtsprechung kein Selbstzweck, sondern dient ihrerseits der Rechtssicherheit als zentralem Element des Rechtsstaats sowie der vor Art. 3 Abs. 1 GG gebotenen Gleichbehandlung.[278]

Röhl, Allgemeine Rechtslehre, 3. Auflage 2008, S. 503; *Schroth*, in: Hassemer/Neumann/Saliger (Hrsg.), Einführung in Rechtsphilosophie und Rechtstheorie der Gegenwart, 9. Auflage 2016, S. 243, 247 ff.; *Payandeh*, Judikative Rechtserzeugung, 2017, S. 32 ff.; *Rüthers/Fischer/Birk*, Rechtstheorie, 10. Auflage 2018, Rn. 658 ff.

[274] *Hergenröder*, Zivilprozessuale Grundlagen richterlicher Rechtsfortbildung, 1995, S. 6; *Jestaedt*, Grundrechtsentfaltung im Gesetz, 1999, S. 322 ff.; *Payandeh*, Judikative Rechtserzeugung, 2017, S. 243 ff.; zum arbeitsteiligen Zusammenwirken von Gesetzgeber und Gerichten noch unter § 4 C. I. 2.

[275] *Payandeh*, Judikative Rechtserzeugung, 2017, S. 234 ff.; zur organadäquaten Aufgabenzuweisung an Gerichte noch unter § 4 C. I. 2.

[276] Vgl. auch *Leisner*, Die allgemeine Bindung der Finanzverwaltung an die Rechtsprechung, 1980, S. 58 f.; *Reinhardt*, Konsistente Jurisdiktion, 1997, S. 471 ff. Da die rechtlichen Maßstäbe des Präjudizes immer auch durch den entschiedenen Einzelfall geprägt sind, können Gerichte insbesondere dann von Präjudizien abweichen, wenn maßgebliche Sachverhaltsunterschiede bestehen, vgl. *Payandeh*, Judikative Rechtserzeugung, 2017, S. 470 ff.

[277] *Kriele*, Theorie der Rechtsgewinnung, 2. Auflage 1976, S. 248; *Reinhardt*, Konsistente Jurisdiktion, 1997, S. 159; *Payandeh*, Judikative Rechtserzeugung, 2017, S. 186 f.

[278] *Reinhardt*, Konsistente Jurisdiktion, 1997, S. 190 ff.; *Kähler*, Strukturen und Methoden

Eine Pflicht, Präjudizien bei der Entscheidungsfindung zu berücksichtigen, trägt zu einer einheitlichen Rechtsprechung und damit zur Rechtssicherheit bei und sichert zugleich die Qualität der höchstrichterlichen Rechtsprechung: Dass Finanzgerichte sich mit einschlägigen Entscheidungen des Bundesfinanzhofs auseinandersetzen und dessen Argumentation zumindest nachvollziehen müssen, vereinheitlicht die rechtliche Bewertung derselben Rechtsfrage durch unterschiedliche Gerichte. Weil die Gerichte dem Präjudiz andererseits aber nicht unbedingt folgen müssen, sondern mit hinreichenden Gründen von ihm abweichen können, wird die Argumentation des Bundesfinanzhofs immer wieder hinterfragt und kann an rechtliche und tatsächliche Entwicklungen angepasst werden. Damit wird verhindert, dass Rechtsprechungslinien erstarren und sich von der Entwicklung der tatsächlichen Verhältnisse entkoppeln.[279] Der Bundesfinanzhof hat die Aufgabe, Impulse aus der Instanzrechtsprechung aufzunehmen und seine Rechtsprechung anzupassen oder abweichende Instanzentscheidungen aufzuheben und damit die Einheitlichkeit der bisherigen Rechtsprechung zu wahren.[280] Dieser verfassungsrechtlich angelegten Leitfunktion der obersten Bundesgerichte würde es nicht entsprechen, wenn Gerichte oder Behörden höchstrichterliche Präjudizien grundlos oder aus sachfremden Gründen ignorieren könnten. Präjudizielle Entscheidungen des Bundesfinanzhofs müssen nicht uneingeschränkt befolgt werden. Wer von ihnen abweichen will, trägt aber die Argumentationslast.

Bestätigt wird diese Einschätzung durch die Rechtsprechung des Bundesverfassungsgerichts, nach der ein Gericht gegen das Willkürverbot aus Art. 3 Abs. 1 GG verstößt, wenn es sich ohne Begründung nicht mit der einschlägigen höchstrichterlichen Rechtsprechung auseinandersetzt.[281] Auch der Bundesfinanzhof selbst betont zwar, dass seine Entscheidungen nicht allgemeinverbindlich wirken[282] und dementsprechend Finanzgerichte und auch die

---

der Rechtsprechungsänderung, 2. Auflage 2011, S. 420; *Schulze-Fielitz*, in: Dreier, GG, 3. Auflage 2018, Art. 95 Rn. 13, 33; *Hergenröder*, Zivilprozessuale Grundlagen richterlicher Rechtsfortbildung, 1995, S. 179 f.; vgl. auch *Larenz*, FS Schima, 1969, S. 247, 255.

[279] *Pohl*, Rechtsprechungsänderung und Rückanknüpfung, 2005, S. 79 f.; *Reinhardt*, Konsistente Jurisdiktion, 1997, S. 190 f.; *Desens*, Bindung der Finanzverwaltung an die Rechtsprechung, 2011, S. 231 f.

[280] *Desens*, Bindung der Finanzverwaltung an die Rechtsprechung, 2011, S. 307 f.; *Schönberger*, VVDStRL 71, 2012, S. 298, 303 ff.

[281] BVerfG, Beschluss v. 14.11.1989 – 1 BvR 956/89, BVerfGE 81, 97, juris Rn. 28; BVerfG, Beschluss v. 3.11.1992 – 1 BvR 1243/88, BVerfGE 87, 273, juris Rn. 16 f.; BVerfG, Beschluss v. 26.5.1993 – 1 BvR 208/93, BVerfGE 89, 1, juris Rn. 38 ff.; BVerfG, Kammerbeschluss v. 19.7.1995 – 1 BvR 1506/93, NJW 1995, 2911, juris Rn. 11; BVerfG, Stattgebender Kammerbeschluss v. 24.9.2002 – 2 BvR 742/02, NJW 2003, 501, juris Rn. 28; BVerfG, Stattgebender Kammerbeschluss v. 18.1.2010 – 2 BvR 906/09, juris, juris Rn. 20 f.; ebenfalls als Beleg für eine normative Wirkung von Präjudizien bewertet von *Payandeh*, Judikative Rechtserzeugung, 2017, S. 296 ff.; kritisch zur bloßen Willkürgrenze *Reinhardt*, Konsistente Jurisdiktion, 1997, S. 198 ff.

[282] BFH, Urteil v. 9.6.1953 – I 34/53 S, BFHE 57, 654 = BStBl III 1953, 250, juris Rn. 9;

Finanzverwaltung zu einer eigenständigen Gesetzesauslegung berechtigt und verpflichtet sind.[283] Gleichwohl müsse dabei die gerichtliche Normauslegung als Orientierungspunkt Beachtung finden.[284] Während sich in frühen Entscheidungen keine konkreten Aussagen dazu finden, wie genau dieses Spannungsverhältnis aufzulösen ist, geht der Bundesfinanzhof in einem jüngeren Beschluss von einer Argumentationslast aus, die derjenige erfüllen müsse, der von einer einschlägigen höchstrichterlichen Entscheidung abweichen wolle.[285] Damit stellt er einen Gleichklang mit seinen Entscheidungen zur Rechtsprechungskontinuität her:[286] Der Bundesfinanzhof weicht – genauso wie alle anderen obersten Bundesgerichte[287] – nur dann von einer eigenen präjudiziellen Entscheidung ab, wenn hierfür hinreichend gewichtige Gründe vorliegen.[288]

BFH, Urteil v. 29.7.1965 – V 71/61 S, BFHE 83, 125 = BStBl III 1965, 545, juris Rn. 20; BFH, Urteil v. 13.3.1964 – VI 28/64 U, BFHE 79, 306 = BStBl III 1964, 342, juris Rn. 8; BFH, Beschluss v. 17.12.2007 – GrS 2/04, BFHE 220, 129 = BStBl II 2008, 608, juris Rn. 101; BFH, Vorlagebeschluss v. 7.12.2010 – IX R 70/07, BFHE 232, 2010, 121 = BStBl II 2011, 346, juris Rn. 47.

[283] BFH, Urteil v. 9.6.1953 – I 34/53 S, BFHE 57, 654 = BStBl III 1953, 250, juris Rn. 9; BFH, Urteil v. 10.2.1953 – I 113/52 U, BFHE 57, 254 = BStBl III 1953, 102, juris Rn. 32; BFH, Urteil v. 24.7.1956 – IV 382/55 S, BFHE 64, 291 = BStBl III 1957, 111, juris Rn. 26; BFH, Urteil v. 14.8.1958 – I 39/57 U, BFHE 67, 354 = BStBl III 1958, 409, juris Rn. 21 f.

[284] BFH, Urteil v. 9.6.1953 – I 34/53 S, BFHE 57, 654 = BStBl III 1953, 250, juris Rn. 9: Verwaltung muss Auffassung der Gerichte „Rechnung tragen"; BFH, Urteil v. 24.7.1956 – IV 382/55 S, BFHE 64, 291 = BStBl III 1957, 111, juris Rn. 26: Verwaltung muss „Grundsätze der Rechtsprechung beachten" und darf keine Anordnungen erlassen, die „mit dem durch die Rechtsprechung ausgelegten Gesetzesrecht nicht zu vereinbaren sind"; BFH, Urteil v. 14.8.1958 – I 39/57 U, BFHE 67, 354 = BStBl III 1958, 409, juris Rn. 22 ff.: Die „Rechtsauslegung durch den Bundesfinanzhof [hat] eine über den Einzelfall hinausgehende Bedeutung"; BFH, Urteil v. 29.7.1965 – V 71/61 S, BFHE 83, 125 = BStBl III 1965, 545, juris Rn. 20: Verwaltung muss sich an der Rechtsprechung „orientieren"; BFH, Beschluss v. 17.12.2007 – GrS 2/04, BFHE 220, 129 = BStBl II 2008, 608, juris Rn. 106 f.: Entscheidungen des Bundesfinanzhofs „tragen […] zu einer Konkretisierung und Konstituierung der ‚Rechtslage' bei"; BFH, Vorlagebeschluss v. 7.12.2010 – IX R 70/07, BFHE 232, 2010, 121 = BStBl II 2011, 346, juris Rn. 48; anhängig unter Az. 2 BvL 1/11: „Höchstrichterliche Rechtsprechung hat jedenfalls nicht bloß eine offenkundige faktische Wirkungsmacht."

[285] BFH, Vorlagebeschluss v. 7.12.2010 – IX R 70/07, BFHE 232, 2010, 121 = BStBl II 2011, 346, juris Rn. 52 f.

[286] Zu dogmatischen Verbindungslinien zwischen der präjudiziellen Wirkung von Gerichtsentscheidungen und der Rechtskontinuität noch unter § 3 A. III. 2. a).

[287] Vgl. aus der Rechtsprechung des Bundesgerichtshofs nur BGH, Beschluss v. 4.10.1982 – GSZ 1/82, BGHZ 85, 64, juris Rn. 8; BGH, Urteil v. 25.3.1983 – V ZR 268/81, BGHZ 87, 150, juris Rn. 21; BGH, Beschluss v. 24.11.1994 – GSZ 1/94, BGHZ 128, 85, juris Rn. 4 f.; BGH, Beschluss v. 19.9.2005 – II ZB 11/04, WM 2006, 36, juris Rn. 8 f.; aus der Rechtsprechung des Bundesverwaltungsgerichts nur BVerwG, Urteil v. 6.5.2003 – 2 WD 29/02, BVerwGE 118, 161, juris Rn. 12; BVerwG, Urteil v. 8.5.2003 – 2 WD 45/02, juris, juris Rn. 10; BVerwG, Urteil v. 4.3.2009 – 2 WD 10/08, DVBl. 2009, 796, juris Rn. 12; aus der Rechtsprechung des Bundesarbeitsgerichts nur BAG, Urteil v. 15.2.1962 – 2 AZR 322/60, BAGE 12, 278, juris Rn. 25; BAG, Beschluss v. 2.9.1975 – 1 ABR 50/74, BAGE 27, 246, juris Rn. 32; BAG, Urteil v. 29.3.1984 – 2 AZR 429/83 (A), NJW 1984, 2374, juris Rn. 42; BAG, Beschluss v. 12.2.1985 – 1 ABR 3/83, BAGE 48, 81, juris Rn. 28; aus der Rechtsprechung des Bundessozialgerichts nur

Auch die oben dargestellten[289] prozessrechtlichen Regelungen lassen sich als Ausfluss einer verfassungsrechtlichen Pflicht zur Berücksichtigung von präjudiziellen Entscheidungen schlüssig erklären:[290] Weicht ein Finanzgericht von einem höchstrichterlichen Präjudiz ab, ist eine Revision zur Sicherung einer einheitlichen Rechtsprechung zuzulassen, sodass der Bundesfinanzhof sich mit den Gründen für die Differenz und der Kritik an seiner bisherigen Argumentation auseinandersetzen kann. Auf gleiche Weise sichern die Vorlagepflichten an den Großen Senat die präjudizielle Wirkung zwischen unterschiedlichen Senaten des Bundesfinanzhofs.

Umgekehrt hat die Norm des §31 BVerfGG mit ihren Regeln zur Wirkung von Entscheidungen des Bundesverfassungsgerichts letztlich kaum Aussagekraft für die Frage, ob höchstrichterliche Präjudizien faktische oder normative Wirkungen haben: Die in §31 Abs. 2 BVerfGG für abstrakte Normenkontrollverfahren angeordnete Gesetzeskraft betrifft nur das Entscheidungsergebnis – die Vereinbarkeit oder Unvereinbarkeit der Norm mit dem Grundgesetz –, nicht aber die Entscheidungsmaßstäbe. Die Norm erstreckt die subjektive Wirkung der Entscheidung des Bundesverfassungsgerichts über die Beteiligten hinaus auf alle Bürger. Die Normbestätigung oder -verwerfung wirkt *erga omnes*, weil auch die angegriffene Norm abstrakt-generell wirkt.[291] Die Auslegung des Grundgesetzes, die das Bundesverfassungsgericht zu dieser Entscheidung geführt hat, nimmt an der Gesetzeswirkung hingegen nicht teil. Es geht mithin in §31 Abs. 2 BVerfGG nicht um präjudizielle Wirkung, sondern um einen Fall der subjektiven Rechtskrafterstreckung.[292] Damit verbleibt als möglicher Anknüpfungspunkt allein §31 Abs. 1 BVerfGG: Insoweit ist umstritten, ob sich

BSG, Beschluss v. 21.7.1977 – GS 1/76, GS 2/76, BSGE 44, 151, juris Rn. 56; BSG, Urteil v. 19.10.1977 – 4 RJ 31/77, juris, juris Rn. 20; BSG, Urteil v. 27.9.1989 – 11 RAr 53/88, AuB 1991, 252, juris Rn. 23; zu Abweichungen im Detail noch unter §3 B.

288 Vgl. nur BFH, Urteil v. 13.11.1963 – GrS 1/63 S, BFHE 78, 315 = BStBl III 1964, 124, juris Rn. 16; BFH, Beschluss v. 15.7.1968 – GrS 2/67, BFHE 93, 75 = BStBl II 1968, 666, juris Rn. 28; BFH, Beschluss v. 26.11.1973 – GrS 5/71, BFHE 111, 242 = BStBl II 1974, 132, juris Rn. 49; BFH, Beschluss v. 25.6.1984 – GrS 4/82, BFHE 141, 405 = BStBl II 1984, 751, juris Rn. 159; BFH, Beschluss v. 27.11.1989 – GrS 1/88, BFHE 158, 563 = BStBl II 1990, 160, juris Rn. 68; BFH, Beschluss v. 21.9.2009 – GrS 1/06, BFHE 227, 1 = BStBl II 2010, 672, juris Rn. 120; BFH, Beschluss v. 24.4.2012 – IX B 154, BFHE 236, 557 = BStBl II 2012, 454, juris Rn. 27.

289 §2 B. III. 3. a).

290 *Kriele*, Theorie der Rechtsgewinnung, 2. Auflage 1976, S. 249 f.; *Leisner*, Die allgemeine Bindung der Finanzverwaltung an die Rechtsprechung, 1980, S. 60 ff.; *Pohl*, Rechtsprechungsänderung und Rückanknüpfung, 2005, S. 59 f.; *Drüen*, DStR 2010, 2, 7; *Desens*, Bindung der Finanzverwaltung an die Rechtsprechung, 2011, S. 228 f.; *Schönberger*, VVDStRL 71, 2012, S. 298, 318; *Payandeh*, Judikative Rechtserzeugung, 2017, S. 290 ff.; *Heusch*, in: Schmidt-Bleibtreu/Hofmann/Henneke, GG, 14. Auflage 2018, Art. 95 Rn. 13; *Rüthers/Fischer/Birk*, Rechtstheorie, 10. Auflage 2018, Rn. 245 ff.; *Hergenröder*, Zivilprozessuale Grundlagen richterlicher Rechtsfortbildung, 1995, S. 118 ff.

291 *Payandeh*, Judikative Rechtserzeugung, 2017, S. 43 f.

292 *Payandeh*, Judikative Rechtserzeugung, 2017, S. 387.

die angeordnete Bindungswirkung der Entscheidungen des Bundesverfassungsgerichts auf den Entscheidungstenor beschränkt oder auch die Entscheidungsgründe umfasst.[293] Unabhängig davon, wie man diese Frage beantwortet, erscheint es systematisch fragwürdig, aus § 31 Abs. 1 BVerfGG im Umkehrschluss eine rein faktische Wirkung fachgerichtlicher Präjudizien abzuleiten: Das Bundesverfassungsgericht nimmt eine Sonderrolle innerhalb der Judikative ein. Es legt nicht an der Spitze eines Instanzenzugs das einfache Recht letztverbindlich aus, sondern wacht als Verfassungsorgan gegenüber allen Gewalten über die Einhaltung der verfassungsrechtlichen Vorgaben. Übernimmt das Bundesverfassungsgericht aber eine ganz andere Aufgabe als ein oberstes Bundesgericht, so besteht auch kein notwendiger Zusammenhang zwischen den Entscheidungswirkungen der beiden Gerichte, der einen Umkehrschluss rechtfertigen würde.[294]

Schließlich steht auch die Garantie richterlicher Unabhängigkeit aus Art. 97 Abs. 1 GG einer normativen Wirkung von Präjudizien im Sinne einer Berücksichtigungs- und Auseinandersetzungspflicht nicht entgegen.[295] Selbst eine strikte Bindung des Richters an die Rechtsauffassung eines anderen Gerichts kann zulässig sein, wenn dies aus funktionalen Gründen erforderlich ist: So verstößt es nach allgemeiner Auffassung nicht gegen die richterliche Unabhängigkeit, dass ein Instanzgericht an die Rechtsauffassung des Revisionsgerichts gebunden ist, wenn eine Sache zur anderweitigen Entscheidung zurückverwiesen wird, weil andernfalls ein infiniter Wechsel zwischen den Instanzen drohen würde.[296] Wenn selbst eine strikte Bindung zulässig ist, kann eine bloße Pflicht zur Auseinandersetzung mit einem Präjudiz kaum verfassungswidrig sein. Vielmehr zeigen diese traditionell anerkannten Bindungskonstellationen sowie die verfassungsrechtlich verankerte Bindung des Richters an Gesetz und (Gewohnheits-)Recht (Art. 20 Abs. 3 GG), dass die Unabhängigkeit des Richters nicht in

---

[293] Vgl. mit Nachweisen *Payandeh*, Judikative Rechtserzeugung, 2017, S. 390 f.; *Desens*, Bindung der Finanzverwaltung an die Rechtsprechung, 2011, S. 97 f.

[294] Kritsch zu einem Umkehrschluss auch *Jakob/Jüptner*, StuW 1984, 148, 153 Fn. 49; *Spindler*, DStR 2007, 1061, 1063 f.; *Pohl*, Rechtsprechungsänderung und Rückanknüpfung, 2005, S. 79; *Leisner*, Die allgemeine Bindung der Finanzverwaltung an die Rechtsprechung, 1980, S. 39; zweifelnd auch *Desens*, Bindung der Finanzverwaltung an die Rechtsprechung, 2011, S. 98 f.

[295] *Pohl*, Rechtsprechungsänderung und Rückanknüpfung, 2005, S. 80; *Bydlinski*, Juristische Methodenlehre und Rechtsbegriff, 2. Auflage 1991, S. 508; *Reinhardt*, Konsistente Jurisdiktion, 1997, S. 425 f.; *Gusy*, DÖV 1992, 461, 469.

[296] §§ 563 Abs. 2 ZPO, 358 Abs. 1 StPO, 144 Abs. 6 VwGO, 126 Abs. 5 FGO, 72 Abs. 5 ArbGG i. V. m. 563 Abs. 2 ZPO, 170 Abs. 5 SGG; auch Vertreter einer nur faktischen Wirkung von Präjudizien erkennen diese Bindung als verfassungskonform an, vgl. nur *Maurer*, HStR IV, 3. Auflage 2006, § 79 Rn. 137; *H. A. Wolff*, in: Hömig/Wolff, GG, 12. Auflage 2018, Art. 97 Rn. 6; *Sodan*, HStR V, 3. Auflage 2007, § 113 Rn. 25; *Pieroth*, in: Jarass/Pieroth, GG, 15. Auflage 2018, Art. 97 Rn. 7; *Hillgruber*, in: Maunz/Dürig, GG, Art. 97 Rn. 96; *O. Klein*, JZ 2018, 64, 65.

Widerspruch zu rechtlichen Vorgaben für die Entscheidungsfindung steht.[297] Umgekehrt ist es gerade typisch für die richterliche Tätigkeit, einen konkreten Sachverhalt auf Grundlage von abstrakten rechtlichen Maßstäben zu bewerten.

4. Reaktionen von Finanzverwaltung und Steuergesetzgeber auf höchstrichterliche Entscheidungen

Die (nur) präjudizielle Wirkung von Entscheidungen des Bundesfinanzhofs zeigt sich insbesondere in den Reaktionen der anderen Gewalten. Im Steuerrecht existiert eine spezifische Veröffentlichungspraxis für höchstrichterliche Entscheidungen, mit Hilfe derer die Finanzverwaltung eine eigene Entscheidung über die Anwendung gerichtlicher Norminterpretation über den entschiedenen Einzelfall hinaus trifft. Nichtanwendungsgesetze als gesetzgeberische Reaktionen stehen strukturell in einer engen Verbindung zu dieser Verwaltungspraxis.

a) Entscheidungsveröffentlichung und allgemeine Anwendung

Der Bundesfinanzhof sieht bestimmte Entscheidungen zur Veröffentlichung vor (V-Entscheidungen), die nach Einschätzung des entscheidenden Senats über den Einzelfall hinaus bedeutsame Rechtsätze enthalten. Veröffentlichungswürdig sind danach insbesondere Entscheidungen, mit denen eine bisherige Rechtsprechung gegen beachtliche Kritik aufrechterhalten oder geändert wird und solche, mit denen eine in Verwaltungsanweisungen veröffentlichte Rechtsansicht bestätigt oder abgelehnt wird.[298] Diese Entscheidungen werden in einer offiziellen Entscheidungssammlung veröffentlicht (BFHE).[299] Andere Entscheidungen (NV-Entscheidungen) werden in der von Richtern des Bundesfinanzhofs herausgegebenen Zeitschrift BFH/NV und in der Datenbank Juris veröffentlicht. Sowohl V- als auch NV-Entscheidungen sind ab dem Jahrgang 2010 alternativ über die Website des Bundesfinanzhofs elektronisch abrufbar.[300] Nur ganz vereinzelt dokumentiert der Bundesfinanzhof Entscheidungen gar nicht für die Öffentlichkeit. Zwingend unveröffentlicht bleiben Gerichtsentscheide, wenn nach Ergehen des Bescheids eine mündliche Verhandlung beantragt wird. Der Ge-

---

[297] *Payandeh*, Judikative Rechtserzeugung, 2017, S. 168 ff.; *Reinhardt*, Konsistente Jurisdiktion, 1997, S. 432 f.; *Leisner*, Die allgemeine Bindung der Finanzverwaltung an die Rechtsprechung, 1980, S. 37.

[298] *Bundesfinanzhof*, FS 60 Jahre BFH, 2010, S. 188. Nach den jeweiligen Jahresberichten des Bundesfinanzhofs (abrufbar unter www.bundesfinanzhof.de/service/publikationen) waren dies im Jahr 2018 11 % (S. 23 des Jahresberichts) im Jahr 2017 13 % (S. 24) und im Jahr 2016 12 % (S. 24) der Entscheidungen. In den Jahren 2002–2015 wurden im Durchschnitt 12,39 % der Entscheidungen zur Veröffentlichung bestimmt; vgl. *Suck*, Das Nichtanwendungsgesetz als Instrument der Steuerpolitik, 2018, S. 64 f. mit Einzelnachweisen auf die entsprechenden Jahresberichte des Bundesfinanzhofs.

[299] Vgl. BFHE 84 „Vorbemerkung“, BFHE 85 „Vorbemerkung“.

[300] www.bundesfinanzhof.de/entscheidungen/entscheidungen-online.

richtsentscheid gilt dann als nicht ergangen (§ 90a Abs. 3 Hs. 2 FGO). Daneben unterbleibt eine Dokumentation, wenn die Entscheidung nach Einschätzung des entscheidenden Senats über den Einzelfall hinaus keinerlei Bedeutung hat: Dies betrifft zum Beispiel unzulässige Nichtzulassungsbeschwerden oder einzelne Entscheidungen aus einer Gruppe von Parallelfällen, die alle dieselbe Rechtsfrage betreffen und zeitgleich entschieden werden.[301] Schließlich bleibt eine Dokumentation aus, wenn trotz Anonymisierung des Sachverhalts das Steuergeheimnis des Steuerpflichtigen durch die Veröffentlichung verletzt würde.[302] Die dokumentierten Entscheidungen des Bundesfinanzhofs werden parallel in diversen Fachzeitschriften und Datenbanken veröffentlicht.[303] Nach redaktionellen Erwägungen werden dabei teilweise nur bestimmte Entscheidungen ausgewählt, Leitsätze ergänzt oder Entscheidungsgründe nur gekürzt wiedergegeben.

Daneben tritt eine eigenständige Veröffentlichung durch die Finanzverwaltung. Entscheidungen des Bundesfinanzhofs werden in dem vom Bundesfinanzministerium herausgegebenen Bundessteuerblatt im Teil II (Bundessteuerblatt II) veröffentlicht. Auf der Website des Bundesfinanzministeriums wird eine Liste derjenigen Entscheidungen geführt, die zur Veröffentlichung im Bundessteuerblatt II vorgesehen sind.[304] In der Regel werden nur Entscheidungen veröffentlicht, die der Bundesfinanzhof zur Veröffentlichung vorgesehen hat (V-Entscheidungen).[305] Aus der Gruppe dieser Entscheidungen werden aber in einem Abstimmungsprozess zwischen dem Bundesfinanzministerium und den obersten Finanzbehörden der Länder diejenigen Entscheidungen ausgewählt, die nach Einschätzung der Verwaltung über den Einzelfall hinaus von Bedeutung sind und deren Rechtsgrundsätze von den Finanzämtern in Parallelfällen angewendet werden sollen.[306] Häufig werden Entscheidungen unmittelbar nach der Veröffentlichung durch den Bundesfinanzhof auf die Liste der zur Veröffentlichung im Bundessteuerblatt II bestimmten Entscheidungen aufgenommen. Teilweise nimmt der behördeninterne Abstimmungsprozess aber auch einen längeren Zeitraum in Anspruch (zur dauerhaften Nichtveröffent-

---

301 Vgl. z. B. BFH, Vorlagebeschluss v. 21.10.1986 – VIII R 308/84, juris; BFH, Vorlagebeschluss v. 21.10.1986 – VIII R 311/84, juris; BFH, Vorlagebeschluss v. 21.5.1987 – VIII R 308/84, juris; BFH, Vorlagebeschluss v. 21.5.1987 – VIII R 311/84, juris.

302 *List*, DStR 1976, 651, 652; *Suck*, Das Nichtanwendungsgesetz als Instrument der Steuerpolitik, 2018, S. 67.

303 Vgl. die Übersicht bei *Suck*, Das Nichtanwendungsgesetz als Instrument der Steuerpolitik, 2018, S. 88 ff.

304 https://www.bundesfinanzministerium.de/Web/DE/Service/Publikationen/BFH_Entscheidungen/bfh_entscheidung-en.html.

305 Vgl. *Suck*, Das Nichtanwendungsgesetz als Instrument der Steuerpolitik, 2018, S. 71 f. mit Nachweisen auch zu Ausnahmefällen. Der Bundesfinanzhof sieht eine Entscheidung in einem solchen Ausnahmefall dann regelmäßig doch zur Veröffentlichung vor.

306 Die Entscheidung wird üblicherweise auf Ebene der Referatsleiter aus Bund und Ländern getroffen; vgl. zu Einzelheiten des verwaltungsinternen Abstimmungsverfahrens *ders.*, Das Nichtanwendungsgesetz als Instrument der Steuerpolitik, 2018, S. 75 ff.

lichung als konkludentem Nichtanwendungserlass noch sogleich). Sobald eine Entscheidung auf der Website des Bundesfinanzministeriums zur Veröffentlichung im Bundessteuerblatt II bestimmt wird, wenden die Finanzämter die Entscheidungsgründe auch in Parallelfällen an.[307] Steht eine veröffentlichte Entscheidung im Widerspruch zu einer Verwaltungsanweisung, wird diese Anweisung nicht weiter angewendet. Einer formellen Aufhebung bedarf es nicht.[308] Die Veröffentlichung im Bundessteuerblatt II macht die verwaltungsinterne Verbindlichkeit auch nach außen dauerhaft sichtbar.[309]

Die gesonderte Veröffentlichung durch die Finanzverwaltung – eine steuerrechtliche Besonderheit – kann auch unmittelbar materielle Wirkungen haben: Wurde ein Steuerbescheid im Hinblick auf ein vor dem Bundesfinanzhof anhängiges Verfahren für vorläufig erklärt (§165 Abs. 1 S. 2 Nr. 4 AO) – wie oben dargestellt ein verfahrensrechtlicher Beleg für die präjudizielle Wirkung höchstrichterlicher Entscheidungen im Steuerrecht – und entscheidet der Bundesfinanzhof in diesem Verfahren, so kann der Steuerbescheid nach §165 Abs. 2 S. 2 AO gleichwohl erst dann geändert oder für endgültig erklärt werden, wenn feststeht, dass die Grundsätze der Entscheidung des Bundesfinanzhofs über den Einzelfall hinaus allgemein anzuwenden sind. Dies ist der Fall, sobald die entsprechende Entscheidung auf der Website des Bundesfinanzhofs oder im Bundessteuerblatt II veröffentlicht ist.[310]

Abgesehen von diesem Sonderfall können Finanzämter auch die Grundsätze von Entscheidungen anwenden, die nicht im Bundessteuerblatt II veröffentlicht sind, solange diese nicht in Widerspruch zu Verwaltungsanweisungen stehen.[311]

---

[307] OFD Magdeburg vom 23.8.2004, AO Kartei ST §110 FGO Karte 2, Tz. 1, 4; OFD Karlsruhe vom 14.1.2005, DStR 2005, 333, 333; Finanzministerium des Landes Nordrhein-Westfalen vom 1.5.2005, AO-Kartei NW vor §1 AO Karte 802, Tz. 1; OFD Hannover vom 26.10.2007, AO-Kartei ND Anhang F Karte 1, Tz. 1, 3; Bayerisches Landesamt für Steuern vom 11.11.2011, AO-Kartei BY §85 AO Karte 1; OFD Frankfurt a.M. vom 31.3.2014, juris, Tz. 1; vgl. ferner das Vorwort zum Amtlichen Einkommensteuer-Handbuch 2018 sowie zum Amtlichen Gewerbesteuer-Handbuch 2016.

[308] OFD Magdeburg vom 23.8.2004, AO Kartei ST §110 FGO Karte 2, Tz. 2; OFD Frankfurt a.M. vom 31.3.2014, juris, Tz. 2; Bayerisches Landesamt für Steuern vom 11.11.2011, AO-Kartei BY §85 AO Karte 1; OFD Hannover vom 26.10.2007, AO-Kartei ND Anhang F Karte 1, Tz. 2; nichts desto trotz werden entsprechende Verwaltungsanweisungen regelmäßig zeitnah entsprechend geändert. Teilweise werden dann Leitsätze der Entscheidung in die Verwaltungsanweisung übernommen.

[309] Die Veröffentlichung einer Entscheidung im Bundessteuerblatt II ist im Entscheidungsprozess und der verwaltungsinternen Wirkweise einem BMF-Schreiben vergleichbar: Das Bundesfinanzministerium und die obersten Finanzbehörden stimmen sich untereinander ab, das Ergebnis wird vom Bundesfinanzministerium öffentlich verkündet und von Landesfinanzbehörden befolgt; vgl. auch *Suck*, Das Nichtanwendungsgesetz als Instrument der Steuerpolitik, 2018, S. 80ff.

[310] *Cöster*, in: Koenig, AO, 3. Auflage 2014, §165 Rn. 52; *Heuermann*, in: HHSp., §165 AO Rn. 40a; *Seer*, in: Tipke/Kruse, §165 AO Rn. 46.

[311] OFD Magdeburg vom 23.8.2004, AO Kartei ST §110 FGO Karte 2, Tz. 3; Finanzministerium des Landes Nordrhein-Westfalen vom 1.5.2005, AO-Kartei NW vor §1 AO

Ebenso können sie bei hinreichenden sachlichen Gründen von Grundsätzen der im Bundessteuerblatt II veröffentlichten Entscheidungen abweichen. Solche Gründe können beispielsweise vorliegen, wenn der zu beurteilende Sachverhalt in wesentlichen Punkten von demjenigen abweicht, der der Entscheidung des Bundesfinanzhofs zugrunde lag oder wenn sich rechtliche oder tatsächliche Rahmenbedingungen seit der Entscheidung des Bundesfinanzhofs maßgeblich verändert haben.[312]

b) Nichtanwendungserlasse

Kommt die Finanzverwaltung im Rahmen ihres internen Abstimmungsprozesses zu dem Ergebnis, dass eine Entscheidung des Bundesfinanzhofs nicht über den entschiedenen Einzelfall hinaus angewendet werden soll, so ergeht in der Regel ein Nichtanwendungserlass.[313] Dieser wird im Bundessteuerblatt im Teil I (Bundessteuerblatt I) veröffentlicht. Parallel wird die betroffene Entscheidung im Bundessteuerblatt II veröffentlicht und mit einem Hinweis auf den Nichtanwendungserlass versehen.[314] Diese Entscheidung wird von den Finanzämtern dann in der Folge ignoriert. Steuerbescheide, die im Hinblick auf das Verfahren vor dem Bundesfinanzhof vorläufig erlassen wurden, werden in der Regel zunächst nicht für endgültig erklärt.[315] Verwaltungsanweisungen, die den Grund-

---

Karte 802, Tz. 3; OFD Hannover vom 26.10.2007, AO-Kartei ND Anhang F Karte 1, Tz. 5; Bayerisches Landesamt für Steuern vom 11.11.2011, AO-Kartei BY § 85 AO Karte 1; OFD Frankfurt a. M. vom 31.3.2014, juris, Tz. 4.

[312] Vgl. OFD Magdeburg vom 23.8.2004, AO Kartei ST § 110 FGO Karte 2, Tz. 1; OFD Frankfurt a. M. vom 31.3.2014, juris, Tz. 1; OFD Hannover vom 26.10.2007, AO-Kartei ND Anhang F Karte 1, Tz. 1.

[313] Dies betrifft nach den Erhebungen von *Desens*, Bindung der Finanzverwaltung an die Rechtsprechung, 2011, S. 11 ff. zwar im langjährigen Durchschnitt nur ca. 1,72 % der vom Bundesfinanzhof zur Veröffentlichung bestimmten und in der Sammlung BFHE veröffentlichten Entscheidungen. Berücksichtigt man allerdings die durchschnittliche Erfolgsquote der Steuerpflichtigen vor dem Bundesfinanzhof und die statistische Verteilung zwischen Nichtanwendungserlassen zugunsten und zulasten der Steuerpflichtigen, so wurde in der Spitze jede siebte Entscheidung, die zugunsten der Steuerpflichtigen ergeht, mit einem Nichtanwendungserlass belegt. Die von *Desens* ermittelten Zahlen stimmen weitgehend mit den damaligen Angaben der Bundesregierung überein, wonach jede 57. (BT-Drs. 16/11477, S. 14) bzw. jede 60. (BT-Drs. 15/4614, S. 2; BT-Drs. 16/13579, S. 2) Entscheidung des Bundesfinanzhofs mit einem Nichtanwendungserlass belegt wird. Im Zeitraum 1.1.2015–30.9.2018 wurden nach Angaben der Bundesregierung nur 7 von 985 Entscheidungen des Bundesfinanzhofs (0,71 %) mit einem ausdrücklichen Nichtanwendungserlass belegt (BT-Drs. 19/5758, S. 3, 5 f.). Vgl. zu weiteren (indes nur fragmentarischen) statistischen Erhebungen den Überblick bei *Suck*, Das Nichtanwendungsgesetz als Instrument der Steuerpolitik, 2018, S. 113.

[314] Finanzministerium des Landes Nordrhein-Westfalen vom 1.5.2005, AO-Kartei NW vor § 1 AO Karte 802, Tz. 3; OFD Hannover vom 26.10.2007, AO-Kartei ND Anhang F Karte 1, Tz. 4; Bayerisches Landesamt für Steuern vom 11.11.2011, AO-Kartei BY § 85 AO Karte 1; OFD Frankfurt a. M. vom 31.3.2014, juris, Tz. 3.

[315] Wenn die Finanzverwaltung eine erneute Entscheidung des Bundesfinanzhofs in der Sache anstrebt und ein entsprechendes Verfahren bereits anhängig ist, besteht die Ungewiss-

sätzen der Entscheidung des Bundesfinanzhofs widersprechen, werden weiterhin angewendet. Der Wirkung eines Nichtanwendungserlasses steht es gleich, wenn die Finanzverwaltung eine Entscheidung des Bundesfinanzhofs, die einer Verwaltungsanweisung widerspricht, dauerhaft[316] nicht im Bundessteuerblatt II veröffentlicht.[317] Die Finanzämter wenden die Entscheidung dann ebenfalls über den entschiedenen Einzelfall hinaus nicht an,[318] die Nichtveröffentlichung stellt einen „konkludenten Nichtanwendungserlass" dar.[319]

Mit Nichtanwendungserlassen werden häufig Entscheidungen des Bundesfinanzhofs belegt, mit denen das Gericht von einer bislang weitgehend einheitlich vertretenen Auslegung abweicht.[320] Aber auch Entscheidungen, in denen

---

heit nach §165 Abs. 1 S. 2 Nr. 4, Abs. 2 S. 3 AO fort. Andernfalls muss der Vorläufigkeitsvermerk nach §165 Abs. 2 S. 2 AO aufgehoben und der Steuerbescheid für endgültig erklärt werden; *Cöster*, in: Koenig, AO, 3. Auflage 2014, §165 Rn. 52; *Heuermann*, in: HHSp., §165 AO Rn. 40a; *Seer*, in: Tipke/Kruse, §165 AO Rn. 46; *Suck*, Das Nichtanwendungsgesetz als Instrument der Steuerpolitik, 2018, S. 84. Da das Finanzamt aber wegen des Nichtanwendungserlasses bei seiner ursprünglichen Rechtsansicht bleiben wird und danach eine Änderung des Bescheids regelmäßig nicht erforderlich ist, wird es erst auf Antrag des Steuerpflichtigen eine endgültige Festsetzung erlassen (§165 Abs. 2 S. 4 AO). Um die materiellen Grundsätze des Musterverfahrens auch auf seinen Fall zu übertragen muss der Steuerpflichtige dann gegen diesen Bescheid Einspruch erheben und klagen. Sobald ein entsprechendes Verfahren den Bundesfinanzhof erreicht, liegen für Parallelverfahren wiederum die Voraussetzungen des §165 Abs. 1 S. 2 Nr. 4 AO vor.

316 Auch wenn die Finanzverwaltung ein Urteil letztlich veröffentlicht und allgemein anwendet, kann es durch den verwaltungsinternen Abstimmungsprozess und die ggfs. erforderliche Anpassung von Verwaltungsrichtlinien zu Verzögerungen kommen. Für den entstehenden Übergangszeitraum wird das Urteil dann noch nicht allgemein angewendet; *Desens*, Bindung der Finanzverwaltung an die Rechtsprechung, 2011, S. 62f. spricht von einem „temporären" Nichtanwendungserlass; ähnlich auch *Suck*, Das Nichtanwendungsgesetz als Instrument der Steuerpolitik, 2018, S. 99f.

317 Dies betrifft nach der Erhebung von *Desens*, Bindung der Finanzverwaltung an die Rechtsprechung, 2011, S. 59f. ca. 2,93 % aller Entscheidungen des Bundesfinanzhofs; vgl. auch den Überblick bei *H.-F. Lange*, NJW 2002, 3657, 3657 sowie die tabellarische Aufstellung der Bundesregierung für den Zeitraum 1.1.2015–30.9.2018 in BT-Drs. 19/5758, S. 7ff.

318 OFD Magdeburg vom 23.8.2004, AO Kartei ST §110 FGO Karte 2, Tz. 5; Finanzministerium des Landes Nordrhein-Westfalen vom 1.5.2005, AO-Kartei NW vor §1 AO Karte 802, Tz. 3; OFD Hannover vom 26.10.2007, AO-Kartei ND Anhang F Karte 1, Tz. 5; Bayerisches Landesamt für Steuern vom 11.11.2011, AO-Kartei BY §85 AO Karte 1.

319 Begriff nach *Desens*, Bindung der Finanzverwaltung an die Rechtsprechung, 2011, S. 60ff.; aufgegriffen auch von BFH, Vorlagebeschluss v. 7.12.2010 – IX R 70/07, BFHE 232, 2010, 121 = BStBl II 2011, 346, juris Rn. 53ff.; ähnlich auch *Leisner*, Die allgemeine Bindung der Finanzverwaltung an die Rechtsprechung, 1980, S. 12; *Vinken*, FS Spindler, 2011, S. 549, 550: „stillschweigender Nichtanwendungserlass".

320 Vgl. aus jüngerer Zeit z. B. Bundesministerium der Finanzen vom 15.2.2010, IV C 6-S 2244/09/10002, BStBl I 2010, 181 zu BFH, Urteil v. 25.6.2009 – IX R 42/08, BFHE 225, 445 = BStBl II 2010, 220 (kein teilweises Abzugsverbot nach §3c Abs. 2 S. 1 EStG für Aufwendungen auf eine Kapitalgesellschaftsbeteiligung, wenn aus dieser Beteiligung tatsächlich keine teilweise steuerfreien Erträge erzielt wurden; Nichtanwendungserlass aufgehoben durch Bundesministerium der Finanzen vom 28.6.2010, IV C 6-S 2244/09/10002, BStBl I 2010, 599; in der Folge Nichtanwendungsgesetz mit Wirkung *pro futuro* mit Ergänzung von

der Bundesfinanzhof erstmals über eine Rechtsfrage entscheidet, können betroffen sein.[321] Die weit überwiegende Zahl der Nichtanwendungserlasse suspendiert Entscheidungen zugunsten der Steuerpflichtigen, wirkt also zu ihren Lasten.[322] Vereinzelt gibt es aber auch Nichtanwendungserlasse, die zugunsten der Steuerpflichtigen wirken.[323]

Es kommen verschiedene Gründe in Betracht, aus denen sich die Finanzverwaltung für einen Nichtanwendungserlass entscheidet. Zunächst ist denkbar, dass die Finanzverwaltung den entschiedenen Fall für nicht verallgemeinerungsfähig hält, weil der Entscheidung aus Sicht der Verwaltung ein atypischer Sachverhalt zugrunde liegt.[324] Alternativ oder kumulativ kann die Finanzverwaltung auch Einwände gegen die rechtliche Argumentation des Bundesfinanzhofs bzw. gegen die Übertragung dieser Argumentation auf andere Sachverhalte erheben.[325] In all diesen Fällen[326] kann der Nichtanwendungserlass dann dazu dienen, die weitere Entwicklung der Finanzgerichtsrechtsprechung abzuwar-

---

§ 3c Abs. 2 S. 2 EStG [mittlerweile § 3c Abs. 2 S. 7 EStG] durch das Jahressteuergesetz 2010 v. 8.12.10 [BGBl I 2010, S. 1768]) und Bundesministerium der Finanzen vom 20.12.2011, IV C 4-S 2284/07/0031:002, BStBl I 2011, 1286 zu BFH, Urteil v. 12.5.2011 – VI R 42/10, BFHE 234, 30 = BStBl II 2011, 1015 (Rechtsprechungswechsel zur Abziehbarkeit von Zivilprozesskosten als außergewöhnliche Belastungen); zahlreiche ältere Beispiele bei *Desens*, Bindung der Finanzverwaltung an die Rechtsprechung, 2011, S. 20 Fn. 64.

[321] Vgl. aus jüngerer Zeit z. B. Bundesministerium der Finanzen vom 7.1.2010, IV C 3-S 2411/07/10013, BStBl I 2010, 44 zu BFH, Urteil v. 27.5.2009 – I R 86/07, BFHE 225, 126 = BStBl II 2010, 120 (Steuerbarkeit von Transferzahlungen an ausländische Fußballvereine) und die gleichlautenden Erlassen der obersten Finanzbehörden der Länder v. 14.12.2015, BStBl I 2015, 1090 zu BFH, Urteil v. 11.3.2015 – I R 10/14, BFHE 249, 241 = BStBl II 2015, 1049 (Gewerbesteuerpflicht des Hinzurechnungsbetrags nach § 10 Abs. 1 S. 1 AStG); zahlreiche ältere Beispiele bei *Desens*, Bindung der Finanzverwaltung an die Rechtsprechung, 2011, S. 20 Fn. 65.

[322] Nach den Erhebungen von *Desens* ergehen 84 % der Nichtanwendungserlasse zulasten der Steuerpflichtigen, *Desens*, Bindung der Finanzverwaltung an die Rechtsprechung, 2011, S. 18; in der Spitze wurden 14,46 % der in einem Jahr ergangenen Entscheidungen zugunsten der Steuerpflichtigen mit einem Nichtanwendungserlass belegt; *ders.*, Bindung der Finanzverwaltung an die Rechtsprechung, 2011, S. 11 ff.

[323] So wird beispielsweise BFH, Urteil v. 30.3.2017 – IV R 13/14, BFHE 257, 315 = BStBl II 2017, 892, nach dem für die Bemessung der 35 €-Grenze des Abzugsverbots für betrieblich veranlasste Geschenke in § 4 Abs. 5 S. 1 Nr. 1 S. 1 EStG auch die vom Schenker übernommene Pauschalsteuer nach § 37b EStG einzubeziehen ist, von der Finanzverwaltung nicht angewendet, vgl. BStBl II 2017, S. 892 Fn. 1. Vgl. als weiteres Beispiel aus jüngerer Zeit Bundesministerium der Finanzen vom 20.4.2010, IV C 2-S 2770/08/10006, BStBl I 2010, 372 zu BFH, Urteil v. 4.3.2009 – I R 1/08, BFHE 225, 312 = BStBl II 2010, 407 (Vereinbarkeit von Ausgleichszahlungen an außenstehende Aktionäre mit den Anforderungen an eine körperschaftsteuerliche Organschaft); zahlreiche ältere Beispiele bei *Desens*, Bindung der Finanzverwaltung an die Rechtsprechung, 2011, S. 18 Fn. 56.

[324] Vgl. z. B. die Begründung zur dauerhaften Nichtveröffentlichung von BFH, Urteil v. 12.8.2015 – I R 45/14, BFHE 251, 119 im Bundesteuerblatt II bei BT-Drs. 19/5758, S. 8.

[325] Zahlreiche Beispiele bei *Desens*, Bindung der Finanzverwaltung an die Rechtsprechung, 2011, S. 25 Fn. 80.

[326] Zu Nichtanwendungserlassen, die zur Vorbereitung eines rückwirkenden Nichtanwendungsgesetzes erlassen werden, noch unter § 2 B. III. 4. d) und unter § 5 C. I., III. 3.

ten. Stellt sich dieselbe Rechtsfrage in einem späteren Verfahren erneut, so setzen sich die zuständigen Finanzgerichte und insbesondere der Bundesfinanzhof mit den sachlichen Argumenten auseinander, die im Nichtanwendungserlass vorgebracht wurden.[327] Vereinzelt hat der Bundesfinanzhof daraufhin seine Rechtsprechung geändert oder den Anwendungsbereich der von ihm aufgestellten Rechtsätze eingeschränkt. In den weit überwiegenden Fällen, in denen eine Rechtsfrage noch einmal Gegenstand eines Verfahrens vor dem Bundesfinanzhof wurde, hat das Gericht indes seine erste Entscheidung bestätigt bzw. die Rechtsgrundsätze auf weitere Sachverhaltskonstellationen übertragen.[328] Die Finanzverwaltung hebt den Nichtanwendungserlass dann in der Regel auf bzw. veröffentlicht die betreffende bislang unveröffentlichte Entscheidung des Bundesfinanzhofs im Bundessteuerblatt II.[329]

Die Zulässigkeit von Nichtanwendungserlassen ist umstritten und seit Jahrzehnten Gegenstand einer steuerrechtlichen und verfassungsrechtlichen Diskussion.[330] Extrempositionen, die Nichtanwendungserlasse für insgesamt unzulässig[331] oder ohne (rechtlich bindende) Einschränkungen für zulässig halten,[332] haben sich nicht durchgesetzt.[333] Überwiegend werden in der Literatur nunmehr vermittelnde Positionen eingenommen: Die Nichtanwendung einer Entscheidung wird dann für zulässig gehalten, wenn die Finanzverwaltung hinreichende sachliche Gründe gegen eine allgemeine Anwendung vorbringen kann.[334] Repräsentativ für eine solche Lösung steht der Ansatz von *Desens*, der

---

[327] Vgl. z.B. BFH, Urteil v. 8.12.1992 – IX R 105/89, BFHE 170, 138 = BStBl II 1993, 656, juris Rn. 9ff.; BFH, Urteil v. 15.1.2008 – IX R 45/07, BFHE 220, 264 = BStBl II 2008, 572, juris Rn. 10f.; möglich ist eine solche argumentative Auseinandersetzung naturgemäß nur bei einem ausdrücklichen, nicht bei einem konkludenten Nichtanwendungserlass durch bloße (begründungslose) Nichtveröffentlichung der Entscheidung des Bundesfinanzhofs.

[328] Nach den statistischen Erhebungen von *Desens*, Bindung der Finanzverwaltung an die Rechtsprechung, 2011, S. 26f. hat die Finanzverwaltung in ca. 8% aller Fälle mit einem Nichtanwendungserlass eine Änderung der Rechtsprechung des Bundesfinanzhofs erreicht.

[329] Dies betont ausdrücklich auch die Bundesregierung mit Verweis auf ein aktuelles Beispiel in BT-Drs. 19/5758, S. 2. Teilweise reagiert die Finanzverwaltung indes erst nach mehrfacher Bestätigung der Rechtsprechung; vgl. die detaillierte Darstellung mit zahlreichen Beispielen bei *Desens*, Bindung der Finanzverwaltung an die Rechtsprechung, 2011, S. 27ff.

[330] Ausführlich zur historischen Entwicklung der Diskussion *Desens*, Bindung der Finanzverwaltung an die Rechtsprechung, 2011, S. 82ff.; vgl. auch die umfangreichen Literaturnachweise bei *Suck*, Das Nichtanwendungsgesetz als Instrument der Steuerpolitik, 2018, S. 110f. Fn. 359ff.

[331] Insbesondere *Leisner*, Die allgemeine Bindung der Finanzverwaltung an die Rechtsprechung, 1980, S. 82ff.

[332] Grundlegend *Ossenbühl*, AöR 92 (1967), 478, 481ff. ihm folgend beispielsweise *J. Lang*, DRiZ 1992, 365, 366ff.; *ders.*, StuW 1992, 14, 15ff.; *R. Voß*, DStR 2003, 441, 443; *Horlemann*, DStR 2004, 1113, 1114; *Wieland*, DStR 2004, 1, 5; *Suck*, Das Nichtanwendungsgesetz als Instrument der Steuerpolitik, 2018, S. 119ff.

[333] Nachweise auf ältere Stellungnahmen, die entweder eine generelle Zulässigkeit oder eine generelle Unzulässigkeit annehmen bei *Leisner*, Die allgemeine Bindung der Finanzverwaltung an die Rechtsprechung, 1980, S. 19ff.; *Jakob/Jüptner*, StuW 1984, 148, 151 Fn. 32.

[334] Vgl. z.B. *Drüen*, in: Tipke/Kruse, §4 FGO Rn. 119; *Wernsmann*, in: HHSp., §4 AO

eine Argumentationslast der Finanzverwaltung aus der verfassungsrechtlichen Pflicht zur Loyalität zwischen den Staatsgewalten ableitet.[335] Eine derartige vermittelnde Position ist insbesondere dann überzeugend, wenn man – wie hier – die präjudizielle Wirkung von Entscheidungen des Bundesfinanzhofs als normative Pflicht zur Berücksichtigung und begründeten Auseinandersetzung begreift.[336] Diese Pflicht kann die Finanzverwaltung beispielsweise erfüllen, wenn sie die Entscheidung für nicht oder nicht uneingeschränkt verallgemeinerungsfähig[337] oder die rechtliche Argumentation des Bundesfinanzhofs für unvollständig oder fehlerhaft hält.[338] Die Finanzverwaltung ist dann allerdings verpflichtet, die Gründe für den Nichtanwendungserlass offenzulegen und die Entscheidung allgemein anzuwenden, wenn der Bundesfinanzhof in Folgeentscheidungen an seiner Rechtsprechungslinie festhält. Unzulässig sind demgegenüber konkludente Nichtanwendungserlasse durch dauerhafte Nichtveröffentlichung eines Urteils im Bundessteuerblatt II, weil die Finanzverwaltung ihrer Argumentationslast nicht nachkommt.[339] Ein konkludenter Nichtanwendungserlass kann keinen Beitrag zur Rechtsentwicklung leisten und keinen Rechtsprechungswechsel erreichen.

Auch die Rechtsprechung des Bundesfinanzhofs folgt einer vermittelnden Linie. Es finden sich weder Entscheidungen, die Nichtanwendungserlasse ausdrücklich für zulässig, noch solche, die sie für ausdrücklich unzulässig erklären. Ältere Entscheidungen betonen das Recht der Verwaltung, eine eigenständige Auslegung des Rechts vorzunehmen.[340] Jüngere Entscheidungen rücken die Verantwortung des Bundesfinanzhofs im gewaltengeteilten Staat in

---

Rn. 341 f.; *Koenig*, in: Koenig, AO, 3. Auflage 2014, § 4 Rn. 66; *Schmidt-Aßmann*, in: Maunz/Dürig, GG, Art. 19 Abs. 4 Rn. 292; *Jakob/Jüptner*, StuW 1984, 148, 161 ff.; *Scholtz*, FS Klein, 1994, S. 1041, 1048 f.; *Kruse*, DStJG 18, 1995, S. 115, 124 f.; *Hey*, DStR 2004, 1897, 1898; *Harald Schaumburg*, in: Brandt (Hrsg.), Für eine bessere Steuerrechtskultur, 2004, S. 73, 88 f.; *Spindler*, DStR 2007, 1061, 1063 f.; *Vinken*, FS Spindler, 2011, S. 549, 553 f.; *Herden*, FS Spindler, 2011, S. 445, 453 f.; *Schmitt*, FS 100 Jahre Steuerrechtsprechung, 2018, S. 251, 254 ff.; *Simonek*, FS 100 Jahre Steuerrechtsprechung, 2018, S. 275, 284.

[335] *Desens*, Bindung der Finanzverwaltung an die Rechtsprechung, 2011, S. 261 ff.; zu *Desens* Erwägungen zur Gewaltenloyalität noch ausführlich unter § 4 A. III.

[336] Ebenso *Payandeh*, Judikative Rechtserzeugung, 2017, S. 366 ff.

[337] *Drüen*, DStR 2010, 2, 7; *Payandeh*, Judikative Rechtserzeugung, 2017, S. 368 f.

[338] *Drüen*, in: Tipke/Kruse, § 4 FGO Rn. 119; *Schmidt-Aßmann*, in: Maunz/Dürig, GG, Art. 19 Abs. 4 Rn. 292; *Jakob/Jüptner*, StuW 1984, 148, 161 ff.; *Scholtz*, FS Klein, 1994, S. 1041, 1048 f.; *Kruse*, DStJG 18, 1995, S. 115, 124 f.; *Pezzer*, DStR 2004, 525, 530; *Harald Schaumburg*, in: Brandt (Hrsg.), Für eine bessere Steuerrechtskultur, 2004, S. 73, 88 f.; *Spindler*, Stbg 2006, 1, 5; *ders.*, DStR 2007, 1061, 1063 f.; *Desens*, Bindung der Finanzverwaltung an die Rechtsprechung, 2011, S. 261 ff.; *Herden*, FS Spindler, 2011, S. 445, 453 f.; *Vinken*, FS Spindler, 2011, S. 549, 553 f.

[339] *Payandeh*, Judikative Rechtserzeugung, 2017, S. 368 f.; *Desens*, Bindung der Finanzverwaltung an die Rechtsprechung, 2011, S. 411 f.; *H.-F. Lange*, NJW 2002, 3657, 3660; *Pezzer*, DStR 2004, 525, 532; allein rechtspolitische Kritik bei *Horlemann*, DStR 2004, 1113, 1114; *Suck*, Das Nichtanwendungsgesetz als Instrument der Steuerpolitik, 2018, S. 106 ff.

[340] BFH, Urteil v. 9.6.1953 – I 34/53 S, BFHE 57, 654 = BStBl III 1953, 250, juris Rn. 9;

den Vordergrund, Zweifel bei der Auslegung des einfachen Rechts zu entscheiden.[341] Diese Verantwortung könne durch die bloße Nichtanwendung einer Entscheidung durch die Finanzverwaltung nicht in Frage gestellt werden.[342] Der Bundesfinanzhof lehnt es zudem ab, die Revision gegen eine finanzgerichtliche Entscheidung nur deshalb zuzulassen, weil das Finanzgericht einer Entscheidung des Bundesfinanzhofs gefolgt ist, die mit einem Nichtanwendungserlass belegt wurde. Der bloße Erlass eines Nichtanwendungserlasses sorgt noch nicht dafür, dass eine Rechtssache grundsätzliche Bedeutung hat. Vielmehr muss die Verwaltung im Erlass entsprechende sachliche Gründe vorbringen, die eine erneute Beschäftigung des Bundesfinanzhofs mit der Rechtsfrage rechtfertigen.[343]

Auch wenn Nichtanwendungserlasse nur selten zu einem Rechtsprechungswechsel führen und konstanter verfassungsrechtlicher und rechtspolitischer Kritik ausgesetzt sind, bilden sie weiterhin ein regelmäßig eingesetztes Werkzeug der Finanzverwaltung, um die Auswirkungen einer höchstrichterlichen Entscheidung (zumindest vorübergehend) zu begrenzen. Auch das in gleich zwei aufeinanderfolgenden Koalitionsverträgen geäußerte Bekenntnis, zukünftig nur noch zurückhaltend Gebrauch von Nichtanwendungserlassen zu machen,[344] hat nicht zu einer grundlegenden Veränderung geführt.[345] Allenfalls lässt sich eine Tendenz der Finanzverwaltung feststellen, ergänzend oder alter-

---

BFH, Urteil v. 24.7.1956 – IV 382/55 S, BFHE 64, 291 = BStBl III 1957, 111, juris Rn. 26; BFH, Urteil v. 14.8.1958 – I 39/57 U, BFHE 67, 354 = BStBl III 1958, 409, juris Rn. 21 f.

[341] BFH, Vorlagebeschluss v. 7.12.2010 – IX R 70/07, BFHE 232, 2010, 121 = BStBl II 2011, 346, juris Rn. 49.

[342] BFH, Vorlagebeschluss v. 7.12.2010 – IX R 70/07, BFHE 232, 2010, 121 = BStBl II 2011, 346, juris Rn. 44 ff.; BFH, Beschluss v. 6.6.2013 – I R 38/11, BFHE 241, 530 = BStBl II 2014, 398, juris Rn. 54; BFH, Beschluss v. 27.11.2013 – I R 36/13, BFHE 245, 108 = BStBl II 2014, 651, juris Rn. 55.

[343] BFH, Beschluss v. 7.12.1988 – VIII B 71/88, BFHE 155, 44 = BStBl II 1989, 566, juris Rn. 13 f.; BFH, Beschluss v. 15.11.1999 – III B 76/99, BFH/NV, 697, juris Rn. 4; BFH, Beschluss v. 30.7.2002 – III B 50/01, BFH/NV 2003, 55, juris Rn. 2; BFH, Beschluss v. 27.8.2003 – I B 186/02, BFH/NV 2003, 1581, juris Rn. 14; BFH, Beschluss v. 8.11.2007 – IV B 171/06, BFHE 220, 1 = BStBl II 2008, 380, juris Rn. 6; BFH, Beschluss v. 2.2.2010 – I B 91/09, BFH/NV 2010, 878, juris Rn. 7; BFH, Beschluss v. 2.9.2015 – II B 146/14, BFH/NV 2015, 1586, juris Rn. 4.

[344] Koalitionsvertrag zwischen CDU, CSU und FDP für die 17. Legislaturperiode, S. 13; Koalitionsvertrag zwischen CDU, CSU und SPD für die 18. Legislaturperiode, S. 64; im aktuellen Koalitionsvertrag zwischen CDU, CSU und SPD für die 19. Legislaturperiode findet sich dieses Bekenntnis nicht mehr.

[345] Die von der Bundesregierung (BT-Drs. 19/5758, S. 3, 5 f.) ermittelte, im historischen Vergleich niedrige Zahl von Entscheidungen des Bundesfinanzhofs, die im Zeitraum 1.1.2015–30.9.2018 mit einem Nichtanwendungserlass belegt wurden (7 von 985; 0,71 %) lässt sich angesichts des vergleichsweise kurzen Betrachtungszeitraums allenfalls als ein Indiz für einen zurückhaltenderen Einsatz ausdrücklicher Nichtanwendungserlasse werten. Im gleichen Zeitraum wurden allerdings 6,8 % (67 von 985) der Entscheidungen auch ein Jahr nach ihrer Veröffentlichung durch den Bundesfinanzhof noch nicht im Bundessteuerblatt veröffentlicht (vgl. BT-Drs. 19/5758, S. 7 ff.), was für einen parallelen Anstieg konkludenter Nichtanwendungserlasse sprechen könnte.

nativ zu Nichtanwendungserlassen verstärkt auch auf die im Folgenden detailliert darzustellenden Reaktionsmöglichkeiten der Nichtanwendungsprophylaxe und des Nichtanwendungsgesetzes zurückzugreifen.

c) *Nichtanwendungsprophylaxe*

Teilweise versucht die Finanzverwaltung, schon den Erlass einer präjudiziellen Entscheidung zu verhindern, wenn sich andeutet, dass diese in Widerspruch zu einer Verwaltungsanweisung stehen würde (sog. Nichtanwendungsprophylaxe).[346] So sind mehrere Fälle dokumentiert,[347] in denen die Finanzverwaltung auf einen für sie negativen Gerichtsbescheid mit einem Antrag auf mündliche Verhandlung reagiert hat. Dadurch gilt der Gerichtsbescheid als nicht ergangen (§ 90a Abs. 3 Hs. 2 FGO) und wird dementsprechend nicht als bindende Entscheidung des Bundesfinanzhofs veröffentlicht. Zu einer mündlichen Verhandlung kommt es indes auch nicht. Vielmehr hilft die Finanzverwaltung dem Begehren des jeweiligen Klägers ab, indem sie den Steuerbescheid im Ausgangsverfahren entgegen der einschlägigen Verwaltungsanweisung zugunsten des Steuerpflichtigen ändert. Der Steuerpflichtige muss sodann die Rechtssache für erledigt erklären, um eine Kostenentscheidung zu seinen Lasten zu vermeiden. Der Bundesfinanzhof kann nicht mehr in der Sache, sondern nur noch über die Kosten des Verfahrens entscheiden. Diese trägt nach § 138 Abs. 2 S. 1 Var. 2 FGO zwingend die Finanzverwaltung.[348]

Nichtanwendungsprophylaxe ist nicht nur auf Fälle beschränkt, in denen der Bundesfinanzhof einen Gerichtsbescheid erlassen hat. Die Finanzverwaltung kann beispielsweise auch aus Stellungnahmen des Gerichts im schriftlichen Vorverfahren auf die Auffassung des Bundesfinanzhofs schließen und sich sodann zu einem Abhilfebescheid entscheiden, um eine präjudizielle Entscheidung zu verhindern. Ein aktuelles Beispiel bildet das Verfahren vor dem Großen Senat des Bundesfinanzhofs zur Behandlung teilentgeltlicher Übertragungsvorgänge im Betriebsvermögen: Die Finanzverwaltung[349] und der zehnte Senat des Bun-

---

[346] Begrifflich ebenso *Eggesiecker/Ellerbeck*, DStR 2007, 1281, 1282; *J.-A. Weber*, DStR 2007, 2298, 2298; *Eggesiecker/Ellerbeck*, DStR 2007, 1427, 1427; *Desens*, Bindung der Finanzverwaltung an die Rechtsprechung, 2011, S. 72.

[347] Beispiele bei *Christiansen*, DStR 2003, 264, 265 ff.; *ders.*, DStR 2005, 1485, 1485 ff.; *Eggesiecker/Ellerbeck*, DStR 2007, 1427, 1428; *Desens*, Bindung der Finanzverwaltung an die Rechtsprechung, 2011, S. 72 Fn. 344.

[348] Angesichts der vorrangigen Spezialregelung in § 138 Abs. 2 S. 1 Var. 2 FGO kann der Bundesfinanzhof über die Kosten nicht nach billigem Ermessen entscheiden (§ 138 Abs. 1 FGO) und dabei seine materiellen Erwägungen aus dem Gerichtsbescheid einfließen lassen; so aber BFH, Beschluss v. 25.1.2006 – IV R 14/04, BFHE 212, 231 = BStBl II 2006, 418, juris Rn. 19 ff.; ebenfalls kritisch *Desens*, Bindung der Finanzverwaltung an die Rechtsprechung, 2011, S. 75; *Suck*, Das Nichtanwendungsgesetz als Instrument der Steuerpolitik, 2018, S. 58. Jedenfalls entfalten diese nicht entscheidungserheblichen materiellen Erwägungen keine präjudizielle Wirkung.

[349] Bundesministerium der Finanzen vom 8.12.2011, BStBl I 2011, 1279, 15.

desfinanzhofs[350] folgen einer strengen Trennungstheorie, wonach teilentgeltliche Geschäfte stets in einen entgeltlichen und einen unentgeltlichen Teil aufzuteilen und damit stille Reserven teilweise aufzudecken sind. Der vierte Senat des Bundesfinanzhofs[351] und verschiedene Autoren[352] vertreten demgegenüber modifizierte Trennungstheorien, die eine Übertragung ohne Aufdeckung stiller Reserven in größerem Umfang zulassen. Drei Jahre nachdem der zehnte Senat die Frage dem Großen Senat vorgelegt hatte,[353] hat die Finanzverwaltung der Klage im Ausgangsverfahren, das zur Vorlage an den Großen Senat geführt hat, abgeholfen, indem sie eine modifizierte Trennungstheorie zur Anwendung brachte. Das Ausgangsverfahren wurde daraufhin für beendet erklärt,[354] sodass auch das Verfahren vor dem Großen Senat eingestellt werden musste.[355] Anlass für den Abhilfebescheid der Verwaltung dürften (in der Öffentlichkeit nicht dokumentierte) schriftliche Erklärungen des Großen Senats gewesen sein, die eine Entscheidungstendenz in Richtung einer modifizierten Trennungstheorie vermuten ließen.[356] Es ist aber nicht erkennbar, dass die Finanzverwaltung nunmehr grundsätzlich von der strengen Trennungstheorie abkehrt. Die entsprechenden Verwaltungsanweisungen wurden nicht geändert. Die Entscheidungen des vierten Senats, in denen dieser für eine modifizierte Trennungstheorie eintritt, sind weiterhin nicht im Bundessteuerblatt II veröffentlicht.[357]

Prozessual verhindern lässt sich diese Nichtanwendungsprophylaxe nicht. Nach der Rechtsprechung des Bundesfinanzhofs ist es nicht rechtsmissbräuchlich, wenn die Finanzverwaltung einen Antrag auf mündliche Verhandlung stellt und sodann das Verfahren nach Änderung des Steuerbescheids für erledigt erklärt[358] – dies gilt selbst dann, wenn der Antrag auf mündliche Verhandlung und

---

350 BFH, Beschluss v. 19.3.2014 – X R 28/12, BFHE 245, 164 = BStBl II 2014, 629, juris Rn. 111 ff.; BFH, Beschluss v. 27.10.2015 – X R 28/12, BFHE 251, 349 = BStBl II 2016, 81, juris Rn. 46 ff.; aus dem wissenschaftlichen Schrifttum zustimmend beispielsweise *Heuermann*, DB 2013, 1328, 1329 f.; *ders.*, jM 2014, 117, 122 f.; *Dornheim*, FR 2014, 869, 876; *Schütz*, SteuK 2014, 419, 422.

351 Insbesondere BFH, Urteil v. 21.6.2012 – IV R 1/08, BFHE 237, 503, juris Rn. 23 ff.; BFH, Urteil v. 19.9.2012 – IV R 11/12, BFHE 239, 76 = BFH/NV 2012, 1880, juris Rn. 14 ff.

352 Z. B. *Demuth*, EStB 2014, 373, 375; *Strahl*, FR 2014, 763, 765; *Graw*, FR 2015, 260, 266; *Förster*, DB 2013, 2047, 2047 ff.

353 BFH, Beschluss v. 27.10.2015 – X R 28/12, BFHE 251, 349 = BStBl II 2016, 81; im Hinblick auf das anhängige Verfahren vor dem zehnten Senat, das sodann zur Vorlage an den großen Senat führte, hat die Finanzverwaltung die Entscheidungen des vierten Senats nicht im Bundessteuerblatt II veröffentlicht; Bundesministerium der Finanzen vom 12.9.2013, BStBl I 2013, 1164, Tz. II. 1.

354 BFH, Beschluss v. 30.10.2018 – X R 28/12, BFH/NV 2019, 39, juris Rn. 1 f.

355 BFH, Beschluss v. 30.10.2018 – GrS 1/16, BFHE 262, 434 = BStBl II 2019, 70, juris Rn. 1.

356 *Dräger/Dorn*, NWB 2019, 17, 19.

357 Auch *Dräger/Dorn*, NWB 2019, 17, 19; *Stenert*, DStR 2019, 245, 250 Fn. 83 gehen davon aus, dass die Finanzverwaltung in Parallelfällen weiterhin der strengen Trennungstheorie folgen wird.

358 BFH, Beschluss v. 17.12.2002 – I R 87/00, BFH/NV 2003, 785, juris Rn. 3; BFH,

die Erledigungserklärung im selben Schriftsatz erfolgen.[359] Der Steuerpflichtige kann seinen Klageantrag nicht beliebig erweitern,[360] um eine Erledigung des Verfahrens zu vermeiden und eine Sachentscheidung zu erzwingen. Im Revisionsverfahren ist eine solche Klageerweiterung generell unzulässig (§123 Abs. 1 S. 1 Var. 1 FGO),[361] im erstinstanzlichen Verfahren ist sie rechtsmissbräuchlich, weil der Steuerpflichtige von vornherein weiß, dass er keinen materiellen Anspruch auf die beantragte Steuererstattung hat.[362] Für eine Fortführung der Klage als Fortsetzungsfeststellungsklage[363] müsste der Steuerpflichtige ein berechtigtes Interesse daran haben, die Rechtswidrigkeit des ursprünglichen Steuerbescheids festzustellen. Da dieser Bescheid aber mittlerweile geändert und eventuell zu viel gezahlte Steuern zurückgezahlt wurden, belastet er den Steuerpflichtigen weder rechtlich noch wirtschaftlich, sodass nicht ersichtlich ist, worin noch ein Feststellungsinteresse bestehen könnte.[364] Schließlich ließe sich Nichtanwendungsprophylaxe selbst dann nicht vollständig verhindern, wenn der Bundesfinanzhof auf den Einsatz von – zur Schonung seiner begrenzten Ressourcen grundsätzlich sinnvollen – Gerichtsbescheiden vollständig verzichten würde.[365] Wie das Beispiel des Verfahrens zu teilentgeltlichen Übertragungen im Betriebsvermögen zeigt, wären immer noch Fälle denkbar, in denen die Finanzverwaltung von der voraussichtlichen Rechtsansicht des Bundesfinanzhofs – beispielsweise im schriftlichen Vorverfahren – Kenntnis erlangen und aktiv eine präjudizielle Entscheidung verhindern kann.[366]

Beschluss v. 13.5.2004 – IX R 8/02, BFH/NV 2004, 1290, juris Rn. 3; BFH, Beschluss v. 28.6.2005 – I R 35/03, BFH/NV 2005, 1847, juris Rn. 2; BFH, Beschluss v. 25.1.2006 – IV R 14/04, BFHE 212, 231 = BStBl II 2006, 418, juris Rn. 18; BFH, Urteil v. 30.3.2006 – V R 12/04, BFHE 212, 411 = BStBl II 2006, 542, juris Rn. 19; BFH, Beschluss v. 7.11.2007 – III R 7/07, BFH/NV 2008, 403, juris Rn. 3; kritisch dazu *Christiansen*, DStR 2005, 1485, 1489; *J.-A. Weber*, DStR 2007, 2298, 2303; *Desens*, Bindung der Finanzverwaltung an die Rechtsprechung, 2011, S. 75.

[359] Ausdrücklich BFH, Urteil v. 30.3.2006 – V R 12/04, BFHE 212, 411 = BStBl II 2006, 542, juris Rn. 19.

[360] So der Vorschlag von *Eggesiecker/Ellerbeck*, DStR 2007, 1427, 1429.

[361] *G. Schmidt*, DStR 2007, 1996, 1997; *Suck*, Das Nichtanwendungsgesetz als Instrument der Steuerpolitik, 2018, S. 59.

[362] *J.-A. Weber*, DStR 2007, 2298, 2300; *G. Schmidt*, DStR 2007, 1996, 1998; *Desens*, Bindung der Finanzverwaltung an die Rechtsprechung, 2011, S. 74 f.; *Suck*, Das Nichtanwendungsgesetz als Instrument der Steuerpolitik, 2018, S. 59.

[363] So der Vorschlag von *J.-A. Weber*, DStR 2007, 2298, 2301 ff.

[364] *Desens*, Bindung der Finanzverwaltung an die Rechtsprechung, 2011, S. 74 f.; *Suck*, Das Nichtanwendungsgesetz als Instrument der Steuerpolitik, 2018, S. 58 f.

[365] Vgl. die entsprechenden Empfehlungen von *Desens*, Bindung der Finanzverwaltung an die Rechtsprechung, 2011, S. 76; *Suck*, Das Nichtanwendungsgesetz als Instrument der Steuerpolitik, 2018, S. 57.

[366] Durch die Möglichkeit der Finanzverwaltung, den einzelnen Steuerpflichtigen mit einem Abhilfebescheid auch gegen seinen Willen klaglos zu stellen, unterscheidet sich die prozessuale Ausgangslage entscheidend von derjenigen im Zivilprozess: Zwar sind auch dort

Hinsichtlich der verfassungsrechtlichen Zulässigkeit des Verwaltungshandelns muss differenziert werden: Es ist zunächst unbedenklich, wenn die Finanzverwaltung dem Klagebegehren durch einen Abhilfebescheid entspricht und nicht das Urteil des Bundesfinanzhofs abwartet. Die Verwaltung ist als Erstinterpretin des Gesetzes zu einem gesetz- und rechtmäßigen Handeln verpflichtet (Art. 20 Abs. 3 GG).[367] Kommt sie – aus welchen Gründen auch immer – zu der Überzeugung, dass ihre bisherige Auslegung des Gesetzes rechtswidrig ist, so ist sie verfassungsrechtlich nicht nur berechtigt, sondern verpflichtet, den entsprechenden Bescheid zu ändern. Die verfassungsrechtliche Leitfunktion des Bundesfinanzhofs zur letztverbindlichen Klärung einfachgesetzlicher Fragen[368] wird dadurch nicht in Frage gestellt. Vielmehr legt die Verwaltung ihrem Abhilfebescheid gerade die – im Gerichtsbescheid oder im schriftlichen Vorverfahren erkennbare – Rechtsauffassung des Bundesfinanzhofs zugrunde. Typischerweise stellt sich die Rechtsfrage zudem auch noch in Parallelverfahren, sodass der Bundesfinanzhof zu einem späteren Zeitpunkt noch Stellung nehmen kann. Der Abhilfebescheid verletzt schließlich auch nicht das subjektive Recht eines Steuerpflichtigen auf effektiven Rechtsschutz (Art. 19 Abs. 4 GG): Dem Interesse des Klägers im Ausgangsfall wird vollumfänglich entsprochen. Die prozessuale Situation von Steuerpflichtigen in Parallelverfahren, die gegebenenfalls im Hinblick auf eine Entscheidung des Bundesfinanzhofs offengehalten wurden, verschlechtert sich nicht.

Problematisch ist es allerdings, wenn die Verwaltung zwar der Klage im Ausgangsfall abhilft, in allen anderen Fällen aber an ihrer ursprünglichen Auffassung festhält und entgegenstehende Verwaltungsanweisungen nicht ändert. Zwar lässt sich dieses Verhalten – anders als bei einem ausdrücklichen oder konkludenten Nichtanwendungserlass[369] – nicht als Verstoß gegen eine normative Berücksichtigungspflicht präjudizieller Entscheidungen begreifen, weil eine solche Entscheidung zu keinem Zeitpunkt vorlag. Ein etwaiger Gerichtsbescheid gilt mit Antrag auf mündliche Verhandlung als nicht ergangen (§ 90a

---

Fälle bekannt geworden, in denen ein in einer Vielzahl von Parallelfällen beklagtes Unternehmen versucht, die Gegenpartei in Berufungs- oder Revisionsverfahren durch finanziell attraktive Vergleichsangebote dazu zu bewegen, das Verfahren ohne präjudizielle Entscheidung des Gerichts zu beenden (je nach Verfahrensstand durch Rücknahme des Rechtsmittels oder Verzicht auf das Recht, trotz Anerkenntnis auf einem streitigen Urteil zu bestehen). Die jeweilige Gegenpartei könnte das Vergleichsangebot aber ablehnen und auf einer streitigen Entscheidung beharren. Diese Möglichkeit hat ein Steuerpflichtiger im Verhältnis zur Finanzverwaltung nicht. Vgl. zur zivilprozessualen Situation nur den Antrag der Fraktion Bündnis 90/Die Grünen zur Reform des Zivilprozessrechts anlässlich der Verfahren im sog. „Diesel-Skandal" um den Einbau von unzulässigen Abschalteinrichtungen in mehreren Millionen Kraftfahrzeugen, BT-Drs. 19/14027 sowie das diesem Antrag angehängte Rechtsgutachten von Prof. Dr. *Beate Gsell* m. w. N.

[367] Zur Finanzverwaltung als Erstinterpretin der Rechtslage bereits unter § 2 B. III. 2.

[368] Zur Stellung des Bundesfinanzhofs bereits unter § 2 B. III. 3.

[369] Siehe dazu bereits unter § 2 B. III. 4. b).

Abs. 3 Hs. 2 FGO). Stellungnahmen des Gerichts im schriftlichen Vorverfahren fehlt die mit einer förmlichen Entscheidung einhergehende Verbindlichkeit (insbesondere in Form der Rechtskraft). Selbst wenn derartige gerichtliche Aussagen an die Öffentlichkeit gelangen,[370] entfalten sie keine präjudizielle Wirkung.[371] Die Verwaltung unterliegt aber einer Rechtfertigungspflicht aus Art. 3 Abs. 1 GG, wenn sie nur in Einzelfällen von einer ansonsten durch eine Verwaltungsanweisung vereinheitlichten Verwaltungspraxis abweichen will. Indem die Finanzverwaltung dem Klagebegehren im Ausgangsfall mit einem Abhilfebescheid entspricht, und in Parallelverfahren weiterhin auf der Anwendung ihrer Verwaltungsanweisung beharrt, behandelt sie vergleichbare Fälle ungleich. Hierfür muss ein sachlicher Grund vorliegen. Dass eine der Verwaltung nicht genehme präjudizielle Entscheidung vermieden werden soll, stellt jedenfalls keinen hinreichenden Rechtfertigungsgrund dar.[372]

d) Nichtanwendungsgesetze

In funktionaler Hinsicht stellen Nichtanwendungsgesetze ein weiteres Instrument dar, mit dem der präjudizielle Effekt einer höchstrichterlichen Entscheidung eingeschränkt oder ausgeschaltet werden kann.[373] Die Auslegung des Bundesfinanzhofs als höchstem Finanzgericht kann nur dann Wirkungen für andere Fälle entfalten, wenn sich in diesen dieselbe Rechtsfrage stellt. Das setzt voraus, dass die rechtlichen Grundlagen identisch sind. Ändert sich das Gesetz, wird auch der Auslegung des Bundesfinanzhofs der argumentative Boden entzogen. Für Sachverhalte, auf die das geänderte Gesetz Anwendung findet, kann die Entscheidung des Bundesfinanzhofs nicht als Präjudiz herangezogen werden. Wird die gesetzliche Grundlage mit echter Rückwirkung für alle noch offenen Fälle geändert, beseitigt das Gesetz die präjudizielle Wirkung vollumfäng-

---

[370] In der Vergangenheit haben beispielsweise an dem Verfahren beteiligte Richter und Anwälte Fachaufsätze veröffentlicht, in denen die Rechtsansicht des Bundesfinanzhofs (*Eggesiecker/Ellerbeck*, DStR 2007, 1281, 1286 ff.; *Christiansen*, DStR 2003, 264, 265 ff.) oder sogar der Wortlaut eines als nicht ergangen geltenden Gerichtsbescheids wiedergegeben wurden (*Christiansen*, DStR 2005, 1485, 1485 ff.). Der Bundesfinanzhof hat den Inhalt eines solchen Gerichtsbescheids bei der nachfolgenden Kostenentscheidung im Sachverhalt (BFH, Beschluss v. 15.2.2017 – XI R 21/15, BFH/NV 2017, 769, juris Rn. 4 ff.) oder in den Billigkeitserwägungen wiedergegeben (BFH, Beschluss v. 25.1.2006 – IV R 14/04, BFHE 212, 231 = BStBl II 2006, 418, juris Rn. 19 ff.; zur Kritik an diesem Vorgehen wegen der vorrangigen Regelung des § 138 Abs. 2 S. 1 Var. 2 FGO siehe bereits oben).

[371] Ebenso *Eggesiecker/Ellerbeck*, DStR 2007, 1427, 1428; *Suck*, Das Nichtanwendungsgesetz als Instrument der Steuerpolitik, 2018, S. 57, 59.

[372] Aus diesem Grund ebenfalls kritisch *Rüfner*, DRiZ 1992, 457, 457 f.; *Spindler*, DStR 2007, 1061, 1063; *Desens*, Bindung der Finanzverwaltung an die Rechtsprechung, 2011, S. 387 f.; *Simonek*, FS 100 Jahre Steuerrechtsprechung, 2018, S. 275, 285 f.; wohl a. A. *Suck*, Das Nichtanwendungsgesetz als Instrument der Steuerpolitik, 2018, S. 60: „nicht justiziabel".

[373] Vgl. ebenso am Beispiel der Nichtanwendungsgesetze zu Berufsausbildungskosten *Weitemeyer/Süß*, NJW 2011, 2844, 2847.

lich – selbst für solche Verfahren, die gerade im Hinblick auf die nun korrigierte Entscheidung vor dem Bundesfinanzhof offengehalten wurden.

Wegen der funktionalen Ähnlichkeit und dem Einfluss der Finanzverwaltung auf das steuerliche Gesetzgebungsverfahren werden Nichtanwendungsgesetze auch als „Nichtanwendungserlasse höherer Ordnung"[374] oder als „ultimative Waffe"[375] der Finanzverwaltung bezeichnet.[376] Es bestehen aber signifikante Unterschiede im Hinblick auf die zeitliche Wirkung der Maßnahmen und die Rechtsschutzmöglichkeiten der betroffenen Steuerpflichtigen:

Nichtanwendungsprophylaxe und Nichtanwendungserlasse führen in der Regel nur zu einer Suspendierung des präjudiziellen Effekts bis die Rechtsfrage erneut an den Bundesfinanzhof herangetragen wird: Regelmäßig kann die Finanzverwaltung den Bundesfinanzhof nicht durch neue Argumente von einer Änderung oder Einschränkung seiner bisherigen Rechtsauffassung überzeugen. Das Gericht wird seine ursprüngliche Auslegung bestätigen. Auf eine Nichtanwendungsprophylaxe folgt dann – gewissermaßen im zweiten Versuch – doch noch das einschlägige Präjudiz. Nichtanwendungserlasse werden nach einer Bestätigung der Rechtsprechung in der Regel aufgehoben und bislang unveröffentlichte Entscheidungen werden im Bundessteuerblatt II veröffentlicht. Nichtanwendungsgesetze verändern die gesetzlichen Grundlagen hingegen dauerhaft, sodass der Bundesfinanzhof seine bisherige Auslegung gar nicht erneut bestätigen kann.

Wendet die Finanzverwaltung eine für den Steuerpflichtigen günstige Entscheidung des Bundesfinanzhofs aufgrund eines konkludenten oder ausdrücklichen Nichtanwendungserlasses nicht an oder verhindert die Verwaltung schon den Erlass einer solchen Entscheidung, bleibt dem Steuerpflichtigen gleichwohl die Möglichkeit, die für ihn günstige Auslegung in einem Einspruchs- und Klageverfahren gegen seinen Steuerbescheid durchzusetzen. Verändert sich hingegen die gesetzliche Grundlage mit Wirkung auch für seinen Fall, so kann er allenfalls noch die Verfassungskonformität des Änderungsgesetzes rügen. Seinen einfachgesetzlichen Argumenten ist hingegen der Boden entzogen.

Wenn sich die Arbeit in der Folge der verfassungsrechtlichen Zulässigkeit von Nichtanwendungsgesetzen vertieft widmet, sind schließlich Wechselwir-

---

[374] *J. Voß*, Ungewißheit im Steuerrecht, 1992, S. 23.

[375] *Schön*, FS Lang, 2011, S. 221, 221 f.

[376] Als Instrument der Finanzverwaltung werden Nichtanwendungsgesetze auch von *Felix*, Stbg 1988, 15, 20; *J. Lang*, StuW 1992, 14, 15; *ders.*, DRiZ 1992, 365, 365; *Harald Schaumburg*, in: Brandt (Hrsg.), Für eine bessere Steuerrechtskultur, 2004, S. 73, 95; *Pezzer*, DStR 2004, 525, 528; *ders.*, FR 2006, 646, 653; *Spindler*, FS Solms, 2005, S. 53, 56; *ders.*, DStR 2007, 1061, 1062; *Herden*, FS Spindler, 2011, S. 445, 448; *Gosch*, FS Spindler, 2011, S. 379, 380 f.; *Vinken*, FS Spindler, 2011, S. 549, 557 eingestuft. Ob der mit dieser Einordnung und der parallelen Begriffsbildung (siehe bereits unter § 2 A.) implizierte Vorwurf eines Verstoßes gegen den Grundsatz der Gewaltenteilung zutrifft, wird im weiteren Verlauf der Arbeit geklärt; vgl. § 4 B. II.

kungen zu berücksichtigen, die sich aus der parallelen Anwendung exekutiver und legislativer Instrumente ergeben: Teilweise ergehen Nichtanwendungserlasse ausdrücklich, um eine – meist rückwirkende – Neuregelung durch ein Nichtanwendungsgesetz vorzubereiten.[377] Ebenso kann eine präjudizielle Entscheidung durch Abhilfe im Ausgangsfall bewusst vermieden werden (Nichtanwendungsprophylaxe), um sodann die gesetzlichen Grundlagen im Rahmen eines Nichtanwendungsgesetzes zu ändern.[378] Teilweise ergeht auch zunächst ein Nichtanwendungserlass, um die Rechtsache erneut dem Bundesfinanzhof vorzulegen. Bestätigt der Bundesfinanzhof seine Rechtsprechung, folgt sodann aber ein Nichtanwendungsgesetz.[379] Schließlich gibt es Fälle, in denen ein Nichtanwendungserlass auf Altfälle beschränkt wird, während für die Zukunft im Rahmen eines Nichtanwendungsgesetzes neue gesetzliche Grundlagen geschaffen werden.[380] Durch die Kombination der Instrumente[381] ergeben sich

---

[377] Vgl. aus jüngerer Zeit beispielsweise Bundesministerium der Finanzen vom 7.1.2010, IV C 3-S 2411/07/10013, BStBl I 2010, 44 zu BFH, Urteil v. 27.5.2009 – I R 86/07, BFHE 225, 126 = BStBl II 2010, 120 (Steuerbarkeit von Transferzahlungen an ausländische Fußballvereine; in der Folge rückwirkendes Nichtanwendungsgesetz durch das Jahressteuergesetz 2010 vom 8.12.2010 [BGBl I 2010, S. 1768] mit der Einfügung von § 49 Abs. 1 Nr. 2 g) EStG und § 50a Abs. 1 Nr. 3 Var. 3 EStG) und Bundesministerium der Finanzen vom 20.12.2011, IV C 4-S 2284/07/0031:002, BStBl I 2011, 1286 zu BFH, Urteil v. 12.5.2011 – VI R 42/10, BFHE 234, 30 = BStBl II 2011, 1015 (Berücksichtigung von Zivilprozesskosten als außergewöhnliche Belastungen; nachfolgend [teilweise] rückwirkendes Nichtanwendungsgesetz durch das Amtshilferichtlinie-Umsetzungsgesetz vom 26.6.2013 [BGBl I 2013, S. 1809] mit der Einfügung von § 33 Abs. 2 S. 4 EStG); zahlreiche ältere Beispiele bei *Desens*, Bindung der Finanzverwaltung an die Rechtsprechung, 2011, S. 30 Fn. 104.

[378] So könnte der Gesetzgeber für die Behandlung teilentgeltlicher Übertragungen eines Wirtschaftsguts im Betriebsvermögen nach Einstellung des Verfahrens beim Großen Senat des Bundesfinanzhofs (BFH, Beschluss v. 30.10.2018 – GrS 1/16, BFHE 262, 434 = BStBl II 2019, 70) nunmehr ausdrücklich die strenge Trennungstheorie anordnen (eine solche gesetzliche Grundlage fehlt zumindest nach Ansicht des vierten Senats des Bundesfinanzhofs bislang; vgl. BFH, Urteil v. 19.9.2012 – IV R 11/12, BFHE 239, 76 = BFH/NV 2012, 1880, juris Rn. 17).

[379] So wurde die Entscheidung des Bundesfinanzhofs, dass Eheleute auch für erbschaftsteuerliche Zwecke rückwirkend auf den Tag der Eheschließung vom Güterstand der Gütertrennung in denjenigen der Zugewinngemeinschaft wechseln können (BFH, Urteil v. 28.6.1989 – II R 82/86, BFHE 157, 229 = BStBl II 1989, 897, juris Rn. 14 ff.) zunächst mit einem Nichtanwendungserlass belegt (Oberste Finanzbehörden der Länder vom 10.11.1989, BStBl I 1989, 429), der nach Bestätigung der Rechtsprechung (BFH, Urteil v. 12.5.1993 – II R 37/89, BFHE 171, 330 = BStBl II 1993, 739, juris Rn. 9 ff.) wieder aufgehoben wurde (Oberste Finanzbehörden der Länder vom 7.9.1993, BStBl I 1993, 804). Durch das Gesetz zur Bekämpfung des Mißbrauchs und zur Bereinigung des Steuerrechts (BGBl I 1993, 2310) wurde sodann § 5 Abs. 1 S. 4 ErbStG mit Wirkung ab dem 1.1.1994 dahingehend geändert, dass eine ehevertragliche Vereinbarung über den Güterstand der Zugewinngemeinschaft für erbschaftsteuerliche Zwecke erst ab dem Tag der Vereinbarung gilt.

[380] Vgl. z. B. Bundesministerium der Finanzen vom 20.5.2009, IV C 6-S 2134/07/10005, BStBl I 2009, 671, 671 f.: Die Grundsätze der vom BFH, Urteil v. 17.7.2008 – I R 77/06, BFHE 222, 402 = BStBl II 2009, 464 aufgegebenen finalen Entnahmetheorie sollen für Zeiträume vor Anwendung der neu geschaffenen gesetzlichen Regelungen (unter anderem § 4 Abs. 1 S. 3 EStG, wirksam ab Veranlagungszeitraum 2006) weiter angewendet werden. Mit dem Jahres-

zusätzliche Konfliktlinien: Die Verwaltungsmaßnahme wirkt nicht mehr nur vorläufig, sondern trägt zu einer endgültigen Umgestaltung der Rechtslage bei, indem sie die Übertragung der Auslegung des Bundesfinanzhofs auf Parallelfälle so lange suspendiert, bis ein rückwirkendes Nichtanwendungsgesetz in Kraft tritt. Das Nichtanwendungsgesetz wiederum entfaltet größere Breitenwirkung, wenn möglichst viele Fälle bis zu seinem Inkrafttreten offengehalten werden. Auf diese kontemplären Effekte ist bei der Frage zurückzukommen, in welchem Umfang Nichtanwendungsgesetze den effektiven Rechtsschutz des Steuerpflichtigen gefährden können.[382]

5. *Zwischenfazit*

Der Blick auf die spezifische Gewaltenteilung im Steuerrecht legt die besondere Brisanz von Nichtanwendungsgesetzen aus der Perspektive des Bürgers offen: Der Steuerpflichtige muss seine wirtschaftliche Planung an einem hochkomplexen gesetzlichen Regelungssystem ausrichten, auch weil das Verfassungsrecht dem Steuergesetzgeber kaum strikte Grenzen setzt. Vielfach besteht Unsicherheit über die Auslegung einzelner Normen oder das systematische Zusammenwirken verschiedener Normkomplexe. Um diese Rechtsunsicherheit zu lindern, kann der Steuerpflichtige sich zwar an der Rechtsauffassung orientieren, die die Finanzverwaltung in verwaltungsintern bindenden Richtlinien, Hinweisen oder BMF-Schreiben veröffentlicht. Will er aber einen davon abweichenden Rechtsstandpunkt einnehmen, muss er regelmäßig ein finanzgerichtliches Klageverfahren anstrengen. Die mit den Verwaltungsanweisungen erreichte weitgehende Harmonisierung der Verwaltungspraxis führt dabei unmittelbar dazu, dass finanzgerichtliche Entscheidungen regelmäßig auch jenseits des konkret entschiedenen Streitgegenstands und für andere als die nach § 110 FGO an die Entscheidung gebundenen Personen relevant sind. Insbesondere Entscheidungen des Bundesfinanzhofs betreffen als Präjudizien eine Vielzahl von Parallelfällen. Die Abgaben- und Finanzgerichtsordnung sehen mit der vorläufigen Festsetzung nach § 165 Abs. 2 Nr. 4 AO sowie dem Ruhen eines Einspruchs- (§ 363 Abs. 2 S. 2 AO) oder Klageverfahrens (§ 155 S. 1 FGO i. V. m. § 251 S. 1 ZPO) verschiedene Instrumente vor, um derartige Parallelfälle bis zur präjudiziellen Entscheidung des Bundesfinanzhofs zu unterbrechen. Die präjudizielle

---

steuergesetz 2010 wurde die gesetzliche Neuregelung sodann auch für Veranlagungszeiträume vor dem 1.1.2006 zur Anwendung gebracht (§ 52 Abs. 8b S. 2, 3 EStG i. d. F. des JStG 2010).

[381] Dass es sich nicht um rein theoretische Gefahren handelt, zeigen neben den exemplarischen Beispielen auch die quantitativen Erhebungen von *Suck*, Das Nichtanwendungsgesetz als Instrument der Steuerpolitik, 2018, S. 239 f.: Bei 42,33 % der von ihm untersuchten Nichtanwendungsgesetze wurde die präjudizielle Entscheidung des Bundesfinanzhofs vor Inkrafttreten des Nichtanwendungsgesetzes durch die Finanzverwaltung nicht allgemein angewendet.

[382] Vgl. dazu im Detail unter § 5.

Entscheidung von Auslegungsfragen durch den Bundesfinanzhof hat für den Steuerpflichtigen damit zentrale Bedeutung, wenn er nicht den Rechtsstandpunkt der Finanzverwaltung widerspruchslos akzeptieren will.

Ebendiese präjudizielle Wirkung wird durch Nichtanwendungsgesetze beseitigt: Eine für den Steuerpflichtigen günstige höchstrichterliche Entscheidung kann nur dann auf Parallelfälle übertragen werden, wenn diese nach den gleichen Rechtsgrundlagen entschieden werden. Verändern sich die gesetzlichen Grundlagen, verliert die Argumentation des Gerichts ihren Ausgangspunkt und Parallelfälle müssen auf Grundlage der neu geschaffenen Normen entschieden werden. Nichtanwendungsgesetze ergehen häufig nicht isoliert, sondern in Kombination mit Verfahrensinstrumenten der Finanzverwaltung, die ebenfalls die präjudizielle Wirkung einer Entscheidung begrenzen (verzögerte oder vollständig unterlassene Veröffentlichung der Entscheidung im Bundessteuerblatt II, Nichtanwendungserlass, Nichtanwendungsprophylaxe). Da die Finanzverwaltung über die Landes- und insbesondere das Bundesfinanzministerium häufig als Impulsgeberin auch am Verfahren zum Erlass eines Nichtanwendungsgesetzes beteiligt ist, besteht aus der Perspektive des Steuerpflichtigen zwischen den verschiedenen Maßnahmen zur Begrenzung der präjudiziellen Wirkung kein kategorischer, sondern nur ein gradueller Unterschied. Es entsteht der Eindruck einer besonderen Nähe bis hin zu einer Kooperation zwischen Exekutive und Legislative zulasten des Bürgers und zur Beschränkung des Einflusses der Judikative.

Die Analyse des *status quo* steuerrechtlicher Gewaltenteilung liefert damit nicht nur einen ersten Ansatzpunkt, warum Nichtanwendungsgesetze im Steuerrecht besonders verbreitet sind und vielfach diskutiert werden. Sie wirft zugleich Schlaglichter auf die verfassungsrechtlichen Konflikte, die im weiteren Verlauf der Arbeit ausgelotet werden sollen.

IV. Nichtanwendungsgesetze zwischen Unbeständigkeit und Kontinuität der ertragsteuerrechtlichen Rechtslage

Dass Nichtanwendungsgesetze vor allem ein Phänomen des deutschen Ertragsteuerrechts sind, lässt sich neben den soeben dargestellten verfassungsrechtlichen Rahmenbedingungen auch durch den aktuellen Zustand und die Entwicklung der materiellen Rechtslage erklären: Die Grundlagen des deutschen Ertragsteuerrechts unterliegen einem ständigen inhaltlichen Wandel. Wie in diesem Abschnitt gezeigt werden soll, ist diese notorische Unbeständigkeit in doppelter und ambivalenter Weise mit dem Phänomen der Nichtanwendungsgesetzgebung verknüpft. Durch die Analyse dieser Zusammenhänge soll einerseits die herausgehobene Bedeutung von Nichtanwendungsgesetzen im deutschen Ertragsteuerrecht weiter belegt und untermauert werden. Andererseits soll der Perspektivwechsel die Kategorisierung von Nichtanwendungsgesetzen erleichtern und den Blick auf weitere verfassungsrechtliche Bezüge lenken.

1. Nichtanwendungsgesetze als Ausdruck gesetzlicher Unbeständigkeit

Betrachtet man die Entwicklung des deutschen Ertragsteuerrechts so fällt die Quantität der gesetzlichen Änderungen auf: Neben den relativ regelmäßigen „Jahressteuergesetzen", in denen diverse Einzeländerungen periodisch gebündelt werden,[383] ergehen in jedem Jahr diverse weitere Neuregelungen.[384] Seit dem Jahr 1979 können allein für das Einkommensteuergesetz 264 Änderungsgesetze nachgewiesen werden.[385] In keinem einzigen Jahr erfolgten Änderungen nur im Rahmen eines Gesetzes.[386] Demgegenüber finden sich gleich fünf Jahre, in denen mindestens 12 Änderungsgesetze erlassen wurden, sodass sich die Rechtsgrundlagen der Einkommensteuer im Schnitt monatlich veränderten.[387] Die Tendenz war dabei lange Zeit deutlich ansteigend: Ergingen im Zeitraum von 1980 bis 1989 nur 4,8 Änderungsgesetze pro Jahr, so erhöhte sich dieser Wert in den folgenden zehn Jahren von 1990 bis 1999 auf 6 und im Zeitraum von 2000 bis 2009 auf 10,4. In den vergangenen Jahren seit 2010 hat sich die Zahl der Änderungsgesetze klar verringert (5,56 pro Jahr). Eine Trendwende lässt sich hierin aber wohl nicht sehen: Vielmehr folgte auf die umfangreichen Reformen in den Jahren 2008 und 2009 eine Phase geringerer Eingriffe, die zudem geprägt war von Gesetzen mit vielen gebündelten Einzeländerungen (sog. „Artikelgesetze").[388] In den Jahren 2015 und 2016 wurde das Einkommensteuergesetz wieder durch jeweils zehn verschiedene Gesetze geändert.

Bemerkenswert ist sodann die Frequenz der Korrekturen: Auch wenn eine Norm grundsätzlich überarbeitet oder neu geschaffen wird, ergibt sich häufig schnell erneuter Änderungsbedarf.[389] In Extremfällen treten Neuregelungen

[383] Vgl. *Leisner-Egensperger*, Kontinuität als Verfassungsprinzip, 2002, S. 546.

[384] Plastisch spricht *K. Vogel*, DStJG 12, 1989, S. 123, 125 von einer sich ständig erneuernden Normenflut „gleich biblischen Heuschreckenschwärmen".

[385] Grundlage dieser und der folgenden Zahlen sind die Änderungsnachweise zum Einkommensteuergesetz bei juris zum 31.12.2018. Unberücksichtigt bleiben dabei trotz ihrer Gesetzesqualität Normenkontrollentscheidungen des Bundesverfassungsgerichts. Quantitative Auswertungen der Änderungsgesetze auch bei *Meßmer*, BB-Beilage 1/1981, 1, 8f.; *Hey*, Steuerplanungssicherheit als Rechtsproblem, 2002, S. 72f.; *Heilgeist*, DStR 2009, 2625, 2626.

[386] Die wenigsten Änderungen erfolgten in den Jahren 1982, 1987, 1991, 1996 und 2012 mit jeweils zwei Änderungsgesetzen.

[387] In den Jahren 1994 und 2006 gab es 12 Änderungsgesetze, in den Jahren 2008 und 2009 derer 13 und im Jahr 2003 sogar 14.

[388] Z.B das Jahressteuergesetz 2010 vom 8.12.2010 (BGBl I 2010, S. 1768), das Steuervereinfachungsgesetz 2011 vom 1.11.2011 (BGBl I 2011, S. 2131) oder das Beitreibungsrichtlinie-Umsetzungsgesetz vom 7.12.2011 (BGBl I 2011, S. 2592).

[389] So wurden beispielsweise zunächst durch das Steuerentlastungsgesetz 1999/2000/2002 vom 24.3.1999 (BGBl I 1999, S. 402) gesetzliche Regelungen erlassen, die dem sog. Mitunternehmererlass (BMF, BStBl I 1978, 8) widersprachen. Durch das Steuersenkungsgesetz vom 23.10.2000 (BGBl I 2000, S. 1433) wurde sodann §6 Abs. 5 S. 3 EStG eingeführt, der die Verwaltungsgrundsätze zum Teil wieder aufnahm. Auch diese Regelung wurde wenig später durch das Unternehmenssteuerfortentwicklungsgesetz vom 20.12.2001 (BGBl I 2001, 3858) erneut reformiert.

gar nicht in Kraft oder werden rückwirkend ersetzt.[390] Schließlich lässt sich der Eindruck einer gewissen Gesetzgebungshektik häufig nicht von der Hand weisen: Damit Neuregelungen schnellstmöglich in Kraft treten können, werden sie in ein bereits laufendes Gesetzgebungsverfahren eingebracht,[391] mit dem sie inhaltlich allenfalls in geringem Zusammenhang stehen.[392] Zwischen Verabschiedung des Gesetzes und Inkrafttreten liegen in Extremfällen nur wenige Tage, sodass für die Praxis kaum Zeit bleibt, sich an die neue Rechtslage anzupassen.[393]

Die Unbeständigkeit der Gesetzeslage ist wechselseitig mit der Komplexität der steuerrechtlichen Rechtslage verknüpft:[394] Durch die vielzähligen und schnell aufeinanderfolgenden Gesetzesänderungen steigt die Komplexität noch weiter an. Dies belegt ein Blick auf die in § 52 EStG gebündelten Übergangsregelungen zum Einkommensteuergesetz:[395] Die Norm erstreckt sich über 65 Absätze, wobei beispielsweise allein Absatz 28 wiederum über 22 Sätze verfügt![396] Es gibt also eine dreistellige Zahl von Übergangsregelungen, die die oh-

---

[390] So wurde beispielsweise die Reform der Hinzurechnungsbesteuerung im Steuersenkungsgesetz vom 23.10.2000 (BGBl I 2000, S. 1433) durch das Unternehmenssteuerfortentwicklungsgesetz vom 20.12.2001 (BGBl I 2001, S. 3858) rückwirkend wieder aufgehoben. Ebenso wurde der durch das Gesetz zur Anpassung des nationalen Steuerrechts an den Beitritt Kroatiens zur EU und zur Änderung weiterer steuerlicher Vorschriften vom 25.7.2014 (BGBl I 2014, S. 1266) eingeführte § 50i Abs. 2 EStG durch das Gesetz zur Umsetzung der Änderungen der EU-Amtshilferichtlinie und von weiteren Maßnahmen gegen Gewinnkürzungen und -verlagerungen vom 20.12.2016 (BGBl I 2016, S. 3000) rückwirkend durch eine entschärfte Neuregelung ersetzt. Vgl. als weiteres Beispiel *Meßmer*, BB-Beilage 1/1981, 1, 9 für eine exemplarische Übersicht über diverse Änderungen des Investitionszulagegesetzes innerhalb weniger Wochen.

[391] *Birk*, DStJG 27, 2004, S. 9, 18 spricht anschaulich von sog. „Huckepackverfahren"; nach *Suck*, Das Nichtanwendungsgesetz als Instrument der Steuerpolitik, 2018, S. 231 f. betrifft dies 42,33 % der Nichtanwendungsgesetze.

[392] Vgl. z. B. die Einführung von § 4 Abs. 9 EStG und § 9 Abs. 6 EStG durch das Beitreibungsrichtlinie-Umsetzungsgesetz vom 7.12.2011 (BGBl I 2011, S. 2592) oder die Einführung von § 50i EStG durch das Amtshilferichtlinie-Umsetzungsgesetz vom 26.6.2013 (BGBl I 2013, S. 1809) sowie dessen grundlegende Umgestaltung durch das Gesetz zur Anpassung des nationalen Steuerrechts an den Beitritt Kroatiens zur EU und zur Änderung weiterer steuerlicher Vorschriften vom 25.7.2014 (BGBl I 2014, S, 1266) und das Gesetz zur Umsetzung der Änderungen der EU-Amtshilferichtlinie und von weiteren Maßnahmen gegen Gewinnkürzungen und -verlagerungen vom 20.12.2016 (BGBl I 2016, S. 3000); nach den Erhebungen von *Suck*, Das Nichtanwendungsgesetz als Instrument der Steuerpolitik, 2018, S. 218 ff. lässt sich überhaupt nur ein einziges Nichtanwendungsgesetz nachweisen, dass nicht als Teil eines „Omnibusgesetzes" verabschiedet wurde, in dem diverse steuerliche Gesetzesänderungen gebündelt wurden.

[393] *Fischer*, FS Heigl, 1995, S. 171, 177 f.; *Mössner*, FS Lang, 2011, S. 83, 96 kritisieren die „notorische Hektik" bei der Steuergesetzgebung.

[394] *Isensee*, FS Klein, 1994, S. 611, 612 spricht von einem „perpetuum mobile" des Gesetzgebungsprozesses im Steuerrecht; *Papier*, FS Vogel, 2000, S. 117, 120 von einem „Teufelskreis."; vgl. aus betriebswirtschaftlicher Perspektive *J. Voß*, Ungewißheit im Steuerrecht, 1992, S. 30 f.

[395] Vgl. auch *Münch*, FS Hahn, 1997, S. 673, 687 f.

[396] Stand: 31.12.2018; die Absätze, deren Inhalt weggefallen ist, wurden nicht mitgezählt.

nehin schon komplizierten Normen nochmals modifizieren bzw. schon abgeschaffte Normen für Altfälle weiterhin zur Anwendung bringen. Umgekehrt erklärt die Komplexität der Rechtslage zumindest teilweise auch deren Unbeständigkeit: Insoweit Steuergesetze Lenkungszwecke verfolgen, müssen sie abhängig von konjunkturellen Schwankungen und den Finanzierungsmöglichkeiten des Staates angepasst werden: Anreize sollen nicht in unbegrenztem Umfang gesetzt werden und die genaue Wirkung von Anreizregelungen lässt sich im Vorfeld schwer abschätzen.[397] Steuergesetze müssen also – zumindest in gewissem Umfang – ständig hinterfragt werden.[398] Zudem steigt mit zunehmender Komplexität des Rechts auch die Gefahr unbeabsichtigter Friktionen im Normengefüge: Ausnahmeregelungen sind nicht aufeinander abgestimmt, Regelungszwecke unterschiedlicher Normkomplexe geraten in Konflikt miteinander. Normen werden von den Steuerpflichtigen anders ausgelegt als vom Gesetzgeber antizipiert. Bestätigen die Gerichte eine solche Auslegung, sieht sich der Gesetzgeber – auch unter dem (Ein-)Druck der öffentlichen Meinung[399] – häufig zu einem erneuten Einschreiten gedrängt, insbesondere um das „aggressive“ Ausnutzen vermeintlicher „Besteuerungslücken“ zu verhindern.[400] Nichtanwendungsgesetze lassen sich damit einerseits als geradezu paradigmatisches Element einer unbeständigen Gesetzeslage begreifen, deren Ursache (zumindest auch) in der zunehmenden Komplexität der Steuerrechtslage liegt.

2. Nichtanwendungsgesetze als Kompensation für gerichtlich verursachte Unbeständigkeit

Ähnlich wie die Komplexität ist auch das Phänomen der Unbeständigkeit nicht auf die Gesetzeslage beschränkt. Es betrifft vielmehr zum einen auch das Verwaltungsverfahren: Erläuternde Verwaltungsanweisungen müssen immer wieder an die vielfältigen gesetzlichen Änderungen angepasst werden. Zudem sieht die Abgabenordnung – zur Bewältigung des steuerlichen Massenverfahrens – diverse Möglichkeiten zu einer nicht endgültigen Veranlagung vor. Insbesondere Festsetzungen, die vorläufig (§ 165 AO) oder unter dem Vorbehalt der Nachprüfung (§ 164 AO) ergehen, können auch noch nach Jahren geändert werden. Nicht nur die steuerrechtlichen Normen, sondern auch die individuellen Steuerrechtsverhältnisse sind also latent unbeständig.[401]

---

[397] *Leisner-Egensperger*, Kontinuität als Verfassungsprinzip, 2002, S. 548 f.; *Hey*, Steuerplanungssicherheit als Rechtsproblem, 2002, S. 72.

[398] *Hey*, Steuerplanungssicherheit als Rechtsproblem, 2002, S. 348; *Jürgens*, FS Rose, 1991, 275.

[399] *Kloepfer*, VVDStRL 40, 1982, S. 63, 72; *Tipke*, Die Steuerrechtsordnung, Band III, 2. Auflage 2012, S. 1374 ff.

[400] Vgl. *Kreile*, FS Wallis, 1985, S. 183, 189; *Meister*, DStZ 1992, 449, 450; *Fischer*, FS Heigl, 1995, S. 171, 175.

[401] Zu den verfahrensrechtlichen Änderungsvorschriften und ihren Auswirkungen auf die Rechtskontinuität noch im Detail unter § 3 C. I.

Zum anderen können auch Gerichtsentscheidungen zur Unbeständigkeit der Rechtslage beitragen. Wie im Folgenden – abermals anhand von Beispielen, die für die spätere Kategorisierung von Nichtanwendungsgesetzen und deren verfassungsrechtliche Analyse wieder aufgegriffen werden – gezeigt werden soll, stehen Nichtanwendungsgesetze in diesem Kontext in einer zweiten ganz anders zu qualifizierenden Beziehung zur Unbeständigkeit des Rechts.

Weicht der Bundesfinanzhof mit einer Entscheidung von der bisher in der Praxis vorherrschenden Auslegung der Steuergesetze ab, ergeben sich wegen der präjudiziellen Wirkung höchstrichterlicher Entscheidungen – unabhängig davon, ob man diese Wirkung rein faktisch oder wie hier[402] normativ herleitet – im Ergebnis ähnliche Wirkungen wie bei einer Gesetzesänderung:[403] Steuerpflichtige und Finanzbehörden müssen Parallelfälle – insbesondere solche, die im Hinblick auf die Entscheidung des Bundesfinanzhofs offengehalten wurden (z. B. durch eine vorläufige Festsetzung nach § 165 Abs. 1 S. 2 Nr. 4 AO oder ein Ruhen des Einspruchsverfahrens § 363 Abs. 2 S. 2 AO) – nach grundlegend veränderten rechtlichen Kriterien bewerten. Wenn und soweit dies möglich ist, werden Steuerpflichtige ihre Investitionsentscheidungen an die neuen Rechtsprechungsgrundsätze anpassen.

Zu einer unbeständigen Rechtslage führen zum einen solche Entscheidungen des Bundesfinanzhofs, mit denen dieser von einer bisherigen Rechtsprechungslinie abweicht. Rechtsprechungswechsel können als Reaktion auf veränderte gesetzliche oder tatsächliche Rahmenbedingungen erfolgen. Sie können sich aber auch auf eine gewandelte (bessere) Rechtserkenntnis stützen.[404] So wich der Bundesfinanzhof von seiner ständigen Rechtsprechung, dass Einkommensteuererstattungszinsen nach § 233a AO als Einkünfte aus Kapitalvermögen gemäß § 20 Abs. 1 Nr. 7 EStG zu versteuern sind,[405] ab, weil er die Reichweite des Abzugsverbots für gezahlte Personensteuern in § 12 Nr. 3 EStG neu bewertete: Dieses strahle über seinen Wortlaut hinaus auch auf den umgekehrten Vorgang der Erstattung dergestalt aus, dass nicht nur die Steuererstattung selbst, sondern auch die Erstattungszinsen nicht zu den steuerbaren Einkünften zählen.[406] Nachdem der Gesetzgeber in § 20 Abs. 1 Nr. 7 S. 3 EStG ausdrücklich auch Erstattungszinsen im Sinne des § 233a AO den Einkünften aus Kapitalvermögen zuordnete,[407]

---

402 Siehe unter § 2 B. III. 3. b).

403 Vgl. *Kruse*, FS 75 Jahre RFH-BFH, 1993, S. 239, 239; *Münch*, FS Hahn, 1997, S. 673, 689; *Hey*, Steuerplanungssicherheit als Rechtsproblem, 2002, S. 83 f.

404 Vgl. zu verschiedenen Gründen für Rechtsprechungswechsel aus der Perspektive eines Richters am Bundesfinanzhof *Wassermeyer*, DStR 1989, 561, 563 ff.

405 Vgl. BFH, Urteil v. 18.2.1975 – VIII R 104/70, BFHE 115, 216 = BStBl II 1975, 568; BFH, Urteil v. 8.4.1986 – VIII R 260/82, BFHE 146, 408 = BStBl II 1986, 557; BFH, Urteil v. 8.11.2005 – VIII R 105/03, BFH/NV 2006, 527.

406 BFH, Urteil v. 15.6.2010 – VIII R 33/07, BFHE 230, 109 = BStBl II 2011, 503, juris Rn. 19 f.

407 Die Norm des § 20 Abs. 1 Nr. 7 S. 3 EStG wurde durch das Jahressteuergesetz 2010 vom 8.12.2010 (BGBl I 2010, S. 1768) eingefügt.

sah der Bundesfinanzhof für diese weite Auslegung von § 12 Nr. 3 EStG keinen Raum mehr und änderte dementsprechend seine Rechtsprechung erneut.[408] Die erste Rechtsprechungsänderung erfolgte infolge besserer Erkenntnis, die zweite resultierte aus veränderten gesetzlichen Grundlagen. Ähnlich gestaltete sich die Entwicklung bei der Rechtsprechung des Bundesfinanzhofs zur Abzugsfähigkeit von Zivilprozesskosten als außergewöhnliche Belastungen: Entgegen seiner bisherigen Argumentation, nach der ein Abzug mangels Zwangsläufigkeit der Kosten ausschied,[409] nahm der Bundesfinanzhof im Urteil vom 12.5.2011 aufgrund einer neuen Gewichtung der Sachargumente erstmals an, dass ein Abzug grundsätzlich in Betracht kommt.[410] Nach Kritik aus der Literatur,[411] abweichenden Entscheidungen mehrerer Finanzgerichte[412] und der gesetzlichen Neuregelung für zukünftige Fälle in § 33 Abs. 2 S. 4 EStG[413] kehrte der Bundesfinanzhof mit Urteil vom 18.6.2015 wieder zu seiner ursprünglichen Rechtsprechung zurück.[414] Dieser zweite Rechtsprechungswechsel wurde zwar ebenfalls mit sachlichen Erwägungen begründet, der Bundesfinanzhof bezog bei seiner Auslegung aber vor allem die nunmehr geänderte – im Streitfall nicht anwendbare[415] – Gesetzeslage mit ein, um zeitraumübergreifend eine möglichst kontinuierliche Auslegung zu gewährleisten.[416]

Entscheidungen des Bundesfinanzhofs führen aber auch dann zu einer unbeständigen Rechtslage, wenn das Gericht erstmals über eine Rechtsfrage entscheidet und dabei von einer bislang weithin anerkannten und praktizierten Auslegung abweicht.[417] Dies lässt sich beispielhaft an der Vorgeschichte zur

---

[408] BFH, Urteil v. 12.11.2013 – VIII R 36/10, BFHE 243, 506 = BStBl II 2014, 168.

[409] BFH, Urteil v. 22.8.1958 – VI 148/57 U, BFHE 67, 379 = BStBl III 1958, 419, juris Rn. 5; BFH, Urteil v. 18.7.1986 – III R 178/80, BFHE 147, 171 = BStBl II 1986, 745, juris Rn. 16 f.; BFH, Urteil v. 18.3.2004 – III R 24/03, BFHE 206, 16 = BStBl II 2004, 726, juris Rn. 13 ff.; BFH, Urteil v. 27.8.2008 – III R 50/06, BFH/NV 2009, 553, juris Rn. 11 f.

[410] BFH, Urteil v. 12.5.2011 – VI R 42/10, BFHE 234, 30 = BStBl II 2011, 1015, juris Rn. 12 ff.

[411] Vgl. z. B. *Steinhauff*, jurisPR-SteuerR 2011, 5; *G. Kirchhof*, DStR 2013, 1867, 1871.

[412] FG Hamburg, Urteil v. 24.9.2012 – 1 K 195/11, EFG 2013, 41, juris Rn. 27 ff.; FG Düsseldorf, Urteil v. 11.2.2014 – 13 K 3724/12, EFG 2014, 850, juris Rn. 16 ff.; FG Saarland, Urteil v. 10.12.2014 – 1 K 1201/13, EFG 2015, 818, juris Rn. 23 f.

[413] Die Regelung wurde durch das Amtshilferichtlinie-Umsetzungsgesetz vom 26.6.2013 (BGBl I 2013, S. 1809) eingefügt, nachdem eine Umsetzung im Jahressteuergesetz 2013 noch politisch scheiterte; vgl. zur Entstehungsgeschichte im Detail BFH, Urteil v. 18.5.2017 – VI R 9/16, BFHE 258, 142 = BStBl II 2017, 988, juris Rn. 25 ff.

[414] BFH, Urteil v. 18.6.2015 – VI R 17/14, BFHE 250, 153 = BStBl II 2015, 800, juris Rn. 15 ff.

[415] Die Vorinstanz bezog die Neuregelung aus diesem Grund nicht in die Auslegung mit ein; vgl. FG Düsseldorf, Urteil v. 11.2.2014 – 13 K 3724/12, EFG 2014, 850, juris Rn. 15; vgl. auch FG Düsseldorf, Urteil v. 8.8.2013 – 11 K 3540/12 E, EFG 2014, 1228, juris Rn. 29.

[416] BFH, Urteil v. 18.6.2015 – VI R 17/14, BFHE 250, 153 = BStBl II 2015, 800, juris Rn. 15; zum besonderen Wert, den der Bundesfinanzhof der Rechtskontinuität beimisst, noch unter § 3 B.

[417] Ähnlich aus betriebswirtschaftlicher Perspektive *J. Voß*, Ungewißheit im Steuerrecht, 1992, S. 61 f.

Einführung des bereits oben erwähnten §50i EStG illustrieren: Steuerliche Gestaltungen in Wegzugsfällen knüpften häufig an die insbesondere von der Finanzverwaltung vertretene[418] Rechtsansicht an, fiktiv nach §15 Abs. 3 Nr. 1 oder Nr. 2 EStG gewerblich tätige Personengesellschaften würden unabhängig von ihrer tatsächlichen Tätigkeit auch für Zwecke eines Doppelbesteuerungsabkommens Unternehmensgewinne im Sinne von Art. 7 OECD-MA erzielen: Um eine Wegzugs- (§6 AStG) oder Entstrickungsbesteuerung (insb. §4 Abs. 1 S. 3 EStG, §12 Abs. 1 S. 1 KStG) bei der Verlagerung eines (Wohn-)Sitzes ins Ausland zu vermeiden, wurden verstrickte Wirtschaftsgüter vorab auf eine gewerblich geprägte Personengesellschaft übertragen und damit (vermeintlich) das deutsche Besteuerungsrecht an einem späteren Veräußerungsgewinn gesichert.[419] Als der Bundesfinanzhof entschied, dass Unternehmensgewinne im Sinne von Art. 7 OECD-MA nur bei einer tatsächlichen unternehmerischen Tätigkeit vorliegen können und nicht durch eine Fiktion nach nationalem Recht begründet werden,[420] wurde diesen Gestaltungen die Grundlage entzogen. Das deutsche Besteuerungsrecht ging mit der (Wohn-)Sitzverlagerung ins Ausland verloren, sodass die in den Wirtschaftsgütern ruhenden stillen Reserven aufzudecken waren. Soweit sich die Steuerpflichtigen nicht durch eine verbindliche Auskunft abgesichert hatten oder die entsprechenden Veranlagungen bereits bestandskräftig waren, mussten sie mit einer nachträglichen Änderung der Steuerfestsetzung rechnen. Soweit entsprechende Bescheide bereits bestandskräftig waren oder einer nachteiligen Steuerfestsetzung eine verbindliche Auskunft entgegenstand,[421] drohten für den Fiskus endgültige Steuerausfälle, weil ein Zugriff bei der späteren Veräußerung der Wirtschaftsgüter mangels deutschem Besteuerungsrecht nicht möglich war.[422]

Weicht eine Entscheidung des Bundesfinanzhofs von der bisher vorherrschenden Auslegung in der Praxis ab, versucht der Gesetzgeber häufig die bisherige Rechtslage mit einem Nichtanwendungsgesetz „wiederherzustellen“.[423]

---

[418] Bundesministerium der Finanzen vom 16.4.2010, IV B 2-S S 1300/09/10003, BStBl I 2010, 354, 2.

[419] Vgl. nur *von Brocke/Rottenmoser*, SteuK 2013, 419, 419: „erprobte Praxis“; *Hruschka*, DStR 2014, 2421, 2422: „allgemein anerkannte Gestaltungen“.

[420] BFH, Urteil v. 28.4.2010 – I R 81/09, BFHE 229, 252 = BStBl II 2014, 754, juris Rn. 22; BFH, Beschluss v. 19.5.2010 – I B 191/09, BFHE 229, 322 = BStBl II 2011, 156, juris Rn. 15; BFH, Urteil v. 9.12.2010 – I R 49/09, BFHE 232, 145 = BStBl II 2011, 482, juris Rn. 18; BFH, Urteil v. 24.8.2011 – I R 46/10, BFHE 234, 339 = BStBl II 2014, 764, juris Rn. 16; ebenso zur Umqualifikation nach den Grundsätzen der Betriebsaufspaltung BFH, Urteil v. 25.5.2011 – I R 95/10, BFHE 234, 63 = BStBl II 2014, 760, juris Rn. 22.

[421] Vgl. zur Bindungswirkung einer verbindlichen Auskunft noch im Detail unter §3 C. II.

[422] Vgl. BR-Drs. 139/13, S. 142: „Steuerausfälle in Milliardenhöhe“; *Roderburg/Richter*, IStR 2015, 227, 228: „fiskalischer Super-GAU“.

[423] Nach den Erhebungen von *Suck*, Das Nichtanwendungsgesetz als Instrument der Steuerpolitik, 2018, S. 215 f. werden 24,54 % aller Nichtanwendungsgesetze zumindest auch

So sollten mit der neu geschaffenen Regelung zur Steuerbarkeit von Einkommensteuererstattungszinsen in §20 Abs. 1 Nr. 7 S. 3 EStG und dem weitgehenden Abzugsverbot für Zivilprozesskosten als außergewöhnliche Belastungen in §33 Abs. 2 S. 4 EStG vorhergehende Rechtsprechungswechsel des Bundesfinanzhofs rückgängig gemacht und damit (zumindest dem Grunde nach) die bisher bestehende Rechtslage rekonstruiert werden.[424] Die ursprüngliche Regelung des §50i Abs. 1 EStG sollte dafür sorgen, dass die frühere Rechtsauffassung der Finanzverwaltung für diejenigen Steuerpflichtigen auch im Fall einer späteren Veräußerung oder Entnahme maßgeblich bleibt, die ein Wirtschaftsgut auf eine gewerblich geprägte Personengesellschaft übertragen und dabei auf Grundlage der bisherigen Verwaltungsauffassung die stillen Reserven nicht versteuert haben.[425] Hier zeigt sich ein zweiter Wirkungszusammenhang zwischen der charakteristischen Unbeständigkeit der Steuerrechtslage und Nichtanwendungsgesetzen: Nichtanwendungsgesetze sind nicht nur Ausdruck gesetzlicher Unbeständigkeit als Resultat zunehmender Komplexität. Sie können zugleich auch der gesetzgeberische Versuch sein, gerichtlich verursachte Unbeständigkeit zu beheben oder zumindest abzumildern.[426] Ziel des gesetzlichen Eingriffs ist die Bewahrung des bisherigen, durch die gerichtliche Entscheidung in Unruhe geratenen Rechtszustands. Regelmäßig geht damit der Schutz fiskalischer Interessen einher, weil die flächendeckende Anwendung der korrigierten Entscheidung zu nicht einkalkulierten Steuerausfällen führen würde.[427] Wie im Verlauf der Arbeit noch zu zeigen sein wird, erschöpft sich das Interesse an einer kontinuierlichen Rechtsentwicklung aber nicht darin, „überraschende" Steuerausfälle zu vermeiden.[428] Rechtskontinuität liegt vielmehr auch im Interesse der Steuerpflichtigen.[429] Ob und in welchem Umfang Nichtanwendungsgesetze einen Beitrag zum Schutz dieses beidseitigen Interesses an Rechtskontinuität leisten können und welche Folgen dies für ihre verfassungsrechtliche Beurteilung haben kann, bilden wesentliche Fragestellungen der weiteren Bearbeitung.

---

mit der Bewahrung von Rechtskontinuität begründet; immerhin 9,2% der Nichtanwendungsgesetze reagieren auf einen Rechtsprechungswechsel des Bundesfinanzhofs; *ders.*, Das Nichtanwendungsgesetz als Instrument der Steuerpolitik, 2018, S. 237.

[424] Vgl. BT-Drs. 17/3549, S. 17 und BT-Drs. 17/13033, S. 66f.

[425] Vgl. *Töben*, IStR 2013, 682, 683; *Roderburg/Richter*, IStR 2015, 227, 228; *Oenings*, in: PersG im IStR, 2. Auflage 2015, Rn. 11.

[426] Vgl. aus betriebswirtschaftlicher Perspektive *J. Voß*, Ungewißheit im Steuerrecht, 1992, S. 69f.

[427] Zur Kategorisierung von Nichtanwendungsgesetzen nach ihrer fiskalischen Wirkung noch unter §2 C. III.

[428] Zum staatlichen Interesse and der Vermeidung nicht einkalkulierter Einnahmeausfälle noch unter §3 A. II. 1.

[429] Zu den Kontinuitätsinteressen des Steuerpflichtigen unter §3 A. I.

V. Zwischenfazit

Nichtanwendungsgesetze sind zwar auch in anderen Rechtsbereichen anzutreffen, sie sind aber vor allem im Steuerrecht relevant. Sie werden als gesetzgeberisches Instrument seit Jahrzehnten regelmäßig eingesetzt und haben zentrale Regelungen des deutschen Ertragsteuerrechts (mit-)geprägt. Ihr Einfluss ist auch deshalb so groß, weil der Gesetzgeber im Steuerrecht verfassungsrechtlich keinen strikten Grenzen unterliegt und die Steuerrechtslage damit vor allem durch die einfachgesetzlichen Normen und ihre Auslegung geprägt wird. Die Rechtsanwendung wird durch Verwaltungsanweisungen unter maßgeblichem Einfluss des Bundesfinanzministeriums weitgehend vereinheitlicht. Daneben wirken die Finanzministerien bei der Entwicklung der Steuergesetze mit. Wegen der vereinheitlichten Verwaltungsauffassung haben Entscheidungen des Bundesfinanzhofs präjudizielle Bedeutung weit über den entschiedenen Einzelfall hinaus.

Die Finanzverwaltung versucht die Umsetzung präjudizieller Entscheidungen in Parallelverfahren durch konkludente oder ausdrückliche Nichtanwendungserlasse einzuschränken oder schon die Entstehung einer präjudiziellen Entscheidung zu verhindern (Nichtanwendungsprophylaxe). Nichtanwendungsgesetze sind mit diesen Maßnahmen in ihrer Wirkung strukturell vergleichbar. Treffen exekutive Maßnahmen gegen eine präjudizielle Entscheidung und (rückwirkende) Nichtanwendungsgesetze zusammen, verstärken sie sich in ihren Wirkungen gegenseitig.

Nichtanwendungsgesetze sind zudem einerseits Ausdruck der notorischen gesetzlichen Unbeständigkeit im Ertragsteuerrecht. Andererseits versucht der Gesetzgeber zumindest in einigen Fällen auch, mit Hilfe eines Nichtanwendungsgesetzes die Rechtskontinuität zu stärken und gerichtlich verursachte Unbeständigkeit einzudämmen.

C. Typologische Eingrenzung von Nichtanwendungsgesetzen

Wenn Nichtanwendungsgesetze allgemein als Maßnahmen verstanden werden, mit denen der Gesetzgeber auf eine oder mehrere fachgerichtliche Entscheidungen reagiert und mit denen er die Übertragung der Entscheidungsgrundsätze auf Parallelverfahren verhindert,[430] so erfasst dieser Begriff ganz unterschiedliche Gesetze. Der Begriff des Nichtanwendungsgesetzes hat sich zwar durchgesetzt,[431] trennscharf ist er aber nicht.[432] Um die Diskussion um die ver-

[430] Zum Begriff des Nichtanwendungsgesetzes bereits unter § 2 A.

[431] So auch *Desens*, Bindung der Finanzverwaltung an die Rechtsprechung, 2011, S. 66; vgl. statt aller nur die entsprechende Bezeichnung bei *Knobbe-Keuk*, BB 1988, 1086, 1087; *J. Lang*, StuW 1992, 14, 15; *Scholtz*, FS Klein, 1994, S. 1041, 1041; *Offerhaus*, in: Herzig/Günkel/Niemann (Hrsg.), Steuerberater-Jahrbuch 1995/1996, 1996, S. 7, 27; *Hey*, DStR 2004, 1897, 1898; *Pezzer*, DStR 2004, 525, 526; *Völker/Ardizzoni*, NJW 2004, 2413, 2413; *Wernsmann/*

fassungsrechtliche Zulässigkeit von Nichtanwendungsgesetzen systematisieren und die verfassungsrechtlichen Grenzen für derartige Gesetze in der Folge ausloten zu können, müssen Nichtanwendungsgesetze zum einen von anderen Gesetzen abgegrenzt werden (externe Systematisierung). Zum anderen soll der Begriff des Nichtanwendungsgesetzes durch die Einführung von verschiedenen Kategorien konkretisiert werden (interne Systematisierung). Diese Kategorisierung dient zugleich der Vorbereitung der verfassungsrechtlichen Analyse, da einzelne verfassungsrechtliche Konflikte nur bei bestimmten Nichtanwendungsgesetzen auftreten.

I. Nichtanwendungsgesetze und sonstige Reformgesetze

Zunächst ist eine Abgrenzung zwischen Nichtanwendungsgesetzen und sonstigen reformierenden Gesetzen erforderlich. Immer wenn der Gesetzgeber einen Sachbereich oder eine besondere Teilfrage neu regeln will, trifft er auf eine bereits bestehende Rechtslage. Dass eine Frage bisher überhaupt keine rechtliche Bewertung erfahren hat, ist kaum vorstellbar. Sollte eine solche Konstellation bestehen, dürfte es regelmäßig auch am gesetzgeberischen Regelungsinteresse fehlen. Die vom Gesetzgeber vorgefundene Rechtslage ist insbesondere dadurch geprägt, wie die Rechtsprechung die bisher bestehenden gesetzlichen Regelungen ausgelegt hat.[433] Verändert der Gesetzgeber nun den Normbestand, wird damit auch die bisherige Rechtsprechung (zumindest zum Teil) obsolet, sie kann nicht mehr (uneingeschränkt) auf vergleichbare Sachverhalte übertragen werden. Man könnte mithin jede gesetzliche Neuregelung als Nichtanwendungsgesetz bezeichnen – damit würde man den Begriff aber seiner Ordnungsfunktion berauben. Von einem Nichtanwendungsgesetz wird auch in der wissenschaftlichen Diskussion vielmehr nur dann gesprochen, wenn ein spezifischer Zusammenhang zwischen der bisherigen Rechtsprechung und der gesetzlichen Neuregelung besteht. Die Neuregelung erfolgt gerade, um die bisherige gerichtliche Auslegung zu korrigieren.[434]

Desens, DStR 2008, 221, 223; *Desens*, Bindung der Finanzverwaltung an die Rechtsprechung, 2011, S. 65 f.; *Weber-Grellet*, FS Lang, 2011, S. 927, 933; *Drüen*, DStR-Beih 2012, 85, 86; *Tipke*, Die Steuerrechtsordnung, Band III, 2. Auflage 2012, S. 1382; *Hey*, JZ 2014, 500, 503; *Englisch*, in: Tipke/Lang, 23. Auflage 2018, 5.

[432] Vgl. auch *Desens*, Bindung der Finanzverwaltung an die Rechtsprechung, 2011, S. 71, der es wegen der unscharfen begrifflichen Abgrenzung nicht für zielführend hält, besondere verfassungsgemäße Grenzen für Nichtanwendungsgesetze zu formulieren. Im Rahmen dieser Arbeit wird zu zeigen sein, dass trotz der verschiedenen Erscheinungsformen gemeinsame Merkmale und gemeinsame verfassungsrechtliche Konfliktlinien bestehen, die eine übergreifende Maßstabbildung sinnvoll machen.

[433] Vergleiche zum maßgeblichen Einfluss von Entscheidungen des Bundesfinanzhofs auf die Rechtslage im Ertragsteuerrecht bereits unter § 2 B. III. 3.

[434] Dies wird sprachlich zum Teil durch den Zusatz des „rechtsprechungsbrechenden“

Oftmals wird dieser spezifische Zusammenhang in den Gesetzgebungsmaterialien offengelegt. Man kann dann auch von einem *ausdrücklichen Nichtanwendungsgesetz* sprechen. So wurde beispielsweise das Abzugsverbot für Geldbußen in § 4 Abs. 5 Nr. 8 EStG explizit eingeführt,[435] um die Beschlüsse des Großen Senats des BFH vom 21.11.1983[436] zu korrigieren. In den Gesetzgebungsmaterialien heißt es wörtlich: „Diese Entscheidungen erfordern eine gesetzliche Änderung ...".[437] Ähnlich deutlich verknüpfte der Gesetzgeber die Einführung der Abzugsverbote für die Kosten einer beruflichen Erstausbildung in § 4 Abs. 9 EStG und § 9 Abs. 6 EStG[438] mit den vorangegangenen Entscheidungen des BFH:[439] „Die Klarstellung ist erforderlich, weil der Bundesfinanzhof in seinen Entscheidungen vom 28.7.2011 bemängelt hatte, dass ...".[440] Fast wortgleich wurde auch die Einführung von § 20 Abs. 1 S. 1 Nr. 7 S. 3 EStG[441] begründet: „Die Klarstellung ist notwendig, da der Bundesfinanzhof mit Urteil vom 15. Juni 2010 seine Rechtsprechung zur Steuerpflicht von Erstattungszinsen teilweise geändert hat."[442]

An den genannten Beispielen lässt sich auch illustrieren, dass schon die zeitliche Abfolge einen spezifischen Zusammenhang indizieren kann: Zwischen den Entscheidungen des Bundesfinanzhofs und der Verabschiedung der korrigierenden Gesetze lagen jeweils nur wenige Monate.[443] Hinzu kommt, dass häufig schon unmittelbar im Anschluss an die Gerichtsentscheidungen von Mitgliedern der Finanzverwaltung öffentlich angekündigt wird, dass eine gesetzgebe-

---

Nichtanwendungsgesetzes zum Ausdruck gebracht; vgl. z. B. *Hey*, BB 2000, 1453, 1459; *Drüen*, DStR-Beih 2012, 85, 86; *Weber-Grellet*, FS Lang, 2011, S. 927, 933; *Völker/Ardizzoni*, NJW 2004, 2413, 2413.

[435] Die Norm des § 4 Abs. 5 Nr. 8 EStG wurde durch das Gesetz zur Änderung des Einkommensteuergesetzes und des Körperschaftsteuergesetzes vom 25.7.1984 (BGBl I 1984, S. 1006) eingefügt.

[436] BFH, Beschluss v. 21.11.1983 – GrS 2/82, BFHE 140, 50 = BStBl II 1984, 160; BFH, Beschluss v. 21.11.1983 – GrS 3/82, BFHE 140, 62.

[437] BT-Drs. 10/1314, S. 5.

[438] BFH, Urteil v. 28.7.2011 – VI R 5/10, BFHE 234, 262 = BStBl II 2012, 553; BFH, Urteil v. 28.7.2011 – VI R 7/10, BFHE 234, 271 = BStBl II 2012, 557; BFH, Urteil v. 28.7.2011 – VI R 38/10, BFHE 234, 279 = BStBl II 2012, 561; BFH, Urteil v. 28.7.2011 – VI R 59/09, BFH/NV 2012, 19.

[439] Die Normen der § 4 Abs. 9 EStG und § 9 Abs. 6 EStG wurden durch das Beitreibungsrichtlinie-Umsetzungsgesetz vom 7.12.2011 (BGBl I 2011, S. 2592) eingefügt.

[440] BT-Drs. 17/7524, S. 10.

[441] Die Norm des § 20 Abs. 1 Nr. 7 S. 3 EStG wurde durch das Jahressteuergesetz 2010 (JStG 2010) vom 8.12.2010 (BGBl I 2010, S. 1768) eingefügt.

[442] BT-Drs. 17/3549, S. 17.

[443] Beim Abzugsverbot für Geldbußen betrug der zeitliche Abstand 8 Monate, bei der Einführung von § 20 Abs. 1 Nr. 7 S. 3 EStG weniger als 6 Monate und bei den Neuregelungen zu Berufsausbildungskosten sogar nur gut 3 Monate. Nach den Erhebungen von *Suck*, Das Nichtanwendungsgesetz als Instrument der Steuerpolitik, 2018, S. 230 f. ergehen etwa die Hälfte (49,69 %) aller Nichtanwendungsgesetze innerhalb von zwei Jahren nach Erlass der Gerichtsentscheidung. Diese Quote steigt für die ersten drei Jahre auf 68,1 % und für die ersten fünf Jahre auf 84,66 %.

rische Reaktion erfolgen soll.[444] Die deutlichste Form einer solchen Ankündigung liegt darin, dass die Verwaltung das entsprechende Urteil für nicht über den Einzelfall hinaus anwendbar erklärt, weil in Kürze eine gesetzliche Neuregelung erfolgen wird. Der zeitliche Zusammenhang zwischen Urteil und gesetzgeberischer Reaktion wird durch derartige Ankündigungen noch enger und das Nichtanwendungsgesetz gleichsam „vorweggenommen".[445]

Schließlich kann sich ein spezifischer Zusammenhang zwischen der fachgerichtlichen Entscheidung und dem nachfolgenden Nichtanwendungsgesetz auch in materiellrechtlicher Hinsicht belegen lassen: Die Neuregelung setzt regelmäßig an der Begründung der fachgerichtlichen Auslegung an und entzieht dieser die normative Grundlage.

Teilweise geschieht dies, indem ausschließlich die fachgerichtlich entschiedene Rechtsfrage gesetzlich neu geregelt wird (*ausschließliches Nichtanwendungsgesetz*). Oftmals wird eine bestehende Norm um ein Positiv- oder Negativbeispiel ergänzt: So regelt der schon angesprochene §20 Abs. 1 S. 1 Nr. 7 S. 3 EStG, dass Erstattungszinsen im Sinne des §233a der Abgabenordnung Erträge im Sinne von §20 Abs. 1 S. 1 Nr. 7 S. 1 EStG sind. Der Sinn dieser Vorschrift ist nur vor dem Hintergrund verständlich, dass der BFH zuvor das genaue Gegenteil entschieden hatte.[446] Ebenso stellt sich die Rechtsentwicklung von §15 Abs. 3 Nr. 1 Var. 2 EStG dar: Der BFH entschied, dass die Einkünfte einer vermögensverwaltend tätigen Personengesellschaft nicht schon deshalb zu gewerblichen Einkünften umzuqualifizieren sind, weil die Personengesellschaft an einer gewerblichen Mitunternehmerschaft beteiligt ist.[447] Der Gesetzgeber ergänzte die Fiktionsregelung daraufhin dahingehend, dass auch der Bezug von Einkünften aus einer Mitunternehmerschaft zu einer gewerblichen Infektion führt.[448]

Der Gesetzgeber kann eine gerichtliche Auslegung aber auch dadurch außer Kraft setzen, dass er den entsprechenden Rechtsbereich umfassender neuregelt. Auch dann liegt ein Nichtanwendungsgesetz vor. Es wird nur mit einer weiteren Reform der Rechtslage kombiniert (*kombiniertes Nichtanwendungsgesetz*) Ein Beispiel bildet die Reform des Einkommensteuergesetzes zur steuerlichen Behandlung von Kosten für eine erstmalige Berufsausbildung oder ein Erststudium: Nachdem der Bundesfinanzhof entschieden hatte, dass die bisherigen Regelungen in §12 Nr. 5 EStG und §10 Abs. 1 Nr. 7 EStG einem Abzug

---

444 Zum Einfluss der Finanzverwaltung auf das Gesetzgebungsverfahren noch ausführlich unter §4 B. I. 2., II.

445 Zu Beispielen für entsprechende Nichtanwendungserlasse bereits unter §2 B. III. 4. d) sowie *Desens*, Bindung der Finanzverwaltung an die Rechtsprechung, 2011, S. 30 (Fn. 104).

446 BFH, Urteil v. 15.6.2010 – VIII R 33/07, BFHE 230, 109 = BStBl II 2011, 503.

447 BFH, Urteil v. 6.10.2004 – IX R 53/01, BFHE 207, 466 = BStBl II 2005, 383, juris Rn. 12ff.

448 Die Norm des §15 Abs. 3 Nr. 1 Var. 2 EStG wurde durch das Jahressteuergesetz 2007 vom 13.12.2006 (BGBl I 2006, S. 2878) eingefügt.

als Betriebsausgaben oder Werbungskosten nicht entgegenstanden,[449] schuf der Gesetzgeber mit § 4 Abs. 9 EStG und § 9 Abs. 6 EStG zwei völlig neue Vorschriften[450] und erhöhte den Höchstbetrag in § 10 Abs. 1 Nr. 7 EStG.[451] Der Gesetzgeber beschränkte sich also nicht darauf, die Rechtsprechung des Bundesfinanzhofs für nicht anwendbar zu erklären, sondern nahm im Nichtanwendungsgesetz noch weitere Anpassungen der Rechtslage vor.[452] Ähnlich ist die Einführung von § 4f EStG und § 5 Abs. 7 EStG zu bewerten: Der Bundesfinanzhof hatte entschieden, dass eine entgeltlich übernommene Verbindlichkeit nicht nur im Zeitpunkt der Übernahme, sondern auch an den folgenden Bilanzstichtagen mit den Anschaffungskosten (also der vom Übertragenden für die Übernahme erhaltenen Gegenleistung) passiviert werden muss. Dies gelte auch dann, wenn für die Verbindlichkeit steuerliche Ansatzverbote, -beschränkungen oder Bewertungsvorbehalte greifen.[453] Der Gesetzgeber regelte demgegenüber, dass übernommene Verpflichtungen ab dem Bilanzierungsstichtag, der auf die Übernahme folgt, so zu bilanzieren sind, wie sie beim ursprünglich Verpflichteten zu bilanzieren wären (§ 5 Abs. 7 S. 1 EStG). Dieses Nichtanwendungsgesetz wurde durch die neuartige Rechtsfolge ergänzt, dass die Gewinnauswirkungen beim Übertragenden zwingend (§ 4f S. 1, 2 EStG) und beim Übernehmenden wahlweise (§ 5 Abs. 7 S. 5, 6 EStG) über fünfzehn Jahre gestreckt werden können.[454]

II. Nichtanwendungsgesetze, gesetzgeberische „Klarstellungen" und authentische Interpretationen

Im Zusammenhang mit Nichtanwendungsgesetzen taucht immer wieder auch der Begriff eines „klarstellenden" Gesetzes auf. Änderungen steuerlicher Normen werden in den Gesetzesmaterialien teilweise in geradezu inflationärer Weise als klarstellend bezeichnet. So fanden sich beispielsweise im Jahres-

---

449 Siehe die Entscheidungen in Fn. 438.

450 Die neu eingeführten Regelungen wurden durch das Zollkodexanpassungsgesetz vom 22.12.2014 (BGBl I 2014, S 2417) erneut grundlegend überarbeitet. Auch hierin lag ein Nichtanwendungsgesetz gegen die bis dahin ergangene Rechtsprechung des Bundesfinanzhofs zur Auslegung des Begriffs der (erstmaligen) Berufsausbildung; vgl. insbesondere BFH, Urteil v. 28.2.2013 – VI R 6/12, BFHE 240, 352 = BStBl II 2015, 180, juris Rn. 18; BFH, Urteil v. 27.10.2011 – VI R 52/10, BFHE 235, 444 = BStBl II 2012, 825, juris Rn. 14 f.

451 Der Höchstbetrag, bis zu dem Berufsausbildungskosten als Sonderausgaben abgezogen werden können, wurde durch das Beitreibungsrichtlinie-Umsetzungsgesetz vom 7.12.2011 (BGBl I 2011, S. 2592) von 4.000 € auf 6.000 € erhöht.

452 Auch das vorangehende Nichtanwendungsgesetz, mit dem der Gesetzgeber auf die Aufgabe der Lebenskampfthese durch den Bundesfinanzhof reagierte, bezeichnete der Gesetzgeber selbst als Neuordnung der Rechtslage, vgl. BT-Drs. 15/3339, S. 10.

453 Vgl. insbesondere BFH, Urteil v. 12.12.2012 – I R 28/11, BFHE 240, 22, juris Rn. 34 ff.; BFH, Urteil v. 12.12.2012 – I R 69/11, BFHE 240, 34, juris Rn. 25 ff.

454 Die Regelungen der § 4f EStG und § 5 Abs. 7 EStG wurden durch das Gesetz zur Anpassung des Investmentsteuergesetzes und anderer Gesetze an das AIFM-Umsetzungsgesetz vom 18.12.2013 (BGBl I 2013, S. 4318) eingeführt.

steuergesetz 2010 nicht weniger als 16,[455] im Standortsicherungsgesetz[456] und im Kroatien-Anpassungsgesetz[457] sogar 23 „Klarstellungen". Der Begriff wird dabei in verschiedenen Zusammenhängen gebraucht:

Zunächst werden Änderungen als klarstellend bezeichnet, die eine bisherige (lückenhafte) Regelung ergänzen, beispielsweise in dem ein Regelbeispiel oder eine Legaldefinition eingefügt werden. So wurde mit dem Jahressteuergesetz 2010 der Entstrickungstatbestand in §4 Abs. 1 S. 3 EStG (sog. „finale" Entnahme) durch ein Regelbeispiel in §4 Abs. 1 S. 4 EStG „klarstellend erläutert".[458] Als Klarstellungen werden aber auch Änderungen bezeichnet, mit denen in der Literatur umstrittene Fragestellungen nunmehr legislativ eindeutig beantwortet werden. So reformierte der Gesetzgeber mit dem Kroatien-Anpassungsgesetz den erweiterten Inlandsbegriff im Einkommensteuer-, Körperschaftsteuer- und Gewerbesteuergesetz und stellte damit unter anderem verschiedene Bezüge auf völkerrechtliche Grundlagen klar.[459] Schließlich wird der Begriff der Klarstellung auch dann verwendet, wenn das Ergebnis einer fachgerichtlichen Entscheidung gesetzlich korrigiert wird. Als Beispiel sei nochmals auf die Neuregelung in §20 Abs. 1 Nr. 7 S. 3 EStG verwiesen, die nach den Gesetzesmaterialien als „Klarstellung" erforderlich wurde, weil der Bundesfinanzhof zuvor entschieden hatte, dass Einkommensteuererstattungszinsen keine steuerbaren Einkünfte sind.[460] Mit Blick auf die typische Begriffsverwendung in den Gesetzgebungsmaterialien sind Nichtanwendungsgesetze also eine Teilmenge der klarstellenden Gesetze.

Vor allem wird eine Regelung aber als klarstellend bezeichnet, um deren rückwirkende Anwendung zu rechtfertigen: Das Rückwirkungsverbot greift nicht ein, wenn eine Neuregelung nur die bisher schon bestehende Rechtslage gesetzlich festschreibt, weil das individuelle Vertrauen des Bürgers in die Beständigkeit der Rechtslage nur enttäuscht wird, wenn diese sich zu seinen Ungunsten verändert.[461] Wie im Verlauf der Arbeit noch im Detail dargelegt wird,

[455] Vgl. Bericht des Finanzausschusses zum Entwurf eines Jahressteuergesetzes 2010, BT-Drs. 17/3549, S. 15, 17, 20f., 25ff., 30, 32f.

[456] Vgl. Beschlussempfehlung und Bericht des Finanzausschusses zum Entwurf eines Gesetzes zur Verbesserung der steuerlichen Bedingungen zur Sicherung des Wirtschaftsstandorts im Europäischen Binnenmarkt (Standortsicherungsgesetz), BT-Drs. 12/5016, S. 76, 85ff., 90, 92, 95, 100, 104ff.

[457] Vgl. Entwurf eines Gesetzes zur Anpassung des nationalen Steuerrechts an den Beitritt Kroatiens zur EU und zur Änderung weiterer steuerlicher Vorschriften, BR-Drs. 184/14, S. 61f., 69, 77f., 81, 86f., 91, 97f.

[458] BT-Drs, 17/3549, S. 15.

[459] BR-Drs. 184/14, S. 77, 81, 86; BT-Drs. 18/1529, S. 63, 67, 70; vgl. zu den vorher bestehenden Fragestellungen *Maciejewski/Theilen*, IStR 2013, 846, 847ff.

[460] BT-Drs. 17/3549, S. 17.

[461] BVerfG, Beschluss v. 2.5.2012 – 2 BvL 5/10, BVerfGE 131, 20, juris Rn. 68; BVerfG, Beschluss v. 17.12.2013 – 1 BvL 5/08, BVerfGE 135, 1, juris Rn. 52; BVerfG, Beschluss v. 12.11.2015 – 1 BvR 2961/14, 1 BvR 3051/14, NVwZ 2016, 300, juris Rn. 49; BVerfG, Nichtannahmebeschluss v. 20.9.2016 – 1 BvR 1387/15, NVwZ 2017, 705, juris Rn. 41.

hat das Bundesverfassungsgericht in seiner jüngeren Rechtsprechung die Grenze, ab wann bereits von einer nachteiligen Veränderung der Rechtslage auszugehen ist, aber so weit abgesenkt, dass klarstellende Gesetze in diesem Sinne (die vom Bundesverfassungsgericht als deklaratorische Gesetze bezeichnet werden) auf absolute Ausnahmen beschränkt sind.[462] Ist eine Neuregelung darauf gerichtet, einer höchstrichterlichen Auslegung den Boden zu entziehen, liegt stets eine rechtfertigungsbedürftige Rückwirkung vor.[463] Der Begriff der Klarstellung suggeriert damit in vielen Fällen und insbesondere bei Nichtanwendungsgesetzen zu Unrecht, dass eine rückwirkende Anwendung nicht weiter gerechtfertigt werden müsste.[464] Im Kontext rückwirkender Gesetze wird daher in der Folge die Terminologie des Bundesverfassungsgerichts übernommen und zwischen konstitutiven und deklaratorischen Gesetzen abgegrenzt. Der Begriff des „klarstellenden Gesetzes“ ist demgegenüber nicht mit einem dogmatischen Erkenntnisgewinn verbunden.

Ähnlich schillernd wie der Begriff des „klarstellenden Gesetzes“ ist derjenige der „authentischen Interpretation“. Nach klassischer Definition liegt eine authentische Interpretation vor, wenn eine Regelung durch eine spätere Äußerung der normsetzenden Instanz erläutert wird, wobei die Erläuterung in der Regel auch für die Vergangenheit gelten soll. Weil die Interpretation durch die normsetzende Instanz selbst erfolgt, wird sie als „authentisch“ bezeichnet.[465] Der gesetzgeberischen Praxis in Deutschland entspricht ein solches Vorgehen allerdings nicht. Der Gesetzgeber erlässt keine Interpretationsgesetze,[466] er ändert vielmehr unmittelbar den Wortlaut der Norm, dessen Bedeutungsinhalt er verändern möchte.[467] Soll die Änderung auch für vergangene Fälle wirken, misst er der Gesetzesänderung ausdrücklich Rückwirkung bei. Reagiert er mit der Änderung auf eine vormalige höchstrichterliche Entscheidung, liegt ein (rückwirkendes) Nichtanwendungsgesetz vor. Teilweise werden rückwirkende Nichtanwendungsgesetze in Gesetzgebungsmaterialien gleichwohl als authentische Interpretationen bezeichnet.[468] Zur begrifflichen Klarheit trägt das nicht

---

[462] Vgl. zum Ausschluss deklaratorischer Regelungen vom Rückwirkungsverbot noch im Detail unter §6 B. I. 2. b), c).

[463] BVerfG, Beschluss v. 2.5.2012 – 2 BvL 5/10, BVerfGE 131, 20, juris Rn. 69; BVerfG, Beschluss v. 17.12.2013 – 1 BvL 5/08, BVerfGE 135, 1, juris Rn. 55.

[464] *Seibert*, in: Fleischer (Hrsg.), Mysterium „Gesetzesmaterialien“, 2013, S. 111, 122; mit Bezug zu den Änderungen des erweiterten Inlandsbegriffs ähnlich schon *Maciejewski/Theilen*, IStR 2016, 401, 402 f.

[465] Vgl. zur Begriffsbedeutung und zur historischen Entwicklung *Heß*, Intertemporales Privatrecht, 1998, S. 309 f.; *Meyer*, FS 50 Jahre BSG, 2004, S. 221, 224.

[466] Zu verfassungsrechtlichen Bedenken gegen ein solches Vorgehen *Meyer*, FS 50 Jahre BSG, 2004, S. 221, 232 ff. m. w. N.

[467] *Meyer*, FS 50 Jahre BSG, 2004, S. 221, 226; *Seibert*, in: Fleischer (Hrsg.), Mysterium „Gesetzesmaterialien“, 2013, S. 111, 122 f.

[468] Vgl. z. B. BT-Drs. 15/2149 S. 32: „Die Ergänzung dieser Regelung stellt die ursprüngliche Regelungsabsicht des Gesetzgebers im Sinne einer authentischen Interpretation klar.“;

bei.[469] Vielmehr suggeriert der Rückgriff auf diesen Begriff – ähnlich wie die Bezeichnung einer Änderung als bloße „Klarstellung“ – eine tatsächlich nicht vorhandene Befugnis zur rückwirkenden Veränderung der Rechtslage: Unabhängig von der Bezeichnung seines Vorgehens ist der Gesetzgeber inhaltlich – wie das Bundesverfassungsgericht in ständiger Rechtsprechung betont – an die verfassungsrechtlichen Schranken des Rückwirkungsverbots gebunden.[470]

Nichtanwendungsgesetze werden also zwar mitunter als „klarstellende Gesetze“ oder „authentische Interpretationen“ bezeichnet, diese Begriffe tragen aber nicht zu einer systematischen Abgrenzung zwischen Nichtanwendungsgesetzen und anderen Gesetzestypen oder zwischen verschiedenen Arten von Nichtanwendungsgesetzen bei. Sie werden daher in der Folge nicht weiterverwendet.

III. Neutrale, belastende und begünstigende Nichtanwendungsgesetze

Ging es bisher darum, Nichtanwendungsgesetze von anderen Gesetzen abzugrenzen, soll in der Folge nach verschiedenen Kategorien von Nichtanwendungsgesetzen gesucht werden, um einerseits den Untersuchungsgegenstand systematischer zu erfassen und andererseits Schwerpunkte der verfassungsrechtlichen Analyse herauszuarbeiten. Als Differenzierungskriterium zwischen verschiedenen Nichtanwendungsgesetzen bietet sich zunächst ihre Belastungswirkung an. Während verfahrensrechtliche Nichtanwendungsgesetze insoweit regelmäßig neutral sind, wirken Änderungen der materiellen Rechtslage entweder zugunsten oder zulasten der Steuerpflichtigen.

---

vgl. auch die ältere Rechtsprechung des Bundessozialgerichts BSG, Urteil v. 11.7.1985 – 5b/1 RJ 92/84, BSGE 58, 243, juris Rn. 14; BSG, Urteil v. 27.9.1989 – 11 RAr 53/88, AuB 1991, 252, juris Rn. 17ff.; BSG, Urteil v. 23.3.1994 – 5 RJ 40/92, BSGE 74, 112, juris Rn. 13; BSG, Urteil v. 16.10.2002 – B 10 LW 10/02 R, juris, juris Rn. 24; nunmehr einschränkend BSG, Vorlagebeschluss v. 29.8.2006 – B 13 RJ 47/04 R, juris, juris Rn. 67; BSG, Vorlagebeschluss v. 29.8.2006 – B 13 RJ 8/05 R, juris, juris Rn. 70; BSG, Vorlagebeschluss v. 29.8.2006 – B 13 RJ 8/05 R, juris, juris Rn. 68; erledigt durch BVerfG, Beschluss v. 21.7.2010 – 1 BvL 11/06, 1 BvL 12/06, 1 BvL 13/06, 1 BvR 2530/05, BVerfGE 126, 369; vgl. z. B. auch *Müller*, DÖV 1964, 226, 230.

[469] Vgl. auch *Niehues*, Die Zulässigkeit der Rückwirkung von Gesetzen nach dem Recht der Bundesrepublik Deutschland, 1973, S. 12.

[470] Ausdrücklich eine weitergehende Befugnis zur authentischen Interpretation ablehnend BVerfG, Beschluss v. 17.6.2004 – 2 BvR 383/03, BVerfGE 111, 54, juris Rn. 235; BVerfG, Beschluss v. 21.7.2010 – 1 BvL 11/06, 1 BvL 12/06, 1 BvL 13/06, 1 BvR 2530/05, BVerfGE 126, 369, juris Rn. 73; BVerfG, Beschluss v. 2.5.2012 – 2 BvL 5/10, BVerfGE 131, 20, juris Rn. 68; BVerfG, Beschluss v. 17.12.2013 – 1 BvL 5/08, BVerfGE 135, 1, juris Rn. 48; in der Sache ebenso BSG, Vorlagebeschluss v. 29.8.2006 – B 13 R 7/06 R, juris, juris Rn. 71; BSG, Vorlagebeschluss v. 29.8.2006 – B 13 RJ 47/04 R, juris, juris Rn. 68; BSG, Vorlagebeschluss v. 29.8.2006 – B 13 RJ 8/05 R, juris, juris Rn. 69; erledigt durch BVerfG, Beschluss v. 21.7.2010 – 1 BvL 11/06, 1 BvL 12/06, 1 BvL 13/06, 1 BvR 2530/05, BVerfGE 126, 369.

Weit überwiegend[471] wirken Nichtanwendungsgesetze profiskalisch: Der Gesetzgeber verändert den Normtext eines Steuergesetzes, damit eine für die Steuerpflichtigen günstige Gesetzesauslegung durch die Fachgerichte nicht auf weitere Parallelfälle übertragen werden kann. Mit solchen aus Sicht der Steuerpflichtigen *belastenden Nichtanwendungsgesetzen* sollen insbesondere Steuermindereinnahmen vermieden werden, die sich aus einer flächendeckenden Anwendung der Entscheidungsgrundsätze ergeben würden. Häufig wird diese Zielsetzung auch ausdrücklich im Gesetzgebungsverfahren vorgebracht: So sollten mit der Einführung der Abzugsverbote für Geldstrafen und -bußen in § 4 Abs. 5 Nr. 8 EStG und § 12 Nr. 4 EStG „Steuerausfälle in Höhe von mehreren hundert Millionen Deutsche Mark" vermieden werden.[472] Die Rechtsprechung des Bundesfinanzhofs, nach der Einkommensteuererstattungszinsen nicht zu den steuerbaren Einkünften aus Kapitalvermögen gehören, wurde durch § 20 Abs. 1 Nr. 7 S. 3 EStG korrigiert, weil sie zu „Steuermindereinnahmen von rund 400 Millionen Euro pro Jahr" geführt hätte.[473] Der neu geschaffene Besteuerungstatbestand in § 50i Abs. 1 S. 1 EStG wurde schließlich im Gesetzgebungsverfahren maßgeblich damit gerechtfertigt, dass „erhebliche Steuerausfälle in Milliardenhöhe" vermieden werden müssten.[474]

Es gibt auch – verhältnismäßig seltene[475] – Nichtanwendungsgesetze, die zugunsten der Steuerpflichtigen und zulasten des Fiskus wirken. Ein aktuelles Beispiel[476] bildet die Neuregelung zur Gebührenpflicht bei verbindlichen Auskünften gegenüber mehreren Antragstellern: Der Bundesfinanzhof hatte entschieden, dass zwei Antragsgebühren anfallen, wenn sowohl der Organträger als auch die Organgesellschaft einer ertragsteuerlichen Organschaft jeweils eine verbindliche Auskunft in Bezug auf denselben Sachverhalt beantragen.[477] Als Reaktion auf diese Entscheidung ergänzte der Gesetzgeber § 89 Abs. 3 AO um einen neuen Satz 2, nach dem bei einer einheitlich gegenüber mehreren Antragstellern erteilten verbindlichen Auskunft nur eine Gebühr erhoben wird.[478] Durch die gesetzliche Neuregelung wird nunmehr (unter anderem) in Organ-

[471] Nach den Erhebungen von *Suck*, Das Nichtanwendungsgesetz als Instrument der Steuerpolitik, 2018, S. 240 f. ergehen gut drei Viertel (76,07 %) der Nichtanwendungsgesetze zulasten des Steuerpflichtigen.

[472] BT-Drs. 10/1314, S. 1.

[473] BT-Drs. 17/3549, S. 8.

[474] BR-Drs. 139/13, S. 142.

[475] Nach den Erhebungen von *Suck*, Das Nichtanwendungsgesetz als Instrument der Steuerpolitik, 2018, S. 240 f. ergehen 15,95 % der Nichtanwendungsgesetze zugunsten des Steuerpflichtigen.

[476] Für zwei weitere Beispiele aus früherer Zeit vgl. *Desens*, Bindung der Finanzverwaltung an die Rechtsprechung, 2011, S. 31 Fn. 106.

[477] BFH, Urteil v. 9.3.2016 – I R 66/14, BFHE 253, 199 = BStBl II 2016, 706, juris Rn. 11 ff.

[478] Die Neuregelung in § 89 Abs. 3 S. 2 AO wurde durch das Gesetz zur Modernisierung des Besteuerungsverfahrens vom 18.7.2016 (BGBl I 2016, S. 1679) eingeführt.

schaftsfällen auch dann nur eine Gebühr fällig, wenn der identische Sachverhalt für verschiedene Steuerpflichtige relevant ist.[479]

IV. Nichtanwendungsgesetze mit und ohne Rückwirkung

Nichtanwendungsgesetze lassen sich daneben hinsichtlich ihrer zeitlichen Wirkung kategorisieren: Entweder der Gesetzgeber trifft ausschließlich eine Regelung für in der Zukunft liegende Sachverhalte (*Nichtanwendungsgesetze mit Wirkung pro futuro* oder *Nichtanwendungsgesetze ohne Rückwirkung*) oder er stattet das Gesetz auch mit Wirkung für die Vergangenheit aus (*rückwirkende Nichtanwendungsgesetze*).[480] Nach der – später noch im Detail zu erörternden[481] – Rechtsprechung des Bundesverfassungsgerichts lassen sich innerhalb der rückwirkenden Nichtanwendungsgesetze sodann Gesetze mit echter und unechter Rückwirkung unterscheiden: Ein Nichtanwendungsgesetz entfaltet echte Rückwirkung, wenn es auch Sachverhalte erfasst, die in der Vergangenheit bereits vollständig abgeschlossen wurden. Knüpft das Gesetz an nicht abgeschlossene, aber in der Vergangenheit begonnene Sachverhalte an, liegt eine unechte Rückwirkung vor.

Die zeitliche Wirkung eines Nichtanwendungsgesetz ist entscheidend dafür, in welchem Umfang mit dem Gesetz die Wirkungen einer fachgerichtlichen Entscheidung korrigiert werden. Da Gerichte mit ihrer Auslegung konkretisierend den Inhalt einer gesetzlichen Norm ermitteln, sind präjudizielle Entscheidungen grundsätzlich für alle Parallelfälle bedeutsam, in denen dieselbe Norm Anwendung findet. Unabhängig davon, ob man die präjudizielle Wirkung als bloßes Faktum oder – wie hier – als normative Berücksichtigungspflicht begreift,[482] erfasst sie nicht nur alle auf die Entscheidung folgenden Sachverhalte, sondern entfaltet grundsätzlich uneingeschränkte Rückwirkung.[483] Nur insoweit das präjudizierende Gericht zulasten des Steuerpflichtigen von einer bisherigen Rechtsprechung abweicht, kann der verfassungsrechtliche Vertrau-

---

[479] *Bruns*, DStR 2017, 2360, 2364 spricht ausdrücklich von einem „Nichtanwendungsgesetz zugunsten der Steuerpflichtigen".

[480] Etwa die Hälfte (52,15 %) der von *Suck*, Das Nichtanwendungsgesetz als Instrument der Steuerpolitik, 2018, S. 228 untersuchten Nichtanwendungsgesetze ergingen mit Rückwirkung.

[481] Allgemein zur Rückwirkungsdogmatik des Bundesverfassungsgerichts unter § 6 A. I. 2.; B. IV., speziell zur Abgrenzung zwischen echter und unechter Rückwirkung unter § 6 B. II. 1.

[482] Zur Diskussion bereits unter § 2 B. III. 3. b).

[483] Vgl. mit spezifischem Bezug zur finanzgerichtlichen Rechtsprechung z. B. *Drüen*, in: Tipke/Kruse, § 4 AO Rn. 116 ff.; *Leisner-Egensperger*, Kontinuität als Verfassungsprinzip, 2002, S. 536 f.; *Hey*, JZ 2014, 500, 505; erkennt man an, dass die Judikative an der Rechtsetzung arbeitsteilig mitwirkt und deshalb Präjudizien normative Wirkungen haben, spricht dies indes für einen verstärkten Vertrauensschutz bei Rückwirkungsänderungen; *Payandeh*, Judikative Rechtserzeugung, 2017, S. 334 ff.

ensschutzgrundsatz einer rückwirkenden Anwendung des neuen Präjudizes entgegenstehen.[484] Eine für den Steuerpflichtigen günstige präjudizielle Entscheidung findet in jedem Fall uneingeschränkte Anwendung auch für in der Vergangenheit begründete oder abgeschlossene Sachverhalte.[485] Das bedeutet zugleich, dass nur ein rückwirkendes Nichtanwendungsgesetz die präjudiziellen Wirkungen einer höchstrichterlichen Entscheidung vollumfänglich beseitigt. Ein Nichtanwendungsgesetz *pro futuro* belässt es für in der Vergangenheit wurzelnde Fälle bei der durch das Gericht getroffenen Auslegung.

Diese eingeschränkte Reichweite eines Nichtanwendungsgesetzes mit Wirkung *pro futuro* lässt sich beispielsweise an der Regelung zu anschaffungsnahen Herstellungskosten in §6 Abs. 1 Nr. 1a EStG illustrieren: Der Bundesfinanzhof hatte über mehrere Jahrzehnte hinweg mit im Detail unterschiedlichen Begründungen und Abgrenzungen vertreten, dass Instandsetzungs- und Modernisierungsaufwendungen Herstellungs- bzw. Anschaffungskosten darstellen können, wenn sie in zeitlicher Nähe zum Erwerb eines bebauten Grundstücks anfallen und eine gewisse Höhe erreichen.[486] Die Finanzverwaltung grenzte insbesondere danach ab, ob die Erhaltungsaufwendungen innerhalb von drei Jahren einen bestimmten Prozentsatz der Anschaffungs- bzw. Herstellungskosten überschritten,[487] was in der Rechtsprechung zumindest als Anhaltspunkt ebenfalls Berücksichtigung fand.[488] Als Reaktion auf die erstmalige gesetzliche Definition des Begriffs der Anschaffungs- und Herstellungskosten in §255 HGB gab der Bundesfinanzhof seine langjährige Rechtsprechung im Jahr 2001 auf und nahm die Abgrenzung zwischen Erhaltungsaufwendungen und Anschaffungs- bzw. Herstellungskosten ausschließlich anhand der Tatbestandsmerkmale der neu geschaffenen Norm vor.[489] Der Gesetzgeber reagierte auf diesen Rechtsprechungswechsel mit der Einführung von §6 Abs. 1 Nr. 1a EStG.[490] Diese Regelung enthielt erstmals eine Legaldefinition anschaffungsnaher Herstellungskosten, die sich – zumindest im Grundsatz – an der vormaligen Ver-

---

[484] Zu den Voraussetzungen einer Rechtsprechungsänderung und der einschränkenden Wirkung des Vertrauensschutzes noch unter §3 B.

[485] Zur parallelen Fragestellung der Anwendung des aus dem Vertrauensschutzgrundsatz abgeleiteten Rückwirkungsverbots auf begünstigende Gesetzesänderungen noch unter §6 B. I. 2. a).

[486] Vgl. zur Entwicklung der Rechtsprechung *Ehmcke*, in: Blümich, §6 EStG Rn. 411; *Spindler*, BB 2002, 2041, 2044f.; *Hergarten*, DStR 2003, 397, 397f.; *Pezzer*, DStR 2004, 525, 526f.

[487] R 157 Abs. 5 S. 7 EStR 1993: 20% bzw. R 157 Abs. 5 S. 6 EStR 1994: 15%.

[488] Vgl. z. B. BFH, Urteil v. 23.9.1992 – X R 10/92, BFHE 169, 338 = BStBl II 1993, 338, juris Rn. 20; BFH, Beschluss v. 30.8.1995 – X B 37/95, BFH/NV 1996, 120, juris Rn. 20.

[489] BFH, Urteil v. 12.9.2001 – IX R 39/97, BFHE 198, 74 = BStBl II 2003, 569, juris Rn. 38ff.; BFH, Urteil v. 12.9.2001 – IX R 52/00, BFHE 198, 85 = BStBl II 2003, 574, juris Rn. 31.

[490] Die Norm wurde durch das Steueränderungsgesetz 2003 vom 15.12.2003 (BGBl I 2003, 2645) eingeführt.

waltungsauffassung orientierte.[491] Anwendung fand sie allerdings gemäß §52 Abs. 16 S. 7 EStG i. d. F. des Steueränderungsgesetzes 2003 erstmals auf Baumaßnahmen, die nach dem 31.12.2003 begonnen wurden. Für alle anderen Baumaßnahmen blieb es bei den Abgrenzungskriterien, die der Bundesfinanzhof in seinen Entscheidungen aus dem Jahr 2001 entwickelt hatte.

Demgegenüber stehen die Neuregelungen zur steuerlichen Abzugsfähigkeit von Berufsausbildungskosten und zur Steuerbarkeit von Steuererstattungszinsen exemplarisch für rückwirkende Nichtanwendungsgesetze. Die Neuregelungen in §4 Abs. 9 EStG und §9 Abs. 6 EStG, nach denen die Aufwendungen einer beruflichen Erstausbildung in der Regel keine Betriebsausgaben oder Werbungskosten sind, wurden rückwirkend mit Wirkung für Veranlagungszeiträume bis einschließlich 2004 eingeführt (§52 Abs. 12 S. 11 EStG und §52 Abs. 23d S. 5 EStG, jew. i. d. F. des Beitreibungsrichtlinie-Umsetzungsgesetzes[492]). Die Ergänzung in §20 Abs. 1 Nr. 7 S. 3 EStG, nach der auch Erstattungszinsen im Sinne des §233a AO steuerbare Zinserträge sind, war gemäß §52a Abs. 8 S. 2 EStG i. d. F. des Jahressteuergesetzes 2010[493] in allen Fällen anzuwenden, in denen die Einkommensteuer noch nicht bestandskräftig festgesetzt ist.

V. Partielle, umfassende und konservierende Nichtanwendungsgesetze

Neben ihrer Belastungswirkung und ihrer zeitlichen Wirkung lassen sich Nichtanwendungsgesetze auch danach kategorisieren, in welchem Maße sie eine gerichtliche Entscheidung revidieren. Die Kategorisierung kann dazu beitragen, den Regelungstyp des Nichtanwendungsgesetzes in typischen Erscheinungsformen zu beschreiben und im Verlauf der Arbeit untersuchte verfassungsrechtliche Konfliktlagen für verschiedene Erscheinungsformen von Nichtanwendungsgesetzen zu durchdenken.

Wird eine gerichtliche Entscheidung nicht vollständig, sondern nur in gewissen Punkten oder nur für bestimmte Konstellationen gesetzlich revidiert, lässt sich dies als *partielles Nichtanwendungsgesetz* bezeichnen. Ein aktuelles Beispiel für ein partielles Nichtanwendungsgesetz liefert die oben bereits angesprochene Regelung des §50i Abs. 1 S. 1 EStG, die als Reaktion auf die Rechtsprechung des Bundesfinanzhofs eingeführt wurde, nach der nicht originär gewerblich tätige Personengesellschaften anders als nach den nationalen Fiktionsregeln des §15 Abs. 3 Nr. 1 oder Nr. 2 EStG für Zwecke eines Doppelbesteuerungsabkom-

[491] Vgl. die Gesetzesbegründung in BT-Drs. 15/1562, S. 32: „Die bisherige Regelung wird [...] gesetzlich festgeschrieben"; kritisch dazu *Ehmcke*, in: Blümich, §6 EStG Rn. 410: „zumindest missverständlich"; *Hergarten*, DStR 2003, 397, 398: „in der Gesamtbetrachtung eine wesentliche Verschärfung der Vorschriften"; *Spindler*, DB 2004, 507, 509: „schlicht unzutreffend".

[492] Beitreibungsrichtlinie-Umsetzungsgesetz vom 7.12.2011 (BGBl I 2011, S. 2592).

[493] Jahressteuergesetz 2010 vom 8.12.2010 (BGBl I 2010, S. 1768).

mens keine Unternehmensgewinne im Sinne von Art. 7 OECD-MA erzielen.[494] Diese Rechtsprechung hat insbesondere zur Folge, dass eine Wegzugs- oder Entstrickungsbesteuerung durch Verlagerung des (Wohn-)Sitzes eines Steuerpflichtigen ins Ausland nicht dadurch verhindert werden kann, dass verstrickte Wirtschaftsgüter vorab auf eine inländische gewerblich geprägte Personengesellschaft übertragen werden, weil damit das deutsche Besteuerungsrecht mangels inländischer Betriebsstätte nicht gesichert wird.[495] Der Gesetzgeber hat zwar mit § 50i Abs. 1 S. 1 EStG entgegen dieser Rechtsprechung im Rahmen eines Treaty Overrides ausdrücklich angeordnet, dass Deutschland sich die Besteuerung an den Gewinnen aus der Veräußerung von Wirtschaftsgütern, die ohne Entstrickungsbesteuerung auf eine vermögensverwaltende Personengesellschaft übertragen wurden, vorbehält.[496] Er hat sich dabei aber auf Altfälle beschränkt, in denen die Übertragung bereits vor dem 29.6.2013 erfolgt ist. Die Rechtsprechung des Bundesfinanzhofs wird mithin nicht generell, sondern nur für eine Teilmenge der betroffenen Fälle revidiert.

Entzieht der Gesetzgeber einer gerichtlichen Entscheidung hingegen vollständig den Boden, liegt ein *umfassendes Nichtanwendungsgesetz* vor. Als Beispiele können abermals die Neuregelungen zur steuerlichen Abzugsfähigkeit von Berufsausbildungskosten und zur Steuerbarkeit von Steuererstattungszinsen dienen. Beide Gesetze revidieren die jeweilige Entscheidung des Bundesfinanzhofs in vollem Umfang. Für die Kosten einer erstmaligen Berufsausbildung wird in § 4 Abs. 9 EStG und § 9 Abs. 6 EStG ausdrücklich festgestellt, dass sie weder Betriebsausgaben noch Werbungskosten sind. Steuererstattungszinsen werden in § 20 Abs. 1 Nr. 7 S. 3 EStG nunmehr als steuerbare Einnahmen erfasst. An diesen Beispielen zeigt sich, dass umfassende Nichtanwendungsgesetze häufig auch mit Rückwirkung versehen werden – der Gesetzgeber entscheidet sich für die denkbar weitreichendste Revision des Urteils, sowohl inhaltlich als auch zeitlich. Eine zwingende Korrespondenz besteht zwischen den verschiedenen Abgrenzungskategorien indes nicht. So entfaltet auch § 50i Abs. 1 S. 1 EStG als punktuelles Nichtanwendungsgesetz durch seinen Bezug auf vor dem Inkrafttreten erfolgte Übertragungsvorgänge unechte Rückwirkung.

---

[494] BFH, Urteil v. 28.4.2010 – I R 81/09, BFHE 229, 252 = BStBl II 2014, 754, juris Rn. 22; BFH, Beschluss v. 19.5.2010 – I B 191/09, BFHE 229, 322 = BStBl II 2011, 156, juris Rn. 15; BFH, Urteil v. 9.12.2010 – I R 49/09, BFHE 232, 145 = BStBl II 2011, 482, juris Rn. 18; BFH, Urteil v. 24.8.2011 – I R 46/10, BFHE 234, 339 = BStBl II 2014, 764, juris Rn. 16; ebenso zur Umqualifikation nach den Grundsätzen der Betriebsaufspaltung BFH, Urteil v. 25.5.2011 – I R 95/10, BFHE 234, 63 = BStBl II 2014, 760, juris Rn. 22.

[495] Der Einsatz insbesondere von gewerblich geprägten Personengesellschaften war eine allgemein anerkannte Gestaltung zur Vermeidung einer Entstrickungsbesteuerung; vgl. nur *von Brocke/Rottenmoser*, SteuK 2013, 419, 419 *Hruschka*, DStR 2014, 2421, 2422.

[496] Die Norm wurde in ihrer ursprünglichen Form durch das Amtshilferichtlinie-Umsetzungsgesetz vom 26.6.2013 (BGBl I 2013, 1809) eingeführt.

Besonders hervorzuheben sind schließlich umfassende Nichtanwendungsgesetze, mit denen der Gesetzgeber zu einer vorher bestehenden Rechtslage zurückkehren will.[497] Solche *konservierenden Nichtanwendungsgesetze* folgen im Anschluss an Entscheidungen des Bundesfinanzhofs, mit der dieser von einer bisher weitgehend praktizierten Gesetzesauslegung abweicht. Insbesondere liegen konservierende Nichtanwendungsgesetze vor, wenn der Gesetzgeber eine vom Bundesfinanzhof aufgegebene Rechtsprechung gesetzlich wiederherstellt. So führte der Gesetzgeber das Abzugsverbot für Geldbußen in §4 Abs. 5 Nr. 8 EStG ein, nachdem der Große Senat des Bundesfinanzhofs in seinen Entscheidungen vom 21.11.1983[498] die bis dahin ständige Rechtsprechung[499] aufgegeben hatte, nach der Geldbußen zum Schutz der Einheit der Rechtsordnung nicht als Betriebsausgaben oder Werbungskosten abzugsfähig waren.[500] Auch mit der Einführung von §20 Abs. 1 Nr. 7 S. 3 EStG wurde die bis zur Entscheidung des Bundesfinanzhofs vom 15.6.2010[501] ständige Rechtsprechung,[502] nach der Steuererstattungszinsen zu den steuerbaren Einnahmen aus Kapitalvermögen zählen, gesetzlich wiederhergestellt.[503]

Teilweise verbindet der Gesetzgeber im Ansatz konservierende Nichtanwendungsgesetze mit punktuellen Verschärfungen der Rechtslage zulasten der Steuerpflichtigen. So wurden die Regelungen zum Abzug außergewöhnlicher

[497] Nach den Erhebungen von *Suck*, Das Nichtanwendungsgesetz als Instrument der Steuerpolitik, 2018, S. 215 f. erfolgen fast ein Viertel aller Nichtanwendungsgesetze (24,54 %) zumindest auch mit dem ausdrücklichen Ziel, eine bisherige Rechtspraxis wiederherzustellen. Daneben stellen auch Nichtanwendungsgesetze, die nach ihrer gesetzgeberischen Zielsetzung primär dazu dienen, unkalkulierte fiskalische Einnahmeausfälle zu vermeiden, häufig eine frühere Rechtslage wieder her. Fiskalische Gründe waren (teilweise neben anderen Gründen) Anlass für den Erlass von 30,67 % der von *Suck* untersuchten Nichtanwendungsgesetze.

[498] BFH, Beschluss v. 21.11.1983 – GrS 2/82, BFHE 140, 50 = BStBl II 1984, 160; BFH, Beschluss v. 21.11.1983 – GrS 3/82, BFHE 140, 62.

[499] BFH, Urteil v. 21.7.1955 – IV 373/54 U, BFHE 61, 361 = BStBl III 1955, 338, juris Rn. 15 ff.; BFH, Urteil v. 10.9.1957 – I 322/56 S, BFHE 65, 471 = BStBl III 1957, 415, juris Rn. 5 ff.; BFH, Urteil v. 25.8.1961 – VI 99/59 S, BFHE 73, 591 = BStBl III 1961, 482, juris Rn. 8 f.; BFH, Urteil v. 6.11.1968 – I R 12/66, BFHE 94, 56 = BStBl II 1969, 74, juris Rn. 8 ff.; BFH, Urteil v. 18.5.1972 – IV R 122/68, BFHE 105, 486 = BStBl II 1972, 623, juris Rn. 9; BFH, Urteil v. 18.12.1975 – IV R 12/72, BFHE 118, 307 = BStBl II 1976, 370, juris Rn. 3; vgl. auch die Nachweise bei BFH, Beschluss v. 21.11.1983 – GrS 2/82, BFHE 140, 50 = BStBl II 1984, 160, juris Rn. 39 ff. auf die entsprechende Rechtsprechung des Reichsfinanzhofs.

[500] Der Gesetzesentwurf betont ausdrücklich, dass mit der Einführung von §4 Abs. 5 Nr. 8 EStG der bisherige Rechtszustand „wiederhergestellt" werden soll; vgl. BT-Drs. 10/1314, S. 5.

[501] BFH, Urteil v. 15.6.2010 – VIII R 33/07, BFHE 230, 109 = BStBl II 2011, 503, juris Rn. 19 f.

[502] BFH, Urteil v. 18.2.1975 – VIII R 104/70, BFHE 115, 216 = BStBl II 1975, 568, juris Rn. 5 ff.; BFH, Urteil v. 8.4.1986 – VIII R 260/82, BFHE 146, 408 = BStBl II 1986, 557, juris Rn. 12 ff.; BFH, Urteil v. 8.11.2005 – VIII R 105/03, BFH/NV 2006, 527, juris Rn. 12 f.

[503] In den parlamentarischen Beratungen führte die Bundesregierung aus, mit der gesetzlichen Neuregelung in §20 Abs. 1 Nr. 7 S. 3 EStG werde „lediglich die ursprüngliche Rechtslage beibehalten"; vgl. BT-Drs. 17/3549, S. 8.

Belastungen in §33 Abs. 2 S. 4 EStG um ein ausdrückliches Abzugsverbot für Prozesskosten ergänzt.[504] Damit knüpfte der Gesetzgeber zwar grundsätzlich an die zwischenzeitlich aufgegebene[505] Rechtsprechung des Bundesfinanzhofs an, nach der Prozesskosten dem Steuerpflichtigen in der Regel nicht zwangsläufig entstehen und deshalb keine außergewöhnlichen Belastungen darstellen.[506] Allerdings verschärfte die Neuregelung die Rechtslage beim Abzug von Gerichts- und Anwaltskosten im Zusammenhang mit einem Scheidungsverfahren: Diese Kosten entstanden nach Ansicht der bisherigen Rechtsprechung zwangsläufig und waren dementsprechend abzugsfähig. Es könne wegen des im Scheidungsrecht geltenden Zerrüttungsprinzips davon ausgegangen werden, dass den Eheleuten ein weiteres Festhalten an der Ehe nicht mehr möglich sei.[507] Die gesetzliche Neuregelung lässt einen Abzug demgegenüber nur zu, wenn der Steuerpflichtige ohne die Aufwendungen Gefahr liefe, seine Existenzgrundlage zu verlieren und seine lebensnotwendigen Bedürfnisse in dem üblichen Rahmen nicht mehr befriedigen zu können. Der Bundesfinanzhof versteht unter dem Begriff der Existenzgrundlage allein die materielle Lebensgrundlage des Steuerpflichtigen, die durch eine Scheidung nicht gefährdet wird. Scheidungskosten sind damit nach der Neuregelung nicht mehr abzugsfähig.[508] Ob eine verschärfende Neuregelung oder ein bloß konservierendes Nichtanwendungsgesetz vorliegt, ergibt sich letztlich erst aus der Auslegung der Neuregelung durch die Fachgerichte.

VI. Zwischenfazit

Nichtanwendungsgesetze unterscheiden sich von sonstigen Reformgesetzen durch ihren zeitlichen und inhaltlichen Bezug zu einer vorherigen Entscheidung des Bundesfinanzhofs. Sie lassen sich nach verschiedenen Kriterien kategori-

---

504 Die Regelung wurde durch das Amtshilferichtlinie-Umsetzungsgesetz vom 26.6.2013 (BGBl I 2013, S. 1809) eingefügt, nachdem eine Umsetzung im Jahressteuergesetz 2013 noch politisch scheiterte; vgl. zur Entstehungsgeschichte im Detail BFH, Urteil v. 18.5.2017 – VI R 9/16, BFHE 258, 142 = BStBl II 2017, 988, juris Rn. 25 ff.

505 Rechtsprechungswechsel durch BFH, Urteil v. 12.5.2011 – VI R 42/10, BFHE 234, 30 = BStBl II 2011, 1015, juris Rn. 12 ff.; nach Einführung von §33 Abs. 2 S. 4 EStG für Altfälle erneute Rückkehr zur bisherigen Rechtsprechung mit BFH, Urteil v. 18.6.2015 – VI R 17/14, BFHE 250, 153 = BStBl II 2015, 800, juris Rn. 15 ff.

506 BFH, Urteil v. 22.8.1958 – VI 148/57 U, BFHE 67, 379 = BStBl III 1958, 419, juris Rn. 5; BFH, Urteil v. 18.7.1986 – III R 178/80, BFHE 147, 171 = BStBl II 1986, 745, juris Rn. 16 f.; BFH, Urteil v. 18.3.2004 – III R 24/03, BFHE 206, 16 = BStBl II 2004, 726, juris Rn. 13 ff.; BFH, Urteil v. 27.8.2008 – III R 50/06, BFH/NV 2009, 553, juris Rn. 11 f.

507 Vgl. nur BFH, Urteil v. 20.1.2016 – VI R 70/12, BFH/NV 2016, 905, juris Rn. 18 m. w. N.

508 BFH, Urteil v. 18.5.2017 – VI R 9/16, BFHE 258, 142 = BStBl II 2017, 988, juris Rn. 15 ff.; vgl. zur vorhergehenden Diskussion nur Sächsisches FG, Urteil v. 13.11.2014 – 2 K 1399/14, EFG 2015, 644, juris Rn. 13 ff.; FG Niedersachsen, Urteil v. 18.2.2015 – 3 K 297/14, EFG 2015, 725, juris Rn. 58 ff.; *Heim*, DStZ 2013, 165, 168; *Kanzler*, FR 2014, 209, 214.

sieren: Häufig wird in den Gesetzgebungsmaterialien und/oder in Äußerungen der Finanzverwaltung während des Gesetzgebungsprozesses ausdrücklich herausgestellt, dass das Gesetz die Rechtsprechung korrigieren soll (*ausdrückliche Nichtanwendungsgesetze*). Nichtanwendungsgesetze können sowohl zugunsten als auch zulasten des Steuerpflichtigen ergehen, die Regel bilden in der Praxis aber (vor allem) fiskalisch motivierte *belastende Nichtanwendungsgesetze*. In zeitlicher Hinsicht lassen sich *rückwirkende Nichtanwendungsgesetze* und *Nichtanwendungsgesetze mit Wirkung pro futuro* unterscheiden. Nach dem Umfang, in dem die Entscheidung des Bundesfinanzhofs in inhaltlicher Hinsicht revidiert wird, kann entweder ein *punktuelles* oder ein *umfassendes Nichtanwendungsgesetz* vorliegen. Kehrt der Gesetzgeber zu einer vorher bestehenden Rechtslage zurück (beispielsweise, indem er einen Rechtsprechungswechsel des Bundesfinanzhofs gesetzlich korrigiert) liegt ein *konservierendes Nichtanwendungsgesetz* vor. Der Begriff eines „klarstellenden Gesetzes" bezeichnet demgegenüber nicht immer ein Nichtanwendungsgesetz, sondern wird in sehr unterschiedlichen Zusammenhängen gebraucht und ist dementsprechend nicht mit einem dogmatischen Erkenntnisgewinn verbunden. Ebenso wenig sind Nichtanwendungsgesetze mit authentischen Interpretationen des Gesetzgebers identisch.

Mit dieser Abgrenzung und Typologisierung wird das Feld der Nichtanwendungsgesetze klarer umrissen. Gleichwohl verbleibt ein Graubereich: Wenn kein ausdrückliches Nichtanwendungsgesetz vorliegt, wird sich in vielen Fällen darüber diskutieren lassen, ob zwischen einer fachgerichtlichen Entscheidung und einer nachfolgenden gesetzlichen Änderung ein hinreichend enger zeitlicher oder inhaltlicher Zusammenhang besteht, um dieses Gesetz als Nichtanwendungsgesetz bezeichnen zu können. Dieser Umstand spricht nicht dagegen, dem wissenschaftlichen Diskurs zu folgen und nach verfassungsrechtlichen Grenzen für gesetzgeberische Reaktionen auf fachgerichtliche Entscheidungen zu suchen. Die verbleibende Unschärfe bei der Bestimmung des Untersuchungsgegenstands darf aber auch bei der verfassungsrechtlichen Analyse desselben nicht aus den Augen verloren werden: Sie spricht gegen eine einheitliche Beurteilung sämtlicher Nichtanwendungsgesetze als per se zulässig oder unzulässig und für eine verstärkte Einzelfallbetrachtung.

D. Nichtanwendungsgesetze im (wissenschaftlichen) Diskurs

Die verfassungsrechtliche Zulässigkeit und die rechtspolitische Bewertung von Nichtanwendungsgesetzen sind Gegenstand einer langjährigen und vielstimmigen Debatte.[509] Inhaltlich haben sich drei wesentliche Ansatzpunkte für ver-

---

[509] Vgl. ergänzend zu dem folgenden Überblick vor allem die Darstellung der Diskussion

fassungsrechtliche und rechtspolitische Kritik an Nichtanwendungsgesetzen herausgebildet: Nichtanwendungsgesetze stehen erstens in einem Spannungsverhältnis mit dem Grundsatz der Gewaltenteilung und der daraus folgenden innerstaatlichen Kompetenzverteilung: Zum einen kann man die Korrektur einer höchstrichterlichen Entscheidung als potentiellen Eingriff des Gesetzgebers in den Verantwortungsbereich der Rechtsprechung begreifen. Zum anderen könnte der maßgebliche Einfluss der Finanzverwaltung auf den Gesetzgebungsprozess einen Übergriff der Exekutive auf den Kompetenzbereich der Legislative begründen. Zweitens können rückwirkende Nichtanwendungsgesetze schutzwürdiges Vertrauen des Steuerpflichtigen verletzen und deshalb gegen das verfassungsrechtliche Rückwirkungsverbot verstoßen. Schließlich wird drittens der negative Effekt von (rückwirkenden) Nichtanwendungsgesetzen auf die Effektivität des Rechtsschutzes diskutiert, insbesondere wenn sie mit ausdrücklichen oder konkludenten Nichtanwendungserlassen zusammentreffen.

Diese Kritikpunkte wurden und werden vor allem im steuerrechtlichen Schrifttum aufgeworfen. Stellungnahmen aus anderen Rechtsgebieten sind bislang vereinzelt geblieben. Auch das verfassungsrechtliche Schrifttum diskutiert das Problem meist nur am Rande anderer Problemschwerpunkte und nicht als eigenständigen Topos. Auf Ebene der Fachgerichte ist es vor allem der Bundesfinanzhof, der zu einzelnen Argumentationssträngen aus dem wissenschaftlichen Diskurs Stellung genommen hat. In mehreren Fällen hat er die Verfahren nach Art. 100 Abs. 1 GG ausgesetzt und eine Entscheidung des Bundesverfassungsgerichts eingeholt, sodass die einschlägigen Entscheidungen des Bundesverfassungsgerichts ganz überwiegend ebenfalls steuerliche Nichtanwendungsgesetze betreffen. Die auf diesem Weg begründeten Rechtsprechungslinien des Bundesverfassungsgerichts bilden den Ausgangspunkt des folgenden Überblicks über den aktuellen Stand der Diskussion, weil sie die abstrakten Vorgaben der Verfassung konkretisieren und sowohl in der fachgerichtlichen Rechtsprechung als auch in der wissenschaftlichen Diskussion als maßgebliche Orientierungspunkte dienen.

I. Rechtsprechungslinien des Bundesverfassungsgerichts

Von den drei dargestellten Konfliktlinien hat sich das Bundesverfassungsgericht bisher fast ausschließlich mit der Vereinbarkeit von Nichtanwendungsgesetzen mit dem Rückwirkungsverbot beschäftigt. Den Gegenstand der – im späteren Verlauf in ihrer Argumentationsstruktur noch detailliert zu untersuchenden[510] – Verfahren bildeten dabei jeweils konservierende Nichtanwendungsgesetze. Zunächst entschied das Gericht über drei Fälle, in denen der

in der bislang einzigen monografischen Bearbeitung; *Suck*, Das Nichtanwendungsgesetz als Instrument der Steuerpolitik, 2018, S. 155 ff.

[510] Zu dieser Rechtsprechungslinie noch ausführlich unter §6 C. III. 1.

Steuergesetzgeber auf einen Rechtsprechungswechsel des Bundesfinanzhofs reagierte, indem er rückwirkend die frühere gerichtliche Auslegung gesetzlich festschrieb.[511] Das Bundesverfassungsgericht sieht darin keine Verletzung des Rückwirkungsverbots, weil kein schutzwürdiges Vertrauen der Steuerpflichtigen verletzt worden sei: Vor dem Rechtsprechungswechsel hätten die Steuerpflichtigen nicht schutzwürdig auf eine andere als die gerichtliche Auslegung vertrauen dürfen.[512] Etwas anderes könne allenfalls dann gelten, wenn eine Änderung der bisherigen Rechtsprechung wegen einer erheblichen Änderung der tatsächlichen oder rechtlichen Rahmenbedingungen offensichtlich geboten erscheint.[513] Für die Zeit nach dem Rechtsprechungswechsel fehle es regelmäßig ebenfalls an einer geeigneten Vertrauensgrundlage, weil zeitnah eine gesetzliche Rückkehr zu der bisherigen Rechtslage angekündigt worden sei.[514] In drei jüngeren Beschlüssen hat das Gericht diese Argumentationsstruktur auf nichtsteuerliche Sachverhalte übertragen.[515] Dabei hat es auch Konstellationen einbezogen, in denen kein Rechtsprechungswechsel eines höchsten Bundesgerichts vorlag, sondern der Gesetzgeber eine bisher weitgehend einheitliche Rechtspraxis wiederherstellte.[516] Umgekehrt hat das Gericht ein steuerliches Nicht-

[511] Zur rückwirkenden Einführung des Abzugsverbotes für Geldbußen in §4 Abs. 5 S. 1 Nr. 8 EStG BVerfG, Beschluss v. 23.1.1990 – 1 BvL 4/87; 1 BvL 5/87; 1 BvL 6/87; 1 BvL 7/87, BVerfGE 81, 228 gegen BFH, Beschluss v. 21.11.1983 – GrS 2/82, BFHE 140, 50 = BStBl II 1984, 160, juris Rn. 49ff.; zum rückwirkenden Ausschluss einer Mehrmütterorganschaft im Gewerbesteuer- und Körperschaftsteuerrecht BVerfG, Nichtannahmebeschluss v. 15.10.2008 – 1 BvR 1138/06, BVerfGK 14, 338 gegen BFH, Urteil v. 9.6.1999 – I R 43/97, BFHE 189, 518 = BStBl II 2000, 695, juris Rn. 18ff.; BFH, Urteil v. 9.6.1999 – I R 37/98, BFH/NV 2000, 347, juris Rn. 14ff.; BFH, Urteil v. 26.4.2001 – IV R 75/99, BFHE 194, 421, juris Rn. 27ff.; zur rückwirkenden Beschränkung der Passivierungsmöglichkeiten von Jubiläumsrückstellungen BVerfG, Beschluss v. 12.5.2009 – 2 BvL 1/00, BVerfGE 123, 111 gegen BFH, Urteil v. 5.2.1987 – IV R 81/84, BFHE 149, 55 = BStBl II 1987, 845, juris Rn. 12ff.; zudem nahm das Bundesverfassungsgericht eine Verfassungsbeschwerde gegen die rückwirkende gesetzliche Wiederherstellung der Geprägetheorie in §15 Abs. 3 EStG gegen BFH, Beschluss v. 25.6.1984 – GrS 4/82, BFHE 141, 405 = BStBl II 1984, 751, juris Rn. 133ff. ohne Begründung nicht zur Entscheidung an; BVerfG, Beschluss v. 2.11.1995 – 2 BvR 1568/90, StE 1996, 8.

[512] BVerfG, Beschluss v. 23.1.1990 – 1 BvL 4/87; 1 BvL 5/87; 1 BvL 6/87; 1 BvL 7/87, BVerfGE 81, 228, juris Rn. 34; BVerfG, Nichtannahmebeschluss v. 15.10.2008 – 1 BvR 1138/06, BVerfGK 14, 338, juris Rn. 15; BVerfG, Beschluss v. 12.5.2009 – 2 BvL 1/00, BVerfGE 123, 111, juris Rn. 47.

[513] BVerfG, Nichtannahmebeschluss v. 15.10.2008 – 1 BvR 1138/06, BVerfGK 14, 338, juris Rn. 18; BVerfG, Beschluss v. 12.5.2009 – 2 BvL 1/00, BVerfGE 123, 111, juris Rn. 49.

[514] BVerfG, Beschluss v. 23.1.1990 – 1 BvL 4/87; 1 BvL 5/87; 1 BvL 6/87; 1 BvL 7/87, BVerfGE 81, 228, juris Rn. 34; offengelassen in BVerfG, Nichtannahmebeschluss v. 15.10.2008 – 1 BvR 1138/06, BVerfGK 14, 338, juris Rn. 16.

[515] BVerfG, Beschluss v. 21.7.2010 – 1 BvL 11/06, 1 BvL 12/06, 1 BvL 13/06, 1 BvR 2530/05, BVerfGE 126, 369, juris Rn. 77ff.; BVerfG, Beschluss v. 2.5.2012 – 2 BvL 5/10, BVerfGE 131, 20, juris Rn. 79ff.; BVerfG, Beschluss v. 16.12.2015 – 2 BvR 1958/13, NVwZ 2016, 682, juris Rn. 51f.

[516] Vgl. BVerfG, Beschluss v. 21.7.2010 – 1 BvL 11/06, 1 BvL 12/06, 1 BvL 13/06, 1 BvR 2530/05, BVerfGE 126, 369, juris Rn. 78ff.; BVerfG, Beschluss v. 2.5.2012 – 2 BvL 5/10, BVerf-

anwendungsgesetz mit unechter Rückwirkung, das nach Ansicht des Bundesverfassungsgerichts gerade nicht die bisherige Rechtslage wiederherstellte, für teilweise verfassungswidrig erklärt.[517]

Von besonderem Interesse für die Beurteilung rückwirkender Nichtanwendungsgesetze sind daneben jüngere Entscheidungen des Bundesverfassungsgerichts, die den Anwendungsbereich des Rückwirkungsverbots betreffen. Im Zentrum steht insoweit der Beschluss des ersten Senats vom 17.12.2013,[518] dessen Grundsätze aber mittlerweile mehrfach bestätigt wurden:[519] Der Steuergesetzgeber hatte rückwirkend den Wortlaut von § 40a Abs. 1 KAGG geändert – einer mittlerweile aufgehobenen Norm des Investmentsteuerrechts, die die entsprechende Anwendung der einkommen- und körperschaftsteuerlichen Vergünstigungen für Einnahmen bzw. Gewinne aus der Veräußerung von Anteilen an einer Körperschaft (§ 3 Nr. 40 EStG bzw. § 8b Abs. 2 KStG) für Erträge aus der Veräußerung oder Rückgabe von Anteilsscheinen an einem Wertpapier-Sondervermögen anordnete. Mit der Gesetzesänderung entschied der Gesetzgeber einen Streit darüber, ob der Verweis sich nicht nur auf die Vergünstigungen, sondern auch auf die entsprechenden Abzugsverbote für Gewinnminderungen (§ 3c Abs. 2 EStG, § 8b Abs. 3 KStG) erstreckte,[520] zulasten der Steuerpflichtigen, bevor die Finanzgerichte oder der Bundesfinanzhof zur Auslegung Stellung nehmen konnten. Es handelte sich bei der Neuregelung also nicht um ein Nichtanwendungsgesetz. Der Gesetzgeber kam vielmehr einer finanzgerichtlichen Entscheidung zugunsten der Steuerpflichtigen durch eine Gesetzesänderung zuvor. Das Bundesverfassungsgericht entschied, dass die rückwirkende Anwendung dieser Neuregelung verfassungswidrig sei: Sobald der Gesetzgeber den Wortlaut einer Norm so verändere, dass damit eine bisher vertretbare und vertretene Auslegung unmöglich wird, liege nicht bloß eine deklaratorische „Klarstellung", sondern eine konstitutive Veränderung der Rechtslage vor.[521] Erstrecke sich eine solche Neuregelung auch auf die Vergangenheit, greife das Rückwirkungsverbot. Der Gesetzgeber müsse hinnehmen, dass die Auslegung der Normen für die Vergangenheit grundsätzlich durch die Rechtsprechung er-

GE 131, 20, juris Rn. 82; BVerfG, Beschluss v. 16.12.2015 – 2 BvR 1958/13, NVwZ 2016, 682, juris Rn. 51 f.

[517] BVerfG, Beschluss v. 25.3.2021 – 2 BvL 1/11, juris.

[518] BVerfG, Beschluss v. 17.12.2013 – 1 BvL 5/08, BVerfGE 135, 1.

[519] BVerfG, Beschluss v. 12.11.2015 – 1 BvR 2961/14, 1 BvR 3051/14, NVwZ 2016, 300, juris Rn. 49; BVerfG, Nichtannahmebeschluss v. 20.9.2016 – 1 BvR 1387/15, NVwZ 2017, 705, juris Rn. 41: „Maßstäbe sind hinreichend geklärt."

[520] Vgl. die Darstellung der unterschiedlichen Positionen bei FG Münster, Vorlagebeschluss v. 22.2.2008 – 9 K 5096/07 K, EFG 2008, 983, juris Rn. 42; FG München, Urteil v. 28.2.2008 – 7 K 917/07, EFG 2008, 991, juris Rn. 25.

[521] BVerfG, Beschluss v. 17.12.2013 – 1 BvL 5/08, BVerfGE 135, 1, juris Rn. 44 ff.; BVerfG, Beschluss v. 12.11.2015 – 1 BvR 2961/14, 1 BvR 3051/14, NVwZ 2016, 300, juris Rn. 49; BVerfG, Nichtannahmebeschluss v. 20.9.2016 – 1 BvR 1387/15, NVwZ 2017, 705, juris Rn. 41.

folge.[522] Eine besondere Rechtfertigung für einen rückwirkenden Zugriff des Gesetzgebers sei hier nicht ersichtlich.[523]

Das Bundesverfassungsgericht bezieht sich im Beschluss vom 17.12.2013 und den bestätigenden Entscheidungen ausdrücklich auch auf Nichtanwendungsgesetze: Eine konstitutiv rückwirkende Regelung liege insbesondere dann vor, wenn mit der Änderung des Wortlauts einer (höchst-)richterlichen Auslegung der argumentative Boden entzogen werden soll.[524] Das Gericht hat zwar durch einen abgrenzenden Verweis zum Ausdruck gebracht, dass es keinen Widerspruch zwischen diesen jüngeren Entscheidungen und der Rechtsprechungslinie zu konservierenden Nichtanwendungsgesetzen sieht.[525] Sowohl mit Blick auf das Ergebnis als auch mit Blick auf die zur Begründung herangezogenen Argumente besteht aber zumindest ein Spannungsverhältnis: Es ist nicht unmittelbar einsichtig, warum es dem Gesetzgeber verwehrt sein soll, in einen offenen Auslegungsprozess rückwirkend einzugreifen, er aber einen durch eine höchstrichterliche Entscheidung abgeschlossenen Prozess rückwirkend korrigieren darf.[526] Gerade die (vermeintlichen) Unterschiede zur bisherigen Rechtsprechung werden auch in einem vielbeachteten abweichenden Votum des Richters Masing hervorgehoben, der die Entscheidung der Senatsmehrheit weder in der Begründung noch im Ergebnis teilt.[527] Inwieweit diese Kritik trägt und wie sich das Spannungsverhältnis zwischen den bisherigen Rechtsprechungslinien und den neuen Grundsätzen des Beschlusses vom 17.12.2013 auflösen lässt, wird einen Schwerpunkt der verfassungsrechtlichen Analyse zum Rückwirkungsverbot bilden.[528]

Am Grundsatz der Gewaltenteilung hat das Bundesverfassungsgericht bislang nur ein einziges (rückwirkendes) Nichtanwendungsgesetz gemessen. Gegenstand des Nichtannahmebeschlusses vom 15.10.2008[529] war abermals ein konservierendes Nichtanwendungsgesetz aus dem Bereich des Ertragsteuerrechts, mit dem der Gesetzgeber einen vorherigen Rechtsprechungswechsel des Bundesfinanzhofs rückwirkend korrigierte.[530] Die erste Kammer des ersten Se-

---

522 BVerfG, Beschluss v. 17.12.2013 – 1 BvL 5/08, BVerfGE 135, 1, juris Rn. 47f.; BVerfG, Beschluss v. 12.11.2015 – 1 BvR 2961/14, 1 BvR 3051/14, NVwZ 2016, 300, juris Rn. 48; vgl. insoweit auch schon BVerfG, Beschluss v. 31.3.1965 – 2 BvL 17/63, BVerfGE 18, 429, juris Rn. 43.

523 BVerfG, Beschluss v. 17.12.2013 – 1 BvL 5/08, BVerfGE 135, 1, juris Rn. 66ff.

524 BVerfG, Beschluss v. 17.12.2013 – 1 BvL 5/08, BVerfGE 135, 1, juris Rn. 55; ebenso auch schon BVerfG, Beschluss v. 2.5.2012 – 2 BvL 5/10, BVerfGE 131, 20, juris Rn. 69.

525 BVerfG, Beschluss v. 17.12.2013 – 1 BvL 5/08, BVerfGE 135, 1, juris Rn. 79ff.

526 Zweifel an der Vereinbarkeit der bisherigen Rechtsprechungslinien mit den neueren Entscheidungen äußern auch *Hey*, NJW 2014, 1564, 1567; *Drüen*, StuW 2015, 210, 217f.; *Osterloh*, StuW 2015, 201, 206; *Schönfeld/Bergmann*, DStR 2015, 257, 259; *Wissenschaftlicher Beirat Ernst & Young Steuern*, DB 2015, 513, 517; *Mellinghoff*, FS Landau, 2016, S. 69, 84.

527 BVerfG, Beschluss v. 17.12.2013 – 1 BvL 5/08, BVerfGE 135, 1, juris Rn. 86ff.; *Masing* zustimmend vor allem *Lepsius*, JZ 2014, 488, 497.

528 Dazu noch im Detail unter § 6 C. III. 2.

529 BVerfG, Nichtannahmebeschluss v. 15.10.2008 – 1 BvR 1138/06, BVerfGK 14, 338.

530 Als Reaktion auf BFH, Urteil v. 9.6.1999 – I R 43/97, BFHE 189, 518 = BStBl II 2000,

nats des Bundesverfassungsgerichts äußert sich ausschließlich zum Verhältnis zwischen Legislative und Judikative und stellt insoweit ohne weitere Begründung fest: „Es widerspricht weder dem Rechtsstaatsprinzip noch dem Gewaltenteilungsgrundsatz, wenn der Gesetzgeber eine Rechtsprechungsänderung korrigiert, die auf der Grundlage der seinerzeit bestehenden Gesetzeslage zwar mit gutem Grund erfolgt sein mag, deren Ergebnis er aber für nicht sachgerecht hält. Nicht die Rücksicht auf die rechtsprechende Gewalt und deren Befugnis zur Letztentscheidung über die bestehende Gesetzeslage, sondern nur das sonstige Verfassungsrecht, insbesondere die Grundrechte der Steuerpflichtigen, begrenzen hier die Gestaltungsbefugnis des Gesetzgebers bei der Bestätigung der alten Rechtspraxis durch entsprechende gesetzliche Klarstellung.“[531]

Diese weitgehend apodiktische Feststellung wird in anderen Entscheidungen des Bundesverfassungsgerichts bestätigt, die das Verhältnis zwischen Legislative und Judikative betreffen. So führt der zweite Senat in einer frühen Entscheidung im Zusammenhang mit einer vermeintlichen Auslegung einer steuerrechtlichen Norm *contra legem* aus: „Seit 1958 kannte [der Bundesgesetzgeber] dazu die Auffassung des Bundesfinanzhofs. Wenn er dessen Auslegung als [sic!] mit dem Gesetz unvereinbar gehalten hätte, so wäre es ihm seither möglich gewesen, durch einen Akt der Gesetzgebung das Problem im anderen Sinne zu entscheiden.“[532] Der erste Senat stellt fest, der Gesetzgeber könne den an ihn in Art. 6 Abs. 5 GG erteilten Verfassungsauftrag, uneheliche Kinder den ehelichen Kindern weitgehend gleichzustellen, auch dann jederzeit wieder an sich ziehen und nach seinen Vorstellungen verwirklichen, wenn (wegen einer jahrelangen Untätigkeit des Gesetzgebers) zunächst die Rechtsprechung eine Gleichstellung vorangetrieben habe.[533] In mehreren jüngeren Entscheidungen zu den verfassungsrechtlichen Grenzen richterlicher Rechtsfortbildung betont schließlich der erste Senat, der Gesetzgeber habe zwar die Befugnis der Gerichte zu einer solchen Rechtsfortbildung in den verschiedenen Prozessordnungen aner-

---

695, juris Rn. 18ff.; BFH, Urteil v. 9.6.1999 – I R 37/98, BFH/NV 2000, 347, juris Rn. 14ff.; BFH, Urteil v. 26.4.2001 – IV R 75/99, BFHE 194, 421, juris Rn. 27ff. wurde mit dem Gesetz zur Fortentwicklung des Unternehmenssteuerrechts (UntStFG) v. 20.12.2001 (BGBl I 2001, S. 3858) in §14 Abs. 2 S. 1 KStG und §2 Abs. 2 S. 3 GewStG geregelt, dass mehrere Muttergesellschaften, die gemeinsam die Stimmmehrheit an einer Tochtergesellschaft halten, nicht unmittelbar Organträger einer körper- oder gewerbesteuerlichen Organschaft sein können, sondern – in Übereinstimmung mit der älteren Rechtsprechung (BFH, Urteil v. 8.10.1986 – I R 65/85, BFH/NV 1988, 190, juris Rn. 17; BFH, Urteil v. 14.4.1993 – I R 128/90, BFHE 171, 223 = BStBl II 1994, 124, juris Rn. 21 ff.) und der Verwaltungspraxis (Abschn. 52 Abs. 6 KStR 1995 und Abschn. 14 Abs. 6 GewStR 1998) – nur eine von den Muttergesellschaften gebildete Gesellschaft bürgerlichen Rechts als Organträgerin in Betracht kommt.

[531] BVerfG, Nichtannahmebeschluss v. 15.10.2008 – 1 BvR 1138/06, BVerfGK 14, 338, juris Rn. 20.

[532] BVerfG, Beschluss v. 3.11.1965 – 2 BvR 246/62, 2 BvR 257/62, 2 BvR 110/63, 2 BvR 111/63, BVerfGE 19, 166, juris Rn. 30.

[533] BVerfG, Beschluss v. 29.1.1969 – 1 BvR 26/66, BVerfGE 25, 167, juris Rn. 38.

kannt.[534] Dies belasse ihm aber die Möglichkeit, „in unerwünschte Rechtsentwicklungen korrigierend einzugreifen."[535]

Beachtung verdient zudem erneut der Beschluss des ersten Senats vom 17.12.2013: Zunächst betont das Gericht auch hier, dass der Gesetzgeber grundsätzlich befugt ist, „den Inhalt einer von ihm gesetzten Norm zu ändern oder klarstellend zu präzisieren und dabei gegebenenfalls eine Rechtsprechung zu korrigieren, mit der er nicht einverstanden ist."[536] Diese Möglichkeit beschränke sich aber regelmäßig auf die Zukunft. Für die Vergangenheit müsse der Gesetzgeber grundsätzlich anerkennen, dass die verbindliche Auslegung des Gesetzes primäre Aufgabe der Fachgerichte sei.[537] Das prinzipielle Rückwirkungsverbot wird damit – zumindest auch[538] – mit Erwägungen zur Kompetenzverteilung zwischen Legislative und Judikative untermauert.[539] Die Verknüpfung von Gewaltenteilung und Rückwirkungsverbot ist zugleich einer der primären Ansatzpunkte für Kritik an der Entscheidung der Senatsmehrheit.[540]

Auch zu einer möglichen Verletzung des Anspruchs auf effektiven Rechtsschutz stellt der Nichtannahmebeschluss der ersten Kammer des ersten Senats vom 15.10.2008 die einzige Entscheidung dar, die sich unmittelbar mit einem (rückwirkenden konservierenden) Nichtanwendungsgesetz auseinandersetzt. Die materiellen Ausführungen lauten: „Da sich der von der Finanzverwaltung eingenommene Rechtsstandpunkt [...] auf der Grundlage des hierfür maßgeblichen, weil verfassungsgemäß mit Rückwirkung in Kraft gesetzten § 2 Abs. 2 Satz 3 GewStG als materiell rechtmäßig erwiesen hat, ist nicht erkennbar, wie die hier allein in Streit stehende Versagung der Aussetzung der sofortigen Voll-

---

534 Dies zeigt sich insbesondere an den Vorschriften, die eine Revision oder eine Vorlage an einen Großen Senat zur Fortbildung des Rechts zulassen, vgl. §§ 11 Abs. 4, 115 Abs. 2 Nr. 2 FGO, § 132 Abs. 4 GVG, § 543 Abs. 2 S. 1 Nr. 2 ZPO, § 11 Abs. 4 VwGO, § 45 Abs. 4 ArbGG, § 41 Abs. 4 SGG.

535 BVerfG, Urteil v. 11.7.2012 – 1 BvR 3142/07, 1 BvR 1569/08, BVerfGE 132, 99, juris Rn. 74; BVerfG, Nichtannahmebeschluss v. 23.5.2016 – 1 BvR 2230/15, 1 BvR 2231/15, WM 2016, 1431, juris Rn. 38; BVerfG, Beschluss v. 6.6.2018 – 1 BvL 7/14, 1 BvR 1375/14, NJW 2018, 2542, juris Rn. 73; BVerfG, Nichtannahmebeschluss v. 26.11.2018 – 1 BvR 318/17, 1 BvR 1474/17, 1 BvR 2207/17, NJW 2019, 351, juris Rn. 29.

536 BVerfG, Beschluss v. 17.12.2013 – 1 BvL 5/08, BVerfGE 135, 1, juris Rn. 48; ebenso auch schon BVerfG, Beschluss v. 21.7.2010 – 1 BvL 11/06, 1 BvL 12/06, 1 BvL 13/06, 1 BvR 2530/05, BVerfGE 126, 369, juris Rn. 73.

537 BVerfG, Beschluss v. 17.12.2013 – 1 BvL 5/08, BVerfGE 135, 1, juris Rn. 48 ff.

538 Ausdrücklich führt der erste Senat das Rückwirkungsverbot indes – im Einklang mit der jüngeren Rechtsprechung beider Senate, vgl. im Detail noch unter § 6 B. IV. – auf das Rechtsstaatsprinzip und die Grundrechte zurück; BVerfG, Beschluss v. 17.12.2013 – 1 BvL 5/08, BVerfGE 135, 1, juris Rn. 48, 62 f.; dementsprechend zweifelnd an der inhaltlichen Tragweite der Ausführungen zur Gewaltenteilung z. B. *Hey*, NJW 2014, 1564, 1566; *Buchheim/Lassahn*, NVwZ 2014, 562, 564.

539 Zu dogmatischen Verbindungen zwischen dem Rückwirkungsverbot und dem Grundsatz der Gewaltenteilung noch im Detail unter § 4 C: II., III. 2.

540 Siehe nur BVerfG, Beschluss v. 17.12.2013 – 1 BvL 5/08, BVerfGE 135, 1, juris Rn. 86 ff. (Sondervotum *Masing*); *Lepsius*, JZ 2014, 488, 492, im Einzelnen noch unter § 6. B. I. 2. c) cc).

ziehung durch den Bundesfinanzhof die Beschwerdeführerinnen in ihrem Anspruch auf Gewährung effektiven Rechtsschutzes verletzt haben könnte. Denn auch Art. 19 Abs. 4 GG dient letztlich der Durchsetzung des materiellen Rechts."[541]

Andere Entscheidungen des Bundesverfassungsgerichts zur Reichweite von Art. 19 Abs. 4 GG bestätigen zwar, dass der individuelle Anspruch auf effektiven Rechtsschutz nur so weit reichen kann, wie ein materiellrechtlicher Anspruch besteht.[542] Es sind aber keine weiteren Entscheidungen ersichtlich, die sich speziell mit den Auswirkungen einer rückwirkenden Gesetzesänderung auf die Effektivität des Rechtsschutzes auseinandersetzen. Ebenso wenig hat sich das Bundesverfassungsgericht bisher mit dem Effekt von ausdrücklichen oder konkludenten Nichtanwendungserlassen und möglichen Wechselwirkungen zu (rückwirkenden) gesetzlichen Regelungen auseinandergesetzt. Auch die erste Kammer des ersten Senats hat im Beschluss vom 15.10.2008 ausdrücklich offen gelassen, ob der zur Vorbereitung der rückwirkenden Gesetzesänderung ergangene Nichtanwendungserlass der Finanzverwaltung rechtmäßig war, und ob dem Steuerpflichtigen durch die Kombination von Nichtanwendungserlass und rückwirkendem Nichtanwendungsgesetz ein Schaden entstanden ist.[543]

Damit findet sich zwar bislang keine Entscheidung, in der ein Nichtanwendungsgesetz für verfassungswidrig erklärt wird.[544] Das Bundesverfassungsgericht hat aber auch noch nicht zu allen verfassungsrechtlichen Konfliktlinien Stellung genommen. So fehlen insbesondere Entscheidungen zu einer möglichen Verletzung des Grundsatzes der Gewaltenteilung durch einen zu weitgehenden Einfluss der Exekutive im Gesetzgebungsverfahren sowie zu einer möglichen Beeinträchtigung des effektiven Rechtsschutzes durch das Zusammenwirken exekutiver und legislativer Reaktionen auf eine höchstrichterliche Entscheidung. Insoweit das Gericht bislang die Verfassungskonformität von Nichtanwendungsgesetzen ausdrücklich bejaht hat – also insbesondere im Hinblick auf die Rückwirkung konservierender Nichtanwendungsgesetze – haben der Beschluss des ersten Senats vom 17.12.2013 und die dessen Grundsätze bestätigenden Folgeentscheidungen zumindest Zweifel an der Fortführung der bisherigen Rechtsprechungslinien aufgeworfen.

---

[541] BVerfG, Nichtannahmebeschluss v. 15.10.2008 – 1 BvR 1138/06, BVerfGK 14, 338, juris Rn. 21.

[542] BVerfG, Beschluss v. 5.2.1963 – 2 BvR 21/60, BVerfGE 15, 275, juris Rn. 17; BVerfG, Beschluss v. 8.7.1982 – 2 BvR 1187/80, BVerfGE 61, 82, juris Rn. 77; BVerfG, Beschluss v. 17.4.1991 – 1 BvR 419/81, 1 BvR 213/83, BVerfGE 84, 34, juris Rn. 47; BVerfG, Urteil v. 20.2.2001 – 2 BvR 1444/00, BVerfGE 103, 142, juris Rn. 51.

[543] BVerfG, Nichtannahmebeschluss v. 15.10.2008 – 1 BvR 1138/06, BVerfGK 14, 338, juris Rn. 21.

[544] Nur insoweit ist *Suck*, Das Nichtanwendungsgesetz als Instrument der Steuerpolitik, 2018, S. 156 darin zuzustimmen, dass das Bundesverfassungsgericht in ständiger Rechtsprechung die Verfassungskonformität von Nichtanwendungsgesetzen bejaht.

Auch der jüngste Beschluss vom 19.11.2019 zur Verfassungskonformität der im Rahmen eines echt rückwirkenden Nichtanwendungsgesetzes eingeführten Abzugsverbote für Erstausbildungskosten in § 4 Abs. 9 und § 9 Abs. 6 EStG[545] hat insoweit keine neuen Erkenntnisse gebracht: Einen möglichen Verstoß gegen das Rückwirkungsverbot ließ der Senat ausdrücklich offen.[546] In seinem Beschluss vom 21.3.2021 zur teilweisen Verfassungswidrigkeit der Abzugsregelung für vorausgezahlte Nutzungsentgelte in § 11 Abs. 2 S. 3 EStG hat der zweite Senat Rechtsprechungslinien zur unechten Rückwirkung bei Steuergesetzen bestätigt und konkretisiert, sah den entschiedenen Fall aber gerade nicht als vergleichbar mit den vormaligen Entscheidungen zu rückwirkenden Nichtanwendungsgesetzen an.[547] Die Grundsätze der Gewaltenteilung und des effektiven Rechtsschutzes wurden von ihm nicht problematisiert.

II. Fachgerichtliche Rechtsprechung

Auf bundesgerichtlicher Ebene haben vor allem der Bundesfinanzhof und – mit Abstrichen – das Bundessozialgericht zu Nichtanwendungsgesetzen Stellung genommen. Daneben finden sich einzelne Entscheidungen des Bundesgerichtshofs und des Bundesverwaltungsgerichts. Inhaltlich stimmen die Rechtsprechungslinien im Wesentlichen mit den Positionen des Bundesverfassungsgerichts überein:

Zum Grundsatz der Gewaltenteilung finden sich nur Aussagen in Bezug auf das Verhältnis zwischen Legislative und Judikative. Dabei gehen alle Bundesgerichte davon aus, dass der Gesetzgeber fachgerichtliche Entscheidungen durch eine Änderung der auszulegenden Norm korrigieren kann. Der Bundesfinanzhof verweist darauf, dass nach Art. 20 Abs. 3 GG Gerichte an die Gesetze und nicht der Gesetzgeber an gerichtliche Entscheidungen gebunden sei.[548] Aus dem Grundsatz der Gewaltenteilung könnten daher keine über das Rückwirkungsverbot hinausgehenden Anforderungen abgeleitet werden.[549] Die Kritik an Nichtanwendungsgesetzen sei insoweit letztlich nur rechtspolitisch.[550] Auch der Bundesgerichtshof knüpft in der einzigen einschlägigen Entscheidung an Art. 20 Abs. 3 GG an: Solange nicht die verfassungsmäßige Ordnung betrof-

---

545 Zur Entstehungsgeschichte bereits ausführlich unter § 1 A.

546 BVerfG, Beschluss v. 19.11.2019 – 2 BvL 22–27/14, DStR 2020, 93, juris Rn. 92.

547 BVerfG, Beschluss v. 25.3.2021 – 2 BvL 1/11, juris, juris Rn. 75.

548 BFH, Urteil v. 10.7.1986 – IV R 12/81, BFHE 147, 63 = BStBl II 1986, 811, juris Rn. 11; BFH, Beschluss v. 22.2.2006 – I B 145/05, BFHE 213, 29 = BStBl II 2006, 546, juris Rn. 29f.; BFH, Urteil v. 14.3.2006 – I R 1/04, BFHE 213, 38 = BStBl II 2006, 549, juris Rn. 34.

549 BFH, Beschluss v. 22.2.2006 – I B 145/05, BFHE 213, 29 = BStBl II 2006, 546, juris Rn. 29f.; BFH, Urteil v. 19.4.2012 – VI R 74/10, BFHE 237, 156 = BStBl II 2012, 577, juris Rn. 25; BFH, Urteil v. 14.3.2006 – I R 1/04, BFHE 213, 38 = BStBl II 2006, 549, juris Rn. 34.

550 BFH, Beschluss v. 22.2.2006 – I B 145/05, BFHE 213, 29 = BStBl II 2006, 546, juris Rn. 29f.; BFH, Urteil v. 14.3.2006 – I R 1/04, BFHE 213, 38 = BStBl II 2006, 549, juris Rn. 34.

fen sei, bestehe keine Pflicht des Gesetzgebers, die fachgerichtliche Auslegung einer Norm nachzuzeichnen. Vielmehr müssten die Gerichte es akzeptieren, wenn der Gesetzgeber einer unerwünschten Entwicklung durch die Änderung des Gesetzeswortlauts entgegentritt.[551] Das Bundesverwaltungsgericht stellt in einer einzigen Entscheidung beiläufig fest, der Gesetzgeber habe mit einer Neuregelung einer ständigen Rechtsprechung den Boden entzogen, ohne dies weiter zu problematisieren.[552] Das Bundessozialgericht räumt dem Gesetzgeber die Möglichkeit ein, den „Wettstreit" zwischen Verwaltung und Rechtsprechung um die Auslegung einer Norm zu entscheiden, indem er die Verwaltungsauffassung gesetzlich festschreibt.[553] In jüngeren Entscheidungen betont das Gericht, dass dies uneingeschränkt nur für die Zukunft gelte, weil die verbindliche Auslegung des einfachen Rechts in den Aufgabenbereich der Gerichte falle.[554] Wolle der Gesetzgeber die gerichtliche Auslegung auch mit Wirkung für die Vergangenheit korrigieren, müsse er deshalb das Rückwirkungsverbot beachten.[555]

Zu rückwirkenden Nichtanwendungsgesetzen haben ausschließlich der Bundesfinanzhof und das Bundessozialgericht Stellung genommen. Beide Gerichte folgen weit überwiegend den Grundsätzen des Bundesverfassungsgerichts. Insbesondere nehmen sie an, dass die rückwirkende Wiederherstellung einer gesicherten Rechtslage durch ein konservierendes Nichtanwendungsgesetz zulässig ist.[556] Entspreche eine Gesetzesauslegung nicht der höchstrichterlichen Recht-

---

551 BGH, Urteil v. 20.1.2005 – III ZR 48/01, BGHZ 162, 49, juris Rn. 24.

552 BVerwG, Urteil v. 29.6.1992 – 6 C 11/92, BVerwGE 90, 265, juris Rn. 19.

553 BSG, Urteil v. 11.12.2003 – B 10 LW 17/02 R = SozR 4–5868 § 92 Nr 2, juris Rn. 15.; vgl. auch schon BSG, Urteil v. 27.9.1989 – 11 RAr 53/88, AuB 1991, 252, juris Rn. 17 ff.; BSG, Urteil v. 11.7.1985 – 5b/1 RJ 92/84, BSGE 58, 243, juris Rn. 13.

554 BSG, Urteil v. 21.6.2005 – B 8 KN 9/04 R, Breith 2006, 399, juris Rn. 23; BSG, Urteil v. 21.6.2005 – B 8 KN 7/04 R, juris, juris Rn. 21; BSG, Urteil v. 21.6.2005 – B 8 KN 1/05 R, BSGE 95, 29, juris Rn. 23; BSG, Urteil v. 5.10.2005 – B 5 RJ 57/03 R, juris, juris Rn. 19; BSG, Vorlagebeschluss v. 29.8.2006 – B 13 RJ 8/05 R, juris, juris Rn. 92 f.; BSG, Vorlagebeschluss v. 29.8.2006 – B 13 R 7/06 R, juris, juris Rn. 94 f.; BSG, Vorlagebeschluss v. 29.8.2006 – B 13 RJ 47/04 R, juris, juris Rn. 91 f.; BSG, Urteil v. 18.12.2013 – B 12 R 2/11 R = SozR 4–2400 § 23a Nr 7, juris Rn. 40.

555 Das Bundessozialgericht betont insbesondere, dass der Gesetzgeber sich dem Rückwirkungsverbot nicht durch einen Verweis auf ein (vermeintliches) Recht zu einer authentischen Interpretation entziehen kann; BSG, Urteil v. 21.6.2005 – B 8 KN 9/04 R, Breith 2006, 399, juris Rn. 22; BSG, Urteil v. 21.6.2005 – B 8 KN 7/04 R, juris, juris Rn. 20; BSG, Urteil v. 21.6.2005 – B 8 KN 1/05 R, BSGE 95, 29, juris Rn. 22.

556 Als eigenständige Fallgruppe aufgegriffen in BSG, Urteil v. 18.12.2013 – B 12 R 2/11 R = SozR 4–2400 § 23a Nr 7, juris Rn. 40; BFH, Urteil v. 10.7.1986 – IV R 12/81, BFHE 147, 63 = BStBl II 1986, 811, juris Rn. 9; BFH, Urteil v. 12.1.1989 – IV R 67/87, BFHE 155, 484 = BStBl II 1990, 259, juris Rn. 11; BFH, Beschluss v. 15.10.1991 – VIII B 168/90, juris, juris Rn. 23; BFH, Urteil v. 19.4.2012 – VI R 74/10, BFHE 237, 156 = BStBl II 2012, 577, juris Rn. 22; BFH, Urteil v. 12.11.2013 – VIII R 36/10, BFHE 243, 506 = BStBl II 2014, 168, juris Rn. 30 f.; BFH, Urteil v. 17.1.2013 – VI R 32/12, BFHE 240, 131 = BStBl II 2013, 439, juris Rn. 11; BFH, Urteil v. 5.11.2013 – VIII R 22/12, BFHE 243, 486 = BStBl II 2014, 165, juris Rn. 15; BFH, Urteil v. 8.4.2014 – IX R 32/13, BFH/NV 2014, 1206, juris Rn. 18; BFH, Vorlagebeschluss v. 17.7.2014 – VI R 8/12, BFHE 247, 64, juris Rn. 106; BFH, Urteil v. 10.2.2015 – IX R 6/14, BFH/NV 2015,

sprechung, könne nicht schutzwürdig auf sie vertraut werden.[557] Selbst, wenn die Auslegung höchstrichterlich bestätigt werde, könne das Vertrauen nicht schutzwürdig sein, wenn zeitnah nach der Entscheidung eine Rückkehr zur früheren Rechtslage angekündigt wird.[558]

Es finden sich aber auch mehrere jüngere Beschlüsse des Bundesfinanzhofs, in denen er zu den Rechtsprechungslinien des Bundesverfassungsgerichts abgrenzt und einen Verstoß gegen das Rückwirkungsverbot annimmt: So liege keine rückwirkende Wiederherstellung einer früheren Rechtslage vor, wenn die Rechtsprechung eine Auslegung schrittweise in mehreren aufeinanderfolgenden Entscheidungen konkretisiert habe und der Gesetzgeber sodann rückwirkend die bisherige Verwaltungsauffassung wiederherstellt.[559] Eine höchstrichterlich bestätigte Auslegung sei in besonderem Maße schutzwürdig,[560] selbst wenn die Finanzverwaltung die entsprechende Entscheidung nicht über den Einzelfall hinaus anwendet.[561] Auch wenn der Gesetzgeber unmittelbar nach einer Ge-

---

812, juris Rn. 20f.; BFH, Urteil v. 18.6.2015 – VI R 31/14, BFHE 251, 147 = BStBl II 2016, 40, juris Rn. 16; BFH, Beschluss v. 21.2.2018 – VI R 11/16, BFHE 260, 507 = BStBl II 2018, 469, juris Rn. 36ff.

[557] BSG, Urteil v. 5.10.2005 – B 5 RJ 57/03 R, juris, juris Rn. 21; BSG, Urteil v. 21.6.2005 – B 8 KN 7/04 R, juris, juris Rn. 25; BSG, Urteil v. 21.6.2005 – B 8 KN 9/04 R, Breith 2006, 399, juris Rn. 27; BSG, Urteil v. 21.6.2005 – B 8 KN 1/05 R, BSGE 95, 29, juris Rn. 27; BFH, Vorlagebeschluss v. 21.5.1987 – VIII R 1/85, BFH/NV 1987, 636, juris Rn. 7; BFH, Vorlagebeschluss v. 21.5.1987 – VIII R 194/84, juris, juris Rn. 7; BFH, Beschluss v. 22.2.2006 – I B 145/05, BFHE 213, 29 = BStBl II 2006, 546, juris Rn. 28; BFH, Urteil v. 14.3.2006 – I R 1/04, BFHE 213, 38 = BStBl II 2006, 549, juris Rn. 32.

[558] BSG, Urteil v. 5.10.2005 – B 5 RJ 57/03 R, juris, juris Rn. 22; BSG, Urteil v. 21.6.2005 – B 8 KN 1/05 R, BSGE 95, 29, juris Rn. 28; BSG, Urteil v. 21.6.2005 – B 8 KN 9/04 R, Breith 2006, 399, juris Rn. 28; BSG, Urteil v. 21.6.2005 – B 8 KN 7/04 R, juris, juris Rn. 26; BFH, Urteil v. 17.1.2013 – VI R 32/12, BFHE 240, 131 = BStBl II 2013, 439, juris Rn. 11; BFH, Urteil v. 5.11.2013 – VIII R 22/12, BFHE 243, 486 = BStBl II 2014, 165, juris Rn. 18; BFH, Urteil v. 12.11.2013 – VIII R 1/11, BFH/NV 2014, 830, juris Rn. 34; BFH, Urteil v. 12.11.2013 – VIII R 36/10, BFHE 243, 506 = BStBl II 2014, 168, juris Rn. 32; BFH, Urteil v. 24.6.2014 – VIII R 29/12, BFHE 246, 306 = BStBl II 2014, 998, juris Rn. 23; BFH, Urteil v. 15.4.2015 – VIII R 30/13, juris, juris Rn. 37.

[559] BFH, Vorlagebeschluss v. 19.4.2007 – IV R 59/05, BFH/NV 2007, 2334, juris Rn. 110ff.; BFH, Vorlagebeschluss v. 19.4.2007 – IV R 4/06, BFHE 217, 117 = BStBl II 2008, 140, juris Rn. 97ff.; Vorlagebeschlüsse nach Erledigung des Ausgangsverfahrens aufgehoben; vgl. BFH, Beschluss v. 30.10.2008 – IV R 4/06, BFH/NV 2009, 214; BFH, Beschluss v. 30.10.2008 – IV R 59/05, BFH/NV 2009, 214; ebenso BFH, Vorlagebeschluss v. 11.12.2013 – I R 4/13, BFHE 244, 1 = BStBl II 2014, 791, juris Rn. 53; anhängig unter Az. 2 BvL 15/14.

[560] BFH, Vorlagebeschluss v. 11.12.2013 – I R 4/13, BFHE 244, 1 = BStBl II 2014, 791, juris Rn. 53; anhängig unter Az. 2 BvL 15/14; BFH, Vorlagebeschluss v. 20.8.2014 – I R 86/13, BFHE 246, 486 = BStBl II 2015, 18, juris Rn. 40; anhängig unter Az. 2 BvL 21/14.

[561] BFH, Vorlagebeschluss v. 19.4.2007 – IV R 59/05, BFH/NV 2007, 2334, juris Rn. 118; BFH, Vorlagebeschluss v. 19.4.2007 – IV R 4/06, BFHE 217, 117 = BStBl II 2008, 140, juris Rn. 105; Vorlagebeschlüsse nach Erledigung des Ausgangsverfahrens aufgehoben; vgl. BFH, Beschluss v. 30.10.2008 – IV R 4/06, BFH/NV 2009, 214; BFH, Beschluss v. 30.10.2008 – IV R 59/05, BFH/NV 2009, 214; ebenso BFH, Vorlagebeschluss v. 7.12.2010 – IX R 70/07, BFHE 232, 2010, 121 = BStBl II 2011, 346, juris Rn. 52.

richtsentscheidung ein Nichtanwendungsgesetz ankündige, erlaube dies nicht zwangsläufig die Rückwirkung des Gesetzes.[562] Bemerkenswert ist in diesem Zusammenhang, dass der Bundesfinanzhof in sämtlichen Entscheidungen, in denen er einen Verstoß des Nichtanwendungsgesetzes gegen das Rückwirkungsverbot annimmt, mit der Aufgabe der Fachgerichte argumentiert, das einfache Recht verbindlich auszulegen. Der Bundesfinanzhof verknüpft damit argumentativ – wie das Bundesverfassungsgericht in seinem Beschluss vom 17.12.2013 und die jüngere Rechtsprechung des Bundessozialgerichts – Rückwirkungsverbot und Gewaltenteilungsgrundsatz miteinander.

Mögliche Beeinträchtigungen des effektiven Rechtsschutzes werden schließlich nur vom Bundesfinanzhof und auch von ihm nur fragmentarisch angesprochen. So führt das Gericht in einer einzelnen Entscheidung aus, es lasse sich aus dem steuerlichen Verfahrensrecht kein Anspruch darauf ableiten, dass die Grundsätze einer präjudiziellen Entscheidung des Bundesfinanzhofs auch auf Parallelverfahren übertragen werden. Dies gelte selbst dann, wenn die Parallelverfahren gerade im Hinblick auf die Entscheidung des Bundesfinanzhofs ruhten. Ein rückwirkendes Nichtanwendungsgesetz, das eine Übertragung der Entscheidungsgründe auf Parallelverfahren vermeidet, greife deshalb nicht in eine besonders geschützte Verfahrensposition ein.[563] Umgekehrt hat der Bundesfinanzhof in zwei anderen Urteilen entschieden, dass ein laufendes Gerichtsverfahren nicht allein deshalb vorübergehend ausgesetzt werden kann, weil der Gesetzgeber ein rückwirkendes Nichtanwendungsgesetz zu der streitigen Rechtsfrage vorbereitet.[564] Die prozessuale Lage des Steuerpflichtigen würde deutlich verschlechtert, wenn das Gericht nicht auf Basis der aktuellen Rechtslage und der präjudiziellen höchstrichterlichen Rechtsprechung entscheide, sondern das Inkrafttreten des Nichtanwendungsgesetzes abwarte.

III. Stellungnahmen außerhalb des steuerrechtlichen Schrifttums

Außerhalb der steuerrechtlichen Literatur werden Nichtanwendungsgesetze nicht als eigenständiger Problemkomplex behandelt. Stellungnahmen finden sich entweder mit Bezug zu einem konkreten Beispiel[565] oder im Rahmen

---

562 Offen gelassen von BFH, Vorlagebeschluss v. 19.4.2007 – IV R 4/06, BFHE 217, 117 = BStBl II 2008, 140, juris Rn. 97; BFH, Vorlagebeschluss v. 19.4.2007 – IV R 59/05, BFH/NV 2007, 2334, juris Rn. 110; Vorlagebeschlüsse nach Erledigung des Ausgangsverfahrens aufgehoben; vgl. BFH, Beschluss v. 30.10.2008 – IV R 4/06, BFH/NV 2009, 214; BFH, Beschluss v. 30.10.2008 – IV R 59/05, BFH/NV 2009, 214.

563 BFH, Beschluss v. 22.2.2006 – I B 145/05, BFHE 213, 29 = BStBl II 2006, 546, juris Rn. 32.

564 BFH, Urteil v. 17.5.1984 – IV R 75/80, juris, juris Rn. 9; BFH, Urteil v. 29.11.2006 – VI R 14/06, BFHE 216, 167 = BStBl II 2007, 129, juris Rn. 10.

565 Vgl. z. B. *Fleischer*, GmbHR 2009, 1, 11; *K. Schmidt*, JZ 2009, 10, 18 f.; *Saenger*, in: Saenger/Inhester, GmbHG, 3. Auflage 2016, Einführung Rn. 44; *Fleischer*, in: MüKo GmbHG, 3. Auflage 2018, Einleitung Rn. 133; jeweils zu Nichtanwendungsgesetzen aus dem Gesetz

zusammenhängender Darstellungen zur Wirkungsweise gerichtlicher Entscheidungen[566] bzw. zu Interaktionsmöglichkeiten zwischen Gesetzgeber und Rechtsprechung.[567] Die verfassungsrechtliche Zulässigkeit von Nichtanwendungsgesetzen wird dabei häufig gar nicht oder nur mit wenigen Worten problematisiert:

So widmen sich Kommentierungen zum Grundgesetz und staatsrechtliche Handbücher im Kontext der Gewaltenteilung und der richterlichen Unabhängigkeit ausführlich der Gesetzesbindung als Grenze richterlicher Rechtsauslegung. Dass umgekehrt der Gesetzgeber einer fachgerichtlichen Auslegung den gesetzlichen Boden entziehen kann, wird in diesem Zusammenhang nur kurz nachgeschoben oder als selbstverständlich vorausgesetzt.[568] Die sachliche Unabhängigkeit der Richter schütze zwar vor Einflussnahme auf ein konkretes Verfahren und verbiete in aller Regel die Korrektur einer bereits rechtskräftig gewordenen Entscheidung.[569] Dem Gesetzgeber stehe es aber frei, die Grundlagen der richterlichen Auslegung zu verändern. Wenn der Gesetzgeber eine Rechtsprechungsentwicklung korrigieren wolle, werde er dabei regelmäßig nur durch das grundsätzliche Verbot rückwirkender Gesetze beschränkt.[570] Die Ausführungen zum Rückwirkungsverbot orientieren sich in den Kommentierungen sodann maßgeblich an der Rechtsprechung des Bundesverfassungsgerichts. Die Rechtsprechungslinie zur Zulässigkeit konservierender Nichtanwendungsgesetze wird dabei allenfalls kurz dargestellt, inhaltliche Ausführungen zu diesen Entscheidungen finden sich kaum.[571]

---

zur Modernisierung des GmbH-Rechts und zur Bekämpfung von Missbräuchen (MoMiG) v. 23.10.2008 (BGBl I 2008, S. 2026).

[566] Vgl. z. B. *Stahl*, Die Bindung der Staatsgewalten an die höchstrichterliche Rechtsprechung, 1973, S. 198f.; *Payandeh*, Judikative Rechtserzeugung, 2017, S. 246f.

[567] Vgl. z. B. *Müller*, DÖV 1964, 226; *Fleischer/Wedemann*, AcP 209 (2009), 597.

[568] *Morgenthaler*, in: BeckOK GG, Art. 97 Rn. 8; *Wassermann*, in: AK GG, 3. Auflage 2001, Art. 92 Rn. 21; *Schulze-Fielitz*, in: Dreier, GG, 3. Auflage 2018, Art. 97 Rn. 23; *Hillgruber*, in: Maunz/Dürig, GG, Art. 97 Rn. 87; *Sachs*, in: Sachs, GG, 7. Auflage 2014, Art. 20 Rn. 82; *Heusch*, in: Schmidt-Bleibtreu/Hofmann/Henneke, GG, 14. Auflage 2018, Art. 95 Rn. 14; *Classen*, in: v. Mangoldt/Klein/Starck, 7. Auflage 2018, Art. 97 Rn. 8.

[569] *Sodan*, HStR V, 3. Auflage 2007, § 113 Rn. 24; *H. A. Wolff*, in: Hömig/Wolff, GG, 12. Auflage 2018, Art. 97 Rn. 5; *Schulze-Fielitz*, in: Dreier, GG, 3. Auflage 2018, Art. 97 Rn. 23; *Detterbeck*, in: Sachs, GG, 7. Auflage 2014, Art. 97 Rn. 12; *Hillgruber*, in: Maunz/Dürig, GG, Art. 97 Rn. 92; *Hopfauf*, in: Schmidt-Bleibtreu/Hofmann/Henneke, GG, 14. Auflage 2018, Art. 92 Rn. 28; *Classen*, in: v. Mangoldt/Klein/Starck, 7. Auflage 2018, Art. 97 Rn. 8; zur ausnahmsweise zulässigen legislativen Aufhebung rechtskräftiger strafrechtlicher Verurteilungen wegen einvernehmlicher homosexueller Handlungen *Hopfauf*, in: Schmidt-Bleibtreu/Hofmann/Henneke, GG, 14. Auflage 2018, Art. 92 Rn. 29.

[570] *Heusch*, in: Schmidt-Bleibtreu/Hofmann/Henneke, GG, 14. Auflage 2018, Art. 95 Rn. 14; *Classen*, in: v. Mangoldt/Klein/Starck, 7. Auflage 2018, Art. 97 Rn. 8; *Meyer*, in: v. Münch/Kunig, GG, 6. Auflage 2012, Art. 97 Rn. 24; *Schulze-Fielitz*, in: Dreier, GG, 3. Auflage 2018, Art. 97 Rn. 23.

[571] *Hofmann*, in: Schmidt-Bleibtreu/Hofmann/Henneke, GG, 14. Auflage 2018, Art. 20

Auch das sonstige Schrifttum folgt diesen Argumentationslinien: Nichtanwendungsgesetze verstoßen nicht gegen den Grundsatz der Gewaltenteilung, sondern sind nur am sonstigen Verfassungsrecht und hier insbesondere am Rückwirkungsverbot zu messen.[572] Bemerkenswert ist noch, dass Arbeiten, die sich eingehend mit den Aufgaben und der Stellung von Gerichten oder der Wirkweise gerichtlicher Entscheidungen befassen, die Möglichkeit des Gesetzgebers, auf gerichtliche Entscheidungen zu korrigieren, als wesentliche Bedingung gerichtlicher Tätigkeit einordnen. Gerichtliche Entscheidungen wirken zwar für den jeweiligen Einzelfall abschließend und verbindlich, stehen aber jenseits dieses Einzelfalls unter einem Korrekturvorbehalt des Gesetzgebers.[573] Dem Parlament stehe es als Ausdruck seiner unmittelbaren demokratischen Legitimation frei, Rechtsentwicklungen entgegenzutreten, die von der nur mittelbar demokratisch legitimierten Rechtsprechung angestoßen wurden.

Wenn außerhalb des steuerrechtlichen Schrifttums Kritik an Nichtanwendungsgesetzen geübt wird, so erfolgt dies ausdrücklich nur rechtspolitisch:[574] So solle das Recht von Gesetzgeber und Gerichten gemeinsam und nicht im Wege eines Kräftemessens fortentwickelt werden.[575] Insbesondere, wenn die Rechtspraxis durch langjährige Rechtsprechungslinien geprägt werde oder die Fachgerichte eine solche Rechtsprechung mit wohlüberlegten Gründen aufgeben, sollte der Gesetzgeber nur zurückhaltend eingreifen.[576] Entscheide er sich zu einer

---

Rn. 82; *Schulze-Fielitz*, in: Dreier, GG, 3. Auflage 2018, Art. 20 (Rechtsstaat) Rn. 160; *Huster/Rux*, in: BeckOK GG, Art. 20 Rn. 186.1.

572 Vgl. aus dem öffentlich-rechtlichen Schrifttum *Müller*, DÖV 1964, 226, 229; *Redeker*, NJW 1972, 409, 413; *Stahl*, Die Bindung der Staatsgewalten an die höchstrichterliche Rechtsprechung, 1973, S. 208 f.; *Dichgans*, FS Geiger, 1974, S. 945, 948; *Kisker*, NJW 1981, 889, 893; *Ipsen*, DVBl. 1984, 1102, 1106; *Herzog*, FS Simon, 1987, S. 103, 109 f.; *Rüfner*, DRiZ 1992, 457, 462; *Mishra*, Zulässigkeit und Grenzen der Urteilsschelte, 1997, S. 243; *Siegel*, DÖV 2010, 1, 10; *Poscher*, in: Grundlagen des Verwaltungsrechts, 2. Auflage 2012, § 8 Rn. 52,54; *Reimer*, in: Grundlagen des Verwaltungsrechts, 2. Auflage 2012, § 9 Rn. 74 Fn. 596; *Schönberger*, VVDStRL 71, 2012, S. 298, 313; aus dem zivilrechtlichen Schrifttum *Hommelhoff*, ZGR 1988, 460, 479; *Hergenröder*, Zivilprozessuale Grundlagen richterlicher Rechtsfortbildung, 1995, S. 198 f.; *Dauner-Lieb*, DStR 1998, 609, 616 f.; *F. Weber*, Anlässe und Methoden der Rechtsrückbildung im Gesellschaftsrecht, 2003, S. 51 f.; *ders.*, Anlässe und Methoden der Rechtsrückbildung im Gesellschaftsrecht, 2003, S. 52; *Fleischer/Wedemann*, AcP 209 (2009), 597, 617 f.; ersichtlich einzige Ausnahme: *Herschel*, AuR 1985, 265, 266: „Gesetzgeber hat übersehen, dass die rechtsprechende Gewalt ausschließlich den Richtern anvertraut ist."

573 Vgl. z. B. *Wank*, Grenzen richterlicher Rechtsfortbildung, 1978, S. 229; *Hergenröder*, Zivilprozessuale Grundlagen richterlicher Rechtsfortbildung, 1995, S. 198 f.; *Reinhardt*, Konsistente Jurisdiktion, 1997, S. 406 f.; *Payandeh*, Judikative Rechtserzeugung, 2017, S. 246 f.; ähnlich auch *Classen*, in: v. Mangoldt/Klein/Starck, 7. Auflage 2018, Art. 97 Rn. 8.

574 Ausdrücklich z. B. *Fleischer/Wedemann*, AcP 209 (2009), 597, 618 f.

575 *Fleischer*, GmbHR 2009, 1, 11: Kräftemessen zwischen Gesetzgeber und Rechtsprechung, *Saenger*, in: Saenger/Inhester, GmbHG, 3. Auflage 2016, Einführung Rn. 44: Rechtsfortbildung sollte nicht allein Sache des Gesetzgebers sein.

576 *K. Schmidt*, JZ 2009, 10, 19 spricht insoweit von einer Regel der Normsetzungsklugheit.

gesetzlichen Korrektur, so könne man zumindest eine schlüssige Begründung erwarten, warum die gerichtliche Normauslegung nicht hingenommen wird.[577] Genüge der Gesetzgeber diesen Anforderungen nicht, so handle er – in den Worten von *Rüfner*, die sich zugleich als allgemeine Zusammenfassung der Bewertung von Nichtanwendungsgesetzen außerhalb des steuerrechtlichen Diskurses eignen – „verfassungsunschön",[578] aber nicht verfassungswidrig.

IV. Diskussion im steuerrechtlichen Schrifttum

Im Vergleich zu den gerichtlichen Entscheidungen und den sonstigen wissenschaftlichen Stellungnahmen nimmt im steuerrechtlichen Diskurs um die Zulässigkeit von Nichtanwendungsgesetzen der Grundsatz der Gewaltenteilung eine zentrale Stellung ein. Schon frühe Veröffentlichungen thematisieren insoweit das Verhältnis zwischen Legislative und Judikative: Zwar sei der Gesetzgeber verfassungsrechtlich grundsätzlich nicht daran gehindert auf eine fachgerichtliche Entscheidung mit einer korrigierenden Neuregelung zu reagieren und die präjudiziellen Wirkungen der Entscheidung damit zu beschränken.[579] Er dürfe von diesem Recht aber nur zurückhaltend Gebrauch machen.[580] Es dürfe nicht der Eindruck entstehen, der Gesetzgeber behandle Gerichtsentscheidungen nur als unverbindliche Anweisungen, weil andernfalls die generelle Akzeptanz höchstrichterlicher Entscheidungen leiden könnte.[581]

Parallel zur Zahl der Nichtanwendungsgesetze steigt in den 1980er Jahren auch die Zahl der wissenschaftlichen Beiträge, die sich mit ihnen auseinandersetzen. Insbesondere die rückwirkende Einführung von § 15 Abs. 3 EStG nach Aufgabe der Geprägetheorie durch den Bundesfinanzhof[582] wird teils scharf kritisiert: Das Nichtanwendungsgesetz demoralisiere die Rechtsprechung und stelle sie öffentlich bloß.[583] Der Gesetzgeber greife in den Kompetenzbereich der

---

[577] Aus dem gesellschaftsrechtlichen Schrifttum *Fleischer*, in: MüKo GmbHG, 3. Auflage 2018, Einleitung Rn. 133; *Fleischer/Wedemann*, AcP 209 (2009), 597, 620 und *K. Schmidt*, JZ 2009, 10, 18f.; ähnlich aus dem verwaltungsrechtlichen Schrifttum: *Häberle*, FS 50 Jahre Boorberg Verlag, 1977, S. 47, 87; zurückhaltender *Westermann*, FS Zöllner, 1998, S. 607, 625f.: „wäre wünschenswert".

[578] *Rüfner*, DRiZ 1992, 457, 462.

[579] *Grund*, FS 50 Jahre Finanzgerichtsbarkeit, 1968, S. 27, 44f.; *List*, DStR 1976, 651, 655; *Jakob/Jüptner*, StuW 1984, 148, 153.

[580] *H. Risse*, BB 1961, 1225, 1225; *Grund*, FS 50 Jahre Finanzgerichtsbarkeit, 1968, S. 27, 44f.; *Kreile*, StuW 1977, 1, 7.

[581] *Grund*, FS 50 Jahre Finanzgerichtsbarkeit, 1968, S. 27, 44f.

[582] Die Norm wurde rückwirkend durch das Steuerbereinigungsgesetz 1986 vom 19.12.1985 (BGBl I 1985, 2436) und im Widerspruch zu BFH, Beschluss v. 25.6.1984 – GrS 4/82, BFHE 141, 405 = BStBl II 1984, 751, juris Rn. 133ff. eingeführt; vgl. im Einzelnen bereits unter § 2 B. I.

[583] *Knobbe-Keuk*, BB 1985, 820, 821; vgl. auch *Flume*, in: Deutsches Anwaltsinstitut e. V. (Hrsg.), Jahrbuch der Fachanwälte für Steuerrecht 1985/86, 1986, S. 287, 289: „Werft das Scheusal [das Gesetz mit dem die Geprägetheorie wiederhergestellt wurde] in die Wolfsschlucht!";

Judikative ein und übernehme eine genuin rechtsprechende Tätigkeit.[584] Dafür müsse er über den bloßen fiskalischen Bedarf hinausgehende besondere Rechtfertigungsgründe vorbringen.[585] Beachtung findet in der Folge insbesondere die These, ein Nichtanwendungsgesetz dürfe nur ergehen, wenn es ein dogmatisches Fehlurteil korrigiere und damit zur Verbesserung der Rechtslage beitrage. Verfassungswidrig sei es hingegen, wenn der Gesetzgeber einen rechtsdogmatischen Fortschritt gesetzlich rückgängig mache.[586]

Diese Kritik wird in den Folgejahren anlässlich jeweils aktueller Beispiele wiederholt und vertieft. Als dogmatische Grundlage für mögliche Beschränkungen des Gesetzgebers rückt dabei vermehrt ein zwischen den Gewalten bestehendes Loyalitätsgebot in das Zentrum der Betrachtung. Die Gewalten seien zur gegenseitigen Rücksichtnahme und zu einem kollegialen Zusammenarbeiten verpflichtet.[587] Diesem Grundsatz genüge der Gesetzgeber nicht, wenn er mit einem Nichtanwendungsgesetz aus rein fiskalischen Gründen auf eine höchstrichterliche Entscheidung reagiere.[588]

Daneben bildet sich eine weitere Konfliktlinie heraus: Wegen der Komplexität des Steuerrechts seien die Abgeordneten nicht in der Lage, eigenständig Gesetzesvorlagen zu entwickeln oder vom Bundesfinanzministerium entwickelte

---

J. Lang, StuW 1992, 14, 15: „Das Nichtanwendungsgesetz entmachtet den Richter"; zurückhaltender *Schulze-Osterloh*, DStZ 1985, 315, 318, 322: „Unter dem Gesichtspunkt des Gewaltenteilungsprinzips unterliegt der Gesetzesentwurf [...] erheblichen Zweifeln."

[584] *Knobbe-Keuk*, BB 1985, 941, 942; *dies.*, in: Deutsches Anwaltsinstitut e. V. (Hrsg.), Jahrbuch der Fachanwälte für Steuerrecht 1985/86, 1986, S. 282, 285 f.; vgl. auch *Wassermeyer*, DB 1988, 2531, 2533.

[585] *Knobbe-Keuk*, BB 1985, 941, 943; *Deutsche Steuerjuristische Gesellschaft*, BB 1988, 1089, 1092; *Crezelius*, FS Felix, 1989, S. 37, 47 f.; *Flume*, DB 1985, 1152, 1155.

[586] *J. Lang*, DRiZ 1992, 365, 371 f.; *ders.*, StuW 1992, 14, 23 f., ähnlich auch schon *Flume*, DB 1985, 1152, 1152; *K. Vogel*, JZ 1988, 833, 836 aufgegriffen beispielsweise von *Scholtz*, FS Klein, 1994, S. 1041, 1059; *Felix*, FS Tipke, 1995, S. 71, 73; *R. Voß*, DStR 2003, 441, 446; *Völker/Ardizzoni*, NJW 2004, 2413, 2416; *Harald Schaumburg*, in: Brandt (Hrsg.), Für eine bessere Steuerrechtskultur, 2004, S. 73, 94 f.; *Vinken*, FS Spindler, 2011, S. 549, 559; *Franz/Spielmann*, VersR 2012, 960, 964; *Englisch*, in: Tipke/Lang, 23. Auflage 2018, § 5 Rn. 40; *Drüen*, StuW 2015, 210, 215; *Höng/Baumgartner*, Ubg 2016, 751, 757 f.

[587] *Offerhaus*, in: Herzig/Günkel/Niemann (Hrsg.), Steuerberater-Jahrbuch 1995/1996, 1996, S. 7, 12; *Raupach*, in: Drenseck/Seer (Hrsg.), Festschrift für Heinrich Wilhelm Kruse zum 70. Geburtstag, 2001, S. 253, 255 f.; *Völker/Ardizzoni*, NJW 2004, 2413, 2416; *Harald Schaumburg*, in: Brandt (Hrsg.), Für eine bessere Steuerrechtskultur, 2004, S. 73, 94 f.; *Spindler*, Stbg 2006, 1, 4; *Bundesfinanzhof*, FS 60 Jahre BFH, 2010, S. 117; *Heide Schaumburg/Harald* Schaumburg, FS Spindler, 2011, S. 171, 172; *dies.*, FS Spindler, 2011, S. 171, 187; *Schlenk*, Bundesfinanzhof und Finanzverwaltung in Kooperation und Unabhängigkeit, 2012, S. 135; *Drüen*, Ubg 2014, 747, 757; *ders.*, StuW 2015, 210, 215.

[588] *Raupach*, in: Drenseck/Seer (Hrsg.), Festschrift für Heinrich Wilhelm Kruse zum 70. Geburtstag, 2001, S. 253, 255 f.; *Völker/Ardizzoni*, NJW 2004, 2413, 2416; *Vinken*, FS Spindler, 2011, S. 549, 559; *Tipke*, Die Steuerrechtsordnung, Band III, 2. Auflage 2012, S. 1495; *Drüen*, Ubg 2014, 747, 757; *H.-F. Lange*, in: HHSp., Nr. 104; *G. Kirchhof*, in: HHR, Einführung Rn. 142.

Vorlagen kritisch zu hinterfragen.[589] Wenn die Finanzverwaltung als Reaktion auf eine zugunsten der Steuerpflichtigen ergangene Gerichtsentscheidung ein Nichtanwendungsgesetz anrege, missbrauche sie diese fachliche Überlegenheit.[590] Insbesondere mit einer rückwirkenden Regelung maße sie sich das Recht an, über die Auslegung der Steuergesetze letztverbindlich zu entscheiden und verletze damit die Kompetenzordnung zwischen den Gewalten. Sie akzeptiere nicht, dass sie den Prozess vor den Finanzgerichten verloren habe, und setze sich über die verbindliche gerichtliche Entscheidung hinweg.[591] Dadurch verwische die Grenze zwischen erster und zweiter Gewalt:[592] Nichtanwendungsgesetze seien letztlich nur Nichtanwendungserlasse höherer Ordnung[593] und in Wahrheit Maßnahmen der Finanzverwaltung.[594]

Beide Kritikansätze sind nicht unwidersprochen geblieben: So sehen eine Vielzahl von Autoren in Übereinstimmung mit dem nicht-steuerrechtlichen Schrifttum Nichtanwendungsgesetze als nur rechtspolitisch kritikwürdig. Ein Eingriff in den Kompetenzbereich der Rechtsprechung liege nicht vor, weil Art. 20 Abs. 3 GG die Gerichte an das Gesetz binde und nicht den Gesetzgeber an gerichtliche Entscheidungen.[595] Allenfalls, wenn ein Nichtanwendungs-

[589] *Pezzer*, FR 2006, 646, 653; *Spindler*, DStR 2007, 1061, 1062; *Tipke*, Die Steuerrechtsordnung, Band III, 2. Auflage 2012, S. 1379; *Hey*, FS 100 Jahre Steuerrechtsprechung, 2018, S. 451, 465; *Höng/Baumgartner*, Ubg 2016, 751, 755 f.

[590] *Felix*, Stbg 1988, 15, 20; *Pezzer*, FR 2006, 646, 653; *Gosch*, FS Spindler, 2011, S. 379, 380 f.; *Heide Schaumburg/Harald* Schaumburg, FS Spindler, 2011, S. 171, 173; *Höng/Baumgartner*, Ubg 2016, 751, 755 f.

[591] *Knobbe-Keuk*, in: Deutsches Anwaltsinstitut e. V. (Hrsg.), Jahrbuch der Fachanwälte für Steuerrecht 1985/86, 1986, S. 282, 282; *Felix*, Stbg 1988, 15, 20; *ders.*, BB 1988, 1500, 1501; *J. Lang*, StuW 1992, 14, 15; *ders.*, DRiZ 1992, 365, 366; *Pezzer*, DStR 2004, 525, 528; *Harald Schaumburg*, in: Brandt (Hrsg.), Für eine bessere Steuerrechtskultur, 2004, S. 73, 95; *Spindler*, FS Solms, 2005, S. 53, 56; *Schön*, FS Lang, 2011, S. 221, 228.

[592] *Spindler*, DStR 2007, 1061, 1062; *Vinken*, FS Spindler, 2011, S. 549, 557; noch drastischer *Knobbe-Keuk*, BB 1985, 820, 821: „Der Gesetzgeber [folgt] der Finanzverwaltung blind wie ein Büttel."; *Felix*, BB 1988, 1500, 1501: „Die Gewaltenteilung ist insoweit aufgehoben."; ähnlich: *Pezzer*, FR 2006, 646, 653: „Von der auf dem Papier bestehenden wechselseitigen Kontrolle der Staatsgewalten [bleibt] im Ergebnis nicht mehr viel übrig."

[593] *J. Voß*, Ungewißheit im Steuerrecht, 1992, S. 23; ähnlich *Kruse*, DStJG 18, 1995, S. 115, 125: „Nichtanwendungserlasse sind [...] die Vorstufe der durch die Verwaltung initiierten Korrekturgesetzgebung."

[594] *Woerner*, in: Deutsches Anwaltsinstitut e. V. (Hrsg.), Jahrbuch der Fachanwälte für Steuerrecht 1985/86, 1986, S. 278, 278 f.; *Felix*, BB 1988, 1500, 1501; *J. Lang*, DRiZ 1992, 365, 365; *ders.*, DRiZ 1992, 365, 366; *Pezzer*, DStR 2004, 525, 526; *Harald Schaumburg*, in: Brandt (Hrsg.), Für eine bessere Steuerrechtskultur, 2004, S. 73, 95; *Spindler*, FS Solms, 2005, S. 53, 56; *ders.*, DStR 2007, 1061, 1062; *Gosch*, FS Spindler, 2011, S. 379, 380 f.; *Herden*, FS Spindler, 2011, S. 445, 446; *Schön*, FS Lang, 2011, S. 221, 221 f.; *Schlenk*, Bundesfinanzhof und Finanzverwaltung in Kooperation und Unabhängigkeit, 2012, S. 2.

[595] *Flume*, DB 1985, 1152, 1152; *Kreile*, FS Wallis, 1985, S. 183, 190; *Fischer*, StuW 1992, 121, 126; *Offerhaus*, in: Herzig/Günkel/Niemann (Hrsg.), Steuerberater-Jahrbuch 1995/1996, 1996, S. 7, 12; *Hey*, BB 2000, 1453, 1459; *H.-F. Lange*, NJW 2002, 3657, 3657; *Harald Schaumburg*, in: Brandt (Hrsg.), Für eine bessere Steuerrechtskultur, 2004, S. 73, 92; *Wieland*, DStR 2004, 1, 5; *Horlemann*, DStR 2004, 1113, 1114; *Spindler*, FS Solms, 2005, S. 53, 57; *Widmann*,

gesetz sich auch auf rechtskräftig entschiedene Fälle erstrecken würde, könne es gegen den Grundsatz der Gewaltenteilung verstoßen.[596] Andere Autoren halten einen Verfassungsverstoß nur dann für möglich, wenn der Gesetzgeber höchstrichterliche Entscheidungen nicht nur in Einzelfällen, sondern systematisch mit Nichtanwendungsgesetzen belegt.[597] Auch der weitgehende Einfluss der Finanzverwaltung im Gesetzgebungsverfahren wird von vielen Autoren für verfassungsrechtlich unproblematisch erachtet. Dem Gesetzgeber stehe es frei, sich beim Entwurf eines Gesetzes beraten zu lassen.[598] Die Unterstützung durch fachkundige Beamte aus den zuständigen Fachministerien sei naheliegend und in der Praxis unbedingt erforderlich.[599] Die Arbeit der Fachbeamten erfolge stets im Rahmen politischer Leitentscheidungen.[600] Vereinzelt wird – als vermittelnde Position – für Nichtanwendungsgesetze ein gesteigertes Maß an Transparenz im Gesetzgebungsverfahren gefordert.[601]

in: Deutsches Wissenschaftliches Institut der Steuerberater (Hrsg.), Die Finanzverwaltung – ein Ersatzgesetzgeber?, 2006, S. 38, 43; *Pezzer*, FR 2006, 646, 652; *Schön*, DStR-Beih 2008, 10, 19; *Desens*, Bindung der Finanzverwaltung an die Rechtsprechung, 2011, S. 70f.; *Weber-Grellet*, FS Lang, 2011, S. 927, 928, 933, 937; *Herden*, FS Spindler, 2011, S. 445, 448; *Horlemann*, StW 2012, 87, 87; *E. Schmidt*, FS Kirchhof, 2013, §160 Rn. 12; *G. Kirchhof*, DStR 2013, 1867, 1872; *Koenig*, in: Koenig, AO, 3. Auflage 2014, §4 Rn. 64; *P. Kirchhof*, FR 2016, 530, 535; *Brandt*, in: Beermann/Gosch, AO/FGO, §110 FGO Rn. 31; *Wernsmann*, in: HHSp., §4 AO Rn. 178; *Seer*, in: Tipke/Kruse, Einführung Rn. 58; *Drüen*, in: Tipke/Kruse, §4 AO Rn. 114, 119; *Suck*, Das Nichtanwendungsgesetz als Instrument der Steuerpolitik, 2018, S. 262f.

596 *Hey*, Steuerplanungssicherheit als Rechtsproblem, 2002, S. 329; *G. Kirchhof*, DStR 2013, 1867, 1872; *F. Kirchhof*, JZ 2018, 1068, 1071; *G. Kirchhof*, in: HHR, Einführung Rn. 142; *Drüen*, in: Tipke/Kruse, §4 AO Rn. 111.

597 *Schlenk*, Bundesfinanzhof und Finanzverwaltung in Kooperation und Unabhängigkeit, 2012, S. 135; *Suck*, Das Nichtanwendungsgesetz als Instrument der Steuerpolitik, 2018, S. 262.

598 *Desens*, Bindung der Finanzverwaltung an die Rechtsprechung, 2011, S. 68; *Kreile*, FS Wallis, 1985, S. 183, 185; *Schlenk*, Bundesfinanzhof und Finanzverwaltung in Kooperation und Unabhängigkeit, 2012, S. 138f.; *J. Lang*, DRiZ 1992, 365, 369f.; *ders.*, StuW 1992, 14, 19.

599 *Uelner*, in: Raupach/Tipke/Uelner (Hrsg.), Niedergang oder Neuordnung des deutschen Einkommensteuerrechts?, 1985, S. 175, 178; *Meister*, DStZ 1992, 449, 451; *Möllers*, Gewaltengliederung, 2005, S. 411; *Desens*, Bindung der Finanzverwaltung an die Rechtsprechung, 2011, S. 68; *Schlenk*, Bundesfinanzhof und Finanzverwaltung in Kooperation und Unabhängigkeit, 2012, S. 136f.; *Simonek*, FS 100 Jahre Steuerrechtsprechung, 2018, S. 275, 280; *Suck*, Das Nichtanwendungsgesetz als Instrument der Steuerpolitik, 2018, S. 261, 299.

600 *Rottmann*, FG 10 Jahre Gesellschaft für Rechtspolitik, 1984, S. 329, 332; *Kreile*, FS Wallis, 1985, S. 183, 188; *Horlemann*, DStR 2004, 1113, 1113; *Möllers*, Gewaltengliederung, 2005, S. 412; *H. Risse*, in: Kloepfer (Hrsg.), Gesetzgebungsoutsourcing, 2011, S. 109, 119f.; *Schlenk*, Bundesfinanzhof und Finanzverwaltung in Kooperation und Unabhängigkeit, 2012, S. 139.

601 So sind Nichtanwendungsgesetze nach Ansicht von *Suck*, Das Nichtanwendungsgesetz als Instrument der Steuerpolitik, 2018, S. 302ff. nur dann formell verfassungskonform, wenn sie im Rahmen eines eigenständigen Gesetzgebungsverfahrens und nicht als Teil eines „Omnibusgesetzes" erlassen werden. Er begründet dies mit der „Gewaltensensibilität" von Nichtanwendungsgesetzen.

Anders als beim Grundsatz der Gewaltenteilung bzw. dem daraus abgeleiteten Loyalitätsgebot besteht Einigkeit darüber, dass Nichtanwendungsgesetze verfassungsrechtlich durch das Rückwirkungsverbot beschränkt werden. Die steuerrechtliche Diskussion orientiert sich insoweit maßgeblich an der Rechtsprechung des Bundesverfassungsgerichts. Eine Gruppe von Autoren folgt dem Gericht insbesondere darin, dass die rückwirkende Wiederherstellung einer früheren Rechtslage (beispielsweise nach einem Rechtsprechungswechsel) kein schutzwürdiges Vertrauen verletzt und deshalb konservierende Nichtanwendungsgesetze nicht gegen das Rückwirkungsverbot verstoßen.[602] Andere Autoren kritisieren diese Rechtsprechung: Vertrauensgrundlage sei der Wortlaut des Gesetzes. Werde eine für den Steuerpflichtigen günstige Auslegung dieses Gesetzeswortlauts vom zuständigen Bundesgericht bestätigt, so müsse der Steuerpflichtige darauf vertrauen können, dass diese Auslegung auch in seinem Fall angewendet wird.[603] Jüngere Veröffentlichungen berufen sich insoweit vor allem auf den Beschluss des Bundesverfassungsgerichts vom 17.12.2013, der teilweise als grundlegende Umgestaltung der gesamten Rückwirkungsdogmatik,[604] jedenfalls aber als bahnbrechende Entscheidung für rückwirkende Nichtanwendungsgesetze aufgefasst wird.[605] Die bisherigen Rechtsprechungslinien ließen sich nicht unverändert beibehalten[606] und bei konsequenter Anwendung der neuen Grundsätze müssten rückwirkende Nichtanwendungsgesetze weitgehend unzulässig sein.[607]

Rückwirkende Nichtanwendungsgesetze werden schließlich wegen ihrem negativen Einfluss auf die Effektivität des Rechtsschutzes im Steuerrecht kritisiert: Sowohl in institutioneller als auch in individueller Hinsicht drohe die verfassungsrechtliche Garantie des Art. 19 Abs. 4 GG ausgehöhlt zu werden:

---

602 *Kreile*, StuW 1977, 1, 7; *J. Lang*, DRiZ 1992, 365, 369f.; *Offerhaus*, in: Herzig/Günkel/Niemann (Hrsg.), Steuerberater-Jahrbuch 1995/1996, 1996, S. 7, 16, 20; *Drüen*, DStR-Beih 2012, 85, 98f.; *Schlenk*, Bundesfinanzhof und Finanzverwaltung in Kooperation und Unabhängigkeit, 2012, S. 143; *Mellinghoff*, FS Landau, 2016, S. 69, 84f.; *Wernsmann*, in: HHSp., §4 AO Rn. 754; *Koenig*, in: Koenig, AO, 3. Auflage 2014, §4 Rn. 77; *P. Kirchhof*, DStR 2015, 717, 723.

603 *Hey*, Steuerplanungssicherheit als Rechtsproblem, 2002, S. 328f.; *Leisner-Egensperger*, Kontinuität als Verfassungsprinzip, 2002, S. 499f.; *Pezzer*, FR 2006, 646, 652f.; *Desens*, Bindung der Finanzverwaltung an die Rechtsprechung, 2011, S. 318; *Schön*, FS Lang, 2011, S. 221, 228; *Hey*, JZ 2014, 500, 505; *Schönfeld/Bergmann*, DStR 2015, 257, 259f.

604 Vgl. *Michael*, JZ 2015, 425, 426; *Osterloh*, StuW 2015, 201, 201.

605 Ausdrücklich *Drüen*, Ubg 2014, 683, 691; *Hey*, NJW 2014, 1564, 1567; *Schönfeld/Bergmann*, DStR 2015, 257, 262.

606 *Drüen*, Ubg 2014, 683, 691f.; *ders.*, StuW 2015, 210, 216f.; *Hey*, JZ 2014, 500, 503ff.; *dies.*, FS 100 Jahre Steuerrechtsprechung, 2018, S. 451, 476; *Osterloh*, StuW 2015, 201, 208; *Schönfeld/Bergmann*, DStR 2015, 257, 262; *Wissenschaftlicher Beirat Ernst & Young Steuern*, DB 2015, 513, 517f.

607 *Schüppen*, BB 2014, 3104, 3108f.; *Drüen*, Ubg 2014, 683, 691; *ders.*, Ubg 2014, 747, 749; *ders.*, StuW 2015, 210, 217f.; *Schönfeld/Bergmann*, DStR 2015, 257, 260.

Indem die Finanzverwaltung den Gesetzgeber zu einem rückwirkenden Nichtanwendungsgesetz bewegen könne, habe sie „eine Instanz mehr [...] als [der] Steuerbürger."[608] Dadurch drohe eine Entwertung der Rechtsschutzmöglichkeiten:[609] Der Bürger könne seine Entscheidung, Rechtsmittel gegen einen von ihm als rechtswidrig eingestuften Steuerbescheid einzulegen, nicht mehr nur davon abhängig machen, ob er seinen Rechtsstandpunkt auch vor Gericht wird durchsetzen können. Selbst wenn Gerichte vergleichbare Fälle zu seinen Gunsten entscheiden sollten, müsse er zusätzlich einkalkulieren, dass der Gesetzgeber rückwirkend einschreiten könnte. Durch die Kooperation von Finanzverwaltung und Gesetzgeber zulasten der Judikative könne der Steuerpflichtige „nur verlieren – entweder vorweg bei Gericht oder bei der nachträglichen Korrektur durch das Parlament."[610] Die Kontrollfunktion der Rechtsprechung gegenüber der Exekutive werde dadurch ernsthaft in Frage gestellt und das Vertrauen der Steuerpflichtigen in die Rechtsschutzgarantie untergraben.[611]

Auch in individueller Hinsicht würde durch rückwirkende Nichtanwendungsgesetze der Anspruch auf einen effektiven Rechtsschutz vielfach verletzt. Regelmäßig würden sich Rechtsfragen im Steuerrecht in einer Vielzahl von Parallelverfahren stellen. Welches dieser Verfahren zuerst gerichtlich entschieden wäre, sei häufig vom Zufall abhängig. Wenn aber der Gesetzgeber auf die erste Entscheidung zugunsten eines Steuerpflichtigen mit einer rückwirkenden Gesetzeskorrektur antworte, profitiere letztlich nur derjenige Steuerpflichtige, dessen Verfahren zuerst entschieden wurde. Der Erfolg des individuellen Rechtsschutzes werde damit vom Zufall abhängig.[612] Dies konterkariere zugleich den Ansatz des Gesetzgebers, Einspruchs- und Klageverfahren im Hinblick auf ein zu derselben Rechtssache bereits vor dem Bundesfinanzhof anhängiges Verfahren zu unterbrechen – durch eine insoweit vorläufige Steuerfestsetzung, Verfahrensruhe oder Aussetzung der Vollziehung. Steuerpflichtige, deren individueller Rechtsschutz im Hinblick auf ein Musterverfahren suspendiert sei, müssten sich darauf verlassen können, dass das Ergebnis dieses Verfahrens auch für sie gelte und nicht durch ein rückwirkendes Nichtanwendungsgesetz zu ihrem Nachteil verändert werde.[613]

---

[608] *Knobbe-Keuk*, BB 1985, 941, 945.

[609] *Forchhammer*, FR 1986, 84, 87; *van Lishaut*, FR 1986, 452, 456; *Schön*, FS Lang, 2011, S. 221, 231; *Hey*, JZ 2014, 500, 505; *Drüen*, IStR 2015, 609, 613; *ders.*, StuW 2015, 210, 219 f.

[610] *Schön*, DStR-Beih 2008, 10, 19; *ders.*, FS Lang, 2011, S. 221, 231.

[611] *Völker/Ardizzoni*, NJW 2004, 2413, 2414; *Schön*, DStR-Beih 2008, 10, 19; *Bundesfinanzhof*, FS 60 Jahre BFH, 2010, S. 117; *Hey*, JZ 2014, 500, 505; *Schönfeld/Bergmann*, DStR 2015, 257, 261; *Höng/Baumgartner*, Ubg 2016, 751, 757.

[612] *Schön*, FS Lang, 2011, S. 221, 231 f.; *Drüen*, StuW 2015, 210, 218 f.; *ders.*, IStR 2015, 609, 613.

[613] *Raupach*, DStR 2001, 1325, 1327; *P. Kirchhof/Raupach*, DB Beilage 2001, 1, 17; *Raupach*, in: Drenseck/Seer (Hrsg.), Festschrift für Heinrich Wilhelm Kruse zum 70. Geburtstag,

V. Zwischenfazit

Bei zusammenfassender Betrachtung zeigt sich zunächst, dass die Debatte um die verfassungsrechtlichen Grenzen von Nichtanwendungsgesetzen vor allem als steuerrechtlicher Sonderdiskurs geführt wird: Während das übrige Schrifttum und die fachgerichtliche Rechtsprechung Nichtanwendungsgesetze nicht als Problem der Gewaltenteilung ansehen, werden im Steuerrecht sowohl Bedenken hinsichtlich des Verhältnisses zwischen Exekutive und Legislative als auch hinsichtlich des Verhältnisses zwischen Legislative und Judikative erhoben. Eine mögliche Beeinträchtigung des effektiven Rechtsschutzes wird überhaupt nur im Steuerrecht und anhand steuerrechtlicher Fälle diskutiert. Zwar wird das Rückwirkungsverbot rechtsgebietsübergreifend als Schranke für Nichtanwendungsgesetze erkannt. Die Bedeutung der jüngeren Entscheidungen des Bundesverfassungsgerichts für die bislang etablierten Rechtsprechungslinien zu konservierenden Nichtanwendungsgesetzen wird aber wiederum vor allem im steuerrechtlichen Schrifttum hinterfragt.

Damit spiegelt der Diskurs zum einen den unterschiedlichen quantitativen und qualitativen Einfluss von Nichtanwendungsgesetzen wider: Im Steuerrecht sind sie allgegenwärtig, während der Gesetzgeber in anderen Rechtsgebieten – nach dem bislang übereinstimmend geäußerten Eindruck und vorbehaltlich umfassender quantitativer Erhebungen – nur ausnahmsweise zu diesem Mittel greift. Nichtanwendungsgesetze werden aber auch deshalb im Steuerrecht diskutiert, weil die Besonderheiten der steuerlichen Gewaltenteilung hier spezifische Probleme aufwerfen: Einerseits haben Entscheidungen des Bundesfinanzhofs weitreichende Wirkungen, weil die Rechtslage im Steuerrecht vor allem durch die einfachgesetzlichen Normen geprägt wird und die Auslegung dieser Normen zugleich eine Vielzahl von Parallelfällen betrifft. Andererseits wird diese weitreichende – durch verfahrensrechtliche Regelungen abgesicherte und verstärkte – präjudizielle Wirkung höchstrichterlicher Entscheidungen durch die Veröffentlichungs- und Nichtanwendungspraxis der Finanzverwaltung bewusst eingeschränkt. Nichtanwendungsgesetze erscheinen in diesem Kontext als eine weitere Eskalationsstufe, mit der der Staat seine fiskalischen Interessen zulasten des Steuerpflichtigen durchzusetzen sucht. Finanzverwaltung und Gesetzgeber scheinen – gerade angesichts der starken Stellung der Finanzverwaltung bei der flächendeckenden Durchführung der Gesetze und ihres Einflusses auf den Gesetzgebungsprozess – zulasten des Steuerpflichtigen und seiner Rechtsschutzmöglichkeiten zusammenzuarbeiten. Erst die tatsächliche Aufgabenverteilung im Massenverfahren erklärt die besondere Brisanz steuerrechtlicher Nichtanwendungsgesetze.

2001, S. 253, 268; *Völker/Ardizzoni*, NJW 2004, 2413, 2414f.; *Drüen*, StuW 2015, 210, 218f.; *Hey*, in: Tipke/Lang, 23. Auflage 2018, § 3 Rn. 269; *Drüen*, IStR 2015, 609, 613; *Höng/Baumgartner*, Ubg 2016, 751, 756f.

Auffällig ist sodann, dass nicht alle Nichtanwendungsgesetze gleichermaßen diskutiert werden. Im Fokus stehen zunächst belastende Nichtanwendungsgesetze. Nur wenn der Gesetzgeber die Rechtslage zulasten des Steuerpflichtigen verändert, kann er in Konflikt mit dem Rückwirkungsverbot und dem Anspruch auf einen effektiven Rechtsschutz geraten. Allein der Grundsatz der Gewaltenteilung betrifft als verfassungsrechtliche Grenze potenziell auch begünstigende Nichtanwendungsgesetze. Aus dem Kreis der belastenden Nichtanwendungsgesetze greifen sodann rückwirkende Nichtanwendungsgesetze besonders intensiv in die Interessen der Steuerpflichtigen ein. Dies gilt nicht nur, weil allein das Rückwirkungsverbot rechtsgebietsübergreifend als verfassungsrechtliche Grenze für Nichtanwendungsgesetze anerkannt ist. Auch der effektive Rechtsschutz ist nur durch rückwirkende Nichtanwendungsgesetze gefährdet. Nur wenn das Nichtanwendungsgesetz sich auch auf vergangene Sachverhalte und in der Vergangenheit begonnene Einspruchs- und Klageverfahren erstreckt, sind die Parallelfälle betroffen, in denen der Steuerpflichtige damit rechnen konnte, von einem Musterverfahren zu profitieren.

Von besonderem Interesse sind schließlich konservierende Nichtanwendungsgesetze (die in der Regel auch rückwirkende Nichtanwendungsgesetze sind). In der Vergangenheit waren konservierende Nichtanwendungsgesetze häufig diejenigen Beispiele, die im Schrifttum besondere Beachtung fanden. So behandelten eine Vielzahl der Beiträge aus den 1980er Jahren die gesetzliche Wiederherstellung der Geprägetheorie in § 15 Abs. 3 EStG und/oder die gesetzliche Wiedereinführung von Abzugsverboten für Geldbußen in § 4 Abs. 5 Nr. 8 EStG, die jeweils einen Rechtsprechungswechsel des Bundesfinanzhofs korrigierten.[614] In jüngerer Zeit bildete beispielsweise die gesetzliche Korrektur des Rechtsprechungswechsels zur Steuerbarkeit von Steuererstattungszinsen Anlass für grundsätzliche Überlegungen zu Nichtanwendungsgesetzen.[615] An konservierenden Nichtanwendungsgesetzen zeigt sich zunächst die Kritik mit Blick auf den Grundsatz der Gewaltenteilung in besonderer Klarheit: Es erscheint begründungsbedürftig, wenn der Gesetzgeber einen Rechtsprechungswechsel korrigiert, und sich damit über die schwerwiegenden sachlichen Einwände hinwegsetzt, die die Rechtsprechung gerade zur Aufgabe dieser Rechtslage veranlasst hat. Wird eine Verwaltungsauffassung gesetzlich wiederhergestellt, ist die Kooperation zwischen erster und zweiter Gewalt besonders plakativ. Umgekehrt nimmt das Bundesverfassungsgericht gerade für konservierende Nichtanwendungsgesetze eine Ausnahme vom generellen Rückwir-

---

[614] *Knobbe-Keuk*, BB 1985, 820; *dies.*, BB 1985, 941; *dies.*, BB 1988, 1086; *Flume*, DB 1985, 1152; *Felix*, Stbg 1988, 15; *ders.*, BB 1988, 1500; vgl. auch den späteren Beitrag von *Raupach*, DStR 2001, 1325 zu Parallelen zwischen den Nichtanwendungsgesetzen nach der Aufgabe der Geprägetheorie und der Zulassung einer Mehrmütterorganschaft.

[615] *Drüen*, DStR-Beih 2012, 85; *ders.*, Ubg 2014, 683; *ders.*, Ubg 2014, 747; *ders.*, StuW 2015, 210.

kungsverbot an. Die Wiederherstellung einer früheren Rechtslage ist leichter zu rechtfertigen. Konservierende Nichtanwendungsgesetze werfen damit in besonderer Weise Schlaglichter auf (fast) alle verfassungsrechtlichen Fragestellungen rund um Nichtanwendungsgesetze.

Zugleich bietet die Ausnahme für konservierende Nichtanwendungsgesetze vom Rückwirkungsverbot einen Ansatzpunkt für einen Perspektivwechsel: Wenn der Gesetzgeber mit einem Nichtanwendungsgesetz zu einer früheren Rechtslage zurückkehrt, greift er damit nicht nur in die Rechte der Steuerpflichtigen ein, sondern leistet zugleich – wie oben bereits angedeutet wurde – einen Beitrag zur Verstetigung der Rechtslage. Dieser – im Diskurs bislang allenfalls am Rande aufgegriffene[616] – Gedanke wird in der Folge zunächst vertieft untersucht, indem herausgearbeitet wird, welches Interesse im Steuerrecht an einer kontinuierlichen Rechtsentwicklung besteht, wie dieses Interesse rechtlich zu qualifizieren ist und welchen Beitrag Nichtanwendungsgesetze zum Schutz dieses Interesses leisten können. Im Anschluss daran können die verfassungsrechtlichen Grenzen von Nichtanwendungsgesetzen erarbeitet werden, wobei die im Diskurs aufgeworfenen Problemkreise Orientierungspunkte bilden.

---

[616] Vgl. *Hey*, JZ 2014, 500, 505; *Suck*, Das Nichtanwendungsgesetz als Instrument der Steuerpolitik, 2018, S. 286.

§ 3 Nichtanwendungsgesetze als Instrumente zur Wahrung von Rechtskontinuität

Die Kritik an der zunehmenden Komplexität und Unbeständigkeit des Steuerrechts[1] zeigt das besondere Bedürfnis für Rechtssicherheit und eine kontinuierliche Rechtsentwicklung in diesem Rechtsgebiet. Dabei handelt es sich, wie zu zeigen sein wird, nicht nur um ein einseitiges Bedürfnis der normunterworfenen Steuerpflichtigen.[2] Vielmehr hat auch der Fiskus und damit die Allgemeinheit ein erhebliches Interesse an Rechtskontinuität.[3] Der Bundesfinanzhof versucht mit seiner Rechtsprechung auf eine kontinuierliche Rechtsentwicklung hinzuwirken[4] und auch das steuerrechtliche Verfahrensrecht hält mehrere kontinuitätswahrende Instrumente bereit. Deren Analyse[5] soll zeigen, ob Nichtanwendungsgesetze ein weiterer sinnvoller Baustein zur Wahrung von Rechtskontinuität im Steuerrecht sein können.[6]

A. Kontinuitätsinteressen von Bürger und Staat

Die Steuerrechtswissenschaft und die betriebswirtschaftliche Steuerlehre haben sich insbesondere mit der Perspektive des Bürgers auseinandergesetzt und dessen Interessen an einer kontinuierlichen und verlässlichen Rechtslage herausgearbeitet.[7] Aber auch der Staat profitiert von einem beständigen Steuerrecht. Hier kann insbesondere auf Erkenntnisse der Finanzwissenschaft zurückgegriffen wird.[8] Um die aus betriebs- und volkswirtschaftlicher Perspektive formulierten Idealvorstellungen von Bürger und Staat für die weitere verfassungsrechtliche Analyse fruchtbar zu machen, soll im Anschluss ihr (verfassungs-)rechtlicher Rang untersucht werden.[9]

---

[1] Dazu bereits unter § 2 B. III. 1., IV.

[2] Zu den Kontinuitätsinteressen des Steuerpflichtigen unter § 3 A. I.

[3] Zu den staatlichen Kontinuitätsinteressen im Steuerrecht unter § 3 A. II.

[4] Zur Kontinuität in der Rechtsprechung des Bundesfinanzhofs unter § 3 B.

[5] Zum einfachgesetzlichen Schutz der wechselseitigen Kontinuitätsinteressen unter § 3 C.

[6] Die Funktion des Nichtanwendungsgesetzes als kontinuitätswahrendes Gesetzgebungsinstrument wird unter § 3 D. entwickelt.

[7] Dazu sogleich unter § 3 A. I.

[8] Dazu unter § 3 A. II.

[9] Dazu unter § 3 A. III.

I. Kontinuitätsinteressen des Steuerpflichtigen

Für den Steuerpflichtigen bilden die Steuergesetze und ihre Auslegung durch Rechtsprechung und Verwaltung wichtige Grundlagen für sein wirtschaftliches Handeln. Sein Interesse an möglichst gleichbleibenden rechtlichen Rahmenbedingungen ist daher vor allem ein betriebswirtschaftliches. Dementsprechend kann und muss für den folgenden Abschnitt vor allem auf die Forschungsergebnisse der betriebswirtschaftlichen Steuerlehre und auf juristische Arbeiten, die explizit an diese Erkenntnisse anknüpfen, zurückgegriffen werden.

1. Steuergesetze und ihre Auslegung als Planungs- und Gestaltungsgrundlagen

Die betriebswirtschaftliche Steuerlehre betrachtet die Steuerrechtslage insbesondere als (Planungs-)Grundlage für die wirtschaftlichen Dispositionsentscheidungen des einzelnen Steuerpflichtigen.

a) Steuerplanung und Steuergestaltung als Reaktionen auf ein nicht entscheidungsneutrales Steuerrecht

Handlungen eines Individuums lassen sich bei ökonomischer Betrachtung entweder einer unternehmerischen Tätigkeit oder dem privaten (Konsum-)Bereich zuordnen.[10] Zur unternehmerischen Tätigkeit zählen alle Aktivitäten, die auf die Erzielung von Einkommen gerichtet sind (z. B. der Erwerb einer Maschine, der Verkauf einer Ware oder die berufliche Tätigkeit eines Arbeitnehmers).[11] Der Privat- oder Konsumbereich umfasst demgegenüber alle Tätigkeiten, mit denen das erzielte Einkommen für privaten Nutzen verwendet wird (z. B. durch den Einkauf von Lebensmitteln, den Erwerb einer Theaterkarte oder die Errichtung eines privaten Wohnhauses).[12] Das monetäre Ziel eines Individuums ist es, die Zahlungsüberschüsse aus dem unternehmerischen Bereich so zu gestalten, dass damit seine privaten Konsumbedürfnisse möglichst gut befriedigt werden können.[13] Dabei kann theoretisch – abhängig von den Präferenzen des

[10] Siehe nur *F. W. Wagner/Dirrigl*, Die Steuerplanung der Unternehmung, 1980, S. 10; vgl. auch *Scheffler*, Besteuerung von Unternehmen, 2. Auflage 2013, S. 44; *Wöhe/Döring/Brösel*, Einführung in die allgemeine Betriebswirtschaftslehre, 26. Auflage 2016, S. 27 ff.

[11] Vgl. *Hey*, Steuerplanungssicherheit als Rechtsproblem, 2002, S. 9 f.

[12] *F. W. Wagner/Dirrigl*, Die Steuerplanung der Unternehmung, 1980, S. 9 f.; *D. Schanz*, DStR 2015, 1986, 1986 f.

[13] Vgl. zu diesem Grundansatz der wirtschaftstheoretisch fundierten Betriebswirtschaftslehre statt aller nur *F. W. Wagner/Dirrigl*, Die Steuerplanung der Unternehmung, 1980, S. 11; Straub, Einführung in die allgemeine Betriebswirtschaftslehre, 2. Auflage 2015, S. 41 m. w. N. vgl. auch *D. Schanz/S.* Schanz, Business taxation and financial decisions, 2011, S. 8; *Scheffler*, Besteuerung von Unternehmen, 2. Auflage 2013, S. 44. Damit wird nicht bestritten, dass Individuen und Unternehmen neben diesem monetären oder ökonomischen Ziel auch weitere Ziele (bspw. soziale oder ökologische Ziele) verfolgen, vgl. nur *Thommen/Achleitner/Gilbert u. a.*, Allgemeine Betriebswirtschaftslehre, 8. Auflage 2017, S. 44 ff.; *Straub*, Einfüh-

Individuums – die Maximierung von Einkommen, Vermögen oder Wohlstand als einer Kombination von Einkommen und Vermögen angestrebt werden,[14] weil sowohl laufendes Einkommen als auch vorhandenes Vermögen die Befriedigung privaten Nutzens abbilden.[15] Unterstellt man einen vollkommenen und funktionsfähigen Kapitalmarkt sind diese Ziele aber austauschbar.[16] Es gibt dann – unabhängig von den Präferenzen des Individuum – bei jeder Entscheidung, die er im unternehmerischen Bereich trifft (z. B. Produktions-, Absatz-, Investitions- und Finanzierungsentscheidungen)[17] immer eine optimale Handlungsalternative, die zu einer maximalen Steigerung des privaten Nutzens führt. Die Rangfolge zwischen verschiedenen Handlungsalternativen kann danach gebildet werden, welche Alternative die größten Zahlungsüberschüsse aus dem unternehmerischen in den Konsumbereich erwarten lässt. Da finanzielle Mittel, die für Steuerzahlungen verwendet werden müssen, nicht mehr für den privaten Konsum zur Verfügung stehen, beeinflussen steuerrechtliche Regelungen diese betriebswirtschaftliche Zielgröße.[18]

Trotzdem muss die steuerrechtliche Behandlung eines Sachverhalts nicht zwingend die betriebswirtschaftliche Entscheidungsfindung beeinflussen. Wenn die steuerliche Belastung an der Zielgröße des Steuerpflichtigen ansetzt, wenn also nur die Zahlungsüberschüsse besteuert werden, die für den privaten Konsum zur Verfügung stehen,[19] wird der Steuerpflichtige seine Entscheidung unabhängig von der steuerlichen Behandlung treffen.[20] Das gleiche Ergebnis

rung in die allgemeine Betriebswirtschaftslehre, 2. Auflage 2015, S. 41 ff.; *Wöhe/Döring/Brösel*, Einführung in die allgemeine Betriebswirtschaftslehre, 26. Auflage 2016, S. 65 ff. m. w. N.

[14] *Scheffler*, Besteuerung von Unternehmen, 2. Auflage 2013, S. 44 f.; *Rödder*, Gestaltungssuche im Ertragsteuerrecht, 1991, S. 49; *Schneeloch*, Betriebliche Steuerpolitik, 3. Auflage 2011, S. 67 f.; *Kruschwitz/Lorenz*, Investitionsrechnung, 15. Auflage 2019, S. 10 ff.

[15] *F. W. Wagner/Dirrigl*, Die Steuerplanung der Unternehmung, 1980, S. 9 f.; *Scheffler*, Besteuerung von Unternehmen, 2. Auflage 2013, S. 44.

[16] *D. Schanz*, DStR 2015, 1986, 1987; siehe im Detail *D. Schanz/S.* Schanz, Business taxation and financial decisions, 2011, S. 36 ff.

[17] Vgl. nur die differenzierende Betrachtung des steuerlichen Einflusses auf verschiedene Arten betrieblicher Entscheidungen bei *Breithecker*, Einführung in die Betriebswirtschaftliche Steuerlehre, 17. Auflage 2016, S. 205 ff., 219 ff., 230 ff., 240 ff.; *Kußmaul*, Betriebswirtschaftliche Steuerlehre, 7. Auflage 2014, S. 173 ff., 186 ff., 191 ff., 202 ff., 463 ff., 707 ff., 807 ff.; *Homburg*, Allgemeine Steuerlehre, 7. Auflage 2015, S. 240 ff., 242 ff., 253 ff., 263 ff.; *Kaminski/Strunk*, Einfluss von Steuern auf unternehmerische Entscheidungen, 2. Auflage 2012, S. 15 ff., 154 ff., 210 ff., 234 ff.

[18] Man bezeichnet dies auch als materiellen Grund für die Einbeziehung von Steuern in die betriebswirtschaftliche Entscheidungsfindung; vgl. *Scheffler*, Besteuerung von Unternehmen, 2. Auflage 2013, S. 3; Steuern sind negative Zielbeiträge; *C. Kraft/G.* Kraft, Grundlagen der Unternehmensbesteuerung, 5. Auflage 2018, S. 4.

[19] Siehe zu Details einer sog. „Cash Flow Besteuerung“ *D. Schanz/S.* Schanz, Business taxation and financial decisions, 2011, S. 166 ff.; *Kruschwitz/Lorenz*, Investitionsrechnung, 15. Auflage 2019, S. 164 ff.

[20] Gleiches gilt, wenn die Besteuerung völlig unabhängig von der wirtschaftlichen Tätigkeit ist, also im – wenig praxisrelevanten – Fall einer Kopf- oder Pauschalsteuer; siehe mit

wird erzielt, wenn der Besteuerung nur der ökonomische, zinsbereinigte Gewinn zugrunde gelegt wird, also der Betrag, um den das erzielte Einkommen die Erträge eines Alternativinvestments am Kapitalmarkt übersteigt.[21] In einem solchen System ist eine betriebliche Entscheidung, die ohne Berücksichtigung der Steuerbelastung optimal ist, auch nach Berücksichtigung von Steuern optimal. Das System ist aus betriebswirtschaftlicher Sicht (entscheidungs-)neutral oder indifferent.[22]

Das bestehende deutsche Ertragsteuerrecht erfüllt dieses Ideal indes nicht: Die steuerliche Belastung knüpft nur bei den Überschusseinkunftsarten und bei der Gewinnermittlung durch Einnahmenüberschussrechnung (§4 Abs. 3 EStG) an die Zahlungsüberschüsse des Steuerpflichtigen an, die tatsächlich für den privaten Konsum zur Verfügung stehen. Wird der Besteuerung der durch Betriebsvermögensvergleich ermittelte Gewinn zugrunde gelegt (§§4 Abs. 1, 5 Abs. 1 EStG) weicht die steuerliche Bemessungsgrundlage schon ganz grundsätzlich von der betriebswirtschaftlichen Zielgröße ab.[23] Hinzu kommen unabhängig von der Ermittlungsart die vielfältigen und miteinander verwobenen Sonderregelungen, wie beispielsweise (teilweise) Steuerfreistellungen, Freibeträge und besondere Steuersätze einerseits und Abzugsbeschränkungen für Betriebsausgaben andererseits sowie rechtsform- und standortbedingte Besteuerungsunterschiede. Dadurch werden betriebswirtschaftlich grundsätzlich gleichwertige Handlungsalternativen steuerlich häufig unterschiedlich attraktiv: Eine Handlungsoption verursacht höhere steuerliche Kosten als eine Handlungsalternative.[24] Dies kann dazu führen, dass sich die Rangfolge zwischen verschiedenen Entscheidungsalternativen, basierend auf den zu erwartenden

historischen Beispielen *D. Schanz/S.* Schanz, Business taxation and financial decisions, 2011, S. 161 ff.; *Burda/Wyplosz*, Makroökonomie, 4. Auflage 2018, S. 455; *Mankiw/Taylor*, Grundzüge der Volkswirtschaftslehre, 7. Auflage 2018, S. 298; vgl. auch den Überblick über die Theorie der sog. Optimalbesteuerung, mit der (unter anderem) eine möglichst entscheidungsneutrale Besteuerung angestrebt wird *Reding/Müller*, Einführung in die allgemeine Steuerlehre, 1999, S. 251 ff.

[21] Die ermittelten Steuerbilanzgewinne sind dafür um einen fiktiven Zins auf das Eigenkapital zu mindern; siehe *D. Schanz*, DStR 2015, 1986, 1989; *D. Schanz/S.* Schanz, Business taxation and financial decisions, 2011, S. 183 ff.; *Kruschwitz/Lorenz*, Investitionsrechnung, 15. Auflage 2019, S. 157 ff., 167 ff. Entsprechende Steuersysteme wurden bereits in verschiedenen europäischen Staaten erprobt bzw. sind dort immer noch in Gebrauch; vgl. den Überblick bei *D. Schanz/S.* Schanz, Business taxation and financial decisions, 2011, S. 195 ff.

[22] *Breithecker*, Einführung in die Betriebswirtschaftliche Steuerlehre, 17. Auflage 2016, S. 18 ff.; *Marx/Kläne/Korff u. a.*, Unternehmensbesteuerung, 3. Auflage 2018, S. 19 f.; siehe auch den Überblick mit weiteren Teilbegriffen der Neutralität bei *D. Schanz/S.* Schanz, Business taxation and financial decisions, 2011, S. 159 ff.; ob und inwieweit eine solche Entscheidungsneutralität aus finanzwissenschaftlicher Perspektive erstrebenswert ist, ist umstritten vgl. nur *Homburg*, Allgemeine Steuerlehre, 7. Auflage 2015, S. 240 ff. m. w. N.

[23] Beispielsweise wenn sich der steuerliche Gewinn allein aufgrund der bilanziellen Bewertung eines Wirtschaftsguts ändert.

[24] Diese fehlende Indifferenz bildet den wesentlichen formellen Grund für die Einbeziehung von Ertragsteuern in die betriebswirtschaftliche Entscheidungsfindung; vgl. *Scheffler*,

Zahlungsüberschüssen, verändert und der Unternehmer mithin bei unterstelltem rationalem Handeln eine andere Entscheidung treffen muss.[25]

Der Unternehmer muss schließlich auch bei der Alternative, die die höchsten Zahlungsüberschüsse erwarten lässt, prüfen, ob die ausgelösten Steuerzahlungen aus den Zahlungsüberschüssen finanziert werden können.[26] Zwar werden bei Ertragsteuern, die von der Höhe des erzielten Gewinns abhängen, in der Regel die absoluten Steuerbeträge nicht die zu erwartenden Zahlungsüberschüsse übersteigen.[27] Es können jedoch Liquiditätsengpässe auftreten, wenn die Steuern fällig werden, bevor der Unternehmer über die Erträge aus seiner Investition verfügen kann.[28]

Wie alle anderen Kostenfaktoren auch muss der Steuerpflichtige daher die steuerlichen Konsequenzen seines Handelns in die Entscheidungsfindung miteinbeziehen. Erforderlich ist eine „Entscheidungsoptimierung unter Berücksichtigung von Steuern",[29] die man gemeinhin als „Steuerplanung" bezeichnet.[30] Steuerplanung ist angesichts eines nicht entscheidungsneutralen Steuersystems nicht nur legitim, ökonomisch ist sie vielmehr zwingend erforderlich.[31] Verzichtet der Steuerpflichtige auf Steuerplanung, trifft er ökonomisch falsche Ent-

---

Besteuerung von Unternehmen, 2. Auflage 2013, S. 3f.; *Hey*, FS Kirchhof, 2013, §153 Rn. 20; *C. Kraft/G.* Kraft, Grundlagen der Unternehmensbesteuerung, 5. Auflage 2018, S. 4ff.

[25] Zum Standardmodell der Investitionsrechnung, das die steuerlichen Folgen mitberücksichtigt, vgl. *F. W. Wagner/Dirrigl*, Die Steuerplanung der Unternehmung, 1980, S. 24ff.; *D. Schanz/S.* Schanz, Business taxation and financial decisions, 2011, S. 80ff.; *D. Schanz*, DStR 2015, 1986, 1988; *C. Kraft/G.* Kraft, Grundlagen der Unternehmensbesteuerung, 5. Auflage 2018, S. 6f.; *Kußmaul*, Betriebswirtschaftliche Steuerlehre, 7. Auflage 2014, S. 177ff.; *Homburg*, Allgemeine Steuerlehre, 7. Auflage 2015, S. 242ff.

[26] Die Frage der Realisierbarkeit bildet den zweiten formellen Grund für die Einbeziehung von Ertragsteuern in die betriebswirtschaftliche Entscheidungsfindung; vgl. *Scheffler*, Besteuerung von Unternehmen, 2. Auflage 2013, S. 4.

[27] Für einzelne Veranlagungszeiträume kann sich eine solche Konstellation aber durchaus ergeben, wenn steuerpflichtige Gewinne ohne Realisationsvorgang am Markt entstehen. Denkbar ist dies beispielsweise durch die Aufdeckung stiller Reserven bei unternehmensinternen Umwandlungs- und Übertragungsvorgängen. Substanzsteuern können demgegenüber deutlich schneller die erzielten Zahlungsüberschüsse übersteigen; vgl. *Scheffler*, Besteuerung von Unternehmen, 2. Auflage 2013, S. 4.

[28] Beispielsweise kann ein solcher Liquiditätsengpass bei einer Gewinnermittlung nach §4 Abs. 1 EStG daraus entstehen, dass schon die Aktivierung einer Forderung zu steuerpflichtigem Ertrag führt, obwohl dem Steuerpflichtigen noch keine Zahlungsmittel zugeflossen sind.

[29] Mit Differenzierung nach verschiedenen typischen betrieblichen Entscheidungsarten.

[30] Grundlegend *F. W. Wagner/Dirrigl*, Die Steuerplanung der Unternehmung, 1980, S. 3; vgl. aus jüngerer Zeit z. B. *Rödder*, Gestaltungssuche im Ertragsteuerrecht, 1991, S. 4; *Hey*, Steuerplanungssicherheit als Rechtsproblem, 2002, S. 10; *D. Schanz/S.* Schanz, Business taxation and financial decisions, 2011, S. 6f.; *Schneeloch*, Betriebliche Steuerpolitik, 3. Auflage 2011, S. 3.

[31] *Rose*, StuW 1985, 330, 339; *Tipke*, FS Rose, 1991, S. 91, 107; *Hey*, Steuerplanungssicherheit als Rechtsproblem, 2002, S. 13ff.; *D. Schanz/S.* Schanz, Business taxation and financial decisions, 2011, S. 79; *Hey*, FS Kirchhof, 2013, §153 Rn. 5; *Schneeloch*, Betriebliche Steuerpolitik, 3. Auflage 2011, S. 208; *D. Schanz*, DStR 2015, 1986, 1986.

scheidungen und investiert sein Kapital nicht in der bestmöglichen, seinen privaten Nutzen maximierenden Art und Weise.[32]

Steuerplanungsbedarf entsteht dabei nicht nur durch die unterschiedliche steuerliche Behandlung verschiedener wirtschaftlicher Investitionsalternativen. Die vielfach bestehenden Wahlrechte im Steuerrecht verursachen zusätzlichen betriebswirtschaftlichen Planungsbedarf: Der Steuerpflichtige kann (jeweils unter weiteren Voraussetzungen) beispielsweise wählen, wie er seinen Gewinn ermitteln will,[33] mit welcher Methode er Wirtschaftsgüter bewerten[34] und abschreiben[35] möchte oder ob besondere Besteuerungsregime Anwendung finden sollen.[36] Der identische wirtschaftliche Sachverhalt kann also – je nach Entscheidung des Steuerpflichtigen – unterschiedliche steuerliche Konsequenzen nach sich ziehen. Auch insoweit muss der Steuerpflichtige eine ökonomische Entscheidung zwischen den Alternativen treffen, in die nicht nur die steuerlichen Konsequenzen, sondern auch die anderen wirtschaftlichen Parameter einbezogen werden.[37] So wirkt sich die Wahl einer bestimmten Abschreibungsmethode oder eines Besteuerungsregimes regelmäßig auf die steuerliche Behandlung über einen längeren Zeitraum aus. Für die Entscheidung, welche Alternative ökonomisch effizient ist, muss daher nicht nur die aktuelle Einkommenssituation,

---

[32] In der Praxis kommt erschwerend hinzu, dass steuerliche Folgen häufig überschätzt oder unterschätzt werden; vgl. *D. Schanz/S.* Schanz, Business taxation and financial decisions, 2011, S. 4f.; *D. Schanz*, DStR 2015, 1986, 1990f.

[33] Nicht buchführungspflichtige Steuerpflichtige können ihren Gewinn entweder durch Betriebsvermögensvergleich (§§4 Abs. 1, 5 Abs. 1 EStG) oder als Überschuss der Betriebseinnahmen über die Betriebsausgaben ermitteln (§4 Abs. 3 S. 1 EStG).

[34] Siehe insbesondere die Vereinfachungsmöglichkeit bei der Bewertung von Wirtschaftsgütern des Vorratsvermögens in §6 Abs. 1 Nr. 2a EStG.

[35] Siehe zum Beispiel die Wahlmöglichkeiten zur degressiven Abschreibung bei selbst hergestellten oder im Jahr der Herstellung angeschafften Gebäuden (§7 Abs. 5 EStG), die Sonderabschreibungen zur Förderung kleinerer und mittlerer Betriebe (§7g Abs. 5, 6 EStG), bei Gebäuden in Sanierungsgebieten und städtebaulichen Entwicklungsbereichen (§7h EStG) und bei Baudenkmälern, sowie die besonderen Abschreibungswahlrechte für geringwertige Wirtschaftsgüter (§6 Abs. 2, 2a EStG).

[36] So besteht zum Beispiel nach §32d Abs. 2 Nr. 3 EStG für bestimmte Gesellschafter einer Kapitalgesellschaft die Möglichkeit, Beteiligungserträge nicht der abgeltenden Besteuerung nach §32d Abs. 1 EStG, sondern der Regelbesteuerung zu unterwerfen (inklusive der Möglichkeit, dann tatsächliche Werbungskosten geltend zu machen und Verluste mit Gewinnen aus anderen Einkunftsarten zu verrechnen). Als weiteres Beispiel sei die besondere Thesaurierungsbesteuerung nach §34a EStG genannt, bei der nicht entnommene Gewinne aus Land- und Forstwirtschaft, Gewerbebetrieb oder selbständiger Arbeit auf Antrag zunächst einer ermäßigten Besteuerung unterliegen, bei Entnahme aber nochmals mit einem Steuersatz von 25% nachversteuert werden müssen.

[37] Die Ausübung von steuerlichen Wahlrechten unter Einbeziehung der betriebswirtschaftlichen Folgen wird auch als Steuerbilanzpolitik bezeichnet; vgl. *Rose*, StuW 1985, 330, 343; *Schneeloch*, Betriebliche Steuerpolitik, 3. Auflage 2011, S. 121; *Breithecker*, Einführung in die Betriebswirtschaftliche Steuerlehre, 17. Auflage 2016, S. 175ff.; *Scheffler*, Besteuerung von Unternehmen, 2. Auflage 2013, S. 218ff., der allerdings zum Teil auch Sachverhaltsgestaltung als Element der Bilanzpolitik einordnet.

sondern auch die (voraussichtliche) zukünftige Einkommensentwicklung abgeschätzt werden.

Schließlich gibt es Konstellationen, in denen sich Entscheidungsalternativen ausschließlich durch ihre steuerlichen Konsequenzen unterscheiden.[38] Alle anderen wirtschaftlichen Entscheidungsparameter sind konstant, aber der Steuerpflichtige kann durch eine Veränderung des Sachverhalts oder der rechtlichen Konstruktion eine günstigere steuerliche Behandlung herbeiführen. Der Steuerpflichtige handelt also nur „um der Steuer willen", man spricht auch von Steuerplanung im engeren Sinne[39] oder von „Steuergestaltung".[40] Beispielsweise kann die unterschiedliche Besteuerung verschiedener Rechtsformen einen Anreiz zu einer gesellschaftsrechtlichen Umgestaltung eines Unternehmens bieten, auch wenn sich die wirtschaftliche Tätigkeit dieses Unternehmens nicht verändern soll. So erzielen gewerblich geprägte Personengesellschaften nach §15 Abs. 3 Nr. 2 EStG und Kapitalgesellschaften nach §8 Abs. 2 KStG unabhängig von ihrer tatsächlichen Tätigkeit stets Einkünfte aus Gewerbebetrieb. Dies kann unter Umständen attraktiv sein, beispielsweise um Substanz- und Veräußerungsverluste voll berücksichtigen zu können oder die Voraussetzungen für steuerneutrale Übertragungen von Wirtschaftsgütern oder Sachgesamtheiten zu ermöglichen.[41] Ebenso können Sondervorschriften, die von der Größe des Betriebs abhängen, einen Anreiz zur Umorganisation einer unternehmerischen Tätigkeit bieten: Die Rückausnahme zur bereits angesprochenen Zinsschranke in §4h Abs. 2 S. 1 a) EStG, die je Betrieb einen vollständigen Abzug von Zinsaufwendungen bis zu einer Höhe von drei Millionen Euro nach Abzug von Zinserträgen zulässt, setzt beispielsweise einen Anreiz, Fremdfinanzierungsaufwendungen (bzw. die zugrundeliegenden Darlehen) auf möglichst viele (kleinere) Betriebe zu verteilen.[42] Grenzen der steuerlichen Gestaltungsfrei-

---

[38] Nur insoweit führt das Ziel der Steuerminimierung dann zur betriebswirtschaftlich richtigen Entscheidung (relative Steuerminimierung); vgl. *Scheffler*, Besteuerung von Unternehmen, 2. Auflage 2013, S. 2. Steuerminimierung ist auch dann betriebswirtschaftlich optimal, wenn bereits eine Investitionsentscheidung getroffen wurde; siehe *D. Schanz/S.* Schanz, Business taxation and financial decisions, 2011, S. 6f.

[39] *F. W. Wagner/Dirrigl*, Die Steuerplanung der Unternehmung, 1980, S. 28; ähnlich *Scheffler*, Besteuerung von Unternehmen, 2. Auflage 2013, S. 220.

[40] *Rödder*, Gestaltungssuche im Ertragsteuerrecht, 1991, S. S. 4f., 63; *Hey*, Steuerplanungssicherheit als Rechtsproblem, 2002, S. 11; *Schneeloch*, Betriebliche Steuerpolitik, 3. Auflage 2011, S. 3.

[41] Vergleiche zum Beispiel §6 Abs. 5 S. 1–3 EStG, §16 Abs. 3 S. 2, §3 Abs. 2 S. 1 Nr. 1 UmwStG, §24 Abs. 2 S. 2 UmwStG.

[42] Im Extremfall kann die Regelung zu einer „Atomisierung" eines Unternehmens aus rein steuerrechtlichen Gründen führen; vgl. zu entsprechenden Gestaltungen in der Immobilienwirtschaft *von Cölln*, DStR 2008, 1853, 1855f.; als „gängige Gestaltung" eingeschätzt von *W. Staats*, IStR 2016, 135, 137, der zugleich auf möglichen Anpassungsbedarf der im internationalen Vergleich recht großzügigen Freigrenze (vgl. *Kahlenberg/Kopec*, IStR 2015, 84, 91) infolge des OECD-Berichts zu Maßnahme 4 des BEPS-Aktionsplans hinweist. Bislang wurde die gesetzliche Regelung allerdings nicht verschärft.

heit finden sich insbesondere in spezialgesetzlichen Missbrauchsvermeidungsvorschriften sowie im subsidiären (vgl. §42 Abs. 1 S. 2 AO) allgemeinen Missbrauchsvermeidungstatbestand des §42 Abs. 1 S. 1, Abs. 2 AO. Wo diese liegen, lässt sich aber nur im jeweiligen Einzelfall bestimmen.

b) Steuerplanungssicherheit

Das komplexe deutsche Ertragsteuerrecht führt also betriebswirtschaftlich zwingend[43] zu den drei dargestellten Varianten der Steuerplanung – der Berücksichtigung steuerlicher Konsequenzen bei unternehmerischen Entscheidungen zwischen unterschiedlichen wirtschaftlichen Alternativen, der Wahrnehmung steuerlicher Wahlrechte im Einklang mit den ökonomischen Zielen und der aktiven unternehmerischen Sachverhaltsgestaltung nur aus steuerlichen Motiven. Alle Varianten setzen dabei voraus, dass der Steuerpflichtige die steuerlichen Folgen seines Handelns absehen kann.

Nur wenn sich die steuerlichen Konsequenzen verschiedener Handlungsalternativen sicher voraussagen können, kann der Steuerpflichtige eine zutreffende Entscheidung zwischen diesen Alternativen treffen. Dies gilt sowohl für die Entscheidung zwischen zwei Investitionsmöglichkeiten als auch für die Entscheidung, ob bzw. wie ein steuerliches Wahlrecht ausgeübt werden soll.[44] Schließlich wird der Steuerpflichtige nicht steuergestaltend tätig werden, wenn der positive Effekt einer (unter Umständen aufwändigen) Sachverhaltsumgestaltung nicht klar ermittelt werden kann. Der Steuerpflichtige braucht Steuerplanungssicherheit.[45] Diese umfasst zwei Aspekte:

Zum einen muss sich die gültige steuerliche Rechtslage klar ermitteln lassen, insbesondere müssen die gesetzlichen Regelungen hinreichend bestimmt sein. Auf die diesbezügliche Kritik an steuerrechtlichen Normen, die eine Vielzahl von unbestimmten Rechtsbegriffen und zum Teil unklaren Wechselbeziehungen aufweisen, wurde bereits hingewiesen;[46] sie soll hier nicht weiter vertieft werden.

Zum anderen setzt Steuerplanungssicherheit vor allem eine gewisse Beständigkeit der steuerrechtlichen Rechtslage voraus.[47] Gerade weil sich steuerrechtliche Regelungen in erheblichem Umfang auch auf Dauersachverhalte und langfristige Investitionsentscheidungen auswirken,[48] beeinträchtigen Änderungen

---

[43] Vgl. die Nachweise in Fn. 31.

[44] *Rose*, StuW 1985, 330, 343.

[45] Der Begriff hat sich insbesondere im steuerrechtlichen Schrifttum etabliert; vgl. nur *Hey*, Steuerplanungssicherheit als Rechtsproblem, 2002, S. 1ff.; *Leisner-Egensperger*, Kontinuität als Verfassungsprinzip, 2002, S. 551; *F. Kirchhof*, FS Spindler, 2011, S. 463, 463.

[46] Siehe oben unter §3 A. III. 1.

[47] So schon *Neumark*, Grundsätze gerechter und ökonomisch rationaler Steuerpolitik, 1970, S. 365f.; vgl. auch *P. Kirchhof*, StuW 2000, 221, 222; *Birk*, FS Spindler, 2011, S. 13, 19.

[48] *F. W. Wagner/Dirrigl*, Die Steuerplanung der Unternehmung, 1980, S. 23; *Rose*, StuW 1985, 330, 337; *Tipke*, FS Rose, 1991, S. 91, 106; *F. Kirchhof*, FS Spindler, 2011, S. 463, 468.

der Rechtslage die Steuerplanungssicherheit. Es ist beispielsweise denkbar, dass ein Steuerpflichtiger in Aktien investiert, weil Dividenden und Veräußerungsgewinne einer ermäßigten Besteuerung unterliegen, und deshalb auf ein Alternativinvestment verzichtet, das zwar etwas höhere Vorsteuergewinne verspricht, aber einer höheren Besteuerung unterliegt.[49] Werden nun die steuerlichen Vergünstigungen für Aktien abgeschafft, kann sich die Investitionsentscheidung nachträglich als ineffizient erweisen. Je schlechter sich die Entscheidung nachträglich korrigieren lässt (beispielsweise durch Veräußerung der Aktien und Reinvestition des Kapitals) desto schwerer wiegt die fehlende Steuerplanungssicherheit.[50] Hat der Steuerpflichtige sich beispielsweise wegen günstiger steuerlicher Regelungen für die Wahl eines bestimmten Betriebsstandorts[51] oder für die Errichtung eines weiteren Fabrikgebäudes entschieden, so kann er diese Investition nur schwer rückgängig machen und wird durch Veränderungen der steuerlichen Rahmenbedingungen in besonderem Maße beeinträchtigt.

Das Maß der Steuerplanungsunsicherheit hängt des Weiteren davon ab, wie stark eine Neuregelung von dem bisherigen Rechtszustand abweicht. Erfolgen nur punktuelle Anpassungen (beispielsweise eine geringfügige Erhöhung des Steuertarifs) sind die finanziellen Unterschiede zu verpassten Alternativinvestments in der Regel nicht besonders gravierend. Werden hingegen die Rahmenbedingungen grundlegend verändert, kann auch die getroffene Entscheidung nachträglich zu einer gravierenden Fehlinvestition werden.[52]

Entscheidend für das Ausmaß der Steuerplanungsunsicherheit, die von einer Veränderung der Rechtslage ausgeht, ist schließlich der zeitliche Bezug der Neuregelung:[53] Wirkt sie nur für zukünftige Fälle oder enthält sie Übergangsregelungen für bereits getroffene Investitionsentscheidungen, so wird die Steuerplanung in geringerem Umfang beeinträchtigt. Erfasst die neue Rechtslage hingegen alle Sachverhalte unterschiedslos oder findet sie sogar rückwirkend Anwendung, können betriebliche Planungen in erheblichem Umfang entwertet werden.

Der Steuerpflichtige hat also ein Interesse an einer kontinuierlichen Rechtsentwicklung, damit er seine Entscheidungen rational unter Einbeziehung der steuerlichen Konsequenzen treffen kann. Dies ist Voraussetzung, um das be-

---

[49] Besonders gravierend sind die steuerlichen Unterschiede, wenn die Erträge aus einer Investitionsalternative vollständig steuerfrei gestellt werden.

[50] Vgl. *Rödder*, Gestaltungssuche im Ertragsteuerrecht, 1991, S. 91 f.; *Snelting*, StuW 1999, 382, 383 f.

[51] Zum Einfluss steuerrechtlicher Regelungen auf die nationale und internationale Standortwahl noch unter § 3 A. II. 2.

[52] Vgl. auch die Differenzierung bei *Rose*, StuW 1985, 330, 338; *ders.*, in: Curtius-Hartung/Herzig/Niemann (Hrsg.), Steuerberater-Jahrbuch 1987/88, 1988, S. 363, 366; *ders.*, FS Wöhe, 1989, S. 290, 292; *ders.*, Betriebswirtschaftliche Steuerlehre, 3. Auflage 1992, S. 13 zwischen kalkulierbaren und nicht kalkulierbaren Änderungen; dazu vertiefend sogleich unter § 3 A. I. 1. c).

[53] *Hey*, Steuerplanungssicherheit als Rechtsproblem, 2002, S. 71.

triebswirtschaftliche Ziel möglichst hoher Zahlungsüberschüsse für den privaten Konsumbereich zu erreichen.

c) Steuerplanung trotz fehlender Steuerplanungssicherheit

Da die aktuelle Rechtslage und -entwicklung im deutschen Ertragsteuerrecht gerade durch ihre Unbeständigkeit geprägt ist,[54] muss der Steuerpflichtige in der Praxis bei seiner Steuerplanung mit der fehlenden Steuerplanungssicherheit umgehen.

In gewisser Weise handelt es sich dabei um eine alltägliche betriebswirtschaftliche Aufgabenstellung, weil auch andere betriebswirtschaftliche Größen unsicher sind. So lassen sich beispielsweise zukünftige Verkaufszahlen allenfalls auf der Grundlage bisheriger Erfahrungen oder aufgrund von Marktstudien prognostizieren. Trotzdem muss der Unternehmer eine Entscheidung treffen, welche Produkte er in welcher Zahl produzieren will. Die Betriebswirtschaftslehre hat verschiedene Entscheidungsregeln entwickelt, mit deren Hilfe der Unternehmer mit einer solchen unsicheren Informationslage rational umgehen kann.[55] Voraussetzung ist aber jeweils, dass sich die Unsicherheit zumindest insoweit eingrenzen lässt, als verschiedene mögliche alternative Verläufe identifiziert werden können (zum Beispiel eine Bandbreite möglicher Absatzsteigerungen). In Bezug auf die zukünftige Entwicklung der Steuerrechtslage ist dies aber nur in eingeschränktem Umfang möglich.[56] Insoweit unterschiedliche Auffassungen über die Auslegung eines Tatbestandsmerkmals bestehen und eine Klärung durch die Rechtsprechung noch aussteht, mag man noch von einer kalkulierbaren Unsicherheit ausgehen.[57] Zumindest stehen die verschiedenen Lösungsmöglichkeiten und die grundsätzliche Methodik der Auslegung fest.[58] Ändert sich die Steuerrechtslage hingegen grundlegend (beispielsweise durch einen überraschenden Rechtsprechungswechsel oder eine einschneidende Gesetzesänderung), wird der Steuerpflichtige dies kaum anti-

---

[54] Siehe bereits unter §3 A. IV.

[55] Vgl. die Darstellung und Nachweise bei *Rose*, FS Wöhe, 1989, S. 290, 298; *Neus*, Einführung in die Betriebswirtschaftslehre, 10. Auflage 2018, S. 479ff.; *Kruschwitz/Husmann*, Finanzierung und Investition, 7. Auflage 2012, S. 33ff.; *Kruschwitz/Lorenz*, Investitionsrechnung, 15. Auflage 2019, S. 259ff.

[56] *Schneeloch*, Betriebliche Steuerpolitik, 3. Auflage 2011, S. 10f. empfiehlt die aufmerksame Beobachtung von politischer und fachlicher Diskussion, Rechtsprechungsentwicklung sowie Veröffentlichungen von Verbänden und Kammern zur Information ihrer Mitglieder, um künftige Rechtsänderungen frühzeitig zu antizipieren. Auch er erkennt aber an, dass selbst eine solche umfassende Beobachtung nicht vor Überraschungen schützt.

[57] So auch *Rose*, StuW 1985, 330, 338; *ders.*, in: Curtius-Hartung/Herzig/Niemann (Hrsg.), Steuerberater-Jahrbuch 1987/88, 1988, S. 363, 366.

[58] Die Steuerplanung muss dann die steuerlichen Folgen der jeweils möglichen Auslegungen einkalkulieren; vgl. *Rödder*, Gestaltungssuche im Ertragsteuerrecht, 1991, S. 56f.; *Kaminski/Strunk*, Einfluss von Steuern auf unternehmerische Entscheidungen, 2. Auflage 2012, S. 8; *Hey*, FS Kirchhof, 2013, §153 Rn. 1.

zipieren können.[59] Dies gilt umso mehr, wenn im Zuge einer langfristigen Investition die Steuerrechtsentwicklung für einen längeren Zeitraum eingeplant werden muss.[60]

Um den besonderen Anforderungen, die sich aus Unsicherheit und Unbeständigkeit des Steuerrechts ergeben, zu begegnen, stehen dem Steuerpflichtigen insbesondere zwei Möglichkeiten zur Verfügung. Zum einen sieht die Abgabenordnung verschiedene Instrumente vor, um eine bestimmte Rechtslage zugunsten des Steuerpflichtigen auch gegenüber zukünftigen Änderungen zu konservieren.[61] Zum anderen kann der Steuerpflichtige versuchen, seine Steuerplanung möglichst flexibel zu gestalten.[62]

Soweit möglich sollte der Steuerpflichtige dazu Investitionen tätigen, deren Folgen sich leicht, also mit möglichst geringen Transaktionskosten, an eine sich verändernde Steuerrechtslage anpassen lassen.[63] Dies kann generell dafür sprechen, kurzfristige Investitionen langfristigen vorzuziehen, da das investierte Kapital dann unter geänderten Rahmenbedingungen zeitnah neu eingesetzt werden kann.[64] Ebenso kann der Steuerpflichtige von Investitionen absehen, die nur aufgrund einer besonderen Steuervergünstigung vorteilhaft sind (bzw. diese Investitionen als besonders risikobehaftet einkalkulieren)[65] oder bei denen eine spätere rechtliche Behandlung anderer Investitionen präjudiziert wird.[66] Bei der Standortwahl lässt sich Flexibilität unter Umständen dadurch erreichen, dass Räumlichkeiten nur gemietet und nicht erworben werden. Bei Rechtsgeschäften haben sich Steuerklauseln etabliert, mit denen insbesondere das Risiko einer abweichenden Beurteilung des Sachverhalts durch Finanzbehörden oder -gerichte zwischen den beteiligten Parteien verteilt wird.[67]

Die fehlende Steuerplanungssicherheit lässt sich durch derlei Maßnahmen zwar abmildern, eine echte Lösung des Problems stellen sie aber nicht dar. Zum

---

[59] *Münch*, FS Hahn, 1997, S. 673, 694; *Gerd Rose* bezeichnet solche Veränderungen plastisch als „Rechtssprünge"; siehe insbesondere *Rose*, in: Curtius-Hartung/Herzig/Niemann (Hrsg.), Steuerberater-Jahrbuch 1987/88, 1988, S. 363, 367; *ders.*, FS Wöhe, 1989, S. 290, 292; *ders.*, Betriebswirtschaftliche Steuerlehre, 3. Auflage 1992, S. 13.

[60] *Tipke*, FS Rose, 1991, S. 91, 106; *F. Kirchhof*, FS Spindler, 2011, S. 463, 468.

[61] Siehe dazu im Detail noch unter § 3 B; aus der Perspektive der Steuerplanung dienen diese Instrumente insbesondere der Risikominimierung, vgl. *Rödder*, Gestaltungssuche im Ertragsteuerrecht, 1991, S. 56 f.; *Rose*, in: Curtius-Hartung/Herzig/Niemann (Hrsg.), Steuerberater-Jahrbuch 1987/88, 1988, S. 363, 380.

[62] *Rödder*, Gestaltungssuche im Ertragsteuerrecht, 1991, S. 91 ff.; *Hey*, Steuerplanungssicherheit als Rechtsproblem, 2002, S. 90 f.

[63] *Rose*, StuW 1985, 330, 335 f.; *Hey*, Steuerplanungssicherheit als Rechtsproblem, 2002, S. 90 f.; *Rödder*, Gestaltungssuche im Ertragsteuerrecht, 1991, S. 91 f.

[64] *Hey*, Steuerplanungssicherheit als Rechtsproblem, 2002, S. 90 f.

[65] *Hey*, Steuerplanungssicherheit als Rechtsproblem, 2002, S. 91; in diese Richtung auch BVerfG, Beschluss v. 3.12.1997 – 2 BvR 882/97, BVerfGE 97, 67, juris Rn. 51.

[66] *Rödder*, Gestaltungssuche im Ertragsteuerrecht, 1991, S. 91 f.; *Kaminski/Strunk*, Einfluss von Steuern auf unternehmerische Entscheidungen, 2. Auflage 2012, S. 8.

[67] *Hey*, Steuerplanungssicherheit als Rechtsproblem, 2002, S. 91 ff.

einen erlangt der Steuerpflichtige die zusätzliche Flexibilität in der Regel nur zu einem Preis.[68] So wird eine günstige Steuerklausel von der Gegenseite bei der Bemessung des Kaufpreises eingepreist[69] und der Verzicht auf steuerlich besonders attraktive Investitionen führt (wenn die günstigen Regelungen bestehen bleiben) zu nicht optimalen Zahlungsüberschüssen. Zum anderen kann der Steuerpflichtige oftmals nicht auf langfristige, schwer reversible Investitionsentscheidungen verzichten – er wird sie treffen müssen, auch wenn die zukünftige Steuerrechtsentwicklung kaum kalkulierbar ist.

2. *Kontinuierliche Rechtsentwicklung als Wettbewerbsgrundlage*

Rechtskontinuität gewinnt für den Steuerpflichtigen darüber hinaus auch mit Blick auf seine Mitbewerber Bedeutung. Solange den Unternehmern ein einheitlicher Rechtsrahmen zur Verfügung steht, hängt der wirtschaftliche Erfolg des Einzelnen nur von der Qualität und dem Preis der Leistungen ab, die er anbietet. Rechtliche Vergünstigungen, die nur einen Teil der am Markt tätigen Unternehmen begünstigen, verzerren diesen Wettbewerb. Sie erlauben es den Begünstigten, ihre Marktanteile zu vergrößern, obwohl ihre Leistungen nicht besser oder sogar schlechter sind als diejenigen der Nichtbegünstigten.

Im Fall einer direkten oder indirekten Subvention erfolgt die Sonderbehandlung einiger Unternehmen bzw. von deren Produkten aus volkswirtschaftlichen Motiven, beispielsweise um bestimmte Wirtschaftszweige zu stärken, Arbeitsplätze im Inland zu erhalten o. ä. In ähnlicher Weise schaffen steuerliche Lenkungsnormen eine günstige Sonderbehandlung für bestimmte Tätigkeiten, um ein wirtschaftspolitisches Ziel zu erreichen. So hat der Gesetzgeber in § 6 Abs. 1 Nr. 4 S. 2 Hs. 2 EStG begünstigende Sonderregelungen für die private Nutzung betrieblicher Elektro- oder Hybridfahrzeuge geschaffen, weil in der Elektromobilität ein wichtiger Beitrag zur dauerhaften Reduktion der CO2-Emissionen gesehen wird.[70] Die Bemessungsgrundlage für die (im Ergebnis die steuerpflichtigen Einnahmen erhöhende) Entnahme ist deutlich niedriger als bei einem Fahrzeug mit konventionellem Antriebssystem.[71] Bewusst wurde damit in den wirtschaftlichen Wettbewerb auf dem Automobilmarkt eingegriffen, indem nur für ein bestimmtes Produkt eine steuerlich günstigere Regelung greift und dieses Produkt damit für potentielle Kunden attraktiver wird.[72] Produzenten von

[68] Treffend dazu *Karl Heinrich Friauf*: „Unsicherheit kostet Geld", nachgewiesen bei *Niemann*, in: Curtius-Hartung/Herzig/Niemann (Hrsg.), Steuerberater-Jahrbuch 1987/88, 1988, S. 392, 392.

[69] *Hey*, Steuerplanungssicherheit als Rechtsproblem, 2002, S. 93.

[70] BT-Drs. 17/10000, S. 52; BT-Drs. 17/13033, S. 63.

[71] Abhängig vom Anschaffungszeitpunkt wird der Bruttolistenpreis des Fahrzeugs entweder um einen pauschalen Betrag gemindert oder nur zur Hälfte angesetzt; vgl. im Einzelnen und mit Berechnungsbeispiel *Eismann*, DStR 2019, 903.

[72] Innerhalb der begünstigten Fahrzeuge ergeben sich zudem insbesondere bei teuren Modellen Steuereinsparungen; *Toepffer*, BB 2019, 279, 280.

Fahrzeugen mit konventionellen Verbrennungsmotoren oder sonstigen alternativen Antrieben erleiden durch die Regelung einen Wettbewerbsnachteil.[73]

Vergleichbare Wettbewerbsnachteile können sich auch aus einer Veränderung der Steuerrechtslage ergeben: Zwar verändert eine gesetzliche Neuregelung oder eine Entscheidung des Bundesfinanzhofs die Rechtslage für alle Steuerpflichtigen gleichermaßen. Gleichwohl erleiden aber diejenigen einen Wettbewerbsnachteil, die Investitionsentscheidungen im Hinblick auf die bisherige Rechtslage getroffen haben und diese nun nicht mehr oder nur mit zusätzlichen Kosten korrigieren können.[74] Hat ein Steuerpflichtiger beispielsweise in den Erwerb von Immobilien investiert, weil diese zwar geringere Vorsteuererträge versprechen als ein Alternativinvestment in Aktien, Veräußerungsgewinne aber nach einer Haltedauer von 10 Jahren nicht steuerbar sind, während ein Mitbewerber in Aktien investiert hat, so wirkt sich eine Veränderung der rechtlichen Bedingungen auch unmittelbar auf das Konkurrenzverhältnis zwischen den beiden Steuerpflichtigen aus: Sowohl, wenn die Besteuerung von Immobilien verschärft wird (beispielsweise, indem der Gesetzgeber die Haltefrist für Immobilien verlängert) als auch, wenn sich die steuerlichen Bedingungen für Aktieninvestments verbessern (beispielsweise, indem auch Aktien nach einer gewissen Haltedauer ohne Steuerbelastung veräußert werden können), erleidet der Immobilieninvestor einen relativen Wettbewerbsnachteil gegenüber dem Aktieninvestor. Eine Umschichtung von Immobilien in Aktien scheidet regelmäßig aus oder ist zumindest mit erheblichen Transaktionskosten verbunden (Grunderwerbsteuer, Einkommensteuer auf einen etwaigen Veräußerungsgewinn, Notarkosten und Gebühren), die ihrerseits einen Wettbewerbsnachteil begründen. Unterstellt man, dass die Investition in Immobilien ursprünglich nach betriebswirtschaftlichen Kriterien optimal gewesen wäre und sich der Immobilieninvestor deshalb in einem perfekten Markt gegen den Aktieninvestor durchgesetzt hätte, so verzerrt eine Veränderung der Rechtslage – zulasten des einen oder zugunsten des anderen Unternehmers[75] – den fairen unternehmerischen Wettbewerb.[76]

---

[73] Laut Gesetzesbegründung erfolgte dieser Eingriff nur, um steuerliche Wettbewerbsnachteile auszugleichen, die sich aus dem hohen Listenpreis von Elektrofahrzeugen und der daraus folgenden höheren Privatentnahmen nach der 1 %-Regelung ergeben. Dass die Fahrzeuge häufig niedrigere laufende Kosten verursachen und daher wirtschaftlich durchaus konkurrenzfähig sein können, schlägt sich bei der pauschalierenden 1 %-Regelung nämlich nicht nieder. Allerdings ergibt sich dieser nachteilige Effekt auch für weitere energiesparende Technologien bzw. schadstoffreduzierende Antriebssysteme. Insoweit greift die Regelung auch in den Wettbewerb zwischen verschiedenen neuen Technologien ein; vgl. auch die Kritik und den Alternativvorschlag bei *Paintner*, DStR 2013, 1629, 1630 f.

[74] Zur begrenzten Reichweite flexibler Planungsinstrumente bereits unter § 3 A. I. 1. c).

[75] Zur wettbewerbsbeeinträchtigenden Wirkung auch begünstigender Rechtsänderungen *Rose*, StuW 1985, 330, 338; *ders.*, in: Curtius-Hartung/Herzig/Niemann (Hrsg.), Steuerberater-Jahrbuch 1987/88, 1988, S. 363, 375.

[76] Entsprechend nennt *Rose*, StuW 1985, 330, 336 Beständigkeit und Planbarkeit als Voraussetzung für ein gerechtes Steuersystem; ähnlich *Münch*, FS Hahn, 1997, S. 673, 681.

Wettbewerbsnachteile ergeben sich schließlich auch gegenüber Mitbewerbern, die erst nach der Rechtsänderung in den Markt eintreten und ihre Investitionsentscheidungen deshalb bereits uneingeschränkt an die neue Rechtslage anpassen können. In dem genannten Beispiel könnte ein neuer Mitbewerber bereits die schlechteren Rahmenbedingungen für Immobilien oder die besseren Rahmenbedingungen für Aktien einpreisen und sein Investment entsprechend ausrichten. Er wird dann eine unter betriebswirtschaftlichen Kriterien bessere Entscheidung treffen können, als der ursprüngliche Immobilieninvestor und hat deshalb einen Vorteil im Wettbewerb mit diesem.

Für diese Wettbewerbsnachteile gilt abermals, dass das Ausmaß der Beeinträchtigung vom Umfang der Rechtsänderung abhängt: Rückwirkende und grundlegende Veränderungen der Rechtslage beeinträchtigen den fairen Wettbewerb in größerem Umfang als zukünftige und graduelle Veränderungen. Insbesondere rückwirkende Gesetze und Entscheidungen des Bundesfinanzhofs, die die Rechtslage durch ihre präjudizielle Wirkung auch für alle vergangenen Sachverhalte konkretisieren,[77] bergen demnach ein besonders großes Verzerrungsrisiko.[78]

II. Staatliche Kontinuitätsinteressen im Steuerrecht

Wendet man den Blick den staatlichen Interessen an rechtlicher Kontinuität zu, so handelt es sich auch insoweit zunächst um wirtschaftliche Interessen. Die Volkswirtschaftslehre und hier insbesondere die Finanzwissenschaft hat sich schon früh mit der Rolle von Rechtssicherheit und -beständigkeit für die gesamtwirtschaftliche Entwicklung und die Staatsfinanzen auseinandergesetzt.[79] Abermals geht es in diesem ersten Schritt zunächst nur um die Identifikation wirtschaftlicher Idealvorstellungen. Erst im Anschluss wird untersucht werden, inwieweit diese Interessen auch (verfassungs-)rechtlich verankert werden können.

---

[77] Vgl. bereits unter § 2 B. III. 3.; § 2 C. IV.

[78] Vgl. zur Risikoverteilung, die aus der grundsätzlichen Rückwirkung von Gerichtsentscheidungen folgt, auch *Robbers*, JZ 1988, 481, 484 f.

[79] Vgl. schon *Smith*, The wealth of nations, 2000 (orig. 1776), S. 888 f., der Rechtssicherheit als eine der vier wesentlichen Voraussetzungen für ein funktionierendes Steuersystem herausstellte. Diese Einschätzung kann seitdem als allgemein anerkannt gelten (vgl. z. B. *Mill*, Principles of Political Economy, 1965, S. 805 f.; aus jüngerer Zeit *Brümmerhoff/Büttner*, Finanzwissenschaft, 11. Auflage 2015, S. 543; *Mankiw/Taylor*, Grundzüge der Volkswirtschaftslehre, 7. Auflage 2018, S. 296) und bildete die Grundlage für den von *Neumark*, Grundsätze gerechter und ökonomisch rationaler Steuerpolitik, 1970, S. 364 ff. entwickelten Grundsatz der Stetigkeit steuerrechtlicher Normen. Dieser wird mittlerweile als normatives Ziel ebenfalls allgemein anerkannt (vgl. z. B. *Andel*, Finanzwissenschaft, 4. Auflage 1998, S. 298; *Bohley*, Die öffentliche Finanzierung, 2003, S. 187; *Brümmerhoff/Büttner*, Finanzwissenschaft, 11. Auflage 2015, S. 543); vgl. zur historischen Entwicklung den Überblick bei *Homburg*, Allgemeine Steuerlehre, 7. Auflage 2015, S. 40 ff.

1. Kalkulierbarkeit der staatlichen Einnahmen

Im Vordergrund steht dabei zunächst der Blick auf die Einnahmen des Staates.

a) Steuern als wichtigste staatliche Finanzierungsmöglichkeit

Aus staatlicher Perspektive sind Steuern vor allem ein Mittel zur Kostendeckung. Um die – in der Vergangenheit stetig angewachsenen – staatlichen Aufgaben erfüllen zu können, benötigen die öffentlichen Haushalte finanzielle Mittel.

Diese können zum einen dadurch erzielt werden, dass Staatsausgaben an anderer Stelle gekürzt werden. Allerdings ergeben sich insoweit faktische Grenzen, solange man nicht auch die kostenverursachenden Aufgaben des Staates verkleinert. In gewissem Umfang können Staatsausgaben dadurch gesenkt werden, dass die bestehenden Aufgaben effektiver ausgeführt werden. Eine nachhaltige Reduzierung der Staatsausgaben ist aber in der Regel gleichbedeutend mit einer Kürzung staatlicher Leistungen: Es stehen geringere Mittel für sozialstaatliche Transferleistungen und die Besoldung und Ausstattung staatlicher Bediensteter zur Verfügung, Investitionen in staatliche Infrastruktur müssen zurückgefahren oder aufgeschoben werden oder staatliche Wirtschaftsförderungsprogramme können nicht mehr in gleicher Höhe beibehalten werden. Jede Kürzungsmaßnahme wird nicht nur (zum Teil erheblichen) politischen Widerstand der betroffenen Gruppen auslösen,[80] sondern unterliegt auch rechtlichen Beschränkungen. Insoweit den Bürgern Ansprüche auf staatliche Leistungen gewährt wurden, muss der Gesetzgeber bei ihrem Abbau insbesondere dem individuellen Vertrauensschutz Rechnung tragen.[81] Gegenüber seinen Bediensteten trifft den Staat eine Fürsorge- und Alimentationspflicht.[82]

Alternativ oder ergänzend kann der Staat seine Einnahmen erhöhen. Dabei wird volkswirtschaftlich üblicherweise zwischen vier verschiedenen Einnahmearten unterschieden:[83] Der Staat kann selbst wirtschaftlich tätig wer-

---

[80] *Schlenker*, Soziales Rückschrittsverbot und Grundgesetz, 1986, S. 43 ff. bezeichnet die politischen Konsequenzen als wirksamsten Schutz gegen die Kürzung von Sozialleistungen.

[81] Vgl. *Hey*, Steuerplanungssicherheit als Rechtsproblem, 2002, S. 335; zum Vertrauensschutz im Steuerrecht noch im Detail unter § 6; zu rechtlichen und politischen Grenzen beim Abbau von Sozialleistungen *Schlenker*, Soziales Rückschrittsverbot und Grundgesetz, 1986, S. 36 ff.; zum Vertrauensschutz bei sozialversicherungsrechtlichen Leistungen *Streinz*, FS Häberle, 2004, S. 745, 766 f. m. w. N.

[82] Vgl. nur BVerfG, Beschluss v. 30.3.1977 – 2 BvR 1039/75, 2 BvR 1045/75, BVerfGE 44, 249, juris Rn. 37; BVerfG, Beschluss v. 3.7.1985 – 2 BvL 16/82, BVerfGE 70, 251, juris Rn. 46; BVerfG, Beschluss v. 24.11.1998 – 2 BvL 26/91, 2 BvL 5/96, 2 BvL 6/96, 2 BvL 7/96, 2 BvL 8/96, 2 BvL 9/96, 2 BvL 10/96, 2 BvL 3/97, 2 BvL 4/97, 2 BvL 5/97, 2 BvL 6/97, BVerfGE 99, 300, juris Rn. 35 ff.; BVerfG, Urteil v. 27.9.2005 – 2 BvR 1387/02, BVerfGE 114, 258, juris Rn. 112 ff.; BVerfG, Urteil v. 5.5.2015 – 2 BvL 17/09, 2 BvL 18/09, 2 BvL 3/12, 2 BvL 4/12, 2 BvL 5/12, 2 BvL 6/12, 2 BvL 1/14, BVerfGE 139, 64, juris Rn. 92 ff.

[83] Vgl. nur *Schenk*, Strukturelle Entwicklung der Staatseinnahmen, 1994, S. 1 f.; *Scherf*, Öffentliche Finanzen, 2. Auflage 2011, S. 165; *Zimmermann/Henke/Broer*, Finanzwissen-

den oder staatliches Vermögen veräußern (sog. Erwerbseinkünfte), er kann die Staatsverschuldung steigern, Gebühren und Beiträge erheben oder Steuern erhöhen. In der Finanzierungspraxis marktwirtschaftlicher Staaten dominiert dabei die Steuererhebung deutlich gegenüber den anderen Einnahmearten: Auf Bundesebene werden ca. 90% der staatlichen Einnahmen durch Steuern und steuerähnliche Abgaben (insbesondere Beiträge zu Sozialversicherungen) generiert.[84] Auf Ebene der Länder und Kommunen ist der prozentuale Anteil mit 63% bzw. 39% zwar deutlich niedriger. Allerdings werden diese öffentlichen Haushalte wesentlich, nämlich zu 15% bzw. 35% auch durch Mittelzuweisungen insbesondere aus dem Bundeshaushalt und damit indirekt wiederum aus Steuereinnahmen finanziert.[85] Dass Steuern die primäre Finanzierungsform eines demokratisch-marktwirtschaftlich organisierten Staates bilden, lässt sich sowohl volkswirtschaftlich als auch (finanz-)verfassungsrechtlich erklären:

Volkswirtschaftlich zeichnen sich Steuern und steuerähnliche Abgaben (insbesondere Sozialversicherungsbeiträge) insbesondere dadurch aus, dass mit Ihnen kein Anspruch des Bürgers auf eine bestimmte Gegenleistung verbunden ist.[86] Während Beiträge zur Sozialversicherung zumindest noch an einen bestimmten Zweck gebunden sind,[87] lassen sich mit Steuern beliebige Staatsziele finanzieren.[88] Steuern sind damit eine besonders flexible Finanzierungsform.[89]

---

schaft, 12. Auflage 2017, S. 19; ähnlich auch *Hey*, Steuerplanungssicherheit als Rechtsproblem, 2002, S. 335.

[84] *Scherf*, Öffentliche Finanzen, 2. Auflage 2011, S. 165; *Zimmermann/Henke/Broer*, Finanzwissenschaft, 12. Auflage 2017, S. 19; *Hanke/Baumann*, in: Gatzer/Schweisfurth (Hrsg.), Öffentliche Finanzwirtschaft in der Staatspraxis, 2015, S. 157, 174f. Auch historisch bildeten Steuern und steuerähnliche Abgaben spätestens ab dem 2. Weltkrieg stets die wichtigste Einnahmequelle der Bundesrepublik; vgl. *Schenk*, Strukturelle Entwicklung der Staatseinnahmen, 1994, S. 3f.; *Peters*, in: Gatzer/Schweisfurth (Hrsg.), Öffentliche Finanzwirtschaft in der Staatspraxis, 2015, S. 97, 99ff.

[85] Vgl. *Hanke/Baumann*, in: Gatzer/Schweisfurth (Hrsg.), Öffentliche Finanzwirtschaft in der Staatspraxis, 2015, S. 157, 174f. Insoweit liegt auch auf Länder- und Kommunalebene eine weitere indirekte Finanzierung durch Steuern vor. Zu Unterschieden zwischen einzelnen Bundesländern vgl. *Schwarze/Zinkan*, in: Gatzer/Schweisfurth (Hrsg.), Öffentliche Finanzwirtschaft in der Staatspraxis, 2015, S. 467, 479.

[86] *Zimmermann/Henke/Broer*, Finanzwissenschaft, 12. Auflage 2017, S. 20; *Bohley*, Die öffentliche Finanzierung, 2003, S. 40; *Brümmerhoff/Büttner*, Finanzwissenschaft, 11. Auflage 2015, S. 224f.; vgl. für Steuern auch die Legaldefinition in §3 Abs. 1 AO.

[87] *Scherf*, Öffentliche Finanzen, 2. Auflage 2011, S. 167; *Brümmerhoff/Büttner*, Finanzwissenschaft, 11. Auflage 2015, S. 226; *Zimmermann/Henke/Broer*, Finanzwissenschaft, 12. Auflage 2017, S. 20.

[88] *Scherf*, Öffentliche Finanzen, 2. Auflage 2011, S. 170; *Homburg*, Allgemeine Steuerlehre, 7. Auflage 2015, S. 7f.

[89] Vgl. *Schlenker*, Soziales Rückschrittsverbot und Grundgesetz, 1986, S. 41f.; *Peters*, in: Gatzer/Schweisfurth (Hrsg.), Öffentliche Finanzwirtschaft in der Staatspraxis, 2015, S. 97, 97; *Hey*, Steuerplanungssicherheit als Rechtsproblem, 2002, S. 335: „Steuererhöhungen sind im Steuerstaat selbstverständliche Antwort auf wachsenden Finanzbedarf."

Auch Fehlkalkulationen bei anderen Einkommensarten (z. B. nicht kostendeckend kalkulierte Gebühren oder gestiegener Zinsaufwand für Staatskredite) lassen sich über Steuererhöhungen auffangen.[90]

Eine erwerbswirtschaftliche Tätigkeit des Staates kommt demgegenüber nur dann in Betracht, wenn der Nutzen einer staatlichen Leistung einem einzelnen Bürger oder einer Gruppe von Bürgern individuell zugeordnet werden kann.[91] Nur dann lässt sich sinnvoll ein Preis bestimmen, für den die staatliche Leistung am Markt angeboten wird. Auch Beiträge und Gebühren als staatliche Zwangsabgaben knüpfen an eine individualisierbare Leistung des Staates an:[92] Bei einer Gebühr lässt sich der Nutzen einer öffentlichen Leistung einer individuellen Person zuordnen[93] (z. B. Gebühr für eine bestimmte Verwaltungshandlung), bei Beiträgen profitiert eine abgrenzbare Gruppe von Bürgern, auf die die Kosten der öffentlichen Leistung umgelegt werden[94] (z. B. Anliegerbeiträge für die Modernisierung einer Straße). Ein großer Teil der staatlichen Leistungen, nämlich die Bereitstellung rein öffentlicher Güter (beispielsweise die innere[95] oder äußere Sicherheit sowie ein funktionierendes Gerichtssystem), lässt sich aber nicht in der beschriebenen Weise individualisieren,[96] sodass eine Finanzierung durch erwerbswirtschaftliche Tätigkeit[97] oder über Beiträge und Gebühren insoweit ausscheidet.[98] Allein auf kommunaler Ebene, wo der Staat dem Bürger vielfach unmittelbar gegenübertritt, indem er öffentliche Einrichtungen bereit-

---

[90] Vgl. *Bohley*, Die öffentliche Finanzierung, 2003, S. 32.

[91] *Scherf*, Öffentliche Finanzen, 2. Auflage 2011, S. 167; *Zimmermann/Henke/Broer*, Finanzwissenschaft, 12. Auflage 2017, S. 71.

[92] *Bohley*, Die öffentliche Finanzierung, 2003, S. 9; *Scherf*, Öffentliche Finanzen, 2. Auflage 2011, S. 167; *Zimmermann/Henke/Broer*, Finanzwissenschaft, 12. Auflage 2017, S. 21.

[93] *Bohley*, Die öffentliche Finanzierung, 2003, S. 9f.; *Brümmerhoff/Büttner*, Finanzwissenschaft, 11. Auflage 2015, S. 225.

[94] *Bohley*, Die öffentliche Finanzierung, 2003, S. 10; *Brümmerhoff/Büttner*, Finanzwissenschaft, 11. Auflage 2015, S. 225f.; *Zimmermann/Henke/Broer*, Finanzwissenschaft, 12. Auflage 2017, S. 72.

[95] Denkbar ist aber, für den *Mehraufwand* für die *zusätzliche* Bereitstellung von Polizeikräften aus Anlass einer *konkreten* Veranstaltung eine Gebühr zu erheben; so zuletzt BVerwG, Urteil v. 29.3.2019 – 9 C 4/18, NVwZ 2019, 3317, juris Rn. 26ff. zur Gebühr für die Sicherung sog. „Hochrisiko-Spiele" in der Fußballbundesliga.

[96] Bei rein öffentlichen Gütern ist das Ausschlussprinzip nicht anwendbar, d. h. die Leistung kann von den Interessenten auch dann konsumiert werden, wenn sie nicht individuell dafür bezahlen. Zudem werden die Konsummöglichkeiten eines Bürgers nicht dadurch geschmälert, dass ein anderer Bürger die Leistung in Anspruch nimmt; die zusätzliche Inanspruchnahme verursacht also Grenzkosten von Null. Beide Aspekte verhindern, dass rein öffentliche Güter über Marktmechanismen sinnvoll zugeordnet werden können; vgl. *Blankart*, Öffentliche Finanzen in der Demokratie, 9. Auflage 2017, S. 48f.; *Zimmermann/Henke/Broer*, Finanzwissenschaft, 12. Auflage 2017, S. 56ff.; *Brümmerhoff/Büttner*, Finanzwissenschaft, 11. Auflage 2015, S. 72ff.; *Burda/Wyplosz*, Makroökonomie, 4. Auflage 2018, S. 448.

[97] *Zimmermann/Henke/Broer*, Finanzwissenschaft, 12. Auflage 2017, S. 72.

[98] *Bohley*, Die öffentliche Finanzierung, 2003, S. 35; *Burda/Wyplosz*, Makroökonomie, 4. Auflage 2018, S. 448; *Homburg*, Allgemeine Steuerlehre, 7. Auflage 2015, S. 8.

stellt oder Leistungen erbringt, spielen Einnahmen aus erwerbswirtschaftlicher Tätigkeit, Beiträgen und Gebühren eine größere Rolle.[99]

Eine erwerbswirtschaftliche Tätigkeit des Staates ist zudem in einem marktwirtschaftlichen System volkswirtschaftlich nur eingeschränkt sinnvoll: Die am Markt tätigen Individuen sorgen grundsätzlich für eine gesamtwirtschaftlich effektive, also den Wohlstand maximierende, Ressourcenallokation.[100] Nur dann, wenn die Marktergebnisse aus übergeordneten Erwägungen korrigiert werden müssen, sollte der Staat in diesen Prozess eingreifen,[101] wobei der Eingriff wiederum möglichst marktkonform erfolgen sollte.[102] Tritt der Staat in Konkurrenz zu privaten Anbietern, muss er sich einem unverzerrten Wettbewerb unterwerfen um Effektivitätsverluste zu vermeiden.[103] Die Veräußerung staatlichen Vermögens kann zwar einen Beitrag zur Konsolidierung überschuldeter Haushalte leisten, ist jedoch nur eine Notmaßnahme und schon nach der Natur der Sache nicht zur dauernden Finanzierung der Staatsausgaben geeignet.[104]

Die Aufnahme von Krediten ist schließlich zwar als staatliche Finanzierungsmöglichkeit international anerkannt und kann durchaus sinnvollen finanzpolitischen Zwecken dienen. So können Liquiditätsschwankungen im Haushalt überbrückt werden, die Konjunktur kann durch antizyklische Kreditaufnahme bzw. -rückzahlung stabilisiert werden und finanzielle Lasten für langfristige Investitionen können zwischen allen Generationen verteilt werden, die von der

---

[99] Vgl. *Hanke/Baumann*, in: Gatzer/Schweisfurth (Hrsg.), Öffentliche Finanzwirtschaft in der Staatspraxis, 2015, S. 157, 174 f.; *Hansmann*, in: Gatzer/Schweisfurth (Hrsg.), Öffentliche Finanzwirtschaft in der Staatspraxis, 2015, S. 593, 598 und die Übersicht über die Entwicklung öffentlicher Unternehmen in Deutschland bei *Blankart*, Öffentliche Finanzen in der Demokratie, 9. Auflage 2017, S. 361 f.

[100] Die Effizienz der dezentralen Wettbewerbswirtschaft und die Möglichkeit einer effizienten Umverteilung bei funktionsfähigen Märkten bezeichnet man auch als die ersten beiden Hauptsätze der Wohlfahrtsökonomik; vgl. statt aller nur *Samuelson/Nordhaus*, Economics, 19. Auflage 2010, S. 26 ff., 160 ff.; *Brümmerhoff/Büttner*, Finanzwissenschaft, 11. Auflage 2015, S. 47 ff.; *Burda/Wyplosz*, Makroökonomie, 4. Auflage 2018, S. 443 ff.; *Pindyck/Rubinfeld*, Mikroökonomie, 9. Auflage 2018, S. 415 ff.; *Mankiw/Taylor*, Grundzüge der Volkswirtschaftslehre, 7. Auflage 2018, S. 247 ff.; grundlegend schon *Smith*, The wealth of nations, 2000 (orig. 1776), S. 484 f.

[101] Vgl. *Blankart*, Öffentliche Finanzen in der Demokratie, 9. Auflage 2017, S. 47 ff.; *Brümmerhoff/Büttner*, Finanzwissenschaft, 11. Auflage 2015, S. 52 ff.; *Burda/Wyplosz*, Makroökonomie, 4. Auflage 2018, S. 447 ff. für eine Übersicht über die verschiedenen Ursachen von Marktversagen, das einen staatlichen Eingriff volkswirtschaftlich erforderlich macht. Zur begrenzten Reichweite der Theorie des Marktversagens in der politischen Realität vgl. *Blankart*, Öffentliche Finanzen in der Demokratie, 9. Auflage 2017, S. 54 f.

[102] *Zimmermann/Henke/Broer*, Finanzwissenschaft, 12. Auflage 2017, S. 71 f.

[103] Dann ist das Verhalten des Staates marktkonform, *Zimmermann/Henke/Broer*, Finanzwissenschaft, 12. Auflage 2017, S. 75. Vgl. für eine Übersicht über die Entwicklung öffentlicher Unternehmen in Deutschland *Blankart*, Öffentliche Finanzen in der Demokratie, 9. Auflage 2017, S. 361 f.

[104] Vgl. nur *Wagschal/Wenzelburger*, Haushaltskonsolidierung, 2008, S. 210 auf Basis einer Untersuchung historischer Haushaltskonsolidierungen in verschiedenen Ländern der OECD.

Investition profitieren.[105] Insbesondere die Theorie des *„deficit spending"* nach *Keynes* sieht Staatsverschuldung daher vor allem als Mittel zur Lösung von Problemen, die in Phasen schwachen wirtschaftlichen Wachstums auftreten.[106] Andererseits engen Staatsschulden den wirtschaftlichen Handlungsspielraum der Regierung ein, da ein gewisser Teil der zur Verfügung stehenden Mittel für Zinsen und Tilgung aufgewendet werden müssen. Wachsende Staatsverschuldung ist also nicht nur ein Mittel zur Bewältigung volkswirtschaftlicher Krisen, sondern gleichermaßen eine Ursache derselben.[107] Kreditaufnahme kann zwar eine sinnvolle ergänzende und korrigierende finanzpolitische Funktion einnehmen, die Hauptlast der Staatsausgaben muss aber durch andere Einnahmen gedeckt werden.[108] Während in den letzten Jahrzehnten ein rasanter Anstieg der Staatsverschuldung in Deutschland festzustellen war,[109] steht dementsprechend aktuell die Begrenzung der Neuverschuldung im politischen Fokus („schwarze Null").

Neben diesen volkswirtschaftlichen Erwägungen ergibt sich die überwiegende staatliche Finanzierung durch Steuern auch aus verfassungs- und unionsrechtlichen Vorgaben: Während die Finanzverfassung in den Art. 104a ff. GG die Gesetzgebungs-, Ertrags- und Verwaltungskompetenz für Steuern (sowie für Finanzmonopole und Zölle) normiert,[110] fehlen entsprechende Regelungen für nichtsteuerliche Abgaben. Das macht solche Abgaben noch nicht per se unzulässig, deutet aber darauf hin, dass Gemeinlasten primär durch Steuern finanziert werden müssen (Prinzip des Steuerstaats).[111] Das Bundesverfas-

---

[105] *Bohley*, Die öffentliche Finanzierung, 2003, S. 505 f.; *Wagschal/Wenzelburger*, Haushaltskonsolidierung, 2008, S. 13; *Zimmermann/Henke/Broer*, Finanzwissenschaft, 12. Auflage 2017, S. 155 f.

[106] Nach der auf die Arbeiten von *Keynes* zurückgehenden Theorie sollte der Staat in konjunkturell schwächeren Phasen die Nachfrage am Markt durch staatliche Aufträge vergrößern und zur Finanzierung dieser Aufträge Schulden aufnehmen. In Phasen starker Konjunktur sollten demgegenüber Staatsschulden abgebaut werden; vgl. zum Einfluss auf zeitgenössische Theorien *Zimmermann/Henke/Broer*, Finanzwissenschaft, 11. Auflage 2012, S. 398 ff.

[107] *Wagschal/Wenzelburger*, Haushaltskonsolidierung, 2008, S. 13.

[108] So zusammenfassend auch *Scherf*, Öffentliche Finanzen, 2. Auflage 2011, S. 167 f.

[109] Sowohl die Nettoneuverschuldung als auch der Anteil des Schuldenstands am Bruttonationaleinkommen ist konstant angestiegen, vergleiche die Übersichten bei *Bohley*, Die öffentliche Finanzierung, 2003, S. 498; *Brümmerhoff/Büttner*, Finanzwissenschaft, 11. Auflage 2015, S. 555 ff. Dies entspricht einem weltweiten Trend, vgl. *Brümmerhoff/Büttner*, Finanzwissenschaft, 11. Auflage 2015, S. 560 f.; *Blankart*, Öffentliche Finanzen in der Demokratie, 9. Auflage 2017, S. 266 f.

[110] Vgl. auch schon unter §2 B. III. 1.

[111] Ausdrücklich BVerfG, Beschluss v. 8.6.1988 – 2 BvL 9/85, 2 BvL 3/86, BVerfGE 78, 249, juris Rn. 43; BVerfG, Beschluss v. 7.11.1995 – 2 BvR 413/88, 2 BvR 1300/93, BVerfGE 93, 319, juris Rn. 149; der Sache nach seitdem ständige Rechtsprechung; vgl. nur BVerfG, Beschluss v. 31.5.1990 – 2 BvL 12/88, 2 BvL 13/88, 2 BvR 1436/87, BVerfGE 82, 159, juris Rn. 90; BVerfG, Beschluss v. 17.7.2003 – 2 BvL 1/99, 2 BvL 4/99, 2 BvL 6/99, 2 BvL 16/99, 2 BvL 18/99, 2 BvL 1/01, BVerfGE 108, 186, juris Rn. 114 ff.; BVerfG, Beschluss v. 18.5.2004 – 2 BvR 2374/99, BVerfGE 110, 370, juris Rn. 85; BVerfG, Beschluss v. 25.6.2014 – 1 BvR 668/10, 1 BvR

sungsgericht entnimmt der Finanzverfassung zu Recht eine Begrenzungs- und Schutzfunktion:[112] Der Gesetzgeber kann Abgaben nur dann außerhalb der finanzverfassungsrechtlichen Regeln unter Rückgriff auf die Sachgesetzgebungskompetenzen der Art. 70 ff. GG erheben, wenn sie sich substantiell von Steuern unterscheiden. Insbesondere müssen nichtsteuerliche Abgaben stets durch einen sachlichen Grund gerechtfertigt werden, der über die Einnahmeerzielung hinausgeht (oder an deren Stelle tritt).[113] Erst der sachliche Grund der Abgabenerhebung rechtfertigt es, den Bürger, der zugleich regelmäßig auch schon Steuerschuldner ist, zusätzlich an der Finanzierung von Gemeinwohlaufgaben zu beteiligen. Gebühren und Beiträge sind grundsätzlich (aber auch nur insoweit) gerechtfertigt, als sie einen Ausgleich für staatlichen Aufwand darstellen.[114] Sonderabgaben, die weder eine Gebühr noch einen Beitrag darstellen und auch eine Finanzierungsfunktion haben, unterliegen hingegen einem strengen Rechtfertigungsmaßstab, weil sie zumindest steuerähnlich sind und deshalb

2104/10, BVerfGE 137, 1, juris Rn. 42; BVerfG, Beschluss v. 17.1.2017 – 2 BvL 2/14, 2 BvL 3/14, 2 BvL 4/14, 2 BvL 5/14, NVwZ 2017, 696, juris Rn. 62 f. jew. m. w. N.; vgl. aus der Literatur nur den Überblick bei *Seiler*, in: Maunz/Dürig, GG, Art. 105 Rn. 41 ff.; *Kube*, in: BeckOK GG, Art. 105 Rn. 2; *P. Kirchhof*, HStR V, 3. Auflage 2007, § 119 Rn. 27 ff. sowie grundlegend *Isensee*, FS Ipsen, 1977, S. 409 ff.; zur historischen Entwicklung *Heun*, in: Sacksofsky/Wieland (Hrsg.), Vom Steuerstaat zum Gebührenstaat, 2000, S. 10, 10 ff.; *P. Kirchhof*, HStR V, 3. Auflage 2007, § 118 Rn. 6 ff.; kritisch zur normativen Reichweite des Steuerstaatsprinzips z. B. *Heun*, in: Sacksofsky/Wieland (Hrsg.), Vom Steuerstaat zum Gebührenstaat, 2000, S. 10, 19 ff.; *Grossekettler*, in: Sacksofsky/Wieland (Hrsg.), Vom Steuerstaat zum Gebührenstaat, 2000, S. 24, 37 ff.; *Hendler*, in: Sacksofsky/Wieland (Hrsg.), Vom Steuerstaat zum Gebührenstaat, 2000, S. 68, 82 ff.; *Sacksofsky*, in: Sacksofsky/Wieland (Hrsg.), Vom Steuerstaat zum Gebührenstaat, 2000, S. 188, 199 ff. m. w. N.

[112] Vgl. aus der st. Rspr. nur BVerfG, Beschluss v. 17.7.2003 – 2 BvL 1/99, 2 BvL 4/99, 2 BvL 6/99, 2 BvL 16/99, 2 BvL 18/99, 2 BvL 1/01, BVerfGE 108, 186, juris Rn. 113 f.; BVerfG, Beschluss v. 18.5.2004 – 2 BvR 2374/99, BVerfGE 110, 370, juris Rn. 84 f.; BVerfG, Urteil v. 6.7.2005 – 2 BvR 2335/95, 2 BvR 2391/95, BVerfGE 113, 128, juris Rn. 104; BVerfG, Urteil v. 3.2.2009 – 2 BvL 54/06, BVerfGE 122, 316, juris Rn. 97; BVerfG, Beschluss v. 16.9.2009 – 2 BvR 852/07, BVerfGE 124, 235, juris Rn. 18; BVerfG, Beschluss v. 6.11.2012 – 2 BvL 51/06, 2 BvL 52/06, BVerfGE 132, 334, juris Rn. 48; BVerfG, Beschluss v. 17.1.2017 – 2 BvL 2/14, 2 BvL 3/14, 2 BvL 4/14, 2 BvL 5/14, NVwZ 2017, 696, juris Rn. 62; BVerfG, Beschluss v. 13.4.2017 – 2 BvL 6/13, BVerfGE 145, 171, juris Rn. 60.

[113] Vgl. aus der st. Rspr. nur BVerfG, Beschluss v. 18.5.2004 – 2 BvR 2374/99, BVerfGE 110, 370, juris Rn. 86 ff.; BVerfG, Urteil v. 6.7.2005 – 2 BvR 2335/95, 2 BvR 2391/95, BVerfGE 113, 128, juris Rn. 104 ff.; BVerfG, Urteil v. 3.2.2009 – 2 BvL 54/06, BVerfGE 122, 316, juris Rn. 97 f.; BVerfG, Beschluss v. 16.9.2009 – 2 BvR 852/07, BVerfGE 124, 235, juris Rn. 18; BVerfG, Beschluss v. 6.11.2012 – 2 BvL 51/06, 2 BvL 52/06, BVerfGE 132, 334, juris Rn. 48 f.; BVerfG, Beschluss v. 17.1.2017 – 2 BvL 2/14, 2 BvL 3/14, 2 BvL 4/14, 2 BvL 5/14, NVwZ 2017, 696, juris Rn. 62 f.; jew. m. w. N.

[114] Vgl. aus der st. Rspr. nur BVerfG, Beschluss v. 18.5.2004 – 2 BvR 2374/99, BVerfGE 110, 370, juris Rn. 91; BVerfG, Urteil v. 6.7.2005 – 2 BvR 2335/95, 2 BvR 2391/95, BVerfGE 113, 128, juris Rn. 110; BVerfG, Beschluss v. 6.11.2012 – 2 BvL 51/06, 2 BvL 52/06, BVerfGE 132, 334, juris Rn. 50 f.; BVerfG, Beschluss v. 25.6.2014 – 1 BvR 668/10, 1 BvR 2104/10, BVerfGE 137, 1, juris Rn. 43; BVerfG, Beschluss v. 17.1.2017 – 2 BvL 2/14, 2 BvL 3/14, 2 BvL 4/14, 2 BvL 5/14, NVwZ 2017, 696, juris Rn. 64 f.; jew. m. w. N.

drohen, die besonderen Gesetzgebungs-, Verwaltungs- und Ertragshoheiten der Finanzverfassung zu unterlaufen.[115]

Besondere unionsrechtliche,[116] völkerrechtliche[117] und verfassungsrechtliche Beschränkungen finden sich mittlerweile auch für Finanzierung durch Staatsschulden: Mit den grundlegend reformierten Art 109 GG und Art. 115 GG sowie den entsprechenden Regelungen in den Verfassungen der Länder[118] (sog. Schuldenbremsen) ist eine Aufnahme weiterer Kredite nur noch unter vergleichsweise engen[119] Voraussetzungen möglich.[120]

Steuern müssen sich hingegen zwar im Rahmen der in der Finanzverfassung geregelten Typusbegriffe halten, werden aber ansonsten „voraussetzungslos", also ohne individuelle Gegenleistung des Staates und zur Finanzierung des allgemeinen öffentlichen Finanzbedarfs, auferlegt.[121] Der Gesetzgeber hat bei der

---

[115] Vgl. aus der st. Rspr. nur BVerfG, Beschluss v. 8.6.1988 – 2 BvL 9/85, 2 BvL 3/86, BVerfGE 78, 249, juris Rn. 44; BVerfG, Beschluss v. 31.5.1990 – 2 BvL 12/88, 2 BvL 13/88, 2 BvR 1436/87, BVerfGE 82, 159, juris Rn. 91 ff.; BVerfG, Beschluss v. 7.11.1995 – 2 BvR 413/88, 2 BvR 1300/93, BVerfGE 93, 319, juris Rn. 157; BVerfG, Urteil v. 6.7.2005 – 2 BvR 2335/95, 2 BvR 2391/95, BVerfGE 113, 128, juris Rn. 103; BVerfG, Beschluss v. 16.9.2009 – 2 BvR 852/07, BVerfGE 124, 235, juris Rn. 20 f.; BVerfG, Urteil v. 3.2.2009 – 2 BvL 54/06, BVerfGE 122, 316, juris Rn. 99 ff.; jew. m. w. N.

[116] Die Art. 123 bis 125 AEUV enthalten unmittelbar anwendbare Verbote für die öffentliche Finanzpolitik und Art 126 AEUV statuiert die sanktionsbewehrte Pflicht, übermäßige öffentliche Defizite zu vermeiden (sog. korrektiver Arm). Daneben haben die Mitgliedsstaaten auf Grundlage von Art. 121 ein präventives, ebenfalls sanktionsbewehrtes System der Haushaltsüberwachung geschaffen (sog. präventiver Arm). Siehe zusammenfassend *Brümmerhoff/Büttner*, Finanzwissenschaft, 11. Auflage 2015, S. 586 f.; *Kienemund/Reimeier*, in: Gatzer/Schweisfurth (Hrsg.), Öffentliche Finanzwirtschaft in der Staatspraxis, 2015, S. 29, 66 f.; *Korthals*, in: Gatzer/Schweisfurth (Hrsg.), Öffentliche Finanzwirtschaft in der Staatspraxis, 2015, S. 71, 77 ff.; kritisch *Hufeld*, HFSt 3, 2016, S. 75 ff.

[117] Der Fiskalpakt, ein völkerrechtlicher Vertrag zwischen 25 Mitgliedsstaaten der Europäischen Union statuiert für Deutschland eine gegenüber den Art. 123 ff. AEUV schärfere Defizitgrenze. Er sieht zudem einen automatischen Korrekturmechanismus vor, wenn die Defizitgrenze verfehlt wird; vgl. *Korthals*, in: Gatzer/Schweisfurth (Hrsg.), Öffentliche Finanzwirtschaft in der Staatspraxis, 2015, S. 71, 88 f.; *Hufeld*, HFSt 3, 2016, S. 75, 92 f.

[118] Vgl. zur Umsetzung in den Ländern *Schwarze/Zinkan*, in: Gatzer/Schweisfurth (Hrsg.), Öffentliche Finanzwirtschaft in der Staatspraxis, 2015, S. 467, 486 ff.

[119] Die bisherigen Grenzen konnten in der Praxis weitgehend unterlaufen werden; vgl. zur historischen Entwicklung *Goworek/Sellering*, in: Gatzer/Schweisfurth (Hrsg.), Öffentliche Finanzwirtschaft in der Staatspraxis, 2015, S. 221, 221 ff.

[120] Die nationalen Regelungen setzen die völkerrechtlichen Verpflichtungen aus dem Fiskalpakt um: Eine Neuverschuldung ist für den Bund grundsätzlich nur noch bis zu maximal 0,38 % des Bruttoinlandsprodukts möglich; in den Ländern muss eine Neuverschuldung grundsätzlich vollständig unterbleiben. Die Grenze wird automatisch an die Konjunkturentwicklung angepasst. Wird sie überschritten, wird ein automatischer Mechanismus zum Abbau der Neuverschuldung ausgelöst. Siehe den Überblick bei *Goworek/Sellering*, in: Gatzer/Schweisfurth (Hrsg.), Öffentliche Finanzwirtschaft in der Staatspraxis, 2015, S. 221, 229 ff.

[121] St. Rspr.; vgl. nur BVerfG, Beschluss v. 12.10.1978 – 2 BvR 154/74, BVerfGE 49, 343, juris Rn. 43; BVerfG, Urteil v. 20.4.2004 – 1 BvR 905/00, 1 BvR 1748/99, BVerfGE 110, 274, juris Rn. 64; BVerfG, Urteil v. 6.7.2005 – 2 BvR 2335/95, 2 BvR 2391/95, BVerfGE 113, 128, juris Rn. 102; BVerfG, Beschluss v. 16.9.2009 – 2 BvR 852/07, BVerfGE 124, 235, juris Rn. 17;

Ausgestaltung von Steuerbemessungsgrundlage und -tarif einen weitgehenden Gestaltungsspielraum.[122] Für den Gesetzgeber ist es damit auch verfassungsrechtlich regelmäßig leichter, seinen Finanzierungsbedarf durch Steuern zu decken als durch andere Finanzierungsformen.

Da sich der marktwirtschaftlich-demokratische Sozialstaat vor allem durch Steuern finanziert, haben die Steuergesetze und ihre Auslegung für den Staat eine überragende Bedeutung. Dabei bleibt – trotz aller steuerlichen Lenkungsnormen – die Einnahmeerzielung die hauptsächliche Funktion der Steuergesetze.[123] Um diese Funktion möglichst gut erfüllen zu können, sollte das Steuerrecht einerseits flexibel genug sein, um an wechselnden Finanzierungsbedarf des Staates angepasst werden zu können.[124] Gleichzeitig sollte eine gewisse Beständigkeit[125] gegeben sein, damit die Staatshaushalte auf Grundlage verlässlicher Steuerschätzungen aufgestellt werden können.[126] Rechtssicherheit und Beständigkeit sind Grundvoraussetzungen für ein fiskalisch ertragreiches Steuerrecht.

b) Vermeiden von „überraschenden" Einnahmeausfällen

Besonders groß ist das staatliche Interesse an rechtlicher Beständigkeit für bereits abgelaufene (ggfs. sogar bereits veranlagte) Veranlagungszeiträume. Sie stehen – anders als geschätzte Einnahmen aus zukünftigen Zeiträumen – nicht mehr unter dem Vorbehalt einer ungewissen wirtschaftlichen Entwicklung und werden damit bei der Aufstellung des Haushalts fest eingeplant.[127] Diskonti-

---

BVerfG, Beschluss v. 6.11.2012 – 2 BvL 51/06, 2 BvL 52/06, BVerfGE 132, 334, juris Rn. 68; BVerfG, Beschluss v. 25.6.2014 – 1 BvR 668/10, 1 BvR 2104/10, BVerfGE 137, 1, juris Rn. 41; BVerfG, Beschluss v. 13.4.2017 – 2 BvL 6/13, BVerfGE 145, 171, juris Rn. 104; jew. m. w. N.

[122] Siehe bereits im Einzelnen unter §2 B. III. 1.

[123] *Peters*, in: Gatzer/Schweisfurth (Hrsg.), Öffentliche Finanzwirtschaft in der Staatspraxis, 2015, S. 97, 113; *Brümmerhoff/Büttner*, Finanzwissenschaft, 11. Auflage 2015, S. 223; *Scherf*, Öffentliche Finanzen, 2. Auflage 2011, S. 168.

[124] So schon *Neumark*, Grundsätze gerechter und ökonomisch rationaler Steuerpolitik, 1970, S. 54ff.; vgl. auch *Scherf*, Öffentliche Finanzen, 2. Auflage 2011, S. 172.

[125] Diese normative Forderung lässt sich bis auf das zweite Maxim von *Adam Smith* zurückführen, der Rechtssicherheit als wesentliche Bedingung für ein effektives Steuersystem bezeichnete; *Smith*, The wealth of nations, 2000 (orig. 1776), S. 888f. *Neumark*, Grundsätze gerechter und ökonomisch rationaler Steuerpolitik, 1970, S. 364ff. entwickelte daraus die Forderung nach einem beständigen, nur in größeren Zeitabständen geänderten Steuerrecht. Diese Forderung wird als Besteuerungsgrundsatz in der Finanzwissenschaft bis heute aufrechterhalten; vgl. z. B. *Bohley*, Die öffentliche Finanzierung, 2003, S. 187; *Scherf*, Öffentliche Finanzen, 2. Auflage 2011, S. 219.

[126] Steuereinnahmen werden bei der Haushaltsaufstellung durch Steuerschätzungen auf Grundlage der geschätzten gesamtwirtschaftlichen Entwicklung berücksichtigt; vgl. den Überblick bei *Hanke/Baumann*, in: Gatzer/Schweisfurth (Hrsg.), Öffentliche Finanzwirtschaft in der Staatspraxis, 2015, S. 157, 178f.; *Zimmermann/Henke/Broer*, Finanzwissenschaft, 12. Auflage 2017, S. 216; jew. m. w. N.

[127] Vgl. zu den besonders guten Kalkulationsmöglichkeiten des Staates mit Blick auf abgelaufene Veranlagungszeiträume auch *Hey*, Steuerplanungssicherheit als Rechtsproblem, 2002, S. 337.

nuität des Steuerrechts beeinträchtigt diese Fiskalplanung insbesondere dann, wenn sich das Steuerrecht zugunsten der Steuerpflichtigen ändert, der Staat also auf eingeplante Einnahmen verzichten muss. Dies kann – neben den bereits aufgezeigten wettbewerbsverzerrenden Wirkungen[128] – mittelbar auch für andere Steuerpflichtige negative Konsequenzen haben, wenn der Staat zur Haushaltskonsolidierung auf Einnahmeausfälle in einem Bereich mit Steuererhöhungen in einem anderen Bereich reagiert. Die belasteten Steuerpflichtigen finanzieren dann mittelbar den „überraschenden" Steuervorteil der begünstigten Steuerpflichtigen.[129]

Auf den ersten Blick scheiden dabei Gesetzesänderungen als Ursache für solche überraschenden Veränderungen der Rechtslage aus, weil die staatlichen Institutionen selbst in der Hand haben, in welchem Umfang die rechtlichen Grundlagen verändert werden. Allerdings gilt dies nicht uneingeschränkt. So wirken zwar Bund und Länder bei der nationalen Steuergesetzgebung regelmäßig zusammen, sodass sie nicht eingeplante Einnahmeausfälle verhindern oder beabsichtigte Entlastungen schon bei ihrer Haushaltsplanung einplanen können.[130] Die Gemeinden hingegen sind am Gesetzgebungsverfahren nicht unmittelbar beteiligt. Für die kommunale Haushaltsplanung kann also eine den Bürger entlastende Gesetzesänderung durchaus zu nicht einkalkulierten Einnahmeausfällen führen.[131]

Wichtiger sind in diesem Zusammenhang aber Diskontinuitäten der Rechtslage, die durch Entscheidungen der Fachgerichte ausgelöst werden. Legen die Finanzgerichte (und insbesondere der Bundesfinanzhof) ein steuerliches Tatbestandsmerkmal zugunsten der Steuerpflichtigen anders aus, als dies von den staatlichen Institutionen bei der Haushaltsplanung erwartet wurde, können sich hieraus erhebliche Lücken in den Haushalten ergeben. Die Auswirkungen sind dabei besonders groß, weil die veränderte Auslegung in allen noch offe-

---

[128] Vgl. bereits unter § 3 A. I. 2.

[129] Im Grundgedanken ähnlich BVerfG, Urteil v. 14.7.1986 – 2 BvE 2/84, 2 BvR 442/84, BVerfGE 73, 40, juris Rn. 187 (abw. Meinung *Böckenförde)* mit Bezug zur steuerlichen Begünstigung von Parteispenden; *Hufeld*, in: Bonner Komm. GG, Art. 19 Abs. 1 S. 1 Rn. 56 mit Blick auf individuelle Steuerprivilegien; *Weitemeyer*, npoR 2019, 97 mit Blick auf die Grenzen einer zulässigen politischen Tätigkeit gemeinnütziger Organisationen.

[130] Auch Änderungen von unionsrechtlichen Richtlinien oder Verordnungen können bei der Haushaltsplanung des Bundes berücksichtigt werden, da im Rechtsetzungsverfahren auf Unionsebene der europäische Rat und damit die Vertreter der nationalen Regierungen eine zentrale Rolle einnehmen. Allenfalls für die Länder können sich hieraus nicht einkalkulierte Einnahmeausfälle ergeben. Angesichts der eingeschränkten Rechtsetzungsbefugnisse der Union im Steuerrecht und der bei Richtlinien noch verbleibenden Umsetzungsspielräume erscheint diese Gefahr aber vernachlässigbar.

[131] Die Steuereinnahmen der Kommunen sind ohnehin schon schwer kalkulierbar, da das Aufkommen der Gewerbesteuer als steuerliche Haupteinnahmequelle der Kommunen sehr konjunkturabhängig ist; vgl. *Hansmann*, in: Gatzer/Schweisfurth (Hrsg.), Öffentliche Finanzwirtschaft in der Staatspraxis, 2015, S. 593, 598. Überraschende Gesetzesänderungen verstärken die Planungsunsicherheiten für die Gemeinden noch zusätzlich.

nen Fällen berücksichtigt werden muss.[132] Bei der Haushaltsplanung werden dabei insbesondere Auslegungen im Widerspruch zu Stellungnahmen im Gesetzgebungsverfahren oder zu einer weitgehend akzeptierten und praktizierten Verwaltungspraxis und Rechtsprechungswechsel nicht einkalkuliert. Eben diese Entscheidungen versucht der Gesetzgeber häufig im Rahmen von Nichtanwendungsgesetzen zu korrigieren und weist dabei explizit auf die Einnahmeausfälle (im Sinne von Mindereinnahmen gegenüber den kalkulierten Steuereinnahmen) infolge der Entscheidungen hin.[133]

Auch wenn der Europäische Gerichtshof eine nicht erwartete Entscheidung zur Auslegung unionsrechtlicher Grundlagen trifft, die zugunsten des Steuerpflichtigen unmittelbar im nationalen Steuerrecht wirkt, können sich hieraus unerwartete Einnahmeausfälle ergeben. Entscheidet der Europäische Gerichtshof beispielsweise, dass der nationale Gesetzgeber eine in der Mehrwertsteuersystemrichtlinie vorgesehene Steuerbefreiung nur unzureichend ins nationale Recht umgesetzt hat, so kann sich der Steuerpflichtige unmittelbar auf das günstigere Unionsrecht berufen.[134] Bei der Haushaltsplanung werden die nationalen Institutionen hingegen auf Grundlage der deutschen Regelungen kalkulieren.

Potentiell besonders gravierend sind Entscheidungen des Bundesverfassungsgerichts, mit denen eine für den Steuerpflichtigen belastende Norm für verfassungswidrig und nichtig erklärt wird (§31 Abs. 2 S. 1 BVerfGG), weil damit die gesetzliche Grundlage für eingeplante staatliche Einnahmen vollständig entfällt. In der Regel trifft das Bundesverfassungsgericht aber selbst eine abweichende Rechtsfolgenanordnung (§35 BVerfGG), um einen (sowohl für betroffene Steuerpflichtige als auch für die staatlichen Finanzen) schonenden Rechtsübergang zu ermöglichen.[135] So wird – insbesondere bei den für verfas-

---

[132] Zur normativen Berücksichtigungspflicht für höchstrichterliche Entscheidungen bereits ausführlich unter §2 A. III. 3. b). Bisher hat der Bundesfinanzhof erst in zwei Fällen, nämlich als er seine langjährige Rechtsprechung zur Vererblichkeit von Verlustvorträgen nach §10d EStG (BFH, Beschluss v. 17.12.2007 – GrS 2/04, BFHE 220, 129 = BStBl II 2008, 608, juris Rn. 97ff.) und zu nachträglichen Anschaffungskosten aus dem Ausfall von Gesellschafterdarlehen bzw. der Inanspruchnahme aus Gesellschafterbürgschaften (BFH, Urteil v. 11.7.2017 – IX R 36/15, BFHE 258, 427, juris Rn. 40ff.) änderte, die Wirkungen einer von ihm getroffenen Entscheidung auf die Zukunft begrenzt. Dabei handelte es sich zudem jeweils um eine Rechtsänderung zulasten der Steuerpflichtigen. Zur Kontinuität in der Rechtsprechung des Bundesfinanzhofs noch im Detail unter §3 B.

[133] Vgl. nur aus den bereits im Rahmen dieser Arbeit aufgegriffenen Beispiele BT-Drs. 10/1189, S. 1, 4 (Einführung von §4 Abs. 5 S. 1 Nr. 8, §12 Nr. 4 EStG); BT-Drs. 10/3663, S. 2 (Einführung von §15 Abs. 3 Nr. 2 EStG); BT-Drs. 12/1108, S. 58 (Einführung von §15 Abs. 1 Nr. 2 S. 2 EStG); BT-Drs. 17/7259, S. 5 (Einführung von §4 Abs. 9 EStG und §9 Abs. 6 EStG); BR-Drs. 139/13, S. 142 (Einführung von §50i EStG).

[134] Voraussetzung ist, dass das Unionsrecht hinreichend bestimmt ist. Dies wird man bei dem hier gewählten Beispiel einer Steuerbefreiung aus der Mehrwertsteuersystemrichtinie aber regelmäßig annehmen können; vgl. nur *Hüttemann*, in: Weitemeyer/Schauhoff/Achatz (Hrsg.), Umsatzsteuerrecht für den Nonprofitsektor, 2019, Rn. 3.60f. m. w. N.

[135] Vgl. mit detaillierten Beispielen und weiteren Nachweisen zu verschiedenen möglichen

sungswidrige Steuernormen typischen Verstößen gegen Art. 3 GG – häufig das bisherige Recht noch für eine gewisse Zeit für weiterhin anwendbar erklärt.[136]

Um diejenigen Steuereinnahmen zu erzielen, mit denen bei der Aufstellung der öffentlichen Haushalte fest kalkuliert wird, hat der Fiskus also insbesondere ein Interesse an einer kontinuierlichen Auslegung der Steuergesetze durch die zuständigen Gerichte.

2. *Stärkung der Steuermoral*

Eine beständige Rechtslage schützt das Steueraufkommen des Staates auch noch unter einem anderen, steuerpsychologischen Aspekt: Verändert sich die Rechtslage häufig und überraschend und wird sie dadurch immer komplizierter, so wird ein zunehmender Teil der Steuerpflichtigen hierauf mit steigender Frustration reagieren.[137] Je komplizierter die Rechtslage, desto schlechter kann der Steuerpflichtige seine eigene steuerliche Belastung im Vergleich zu anderen einschätzen.[138] Häufige und schnell aufeinander folgende Änderungen der Rechtslage erwecken den Eindruck von Beliebigkeit und mithin Ungerechtigkeit.[139] Die Akzeptanz der Steuergesetze insgesamt schwindet[140] und die Steuerpflichtigen reagieren nicht mehr mit Anpassung oder Überwälzung der Steuerschuld (sofern das überhaupt möglich ist),[141] sondern vermehrt mit Vermeidungsstrategien.[142]

Dabei können Steuerpflichtige entweder legal im Anwendungsbereich eines anderen, günstigeren Steuerregimes investieren. Insbesondere kommt eine Verlagerung von Einkünften ins Ausland in Betracht.[143] Hierauf kann der Staat zwar wiederum in gewissem Umfang mit Abwehrregelungen wie denjenigen des Außensteuergesetzes reagieren.[144] Es steigt aber auch der Anreiz zu illegalen

---

Anordnungen des Gerichts *Bethge*, in: Maunz/Schmidt-Bleibtreu/Klein/Bethge, BVerfGG, §31 Rn. 226ff.

[136] Vergleiche aus jüngerer Zeit beispielsweise BVerfG, Urteil v. 17.12.2014 – 1 BvL 21/12, BStBl II 2015, 50, juris Rn. 286ff. (Vergünstigungen für Betriebsvermögen bei der Erbschaftsteuer).

[137] *Papier*, DStJG 12, 1989, S. 61, 69f.; *Leisner-Egensperger*, Kontinuität als Verfassungsprinzip, 2002, S. 547f.; *Hey*, Steuerplanungssicherheit als Rechtsproblem, 2002, S. 101; *Blankart*, Öffentliche Finanzen in der Demokratie, 9. Auflage 2017, S. 168f.

[138] *Schenk*, Strukturelle Entwicklung der Staatseinnahmen, 1994, S. 25f.

[139] *J. Lang*, FR 1993, 661, 662; *Papier*, FS Vogel, 2000, S. 117, 121.

[140] *Meister*, DStZ 1992, 449, 455; *Jürgens*, FS Rose, 1991, 286; *Kloepfer*, VVDStRL 40, 1982, S. 63, 69; pointiert besonders für rückwirkende Gesetze *von Arnauld*, Rechtssicherheit, 2006, S. 298: Der Bürger verliert das Vertrauen in die Geltungskraft der Gesetze, weil der Staat sich nicht „an die von ihm selbst gesetzten Spielregeln hält“.

[141] Vgl. zu den verschiedenen Reaktionsmöglichkeiten des Steuerpflichtigen *Schenk*, Strukturelle Entwicklung der Staatseinnahmen, 1994, S. 34.

[142] *Meßmer*, BB-Beilage 1/1981, 1, 3; *Schenk*, Strukturelle Entwicklung der Staatseinnahmen, 1994, S. 31f.; *Blankart*, Öffentliche Finanzen in der Demokratie, 9. Auflage 2017, S. 166.

[143] *Rose*, in: Curtius-Hartung/Herzig/Niemann (Hrsg.), Steuerberater-Jahrbuch 1987/88, 1988, S. 363, 376.

[144] Vgl. *Wöhe*, Betriebswirtschaftliche Steuerlehre, 4. Auflage 1996, S. 326f.

Vermeidungsstrategien: Geschuldete Steuern werden hinterzogen; die Schattenwirtschaft wächst.[145] Der Staat muss seinerseits verstärkt in die Aufklärung solchen illegalen Verhaltens investieren.

Sowohl legale wie illegale Vermeidungsstrategien führen dazu, dass dem Staat Steuereinnahmen entgehen. Eine kontinuierliche Rechtsentwicklung sorgt hingegen für ein positiveres „Steuerklima" zwischen Bürger und Staat.[146]

3. Steigerung der betrieblichen Investitionen

Der Staat hat aber nicht nur ein unmittelbares fiskalisches Interesse an einer beständigen Steuerrechtslage, weil zu häufige oder überraschende Veränderungen der Rechtslage unmittelbar (bei Veränderungen zugunsten der Steuerpflichtigen) oder mittelbar (bei Veränderungen zulasten der Steuerpflichtigen) zu sinkenden Staatseinnahmen führen können. Eine beständige Rechtslage begünstigt darüber hinaus betriebliche Investitionen und ermöglicht damit volkswirtschaftlich effiziente Marktreaktionen.

Wenn Unternehmen Planungssicherheit haben[147] und ihre Ressourcen nicht in die Absicherung von Rechtsunsicherheiten investieren müssen,[148] können sie sich ganz auf ihre produktive Tätigkeit konzentrieren. Nach der marktwirtschaftlichen Wohlfahrtstheorie führt ein ungehinderter Zugang der Unternehmen zum Markt grundsätzlich zu einer effektiven Ressourcenallokation und mithin volkswirtschaftlich zu einem allgemeinen Wohlstandsgewinn.[149] Ein solcher liegt im Allgemeininteresse und sollte deshalb vom Staat angestrebt werden.[150] Zudem führt eine verstärkte wirtschaftliche Tätigkeit tendenziell auch zu einem steigenden Steueraufkommen, sodass der Staat einen solchen Zustand auch aus rein fiskalischen Gesichtspunkten anstreben kann.[151] Unbeständigkeit führt hingegen zu einem Rückgang der Investitionsbereitschaft, insbesondere

---

[145] *Rose*, StuW 1985, 330, 336; *Hey*, Steuerplanungssicherheit als Rechtsproblem, 2002, S. 101; *Rose*, in: Curtius-Hartung/Herzig/Niemann (Hrsg.), Steuerberater-Jahrbuch 1987/88, 1988, S. 363, 376; *Blankart*, Öffentliche Finanzen in der Demokratie, 9. Auflage 2017, S. 169ff.

[146] Zum Begriff des Steuerklimas vgl. *Jürgens*, FS Rose, 1991, 273; vgl. auch *Birk*, FS Spindler, 2011, S. 13, 17: „Förderung des Gemeinsinns."

[147] Zur Planungssicherheit als wesentlichem Kontinuitätsinteresse des Steuerpflichtigen siehe bereits § 3 A. I. 1. b).

[148] Zu den möglichen Reaktionen auf Planungsunsicherheit siehe bereits § 3 A. I. 1. c).

[149] Vgl. die Nachweise in Fn. 100.

[150] In der politischen Realität mag eine Regierung vor allem das politisch-egoistische Ziel der Wiederwahl verfolgen und daher einzelne Wählergruppen begünstigen anstatt eine gesamtwirtschaftliche Wohlfahrtssteigerung zu verfolgen; vgl. die Übersicht über die vielschichtige Kritik an der wohlfahrtsökonomischen Theorie der Besteuerung bei Blankart, Öffentliche Finanzen in der Demokratie, 8. Auflage 2011, S. 229ff. Das ändert aber nichts daran, dass die Steigerung des Gesamtwohlstands ein anzustrebendes volkswirtschaftliches Ziel ist; ebenso *Bohley*, Die öffentliche Finanzierung, 2003, S. 166f.

[151] *Rose*, StuW 1985, 330, 336f.; *ders.*, in: Curtius-Hartung/Herzig/Niemann (Hrsg.), Steuerberater-Jahrbuch 1987/88, 1988, S. 363, 382.

bei irreversiblen oder besonders risikobehafteten Investitionen.[152] Dies kann gerade in innovativen Wirtschaftsbereichen bremsend wirken.[153]

Allerdings ist volkswirtschaftlich auch nicht jede Form von Rechtskontinuität wünschenswert. Wird beispielsweise jedwede für den Steuerpflichtigen nachteilige Veränderung der Rechtslage in Form eines obligatorischen Vertrauensschutzes vom Staat ausgeglichen, so drohen Moral-Hazard-Effekte:[154] Für den Steuerpflichtigen besteht ein zusätzlicher Anreiz gerade in den Bereichen zu investieren, in denen eine Veränderung droht (beispielsweise wenn der Gesetzgeber die Aufhebung einer bestimmten Steuerbegünstigung ankündigt).[155] Dadurch kann es zu Investitionen kommen, die vom Staat durch die Reform gerade reduziert werden wollten. Unterstellt man, dass die Reform zu einer insgesamt wohlstandsteigernden Neuallokation geführt hätte, würde der Vertrauensschutz diesen positiven gesamtwirtschaftlichen Effekt reduzieren oder gar aufheben.[156] Damit sinkt auch der politische Wille, eine solche Reform überhaupt anzustoßen.[157] Aus volkswirtschaftlicher Sicht ist also nicht jede Form von rechtlicher Beständigkeit positiv.[158]

Indes muss Rechtskontinuität nicht zwangsläufig mit obligatorischem Vertrauensschutz bei Veränderungen einhergehen. Den Steuerpflichtigen kann durchaus ein gewisses Änderungsrisiko aufgebürdet werden, wenn die Änderungsfrequenz und -tiefe insgesamt ein bestimmtes Niveau nicht überschreitet. Steuerplanungssicherheit muss nicht zwingend mit einer Versteinerung bestehender Begünstigungen einhergehen. Ein investitionsfreundliches Umfeld ist auch noch bei einer stetigen Fortentwicklung der Rechtslage gegeben.[159] Kontinuität in diesem Sinne gewährleistet dann auch die volkswirtschaftlich wün-

[152] *Snelting*, Übergangsgerechtigkeit beim Abbau von Steuervergünstigungen und Subventionen, 1997, S. 185 ff.; *ders.*, StuW 1999, 382, 388.

[153] *Rose*, in: Curtius-Hartung/Herzig/Niemann (Hrsg.), Steuerberater-Jahrbuch 1987/88, 1988, S. 363, 376.

[154] Diese hat insbesondere *Snelting*, Übergangsgerechtigkeit beim Abbau von Steuervergünstigungen und Subventionen, 1997; *ders.*, StuW 1999, 382 untersucht; vgl. auch *Brümmerhoff/Büttner*, Finanzwissenschaft, 11. Auflage 2015, S. 553.

[155] *Snelting*, Übergangsgerechtigkeit beim Abbau von Steuervergünstigungen und Subventionen, 1997, S. 195 f.

[156] *Snelting*, Übergangsgerechtigkeit beim Abbau von Steuervergünstigungen und Subventionen, 1997, S. 201; rückwirkende gesetzliche Regelungen werden häufig mit der Vermeidung eines solchen Ankündigungseffekts begründet; vgl. noch im Detail unter § 6 B. III: 1. b).

[157] *Snelting*, StuW 1999, 382, 389 f.; *ders.*, Übergangsgerechtigkeit beim Abbau von Steuervergünstigungen und Subventionen, 1997, S. 225 ff.

[158] So auch die Schlussfolgerung von *Snelting*, Übergangsgerechtigkeit beim Abbau von Steuervergünstigungen und Subventionen, 1997, S. 202 f.; *ders.*, StuW 1999, 382, 390 f.; vgl. auch *Hey*, Steuerplanungssicherheit als Rechtsproblem, 2002, S. 100.

[159] Vgl. *Rose*, StuW 1985, 330, 338; *ders.*, in: Curtius-Hartung/Herzig/Niemann (Hrsg.), Steuerberater-Jahrbuch 1987/88, 1988, S. 363, 374: keine „Rechtssprünge"; in diesem Sinne auch *Snelting*, Übergangsgerechtigkeit beim Abbau von Steuervergünstigungen und Subventionen, 1997, S. 202 f.: Erforderlich ist ein Vergleich der Effizienzverluste, die durch eine bestehende Unsicherheit eintreten mit denjenigen, die durch Übergangsregelungen und Kom-

schenswerte Flexibilität des Besteuerungssystems, d. h. die Möglichkeit des Staates, auf steigenden Finanzierungsbedarf zu reagieren oder eine gesamtwirtschaftlich positive bzw. politisch gewünschte Umverteilung anzustoßen.[160]

4. *Effektivität der Steuerverwaltung*

Der Staat profitiert von einer kontinuierlichen Rechtsentwicklung nicht nur durch konstante oder steigende Einnahmen. Er kann auch die Kosten für die Steuererhebung senken.[161]

Nicht nur auf Seiten der Steuerpflichtigen und ihrer Berater führt eine ständige Veränderung und zunehmende Komplizierung des Steuerrechts zu erheblichen Folgekosten. Auch die Finanzverwaltung steht unter einem ständigen Anpassungsdruck: Änderungen der Steuerrechtslage müssen wahrgenommen und in die Arbeitsabläufe integriert werden, was zunehmend schwer fällt.[162] Schwindet die Akzeptanz für das Steuerrecht auf Seiten der Steuerpflichtigen[163] sieht sich die Finanzverwaltung mit vermehrten Rechtsbehelfen konfrontiert. Angesichts der zunehmenden Komplexität des Steuerrechts wurde in der Vergangenheit schon mehrfach bezweifelt, ob die Finanzverwaltung ihrem gesetzlichen Auftrag einer gesetzmäßigen Veranlagung überhaupt noch nachkommen kann.[164] Eine kontinuierliche Rechtsentwicklung erlaubt hingegen auch der Finanzverwaltung, sich an eine bestehende Rechtslage anzupassen und dadurch ihre Aufgaben effizienter und mithin günstiger zu erfüllen.[165]

5. *Wettbewerbsvorteile im internationalen Standortwettbewerb*

Schließlich kann eine kontinuierliche Rechtslage für den Staat einen Vorteil im internationalen Wettbewerb um Steuersubstrat darstellen.

Die Besteuerungsfolgen sind ein wesentlicher Aspekt bei der Standortwahl eines Unternehmens.[166] Dies gilt sowohl national[167] als auch international.

---

pensationen für Reformverluste einhergehen. *ders.*, StuW 1999, 382, 391 sieht hierin primär eine politische Entscheidung.

[160] Zur Flexibilität des Besteuerungssystems als finanzwissenschaftlichem Ideal vgl. die Nachweise in Fn. 124; zum erforderlichen Ausgleich zwischen Flexibilität und Beständigkeit allgemein *von Arnauld*, Rechtssicherheit, 2006, S. 272 f.

[161] Zum volkswirtschaftlichen Interesse an der Reduzierung von Erhebungskosten *Schenk*, Strukturelle Entwicklung der Staatseinnahmen, 1994, S. 88.

[162] *Tipke*, Die Steuerrechtsordnung, Band III, 2. Auflage 2012, S. 1408.

[163] Zu dieser Folge der Unbeständigkeit siehe bereits unter §3 A. II. 2.

[164] Vgl. *Münch*, FS Hahn, 1997, S. 673 ff.; *Tipke*, Die Steuerrechtsordnung, Band III, 2. Auflage 2012, S. 1408; *Meßmer*, BB-Beilage 1/1981, 1, 14.

[165] So schon *Neumark*, Grundsätze gerechter und ökonomisch rationaler Steuerpolitik, 1970, S. 366.

[166] *Rose*, Betriebswirtschaftliche Steuerlehre, 3. Auflage 1992, S. 75 ff.; *Wöhe*, Betriebswirtschaftliche Steuerlehre, 4. Auflage 1996, S. 323; *Breithecker*, Einführung in die Betriebswirtschaftliche Steuerlehre, 17. Auflage 2016, S. 205 ff.; *Brümmerhoff/Büttner*, Finanz-

Deutschland hat zwar die Steuersätze auf unternehmerische Gewinne in den vergangenen Jahrzehnten deutlich gesenkt, die effektive Steuerbelastung ist aber im internationalen Vergleich[168] immer noch relativ hoch.[169] Länder mit einer niedrigeren Steuerbelastung üben eine Anziehungskraft auf international tätige Unternehmen aus, ihren Sitz oder zumindest einen Teil ihrer Einkünfte in diese Länder zu verlagern.[170]

Zwar sind die Besteuerungsfolgen nur einer unter mehreren Standortfaktoren,[171] allerdings einer der wenigen, die der Staat unmittelbar beeinflussen kann.[172] Dabei kommt es für die Unternehmen nicht nur auf die Höhe der Steuerbelastung an. Vielmehr spielt gerade die langfristige Planbarkeit der Steuerbelastung eine erhebliche Rolle:[173] Standortentscheidungen sind in der Regel nur mit erheblichen Kosten reversibel, sodass der Beständigkeit der Standortfaktoren und damit auch des Besteuerungssystems eine besondere Bedeutung zukommt.[174]

III. Kontinuitätsinteresse als verfassungsrechtlicher Begriff

Die dargestellten Interessen und Vorteile wurden bisher als Idealvorstellungen aus ökonomischer Perspektive formuliert: Eine beständige und verlässliche Steuerrechtsordnung verschafft dem einzelnen Steuerpflichtigen Sicherheit für

---

wissenschaft, 11. Auflage 2015, S. 539; *Wöhe/Döring/Brösel*, Einführung in die allgemeine Betriebswirtschaftslehre, 26. Auflage 2016, S. 260.

167 Unterschiede können sich in Deutschland insbesondere durch die verschiedenen Gewerbesteuerhebesätze, besondere regionale Fördermaßnahmen (z. B. Sonderabschreibungen) und ggfs. durch unterschiedlich ausgeübtes Verwaltungsermessen (soweit dieses nicht durch bundeseinheitliche Verwaltungsanweisungen begrenzt ist) ergeben; *Rose*, Betriebswirtschaftliche Steuerlehre, 3. Auflage 1992, S. 80 ff.; *Wöhe*, Betriebswirtschaftliche Steuerlehre, 4. Auflage 1996, S. 327 f.; *Kaminski/Strunk*, Einfluss von Steuern auf unternehmerische Entscheidungen, 2. Auflage 2012, S. 18 f.; *Kußmaul*, Betriebswirtschaftliche Steuerlehre, 7. Auflage 2014, S. 708 ff.

168 Vgl. die tabellarische Übersicht bei *Peters*, in: Gatzer/Schweisfurth (Hrsg.), Öffentliche Finanzwirtschaft in der Staatspraxis, 2015, S. 97, 104 f.

169 *Peters*, in: Gatzer/Schweisfurth (Hrsg.), Öffentliche Finanzwirtschaft in der Staatspraxis, 2015, S. 97, 105 f.

170 *Wöhe*, Betriebswirtschaftliche Steuerlehre, 4. Auflage 1996, S. 325 f.; *Kußmaul*, Betriebswirtschaftliche Steuerlehre, 7. Auflage 2014, S. 810 ff.

171 *Wöhe*, Betriebswirtschaftliche Steuerlehre, 4. Auflage 1996, S. 323 f.; *Kaminski/Strunk*, Einfluss von Steuern auf unternehmerische Entscheidungen, 2. Auflage 2012, S. 17 f.; *Wöhe/Döring/Brösel*, Einführung in die allgemeine Betriebswirtschaftslehre, 26. Auflage 2016, S. 255 ff.

172 *Fischer*, FS Heigl, 1995, S. 171, 172.

173 *Werder*, Dispositionsschutz bei der Änderung von Steuergesetzen zwischen Rückwirkungsverbot und Kontinuitätsgebot, 2005, 105; *Münch*, DStR 1997, 1674, 1675; *ders.*, NJW 1996, 3320, 3320.

174 Siehe zum gesteigerten Bedürfnis nach Steuerplanungssicherheit bei langfristigen und schwer reversiblen Entscheidungen bereits unter § 3 A. I. 1. b).

seine wirtschaftlichen Planungen und ist Grundlage für einen fairen wirtschaftlichen Wettbewerb. Volkswirtschaftlich gewährleistet sie konstante und kalkulierbare Steuereinnahmen, stärkt die Steuermoral und wirkt als Vorteil im internationalen Standortwettbewerb. Um diese ökonomischen Interessen im Rahmen einer verfassungsrechtlichen Analyse fruchtbar machen zu können, müssen sie juristisch qualifiziert werden.

Bürger und Staat haben jeweils ein Interesse an einer beständigen Entwicklung der rechtlichen Rahmenbedingungen. Die bestehende Rechtslage aus gesetzlicher Regelung und Interpretation dieser Regelung in der Rechtsanwendung soll beibehalten oder nur schrittweise weiterentwickelt, sprunghafte und tiefgreifende Umbrüche sollen möglichst vermieden werden. Die damit zum Ausdruck gebrachte Idealvorstellung kann mit dem Begriff der Rechtskontinuität beschrieben werden. Damit ist zwar ein begrifflicher Anknüpfungspunkt im juristischen Diskurs gefunden. Sowohl die Definition von Rechtskontinuität[175] als auch ihr verfassungsrechtlicher Rang[176] bedürfen aber detaillierter Betrachtung.

1. Der Begriff der Rechtskontinuität

Zwar verwenden sowohl das Bundesverfassungsgericht als auch das verfassungsrechtliche Schrifttum den Begriff der Rechtskontinuität, eine allgemeinverbindliche Definition hat sich dabei aber noch nicht herausgebildet.

So erwähnt das Bundesverfassungsgericht einzig in seiner Entscheidung zur Gleichheitswidrigkeit der Besteuerung privater Kapitalerträge vom 27.6.1991 ein „rechtsstaatliches Kontinuitätsgebot“ ohne allerdings auf die Voraussetzungen dieses Gebots einzugehen.[177] In zwei anderen Entscheidungen akzeptiert das Gericht das Streben nach Rechtskontinuität als Differenzierungskriterium zwischen ansonsten vergleichbaren Sachverhalten: Dem Gesetzgeber ist es erlaubt, eine in der Praxis bewährte Regelung für die bisherigen Adressaten beizubehalten, auch wenn er die Rechtsfrage für vergleichbare Sachverhalte nunmehr anders regelt.[178] Damit ist zwar ein Anwendungsfall umschrieben, eine Definition des Begriffs Rechtskontinuität findet sich in der Rechtsprechung des Bundesverfassungsgerichts aber nicht.[179]

---

[175] Dazu sogleich unter §3 A. III. 1.

[176] Dazu unter §3 A. III. 2. und 3.

[177] BVerfG, Urteil v. 27.6.1991 – 2 BvR 1493/89, BVerfGE 84, 239, juris Rn. 148; in zwei weiteren Entscheidungen ohne steuerrechtlichen Bezug lehnt das Gericht die Anwendung eines Kontinuitätsgebots im Einzelfall ab, abermals ohne auf Voraussetzungen und Rechtsfolgen eines solchen Gebots einzugehen; BVerfG, Beschluss v. 1.7.1981 – 1 BvR 874/77, 1 BvR 322/78, 1 BvR 324/78, 1 BvR 472/78, 1 BvR 543/78, 1 BvR 694/78, 1 BvR 752/78, 1 BvR 753/78, 1 BvR 754/78, 1 BvL 33/80, 1 BvL 10/81, 1 BvL 11/81, BVerfGE 58, 81, juris Rn. 157; BVerfG, Nichtannahmebeschluss v. 12.9.2007 – 1 BvR 58/06, juris, juris Rn. 20.

[178] BVerfG, Urteil v. 2.3.1999 – 1 BvL 2/91, BVerfGE 99, 367, juris Rn. 98 f., 118; BVerfG, Nichtannahmebeschluss v. 9.1.2014 – 1 BvR 2344/11, WM 2014, 464, juris Rn. 43.

[179] Das Bundesverfassungsgericht spricht auch in diversen anderen Konstellationen von

Im verfassungsrechtlichen Schrifttum besteht zwar Einigkeit dahingehend, dass Rechtskontinuität nicht nur das unveränderte Beibehalten einer Rechtslage, sondern auch eine stetige, schrittweise Veränderung derselben umfasst.[180] Teilweise wird dieser Zusammenhang auch durch alternative Begriffe wie Rechtsbeständigkeit,[181] Verlässlichkeit,[182] Stetigkeit[183] oder Berechenbarkeit des Rechtswandels[184] umschrieben. Hervorzuheben ist die Untersuchung von *Leisner-Egensperger*,[185] die sich ausführlich mit der Abgrenzung zwischen kontinuierlichen und diskontinuierlichen Rechtslagen beschäftigt und dabei ein besonderes Augenmerk auf das Steuerrecht richtet.[186] In der Folge soll versucht werden, die verschiedenen Definitionsansätze in der Literatur zu einem gemeinsamen Begriff zusammenzuführen.

---

kontinuierlichen Zusammenhängen; vgl. z. B. zum Kontinuitätsgrundsatz für die elterliche Sorge im Familienrecht BVerfG, Urteil v. 3.11.1982 – 1 BvL 25/80, 1 BvL 38/80, 1 BvL 40/80, 1 BvL 12/81, BVerfGE 61, 358, juris Rn. 59f.; BVerfG, Nichtannahmebeschluss v. 22.9.2014 – 1 BvR 2102/14, FamRZ 2015, 210, juris Rn. 12, 15; zur personellen Kontinuität des Insolvenzverwalters BVerfG, Beschluss v. 12.1.2016 – 1 BvR 3102/13, BVerfGE 141, 121, juris Rn. 55, 57, zur Kontinuität des Ehe- und Familienguts bei der Vermögensteuer BVerfG 2. Senat, Beschluss v. 22.6.1995 – 2 BvL 37/91, juris Rn. 63, zur Kontinuität der Rechtsbeziehungen beim Verfassungswechsel von der Deutschen Demokratischen Republik zur Bundesrepublik Deutschland BVerfG, Urteil v. 8.4.1997 – 1 BvR 48/94, BVerfGE 95, 267, juris Rn. 154 und zur Kontinuität der Gesetzgebungskompetenzordnung BVerfG, Beschluss v. 15.12.1987 – 1 BvR 563/85, 1 BvR 582/85, 1 BvR 974/86, 1 BvL 3/86, BVerfGE 77, 308, juris Rn. 87. Der Bedeutungsgehalt ist dabei aber stark durch den jeweiligen Kontext geprägt, sodass sich keine tragfähigen Rückschlüsse auf den Begriff der Rechtskontinuität ziehen lassen.

[180] Vgl. z. B. *Scholz*, Die Rechtssicherheit, 1955, S. 30f.; *Kloepfer*, VVDStRL 40, 1982, S. 63, 86f.; *P. Kirchhof*, NJW 1986, 2275, 2280; *ders.*, DStR 1989, 263, 263; *ders.*, StuW 2000, 221, 227; *Isensee*, FS Klein, 1994, S. 611, 613; *Münch*, FS Hahn, 1997, S. 673, 675; *Hey*, Steuerplanungssicherheit als Rechtsproblem, 2002, S. 193f.; *K.-A. Schwarz*, Vertrauensschutz als Verfassungsprinzip, 2002, 40; *Birk*, DStJG 27, 2004, S. 9, 9; *Mellinghoff*, DStJG 27, 2004, S. 25, 30; *Werder*, Dispositionsschutz bei der Änderung von Steuergesetzen zwischen Rückwirkungsverbot und Kontinuitätsgebot, 2005, S. 109ff.; *Maurer*, HStR IV, 3. Auflage 2006, § 79 Rn. 3; *Payandeh*, Judikative Rechtserzeugung, 2017, S. 254f.

[181] Z. B. *von Arnauld*, Rechtssicherheit, 2006, S. 273ff.; *Sachs*, in: Sachs, GG, 7. Auflage 2014, Art. 20 Rn. 131.

[182] Z. B. *Streinz*, FS Häberle, 2004, S. 745, 747; *Badura*, Staatsrecht, 6. Auflage 2015, D 53.

[183] Z. B. *Neumark*, Grundsätze gerechter und ökonomisch rationaler Steuerpolitik, 1970, S. 364ff.

[184] Z. B. *von Arnauld*, Rechtssicherheit, 2006, 391 ff.; ähnlich auch *Münch*, FS Hahn, 1997, S. 673, 675; *Birk*, DStJG 27, 2004, S. 9, 9.

[185] *Leisner-Egensperger*, Kontinuität als Verfassungsprinzip, 2002; rezipiert beispielsweise von *Birk*, DStJG 27, 2004, S. 9, 17; *Hey*, DStR 2004, 1897, 1900; *Maurer*, HStR IV, 3. Auflage 2006, § 79 Rn. 5; *Werder*, Dispositionsschutz bei der Änderung von Steuergesetzen zwischen Rückwirkungsverbot und Kontinuitätsgebot, 2005, S. 109ff.; *von Arnauld*, Rechtssicherheit, 2006, 670.

[186] Vgl. *Leisner-Egensperger*, Kontinuität als Verfassungsprinzip, 2002, S. 543ff.

a) Allgemeiner und wissenschaftlicher Sprachgebrauch

Ausgangspunkt für eine Begriffsdefinition ist der allgemeine Sprachgebrauch. In Lexika wird „Kontinuität" als „gleichmäßiger, stetiger Ablauf, Fortgang"[187] und „kontinuierlich" als „stetig, ununterbrochen, lückenlos zusammenhängend, gleichmäßig sich fortsetzend"[188] definiert. Der Begriff ist offen für vielfältige Verwendungen: Eine Regierung kann die Kontinuität einer Politik wahren,[189] Bewerber sind um die Darstellung eines kontinuierlichen Lebenslaufs bemüht, Arbeitnehmer werden für ihre kontinuierliche Arbeitsweise[190] gelobt und der kontinuierliche Lauf eines Flusses wird beobachtet.[191]

Gemeinsam ist diesen Verwendungen, dass ein zeitlicher Zusammenhang zwischen zwei verschiedenen Zuständen umschrieben wird. Dieser Zusammenhang kann zum einen darin bestehen, dass sich der Zustand nur unwesentlich verändert hat und wesentliche Kernelemente erhalten bleiben. Kontinuität bildet insoweit – gerade in der wissenschaftlichen Verwendung – einen Gegenbegriff zu Wandel oder Veränderung. So finden sich Untersuchungen zu „Kontinuität und Wandel" in den Literatur-,[192] Geschichts-[193] oder Kommunikationswissenschaften.[194] Andererseits kann Kontinuität auch einen regelmäßigen, gleichbleibenden Rhythmus der Veränderung umschreiben. Ein Lebenslauf ist kontinuierlich, wenn sich zwar die Lebensumstände immer wieder verändern, sich in den Veränderungen aber eine gewisse Linie und Stringenz feststellen lässt. Der Lauf eines Flusses ist kontinuierlich, auch wenn sich die Zusammensetzung des Wassers, das in ihm fließt, ständig verändert.

Diese beiden Grundvarianten der Kontinuität weist *Leisner-Egensperger* auch in der geisteswissenschaftlichen und dabei insbesondere der philosophi-

---

[187] O. A., Brockhaus – Die Enzyklopädie, 20. Auflage 1997, „Kontinuität".

[188] O. A., Duden, 3. Auflage 1999, „kontinuierlich", „Kontinuität".

[189] Vgl. z. B. *Kaernbach*, Bismarcks Konzepte zur Reform des Deutschen Bundes: Zur Kontinuität der Politik Bismarcks und Preußens in der deutschen Frage, 1991; *Kauffmann*, Kontinuität und Wandel: Entwicklung der Militärdoktrin und Kriegsplanung des Warschauer Paktes im Verlauf der 80er Jahre unter Berücksichtigung der Landesverteidigung der DDR, 2002.

[190] Vgl. auch BVerfG, Beschluss v. 12.1.2016 – 1 BvR 3102/13, BVerfGE 141, 121, juris Rn. 16: Kontinuität der Amtsausübung eines Insolvenzverwalters und BVerfG, Urteil v. 17.1.2017 – 2 BvB 1/13, BVerfGE 144, 20, juris Rn. 504: Kontinuität der Arbeit des Bundesrates.

[191] Die Beispiele basieren auf *Leisner-Egensperger*, Kontinuität als Verfassungsprinzip, 2002, S. 11 f.

[192] *Riehl*, Kontinuität und Wandel von Erzählstrukturen, 1993; *Gärtner*, Kontinuität und Wandel in der neueren deutschen Literaturwissenschaft nach 1945, 1997.

[193] *Kauffmann*, Kontinuität und Wandel: Entwicklung der Militärdoktrin und Kriegsplanung des Warschauer Paktes im Verlauf der 80er Jahre unter Berücksichtigung der Landesverteidigung der DDR, 2002; *Mlynek*, Die Rolle des Auswärtigen Amtes in der deutschen Rußlandpolitik 1930–1934: Kontinuität und Wandel, 1996.

[194] *Hoesch*, Kontinuität und Wandel in der Kommunikationsstrategie der EU-Kommission, 2003.

schen Verwendung des Begriffs nach.[195] Mehrere Elemente müssen aufgrund eines inneren Zusammenhangs aufeinander folgen, um von einer kontinuierlichen Entwicklung zu sprechen: Entweder es besteht eine sachliche Struktur, die auch gewisse Veränderungen überdauert, oder es lässt sich ein gleichbleibender Veränderungsrhythmus feststellen, in dem Veränderungen einem einheitlichen Verfahren folgen.[196]

b) Rechtskontinuität

Überträgt man dieses allgemeine Begriffsverständnis in den juristischen Kontext, so beschreibt Kontinuität einen zeitlichen Zusammenhang zwischen mindestens zwei Rechtszuständen oder Rechtslagen.[197] Rechtslage meint dabei die juristische Bewertung eines bestimmten Lebenssachverhalts.[198] Die Rechtslage umfasst die Rechte und Pflichten einzelner Rechtsträger in Bezug auf diese bestimmte tatsächliche Situation.[199] Diese ergeben sich in der Regel aus einem oder mehreren Rechtsverhältnissen, zum Beispiel dem Rechtsverhältnis zwischen Steuerpflichtigem und Staat oder den Beziehungen zwischen den Parteien eines Rechtsstreits.[200] Dabei wird die Rechtslage – gerade im Steuerrecht – nicht nur durch die gesetzlichen Normen, sondern auch durch deren Interpretation durch die Verwaltung und Rechtsprechung gestaltet.[201]

Kontinuität zwischen zwei oder mehr Rechtslagen kann entweder dadurch begründet werden, dass sie über einen gemeinsamen normativen Kern verfügen (Strukturkontinuität) oder dadurch, dass ihr Aufeinanderfolgen einem bestimmten gleichbleibenden Muster folgt (Rhythmuskontinuität).[202] Die zeitliche Abgrenzung der Rechtslagen voneinander erfolgt dabei vor allem anhand verändernder Maßnahmen, also beispielsweise einer gesetzlichen Neuregelung, dem Erlass einer allgemein anwendbaren Verwaltungsanweisung oder einer einschlägigen Entscheidung des Bundesfinanzhofs. Diese trennen die bisherige

---

195 *Leisner-Egensperger*, Kontinuität als Verfassungsprinzip, 2002, S. 18 ff.

196 *Leisner-Egensperger*, Kontinuität als Verfassungsprinzip, 2002, S. 46.

197 *Leisner-Egensperger*, Kontinuität als Verfassungsprinzip, 2002, S. 180 f.; Fokus auf den Gesetzgeber z. B. bei *Kloepfer*, VVDStRL 40, 1982, S. 63, 86 f.; *Münch*, FS Hahn, 1997, S. 673, 675; *P. Kirchhof*, StuW 2000, 221, 224; *Mellinghoff*, DStJG 27, 2004, S. 25, 30; Fokus auf die Rechtsprechung z. B. bei *P. Kirchhof*, NJW 1986, 2275, 2280; *ders.*, DStR 1989, 263, 263; *Payandeh*, Judikative Rechtserzeugung, 2017, S. 254 f.

198 *Leisner-Egensperger*, Kontinuität als Verfassungsprinzip, 2002, S. 181.

199 *Leisner-Egensperger*, Kontinuität als Verfassungsprinzip, 2002, S. 182.

200 *Leisner-Egensperger*, Kontinuität als Verfassungsprinzip, 2002, S. 184.

201 Vgl. zum Steuerrecht prägnant *Hey*, Steuerplanungssicherheit als Rechtsproblem, 2002, S. 60 f.; im Einzelnen schon oben unter § 2 B. III. 1.–3.; allgemein ebenso *Payandeh*, Judikative Rechtserzeugung, 2017, S. 26 ff. m. w. N.

202 Prägnant *Leisner-Egensperger*, Kontinuität als Verfassungsprinzip, 2002, 180; vgl. aber in der Sache sehr ähnlich auch: *Kloepfer*, VVDStRL 40, 1982, S. 63, 86 f.; *P. Kirchhof*, DStR 1989, 263, 269; *Münch*, FS Hahn, 1997, S. 673, 675; *Maurer*, HStR IV, 3. Auflage 2006, § 79 Rn. 3; *Scholz*, Die Rechtssicherheit, 1955, S. 29.

(Ausgangs-)Rechtslage von der neuen (Folge-)Rechtslage.[203] Einzubeziehen ist nicht nur die unmittelbare Ausgangsrechtslage, sondern auch ihre Entwicklung in einem möglichst großen zeitlichen Zusammenhang.[204]

Ob zwischen den Rechtslagen noch Kontinuität besteht oder nicht, ist durch einen Vergleich der Folge- mit der Ausgangsrechtslage zu bestimmen.[205] Dieser Vergleich ist möglichst eng auf einzelne Rechtsbeziehungen zu beschränken[206] und muss die Besonderheiten des jeweiligen Rechtsgebietes bzw. der jeweiligen Rechtslage berücksichtigen.[207] Insbesondere der Telos und der systematische Zusammenhang der einzelnen Maßnahmen sind zu betrachten, um zu beurteilen, wie stark die Folgerechtslage von der Ausgangsrechtslage abweicht.[208] Eine gravierende Abweichung beeinträchtigt die Strukturkontinuität.[209] Eine Vielzahl von Änderungen, die als solche die Strukturkontinuität nicht beeinflussen, kann eine Durchbrechung der Rhythmuskontinuität begründen.[210] Dies gilt zum Beispiel, wenn sich eine Rechtslage für einen langen Zeitraum gar nicht verändert hat, dann aber innerhalb kurzer Zeit mehrfach (wenn auch nicht gravierend) verändert wird. Dabei beeinflussen sich die beiden möglichen Aspekte der Rechtskontinuität gegenseitig: Je stetiger der Veränderungsrhythmus, desto größer können auch die inhaltlichen Abweichungen sein; je geringer die inhaltlichen Abweichungen, desto rascher können Veränderungen aufeinander folgen, ohne dass die Kontinuität durchbrochen wird.[211]

Der Vergleich zwischen zwei Rechtslagen ist als objektiver Vorgang zu verstehen.[212] Nicht entscheidend ist die subjektive Vorstellung des Betroffenen von seiner Rechtsposition.[213] Ebenso wenig kommt es darauf an, ob Betroffene mit dem Fortbestand der Rechtslage gerechnet oder im Hinblick auf einen solchen Fortbestand gehandelt haben.[214] Ein betätigtes Vertrauen in Form von Dispositionen mag für den Vertrauensschutz des Einzelnen erforderlich sein,[215] für die Frage nach der Kontinuität zwischen zwei Rechtslagen kommt es hierauf aber nicht an.

---

203 *Leisner-Egensperger*, Kontinuität als Verfassungsprinzip, 2002, S. 184f.

204 *Leisner-Egensperger*, Kontinuität als Verfassungsprinzip, 2002, S. 184f.

205 *Leisner-Egensperger*, Kontinuität als Verfassungsprinzip, 2002, S. 407ff.

206 *Leisner-Egensperger*, Kontinuität als Verfassungsprinzip, 2002, S. 408f.

207 *Leisner-Egensperger*, Kontinuität als Verfassungsprinzip, 2002, S. 412ff.

208 *Leisner-Egensperger*, Kontinuität als Verfassungsprinzip, 2002, S. 411f.

209 *Leisner-Egensperger*, Kontinuität als Verfassungsprinzip, 2002, S. 416ff.

210 *Leisner-Egensperger*, Kontinuität als Verfassungsprinzip, 2002, S. 424f.

211 *Leisner-Egensperger*, Kontinuität als Verfassungsprinzip, 2002, S. 426.

212 *P. Kirchhof*, DStR 1989, 263, 266; *Leisner-Egensperger*, Kontinuität als Verfassungsprinzip, 2002, S. 177ff.; *K.-A. Schwarz*, Vertrauensschutz als Verfassungsprinzip, 2002, 40; *Birk*, DStJG 27, 2004, S. 9, 17.

213 *Leisner-Egensperger*, Kontinuität als Verfassungsprinzip, 2002, S. 179; *Birk*, DStJG 27, 2004, S. 9, 17.

214 Vgl. *P. Kirchhof*, DStR 1989, 263, 266; *Leisner-Egensperger*, Kontinuität als Verfassungsprinzip, 2002, S. 177f.

215 Zur Abgrenzung zwischen Kontinuität und Vertrauensschutz noch unter §3 A. III. 3.

c) Kontinuitätsbeeinträchtigung und Kontinuitätsbruch

Eine den kontinuierlichen Zusammenhang zwischen zwei Rechtslagen durchtrennende Veränderung bezeichnet man als Kontinuitätsbruch.[216] Da die Rechtslage durch Maßnahmen aller drei Gewalten geprägt ist, können auch Maßnahmen aller drei Gewalten die Kontinuität beeinträchtigen. Dabei führt aber nicht jede Veränderung zu einem Bruch, vielmehr erfasst Kontinuität – wie dargestellt – auch den behutsamen, schrittweisen Wandel. Geschwindigkeit und Umfang der noch kontinuierlichen Entwicklung müssen dabei bereichsspezifisch mit Blick auf die Ausgangsrechtslage, ihre bisherige Entwicklung und ihren systematischen Kontext bestimmt werden.

Gesetzliche Änderungen beeinträchtigen die Kontinuität in besonderem Maße, da Rechtsnormen die Basis für die Bestimmung jeder Rechtslage sind. Eine gesetzliche Änderung wird vor allem dann zu einem Kontinuitätsbruch führen, wenn sie bisherige gesetzliche Grundentscheidungen in ihr Gegenteil verkehrt. Die besondere Bedeutung von norminterpretierenden Verwaltungsanweisungen für das steuerliche Massenverfahren führt dazu, dass auch eine Änderung in der Verwaltungspraxis bzw. den ihr zugrundeliegenden Richtlinien und Erlassen die Rechtskontinuität durchbrechen kann.

Schließlich – und für den Kontext von Nichtanwendungsgesetzen entscheidend – können Entscheidungen des Bundesfinanzhofs die Kontinuität zwischen zwei Rechtslagen beeinträchtigen. Zwar entscheidet der Bundesfinanzhof verbindlich nur den jeweils vorliegenden Einzelfall. Nach hier vertretener Auffassung besteht aber eine verfassungsrechtliche Pflicht für Finanzgerichte und -behörden, sich mit einschlägigen Präjudizien argumentativ auseinanderzusetzen.[217] Selbst wenn man eine solche Pflicht ablehnt, ist unbestritten, dass sich die Rechtspraxis maßgeblich an den Entscheidungen des Bundesfinanzhofs orientiert und diese damit jedenfalls faktisch die Rechtslage entscheidend prägen.[218] Dementsprechend kann eine Entscheidung des Bundesfinanzhofs, die von der bisherigen Rechtslage abweicht, zu Diskontinuität führen. Besonders augenscheinlich ist dies bei einem Rechtsprechungswechsel: Gibt der Bundesfinanzhof eine bisherige Auslegung auf und legt eine Norm nunmehr anders aus, so tritt die neue Auslegung mit uneingeschränkter zeitlicher Wirkung an die Stelle der bisherigen. Die Entscheidung schafft – auch für die Vergangenheit – neue juristische Maßstäbe. Diese Veränderung kann kontinuierlich ablaufen – beispielsweise, wenn der Bundesfinanzhof seine Auslegung schrittweise verändert oder um neue Differenzierungen ergänzt. Sie kann aber auch zu einem Kontinuitätsbruch führen – beispielsweise, wenn bisherige Auslegungsgrundsätze

[216] *Kloepfer*, VVDStRL 40, 1982, S. 63, 88; *Leisner-Egensperger*, Kontinuität als Verfassungsprinzip, 2002, S. 180; speziell für das Steuerrecht findet sich daneben der von *Rose* geprägte Begriff des „Rechtssprungs"; vgl. *Rose*, FS Wöhe, 1989, S. 290, 293 f., 374 f.

[217] Siehe bereits ausführlich unter § 2 B. III. 3. b).

[218] Siehe bereits ausführlich unter § 2 B. III. 3. a).

aufgegeben werden und sich daraus eine diametral andere Ausgangssituation ergibt.[219] Gleiches gilt, wenn der Bundesfinanzhof erstmals über die Auslegung einer Norm entscheidet. Bis zur Entscheidung des Gerichts war die Rechtslage durch die gesetzlichen Grundlagen und ihre Interpretation in der Rechtspraxis, insbesondere durch die (Finanz-)Verwaltung geprägt.[220] Die gerichtliche Auslegung verändert diese Rechtslage mit Wirkung auch für die Vergangenheit, worin abermals ein Kontinuitätsbruch liegen kann.[221]

d) Ergebnis

Rechtskontinuität umschreibt einen objektiven Zusammenhang beim Vergleich von mindestens zwei Rechtslagen, die durch die Maßnahme einer Staatsgewalt voneinander getrennt werden. Kontinuität ist gewahrt, wenn in Abhängigkeit von den bereichsspezifischen Besonderheiten die Rechtslagen inhaltlich in einem wesentlichen Kern übereinstimmen oder die Abweichung Teil einer Kette von ähnlichen Abweichungen bildet. Dabei können sich die beiden Kontinuitätsaspekte gegenseitig beeinflussen. Überschreitet eine Maßnahme den Kontinuitätsrahmen, liegt ein Kontinuitätsbruch vor.

Die oben dargestellten ökonomischen Interessen lassen sich juristisch als Interessen an ebendieser Rechtskontinuität begreifen. Die Forderung nach betriebswirtschaftlicher Planungssicherheit, die für die Steuerpflichtigen Voraussetzung für ökonomisch effiziente Entscheidungen und einen fairen Wettbewerb ist, zielt auf eine kontinuierliche Rechtslage ab. Ebendiese gewährleistet zugleich für den Staat kalkulierbare und effizient zu erhebende Steuereinnahmen, die seine wesentliche Finanzierungsquelle bilden, und stärkt seine Position im globalen (Standort-)Wettbewerb. Es handelt sich um – jedenfalls im Grundansatz – auf das gleiche Ziel gerichtete Interessen von Bürger und Staat: Die objektive Rechtslage als Grundlage der wechselseitigen Beziehungen soll nur maßvollen Veränderungen unterworfen werden. In der Folge werden diese Interessen unter dem Oberbegriff der Kontinuitätsinteressen[222] zusammengefasst.[223]

---

[219] Vgl. *Raupach*, in: Raupach/Tipke/Uelner (Hrsg.), Niedergang oder Neuordnung des deutschen Einkommensteuerrechts?, 1985, S. 15, 75; *Rose*, in: Curtius-Hartung/Herzig/Niemann (Hrsg.), Steuerberater-Jahrbuch 1987/88, 1988, S. 363, 373 f.; *K. Vogel*, in: Institut der Wirtschaftsprüfer in Deutschland e. V. (Hrsg.), Generalthema Unternehmensbesteuerung und Steuerreform, 1988, S. 109, 114; *Tipke*, FS Rose, 1991, S. 91, 101; *J. Voß*, Ungewißheit im Steuerrecht, 1992, S. 61 f.; einschränkend *Hey*, JZ 2014, 500, 504: Rechtsprechungswechsel seien häufig nicht überraschend.

[220] Zum weitgehenden Einfluss der Norminterpretation durch die Verwaltung bereits ausführlich unter § 2 A. III. 2.

[221] Zur Ähnlichkeit der beiden Konstellationen unter Kontinuitätsgesichtspunkten *Niemann*, in: Curtius-Hartung/Herzig/Niemann (Hrsg.), Steuerberater-Jahrbuch 1987/88, 1988, S. 392, 397; *J. Voß*, Ungewißheit im Steuerrecht, 1992, S. 61 f.; *Hey*, Steuerplanungssicherheit als Rechtsproblem, 2002, S. 88 f.

[222] Ebenso *Scholz*, Die Rechtssicherheit, 1955, 29; ähnlich schon *Heck*, Gesetzesauslegung und Interessenjurisprudenz, 1914, S. 180 ff.: Stabilitätsinteresse von Bürger und Staat; *Rüme-*

2. *Der verfassungsrechtliche Rang der Rechtskontinuität*

Mit der begrifflichen Definition ist allerdings nur ein erster Schritt getan. Um Rechtskontinuität bzw. das wechselseitige Interesse von Bürger und Staat an dieser juristisch operabel zu machen, muss Rechtskontinuität als bestehendes Element der deutschen Rechtsordnung identifiziert werden. Angesichts der übergreifenden Bedeutung für alle Staatsgewalten und den Bürger liegt eine Verortung auf Ebene des Verfassungsrechts nahe.[224] Dass Rechtskontinuität verfassungsrechtlich relevant ist, lässt sich sowohl in der Rechtsprechung des Bundesverfassungsgerichts als auch im verfassungsrechtlichen Schrifttum nachweisen. Allerdings setzt sich die schon bei der begrifflichen Definition festgestellte Unsicherheit im Umgang mit der Rechtskontinuität[225] auch bei der Bestimmung ihrer verfassungsrechtlichen Qualität fort:[226]

Das Bundesverfassungsgericht stellt in der Entscheidung zur Gleichheitswidrigkeit der Besteuerung von privaten Kapitalerträgen als einziger Entscheidung, in der es Rechtskontinuität als Gebot bezeichnet, zwar einen Bezug zum Rechtsstaatsprinzip her.[227] Der verfassungsrechtliche Rang von Rechtskontinuität wird dadurch aber kaum erhellt, weil die Entscheidung keine weiteren Ausführungen zu den Konsequenzen dieses vermeintlichen Gebots enthält. Normative Wirkungen hat das Gericht Rechtskontinuität – in Form der Gesetzeskontinuität – nur zur Rechtfertigung einer Ungleichbehandlung vergleichbarer Sachverhalte beigemessen.[228]

Das verfassungsrechtliche Schrifttum bezeichnet Rechtskontinuität teilweise als bloßes verfassungspolitisches Postulat.[229] Zu diesem Ergebnis kommt insbesondere auch *Hey* in ihrer umfassenden Untersuchung zum rechtlichen

lin, Die Rechtssicherheit, 1924, S. 12: Rechtsdauerinteresse; vgl. auch *Geiger/Rehbinder*, Vorstudien zu einer Soziologie des Rechts, 4. Auflage 1987, S. 239: Rechtssicherheit und -beständigkeit beruht auf wechselseitigen „Kalkülen" von Bürger und Staat.

223 Weitere Nachweise zu philosophischen und soziologischen Untersuchungen von Rechtskontinuität und dem wechselseitigen Interesse hieran finden sich bei *Leisner-Egensperger*, Kontinuität als Verfassungsprinzip, 2002, S. 99 ff.

224 Vgl. auch *Leisner-Egensperger*, Kontinuität als Verfassungsprinzip, 2002, S. 189 ff.

225 Siehe bereits unter § 3 A. III. 1.

226 Ebenso *Payandeh*, Judikative Rechtserzeugung, 2017, S. 254 Fn. 431: „Verfassungsrechtlicher Gehalt ist alles andere als geklärt"; *Maurer*, HStR IV, 3. Auflage 2006, § 79 Rn. 5: „sehr allgemein und wenig strukturiert"; in Bezug auf Gesetzeskontinuität auch schon *Kloepfer*, VVDStRL 40, 1982, S. 63, 81: „noch zu erarbeitende Verfassungsdogmatik".

227 BVerfG, Urteil v. 27.6.1991 – 2 BvR 1493/89, BVerfGE 84, 239, juris Rn. 148: „rechtsstaatliches Kontinuitätsgebot".

228 BVerfG, Urteil v. 2.3.1999 – 1 BvL 2/91, BVerfGE 99, 367, juris Rn. 98 f., 118; BVerfG, Nichtannahmebeschluss v. 9.1.2014 – 1 BvR 2344/11, WM 2014, 464, juris Rn. 43; siehe bereits unter § 3 A. III. 1.

229 *Püttner*, VVDStRL 32, 1974, S. 200, 216; *Hey*, DStR 2004, 1897, 1900; *Werder*, Dispositionsschutz bei der Änderung von Steuergesetzen zwischen Rückwirkungsverbot und Kontinuitätsgebot, 2005, S. 109 ff.; *Helbich*, Vertrauensschutz in Verwaltungsvorschriften des Steuerrechts, 2015, S. 120; vgl. auch *Maurer*, HStR IV, 3. Auflage 2006, § 79 Rn. 76.

Schutz der Steuerplanungssicherheit,[230] die oben als ein wesentliches Kontinuitätsinteresse des Steuerpflichtigen identifiziert wurde.[231] Während die Grundrechte und der rechtsstaatliche Vertrauensschutz die Dispositionen des Steuerpflichtigen vor einer vergangenheitsbezogenen Verschärfung der Rechtslage schützten,[232] bestehe gegen zukunftsbezogene Veränderungen der Rechtslage kein justitiabler Schutz. Zwar wirkten Rechtsstaatsprinzip, Grundrechte und allgemeiner Gleichheitssatz auf die Stabilität und Verstetigung der Rechtsentwicklung hin, es bestehe aber kein subjektiver Abwehranspruch gegen instabile Rechtslagen, sodass Rechtskontinuität im Ergebnis nur ein rechtspolitisches Postulat bleibe.[233]

Andere Autoren nehmen an, dass Rechtskontinuität als Element oder Ergebnis eines oder mehrerer Grundsätze verfassungsrechtlich geschützt ist. Zum einen wird insoweit an das Rechtsstaatsprinzip bzw. die Rechtssicherheit angeknüpft.[234] Zum anderen wird Rechtskontinuität als Ergebnis einer Anwendung des allgemeinen Gleichheitssatzes eingestuft – entweder in temporaler Hinsicht als „Gleichheit in der Zeit"[235] oder in seiner Ausprägung als Folgerichtigkeitsgrundsatz.[236] Schließlich wird der Verfassung auch ein eigenständiges Kontinuitätsgebot entnommen, ohne dass Einigkeit über dessen Grundlage, Voraussetzungen und Rechtsfolgen besteht.[237]

Mit Blick auf das Phänomen der Nichtanwendungsgesetze sollen die verfassungsrechtlichen Bezüge in der Folge in zweifacher Hinsicht ausgelotet wer-

---

230 *Hey*, Steuerplanungssicherheit als Rechtsproblem, 2002.

231 Siehe bereits unter § 3 A. I. 1. b).

232 *Hey*, Steuerplanungssicherheit als Rechtsproblem, 2002, S. 103 ff.

233 *Hey*, Steuerplanungssicherheit als Rechtsproblem, 2002, S. 193 f.

234 Vgl. z. B. *Scholz*, Die Rechtssicherheit, 1955, S. 29; *Wank*, Grenzen richterlicher Rechtsfortbildung, 1978, S. 202; *Pieroth*, Rückwirkung und Übergangsrecht, 1981, S. 118, 383; *Sobota*, Das Prinzip Rechtsstaat, 1997, S. 100; *Birk*, DStJG 27, 2004, S. 9, 17; *Röthel*, Normkonkretisierung im Privatrecht, 2004, S. 96; *Schmidt-Aßmann*, HStR II, 3. Auflage 2004, § 26 Rn. 81; *Dötsch*, DStR 2009, S. 409, 411; *Payandeh*, Judikative Rechtserzeugung, 2017, S. 254 f.; *Robbers*, in: Bonner Komm. GG, Art. 20 Abs. 1 Rn. 2533.

235 Vgl. z. B. *Dürig*, FS Tübinger Juristenfakultät, 1977, S. 21, 24 f.; *Dürig/Scholz*, in: Maunz/Dürig, GG, Art. 3 Rn. 196 f. (Stand: 74. EL 5/2015); *P. Kirchhof*, DStR 1989, 263, 263; *ders.*, HStR V, 3. Auflage 2007, § 118 Rn. 115; *von Arnauld*, Rechtssicherheit, 2006, S. 670.

236 Vgl. z. B. *P. Kirchhof*, StuW 2000, 221, 224 f.; *ders.*, HStR VIII, 3. Auflage 2010, 224; *ders.*, HFSt 3, 2016, S. 27, 30 f.

237 Insbesondere *Leisner-Egensperger*, Kontinuität als Verfassungsprinzip, 2002, S. 165 ff., die argumentativ auf eine Kombination aus Gleichheitsgrundsatz, Rechtsstaatsprinzip und Freiheitsgrundrechten zurückgreift; ein rechtsstaatliches Kontinuitätsgebot thematisieren (zum Teil aber ohne vertiefte Ausführungen) auch *Kloepfer*, Vorwirkung von Gesetzen, 1974, S. 197 f.; *P. Kirchhof*, DStR 1989, 263, 264 f.; *ders.*, NJW 1986, 2275, 2280; *ders.*, StuW 2000, 221, 224; *ders.*, HStR V, 3. Auflage 2007, § 118 Rn. 110; *K.-A. Schwarz*, Vertrauensschutz als Verfassungsprinzip, 2002, S. 41 f.; *Mellinghoff*, DStJG 27, 2004, S. 25, 30; *Spindler*, DStJG 27, 2004, S. 69, 73; *Schulze-Fielitz*, in: Dreier, GG, 2. Auflage 2006, Art. 20 Rn. 146; *Ebner*, Vertrauensschutz und Kontinuitätsgewähr in der höchstrichterlichen Rechtsprechung am Beispiel des Steuerrechts, 2010, S. 35 ff.; *Levedag*, FS 100 Jahre Steuerrechtsprechung, 2018, S. 181, 186.

den: Zunächst ist zu klären, ob Rechtskontinuität überhaupt als Element der geltenden Verfassungsordnung identifiziert werden kann.[238] Nur dann kann Rechtskontinuität einen normativen Einfluss auf die Entscheidungen des Bundesfinanzhofs und des Gesetzgebers ausüben, ein Steuergesetz in Übereinstimmung oder abweichend von der bisherigen Rechtslage auszulegen, bzw. auf eine Entscheidung des Bundesfinanzhofs mit einem Nichtanwendungsgesetz zu reagieren.

Sodann ist zu hinterfragen, wie weit die normativen Wirkungen von Rechtskontinuität reichen.[239] Stellt Rechtskontinuität eine eigenständige verfassungsrechtliche Rechtsnorm dar, deren Verletzung eine staatliche Entscheidung verfassungswidrig macht, dann wäre eine diskontinuierliche Entscheidung des Bundesfinanzhofs schon wegen dieses Verstoßes nichtig und ein Nichtanwendungsgesetz gar nicht erforderlich. Umgekehrt wäre der Gesetzgeber seinerseits an eine kontinuierliche Weiterentwicklung der Rechtslage durch den Bundesfinanzhof gebunden und dürfte sie nicht im Rahmen eines Nichtanwendungsgesetzes grundlegend umgestalten.

a) Rechtskontinuität als verfassungsrechtliches Element

Rechtskontinuität wird im Grundgesetz weder ausdrücklich erwähnt, noch lässt sie sich eindeutig einer einzelnen Rechtsposition oder einem einzelnen Prinzip zuordnen. Allerdings finden sich verschiedene Rechtsinstitute und Prinzipien, die – teilweise auch unter Rückgriff auf ihre einfachgesetzlichen Konkretisierungen – auf Rechtskontinuität in dem oben begrifflich umschriebenen Sinne (insbesondere in der Ausprägung als Strukturkontinuität)[240] hinwirken. Dies geschieht, indem staatliche Handlungen teils inhaltlichen und teils prozeduralen Schranken unterworfen werden. Systematisieren lassen sich diese Einzelelemente nach ihrem verfassungsrechtlichen Fundament: Zum einen[241] besteht eine Verbindungslinie der Rechtskontinuität zum Rechtsstaatsprinzip bzw. zur Rechtssicherheit.[242] Zum anderen fördert der allgemeine Gleich-

---

[238] Dazu sogleich unter § 3 A. III. 2. a).

[239] Dazu unter § 3 A. III. 2. b).

[240] Siehe oben unter § 3 A. III. 1. d).

[241] Dazu sogleich unter § 3 A. III. 2. a) aa).

[242] Rechtssicherheit wird ganz überwiegend als Subprinzip des Rechtsstaatsprinzips verstanden; vgl. nur die ständige Rechtsprechung des Bundesverfassungsgerichts BVerfG, Urteil v. 1.7.1953 – 1 BvL 23/51, BVerfGE 2, 380, juris Rn. 81; BVerfG, Entscheidung v. 24.7.1957 – 1 BvL 23/52, BVerfGE 7, 89, juris Rn. 16; BVerfG, Urteil v. 19.12.1961 – 2 BvL 6/59, BVerfGE 13, 261, juris Rn. 49; BVerfG, Beschluss v. 9.8.1978 – 2 BvR 831/76, BVerfGE 49, 148, juris Rn. 37; BVerfG, Urteil v. 18.7.2005 – 2 BvR 2236/04, BVerfGE 113, 273, juris Rn. 83; BVerfG, Beschluss v. 5.3.2013 – 1 BvR 2457/08, BVerfGE 133, 143, juris Rn. 32; BVerfG, Beschluss v. 17.12.2013 – 1 BvL 5/08, BVerfGE 135, 1, juris Rn. 62; ebenso z. B. *Schulze-Fielitz*, in: Dreier, GG, 2. Auflage 2006, Art. 20 Rn. 146; *Streinz*, FS Häberle, 2004, S. 745, 745 f.; *Scholz*, Die Rechtssicherheit, 1955, 5 Demgegenüber begreift *von Arnauld*, Rechtssicherheit, 2006, S. 668 f. Rechtssicherheit als Ausfluss der durch Grundrechte garantierten Autonomie des

heitssatz Rechtskontinuität.[243] Innerhalb der beiden Begründungsstränge finden sich jeweils unterschiedliche kontinuitätswahrende Elemente für alle drei Staatsgewalten. Aus der Zusammenschau der beiden Herleitungen lässt sich in einem zweiten Schritt induktiv auf Rechtskontinuität als verfassungsrechtliches Schutzgut schließen.[244]

aa) Rechtsstaatliche Kontinuitätsgewähr

Recht muss eine gewisse Beständigkeit aufweisen, um seine Geltungskraft (voll) zu entfalten. Das geflügelte Wort „Was Recht ist, muss Recht bleiben" deutet auf die Rolle von Recht als verlässliche, ordnende Basis für das (Zusammen-)Leben der Bürger in einem Staat hin.[245] Je häufiger und je tiefgreifender diese Basis verändert wird, desto weniger wird der Bürger die Verbindlichkeit des Rechts für sich anerkennen und sein Verhalten daran ausrichten (können). Treffend formuliert *Luhmann*: „Alles kann geändert werden. Aber nicht alles auf einmal, nichts ganz überraschend und nichts ohne Ersatz."[246] Kontinuität schafft Sicherheit und Verlässlichkeit sowohl für den Bürger als auch für den Staat.[247] Dieser Zusammenhang von Rechtskontinuität mit der Verbindlichkeit und Verlässlichkeit des Rechts lässt sich an verschiedenen Einzelregelungen mit unterschiedlicher Wirkung für die drei Staatsgewalten aufzeigen.[248]

(1) Verfassungs- und Gesetzeskontinuität

Für den Gesetzgeber bestehen besonders strenge Kontinuitätsanforderungen, wenn er die Verfassung selbst ändern will: Jede Veränderung muss ausdrücklich offengelegt werden (Art. 79 Abs. 1 S. 1 GG)[249] und setzt eine breite Zustimmung von zwei Dritteln der Mitglieder des Bundestags und zwei Dritteln der Stimmen im Bundesrat voraus (Art. 79 Abs. 2 GG). Diese Regelungen führen dazu, dass Verfassungsänderungen nur ausnahmsweise und nur nach einer ausführ-

---

Bürgers. Auch er greift aber ergänzend auf das Rechtsstaatsprinzip als dogmatische Grundlage zurück, *ders.*, Rechtssicherheit, 2006, S. 674; ähnlich auch *Schmidt-Aßmann*, HStR II, 3. Auflage 2004, 26 Rn. 8; *Sobota*, Das Prinzip Rechtsstaat, 1997, S. 172 f.

243 Dazu unter § 3 A. III. 2. a) bb).

244 Dazu unter § 3 A. III. 2. a) cc).

245 *Von Arnauld*, Rechtssicherheit, 2006, S. 271 f.; vgl. auch *P. Kirchhof*, HFSt 3, 2016, S. 27, 28 ff.

246 *Luhmann*, Grundrechte als Institution, 6. Auflage 2019, S. 213; darauf Bezug nehmend auch *Dürig/Scholz*, in: Maunz/Dürig, GG, Art. 3 Rn. 196 f. (Stand: 74. EL 5/2015); *Payandeh*, Judikative Rechtserzeugung, 2017, S. 254 f.

247 Vgl. *Schmidt-Aßmann*, HStR II, 3. Auflage 2004, 26 Rn. 81.

248 Vgl. auch die Zusammenstellungen von Einzelaspekten bei *von Arnauld*, Rechtssicherheit, 2006, S. 273 ff.; *Leisner-Egensperger*, Kontinuität als Verfassungsprinzip, 2002, S. 323 ff., 364 ff.

249 Eine eng auszulegende Ausnahme besteht für bestimmte völkerrechtliche Verträge (Art. 79 Abs. 1 S. 2 GG).

lichen politischen Diskussion erfolgen.[250] Schon die prozeduralen Anforderungen sorgen für Rhythmuskontinuität.[251] Inhaltlich beschränkt darüber hinaus die Ewigkeitsgarantie des Art. 79 Abs. 3 GG die Änderungsbefugnis des (Verfassungs-)Gesetzgebers. Grundzüge des Föderalismus (Gliederung des Bundes in Länder und Mitwirkung dieser an der Gesetzgebung des Bundes) sowie die in Art. 1 GG und Art. 20 GG niedergelegten Grundsätze dürfen auch bei einer ansonsten zulässigen Änderung des Grundgesetzes nicht berührt werden. Die Verfassung zieht eine absolute Grenze, die nach herrschender Meinung auch ihrerseits nicht verändert werden darf.[252] Die in Art. 79 Abs. 3 GG genannten Verfassungswerte bilden damit einen unveränderlichen Kern des Rechtssystems und strahlen wiederum auf andere Bereiche der Rechtsordnung aus.[253] Grundlegende Strukturen der staatlichen Ordnung dürfen nicht verändert werden – die Verfassung ordnet für sich selbst Strukturkontinuität an.[254]

Zugleich bildet die Verfassung einen kontinuierlichen Rechtsrahmen für die Weiterentwicklung der einfachgesetzlichen Rechtsordnung (insbesondere) durch den parlamentarischen Gesetzgeber. Dies zeigt sich besonders deutlich an der Wesensgehaltsgarantie des Art. 19 Abs. 2 GG und den verfassungsrechtlichen Einrichtungsgarantien. Der Gesetzgeber kann und muss zwar im Regelungsbereich der Grundrechte regelnd tätig werden, er darf die einzelnen Grundrechte aber nicht inhaltlich aushöhlen, sondern muss jedes Grundrecht in seiner Grundidentität achten (Art. 19 Abs. 2 GG).[255] Ebenso muss er ausdrücklich in der Verfassung verankerte Institute wie beispielsweise[256] das Eigentum (Art. 14 GG), die Ehe (Art. 6 GG) und das Berufsbeamtentum (Art. 33 Abs. 5 GG) dauerhaft im einfachen Recht verankern.[257] Der Gesetzgeber kann

---

[250] Vgl. auch *Leisner-Egensperger*, Kontinuität als Verfassungsprinzip, 2002, S. 372; *P. Kirchhof*, HFSt 3, 2016, S. 27, 27.

[251] Vgl. *Mainzer*, Die dogmatische Figur der Einrichtungsgarantie, 2003, S. 124; *von Arnauld*, Rechtssicherheit, 2006, S. 295 spricht insoweit von „prozeduraler Beständigkeit".

[252] *Von Arnauld*, Rechtssicherheit, 2006, S. 275 f. m. w. N.; möglich ist aber eine Ablösung durch eine neue Verfassung; *ders.*, Rechtssicherheit, 2006, S. 275.

[253] *Leisner-Egensperger*, Kontinuität als Verfassungsprinzip, 2002, S. 369 f.

[254] *Leisner-Egensperger*, Kontinuität als Verfassungsprinzip, 2002, S. 365, 370 f.; vgl. auch *Hufeld*, in: Bonner Komm. GG, Art. 19 Abs. 1 S. 1 Rn. 40 f.: „gesteigerte Stabilität des Verfassungsrechts und seiner (Grund-)Wertungen erhöht die Geltungswahrscheinlichkeit in der Zeit".

[255] Zur im Einzelnen umstrittenen und für jedes Grundrecht gesondert zu beantwortenden Frage, ob der Wesensgehalt absolut und/oder relativ zu bestimmen ist, vgl. nur *Remmert*, in: Maunz/Dürig, GG, Art. 19 Abs. 2 Rn. 36 ff.; *Enders*, in: BeckOK GG, Art. 19 Rn. 30 ff. jew. m. w. N.

[256] *Leisner-Egensperger*, Kontinuität als Verfassungsprinzip, 2002, S. 329 ff. analysiert die Kontinuitätswahrung durch einzelne Einrichtungsgarantien detailliert.

[257] *Leisner-Egensperger*, Kontinuität als Verfassungsprinzip, 2002, S. 328; *Mainzer*, Die dogmatische Figur der Einrichtungsgarantie, 2003, S. 120 f.; zu unterschiedlichen dogmatischen Konstruktionen der Einrichtungsgarantien *Mager*, Einrichtungsgarantien, 2003, S. 430 ff.

zwar Rechte und Pflichten verändern, muss sich aber an einem bestehenden Kerninhalt orientieren und darf das Institut als solches nicht abschaffen.[258] Die Orientierung an einem inhaltlichen Kern vermeidet abrupte Veränderungen und garantiert damit Strukturkontinuität.[259]

Daneben begrenzt das gleichermaßen aus dem Rechtsstaatsprinzip und den Freiheitsgrundrechten abgeleitete[260] Verbot rückwirkender Gesetzgebung die Gestaltungsfreiheit des Gesetzgebers intertemporal:[261] Insbesondere indem auch die Anknüpfung an in der Vergangenheit begonnenen Sachverhalte (sog. unechte Rückwirkung oder tatbestandliche Rückanknüpfung)[262] besonderen Schranken unterworfen wird, kann der Gesetzgeber eine einmal getroffene Sachentscheidung nur mit Rücksicht auf die bisherige Rechtsentwicklung und das daran anknüpfende Verhalten der Bürger verändern.[263] Übergangsregelungen, die vom alten zum neuen Gesetz überleiten oder bestimmte Personengruppen von der neuen Regelung ausnehmen, sind Ausdruck einer kontinuierlichen Rechtsentwicklung.[264]

(2) Verwaltungskontinuität

Für die Verwaltung schafft zunächst die in Art. 20 Abs. 3 Hs. 2 GG angeordnete Gesetzesbindung Kontinuität. Die Verwaltung muss ihre Entscheidungen stets auf eine gesetzliche Grundlage zurückführen. Diese Rückkopplung schützt vor

---

[258] *Abel*, Die Bedeutung der Lehre von den Einrichtungsgarantien für die Auslegung des Bonner Grundgesetzes, 1964, S. 72; *Leisner-Egensperger*, Kontinuität als Verfassungsprinzip, 2002, S. 329; *Mainzer*, Die dogmatische Figur der Einrichtungsgarantie, 2003, S. 121; *Mager*, Einrichtungsgarantien, 2003, S. 436f.; wie dieser Kernbereich zu bestimmen ist, ist umstritten. Einigkeit besteht aber dahingehend, dass die bisherige Ausgestaltung der Einrichtung einbezogen werden muss; vgl. zu den verschiedenen Konstruktionsmöglichkeiten *Mager*, Einrichtungsgarantien, 2003, S. 428ff.

[259] *Abel*, Die Bedeutung der Lehre von den Einrichtungsgarantien für die Auslegung des Bonner Grundgesetzes, 1964, S. 48; *Hey*, Steuerplanungssicherheit als Rechtsproblem, 2002, S. 191f.; *Leisner-Egensperger*, Kontinuität als Verfassungsprinzip, 2002, S. 327f.; *Mainzer*, Die dogmatische Figur der Einrichtungsgarantie, 2003, S. 123.

[260] Vgl. nur BVerfG, Nichtannahmebeschluss v. 5.8.2009 – 2 BvR 2098/08, 2 BvR 2633/08, NJW 2010, 1514, juris Rn. 22; BVerfG, Beschluss v. 7.7.2010 – 2 BvL 14/02, 2 BvL 2/04, 2 BvL 13/05, BVerfGE 127, 1, juris Rn. 55; BVerfG, Beschluss v. 2.5.2012 – 2 BvL 5/10, BVerfGE 131, 20, juris Rn. 71; BVerfG, Beschluss v. 10.10.2012 – 1 BvL 6/07, BVerfGE 132, 302, juris Rn. 41; BVerfG, Beschluss v. 12.11.2015 – 1 BvR 2961/14, 1 BvR 3051/14, NVwZ 2016, 300, juris Rn. 39; BVerfG, Beschluss v. 17.12.2013 – 1 BvL 5/08, BVerfGE 135, 1, juris Rn. 48, 62f.; BVerfG, Urteil v. 10.4.2018 – 1 BvR 1236/11, juris Rn. 132f.; zu alternativen Ableitungen des Rückwirkungsverbots noch unter §6 A., B. IV.

[261] Zu den Anforderungen des Rückwirkungsverbots im Einzelnen noch unter §6 B.

[262] Zur Abgrenzung zwischen den beiden Rückwirkungsarten noch unter §6 B. II.

[263] Insbesondere unechte Rückwirkungen bei periodisch veranlagten Steuern unterliegen besonderen Rechtfertigungsanforderungen; vgl. im Einzelnen noch unter §6 B. III. 2. b).

[264] Vgl. *P. Kirchhof*, DStR 1989, 263, 266; *ders.*, HFSt 3, 2016, S. 27, 30f.; *Leisner-Egensperger*, DStJG 27, 2004, S. 192, 208; *Maurer*, HStR IV, 3. Auflage 2006, §79 Rn. 4; *von Arnauld*, Rechtssicherheit, 2006, S. 347.

gravierenden Unterschieden und sprunghaften Veränderungen in der behördlichen Praxis und gewährleistet mithin einen kontinuierlichen Entscheidungsrahmen.[265]

Im individuellen Rechtsverhältnis zwischen Bürger und Staat vermittelt darüber hinaus die Bestandskraft von Verwaltungsakten Stabilität.[266] Die Verwaltungsbehörde ist an ihre eigene Entscheidung gebunden,[267] aber auch der Bürger muss die getroffene Entscheidung grundsätzlich hinnehmen. Die einzelnen Verfahrensordnungen lassen zwar unter bestimmten Voraussetzungen eine Änderung auch bestandskräftiger Verwaltungsakte zu.[268] Zugleich stabilisieren aber weitere prozessuale Anforderungen wie Ausschluss- oder Rechtsbehelfsfristen die individuelle Rechtsbeziehung.[269] Eine absolute Grenze findet sich vielfach in Verjährungsregeln: Spätestens mit Eintritt der Verjährung kann die rechtliche Bewertung des einzelnen Falls nicht mehr weiter verändert werden.[270]

Schließlich erstreckt sich die Bindung von Verwaltungsakten im Einzelfall auch auf andere Behörden. Die behördliche Entscheidung entfaltet also nicht nur Selbst-, sondern unter Umständen auch Drittbindung,[271] wenn mehrere Behörden einen Sachverhalt unter unterschiedlichen Gesichtspunkten beurteilen müssen.[272] Damit wird eine widerspruchsfreie und damit kontinuierliche Konkretisierung der Rechtslage für den konkreten Fall auch durch nachfolgende Behördenentscheidungen gewährleistet.

---

[265] *Leisner-Egensperger*, Kontinuität als Verfassungsprinzip, 2002, S. 358f.; *von Arnauld*, Rechtssicherheit, 2006, S. 286.

[266] *Schmidt-Aßmann*, HStR II, 3. Auflage 2004, § 26 Rn. 83; *von Arnauld*, Rechtssicherheit, 2006, S. 279f.; *Streinz*, FS Häberle, 2004, S. 745, 754.

[267] Vgl. zur Bindungswirkung als maßgeblichem Kontinuitätsinstrument *von Arnauld*, Rechtssicherheit, 2006, S. 273.

[268] *Von Arnauld*, Rechtssicherheit, 2006, S. 279; *Ramsauer*, in: Kopp/Ramsauer, VwVfG, 20. Auflage 2019, 43; zu den möglichen Durchbrechungen der Bestandskraft durch Änderungsnormen der Abgabenordnung siehe noch unter § 3 C. I. 1.

[269] Ausdrücklich BVerfG, Beschluss v. 20.4.1982 – 2 BvL 26/81, BVerfGE 60, 253, juris Rn. 58.

[270] *Von Arnauld*, Rechtssicherheit, 2006, S. 277f.

[271] Der Begriff der Drittbindung bzw. Drittbindungswirkung geht auf BSG, Urteil v. 4.10.1994 – 7 KlAr 1/93, BSGE 75, 97, juris Rn. 116f. zurück; zu der hier anzutreffenden terminologischen Begriffsvielfalt *von Arnauld*, Rechtssicherheit, 2006, S. 285; *Sachs*, in: Stelkens/Bonk/Sachs, VwVfG, 9. Auflage 2018, § 43 Rn. 105; *Ramsauer*, in: Kopp/Ramsauer, VwVfG, 20. Auflage 2019, § 43 Rn. 16.

[272] Die Reichweite und Adressaten dieser Bindungswirkung sind allerdings umstritten; vgl. *von Arnauld*, Rechtssicherheit, 2006, S. 290f.; *Sachs*, in: Stelkens/Bonk/Sachs, VwVfG, 9. Auflage 2018, § 43 Rn. 108ff.; *K.-A. Schwarz*, in: Fehling/Kastner/Störmer, 4. Auflage 2016, § 43 VwVfG Rn. 19f. jew. m. w. N. Ebenso umstritten ist, wann Gerichte an (bestandskräftige) Verwaltungsentscheidungen gebunden sind, *Sachs*, in: Stelkens/Bonk/Sachs, VwVfG, 9. Auflage 2018, § 43 Rn. 123ff. m. w. N.; vgl. auch die Beispiele bei *von Arnauld*, Rechtssicherheit, 2006, S. 286ff.

(3) Rechtsprechungskontinuität

Auch die Rechtsprechung ist nach Art. 20 Abs. 3 Hs. 2 GG an Gesetz und Recht gebunden. Die Gesetzesbindung wird für den einzelnen Richter in Art. 97 Abs. 1 GG als Voraussetzung und Grenze der richterlichen Unabhängigkeit[273] wiederholt. Gerichte dürfen und müssen die gesetzlichen Vorgaben zwar für den Einzelfall konkretisieren. Sie sind dabei aber an die vom Gesetzgeber getroffenen Grundentscheidungen und Wertungen gebunden. Abermals gewährleistet die Gesetzesbindung damit einen kontinuierlichen Rahmen für die konkretisierende Anwendung im Einzelfall.

Im individuellen Rechtsverhältnis schafft die Rechtskraft gerichtlicher Entscheidungen Verbindlichkeit und Stabilität.[274] Eine rechtskräftige Entscheidung kann von anderen Gerichten desselben Gerichtszweigs nicht mehr überprüft werden.[275] Nur in absoluten Ausnahmefällen sehen die Prozessordnungen eine Wiederaufnahme eines rechtskräftig abgeschlossenen Verfahrens vor.[276] Befasst sich ein Gericht eines anderen Gerichtszweigs mit demselben Sachverhalt, kann eine rechtskräftige Entscheidung zudem unter Umständen Feststellungswirkung entfalten, also auch das spätere Gericht – in diesem Teilaspekt – binden.[277]

Über den jeweiligen Einzelfall hinaus tragen die Einrichtung von obersten Bundesgerichten (Art. 95 Abs. 1 GG) und der damit etablierte Instanzenzug zur Verstetigung der Rechtsprechung bei. Indem Rechtsfragen letztinstanzlich vom zuständigen Bundesgericht entschieden werden und sich alle anderen Gerichte an dessen Entscheidungen orientieren, wird die Rechtsprechung vereinheitlicht und verstetigt. Die verfassungsrechtlichen Vorgaben und ihre einfachgesetzlichen Ausformungen in den Revisions- und Vorlageregelungen der verschiedenen Prozessordnungen lassen sich als Indiz für eine normative Pflicht von

---

[273] Vgl. nur *Sodan*, HStR V, 3. Auflage 2007, § 113 Rn. 24; *Morgenthaler*, in: BeckOK GG, Art. 97 Rn. 7; *Meyer*, in: v. Münch/Kunig, GG, 6. Auflage 2012, Art. 97 Rn. 3; *Poscher*, in: Grundlagen des Verwaltungsrechts, 2. Auflage 2012, § 8 Rn. 51; *Wassermann*, in: AK GG, 3. Auflage 2001, Art. 97 Rn. 43; *Classen*, in: v. Mangoldt/Klein/Starck, 7. Auflage 2018, Art. 97 Rn. 5; *H. A. Wolff*, in: Hömig/Wolff, GG, 12. Auflage 2018, Art. 97 Rn. 8; zum Zusammenhang zwischen Gesetzesbindung und richterlicher Unabhängigkeit noch unter § 4 C. I. 2., II., III.

[274] *Schmidt-Aßmann*, HStR II, 3. Auflage 2004, § 26 Rn. 82; *Sobota*, Das Prinzip Rechtsstaat, 1997, S. 174 ff.

[275] *Von Arnauld*, Rechtssicherheit, 2006, S. 289.

[276] Vgl. insbesondere die Regelungen in §§ 578 ff. ZPO, auf die auch in § 153 VwGO, § 134 FGO, § 79 S. 1 ArbGG, § 179 Abs. 1 SGG und § 48 Abs. 2 FamFG verwiesen wird; vgl. ferner §§ 359 ff. StPO und §§ 179 ff. SGG.

[277] So knüpfen beispielsweise Zivilgerichte in Amtshaftungsprozessen an die Entscheidung eines Verwaltungsgerichts über die Rechtmäßigkeit des Verwaltungshandelns an; vgl. nur BGH, Urteil v. 30.4.1953 – III ZR 268/51, BGHZ 9, 329, juris Rn. 12 ff.; BGH, Urteil v. 11.2.1988 – III ZR 221/86, BGHZ 103, 242, juris Rn. 11; BGH, Urteil v. 8.10.1992 – III ZR 220/90, BGHZ 119, 365, juris Rn. 12; BGH, Urteil v. 14.12.2000 – III ZR 151/99, BGHZ 146, 153, juris Rn. 8; BGH, Urteil v. 9.12.2004 – III ZR 263/04, BGHZ 161, 305, juris Rn. 11.

Gerichten begreifen, Präjudizien bei ihrer Entscheidungsfindung zu berücksichtigen.[278] Aber selbst Autoren, die eine solche Pflicht ablehnen und von einer rein faktischen Wirkung von Präjudizien ausgehen, erkennen an, dass eine kontinuierliche Rechtsprechung einen wesentlichen Beitrag zur Rechtssicherheit leistet[279] und durch die verfassungsrechtlichen Regelungen gefordert und gefördert wird.[280]

bb) Gleichheitsrechtliche Kontinuitätsgewähr

Auch aus dem allgemeinen Gleichheitssatz (Art. 3 Abs. 1 GG) lassen sich für jede Gewalt kontinuitätswahrende Wirkungen ableiten.[281] Für den Steuergesetzgeber gewährleistet das vom Bundesverfassungsgericht in ständiger Rechtsprechung entwickelte Gebot der Folgerichtigkeit[282] Strukturkontinuität:[283] Zwar besteht auf einer ersten Stufe ein weitgehender Gestaltungsspielraum bei der Auswahl der Besteuerungsmerkmale.[284] Hat der Gesetzgeber indes eine Belastungsentscheidung getroffen, muss er diese auch konsequent im Gesamtsystem

[278] Siehe im Detail unter § 2 B. III. 3. b).

[279] Vgl. nur *Larenz*, Methodenlehre der Rechtswissenschaft, 6. Auflage 1991, S. 429: Präjudizielle Wirkung dient „der Einheitlichkeit und der Kontinuität der Rechtsprechung und damit vor allem Rechtssicherheit"; *Röhl/Röhl*, Allgemeine Rechtslehre, 3. Auflage 2008, S. 562.: Rechtssicherheit fordert einheitliche Rechtsprechung; *O. Klein*, JZ 2018, 64, 65 f.: Einheitlichkeit der Rechtsprechung verlangt als verfassungsrechtliches Gut eine verfahrensmäßige Absicherung.

[280] Vgl. auch *von Arnauld*, Rechtssicherheit, 2006, S. 472 ff., der die Präjudizienbindung als außerrechtliches Phänomen einordnet, das auf gesetzliche Rahmenbedingungen und die Struktur der juristischen Argumentation zurückgeht; *Röhl/Röhl*, Allgemeine Rechtslehre, 3. Auflage 2008, S. 566 sprechen von „indirekten Vorkehrungen" zur Sicherung einer einheitlichen Rechtsprechung; ähnlich *O. Klein*, JZ 2018, 64, 65 f.: „verfahrensmäßige Absicherungen". Erkennt man Rechtskontinuität als verfassungsrechtlichen Wert an, streitet dies wiederum für eine normative Wirkung von Präjudizien; *Payandeh*, Judikative Rechtserzeugung, 2017, S. 254 f.

[281] Ähnlich *Dürig/Scholz*, in: Maunz/Dürig, GG, Art. 3 Rn. 196 f. (Stand: 74. EL 5/2015); *P. Kirchhof*, HStR VIII, 3. Auflage 2010, § 118 Rn. 224.

[282] Ständige Rechtsprechung, vgl. schon BVerfG, Beschluss v. 7.5.1968 – 1 BvR 420/64, BVerfGE 23, 242, juris Rn. 42; aus jüngerer Zeit z. B. BVerfG, Beschluss v. 24.3.2015 – 1 BvR 2880/11, BStBl II 2015, 622, juris Rn. 40; BVerfG, Nichtannahmebeschluss v. 29.9.2015 – 2 BvR 2683/11, DStR 2015, 2757, juris Rn. 29; BVerfG, Nichtannahmebeschluss v. 30.9.2015 – 2 BvR 1066/10, FR 2016, 78, juris Rn. 29 m. w. N.; vgl. zum Folgerichtigkeitsgebot bereits unter § 2 B. III. 1.

[283] Vgl. auch *P. Kirchhof*, StuW 2000, 221, 224 f.; *ders.*, HStR VIII, 3. Auflage 2010, § 118 Rn. 224; *ders.*, HFSt 3, 2016, S. 27, 30 f.; *Hey*, Steuerplanungssicherheit als Rechtsproblem, 2002, 192.

[284] Ständige Rechtsprechung, vgl. z. B. BVerfG, Beschluss v. 6.12.1983 – 2 BvR 1275/79, BVerfGE 65, 325, juris Rn. 90; BVerfG, Beschluss v. 4.12.2002 – 2 BvR 400/98; 2 BvR 1735/00, BVerfGE 107, 27, juris Rn. 51; BVerfG, Beschluss v. 15.1.2008 – 1 BvL 2/04, BVerfGE 120, 1, juris Rn. 82; BVerfG, Beschluss v. 4.2.2009 – 1 BvL 8/05, BVerfGE 123, 1, juris Rn. 55; BVerfG, Beschluss v. 21.7.2010 – 1 BvR 611/07, 1 BvR 2464/07, BVerfGE 126, 400, juris Rn. 80 jew. m. w. N.

umsetzen.[285] Er kann sich also – zumindest ohne hinreichende Gründe – nicht an anderer Stelle von dieser Belastungsentscheidung lösen.[286] Ein grundlegender Systemwechsel muss klar als solcher erkennbar sein.[287] Damit wird eine schrittweise Weiterentwicklung gesetzgeberischer Grundentscheidungen zur Regel, die grundlegende Umkehr bisheriger Entwicklungslinien zur begründungsbedürftigen Ausnahme.[288]

Auf Verwaltungsebene kann sich aus Art. 3 Abs. 1 GG eine Bindung an eine ständige Verwaltungspraxis ergeben: Zwar kann der Bürger nicht verlangen, dass eine rechtswidrige Praxis, insbesondere eine von den zuständigen Fachgerichten verworfene Auslegung einer gesetzlichen Norm, auch in zukünftigen Fällen beibehalten wird. Soweit die Behörde aber rechtmäßig handelt – insbesondere im Rahmen von Ermessens- und Beurteilungsspielräumen[289] – darf sie nicht ohne sachlichen Grund von der Behandlung vergleichbarer Fälle in der Vergangenheit abweichen.[290] Der Gleichheitssatz fördert Verwaltungskontinuität.

Schließlich fordert der allgemeine Gleichheitssatz auch auf Ebene der Rechtsprechung Rechtsanwendungsgleichheit. Zwar ist der Richter nur an verfassungsrechtliche und gesetzliche Vorgaben zwingend gebunden (Art. 20 Abs. 3, Art. 97 Abs. 1 GG).[291] Das Willkürverbot aus Art. 3 Abs. 1 GG verlangt aber

---

[285] Vgl. z. B. BVerfG, Beschluss v. 4.12.2002 – 2 BvR 400/98; 2 BvR 1735/00, BVerfGE 107, 27, juris Rn. 51; BVerfG, Beschluss v. 7.11.2006 – 1 BvL 10/02, BVerfGE 117, 1, juris Rn. 97; BVerfG, Beschluss v. 15.1.2008 – 1 BvL 2/04, BVerfGE 120, 1, juris Rn. 82; BVerfG, Beschluss v. 24.3.2015 – 1 BvR 2880/11, BStBl II 2015, 622, juris Rn. 40.

[286] Vgl. z. B. BVerfG, Beschluss v. 21.6.2006 – 2 BvL 2/99, BVerfGE 116, 164, juris Rn. 70; BVerfG, Beschluss v. 15.1.2008 – 1 BvL 2/04, BVerfGE 120, 1, juris Rn. 82; BVerfG, Beschluss v. 21.7.2010 – 1 BvR 611/07, 1 BvR 2464/07, BVerfGE 126, 400, juris Rn. 80; BVerfG, Beschluss v. 18.7.2012 – 1 BvL 16/11, BVerfGE 132, 179, juris Rn. 32; BVerfG, Beschluss v. 24.3.2015 – 1 BvR 2880/11, BStBl II 2015, 622, juris Rn. 40.

[287] Insbesondere BVerfG, Urteil v. 9.12.2008 – 2 BvL 1/07, 2 BvL 2/07, 2 BvL 1/08, 2 BvL 2/08, BVerfGE 122, 210, juris Rn. 80; vgl. auch BVerfG, Beschluss v. 6.7.2010 – 2 BvL 13/09, BVerfGE 126, 268, juris Rn. 43.

[288] Treffend *Hufeld*, in: Bonner Komm. GG, Art. 19 Abs. 1 S. 1 Rn. 44: Folgerichtigkeit führt häufig zu „Permanenz des Primärprinzips. [...] Allemal schuldet der Gesetzgeber eine Begründung, wenn er bewährtes Recht aufgibt."

[289] Zu den nur begrenzten Ermessensspielräumen im Steuerrecht vgl. bereits unter §2 B. III. 2.

[290] Vgl. nur BVerwG, Urteil v. 23.7.1958 – V C 328.56, BVerwGE 7, 180, juris Rn. 42; BVerwG, Urteil v. 26.11.1970 – VIII C 41.68, BVerwGE 36, 313, juris Rn. 11; BVerwG, Urteil v. 13.9.1973 – II C 13.73, BVerwGE 44, 72, juris Rn. 22; BVerwG, Urteil v. 21.8.2003 – 3 C 49/02, BVerwGE 118, 379, juris Rn. 12; BFH, Urteil v. 28.6.2000 – X R 24/95, BFHE 192, 32 = BStBl II 2000, 514, juris Rn. 51; BFH, Urteil v. 10.10.2001 – XI R 52/00, BFHE 196, 572 = BStBl II 2002, 201, juris Rn. 18 f.; BFH, Urteil v. 21.7.2009 – VII R 52/08, BFHE 226, 102 = BStBl II 2010, 51, juris Rn. 9; *Drüen*, in: Tipke/Kruse, §4 AO Rn. 93 f.; *Koenig*, in: Koenig, AO, 3. Auflage 2014, §4 Rn. 55; *Gersch*, in: Klein, AO, 14. Auflage 2018, §4 Rn. 9, 12; die Bindungswirkung einer ständigen Verwaltungspraxis war sogar schon vor Inkrafttreten des Grundgesetzes anerkannt, vgl. *Kunig*, Das Rechtsstaatsprinzip, 1986, S. 421 f. m. w. N.

[291] Auch die hier angenommene normative Wirkung von Präjudizien führt nicht zu einer

zumindest, dass er sich mit einschlägigen höchstrichterlichen Entscheidungen auseinandersetzt. Von einer präjudiziellen Entscheidung darf nur aus sachlichen Gründen abgewichen werden,[292] was zu einer Vereinheitlichung und Verstetigung der fachgerichtlichen Rechtsprechung und damit zur Rechtsprechungskontinuität beiträgt.[293]

cc) Rechtskontinuität als verfassungsrechtliches Schutzgut

Betrachtet man den rechtsstaatlichen und den gleichheitsrechtlichen Begründungsstrang gemeinsam, so lässt sich jedenfalls die These von Rechtskontinuität als bloßem verfassungspolitischen Postulat ohne normative Wirkungen[294] entkräften: Es bestehen diverse verfassungsrechtliche Institute und Prinzipien, die zu einer kontinuierlichen Rechtsentwicklung im oben begrifflich umschriebenen Sinne beitragen. Die Wirkweise der einzelnen Prinzipien unterscheidet sich dabei zwar deutlich, insbesondere abhängig davon, welche Staatsgewalt betroffen ist. Es existieren prozedurale und inhaltliche Schranken, die teils für einen Einzelfall und teils Einzelfall übergreifend wirken. Einige Prinzipien führen zu einer inhaltlichen Selbst- und/oder Fremdbindung an andere staatliche Entscheidungen, andere zwingen nur zur Berücksichtigung früherer Entscheidungen und zur sachlichen Begründung von Abweichungen. Gemeinsam ist den unterschiedlichen Prinzipien aber, dass sie zu einer Verstetigung rechtlicher Beziehungen beitragen: In der Vergangenheit getroffene Entscheidungen bilden den Ausgangspunkt für die zukünftige rechtliche Entwicklung. Grundlegende Umgestaltungen sind zwar möglich, unterliegen aber besonderen Voraussetzungen.

Rechtskontinuität ist damit nicht nur ein rechtspolitisches Ziel, sondern ein verfassungsrechtlich verschiedentlich geforderter und geförderter Zustand. Die dargestellten Prinzipien können staatliche Organe im Rahmen von Abwägungsentscheidungen im Einzelfall zu kontinuierlichem Handeln verpflichten und die Beachtung dieser Prinzipien kann verfassungsgerichtlich überprüft werden. Wie weit der Schutz der Rechtskontinuität im Einzelnen reicht – also insbesondere, ob ein eigenständiges subjektives Abwehrrecht gegen instabile Rechtslagen besteht,[295] und wie ein Ausgleich zwischen Rechtskontinuität und

---

zwingenden Bindung des Gerichts, sondern nur zu einer Berücksichtigungspflicht; vgl. bereits unter §2 B. III. 3. b).

[292] BVerfG, Beschluss v. 14.11.1989 – 1 BvR 956/89, BVerfGE 81, 97, juris Rn. 28; BVerfG, Beschluss v. 3.11.1992 – 1 BvR 1243/88, BVerfGE 87, 273, juris Rn. 16f.; BVerfG, Beschluss v. 26.5.1993 – 1 BvR 208/93, BVerfGE 89, 1, juris Rn. 38ff.; BVerfG, Kammerbeschluss v. 19.7.1995 – 1 BvR 1506/93, NJW 1995, 2911, juris Rn. 11; BVerfG, Stattgebender Kammerbeschluss v. 24.9.2002 – 2 BvR 742/02, NJW 2003, 501, juris Rn. 28; BVerfG, Stattgebender Kammerbeschluss v. 18.1.2010 – 2 BvR 906/09, juris, juris Rn. 20f.

[293] Vgl. auch *P. Kirchhof*, HFSt 3, 2016, S. 27, 30f.; *Payandeh*, Judikative Rechtserzeugung, 2017, S. 254f.

[294] Vgl. die Nachweise in Fn. 229ff.

[295] Mit dem Fehlen eines solchen Abwehrrechts begründet insbesondere *Hey*, Steuer-

anderen verfassungsrechtlichen Schutzgütern hergestellt wird – ist eine nachgelagerte Frage, die sogleich behandelt werden soll.[296] Die verschiedenen Einzelprinzipien, die auf einen rechtskontinuierlichen Zustand hinwirken, lassen aber zumindest den induktiven Schluss[297] zu, dass Rechtskontinuität ein Verfassungswert im Sinne eines schutzwürdigen Allgemeininteresses ist.[298]

b) Rechtskontinuität als eigenständiges Verfassungsprinzip

Konnte bislang herausgearbeitet werden, dass Rechtskontinuität nicht bloß ein verfassungspolitisches Postulat darstellt, sondern normative Wirkungen entfalten kann, ist nunmehr noch zu klären, wie weit diese normativen Wirkungen reichen. Dass Rechtskontinuität ein Verfassungswert ist, sagt noch nichts darüber aus, wie weit der Schutz dieses Verfassungswerts reicht.

Das Bundesverfassungsgericht hat Rechtskontinuität in seiner Entscheidung zur Gleichheitswidrigkeit der Besteuerung von privaten Kapitalerträgen zwar als rechtsstaatliches Gebot bezeichnet,[299] aber weder in dieser noch in anderen Entscheidungen Aussagen zu Voraussetzungen oder Reichweite dieses Gebots getroffen. Normative Wirkungen hat das Gericht Rechtskontinuität bislang nur insoweit beigemessen, als die Herstellung von Gesetzeskontinuität eine Ungleichbehandlung vergleichbarer Sachverhalte rechtfertigen könne.[300] In der verfassungsrechtlichen Literatur wird zwar häufig ebenfalls von einem Gebot der Rechtskontinuität gesprochen.[301] Der weit überwiegende Teil der Autoren warnt aber zugleich vor überspannten Kontinuitätserwartungen[302] und betont

---

planungssicherheit als Rechtsproblem, 2002, S. 193f. die bloß rechtspolitische Wirkung von Rechtskontinuität.

[296] Dazu sogleich unter §3 A. III. 2. a) cc).

[297] Vgl. methodisch *Reimer*, Verfassungsprinzipien, 2001, S. 404ff.

[298] Vgl. auch *Kloepfer*, Vorwirkung von Gesetzen, 1974, S. S. 184f.; 195f.; *ders.*, VVDStRL 40, 1982, S. 63, 86f.; *Pieroth*, Rückwirkung und Übergangsrecht, 1981, S. 118, 383; *Münch*, FS Hahn, 1997, S. 673, 675; *Sobota*, Das Prinzip Rechtsstaat, 1997, S. 100; *Birk*, DStJG 27, 2004, S. 9, 17; *Röthel*, Normkonkretisierung im Privatrecht, 2004, S. 96; *Werder*, Dispositionsschutz bei der Änderung von Steuergesetzen zwischen Rückwirkungsverbot und Kontinuitätsgebot, 2005, S. 109ff.; *Payandeh*, Judikative Rechtserzeugung, 2017, S. 254f.; *Robbers*, in: Bonner Komm. GG, Art. 20 Abs. 1 Rn. 2533.

[299] BVerfG, Urteil v. 27.6.1991 – 2 BvR 1493/89, BVerfGE 84, 239, juris Rn. 148.

[300] BVerfG, Urteil v. 2.3.1999 – 1 BvL 2/91, BVerfGE 99, 367, juris Rn. 98f., 118; BVerfG, Nichtannahmebeschluss v. 9.1.2014 – 1 BvR 2344/11, WM 2014, 464, juris Rn. 43; siehe bereits unter §3 A. III. 1.

[301] Insbesondere *Leisner-Egensperger*, Kontinuität als Verfassungsprinzip, 2002, S. 165ff., vgl. auch *Kloepfer*, Vorwirkung von Gesetzen, 1974, S. 197f.; *P. Kirchhof*, DStR 1989, 263, 269; *ders.*, StuW 2000, 221, 227; *K.-A. Schwarz*, Vertrauensschutz als Verfassungsprinzip, 2002, S. 40; *Mellinghoff*, DStJG 27, 2004, S. 25, 30; *Spindler*, DStJG 27, 2004, S. 69, 73; *Schulze-Fielitz*, in: Dreier, GG, 2. Auflage 2006, Art. 20 Rn. 146; *Levedag*, FS 100 Jahre Steuerrechtsprechung, 2018, S. 181, 186.

[302] Vgl. z.B. *Kloepfer*, VVDStRL 40, 1982, S. 63, 81; *Hey*, Steuerplanungssicherheit als Rechtsproblem, 2002, 193–194; *G. Kirchhof*, Die Allgemeinheit des Gesetzes, 2012, S. 329f.

den geringeren verfassungsrechtlichen Schutz der Rechtskontinuität insbesondere im Vergleich zum Grundsatz des Vertrauensschutzes.[303] Dass eine staatliche Handlung die bisherige Rechtsentwicklung nicht kontinuierlich fortsetze, mache diese Handlung noch nicht verfassungswidrig.[304] Geschützt sei vielmehr nur ein „Mindestmaß an Kontinuität".[305] Rechtskontinuität entfalte seine Wirkung nur im Zusammenhang mit anderen Verfassungsprinzipien,[306] und es ergebe sich regelmäßig ein Zielkonflikt, in dem das Interesse an Rechtskontinuität mit anderen Aspekten abgewogen werden müsse.[307] Rechtskontinuität lässt sich damit nach überwiegender Ansicht als Prinzip im Sinne eines Optimierungsgebotes[308] begreifen, das keine strikte Befolgung, sondern nur eine rechtlich und tatsächlich bestmögliche Umsetzung fordert und dessen Reichweite bei einer Kollision mit anderen Prinzipien durch Abwägung[309] bestimmt werden kann.[310]

Eine davon abweichende, deutlich weitergehende Position nimmt demgegenüber ersichtlich nur *Leisner-Egensperger* ein.[311] Sie entwickelt Rechtskontinuität als eigenständige konditionale Rechtsnorm, an die alle Staatsgewalten ge-

---

[303] Vgl. z. B. *K.-A. Schwarz*, Vertrauensschutz als Verfassungsprinzip, 2002, S. 41 f.; zur Abgrenzung von Kontinuität und Vertrauensschutz noch ausführlich unter § 3 A. III. 3.

[304] Treffend spricht *Maurer*, HStR IV, 3. Auflage 2006, § 79 Rn. 5 von „verständlicher Scheu, die sehr allgemeine und wenig strukturierte Kontinuitätsgewähr als Maßstab für die *Gültigkeit* staatlicher Rechtsakte heranzuziehen" (Hervorhebung nicht im Original).

[305] Vgl. z. B. *Isensee*, FS Klein, 1994, S. 611, 613; *P. Kirchhof*, HStR VIII, 3. Auflage 2010, 224; *Schulze-Fielitz*, in: Dreier, GG, 2. Auflage 2006, Art. 20 Rn. 146.

[306] Häufig wird der Zusammenhang mit dem Grundsatz des Vertrauensschutzes betont, vgl. z. B. *P. Kirchhof*, StuW 2000, 221, 227; *K.-A. Schwarz*, Vertrauensschutz als Verfassungsprinzip, 2002, S. 290 f.; *Mellinghoff*, DStJG 27, 2004, S. 25, 30; mit Bezug zum allgemeinen Gleichheitssatz bzw. dem daraus abgeleiteten Folgerichtigkeitsgrundsatz z. B. *P. Kirchhof*, DStR 1989, 263, 263; *ders.*, StuW 2000, 221, 224 f.; *ders.*, HStR V, 3. Auflage 2007, § 118 Rn. 115; *ders.*, HStR VIII, 3. Auflage 2010, 224.

[307] Mit Bezug auf die richterliche Entscheidungsfindung so z. B. *P. Kirchhof*, NJW 1986, 2275, 2276; *ders.*, DStR 1989, 263, 263; *K. Vogel*, JZ 1988, 833, 836; *Wassermeyer*, DStR 1989, 561, 565 f.; *K.-A. Schwarz*, Vertrauensschutz als Verfassungsprinzip, 2002, S. 367 f.; *Birk*, DStJG 27, 2004, S. 9, 22; *Maurer*, HStR IV, 3. Auflage 2006, § 79 Rn. 143; *Desens*, Bindung der Finanzverwaltung an die Rechtsprechung, 2011, S. 326 f.; *Grzeszick*, in: Maunz/Dürig, GG, Art. 20 VII. Rn. 105 f.

[308] Zum Verständnis von Verfassungsprinzipien als Optimierungsgeboten statt aller nur *Alexy*, Theorie der Grundrechte, 1985, S. 75 ff.

[309] Zur Abwägung als Instrument zur Auflösung von Prinzipienkollisionen *Alexy*, Theorie der Grundrechte, 1985, S. 100 ff.

[310] So auch *Maurer*, HStR IV, 3. Auflage 2006, § 79 Rn. 76: „Verfassungsgebot im Sinne einer verfassungsrechtlich favorisierten Lösung"; vgl. auch *Kloepfer*, Vorwirkung von Gesetzen, 1974, 184 f.; 195 f.: „Kontinuität ist [...] eine Maxime staatlichen Handelns, aber keine durchgängige [...] Handlungspflicht"; der Einschätzung als Optimierungsgebot im Ausgangspunkt ebenfalls zustimmend auch *Leisner-Egensperger*, Kontinuität als Verfassungsprinzip, 2002, S. 171 ff.

[311] *Leisner-Egensperger*, Kontinuität als Verfassungsprinzip, 2002, S. 165 ff.; teilweise nimmt insbesondere die steuerrechtliche Fachliteratur auf ihre Ergebnisse Bezug, ohne allerdings die gebildeten Maßstäbe ausdrücklich zu teilen; vgl. z. B. *Mellinghoff*, DStJG 27, 2004, S. 25, 30; *Spindler*, DStJG 27, 2004, S. 69, 73.

bunden sind.[312] Als zentrale Rechtsgrundlage sieht sie Art. 3 Abs. 1 GG in der Ausprägung einer „Gleichheit in der Zeit“ an.[313] Je nach Kontext des betrachteten Staatshandelns zieht sie zudem die Freiheitsgrundrechte[314] und das Rechtsstaatsprinzip[315] zur weiteren Konkretisierung der Prüfungsmaßstäbe heran. Die oben dargestellte begriffliche Abgrenzung von Rechtskontinuität[316] ist bei *Leisner-Egensperger* unmittelbar verfassungsrechtlicher Prüfungsmaßstab: Im Rahmen eines umfassenden Vergleichs der bisherigen Rechtsentwicklung mit der durch die staatliche Entscheidung geschaffenen neuen Rechtslage sei zu bestimmen, ob noch von einer kontinuierlichen Entwicklung gesprochen werden könne oder ob ein Kontinuitätsbruch vorliege.[317] Ein Kontinuitätsbruch müsse – abhängig von der Intensität der Veränderung der Rechtslage – durch hinreichende Änderungsgründe gerechtfertigt werden.[318] Letztlich fordert *Leisner-Egensperger* insoweit eine auf die Veränderung bezogene Verhältnismäßigkeitsprüfung: Die Bedeutung des jeweiligen Veränderungsgrundes sei abzuwägen gegen das Maß der Kontinuitätsbeeinträchtigung.[319] Liegen danach keine hinreichenden Gründe für den Kontinuitätsbruch vor, sei die Folgerechtslage verfassungswidrig: Die ändernden staatlichen Maßnahmen (Gesetze, Verwaltungserlasse, Urteile, Verwaltungsakte) seien nichtig,[320] was vom Bundesverfassungsgericht festzustellen sei und entsprechend vom Bürger vor allem im Rahmen einer Verfassungsbeschwerde prozessual geltend gemacht werden könne.[321]

Die von *Leisner-Egensperger* entwickelten Kriterien tragen zweifellos zur besseren Beschreibung des Phänomens der Rechtskontinuität bei.[322] Gegen ein

---

312 *Leisner-Egensperger*, Kontinuität als Verfassungsprinzip, 2002, S. 175 ff.

313 *Leisner-Egensperger*, Kontinuität als Verfassungsprinzip, 2002, S. 204 ff.; zur zeitlichen Dimension von Art. 3 GG siehe insbesondere *Dürig*, FS Tübinger Juristenfakultät, 1977, S. 21 ff.; *Dürig/Scholz*, in: Maunz/Dürig, GG, Art. 3 Rn. 194 ff. (Stand: 74. EL 5/2015); *P. Kirchhof*, NJW 1986, 2275, 2280; *ders.*, StuW 2000, 221, 224 f.; *ders.*, HStR VIII, 3. Auflage 2010, § 118 Rn. 224; *ders.*, in: Maunz/Dürig, GG, Art. 3 Abs. 1 Rn. 333 ff.; kritisch hierzu *Werder*, Dispositionsschutz bei der Änderung von Steuergesetzen zwischen Rückwirkungsverbot und Kontinuitätsgebot, 2005, S. 140 ff.

314 *Leisner-Egensperger*, Kontinuität als Verfassungsprinzip, 2002, S. 249 ff.; *dies.*, DStJG 27, 2004, S. 192, 200; vgl. schon Ansätze zu einem solchen Verfassungsgebot bei *Kloepfer*, VVDStRL 40, 1982, S. 63, 136 f.

315 *Leisner-Egensperger*, Kontinuität als Verfassungsprinzip, 2002, S. 347 ff.

316 Siehe oben unter § 3 A. III. 1. b) und c).

317 *Leisner-Egensperger*, Kontinuität als Verfassungsprinzip, 2002, S. 412 ff.

318 *Leisner-Egensperger*, Kontinuität als Verfassungsprinzip, 2002, S. 416 ff.

319 *Leisner-Egensperger*, Kontinuität als Verfassungsprinzip, 2002, S. 419 f.; speziell für die Rechtsprechung *Leisner-Egensperger*, Kontinuität als Verfassungsprinzip, 2002, S. 632 f.; *dies.*, DStJG 27, 2004, S. 192, 197 f.

320 *Leisner-Egensperger*, Kontinuität als Verfassungsprinzip, 2002, S. 427; für die Rechtsprechung gelte, dass im Zweifel eine bisher etablierte Auslegung nicht aufgegeben werden solle; *dies.*, Kontinuität als Verfassungsprinzip, 2002, S. 635: „*in dubio pro continuitate*“.

321 *Leisner-Egensperger*, Kontinuität als Verfassungsprinzip, 2002, S. 433 ff.

322 Diese Kriterien wurden daher auch maßgeblich für die dieser Arbeit zugrunde gelegte Begriffsbestimmung verwendet; siehe oben unter § 3 A. III. 1.

weitreichendes Kontinuitätsgebot in dem von ihr umschriebenen Sinne bestehen aber grundsätzliche Bedenken:[323]

Dies gilt erstens in analytischer Hinsicht: Es wurde oben aufgezeigt, dass Rechtskontinuität in der Verfassung in sehr unterschiedlicher Art und Weise geschützt wird. Die einzelnen kontinuitätswahrenden Institute und Prinzipien differieren in ihrer Wirkweise (z. B. prozedural oder inhaltlich), Intensität (z. B. strikte Bindung früherer Entscheidungen oder bloße Berücksichtigungspflicht) und ihrem Adressatenkreis (jeweils eigene Regelungen für alle drei Gewalten). Sucht man insoweit nach einem einzigen gemeinsamen Grundprinzip muss dieses notwendigerweise einen hohen Abstraktionsgrad aufweisen. Je abstrakter das gefundene Grundprinzip, desto größere Vorsicht ist allerdings bei der Ableitung konkreter verfassungsrechtlicher Folgen aus diesem Prinzip geboten.[324] Dies gilt insbesondere dann, wenn die Ableitungen in Konkurrenz zu bereits bestehenden Verfassungsinstrumenten geraten. *Leisner-Egensperger* rekonstruiert aus dem allgemeinen Kontinuitätsprinzip hingegen beispielsweise ein erweitertes Rückwirkungsverbot, das einerseits auch begünstigende Gesetze erfasst,[325] andererseits eine Rückwirkung selbst dann verbieten kann, wenn das Vertrauen des Steuerpflichtigen nicht schutzwürdig war.[326]

Es begegnet zweitens Bedenken, wenn *Leisner-Egensperger* als Grundlage eines gewaltenübergreifenden Kontinuitätsprinzips auf den allgemeinen Gleichheitssatz zurückgreift: Zwar lässt sich kaum bestreiten, dass dieser auch Wirkungen in temporaler Hinsicht entfaltet und damit zu einer kontinuierlichen Rechtsentwicklung beiträgt.[327] Wenn eine Verwaltungsbehörde aus Art. 3 Abs. 1 GG an ihre frühere Ermessensausübung gebunden sein kann, geht es um die Gewährung von Gleichheit zu unterschiedlichen Zeitpunkten. Ebenso stellt sich die Frage einer folgerichtigen Ausgestaltung der Gesetzeslage regelmäßig in dem Zeitpunkt, in dem der Gesetzgeber mit einer Neuregelung vom bisherigen System abweichen will. Das Folgerichtigkeitsgebot lässt sich dann als (beschränkte) Bindung des Gesetzgebers an seine früheren Entscheidungen begreifen.[328] Eine zeitliche Dimension erlangt Art. 3 Abs. 1 GG schließlich auch für die Gerichte, indem die begründungslose Abweichung von einer bestehenden

---

[323] Kritisch auch *Werder*, Dispositionsschutz bei der Änderung von Steuergesetzen zwischen Rückwirkungsverbot und Kontinuitätsgebot, 2005, S. 109ff.; *von Arnauld*, Rechtssicherheit, 2006, S. 670; *Hey*, DStR 2004, 1897, 1900; *dies.*, Steuerplanungssicherheit als Rechtsproblem, 2002, S. 194; *Schulze-Fielitz*, in: Dreier, GG, 2. Auflage 2006, Art. 20 Rn. 151; *Sobota*, Das Prinzip Rechtsstaat, 1997, S. 180f.; einschränkend *K.-A. Schwarz*, Vertrauensschutz als Verfassungsprinzip, 2002, S. 41 f.

[324] Vgl. *Sobota*, Das Prinzip Rechtsstaat, 1997, S. 159; *von Arnauld*, Rechtssicherheit, 2006, S. 673; *Osterloh*, StuW 2015, 201, 209.

[325] *Leisner-Egensperger*, Kontinuität als Verfassungsprinzip, 2002, S. 489ff.

[326] *Leisner-Egensperger*, Kontinuität als Verfassungsprinzip, 2002, S. 471 f.

[327] Siehe bereits unter § 3 A. III. 2. a) bb).

[328] Vgl. auch mit Fokus auf Art. 19 Abs. 1 S. 1 GG als Verschärfung des allgemeinen Gleichheitssatzes *Hufeld*, in: Bonner Komm. GG, Art. 19 Abs. 1 S. 1 Rn. 77: „Die grundsätz-

Rechtsprechung als willkürlich untersagt wird. *Leisner-Egensperger* entfaltet den allgemeinen Gleichheitsgrundsatz als normative Basis des Kontinuitätsprinzips aber nicht isoliert für jede einzelne Gewalt, sondern ausdrücklich gewaltenübergreifend.[329] Zwar betont sie in der Folge, dass gewaltenspezifische Besonderheiten wie beispielsweise die Gestaltungsfreiheit des Gesetzgebers Berücksichtigung finden sollen.[330] Im Grundsatz aber gilt nach Ansicht von *Leisner-Egensperger*: So wie alle drei Gewalten zur Bildung der Rechtslage beitragen, sollen auch alle drei Gewalten zur kontinuierlichen Fortentwicklung der Rechtslage verpflichtet sein.

Damit gerät der allgemeine Gleichheitssatz allerdings in ein Spannungsverhältnis zur grundgesetzlichen Kompetenzverteilung: Im gewaltengeteilten Bundesstaat[331] sind einzelnen Hoheitsträgern bestimmte Entscheidungs- und Verantwortungsbereiche übertragen, um einerseits staatlicher Machtkonzentration durch wechselseitige Kontrolle vorzubeugen und andererseits staatliche Aufgaben effizient durch diejenigen Stellen zu bewältigen, die dafür funktional besonders geeignet sind.[332] Dies schließt nicht aus, dass Entscheidungen eines Hoheitsträgers auch für andere Stellen verbindlich sein können. Vielmehr ordnet beispielsweise Art. 20 Abs. 3 Hs. 2 GG ausdrücklich die Bindung von Exekutive und Judikative an die Entscheidungen der Legislative an. Diese Bindungswirkungen ergeben sich dann aber immer aus der Kompetenzordnung selbst[333] und nicht aus dem allgemeinen Gleichheitssatz. Dementsprechend lehnt das Bundesverfassungsgericht in ständiger Rechtsprechung eine auf Art. 3 Abs. 1 GG gestützte Bindung zwischen verschiedenen Ländern,[334] Gemeinden,[335] Behör-

---

lich geforderte wechselseitige Entsprechung von vorgefundenem und neu gesetztem Recht [...] sorgt für Gleichheit in der Zeit".

[329] Zum gewaltenübergreifenden Geltungsanspruch von Rechtskontinuität *Leisner-Egensperger*, Kontinuität als Verfassungsprinzip, 2002, S. 189 ff.; Zur Konstituierung der Rechtslage durch alle drei Gewalten *dies.*, Kontinuität als Verfassungsprinzip, 2002, S. 181.

[330] *Leisner-Egensperger*, Kontinuität als Verfassungsprinzip, 2002, S. 543 ff.

[331] Die Machtverteilung zwischen Bund und Ländern lässt sich auch als „vertikale" Gewaltenteilung umschreiben, so z. B. *Sommermann*, in: v. Mangoldt/Klein/Starck, 7. Auflage 2018, Art. 20 Abs. 2 Rn. 198; *F. Kirchhof*, in: Maunz/Dürig, GG, Art. 83 GG Rn. 23; *Lorz*, Interorganrespekt im Verfassungsrecht, 2001, S. 36; *Desens*, Bindung der Finanzverwaltung an die Rechtsprechung, 2011, S. 264 f.; *Jarass*, in: Jarass/Pieroth, GG, 15. Auflage 2018, Art. 20 Rn. 32.

[332] Zu den verschiedenen Wirkungsdimensionen des Grundsatzes der Gewaltenteilung noch im Einzelnen unter § 4 A. II. 3.

[333] Zur Frage, ob der Gesetzgeber aus dem Grundsatz der Gewaltenteilung an eine gerichtliche Entscheidung gebunden ist, noch ausführlich unter § 4 C.

[334] BVerfG, Beschluss v. 25.2.1960 – 1 BvR 239/52, BVerfGE 10, 354, juris Rn. 62; BVerfG, Beschluss v. 14.4.1964 – 2 BvR 69/62, BVerfGE 17, 319, juris Rn. 44; BVerfG, Beschluss v. 23.2.1972 – 2 BvL 36/71, BVerfGE 32, 346, juris Rn. 53; BVerfG, Beschluss v. 30.5.1972 – 2 BvL 41/71, BVerfGE 33, 224, juris Rn. 24; BVerfG, Beschluss v. 7.11.2002 – 2 BvR 1053/98, BVerfGE 106, 225, juris Rn. 48; BVerfG, Beschluss v. 26.10.2005 – 1 BvR 396/98, BVerfGE 114, 371, juris Rn. 48.

[335] BVerfG, Beschluss v. 21.12.1966 – 1 BvR 33/64, BVerfGE 21, 54, juris Rn. 35.

den[336] oder Gerichten[337] ab – die Reichweite von Art. 3 Abs. 1 GG beschränkt sich auf den Verantwortungsbereich des jeweiligen Hoheitsträgers.[338] Eine Bindung an die gemeinsam von allen Gewalten konstituierte Rechtslage, wie sie *Leisner-Egenspergers* Ansatz zugrunde liegt, würde umgekehrt in Konflikt zu zentralen Kompetenznormen geraten: So ist die Judikative gerade zur Überprüfung der Rechtsanwendung durch die Verwaltung berufen (Art. 19 Abs. 4 GG). Der Kontinuitätsgrundsatz würde die Judikative aber an die exekutive Norminterpretation binden, insoweit diese zur Konkretisierung der Rechtslage beigetragen hat.

Drittens geraten die von *Leisner-Egensperger* aus dem Kontinuitätsgrundsatz abgeleiteten Beschränkungen für den parlamentarischen Gesetzgeber in Konflikt mit dem Demokratieprinzip.[339] Ihr ist zwar darin zuzustimmen, dass im Steuerrecht ein besonderes Bedürfnis nach Rechtskontinuität und dementsprechend auch nach kontinuierlicher Gesetzgebung besteht.[340] Dem steht allerdings die inhaltliche Gestaltungsfreiheit des parlamentarischen Gesetzgebers gegenüber: Der politische Willensbildungsprozess in einer Demokratie beruht darauf, dass sich wechselnde politische Mehrheiten vermittelt über Wahlen auch in einer veränderten Gesetzgebung niederschlagen und vormals getroffene Entscheidungen – auch grundlegend – revidiert werden können.[341] *Leis-*

---

[336] BVerfG, Beschluss v. 23.11.1951 – 1 BvR 208/51, BVerfGE 1, 82, juris Rn. 11; BVerfG, Urteil v. 13.6.1952 – 1 BvR 137/52, BVerfGE 1, 332, juris Rn. 37 ff.; BVerfG, Beschluss v. 6.5.1987 – 2 BvL 11/85, BVerfGE 75, 329, juris Rn. 49.

[337] Besonders deutlich BVerfG, Beschluss v. 15.1.2009 – 2 BvR 2044/07, BVerfGE 122, 248, juris Rn. 57; BVerfG, Nichtannahmebeschluss v. 5.11.2015 – 1 BvR 1667/15, DB 2015, 2927, juris Rn. 12 jew. m. w. N. Das Bundesverfassungsgericht leitet aus dem Willkürverbot lediglich ab, dass Gerichte sich bei ihrer Entscheidung mit einschlägiger höchstrichterlicher Rechtsprechung auseinandersetzen müssen; BVerfG, Beschluss v. 14.11.1989 – 1 BvR 956/89, BVerfGE 81, 97, juris Rn. 28; BVerfG, Beschluss v. 3.11.1992 – 1 BvR 1243/88, BVerfGE 87, 273, juris Rn. 16 f.; BVerfG, Beschluss v. 26.5.1993 – 1 BvR 208/93, BVerfGE 89, 1, juris Rn. 38 ff.; BVerfG, Kammerbeschluss v. 19.7.1995 – 1 BvR 1506/93, NJW 1995, 2911, juris Rn. 11; BVerfG, Stattgebender Kammerbeschluss v. 24.9.2002 – 2 BvR 742/02, NJW 2003, 501, juris Rn. 28; BVerfG, Stattgebender Kammerbeschluss v. 18.1.2010 – 2 BvR 906/09, juris, juris Rn. 20 f.; vgl. zur Rechtsprechung des Bundesverfassungsgerichts insoweit bereits detailliert unter § 2 B. III. 3. b).

[338] Vgl. nur *Payandeh*, Judikative Rechtserzeugung, 2017, S. 177; *Desens*, Bindung der Finanzverwaltung an die Rechtsprechung, 2011, S. 378 f. m. w. N.

[339] Aus diesem Grund ebenfalls kritisch *K.-A. Schwarz*, Vertrauensschutz als Verfassungsprinzip, 2002, S. 42, 290 f.; *Werder*, Dispositionsschutz bei der Änderung von Steuergesetzen zwischen Rückwirkungsverbot und Kontinuitätsgebot, 2005, S. 109 ff.; *Maurer*, HStR IV, 3. Auflage 2006, § 79 Rn. 5.

[340] *Leisner-Egensperger*, Kontinuität als Verfassungsprinzip, 2002, S. 553 f.

[341] *Hufeld*, in: Bonner Komm. GG, Art. 19 Abs. 1 S. 1 Rn. 44; *Streinz*, FS Häberle, 2004, S. 745, 766; *Werder*, Dispositionsschutz bei der Änderung von Steuergesetzen zwischen Rückwirkungsverbot und Kontinuitätsgebot, 2005, S. 109 ff.; *Leisner-Egensperger* sieht diesen Konflikt durchaus, entnimmt dem Demokratieprinzip aber nur ein geringes Maß an parlamentarischer Diskontinuität, vgl. *Leisner-Egensperger*, Kontinuität als Verfassungsprinzip, 2002, S. 390 ff.

ner-Egensperger folgert aus dem Kontinuitätsgrundsatz, dass eine steuerliche Tariferhöhung nur mit einem einleuchtenden Grund zulässig sei.[342] Auch jede nachteilige Veränderung des Steuertatbestands oder die Einführung neuer Besteuerungstatbestände müsse vor dem Kontinuitätsgebot gerechtfertigt werden: Je länger ein Tatbestand nicht oder nur in geringerem Maße besteuert wurde, desto gewichtiger müssten die Gründe für eine verschärfende Neuregelung sein.[343]

Damit würde die legislative Gestaltungsfreiheit ganz erheblich eingeschränkt. Beispielsweise müsste der Gesetzgeber besondere rechtfertigende Gründe vorbringen, wenn er die nunmehr seit Jahren nicht mehr erhobene Vermögensteuer wieder einführen wollte – obwohl eine solche Steuer ausdrücklich in der Verfassung erwähnt wird (Art. 106 Abs. 2 Nr. 1 GG) und das Bundesverfassungsgericht in ständiger Rechtsprechung betont, dass der Gesetzgeber bei der Auswahl der Besteuerungsmerkmale weitgehende Freiheiten besitzt.[344] Abermals stellen sich die Ableitungen von *Leisner-Egensperger* als erhebliche Verschärfungen der etablierten Rechtsfiguren – hier: des Rückwirkungsverbots und des Folgerichtigkeitsgrundsatzes – dar. Der Gesetzgeber müsste nicht nur subjektive Rechte der betroffenen Bürger – die beispielsweise auch im vertrauensschützenden Rückwirkungsverbot zum Ausdruck kommen[345] – und staatsorganisationsrechtliche Grenzen beachten, sondern würde vielmehr in einem weitgehenden Maß an die politischen Entscheidungen der Vergangenheit gebunden. Statt der im demokratischen System notwendigen politischen Flexibilität wäre damit eine zunehmende Versteinerung bestehender Zustände zu befürchten.[346]

c) Ergebnis

Rechtskontinuität ist ein verfassungsrechtliches Schutzgut, das durch eine Vielzahl unterschiedlicher Prinzipien geschützt wird. Ein eigenständiges, von diesen Prinzipien losgelöstes und gewaltenübergreifend wirkendes Kontinuitätsgebot lässt sich der Verfassung aber nicht entnehmen. Rechtskontinuität kann und muss damit bei staatlichen Entscheidungen berücksichtigt und in einen Ausgleich mit anderen Verfassungsgütern gebracht werden. Diskontinuierliche Staatshandlungen sind aber nicht per se verfassungswidrig, sondern nur dann, wenn sie sich als Verstoß eines der kontinuitätswahrenden Einzelprinzipien rekonstruieren lassen.

---

342 *Leisner-Egensperger*, Kontinuität als Verfassungsprinzip, 2002, S. 564.

343 *Leisner-Egensperger*, Kontinuität als Verfassungsprinzip, 2002, S. 562ff.

344 Vgl. bereits im Detail unter §2 B. III. 1.

345 Zum individualrechtsschützenden Gehalt des Rückwirkungsverbots noch unter §6 A., B. IV.

346 *Münch*, FS Hahn, 1997, S. 673, 677; *Maurer*, HStR IV, 3. Auflage 2006, §79 Rn. 3.

3. Abgrenzung zu Vertrauen und Vertrauensschutz

Die nunmehr gefundenen Begriffe der Rechtskontinuität bzw. Kontinuitätsinteressen sollen abschließend vom verfassungsrechtlichen Vertrauensschutz abgegrenzt werden. Eine solche Abgrenzung ist erforderlich, da zumindest der Begriff der Rechtskontinuität immer wieder auch im Zusammenhang mit dem verfassungsrechtlich gebotenen Vertrauensschutz verwendet wird.[347] Für Zwecke dieser Arbeit und auf Grundlage der bisherigen Ausführungen sind hingegen Rechtskontinuität und Kontinuitätsinteressen einerseits und Vertrauensschutz andererseits deutlich voneinander zu trennen:

Stellt man die Begriffe in ein Verhältnis zueinander, so ist Rechtskontinuität deutlich weiter als Vertrauensschutz. Vertrauensschutz umschreibt ausschließlich den Schutz des Bürgers vor staatlichem Handeln,[348] während Rechtskontinuität als objektiver Zusammenhang begriffen wird, an dem sowohl Bürger als auch Staat ein Interesse haben.[349] Das Vertrauen des Bürgers wird nur geschützt, wenn es sich konkretisiert hat[350] und den Bürger zu einer bestimmten Handlung, einer Vertrauensbetätigung, veranlasst hat.[351] Kontinuitätsinteressen gehen hingegen darüber hinaus und umschreiben auch das abstrakte Interesse an einer beständigen Entwicklung des Rechts.[352] Vertrauensschutz ist in der Regel gerichtet auf die Konservierung eines *status quo*, also auf die Permanenz einer Rechtslage (zumindest für einen Übergangszeitraum oder eine bestimmte Gruppe von Bürgern).[353] Rechtskontinuität erfasst hingegen auch die schrittweise Veränderung des *status quo*.[354] Das Interesse des Bürgers an

[347] Insbesondere wird Vertrauensschutz als subjektive Entsprechung der Kontinuitätsgewähr umschrieben, vgl. z. B. *P. Kirchhof*, DStR 1989, 263, 266; *ders.*, StuW 2000, 221, 222; *K.-A. Schwarz*, Vertrauensschutz als Verfassungsprinzip, 2002, S. 41; *Maurer*, HStR IV, 3. Auflage 2006, § 79 Rn. 4; ähnlich auch *Schmidt-Aßmann*, HStR II, 3. Auflage 2004, § 26 Rn. 81. Daneben findet sich auch die Umschreibung von Vertrauensschutz als Schutz des Vertrauens in die Kontinuität des Rechts, vgl. z. B. *Schulze-Fielitz*, in: Dreier, GG, 2. Auflage 2006, Art. 20 Rn. 147 m. w. N. Teilweise werden die Begriffe schließlich für synonym erklärt; vgl. z. B. *Kunig*, Das Rechtsstaatsprinzip, 1986, S. 420.

[348] *Maurer*, HStR IV, 3. Auflage 2006, § 79 Rn. 4; *von Arnauld*, Rechtssicherheit, 2006, S. 153.

[349] Siehe oben § 3 A. III. 1. b); ebenso *P. Kirchhof*, DStR 1989, 263, 266; *ders.*, StuW 2000, 221, 222; *Hey*, Steuerplanungssicherheit als Rechtsproblem, 2002, S. 190 f.; *Leisner-Egensperger*, Kontinuität als Verfassungsprinzip, 2002, S. 179; *K.-A. Schwarz*, Vertrauensschutz als Verfassungsprinzip, 2002, S. 40; *Birk*, DStJG 27, 2004, S. 9, 17; *Streinz*, FS Häberle, 2004, S. 745, 747.

[350] *Leisner-Egensperger*, Kontinuität als Verfassungsprinzip, 2002, S. 466 ff.

[351] *Blanke*, Vertrauensschutz im deutschen und europäischen Verwaltungsrecht, 2000, S. 42 ff.; *Leisner-Egensperger*, Kontinuität als Verfassungsprinzip, 2002, S. 469 f.; *K.-A. Schwarz*, Vertrauensschutz als Verfassungsprinzip, 2002, S. 37.

[352] Siehe oben § 3 A. III. 1.; ebenso *Leisner-Egensperger*, DStJG 27, 2004, S. 192, 201.

[353] *Leisner-Egensperger*, Kontinuität als Verfassungsprinzip, 2002, S. 472; *Maurer*, HStR IV, 3. Auflage 2006, § 79 Rn. 4.

[354] Siehe oben § 3 A. III. 1. b); ebenso *P. Kirchhof*, DStR 1989, 263, 266; *Münch*, FS Hahn,

Rechtskontinuität kann sich mit dem konkreten Vertrauen in eine Rechtslage also überschneiden, insoweit lässt sich Vertrauensschutz dann als subjektive Entsprechung von Rechtskontinuität verstehen.[355] Die Kontinuitätsinteressen des Steuerpflichtigen gehen aber über Vertrauensschutz hinaus.[356] Staatliche Interessen lassen sich nur als Kontinuitätsinteressen begreifen.

Mit den engeren tatbestandlichen Voraussetzungen des Vertrauensschutzes im Vergleich zur Rechtskontinuität korrespondieren weitergehende Rechtsfolgen: Während der Vertrauensschutz eine eigenständige Grenze auch und insbesondere für die Handlungsbefugnisse des Gesetzgebers darstellt, bildet Rechtskontinuität gerade kein selbständiges bindendes Verfassungsprinzip.[357] Die Verletzung schutzwürdigen Vertrauens des Bürgers in eine bestimmte Rechtslage macht die entsprechende staatliche Maßnahme (insbesondere ein rückwirkendes Gesetz) verfassungswidrig. Der bloße Kontinuitätsbruch ist hingegen – wenn er nicht zugleich eine Verletzung eines anderen Verfassungsprinzips wie beispielsweise des Rückwirkungsverbots oder des Folgerichtigkeitsgrundsatzes darstellt – folgenlos.[358]

Wenn der Staat nur in Ausnahmefällen zur Rechtskontinuität verpflichtet ist, so stellt doch der Schutz der bürgerlichen und staatlichen Interessen an ebendieser ein legitimes, verfassungsrechtlich abgesichertes Ziel dar.[359] Als Teil der individuellen Kontinuitätsinteressen wird auch das Vertrauen all derjenigen Steuerpflichtigen geschützt, die auf eine Beständigkeit der bisherigen Rechtslage vertraut haben.[360] Als verfassungsrechtliches Schutzgut kann Rechtskontinuität in einem Abwägungsvorgang die Beeinträchtigung anderer verfassungsrechtlicher Schutzgüter rechtfertigen. Insoweit können sich Rechtskontinuität und Vertrauensschutz auch auf beiden Seiten einer Abwägung gegenüberstehen: Eine kontinuitätswahrende staatliche Maßnahme kann zugleich das Vertrauen derjenigen beeinträchtigen, die im Hinblick auf eine Änderung der Rechtslage disponiert haben.

1997, S. 673, 677; *Leisner-Egensperger*, Kontinuität als Verfassungsprinzip, 2002, S. 472 f.; *Maurer*, HStR IV, 3. Auflage 2006, § 79 Rn. 4.

[355] Vgl. z. B. *P. Kirchhof*, DStR 1989, 263, 266; *ders.*, StuW 2000, 221, 222; *K.-A. Schwarz*, Vertrauensschutz als Verfassungsprinzip, 2002, S. 41; *Maurer*, HStR IV, 3. Auflage 2006, § 79 Rn. 4.

[356] *Rose*, in: Curtius-Hartung/Herzig/Niemann (Hrsg.), Steuerberater-Jahrbuch 1987/88, 1988, S. 363, 375; *Leisner-Egensperger*, Kontinuität als Verfassungsprinzip, 2002, S. 552.

[357] Siehe oben § 3 A. III. 2. b); ebenso *Robbers*, in: Bonner Komm. GG, Art. 20 Abs. 1 Rn. 2533; *Schulze-Fielitz*, in: Dreier, GG, 2. Auflage 2006, Art. 20 Rn. 151; *Sobota*, Das Prinzip Rechtsstaat, 1997, S. 159; *K.-A. Schwarz*, Vertrauensschutz als Verfassungsprinzip, 2002, S. 290 f.; *Hey*, Steuerplanungssicherheit als Rechtsproblem, 2002, S. 194; *Maurer*, HStR IV, 3. Auflage 2006, § 79 Rn. 5; *Hey*, DStR 2004, 1897, 1900; *von Arnauld*, Rechtssicherheit, 2006, S. 670.

[358] Siehe oben § 3 A. III. 2. b).

[359] Siehe oben § 3 A. III. 2. a).

[360] Siehe oben § 3 A. I. 1.

IV. Zwischenfazit

Gerade im Steuerrecht haben Bürger und Staat ein gemeinsames Interesse an einer kontinuierlichen Rechtsentwicklung. Diese gewährleistet für den Steuerpflichtigen Planungssicherheit und faire Wettbewerbsbedingungen. Der Staat profitiert durch kalkulierbare Steuereinnahmen, stabile Rahmenbedingungen für wirtschaftliches Wachstum und daraus resultierende (potentielle) Wohlstandsgewinne. Diese Kontinuitätsinteressen lassen sich verfassungsrechtlich fundieren: Rechtskontinuität als schonender Übergang von einer Rechtslage zur nächsten ist als Ergebnis verschiedener verfassungsrechtlicher Prinzipien geschützt. Es existiert allerdings kein eigenständiges Kontinuitätsgebot, das insbesondere diskontinuierliche Entscheidungen der Judikative verfassungswidrig und nichtig macht oder den Gesetzgeber zu einem kontinuierlichen Handeln zwingt. Der Schutz von Rechtskontinuität ist ökonomisch und verfassungsrechtlich gewünscht, aber nicht zwingend geboten.

Für das Phänomen der Nichtanwendungsgesetze bedeutet diese Analyse Folgendes: Kommt es durch eine fachgerichtliche Entscheidung zu einem Kontinuitätsbruch, weil die Rechtslage grundlegend umgestaltet wird, so macht dies allein die Gerichtsentscheidung nicht verfassungswidrig. Ein auf die Gerichtsentscheidung folgendes Nichtanwendungsgesetz wiederholt damit nicht nur (deklaratorisch) die ohnehin schon bestehende Rechtslage, sondern gestaltet sie um. Dies kann dem verfassungsrechtlichen Ziel der Rechtskontinuität dienen, wenn der Gesetzgeber an die ursprüngliche Rechtslage vor der Gerichtsentscheidung anknüpft oder den judikativen Kontinuitätsbruch durch Übergangsvorschriften abfedert.[361] Im Rahmen einer verfassungsrechtlichen Güterabwägung kann der Schutz der Rechtskontinuität Eingriffe in andere Rechtsgüter rechtfertigen. Wenn also – wie im weiteren Verlauf der Arbeit noch im Detail zu prüfen sein wird – Nichtanwendungsgesetze in verfassungsrechtlich geschützte Positionen eingreifen, so lassen sich diese Eingriffe unter Umständen dann rechtfertigen, wenn mit dem Gesetz die Rechtskontinuität gewahrt bzw. wiederhergestellt wird. Das Nichtanwendungsgesetz schützt dann zugleich – als Teil der individuellen Kontinuitätsinteressen – das Vertrauen derjenigen Steuerpflichtigen, die auf eine gleichbleibende Rechtslage vertraut haben.

Rechtskontinuität muss aber nicht zwingend durch den Gesetzgeber gewährleistet werden. Die Kontinuitätsinteressen von Bürger und Staat können auch von der Rechtsprechung selbst oder bei der Umsetzung gerichtlicher Entscheidungen im Verwaltungsverfahren geschützt werden. Der Blick ist daher

[361] Vgl. *J. Voß*, Ungewißheit im Steuerrecht, 1992, S. 69f.; anderer Auffassung ist *Leisner-Egensperger*, Kontinuität als Verfassungsprinzip, 2002, S. 499f., die allerdings eine diskontinuierliche Gerichtsentscheidung bereits für verfassungswidrig und damit nichtig hält (siehe zu ihrem Verständnis von Rechtskontinuität bereits im Detail unter § 3 A. III. 2. b), sodass für eine kontinuitätswahrende gesetzgeberische Maßnahme infolge eines Rechtsprechungswechsels kein Raum mehr verbleibt.

zunächst auf die Rechtsprechung des Bundesfinanzhofs und das steuerrechtliche Verfahrensrecht zu lenken: Nur insoweit auf diesen Ebenen keine Rechtskontinuität gewahrt wird, kann ein Handeln des Gesetzgebers erforderlich sein.

B. Kontinuität in der Rechtsprechung des Bundesfinanzhofs

Der Bundesfinanzhof betont mit Blick auf seine eigenen Entscheidungen regelmäßig den besonderen Wert von Kontinuität im Steuerrecht: Eine stetige Rechtsprechung des höchsten Steuergerichts trage zur von Art. 20 Abs. 3 GG umfassten Rechtssicherheit bei, indem sie die Behandlung von steuerrechtlichen Sachverhalten voraussehbarer mache.[362] Ein Rechtsprechungswechsel berge hingegen die Gefahr erheblicher Ungleichbehandlungen zwischen den bereits rechtskräftig auf Grundlage der bisherigen Ansicht veranlagten Steuerpflichtigen und denjenigen, auf die die neue Rechtsprechung Anwendung findet.[363] Damit benennt der Bundesfinanzhof genau die Kontinuitätsinteressen der Steuerpflichtigen, die auch auf betriebswirtschaftlicher Grundlage identifiziert werden konnten: Kontinuität gewährleistet Planungssicherheit und schafft eine Grundlage für fairen ökonomischen Wettbewerb.[364] Planungssicherheit und fairer Wettbewerb führen wiederum zu gesteigerten betrieblichen Investitionen

[362] St. Rspr.; vgl. nur BFH, Urteil v. 13.11.1963 – GrS 1/63 S, BFHE 78, 315 = BStBl III 1964, 124, juris Rn. 16; BFH, Urteil v. 28.8.1964 – VI 177/62 U, BFHE 80, 288 = BStBl III 1964, 578, juris Rn. 9; BFH, Urteil v. 29.7.1965 – V 71/61 S, BFHE 83, 125 = BStBl III 1965, 545, juris Rn. 20; BFH, Beschluss v. 15.7.1968 – GrS 2/67, BFHE 93, 75 = BStBl II 1968, 666, juris Rn. 28; BFH, Beschluss v. 26.11.1973 – GrS 5/71, BFHE 111, 242 = BStBl II 1974, 132, juris Rn. 49; BFH, Beschluss v. 10.11.1980 – GrS 1/79, BFHE 132, 244 = BStBl II 1981, 164, juris Rn. 65; BFH, Urteil v. 21.11.1980 – VI R 202/79, BFHE 132, 63 = BStBl II 1981, 131, juris Rn. 20; BFH, Urteil v. 17.12.1982 – III R 136/79, BFHE 137, 345 = BStBl II 1983, 221, juris Rn. 13; BFH, Beschluss v. 25.6.1984 – GrS 4/82, BFHE 141, 405 = BStBl II 1984, 751, juris Rn. 159; BFH, Urteil v. 4.7.1984 – II R 159/81, BFHE 141, 299 = BStBl II 1984, 627, juris Rn. 9; BFH, Beschluss v. 27.11.1989 – GrS 1/88, BFHE 158, 563 = BStBl II 1990, 160, juris Rn. 68; BFH, Beschluss v. 5.7.1990 – GrS 2/89, BFHE 161, 332 = BStBl II 1990, 837, juris Rn. 101; BFH, Beschluss v. 15.7.1991 – GrS 1/90, BFHE 165, 225 = BStBl II 1992, 78, juris Rn. 74; BFH, Beschluss v. 21.9.2009 – GrS 1/06, BFHE 227, 1 = BStBl II 2010, 672, juris Rn. 120; BFH, Beschluss v. 24.4.2012 – IX B 154, BFHE 236, 557 = BStBl II 2012, 454, juris Rn. 27; BFH, Urteil v. 11.2.2014 – IX R 10/12, BFH/NV 2014, 1020, juris Rn. 48; BFH, Urteil v. 11.2.2014 – IX R 46/12, BFH/NV 2014, 1025, juris Rn. 37; BFH, Urteil v. 10.2.2015 – IX R 8/14, BFH/NV 2015, 830, juris Rn. 18; BFH, Urteil v. 18.6.2015 – VI R 17/14, BFHE 250, 153 = BStBl II 2015, 800, juris Rn. 15.

[363] BFH, Urteil v. 24.7.1964 – VI 249/63 U, BFHE 80, 232 = BStBl III 1964, 558, juris Rn. 10; BFH, Urteil v. 17.12.1982 – III R 136/79, BFHE 137, 345 = BStBl II 1983, 221, juris Rn. 13; BFH, Beschluss v. 24.4.2012 – IX B 154, BFHE 236, 557 = BStBl II 2012, 454, juris Rn. 27; BFH, Urteil v. 11.2.2014 – IX R 10/12, BFH/NV 2014, 1020, juris Rn. 48; BFH, Urteil v. 11.2.2014 – IX R 46/12, BFH/NV 2014, 1025, juris Rn. 37.

[364] Siehe schon unter § 3 A. I. 1. und 2.

und tendenziell zu einer allgemeinen Wohlstandssteigerung,[365] sodass sich in der Argumentation des Bundesfinanzhofs zumindest mittelbar auch staatliche Kontinuitätsinteressen niederschlagen.

Der Bundesfinanzhof folgert aus dem besonderen Wert der Rechtskontinuität aber keine generelle Bindung an vorherige Entscheidungen. Zwar werden bisherige Rechtsprechungslinien regelmäßig beibehalten, wenn keine neuen rechtlichen Erkenntnisse vorliegen[366] oder die Auslegung ohnehin nur noch eine überschaubare Zahl von Altfällen betrifft.[367] Auch hat der Große Senat mehrfach eine Auslegung, an der Zweifel bestanden, aus Kontinuitätsgesichtspunkten aufrechterhalten, aber nicht auf weitere Fallgruppen ausgedehnt.[368] Der Bundesfinanzhof gibt aber auch eine langjährig gefestigte Rechtsprechung auf, wenn dafür wichtige Gründe bestehen.[369] Diese können sich aus den nunmehr überzeugenderen sachlichen Argumenten für die Gegenauffassung ergeben, das Gericht bezieht aber auch eine Veränderung der tatsächlichen oder rechtlichen Rahmenbedingungen ein. So setzte sich der Große Senat des Bundesfinanzhofs in seiner Entscheidung zur Vererbbarkeit von Verlustvorträgen nach § 10d EStG vom 17.12.2007 nicht nur umfassend mit den in der Rechtsprechung und der Literatur ausgetauschten sachlichen Argumenten auseinander.[370] Er begründe-

---

[365] Siehe schon unter § 3 A. II. 3.

[366] Ausdrücklich z. B. BFH, Urteil v. 13.2.1987 – III R 196/82, BFHE 149, 61 = BStBl II 1987, 341, juris Rn. 11.

[367] BFH, Urteil v. 22.1.1982 – III R 135/78, juris, juris Rn. 14; BFH, Urteil v. 17.12.1982 – III R 136/79, BFHE 137, 345 = BStBl II 1983, 221, juris Rn. 13; BFH, Urteil v. 2.10.1981 – III R 27/77, BFHE 134, 167 = BStBl II 1982, 8, juris Rn. 12; BFH, Urteil v. 14.5.1992 – V R 56/89, BFHE 168, 472 = BStBl II 1992, 859, juris Rn. 27.

[368] BFH, Beschluss v. 19.10.1970 – GrS 2/70, BFHE 100, 309 = BStBl II 1971, 17, juris Rn. 29; BFH, Beschluss v. 18.10.1999 – GrS 2/98, BFHE 189, 465 = BStBl II 2000, 123, juris Rn. 55; ebenso *Levedag*, FS 100 Jahre Steuerrechtsprechung, 2018, S. 181, 196.

[369] BFH, Urteil v. 13.11.1963 – GrS 1/63 S, BFHE 78, 315 = BStBl III 1964, 124, juris Rn. 16; BFH, Urteil v. 28.8.1964 – VI 177/62 U, BFHE 80, 288 = BStBl III 1964, 578, juris Rn. 9; BFH, Beschluss v. 15.7.1968 – GrS 2/67, BFHE 93, 75 = BStBl II 1968, 666, juris Rn. 28; BFH, Urteil v. 20.11.1973 – VIII R 256/72, BFHE 110, 561 = BStBl II 1974, 163, juris Rn. 10; BFH, Beschluss v. 26.11.1973 – GrS 5/71, BFHE 111, 242 = BStBl II 1974, 132, juris Rn. 49; BFH, Urteil v. 21.11.1980 – VI R 202/79, BFHE 132, 63 = BStBl II 1981, 131, juris Rn. 20; BFH, Beschluss v. 25.6.1984 – GrS 4/82, BFHE 141, 405 = BStBl II 1984, 751, juris Rn. 159; BFH, Urteil v. 13.2.1987 – III R 196/82, BFHE 149, 61 = BStBl II 1987, 341, juris Rn. 11; BFH, Beschluss v. 27.11.1989 – GrS 1/88, BFHE 158, 563 = BStBl II 1990, 160, juris Rn. 68; BFH, Beschluss v. 5.7.1990 – GrS 2/89, BFHE 161, 332 = BStBl II 1990, 837, juris Rn. 101; BFH, Urteil v. 28.10.1999 – I R 79/98, BFH/NV 2000, 745, juris Rn. 12; BFH, Beschluss v. 21.9.2009 – GrS 1/06, BFHE 227, 1 = BStBl II 2010, 672, juris Rn. 120; BFH, Beschluss v. 24.4.2012 – IX B 154, BFHE 236, 557 = BStBl II 2012, 454, juris Rn. 27; BFH, Urteil v. 11.2.2014 – IX R 46/12, BFH/NV 2014, 1025, juris Rn. 37; BFH, Urteil v. 11.2.2014 – IX R 10/12, BFH/NV 2014, 1020, juris Rn. 48; BFH, Urteil v. 10.2.2015 – IX R 8/14, BFH/NV 2015, 830, juris Rn. 18; Nachweise zu vergleichbaren Rechtsprechungslinien der anderen Bundesgerichte bei *Maurer*, HStR IV, 3. Auflage 2006, § 79 Rn. 142.

[370] BFH, Beschluss v. 17.12.2007 – GrS 2/04, BFHE 220, 129 = BStBl II 2008, 608, juris Rn. 64 ff.

te die Abkehr von der bisherigen ständigen Rechtsprechung, die es dem Erben erlaubte, einen vom Erblasser begründeten Verlustvortrag in seiner eigenen Einkommensteuererklärung geltend zu machen, auch damit, dass sich das Regelungsgefüge des § 10d EStG seit Begründung der ursprünglichen Rechtsprechungslinie stark verändert habe und die Norm mittlerweile über einen deutlich größeren Anwendungsbereich verfüge. Sachliche und zeitliche Beschränkungen des Verlustabzugs seien weitgehend entfallen, sodass die bislang zugrunde gelegte Argumentation, es handele sich um ein eng mit der betrieblichen Gewinnermittlung verknüpftes Element, nicht mehr aufrechterhalten werden könne.[371]

Der Bundesfinanzhof bezieht bei der Frage, ob hinreichende Gründe für einen Rechtsprechungswechsel vorliegen, auch die Entwicklung der Steuergesetze mit ein. Werden wesentliche Gedanken einer Rechtsprechungslinie des Bundesfinanzhofs in eine gesetzliche Regelung überführt, so sieht der Bundesfinanzhof hierin mit Blick auf die rechtliche Kontinuität ein zusätzliches Argument, diese Rechtsprechung für Altfälle vor Wirksamkeit der gesetzlichen Regelung nicht mehr zu verändern.[372] In dem oben bereits dargestellten Fall der Berücksichtigung von Zivilprozesskosten als außergewöhnliche Belastungen hat der sechste Senat des Bundesfinanzhofs sogar einen vorher vollzogenen Rechtsprechungswechsel wieder rückgängig gemacht, um im Hinblick auf eine gesetzliche Neuregelung eine gleichbleibende rechtliche Behandlung sicherzustellen: Es bestand zunächst eine ständige Rechtsprechung dahingehend, dass Zivilprozesskosten dem Steuerpflichtigen in der Regel nicht zwangsläufig erwachsen und deshalb keine außergewöhnlichen Belastungen darstellen.[373] Mit seiner Entscheidung vom 12.5.2011 gab der sechste Senat diese Rechtsprechung auf und nahm nun an, Zivilprozesskosten seien bereits dann zwangsläufig, wenn sich der Steuerpflichtige nicht mutwillig oder leichtfertig auf den Prozess eingelassen habe.[374] Nach Kritik aus der Literatur,[375] abweichenden Entscheidungen mehrerer Finanzgerichte[376] und einer gesetzlichen Neuregelung in § 33

[371] BFH, Beschluss v. 17.12.2007 – GrS 2/04, BFHE 220, 129 = BStBl II 2008, 608, juris Rn. 96; mit veränderten tatsächlichen und rechtlichen Verhältnissen argumentieren ebenso BFH, Beschluss v. 26.11.1973 – GrS 5/71, BFHE 111, 242 = BStBl II 1974, 132, juris Rn. 49; BFH, Beschluss v. 25.6.1984 – GrS 4/82, BFHE 141, 405 = BStBl II 1984, 751, juris Rn. 159.

[372] BFH, Urteil v. 28.10.1999 – I R 111/97, BFH/NV 2000, 896, juris Rn. 13; BFH, Urteil v. 19.11.2003 – I R 88/02, BFHE 204, 283 = BStBl II 2004, 751, juris Rn. 15; BFH, Urteil v. 28.10.1999 – I R 79/98, BFH/NV 2000, 745, juris Rn. 12.

[373] BFH, Urteil v. 22.8.1958 – VI 148/57 U, BFHE 67, 379 = BStBl III 1958, 419, juris Rn. 5; BFH, Urteil v. 18.7.1986 – III R 178/80, BFHE 147, 171 = BStBl II 1986, 745, juris Rn. 16–17; BFH, Urteil v. 18.3.2004 – III R 24/03, BFHE 206, 16 = BStBl II 2004, 726, juris Rn. 13–15; BFH, Urteil v. 27.8.2008 – III R 50/06, BFH/NV 2009, 553, juris Rn. 11–12.

[374] BFH, Urteil v. 12.5.2011 – VI R 42/10, BFHE 234, 30 = BStBl II 2011, 1015, juris Rn. 12–15.

[375] Vgl. z. B. *Steinhauff*, jurisPR-SteuerR 2011, 5; *G. Kirchhof*, DStR 2013, 1867, 1871.

[376] FG Hamburg, Urteil v. 24.9.2012 – 1 K 195/11, EFG 2013, 41, juris Rn. 27–31; FG Düsseldorf, Urteil v. 11.2.2014 – 13 K 3724/12, EFG 2014, 850, juris Rn. 16–21; FG Saarland, Urteil v. 10.12.2014 – 1 K 1201/13, EFG 2015, 818, juris Rn. 23–24.

Abs. 2 S. 4 EStG mit unechter Rückwirkung auf den 1.1.2013 kehrte der sechste Senat mit Urteil vom 18.6.2015 auch für Altfälle wieder zu seiner bisherigen Rechtsprechung zurück, um eine einheitliche Rechtsanwendung von Alt- und Neufällen zu gewährleisten.[377]

Neben der Gesetzeslage berücksichtigt der Bundesfinanzhof bei seinen Erwägungen zur Rechtskontinuität schließlich auch die Ansicht der Finanzverwaltung, Stellungnahmen aus der Fachliteratur und die Auslegung in der Rechtspraxis: Wird eine Rechtsprechung des Bundesfinanzhofs auch von der Finanzverwaltung flächendeckend angewendet und in der Praxis weitgehend akzeptiert, spricht dies verstärkend dafür, diese Rechtsprechung beizubehalten.[378] Ist die vom Bundesfinanzhof vorgenommene Auslegung hingegen wiederholter Kritik (insbesondere aus dem steuerrechtlichen Schrifttum) ausgesetzt, kann sie unter erleichterten Voraussetzungen aufgegeben werden.[379]

Ob mit einem Rechtsprechungswechsel die Rechtslage zugunsten oder zulasten der Steuerpflichtigen verändert wird, spielt für den Bundesfinanzhof bei der Bestimmung der gewichtigen Gründe hingegen keine Rolle. Nur der Vertrauensschutzgrundsatz kann die rückwirkende Anwendung einer neuen Rechtsprechung auch auf Altfälle zulasten der Steuerpflichtigen begrenzen.[380] In der Regel verweist der Bundesfinanzhof insoweit auf Billigkeitsmaßnahmen der Finanzverwaltung nach §§ 163, 227 AO.[381] Ausnahmsweise beschränkt er die zeitlichen Wirkungen einer Entscheidung selbst: Im Beschluss zur Vererbbarkeit von Verlustvorträgen vom 17.12.2007 führte der Große Senat des Bundesfinanzhofs aus, dass höchstrichterliche Entscheidungen zwar keine dem Gesetzesrecht vergleichbaren Rechtsbindungen erzeugen, gleichwohl aber das für Gesetze entwickelte Rückwirkungsverbot in besonderen Konstellationen ana-

---

[377] BFH, Urteil v. 18.6.2015 – VI R 17/14, BFHE 250, 153 = BStBl II 2015, 800, juris Rn. 15 ff.

[378] BFH, Urteil v. 14.5.1992 – V R 56/89, BFHE 168, 472 = BStBl II 1992, 859, juris Rn. 27; BFH, Urteil v. 10.10.1994 – VI R 2/92, BFHE 175, 553 = BStBl II 1995, 137, juris Rn. 29; BFH, Urteil v. 30.1.2002 – X R 56/99, BFHE 197, 535 = BStBl II 2002, 387, juris Rn. 14; BFH, Urteil v. 9.12.2014 – IV R 36/13, BFHE 248, 75 = BStBl II 2015, 529, juris Rn. 27.

[379] BFH, Beschluss v. 15.7.1968 – GrS 2/67, BFHE 93, 75 = BStBl II 1968, 666, juris Rn. 28; BFH, Beschluss v. 21.9.2009 – GrS 1/06, BFHE 227, 1 = BStBl II 2010, 672, juris Rn. 120.

[380] Klar differenzierend BFH, Beschluss v. 17.12.2007 – GrS 2/04, BFHE 220, 129 = BStBl II 2008, 608, juris Rn. 96 ff; in der Formulierung noch weniger klar, in der Sache aber ebenso schon BFH, Beschluss v. 15.7.1968 – GrS 2/67, BFHE 93, 75 = BStBl II 1968, 666, juris Rn. 28; BFH, Urteil v. 21.11.1980 – VI R 202/79, BFHE 132, 63 = BStBl II 1981, 131, juris Rn. 20; vgl. auch BFH, Urteil v. 24.7.1964 – VI 249/63 U, BFHE 80, 232 = BStBl III 1964, 558, juris Rn. 10.; ebenso *Levedag*, FS 100 Jahre Steuerrechtsprechung, 2018, S. 181, 186 f.: Kontinuitätsgewähr und Vertrauensschutz greifen ineinander.

[381] Vgl. z. B. aus der Rechtsprechung des Großen Senats BFH, Beschluss v. 25.6.1984 – GrS 4/82, BFHE 141, 405 = BStBl II 1984, 751, juris Rn. 161; BFH, Beschluss v. 4.7.1990 – GrS 2/88, GrS 3/88, BFHE 161, 290 = BStBl II 1990, 817, juris Rn. 125; BFH, Beschluss v. 17.12.2007 – GrS 2/04, BFHE 220, 129 = BStBl II 2008, 608, juris Rn. 111; BFH, Beschluss v. 31.1.2013 – GrS 1/10, BFHE 240, 162 = BStBl II 2013, 317, juris Rn. 80.

loge Anwendung finden kann.[382] Dabei stellte der Große Senat vor allem darauf ab, dass sich die vorgelegte Auslegungsfrage angesichts lückenhafter gesetzlicher Regelungen nicht durch eine schlichte Deduktion aus den einschlägigen Rechtsnormen, sondern nur unter Rückgriff auf abstrakte Rechtsprinzipien, Wertungen und Abwägungen beantworten ließ. Die Gerichte seien damit *de facto* ähnlich einem Normgeber tätig gewesen.[383] Die gefundene Lösung sei sodann mehr als vierzig Jahre lang angewandt und auch von der Finanzverwaltung in Richtlinien aufgenommen und veröffentlicht worden.[384] Hieraus ergebe sich ein Vertrauenstatbestand für den Bürger, der nicht ohne Weiteres verändert werden könne.[385] Einen vergleichbaren[386] Vertrauenstatbestand hat das Gericht in der Folge bisher nur noch bei der Änderung seiner Rechtsprechung zu nachträglichen Anschaffungskosten aus dem Ausfall eigenkapitalersetzender Finanzierungshilfen eines wesentlich beteiligten Kapitalgesellschafters[387] angenommen.[388] Liegen nach Ansicht des Bundesfinanzhofs hinreichende Gründe für eine Abkehr von der bisherigen Rechtsprechung vor, erstreckt sich diese Änderung damit – vorbehaltlich typisierender oder individueller Maßnahmen der Finanzverwaltung – in aller Regel auch auf Altfälle.

Die Rechtsprechung des Bundesfinanzhofs bestätigt bei zusammenfassender Betrachtung zunächst die bisher gefundenen Ergebnisse zur dogmatischen Einstufung der Rechtskontinuität und ihrem Verhältnis zum Vertrauensschutz: Bei der Frage, ob zwischen zwei Rechtslagen Kontinuität besteht, ist zwar vom Ge-

[382] BFH, Beschluss v. 17.12.2007 – GrS 2/04, BFHE 220, 129 = BStBl II 2008, 608, juris Rn. 101.

[383] BFH, Beschluss v. 17.12.2007 – GrS 2/04, BFHE 220, 129 = BStBl II 2008, 608, juris Rn. 104.

[384] BFH, Beschluss v. 17.12.2007 – GrS 2/04, BFHE 220, 129 = BStBl II 2008, 608, juris Rn. 103.

[385] BFH, Beschluss v. 17.12.2007 – GrS 2/04, BFHE 220, 129 = BStBl II 2008, 608, juris Rn. 105, 110.

[386] Zur Vergleichbarkeit der Vertrauenstatbestände *Levedag*, FS 100 Jahre Steuerrechtsprechung, 2018, S. 181, 199f. m.w.N.

[387] Der bisherigen ständigen Rechtsprechung des Bundesfinanzhofs wurde mit der Abschaffung des zivilrechtlichen Eigenkapitalersatzrechts der argumentative Boden entzogen, vgl. nur *Maciejewski*, GmbHR 2012, 1335 m.w.N.

[388] BFH, Urteil v. 11.7.2017 – IX R 36/15, BFHE 258, 427, juris Rn. 40ff.; bestätigt durch BFH, Urteil v. 2.7.2019 – IX R 13/18, DStR 2019, 2408, juris Rn. 17; mit dem Gesetz zur weiteren steuerlichen Förderung der Elektromobilität und zur Änderung weiterer steuerlicher Vorschriften wurde für Veräußerungstatbestände ab dem 31.7.2019 (auf Antrag des Steuerpflichtigen auch für solche aus noch früheren Zeiträumen) eine gesetzliche Definition der Anschaffungskosten in §17 Abs. 2a EStG eingefügt, die in größerem Umfang als der Bundesfinanzhof auch Verluste aus dem Ausfall von Gesellschafterdarlehen oder der Inanspruchnahme aus Bürgschaften erfasst und damit jedenfalls in vielen Konstellationen zur früheren Rechtslage vor Abschaffung des zivilrechtlichen Eigenkapitalersatzrechts zurückkehrt; vgl. BR-Drs. 552/19, S. 11, 14. Der Bundesrat hatte diese Änderung in seiner Stellungnahme zum Regierungsentwurf noch als „problematisches Nichtanwendungsgesetz“ bezeichnet; BR-Drs. 359/19 (Beschluss), S. 30.

setzestext und seiner Auslegung durch die Rechtsprechung, insbesondere den Bundesfinanzhof, auszugehen. Aber auch die in Verwaltungsrichtlinien niedergelegte Ansicht der Finanzverwaltung, an der sich die Rechtspraxis orientiert, konturiert die Rechtslage.[389] Rechtskontinuität ist zwar ein Verfassungsgut, eine bindende verfassungsrechtliche Pflicht zur Wahrung der Kontinuität zwischen zwei Rechtslagen besteht aber nicht:[390] Der Bundesfinanzhof ist nicht an seine früheren Entscheidungen gebunden. Eine als falsch erkannte Auslegung kann und muss aufgegeben werden. Dabei ist es unter Kontinuitätsgesichtspunkten auch unerheblich, ob sich die Rechtsprechungsänderung zugunsten oder zulasten der Steuerpflichtigen auswirkt. Nur aus dem Vertrauensschutzgebot kann gefolgert werden, dass eine zum Nachteil der Steuerpflichtigen geänderte Auslegung nicht oder nicht uneingeschränkt auf Altfälle anzuwenden ist.[391]

Um im weiteren Verlauf der Arbeit den Bedarf und den Anwendungsbereich für Kontinuitätsschutz durch Nichtanwendungsgesetze bestimmen zu können,[392] ist entscheidend, inwieweit die im vorangegangenen Abschnitt herausgearbeiteten Kontinuitätsinteressen von Bürger und Staat schon durch den Bundesfinanzhof geschützt werden. Es ergibt sich ein differenziertes Bild:

Wenn das Gericht eine gefestigte Rechtsprechungspraxis aufrechterhält und bestätigt, wahrt dies die Interessen von Bürger und Staat an einer verlässlichen und beständigen Rechtsentwicklung gleichermaßen. Entscheidet sich der Bundesfinanzhof hingegen zur Aufgabe seiner bisherigen Rechtsansicht kommt es regelmäßig zu einem Kontinuitätsbruch.[393] Die Begründung für den Wechsel ist insoweit irrelevant. Verändert der Bundesfinanzhof die Rechtslage zulasten der Steuerpflichtigen, werden deren Kontinuitätsinteressen unter Umständen zumindest partiell gewahrt, indem Vertrauensschutz gewährt und die Rechtslage damit für Altfälle unverändert gelassen wird. Wird kein Vertrauensschutz gewährt, beeinträchtigt das nicht nur die Planungssicherheit des Steuerpflichtigen, sondern auch die Wettbewerbsgleichheit: Die Steuerpflichtigen, deren Veranlagungen verfahrensrechtlich nicht mehr geändert werden können, erhalten einen Wettbewerbsvorteil gegenüber denjenigen, auf die die verschärfte Rechtsprechung angewendet wird. Eine entsprechende Ungleichbehandlung mit umgekehrten Vorzeichen ergibt sich, wenn der Bundesfinanzhof seine Rechtsprechung zugunsten der Steuerpflichtigen ändert. In diesem Fall profitieren all diejenigen, in deren Veranlagung die neue günstigere Regelung noch zugrunde gelegt werden kann. Die Kontinuitätsinteressen des Staates werden schließ-

[389] Vgl. schon § 3 A. III. 1. b) und § 2 B. II.

[390] Vgl. schon § 3 A. III. 2. b); zur Rolle von Rechtskontinuität in der Rechtsprechung des Bundesfinanzhofs zuletzt ebenso *Levedag*, FS 100 Jahre Steuerrechtsprechung, 2018, S. 181, 188 f., 204 f.

[391] Vgl. schon § 3 A. III. 3.

[392] Dazu noch unter § 3 D.

[393] Vgl. schon § 3 A. III. 1. c).

lich bei einem Rechtsprechungswechsel überhaupt nicht geschützt. So kann es durch eine zugunsten der Steuerpflichtigen veränderte Auslegung insbesondere zu nicht einkalkulierten Einnahmeausfällen in erheblicher Höhe kommen.

Der vom Bundesfinanzhof gewährleistete Kontinuitätsschutz ist zudem noch in anderer Hinsicht lückenhaft: Ansatzpunkt ist in der Regel[394] eine bereits bestehende Rechtsprechungslinie und die Frage, ob und in welchem Umfang von dieser abgewichen werden kann. Der Bundesfinanzhof beschäftigt sich unter Kontinuitätsgesichtspunkten also nur mit durch die Rechtsprechung geprägten Rechtslagen, auch wenn er insoweit gewichtend auch die Ansicht der Finanzverwaltung, die Rechtspraxis und Stellungnahmen in der Literatur einbezieht. Wenn und insoweit zu einer Steuerrechtsnorm aber (noch) keine Entscheidungen der Fachgerichte ergangen sind, kann zur Bestimmung der Rechtslage nur auf den Gesetzestext und die Interpretationen durch diese anderen Akteure (Finanzverwaltung, Rechtspraxis, steuerliches Schrifttum) zurückgegriffen werden. Hat sich insoweit eine weitgehend einheitliche Praxis herausgebildet und legt der Bundesfinanzhof sodann das Recht entgegen dieser einheitlichen Praxis aus, so kann auch hierin ein Kontinuitätsbruch liegen.[395] Da es aber an einem Rechtsprechungswechsel fehlt, stellt der Bundesfinanzhof auf Kontinuitätsgesichtspunkte nicht ab.

Auch wenn der Bundesfinanzhof also den besonderen verfassungsrechtlichen Wert der Rechtskontinuität betont und zum Schutz der Rechtskontinuität nur in Ausnahmefällen eine gefestigte Rechtsprechung aufgibt, kann durch diesen kontinuitätsschonenden Ansatz allein noch kein umfassender Schutz der Kontinuitätsinteressen von Bürger und Staat erreicht werden. Entscheidungen des Bundesfinanzhofs können zu Kontinuitätsbrüchen führen, sodass gesetzliche Reaktionen auf solche Entscheidungen unter Umständen als kontinuitätswahrende Maßnahmen begriffen werden können.

C. Verfahrensrechtlicher Schutz vor Kontinuitätsbrüchen

Bevor sich die Arbeit Nichtanwendungsgesetzen in ihrer möglichen kontinuitätswahrenden Funktion zuwenden kann, ist der Blick noch auf das jeweilige Einzelrechtsverhältnis zwischen Bürger und Staat zu lenken. Eine besondere gesetzgeberische Reaktion auf einen Kontinuitätsbruch durch eine Entscheidung des Bundesfinanzhofs ist nur insoweit erforderlich, wie die Kontinuitäts-

---

[394] Die einzige Ausnahme bilden soweit ersichtlich zwei Entscheidungen aus dem Jahr 2003, in denen der zehnte Senat des Bundesfinanzhofs mit einer Auslegung ausdrücklich an die bisher im Wesentlichen auf ein BMF-Schreiben gestützte Praxis anknüpft und dies auch mit der Gewährleistung von Rechtskontinuität begründet; vgl. BFH, Urteil v. 18.9.2003 – X R 152/97, BFHE 203, 337 = BStBl II 2007, 749, juris Rn. 53; BFH, Urteil v. 15.10.2003 – X R 29/01, BFH/NV 2004, 161, juris Rn. 39.

[395] Vgl. schon §3 A. III. 1. c).

interessen von Bürger und Staat nicht schon durch die bestehenden verfahrensrechtlichen Instrumente geschützt sind. Je besser im einzelnen Rechtsverhältnis Kontinuität gewahrt wird, desto eher kann eine unstete Gesamtrechtslage hingenommen werden. Je unbefriedigender der verfahrensrechtliche Schutz im Einzelfall ist, desto größer ist das Bedürfnis, die Kontinuität der Rechtslage generell zu befördern – wozu potentiell Nichtanwendungsgesetze einen Beitrag leisten können.

I. Bestandskräftige Steuerbescheide

1. Endgültige Steuerbescheide

Für bereits verwirklichte Sachverhalte wird Kontinuität im einzelnen Rechtsverhältnis insbesondere durch die Bestandskraft von Steuerbescheiden verwirklicht. Wie auch im sonstigen Verwaltungsrecht erlangt eine endgültige[396] Steuerfestsetzung mit Eintritt der formellen und materiellen Bestandskraft ein erhöhtes Maß an Verlässlichkeit: Sie kann nur noch unter den Voraussetzungen der §§ 172 ff. AO geändert werden. Zwar sehen diese Vorschriften eine Vielzahl von Änderungsanlässen vor, die bloße Veränderung der Rechtslage durch eine (veränderte) gerichtliche Auslegung eines Tatbestands lässt aber nur in Ausnahmekonstellationen zu, dass eine bestandskräftige Steuerfestsetzung korrigiert wird:[397]

a) Korrektur nach § 172 AO

Zwar stellt die Vorschrift des § 172 Abs. 1 S. 1 Nr. 1 AO die Änderung eines endgültigen Verbrauchsteuerbescheids ohne weitere tatbestandliche Einschränkung in das Ermessen der Finanzbehörde,[398] sodass auch die bloße Veränderung der Rechtslage grundsätzlich als Anlass für eine Korrektur genommen werden kann. Die Bedeutung der Vorschrift ist in der Praxis allerdings gering, da eine Vielzahl der Verbrauchsteuergesetze auf den dann allein anwendbaren Zollkodex verweisen[399] und insbesondere Umsatzsteuerfestsetzungen nicht

[396] Zu vorläufigen Steuerbescheiden und solchen unter dem Vorbehalt der Nachprüfung sogleich unter § 3 C. I. 2.

[397] Davon losgelöst zu beantworten ist die Frage, ob dann, wenn einer der gesetzlich normierten Änderungsgründe vorliegt, auch eine zwischenzeitliche Änderung der Rechtslage berücksichtigt werden kann oder muss; dazu sogleich unter § 3 C. I. 1. g).

[398] *Bartone*, in: von Wedelstädt, AO/FGO, 22. Auflage 2018, § 172 AO Rn. 11; *Loose*, in: Tipke/Kruse, § 172 AO Rn. 5; das Ermessen ist nicht automatisch zugunsten einer Änderung auf null reduziert, vgl. im Einzelnen *Rüsken*, in: Klein, AO, 14. Auflage 2018, § 172 Rn. 28; *Loose*, in: Tipke/Kruse, § 172 AO Rn. 13 f. m. w. N. Bei einer Änderung der Rechtslage zulasten des Steuerpflichtigen ist zudem auch bei Verbrauchsteuerbescheiden § 176 AO zu beachten, weshalb eine Änderung nur anlässlich einer veränderten Rechtslage i. E. regelmäßig ausscheiden wird; dazu sogleich unter § 3 C. I. 1. g).

[399] *Bartone*, in: von Wedelstädt, AO/FGO, 22. Auflage 2018, § 172 AO Rn. 11.

von §172 Abs. 1 S 1 Nr. 1 AO, sondern von §172 Abs. 1 S. 1 Nr. 2 AO erfasst sind.[400]

Nach §172 Abs. 1 S. 1 Nr. 2 a) S. 1 AO ist eine Änderung möglich, soweit der Steuerpflichtige zustimmt oder seinem Antrag der Sache nach entsprochen wird. Nach Bestandskraft des Bescheids kommt nur noch eine Änderung zuungunsten des Steuerpflichtigen in Betracht (§172 Abs. 1 S. 1 Nr. 2 a) S. 2 AO). Hat sich die Rechtslage also nach Bestandskraft zugunsten des Steuerpflichtigen verändert, scheidet eine Änderung jedenfalls aus; hat sich die Rechtslage zugunsten des Fiskus verändert, wird der Steuerpflichtige einer Änderung in der Regel nicht zustimmen.[401]

Die Vorschriften des §172 Abs. 1 S. 2 Nr. 2 b) und c) AO erlauben eine Änderung eines bestandskräftigen Steuerbescheids, wenn er von einer sachlich unzuständigen Behörde erlassen oder durch unlautere Mittel erwirkt wurde. Änderungsanlass ist hier ein gravierendes Fehlverhalten auf Seiten der Verwaltung, des Steuerpflichtigen oder eines Dritten.[402] Die bloße Veränderung der Rechtslage – sei es zugunsten oder zuungunsten des Steuerpflichtigen – kann nicht unter eine der Voraussetzungen subsumiert werden.

§172 Abs. 1 S. 1 Nr. 2 d) AO verweist auf andere gesetzliche Änderungsvorschriften und damit insbesondere auf die nachfolgenden §§173–175a AO.[403] Daneben können Steuerbescheide nach §129 S. 1 oder S. 2 AO berichtigt werden, um Schreib- oder Rechenfehler und andere offenbare Unrichtigkeiten zu korrigieren.[404] Offenbare Unrichtigkeiten liegen aber nur bei rein mechanischen

---

[400] Die Umsatzsteuer ist zwar wirtschaftlich eine Verbrauchsteuer, technisch aber als Verkehrssteuer ausgestaltet; *Rüsken*, in: Klein, AO, 14. Auflage 2018, §172 Rn. 12f.; *Loose*, in: Tipke/Kruse, §172 AO Rn. 7; *von Groll*, in: HHSp., §172 AO Rn. 71.

[401] Ausnahmsweise wird der Steuerpflichtige einer Änderung zu seinen Lasten zustimmen, wenn diese Folgeänderungen (i. d. R. nach §174 Abs. 1 oder Abs. 2 AO) in anderen Veranlagungszeiträumen zu seinen Gunsten nach sich zieht; vgl. *Rüsken*, in: Klein, AO, 14. Auflage 2018, §172 Rn. 40; *von Groll*, in: HHSp., §172 AO Rn. 142.

[402] Ein Steuerbescheid kann auch durch unlautere Mittel erwirkt werden, wenn diese durch eine nicht am Steuerverfahren beteiligte Person angewandt werden; *Rüsken*, in: Klein, AO, 14. Auflage 2018, §172 Rn. 56; *von Groll*, in: HHSp., §172 AO Rn. 171.

[403] *Von Groll*, in: HHSp., §172 AO Rn. 200; *Bartone*, in: von Wedelstädt, AO/FGO, 22. Auflage 2018, §172 AO Rn. 41; zu diesen Änderungsvorschriften im Einzelnen sogleich.

[404] Nach zutreffender h. M. handelt es sich bei einer Berichtigung nach §129 AO nicht um eine Aufhebung oder Änderung eines Steuerbescheids, weil der Regelungsbereich des Verwaltungsakts unberührt bleibt; vgl. BFH, Urteil v. 8.3.1989 – X R 116/87, BFHE 156, 59 = BStBl II 1989, 531, juris Rn. 26; *von Groll*, in: HHSp., §172 AO Rn. 202 m. w. N. Auch wenn Teile der Literatur (z. B. *Loose*, in: Tipke/Kruse, §172 AO Rn. 45; *Seibel*, in: Lippross/Seibel, Basiskommentar Steuerrecht, §172 AO Rn. 26) den Verweis in §172 Abs. 1 S. 1 Nr. 2 d) AO demgegenüber trotzdem auch auf §129 AO erstrecken, führt dies zu keinem anderen Ergebnis, weil Einigkeit dahingehend besteht, dass die §§176, 177 AO bei Berichtigungen nach §129 AO keine Anwendung finden; vgl. BFH, Urteil v. 4.6.2008 – X R 47/07, BFH/NV 2008, 1801, juris Rn. 15; *von Groll*, in: HHSp., §176 AO Rn. 72; *Loose*, in: Tipke/Kruse, §176 AO Rn. 3; *von Groll*, in: HHSp., §177 AO Rn. 43; *Loose*, in: Tipke/Kruse, §177 AO Rn. 1a; *Koenig*, in: Koenig, AO, 3. Auflage 2014, §177 AO Rn. 6.

Versehen vor.[405] Wenn sich die von der Finanzverwaltung vertretene Rechtsauffassung später – aufgrund einer geänderten Rechtslage – als falsch herausstellt, leidet der Steuerbescheid aber nicht an einem bloß mechanischen, sondern an einem inhaltlichen Mangel.[406] Ein solcher kann nicht über § 129 AO korrigiert werden.[407]

b) Korrektur nach § 173 AO

§ 173 Abs. 1 AO sieht eine zwingende Änderung von Steuerbescheiden vor, soweit nachträglich Tatsachen oder Beweismittel bekannt werden, die zu einer abweichenden Steuerfestsetzung führen. Bei Änderungen zugunsten des Steuerpflichtigen gilt dies nach § 173 Abs. 1 Nr. 2 AO nur insoweit den Steuerpflichtigen kein grobes Verschulden am nachträglichen Bekanntwerden trifft oder ein zumindest mittelbarer Zusammenhang mit Tatsachen oder Beweismitteln besteht, die zu einer Änderung zulasten des Steuerpflichtigen führen. Finanzgerichtliche Entscheidungen stellen indes keine Tatsachen oder Beweismittel im Sinne der Vorschrift dar.[408] Tatsachen sind (nur) Zustände, Vorgänge, Beziehungen und Eigenschaften materieller und immaterieller Art, die Merkmal eines gesetzlichen Tatbestands sein können.[409] Beweismittel ist jedes Erkenntnismittel, das Beweis erlaubt, ob eine Tatsache vorliegt oder nicht.[410] Gerichtsentscheidungen sind demgegenüber rechtliche Schlussfolgerungen auf Grundlage einer angenommenen Tatsachenbasis und damit gerade keine Tatsachen.[411] Schon aus diesem Grund scheidet eine Änderung einer bestandskräftigen Steuerfestsetzung allein aufgrund einer veränderten Rechtslage nach § 173 AO aus.

---

[405] *Von Wedelstädt*, in: Beermann/Gosch, AO/FGO, § 129 AO Rn. 7, 9; *Seer*, in: Tipke/Kruse, § 129 AO Rn. 10; *Wernsmann*, in: HHSp., § 129 AO Rn. 40; vgl. auch die Übersicht über von der Rechtsprechung entschiedene Einzelfälle bei *Seer*, in: Tipke/Kruse, § 129 AO Rn. 18 ff.

[406] *Von Wedelstädt*, in: Beermann/Gosch, AO/FGO, § 129 AO Rn. 11 f.; *Wernsmann*, in: HHSp., § 129 AO Rn. 60.

[407] Nach ständiger Rechtsprechung schließt schon die ernsthafte Möglichkeit eines Rechtsfehlers eine Berichtigung nach § 129 S. 1 AO aus; vgl. nur BFH, Urteil v. 19.3.2009 – IV R 84/06, BFH/NV 2009, 1394, juris Rn. 20; BFH, Urteil v. 20.8.2014 – I R 60/13, BFH/NV 2015, 148, juris Rn. 20 jew. m. w. N.

[408] Gleiches gilt für Steuergesetze und Verwaltungsrichtlinien als Maßnahmen der anderen Staatsgewalten, die gemeinsam mit Gerichtsentscheidungen die Rechtslage konturieren.

[409] Ständige Rechtsprechung; vgl. nur BFH, Urteil v. 8.7.2015 – VI R 51/14, BFHE 250, 232, juris Rn. 14; BFH, Urteil v. 18.12.1996 – XI R 36/96, BFHE 181, 566 = BStBl II 1997, 264, juris Rn. 13 jew. m. w. N.

[410] BFH, Urteil v. 27.10.1992 – VIII R 41/89, BFHE 170, 1 = BStBl II 1993, 569, juris Rn. 27; *von Groll*, in: HHSp., § 173 AO Rn. 111; *Bartone*, in: von Wedelstädt, AO/FGO, 22. Auflage 2018, § 173 AO Rn. 16.

[411] Ständige Rechtsprechung; vgl. nur BFH, Urteil v. 8.7.2015 – VI R 51/14, BFHE 250, 232, juris Rn. 14; BFH, Urteil v. 27.10.1992 – VIII R 41/89, BFHE 170, 1 = BStBl II 1993, 569, juris Rn. 18 jew. m. w. N.; prägnant auch *Rüsken*, in: Klein, AO, 14. Auflage 2018, § 173 Rn. 22: „Gegenbegriff".

Soweit sich die Rechtslage nur für die Zukunft ändert (wenn also das Gericht selbst Vertrauensschutz für Altfälle gewährt), kommt hinzu, dass – anders als von §173 AO vorausgesetzt – nicht erst nachträglich die bereits beim Erlass des Verwaltungsakts bestehende Situation bekannt wird, sondern sich diese Situation verändert.[412] Rechtserkenntnisse der Finanzgerichtsbarkeit berechtigen also als solche nicht zu einer Änderung einer bestandskräftigen Steuerfestsetzung nach §173 AO.[413]

c) Korrektur nach §173a AO

Nach §173a AO ist ein Steuerbescheid zu ändern, soweit dem Steuerpflichtigen bei Erstellung seiner Steuererklärung Schreib- oder Rechenfehler unterlaufen sind und er deshalb der Finanzverwaltung bestimmte rechtserhebliche Tatsachen unzutreffend mitgeteilt hat. Ob eine Tatsache rechtserheblich ist, bestimmt sich nach den Verhältnissen beim Erlass des Steuerbescheids. Eine zwischenzeitlich eingetretene Veränderung der Rechtslage – insbesondere durch einen Rechtsprechungswechsel – kann mithin keinen Anlass für eine Änderung nach §173a AO bilden.[414]

d) Korrektur nach §174 AO

Eine geänderte Rechtslage kann aber in Ausnahmefällen zu widersprüchlichen Steuerfestsetzungen im Sinne des §174 AO führen. Dies wird insbesondere dann der Fall sein, wenn ein bestimmter Sachverhalt nach Ansicht des Gerichts einem anderen Veranlagungszeitraum zugeordnet werden muss als bisher angenommen (beispielsweise, wenn sich die Rechtslage hinsichtlich des Zufluss- oder Abflusszeitpunktes im Sinne des §11 EStG ändert).[415] Wurde der Sachverhalt bereits berücksichtigt, kann die Finanzverwaltung nach der Rechtsänderung verpflichtet sein, diesen Sachverhalt in einem Folgezeitraum erneut zugunsten oder zulasten des Steuerpflichtigen zu berücksichtigen (sog. positi-

---

[412] *Rüsken*, in: Klein, AO, 14. Auflage 2018, §173 Rn. 37.

[413] Dies gilt auch dann, wenn auf Grundlage der veränderten Rechtslage nunmehr Tatsachen oder Beweismittel vorgebracht oder ermittelt werden, die nach der bisherigen Rechtsauffassung völlig unerheblich waren. Wenn die Finanzbehörde auch bei Kenntnis der Tatsachen im Zeitpunkt der ursprünglichen Veranlagung mit an Sicherheit grenzender Wahrscheinlichkeit zu keiner anderen Entscheidung gekommen wäre, kommt eine Änderung nach §173 Abs. 1 AO nicht in Betracht; BFH, Beschluss v. 23.11.1987 – GrS 1/86, BFHE 151, 495 = BStBl II 1988, 180, juris Rn. 33ff.; BFH, Urteil v. 12.5.2009 – IX R 45/08, BFHE 225, 299 = BStBl II 2009, 891, juris Rn. 4; *Rüsken*, in: Klein, AO, 14. Auflage 2018, §173 Rn. 71.

[414] *Rüsken*, in: Klein, AO, 14. Auflage 2018, §173a Rn. 4.

[415] Man bezeichnet diese Konstellation auch als Periodenkollision. Daneben sind Mehrfacherfassungen durch verschiedene Steuerarten (Objektkollision), verschiedene Steuerschuldner (Subjektkollision) oder verschiedene Finanzämter (Zuständigkeitskollision) denkbar; vgl. *Bartone*, in: von Wedelstädt, AO/FGO, 22. Auflage 2018, §174 AO Rn. 2; *Loose*, in: Tipke/Kruse, §174 AO Rn. 3; *von Groll*, in: HHSp., §174 AO Rn. 4.

ver Widerstreit).[416] Ging die Finanzverwaltung bisher beispielsweise davon aus, dass eine Einnahme im Veranlagungszeitraum 01 zu berücksichtigen sei und hat einen entsprechenden bestandskräftigen Steuerbescheid erlassen und wird nunmehr höchstrichterlich entschieden, dass die Einnahme erst im Veranlagungszeitraum 02 zu erfassen ist, so ergibt sich ein materiell-rechtlicher Widerspruch:[417] Dieselbe Einnahme kann nur einmal zugeflossen sein. Entsprechendes gilt für den Abfluss einer Betriebsausgabe. § 174 Abs. 1 und 2 AO eröffnen die Möglichkeit, diesen Widerstreit durch die Korrektur des (nach der geänderten Rechtslage) fehlerhaften Steuerbescheids aufzulösen. Eine Korrektur zulasten des Steuerpflichtigen ist insoweit nur möglich, wenn die Berücksichtigung des Sachverhalts auf einem Antrag oder einer Erklärung des Steuerpflichtigen beruht (§ 174 Abs. 2 S. 2 AO).

Ebenso kann die Bestandskraft durchbrochen werden, wenn die Finanzverwaltung auf Grundlage der bisherigen Rechtslage davon ausging, ein bestimmter Sachverhalt sei in einem anderen Steuerbescheid zu berücksichtigen. Auch insoweit kommt insbesondere in Betracht, dass die Finanzverwaltung bei Erlass des Bescheids davon ausging, eine Einnahme oder Ausgabe sei zeitlich erst einem späteren Veranlagungszeitraum zuzuordnen.[418] Stellt sich diese Annahme nun wegen einer Veränderung der Rechtslage als falsch heraus, sodass der Sachverhalt auch in den folgenden Veranlagungszeiträumen nicht berücksichtigt werden kann, liegt ein sog. negativer Widerstreit vor.[419] Auch dieser kann nach § 174 Abs. 3 AO dadurch behoben werden, dass der nunmehr als fehlerhaft erkannte Steuerbescheid korrigiert wird. Zusätzliche Voraussetzung ist indes, dass die Absicht, den Sachverhalt erst in einem anderen Steuerbescheid berücksichtigen zu wollen, bei der ursprünglichen Festsetzung für den Steuerpflichtigen erkennbar war.

§ 174 Abs. 4 AO ermöglicht es schließlich, eine geänderte Rechtslage in Bezug auf einen bestimmten Sachverhalt, die der Steuerpflichtige in einem Steuerbescheid im Rahmen eines Antrags oder einer Klage zu seinen Gunsten durchgesetzt hat, in anderen Bescheiden auch zu seinen Lasten zu berücksichtigen. Dies gilt gemäß § 174 Abs. 5 AO sogar gegenüber Dritten, wenn sie an dem Verfahren zur Aufhebung oder Änderung des fehlerhaften Bescheids geführt hat, beteiligt waren.

---

[416] Zum Begriff des positiven Widerstreits siehe *Bartone*, in: von Wedelstädt, AO/FGO, 22. Auflage 2018, § 174 AO Rn. 2; *Loose*, in: Tipke/Kruse, § 174 AO Rn. 3; *von Groll*, in: HHSp., § 174 AO Rn. 3.

[417] Das materielle Recht muss eine mehrfache Berücksichtigung ausschließen; vgl. *von Groll*, in: HHSp., § 174 AO Rn. 52, 100; *Loose*, in: Tipke/Kruse, § 174 AO Rn. 12; *Bartone*, in: von Wedelstädt, AO/FGO, 22. Auflage 2018, § 174 AO Rn. 18.

[418] *Loose*, in: Tipke/Kruse, § 174 AO Rn. 30; *von Groll*, in: HHSp., § 174 AO Rn. 201.

[419] Zum Begriff des negativen Widerstreits vgl. *Loose*, in: Tipke/Kruse, § 174 AO Rn. 4; *von Groll*, in: HHSp., § 174 AO Rn. 3.

In all diesen Konstellationen kann zwar ausnahmsweise die Bestandskraft eines Steuerbescheids aufgrund einer veränderten Rechtslage durchbrochen werden. Voraussetzung ist aber stets, dass verfahrensrechtlich überhaupt noch eine widersprüchliche Festsetzung erfolgen kann.[420] Wenn sich die Rechtslage verändert und bereits alle potentiell widersprüchliche Festsetzungen auf Grundlage der bisherigen Rechtslage bestandskräftig veranlagt sind, scheidet auch eine Korrektur nach § 174 AO aus. Wurde beispielsweise auf Grundlage der bisherigen Rechtslage eine Einnahme im Veranlagungszeitraum 01 erfasst und müsste sie nach einer Änderung der Rechtslage im Veranlagungszeitraum 02 erfasst werden, sind aber die Festsetzungen für beide Veranlagungszeiträume bereits bestandskräftig, so liegen schon gar keine widersprüchlichen Festsetzungen vor. § 174 AO erlaubt nicht generell die Korrektur einer nachträglich als falsch erkannten Rechtsauffassung.[421]

e) Korrektur nach § 175 AO

§ 175 Abs. 1 S. 1 Nr. 1 AO erlaubt nur die Änderung eines Steuerbescheids, wenn ein anderer Steuerbescheid, der Grundlagenbescheid im Sinne des § 171 Abs. 10 AO ist, geändert wird. Eine bloße Veränderung der Rechtslage durch eine fachgerichtliche Entscheidung kann damit nicht zu einer Änderung nach § 175 Abs. 1 S. 1 Nr. 1 AO führen.

Ebenso wenig stellen gerichtliche Entscheidungen über die Auslegung von Steuergesetzen rückwirkende Ereignisse im Sinne von § 175 Abs. 1 S. 1 Nr. 2 AO dar.[422] Selbst wenn das Bundesverfassungsgericht eine Norm für nichtig oder für nicht mit der Verfassung vereinbar erklärt, scheidet eine Änderung aus.[423] Die Korrekturvorschrift erfasst vielmehr nur nachträgliche Veränderungen des zu besteuernden Sachverhalts.[424] Durch eine neue Rechtslage wird aber nicht

---

[420] Einen Anspruch auf Erlass einer solchen widersprüchlichen Festsetzung gewährt § 174 AO selbst nämlich nicht; BFH, Urteil v. 16.2.2005 – II R 59/02, BFH/NV 2005, 1369, juris Rn. 13; *Loose*, in: Tipke/Kruse, § 174 AO Rn. 23; *Bartone*, in: von Wedelstädt, AO/FGO, 22. Auflage 2018, § 174 AO Rn. 25.

[421] Ebenso *Loose*, in: Tipke/Kruse, § 174 AO Rn. 30.

[422] BFH, Urteil v. 23.11.2006 – V R 28/05, BFH/NV 2007, 872, juris Rn. 32; BFH, Beschluss v. 8.12.2010 – III B 5/10, BFH/NV 2011, 415, juris Rn. 3; *Bartone*, in: von Wedelstädt, AO/FGO, 22. Auflage 2018, § 175 AO Rn. 56 ff.; *von Groll*, in: HHSp., § 175 AO Rn. 254. Auch die Änderung eines Steuergesetzes ist kein rückwirkendes Ereignis, vgl. nur *Hey*, Steuerplanungssicherheit als Rechtsproblem, 2002, S. 754 f.; *Loose*, in: Tipke/Kruse, § 175 AO Rn. 25; a. A. für rückwirkende Gesetze *Bartone*, in: von Wedelstädt, AO/FGO, 22. Auflage 2018, § 174 AO Rn. 52. Gleiches gilt schließlich für den Erlass einer Verwaltungsrichtlinie, vgl. *ders.*, in: von Wedelstädt, AO/FGO, 22. Auflage 2018, § 175 AO Rn. 55.

[423] BFH, Urteil v. 12.5.2009 – IX R 45/08, BFHE 225, 299 = BStBl II 2009, 891, juris Rn. 11; *Bartone*, in: von Wedelstädt, AO/FGO, 22. Auflage 2018, § 175 AO Rn. 54; *von Groll*, in: HHSp., § 175 AO Rn. 254; *Loose*, in: Tipke/Kruse, § 175 AO Rn. 25.

[424] BFH, Urteil v. 26.10.1988 – II R 55/86, BFHE 154, 493 = BStBl II 1989, 75, juris Rn. 14; BFH, Urteil v. 19.8.1999 – IV R 73/98, BFHE 190, 5 = BStBl II 2000, 18, juris Rn. 13; *Barto-*

der Sachverhalt, sondern dessen rechtliche Bewertung verändert; eine Korrektur nach § 175 Abs. S. 1 Nr. 2 AO kommt nicht in Betracht.[425]

f) Korrektur nach § 175a AO

§ 175a S. 1 AO ermöglicht schließlich Änderungen zur Umsetzung von Verständigungsvereinbarungen oder Schiedssprüchen auf Grundlage von Doppelbesteuerungsabkommen. Änderungsanlass ist mithin nicht eine Veränderung der objektiv-generellen Rechtslage durch eine (höchstrichterliche) Entscheidung, sondern das Ergebnis eines auf den Einzelfall bezogenen Verfahrens zur Beseitigung einer Doppelbesteuerung.

g) Eingeschränkte Berücksichtigung nach § 176 Abs. 1 Nr. 3, § 177 AO

Liegt ein endgültiger bestandskräftiger Steuerbescheid vor, so können also nur in Ausnahmefällen Veränderungen der Rechtslage als Anlass für eine Korrektur dieses Bescheids genommen werden. Der Steuerbescheid mag zwar materiell rechtswidrig sein, das Verfahrensrecht erlaubt aber eine Korrektur dieses Fehlers in der Regel nicht. Nur wenn die Bestandskraft aus einem anderen Grund durchbrochen wird, können gegenläufige materielle Fehler nach § 177 Abs. 1 oder Abs. 2 AO mit korrigiert werden.[426] Materielle Fehler liegen vor, insoweit die festgesetzte Steuer von der gesetzlich geschuldeten Steuer abweicht.[427] Maßgeblicher Beurteilungszeitpunkt ist der Erlass des Änderungsbescheids, sodass eine Veränderung der Rechtslage durch eine geänderte Auslegung der steuerlichen Normen nach Erlass des ursprünglichen Bescheids zu einem materiellen Fehler führen kann.[428] Eine Korrektur ist aber nur möglich, soweit die Bestandskraft des Steuerbescheids durchbrochen wird.[429] Der durch die einschlägigen

ne, in: von Wedelstädt, AO/FGO, 22. Auflage 2018, § 175 AO Rn. 35 f.; *von Groll*, in: HHSp., § 175 AO Rn. 251.

[425] BFH, Urteil v. 26.10.1988 – II R 55/86, BFHE 154, 493 = BStBl II 1989, 75, juris Rn. 14; BFH, Urteil v. 19.8.1999 – IV R 73/98, BFHE 190, 5 = BStBl II 2000, 18, juris Rn. 13; BFH, Urteil v. 23.11.2006 – V R 28/05, BFH/NV 2007, 872, juris Rn. 32; *von Groll*, in: HHSp., § 175 AO Rn. 252 f.

[426] Wird der Steuerbescheid nach § 129 AO berichtigt, ist § 177 AO nach h. M. nicht anwendbar; vgl. die Nachweise in Fn. 404; kritisch *Wernsmann*, in: HHSp., § 129 AO Rn. 33. Materielle Fehler können aber nach h. M. im Rahmen der Ermessensausübung des § 129 S. 1 AO berücksichtigt werden; BFH, Urteil v. 8.3.1989 – X R 116/87, BFHE 156, 59 = BStBl II 1989, 531, juris Rn. 29; BFH, Urteil v. 4.6.2008 – X R 47/07, BFH/NV 2008, 1801, juris Rn. 15; *von Groll*, in: HHSp., § 177 AO Rn. 43; *Loose*, in: Tipke/Kruse, § 177 AO Rn. 1a; *Rüsken*, in: Klein, AO, 14. Auflage 2018, § 177 AO Rn. 4. Damit kommt die h. M. auch bei Berichtigungen nach § 129 AO zu vergleichbaren Ergebnissen.

[427] *Koenig*, in: Koenig, AO, 3. Auflage 2014, § 177 AO Rn. 17; *Rüsken*, in: Klein, AO, 14. Auflage 2018, § 177 AO Rn. 11; *Loose*, in: Tipke/Kruse, § 177 AO Rn. 4.

[428] Ausdrücklich *von Groll*, in: HHSp., § 177 AO Rn. 172, 175.

[429] *Rüsken*, in: Klein, AO, 14. Auflage 2018, § 177 AO Rn. 1; *Loose*, in: Tipke/Kruse, § 177 AO Rn. 7 f.

Änderungsnormen bestimmte Berichtigungsrahmen[430] darf durch die Anwendung von § 177 AO weder überschritten noch unterschritten werden.[431] Hat sich die Rechtslage beispielsweise nach Bestandskraft zugunsten des Steuerpflichtigen dergestalt geändert, dass die Steuer um 10.000 € zu hoch festgesetzt ist und wird diese Festsetzung nunmehr durch einen bisher noch nicht berücksichtigten Grundlagenbescheid um weitere 5.000 € erhöht, so sind die Kontinuitätsinteressen des Staates dadurch geschützt, dass zwar der gegenläufige materielle Fehler zugunsten des Steuerpflichtigen berücksichtigt wird (§ 177 Abs. 1 AO), aber nur soweit wie die Änderung reicht; im Beispielsfall wird der Bescheid also nicht zugunsten des Steuerpflichtigen geändert, sondern lediglich die Änderung zuungunsten vollständig kompensiert. Wird der Bescheid sowohl zugunsten als auch zuungunsten des Steuerpflichtigen geändert, sind § 177 Abs. 1 AO und § 177 Abs. 2 AO nebeneinander anwendbar.[432]

Die Kontinuitätsinteressen des Bürgers unterliegen sogar noch einem verstärkten Schutz durch die Bestandskraft.[433] Nach § 176 AO dürfen bei der Änderung oder Aufhebung[434] einer bestandskräftigen Steuerfestsetzung[435] bestimmte Veränderungen der Rechtslage nicht zuungunsten des Steuerpflichtigen berücksichtigt werden. Auch eine Mitkorrektur im Rahmen von § 177 AO scheidet insoweit aus (§ 177 Abs. 4 AO).[436] Die Rechtslage bei Erlass des Steuerbescheids wird damit in gewissem Umfang konserviert. Insbesondere das Inte-

[430] Gegenläufige Änderungen (zugunsten und zuungunsten des Steuerpflichtigen) sind für die Bestimmung des Berichtigungsrahmens nicht zu saldieren; *Koenig*, in: Koenig, AO, 3. Auflage 2014, § 177 AO Rn. 8; *Rüsken*, in: Klein, AO, 14. Auflage 2018, § 177 AO Rn. 14; *Loose*, in: Tipke/Kruse, § 177 AO Rn. 9.

[431] BFH, Urteil v. 14.10.2009 – X R 14/08, BFHE 227, 312 = BStBl II 2010, 533, juris Rn. 26; *Rüsken*, in: Klein, AO, 14. Auflage 2018, § 177 AO Rn. 1.

[432] Vgl. das Beispiel bei *Koenig*, in: Koenig, AO, 3. Auflage 2014, § 177 AO Rn. 9 f.

[433] Als besonderes Instrument des einfachgesetzlichen Kontinuitätsschutzes wird § 176 AO insbesondere von *Leisner-Egensperger*, Kontinuität als Verfassungsprinzip, 2002, S. 604 ff. begriffen. Aber auch andere Autoren sehen in dieser Norm die herausragende gesetzliche Ausprägung des rechtsstaatlichen Kontinuitätsgebots im Steuerrecht; vgl. z. B. *P. Kirchhof*, DStR 1989, 263, 263.

[434] Bei Berichtigungen nach § 129 AO findet § 176 AO nach h. M. keine Anwendung; das Kontinuitätsinteresse des Bürgers kann aber im Rahmen der Ermessensausübung nach § 129 S. 1 AO berücksichtigt werden; vgl. die Nachweise in Fn. 404 und 426.

[435] Bei der Änderung eines erstmaligen Steuerbescheids aufgrund eines Einspruchs oder einer finanzgerichtlichen Klage steht § 176 AO einer Verböserung nicht entgegen; *Koenig*, in: Koenig, AO, 3. Auflage 2014, § 177 AO Rn. 6; *Rüsken*, in: Klein, AO, 14. Auflage 2018, § 176 AO Rn. 8 f.; *Bartone*, in: von Wedelstädt, AO/FGO, 22. Auflage 2018, § 176 AO Rn. 9; *Loose*, in: Tipke/Kruse, § 176 AO Rn. 3; *von Groll*, in: HHSp., § 176 AO Rn. 71. Zu unterscheiden ist der Fall, dass ein Änderungsbescheid Gegenstand eines Einspruchs- oder Klageverfahrens ist. In dieser Konstellation muss § 176 AO auch von den Finanzgerichten beachtet werden; *Rüsken*, in: Klein, AO, 14. Auflage 2018, § 176 AO Rn. 9; *Bartone*, in: von Wedelstädt, AO/FGO, 22. Auflage 2018, § 176 AO Rn. 9; *Loose*, in: Tipke/Kruse, § 176 AO Rn. 3; *von Groll*, in: HHSp., § 176 AO Rn. 102.

[436] *Koenig*, in: Koenig, AO, 3. Auflage 2014, § 177 AO Rn. 26; *Rüsken*, in: Klein, AO, 14. Auflage 2018, § 177 AO Rn. 17; *von Groll*, in: HHSp., § 176 AO Rn. 107.

resse des Bürgers an Rechtsprechungskontinuität[437] wird geschützt – aber nur in den Fällen, in denen eine bestandskräftige Steuerfestsetzung vorliegt.[438]

Nach § 176 Abs. 1 S. 1 Nr. 3 AO darf zuungunsten des Steuerpflichtigen nicht berücksichtigt werden, dass sich die bisher bei der Steuerfestsetzung angewandte Rechtsprechung eines obersten Gerichtshofs des Bundes geändert hat. Es muss nicht im Einzelfall nachgewiesen werden, dass die Finanzbehörde eine bestimmte Rechtsprechung im Bescheid angewandt hat. Soweit die materiellrechtliche Behandlung im Bescheid mit der im Erlasszeitpunkt maßgeblichen Rechtsprechung übereinstimmt, wird vielmehr widerlegbar vermutet, dass die Rechtsprechung angewendet wurde.[439] Diese Vermutung kann insbesondere durch entsprechende Erläuterungen im Bescheid widerlegt sein,[440] nicht aber durch die bloße Existenz eines Nichtanwendungserlasses, weil es auf die tatsächliche Anwendung der Rechtsprechung und nicht auf die verwaltungsinterne Befugnis zur Anwendung ankommt.[441] Hat die Finanzbehörde Angaben des Steuerpflichtigen im Rahmen einer Steuererklärung oder Steueranmeldung übernommen, die wiederum die bisherige Rechtsprechung berücksichtigten und war das für die Finanzbehörde nicht erkennbar, so greift § 176 Abs. 1 S. 1 Nr. 3 AO gemäß § 176 Abs. 1 S. 2 AO nur dann, wenn anzunehmen ist, dass die Behörde die bisherige Rechtsprechung angewendet hätte. Dies wird insbesondere dann nicht der Fall sein, wenn ein Nichtanwendungserlass bestand.[442]

§ 176 Abs. 1 S. 1 Nr. 3 AO schützt aber nur davor, dass die Rechtsprechung maßgeblich von bisherigen Entscheidungen abweicht.[443] Die Norm ist hingegen nicht anwendbar, wenn bisher keine einheitliche höchstrichterliche Rechtspre-

---

[437] Gleiches gilt für das Interesse an Kontinuität auf Ebene von Gesetzen und Verwaltungsrichtlinien.

[438] In diesem Sinne auch *Hey*, Steuerplanungssicherheit als Rechtsproblem, 2002, S. 594; *Leisner-Egensperger*, Kontinuität als Verfassungsprinzip, 2002, S. 605; *Koenig*, in: Koenig, AO, 3. Auflage 2014, § 176 AO Rn. 2; *Rüsken*, in: Klein, AO, 14. Auflage 2018, § 176 AO Rn. 1; *Loose*, in: Tipke/Kruse, § 176 AO Rn. 1a; *von Groll*, in: HHSp., § 176 AO Rn. 40.

[439] Std. Rspr.; vgl. nur BFH, Urteil v. 11.1.1991 – III R 60/89, BFHE 163, 286 = BStBl II 1992, 5, juris Rn. 23; BFH, Urteil v. 10.6.2008 – VIII R 79/05, BFHE 222, 230 = BStBl II 2008, 863, juris Rn. 52; BFH, Urteil v. 15.9.2011 – V R 36/09, BFHE 235, 507 = BStBl II 2012, 365, juris Rn. 31; so auch *Koenig*, in: Koenig, AO, 3. Auflage 2014, § 176 AO Rn. 34; *Rüsken*, in: Klein, AO, 14. Auflage 2018, § 176 AO Rn. 19; *Bartone*, in: von Wedelstädt, AO/FGO, 22. Auflage 2018, § 176 AO Rn. 20; *Loose*, in: Tipke/Kruse, § 176 AO Rn. 17.

[440] *Koenig*, in: Koenig, AO, 3. Auflage 2014, § 176 AO Rn. 34.

[441] *Koenig*, in: Koenig, AO, 3. Auflage 2014, § 176 AO Rn. 34; *Rüsken*, in: Klein, AO, 14. Auflage 2018, § 176 AO Rn. 20; a. A.: *von Groll*, in: HHSp., § 176 AO Rn. 193 für Festsetzungen unter dem Vorbehalt der Nachprüfung auch BFH, Urteil v. 11.1.1991 – III R 60/89, BFHE 163, 286 = BStBl II 1992, 5, juris Rn. 26; BFH, Urteil v. 30.10.1997 – IV R 76/96, BFH/NV 1998, 578, juris Rn. 18; siehe zu diesen Festsetzungen noch sogleich unter § 3 C. I. 2. a).

[442] *Bartone*, in: von Wedelstädt, AO/FGO, 22. Auflage 2018, § 176 AO Rn. 11, 21; *Loose*, in: Tipke/Kruse, § 176 AO Rn. 19; *von Groll*, in: HHSp., § 176 AO Rn. 193.

[443] BFH, Urteil v. 10.6.2008 – VIII R 79/05, BFHE 222, 230 = BStBl II 2008, 863, juris Rn. 50 m. w. N.; *Koenig*, in: Koenig, AO, 3. Auflage 2014, § 176 AO Rn. 26; *von Groll*, in: HHSp., § 176 AO Rn. 171.

chung bestand[444] oder wenn der BFH erstmals über eine Rechtsfrage entscheidet[445] – auch dann, wenn die gerichtliche von der bisher überwiegend in der Praxis vertretenen Auslegung abweicht.[446] Die Norm ist auch nicht analog auf Wechsel in der Rechtsprechung der Finanzgerichte[447] oder des Europäischen Gerichtshofs anwendbar.[448]

Die Norm des § 176 Abs. 1 S. 1 Nr. 3 AO gewährt mithin einen verstärkten Schutz nur gegen bestimmte Kontinuitätsbrüche. Zudem ist der Schutz stets davon abhängig, dass bereits eine bestandskräftige Steuerfestsetzung vorliegt.[449] Schließlich schützt die Norm ausschließlich die Kontinuitätsinteressen des Bürgers und nicht diejenigen des Staates. Eine analoge Anwendung zulasten des Bürgers wird allgemein abgelehnt.[450]

h) Zwischenergebnis

Eine endgültige bestandskräftige Steuerfestsetzung stellt in hohem Maße eine verlässliche Grundlage sowohl für den Bürger als auch für den Fiskus dar. Beide können die festgesetzten Steuerzahlungen in ihre finanziellen Kalkulationen, insbesondere in die Planung der jeweiligen Mittelverwendung, einbeziehen. Die Kontinuitätsinteressen des Bürgers sind dabei durch den verstärkten Bestandskraftschutz nach § 176 Abs. 1 S. 1 Nr. 3 AO noch deutlich besser geschützt als diejenigen des Staates: Eine Veränderung der Rechtslage zum Nachteil des Steuerpflichtigen darf in vielen Fällen bei der Änderung einer bestandskräftigen Steuerfestsetzung nicht berücksichtigt werden.

---

444 BFH, Urteil v. 10.6.2008 – VIII R 79/05, BFHE 222, 230 = BStBl II 2008, 863, juris Rn. 50 m. w. N.; *Koenig*, in: Koenig, AO, 3. Auflage 2014, § 176 AO Rn. 28.

445 *Koenig*, in: Koenig, AO, 3. Auflage 2014, § 176 AO Rn. 37; *Rüsken*, in: Klein, AO, 14. Auflage 2018, § 176 AO Rn. 17.

446 *Bartone*, in: von Wedelstädt, AO/FGO, 22. Auflage 2018, § 176 AO Rn. 18.

447 *Loose*, in: Tipke/Kruse, § 176 AO Rn. 14.

448 Nach seiner ständigen Rechtsprechung darf nur der EuGH selbst die zeitliche Reichweite seiner Entscheidungen einschränken; vgl. nur EuGH, Urteil v. 17.2.2005 – C-453/02 und C-462/02, Slg. I 2005, 1131, juris Rn. 42; EuGH, Urteil v. 6.3.2007 – C-292/04, Slg. I 2007, 1835, juris Rn. 35; EuGH, Urteil v. 10.4.2014 – C-190/12, IStR 2014, 333, juris Rn. 109; ebenso *von Groll*, in: HHSp., § 176 AO Rn. 151, 170; *Loose*, in: Tipke/Kruse, § 176 AO Rn. 13 f.; zu einer möglichen Rechtfertigung einer analogen Anwendung über den unionsrechtlichen Grundsatz des Vertrauensschutzes *Maciejewski/Theilen*, in: Weitemeyer/Schauhoff/Achatz (Hrsg.), Umsatzsteuerrecht für den Nonprofitsektor, 2019, Rn. 5.81.

449 Eine analoge Anwendung der Norm auf Sachverhaltskonstellationen vor Erlass eines (Erst-)Bescheids ist mangels vergleichbarer Schutzwürdigkeit nicht möglich; vgl. z. B. BFH, Urteil v. 30.6.1993 – XI R 76/92, BFH/NV 1994, 303, juris Rn. 17; BFH, Urteil v. 30.10.1997 – IV R 76/96, BFH/NV 1998, 578, juris Rn. 16 so auch *Rüsken*, in: Klein, AO, 14. Auflage 2018, § 176 AO Rn. 1a; *Koenig*, in: Koenig, AO, 3. Auflage 2014, § 176 AO Rn. 12; *Loose*, in: Tipke/Kruse, § 176 AO Rn. 1; *von Groll*, in: HHSp., § 176 AO Rn. 95.

450 *Bartone*, in: von Wedelstädt, AO/FGO, 22. Auflage 2018, § 176 AO Rn. 3; *Koenig*, in: Koenig, AO, 3. Auflage 2014, § 176 AO Rn. 9; *Rüsken*, in: Klein, AO, 14. Auflage 2018, § 176 AO Rn. 1a; *Loose*, in: Tipke/Kruse, § 176 AO Rn. 6.

Ein umfassender Schutz der Kontinuitätsinteressen von Staat und Steuerpflichtigen ist damit allerdings nicht erreicht:[451] Zum einen lassen sich aus der rechtlichen Behandlung eines Sachverhalts in einem abgelaufenen Veranlagungszeitraum wegen des Grundsatzes der Abschnittsbesteuerung keine Rückschlüsse auf die Behandlung in einem anderen Zeitraum ziehen.[452] Weder die Finanzverwaltung noch der Steuerpflichtige sind grundsätzlich an eine einmal vertretene Rechtsansicht gebunden.[453] Vielmehr ist die Finanzverwaltung sogar gehalten, eine als falsch erkannte Rechtsauffassung zum nächstmöglichen Zeitpunkt zu korrigieren. Lediglich wenn sich in Bezug auf einen bestimmten Sachverhalt widersprüchliche Festsetzungen im Sinne des § 174 AO ergeben (s. o.) sind Festsetzungen verschiedener Veranlagungszeiträume miteinander verknüpft. Die zukünftige kontinuierliche Behandlung eines Dauersachverhalts bzw. ähnlicher Sachverhalte ist also auch durch eine bestandskräftige Veranlagung in einem Veranlagungszeitraum nicht sichergestellt.

Zum anderen wirkt die bestandskräftige Festsetzung stets nur im Rechtsverhältnis zwischen Finanzamt und dem Adressaten des Bescheids. Soweit bei anderen Steuerpflichtigen noch keine bestandskräftige Steuerfestsetzung vorliegt, kann eine veränderte Rechtslage bei Ihnen noch berücksichtigt werden. Dadurch entstehen unterschiedliche rechtliche Behandlungen, die aus Sicht des Bürgers dazu führen können, dass seine Investitionsentscheidung nachträglich ineffektiv wird (weil andere Steuerpflichtige eine günstigere Rechtslage in Anspruch nehmen können)[454] und er Wettbewerbsnachteile erleidet.[455]

Die auf das einzelne Rechtsverhältnis beschränkte Wirkung ist auch aus Sicht des Staates negativ, da bei einer für den Fiskus nachteiligen Änderung der Rechtslage immer noch erhebliche unerwartete Steuerausfälle drohen können für all die Fälle, in denen eine bestandskräftige Festsetzung fehlt.[456] Zudem ist die Beeinträchtigung des fairen Wettbewerbs durch die uneinheitliche Rechtsanwendung in Abhängigkeit davon, ob bereits eine bestandskräftige Veranlagung vorliegt oder nicht, auch aus staatlicher Perspektive negativ, weil eine wohlfahrtsökonomisch optimale Ressourcenverteilung ohne funktionierenden

---

[451] Vgl. auch die – insbesondere aus Sicht des Steuerpflichtigen formulierte – Kritik an der begrenzten Reichweite des § 176 AO bei *von Groll*, in: HHSp., § 176 AO Rn. 20; *Hey*, Steuerplanungssicherheit als Rechtsproblem, 2002, S. 594.

[452] Std. Rspr. vgl. nur BFH, Urteil v. 13.4.1967 – V 235/64, BFHE 88, 443 = BStBl III 1967, 442, juris Rn. 4; BFH, Urteil v. 5.9.1990 – X R 100/89, BFH/NV 1991, 217, juris Rn. 15; BFH, Urteil v. 30.10.1997 – IV R 76/96, BFH/NV 1998, 578, juris Rn. 21; BFH, Urteil v. 21.8.2012 – VIII R 11/11, BFHE 239, 195 = BStBl II 2013, 117, juris Rn. 42 f.; jew. m. w. N.; zusammenfassend *von Wedelstädt*, AO-StB 2013, 219, 219; *Hülsmann*, DStR 2018, 1850, 1852 f.

[453] Zur Bindungswirkung von Zusagen und tatsächlichen Verständigungen noch unter § 3 C. II.

[454] Siehe bereits unter § 3 A. I. 1. b).

[455] Siehe bereits unter § 3 A. I. 2.

[456] Siehe bereits unter § 3 A. II. 1. b).

Wettbewerb in der Regel nicht erreicht wird.[457] Unterschiedliche Behandlungen verschiedener Steuerpflichtiger können des Weiteren die Steuermoral beeinträchtigen[458] und erhöhen den Bearbeitungsaufwand auf Seiten der Finanzverwaltung (beispielsweise wenn aufgrund der Regelung des § 176 Abs. 1 S. 1 Nr. 3 AO auch noch „frühere" Rechtslagen für einige Steuerpflichtige weiterhin angewandt werden müssen).[459]

Bestandskräftige endgültige Steuerfestsetzungen wahren Kontinuitätsinteressen von Staat und Bürger also nur in Bezug auf bereits abgeschlossene Sachverhalte und auch insoweit nicht vollumfänglich.

2. *Eingeschränkter Kontinuitätsschutz durch vorläufige Steuerbescheide und Steuerbescheide unter dem Vorbehalt der Nachprüfung*

In der Praxis werden Steuern häufig jedoch nicht endgültig, sondern unter dem Vorbehalt der Nachprüfung (§ 164 Abs. 1 AO) oder vorläufig (§ 165 Abs. 1 AO) festgesetzt. Derartige Festsetzungen gewähren ein erheblich geringeres Maß an Kontinuitätsschutz:

a) Festsetzungen unter dem Vorbehalt der Nachprüfung

So kann[460] eine Festsetzung unter dem Vorbehalt der Nachprüfung jederzeit und grundsätzlich ohne weitere Einschränkung von Amts wegen aufgehoben oder geändert werden (§ 164 Abs. 2 S. 1 AO). Der Steuerpflichtige kann die Aufhebung oder Änderung jederzeit beantragen (§ 164 Abs. 2 S. 2 AO). Ein Steuerbescheid unter dem Vorbehalt der Nachprüfung erlaubt damit – anders als ein endgültiger Steuerbescheid – insbesondere auch die Anpassung der Festsetzung an eine geänderte Rechtsprechung. An die ursprüngliche rechtliche Beurteilung ist die Finanzbehörde nicht gebunden;[461] wegen ihres nur vorläufigen Charakters[462] scheidet die Vorbehaltsfestsetzung als Vertrauensgrundlage von vornherein aus.[463]

---

[457] Siehe bereits unter § 3 A. II. 3.

[458] Siehe bereits unter § 3 A. II. 2.

[459] Siehe bereits unter § 3 A. II. 4.

[460] Entgegen dem Wortlaut besteht wegen der Pflicht zur gesetzmäßigen Besteuerung eine Korrekturpflicht, wenn der Steuerbescheid rechtswidrig ist; *Heuermann*, in: HHSp., § 164 AO Rn. 60; *Hey*, Steuerplanungssicherheit als Rechtsproblem, 2002, S. 774.

[461] BFH, Urteil v. 5.6.2003 – III R 26/00, BFH/NV 2003, 1529, juris Rn. 14; *von Wedelstädt*, in: von Wedelstädt, AO/FGO, 22. Auflage 2018, § 164 AO Rn. 20; *Heuermann*, in: HHSp., § 164 AO Rn. 61; *Koenig*, in: Koenig, AO, 3. Auflage 2014, § 177 AO Rn. 25; *Rüsken*, in: Klein, AO, 14. Auflage 2018, § 177 AO Rn. 16; *Seer*, in: Tipke/Kruse, § 164 AO Rn. 35.

[462] Zur Vorbehaltsfestsetzung als vorläufiger Regelung zuletzt *Busch*, Die §§ 164, 165 AO als besondere Nebenbestimmungen zum Steuerbescheid, 2019, S. 148 ff.

[463] Std. Rspr.; vgl. nur BFH, Beschluss v. 20.12.1994 – V B 3/94, BFH/NV 1995, 946, juris Rn. 8; BFH, Beschluss v. 13.6.2002 – III B 22/02, BFH/NV 2002, 1421, juris Rn. 4; BFH, Urteil v. 5.6.2003 – III R 26/00, BFH/NV 2003, 1529, juris Rn. 16; BFH, Urteil v. 26.5.2004 – I R

Die einzige Grenze für die Änderung einer Festsetzung unter dem Vorbehalt der Nachprüfung bildet § 176 AO. Trotz seiner systematischen Stellung im Anschluss an die Änderungsvorschriften der §§ 172 ff. AO[464] greift dieser auch bei einer Änderung nach § 164 Abs. 2 S. 1 AO.[465] Dafür spricht schon der Wortlaut von § 176 Abs. 1 S. 2 AO, der auch die Steueranmeldung nennt, die wiederum nach § 168 S. 1 AO einer Festsetzung unter dem Vorbehalt der Nachprüfung gleichsteht.[466] Außerdem nimmt § 176 AO nur Bezug auf die Aufhebung oder Änderung eines Steuerbescheids, ohne dies auf bestimmte Änderungsvorschriften zu begrenzen.[467] Systematisch zeigt auch die ausdrückliche Regelung in § 177 Abs. 4 AO, dass zwischen den Normkomplexen der §§ 164, 165 AO und den §§ 172 ff. AO durchaus Regelungszusammenhänge bestehen können. Teleologisch erscheint ein verstärkter Schutz der Bestandskraft gerade dann angezeigt, wenn das Verfahrensrecht weitreichende Eingriffe ermöglicht.[468] Zurecht werden Festsetzungen unter dem Vorbehalt der Nachprüfung demnach als Hauptanwendungsfall[469] von § 176 AO bezeichnet.[470]

Ob eine Steuer unter dem Vorbehalt der Nachprüfung festgesetzt wird, steht – solange der Steuerfall nicht abschließend geprüft ist – im Ermessen des Finanzamts (§ 164 Abs. 1 S. 1 AO). Eine abschließende Prüfung setzt jedenfalls voraus, dass der Steuersachverhalt nach Einschätzung der Finanzbehörde vollständig aufgeklärt ist.[471] Im Rahmen der Ermessensausübung ist das Interesse

---

54/03, BFHE 206, 332 = BStBl II 2004, 767, juris Rn. 33; BFH, Beschluss v. 4.5.2005 – XI B 224/03, BFH/NV 2005, 1483, juris Rn. 16; so auch BFH, Beschluss v. 4.5.2005 – XI B 224/03, BFH/NV 2005, 1483, juris Rn. 16; *Heuermann*, in: HHSp., § 164 AO Rn. 45; *Seer*, in: Tipke/Kruse, § 164 AO Rn. 36.

464 Vgl. BFH, Urteil v. 28.9.1987 – VIII R 154/86, BFHE 151, 107 = BStBl II 1988, 40, juris Rn. 9.

465 Ständige Rspr.; vgl. nur BFH, Urteil v. 28.9.1987 – VIII R 154/86, BFHE 151, 107 = BStBl II 1988, 40, juris Rn. 8 ff.; BFH, Urteil v. 21.11.2000 – IX R 2/96, BFHE 193, 460 = BStBl II 2001, 789, juris Rn. 66; BFH, Urteil v. 28.5.2002 – IX R 86/00, BFHE 199, 1 = BStBl II 2002, 840, juris Rn. 13; so auch *Heuermann*, in: HHSp., § 164 AO Rn. 57; *Seer*, in: Tipke/Kruse, § 164 AO Rn. 38; *Loose*, in: Tipke/Kruse, § 176 AO Rn. 3; *von Groll*, in: HHSp., § 176 AO Rn. 90; *Koenig*, in: Koenig, AO, 3. Auflage 2014, § 176 AO Rn. 3; *Rüsken*, in: Klein, AO, 14. Auflage 2018, § 176 AO Rn. 1a; *Hey*, Steuerplanungssicherheit als Rechtsproblem, 2002, S. 776 f.

466 BFH, Urteil v. 2.11.1989 – V R 56/84, BFHE 159, 266 = BStBl II 1990, 253, juris Rn. 9; *Loose*, in: Tipke/Kruse, § 176 AO Rn. 3.

467 BFH, Urteil v. 28.9.1987 – VIII R 154/86, BFHE 151, 107 = BStBl II 1988, 40, juris Rn. 10; *Loose*, in: Tipke/Kruse, § 176 AO Rn. 3.

468 *Hey*, Steuerplanungssicherheit als Rechtsproblem, 2002, S. 776 f.

469 *Rüsken*, in: Klein, AO, 14. Auflage 2018, § 176 AO Rn. 6.

470 Ist § 176 AO also uneingeschränkt auch auf Festsetzungen unter dem Vorbehalt der Nachprüfung anwendbar, so überzeugt mangels Anknüpfungspunktes im Gesetz die Ansicht nicht, die zwischen endgültigen Festsetzungen und Vorbehaltsfestsetzungen im Rahmen von § 176 Abs. 1 Nr. 3 AO differenziert (s. o. Fn. 441).

471 *Hey*, Steuerplanungssicherheit als Rechtsproblem, 2002, S. 770 f.; *Busch*, Die §§ 164, 165 AO als besondere Nebenbestimmungen zum Steuerbescheid, 2019, S. 118 f. m. w. N.; noch weitergehend (auch abschließende rechtliche Prüfung): *Heuermann*, in: HHSp., § 164 AO

des Steuerpflichtigen an einer endgültigen Festsetzung gegen das Interesse der Finanzbehörde an einer verfahrensökonomischen Veranlagung abzuwägen.[472] Danach ergeben sich im konkreten Fall aber kaum Grenzen für den Erlass eines Vorbehalts der Nachprüfung, weil die Finanzbehörde selbst entscheidet, welche Maßnahmen noch zur endgültigen Ermittlung des Sachverhalts erforderlich sind.[473] Die Finanzbehörde handelt nicht ermessenfehlerhaft, wenn sie die abschließende Prüfung auf einen späteren Zeitpunkt verlagern will (beispielsweise, weil der Sachverhalt im Rahmen einer Betriebsprüfung ermittelt werden soll)[474] und muss die Festsetzung eines Vorbehalts der Nachprüfung nicht gesondert begründen (§164 Abs. 1 S. 1 AO a. E.).[475] Nur wenn bereits feststeht, dass eine abschließende Prüfung des Falls auch in der Zukunft nicht erfolgen wird, ist eine Veranlagung unter dem Vorbehalt der Nachprüfung ermessensfehlerhaft.[476] Werden eine Vorauszahlung festgesetzt (§164 Abs. 1 S. 2 AO) oder eine Steuer angemeldet (§168 S. 1 AO) liegen kraft Gesetzes Festsetzungen unter dem Vorbehalt der Nachprüfung vor.

Der Vorbehalt bleibt bis zum Ablauf der Festsetzungsfrist wirksam (§164 Abs. 4 AO), es sei denn er wird vorher aufgehoben (§164 Abs. 3 AO), was aber grundsätzlich ebenfalls im Ermessen des Finanzamts steht.[477] Nur wenn eine abschließende rechtliche Prüfung stattgefunden hat, ist der Vorbehalt zwingend aufzuheben. Dies wird häufig der Fall sein, wenn eine Außenprüfung durchgeführt wurde.[478] Das Gesetz regelt insoweit ausdrücklich nur den Fall, wenn sich keine Änderungen gegenüber der Festsetzung unter Vorbehalt ergeben (§164 Abs. 3 S. 3 AO). Auch bei einer geänderten Festsetzung infolge einer abschließenden Außenprüfung muss aber der Vorbehalt der Nachprüfung aufgehoben werden.[479]

Rn. 21; *Seer*, in: Tipke/Kruse, §164 AO Rn. 12; *von Wedelstädt*, in: von Wedelstädt, AO/FGO, 22. Auflage 2018, §164 AO Rn. 7.

472 *Von Wedelstädt*, in: von Wedelstädt, AO/FGO, 22. Auflage 2018, §164 AO Rn. 11.

473 *Busch*, Die §§164, 165 AO als besondere Nebenbestimmungen zum Steuerbescheid, 2019, S. 118ff.; abstrakte Einschränkungen wie der generelle Ausnahmecharakter einer Vorbehaltsfestsetzung lassen sich kaum in einen konkreten Ermessensfehler umsetzen; so auch *Heuermann*, in: HHSp., §164 AO Rn. 22; *Hey*, Steuerplanungssicherheit als Rechtsproblem, 2002, S. 772.

474 *Von Wedelstädt*, in: von Wedelstädt, AO/FGO, 22. Auflage 2018, §164 AO Rn. 11a.

475 Zu daraus resultierenden Problemen bei der gerichtlichen Überprüfung der Ermessensentscheidung *Busch*, Die §§164, 165 AO als besondere Nebenbestimmungen zum Steuerbescheid, 2019, S. 135ff.

476 *Von Wedelstädt*, in: von Wedelstädt, AO/FGO, 22. Auflage 2018, §164 AO Rn. 11b; ebenso *Heuermann*, in: HHSp., §164 AO Rn. 21; *Seer*, in: Tipke/Kruse, §164 AO Rn. 17, die allerdings zurecht anmerken, dass sich dieser Umstand kaum einmal beweisen lassen wird.

477 Auch dieses Ermessen wird kaum einmal auf null reduziert sein; vgl. *Heuermann*, in: HHSp., §164 AO Rn. 61; *Seer*, in: Tipke/Kruse, §164 AO Rn. 49ff.

478 Eine Außenprüfung ist dann eine abschließende Prüfung, wenn sie in der Prüfungsanordnung nicht auf bestimmte Aspekte beschränkt wird; *Heuermann*, in: HHSp., §164 AO Rn. 94; *Seer*, in: Tipke/Kruse, §164 AO Rn. 48.

479 *Seer*, in: Tipke/Kruse, §164 AO Rn. 49.

Da sowohl der Erlass eines Vorbehalts als auch seine Aufhebung weitgehend im Ermessen der Behörde stehen und sie gleichermaßen Einfluss darauf hat, ob und wann ein Steuerfall endgültig geprüft wird, kann sie *de facto* für eine Vielzahl der Steuerfestsetzungen relativ frei entscheiden, ob sie endgültig erfolgen sollen oder nicht. Der Schutz der Kontinuitätsinteressen, der mit einer endgültigen Festsetzung verbunden ist, steht also weitgehend zur Disposition der Finanzbehörde.[480] Nur die Kontinuitätsinteressen des Steuerpflichtigen werden durch die Anwendung von § 176 Abs. 1 S. 1 Nr. 3 AO auch bei einer Festsetzung unter dem Vorbehalt der Nachprüfung in gewissem Umfang geschützt.

b) Vorläufige Festsetzungen

Anders als eine Festsetzung unter dem Vorbehalt der Nachprüfung ermöglicht eine vorläufige Steuerfestsetzung nur eine punktuelle Durchbrechung der materiellen Bestandskraft. Der Steuerbescheid wird durch ausdrückliche Anordnung in Bezug auf eine tatsächliche oder rechtliche Ungewissheit partiell offengehalten.[481] Der Umfang der Vorläufigkeit ist durch Auslegung zu bestimmen.[482] Soweit die Vorläufigkeit reicht, kann die Finanzbehörde den Steuerbescheid aufheben oder ändern (§ 165 Abs. 2 S. 1 AO). Wenn die Ungewissheit beseitigt ist, ist der Bescheid zwingend zu korrigieren oder für endgültig zu erklären (§ 165 Abs. 2 S. 2 AO); bei einer rechtlichen Ungewissheit im Sinne des § 165 Abs. 1 S. 2 AO erfolgt die bloße Erklärung der Festsetzung für endgültig nur auf Antrag des Steuerpflichtigen (§ 165 Abs. 2 S. 4 AO). Bei einer Korrektur nach § 165 Abs. 2 S. 1 oder S. 2 AO (aber nicht bei einer bloßen Endgültigkeitserklärung) können gegenläufige materielle Fehler im Sinne des § 177 Abs. 3 AO, die den nicht für vorläufig erklärten Teil des Bescheids betreffen, mitkorrigiert werden (vgl. auch § 177 Abs. 4 AO).[483] Zugunsten des Steuerpflichtigen greift abermals § 176 AO.[484]

---

[480] Zum Teil werden aus diesem Grund sogar Zweifel an der Verfassungskonformität von § 164 AO erhoben; kritisch z. B. *Seer*, in: Tipke/Kruse, § 164 AO Rn. 2. Angesichts der zeitlichen Beschränkung der Änderungsmöglichkeit durch die Festsetzungsverjährung (§ 164 Abs. 4 AO) ist indes nicht ersichtlich, dass der Gesetzgeber seinen Gestaltungsspielraum bei der Abwägung zwischen Verwaltungseffektivität und den Interessen des Steuerpflichtigen überschritten hat; ebenso *Heuermann*, in: HHSp., § 164 AO Rn. 10; *Leisner-Egensperger*, Kontinuität als Verfassungsprinzip, 2002, S. 601; vgl. auch BFH, Urteil v. 11.2.1994 – III R 50/92, BFHE 173, 383 = BStBl II 1994, 389, juris Rn. 26; FG Rheinland-Pfalz, Urteil v. 18.12.2007 – 2 K 2211/06, EFG 2008, 350, juris Rn. 30.

[481] *Heuermann*, in: HHSp., § 165 AO Rn. 130; *von Wedelstädt*, in: von Wedelstädt, AO/FGO, 22. Auflage 2018, § 165 AO Rn. 25; *Busch*, Die §§ 164, 165 AO als besondere Nebenbestimmungen zum Steuerbescheid, 2019, S. 224.

[482] *Seer*, in: Tipke/Kruse, § 165 AO Rn. 27; *Krömker*, in: Lippross/Seibel, Basiskommentar Steuerrecht, § 165 AO Rn. 18.

[483] Dabei ist innerhalb der herrschenden Meinung umstritten, ob es überhaupt des Rückgriffs auf § 177 AO bedarf (dafür BFH, Urteil v. 2.3.2000 – VI R 48/97, BFHE 191, 223 = BStBl II 2000, 332, juris Rn. 8; BFH, Beschluss v. 13.10.2009 – X B 55/09, BFH/NV 2010, 168,

Für die vorliegende Untersuchung sind nur die in § 165 Abs. 1 S. 2 Nr. 2–4 AO (abschließend) geregelten[485] Fälle rechtlicher Unsicherheit[486] relevant. Danach kann ein Steuerbescheid zunächst dann vorläufig erlassen werden, wenn die Vereinbarkeit eines Steuergesetzes mit höherrangigem Recht Gegenstand eines Verfahrens beim Europäischen Gerichtshof, dem Bundesverfassungsgericht oder einem obersten Bundesgericht (insbesondere dem Bundesfinanzhof) ist (§ 165 Abs. 1 S. 2 Nr. 3 AO). Damit können Festsetzungen immer dann vorläufig erfolgen, wenn bereits ein Musterverfahren zu einer verfassungsrechtlichen oder unionsrechtlichen Fragestellung[487] anhängig ist.[488] Erklärt das Bundesverfassungsgericht das entsprechende Gesetz letztendlich für verfassungswidrig, darf dies nach § 176 Abs. 1 S. 1 Nr. 1 AO nicht zulasten des Steuerpflichtigen berücksichtigt werden. Insoweit ist das Interesse des Steuerpflichtigen an Steuerplanungssicherheit also trotz des Vorläufigkeitsvermerks geschützt, weil der von ihm verwirklichte Sachverhalt zumindest nicht nachträglich höher besteuert werden kann.[489] Soweit allerdings § 176 Abs. 1 S. 1 Nr. 1 AO nicht greift, schützt die vorläufige Steuerfestsetzung die Kontinuitätsinteressen des Bürgers schlechter als eine endgültige Veranlagung. Dies kann sich insbesondere bei Entscheidungen des Europäischen Gerichtshofs ergeben[490] und wenn das

---

juris Rn. 11; *Heuermann*, in: HHSp., § 165 AO Rn. 143; *Krömker*, in: Lippross/Seibel, Basiskommentar Steuerrecht, § 165 AO Rn. 29; *Rüsken*, in: Klein, AO, 14. Auflage 2018, § 177 AO Rn. 16) oder nicht (so z. B. FG Niedersachsen, Urteil v. 23.1.2013 – 9 K 43/12, EFG 2013, 750, juris Rn. 25 ff.; *Koenig*, in: Koenig, AO, 3. Auflage 2014, § 177 AO Rn. 25; *von Wedelstädt*, in: von Wedelstädt, AO/FGO, 22. Auflage 2018, § 165 AO Rn. 26b); gänzlich a. A. *Seer*, in: Tipke/Kruse, § 165 AO Rn. 41; *Bergan/Martin*, DStR 2007, 658, 658 ff. m. w. N., wonach eine Mitkorrektur materieller Fehler nur in sachlichem Zusammenhang mit dem Grund der Vorläufigkeit zulässig sein soll. Gegen eine solche sachliche Beschränkung spricht indes, dass der Umfang der Bestandskraftdurchbrechung auch bei den anderen Korrekturvorschriften nicht sachlich, sondern betragsmäßig abhängig von der festgesetzten Steuer abgegrenzt wird.

[484] *Loose*, in: Tipke/Kruse, § 176 AO Rn. 3; *von Groll*, in: HHSp., § 176 AO Rn. 90; *Koenig*, in: Koenig, AO, 3. Auflage 2014, § 176 AO Rn. 3; *Rüsken*, in: Klein, AO, 14. Auflage 2018, § 176 AO Rn. 6.

[485] Ungewissheit über die Rechtslage erlaubt keine vorläufige Festsetzung nach § 165 Abs. 1 S. 1 AO; *Heuermann*, in: HHSp., § 165 AO Rn. 22; *Seer*, in: Tipke/Kruse, § 165 AO Rn. 10; *Busch*, Die §§ 164, 165 AO als besondere Nebenbestimmungen zum Steuerbescheid, 2019, S. 191 f.

[486] *Seer*, in: Tipke/Kruse, § 165 AO Rn. 1; *Heuermann*, in: HHSp., § 165 AO Rn. 12; *von Wedelstädt*, in: von Wedelstädt, AO/FGO, 22. Auflage 2018, § 165 AO Rn. 9.

[487] Der Vorläufigkeitsvermerk kann sich auch auf eine ggfs. erforderliche verfassungs- oder unionsrechtskonforme Auslegung einer einfachgesetzlichen Norm erstrecken; vgl. *Heuermann*, in: HHSp., § 165 AO Rn. 47 f.

[488] Sofern die Vorläufigkeit nicht nur im Hinblick auf ein bestimmtes Verfahren erfolgt, erstreckt sich der Vermerk auch auf solche einschlägige Verfahren, die erst nach Erlass des Verwaltungsaktes anhängig werden; vgl. BFH, Urteil v. 30.9.2010 – III R 39/08, BFHE 231, 7 = BStBl II 2011, 11, juris Rn. 42; *Seer*, in: Tipke/Kruse, § 165 AO Rn. 17; *von Wedelstädt*, in: von Wedelstädt, AO/FGO, 22. Auflage 2018, § 165 AO Rn. 20.

[489] *Heuermann*, in: HHSp., § 165 AO Rn. 46.

[490] Insoweit scheidet eine analoge Anwendung von § 176 Abs. 1 Nr. 1 AO aus, weil nur

Bundesverfassungsgericht oder der Bundesfinanzhof die Norm zwar nicht für verfassungswidrig halten, aber eine verfassungskonforme, für den Steuerpflichtigen nachteilige Auslegung vornehmen. Die staatlichen Kontinuitätsinteressen werden durch vorläufige Festsetzungen im Sinne von §165 Abs. 1 S. 2 Nr. 3 AO in erheblichem Maße beeinträchtigt, da im Extremfall – wenn das Bundesverfassungsgericht ein Gesetz für nichtig erklärt oder der Europäische Gerichtshof die Unvereinbarkeit mit europäischem Recht feststellt – bereits festgesetzte und im staatlichen Haushalt verplante Steuereinnahmen vollständig ausfallen können.

§165 Abs. 1 S. 2 Nr. 2 und Nr. 2a AO ergänzen die soeben dargestellte Regelung:[491] Eine vorläufige Festsetzung kann auch im Anschluss an eine Entscheidung des BVerfG erfolgen, wenn ein Steuergesetz für nicht mit der Verfassung vereinbar erklärt und der Gesetzgeber zu einer Neuregelung verpflichtet wurde. Die rechtliche Ungewissheit besteht hier in der Ausgestaltung der Neuregelung durch den Gesetzgeber und betrifft nur die Zeiträume nach der entsprechenden gerichtlichen Entscheidung. Wenn das Bundesverfassungsgericht die (befristete) Weitergeltung des bisherigen Rechts anordnet oder zwar die Nichtigkeit des bisherigen Gesetzes feststellt, aber den Gesetzgeber nicht zu einer Neuregelung verpflichtet, besteht eine solche Ungewissheit nicht und eine vorläufige Festsetzung nach §165 Abs. 1 S. 2 Nr. 2 AO kommt nicht in Betracht.[492] Etwas anderes gilt nur dann, wenn das Gericht den Gesetzgeber verpflichtet, rückwirkend eine verfassungskonforme Regelung zu schaffen. §165 Abs. 1 S. 2 Nr. 2a AO erlaubt schließlich eine vorläufige Festsetzung im Anschluss an eine Entscheidung des Europäischen Gerichtshofs, wenn sich aus dieser Entscheidung die Unvereinbarkeit eines nationalen Steuergesetzes mit Unionsrecht ergibt. Wegen der grundsätzlichen *ex tunc* Wirkung von Entscheidungen des Europäischen Gerichtshofs im Vorabentscheidungsverfahren ist der nationale Gesetzgeber insoweit in der Regel zur rückwirkenden Neuregelung verpflichtet.[493]

---

der EuGH selbst Ausnahmen von der grundsätzlichen *ex tunc* Wirkung seiner Entscheidungen anordnen darf; vgl. aus der ständigen Rechtsprechung des EuGH nur EuGH, Urteil v. 17.2.2005 – C-453/02 und C-462/02, Slg. I 2005, 1131, juris Rn. 42; EuGH, Urteil v. 6.3.2007 – C-292/04, Slg. I 2007, 1835, juris Rn. 35; EuGH, Urteil v. 10.4.2014 – C-190/12, IStR 2014, 333, juris Rn. 109; gegen eine Analogie ebenso *von Groll*, in: HHSp., §176 AO Rn. 144; vgl. auch *Loose*, in: Tipke/Kruse, §176 AO Rn. 13; a. A. *Koenig*, in: Koenig, AO, 3. Auflage 2014, §176 AO Rn. 16; *Bartone*, in: von Wedelstädt, AO/FGO, 22. Auflage 2018, §176 AO Rn. 15; *Rüsken*, in: Klein, AO, 14. Auflage 2018, §176 AO Rn. 11; zu einer möglichen Rechtfertigung einer analogen Anwendung über den unionsrechtlichen Grundsatz des Vertrauensschutzes *Maciejewski/Theilen*, in: Weitemeyer/Schauhoff/Achatz (Hrsg.), Umsatzsteuerrecht für den Nonprofitsektor, 2019, Rn. 5.80.

491 *Heuermann*, in: HHSp., §165 AO Rn. 34; *von Wedelstädt*, in: von Wedelstädt, AO/FGO, 22. Auflage 2018, §165 AO Rn. 11.

492 *Heuermann*, in: HHSp., §165 AO Rn. 34; *Busch*, Die §§164, 165 AO als besondere Nebenbestimmungen zum Steuerbescheid, 2019, S. 201.

493 Vgl. aus der ständigen Rechtsprechung des EuGH zur zeitlichen (Rück-)Wirkung seiner Entscheidungen nur EuGH, Urteil v. 17.2.2005 – C-453/02 und C-462/02, Slg. I 2005,

Der Steuerpflichtige ist gegen eine Neuregelung zu seinen Lasten in diesen Fällen verfahrensrechtlich nicht abgesichert; § 176 Abs. 1 S. 1 Nr. 1 AO greift bei einer nachträglichen Änderung der vorläufigen Steuerfestsetzungen nicht. Die Norm ist zwar grundsätzlich analog anwendbar, wenn das Bundesverfassungsgericht ein Gesetz nicht für nichtig, sondern nur für mit der Verfassung unvereinbar erklärt.[494] § 176 Abs. 1 Nr. 1 AO schützt aber nur vor einer Verschlechterung der Rechtslage durch die gerichtliche Entscheidung selbst, also bei einer Änderung der Steuerbescheide für Veranlagungszeiträume vor der Gerichtsentscheidung. Die Vorläufigkeitsvermerke nach § 165 Abs. 1 S. 2 Nr. 2 und Nr. 2a AO betreffen aber nur den Zeitraum ab der jeweiligen Entscheidung. Mithin werden durch eine entsprechende Vorläufigkeit Kontinuitätsinteressen der Bürger und des Staates gleichermaßen beeinträchtigt, weil die verfassungs bzw. unionsrechtskonforme gesetzliche Neuregelung zu einer höheren oder niedrigeren Steuerfestsetzung führen kann.

Die Regelung des § 165 Abs. 1 S. 1 Nr. 4 AO ermöglicht schließlich eine vorläufige Steuerfestsetzung auch dann, wenn die Auslegung eines Steuergesetzes Gegenstand eines Verfahrens bei dem Bundesfinanzhof ist. Die Vorschrift ist angelehnt an § 165 Abs. 1 S. 1 Nr. 3 AO. Damit können nicht nur bei verfassungs- oder unionsrechtlichen Zweifeln, sondern auch bei Ungewissheiten über die Auslegung des einfachen Rechts eine Vielzahl von Steuerbescheiden punktuell offengehalten werden, sobald ein Musterverfahren beim Bundesfinanzhof anhängig ist. Die Kontinuitätsinteressen des Steuerpflichtigen sind teilweise über § 176 Abs. 1 S. 1 Nr. 3 AO geschützt, wenn es im Rahmen des Musterverfahrens zu einer Änderung der Rechtsprechung des Bundesfinanzhofs kommt. Entscheidet der Bundesfinanzhof hingegen erstmals über eine Auslegungsfrage oder bestand bisher noch keine einheitliche höchstrichterliche Rechtsprechung sind die Kontinuitätsinteressen des Bürgers ebenso wenig geschützt wie diejenigen des Staates.[495]

Abgesehen von dem begrenzten Schutz durch § 176 Abs. 1 Nr. 1 und Nr. 3 AO kann also auch durch vorläufige Steuerfestsetzungen der ohnehin schon nicht umfassende Schutz von Kontinuitätsinteressen durch eine bestandskräftige Steuerfestsetzung erheblich eingeschränkt werden. Da Steuerbescheide gleichzeitig sowohl vorläufig als auch unter dem Vorbehalt der Nachprüfung ergehen können (§ 165 Abs. 3 AO) und in der Praxis fast jeder Steuerbescheid wegen der Vielzahl der anhängigen Musterverfahren vorläufig ergeht, stellt die

---

1131, juris Rn. 41; EuGH, Urteil v. 6.3.2007 – C-292/04, Slg. I 2007, 1835, juris Rn. 34; EuGH, Urteil v. 10.4.2014 – C-190/12, IStR 2014, 333, juris Rn. 108.

[494] *Von Groll*, in: HHSp., § 176 AO Rn. 143; *Koenig*, in: Koenig, AO, 3. Auflage 2014, § 176 AO Rn. 15; *Bartone*, in: von Wedelstädt, AO/FGO, 22. Auflage 2018, § 176 AO Rn. 13; eine analoge Anwendung auf Entscheidungen des EuGH scheidet insgesamt aus, vgl. die Nachweise in Fn. 490.

[495] Zur begrenzten Reichweite von § 176 Abs. 1 S. 1 Nr. 3 AO siehe bereits oben unter § 3 C. I. 1. g).

endgültige Steuerfestsetzung eine Ausnahmekonstellation dar. Zum Schutz ihrer Kontinuitätsinteressen sind Staat und Steuerpflichtiger daher zumindest noch auf ergänzende Instrumente angewiesen.

II. Zusagen der Finanzverwaltung

Der dargestellte Schutz der Kontinuitätsinteressen durch bestandskräftige Steuerfestsetzungen weist vor allem einen gravierenden Mangel auf: Gegenstand eines Steuerbescheids ist stets nur die rechtliche Behandlung eines bereits abgeschlossenen Sachverhalts – für die zukünftige Behandlung eines noch nicht verwirklichten Sachverhalts hat selbst eine endgültige Steuerfestsetzung hingegen keine Aussagekraft.[496] Sowohl Steuerpflichtiger als auch Finanzverwaltung können von ihrem rechtlichen Standpunkt abweichen und mithin in der Zukunft zu einer anderen steuerlichen Behandlung kommen. Dies wird sich insbesondere dann ergeben, wenn sich die Rechtslage verändert, beispielsweise durch einen Wechsel in der höchstrichterlichen Rechtsprechung. Gerade der Steuerpflichtige braucht aber Planungssicherheit über die langfristige Behandlung einer steuerlichen Investition – und zwar bereits bevor er diese Investition vornimmt. Nur dann kann er einen zutreffenden Vergleich mit Alternativinvestitionen vornehmen und mithin eine betriebswirtschaftlich optimale Entscheidung treffen.[497]

Um dieses Interesse verwirklichen zu können, sieht das steuerrechtliche Verfahrensrecht das zusätzliche Instrument der Zusage vor: Auf Antrag sagt die Finanzbehörde die zukünftige Behandlung eines bestimmten Sachverhalts verbindlich zu. Anders als im allgemeinen Verwaltungsrecht, wo die Zusicherung eines bestimmten behördlichen Verhaltens (insbesondere des Erlasses eines Verwaltungsakts), einheitlich geregelt ist,[498] existieren im steuerrechtlichen Verfahrensrecht verschiedene Formen der Zusage, die sich in Voraussetzungen und Rechtsfolgen voneinander unterscheiden. Während zunächst nur spezielle Zusagen für besondere Besteuerungsverfahren (insbesondere die Lohnsteueranrufungsauskunft nach §42e EStG)[499] und nach Außenprüfungen (§204 AO)[500] gesetzlich geregelt waren, hat der Gesetzgeber durch das Föderalismusreform-Begleitgesetz[501] und das Jahressteuergesetz 2007[502] mit der verbindlichen Auskunft nach §89 Abs. 2–7 AO eine neue zentrale Norm für steuerrechtliche Zusagen geschaffen.

---

[496] Siehe dazu bereits oben unter §3 C. I. 1. h).

[497] Zum Interesse des Steuerpflichtigen an Steuerplanungssicherheit siehe bereits oben unter §3 A. I. 1. b).

[498] Vgl. §38 BVwVfG sowie die entsprechenden Regelungen in den Landesgesetzen.

[499] Dazu unter §3 C. II. 3.

[500] Dazu unter §3 C. II. 2.

[501] Föderalismusreform-Begleitgesetz vom 5.9.2006, BGBl I 2006, 2098.

[502] Jahressteuergesetz 2007 vom 13.12.2006, BGBl I 2006, 2878.

1. Verbindliche Auskunft nach §89 Abs. 2 AO

Nach §89 Abs. 2 S. 1 AO können die Finanzämter auf Antrag verbindliche Auskünfte über die steuerliche Beurteilung eines genau bestimmten, noch nicht verwirklichten Sachverhalts erteilen, wenn daran im Hinblick auf die erheblichen steuerlichen Auswirkungen ein besonderes Interesse besteht. Die Auskunft ist gebührenpflichtig (§89 Abs. 3–7 AO). Die Vorschrift wurde ausdrücklich eingeführt, um die Rechtssicherheit im Besteuerungsverfahren zu erhöhen[503] und stellt die schon vorher bestehende Verwaltungspraxis, unter bestimmten Voraussetzungen auf Antrag bindende Zusagen zu erteilen,[504] erstmals auf eine gesetzliche Grundlage. Ergänzend gelten die Regelungen der auf Basis von §89 Abs. 2 S. 4f. AO erlassenen Steuer-Auskunftsverordnung.[505]

Der Steuerpflichtige muss in seinem Antrag einen zukünftigen Sachverhalt umfassend umschreiben, das Rechtsproblem und den eigenen Rechtsstandpunkt ausführlich darlegen und konkrete Rechtsfragen formulieren (§1 Abs. 1 Nr. 2, 4, 5 StAuskV). Außerdem muss er sein besonderes Interesse an der verbindlichen Auskunft begründen (§1 Abs. 1 Nr. 3 StAuskV). Die vom Gesetz geforderte „erhebliche steuerliche Auswirkung" lässt sich nicht auf einen bestimmten Betrag beziffern, sondern ist individuell nach den steuerlichen Verhältnissen des jeweiligen Antragstellers zu bestimmen. Da der Steuerpflichtige grundsätzlich ein schützenswertes Interesse an Steuerplanungssicherheit hat und der Bearbeitungsaufwand der Finanzverwaltung durch die vom Steuerpflichtigen zu zahlende Gebühr abgedeckt wird, dürfen an die Erheblichkeitsschwelle aber keine zu hohen Anforderungen gestellt werden.[506] Lediglich in bloßen Bagatellfällen fehlt ein schutzwürdiges Bescheidungsinteresse.[507]

Wegen des Planungsinteresses des Steuerpflichtigen und der Gebührenpflicht wird auch das in §89 Abs. 2 S. 1 AO eingeräumte Ermessen der Finanzbehörde regelmäßig dahingehend auf null reduziert sein wird, dass ein Anspruch auf Erteilung einer Auskunft besteht.[508] Nur in Ausnahmekonstellationen kann der Antrag abgelehnt werden: Die verbindliche Auskunft soll die Planungssicherheit des Steuerpflichtigen verbessern, ihm aber nicht ermöglichen, die rechtlichen Grenzen eines Steuersparmodells auszuloten.[509] Andernfalls könnte das Verbot des Gestaltungsmissbrauchs in §42 AO durch vorgeschaltete verbindli-

---

[503] *Birk*, FS Spindler, 2011, S. 13, 27; *Rüsken*, FS Haarmann, 2015, S. 812, 814; *Seer*, in: Tipke/Kruse, §89 AO Rn. 23.

[504] Zur rechtlichen Entwicklung vgl. nur *Söhn*, in: HHSp., §89 AO Rn. 170ff. m. w. N.

[505] Steuer-Auskunftsverordnung (StAuskV) vom 30.11.2007, BGBl I 2007, 2783.

[506] *Seer*, in: Tipke/Kruse, §89 AO Rn. 32; *Niewerth*, in: Lippross/Seibel, Basiskommentar Steuerrecht, §89 AO Rn. 7.

[507] So auch *Söhn*, in: HHSp., §89 AO Rn. 202; *Seer*, in: Tipke/Kruse, §89 AO Rn. 32.

[508] *Krumm*, DStR 2011, 2429, 2430; *Niewerth*, in: Lippross/Seibel, Basiskommentar Steuerrecht, §89 AO Rn. 8; *Seer*, in: Tipke/Kruse, §89 AO Rn. 40; *Söhn*, in: HHSp., §89 AO Rn. 237a.

[509] AEAO zu §89, Tz. 3.5.4; *Seer*, in: Tipke/Kruse, §89 AO Rn. 43.

che Auskünfte umgangen oder ausgehöhlt werden.[510] Das heißt allerdings nicht, dass schon jede Frage zur Auslegung einer Missbrauchsvermeidungsnorm unzulässig ist. Beispielsweise kann ein Antrag auf verbindliche Auskunft auch die Frage umfassen, ob ein bestimmter Sachverhalt zu einer verdeckten Gewinnausschüttung im Sinne von § 8 Abs. 3 S. 2 KStG führt.[511] Ob eine bestimmte Gestaltung noch fremdüblich ist, ist typischerweise besonders klärungsbedürftig und die Vorschriften über das Vorabverständigungsverfahren zu Verrechnungspreisen (§ 178a AO) zeigen, dass eine solche Klärung auch bereits vor Sachverhaltsverwirklichung erfolgen kann.[512] Ein Antrag auf verbindliche Auskunft kann nach Ansicht der Finanzverwaltung zudem dann (zunächst) abgelehnt werden, wenn zu dem einschlägigen Rechtsproblem eine gesetzliche Neuregelung, eine höchstrichterliche Entscheidung oder eine Verwaltungsanweisung in absehbarer Zeit zu erwarten ist.[513] Die verbindliche Auskunft wird dann bis zur Veränderung der Rechtslage aufgeschoben. Da der Steuerpflichtige aber gerade in Zeiten der Unsicherheit und des Umbruchs ein besonderes Interesse an Steuerplanungssicherheit hat, muss insoweit im Einzelfall abgewogen werden, ob dem Steuerpflichtigen die zeitliche Verzögerung zugemutet werden kann.[514] Liegt keine dieser Ausnahmekonstellationen vor, muss die Finanzbehörde eine verbindliche Auskunft erteilen.

Inhaltlich kann die Finanzbehörde entweder den Rechtsstandpunkt des Steuerpflichtigen bestätigen oder (ganz oder teilweise) von diesem abweichen (sog. Negativauskunft).[515] An die geäußerte Rechtsansicht ist die Finanzbehörde sodann bei einer späteren Steuerfestsetzung gebunden, wenn der verwirklichte Sachverhalt nicht maßgeblich von dem Sachverhalt abweicht, der dem Antrag zugrunde gelegt wurde (§ 2 Abs. 1 S. 1 StAuskV). Allerdings greift die Bindungswirkung nicht, wenn die verbindliche Auskunft zuungunsten des Steuerpflichtigen dem geltenden Recht widerspricht (§ 2 Abs. 1 S. 2 StAuskV). Daraus folgt im Umkehrschluss zweierlei: Zum einen entfaltet eine verbindliche Auskunft, die den Steuerpflichtige begünstigt, auch dann Bindungswirkung

---

[510] In diesem Sinne auch *K. Wagner*, in: von Wedelstädt, AO/FGO, 22. Auflage 2018, § 89 AO Rn. 12.

[511] Dies steht auch nicht im Widerspruch zu der Formulierung im AEAO zu § 89, Tz. 3.5.4 S. 1, wonach nur die Grenzpunkte für das Handeln eines ordentlichen Geschäftsleiters nicht im Rahmen einer verbindlichen Auskunft festgestellt werden sollen. Das schließt nicht aus, eindeutige Fälle einer verdeckten Gewinnausschüttung (oder solche, in denen eindeutig keine verdeckte Gewinnausschüttung vorliegt) entsprechend zu bescheiden. Für eine enge Auslegung dieser Ausnahmekonstellation auch *Seer*, in: Tipke/Kruse, § 89 AO Rn. 43; *Hey*, Steuerplanungssicherheit als Rechtsproblem, 2002, S. 705 f.

[512] *Seer*, in: Tipke/Kruse, § 89 AO Rn. 42.

[513] AEAO zu § 89, Tz. 3.5.4 S. 2.

[514] So auch *Seer*, in: Tipke/Kruse, § 89 AO Rn. 43; *Söhn*, in: HHSp., § 89 AO Rn. 238; *F. Kirchhof*, FS Spindler, 2011, S. 463, 470.

[515] Zum Begriff der Negativauskunft vgl. z. B. *K. Wagner*, in: von Wedelstädt, AO/FGO, 22. Auflage 2018, § 89 AO Rn. 18.

für die Finanzverwaltung, wenn sie sich als rechtswidrig herausstellt.[516] Zum anderen ist der Steuerpflichtige selbst nicht an die verbindliche Auskunft gebunden.[517] Hieran könnte man zwar angesichts des Wortlauts von §2 Abs. 1 S. 1 StAuskV zweifeln, wonach die verbindliche Auskunft „für die Besteuerung [...] maßgeblich ist".[518] Indes wird die identische Formulierung auch in §206 Abs. 1 AO für die Zusage im Anschluss an eine Außenprüfung verwendet,[519] bei der Einigkeit dahingehend besteht, dass nur die Finanzbehörde an eine solche Zusage gebunden ist.[520] Diese einseitige Bindung entspricht auch der Praxis vor der gesetzlichen Neuregelung,[521] an die der Gesetzgeber anknüpfen wollte.[522] Aus der Gebührenpflicht ergibt sich systematisch, dass die verbindliche Auskunft eine zusätzliche Leistung der Finanzbehörde darstellt, die dem Steuerpflichtigen zusätzliche Planungssicherheit gewähren soll.[523] Es handelt sich aber gerade nicht um eine vorgezogene abschließende rechtliche Prüfung im Sinne eines Vorbescheids.[524] Eine verbindliche Auskunft hat damit für den Steuerpflichtigen im Verhältnis zur Finanzbehörde ausschließlich begünstigende Wirkung.[525]

Die Bindungswirkung zulasten der Finanzverwaltung kann indes beseitigt werden. Kraft Gesetzes entfällt sie, wenn die Rechtsvorschriften, auf denen die verbindliche Auskunft beruht, aufgehoben oder geändert werden (§2 Abs. 3 StAuskV).[526] Ansonsten kann sich die Finanzbehörde von der Bindungswirkung nur lösen, wenn sie die verbindliche Auskunft aufhebt. Als sonstiger fest-

---

[516] *Söhn*, in: HHSp., §89 AO Rn. 262; *Rüsken*, FS Haarmann, 2015, S. 812, 818f.

[517] So die ganz h. M.; vgl. z. B. *Niewerth*, in: Lippross/Seibel, Basiskommentar Steuerrecht, §89 AO Rn. 10; *Seer*, in: Tipke/Kruse, §89 AO Rn. 24; *Hey*, Steuerplanungssicherheit als Rechtsproblem, 2002, S. 718; *Rüsken*, FS Haarmann, 2015, S. 812, 816; *K. Wagner*, in: von Wedelstädt, AO/FGO, 22. Auflage 2018, §89 AO Rn. 20; a. A. nur *Söhn*, in: HHSp., §89 AO Rn. 246.

[518] Hierauf verweist *Söhn*, in: HHSp., §89 AO Rn. 246.

[519] Auf diese Parallelität weist auch *Seer*, in: Tipke/Kruse, §89 AO Rn. 29 hin.

[520] Der Steuerpflichtige kann sich auf die für ihn günstigere materielle Rechtslage berufen (§206 Abs. 2 AO).

[521] Vor der gesetzlichen Regelung konnte die Finanzbehörde nach den Grundsätzen von Treu und Glauben bei der Steuerfestsetzung an eine vorherige (verbindliche) Zusage gebunden sein; vgl. BFH, Urteil v. 16.11.2005 – X R 3/04, BFHE 211, 30 = BStBl II 2006, 155, juris Rn. 34; BFH, Urteil v. 13.12.1989 – X R 208/87, BFHE 159, 114 = BStBl II 1990, 274, juris Rn. 19; BFH, Urteil v. 17.9.1992 – IV R 39/90, BFHE 169, 290 = BStBl II 1993, 218, juris Rn. 17 jew. m. w. N.

[522] Vgl. BT-Drs. 16/814, S. 23; *Seer*, in: Tipke/Kruse, §89 AO Rn. 24; *Söhn*, in: HHSp., §89 AO Rn. 178.

[523] BFH, Urteil v. 29.2.2012 – IX R 11/11, BFHE 237, 9 = BStBl II 2012, 651, juris Rn. 14; BFH, Urteil v. 14.7.2015 – VIII R 72/13, juris, juris Rn. 24; *Söhn*, in: HHSp., §89 AO Rn. 179.

[524] *Seer*, in: Tipke/Kruse, §89 AO Rn. 29.

[525] So ausdrücklich auch *Krumm*, DStR 2011, 2429, 2433; *Seer*, in: Tipke/Kruse, §89 AO Rn. 54.

[526] Einer ausdrücklichen Aufhebung der verbindlichen Auskunft bedarf es dann insoweit nicht mehr; AEAO zu §89, Tz. 3.6.4 S. 2; vgl. auch *Niewerth*, in: Lippross/Seibel, Basiskommentar Steuerrecht, §89 AO Rn. 10; *Hey*, Steuerplanungssicherheit als Rechtsproblem, 2002, S. 735f.; *Rüsken*, FS Haarmann, 2015, S. 812, 821.

stellender Verwaltungsakt, der den Steuerpflichtigen begünstigt, ist die Aufhebung zunächst unter den engen Voraussetzungen der §§130 Abs. 2 bzw. 131 Abs. 2 AO möglich. Dabei kommt eine Aufhebung aber nur in Ausnahmekonstellationen in Betracht; insbesondere, wenn sie durch unlautere Mittel erwirkt wurde (§130 Abs. 2 Nr. 2 AO).[527] Nach §2 Abs. 4 StAuskV kann eine verbindliche Auskunft daneben aufgehoben werden, wenn sie sich als unrichtig herausstellt. Unrichtig ist die verbindliche Auskunft insbesondere dann, wenn sie materiellem Recht widerspricht.[528] Da die Bindungswirkung nach §2 Abs. 3 StAuskV ohnehin automatisch entfällt, wenn sich die gesetzlichen Grundlagen selbst ändern (s. o.), kann sich der Widerspruch zum materiellen Recht nur daraus ergeben, dass die Finanzgerichte die einschlägigen Normen anders auslegen als die Finanzverwaltung in der verbindlichen Auskunft[529] oder die verbindliche Auskunft im Widerspruch zu einer allgemeinen Verwaltungspraxis steht.[530] Da der Steuerpflichtige mit der verbindlichen Auskunft allerdings gerade für diese Fälle der ungewissen Auslegung Planungssicherheit erreichen will, kann auch eine unrichtige verbindliche Auskunft nicht uneingeschränkt aufgehoben werden. Den Interessen des Steuerpflichtigen wird dadurch Rechnung getragen, dass eine Aufhebung nach §2 Abs. 4 StAuskV nur für die Zukunft in Betracht kommt. Zudem bleibt die Bindungswirkung auch dann bestehen, wenn der

---

527 Die anderen Korrekturtatbestände werden in der Regel nicht einschlägig sein: Wird eine verbindliche Auskunft von einer sachlich oder örtlich unzuständigen Behörde erlassen, entfaltet sie angesichts des Wortlauts von §89 Abs. 2 S. 1 AO ohnehin keine Bindungswirkung, sodass für §130 Abs. 2 Nr. 1 AO kein Anwendungsbereich verbleibt. Macht der Steuerpflichtige unrichtige Angaben (§130 Abs. 2 Nr. 2 AO), wird der tatsächlich verwirklichte Sachverhalt von dem Sachverhalt des Antrags abweichen, sodass ebenfalls keine Bindungswirkung besteht. Kenntnis oder grob fahrlässige Unkenntnis von der Unrichtigkeit einer verbindlichen Auskunft wird kaum einmal vorliegen, weil der Steuerpflichtige ja gerade erst Sicherheit über die Rechtslage erhalten will. Ein Widerrufsvorbehalt (§131 Abs. 2 Nr. 1 AO) widerspricht Sinn und Zweck der verbindlichen Auskunft und ist daher unzulässig. §131 Abs. 2 Nr. 3 AO ist schließlich durch §2 Abs. 2 StAuskV verdrängt, sodass nur noch die Aufhebung Betracht kommt, wenn die verbindliche Auskunft mit einer Auflage erlassen wurde (§131 Abs. 2 S. 1 Nr. 2 AO), was in der Praxis aber sehr selten erfolgt; vgl. insgesamt *Seer*, in: Tipke/Kruse, §89 AO Rn. 57.

528 Im AEAO zu §89, Tz. 3.6.6 Abs. 1 S. 1 werden daneben die Fälle genannt, dass eine Rechtsgrundlage überhaupt fehlt – was letztlich auch auf einer rechtswidrigen Auslegung des materiellen Rechts durch die Finanzbehörde beruht – und, dass die verbindliche Auskunft ermessensfehlerhaft war. Angesichts der weitgehenden Ermessensreduktion auf null (s. o.) sind diese Fälle aber zu vernachlässigen.

529 Kritisch hierzu *Söhn*, in: HHSp., §89 AO Rn. 288.

530 Nur insoweit ist der Formulierung im AEAO zu §89, Tz. 3.6.6 Abs. 1 S. 2 zuzustimmen, wonach eine verbindliche Auskunft auch dann als von Anfang an rechtswidrig einzustufen ist, wenn sie einer später erlassenen Verwaltungsanweisung widerspricht. Die Verwaltungsanweisung selbst entfaltet keine unmittelbare Außenwirkung; nur insoweit sie Ausdruck einer tatsächlich geübten abweichenden Verwaltungspraxis ist, kann sich hieraus eine Rechtswidrigkeit der verbindlichen Auskunft ergeben; vgl. *Söhn*, in: HHSp., §89 AO Rn. 289; *Seer*, in: Tipke/Kruse, §89 AO Rn. 56; *K. Wagner*, in: von Wedelstädt, AO/FGO, 22. Auflage 2018, §89 AO Rn. 24; *Hey*, Steuerplanungssicherheit als Rechtsproblem, 2002, S. 728f.

Sachverhalt, der der verbindlichen Auskunft zugrunde lag, bereits im Wesentlichen verwirklicht wurde.[531] Damit schützt eine verbindliche Auskunft zwar nicht vollständig vor einer Veränderung der Rechtslage zulasten des Steuerpflichtigen. Wenn allerdings auf den Erlass der verbindlichen Auskunft zeitnah auch die Verwirklichung des Sachverhalts folgt, ist die Finanzbehörde in aller Regel an ihre in der verbindlichen Auskunft geäußerte Rechtsansicht gebunden. Der Steuerpflichtige kann dann auf dieser Grundlage eine Steuerfestsetzung erreichen, die wiederum mit Bestandskraft seine Kontinuitätsinteressen schützt.

Die Ausgestaltung der verbindlichen Auskunft als einseitig begünstigendem Verwaltungsakt ohne verbindliche rechtliche Prüfung im Sinne eines Vorbescheids hat für den Steuerpflichtigen indes auch einen erheblichen Nachteil: Wenn die Finanzbehörde eine Negativauskunft erteilt, kann der Steuerpflichtige zwar gegen diesen Verwaltungsakt klagen.[532] Er kann die Finanzbehörde aber gerichtlich nicht dazu verpflichten, eine verbindliche Auskunft auf Basis seiner Rechtsansicht zu erlassen. Die Finanzbehörde darf wegen des Grundsatzes zur gesetzmäßigen Besteuerung zwar nur die aus ihrer Sicht rechtmäßige Behandlung des Sachverhalts zum Inhalt einer verbindlichen Auskunft machen. Die beschränkte Bindungswirkung in §2 Abs. 1 S. 2 StAuskV und die Aufhebungsmöglichkeit in §2 Abs. 4 StAuskV zeigen aber, dass es sich dabei nicht auch um die materiellrechtlich zutreffende Rechtsansicht handeln muss.[533] Vielmehr erfassen diese Normen gerade Konstellationen, in denen die Rechtsansicht der Finanzverwaltung von der materiellen Rechtslage abweicht und begrenzen für diese Fälle die Bindungswirkung bzw. erlauben eine weitgehende Korrektur der verbindlichen Auskunft für die Zukunft.[534] Der Regelungsgehalt der verbindlichen Auskunft erschöpft sich damit darin, dass die Behörde ihren aktuellen Rechtsstandpunkt verbindlich mitteilt. Die endgültige (im Zweifel auch gerichtliche) Klärung der Rechtslage ist hingegen dem Verfahren der Steuerfestsetzung vorbehalten.[535] Die verbindliche Auskunft stellt damit für den Steuerpflichtigen

---

[531] AEAO zu §89, Tz. 3.6.6 Abs. 4 S. 2; zustimmend *Seer*, in: Tipke/Kruse, §89 AO Rn. 58; *K. Wagner*, in: von Wedelstädt, AO/FGO, 22. Auflage 2018, §89 AO Rn. 23; *Rüsken*, FS Haarmann, 2015, S. 812, 816.

[532] BFH, Urteil v. 29.2.2012 – IX R 11/11, BFHE 237, 9 = BStBl II 2012, 651, juris Rn. 11; BFH, Urteil v. 14.7.2015 – VIII R 72/13, juris, juris Rn. 21; *Seer*, in: Tipke/Kruse, §89 AO Rn. 60; *Söhn*, in: HHSp., §89 AO Rn. 307 ff.

[533] Vgl. auch BFH, Urteil v. 29.2.2012 – IX R 11/11, BFHE 237, 9 = BStBl II 2012, 651, juris Rn. 19.

[534] Insbesondere kann eine verbindliche Auskunft leichter korrigiert werden als eine bestandskräftige Steuerfestsetzung.

[535] BFH, Urteil v. 29.2.2012 – IX R 11/11, BFHE 237, 9 = BStBl II 2012, 651, juris Rn. 12. Dies setzt dann allerdings gleichermaßen voraus, dass vorher für den Steuerpflichtigen auch noch keine Bindungswirkung durch die verbindliche Auskunft bestehen kann, weil andernfalls kein effektiver Rechtsschutz mehr gewährleistet wäre; vgl. BFH, Urteil v. 29.2.2012 – IX R 11/11, BFHE 237, 9 = BStBl II 2012, 651, juris Rn. 19; *Krumm*, DStR 2011, 2429, 2432 f.; *Rüsken*, FS Haarmann, 2015, S. 812, 816.

nur eine zusätzliche, begünstigende Leistung dar.[536] Angesichts der Gebührenpflicht und damit die verbindliche Auskunft ihre Funktion zur Verbesserung der Steuerplanungssicherheit überhaupt erfüllen kann, muss die Finanzbehörde bei der inhaltlichen Bearbeitung der verbindlichen Auskunft aber zumindest gewisse Mindeststandards wahren: Die Finanzverwaltung darf keine (kostenpflichtige) verbindliche Auskunft erlassen, wenn von vornherein feststeht, dass die verbindliche Auskunft auf Dauer keinen Bestand haben wird. Der dargestellte Sachverhalt muss daher ausgewertet und einer schlüssigen rechtlichen Lösung zugeführt werden. Nur evident rechtswidrige verbindliche Auskünfte können gerichtlich aufgehoben werden.[537] Und auch dann hat der Steuerpflichtige nur einen Anspruch auf Neubescheidung, nicht aber darauf, dass die Finanzbehörde dabei einen bestimmten rechtlichen Standpunkt einnimmt.

Die verbindliche Auskunft ergänzt damit den Schutz der Steuerplanungssicherheit als wesentlichem Kontinuitätsinteresse des Steuerpflichtigen. Die Reichweite dieses Schutzes ist angesichts der Aufhebungsmöglichkeiten bzw. der automatisch begrenzten Bindungswirkung nach §2 Abs. 3 StAuskV aber eingeschränkt und greift vor allem dann, wenn der im Antrag dargestellte Sachverhalt auch zeitnah nach Erlass der verbindlichen Auskunft verwirklicht wird. Außerdem muss der Steuerpflichtige sich diesen zusätzlichen Schutz durch eine Gebühr erkaufen, was wiederum in die betriebswirtschaftliche Entscheidungsfindung eingepreist werden muss. Für das Antragsverfahren muss zudem eine gewisse Zeit eingeplant werden, die zumindest bei kurzfristigen Investitionsentscheidungen fehlen kann. Schließlich kann der Steuerpflichtige eine verbindliche Auskunft in seinem Sinne nicht erzwingen – selbst wenn die von ihm unterstellte Rechtslage letztendlich auch von den Finanzgerichten geteilt wird.[538]

Da die verbindliche Auskunft nur Wirkungen im Rechtsverhältnis zwischen Antragsteller und Finanzbehörde entfaltet, schützt sie ebenso wenig wie eine bestandskräftige Steuerfestsetzung das Interesse des Steuerpflichtigen an einheitlichen rechtlichen Rahmenbedingungen für alle Mitbewerber. Erhält ein Mitbewerber eine begünstigende rechtswidrige verbindliche Auskunft kann der Steuerpflichtige trotz einer eigentlich effizienten Investitionsentscheidung einen Nachteil am Markt erleiden.

---

[536] Siehe die Nachweise in Fn. 523.

[537] BFH, Urteil v. 29.2.2012 – IX R 11/11, BFHE 237, 9 = BStBl II 2012, 651, juris Rn. 15; BFH, Urteil v. 5.2.2014 – I R 34/12, BFH/NV 2014, 1014, juris Rn. 14; BFH, Urteil v. 14.7.2015 – VIII R 72/13, juris, juris Rn. 25 f.; *Niewerth*, in: Lippross/Seibel, Basiskommentar Steuerrecht, §89 AO Rn. 13; *Rüsken*, FS Haarmann, 2015, S. 812, 819 ff.; kritisch (volle inhaltliche Überprüfbarkeit) *Seer*, in: Tipke/Kruse, §89 AO Rn. 60; *Krumm*, DStR 2011, 2429, 2435; *Farle*, DStR 2012, 1590, 1592 f.; *Werder/Dannecker*, BB 2015, 1687, 1687; *Golombek*, BB 2015, 1946, 1950; kritisch zum Maßstab der Evidenzkontrolle *Thieme*, DStR 2014, 1093, 1095 f.; *Werder/Dannecker*, BB 2015, 1687, 1688.

[538] *Werder/Dannecker*, BB 2015, 1687, 1689 f.; *Golombek*, BB 2015, 1946, 1953 fordern, gesetzlich eine volle gerichtliche Überprüfbarkeit verbindlicher Auskünfte zu regeln.

Die Kontinuitätsinteressen des Staates werden mangels Bindungswirkung der verbindlichen Auskunft für den Steuerpflichtigen durch dieses Instrument überhaupt nicht geschützt. Auch wenn der Steuerpflichtige eine bestimmte rechtliche Behandlung beantragt und von der Finanzverwaltung verbindlich zugesagt bekommt, kann er im Veranlagungsverfahren noch von einer für ihn positiven Veränderung der Rechtslage profitieren.

2. *Zusage nach einer Außenprüfung*

Neben der allgemeinen verbindlichen Auskunft nach §89 Abs. 2 AO sieht §204 AO die Möglichkeit vor, dem Steuerpflichtigen im Anschluss an eine Außenprüfung eine besondere verbindliche Zusage zu erteilen. Die Finanzbehörde soll die zukünftige Behandlung eines für die Vergangenheit geprüften und im Prüfungsbericht dargestellten Sachverhalts verbindlich zusagen, wenn der Steuerpflichtige hieran ein berechtigtes Interesse hat. Damit kommt sie insbesondere bei Dauersachverhalten oder immer wiederkehrenden Sachverhalten in Betracht, die auch noch in den Veranlagungszeiträumen, die auf eine Außenprüfung folgen, steuerlich beurteilt werden müssen.[539]

Die Rechtswirkungen einer verbindlichen Zusage nach §204 AO entsprechen in wesentlichen Aspekten denen einer verbindlichen Auskunft nach §89 Abs. 2 AO. Auch die verbindliche Zusage entfaltet nur dann Bindungswirkung (§206 Abs. 1 AO), wenn sie den Steuerpflichtigen nicht rechtswidrig belastet (§206 Abs. 2 AO). Gebunden ist mithin nur die Finanzbehörde und nicht der Steuerpflichtige.[540] Die Zusage tritt außer Kraft, wenn die zugrundeliegenden Rechtsvorschriften geändert werden (§207 Abs. 1 AO) und kann ansonsten in der Regel nur mit Wirkung für die Zukunft aufgehoben werden (§207 Abs. 2 und 3 AO).[541] Inwieweit der Inhalt einer verbindlichen Zusage gerichtlich überprüft werden kann, ist bisher höchstrichterlich noch nicht ausdrücklich geklärt. Da auch die Zusage nur einseitige Bindungswirkung entfaltet und sie unter den erleichterten Voraussetzungen des §207 Abs. 2 AO für die Zukunft änderbar ist, spricht aber einiges dafür, sie ebenso wie die verbindliche Auskunft nach §89 Abs. 2 AO als zusätzliche Verwaltungsleistung an den Steuerpflichtigen und

---

[539] *Seer*, in: Tipke/Kruse, §204 AO Rn. 18; *Schallmoser*, in: HHSp., §204 AO Rn. 34; *Intemann*, in: Koenig, AO, 3. Auflage 2014, §204 AO Rn. 19; *Hey*, Steuerplanungssicherheit als Rechtsproblem, 2002, S. 699; *von Wedelstädt*, AO-StB 2009, 15, 15f.; *ders.*, AO-StB 2013, 219, 221.

[540] *Schallmoser*, in: HHSp., §206 AO Rn. 27; *Seer*, in: Tipke/Kruse, §206 AO Rn. 22; *Intemann*, in: Koenig, AO, 3. Auflage 2014, §206 AO Rn. 21; *Rüsken*, in: Klein, AO, 14. Auflage 2018, §206 AO Rn. 3f.; *von Wedelstädt*, AO-StB 2009, 15, 18.

[541] Eine Aufhebung kommt insbesondere in Betracht, wenn sich die Zusage nachträglich als rechtswidrig herausstellt. Im Rahmen des behördlichen Ermessens ist bei der Aufhebungsentscheidung aber zu berücksichtigen, inwieweit der Sachverhalt bereits verwirklicht wurde; vgl. *Schallmoser*, in: HHSp., §207 AO Rn. 23; *von Wedelstädt*, AO-StB 2009, 15, 19.

nicht als rechtlich verbindlichen Vorbescheid zu begreifen.[542] Auch die verbindliche Zusage ist dann nur eingeschränkt gerichtlich überprüfbar.[543]

Für den Steuerpflichtigen hat die verbindliche Zusage nach §204 AO somit einzig den Vorteil gegenüber einer verbindlichen Auskunft, dass sie gebührenfrei ist. Der wesentliche Nachteil der verbindlichen Zusage als Instrument der Steuerplanung liegt darin, dass sie immer schon einen verwirklichten (und durch die Außenprüfung geprüften) Sachverhalt voraussetzt, der Steuerpflichtige also ohnehin schon disponiert haben muss.[544] Ansonsten kann für den (eingeschränkten) Schutz der Kontinuitätsinteressen auf die Ausführungen zur verbindlichen Auskunft verwiesen werden.[545]

3. *Spezialgesetzliche Zusagen*

Während die verbindliche Zusage nach §204 AO an die besondere Verfahrenssituation nach Abschluss einer Außenprüfung anknüpft, existieren daneben noch spezialgesetzlich geregelte Zusagen für einzelne Steuerarten.[546] Angesichts des eingeschränkten Anwendungsbereichs können diese für den Schutz der Kontinuitätsinteressen des Steuerpflichtigen nur eine ergänzende Rolle spielen.[547]

Hervorzuheben ist insoweit die Lohnsteueranrufungsauskunft: Gemäß §42e S. 1 EStG muss auf Anfrage eines der am Lohnsteuerverfahren Beteiligten das zuständige Betriebsstättenfinanzamt (vgl. §42e S. 2f. EStG) verbindlich Auskunft darüber geben, ob und wie die Vorschriften über die Lohnsteuer auf einen bestimmten Sachverhalt anzuwenden sind. Beteiligt und damit antragsberechtigt sind zunächst der Arbeitgeber und ggfs. ein Dritter, der verpflichtet ist, Lohnsteuer einzubehalten (§38 Abs. 3a EStG).[548] Beteiligter ist aber auch der Arbeitnehmer als Schuldner der Lohnsteuer.[549] Die Auskunft beschränkt sich nach Wortlaut („Vorschriften über die Lohnsteuer") und systematischer

---

542 So auch *Seer*, in: Tipke/Kruse, §204 AO Rn. 1; *Schallmoser*, in: HHSp., §204 AO Rn. 4; *Intemann*, in: Koenig, AO, 3. Auflage 2014, §204 AO Rn. 2; zum Zusammenhang zwischen einseitiger Bindungswirkung und eingeschränktem Prüfungsumfang siehe auch schon die Nachweise in Fn. 535.

543 So auch *Intemann*, in: Koenig, AO, 3. Auflage 2014, §204 AO Rn. 58; *Bergan/Martin*, DStR 2012, 2164, 2165.

544 *Hey*, Steuerplanungssicherheit als Rechtsproblem, 2002, S. 699.

545 Siehe bereits oben unter §3 C. II. 1.

546 Zu nennen sind neben der sogleich behandelten Lohnsteueranrufungsauskunft nach §42e EStG z. B. die verbindliche Zolltarif- oder Ursprungsauskunft nach Art. 12 Zollkodex und die Anrufungsauskünfte nach §15 Abs. 4 5. VermBG und nach §9 BergPDV.

547 Die Kontinuitätsinteressen des Staates werden auch durch diese Zusagen nicht geschützt, weil auch diese nur einseitig die Finanzverwaltung binden.

548 *Gersch*, in: HHR, §42e EStG Rn. 16; *Heuermann*, in: Blümich, §42e EStG Rn. 11; *Eisgruber*, in: Kirchhof, EStG, 18. Auflage 2019, §42e Rn. 3.

549 *Gersch*, in: HHR, §42e EStG Rn. 16; *Heuermann*, in: Blümich, §42e EStG Rn. 11; *Eisgruber*, in: Kirchhof, EStG, 18. Auflage 2019, §42e Rn. 3.

Stellung auf die Behandlung im Lohnsteuerabzugsverfahren, bindet die Finanzbehörde[550] also nicht bei der Einkommensteuerveranlagung des Arbeitnehmers.[551]

Innerhalb dieses begrenzten Anwendungsbereichs verdrängt die Lohnsteueranrufungsauskunft aber die verbindliche Auskunft nach §89 Abs. 2 S. 1 AO als *lex specialis*.[552] §42e S. 1 EStG räumt dabei (anders als §89 Abs. 2 S. 1 AO und §204 AO) einen Anspruch auf Erteilung der Auskunft ein.[553] Weil der Arbeitgeber mit dem Einbehalt der Lohnsteuer staatliche Erhebungsaufgaben übernimmt und für zu wenig einbehaltene Lohnsteuer nach §42d EStG haftet, hat er ein besonders schutzwürdiges Interesse daran, schon zu einem frühen Zeitpunkt Klarheit über den Umfang seiner Pflichten zu erlangen.[554] Die Finanzbehörde ist daher verpflichtet, eine materiellrechtlich zutreffende Auskunft zu erteilen.[555] Die Lohnsteueranrufungsauskunft stellt sich vor diesem Hintergrund nicht als bloße zusätzliche Leistung, sondern gleichsam als Kompensation für die gesteigerte Verantwortung des Arbeitgebers dar.[556]

---

[550] Der Steuerpflichtige ist an die Auskunft nicht gebunden; vgl. nur BFH, Urteil v. 30.4.2009 – VI R 54/07, BFHE 225, 50 = BStBl II 2010, 996, juris Rn. 24 f.; *Seer*, in: Tipke/Kruse, §89 AO Rn. 110.

[551] BFH, Urteil v. 27.2.2014 – VI R 26/12, BFH/NV 2014, 1372, juris Rn. 17; BFH, Urteil v. 27.2.2014 – VI R 23/13, BFHE 244, 572 = BStBl II 2014, 894, juris Rn. 13; BFH, Urteil v. 27.2.2014 – VI R 19/12, BFH/NV 2014, 1370, juris Rn. 12; BFH, Urteil v. 7.5.2014 – VI R 28/13, BFH/NV 2014, 1734, juris Rn. 11; *Seer*, in: Tipke/Kruse, §89 AO Rn. 108; *Gersch*, in: HHR, §42e EStG Rn. 25; *Eisgruber*, in: Kirchhof, EStG, 18. Auflage 2019, §42e Rn. 7.

[552] *Heuermann*, in: Blümich, §42e EStG Rn. 6; *Eisgruber*, in: Kirchhof, EStG, 18. Auflage 2019, §42e Rn. 2.

[553] BFH, Urteil v. 30.4.2009 – VI R 54/07, BFHE 225, 50 = BStBl II 2010, 996, juris Rn. 23; BFH, Urteil v. 27.2.2014 – VI R 23/13, BFHE 244, 572 = BStBl II 2014, 894, juris Rn. 11; BFH, Urteil v. 27.2.2014 – VI R 19/12, BFH/NV 2014, 1370, juris Rn. 10; BFH, Urteil v. 27.2.2014 – VI R 26/12, BFH/NV 2014, 1372, juris Rn. 15; BFH, Urteil v. 7.5.2014 – VI R 28/13, BFH/NV 2014, 1734, juris Rn. 9; *Gersch*, in: HHR, §42e EStG Rn. 20; *Heuermann*, in: Blümich, §42e EStG Rn. 26.

[554] BFH, Urteil v. 30.4.2009 – VI R 54/07, BFHE 225, 50 = BStBl II 2010, 996, juris Rn. 32; BFH, Urteil v. 27.2.2014 – VI R 23/13, BFHE 244, 572 = BStBl II 2014, 894, juris Rn. 15; BFH, Urteil v. 27.2.2014 – VI R 19/12, BFH/NV 2014, 1370, juris Rn. 14; BFH, Urteil v. 27.2.2014 – VI R 26/12, BFH/NV 2014, 1372, juris Rn. 19; BFH, Urteil v. 7.5.2014 – VI R 28/13, BFH/NV 2014, 1734, juris Rn. 13.

[555] BFH, Urteil v. 30.4.2009 – VI R 54/07, BFHE 225, 50 = BStBl II 2010, 996, juris Rn. 33; BFH, Urteil v. 27.2.2014 – VI R 23/13, BFHE 244, 572 = BStBl II 2014, 894, juris Rn. 11; BFH, Urteil v. 27.2.2014 – VI R 19/12, BFH/NV 2014, 1370, juris Rn. 10; BFH, Urteil v. 27.2.2014 – VI R 26/12, BFH/NV 2014, 1372, juris Rn. 15; BFH, Urteil v. 7.5.2014 – VI R 28/13, BFH/NV 2014, 1734, juris Rn. 9.

[556] BFH, Urteil v. 30.4.2009 – VI R 54/07, BFHE 225, 50 = BStBl II 2010, 996, juris Rn. 33; BFH, Urteil v. 27.2.2014 – VI R 23/13, BFHE 244, 572 = BStBl II 2014, 894, juris Rn. 11; BFH, Urteil v. 27.2.2014 – VI R 19/12, BFH/NV 2014, 1370, juris Rn. 10; BFH, Urteil v. 27.2.2014 – VI R 26/12, BFH/NV 2014, 1372, juris Rn. 15; BFH, Urteil v. 7.5.2014 – VI R 28/13, BFH/NV 2014, 1734, juris Rn. 9; *Seer*, in: Tipke/Kruse, §89 AO Rn. 97; *Gersch*, in: HHR, §42e EStG Rn. 3; *Eisgruber*, in: Kirchhof, EStG, 18. Auflage 2019, §42e Rn. 1; *Hey*, Steuerplanungssicherheit als Rechtsproblem, 2002, S. 697 f.

Mangels besonderer Regelungen im EStG wendet die Rechtsprechung für die Reichweite der Bindungswirkung die Regelungen zur verbindlichen Zusage, also insbesondere die Möglichkeit zur Aufhebung *ex nunc* nach § 207 Abs. 2 AO, analog an.[557] Damit kann die Bindungswirkung der Auskunft insbesondere dann beseitigt werden, wenn sie sich als rechtswidrig herausstellt.[558] Auch hier muss aber im Rahmen der Aufhebungsentscheidung berücksichtigt werden, ob der Steuerpflichtige bereits auf Grundlage der erteilten Auskunft disponiert hat.[559] Wenn der Sachverhalt, der der Auskunft zugrunde lag, bereits verwirklicht wurde, scheidet eine Aufhebung der Auskunft danach regelmäßig aus.

Nach der Rechtsprechung des BFH ist auch die Lohnsteueranrufungsauskunft nur eingeschränkt gerichtlich überprüfbar.[560] Der Regelungsgehalt erschöpfe sich darin, dass die Verwaltung die nach ihrer Ansicht zutreffende Rechtslage verbindlich mitteilt.[561] Gerichtlich könne diese Auskunft nur daraufhin überprüft werden, ob sie den Sachverhalt zutreffend erfasst und die rechtliche Beurteilung nicht evident fehlerhaft ist. Diese eingeschränkte gerichtliche Prüfungskompetenz ist zwar insoweit konsequent als die Lohnsteueranrufungsauskunft auch hinsichtlich der nur einseitigen Bindungswirkung und der Änderungsmöglichkeiten genauso behandelt wird wie eine verbindliche Auskunft § 89 Abs. 2 AO oder eine verbindliche Zusage nach § 204 AO.[562] Auch

---

[557] Noch offen gelassen in BFH, Urteil v. 30.4.2009 – VI R 54/07, BFHE 225, 50 = BStBl II 2010, 996, juris Rn. 35; nunmehr aber ausdrücklich für eine Analogie BFH, Urteil v. 2.9.2010 – VI R 3/09, BFHE 230, 500 = BStBl II 2011, 233, juris Rn. 14 f.; zustimmend BMF v. 18.2.2011, IV C 5-S 2388/0-01; *Gersch*, in: HHR, § 42e EStG Rn. 26; *Heuermann*, in: Blümich, § 42e EStG Rn. 40; *Eisgruber*, in: Kirchhof, EStG, 18. Auflage 2019, § 42e Rn. 8.

[558] Wenn sich die zugrundeliegenden gesetzlichen Vorschriften ändern, entfällt konsequenterweise die Bindungswirkung der Lohnsteueranrufungsauskunft automatisch analog § 207 Abs. 1 AO; so auch BMF v. 18.2.2011, IV C 5-S 2388/0-01; *Seer*, in: Tipke/Kruse, § 89 AO Rn. 111; *Gersch*, in: HHR, § 42e EStG Rn. 24; *Eisgruber*, in: Kirchhof, EStG, 18. Auflage 2019, § 42e Rn. 8.

[559] BFH, Urteil v. 2.9.2010 – VI R 3/09, BFHE 230, 500 = BStBl II 2011, 233, juris Rn. 17; *Seer*, in: Tipke/Kruse, § 89 AO Rn. 112.

[560] BFH, Urteil v. 27.2.2014 – VI R 23/13, BFHE 244, 572 = BStBl II 2014, 894, juris Rn. 14; BFH, Urteil v. 27.2.2014 – VI R 19/12, BFH/NV 2014, 1370, juris Rn. 13; BFH, Urteil v. 27.2.2014 – VI R 26/12, BFH/NV 2014, 1372, juris Rn. 18; BFH, Urteil v. 7.5.2014 – VI R 28/13, BFH/NV 2014, 1734, juris Rn. 12; demgegenüber zwischen verbindlicher Auskunft und Lohnsteueranrufungsauskunft differenzierend noch BFH, Urteil v. 5.2.2014 – I R 34/12, BFH/NV 2014, 1014, juris Rn. 17; vgl. auch *Thieme*, DStR 2014, 1093, 1096.

[561] BFH, Urteil v. 27.2.2014 – VI R 23/13, BFHE 244, 572 = BStBl II 2014, 894, juris Rn. 13; BFH, Urteil v. 27.2.2014 – VI R 19/12, BFH/NV 2014, 1370, juris Rn. 12; BFH, Urteil v. 27.2.2014 – VI R 26/12, BFH/NV 2014, 1372, juris Rn. 17; BFH, Urteil v. 7.5.2014 – VI R 28/13, BFH/NV 2014, 1734, juris Rn. 11; in diesem Sinne (wenn auch mit anderer Begründung) auch *Eisgruber*, in: Kirchhof, EStG, 18. Auflage 2019, § 42e Rn. 6.

[562] Die Rechtsprechung zur nur eingeschränkten gerichtlichen Überprüfbarkeit hat der BFH mittlerweile auch auf die Anrufungsauskunft nach § 15 Abs. 4 5. VermBG übertragen; s. BFH, Urteil v. 5.6.2014 – VI R 90/13, BFHE 246, 383 = BStBl II 2015, 48, juris Rn. 17.

die Lohnsteueranrufungsauskunft ist kein für den Steuerpflichtigen bindender Vorbescheid. Allerdings sind die Vorteile, die der Arbeitgeber zur Kompensation seiner besonderen Pflichten und Haftungsrisiken erhält, damit begrenzt: Seine Kontinuitätsinteressen sind nur deshalb besser als durch eine verbindliche Auskunft geschützt, weil ein Anspruch auf die Lohnsteueranrufungsauskunft besteht und diese nicht mit einer zusätzlichen Gebühr verbunden ist.[563]

III. Verständigungen zwischen Finanzbehörde und Steuerpflichtigem

Schließlich besteht zum Schutz der wechselseitigen Kontinuitätsinteressen noch die Möglichkeit für Finanzbehörde und Steuerpflichtigen, eine für beide Seiten bindende Einigung über die tatsächlichen und/oder rechtlichen Grundlagen der Besteuerung herbeizuführen. Allerdings ist der Anwendungsbereich derartiger Verständigungen im Steuerrecht begrenzt.

1. Normative Ausgangslage

Die Abgabenordnung enthält keine Regelungen, die den §§54ff. BVwVfG entsprechen. Der öffentlich-rechtliche Vertrag ist damit – anders als im allgemeinen Verwaltungsrecht – als Handlungsform der Finanzbehörde zumindest nicht ausdrücklich gesetzlich anerkannt. Vielmehr wird für die wichtigsten Handlungen der Steuerverwaltung der Verwaltungsakt als Handlungsform vorgegeben. So werden Steuern nach §155 Abs. 1 S. 1 AO durch Steuerbescheid, Steuermessbeträge und deren Zerlegung nach §§184 Abs. 1 S. 1, 185 AO durch Steuermessbescheid bzw. Zerlegungsbescheid festgesetzt. Die gesonderte Feststellung von Besteuerungsgrundlagen erfolgt durch Feststellungsbescheid (§179 Abs. 1 AO). Die steuerliche Haftung setzt einen Haftungsbescheid voraus (§191 Abs. 1 S. 1 AO).[564] Über einen Einspruch des Steuerpflichtigen wird durch Einspruchsentscheidung entschieden (§367 AO). Öffentlich-rechtliche Verträge werden dagegen nur in zwei Normen der Abgabenordnung ausdrücklich erwähnt:

Nach §78 Nr. 3 AO ist Beteiligter des Besteuerungsverfahrens auch derjenige, mit dem die Finanzbehörde einen öffentlich-rechtlichen Vertrag schließen will oder geschlossen hat. Diese Vorschrift wurde bei Erlass der AO 1977 auf-

---

[563] Dies hält der BFH ausdrücklich für ausreichend; vgl. BFH, Urteil v. 27.2.2014 – VI R 23/13, BFHE 244, 572 = BStBl II 2014, 894, juris Rn. 15; BFH, Urteil v. 27.2.2014 – VI R 19/12, BFH/NV 2014, 1370, juris Rn. 13; BFH, Urteil v. 27.2.2014 – VI R 26/12, BFH/NV 2014, 1372, juris Rn. 18; BFH, Urteil v. 7.5.2014 – VI R 28/13, BFH/NV 2014, 1734, juris Rn. 13. Ein Teil der Literatur fordert demgegenüber die volle gerichtliche Überprüfbarkeit der Lohnsteueranrufungsauskunft; vgl. *Seer*, in: Tipke/Kruse, §89 AO Rn. 106; *Gersch*, in: HHR, §42e EStG Rn. 23.

[564] §192 AO trifft zwar auch Regelungen zu einer vertraglichen Haftung. Gemeint ist damit aber nur eine Haftung aufgrund zivilrechtlicher Verträge, beispielsweise einer Bürgschaft; vgl. *Intemann*, in: Koenig, AO, 3. Auflage 2014, §192 AO Rn. 2; *Rüsken*, in: Klein, AO, 14. Auflage 2018, §192 AO Rn. 1.

genommen, um die Abgabenordnung mit den Regelungen im allgemeinen Verwaltungsrecht (§ 13 Abs. 1 Nr. 3 BVwVfG) zu harmonisieren.[565] Da allerdings zugleich die Regelungen zu den materiellen Voraussetzungen eines öffentlich-rechtlichen Vertrags (§§ 54 ff. BVwVfG) nicht in die AO 1977 übernommen wurden,[566] lässt sich aus § 78 Nr. 3 AO nicht die allgemeine Zulässigkeit von öffentlich-rechtlichen Verträgen im Steuerrecht ableiten.[567] Die Norm regelt schon nach ihrem Wortlaut und ihrer systematischen Stellung ausschließlich die Beteiligtenstellung des Vertragspartners. Zur Frage, unter welchen Voraussetzungen ein öffentlich-rechtlicher Vertrag im Steuerrecht zulässig ist, trifft sie hingegen keine Aussage.

Nach Einführung von § 224a AO sieht die Abgabenordnung zudem einen materiellen Anwendungsfall für einen öffentlich-rechtlichen Vertrag ausdrücklich vor.[568] Schuldet ein Steuerpflichtiger Erbschaftsteuer[569] kann (unter weiteren Voraussetzungen) durch öffentlich-rechtlichen Vertrag zugelassen werden, dass Kunstgegenstände (oder bestimmte andere Vermögenswerte) an Zahlungs statt an das Land übereignet werden können, das Steuergläubiger der Erbschaftsteuer ist. Die Norm enthält zwar materielle Anforderungen für die Wirksamkeit eines entsprechenden öffentlich-rechtlichen Vertrags (§ 224a Abs. 2 AO). Die Regelung hat aber einen eng umrissenen Anwendungsbereich und lässt sich nicht analog auf andere Konstellationen übertragen.[570] Insbesondere erkennt sie einen öffentlich-rechtlichen Vertrag nur für die Vollstreckung bereits festgesetzter Steueransprüche an. Wenn § 224a Abs. 3 AO vorsieht, dass die Steuer in der im Vertrag vereinbarten Höhe nach der Übereignung erlischt, so wird damit nicht die Möglichkeit eröffnet, sich vertraglich über die Höhe der Steuerlast zu einigen. Vielmehr legen Steuerpflichtiger und Finanzbehörde durch Vertrag den Wert der an Zahlungs statt hingegebenen Gegenstände vertraglich

[565] Vgl. BT-Drs. VI/1982, S. 94.

[566] In den Gesetzesmaterialien zur Einführung der AO 1977 wird der öffentlich-rechtliche Vertrag nicht ausdrücklich erwähnt – also weder positiv für zulässig noch negativ für unzulässig erklärt; vgl. die detaillierte Analyse bei *Seer*, Verständigungen in Steuerverfahren, 1996, S. 132 f.

[567] Vgl. nur *Seer*, in: Tipke/Kruse, Vor § 118 AO Rn. 18; *Söhn*, in: HHSp., § 78 AO Rn. 159 f.; *Eich*, Die tatsächliche Verständigung im Steuerverfahren und Steuerstrafverfahren, 1992, S. 44 f.

[568] Nach Einführung von § 224a AO ist mithin § 78 Nr. 3 AO jedenfalls nicht mehr ohne Anwendungsbereich. Damit kann es mittlerweile auch dahinstehen, ob die Übernahme dieser Vorschrift aus dem allgemeinen Verwaltungsrecht bei Erlass der AO 1977 ein bloßes Redaktionsversehen des Gesetzgebers war; vgl. dazu jew. m. w. N. *Eich*, Die tatsächliche Verständigung im Steuerverfahren und Steuerstrafverfahren, 1992, S. 44 f. einerseits und *Seer*, in: Tipke/Kruse, Vor § 118 AO Rn. 18 andererseits.

[569] Die Norm ist ebenso auf Vermögensteueransprüche anwendbar. Dies ist aber praktisch irrelevant, weil eine Vermögensteuer derzeit nicht erhoben wird.

[570] Ebenso *Rüsken*, in: Klein, AO, 14. Auflage 2018, § 224a AO Rn. 1; für andere Fälle der Leistung an Zahlungs statt offengelassen durch BFH, Beschluss v. 16.12.1998 – IV B 18/98, BFH/NV 1999, 744, juris Rn. 4.

fest.[571] Für die hier allein interessierenden Verständigungen über die Grundlagen der Besteuerung bzw. die Höhe der Steuerlast können aus dieser Regelung mithin keine weiteren Schlüsse gezogen werden.

Das steuerliche Verfahrensrecht kennt allerdings auch noch andere – nicht ausdrücklich als öffentlich-rechtliche Verträge bezeichnete – Institute, die auf ein konsensuales Zusammenwirken von Steuerpflichtigen und Finanzbehörde auch schon im Vorfeld einer Steuerfestsetzung hinwirken. So ist über das Ergebnis einer Außenprüfung eine Schlussbesprechung abzuhalten (§201 Abs. 1 S. 1 AO), in der insbesondere strittige Sachverhalte und die rechtliche Beurteilung der Prüfungsfeststellungen erörtert werden sollen (§201 Abs. 1 S. 2 AO). Im Einspruchsverfahren ist eine Erörterung des Sach- und Rechtsstands vor Erlass einer Einspruchsentscheidung möglich (§364a Abs. 1 AO).[572] Gleiches gilt im Klageverfahren vor dem Finanzgericht (§79 Abs. 1 S. 2 Nr. 1 FGO), wo der Erörterungstermin ausdrücklich auch der gütlichen Beilegung des Rechtsstreits dienen soll. Dass der Gesetzgeber in verschiedenen Verfahrensstufen Institute geschaffen hat, die eine Verständigung zwischen Finanzbehörde und Steuerpflichtigem begünstigen sollen, spricht dafür, einer solchen Verständigung auch rechtliche Wirkungen beizumessen.[573] Dies setzt voraus, dass sie Bindungswirkung für beide Vertragsparteien entfalten kann. Über welche Inhalte und in welchem Umfang eine solche Verständigung möglich ist, lässt sich allerdings auch aus diesen Normen nicht abschließend ableiten. Die Grenzen von zulässigen Verständigungen im Steuerrecht müssen vielmehr unter teleologischem Rückgriff auf die Grundsätze des Besteuerungsverfahrens und die sich daraus ergebende Rollenverteilung zwischen Steuerpflichtigem und Finanzbehörde bestimmt werden.

2. Unzulässigkeit von (unmittelbaren) Verständigungen über den Steueranspruch

Die Finanzbehörde ist nach §85 S. 1 AO verpflichtet, die Steuern nach Maßgabe der Gesetze gleichmäßig festzusetzen und zu erheben. Erst die Orientierung am Gesetz gewährleistet eine gleichmäßige, der wirtschaftlichen Leistungsfähigkeit des einzelnen Bürgers entsprechende, Steuerfestsetzung. Mit diesem Grundsatz unvereinbar wäre es, wenn sich Finanzbehörde und Steuerpflichtiger losgelöst von den gesetzlichen Anordnungen im materiellen Steuerrecht auf die Höhe der

---

[571] *Fritsch*, in: Koenig, AO, 3. Auflage 2014, §224a AO Rn. 5; *Rüsken*, in: Klein, AO, 14. Auflage 2018, §224a AO Rn. 6.

[572] Auf Antrag des Steuerpflichtigen soll eine Erörterung durchgeführt werden (§364a Abs. 1 S. 1 AO); die Finanzbehörde kann aber auch ohne Antrag zu einer Erörterung laden (§364a Abs. 1 S. 3 AO).

[573] Ebenso *Seer*, in: Tipke/Kruse, Vor §118 AO Rn. 18f.; *Eich*, Die tatsächliche Verständigung im Steuerverfahren und Steuerstrafverfahren, 1992, S. 10f.; im Ausgangspunkt auch *Söhn*, in: HHSp., §78 AO Rn. 160.

zu entrichtenden Steuer verständigen könnten. Dies würde auch – da eine ausdrückliche gesetzliche Ermächtigung zu einem solchen Vorgehen fehlt – der Gesetzesbindung der Verwaltung aus Art. 20 Abs. 3 GG widersprechen. Schließlich sprechen auch die o. g. Vorschriften der Abgabenordnung, die ein Handeln durch Verwaltungsakt vorsehen, dafür, zumindest in diesem Kernbereich der verbindlichen Festsetzung der Höhe der Steuer bzw. der gesondert festzustellenden Besteuerungsgrundlage ein absolutes Vertragsformverbot anzunehmen. Dies entspricht der ständigen Rechtsprechung[574] und ist auch in der Literatur[575] nicht umstritten.[576]

3. Zulässigkeit von Verständigungen über den zu besteuernden Sachverhalt (sog. tats. Verständigung)

Trotz dieses grundsätzlichen Verbots für Verständigungen über den Steueranspruch ist aber gleichermaßen anerkannt, dass eine vorgelagerte Einigung zwischen Steuerpflichtigem und Finanzbehörde über den Sachverhalt, der der Besteuerung zugrunde zu legen ist, unter bestimmten Voraussetzungen zulässig ist (sog. tatsächliche Verständigung).[577]

a) Zulässigkeit dem Grunde nach

Auch eine verbindliche Einigung über den Sachverhalt ist mit Blick auf die in der Abgabenordnung normierten Besteuerungsgrundsätze begründungsbedürftig: Nach § 88 Abs. 1 S. 1 AO ist es nämlich Aufgabe der Finanzbehörde, den Sachverhalt von Amts wegen zu ermitteln. Sie bestimmt Art und Umfang der Ermittlungen (§ 88 Abs. 1 S. 2 Hs. 1 AO) und muss ihre Ermittlungen auch auf solche Umstände erstrecken, die für den Steuerpflichtigen günstig sind (§ 88 Abs. 2 AO). Der Steuerpflichtige ist zwar zur Mitwirkung (§ 90 Abs. 1 S. 1 AO), insbesondere zur Abgabe von Steuererklärungen (§ 149 Abs. 1 S. 1 AO i. V. m. den Regeln des materiellen Steuerrechts) verpflichtet, und soll Gelegenheit bekom-

---

574 Vgl. nur BFH, Urteil v. 11.12.1984 – VIII R 131/76, BFHE 142, 549 = BStBl II 1985, 354, juris Rn. 31; BFH, Urteil v. 5.10.1990 – III R 19/88, BFHE 162, 211, juris Rn. 16; BFH, Urteil v. 6.2.1991 – I R 13/86, BFHE 164, 168 = BStBl II 1991, 673, juris Rn. 12 ff. jew. m. w. N.; aus jüngerer Zeit z. B. BFH, Urteil v. 3.4.2008 – IV R 54/04, BFHE 220, 495 = BStBl II 2008, 742, juris Rn. 58; BFH, Urteil v. 7.12.2010 – IX R 16/10, BFH/NV 2011, 778, juris Rn. 44.

575 Vgl. nur *Seer*, in: Tipke/Kruse, Vor § 118 AO Rn. 29 f.; *Söhn*, in: HHSp., § 78 AO Rn. 143; *Wünsch*, in: Koenig, AO, 3. Auflage 2014, § 88 AO Rn. 49; *Mösbauer*, BB 2003, 1037, 1037.

576 Umstritten ist demgegenüber, ob das Verbot für Verträge über Steueransprüche auch eine Verständigung über die bei der Festsetzung zu Grunde zulegende Rechtslage ausschließt; dazu sogleich.

577 Der Begriff ist allgemein anerkannt und wird im Sinne einer Verständigung über Tatsachen verstanden; vgl. *Eich*, Die tatsächliche Verständigung im Steuerverfahren und Steuerstrafverfahren, 1992, S. 19 f.; *Seer*, Verständigungen in Steuerverfahren, 1996, S. 13 ff.; *ders.*, BB 2015, 214, 214.

men, sich vor Erlass eines belastenden Verwaltungsakts zu den entscheidungserheblichen Tatsachen zu äußern (§91 Abs. 1 S. 1 AO). Die Finanzbehörde ist aber an das Vorbringen des Steuerpflichtigen und dessen Beweisanträge nicht gebunden (§88 Abs. 1 S. 2 AO). Nach der Konzeption des Gesetzes trägt also die Finanzbehörde die endgültige Verantwortung für die Sachverhaltsermittlung.[578] Der Steuerpflichtige kann demgegenüber durch eigene Auskünfte oder Erklärungen lediglich Beweismittel beibringen (§92 S. 2 Nr. 1 AO), es ist aber in das pflichtgemäße Ermessen der Finanzbehörde gestellt, in welchem Umfang diese Beweismittel für die Ermittlung des Sachverhalts herangezogen werden (§92 S. 1 AO).[579]

Allerdings ergeben sich in der Praxis oftmals Situationen, in denen eine Ermittlung des zutreffenden Sachverhalts nur mit erheblichem Aufwand oder gar nicht zweifelsfrei möglich ist: Steuerrechtliche Normen knüpfen nicht nur an wissenschaftlich klar messbare Umstände an, sondern machen häufig auch materielle Bewertungen äußerer Umstände erforderlich. So lässt sich beispielsweise der Teilwert eines Wirtschaftsguts (§6 Abs. 1 Nr. 1 S. 3 EStG) mit verschiedenen Methoden bestimmen. Wieviel ein Erwerber im Rahmen eines Gesamtkaufpreises für das einzelne Wirtschaftsgut ansetzen würde, kann als rein hypothetische Betrachtung kaum einmal zweifelsfrei feststehen.[580] Ob ein solcher Teilwert voraussichtlich dauerhaft unter den fortgeführten Anschaffungskosten des Wirtschaftsguts liegen wird (vgl. §6 Abs. 1 Nr. 1 S. 2 EStG) ist eine Prognoseentscheidung, die schon wegen der in ihr enthaltenen Voraussage zukünftiger Entwicklungen nur in Ausnahmefällen eindeutig richtig oder eindeutig falsch sein kann.[581] Gleichermaßen schwierig ist die im Steuerrecht häufig erforderliche Abgrenzung bei multikausalen Veranlassungszusammenhängen (bei-

[578] So auch *Söhn*, in: HHSp., §78 AO Rn. 120; *Mösbauer*, BB 2003, 1037, 1037.

[579] Die Gegenansicht von *Seer*, in: Tipke/Kruse, Vor §118 AO Rn. 9; *ders.*, Verständigungen in Steuerverfahren, 1996, S. 8, die von einer nach Sphären verteilten Verantwortung zur Ermittlung des Sachverhalts ausgeht, bei der der Steuerpflichtige Mitgestaltungsbefugnisse habe, lässt sich mit den hier dargestellten Besteuerungsgrundsätzen *de lege lata* kaum vereinbaren; so auch *Söhn*, in: HHSp., §78 AO Rn. 120.

[580] Die Rechtsprechung behilft sich zur Eingrenzung der bei der Teilwertermittlung auftretenden Schwierigkeiten mit Vermutungsregeln; vgl. z. B. BFH, Urteil v. 4.3.1998 – X R 151/94, BFH/NV 1998, 1086, juris Rn. 38; BFH, Urteil v. 9.12.2014 – X R 36/12, BFH/NV 2015, 821, juris Rn. 22; Überblick über einzelne Vermutungen bei *Winnefeld*, Bilanz-Handbuch, 5. Auflage 2015, E Rn. 1299ff.

[581] Die Rechtsprechung hat den Begriff der voraussichtlich dauerhaften Wertminderung abhängig von der Eigenart des Wirtschaftsgutes konkretisiert und damit z. B. unterschiedliche Maßstäbe für abnutzbare und nicht abnutzbare Wirtschaftsgüter und solche des Anlage- und des Umlaufvermögens entwickelt; vgl. nur die Übersichten bei *Ehmcke*, in: Blümich, §6 EStG Rn. 560aff.; *Winnefeld*, Bilanz-Handbuch, 5. Auflage 2015, E Rn. 1306ff. Ob die Voraussetzungen erfüllt sind, ist durch eine Prognose auf Grundlage objektiver Anzeichen am Bilanzstichtag zu entscheiden; vgl. z. B. BFH, Urteil v. 27.11.1974 – I R 123/73, BFHE 114, 415 = BStBl II 1975, 294, juris Rn. 10f.; BFH, Urteil v. 21.9.2011 – I R 89/10, BFHE 235, 263 = BStBl II 2014, 612, juris Rn. 10.

spielsweise bei der Aufteilung von sowohl privat als auch beruflich veranlassten Aufwendungen).[582] Die Finanzbehörde ist zwar nach § 162 Abs. 1 S. 1 AO zur Schätzung der Besteuerungsgrundlagen verpflichtet, wenn sich diese nicht ermitteln lassen. Auch dafür müssen aber sämtliche Umstände des Einzelfalls berücksichtigt werden (§ 162 Abs. 1 S. 2 AO), sodass auch zur Vorbereitung einer sachgerechten Schätzung umfangreiche Sachverhaltsermittlungen erforderlich sein können.[583]

Lässt man in diesen Fällen[584] der erschwerten Sachverhaltsermittlung eine einverständliche Bestimmung des Sachverhalts durch Finanzbehörde und Steuerpflichtigen zu, kann dies zu einer Beschleunigung und Befriedung des Besteuerungsverfahrens führen.[585] Aufwändige Ermittlungsmaßnahmen und langwierige Einspruchs- und Klageverfahren können vermieden werden. Die Finanzverwaltung kann ihre Ressourcen zur Sachverhaltsermittlung auf solche Fälle konzentrieren, in denen die Ermittlung des Sachverhalts zweifelsfrei möglich ist. Idealerweise können tatsächliche Verständigungen damit sogar zu einer gleichmäßigeren Besteuerung beitragen.[586]

Der Gesetzgeber hat eine solche Verständigung über Sachverhaltsfragen trotz dieses praktischen Bedürfnisses aber nicht gesetzlich geregelt. Diese Lücke hat der Bundesfinanzhof mit einem rechtsrichterlichen Institut geschlossen,[587] das in der Praxis allgemein akzeptiert und flächenmäßig angewandt wird.[588] Da

[582] Zur Aufteilung von gemischt veranlassten Aufwendungen im Einkommensteuerrecht grundlegend BFH, Beschluss v. 21.9.2009 – GrS 1/06, BFHE 227, 1 = BStBl II 2010, 672, juris Rn. 91 ff.

[583] *Cöster*, in: Koenig, AO, 3. Auflage 2014, § 162 AO Rn. 49; *Rüsken*, in: Klein, AO, 14. Auflage 2018, § 162 AO Rn. 37.

[584] Schätzungen bei Bewertungs-, Prognose- und Aufteilungsentscheidungen sind wesentliche Fallgruppen, in denen eine tatsächliche Verständigung Anwendung findet; vgl. BMF v. 30.7.2008, IV A 3-S 0223/07/10002, BStBl I 2008, 831, Tz. 4.1; *Seer*, in: Tipke/Kruse, Vor § 118 AO Rn. 9; *ders.*, Verständigungen in Steuerverfahren, 1996, S. 11 f.; *Wünsch*, in: Koenig, AO, 3. Auflage 2014, § 88 AO Rn. 49; *Söhn*, in: HHSp., § 78 AO Rn. 125.

[585] Vgl. BMF v. 30.7.2008, IV A 3-S 0223/07/10002, BStBl I 2008, 831, Tz. 5; *Eich*, Die tatsächliche Verständigung im Steuerverfahren und Steuerstrafverfahren, 1992, S. 10 f.; *Seer*, Verständigungen in Steuerverfahren, 1996, S. 9 f.

[586] Generell kritisch insoweit *Söhn*, in: HHSp., § 78 AO Rn. 122.

[587] Grundlegend BFH, Urteil v. 11.12.1984 – VIII R 131/76, BFHE 142, 549 = BStBl II 1985, 354, juris Rn. 32 f.; BFH, Urteil v. 5.10.1990 – III R 19/88, BFHE 162, 211, juris Rn. 17; BFH, Urteil v. 6.2.1991 – I R 13/86, BFHE 164, 168 = BStBl II 1991, 673, juris Rn. 12 ff. mit Verweisen auf noch frühere Rechtsprechung des BFH und des RFH; mittlerweile in ständiger Rechtsprechung anerkannt; vgl. aus jüngerer Zeit nur BFH, Urteil v. 3.4.2008 – IV R 54/04, BFHE 220, 495 = BStBl II 2008, 742, juris Rn. 58; BFH, Urteil v. 1.9.2009 – VIII R 78/06, BFH/NV 2010, 593, juris Rn. 14; BFH, Beschluss v. 28.4.2011 – III B 78/10, BFH/NV 2011, 1108, juris Rn. 6.

[588] Vgl. *Eich*, Die tatsächliche Verständigung im Steuerverfahren und Steuerstrafverfahren, 1992, S. 4 f.: „fester Bestandteil der Steuerverfahrenspraxis"; *Seer*, in: Tipke/Kruse, Vor § 118 AO Rn. 12: Anwendung „im breiten Konsens" und „auf allen Verfahrensstufen"; *Söhn*, in: HHSp., § 78 AO Rn. 112: „nicht mehr wegzudiskutierendes Faktum".

sich in der AO zumindest Ansatzpunkte für ein konsensuales Zusammenwirken von Steuerpflichtigem und Finanzbehörde finden,[589] werden damit auch nicht die Grenzen richterlicher Rechtsfortbildung überschritten.

b) Voraussetzungen und Rechtsfolgen im Einzelnen

Eine tatsächliche Verständigung ist aber nach der herrschenden Meinung nur in einem eng umgrenzten Rahmen zulässig: Es muss ein Sachverhalt vorliegen, der nur unter erschwerten Umständen, also insbesondere mit einem unverhältnismäßigen Arbeits- oder Zeitaufwand, ermittelt werden kann.[590] In Betracht kommen solche Verständigungen insbesondere bei Schätzungs-, Bewertungs-Beurteilungs- oder Beweiswürdigungsspielräumen.[591] Die Beurteilung bezieht sich dabei grundsätzlich auf einen bereits abgeschlossenen Sachverhalt.[592] Wirkt sich dieser Sachverhalt auch in der Zukunft aus, kann die tatsächliche Verständigung aber auch auf die zukünftige Behandlung dieses Sachverhalts erstreckt werden.[593]

Die tatsächliche Verständigung ist im Grundsatz auf die Einigung über den Sachverhalt beschränkt.[594] Nur dann, wenn rechtliche Beurteilungen untrennbar mit der Ermittlung des Sachverhalts verknüpft sind, darf die tatsächliche Verständigung sich auch auf diese Beurteilungen erstrecken.[595] Dies ist beispielsweise bei Bewertungs- und Schätzungsentscheidungen der Fall, die stets auch rechtliche Gesichtspunkte mitberücksichtigen müssen.[596] Gleiches gilt für

---

[589] Insbesondere die Regelungen zur Schlussbesprechung sowie zu den Erörterungsterminen im außergerichtlichen und gerichtlichen Rechtsbehelfsverfahren; vgl. bereits oben unter §3 C. III. 1.

[590] BMF v. 30.7.2008, IV A 3-S 0223/07/10002, BStBl I 2008, 831, Tz. 3; *Söhn*, in: HHSp., §78 AO Rn. 129; *Bruschke*, DStR 2010, 2611, 2612; noch strenger (nicht aufklärbare Ungewissheit): *Wünsch*, in: Koenig, AO, 3. Auflage 2014, §88 AO Rn. 50f.

[591] BMF v. 30.7.2008, IV A 3-S 0223/07/10002, BStBl I 2008, 831, Tz. 4.1; *Eich*, Die tatsächliche Verständigung im Steuerverfahren und Steuerstrafverfahren, 1992, S. 4f.; *Seer*, in: Tipke/Kruse, Vor §118 AO Rn. 9; *Söhn*, in: HHSp., §78 AO Rn. 125; *Riegel/Amler*, BB 2018, 605, 605f.

[592] Darin liegt ein wesentlicher Unterschied zu den bereits behandelten verwaltungsrechtlichen Zusagen; vgl. auch BMF v. 30.7.2008, IV A 3-S 0223/07/10002, BStBl I 2008, 831, Tz. 4.2; *Rüsken*, in: Klein, Abgabenordnung, 12. Auflage 2014, §162 AO Rn. 31b; *Bruschke*, DStR 2010, 2611, 2612.

[593] BMF v. 30.7.2008, IV A 3-S 0223/07/10002, BStBl I 2008, 831, Tz. 4.2; *Söhn*, in: HHSp., §78 AO Rn. 133; *Wünsch*, in: Koenig, AO, 3. Auflage 2014, §88 AO Rn. 47; *Bruschke*, DStR 2010, 2611, 2612; *von Wedelstädt*, AO-StB 2013, 219, 222.

[594] BMF v. 30.7.2008, IV A 3-S 0223/07/10002, BStBl I 2008, 831, Tz. 2.1; *Wünsch*, in: Koenig, AO, 3. Auflage 2014, §88 AO Rn. 49; grundsätzlich kritisch zur Trennung zwischen Sachverhalts- und Rechtsfragen *Seer*, in: Tipke/Kruse, Vor §118 AO Rn. 13.

[595] *Seer*, in: Tipke/Kruse, Vor §118 AO Rn. 11; *Söhn*, in: HHSp., §78 AO Rn. 126; *Bruschke*, DStR 2010, 2611, 2612; *Seer*, BB 2015, 214, 214f.

[596] BMF v. 30.7.2008, IV A 3-S 0223/07/10002, BStBl I 2008, 831, Tz. 4.1; *Rüsken*, in: Klein, Abgabenordnung, 12. Auflage 2014, §162 AO Rn. 30; *Seer*, Verständigungen in Steuerverfahren, 1996, S. 13ff.

die Frage, ob bzw. in welchem Umfang eine Leistungsbeziehung noch fremdüblich ist oder in welchem Umfang ein wirtschaftlicher Zusammenhang von Aufwendungen mit einer bestimmten Einkunftsart besteht.[597]

Auf Seiten der Finanzbehörde kann eine tatsächliche Verständigung nur von dem zur abschließenden Zeichnung berechtigten Amtsträger geschlossen werden, also in der Regel von dem Vorsteher des zuständigen Finanzamts oder dem zuständigen Sachgebietsleiter. Ist auf Seiten des Steuerpflichtigen ein Vertreter beteiligt, muss sich dessen Vollmacht auch auf den Abschluss einer tatsächlichen Verständigung erstrecken.[598]

Mit Abschluss der tatsächlichen Verständigung sind die Beteiligten an den Inhalt der Verständigung gebunden, d. h. die Finanzbehörde muss diesen Inhalt der Steuerfestsetzung zugrunde legen und der Steuerpflichtige kann die Steuerfestsetzung insoweit nicht durch Einspruch oder Klage anfechten.[599] Die Bindungswirkung greift allerdings dann nicht, wenn die Einigung zu einem offensichtlich unzutreffenden Ergebnis führt.[600] Die Rechtsprechung nimmt überwiegend an, dass sich die Bindungswirkung aus dem Grundsatz von Treu und Glauben ergibt,[601] während die herrschende Meinung in der Literatur in der tatsächlichen Verständigung einen ausnahmsweise zulässigen öffentlich-rechtlichen Vergleichsvertrag sieht.[602] Über Voraussetzungen und Reichweite der Bindungswirkung besteht allerdings weitgehende Einigkeit, sodass dieser Streit kaum praktische Relevanz besitzt und für den Schutz der Kontinuitätsinteressen durch tatsächliche Verständigungen ohne Auswirkung bleibt.[603]

---

[597] *Seer*, Verständigungen in Steuerverfahren, 1996, S. 15 f.

[598] BFH, Urteil v. 5.10.1990 – III R 19/88, BFHE 162, 211, juris Rn. 18; BFH, Urteil v. 13.8.1997 – I R 12/97, BFH/NV 1998, 498, juris Rn. 12; *Seer*, in: Tipke/Kruse, Vor § 118 AO Rn. 24; *Bruschke*, DStR 2010, 2611, 2613; *Seer*, BB 2015, 214, 216.

[599] *Söhn*, in: HHSp., § 78 AO Rn. 147; *Wünsch*, in: Koenig, AO, 3. Auflage 2014, § 88 AO Rn. 53; *Bruschke*, DStR 2010, 2611, 2614; *Loschelder*, StuW 2018, 329, 332 f.

[600] BFH, Urteil v. 1.9.2009 – VIII R 78/06, BFH/NV 2010, 593, juris Rn. 17; BFH, Beschluss v. 21.9.2015 – X B 58/15, BFH/NV 2016, 48, juris Rn. 14; *Seer*, BB 2015, 214, 216; ausnahmsweise kann die Bindungswirkung zudem durch Anfechtung oder Wegfall der Geschäftsgrundlage entfallen; vgl. *Loschelder*, StuW 2018, 329, 332 f.; *Riegel/Amler*, BB 2018, 605, 607 ff.

[601] Ausdrücklich z. B. BFH, Urteil v. 31.7.1996 – XI R 78/95, BFHE 181, 103 = BStBl II 1996, 625, juris Rn. 12 f.; BFH, Urteil v. 12.8.1999 – XI R 27/98, BFH/NV 2000, 537, juris Rn. 30; BFH, Beschluss v. 11.7.2001 – XI B 23/01, StuB 2002, 46, juris Rn. 4; BFH, Urteil v. 7.7.2004 – X R 24/03, BFHE 206, 292 = BStBl II 2004, 975, juris Rn. 35; BFH, Beschluss v. 25.8.2006 – VIII B 13/06, BFH/NV 2006, 2122, juris Rn. 23; offen gelassen dagegen von BFH, Urteil v. 24.1.2002 – III R 49/00, BFHE 198, 12 = BStBl II 2002, 408, juris Rn. 13; BFH, Urteil v. 1.9.2009 – VIII R 78/06, BFH/NV 2010, 593, juris Rn. 15; *Loschelder*, StuW 2018, 329, 334 hält eine gesetzliche Klarstellung der Bindungswirkung insbesondere im Hinblick auf mögliche finanzgerichtliche Verfahren für wünschenswert.

[602] *Seer*, in: Tipke/Kruse, Vor § 118 AO Rn. 15.

[603] Vgl. auch *Söhn*, in: HHSp., § 78 AO Rn. 149 f.

4. Verständigungen über die anzuwendende Rechtslage

Dem beiderseitigen Schutz der Kontinuitätsinteressen würde es in besonderem Maße dienen, wenn auch über die anzuwendende Rechtslage eine verbindliche Verständigung zwischen Steuerpflichtigem und Finanzbehörde möglich wäre. Ebendies wird aber von der herrschenden Meinung[604] – zurecht – abgelehnt:

Es ist zwar zuzugeben, dass eine Trennung von tatsächlichen und rechtlichen Fragen nicht immer sauber möglich ist.[605] Es wurde auch bereits im Rahmen dieser Arbeit aufgezeigt, dass das geltende Ertragsteuerrecht durch eine erhebliche Komplexität geprägt ist, die wiederum zu Unsicherheiten über die anwendbare Rechtslage sowohl auf Seiten des Steuerpflichtigen als auch auf Seiten der Finanzbehörden führen kann.[606] Daraus lässt sich ein praktisches Bedürfnis für eine verbindliche Klärung der Rechtslage mit beidseitiger Bindungswirkung ableiten (wie nicht zuletzt die Herausarbeitung der wechselseitigen Kontinuitätsinteressen gezeigt hat).[607]

Allerdings gilt wie auch bei der tatsächlichen Verständigung über den Sachverhalt, dass ein bloßer (rechtspolitischer) Bedarf noch keine Rechtsgrundlage schafft. Der Gesetzgeber hat eine solche Rechtsgrundlage nicht ausdrücklich vorgesehen. Auch das richterliche Rechtsinstitut der tatsächlichen Verständigung wurde noch nicht auf die Einigung über eine Rechtslage erstreckt – unabhängig davon, ob man die Rechtsgrundlage für dieses Institut darin sieht, dass ausnahmsweise ein öffentlich-rechtlicher Vertrag zulässig ist oder darin, dass eine Bindung nach Treu und Glauben herbeigeführt werden kann. Anders als bei der Verständigung über den Sachverhalt, der der Besteuerung zugrunde zu legen ist, würde die Rechtsprechung auch ihre Befugnis zur Rechtsfortbildung überschreiten, wenn sie die tatsächliche Verständigung auch allgemein auf rechtliche Fragen erstreckt.[608]

Denn der Gesetzgeber hat mit den Zusagen der Finanzbehörde bestimmte Institute geschaffen, die eine verbindliche Klärung der Rechtslage für die Zukunft unter spezifischen Voraussetzungen und mit eingeschränkter Bindungs-

---

[604] Ständige Rspr.; vgl. nur BFH, Urteil v. 1.2.2001 – IV R 3/00, BFHE 194, 13 = BStBl II 2001, 520, juris Rn. 45; BFH, Beschluss v. 17.6.2003 – X B 40/03, BFH/NV 2003, 1216, juris Rn. 16; BFH, Urteil v. 31.3.2004 – I R 71/03, BFHE 206, 42 = BStBl II 2004, 742, juris Rn. 27; BFH, Urteil v. 16.9.2014 – VIII R 1/12, StuB 2015, 316, juris Rn. 38 jew. m. w. N.; zustimmend: *Söhn*, in: HHSp., §78 AO Rn. 158; *Wünsch*, in: Koenig, AO, 3. Auflage 2014, §88 AO Rn. 49; *Rätke*, in: Klein, AO, 14. Auflage 2018, §78 AO Rn. 5; *Bruschke*, DStR 2010, 2611, 2612; a. A. insbesondere *Seer*, Verständigungen in Steuerverfahren, 1996, S. 392ff.; *ders.*, in: Tipke/Kruse, Vor §118 AO Rn. 13; *Rüsken*, in: Klein, AO, 14. Auflage 2018, §162 AO Rn. 31a.

[605] *Seer*, in: Tipke/Kruse, Vor §118 AO Rn. 13; *Bruschke*, DStR 2010, 2611, 2612.; *Loschelder*, StuW 2018, 329, 330ff. weist zudem mit Beispielen aus der Praxis nach, dass oftmals Rechtsfragen als Sachverhaltsfragen „umformuliert" werden.

[606] Siehe bereits oben unter §. 3 C. III. 2.

[607] Siehe bereits oben unter §3 A. I. und II.; für eine entsprechende gesetzgeberische Normierung zuletzt *Loschelder*, StuW 2018, 329, 332.

[608] Ähnlich *Söhn*, in: HHSp., §78 AO Rn. 164f.

wirkung erlauben. Diese Institute würden durch die Anerkennung einer tatsächlichen Verständigung auch über Rechtsfragen weitgehend unterlaufen. Damit würde die Grundposition, dass die Verwaltung zur gesetzmäßigen Besteuerung und mithin auch zur Entscheidung über Rechtsfragen allein verpflichtet ist, deutlich in den Hintergrund gerückt. Ob die von der Finanzbehörde gefundene Rechtsauslegung dabei materiell mehr oder weniger zutreffend ist als eine durch Kooperation zwischen Steuerpflichtigem und Finanzbehörde erreichte,[609] ist schlicht unerheblich, weil das Gesetz (nur) die Finanzbehörde zur verbindlichen Auslegung verpflichtet.[610] Der Unterschied zu einer – allgemein als unzulässig angesehenen – Verständigung über die Höhe der zu zahlenden Steuer würde zunehmend verschwimmen, wenn eine Einigung sowohl über den zugrunde zulegenden Sachverhalt als auch über die anzuwendende Rechtslage zulässig wäre. Die in der Abgabenordnung auffindbaren Anhaltspunkte für ein zulässiges konsensuales Zusammenwirken von Steuerpflichtigem und Finanzbehörde können mit dem richterlichen Institut der tatsächlichen Verständigung über den Sachverhalt sowie den Zusagen der Finanzverwaltung sinnvoll ausgefüllt werden. Eine Ausweitung dieser Möglichkeiten ist demgegenüber nur dem Gesetzgeber vorbehalten.

5. Schutz der Kontinuitätsinteressen durch Verständigungen

Die beidseitige Bindungswirkung, mit der eine tatsächliche Verständigung insbesondere über die Bindungswirkung einer Zusage hinausgeht, schützt die Kontinuitätsinteressen des Steuerpflichtigen und des Staates gleichermaßen. Die Kontinuitätsinteressen sind dabei allerdings nur insoweit überhaupt betroffen als die tatsächliche Verständigung ausnahmsweise auch rechtliche Bewertungen miteinschließt. Nur insoweit wird gerade die Kontinuität der Rechtslage gewährleistet. Zudem ist die tatsächliche Verständigung immer auf ein konkretes Steuerschuldverhältnis und im Rahmen dieses Verhältnisses grundsätzlich auf einen konkreten Sachverhalt begrenzt. Mithin kann – ebenso wie durch die Bestandskraft von Steuerbescheiden und wie durch Zusagen der Finanzbehörde – eine einheitliche Rechtsanwendung auch gegenüber Konkurrenten und damit eine volkswirtschaftlich wünschenswerte Wettbewerbsneutralität auch im unmittelbaren Anwendungsbereich der tatsächlichen Verständigung nicht gewährleistet werden.

---

[609] Darauf, dass eine Einigung über die Auslegung des anzuwendenden Rechts keine geringere Gewähr für deren „Richtigkeit" bietet, stellt insbesondere *Seer*, in: Tipke/Kruse, Vor §118 AO Rn. 13 ab.

[610] Ebenso *Söhn*, in: HHSp., §78 AO Rn. 158.

IV. Billigkeitsmaßnahmen

Als letztes verfahrensrechtliches Instrument, mit dem Kontinuitätsinteressen zumindest teilweise geschützt werden können, kommen Billigkeitsmaßnahmen der Finanzverwaltung in Betracht. Nach §163 Abs. 1 S. 1 AO können Steuern niedriger festgesetzt oder einzelne steuererhöhende Bemessungsgrundlagen bei der Festsetzung der Steuer unberücksichtigt bleiben, wenn die Erhebung der Steuer nach Lage des Einzelfalls unbillig wäre. Für das Erhebungsverfahren enthält §227 AO eine Parallelvorschrift: Ansprüche aus dem Steuerschuldverhältnis können aus Billigkeitsgründen im Einzelfall ganz oder teilweise erlassen werden.[611] Sowohl die Entscheidung im Festsetzungs- als auch der alternative Erlass im Erhebungsverfahren stehen zwar im Ermessen der Finanzverwaltung. Ob im Einzelfall eine unbillige Besteuerung vorliegt, unterliegt aber in vollem Umfang der gerichtlichen Überprüfung.[612]

Billigkeitsmaßnahmen werden von der Finanzverwaltung insbesondere erlassen, wenn sich die Rechtsprechung des Bundesfinanzhofs zulasten des Steuerpflichtigen ändert. Gestützt auf die §§163, 227 AO werden entweder abstrakt-generelle Übergangsregelungen erlassen, nach denen die neuen Rechtsprechungsgrundsätze erst ab einem bestimmten Zeitpunkt (in der Regel dem Tag der Verkündung der Rechtsprechungsänderung) über den entschiedenen Fall hinaus angewendet werden sollen. Alternativ wird im jeweiligen Einzelfall geprüft, ob unter Billigkeitsgesichtspunkten die bisherige Rechtslage weiterhin anzuwenden ist. Der Bundesfinanzhof geht in ständiger Rechtsprechung,[613] die auch vom Bundesverfassungsgericht gebilligt wird,[614] davon aus, dass zum Schutz des Vertrauens des Steuerpflichtigen in die bisherige Rechtsprechung das in den §§163, 227 AO eingeräumte Ermessen auf null reduziert und Bil-

---

611 Dabei werden Gründe sachlicher Unbilligkeit in der Regel auf Festsetzungs- und Gründe persönlicher Unbilligkeit auf Erhebungsebene berücksichtigt, zwingend ist diese Aufteilung indes nicht; vgl. *Rüsken*, in: Klein, AO, 14. Auflage 2018, §163 Rn. 1f.

612 Vgl. zuletzt mit umfangreichen Nachweisen auf die ständige Rechtsprechung BFH, Beschluss v. 28.11.2016 – GrS 1/15, BFHE 255, 482 = BStBl II 2017, 393, juris Rn. 99ff.; kritisch zur Rechtsprechung des BFH *Hey*, DStR 2004, 1897, 1901f.

613 Vgl. nur BFH, Beschluss v. 25.6.1984 – GrS 4/82, BFHE 141, 405 = BStBl II 1984, 751, juris Rn. 161; BFH, Urteil v. 12.1.1989 – IV R 87/87, BFHE 155, 487 = BStBl II 1990, 261, juris Rn. 11; BFH, Beschluss v. 4.7.1990 – GrS 2/88, GrS 3/88, BFHE 161, 290 = BStBl II 1990, 817, juris Rn. 125; BFH, Urteil v. 31.10.1990 – I R 3/86, BFHE 163, 478 = BStBl II 1991, 610, juris Rn. 39; BFH, Beschluss v. 10.11.1999 – X R 46/97, BFHE 189, 497 = BStBl II 2000, 188, juris Rn. 115; BFH, Beschluss v. 1.10.2003 – X B 75, BFH/NV 2004, 44, juris Rn. 5f.; BFH, Beschluss v. 26.9.2007 – V B 8/06, BFHE 219, 245 = BStBl II 2008, 405, juris Rn. 14; BFH, Beschluss v. 17.12.2007 – GrS 2/04, BFHE 220, 129 = BStBl II 2008, 608, juris Rn. 112; BFH, Beschluss v. 2.4.2012 – III B 189/10, BFH/NV 2012, 1101, juris Rn. 7; BFH, Beschluss v. 31.1.2013 – GrS 1/10, BFHE 240, 162 = BStBl II 2013, 317, juris Rn. 80; BFH, Urteil v. 23.8.2017 – I R 52/14, BFHE 259, 20 = BStBl II 2018, 232, juris Rn. 19.

614 Vgl. zu Billigkeitsmaßnahmen als möglichem Vertrauensschutzinstrument z.B. BVerfG, Beschluss v. 15.1.2009 – 2 BvR 2044/07, BVerfGE 122, 248, juris Rn. 85; BVerfG, Nichtannahmebeschluss v. 18.10.2012 – 1 BvR 2366/11, NJW 2013, 523, juris Rn. 15.

ligkeitsmaßnahmen zwingend geboten sein können. Durch Billigkeitsmaßnahmen könne zudem eine gleichmäßige Behandlung aller Steuerpflichtigen sichergestellt werden, wenn bereits ein Großteil der Steuerpflichtigen auf Basis der bisherigen Rechtsprechung veranlagt wurde oder seine Dispositionen an dieser Rechtsprechung ausgerichtet habe.[615]

Vertrauensschützende Billigkeitsmaßnahmen kommen aber nicht bei jedem Rechtsprechungswechsel mit nachteiligen Konsequenzen für die Steuerpflichtigen in Betracht. Grundsätzlich liegt in der Veränderung der Rechtslage durch eine höchstrichterliche Entscheidung keine besondere sachliche Härte.[616] Es müssen vielmehr im jeweiligen Einzelfall qualifizierende Umstände hinzutreten, um Billigkeitsmaßnahmen erforderlich zu machen. Die Finanzverwaltung kann zwar abstrakt-generelle Übergangsregelungen für eine größere Gruppe von Steuerpflichtigen erlassen, dann müssen aber hinsichtlich all dieser Einzelfälle die Voraussetzungen einer sachlichen Unbilligkeit vorliegen.[617] Voraussetzung ist zunächst, dass eine hinreichend sichere Vertrauensgrundlage bestand. Diese liegt nur vor, wenn die bisherige Rechtsprechung des Bundesfinanzhofs (oder wenn bislang keine Entscheidungen des Bundesfinanzhofs vorlagen die bisherige Veranlagungspraxis der Finanzverwaltung) einheitlich und weitgehend akzeptiert war. War die Rechtsprechung hingegen uneinheitlich (beispielsweise durch abweichende Entscheidungen einzelner Finanzgerichte) oder wurde sie in der Literatur nicht nur vereinzelt kritisiert, ist das Vertrauen des Steuerpflichtigen in die bisherige Rechtslage nicht schutzwürdig und Billigkeitsmaßnahmen zu seinen Gunsten scheiden aus.[618] Gleiches gilt, wenn der Steuerpflichtige noch gar keine Dispositionsentscheidung getroffen oder bei seiner Dispositionsentscheidung gerade auch mit einer Veränderung der Rechtslage zu seinen Lasten kalkuliert hat.[619]

---

615 BFH, Urteil v. 28.11.1980 – VI R 226/77, BFHE 132, 264 = BStBl II 1981, 319, juris Rn. 17; BFH, Urteil v. 31.10.1990 – I R 3/86, BFHE 163, 478 = BStBl II 1991, 610, juris Rn. 40; *Rüsken*, in: Klein, AO, 14. Auflage 2018, § 163 Rn. 81; vgl. auch schon GmS-OGB, Beschluss v. 19.10.1971 – GmS-OGB 3/70, BFHE 105, 101, juris Rn. 35.

616 GmS-OGB, Beschluss v. 19.10.1971 – GmS-OGB 3/70, BFHE 105, 101, juris Rn. 37; BFH, Urteil v. 31.10.1990 – I R 3/86, BFHE 163, 478 = BStBl II 1991, 610, juris Rn. 40; *Rüsken*, in: Klein, AO, 14. Auflage 2018, § 163 Rn. 86.

617 BFH, Urteil v. 9.7.1970 – IV R 34/69, BFHE 99, 448 = BStBl II 1970, 696, juris Rn. 27–28; BFH, Urteil v. 25.11.1980 – VII R 17/78, BFHE 132, 159 = BStBl II 1981, 204, juris Rn. 18; BFH, Urteil v. 23.8.2017 – I R 52/14, BFHE 259, 20 = BStBl II 2018, 232, juris Rn. 23.

618 BFH, Urteil v. 31.10.1990 – I R 3/86, BFHE 163, 478 = BStBl II 1991, 610, juris Rn. 43; BFH, Beschluss v. 1.10.2003 – X B 75, BFH/NV 2004, 44, juris Rn. 6; BFH, Beschluss v. 26.9.2007 – V B 8/06, BFHE 219, 245 = BStBl II 2008, 405, juris Rn. 15; BFH, Urteil v. 7.10.2010 – V R 17/09, BFH/NV 2011, 865, juris Rn. 23; BFH, Urteil v. 23.8.2017 – I R 52/14, BFHE 259, 20 = BStBl II 2018, 232, juris Rn. 20; *Rüsken*, in: Klein, AO, 14. Auflage 2018, § 163 Rn. 84.

619 Beispielsweise indem er das entsprechende Risiko im Rahmen von vertraglichen Steuerklauseln adressiert hat; vgl. BFH, Urteil v. 12.1.1989 – IV R 87/87, BFHE 155, 487 = BStBl II 1990, 261, juris Rn. 16; *Rüsken*, in: Klein, AO, 14. Auflage 2018, § 163 Rn. 83.

Soweit aus Vertrauensschutzgründen Billigkeitsmaßnahmen nach den §§163, 227 AO erlassen werden, können diese auch die Kontinuitätsinteressen des Steuerpflichtigen schützen: Wendet die Finanzverwaltung im Rahmen einer Übergangsregelung weiterhin die bisherige Rechtslage an oder mildert sie den Übergang zur neuen Rechtslage auf andere Weise ab, so wird damit die Planungssicherheit des Steuerpflichtigen erhöht. Erstrecken sich die Billigkeitsmaßnahmen auf alle Konkurrenten gleichermaßen, so können zudem einheitliche Wettbewerbsbedingungen geschaffen werden. Angesichts des eingeschränkten Anwendungsbereichs der Billigkeitsmaßnahmen verbleiben aber Kontinuitätsschutzlücken: Dies gilt zum einen, wenn die bisherige Rechtslage nicht als ausreichende Vertrauensgrundlage eingestuft wird, um Billigkeitsmaßnahmen zu rechtfertigen. Der Steuerpflichtige hat dann gleichwohl ein Interesse an einer kontinuierlichen Fortentwicklung der Rechtslage. Zudem kommen Billigkeitsmaßnahmen von vornherein nicht in Betracht, wenn sich die Rechtsprechung zugunsten der Steuerpflichtigen ändert. Aus einer solchen Rechtsprechungsänderung können sich Wettbewerbsverzerrungen und nicht einkalkulierte Steuerausfälle ergeben, sodass insoweit sowohl die Kontinuitätsinteressen der Steuerpflichtigen als auch diejenigen des Staates weiterhin beeinträchtigt sind.

V. Zwischenfazit

Die Analyse des steuerlichen Verfahrensrechts hat gezeigt, dass diverse Instrumente bestehen, mit denen insbesondere das Interesse der Steuerpflichtigen an Steuerplanungssicherheit geschützt werden kann. Es existieren sowohl Instrumente, die eine kontinuierliche Behandlung bereits abgeschlossener Sachverhalte gewährleisten sollen, als auch solche die die Kontinuität der Rechtslage für noch nicht verwirklichte Sachverhalte schützen. Bei bereits abgeschlossenen Sachverhalten garantiert insbesondere eine endgültige und bestandskräftige Steuerfestsetzung Kontinuität in der rechtlichen Behandlung: Eine bloße Veränderung der Rechtslage durch eine Entscheidung des Bundesfinanzhofs erlaubt in aller Regel keine Änderung nach den §§172ff. AO. Wird die Festsetzung aus einem anderen Grund geändert, ist der Steuerpflichtige zumindest vor bestimmten Änderungen zu seinen Lasten durch §176 Abs.1 Nr.3 AO geschützt. Im Vorfeld einer Steuerfestsetzung kann die Steuerplanungssicherheit durch verbindliche Zusagen und tatsächliche Verständigungen verbessert werden.

Allerdings sind die Interessen der Steuerpflichtigen keinesfalls umfassend geschützt.[620] Das liegt zum einen daran, dass in der Praxis häufig keine endgül-

[620] Zu einem ähnlichen Ergebnis kommt auch *Hey*, Steuerplanungssicherheit als Rechtsproblem, 2002, S.695ff., die die steuerverfahrensrechtlichen Instrumente daraufhin untersucht, in welchem Maße sie die (von ihr vor allem als Dispositionsschutz begriffene) Steuerplanungssicherheit des Steuerpflichtigen schützen. Sie leitet aus diesem Defizit Än-

tige Festsetzung erfolgt, sondern die Steuern unter dem Vorbehalt der Nachprüfung oder vorläufig festgesetzt werden und damit – außerhalb des Anwendungsbereichs von § 176 Abs. 1 Nr. 3 AO – auch für die Vergangenheit noch nachteilige Änderungen der Steuerfestsetzungen erfolgen können. Auch die in die Zukunft gerichtete Bindungswirkung von verbindlichen Zusagen kann aufgehoben werden oder entfallen, wenn der Sachverhalt noch nicht verwirklicht wurde. Zudem besteht kein durchsetzbarer Anspruch auf eine verbindliche Zusage mit einem bestimmten Inhalt, was den Einsatz dieses Instruments zu Steuerplanungszwecken weiter erschwert. Verständigungen mit der Finanzbehörde über Rechtsfragen sind nach der geltenden Rechtslage nicht möglich. Diese Instrumente greifen zudem jeweils nur in dem individuellen Verhältnis zwischen Steuerpflichtigem und Finanzbehörde und können damit nicht verhindern, dass ein Konkurrent von einer günstigen Rechtsprechungsänderung profitiert. Nur wenn eine Gruppe von Steuerpflichtigen in gleichem Umfang durch eine nachteilige Rechtsprechungsänderung belastet ist, kann die Finanzverwaltung auf §§ 163, 227 gestützte einheitliche Billigkeitsmaßnahmen erlassen und damit in diesem begrenzten Bereich für eine Gleichbehandlung sorgen. Ein umfassender Schutz der Kontinuitätsinteressen der Steuerpflichtigen ist durch die bestehenden verfahrensrechtlichen Instrumente aber nicht möglich.

Die Kontinuitätsinteressen des Staates werden noch erheblich weniger geschützt. Der verbesserte Bestandskraftschutz nach § 176 AO greift nur zugunsten aber nicht zulasten des Steuerpflichtigen. Kommt der Bundesfinanzhof also zu einer für den Staat nachteiligen Auslegung der Steuergesetze, kann diese veränderte Rechtslage auch bei der Änderung bestandskräftiger Steuerbescheide noch berücksichtigt werden. Insbesondere die in der Praxis häufigen Steuerfestsetzungen unter dem Vorbehalt der Nachprüfung können somit vollumfänglich an eine für den Fiskus verschlechterte Rechtslage angepasst werden. Verbindliche Zusagen entfalten zudem keine Bindungswirkung zugunsten des Staates, auch insoweit werden seine Kontinuitätsinteressen schlechter geschützt als diejenigen des Bürgers. Lediglich im Rahmen von tatsächlichen Verständigungen kann ein einzelner Bürger auf eine bestimmte Behandlung eines Sachverhalts bindend festgelegt werden – nach der Konzeption *de lege lata* erstrecken sich diese Verständigungen aber nur in geringem Maße auf rechtliche Fragen. Auch die staatlichen Kontinuitätsinteressen werden schließlich dadurch nur unzureichend geschützt, dass das Verfahrensrecht – abgesehen von den Fällen, in denen Billigkeitsmaßnahmen für ganze Gruppen von Steuerpflichtigen in Reaktion auf eine für sie nachteilige Rechtsprechungsänderung erlassen werden – keine abstrakt-generellen Maßnahmen zur Herstellung von Kontinuität vorsieht. Somit lässt sich mit rein verfahrensrechtlichen Instrumenten insbesondere kein

derungsvorschläge für die rechtliche Ausgestaltung der einzelnen Normen oder deren Auslegung ab.

fairer Wettbewerb zwischen den einzelnen Steuerpflichtigen garantieren, was volkswirtschaftlich ineffizient ist.

D. Kontinuitätsgewähr durch Nichtanwendungsgesetze

Konnte damit gezeigt werden, dass Entscheidungen des Bundesfinanzhofs zu Kontinuitätsbrüchen führen können, die auch durch die verschiedenen Elemente des steuerlichen Verfahrensrechts nicht vollständig abgefedert werden, so ist damit gleichzeitig ein Anwendungsbereich für Nichtanwendungsgesetze als kontinuitätsschützende legislative Werkzeuge umschrieben. Reagiert der Gesetzgeber auf eine höchstrichterliche Entscheidung durch eine gesetzliche Veränderung der Rechtslage, so kann er bestehende Lücken im Kontinuitätsschutz schließen:

Durch die abstrakt-generelle Anpassung werden für alle Beteiligten gleiche Wettbewerbsbedingungen (wieder-)hergestellt und die staatlichen Kontinuitätsinteressen in gleichem Maße geschützt wie diejenigen der Steuerpflichtigen. Im Grundsatz ist dieser Effekt unabhängig davon, ob das Nichtanwendungsgesetz sich zugunsten oder zulasten des Steuerpflichtigen auswirkt, weil jede Abweichung zwischen den rechtlichen Rahmenbedingungen für einzelne Steuerpflichtige den Wettbewerb beeinträchtigt. Der geringere Schutz staatlicher Kontinuitätsinteressen durch das steuerliche Verfahrensrecht erklärt aber zu einem gewissen Teil, warum Nichtanwendungsgesetze vor allem zulasten des Steuerpflichtigen erlassen werden. Zugleich wird für all diejenigen Steuerpflichtigen Planungssicherheit geschaffen, die auf Grundlage der bisherigen Rechtslage disponiert haben – unabhängig davon, ob sie diese Dispositionen durch verbindliche Auskünfte abgesichert haben und ob Veranlagungen für abgelaufene Veranlagungszeiträume endgültig oder unter einem Vorbehalt der Nachprüfung erfolgt sind.

Das bedeutet keineswegs, dass jedes Nichtanwendungsgesetz einen notwendigen Beitrag zur Rechtskontinuität leistet. Zunächst führen Gerichtsentscheidungen ohnehin nur dann zu einem Kontinuitätsbruch, wenn sie die Rechtslage wesentlich umgestalten. Kontinuität verlangt keine Permanenz. Eine schrittweise Anpassung oder Konkretisierung einer Rechtsprechungslinie kann demgegenüber durchaus noch kontinuierlich sein. Stellt die Rechtsprechung selbst die Kontinuität ihrer Entscheidungen sicher, kann der Gesetzgeber nicht für sich in Anspruch nehmen, mit einer gesetzlichen Korrektur die Rechtskontinuität zu wahren. Auch kann es zum Schutz der Rechtskontinuität ausreichen, wenn der Gesetzgeber eine Entscheidung nicht vollständig revidiert, sondern Übergangsregelungen schafft, die von der bisherigen Rechtslage zu der durch die Gerichtsentscheidung geschaffenen neuen Rechtslage überleiten. Die Bandbreite der möglichen Reaktionen des Gesetzgebers reicht also von gar keiner Korrektur über gleichsam begleitende Übergangsregelungen bis hin zu einer rückwirkenden Wiederherstellung der bisher herrschenden Rechtsauslegung. Ob und mit welchem Inhalt ein Nichtanwendungsgesetz erforderlich ist, um einen Kontinuitätsbruch durch eine Gerichtsentscheidung zu vermeiden, ist maßgeblich von den Umständen des Einzelfalls abhängig.

Auch über die verfassungsrechtliche Zulässigkeit von Nichtanwendungsgesetzen ist mit der bloßen Feststellung, dass solche Gesetze Kontinuitätsbrüche vermeiden können, noch nichts gesagt. Nichtanwendungsgesetze können zwar einem verfassungsrechtlich geschützten Wert, der Rechtskontinuität, dienen und die Kontinuitätsinteressen von Bürger und Staat sind auch nicht (zumindest nicht in gleichem Maße) durch andere Rechtsinstrumente geschützt. Nichtanwendungsgesetze geraten aber gleichzeitig in Konflikt mit anderen Verfassungsprinzipien: Während ein Teil der Steuerpflichtigen auf Grundlage der bisher überwiegend angenommenen Rechtslage kalkulieren, interpretieren andere Steuerpflichtige die gesetzlichen Rahmenbedingungen anders und vertrauen darauf, dass die Rechtsprechung sie in ihrer Interpretation bestätigen wird. Gegebenenfalls wirken sie in Einspruchs- und Klageverfahren aktiv auf eine Rechtsprechungsänderung in ihrem Sinne hin. Ein Nichtanwendungsgesetz widerspricht den Interessen dieser Steuerpflichtigen dann elementar. Obwohl sie ihre Rechtsansicht gerichtlich durchsetzen konnten, können sie nicht langfristig auf dieser Grundlage disponieren. Insbesondere wenn das Nichtanwendungsgesetz rückwirkende Anwendung findet, können die verfassungsrechtlichen Ansprüche dieser Steuerpflichtigen auf Vertrauensschutz und effektiven Rechtsschutz berührt sein. Es ergibt sich mithin eine Interessenkollision, die eine Abwägung erforderlich macht. Dass Nichtanwendungsgesetze Kontinuitätsinteressen schützen können, schafft insoweit nicht mehr – aber auch nicht weniger – als Rechtfertigungspotential. Gleichzeitig lenkt die Betrachtung von Nichtanwendungsgesetzen als kontinuitätswahrendes Instrument den Blick auch auf Kompetenzfragen: Wenn ein Gericht sich bewusst für den Kontinuitätsbruch entscheidet, darf der Gesetzgeber diesen Bruch dann revidieren oder greift er damit unzulässig in die Gewaltenteilung des Grundgesetzes ein? Es gilt in den folgenden Abschnitten der Arbeit diese Konfliktverhältnisse auszuloten und eine mögliche Beeinträchtigung des Grundsatzes der Gewaltenteilung, des Gebots effektiven Rechtsschutzes und des Rückwirkungsverbots durch Nichtanwendungsgesetze gleichermaßen herauszuarbeiten wie eine möglicherweise Rechtfertigung durch den Schutz der Rechtskontinuität.

E. Fazit

Sowohl die Steuerpflichtigen als auch der Staat haben ein ökonomisch begründetes und verfassungsrechtlich fundiertes Interesse an einer kontinuierlichen Entwicklung der Rechtslage. Rechtskontinuität meint insoweit nicht zwingend

Permanenz, sondern schließt eine schrittweise, nachvollziehbare Fortentwicklung der Rechtslage mit ein. Für den Steuerpflichtigen geht es vor allem um Planungssicherheit als Grundlage für seine betrieblichen Investitionsentscheidungen; eine kontinuierliche Rechtslage ist aber auch Voraussetzung für einen fairen Wettbewerb. Für den Staat ist eine kontinuierliche Steuerrechtsentwicklung zunächst Grundlage für kalkulierbare Staatseinnahmen. Sie bildet aber auch einen wesentlichen Standortfaktor im internationalen Wettbewerb und ermöglicht einen volkswirtschaftlich effizienten Wettbewerb. Die Staatsgewalten sind zwar nicht durch ein eigenständiges verfassungsrechtliches Kontinuitätsgebot gebunden. Der Schutz von Kontinuitätsinteressen kann aber im Rahmen einer Güterabwägung die Einschränkung anderer verfassungsrechtlicher Schutzgüter rechtfertigen.

Der Bundesfinanzhof fühlt sich der Kontinuität in seiner Rechtsprechung in hohem Maße verpflichtet und weicht nur bei besonderen sachlichen Gründen von einer früheren Entscheidung ab. Gleichwohl kann es durch Entscheidungen des Bundesfinanzhofs zu Kontinuitätsbrüchen kommen, die das Gericht selbst nur in Ausnahmefällen und auch dann nur zugunsten der Steuerpflichtigen durch die Gewährung von Vertrauensschutz abmildert.

Auch die verschiedenen Instrumente des steuerlichen Verfahrensrechts sorgen insoweit nicht zwingend für Rechtskontinuität. Die staatlichen Kontinuitätsinteressen sind dabei durch die bestehenden einfachgesetzlichen Regelungen deutlich schlechter geschützt als diejenigen des Bürgers: Sowohl der verbesserte Bestandskraftschutz nach § 176 Abs. 1 Nr. 3 AO als auch etwaige weitergehende vertrauensschützende Billigkeitsmaßnahmen oder eine im Vorfeld einer Steuerfestsetzung erteilte verbindliche Zusage der Verwaltung wirken nur zugunsten des Steuerpflichtigen. Zwar schafft ein bestandskräftiger Steuerbescheid grundsätzlich eine für beide Seiten verlässliche Beurteilung der Rechtslage im individuellen Steuerrechtsverhältnis. In der Regel bestehen durch Vorläufigkeits- und Vorbehaltsvermerke aber noch weitgehende Änderungsmöglichkeiten, zumindest zugunsten der Steuerpflichtigen. Zudem ist die Wirkung von Steuerbescheiden zeitlich auf den jeweiligen Veranlagungszeitraum beschränkt. Für die Zukunft bindet einzig eine tatsächliche Verständigung Fiskus und Steuerpflichtigen gleichermaßen, deren Bindung erstreckt sich aber nur in Ausnahmekonstellationen auch auf Rechtsfragen. Ein weiteres wesentliches Schutzdefizit ergibt sich aus der nur eingeschränkten persönlichen Reichweite der einfachgesetzlichen Instrumente:[621] Sowohl die Bestandskraft von Steuerfestsetzungen als auch die Bindungswirkung von verbindlichen Zusagen und tatsächlichen Verständigungen greifen nur im individuellen Verhältnis zwischen dem jeweiligen Steuerpflichtigen und der Finanzbehörde. Die Kontinuitätsinteressen des

[621] Die einzige Ausnahme bilden insoweit auf §§ 163, 227 AO gestützte Übergangsvorschriften soweit sie zulässigerweise eine Gruppe gleichartiger Fälle erfassen.

Bürgers und insbesondere diejenigen des Staates sind aber auf eine kontinuierliche Entwicklung der Rechtslage mit Wirkung für alle Steuerpflichtigen gerichtet – erst diese gewährleistet kalkulierbare fiskalische Einnahmen und eine wettbewerbsneutrale Grundlage für das wirtschaftliche Handeln des Bürgers.

Nichtanwendungsgesetze können funktional die Lücken im Kontinuitätsschutz schließen, weil sie abstrakt-generelle Wirkung entfalten und den Steuerpflichtigen wie auch die Finanzverwaltung in gleichem Maße binden. Ob und mit welchem Inhalt ein Nichtanwendungsgesetz erforderlich ist, um einen Kontinuitätsbruch durch eine gerichtliche Entscheidung zu verhindern, ist eine Frage des Einzelfalls. Die kontinuitätsschützende Funktion von Nichtanwendungsgesetzen schafft nur Rechtfertigungspotential für die Eingriffe, die von der (teilweisen) Korrektur einer gerichtlichen Entscheidung durch den Gesetzgeber ausgehen können. Damit ist noch keine Entscheidung über die verfassungsrechtliche Zulässigkeit von Nichtanwendungsgesetzen getroffen. Der verfassungsrechtliche Interessenwiderstreit wird vielmehr in den folgenden Abschnitten der Arbeit aufgezeigt und aufgelöst.

§4 Der Grundsatz der Gewaltenteilung als Maßstab für Nichtanwendungsgesetze

Nichtanwendungsgesetze sehen sich anhaltender und vielstimmiger verfassungsrechtlicher Kritik ausgesetzt. Dabei lassen sich im Wesentlichen drei Kritikpunkte ausmachen:

Dieser Abschnitt problematisiert, ob beim Erlass eines Nichtanwendungsgesetzes die im Grundgesetz angelegte Aufgabenverteilung zwischen Legislative, Exekutive und Judikative (vgl. insbesondere Art. 20 Abs. 2 S. 2 und Abs. 3 GG) hinreichend gewahrt wird. Sodann wird der Konflikt zwischen Nichtanwendungsgesetzen und dem Gebot effektiven Rechtsschutzes (Art. 19 Abs. 4 GG) untersucht. Insoweit Nichtanwendungsgesetze vom Gesetzgeber mit Rückwirkung versehen werden, können sie schließlich das verfassungsrechtliche Vertrauensschutzgebot bzw. das Verbot rückwirkender Gesetze verletzen.

Diese drei Ansatzpunkte für verfassungsrechtliche Kritik werden in der Folge zwar nacheinander angesprochen, es bestehen aber Zusammenhänge zwischen ihnen: So sichern das Rechtsschutzgebot und das Rückwirkungsverbot gleichzeitig die funktionelle Aufgabenverteilung, die sich aus dem Grundsatz der Gewaltenteilung ergibt.[1] Rückwirkende Gesetze führen wiederum im Zusammenspiel mit den speziellen verfahrensrechtlichen Regelungen für Musterverfahren im Steuerrecht zu besonderen Konflikten mit dem Gebot effektiven Rechtsschutzes.[2] Um diese Wechselwirkungen sinnvoll aufzeigen und in die Prüfung integrieren zu können, erfolgt die Darstellung beginnend mit den allgemeineren Grundsätzen der Gewaltenteilung und des effektiven Rechtsschutzes, die sodann (zum Teil) bei der anschließenden Prüfung des Rückwirkungsverbots integriert werden.[3] Damit wird gleichzeitig zunächst die verfassungsrechtliche Zulässigkeit von Nichtanwendungsgesetzen mit Wirkung *pro futuro* behandelt, um sodann die zusätzlichen Anforderungen an rückwirkende Nichtanwendungsgesetze herauszuarbeiten.

---

[1] Zu den Wirkungen der Gewaltenteilung und der normativen Verankerung im Grundgesetz unter §4 A.

[2] Dazu unter §4 C. II. und III.

[3] Zur dogmatischen Bedeutung von Gewaltenteilungsgrundsatz und Rechtschutzgebot sowohl als eigenständige normative Grenzen als auch als Auslegungsmaßstäbe für andere Verfassungsnormen siehe noch §4 A. II. und §5 A.

Wendet man den Blick also zunächst dem Grundsatz der Gewaltenteilung zu, so werden Nichtanwendungsgesetze insoweit in zweierlei Hinsicht kritisiert: Zum einen müsse das Nichtanwendungsgesetz faktisch als Maßnahme der Exekutive betrachtet werden, die die Legislative im Gesetzgebungsverfahren maßgeblich steuere. Das Parlament sei oftmals nicht mehr als die „Leihmutter" eines Gesetzes, die Finanzverwaltung der eigentliche „Ghostwriter".[4] Zum anderen greife der Gesetzgeber mit einem Nichtanwendungsgesetz in den Aufgabenbereich der Judikative ein; er übe insoweit eine „genuin rechtsprechende Tätigkeit"[5] aus und handele „illoyal und rechtsstaatswidrig".[6] Um beiden Kritikpunkten nachgehen zu können, wird zunächst der Grundsatz der Gewaltenteilung, wie er in der Rechtsprechung des Bundesverfassungsgerichts und der verfassungsrechtlichen Literatur ausgelegt wird, vorgestellt,[7] um sodann nach spezifischen Grenzen für Nichtanwendungsgesetze aus dem Verhältnis zwischen Legislative und Exekutive[8] bzw. Legislative und Judikative[9] zu suchen.

A. Gewaltenteilung im deutschen Verfassungsrecht

I. Historischer Hintergrund und normative Verankerung im Grundgesetz

Der Gedanke der Gewaltenteilung kann auf eine lange verfassungsrechtliche und -theoretische Geschichte zurückblicken. Heute wird er maßgeblich auf die Arbeiten von *Montesquieu*[10] und *Locke*[11] zurückgeführt. Ansätze finden sich aber bereits im vierten Buch der *Politik* von *Aristoteles*:[12] Dieser beschreibt die Machtverhältnisse in den griechischen Stadtstaaten und stellt verschiedene abstrakt denkbare und konkret vorhandene Verfassungstypen[13] vor. *Aristoteles* be-

---

[4] *J. Lang*, StuW 1992, 14, 15.

[5] *Knobbe-Keuk*, BB 1985, 941, 942; *dies.*, in: Deutsches Anwaltsinstitut e. V. (Hrsg.), Jahrbuch der Fachanwälte für Steuerrecht 1985/86, 1986, S. 282, 285 f.; *Schönfeld/Bergmann*, DStR 2015, 257, 260.

[6] *J. Lang*, StuW 1992, 14, 23 f.; *Völker/Ardizzoni*, NJW 2004, 2413, 2416.

[7] Dazu sogleich unter § 4 A.

[8] Dazu unter § 4 B.

[9] Dazu unter § 4 C.

[10] *Charles-Louis de Secondat, Baron de la Brède et de Montesquieu*, De l'esprit des lois, 1748; im Folgenden zitiert aus der deutschen Übersetzung: *Montesquieu*, Vom Geist der Gesetze, 1965 (orig. 1748).

[11] *John Locke*, Two Treatises of Government, 1698; im Folgenden zitiert aus der deutschen Übersetzung: *Locke*, Zwei Abhandlungen über die Regierung, 1977 (orig. 1689).

[12] *Aristoteles*, Politika, ca. 335 v. Chr.; im Folgenden zitiert aus der deutschen Übersetzung.

[13] *Aristoteles* unterscheidet grundsätzlich zwischen drei „richtigen" Verfassungen, die alle auf das Allgemeinwohl ausgerichtet sind (Königtum, Aristokratie und Politie), und ihren drei Entartungen, die nur dem Wohl Einzelner oder bestimmter Bevölkerungsgruppen dienen (Tyrannis, Oligarchie und Demokratie), *Aristoteles*, Politik Buch IV–VI, 1996, 1289a.

handelt dabei auch drei wesentliche Elemente aller Verfassungen:[14] Es existiere zunächst eine beratende oder beschließende Körperschaft, die wesentliche Entscheidungen (z. B. über Krieg und Frieden) treffe und allgemeine Gesetze erlasse.[15] Daneben seien Staatsämter erforderlich, deren wesentliche Aufgabe darin bestehe, Anordnungen für konkrete Einzelfälle zu erlassen.[16] Schließlich benötige jede Verfassung Gerichtshöfe, die Streitigkeiten zwischen einzelnen Personen schlichten oder über Verbrechen und Vergehen gegenüber der Allgemeinheit richten.[17] Mit welchen Personen die einzelnen Institutionen besetzt sind und welche Befugnisse ihnen im Einzelnen zugeordnet werden, sei dabei vom jeweiligen Verfassungstyp abhängig. Schon *Aristoteles* behandelt also die Aufteilung von staatlicher Macht in verschiedene Bereiche; auch die vor allem mit *Montesquieu* verbundene Dreiteilung in Legislative, Exekutive und Judikative ist bereits im Ansatz erkennbar.[18] *Aristoteles* umschreibt mit den drei Elementen aber nur bestimmte Aufgaben, die für eine funktionsfähige Verfassung geregelt werden müssen, er trifft keine Aussage dazu, in welchem Umfang gerade die Aufteilung für das Allgemeinwohl erforderlich ist.[19] Die Gewaltenteilung ist bei *Aristoteles* damit vor allem ein funktionales Ordnungs- und Abgrenzungskriterium.[20]

Locke hingegen sieht in der Aufteilung der staatlichen Gewalt ein spezifisches Werkzeug zum Schutz individueller Freiheiten:[21] Machtkonzentratio-

---

Jeder dieser Verfassungstypen kann wiederum in verschiedenen Varianten verwirklicht werden, vgl. z. B. für verschiedene Varianten der Demokratie *ders.*, Politik Buch IV–VI, 1996, 1292b–1293a. Zudem sind Mischungen zwischen den einzelnen Typen denkbar und in der von Aristoteles dargestellten Praxis üblich; vgl. z. B. die Darstellung der spartanischen Verfassung *ders.*, Politik Buch IV–VI, 1996, 1294b.

[14] *Aristoteles*, Politik Buch IV–VI, 1996, 1297b–1301a.

[15] *Aristoteles*, Politik Buch IV–VI, 1996, 1298a.

[16] *Aristoteles*, Politik Buch IV–VI, 1996, 1299a–1300b; vgl. auch *ders.*, Politik Buch IV–VI, 1996, 1292a.

[17] *Aristoteles*, Politik Buch IV–VI, 1996, 1300b–1301a.

[18] Ebenso *Sommermann*, in: v. Mangoldt/Klein/Starck, 7. Auflage 2018, Art. 20 Abs. 2 GG Rn. 199.

[19] Der Gedanke der Verteilung staatlicher Macht zur Förderung des Allgemeinwohls findet sich bei *Aristoteles* demgegenüber vor allem in dem Plädoyer, eine „mittlere" Verfassung als Mischung aus verschiedenen Verfassungstypen zu wählen, die möglichst großen Teilen der Bevölkerung Einfluss auf staatliche Entscheidungen gewährt; vgl. *Aristoteles*, Politik Buch IV–VI, 1996, 1295a–1296a. Eine gute Verfassung muss in der Weise gemischt sein, dass keine Bevölkerungsgruppe ein Interesse daran hat, die Verfassung zu ändern; *ders.*, Politik Buch IV–VI, 1996, S. 1294. Von den vorgestellten Verfassungstypen kommt die Politie (eine Mischung aus Demokratie und Oligarchie; *ders.*, Politik Buch IV–VI, 1996, 1294a) diesem Ideal am nächsten; *ders.*, Politik Buch IV–VI, 1996, 1294. Vgl. zur aristotelischen Idee von der mittleren Verfassung im Detail *Wember*, Verfassungsmischung und Verfassungsmitte, 1977, S. 23 ff.

[20] Ähnlich *Sommermann*, in: v. Mangoldt/Klein/Starck, 7. Auflage 2018, Art. 20 Abs. 2 GG Rn. 199.

[21] *Sommermann*, in: v. Mangoldt/Klein/Starck, 7. Auflage 2018, Art. 20 Abs. 2 GG Rn. 200; vgl. auch *Maluschke*, Philosophische Grundlagen des demokratischen Verfassungs-

nen führen zu Tyrannei.[22] Die menschliche Natur sei darauf ausgelegt, nach der Macht zu greifen und diese für den eigenen Vorteil anstatt für denjenigen der Allgemeinheit einzusetzen.[23] Für den Schutz des Bürgers sei es daher elementar, dass die staatliche Macht durch mehrere verschiedene Institutionen ausgeübt wird. *Locke* unterscheidet dabei auf Grundlage der englischen Verfassung vor allem zwischen Legislative und Exekutive.[24] Die Legislative sei grundsätzlich die höhere Gewalt, da sie durch das Volk selbst ernannt werde. Nur sie sei in der Lage, verbindliche Gesetze zu erlassen.[25] Aufgabe der Exekutive sei es demgegenüber vor allem, die von der Legislative erlassenen Gesetze auszuführen.[26] Andererseits erkennt *Locke* aber an, dass es bestimmte Aufgaben gibt, die durch Gesetz nicht sinnvoll geregelt werden können und deshalb der Exekutive zur alleinigen Entscheidung überlassen bleiben sollten.[27] Zudem könne die vorrangige Stellung der Legislative dadurch relativiert werden, dass dem Inhaber der höchsten Exekutivmacht (im Fall der englischen Verfassung dem König) zugleich ein Vetorecht gegen die Akte des Legislativorgans eingeräumt wird.[28] Schließlich falle mit der exekutiven Macht in der Regel auch die Macht zusammen, den Staat im Verhältnis zu anderen Staaten zu vertreten,[29] also insbesondere Entscheidungen über Krieg oder Bündnisse zu treffen.[30] Anders als *Aristoteles* sieht *Locke* die Gewaltenteilung also nicht nur als gemeinsames Merkmal von Verfassungen, sondern als Instrument zu einem bestimmten Zweck, nämlich dem Schutz der bürgerlichen Interessen vor staatlicher Willkür. Die danach normativ zu fordernde strenge Trennung der Gewalten relativiert *Locke* indes mit Blick auf die reale englische Verfassung und ihre personellen Verschränkungen zwischen Legislative und Exekutive. Dadurch ist zwar der Schutz der Individualinteressen geschwächt,[31] gleichzeitig zeigen sich hier aber bereits An-

staates, 1982, S. 59 f.: Negative Folgen der Machtkonzentration sind Ausgangspunkt der Gewaltenteilungslehre von *Locke*.

[22] *Locke*, Zwei Abhandlungen über die Regierung, 1977 (orig. 1689), §§ 90 ff.; *Sommermann*, in: v. Mangoldt/Klein/Starck, 7. Auflage 2018, Art. 20 Abs. 2 GG Rn. 200.

[23] *Locke*, Zwei Abhandlungen über die Regierung, 1977 (orig. 1689), § 143.

[24] *Locke*, Zwei Abhandlungen über die Regierung, 1977 (orig. 1689), § 144 Dabei zählt Locke die Rechtsprechung ebenfalls zur Gesetzesausführung und damit zur Exekutive; *ders.*, Zwei Abhandlungen über die Regierung, 1977 (orig. 1689), § 88.

[25] *Locke*, Zwei Abhandlungen über die Regierung, 1977 (orig. 1689), § 134.

[26] *Locke*, Zwei Abhandlungen über die Regierung, 1977 (orig. 1689), § 145.

[27] Diese exekutiven Kernaufgaben bezeichnet *Locke* auch als Prärogative; *Locke*, Zwei Abhandlungen über die Regierung, 1977 (orig. 1689), § 159 f.; den Widerspruch zum Primat der Legislative betont *Maluschke*, Philosophische Grundlagen des demokratischen Verfassungsstaates, 1982, S. 63 f.

[28] *Locke*, Zwei Abhandlungen über die Regierung, 1977 (orig. 1689), § 151; dies entspricht der englischen Tradition des „*king in parliament*"; vgl. *Maluschke*, Philosophische Grundlagen des demokratischen Verfassungsstaates, 1982, S. 61 f.

[29] *Locke* bezeichnet diese Macht als föderative Gewalt; *Locke*, Zwei Abhandlungen über die Regierung, 1977 (orig. 1689), S. § 145 f.

[30] *Locke*, Zwei Abhandlungen über die Regierung, 1977 (orig. 1689), §§ 147 f.

[31] Insbesondere, weil es keine Verfassungsgerichtsbarkeit gibt, die elementare Rechte

sätze für ein Modell der Kooperation zwischen den prinzipiell getrennten Gewalten.[32]

Die „klassische" Differenzierung zwischen Gesetzgebung, Verwaltung und Rechtsprechung wurde sodann maßgeblich von *Montesquieu* geprägt.[33] Er beschreibt die englische Verfassung seiner Zeit und entwickelt davon ausgehend allgemeine Maßstäbe für eine Staatsordnung.[34] Auch für Montesquieu ist die Verteilung staatlicher Gewalt ein Mittel, um die Freiheit[35] des einzelnen Bürgers zu schützen:[36] Wenn die Macht, Gesetze zu erlassen mit der Macht, diese Gesetze auszuführen, in einer Person vereint wird, drohten der Erlass und die Durchführung tyrannischer Gesetze.[37] Ebenso ermögliche eine Verbindung von legislativer und rechtsprechender Macht einen willkürlichen Eingriff in die Freiheit und das Leben des Bürgers und ein Richter, der zugleich über die exekutive Macht zur Vollstreckung der Gesetze verfügt, habe die Zwangsgewalt eines Unterdrückers.[38] Der denkbar schlechteste Zustand liege schließlich vor, wenn sich Legislative, Exekutive und Judikative in einer Person oder Personengruppe vereinigen.[39] Die natürliche Neigung des Menschen, ihm gewährte Macht zu missbrauchen,[40] könne und müsse zum Schutz des Bürgers durch einen entsprechenden Staatsaufbau begrenzt werden.[41]

---

des Bürgers vor dem Zugriff der Staatsgewalt schützen könnte; *Maluschke*, Philosophische Grundlagen des demokratischen Verfassungsstaates, 1982, S. 67.

[32] *Maluschke*, Philosophische Grundlagen des demokratischen Verfassungsstaates, 1982, S. 62.

[33] Anschaulich *Lorz*, Interorganrespekt im Verfassungsrecht, 2001, S. 582, der Montesquieu als „Ahnherren" der Gewaltenteilungsidee in diesem Sinne bezeichnet.

[34] *Becker*, Gewaltenteilung im Gruppenstaat, 1986, S. 24; *Kägi*, FS Huber, 1961, S. 151, 158 f.; *Maluschke*, Philosophische Grundlagen des demokratischen Verfassungsstaates, 1982, S. 306; *Möllers*, Die drei Gewalten, 2008, S. 20 f. Zur Debatte darüber, inwieweit *Montesquieus* Darstellung der englischen Verfassung den realen Gegebenheiten entsprach, vgl. nur *Becker*, Gewaltenteilung im Gruppenstaat, 1986, S. 25 f. m. w. N.

[35] Freiheit meint bei *Montesquieu* dabei keinen naturrechtlichen Zustand, sondern die durch den Rahmen der Gesetze vorgegebene politische Freiheit, in der kein Bürger sich vor einem anderen Bürger fürchten muss; *Montesquieu*, Vom Geist der Gesetze, 1965 (orig. 1748), S. 216. Vgl. zum Freiheitsbegriff *Montesquieus* auch *U. Lange*, Der Staat 1980, 213, 216; *Becker*, Gewaltenteilung im Gruppenstaat, 1986, S. 32 f.; *Kägi*, FS Huber, 1961, S. 151, 155.

[36] *Maluschke*, Philosophische Grundlagen des demokratischen Verfassungsstaates, 1982, S. 306; *Möllers*, Gewaltengliederung, 2005, S. 68; *Kägi*, FS Huber, 1961, S. 151, 156 f.; *Becker*, Gewaltenteilung im Gruppenstaat, 1986, S. 33 f.

[37] *Montesquieu*, Vom Geist der Gesetze, 1965 (orig. 1748), S. 216 f.

[38] *Montesquieu*, Vom Geist der Gesetze, 1965 (orig. 1748), S. 217.

[39] *Montesquieu*, Vom Geist der Gesetze, 1965 (orig. 1748), S. 217.

[40] *Montesquieu*, Vom Geist der Gesetze, 1965 (orig. 1748), S. 215; zu diesem Gedanken als Grundlage der Theorie *Montesquieus* vgl. auch *Kägi*, FS Huber, 1961, S. 151, 156 f.; *Maluschke*, Philosophische Grundlagen des demokratischen Verfassungsstaates, 1982, S. 306.

[41] *Montesquieu*, Vom Geist der Gesetze, 1965 (orig. 1748), S. 215; vgl. auch die Beispiele der Verfassungen anderer europäischer Staaten, in denen eine Gewaltenteilung fehlt und die von *Montesquieu* als Despotien bezeichnet werden *ders.*, Vom Geist der Gesetze, 1965 (orig. 1748),

Diesen Ausführungen *Montesquieus* wurde immer wieder ein Modell einer weitgehenden Trennung zwischen den verschiedenen Gewalten entnommen.[42] In seiner Darstellung der englischen Verfassung nimmt *Montesquieu* eine strikte Trennung in personeller, organisatorischer und funktionaler Hinsicht aber nur zwischen der Rechtsprechung und den beiden anderen Gewalten an.[43] Exekutive und Legislative hingegen stehen in einem vielfältigen Abhängigkeitsverhältnis:[44] Die Gesetzgebung erfolgt im Rahmen eines Zwei-Kammer-Systems, wobei eine Kammer mit Vertretern des Adels und eine mit Vertretern des (sonstigen) Volkes besetzt ist. Beide Kammern haben das Recht, Gesetzesvorschläge einzubringen[45] und ein Gesetz erfordert die Zustimmung in beiden Kammern.[46] Der Monarch, dem die Exekutivgewalt zukommt,[47] ist an der Gesetzgebung ebenfalls durch ein Vetorecht beteiligt.[48] Zudem bestehen die gesetzgebenden Kammern nicht dauerhaft, sondern müssen vom Monarchen einberufen werden.[49] Die Legislativorgane kontrollieren demgegenüber den Monarchen, indem sie die finanziellen Mittel zur Ausführung der Gesetze jährlich neu festlegen und Berater oder Minister des Königs strafrechtlich verfolgen können.[50] Dass *Montesquieu* keineswegs ein Modell strenger Gewaltentrennung aufstellt, zeigt sich auch an seinem Entwurf einer französischen Verfassung: Die Freiheit des einzelnen Bürgers wird hier im Rahmen einer gemäßigten Monarchie geschützt, in der zwar der Monarch Inhaber sowohl der legislativen als auch der exekutiven Macht ist, diese aber nur gemeinsam mit den Zwischengewalten (Adel, Kirche, Bürgertum) ausüben kann.[51]

Montesquieu unterscheidet damit die verschiedenen Staatsfunktionen und ordnet sie den bestehenden gesellschaftlichen Kräften seiner Zeit (Volk, König

---

S. 217 f. Zur Funktion des exemplarischen Verweises auf die Situation in anderen Ländern bei Montesquieu *Becker*, Gewaltenteilung im Gruppenstaat, 1986, S. 24 f.

[42] *Kägi*, FS Huber, 1961, S. 151, 158 spricht insoweit von einer Simplifizierung; *U. Lange*, Der Staat 1980, 213, 232 f. sogar von einer „pervertierten Form“, in der *Montesquieus* Lehre zum festen Bestandteil des Verfassungsrechts wurde.

[43] *Montesquieu*, Vom Geist der Gesetze, 1965 (orig. 1748), S. 218; *U. Lange*, Der Staat 1980, 213, 220 zur Differenzierung bei Montesquieu zwischen Gewaltenteilung im Verhältnis zwischen Legislative und Exekutive und Gewaltentrennung zwischen Judikative und den anderen Gewalten *U. Lange*, Der Staat 1980, 213, 219 ff.; *Becker*, Gewaltenteilung im Gruppenstaat, 1986, S. 39 f.

[44] Dazu auch *U. Lange*, Der Staat 1980, 213, 223; *Becker*, Gewaltenteilung im Gruppenstaat, 1986, S. 38 f.

[45] Der Adel soll allerdings bei Steuergesetzen nur ein Vetorecht haben, da gerade bei diesen Gesetzen eine besondere Gefahr besteht, dass er eigenen Interessen und nicht denen der Allgemeinheit folgt; *Montesquieu*, Vom Geist der Gesetze, 1965 (orig. 1748), S. 222.

[46] *Montesquieu*, Vom Geist der Gesetze, 1965 (orig. 1748), S. 221 f.

[47] *Montesquieu*, Vom Geist der Gesetze, 1965 (orig. 1748), S. 222.

[48] *Montesquieu*, Vom Geist der Gesetze, 1965 (orig. 1748), S. 224; *Becker*, Gewaltenteilung im Gruppenstaat, 1986, S. 37.

[49] *Montesquieu*, Vom Geist der Gesetze, 1965 (orig. 1748), S. 223 f.

[50] *Montesquieu*, Vom Geist der Gesetze, 1965 (orig. 1748), S. 224 f.

[51] *U. Lange*, Der Staat 1980, 213, 226 f.

und Adel) zu.[52] Die Verteilung der exekutiven und legislativen Macht auf jeweils mehrere Gruppen soll alle gesellschaftlichen Kräfte in die politische Entscheidungsfindung einbinden und zielt damit auf Kooperation und nicht nur auf Trennung der Gewalten.[53]

Die Überlegungen von *Locke* und *Montesquieu* wurden bei der Entwicklung der modernen Verfassungen ab dem 18. Jahrhundert aufgegriffen und haben diese maßgeblich geprägt: Artikel 16 der französischen Erklärung der Menschen- und Bürgerrechte von 1789 postuliert die Trennung (und nicht die Teilung)[54] der Gewalten als Grundbedingung für jede Verfassung.[55] Die Gründungsväter der amerikanischen Verfassung griffen demgegenüber auch den Gedanken der Kooperation auf und entwickelten – teilweise mit direktem Bezug auf die Gedanken *Montesquieus* – ein ausdifferenziertes System der gegenseitigen Kontrolle zwischen den Gewalten (*checks and balances*).[56] Das Modell der Gewaltenteilung wird damit auch aus dem historischen Kontext der damaligen europäischen Gesellschaftsstruktur mit Monarch, Adel und Volk gelöst und zu einem abstrakten staatstheoretischen Prinzip erhoben.[57] Die amerikanische Verfassung und die Erklärung der Menschen- und Bürgerrechte bilden wiederum wesentliche Grundlagen für die europäische Verfassungsentwicklung des 19. und 20. Jahrhunderts.[58]

Eine Verfassung ohne Gewaltenteilung und Unterscheidung in Legislative, Exekutive und Judikative erscheint heute nicht mehr vorstellbar.[59] Ergänzt wurden die Modelle von *Locke* und *Montesquieu* durch eine deutliche Aufwertung der Verfassungsgerichtsbarkeit, die als Element der Judikative (vor allem) den

---

52 *U. Lange*, Der Staat 1980, 213, 225.

53 *U. Lange*, Der Staat 1980, 213, 229f.; *Maluschke*, Philosophische Grundlagen des demokratischen Verfassungsstaates, 1982, S. 308f.; *Lorz*, Interorganrespekt im Verfassungsrecht, 2001, S. 43; *Möllers*, Die drei Gewalten, 2008, S. 44f.; damit knüpft *Montesquieu* ebenso wie *Locke* auch an das *aristotelische* Ideal der gemischten Verfassung an, in der alle Teile der Bevölkerung an der Staatslenkung mitwirken; vgl. *Maluschke*, Philosophische Grundlagen des demokratischen Verfassungsstaates, 1982, S. 309; *Becker*, Gewaltenteilung im Gruppenstaat, 1986, S. 34f.; *Möllers*, Die drei Gewalten, 2008, S. 49.

54 *Becker*, Gewaltenteilung im Gruppenstaat, 1986, S. 68f.

55 *„Toute société dans laquelle la guarantie des droits n'est pas assurée, ni la séparation des pouvoirs déterminée, n'a point de constitution."*

56 *Becker*, Gewaltenteilung im Gruppenstaat, 1986, S. 58; *Möllers*, Die drei Gewalten, 2008, S. 29ff.

57 *Maluschke*, Philosophische Grundlagen des demokratischen Verfassungsstaates, 1982, S. 310f.

58 Vgl. nur *Frotscher/Pieroth*, Verfassungsgeschichte, 17. Auflage 2018, Rn. 42, 48ff., 61ff. m. w. N.

59 *Sommermann*, in: v. Mangoldt/Klein/Starck, 7. Auflage 2018, Art. 20 Abs. 2 GG Rn. 205f.; *Stern*, Das Staatsrecht der Bundesrepublik Deutschland, 2. Auflage 1984, S. 792f.; *Becker*, Gewaltenteilung im Gruppenstaat, 1986, S. 71; *Lorz*, Interorganrespekt im Verfassungsrecht, 2001, S. 3; *Maluschke*, Philosophische Grundlagen des demokratischen Verfassungsstaates, 1982, S. 306f.

Gesetzgeber kontrolliert.[60] Neben der Mäßigung staatlicher Macht zum Schutz des Bürgers wird auch heute noch die gegenseitige Kontrolle und damit verbundene Kooperation der Gewalten untereinander als Zweck der Gewaltenteilung betont.[61] Zudem wird die Gewaltenteilung zunehmend als Mittel verstanden, staatliche Entscheidungen effizient zu gestalten: Aufgaben und Befugnisse sollen der Gewalt zugeordnet werden, die nach ihrer Funktion, Organisation, Arbeitsweise und Besetzung zur Erfüllung dieser Aufgaben am besten geeignet sind.[62]

Im Grundgesetz findet der Grundsatz der Gewaltenteilung Ausdruck in zentralen Normen: Artikel 20 Abs. 2 S. 2 GG legt fest, dass die Staatsgewalt durch „besondere Organe der Gesetzgebung, der vollziehenden Gewalt und der Rechtsprechung" ausgeübt wird. Die Gewaltentrias wird zudem in Art. 1 Abs. 3 GG aufgegriffen, der „Gesetzgebung, vollziehende Gewalt und Rechtsprechung" an die Grundrechte bindet, sowie in Art. 20 Abs. 3 GG, nach dem die Gesetzgebung an die verfassungsmäßige Ordnung, die vollziehende Gewalt und die Rechtsprechung an Gesetz und Recht gebunden sind. Die deutsche Verfassung knüpft damit an die hergebrachte Unterscheidung in Legislative, Exekutive und Judikative an.[63] Die Ausgestaltung der Befugnisse der einzelnen Gewalten sowie ihr Verhältnis zueinander erfolgt dabei (abgesehen von den grundsätzlichen Aussagen zur rechtlichen Bindung der einzelnen Gewalten in Art. 20 Abs. 3 GG) in diversen Einzelnormen, die jeweils bestimmte Kompetenzen gewähren oder begrenzen sowie Kontrollbefugnisse normieren.[64]

II. Die Reichweite der Gewaltenteilung in der Rechtsprechung des Bundesverfassungsgerichts

1. Gewaltenteilung als eigenständiger Prüfungsmaßstab

Das Bundesverfassungsgericht hat ausgehend von diesem Normbestand den Grundsatz der Gewaltenteilung in seiner Rechtsprechung vor allem in zwei Richtungen entfaltet:

---

[60] Vgl. zur Entwicklung in Deutschland *Möllers*, Die drei Gewalten, 2008, S. 38 ff.

[61] *Becker*, Gewaltenteilung im Gruppenstaat, 1986, S. 79 f.

[62] Zu dieser auch als Funktionengerechtigkeit oder Organadäqanz bezeichneten Zielrichtung z. B. *Grzeszick*, in: Maunz/Dürig, GG, Art. 20 V. Rn. 6; *Robbers*, in: Bonner Komm. GG, Art. 20 Abs. 2 Rn. 3205; *Schnapp*, in: v. Münch/Kunig, GG, 6. Auflage 2012, Art. 20 GG Rn. 58; *Lerche*, FS Ossenbühl, 2000, S. 75, 76 f.; zu Nachweisen in der Rechtsprechung des BVerfG sogleich unter § 4 A. II. 2. Auch diese Zielsetzung wird zum Teil schon auf die Aufteilung von Staatsfunktionen auf bestimmte gesellschaftliche Gruppen bei *Montesquieu* zurückgeführt; vgl. z. B. *Lorz*, Interorganrespekt im Verfassungsrecht, 2001, S. 43.

[63] *Sommermann*, in: v. Mangoldt/Klein/Starck, 7. Auflage 2018, Art. 20 Abs. 2 GG Rn. 197; *Möllers*, Gewaltengliederung, 2005, S. 398.

[64] Siehe zu ausgesuchten Einzelvorschriften noch sogleich unter § 4 A. II. 3.

Zum einen betont das Gericht den Rang der Gewaltenteilung als zentrale Organisationsentscheidung der Verfassung.[65] Das Grundgesetz wolle die politische Machtverteilung, das Ineinandergreifen der drei Gewalten, die gegenseitige Kontrolle und die sich daraus ergebende Mäßigung der Staatsherrschaft.[66] Dabei ist die Gewaltenteilung nicht in reiner Form verwirklicht.[67] Es handelt sich nicht um eine absolute Trennung zwischen den Funktionen der einzelnen Staatsgewalten, sondern es bestehen verschiedene Gewaltenverschränkungen und -balancierungen.[68] Damit stellt nicht jeder Übergriff einer Gewalt in den Aufgabenbereich einer anderen einen Verstoß gegen die Gewaltenteilung dar. Allerdings muss die von der Verfassung vorgesehene Aufgaben- und Machtverteilung dauerhaft gewährleistet bleiben: Einerseits darf keine Gewalt ein von der Verfassung nicht vorgesehenes Übergewicht erhalten.[69] Umgekehrt darf keine Gewalt ihrer jeweiligen Eigenheit und ihrer spezifischen Aufgaben und Zuständigkeiten beraubt werden.[70] Das Bundesverfassungsgericht bringt diese Maß-

[65] Ständige Rspr.; vgl. z.B. BVerfG, Urteil v. 18.12.1953 – 1 BvL 106/53, BVerfGE 3, 225, juris Rn. 54; BVerfG, Beschluss v. 10.10.1972 – 2 BvL 51/69, BVerfGE 34, 52, juris Rn. 28; BVerfG, Urteil v. 17.7.1984 – 2 BvE 11/83; 2 BvE 15/83, BVerfGE 67, 100, juris Rn. 102; BVerfG, Nichtannahmebeschluss v. 8.3.2006 – 2 BvR 486/05, BVerfGK 7, 363, juris Rn. 73; BVerfG, Urteil v. 21.10.2014 – 2 BvE 5/11, BVerfGE 137, 185, juris Rn. 131; BVerfG, Urteil v. 2.6.2015 – 2 BvE 7/11, NVwZ 2015, 1377, juris Rn. 104; BVerfG, Beschluss v. 30.6.2015 – 2 BvR 1282/11, NVwZ 2015, 1434, juris Rn. 125; vgl. auch *Di Fabio*, HStR II, 3. Auflage 2004, §27 Rn. 1; *Hofmann*, in: Schmidt-Bleibtreu/Hofmann/Henneke, GG, 14. Auflage 2018, Art. 20 Rn. 53; *Grzeszick*, in: Maunz/Dürig, GG, Art. 20 V. Rn. 1; *Jarass*, in: Jarass/Pieroth, GG, 15. Auflage 2018, Art. 20 Rn. 32.

[66] Ständige Rspr.; vgl. z.B. BVerfG, Urteil v. 18.12.1953 – 1 BvL 106/53, BVerfGE 3, 225, juris Rn. 54; BVerfG, Urteil v. 27.4.1959 – 2 BvF 2/58, BVerfGE 9, 268, juris Rn. 56; BVerfG, Beschluss v. 10.10.1972 – 2 BvL 51/69, BVerfGE 34, 52, juris Rn. 28; BVerfG, Urteil v. 18.12.1984 – 2 BvE 13/83, BVerfGE 68, 1, juris Rn. 137; BVerfG, Beschluss v. 17.7.1996 – 2 BvF 2/93, BVerfGE 95, 1, juris Rn. 42; BVerfG, Urteil v. 21.10.2014 – 2 BvE 5/11, BVerfGE 137, 185, juris Rn. 131; BVerfG, Urteil v. 2.6.2015 – 2 BvE 7/11, NVwZ 2015, 1377, juris Rn. 104; den Zweck der Machtmäßigung stellen u.a. auch *Di Fabio*, HStR II, 3. Auflage 2004, §27 Rn. 8f.; *Hofmann*, in: Schmidt-Bleibtreu/Hofmann/Henneke, GG, 14. Auflage 2018, Art. 20 Rn. 53; *Robbers*, in: Bonner Komm. GG, Art. 20 Abs. 2 Rn. 3195; *Grzeszick*, in: Maunz/Dürig, GG, Art. 20 V. Rn. 30ff. heraus.

[67] So ausdrücklich z.B. BVerfG, Urteil v. 18.12.1953 – 1 BvL 106/53, BVerfGE 3, 225, juris Rn. 54; BVerfG, Nichtannahmebeschluss v. 8.3.2006 – 2 BvR 486/05, BVerfGK 7, 363, juris Rn. 73; BVerfG, Beschluss v. 17.7.1996 – 2 BvF 2/93, BVerfGE 95, 1, juris Rn. 42.

[68] Vgl. z.B. BVerfG, Entscheidung v. 28.11.1957 – 2 BvL 11/56, BVerfGE 7, 183, juris Rn. 21; BVerfG, Beschluss v. 10.10.1972 – 2 BvL 51/69, BVerfGE 34, 52, juris Rn. 28.

[69] So ausdrücklich z.B. BVerfG, Beschluss v. 17.7.1996 – 2 BvF 2/93, BVerfGE 95, 1, juris Rn. 42; BVerfG, Nichtannahmebeschluss v. 8.3.2006 – 2 BvR 486/05, BVerfGK 7, 363, juris Rn. 73; BVerfG, Beschluss v. 30.6.2015 – 2 BvR 1282/11, NVwZ 2015, 1434, juris Rn. 125.

[70] So ausdrücklich z.B. BVerfG, Beschluss v. 10.10.1972 – 2 BvL 51/69, BVerfGE 34, 52, juris Rn. 29; BVerfG, Beschluss v. 17.7.1996 – 2 BvF 2/93, BVerfGE 95, 1, juris Rn. 42; BVerfG, Urteil v. 21.10.2014 – 2 BvE 5/11, BVerfGE 137, 185, juris Rn. 136; BVerfG, Beschluss v. 30.6.2015 – 2 BvR 1282/11, NVwZ 2015, 1434, juris Rn. 125.

stäbe auf die vereinfachende Formel, dass für jede Gewalt ein Kernbereich besteht, der unantastbar ist.[71]

Diese Aufgabenbereiche können aber nicht abstrakt bestimmt werden. Das Gericht geht vielmehr von einer materiellen Bestimmung der Aufgaben der jeweiligen Gewalt aus und prüft sodann im Einzelfall, ob bzw. in welchem Umfang die fragliche Kompetenz noch zum Kernbereich der Gewalt gehört. Wenn der (seltene) Fall einer Kernbereichsverletzung vorliegt, erklärt das Gericht die entsprechende Maßnahme für unvereinbar mit dem Grundsatz der Gewaltenteilung aus Art. 20 Abs. 2 S. 2 GG und daher verfassungswidrig. Als Beispiel mit Bezug zum Steuerrecht kann der Beschluss vom 6.6.1967[72] dienen: Das Bundesverfassungsgericht entschied, dass die damals gültigen Normen der Abgabenordnung, nach denen Finanzämter bei leichten Steuervergehen selbst Strafen festsetzen konnten (sog. Verwaltungsstrafverfahren) den Kernbereich der Judikative verletzten.[73] Die Verhängung einer Kriminalstrafe stelle einen so schwerwiegenden Eingriff in die Rechtssphäre des Bürgers dar, dass sie unter allen Umständen nur durch einen Richter vorgenommen werden dürfe.[74]

Außerhalb von Kernbereichsverletzungen wendet das Bundesverfassungsgericht nur ausnahmsweise den Gewaltenteilungsgrundsatz unmittelbar als Prüfungsmaßstab an,[75] weil in der Regel spezifischere Verfassungsnormen den Konflikt regeln.[76] Ein aktuelles Beispiel für eine solche Entscheidung liefert der Beschluss vom 30.6.2015:[77] Art. 61 S. 2 der Bremischen Verfassung sah vor, dass die Bremische Bürgerschaft, also das Parlament des Landes Bremen, durch Gesetz Religionsgemeinschaften die Stellung als Körperschaft öffentlichen Rechts verleihen konnte, wenn diese durch ihre Verfassung und die Zahl ihrer Mitglie-

[71] Sog. „Kernbereichslehre"; ständige Rspr., vgl. z. B. BVerfG, Beschluss v. 10.10.1972 – 2 BvL 51/69, BVerfGE 34, 52, juris Rn. 29; BVerfG, Beschluss v. 17.7.1996 – 2 BvF 2/93, BVerfGE 95, 1, juris Rn. 42; BVerfG, Beschluss v. 30.6.2015 – 2 BvR 1282/11, NVwZ 2015, 1434, juris Rn. 125.

[72] BVerfG, Beschluss v. 6.6.1967 – 2 BvR 375/60, 2 BvR 53/60, 2 BvR 18/65, BVerfGE 22, 49.

[73] Ausdrücklich BVerfG, Beschluss v. 6.6.1967 – 2 BvR 375/60, 2 BvR 53/60, 2 BvR 18/65, BVerfGE 22, 49, juris Rn. 112, wobei das Gericht die Aufgaben der Rechtsprechung dogmatisch aus Art. 92 GG und nicht unmittelbar aus Art. 20 Abs. 2 S. 2 GG ableitet.

[74] BVerfG, Beschluss v. 6.6.1967 – 2 BvR 375/60, 2 BvR 53/60, 2 BvR 18/65, BVerfGE 22, 49, juris Rn. 109 ff.

[75] Vgl. insbesondere BVerfG, Beschluss v. 9.11.1955 – 1 BvL 13/52, 1 BvL 21/52, BVerfGE 4, 331, juris Rn. 50 f.; BVerfG, Beschluss v. 17.11.1959 – 1 BvR 88/56, 1 BvR 59/57, 1 BvR 212/59, BVerfGE 10, 200, juris Rn. 50 ff.; BVerfG, Urteil v. 5.8.1966 – 1 BvF 1/61, BVerfGE 20, 150, juris Rn. 24; BVerfG, Beschluss v. 12.6.1979 – 1 BvL 19/76, BVerfGE 52, 1, juris Rn. 149; BVerfG, Beschluss v. 3.6.1980 – 1 BvL 114/78, BVerfGE 54, 159, juris Rn. 38 ff.; *Sachs*, in: Sachs, GG, 7. Auflage 2014, Art. 20 Rn. 93 nennt zudem weitere Entscheidungen, in denen ein Verstoß gegen Art. 20 Abs. 2 S. 2 GG zumindest thematisiert wurde.

[76] Zum Einfluss des Gewaltenteilungsgrundsatzes auf die Auslegung anderer Verfassungsnormen sogleich unter § 4 A. II. 2.

[77] BVerfG, Beschluss v. 30.6.2015 – 2 BvR 1282/11, NVwZ 2015, 1434.

der die Gewähr der Dauer bieten. Das Bundesverfassungsgericht sah in dieser Regelung einen Verstoß gegen die Gewaltenteilung. Die Norm zwinge das Parlament dazu, ein Einzelpersonengesetz zu erlassen, in dem darüber entschieden wird, ob eine bestimmte Religionsgemeinschaft die Voraussetzungen für eine Anerkennung als Körperschaft öffentlichen Rechts erfüllt. Eine solche Einzelfallentscheidung im Sinne eines schlicht subsumierenden Normenvollzugs sei funktional aber grundsätzlich der Exekutive vorbehalten. Nur wenn ansonsten ein unauflöslicher Konflikt zu anderen Grundsätzen der Verfassung entstünde, also ein zwingendes Regelungsbedürfnis vorliege, dürfe der Gesetzgeber eine solche Entscheidung treffen.[78] Eine solche Ausnahmekonstellation war hier indes nicht gegeben. Zur Frage, ob die Verleihung des Körperschaftstatus darüber hinaus dem Kernbereich der Exekutive zuzuordnen und deshalb auch dem teilweisen Zugriff des Gesetzgebers von vornherein entzogen sei, nahm das Bundesverfassungsgericht nicht mehr Stellung.[79]

2. Gewaltenteilung als Auslegungsmaßstab für speziellere Verfassungsnormen

Größere Bedeutung erfährt der Grundsatz der Gewaltenteilung als Auslegungsmaßstab für andere Verfassungsnormen.[80] Insbesondere solche Normen, die einen bestimmten Konflikt zwischen zwei Gewalten bzw. zwischen bestimmten Verfassungsorganen regeln, werden vom Bundesverfassungsgericht unter Rückgriff auf den Grundsatz der Gewaltenteilung ausgelegt.[81] Dabei greift das Gericht wiederum in vielfältiger Weise auf das Modell der Kernbereichslehre zurück, um Aufgabenbereiche voneinander abzugrenzen und damit die gegenseitige Kontrolle und Mäßigung der Gewalten zu gewährleisten. Besondere Relevanz hat das Verhältnis zwischen Exekutive und Parlament: Ein von parlamentarischer Kontrolle freigestellter Kernbereich exekutiver Verantwortung liegt beispielsweise den Entscheidungen zu den Kompetenzen von Untersuchungsausschüssen,[82] den Fragerechten von Abgeordneten und Fraktionen gegenüber

[78] BVerfG, Beschluss v. 30.6.2015 – 2 BvR 1282/11, NVwZ 2015, 1434, juris Rn. 127.

[79] BVerfG, Beschluss v. 30.6.2015 – 2 BvR 1282/11, NVwZ 2015, 1434, juris Rn. 141.

[80] Vgl. auch *Grzeszick*, in: Maunz/Dürig, GG, Art. 20 V. GG Rn. 27; *Hofmann*, in: Schmidt-Bleibtreu/Hofmann/Henneke, GG, 14. Auflage 2018, Art. 20 Rn. 53; *Robbers*, in: Bonner Komm. GG, Art. 20 Abs. 2 Rn. 3193; *Schnapp*, in: v. Münch/Kunig, GG, 6. Auflage 2012, Art. 20 GG Rn. 58; *Jarass*, in: Jarass/Pieroth, GG, 15. Auflage 2018, Art. 20 Rn. 32; *Möllers*, Gewaltengliederung, 2005, S. 4, 401 f.

[81] Vgl. z. B. BVerfG, Urteil v. 18.12.1984 – 2 BvE 13/83, BVerfGE 68, 1, juris Rn. 137; BVerfG, Urteil v. 12.7.1994 – 2 BvE 3/92, 2 BvE 5/93, 2 BvE 7/93, 2 BvE 8/93, BVerfGE 90, 286, juris Rn. 275; BVerfG, Beschluss v. 1.7.2009 – 2 BvE 5/06, BVerfGE 124, 161, juris Rn. 123; BVerfG, Beschluss v. 21.4.2015 – 2 BvR 1989/12, NVwZ 2015, 1279, juris Rn. 53; BVerfG, Urteil v. 2.6.2015 – 2 BvE 7/11, NVwZ 2015, 1377, juris Rn. 103.

[82] Vgl. insbesondere BVerfG, Urteil v. 17.7.1984 – 2 BvE 11/83; 2 BvE 15/83, BVerfGE 67, 100, juris Rn. 127 f.; BVerfG, Beschluss v. 30.3.2004 – 2 BvK 1/01, BVerfGE 110, 199, juris Rn. 43 f.; BVerfG, Beschluss v. 17.6.2009 – 2 BvE 3/07, BVerfGE 124, 78, juris Rn. 122 ff.

der Regierung[83] und der Beteiligung des Parlaments bei der Ausübung auswärtiger Gewalt[84] zugrunde. Der Kernbereich legislativer Aufgaben[85] setzt insbesondere der Gesetzesauslegung und Rechtsfortbildung durch Fachgerichte Grenzen.[86] Der Kernbereich der Judikative[87] begrenzt beispielsweise den Anwendungsbereich und das Verfahren für Verwaltungsentscheidungen in Straf- und Strafvollzugsverfahren.[88]

Als weitere Zielsetzung tritt bei der Auslegung spezieller Verfassungsnormen unter Rückgriff auf den Grundsatz der Gewaltenteilung zunehmend der Gedanke der Funktionsgerechtigkeit in den Vordergrund:[89] Durch die Gewaltenteilung soll auch sichergestellt werden, dass staatliche Entscheidungen möglichst richtig getroffen werden, das heißt von den Organen, die dafür nach ihrer Organisation, Zusammensetzung, Funktion und Verfahrensweise über die besten Voraussetzungen verfügen.[90] Auch dieser Begründungsansatz wird vom Bundesverfassungsgericht bereits in ganz unterschiedlichen Zusammenhängen und mit Blick auf alle Gewalten aufgegriffen: So begründet das Gericht

[83] Vgl. insbesondere BVerfG, Beschluss v. 1.7.2009 – 2 BvE 5/06, BVerfGE 124, 161, juris Rn. 123; BVerfG, Urteil v. 21.10.2014 – 2 BvE 5/11, BVerfGE 137, 185, juris Rn. 137f.; BVerfG, Urteil v. 2.6.2015 – 2 BvE 7/11, NVwZ 2015, 1377, juris Rn. 118.

[84] Vgl. insbesondere BVerfG, Urteil v. 18.12.1984 – 2 BvE 13/83, BVerfGE 68, 1, juris Rn. 137; BVerfG, Urteil v. 12.7.1994 – 2 BvE 3/92, 2 BvE 5/93, 2 BvE 7/93, 2 BvE 8/93, BVerfGE 90, 286, juris Rn. 320ff.; BVerfG, Urteil v. 22.11.2001 – 2 BvE 6/99, BVerfGE 104, 151, juris Rn. 158; BVerfG, Urteil v. 3.7.2007 – 2 BvE 2/07, BVerfGE 118, 244, juris Rn. 43f.; BVerfG, Urteil v. 7.5.2008 – 2 BvE 1/03, BVerfGE 121, 135, juris Rn. 72f.

[85] Zu den funktionellen Aufgaben der Legislative noch im Detail unter §4 B. I.

[86] Vgl. insbesondere BVerfG, Beschluss v. 21.7.1955 – 1 BvL 33/51, BVerfGE 4, 219, juris Rn. 45; BVerfG, Beschluss v. 8.1.1959 – 1 BvR 396/55, BVerfGE 9, 89, juris Rn. 44; BVerfG, Beschluss v. 14.2.1973 – 1 BvR 112/65, BVerfGE 34, 269, juris Rn. 38ff.; BVerfG, Beschluss v. 11.10.1978 – 1 BvR 84/74, BVerfGE 49, 304, juris Rn. 30f.; BVerfG, Beschluss v. 14.5.1985 – 1 BvR 233/81, 1 BvR 341/81, BVerfGE 69, 315, juris Rn. 110; BVerfG, Beschluss v. 12.11.1997 – 1 BvR 479/92, 1 BvR 307/94, BVerfGE 96, 375, juris Rn. 52ff.; BVerfG, Beschluss v. 25.1.2011 – 1 BvR 918/10, BVerfGE 128, 193, juris Rn. 51ff.

[87] Zu den funktionellen Aufgaben der Judikative noch im Detail unter §4 C. I.

[88] Vgl. z.B. BVerfG, Beschluss v. 6.6.1967 – 2 BvR 375/60, 2 BvR 53/60, 2 BvR 18/65, BVerfGE 22, 49, juris Rn. 112; BVerfG, Beschluss v. 28.6.1983 – 2 BvR 539/80, 2 BvR 612/80, BVerfGE 64, 261, juris Rn. 43f.

[89] Auch dieser Aspekt lässt sich historisch als Ausfluss des Kooperationsprinzips begreifen; vgl. *Möllers*, Die drei Gewalten, 2008, S. 40.

[90] Vgl. insbesondere BVerfG, Urteil v. 18.12.1984 – 2 BvE 13/83, BVerfGE 68, 1, juris Rn. 137; BVerfG, Beschluss v. 17.7.1996 – 2 BvF 2/93, BVerfGE 95, 1, juris Rn. 42; BVerfG, Urteil v. 14.7.1998 – 1 BvR 1640/97, BVerfGE 98, 218, juris Rn. 132; BVerfG, Beschluss v. 11.12.2000 – 1 BvL 15/00, NVwZ-RR 2001, 311, juris Rn. 28; BVerfG, Nichtannahmebeschluss v. 8.3.2006 – 2 BvR 486/05, BVerfGK 7, 363, juris Rn. 73; BVerfG, Urteil v. 21.10.2014 – 2 BvE 5/11, BVerfGE 137, 185, juris Rn. 136; BVerfG, Beschluss v. 30.6.2015 – 2 BvR 1282/11, NVwZ 2015, 1434, juris Rn. 125; vgl. auch *Grzeszick*, in: Maunz/Dürig, GG, Art. 20 V. GG Rn. 51; *Schnapp*, in: v. Münch/Kunig, GG, 6. Auflage 2012, Art. 20 GG Rn. 58; *Robbers*, in: Bonner Komm. GG, Art. 20 Abs. 2 Rn. 3195; *Hufeld*, in: Bonner Komm. GG, Art. 19 Abs. 1 S. 1 Rn. 65; *Stern*, Das Staatsrecht der Bundesrepublik Deutschland, 2. Auflage 1984, S. 793; *Di Fabio*, HStR II, 3. Auflage 2004, §27 Rn. 10.

die primäre Verantwortung der Regierung für die Ausübung der auswärtigen Gewalt damit, dass nur sie in hinreichendem Maße über die personellen, sachlichen und organisatorischen Möglichkeiten verfüge, auf wechselnde äußere Lagen zügig und sachgerecht zu reagieren.[91] Anlagenbezogene Fachplanungen fallen in der Regel in den Zuständigkeitsbereich der Verwaltung, weil diese über den notwendigen Verwaltungsapparat und Sachverstand für deren Durchführung besitzt. Sollen solche Entscheidungen von einem Parlament im Rahmen eines Gesetzes getroffen werden, bedarf es deshalb eines besonderen Rechtfertigungsgrundes.[92] Die Einführung der Rechtschreibreform in Schleswig-Holstein musste nicht durch ein parlamentarisches Gesetz geregelt werden, weil die Fachbehörden durch ihre Sachkompetenz und Nähe zur schulischen Praxis besser zur Bewältigung der auftretenden pädagogischen, sprachwissenschaftlichen und schulpraktischen Fragen geeignet sind.[93]

3. Von der Zuständigkeitsabgrenzung zur Rücksichtnahmepflicht zwischen den Gewalten

Mit der Entwicklung von unverletzbaren Kernbereichen der einzelnen Gewalten nimmt das Bundesverfassungsgericht den Gedanken der Gewaltentrennung auf. Bestimmte Zuständigkeitsbereiche dürfen nicht miteinander vermengt, sondern müssen unterschiedlichen Organen zugeordnet werden. Gleichzeitig macht das Gericht in ständiger Rechtsprechung aber deutlich, dass eine strikte Trennung der Gewalten im Grundgesetz nicht angelegt ist.[94] Dafür sprechen die vielzähligen Regelungen, die ein Zusammenwirken insbesondere von Exekutive und Legislative anordnen und die vom Gericht als Gewaltenverschränkungen oder -balancierungen bezeichnet werden.[95] Das Grundgesetz greift aus dem dargestellten historischen und staatstheoretischen Fundus der Gewaltenteilung nicht nur den Gedanken der Trennung, sondern gleichermaßen den der Kooperation der Gewalten auf.

Damit können Auslegungsfragen zum Konflikt zwischen zwei Gewalten auch nicht bei bloßen Zuständigkeitsabgrenzungen verharren. Selbst wenn eine

---

[91] BVerfG, Urteil v. 18.12.1984 – 2 BvE 13/83, BVerfGE 68, 1, juris Rn. 138; vgl. auch BVerfG, Urteil v. 21.10.2014 – 2 BvE 5/11, BVerfGE 137, 185, juris Rn. 139 m. w. N.

[92] BVerfG, Beschluss v. 17.7.1996 – 2 BvF 2/93, BVerfGE 95, 1, juris Rn. 51.

[93] BVerfG, Urteil v. 14.7.1998 – 1 BvR 1640/97, BVerfGE 98, 218, juris Rn. 143.

[94] Vgl. z. B. BVerfG, Urteil v. 18.12.1953 – 1 BvL 106/53, BVerfGE 3, 225, juris Rn. 54; BVerfG, Entscheidung v. 28.11.1957 – 2 BvL 11/56, BVerfGE 7, 183, juris Rn. 21; BVerfG, Urteil v. 27.4.1959 – 2 BvF 2/58, BVerfGE 9, 268, juris Rn. 56; BVerfG, Beschluss v. 10.10.1972 – 2 BvL 51/69, BVerfGE 34, 52, juris Rn. 28; BVerfG, Urteil v. 21.10.2014 – 2 BvE 5/11, BVerfGE 137, 185, juris Rn. 131; BVerfG, Urteil v. 2.6.2015 – 2 BvE 7/11, NVwZ 2015, 1377, juris Rn. 104; BVerfG, Beschluss v. 30.6.2015 – 2 BvR 1282/11, NVwZ 2015, 1434, juris Rn. 125.

[95] Vgl. z. B. BVerfG, Entscheidung v. 28.11.1957 – 2 BvL 11/56, BVerfGE 7, 183, juris Rn. 21; BVerfG, Beschluss v. 10.10.1972 – 2 BvL 51/69, BVerfGE 34, 52, juris Rn. 28; BVerfG, Beschluss v. 17.7.1996 – 2 BvF 2/93, BVerfGE 95, 1, juris Rn. 42; BVerfG, Urteil v. 21.10.2014 – 2 BvE 5/11, BVerfGE 137, 185, juris Rn. 136.

bestimmte staatliche Entscheidung grundsätzlich dem Verantwortungsbereich einer Gewalt zugeordnet werden kann – sei es über den Gedanken des funktionalen Kernbereichs der Gewalten oder über die ergänzende Erwägung der Funktionsgerechtigkeit – heißt das noch nicht unbedingt, dass die zuständige Gewalt diese Entscheidung allein oder ohne Rücksicht auf die anderen Gewalten treffen darf.[96] In vielen Fällen sieht das Grundgesetz insoweit selbst Kontroll-, Informations- oder Mitwirkungsrechte weiterer Gewalten vor: So ist die Bundesregierung als Exekutivgewalt beispielsweise am Erlass von Gesetzen, also der Kerntätigkeit der Legislative, beteiligt, indem sie eine Gesetzesvorlage beim Bundestag einbringen kann (Art. 76 Abs. 1 GG) und sich zu Vorlagen des Bundesrats äußern soll (Art. 76 Abs. 3 S. 2 GG). Die Rechtsetzung kann (in Form von Rechtsverordnungen, Art. 80 Abs. 1 S. 1 GG) in gewissem Umfang auch unmittelbar auf Exekutivorgane übertragen werden, wobei die Legislative dadurch ihr Zugriffsrecht auf die Sachmaterie durch spätere gesetzliche Regelung aber nicht verliert.[97] Umgekehrt ist zwar die Bundesregierung grundsätzlich dafür zuständig, die Rechte Deutschlands im Verhältnis zu anderen Staaten und auf Ebene der Europäischen Union wahrzunehmen. Bundestag und Bundesrat wirken jedoch – abhängig von der betroffenen Sachmaterie – in unterschiedlichem Umfang mit. Bei Angelegenheiten der Europäischen Union bestehen umfangreiche Informations- und Stellungnahmerechte (Art. 23 Abs. 2–6 GG), Hoheitsrechte können nur durch die Legislativorgane selbst übertragen werden (Art. 23 Abs. 1 GG). Ebenso bedürfen Verträge mit anderen Staaten in den wichtigsten Fällen der Mitwirkung von Bundestag oder Bundesrat (Art. 59 Abs. 2 GG). Allein bei der Ausübung[98] der judikativen Gewalt sieht das Grundgesetz keine Mitwirkungsvorbehalte zugunsten anderer Gewalten vor.[99]

Ergänzend zu den speziellen grundgesetzlichen Regelungen hat das Bundesverfassungsgericht allgemeine Maßstäbe entwickelt. Der Gedanke der Kooperation und gegenseitigen Rücksichtnahme zwischen staatlichen Entscheidungsträgern wurde dabei zunächst im Verhältnis zwischen Bund und Ländern betont.

---

[96] Vgl. *Sachs*, in: Sachs, GG, 7. Auflage 2014, Art. 20 Rn. 81; ähnlich auch *Becker*, Gewaltenteilung im Gruppenstaat, 1986, S. 80: „Fragen von Zuständigkeiten sind [...] von geringerem Gewicht als die Einhaltung des Gleichgewichts, das sich als Ergebnis der Zusammenarbeit der Entscheidungsträger [...] immer wieder einpendeln muss."

[97] Nach der herrschenden Meinung schafft der Gesetzgeber mit dem Änderungsgesetz dann auf parlamentarischem Wege Recht, das einheitlich im Rang einer Rechtsverordnung steht, vgl. BVerfG, Beschluss v. 13.9.2005 – 2 BvF 2/03, BVerfGE 114, 196, juris Rn. 196 ff.; BVerfG, Beschluss v. 27.9.2005 – 2 BvL 11/02, 2 BvL 12/03, 2 BvL 13/02, BVerfGE 114, 303, juris Rn. 38 ff.; BFH, Urteil v. 16.11.2011 – X R 18/09, BFHE 235, 452 = BStBl II 2012, 129, juris Rn. 28; kritisch (Gesetzesrecht, das die Verordnung teilweise überlagert) *Remmert*, in: Maunz/Dürig, GG, Art. 80 Rn. 93 ff. mit umfangreichen Nachweisen zu beiden Auffassungen.

[98] Die Wahl der Bundesrichter sowie der Richter des Bundesverfassungsgerichts erfolgen hingegen durch Vertreter von Exekutive und Legislative, Art. 94 Abs. 1 S. 2, 95 Abs. 2 GG.

[99] *Sachs*, in: Sachs, GG, 7. Auflage 2014, Art. 20 Rn. 87; *Grzeszick*, in: Maunz/Dürig, GG, Art. 20 V. Rn. 105.

Schon in frühen Entscheidungen stellte das Bundesverfassungsgericht heraus, dass Bund und Länder ihre Kompetenzen unter gegenseitiger Rücksichtnahme ausüben müssen.[100] In einem föderalen Staat müssen die einzelnen Glieder zusammenwirken und dürfen sich nicht gegenseitig behindern. Das Gericht bezeichnet diese Kooperations- und Rücksichtnahmepflicht als Pflicht zu bundesfreundlichem Verhalten[101] oder Bundestreue.[102] Diese kann zwar keine eigenen Kompetenzen begründen, sie beeinflusst also nicht die grundsätzliche Zuständigkeitsverteilung zwischen Bund und Ländern.[103] Wie die zuständige Körperschaft ihre Kompetenzen ausübt, kann aber durch die Bundestreue begrenzt und modifiziert werden.[104] Insbesondere ist eine missbräuchliche Inanspruchnahme von Kompetenzen zulasten der anderen Glieder des Bundesstaates unzulässig.[105] Aus der Bundestreue wurden aber auch schon wechselseitige Hilfs-

---

[100] Vgl. z.B. BVerfG, Urteil v. 21.5.1952 – 2 BvH 2/52, BVerfGE 1, 292, juris Rn. 63; BVerfG, Urteil v. 1.12.1954 – 2 BvG 1/54, BVerfGE 4, 115, juris Rn. 72; BVerfG, Urteil v. 26.3.1957 – 2 BvG 1/55, BVerfGE 6, 309, juris Rn. 219f.; BVerfG, Urteil v. 30.7.1958 – 2 BvG 1/58, BVerfGE 8, 122, juris Rn. 24; zur Rechtshistorie vor Erlass des Grundgesetzes *Lorz*, Interorganrespekt im Verfassungsrecht, 2001, S. 13ff. m. w. N.

[101] Z.B. BVerfG, Urteil v. 21.5.1952 – 2 BvH 2/52, BVerfGE 1, 292, juris Rn. 63; BVerfG, Urteil v. 30.7.1958 – 2 BvG 1/58, BVerfGE 8, 122, juris Rn. 21; BVerfG, Urteil v. 28.2.1961 – 2 BvG 1/60, 2 BvG 2/60, BVerfGE 12, 205, juris Rn. 173; BVerfG, Urteil v. 26.7.1962 – 2 BvF 1/71, BVerfGE 34, 9, juris Rn. 43; BVerfG, Urteil v. 8.2.1977 – 1 BvF 1/76, 1 BvL 7/75, 1 BvL 8/75, 1 BvR 239/75, 1 BvR 92/76, 1 BvR 187/76, BVerfGE 43, 291, juris Rn. 129; BVerfG, Urteil v. 19.10.1982 – 2 BvF 1/81, BVerfGE 61, 149, juris Rn. 153; BVerfG, Urteil v. 22.5.1990 – 2 BvG 1/88, BVerfGE 81, 310, juris Rn. 98.

[102] Z.B. BVerfG, Urteil v. 1.12.1954 – 2 BvG 1/54, BVerfGE 4, 115, juris Rn. 72; BVerfG, Urteil v. 26.3.1957 – 2 BvG 1/55, BVerfGE 6, 309, juris Rn. 218; BVerfG, Urteil v. 11.7.1961 – 2 BvG 2/58, BVerfGE 13, 54, juris Rn. 58; BVerfG, Beschluss v. 11.4.1967 – 2 BvG 1/62, BVerfGE 21, 312, juris Rn. 42.

[103] BVerfG, Urteil v. 11.7.1961 – 2 BvG 2/58, BVerfGE 13, 54, juris Rn. 58; BVerfG, Beschluss v. 11.4.1967 – 2 BvG 1/62, BVerfGE 21, 312, juris Rn. 42; BVerfG, Beschluss v. 20.3.2013 – 2 BvF 1/05, BVerfGE 133, 241, juris Rn. 58; das Bundesverfassungsgericht spricht deshalb auch von einem akzessorischen Grundsatz; BVerfG, Beschluss v. 5.12.2001 – 2 BvG 1/00, BVerfGE 104, 238, juris Rn. 36; BVerfG, Beschluss v. 24.1.2001 – 2 BvE 1/00, BVerfGE 103, 81, juris Rn. 31; BVerfG, Beschluss v. 11.3.1997 – 2 BvG 3/95, 2 BvG 4/95, BVerfGE 95, 250, juris Rn. 37.

[104] BVerfG, Urteil v. 30.7.1958 – 2 BvG 1/58, BVerfGE 8, 122, juris Rn. 21; BVerfG, Urteil v. 28.2.1961 – 2 BvG 1/60, 2 BvG 2/60, BVerfGE 12, 205, juris Rn. 174ff.; BVerfG, Urteil v. 8.2.1977 – 1 BvF 1/76, 1 BvL 7/75, 1 BvL 8/75, 1 BvR 239/75, 1 BvR 92/76, 1 BvR 187/76, BVerfGE 43, 291, juris Rn. 129; BVerfG, Urteil v. 22.3.1995 – 2 BvG 1/89, BVerfGE 92, 203, juris Rn. 117; BVerfG, Beschluss v. 7.11.2002 – 2 BvR 1053/98, BVerfGE 106, 225, juris Rn. 53; BVerfG, Nichtannahmebeschluss v. 28.6.2005 – 1 BvR 1506/04, BVerfGK 5, 356, juris Rn. 18; BVerfG, Urteil v. 9.7.2007 – 2 BvF 1/04, BVerfGE 119, 96, juris Rn. 91; BVerfG, Beschluss v. 30.6.2015 – 2 BvR 1282/11, NVwZ 2015, 1434, juris Rn. 101.

[105] BVerfG, Urteil v. 1.12.1954 – 2 BvG 1/54, BVerfGE 4, 115, juris Rn. 73; BVerfG, Urteil v. 26.3.1957 – 2 BvG 1/55, BVerfGE 6, 309, juris Rn. 219f.; BVerfG, Urteil v. 19.10.1982 – 2 BvF 1/81, BVerfGE 61, 149, juris Rn. 153; BVerfG, Urteil v. 22.5.1990 – 2 BvG 1/88, BVerfGE 81, 310, juris Rn. 98; BVerfG, Urteil v. 19.2.2002 – 2 BvG 2/00, BVerfGE 104, 249, juris Rn. 86; BVerfG, Beschluss v. 27.6.2002 – 2 BvF 4/98, BVerfGE 106, 1, juris Rn. 102; BVerfG, Beschluss v. 7.11.2002 – 2 BvR 1053/98, BVerfGE 106, 225, juris Rn. 53; BVerfG, Nicht-

und Unterstützungspflichten,[106] Informations- und Konsultationspflichten[107] sowie Kooperationspflichten[108] abgeleitet.[109] Die konkreten Anforderungen an die Rücksichtnahmepflicht können dabei nur im Einzelfall und abhängig von dem jeweiligen Verfassungsrechtsverhältnis bestimmt werden.[110]

Da auch die föderale Aufteilung der Staatsgewalt letztlich ein Element der Verteilung staatlicher Macht darstellt – man kann auch von vertikaler Gewaltenteilung sprechen[111] – ist es nur konsequent, dass das Gericht die Gedanken zur Bundestreue im Laufe der Zeit auch auf das Verhältnis zwischen anderen Staatsorganen und mithin auf die Ebene der horizontalen Gewaltenteilung übertragen hat. Der Bundestreue entspricht insoweit der Grundsatz der Verfassungsorgantreue:[112] Verfassungsorgane müssen bei der Ausübung ihrer Kompetenzen aufeinander bzw. auf die Kompetenzen anderer Organe Rücksicht nehmen.[113] Die Verfassungsorgantreue kann für sich genommen keine Rechte begründen, sondern – ebenso wie die Bundestreue – nur ein bestehendes Verfassungsrechtsverhältnis ausgestalten.[114] Es handelt sich also ebenfalls um einen akzessorischen

---

annahmebeschluss v. 31.3.2006 – 1 BvR 1771/01, BVerfGK 7, 477, juris Rn. 23; BVerfG, Urteil v. 9.7.2007 – 2 BvF 1/04, BVerfGE 119, 96, juris Rn. 91; BVerfG, Beschluss v. 20.3.2013 – 2 BvF 1/05, BVerfGE 133, 241, juris Rn. 87.

[106] Vgl. z. B. BVerfG, Urteil v. 20.2.1952 – 1 BvF 2/51, BVerfGE 1, 117, juris Rn. 44 ff.; BVerfG, Urteil v. 28.2.1961 – 2 BvG 1/60, 2 BvG 2/60, BVerfGE 12, 205, juris Rn. 173.

[107] Vgl. z. B. BVerfG, Urteil v. 4.3.1975 – 2 BvF 1/72, BVerfGE 39, 96, juris Rn. 50; BVerfG, Beschluss v. 10.2.1976 – 2 BvG 1/74, BVerfGE 41, 291, juris Rn. 51 f.; BVerfG, Urteil v. 22.5.1990 – 2 BvG 1/88, BVerfGE 81, 310, juris Rn. 99 f.; siehe auch *Lorz*, Interorganrespekt im Verfassungsrecht, 2001, S. 32.

[108] Vgl. z. B. BVerfG, Urteil v. 4.11.1986 – 1 BvF 1/84, BVerfGE 73, 118, juris Rn. 183; BVerfG, Urteil v. 28.2.1961 – 2 BvG 1/60, 2 BvG 2/60, BVerfGE 12, 205, juris Rn. 175 f.; BVerfG, Urteil v. 15.11.1971 – 2 BvF 1/70, BVerfGE 32, 199, juris Rn. 110.

[109] Vgl. zur Typologie der konkreten Ableitungen aus der Bundestreue insgesamt *Lorz*, Interorganrespekt im Verfassungsrecht, 2001, S. 31 f. m. w. N.

[110] Ausdrücklich BVerfG, Urteil v. 22.5.1990 – 2 BvG 1/88, BVerfGE 81, 310, juris Rn. 98; BVerfG, Urteil v. 19.2.2002 – 2 BvG 2/00, BVerfGE 104, 249, juris Rn. 86; BVerfG, Beschluss v. 27.6.2002 – 2 BvF 4/98, BVerfGE 106, 1, juris Rn. 102.

[111] So z. B. *Sommermann*, in: v. Mangoldt/Klein/Starck, 7. Auflage 2018, Art. 20 Abs. 2 Rn. 198; *F. Kirchhof*, in: Maunz/Dürig, GG, Art. 83 GG Rn. 23; *Lorz*, Interorganrespekt im Verfassungsrecht, 2001, S. 36; *Desens*, Bindung der Finanzverwaltung an die Rechtsprechung, 2011, S. 264 f.; *Jarass*, in: Jarass/Pieroth, GG, 15. Auflage 2018, Art. 20 Rn. 32; zu den Zusammenhängen zwischen Gewaltenteilung und föderativer Gliederung allgemein *Möllers*, Die drei Gewalten, 2008, S. 40 ff.

[112] So auch *Lorz*, Interorganrespekt im Verfassungsrecht, 2001, S. 33; *Desens*, Bindung der Finanzverwaltung an die Rechtsprechung, 2011, S. 265; ähnlich schon *Schenke*, Die Verfassungsorgantreue, 1977, S. 29.

[113] BVerfG, Urteil v. 12.7.1994 – 2 BvE 3/92, 2 BvE 5/93, 2 BvE 7/93, 2 BvE 8/93, BVerfGE 90, 286, juris Rn. 203; BVerfG, Urteil v. 25.5.1977 – 2 BvE 1/74, BVerfGE 45, 1, juris Rn. 118; BVerfG, Urteil v. 18.6.1973 – 2 BvQ 1/73, BVerfGE 35, 257, juris Rn. 10; noch offengelassen, ob ein solcher Grundsatz besteht in BVerfG, Beschluss v. 14.10.1970 – 1 BvR 307/68, BVerfGE 29, 221, juris Rn. 39.

[114] BVerfG, Beschluss v. 17.9.2013 – 2 BvE 6/08, 2 BvR 2436/10, BVerfGE 134, 141, juris Rn. 183; *Schenke*, Die Verfassungsorgantreue, 1977, S. 38.

Grundsatz, der bestimmte Sorgfaltspflichten statuiert.[115] Danach ist es unzulässig, eine eigene Kompetenz missbräuchlich[116] oder im Widerspruch zu prozeduralen Anforderungen zu Lasten eines anderen Verfassungsorgans auszuüben.[117] So nimmt das Bundesverfassungsgericht beispielsweise an, dass die Exekutive die beim Bundesverfassungsgericht anhängigen Verfahren auf Erlass einer einstweiligen Anordnung nicht durch den faktischen Vollzug des angegriffenen Hoheitsaktes überspielen und damit das Urteil dieses Gerichts um einen Teil seiner Wirkung bringen darf.[118] Umgekehrt gebietet die Verfassungsorgantreue in diesen Fällen, dass das Gericht sein Verfahren auf jede mögliche Weise beschleunigt.[119] Ebenso folgt aus der Rücksichtnahmepflicht, dass das Bundesverfassungsgericht im Zweifel unter mehreren möglichen Auslegungen diejenige wählt, nach der eine Maßnahme eines anderen Verfassungsorgans mit dem Grundgesetz vereinbar ist.[120]

4. Zusammenführung als Prüfungsmaßstab für die vorliegende Arbeit

Ausgehend von der Rechtsprechung des Bundesverfassungsgerichts lassen sich die eingangs dargestellten Kritikpunkte an Nichtanwendungsgesetzen wie folgt als verfassungsrechtliche Konflikte mit dem Grundsatz der Gewaltenteilung erfassen:

Zunächst thematisieren die Kritikpunkte Zuständigkeitskonflikte: Zu hinterfragen ist, ob einerseits der Kernbereich der Legislative dadurch verletzt wird, dass die Exekutive (namentlich das Bundesministerium der Finanzen) den Entwurf eines Nichtanwendungsgesetzes maßgeblich vorbereitet und sich dabei unter Umständen auch an eigenen Verwaltungsanweisungen orientiert. Ebenso muss geprüft werden, ob die Legislative ihrerseits mit einem Nichtanwendungsgesetz in den Kernbereich der Judikative eingreift, weil sie Entscheidungsgrundsätze der Fachgerichtsbarkeit auf Gesetzeswege korrigiert. Bei der Frage, ob ein Verstoß gegen die Zuständigkeitsordnung vorliegt, muss ergänzend der Grundsatz der Funktionsgerechtigkeit berücksichtigt werden.

Daneben können die Kritikpunkte aber auch als Verstöße gegen verfassungsrechtliche Kooperationspflichten aufgefasst werden. Insbesondere der Vorwurf

---

[115] BVerfG, Urteil v. 9.7.2007 – 2 BvF 1/04, BVerfGE 119, 96, juris Rn. 91; BVerfG, Beschluss v. 17.9.2013 – 2 BvE 6/08, 2 BvR 2436/10, BVerfGE 134, 141, juris Rn. 183.

[116] Das Bundesverfassungsgericht hat schon in seiner sehr frühen Rechtsprechung (allerdings noch ohne Bezug zur Verfassungsorgantreue) entschieden, dass eine missbräuchliche Kompetenzausübung verfassungswidrig ist, vgl. BVerfG, Urteil v. 6.3.1952 – 2 BvE 1/51, BVerfGE 1, 144, juris Rn. 45 f.; BVerfG, Urteil v. 14.7.1959 – 2 BvE 2/58, 2 BvE 3/58, BVerfGE 10, 4, juris Rn. 52; vgl. auch *Schenke*, Die Verfassungsorgantreue, 1977, S. 43 f.

[117] BVerfG, Urteil v. 9.7.2007 – 2 BvF 1/04, BVerfGE 119, 96, juris Rn. 91.

[118] BVerfG, Urteil v. 18.6.1973 – 2 BvQ 1/73, BVerfGE 35, 257, juris Rn. 10; BVerfG, Urteil v. 14.5.1996 – 2 BvR 1516/93, BVerfGE 94, 166, juris Rn. 203.

[119] BVerfG, Urteil v. 18.6.1973 – 2 BvQ 1/73, BVerfGE 35, 257, juris Rn. 10.

[120] BVerfG, Urteil v. 31.7.1973 – 2 BvF 1/73, BVerfGE 36, 1, juris Rn. 50.

eines „illoyalen“ Verhaltens der Legislative gegenüber der Judikative lässt sich nicht nur als Zugriff in den Zuständigkeitsbereich einer anderen Gewalt, sondern vor allem auch als Verstoß gegen ein Rücksichtnahmegebot zwischen den Gewalten begreifen. Insoweit zeigt sich allerdings, dass die bisherige Rechtsprechung des Bundesverfassungsgerichts nur einen unvollständigen Prüfungsrahmen bietet:

Mit dem Grundsatz der Verfassungsorgantreue hat das Gericht eine derartige Rücksichtnahmepflicht bisher nur zwischen Verfassungsorganen festgestellt. Der Begriff des Verfassungsorgans wird dabei vom Bundesverfassungsgericht zwar nicht ausdrücklich definiert und bei unbefangener Betrachtung könnte man zumindest den Bundesfinanzhof, der als oberstes Bundesgericht ausdrücklich in Art. 95 Abs. 1 GG genannt ist, ebenfalls unter diesen Begriff fassen.[121] Das Bundesverfassungsgericht erstreckt die Organtreue aber nur auf „oberste Staatsorgane“[122] und hat sie bisher vor allem[123] in Konflikten zwischen Bundestag, Bundesrat, Bundesregierung und Bundesverfassungsgericht eingesetzt.[124] Die Fachgerichte wurden hingegen nicht in den Adressatenkreis der Verfassungsorgantreue einbezogen. Dies deckt sich mit dem Befund, dass auch in anderen Zusammenhängen nur das Bundesverfassungsgericht, nicht aber die anderen Gerichte als Verfassungsorgan eingeordnet werden: So wird das Bundesverfassungsgericht in § 1 Abs. 1 BVerfGG ausdrücklich als Verfassungsorgan bezeichnet und steht (neben den Landesverfassungsgerichten) auch unter dem

---

[121] Nimmt man die besonderen verfassungsrechtlichen Kompetenzen (auch) der (Bundes-)Richter, insbesondere ihre Unabhängigkeit aus Art. 97 Abs. 1 GG, in den Blick, wäre beispielsweise auch die abstrakte Definition von *Bethge*, in: Maunz/Schmidt-Bleibtreu/Klein/Bethge, BVerfGG, § 31 Rn. 104 erfüllt, wonach Verfassungsorgane „Rechtssubjekte sind, die unmittelbar vom Verfassungsrecht mit Kompetenzen ausgestattet sind, die ihrerseits verfassungsrechtlichen Stellenwert haben.“ Nach der Definition von *Walter*, in: Maunz/Dürig, GG, Art. 93 GG Rn. 11, wonach Verfassungsorgane Organe sind, „deren Vorhandensein, Aufbau, Zuständigkeit und Zusammenwirken dem Verfassungsgefüge das Gepräge geben“, wäre die Einbeziehung der Bundesgerichte hingegen zweifelhaft.

[122] BVerfG, Urteil v. 12.7.1994 – 2 BvE 3/92, 2 BvE 5/93, 2 BvE 7/93, 2 BvE 8/93, BVerfGE 90, 286, juris Rn. 203; eine Parallele zwischen obersten Staatsorganen und Verfassungsorganen zieht auch *Bethge*, in: Maunz/Schmidt-Bleibtreu/Klein/Bethge, BVerfGG, § 31 Rn. 104.

[123] Offengelassen wurde die Anwendung der Verfassungsorgantreue in einem Konflikt zwischen Vermittlungsausschuss und Bundestag bzw. den einzelnen Abgeordneten, vgl. BVerfG, Beschluss v. 13.5.1986 – 1 BvR 99/85, 1 BvR 461/85, BVerfGE 72, 175, juris Rn. 41.

[124] Vgl. für die einzelnen Beziehungen beispielhaft die folgenden Entscheidungen: BVerfG, Urteil v. 18.6.1973 – 2 BvQ 1/73, BVerfGE 35, 257, juris Rn. 10 (Bundesregierung und Bundesverfassungsgericht); BVerfG, Beschluss v. 31.3.1998 – 2 BvR 1877/97, 2 BvR 50/98, BVerfGE 97, 350, juris Rn. 96 (Bundestag und Bundesrat); BVerfG, Urteil v. 9.7.2007 – 2 BvF 1/04, BVerfGE 119, 96, juris Rn. 91 (Bundestag und Bundesregierung); BVerfG, Urteil v. 26.2.2014 – 2 BvE 2/13, 2 BvE 5/13, 2 BvE 6/13, 2 BvE 7/13, 2 BvE 8/13, 2 BvE 9/13, 2 BvE 10/13, 2 BvE 12/13, 2 BvR 2220/13, 2 BvR 2221/13, 2 BvR 2238/13, BVerfGE 135, 259, juris Rn. 39 (Bundestag und Bundesverfassungsgericht; Voraussetzungen und Rechtsfolgen im Einzelnen offengelassen).

besonderen strafrechtlichen Schutz für Verfassungsorgane nach §105 Abs.1 StGB. Die Fachgerichte werden hingegen in §31 Abs.1 BVerfGG ausdrücklich neben den Verfassungsorganen des Bundes und der Länder genannt (zählen also zumindest nach Ansicht des einfachen Gesetzgebers nicht zu diesen)[125] und sind nach herrschender Auffassung auch im Organstreitverfahren nach Art.93 Abs.1 Nr.1 GG – anders als Verfassungsorgane[126] – nicht parteifähig.[127] Das Bundesverfassungsgericht unterscheidet sich von den anderen Gerichten auch in organisatorischer Hinsicht dadurch, dass es keinem Ministerialressort zugeordnet ist, seinen Haushalt selbst aufstellt und seine Geschäftsordnung (wie diejenige anderer Verfassungsorgane) im Bundesgesetzblatt und nicht im Bundesanzeiger bekanntmacht.[128] Der insgesamt herausgehobene Status des Bundesverfassungsgerichts spricht dafür, im Einklang mit der bisherigen Rechtsprechung nur das Bundesverfassungsgericht und nicht die Fachgerichte als Adressaten der Verfassungsorgantreue zu begreifen.[129] Das „illoyale" Verhalten des Gesetzgebers beim Erlass eines Nichtanwendungsgesetzes an einem verfassungsrechtlichen Rücksichtnahmegebot zu messen, bedarf dann aber einer weiteren Begründung.

Die Verknüpfung mit den historischen und staatstheoretischen Grundlagen der Gewaltenteilung hat gezeigt, dass die Verfassungsorgantreue – ebenso wie die Bundestreue und die speziellen Mitwirkungs- und Informationsregeln des Grundgesetzes – Ausdruck des allgemeinen Gedankens der Kooperation zwischen den Staatsgewalten ist, der dem Grundsatz der Gewaltenteilung historisch immanent ist und der auch vom Bundesverfassungsgericht in ständiger Rechtsprechung betont wird.[130] Um die Kritik an Nichtanwendungsgesetzen einem umfassenden verfassungsrechtlichen Maßstab zu unterwerfen, muss daher in der Folge untersucht werden, ob nicht auch jenseits der bisher durch das Bundesverfassungsgericht entwickelten Verfassungsorgantreue Rücksichtnahme- und Kooperationspflichten zwischen den Gewalten bestehen und wie diese verfassungsrechtlich begründet werden können.

---

[125] *Bethge*, in: Maunz/Schmidt-Bleibtreu/Klein/Bethge, BVerfGG, §31 Rn.104.

[126] *Bethge*, in: Maunz/Schmidt-Bleibtreu/Klein/Bethge, BVerfGG, §63 Rn.39; *Schlaich/Korioth*, Das Bundesverfassungsgericht, 10. Auflage 2015, Rn.79; *Walter*, in: Maunz/Dürig, GG, Art.93 Rn.222f.

[127] *Bethge*, in: Maunz/Schmidt-Bleibtreu/Klein/Bethge, BVerfGG, §63 Rn.42; *Walter*, in: Maunz/Dürig, GG, Art.93 Rn.205; *Morgenthaler*, in: BeckOK GG, Art.93 GG Rn.22.1; a.A.: *Hummel*, NVwZ 2008, 36, 40f., der aber auch offenlässt, ob Fachgerichte als Verfassungsorgane einzustufen sind.

[128] Zur herausgehobenen organisatorischen Stellung im Überblick *Schlaich/Korioth*, Das Bundesverfassungsgericht, 10. Auflage 2015, Rn.28f.

[129] Ebenso *D. Wilke*, HStR V, 3. Auflage 2007, §112 Rn.10; *Desens*, Bindung der Finanzverwaltung an die Rechtsprechung, 2011, S.266f.

[130] Vgl. die Nachweise in Fn.94.

III. Weitergehende Kooperations- und Rücksichtnahmepflichten zwischen den Gewalten

In der Literatur bestehen verschiedene Ansätze, die vom Bundesverfassungsgericht herausgearbeiteten einzelnen Rücksichtnahme- und Kooperationspflichten auf einen gemeinsamen Gedanken zurückzuführen. Exemplarisch sollen hier die Überlegungen von *Kloepfer,*[131] *Lorz*[132] und *Desens*[133] vorgestellt und auf Gemeinsamkeiten untersucht werden.

Kloepfer sieht in der Bundes- und der (zum Zeitpunkt seiner Äußerungen in der Rechtsprechung noch weniger stark aufgegriffenen) Verfassungsorgantreue lediglich verschiedene Einzelaspekte einer „umfassenden Idee loyaler Zuständigkeitswahrnehmung."[134] Alle Staatsglieder und -organe seien verpflichtet, auf ein gemeinsames Ganzes hinzuwirken und müssten dazu aufeinander Rücksicht nehmen und miteinander kooperieren. Staatliches Handeln müsse insgesamt einem kooperativen Verfassungssinn folgen, der gleichsam ein Korrektiv zur Gewaltenteilung und der Absonderung staatlicher Funktionen auf verschiedene Träger darstelle.[135]

Auch *Lorz* erarbeitet mit der Idee eines umfassenden Interorganrespektes einen übergreifenden Grundsatz, der im Umgang von Verfassungsinstitutionen in einem gewaltengeteilten Staat Machtbalance und staatliche Integration gewährleisten soll.[136] In Parallelität zu den vom Bundesverfassungsgericht entwickelten Grundsätzen der Bundes- und Verfassungsorgantreue zielt der Interorganrespekt zum einen auf ein gegenseitiges Rücksichtnahmegebot und zum anderen auf eine positive Kooperationspflicht.[137] Daneben ordnet *Lorz* die Forderung nach einer organadäquaten Funktionenzuordnung, die das Bundesverfassungsgericht als Ziel der grundgesetzlichen Gewaltenteilung zunehmend betont,[138] ebenfalls dem Interorganrespekt zu.[139] *Lorz* begreift den Interorganrespekt als Verfassungsstrukturprinzip, das in den konkreten Verfassungsregeln zum Zusammenwirken und zur gegenseitigen Kontrolle der einzelnen Verfassungsorgane zum Teil positiviert sei.[140] Daneben könne es aber (als Auslegungsmaßstab, Kompetenzausübungsschranke oder auch als Quelle von Rechten und Pflichten)[141] prinzipiell in jeder nicht strikt hierarchisch gegliederten Beziehung

---

[131] *Kloepfer*, Vorwirkung von Gesetzen, 1974, S. 52 ff.
[132] *Lorz*, Interorganrespekt im Verfassungsrecht, 2001.
[133] *Desens*, Bindung der Finanzverwaltung an die Rechtsprechung, 2011, S. 266 ff.
[134] *Kloepfer*, Vorwirkung von Gesetzen, 1974, S. 52 f.
[135] *Kloepfer*, Vorwirkung von Gesetzen, 1974, S. 53 f.
[136] *Lorz*, Interorganrespekt im Verfassungsrecht, 2001, S. 80 ff.
[137] *Lorz*, Interorganrespekt im Verfassungsrecht, 2001, S. 83 ff.
[138] Siehe die Nachweise auf die Rechtsprechung des BVerfG in Fn. 90.
[139] *Lorz*, Interorganrespekt im Verfassungsrecht, 2001, S. 551 ff.
[140] *Lorz*, Interorganrespekt im Verfassungsrecht, 2001, S. 98, 558 ff.
[141] *Lorz*, Interorganrespekt im Verfassungsrecht, 2001, S. 563 ff.

zwischen verschiedenen Verfassungsinstitutionen zum Einsatz kommen[142] und fungiere insbesondere als Komplementärprinzip zur Gewaltenteilung: Die Aufteilung staatlicher Macht auf mehrere Institutionen werde in modernen Verfassungen durch den Grundsatz der Organadäquanz modifiziert und schaffe sogleich den Bedarf für Rücksichtnahme und Kooperationspflichten.[143]

Desens greift die Gedanken von *Kloepfer* und *Lorz* auf und entwickelt – mit besonderem Fokus auf das Verhältnis zwischen Rechtsprechung und Verwaltung aber mit generellem Anspruch – das Modell einer allgemeinen Gewaltenloyalität. Wenn das Grundgesetz staatliche Macht auf verschiedene Gewalten verteile und zwischen den Gewalten wechselseitige Kontrollrechte statuiere, so gehe damit automatisch auch eine Rücksichtnahmepflicht bei der Ausübung der einzelnen Kompetenzen einher. Nur durch gegenseitige Rücksichtnahme bzw. Loyalität könne vermieden werden, dass eine Gewalt die ihr eingeräumten Befugnisse zur Hemmung und Mäßigung der anderen Gewalten missbraucht, um die Machtbalance zu ihren Gunsten zu verschieben.[144] *Desens* umschreibt die Gewaltenloyalität als allgemeines Prinzip im Sinne eines Optimierungsgebotes, das bereichsspezifisch anhand der jeweiligen verfassungsrechtlichen Kompetenzen für das Verhältnis der Gewalten untereinander konkretisiert werden muss.[145]

Allen Ansätzen ist gemein, dass sie vom Zustand eines gewaltengeteilten Staates ausgehen, aber den Gedanken der staatlichen Integration in das Zentrum stellen: Der Staat soll – trotz der (notwendigen) Aufspaltung in verschiedene Funktionsträger – als Einheit agieren. Die Macht soll zwar verteilt werden, gleichzeitig sollen sich die verschiedenen Machtträger aber nicht gegenseitig blockieren,[146] sondern gemeinsam an der Verwirklichung staatlicher Ziele mitwirken.[147] Diese Blickweise spiegelt sich auch in der Rechtsprechung des Bundesverfassungsgerichts zumindest ansatzweise wider, wenn das Gericht die positive Zielsetzung der Gewaltenteilung auch darin sieht, die staatliche Entscheidungsfindung zu verbessern.[148]

---

[142] *Lorz*, Interorganrespekt im Verfassungsrecht, 2001, S. 92.

[143] *Lorz*, Interorganrespekt im Verfassungsrecht, 2001, S. 88f., 551, 585f.

[144] *Desens*, Bindung der Finanzverwaltung an die Rechtsprechung, 2011, S. 270f.

[145] *Desens*, Bindung der Finanzverwaltung an die Rechtsprechung, 2011, S. 271f.

[146] *Lorz*, Interorganrespekt im Verfassungsrecht, 2001, S. 570; *Herzog/Pietzner*, Möglichkeiten und Grenzen einer Beteiligung des Parlaments an der Ziel- und Ressourcenplanung der Bundesregierung, 1979, S. 86ff. sprechen anschaulich davon, dass die Aufteilung staatlicher Macht auch zur Isolation einzelner Gewalten führen kann.

[147] Den Gedanken staatlicher Integration führen dabei alle Autoren grundlegend zurück auf die Arbeiten von *Smend*, VVDStRl 4, 1928, S. 44, 45ff.; *ders.*, Verfassung und Verfassungsrecht, 1928, S. 18ff., auf den sich auch das Bundesverfassungsgericht in seiner frühen Rechtsprechung zur Bundestreue beruft; vgl. z. B. BVerfG, Urteil v. 21.5.1952 – 2 BvH 2/52, BVerfGE 1, 292, juris Rn. 63; BVerfG, Urteil v. 28.2.1961 – 2 BvG 1/60, 2 BvG 2/60, BVerfGE 12, 205, juris Rn. 173. Grundlegend ferner *Heller*, Staatslehre, 6. Auflage 1983, S. 259ff.

[148] Dies kommt insbesondere im Ziel der organadäquaten Funktionenzuordnung zum Ausdruck, vgl. die Nachweise in Fn. 90.

Um eine staatliche Integration zu erreichen, konstruieren *Kloepfer*, *Lorz* und *Desens* jeweils ein umfassendes Rücksichtnahme- und Kooperationsgebot auch jenseits von Bundes- und Verfassungsorgantreue. Ihre Überlegungen stellen sich dabei als konsequente Fortentwicklung der Rechtsprechung des Bundesverfassungsgerichts dar. Wenn das Gericht betont, dass die Gewaltenteilung des Grundgesetzes auf eine Balance der Gewalten zielt und keine Gewalt ein durch die Verfassung nicht vorgesehenes Übergewicht erhalten darf,[149] dann setzt das gleichsam voraus, dass die jeweils handelnde Gewalt bei der Ausübung ihrer Kompetenzen Rücksicht auf diese Aufteilung und damit auf die Kompetenzen der anderen Gewalten nimmt. Es besteht kein überzeugender Grund dafür, ein solches Rücksichtnahmegebot nur dann anzunehmen, wenn ein Fall der vertikalen Gewaltenteilung vorliegt oder wenn sich Verfassungsorgane gegenüberstehen. Dies zeigt sich nicht zuletzt daran, dass auch in anderen verfassungsrechtlichen Konstellationen die Aufteilung von Kompetenzen mit gegenseitiger Rücksichtnahme einhergeht: Entsprechende Pflichten bestehen beispielsweise[150] im Verhältnis zwischen verschiedenen Gemeinden[151] sowie zwischen Bund und Gemeinden[152] oder im Unionsrecht im Verhältnis der Mitgliedsstaaten untereinander und zur Union.[153]

Geht man also von einem generellem Rücksichtnahme- und Kooperationsgebot aus, das als notwendiges Korrektiv schon aus der Gewaltenteilung selbst folgt[154] und nicht nur Verfassungsorgane bindet, dann stellen sich die Überlegungen von *Kloepfer*, *Lorz* und *Desens* auch bei der Ausgestaltung dieser

[149] Siehe die Nachweise in Fn. 69.

[150] Vgl. auch den Überblick mit weiteren Beispielen für Rücksichtnahmepflichten bei *Desens*, Bindung der Finanzverwaltung an die Rechtsprechung, 2011, S. 265 f.

[151] *Von Kempis*, Die Treuepflicht zwischen Gemeinden und Staat und der Gemeinden untereinander, 1970, S. 354 ff.

[152] *Von Kempis*, Die Treuepflicht zwischen Gemeinden und Staat und der Gemeinden untereinander, 1970, S. 373 ff.; *Macher*, Der Grundsatz des gemeindefreundlichen Verhaltens, 1971, S. 154 ff.

[153] Ständige Rechtsprechung des EuGH, vgl. nur EuGH, Urteil v. 7.1.2004 – C-201/02, juris Rn. 64; EuGH, Urteil v. 13.12.1991 – C-33/90, juris Rn. 20; EuGH, Urteil v. 10.2.1983 – C-230/81, juris Rn. 37; zuletzt mit Verweis auf die wechselnden Begrifflichkeiten und weiteren Nachweisen Wathelet, Schlussanträge des Generalanwalts v. 17.3.2015 – C-425/13, juris Rn. 186 mit Fn. 101 und 102; siehe auch BVerfG, Urteil v. 12.10.1993 – 2 BvR 2134/92, 2 BvR 2159/92, BVerfGE 89, 155, juris Rn. 94.

[154] Neben *Desens* nehmen eine solche automatische Verbindung zwischen Gewaltenteilung und Rücksichtnahmegebot auch verschiedene (steuerrechtliche) Autoren an (jedoch häufig ohne dezidierte Begründung); vgl. *Schenke*, Die Verfassungsorgantreue, 1977, S. 27 f.; *Crezelius*, FS Felix, 1989, S. 37, 46 f.; *Offerhaus*, in: Herzig/Günkel/Niemann (Hrsg.), Steuerberater-Jahrbuch 1995/1996, 1996, S. 7, 12; *Raupach*, in: Drenseck/Seer (Hrsg.), Festschrift für Heinrich Wilhelm Kruse zum 70. Geburtstag, 2001, S. 253, 255 f.; *Harald Schaumburg*, in: Brandt (Hrsg.), Für eine bessere Steuerrechtskultur, 2004, S. 73, 87; *Heide Schaumburg/Harald* Schaumburg, FS Spindler, 2011, S. 171, 172; *Spindler*, FS Solms, 2005, S. 53, 59; *ders.*, DStR 2007, 1061, 1064; *Vinken*, FS Spindler, 2011, S. 549, 553; *Franz/Spielmann*, VersR 2012, 960, 964; *Schlenk*, Bundesfinanzhof und Finanzverwaltung in Kooperation und Unabhängig-

Pflicht als konsequente Weiterentwicklung der bisherigen Rechtsprechung dar. Es kann nicht darum gehen, einen juristischen „Zauberkasten“[155] einzuführen, mit dem beliebig neue Pflichten zwischen verschiedenen staatlichen Organen begründet werden können. Vielmehr kann das Rücksichtnahmegebot nur in einem bestimmten Konfliktverhältnis Wirkung entfalten und seine Reichweite ist abhängig von den spezifischen verfassungsrechtlichen Regeln für diesen Konfliktfall zu bestimmen.[156] Dies entspricht der Wirkungsweise von Bundes-[157] und Verfassungsorgantreue[158] und verhindert eine konturenlose Ausweitung verfassungsrechtlicher Pflichten.

Zusammenfassend lassen sich also die Überlegungen zum verfassungsrechtlichen Prüfungsmaßstab dahingehend ergänzen, dass über die Rechtsprechung des Bundesverfassungsgerichts hinaus ein Rücksichtnahme- und Kooperationsgebot auch zwischen staatlichen Funktionsträgern besteht, die keine Verfassungsorgane sind. Für Zwecke dieser Arbeit soll dieses Rücksichtnahmegebot im Anschluss an *Desens*[159] als Gewaltenloyalität bezeichnet werden. Die gegenüber Nichtanwendungsgesetzen formulierten Kritikpunkte können damit auch als Verstoß gegen dieses verfassungsrechtliche Rücksichtnahmegebot geprüft werden. Die abstrakten verfassungsrechtlichen Maßstäbe (Kernbereich und Gewaltenloyalität) sind aber nur in der jeweiligen Beziehung der Gewalten zueinander handhabbar und müssen ausgehend von den bestehenden konkreten Verfassungsnormen entwickelt werden.

B. Die Beeinflussung des Gesetzgebungsprozesses durch die Exekutive

Ausgehend von diesen abstrakten Prüfungsmaßstäben wird nunmehr zunächst das Verhältnis zwischen Legislative und Exekutive beim Erlass von Nichtanwendungsgesetzen in den Blick genommen:

keit, 2012, S. 135; *Drüen*, Ubg 2014, 683, 692; vgl. auch *Mishra*, Zulässigkeit und Grenzen der Urteilsschelte, 1997, S. 237ff.

[155] *Desens*, Bindung der Finanzverwaltung an die Rechtsprechung, 2011, S. 272.

[156] *Desens*, Bindung der Finanzverwaltung an die Rechtsprechung, 2011, S. 271f.

[157] Siehe die Nachweise in Fn. 110.

[158] Siehe die Nachweise in Fn. 114f.

[159] *Desens*, Bindung der Finanzverwaltung an die Rechtsprechung, 2011, S. 270f.; begrifflich ähnlich auch *Crezelius*, FS Felix, 1989, S. 37, 47f.; *Offerhaus*, in: Herzig/Günkel/Niemann (Hrsg.), Steuerberater-Jahrbuch 1995/1996, 1996, S. 7, 12; *Raupach*, in: Drenseck/Seer (Hrsg.), Festschrift für Heinrich Wilhelm Kruse zum 70. Geburtstag, 2001, S. 253, 255f.; *Harald Schaumburg*, in: Brandt (Hrsg.), Für eine bessere Steuerrechtskultur, 2004, S. 73, 94f.; *Spindler*, FS Solms, 2005, S. 53, 59; *ders.*, DStR 2007, 1061, 1064; *Heide Schaumburg/Harald* Schaumburg, FS Spindler, 2011, S. 171, 187; *Vinken*, FS Spindler, 2011, S. 549, 553; *Franz/Spielmann*, VersR 2012, 960, 964; *Schlenk*, Bundesfinanzhof und Finanzverwaltung in Kooperation und Unabhängigkeit, 2012, S. 135; *Drüen*, Ubg 2014, 683, 692; *ders.*, StuW 2015, 210, 215; *Robbers*, in: Bonner Komm. GG, Art. 20 Abs. 2 Rn. 3231.

Nichtanwendungsgesetze werden zwar im ordentlichen Gesetzgebungsverfahren erlassen, sie werden dabei aber in der Regel durch das Bundesministerium der Finanzen inhaltlich maßgeblich vorbereitet. Ministerialbeamte entwerfen den Gesetzestext und greifen dabei häufig auch auf bereits bestehende Verwaltungsanweisungen zurück. Die Abgeordneten des Bundestags und die Vertreter im Bundesrat gehen von diesem Entwurf aus und verändern ihn nur noch selten grundlegend. Inhaltlich gehen Nichtanwendungsgesetze – so der erste generelle Kritikpunkt unter Aspekten der Gewaltenteilung[160] – damit wesentlich auf Vertreter der Exekutive zurück. Den Abgeordneten des Bundestags und den Vertretern im Bundesrat fehle es hingegen gerade bei punktuellen Nichtanwendungsgesetzen, die eine bestimmte Detailfrage abweichend von einzelnen Entscheidungen der Fachgerichte regeln, an Fachwissen, um die vorgeschlagene Regelung ernsthaft zu hinterfragen.[161] Das Parlament sei in diesen Fällen nicht mehr als die „Leihmutter" und die Finanzverwaltung der „Ghostwriter" der Nichtanwendungsgesetze.[162] Die zweite Gewalt streue der ersten Gewalt „Sand in die Augen"[163] und führe ihr die Hand, sodass die Grenze zwischen Legislative und Exekutive zunehmend verschwimme.[164] Nichtanwendungsgesetze seien „verwaltungsfremdgesteuert" und Ausdruck einer „grundgesetzlich sicher nicht gewollten Dominanz der zweiten Gewalt".[165] Der Vorwurf, die Exekutive greife in den Zuständigkeitsbereich der Legislative ein, wird zugespitzt, indem Nichtanwendungsgesetze insgesamt als Mittel der Finanzverwaltung – als ihre „ultimative Waffe"[166] – eingeordnet werden, um auf von ihr missbilligte Entscheidungen der Finanzgerichtsbarkeit zu reagieren.[167]

---

[160] Kritik in dieser Hinsicht findet sich in unterschiedlicher Schärfe bei *Knobbe-Keuk*, in: Deutsches Anwaltsinstitut e. V. (Hrsg.), Jahrbuch der Fachanwälte für Steuerrecht 1985/86, 1986, S. 282, 282; *Woerner*, in: Deutsches Anwaltsinstitut e. V. (Hrsg.), Jahrbuch der Fachanwälte für Steuerrecht 1985/86, 1986, S. 278, 278 f.; *Felix*, BB 1988, 1500, 1501; *ders.*, Stbg 1988, 15, 20; *Pezzer*, DStR 2004, 525, 526; *Harald Schaumburg*, in: Brandt (Hrsg.), Für eine bessere Steuerrechtskultur, 2004, S. 73, 95; *Spindler*, FS Solms, 2005, S. 53, 56; *Gosch*, FS Spindler, 2011, S. 379, 380 f.; *Heide Schaumburg/Harald* Schaumburg, FS Spindler, 2011, S. 171, 173; *Vinken*, FS Spindler, 2011, S. 549, 556 f.; *Schön*, FS Lang, 2011, S. 221, 228; *Wissenschaftlicher Beirat Ernst & Young Steuern*, DB 2015, 513, 513.

[161] *Spindler*, DStR 2007, 1061, 1062 konstatiert unter Verweis auf eine Äußerung von *Binding*, in: Deutsches Wissenschaftliches Institut der Steuerberater (Hrsg.), Die Finanzverwaltung – ein Ersatzgesetzgeber?, 2006, S. 53, 53, dass selbst Mitglieder des Finanzausschusses sich durch die Komplexität der Steuergesetzgebung überfordert sehen würden; *Herden*, FS Spindler, 2011, S. 445, 448 bezeichnet diese Überforderung als „allgemein bekannt".

[162] *J. Lang*, StuW 1992, 14, 15; *Kessler/Eicke*, DStR 2006, 1913, 1914.

[163] *Pezzer*, DStR 2004, 525, 528.

[164] *Vinken*, FS Spindler, 2011, S. 549, 557.

[165] *Gosch*, FS Spindler, 2011, S. 379, 380 f., 428 mit Fn. 219.

[166] *Schön*, FS Lang, 2011, S. 221, 221 f.

[167] So ausdrücklich *Pezzer*, DStR 2004, 525, 526; *Spindler*, FS Solms, 2005, S. 53, 56; *ders.*, DStR 2007, 1061, 1062; *Schön*, FS Lang, 2011, S. 221, 221 f.; *Schlenk*, Bundesfinanzhof und Finanzverwaltung in Kooperation und Unabhängigkeit, 2012, S. 2.

Die Prüfung, ob der Einfluss des Bundesministeriums der Finanzen beim Erlass eines Nichtanwendungsgesetzes dazu führen kann, dass das Gesetz verfassungswidrig ist, muss von den konkreten verfassungsrechtlichen Regelungen zum Gesetzgebungsverfahren und der sich daraus ergebenden Rollenverteilung von Legislative und Exekutive ausgehen. Auf dieser Grundlage können die beiden entwickelten Prüfungsmaßstäbe (Verletzung des Kernbereichs und Verstoß gegen die Gewaltenloyalität) konkretisiert und angewendet werden.

I. Die Rolle von Legislative und Exekutive im Gesetzgebungsverfahren

1. Gesetzgebung als zentrale Aufgabe der Legislative

Das Grundgesetz macht die Normsetzung im Bund zur zentralen Aufgabe des Bundestages. Nur er kann Gesetze beschließen (Art. 77 Abs. 1 GG). Zwar wird die Mitwirkung der Länder über die Einspruchs- (Art. 77 Abs. 3, 4 GG) und Zustimmungsrechte (Art. 77 Abs. 2a GG) des Bundesrates sowie die Einrichtung des Vermittlungsausschusses (Art. 77 Abs. 2 GG) sichergestellt. Der Bundesrat kann Gesetze durch Einspruch oder mangels Zustimmung verhindern und eigene Gesetzesvorlagen in den Bundestag einbringen (Art. 76 Abs. 1 Var. 3 GG). Ohne einen entsprechenden Beschluss des Bundestages kann aber kein Gesetz erlassen werden (vgl. auch Art. 78 GG, der schon ein vom Bundestag beschlossenes Gesetz voraussetzt). Wenn Artikel 20 Abs. 2 S. 2 GG „besondere Organe der Gesetzgebung" anspricht und Artikel 20 Abs. 3 GG noch knapper „die Gesetzgebung" adressiert, so wird damit also insbesondere[168] die Rolle des Bundestages angesprochen.

Diese zentrale Rolle des Parlamentes rechtfertigt sich vor allem durch seine besondere demokratische Legitimation.[169] Die Abgeordneten des Bundestages werden vom Volk in unmittelbarer Wahl gewählt (Art. 38 Abs. 1 S. 1 GG), während alle anderen Staatsorgane auf Bundesebene ihre Legitimation nur mittelbar auf das Staatsvolk zurückführen können: Der Bundeskanzler wird durch die Abgeordneten des Bundestages gewählt (Art. 63 Abs. 1 GG), die Minister werden vom Bundeskanzler ernannt und sind damit ebenfalls mittelbar über den Bundestag legitimiert (Art. 64 Abs. 1 GG). Der Bundespräsident wird durch die Bundesversammlung gewählt, der wiederum die Mitglieder des Bundestages

[168] Noch enger (ausschließlich der Bundestag) *Zimmer*, Funktion, Kompetenz, Legitimation, 1979, S. 207; *H. H. Klein*, in: Maunz/Dürig, GG, Art. 38 GG Rn. 30 m. w. N.

[169] So auch die ständige Rspr des BVerfG, vgl. nur BVerfG, Beschluss v. 17.7.1996 – 2 BvF 2/93, BVerfGE 95, 1, juris Rn. 42; BVerfG, Beschluss v. 10.10.1972 – 2 BvL 51/69, BVerfGE 34, 52, juris Rn. 30; ein allumfassender Vorrang der Legislative bei grundlegenden Entscheidungen folgt daraus indes nicht, vgl. z. B. BVerfG, Beschluss v. 8.8.1978 – 2 BvL 8/77, BVerfGE 49, 89, juris Rn. 74; BVerfG, Urteil v. 18.12.1984 – 2 BvE 13/83, BVerfGE 68, 1, juris Rn. 137. Zu grundlegenden Entscheidungen der Judikative noch unter §4 C. I.

angehören (Art. 54 Abs. 1, 3 GG). Der Bundestag wirkt schließlich auch an der Wahl der Richter des Bundesverfassungsgerichts (Art. 94 Abs. 1 GG) sowie der Bundesrichter (Art. 95 Abs. 2 GG) mit. Er ist damit das zentrale Repräsentationsorgan des Volkes auf Bundesebene.

Dies zeigt sich auch an der herausgehobenen Stellung, die den vom Bundestag beschlossenen Gesetzen zukommt:[170] Gesetzliche Regelungen binden Exekutive und Judikative (Art. 20 Abs. 3 GG) an den im Parlament entwickelten Willen des Volkes (Vorrang des Gesetzes).[171] Grundlegende Entscheidungen, insbesondere solche die die Verwirklichung der bürgerlichen Grundrechte betreffen (sog. Wesentlichkeitstheorie),[172] bedürfen einer gesetzlichen Regelung (Vorbehalt des Gesetzes).[173] Die demokratisch unmittelbar legitimierte Volksvertretung trifft also die allgemeinen und grundlegenden Entscheidungen für das Zusammenleben des Staatsvolkes im Bund.[174]

Für solche Entscheidungen ist das Parlament auch funktional in besonderer Weise geeignet, weil es als Forum der demokratischen Willensbildung ausgestaltet ist: Dezidierte Vorgaben enthält das Grundgesetz nur zu der Frage, wie der Bundestag gewählt wird; die Wahlrechtsgrundsätze (Art. 38 Abs. 1 S. 1 GG) sichern die demokratische Repräsentation des Volks im Parlament.[175] Nach der Wahl sind die einzelnen Abgeordneten unabhängig und als Vertreter des gesamten Volkes nur ihrem Gewissen unterworfen (Art. 38 Abs. 1 S. 2 GG). Sie unterliegen damit keiner rechtlichen Kontrolle, wohl aber einer politischen: Durch die regelmäßige Wahl des Bundestags (Art. 39 Abs. 1 S. 1 GG) stehen die Mitglieder des Bundestages, insbesondere diejenigen der Regierungsfraktionen, unter einem konstanten Rechtfertigungsdruck gegenüber den Wählern. Schon um ihre Position zu erhalten, müssen die Abgeordneten ihre Entscheidungen mit Rücksicht auf die Interessen der Wähler treffen.[176] Sie müssen sich informieren, welche Zustände in der Öffentlichkeit als regelungsbedürftig empfunden werden und einen möglichst mehrheitsfähigen Lösungsversuch entwickeln.[177]

---

[170] Vgl. dazu auch noch im Detail unter § 4 C. I. 1.

[171] Zum Verhältnis zwischen Legislative und Judikative noch unter § 4 C. I.

[172] St. Rspr.; vgl. nur BVerfG, Beschluss v. 8.8.1978 – 2 BvL 8/77, BVerfGE 49, 89, juris Rn. 77 ff.; BVerfG, Beschluss v. 6.6.1989 – 1 BvR 727/84, BVerfGE 80, 124, juris Rn. 21; BVerfG, Beschluss v. 21.4.2015 – 2 BvR 1989/12, NVwZ 2015, 1279, juris Rn. 53.

[173] Zur demokratischen Funktion des Gesetzesvorbehalts *Ossenbühl*, HStR V, 3. Auflage 2007, § 101 Rn. 34.

[174] *Grzeszick*, in: Maunz/Dürig, GG, Art. 20 V. Rn. 83; *Sommermann*, in: v. Mangoldt/Klein/Starck, 7. Auflage 2018, Art. 20 Abs. 2 Rn. 217; *H. H. Klein*, in: Maunz/Dürig, GG, Art. 38 Rn. 38; *Hufeld*, in: Bonner Komm. GG, Art. 19 Abs. 1 S. 1 Rn. 52: „Das allgemeine Gesetz ist die idealtypische Form demokratischer Rechtsetzung durch das Volk."

[175] Vgl. nur *H. H. Klein*, in: Maunz/Dürig, GG, Art. 38 Rn. 31 m. w. N.

[176] *Siedler*, Gesetzgeber und Bundesverfassungsgericht, 1999, S. 31; *Lepsius*, JZ 2014, 488, 494.

[177] *Zimmer*, Funktion, Kompetenz, Legitimation, 1979, S. 254 f.; *Siedler*, Gesetzgeber und Bundesverfassungsgericht, 1999, S. 32 f.

Die politischen Parteien dienen dabei als Bindeglied[178] oder Mittler[179] zwischen Abgeordneten und Wählern – sie bündeln Interessen, ermitteln den politischen Willen größerer Bevölkerungsgruppen und prägen damit die im Parlament getroffenen Entscheidungen vor.[180]

Die Abgeordneten können diese Informationen und Einflüsse aufnehmen und im Gesetzgebungsverfahren weitgehend frei umsetzen: Auch aus der Mitte des Bundestags können Gesetzesvorlagen eingebracht werden (sog. Selbstbefassungsrecht; Art. 76 Abs. 1 Var. 2 GG).[181] Die Abgeordneten können damit selbst entscheiden, welche Themen gesetzlich geregelt werden sollen und sind in ihrer Tätigkeit – im Gegensatz insbesondere zur Judikative – nicht auf einen Impuls von außen angewiesen.[182] Auch die Entscheidungsfindung im Parlament ist in der Verfassung nur in Grundzügen geregelt und wurde vom Bundestag selbst auf Grundlage von Art. 40 Abs. 1 S. 2 GG in seiner Geschäftsordnung präzisiert (vgl. §§ 75 ff. GOBT). Die Verfassung schreibt nur vor, dass die Verhandlungen grundsätzlich öffentlich erfolgen müssen (Art. 42 Abs. 1 GG) und der Bundestag durch Mehrheitsbeschluss nur eine einheitliche Entscheidung treffen kann (Art. 42 Abs. 2 GG). In ständiger Staatspraxis werden Gesetzesvorlagen in drei „Lesungen" beraten (§§ 78 ff. GOBT), wobei die Vorlagen sowohl vor als auch nach der ersten Beratung Fachausschüssen des Bundestags zugewiesen werden können (§§ 78 Abs. 1, 80 Abs. 1 GOBT). In den Ausschüssen werden die Beschlüsse des Plenums inhaltlich vorbereitet, d. h. hier erfolgt ein wesentlicher Teil der politischen Diskussion. Ein Ausschuss kann, um sich über einen Gegenstand seiner Beratung zu informieren, die Anwesenheit eines Mitglieds der Bundesregierung verlangen (Art. 43 Abs. 1 Var. 2 GG; § 68 GOBT) oder eine öffentliche Anhörung mit Sachverständigen und Interessenvertretern vornehmen (§ 70 Abs. 1 GOBT). Im parlamentarischen Gesetzgebungsverfahren können damit eine Vielzahl von Informationen und Einflüssen gebündelt und verarbeitet werden und es besteht in verschiedenen Foren die Möglichkeit zur diskursiven Suche nach Kompromissen.[183]

---

178 Vgl. nur *H. H. Klein*, in: Maunz/Dürig, GG, Art. 21 Rn. 158 f. m. w. N.

179 St. Rspr.; vgl. nur BVerfG, Urteil v. 19.7.1966 – 2 BvF 1/65, BVerfGE 20, 56, juris Rn. 122; BVerfG, Beschluss v. 18.3.2003 – 2 BvB 1–3/01, BVerfGE 107, 339, juris Rn. 58; BVerfG, Urteil v. 12.3.2008 – 2 BvF 4/03, BVerfGE 121, 30, juris Rn. 109; jew. m. w. N.

180 *Fischedick*, in: Baldus/Theisen/Vogel (Hrsg.), „Gesetzgeber" und Rechtsanwendung, 2013, S. 63, 65 f.; *H. H. Klein*, in: Maunz/Dürig, GG, Art. 21 Rn. 159, 170; den Einfluss auch auf die staatliche Entscheidungsfindung bestätigt auch das BVerfG; vgl. BVerfG, Urteil v. 9.4.1992 – 2 BvE 2/89, BVerfGE 85, 264, juris Rn. 88; BVerfG, Beschluss v. 17.11.1994 – 2 BvB 2–3/93, BVerfGE 91, 276, juris Rn. 32; BVerfG, Beschluss v. 18.3.2003 – 2 BvB 1–3/01, BVerfGE 107, 339, juris Rn. 58; *Hey*, JZ 2014, 500, 504.

181 Zur deutlichen Dominanz der Regierungsvorlagen noch sogleich unter § 4 B. I. 2.

182 *Siedler*, Gesetzgeber und Bundesverfassungsgericht, 1999, S. 34 f.; *Möllers*, Gewaltengliederung, 2005, S. 90; *Lepsius*, JZ 2014, 488, 494; zur Judikative noch unter § 4 C. I.

183 Vgl. *Zimmer*, Funktion, Kompetenz, Legitimation, 1979, S. 258 f.; *Kreile*, FS Wallis,

Die Suche nach Lösungen und die Diskussion über verschiedene Entscheidungsmöglichkeiten wird in der parlamentarischen Demokratie zwar in der Regel entlang der Linien von Regierungsmehrheit und Opposition erfolgen. Mitglieder der Regierung nehmen meist auch in Parteien und Fraktionen eine herausgehobene Stellung ein und prägen damit auch die Meinungsbildung im Parlament. Der einzelne Abgeordnete ist in der politischen Praxis durch die sog. Fraktionsdisziplin[184] häufig auf eine bestimmte Position festgelegt und in der Diskussion in Ausschüssen und Plenum stehen sich im Wesentlichen die Positionen der Regierung und der Opposition gegenüber. Diese Prozesse sind aber ebenfalls Bestandteil der demokratischen Willensbildung und gewissermaßen Konsequenz eines parlamentarischen Regierungssystems.[185] Auch der Zusammenschluss in einer Fraktion und die fraktionsinterne Diskussion stellen Schritte auf der Suche nach einer mehrheitsfähigen Entscheidung dar.[186] Oftmals erlaubt erst das verlässliche Zusammenwirken als Fraktion überhaupt, in umstrittenen Fragen eine Entscheidung herbeizuführen und verschafft dem einzelnen Abgeordneten politischen Einfluss.[187] Nur indem der Abgeordnete freiwillig eine Mehrheitsentscheidung seiner Fraktion mitträgt, kann auch er sich der weiteren Unterstützung durch Partei und Fraktion gewiss sein. Das freie Mandat schützt ihn dabei davor, dass die Fraktion bei abweichendem Stimmverhalten Sanktionen wie einen Fraktionsausschluss androht (sog. Fraktionszwang).[188] Auch die unter Fraktionsdisziplin getroffenen Entscheidungen unterliegen schließlich wiederum der politischen Kontrolle durch den Wähler bei der nächsten Wahl.

Zudem schließt die Verfassung selbst durch zusätzliche Absicherungen aus, dass das Parlament seine zentrale Stellung (insbesondere zulasten der Regierung) verliert. So hat auch die jeweilige Parlamentsminderheit eigene Kontrollrechte (z. B. Art. 44 Abs. 1 Var. 2 GG, Art. 93 Abs. 1 Nr. 2 Var. 3 GG) und kann verfassungsprozessual in Prozessstandschaft auch Rechte des Gesamtorgans

1985, S. 183, 191; *Di Fabio*, HStR II, 3. Auflage 2004, § 27 Rn. 21; *Siedler*, Gesetzgeber und Bundesverfassungsgericht, 1999, S. 16; *Möllers*, Gewaltengliederung, 2005, S. 106 ff.

184 Fraktionsdisziplin meint die freiwillige Unterwerfung des Abgeordneten unter die Mehrheitsmeinung in seiner Fraktion; vgl. nur *H. H. Klein*, in: Maunz/Dürig, GG, Art. 38 Rn. 203.

185 *H. H. Klein*, in: Maunz/Dürig, GG, Art. 38 Rn. 60; vgl. auch *Simonek*, FS 100 Jahre Steuerrechtsprechung, 2018, S. 275, 278, 280; i. E. ebenso BVerfG, Urteil v. 21.7.2000 – 2 BvH 3/91, BVerfGE 102, 224, juris Rn. 57.

186 *H. H. Klein*, in: Maunz/Dürig, GG, Art. 38 Rn. 199 f.; entsprechend sind Parteitags- und Fraktionsbeschlüsse mangels rechtlicher Bindung auch keine unzulässigen Aufträge und Weisungen im Sinne von Art. 38 Abs. 1 S. 2 GG; vgl. *ders.*, in: Maunz/Dürig, GG, Art. 38 Rn. 194.

187 BVerfG, Urteil v. 21.7.2000 – 2 BvH 3/91, BVerfGE 102, 224, juris Rn. 56; BVerfG, Urteil v. 8.12.2004 – 2 BvE 3/02, BVerfGE 112, 118, juris Rn. 52; *H. H. Klein*, in: Maunz/Dürig, GG, Art. 38 Rn. 203.

188 Vgl. nur *H. H. Klein*, in: Maunz/Dürig, GG, Art. 38 Rn. 215; *Butzer*, in: BeckOK GG, Art. 38 Rn. 102; *H. Risse/Witt*, in: Hömig/Wolff, GG, 12. Auflage 2018, Art. 38 Rn. 22.

geltend machen (vgl. §63 Var. 5 BVerfGG). Selbst eine Regierung, die von einer großen parlamentarischen Mehrheit getragen wird, kann die Rechte des Bundestags also nicht unterlaufen.

Das Parlament ist damit auch heute noch die Mitte des Gesetzgebungsprozesses und der zentrale Ort der demokratischen Willensbildung. Die umfassende Aufgabe, verbindliche Regelungen für die Allgemeinheit zu entwickeln, korrespondiert mit weitreichenden Informationsmöglichkeiten und vielzähligen Foren der Diskussion und des Austauschs von Meinungen.[189]

2. *Mitwirkung der Exekutive bei der Vorbereitung eines Gesetzes*

Die Exekutive nimmt demgegenüber eine beratende und begleitende Rolle im Gesetzgebungsverfahren ein. Dabei enthält das Grundgesetz ausschließlich Regelungen zum Einfluss der Regierung bzw. ihrer Mitglieder. Die Regierung hat zunächst das Recht, Gesetzesvorlagen in den Bundestag einzubringen (Art. 76 Abs. 1 Var. 1 GG) und leitet Gesetzesvorlagen des Bundesrates an den Bundestag weiter (Art. 76 Abs. 3 S. 1 GG), wobei sie ihre Auffassung zu der Vorlage darlegen soll (Art. 76 Abs. 3 S. 2 GG). Damit ist die Bundesregierung an der ganz überwiegenden Zahl der Gesetzgebungsverfahren bereits zu ihrem Beginn zwingend beteiligt: Mindestens 80% der Gesetzesvorlagen werden von der Bundesregierung, weitere 5% vom Bundesrat in den Bundestag eingebracht.[190] Bei den verbleibenden 10–15% der Vorlagen, die aus der Mitte des Bundestags eingebracht werden, gibt die Bundesregierung regelmäßig ebenfalls eine Stellungnahme ab. Hierzu ist sie zwar verfassungsrechtlich nicht verpflichtet. Die Mitglieder der Bundesregierung haben jedoch nach Art. 43 Abs. 2 GG das Recht, an den Sitzungen des Bundestags teilzunehmen und müssen jederzeit gehört werden. Auf dieser verfassungsrechtlichen Grundlage sieht §56 Abs. 1 der gemeinsamen Geschäftsordnung der Bundesministerien (GGO) vor, dass bei jeder Gesetzesvorlage aus der Mitte des Bundestages eine Stellungnahme der Bundesregierung herbeigeführt werden muss. Die Bundesregierung ist damit der wichtigste Impulsgeber für die Arbeit des Bundestags.[191]

Doch nicht nur zu Beginn, sondern auch beim Abschluss des Gesetzgebungsverfahrens kommt der Bundesregierung eine herausgehobene Stellung zu. Jedes vom Bundestag beschlossene Gesetz muss vor seiner Ausfertigung durch den Bundespräsidenten von einem Mitglied der Bundesregierung gegen-

---

[189] *Zimmer*, Funktion, Kompetenz, Legitimation, 1979, S. 260; *Siedler*, Gesetzgeber und Bundesverfassungsgericht, 1999, S. 34; *Di Fabio*, HStR II, 3. Auflage 2004, §27 Rn. 19.

[190] Vgl. zur quantitativen Verteilung der Gesetzesvorlagen auf Bundestag, Bundesrat und Bundesregierung *Rottmann*, FG 10 Jahre Gesellschaft für Rechtspolitik, 1984, S. 329, 331; *Schulze-Fielitz*, JZ 2004, 862, 865 f.; *Ossenbühl*, HStR V, 3. Auflage 2007, 102 Rn. 12.

[191] *Schneider*, Gesetzgebung, 3. Auflage 2002, Rn. 94 weist darauf hin, dass es sich insoweit keineswegs um ein deutsches Phänomen, sondern eine international zu beobachtende Tendenz handelt.

gezeichnet werden (Art. 82 Abs. 1 S. 1 GG). Dies erfolgt nach Art. 58 S. 1 GG alternativ durch den Bundeskanzler oder durch den zuständigen Bundesminister. Die Staatspraxis orientiert sich dabei an der strengeren Vorschrift des §29 Abs. 1 der Geschäftsordnung der Bundesregierung (GO Breg), nach der kumulativ sowohl der Bundeskanzler als auch der oder die zuständigen Bundesminister gegenzeichnen müssen.[192] Mit der Gegenzeichnung wird gegenüber dem Bundespräsidenten zum Ausdruck gebracht, dass das vorgelegte Gesetz dem Beschluss des Parlaments entspricht, auf formell verfassungskonforme Weise zustande gekommen ist und auch materiell nicht gegen die Verfassung verstößt.[193] Liegt eine dieser Voraussetzungen nicht vor, haben der Bundeskanzler bzw. der zuständige Bundesminister das Recht, die Gegenzeichnung zu verweigern.[194] Die Bundesregierung leitet also nicht nur den Großteil der Gesetzgebungsverfahren ein, ihr obliegt auch für den weiteren Verlauf eine Kontroll- und Überprüfungspflicht.

Dabei enthält die Verfassung selbst keine Vorgaben dazu, wie die Bundesregierung diesen umfassenden Pflichten nachkommen soll. Insbesondere setzt Art. 76 Abs. 1 Var. 1 GG bereits den Entwurf eines Gesetzes voraus, der sodann als Vorlage in den Bundestag eingebracht werden kann. Die Norm trifft aber keine Aussage darüber, wie und von wem dieser Entwurf entwickelt wird.[195] Angesichts der Vielzahl und der Komplexität der Sachverhalte, die gesetzlich geregelt werden können oder müssen, ist es selbstverständlich, dass diese Aufgabe nicht von der Regierung als Kollegialorgan oder den Bundesministern als Einzelpersonen übernommen werden kann.[196] Die Regierung bzw. der zuständige Bundesminister tragen zwar die politische und rechtliche Verantwortung für die getroffenen Entscheidungen, diese müssen aber in umfassender Weise fachlich vorbereitet werden.

Der entsprechende Sachverstand findet sich vor allem in den einzelnen Bundesministerien. Diese setzen sich aus einer Vielzahl von Fachreferaten zusammen, in denen wiederum Beamte mit unterschiedlichen Kenntnissen und Erfahrungen beschäftigt sind. Erst durch diese breite personelle und inhaltliche Aufstellung wird gewährleistet, dass idealerweise jede regelungsbedürftige The-

---

[192] *Herzog*, in: Maunz/Dürig, GG, Art. 58 Rn. 71; *Butzer*, in: Maunz/Dürig, GG, Art. 82 Rn. 99; *Domgörgen*, in: Hömig/Wolff, GG, 12. Auflage 2018, Art. 58 Rn. 4.

[193] *H. A. Wolff*, in: Hömig/Wolff, GG, 12. Auflage 2018, Art. 82 Rn. 3; *Butzer*, in: Maunz/Dürig, GG, Art. 82 Rn. 95, 101 f.; *Pieper*, in: BeckOK GG, Art. 58 Rn. 4; *ders.*, in: BeckOK GG, Art. 82 Rn. 7.

[194] *Herzog*, in: Maunz/Dürig, GG, Art. 58 Rn. 73; *H. A. Wolff*, in: Hömig/Wolff, GG, 12. Auflage 2018, Art. 82 Rn. 3; *Butzer*, in: Maunz/Dürig, GG, Art. 82 Rn. 95, 101 f.

[195] *König*, FS Ule, 1987, S. 121, 123; *Krüper*, JZ 2010, 655, 656; *Siedler*, Gesetzgeber und Bundesverfassungsgericht, 1999, S. 33; *H. Risse*, in: Kloepfer (Hrsg.), Gesetzgebungsoutsourcing, 2011, S. 109, 113; *Lorz*, in: Baldus/Theisen/Vogel (Hrsg.), „Gesetzgeber" und Rechtsanwendung, 2013, S. 87, 97 ff.

[196] *Rottmann*, FG 10 Jahre Gesellschaft für Rechtspolitik, 1984, S. 329, 331 f.

matik durch Personen mit entsprechendem fachlichen Hintergrund und zeitlichen Ressourcen bearbeitet werden kann.[197] Zudem sind die Ministerialbeamten zwar in fachlicher Hinsicht spezialisiert, als Beamte aber zugleich an die Verwirklichung des Gemeinwohls gebunden. Zumindest grundsätzlich besteht daher nicht die Gefahr von Interessenkonflikten,[198] die sich ergeben können, wenn im Gesetzgebungsverfahren auf den Sachverstand Externer zurückgegriffen wird.[199] Zu den wesentlichen Aufgaben der Bundesministerien zählt es daher, die Bundesregierung bei der Erfüllung ihrer verfassungsrechtlichen Pflichten zu unterstützen (so auch §3 Abs. 1 S. 1 GGO). Dies gilt insbesondere für die Beteiligung am Gesetzgebungsverfahren (§3 Abs. 1 S. 2 GGO).

Zur Vorbereitung einer Gesetzesvorlage der Bundesregierung wird – ausgehend von den politischen Zielsetzungen[200] – auf Ministerialebene ein Referentenentwurf entwickelt. Das sachnächste Ministerium wird federführend tätig (§15 Abs. 1 S. 2 GGO) und informiert das Bundeskanzleramt über die Absicht, den Zeitplan und fortlaufend über den Stand des Gesetzgebungsverfahrens (§40 S. 1, 2 GGO). Soweit die Interessen von Ländern und Kommunen berührt sind, können diese bereits vor Ausarbeitung eines ersten Entwurfs ihre Auffassung zu dem Vorhaben darlegen (§41 GGO). Das federführende Ministerium bindet sodann andere Ministerien, deren Geschäftsbereiche betroffen sind, und den Nationalen Normenkontrollrat frühzeitig in die Ausarbeitung des Referentenentwurfs ein (§45 Abs. 1 S. 1 GGO). Daneben wird das Bundesministerium der Justiz beteiligt, wenn Zweifel hinsichtlich der Vereinbarkeit des Entwurfs mit dem Grundgesetz bestehen (§45 Abs. 1 S. 2 GGO). Die fachliche Ausarbeitung erfolgt innerhalb der beteiligten Ministerien wiederum durch spezialisierte Beamte der entsprechenden Fachreferate, wobei auch insoweit eine Abstimmung und ein Austausch zwischen verschiedenen Referaten erfolgt.[201] Liegt ein erster Entwurf vor, wird dieser Ländern und kommunalen Spitzenverbänden zugelei-

---

[197] Vgl. *Rottmann*, FG 10 Jahre Gesellschaft für Rechtspolitik, 1984, S. 329, 331; *Stadler*, in: Kloepfer (Hrsg.), Gesetzgebungsoutsourcing, 2011, S. 15, 16; *Schneider*, Gesetzgebung, 3. Auflage 2002, Rn. 99f.; *Krüper*, JZ 2010, 655, 657; *H. Risse*, in: Kloepfer (Hrsg.), Gesetzgebungsoutsourcing, 2011, S. 109, 119; *Wank*, Grenzen richterlicher Rechtsfortbildung, 1978, S. 155.

[198] Ebenso *Krüper*, JZ 2010, 655, 656; *Schlenk*, Bundesfinanzhof und Finanzverwaltung in Kooperation und Unabhängigkeit, 2012, S. 137.

[199] Solche Interessenkonflikte können insbesondere entstehen, wenn Anwaltskanzleien die Formulierung von Gesetzesentwürfen übernehmen, vgl. dazu *Battis*, ZRP 2009, 201; *Burbat*, NVwZ 2010, 1475; *Krüper*, JZ 2010, 655; *Greve*, DVBl 2011, 30; *Kloepfer* (Hrsg.), Gesetzgebungsoutsourcing, 2011.

[200] *Rottmann*, FG 10 Jahre Gesellschaft für Rechtspolitik, 1984, S. 329, 332; *König*, FS Ule, 1987, S. 121, 122; *Horlemann*, DStR 2004, 1113, 1113; *Ossenbühl*, HStR V, 3. Auflage 2007, §100 Rn. 82; *H. Risse*, in: Kloepfer (Hrsg.), Gesetzgebungsoutsourcing, 2011, S. 109, 119f.; *Tipke*, Die Steuerrechtsordnung, Band III, 2. Auflage 2012, S. 1384; *Schlenk*, Bundesfinanzhof und Finanzverwaltung in Kooperation und Unabhängigkeit, 2012, S. 139; *Lorz*, in: Baldus/Theisen/Vogel (Hrsg.), „Gesetzgeber" und Rechtsanwendung, 2013, S. 87, 101.

[201] *Schneider*, Gesetzgebung, 3. Auflage 2002, Rn. 96; *König*, FS Ule, 1987, S. 121, 134; für

tet, wenn deren Interessen betroffen sind (§ 47 Abs. 1 GGO). Das federführende Ministerium beteiligt zudem nach eigenem Ermessen Verbände und Fachkreise (§ 47 Abs. 3 GGO). Dies kann auch im Rahmen einer mündlichen Anhörung erfolgen (vgl. § 47 Abs. 5 GGO). Das federführende Ministerium entscheidet schließlich darüber, ob die Presse oder andere Stellen über das Gesetzesvorhaben informiert werden sollen (§ 48 GGO). Bevor das Kabinett abschließend über den Gesetzesentwurf entscheidet, wird er einer rechtssystematischen und rechtsförmlichen Prüfung durch das Bundesministerium der Justiz unterzogen (§ 46 Abs. 1 GGO), wenn diese nicht bereits durch eine frühere Beteiligung des Ministeriums erfolgt ist (§ 46 Abs. 3 GGO). Ein derart „abgestimmter"[202] Referentenentwurf ist mit einer ausführlichen Begründung zu versehen, die insbesondere auch die voraussichtlichen Folgen des Gesetzes abschätzen soll (§§ 43, 44 GGO). Über den dann vorliegenden Text stimmt das Kabinett ab und macht ihn sich als Regierungsvorlage zu eigen (vgl. § 51 GGO). Im Verlauf des parlamentarischen Gesetzgebungsverfahrens wird die Gesetzesvorlage vom Minister des federführenden Ministeriums vertreten (§ 28 Abs. 1 GO Breg).

Auch bei Gesetzesvorlagen des Bundesrats oder aus der Mitte des Bundestags erarbeitet ein federführendes Ministerium die Stellungnahmen der Bundesregierung und stimmt diese mit anderen betroffenen Ministerien ab (§§ 56, 57 GGO). Vorlagen des Bundesrats werden regelmäßig auf Ebene der Landesministerien in einem vergleichbaren Verfahren vorbereitet. Auch Vorlagen aus der Mitte des Bundestags gehen häufig auf Vorarbeiten in Bundes- oder Landesministerien zurück; die Ministerien leisten Formulierungshilfe bei der Ausarbeitung von Gesetzesvorlagen oder Änderungsanträgen (vgl. §§ 52 Abs. 2, 56 Abs. 3 GGO).[203] Teilweise wird zudem aus politischen Gründen, eine auf Ministerialebene entwickelte Vorlage nicht von der Bundesregierung, sondern von einzelnen Abgeordneten der Parteien, die die Regierung tragen, in den Bundestag eingebracht.[204] Schließlich nehmen Vertreter der Ministerien regelmäßig im Rahmen von Fachausschusssitzungen Stellung zu Gesetzesvorlagen (Art. 43 Abs. 1 Var. 2 GG, § 68 GOBT) und können in diesem Rahmen Änderungen anregen.[205]

---

den Bereich des Steuerrechts zweifelnd *Tipke*, Die Steuerrechtsordnung, Band III, 2. Auflage 2012, S. 1385.

[202] Vgl. *Ossenbühl*, HStR V, 3. Auflage 2007, § 102 Rn. 14 f.

[203] *König*, FS Ule, 1987, S. 121, 122; *Schneider*, Gesetzgebung, 3. Auflage 2002, Rn. 93; *Ossenbühl*, HStR V, 3. Auflage 2007, § 100 Rn. 82; *Suck*, Das Nichtanwendungsgesetz als Instrument der Steuerpolitik, 2018, S. 295; kritisch mit der Forderung nach einer verwaltungsunabhängigen „Servicestelle für die Erstellung von Gesetzesentwürfen der Parlamentarier" *MdB Wolfgang Wieland*, nachgewiesen bei *Greve*, DVBl 2011, 30, 31 f.

[204] Insbesondere kann auf diesem Weg eine Stellungnahme des Bundesrats nach Art. 76 Abs. 2 S. 1 GG umgangen und damit das Gesetzgebungsverfahren beschleunigt werden; kritisch zu den Folgen dieses Vorgehens *Theisen*, in: Baldus/Theisen/Vogel (Hrsg.), „Gesetzgeber" und Rechtsanwendung, 2013, S. 43, 48 f.

[205] Vgl. exemplarisch aus dem Kontext der steuerlichen Nichtanwendungsgesetze BT-

Lässt sich also aus den verfassungsrechtlichen Regelungen ableiten, dass die Bundesregierung eine anstoßende und begleitende Funktion im Gesetzgebungsverfahren einnimmt, so wird diese Funktion in der Staatspraxis maßgeblich durch die Bundesministerien vorbereitet. In fachlicher Hinsicht leisten die Ministerien den wesentlichen Beitrag bei der Vorbereitung eines Gesetzes – sei es durch die selbständige Erarbeitung von Inhalten oder dadurch, dass entsprechende Fachkreise beteiligt werden.

II. Exekutive Mitwirkung beim Erlass eines Nichtanwendungsgesetzes als Verletzung des legislativen Kernbereichs

Ausgehend von dem dargestellten Rollenverhältnis kann nunmehr die Frage beantwortet werden, ob die inhaltliche Vorbereitung von Nichtanwendungsgesetzen durch das Bundesministerium der Finanzen verfassungsrechtliche Grenzen verletzt. Nimmt man zunächst eine mögliche Verletzung des Kernbereichs der Legislative in den Blick, so kann dieser für das Gesetzgebungsverfahren konkretisiert werden: Dem Bundestag allein obliegt die politische Entscheidung über einen Gesetzgebungsvorschlag. Nur das Parlament kann den demokratischen Willen, ein Gesetz zu beschließen, verbindlich abbilden. Eine solche Entscheidung setzt dabei voraus, dass die einzelnen Abgeordneten und der Bundestag als Gesamtorgan unabhängig sind. Das Ideal des Ausgleichs zwischen widerstreitenden Positionen und die freie Suche nach Mehrheiten ist nur dann möglich, wenn tatsächlich auch mehrere Handlungsoptionen zur Verfügung stehen. Der Bundestag darf nicht zu einer bloßen Kontrollinstanz werden, der die eingebrachten Gesetzesvorschläge „abnickt",[206] sondern muss weiterhin das Gesetz inhaltlich prägen und entwickeln können.

Insbesondere einige Äußerungen von Vertretern der Finanzverwaltung in Verfahren vor dem Bundesfinanzhof wecken insoweit Zweifel. Ministerialbeamte werden mit Äußerungen zitiert, in denen sie Nichtanwendungsgesetze gleichsam schon in den Verhandlungen vor dem BFH ankündigen („Wenn Sie so entscheiden, müssen *wir* das Gesetz ändern."[207] oder „Entscheiden Sie ruhig! Ihre Urteile sind für uns immer wertvoll. Dann wissen wir wenigstens, wie *wir* das Gesetz ändern müssen."[208]). In diesen Äußerungen schwingt das (anmaßen-

---

Drs. 8/2501, S. 15: „Der Finanzausschuß hat die Gelegenheit genutzt, dem Wunsch der Bundesregierung zu entsprechen und vordringliche einkommensteuerliche Regelungen zur Behandlung von Mehraufwendungen aus Anlaß einer doppelten Haushaltsführung und zur Behandlung von Arbeitgeberbeiträgen zu Pensionskassen für im Ausland Beschäftigte zu beschließen."

[206] *Kloepfer*, NJW 2011, 131, 133; vgl. auch *Möllers*, Gewaltengliederung, 2005, S. 411 f.

[207] Zitiert nach *Spindler*, DStR 2007, 1061, 1062; Hervorhebung auch im Original.

[208] Zitiert nach *Pezzer*, DStR 2004, 525, 526 Fn. 11; Hervorhebung nicht im Original, wie hier aber bei *Desens*, Bindung der Finanzverwaltung an die Rechtsprechung, 2011, S. 68 f.

de)[209] Selbstverständnis mit, die Entscheidungsgewalt über den Erlass eines Gesetzes liege nicht mehr in der Hand des Gesetzgebers, sondern in den Händen des Ministeriums („wir").

Allerdings gibt es *de jure* auch bei Nichtanwendungsgesetzen keine unmittelbare Verschiebung der Entscheidungskompetenzen. Nichtanwendungsgesetze werden zwar durch das federführende Bundesministerium der Finanzen inhaltlich ausgearbeitet[210] und als Vorlage der Regierung oder durch die die Regierung tragenden Fraktionen als Gesetzesvorlage in den Bundestag eingebracht. Im Bundestag selbst bestehen aber grundsätzlich keine Besonderheiten gegenüber anderen Gesetzesvorlagen. Die Vorlagen werden im Plenum und in den Ausschüssen behandelt und diskutiert. Die Abgeordneten sind darin frei, die vorgeschlagenen Regelungen abzulehnen oder zu ändern.[211]

Bei Nichtanwendungsgesetzen könnte damit allenfalls mittelbar *de facto*[212] der Kernbereich legislativer Entscheidungsmöglichkeiten verletzt sein, weil den Abgeordneten die nötigen fachlichen Kenntnisse fehlen, um von ihren Handlungsmöglichkeiten auch Gebrauch zu machen. Insoweit ist allerdings Zurückhaltung geboten: Zunächst ist es mit Blick auf den einzelnen Abgeordneten selbstverständlich, dass er nicht bei jedem einzelnen Gesetzesvorhaben die fachlichen Hintergründe vollständig überblicken kann. Was bereits für die Mitglieder der Regierung ausgeführt wurde, gilt in noch größerem Maße für den einzelnen Abgeordneten: Die Gegenstände der Gesetzgebung sind bei weitem zu umfangreich und zu komplex, als dass sich eine Einzelperson in jede Fragestellung einarbeiten könnte.[213] Dies gilt natürlich auch für die auf verschiedene umfangreiche Gesetze verteilte Materie des Ertragsteuerrechts und insbesondere für die spezifischen Probleme, die mit Nichtanwendungsgesetzen aufgegriffen werden. Allein aus dem Umstand, dass nicht mehr jeder Abgeordnete diese Probleme aufgrund eigener Sachkenntnis überblicken kann, darf aber nicht abgeleitet werden, dass der Bundestag in seinem Kernbereich nicht mehr

---

209 Ebenso *Desens*, Bindung der Finanzverwaltung an die Rechtsprechung, 2011, S. 68 f.

210 Auch diese inhaltliche Ausarbeitung erfolgt wiederum regelmäßig nach politischen Vorgaben, vgl. *Horlemann*, DStR 2004, 1113, 1113; *Ossenbühl*, HStR V, 3. Auflage 2007, § 100 Rn. 82; *H. Risse*, in: Kloepfer (Hrsg.), Gesetzgebungsoutsourcing, 2011, S. 109, 119 f.; *Tipke*, Die Steuerrechtsordnung, Band III, 2. Auflage 2012, S. 1384; *Schlenk*, Bundesfinanzhof und Finanzverwaltung in Kooperation und Unabhängigkeit, 2012, S. 139; *Möllers*, Gewaltengliederung, 2005, S. 412.

211 Vgl. auch *J. Lang*, StuW 1992, 14, 19; *Desens*, Bindung der Finanzverwaltung an die Rechtsprechung, 2011, S. 68; *Schlenk*, Bundesfinanzhof und Finanzverwaltung in Kooperation und Unabhängigkeit, 2012, S. 136 f.; *G. Kirchhof*, Die Allgemeinheit des Gesetzes, 2012, S. 309.

212 Vgl. *F. Kirchhof*, JZ 2018, 1068, 1070.

213 *Siedler*, Gesetzgeber und Bundesverfassungsgericht, 1999, S. 33; *Schneider*, Gesetzgebung, 3. Auflage 2002, Rn. 93; *Fischedick*, in: Baldus/Theisen/Vogel (Hrsg.), „Gesetzgeber" und Rechtsanwendung, 2013, S. 63, 67; *Lorz*, in: Baldus/Theisen/Vogel (Hrsg.), „Gesetzgeber" und Rechtsanwendung, 2013, S. 87, 103; speziell zum Steuerrecht *Schlenk*, Bundesfinanzhof und Finanzverwaltung in Kooperation und Unabhängigkeit, 2012, S. 136 f.

handlungsfähig wäre. Aus den abstrakten verfassungsrechtlichen Normen darf kein Maßstab abgeleitet werden, der in der Praxis schlicht nicht erfüllt werden kann.[214]

Verfassungswidrig kann ein solcher Zustand nur dann sein, wenn dem einzelnen Abgeordneten und dem Bundestag als Gesamtorgan schon die Möglichkeiten fehlen, sich über spezielle Fachfragen wie die Hintergründe eines Nichtanwendungsgesetzes umfassend zu informieren und eine entsprechende von der Ministerialbürokratie entwickelte Gesetzesvorlage inhaltlich grundlegend zu hinterfragen.[215] Erst dann würde der Informationsvorsprung der Exekutive so groß, dass die Legislative nicht mehr in einer gestaltenden, sondern allenfalls noch in einer kontrollierenden Funktion tätig wäre.[216] Der Bundestag muss mit anderen Worten ausreichende Möglichkeiten haben, um seinen Kerntätigkeitsbereich gegen eine Einflussnahme der Exekutive zu verteidigen. Insoweit ist zunächst festzustellen, dass mit der zunehmenden Komplexität der Gesetzgebungsmaterie eine Spezialisierung auch auf Seiten der Abgeordneten einhergeht. Der Bundestag behandelt Gesetzesvorlagen (vor allem) in Fachausschüssen, einzelne Abgeordnete spezialisieren sich auf bestimmte Fachthemen und geben ihr Wissen an Angehörige ihrer Fraktion oder ihrer Partei weiter. Schon dies relativiert die vermeintliche Wissensdominanz des Fachministeriums: Es ist vielleicht nicht jeder Abgeordnete in der Lage, jeden Gesetzesvorschlag zu hinterfragen. Es werden sich aber für so gut wie jeden Gesetzesvorschlag auch im Bundestag Experten finden, die über vertiefte Kenntnisse und entsprechende Erfahrung in dem einschlägigen Fachbereich verfügen.[217] Zudem stehen den Abgeordneten interne und externe Informationsquellen offen, um die von der Ministerialbürokratie entwickelten fachlichen Lösungen zu hinterfragen. Über die Wissenschaftlichen Dienste des Bundestags besteht die Möglichkeit, Informationen von einer neutralen Instanz sammeln und analysieren zu lassen. Öffentliche Anhörungen binden auch externe Fachkräfte aus Wissenschaft, Wirtschaft und Verbänden ein.[218]

---

[214] Dies gilt insbesondere auch, weil Abgeordnete sich durch ihre politischen und nicht durch ihre fachspezifischen Kenntnisse für ein Mandat qualifizieren müssen; *Zimmer*, Funktion, Kompetenz, Legitimation, 1979, S. 250 f.; vereinzelt können Abgeordnete gleichwohl von ihrer beruflichen Vorbildung profitieren; *Fischedick*, in: Baldus/Theisen/Vogel (Hrsg.), „Gesetzgeber" und Rechtsanwendung, 2013, S. 63, 67.

[215] Ähnlich *Desens*, Bindung der Finanzverwaltung an die Rechtsprechung, 2011, S. 68; *Möllers*, Gewaltengliederung, 2005, S. 411.

[216] In diese Richtung gehen z. B. die Befürchtungen von *Harald Schaumburg*, in: Brandt (Hrsg.), Für eine bessere Steuerrechtskultur, 2004, S. 73, 95; *Pezzer*, DStR 2004, 525, 528.

[217] Den Einfluss dieser spezialisierten Abgeordneten betont auch *Rottmann*, FG 10 Jahre Gesellschaft für Rechtspolitik, 1984, S. 329, 333 f., 340; speziell zur Rolle des Finanzausschusses *Kreile*, FS Wallis, 1985, S. 183, 188; zweifelnd *Spindler*, DStR 2007, 1061, 1062.

[218] *Schulze-Fielitz*, JZ 2004, 862, 867 f.; *Fischedick*, in: Baldus/Theisen/Vogel (Hrsg.), „Gesetzgeber" und Rechtsanwendung, 2013, S. 63, 67 f.; *Lorz*, in: Baldus/Theisen/Vogel (Hrsg.), „Gesetzgeber" und Rechtsanwendung, 2013, S. 87, 103 f.; zu den aus widersprüch-

Es stellt sich damit nur noch die Frage, ob die Situation bei Nichtanwendungsgesetzen anders zu beurteilen sein kann, weil die Gesetzgebungsverfahren häufig unter Zeitdruck durchgeführt werden (insbesondere dann, wenn erhebliche fiskalische Ausfälle durch die zu korrigierende Rechtsprechung erwartet werden). Dieser Umstand mag zwar die Inanspruchnahme von internen und externen Informationsquellen im Einzelfall erschweren,[219] er verändert die Situation aber nicht grundlegend. Es gibt keine Verpflichtung für das Parlament, über eine Vorlage innerhalb einer bestimmten Zeit zu entscheiden. Die Abgeordneten haben es selbst in der Hand, sich ausreichend Zeit für eine sachlich fundierte Entscheidung zu verschaffen. Die Verfassung und die Geschäftsordnung des Bundestags geben Ihnen hinreichende Möglichkeiten, um alle notwendigen Informationen einzuholen.[220]

Dies gilt selbst dann, wenn das Gesetzgebungsverfahren dadurch faktisch verkürzt wird, dass Nichtanwendungsgesetze erstmalig im Finanzausschuss als Änderungsantrag zu einem bereits vorliegenden Gesetzesentwurf eingeführt werden.[221] Nach Ansicht von *Suck*[222] sollen derartige Nichtanwendungsgesetze formell verfassungswidrig sein, weil eine hinreichend tiefgreifende und transparente Diskussion des Vorlageninhalts nicht gewährleistet sei. Der Finanzausschuss tagt regelmäßig nicht öffentlich (§ 69 Abs. 1 S. 1 GOBT)[223] und bereits am zweiten Tag nach Verteilung seiner Beschlussempfehlung an die Abgeordneten des Bundestags findet die zweite Beratung der Gesetzesvorlage im Bundestagsplenum statt (§ 81 Abs. 1 S. 1 GOBT). Eine öffentliche Diskussion über das Nichtanwendungsgesetz sei damit nur noch in einem „verschwindend geringen" Zeitraum möglich, was der „gewaltensensiblen" Materie nicht gerecht werde.[224]

---

lichen Stellungnahmen folgenden Einschätzungsproblemen *Binding*, in: Deutsches Wissenschaftliches Institut der Steuerberater (Hrsg.), Die Finanzverwaltung – ein Ersatzgesetzgeber?, 2006, S. 53, 53 f.

[219] *Fischedick*, in: Baldus/Theisen/Vogel (Hrsg.), „Gesetzgeber" und Rechtsanwendung, 2013, S. 63, 70 f.

[220] So auch BVerfG, Beschluss v. 14.10.1970 – 1 BvR 307/68, BVerfGE 29, 221, juris Rn. 39; BVerfG, Urteil v. 10.6.2009 – 1 BvR 706/08, 1 BvR 814/08, 1 BvR 819/08, 1 BvR 832/08, 1 BvR 837/08, BVerfGE 123, 186, juris Rn. 152t: Dass einzelne Schritte eines Gesetzgebungsverfahrens in großer Eile bewältigt werden, begründet für sich genommen keinen Verfassungsverstoß.

[221] Dies betrifft nach den Erhebungen von *Suck*, Das Nichtanwendungsgesetz als Instrument der Steuerpolitik, 2018, S. 231 f.; 299 17,79 % der von ihm ermittelten Nichtanwendungsgesetze.

[222] *Suck*, Das Nichtanwendungsgesetz als Instrument der Steuerpolitik, 2018, S. 302 ff. mit Verweis auf die allgemeinen Ausführungen von *Bryde*, JZ 1998, 115, 116 ff.

[223] Der Ausschuss kann beschließen, für einen bestimmten Verhandlungsgegenstand oder Teile desselben die Öffentlichkeit zuzulassen (§ 69 Abs. 1 S. 2 f. GOBT). Zudem besteht die – indes kaum genutzte – Möglichkeit, erweiterte öffentliche Ausschussberatungen durchzuführen (§ 69a GOBT).

[224] *Suck*, Das Nichtanwendungsgesetz als Instrument der Steuerpolitik, 2018, S. 302 f.

Dem ist entgegenzuhalten, dass in den Fachausschüssen ein wesentlicher Teil der parlamentarischen Arbeit stattfindet. Sie sind „vorbereitende Beschlussorgane des deutschen Bundestags" (§62 Abs. 1 S. 2 GOBT): Bei der ersten Beratung einer Gesetzesvorlage im Bundestagsplenum findet eine Aussprache nur in Ausnahmefällen (§79 S. 1 GOBT) und auch dann nur zu den Grundsätzen der Vorlage statt (§79 S. 2 GOBT). Sachanträge dürfen nicht gestellt werden (§79 S. 3 GOBT). Erst nachdem die Gesetzesvorlage in einen Ausschuss überwiesen wurde (§80 Abs. 1 GOBT), beginnt die intensive Auseinandersetzung mit dem Inhalt der Vorlage. Aufgabe des Ausschusses ist es, eine Entscheidung des Plenums vorzubereiten und damit insbesondere den Weg zu interfraktionellen Kompromissen aufzuzeigen.[225] Durch die Anwesenheit eines Mitglieds der Bundesregierung bzw. eines Vertreters aus dem entsprechenden Ministerium (Art. 43 Abs. 1 Var. 2 GG, §68 GOBT) sowie durch öffentliche Anhörungen (§70 GOBT) können dazu Informationen gesammelt und externer Sachverstand eingebunden werden. Die Beschlussempfehlungen dürfen sich zwar nur auf die den Ausschüssen überwiesenen Vorlagen oder mit diesen in unmittelbarem Sachzusammenhang stehende Fragen beziehen (§62 Abs. 1 S. 2 GOBT). Um auf Basis der erstmaligen intensiven Diskussion der Gesetzesvorlage und der eingeholten externen Informationen eine politische Kompromissfindung zu ermöglichen, muss aber auch eine grundlegende Umgestaltung oder Ergänzung der Gesetzesvorlage zulässig sein.[226] Weder nimmt der Fachausschuss damit ein ihm zweifellos nicht zustehendes Initiativrecht wahr, noch droht eine von der Öffentlichkeit und den anderen Mitgliedern des Bundestags entkoppelte „Geheimgesetzgebung"[227] durch die Ausschüsse. Die Beschlussempfehlung wird vielmehr mit einem Bericht über die Beratungen des Ausschusses verbunden,

---

[225] *Kersten*, in: Maunz/Dürig, GG, Art. 77 Rn. 18; *Dietlein*, in: BeckOK GG, Art. 77 Rn. 10; *G. Kirchhof*, Die Allgemeinheit des Gesetzes, 2012, S. 311; anschaulich *Wank*, Grenzen richterlicher Rechtsfortbildung, 1978, S. 62: Ausschüsse als „Gesetzemacher"; vgl. speziell für Steuergesetze die Einschätzung des langjährigen Mitglieds des Finanzausschusses *Kreile*, StuW 1977, 1, 6, nach dem nahezu jede gesetzliche Vorlage im Finanzausschuss umgestaltet wird und dabei die Zusammenarbeit mit dem Bundesfinanzministerium in der Regel „vorzüglich" funktioniert.

[226] Anderes kann allenfalls bei völlig willkürlichen Ergänzungen oder Umgestaltungen gelten, die die Gesetzesvorlage selbst in ihren Grundzügen umgestalten; BGH, Urteil v. 17.10.2003 – V ZR 91/03, VIZ 2004, 128, juris Rn. 15; *Kersten*, in: Maunz/Dürig, GG, Art. 77 Rn. 19; *H. A. Wolff*, in: Hömig/Wolff, GG, 12. Auflage 2018, Art. 76 GG Rn. 7; *Dietlein*, in: BeckOK GG, Art. 77 Rn. 39.5; wenn die Beschlussempfehlung des Ausschusses mit den Stimmen von mehr als 5% der Mitglieder des Bundestags getroffen wird, lässt sich selbst eine solche Umgestaltung rechtfertigen, weil mit diesem Quorum aus der Mitte des Bundestags (Art. 76 Abs. 1 Var. 2 GG, §76 Abs. 1 GOBT) ohnehin eine eigenständige Gesetzesvorlage eingebracht werden könnte; vgl. BVerwG, Urteil v. 22.3.2018 – 7 C 30/15, NVwZ 2018, 1401, juris Rn. 24 f., 27; *Dietlein*, in: BeckOK GG, Art. 77 Rn. 39.5.

[227] Eine solche befürchtet *Bryde*, JZ 1998, 115, 119; für Nichtanwendungsgesetze aufgegriffen von *Suck*, Das Nichtanwendungsgesetz als Instrument der Steuerpolitik, 2018, S. 302 ff.

indem die wesentlichen Positionen und Argumente wiedergegeben werden (§ 66 GOBT). Das Bundestagsplenum muss der Beschlussempfehlung nicht folgen, sondern kann die Gesetzesvorlage im Rahmen der zweiten Beratung auch in anderer Form beschließen oder an einen anderen Ausschuss zurückverweisen (§ 82 Abs. 1, 3, § 85 Abs. 1, 2 GOBT). Selbst wenn auf Anregung des Bundesfinanzministeriums kurz vor Abschluss der Ausschussberatungen ein Nichtanwendungsgesetz in ein laufendes Gesetzgebungsverfahren eingebracht wird, bestehen damit noch umfassende Schutzmechanismen,[228] um eine unabhängige Entscheidung des Bundestagsplenums zu gewährleisten.

Engere Grenzen ergeben sich für den Gestaltungsspielraum des aus Vertretern von Bundestag und Bundesrat gebildeten Vermittlungsausschusses:[229] Dieser dient nicht dazu, eine Entscheidung des Bundestagsplenums vorzubereiten, sondern kann erst nach Beschluss eines Gesetzes einberufen werden (Art. 77 Abs. 2 GG). Er soll zwischen zuvor bereits parlamentarisch beratenen Regelungsalternativen vermitteln und einen Kompromiss zwischen den an der Gesetzgebung beteiligten Körperschaften herbeiführen. Schlägt der Vermittlungsausschuss eine Änderung des Gesetzesbeschlusses vor, fasst der Bundestag zwar erneut Beschluss (Art. 77 Abs. 2 S. 5 GG), er stimmt dabei aber nur noch über den Vermittlungsvorschlag ab und nimmt keine inhaltlichen Veränderungen mehr vor (§ 90 Abs. 1 GOBT i. V. m. § 10 Abs. 2, 3 GOVA). Da dem Bundestag im Gesetzgebungsverfahren die entscheidende Rolle zukommt (Art. 77 Abs. 1 GG), darf der Vermittlungsvorschlag nur solche Ansätze aufgreifen, die im parlamentarischen Verfahren vor dem Gesetzesbeschluss bekannt geworden sind. Sein Gestaltungsspielraum kann durch das Anrufungsbegehren von Bundesrat, Bundestag oder Bundesregierung weiter eingeschränkt werden (beispielsweise auf die Kompromissfindung zu bestimmten Teilen des Gesetzesbeschlusses). Zwar gibt es auch Nichtanwendungsgesetze, die maßgeblich durch einen Vorschlag des Vermittlungsausschusses gestaltet wurden.[230] Eine vertiefte Auseinandersetzung mit den Grenzen für den Gestaltungsspielraum des Vermittlungsausschusses kann hier gleichwohl unterbleiben, da diese Grenzen nicht im Zusammenhang mit dem Einfluss der Exekutive auf den Gesetzgebungsprozess stehen, sondern unabhängig von den inhaltlichen Anstößen für die einzelnen diskutierten Regelungsvorschläge für jeden Gesetzesbeschluss in gleichem Maße gelten.

Eine unmittelbare oder mittelbare Verletzung des Kernbereichs der Legislative durch den inhaltlichen Einfluss des Bundesministeriums der Finan-

[228] Der Finanzausschuss hat in der Vergangenheit derartige Änderungsanträge auch schon mehrfach abgelehnt; vgl. *E. Schmidt*, FS Kirchhof, 2013, § 160 Rn. 11.

[229] Vgl. dazu zuletzt BVerfG, Beschluss v. 15.1.2019 – 2 BvL 1/09, DStR 2019, 380, juris Rn. 53 ff. m. w. N.

[230] *Suck*, Das Nichtanwendungsgesetz als Instrument der Steuerpolitik, 2018, S. 231 f., 293, 296 weist acht Beispiele aus dem Amtshilferichtlinie-Umsetzungsgesetz (BGBl I 2013, S. 1809) nach.

zen auf die Entwicklung von Nichtanwendungsgesetzen liegt mithin nicht vor. Vielmehr ist die inhaltliche Vorbereitung der Steuergesetze durch Ministerialbeamte für die Arbeit des Parlaments in der Rechtspraxis zwingend erforderlich.[231]

III. Exekutive Mitwirkung beim Erlass eines Nichtanwendungsgesetzes als Verletzung der Gewaltenloyalität zwischen Legislative und Exekutive

Abschließend für das Verhältnis zwischen Legislative und Exekutive ist nunmehr noch zu klären, ob sich aus dem Gebot der Gewaltenloyalität Grenzen für die inhaltliche Vorbereitung von Nichtanwendungsgesetzen durch das Bundesministerium der Finanzen ergeben. Diese Fragestellung wird in der Literatur bislang – soweit ersichtlich – noch nicht vertieft behandelt. Das Gebot der Gewaltenloyalität wird im Zusammenhang mit Nichtanwendungsgesetzen vielmehr ausschließlich für das Verhältnis zwischen Gesetzgeber und Rechtsprechung thematisiert.[232] So differenziert selbst *Desens*, für den das Gebot der Gewaltenloyalität einen zentralen Maßstab für seine Untersuchung der verfassungsrechtlichen Grenzen von Nichtanwendungserlassen bildet,[233] in seiner knappen Stellungnahme zur Verfassungskonformität von Nichtanwendungsgesetzen nicht zwischen der Verletzung eines legislativen Kernbereichs und einem möglichen Loyalitätsverstoß durch die exekutive Mitwirkung im Gesetzgebungsverfahren. Dies lässt sich damit erklären, dass *Desens* den Einfluss der Finanzverwaltung letztlich für unbedenklich hält und seine Ausführungen zu Nichtanwendungsgesetzen im einleitenden Teil der Untersuchung und damit vor seiner verfassungsrechtlichen Herleitung des Gebots der Gewaltenloyalität erfolgen.[234] Dogmatisch bestehen hingegen keine Bedenken, das unmittelbar aus dem Grundsatz der Gewaltenteilung abgeleitete Gebot der Gewaltenloya-

---

[231] Ebenso *Desens*, Bindung der Finanzverwaltung an die Rechtsprechung, 2011, S. 68; *Möllers*, Gewaltengliederung, 2005, S. 411: „Notwendigkeit"; *Schlenk*, Bundesfinanzhof und Finanzverwaltung in Kooperation und Unabhängigkeit, 2012, S. 137: „geradezu unerlässlich"; *Tipke*, StuW 2013, 97, 101: „Ohne Mitwirkung der Steuerabteilung des Bundesfinanzministeriums würden überhaupt keine für die Anwendung brauchbaren Steuergesetze entstehen"; *Fischedick*, in: Baldus/Theisen/Vogel (Hrsg.), „Gesetzgeber" und Rechtsanwendung, 2013, S. 63, 68 f.: Es „verbleibt nur die[se] Möglichkeit"; *Schmitt*, FS 100 Jahre Steuerrechtsprechung, 2018, S. 251, 258 f.: „Grundaufgabe der Ministerialverwaltung"; vgl. auch die entsprechenden Stellungnahmen der Abgeordneten *Frechen*, in: Deutsches Wissenschaftliches Institut der Steuerberater (Hrsg.), Die Finanzverwaltung – ein Ersatzgesetzgeber?, 2006, S. 32, 32 f.; *Rzepka*, in: Deutsches Wissenschaftliches Institut der Steuerberater (Hrsg.), Die Finanzverwaltung – ein Ersatzgesetzgeber?, 2006, S. 35, 35.

[232] Dazu noch unter § 4 C. III.

[233] Zu seiner Grundthese, dass die Exekutive wegen des Grundsatzes der Gewaltenloyalität Entscheidungen des Bundesfinanzhofs grundsätzlich allgemein beachten muss und nur mit besonderer Rechtfertigung nicht über den entschiedenen Einzelfall hinaus anwenden muss, bereits unter § 2 B III. 4. b).

[234] *Desens*, Bindung der Finanzverwaltung an die Rechtsprechung, 2011, S. 68.

lität[235] in sämtlichen Beziehungskonstellationen zwischen den Gewalten und mithin auch im Verhältnis zwischen Legislative und Exekutive zur Anwendung zu bringen. Seine Reichweite muss abermals ausgehend von den konkreten verfassungsrechtlichen Vorgaben zum Gesetzgebungsverfahren bestimmt werden.

Das Bundesministerium der Finanzen übernimmt als federführendes Ministerium bei der inhaltlichen Ausarbeitung von Nichtanwendungsgesetzen eine wesentliche vorbereitende Rolle. Die Fachkenntnisse der Ministerialverwaltung sollen den Abgeordneten des Bundestags eine fachlich fundierte politische Entscheidung ermöglichen. Auch wenn im parlamentarischen Verfahren noch weitere neutrale Informationsquellen in Anspruch genommen werden können, stellen die inhaltlichen Vorarbeiten des Ministeriums den Ausgangspunkt der Debatte dar und prägen diese oftmals schon entscheidend vor. Dies lässt sich psychologisch mit dem sog. „Anker-Effekt" erklären:[236] Ein fachlich fundierter und ausdifferenziert entwickelter Vorschlag kann zwar in einer Diskussion noch hinterfragt und modifiziert werden, häufig wird er aber nicht mehr konzeptionell völlig umgeworfen.[237] Vereinfachend könnte man formulieren: Verhandelt wird über das, was auf dem Tisch liegt. Dieser Effekt greift umso stärker, je weniger Zeit für die Verhandlungen bleibt und je größer der Informationsvorsprung desjenigen ist, der den ursprünglichen Vorschlag unterbreitet. Das Bundesministerium der Finanzen hat also gerade bei fachlich speziellen und unter zeitlichem Druck verabschiedeten Nichtanwendungsgesetzen einen erheblichen fachlichen Einfluss auf die parlamentarische Diskussion.

Aus dem Gebot der Gewaltenloyalität folgt, dass das Ministerium diesen Einfluss nicht missbrauchen darf, sondern vielmehr zu einer Kooperation mit dem Bundestag als Legislativorgan verpflichtet ist. Es geht also anders als bei der Frage nach einer Kernbereichsverletzung nicht um Verteidigungsmöglichkeiten der Legislative gegen den Einfluss der Exekutive, sondern um eine konstruktive Ausübung der vorbereitenden Kompetenzen der Exekutive mit Rücksicht auf die Entscheidungskompetenz der Legislative. Daraus lassen sich für die Entwicklung von Nichtanwendungsgesetzen konkrete Vorgaben ableiten, die sich auch in den Anforderungen an die Begründung einer Regierungsvorlage nach §§ 43, 44 GGO wiederfinden lassen:

Dem Gebot der Gewaltenloyalität entspricht es insoweit zunächst, dass in der Begründung der Gesetzesvorlage der zugrundeliegende Sachverhalt und die berücksichtigten Erkenntnisquellen offengelegt werden müssen (§ 43 Abs. 1 Nr. 2 GGO). Gerade bei konservierenden Nichtanwendungsgesetzen muss

---

[235] Siehe zur verfassungsrechtlichen Herleitung bereits unter § 4 A. III.

[236] *Krüper*, JZ 2010, 655, 655; *H. Risse*, in: Kloepfer (Hrsg.), Gesetzgebungsoutsourcing, 2011, S. 109, 118 m. w. N.

[237] Vgl. auch *Stadler*, in: Kloepfer (Hrsg.), Gesetzgebungsoutsourcing, 2011, S. 15, 15; *Lorz*, in: Baldus/Theisen/Vogel (Hrsg.), „Gesetzgeber" und Rechtsanwendung, 2013, S. 87, 101 f.

insoweit ausdrücklich benannt werden, dass eine bisher von der Finanzverwaltung vertretene Auslegung von den Fachgerichten verworfen wurde und nunmehr wiederhergestellt werden soll. Das Ministerium muss auch deutlich machen, inwieweit es sich mit der Argumentation der Fachgerichte auseinandergesetzt hat.[238]

Sodann muss dem Bundestag eine tatsächliche Entscheidung ermöglicht werden, das heißt das Ministerium muss in seinem Entwurf Handlungsmöglichkeiten und -konsequenzen aufzeigen. In der Begründung muss angegeben werden, warum eine gesetzliche Regelung überhaupt nötig ist (§43 Abs. 1 Nr. 1 GGO), ob andere Lösungsmöglichkeiten bestehen (§43 Abs. 1 Nr. 3 GGO) und welche Folgen die gesetzliche Regelung (insbesondere in finanzieller Hinsicht) voraussichtlich hat (§43 Abs. 1 Nr. 5 GGO i. V. m. §44 Abs. 2 GGO). Nimmt man diese Vorgaben als Ausfluss des verfassungsrechtlichen Loyalitätsgebots ernst, so kann sich das federführende Ministerium nicht auf die (allerdings in der Praxis häufig anzutreffende) bloße Worthülse „Alternativen: Keine" zurückziehen. Dem Bundestag müssen bei einem Nichtanwendungsgesetz in jedem Fall die Konsequenzen aufgezeigt werden, die sich aus der zu korrigierenden Rechtsprechung ergeben würden und die Vorlage muss schlüssig darlegen, warum diese Folgen aus Sicht der Regierung nicht hinnehmbar sind.

In Zusammenarbeit mit dem Bundesministerium der Justiz (spätestens, wenn dieses die Rechtsförmlichkeit und Rechtssystematik der Neuregelung prüft, §46 Abs. 1 GGO) müssen zudem den gerade bei punktuellen Nichtanwendungsgesetzen bestehenden Bedenken, dass sich die Neuregelung nicht in die bisherige Gesetzessystematik einfügt, Rechnung getragen werden. Bei rückwirkenden Nichtanwendungsgesetzen muss die Frage, ob mit der Neuregelung in verfassungsrechtlich bedenklicher Weise in geschützte Vertrauenspositionen einzelner Bürger eingegriffen wird, ausdrücklich bedacht werden.[239] All diese Überlegungen und Prüfungen sind in der Begründung der Regierungsvorlage offenzulegen und im Zweifel gegenüber den Abgeordneten im Plenum oder in Ausschüssen zu erläutern.

Bei zusammenfassender Betrachtung gewährleistet das für die Entwicklung von Gesetzesentwürfen auf Ministerialebene bestehende Verfahren grundsätzlich eine umfassende fachliche Prüfung des Gesetzesvorhabens, insbesondere, weil es die Einbindung verschiedener Fachreferate[240] und Ministerien vorsieht (im Falle von Nichtanwendungsgesetzen muss neben dem Bundesministerium der Finanzen zumindest auch noch das Bundesministerium der Justiz beteiligt werden). Verfassungsrechtliche Bedenken gegen die Regelung und rechtspolitische Alternativen müssen zumindest geprüft werden. Die vorgenommenen Ar-

[238] Ebenso *Kreile*, FS Wallis, 1985, S. 183, 190; *Knobbe-Keuk*, BB 1985, 941, 943.

[239] Zu dieser Funktion der rechtsförmlichen Prüfung *Schneider*, Gesetzgebung, 3. Auflage 2002, Rn. 98; *König*, FS Ule, 1987, S. 121, 134f.

[240] *Schneider*, Gesetzgebung, 3. Auflage 2002, Rn. 99f.

beitsschritte werden gegenüber dem Bundestag in der Begründung der Regierungsvorlage transparent gemacht, sodass die Abgeordneten die Erwägungen der Beamten nachvollziehen, hinterfragen und ihrer politischen Entscheidung zugrunde legen können.

Ein entsprechendes Vorgehen fordert die Gewaltenloyalität auch, wenn ein Nichtanwendungsgesetz erst als Änderungsvorschlag in ein laufendes Gesetzgebungsverfahren eingebracht wird (insbesondere während der Beratungen im Finanzausschuss) und das Bundesfinanzministerium hierzu Vorarbeiten leistet (beispielsweise, indem es Formulierungsvorschläge unterbreitet oder einen Änderungsantrag überhaupt anregt): Der Regelungsbedarf und -anlass müssen offengelegt und auf alternative Lösungsmöglichkeiten hingewiesen werden. Die Folgen der gesetzlichen Neuregelung müssen dargestellt und mögliche verfassungsrechtliche Bedenken adressiert werden.

Legt man diese, für den Normalfall der ministerialen Entwicklung von Gesetzesvorlagen einfachgesetzlich abgesicherte Begründungs- und Darstellungspflicht zugrunde, so erscheint der formalistische Vorschlag von *Suck*, Nichtanwendungsgesetze dürften ausschließlich im Rahmen eines jeweils eigenständigen Gesetzgebungsverfahrens und nur mit der Betitelung „Nichtanwendungsgesetz gegen die Entscheidung des Bundesfinanzhofs vom …“ erlassen werden,[241] als zu weitgehend. Der damit erhoffte Beitrag zur Transparenz der Nichtanwendungsgesetzgebung ist angesichts der Vielgestaltigkeit der steuerlichen Nichtanwendungsgesetze[242] begrenzt: Erst eine ausführliche Begründung kann Regelungsbedarf, -anlass und -alternativen sowie die Folgen der vorgeschlagenen Neuregelung für die Abgeordneten und die Bürger offenlegen. Es ist auch zu bezweifeln, ob allein das Verbot, Nichtanwendungsgesetze gemeinsam mit anderen Neuregelungen in einer Gesetzesvorlage zu bündeln (sog. Omnibus-, Artikel- oder Mantelgesetze), zu einer intensiveren Auseinandersetzung der Abgeordneten mit den Regelungsvorschlägen führt.[243] Die Verlagerung in ein anderes Gesetzgebungsverfahren erhöht weder die personellen noch die zeitlichen Kapazitäten der Abgeordneten. Erforderlich aber auch hinreichend erscheint es vielmehr, die Abgeordneten im Rahmen des parlamentarischen Verfahrens durch die oben aufgezeigten Begründungserfordernisse auf die Hintergründe der vorgeschlagenen Neuregelung und bestehende verfassungsrechtliche und rechtspolitische Bedenken aufmerksam zu machen, damit diese eine fundierte politische Entscheidung treffen können.

Ein Verstoß gegen das Gebot der Gewaltenloyalität zwischen Exekutive und Legislative kann demnach nur dann vorliegen, wenn die Ministerien ihre Prüfungs- und Begründungspflichten nicht einhalten oder ihren Wissensvorsprung

[241] *Suck*, Das Nichtanwendungsgesetz als Instrument der Steuerpolitik, 2018, S. 306ff.

[242] Vgl. §2 B. I.; C.

[243] So aber *Suck*, Das Nichtanwendungsgesetz als Instrument der Steuerpolitik, 2018, S. 308.

missbrauchen, indem sie Informationen zurückhalten oder aus dem Zusammenhang reißen. Selbst wenn ein solcher Verstoß vorliegt, kommt eine Heilung im Verlauf des parlamentarischen Verfahrens in Betracht: Wird beispielsweise durch die Anhörung von Sachverständigen im Rahmen des parlamentarischen Verfahrens aufgedeckt, dass bei der Erstellung einer Regierungsvorlage die Auswirkungen der gesetzlichen Regelung nicht ausreichend ermittelt oder fehlerhaft dargestellt wurden, so mag darin zwar ein Verstoß gegen die Gewaltenloyalität liegen. Wird dieses Informationsdefizit aber durch die Auskünfte der Sachverständigen ausgeglichen oder liefert das Ministerium die zunächst fehlenden Angaben nach, besteht kein Anlass das auf dieser Basis verabschiedete Gesetz für verfassungswidrig zu halten. Angesichts der einfachgesetzlichen Vorgaben für die Entwicklung von Gesetzesvorlagen und der zusätzlichen Informationsquellen für Abgeordnete werden Nichtanwendungsgesetze nur in atypischen Ausnahmefällen wegen eines Verstoßes gegen das Gebot der Gewaltenloyalität verfassungswidrig sein.[244]

C. Die Korrektur gerichtlicher Entscheidungen durch die Legislative

Um die Einwirkungen des Gewaltenteilungsgrundsatzes vollständig zu erfassen, ist nunmehr noch zu untersuchen, ob der Gesetzgeber beim Erlass eines Nichtanwendungsgesetzes seine Befugnisse im Verhältnis zur Judikative überschreitet. Die Prüfung kann abermals in eine mögliche Verletzung des Kernbereichs und in einen möglichen Verstoß gegen die Gewaltenloyalität gegliedert werden. Eine Verletzung des Kernbereichs judikativen Handelns machen jene Autoren geltend, die dem Gesetzgeber vorwerfen, er maße sich mit dem Erlass eines Nichtanwendungsgesetz eine „genuin rechtsprechende Tätigkeit“[245] an. Auf einen Verstoß gegen die Gewaltenloyalität zielt die Kritik, der Gesetzgeber verhalte sich „illoyal“[246] oder verstoße gegen das „Mäßigungsgebot“.[247]

---

[244] I. E. auch *Desens*, Bindung der Finanzverwaltung an die Rechtsprechung, 2011, S. 68; *Möllers*, Gewaltengliederung, 2005, S. 411 f.; *Schlenk*, Bundesfinanzhof und Finanzverwaltung in Kooperation und Unabhängigkeit, 2012, S. 138 f.; A. A. *Suck*, Das Nichtanwendungsgesetz als Instrument der Steuerpolitik, 2018, S. 306 ff., 315, 320, der im Ergebnis sämtliche von ihm untersuchten Nichtanwendungsgesetze für formell verfassungswidrig hält, weil sie nicht in einem eigenständigen Gesetzgebungsverfahren erlassen wurden und die Bezeichnung „Nichtanwendungsgesetz“ nicht im Titel tragen.

[245] *Knobbe-Keuk*, BB 1985, 941, 942; *dies.*, in: Deutsches Anwaltsinstitut e. V. (Hrsg.), Jahrbuch der Fachanwälte für Steuerrecht 1985/86, 1986, S. 282, 285 f.; *Schönfeld/Bergmann*, DStR 2015, 257, 260; vgl. auch *J. Lang*, StuW 1992, 14, 15: „Nichtanwendungsgesetz entmachtet den Richter“.

[246] *J. Lang*, StuW 1992, 14, 23 f.; *Völker/Ardizzoni*, NJW 2004, 2413, 2416; ähnlich auch *Heide Schaumburg/Harald* Schaumburg, FS Spindler, 2011, S. 171, 187; *Franz/Spielmann*, VersR 2012, 960, 964.

[247] *Crezelius*, FS Felix, 1989, S. 37, 49; *Harald Schaumburg*, in: Brandt (Hrsg.), Für eine bessere Steuerrechtskultur, 2004, S. 73, 94 f.

Wiederum muss die Prüfung von den verfassungsrechtlichen Vorgaben für das Verhältnis zwischen Legislative und Exekutive ausgehen, um sodann die beiden Prüfungsmaßstäbe konkretisieren zu können.

I. Zusammenwirken von Legislative und Judikative bei der Rechtsetzung

Nichtanwendungsgesetze stellen eine Reaktion auf eine fachgerichtliche Entscheidung dar und entziehen dieser die normativen Grundlagen. Der Gesetzgeber greift also bewusst in die Auslegung des Gesetzes durch die Fachgerichte ein und schafft eine neue Rechtslage. Um die Zulässigkeit dieses Vorgehens beurteilen zu können, muss die verfassungsrechtliche Rollenverteilung zwischen Legislative und Judikative bei der juristischen Bewertung und Prägung eines Lebenssachverhalts herausgearbeitet werden.

1. Gesetze als wirkungsmächtige Instrumente der Legislative

Wie bereits herausgestellt wurde,[248] ist zentrale Aufgabe der Legislative und insbesondere des Parlaments die Gesetzgebung. Auf Grundlage seiner herausgehobenen demokratischen Legitimation obliegt es dem Bundestag, den politischen Willen des Volkes zu bilden und zu konkretisieren. Die Verfassung stellt dafür ein flexibles und einflussoffenes Verfahren zur Verfügung, das die Bewältigung der vielgestaltigen Realität und der wechselseitigen Interessen und Bedürfnisse der Bürger erst ermöglicht. Es besteht eine Korrelation zwischen der anspruchsvollen und umfassenden Aufgabe, regelungsbedürftige Umstände zu ermitteln und einer gemeinwohlorientierten Lösung zuzuführen, und dem dafür eingerichteten Verfahren.

Für das hier zu untersuchende funktionale Verhältnis zwischen Legislative und Judikative rückt nunmehr ein weiterer Aspekt der legislativen Arbeit in den Vordergrund: Die umfassende Aufgabenstellung setzt nicht nur ein dementsprechend ausgestaltetes Verfahren voraus, sie kann auch nur dann bewältigt werden, wenn die getroffenen Entscheidungen weitreichende Wirkungen entfalten.[249] Erst dadurch, dass die im parlamentarischen Verfahren erlassenen Gesetze die Wirklichkeit prägen und umgestalten können, kann der im diskursiven Verfahren durch die demokratischen Vertreter ermittelte Wille des Volkes auch praktisch vollzogen werden. In einer parlamentarischen Demokratie müssen Gesetze eine Schlüsselstellung einnehmen.[250] Im Grundgesetz lässt sich diese Schlüsselstellung an verschiedenen zentralen Vorschriften festmachen:

---

[248] Siehe oben § 4 B. I. 1.

[249] *Zimmer*, Funktion, Kompetenz, Legitimation, 1979, S. 259f. spricht von einer „Proportionalität“ zwischen Erzeugungsverfahren und Relevanz der Regelung; ähnlich *Siedler*, Gesetzgeber und Bundesverfassungsgericht, 1999, S. 19.

[250] *Ossenbühl*, HStR V, 3. Auflage 2007, § 100 Rn. 76; *Hufeld*, in: Bonner Komm. GG, Art. 19 Abs. 1 S. 1 Rn. 52.

Die Verfassung schreibt zunächst für eine Vielzahl von Entscheidungen ausdrücklich die Gesetzesform vor. Dabei erfüllen diese einzelnen Gesetzesvorbehalte ganz unterschiedliche Funktionen:[251] Grundrechtliche Gesetzesvorbehalte[252] dienen dazu, die Rechte Einzelner zu begrenzen oder miteinander in einen Ausgleich zu bringen. Zum Teil können sie den Gesetzgeber auch verpflichten, bestimmte Rechtspositionen oder Verfahren zum Schutz solcher Positionen überhaupt erst auszugestalten.[253] In dieser Funktion ähneln sie institutionell-organisatorischen Gesetzesvorbehalten, wie sie beispielsweise für das Berufsbeamtentum[254] oder die politischen Parteien[255] bestehen: Die Verfassung schützt zwar die Institution als solche, die Ausformung im Detail muss aber noch durch gesetzliche Regelungen erfolgen. Entsprechende Vorbehalte bestehen auch für die Bildung und Verfahrensweise von Staatsorganen[256] sowie für die Organisation und das Verfahren der Verwaltung.[257] Gesetzliche Regelungen sind weiterhin in weiten Teilen des Finanz- und Haushaltsrechts[258] sowie bei internationalen Beziehungen[259] und der europäischen Integration[260] erforderlich.

Neben diesen speziellen Gesetzesvorbehalten steht als weiterer ungeschriebener Verfassungsgrundsatz ein allgemeiner Gesetzesvorbehalt. Einerseits gründet sich dieser im Rechtsstaatsprinzip, spezifisch im Schutz des Einzelnen vor freiheitsverkürzenden Maßnahmen der Exekutive. Danach muss ein Eingriff in die subjektiven öffentlichen Rechte eines Bürgers stets auf Grundlage einer gesetzlichen Ermächtigung erfolgen.[261] Andererseits folgt aus dem Demokratieprinzip und damit letztlich aus der besonderen demokratischen Le-

---

[251] Die Typologie folgt den Ausführungen von *Ossenbühl*, HStR V, 3. Auflage 2007, § 101 Rn. 35 ff.; weitgehend übereinstimmend auch *Grzeszick*, in: Maunz/Dürig, GG, Art. 20 VI. Rn. 91 ff.; *Schmidt-Aßmann*, HStR II, 3. Auflage 2004, § 26 Rn. 63.

[252] Z. B. Art. 2 Abs. 1, Art. 2 Abs. 2 S. 3, Art. 5 Abs. 2, Art. 6 Abs. 3, Art. 8 Abs. 2, Art. 10 Abs. 2 S. 1, Art. 11 Abs. 2 S. 1, Art. 12 Abs. 1 S. 2, Art. 12a Abs. 3 S. 2, Abs. 6 S. 1, Art. 13 Abs. 2, Abs. 7, Art. 14 Abs. 3 S. 2, Art. 16 Abs. 1 S. 2, Art. 16 Abs. 2 S. 2, Art. 16a Abs. 2 S. 2, Art. 16a Abs. 3 S. 1, Art. 16a Abs. 4 S. 2, Art. 17a Abs. 1, Abs. 2 GG.

[253] Z. B. Art. 4 Abs. 3 S. 3, Art. 6 Abs. 1, Abs. 2, Abs. 4, Abs. 5, Art. 12a Abs. 2 S. 3, Art. 14 Abs. 1 S. 2 GG.

[254] Art. 33 Abs. 5 GG.

[255] Art. 21 Abs. 3 GG.

[256] Z. B. Art. 38 Abs. 3, 54 Abs. 7, Art. 94 Abs. 2, Art. 95 Abs. 3 S. 2, Art. 96 Abs. 2 S. 3, Art. 101 Abs. 2, Art. 114 Abs. 2 S. 3 GG.

[257] Z. B. Art. 84 Abs. 1 S. 2, S. 5 ff., Art. 85 Abs. 1 S. 1 Hs. 2, Art. 86 S. 2, Art. 87 Abs. 3, Art. 87b Abs. 1 S. 3, Art. 87d Abs. 2, Art. 91a Abs. 2, Art. 108 Abs. 1 S. 2, Abs. 4 S. 1, Abs. 5 S. 1 GG.

[258] Z. B. Art. 106 Abs. 3 S. 3, Abs. 4 S. 2, Abs. 5 S. 2, Abs. 5a S. 3, Abs. 6 S. 5, Art. 106a S. 2, Art. 106b S. 2, Art. 107 Abs. 1 S. 2, S. 4, Art. 109 Abs. 4, Art. 109a S. 1, Art. 110 Abs. 2 ff., Art. 112 S. 3, Art. 115 Abs. 1 GG.

[259] Z. B. Art. 24 Abs. 1, Art. 59 Abs. 2 S. 1 GG.

[260] Z. B. Art. 23 Abs. 1 S. 2, Abs. 1a S. 3, Abs. 3 S. 3, Abs. 7 GG.

[261] BVerfG, Beschluss v. 28.10.1975 – 2 BvR 883/73, 2 BvR 379/74, 2 BvR 497/74, 2 BvR 526/74, BVerfGE 40, 237, juris Rn. 34; BVerfG, Beschluss v. 19.4.1978 – 2 BvL 2/75, BVerfGE 48, 210, juris Rn. 38; BVerfG, Urteil v. 5.11.2014 – 1 BvF 3/11, BVerfGE 137, 350, juris Rn. 33;

gitimation des Parlaments, dass auch unabhängig von einer Rechtsverkürzung bestimmte grundlegende Entscheidungen vom Gesetzgeber getroffen werden müssen[262] und nicht von diesem auf eine andere, demokratisch weniger legitimierte Instanz verlagert werden dürfen.[263] Beide Begründungsstränge stehen ergänzend nebeneinander[264] und werden vom Bundesverfassungsgericht in der sog. Wesentlichkeitstheorie[265] zusammengeführt: Der Gesetzgeber muss alle wesentlichen Entscheidungen selbst treffen. Es besteht zudem ein Zusammenhang zwischen der Wesentlichkeit eines Sachverhalts und der gebotenen Regelungstiefe:[266] Je gravierender insbesondere die Eingriffe in Rechtspositionen des Einzelnen sind, desto bestimmter müssen sich Voraussetzungen und Ausmaß der zulässigen Eingriffe bereits aus der gesetzlichen Grundlage ergeben.[267] Was im Einzelnen wesentlich ist und welche Entscheidungen der Gesetzgeber anderen Gewalten (insbesondere der Exekutive) übertragen darf, kann dabei

---

kritisch zu einer (alleinigen) Begründung aus dem Rechtsstaatsprinzip *Grzeszick*, in: Maunz/Dürig, GG, Art. 20 VI. Rn. 100.

[262] BVerfG, Beschluss v. 9.5.1972 – 1 BvR 518/62, 1 BvR 308/64, BVerfGE 33, 125, juris Rn. 106; BVerfG, Beschluss v. 28.10.1975 – 2 BvR 883/73, 2 BvR 379/74, 2 BvR 497/74, 2 BvR 526/74, BVerfGE 40, 237, juris Rn. 34; BVerfG, Urteil v. 24.5.2006 – 2 BvR 669/04, BVerfGE 116, 24, juris Rn. 74; ebenso *Grzeszick*, in: Maunz/Dürig, GG, Art. 20 VI. Rn. 101.

[263] Der Gesetzesvorbehalt wirkt insoweit also auch als Delegationsverbot; BVerfG, Beschluss v. 9.5.1972 – 1 BvR 518/62, 1 BvR 308/64, BVerfGE 33, 125, juris Rn. 106; BVerfG, Beschluss v. 21.12.1977 – 1 BvL 1/75, 1 BvR 147/75, BVerfGE 47, 46, juris Rn. 90 ff.; BVerfG, Beschluss v. 27.11.1990 – 1 BvR 402/87, BVerfGE 83, 130, juris Rn. 39; ebenso *Grzeszick*, in: Maunz/Dürig, GG, Art. 20 VI. Rn. 106; *Ossenbühl*, HStR V, 3. Auflage 2007, § 101 Rn. 53; *Röthel*, Normkonkretisierung im Privatrecht, 2004, S. 63 ff.

[264] BVerfG, Beschluss v. 9.5.1972 – 1 BvR 518/62, 1 BvR 308/64, BVerfGE 33, 125, juris Rn. 106; BVerfG, Beschluss v. 27.1.1976 – 1 BvR 2325/73, BVerfGE 41, 251, juris Rn. 25; BVerfG, Beschluss v. 8.8.1978 – 2 BvL 8/77, BVerfGE 49, 89, juris Rn. 77; BVerfG, Urteil v. 6.7.1999 – 2 BvF 3/90, BVerfGE 101, 1, juris Rn. 125; BVerfG, Beschluss v. 11.7.2013 – 2 BvR 2302/11, 2 BvR 1279/12, BVerfGE 134, 33, juris Rn. 129; BVerfG, Beschluss v. 1.4.2014 – 2 BvF 1/12, 2 BvF 3/12, BVerfGE 136, 69, juris Rn. 102; *Grzeszick*, in: Maunz/Dürig, GG, Art. 20 VI. Rn. 104; vgl. zur historischen Entwicklung der beiden Begründungsstränge *Ossenbühl*, HStR V, 3. Auflage 2007, § 101 Rn. 41 ff.; *Grzeszick*, in: Maunz/Dürig, GG, Art. 20 VI. Rn. 77 ff.

[265] Vgl. zum Begriff nur BVerfG, Beschluss v. 27.11.1990 – 1 BvR 402/87, BVerfGE 83, 130, juris Rn. 74; BVerfG, Beschluss v. 26.6.1991 – 1 BvR 779/85, BVerfGE 84, 212, juris Rn. 40; BVerfG, Beschluss v. 17.9.2013 – 2 BvE 6/08, 2 BvR 2436/10, BVerfGE 134, 141, juris Rn. 126, jew. m. w. N.; zur (i. W. terminologischen) Kritik *Grzeszick*, in: Maunz/Dürig, GG, Art. 20 VI. Rn. 103 m. w. N.

[266] BVerfG, Urteil v. 6.12.1972 – 1 BvR 230/70, 1 BvR 95/71, BVerfGE 34, 165, juris Rn. 104; BVerfG, Beschluss v. 8.8.1978 – 2 BvL 8/77, BVerfGE 49, 89, juris Rn. 79; BVerfG, Urteil v. 16.6.1981 – 1 BvL 89/78, BVerfGE 57, 295, juris Rn. 90; BVerfG, Urteil v. 6.7.1999 – 2 BvF 3/90, BVerfGE 101, 1, juris Rn. 125; BVerfG, Beschluss v. 23.3.2011 – 2 BvR 882/09, BVerfGE 128, 282, juris Rn. 73; *Hofmann*, in: Schmidt-Bleibtreu/Hofmann/Henneke, GG, 14. Auflage 2018, Art. 20 Rn. 84.

[267] Der Gesetzgeber muss aber auch dann nicht jedes Detail regeln; zur insoweit begrenzenden Bedeutung der Wesentlichkeitstheorie *G. Kirchhof*, Die Allgemeinheit des Gesetzes, 2012, S. 246 ff. m. w. N.

nur bereichsspezifisch[268] und unter Rückgriff auf einschlägige allgemeine verfassungsrechtliche Prinzipien ermittelt werden.[269] Eine maßgebliche Rolle kommt nach der Rechtsprechung den Grundrechten zu;[270] auf Details kommt es hier aber nicht an.[271] Um die Schlüsselfunktion des Gesetzes zu erfassen, genügt die Feststellung, dass auch jenseits der ausdrücklichen Gesetzesvorbehalte zentrale Entscheidungen verfassungsrechtlich dem Gesetzgeber zugeordnet werden.

Ein weiterer deutlicher Beleg für die herausgehobene Stellung des förmlichen Parlamentsgesetzes ist der in Art. 20 Abs. 3 Hs. 2 GG normierte Grundsatz vom Vorrang des Gesetzes:[272] Die vollziehende Gewalt und die Rechtsprechung sind an das vom Parlament erlassene Gesetz gebunden. Exekutive und Judikative müssen die Gesetze also anwenden (Anwendungsgebot)[273] und es ist ihnen nicht erlaubt, gegen das Gesetz zu verstoßen (Abweichungsverbot).[274] Der im Gesetz niedergelegte Wille des Volkes muss durch die anderen Gewalten umgesetzt werden.[275] Daraus ergibt sich zwar kein Vorrang der Legislative in dem Sinne, dass sie den anderen Gewalten übergeordnet wäre. Trotz des Vorrangs des Gesetzes verbleibt es bei einer Aufteilung der Staatsgewalt mit eigenen, von der Legislative zu respektierenden funktionellen Zuständigkeitsbereichen von Exekutive und Judikative.[276] Der Vorrang des Gesetzes konstituiert allerdings

---

[268] BVerfG, Urteil v. 21.6.1977 – 1 BvL 14/76, BVerfGE 45, 187, juris Rn. 194; BVerfG, Beschluss v. 8.8.1978 – 2 BvL 8/77, BVerfGE 49, 89, juris Rn. 78; BVerfG, Beschluss v. 23.3.2011 – 2 BvR 882/09, BVerfGE 128, 282, juris Rn. 73; BVerfG, Beschluss v. 1.4.2014 – 2 BvF 1/12, 2 BvF 3/12, BVerfGE 136, 69, juris Rn. 102; *Grzeszick*, in: Maunz/Dürig, GG, Art. 20 VI. Rn. 105; *Ossenbühl*, HStR V, 3. Auflage 2007, § 101 Rn. 56 f.

[269] BVerfG, Beschluss v. 28.10.1975 – 2 BvR 883/73, 2 BvR 379/74, 2 BvR 497/74, 2 BvR 526/74, BVerfGE 40, 237, juris Rn. 34; BVerfG, Beschluss v. 8.8.1978 – 2 BvL 8/77, BVerfGE 49, 89, juris Rn. 78; BVerfG, Urteil v. 14.7.1998 – 1 BvR 1640/97, BVerfGE 98, 218, juris Rn. 132; *Grzeszick*, in: Maunz/Dürig, GG, Art. 20 VI. Rn. 109.

[270] So formuliert das BVerfG auch: „Im grundrechtsrelevanten Bereich bedeutet wesentlich in der Regel wesentlich für die Verwirklichung der Grundrechte"; vgl. z. B. BVerfG, Beschluss v. 21.12.1977 – 1 BvL 1/75, 1 BvR 147/75, BVerfGE 47, 46, juris Rn. 92; BVerfG, Beschluss v. 27.11.1990 – 1 BvR 402/87, BVerfGE 83, 130, juris Rn. 39; BVerfG, Urteil v. 14.7.1998 – 1 BvR 1640/97, BVerfGE 98, 218, juris Rn. 132, jew. m. w. N.

[271] Vgl. z. B. den Überblick zu weiteren Wesentlichkeitskriterien bei *Grzeszick*, in: Maunz/Dürig, GG, Art. 20 VI. Rn. 107; *Jarass*, in: Jarass/Pieroth, GG, 15. Auflage 2018, Art. 20 Rn. 72 ff.

[272] Der Begriff gehört zum festen staatsrechtlichen Repertoire, vgl. schon BVerfG, Beschluss v. 6.5.1958 – 2 BvL 37/56, 2 BvL 11/57, BVerfGE 8, 155, juris Rn. 81 f. m. w. N.

[273] *Ossenbühl*, HStR V, 3. Auflage 2007, § 101 Rn. 5.

[274] BVerfG, Beschluss v. 6.5.1958 – 2 BvL 37/56, 2 BvL 11/57, BVerfGE 8, 155, juris Rn. 81 f.; BVerfG, Beschluss v. 28.10.1975 – 2 BvR 883/73, 2 BvR 379/74, 2 BvR 497/74, 2 BvR 526/74, BVerfGE 40, 237, juris Rn. 29; BVerfG, Beschluss v. 25.2.1981 – 1 BvR 413/80, 1 BvR 768/80, 1 BvR 820/80, BVerfGE 56, 216, juris Rn. 74; *Ossenbühl*, HStR V, 3. Auflage 2007, § 101 Rn. 6; *Grzeszick*, in: Maunz/Dürig, GG, Art. 20 VI. Rn. 73.

[275] *Ossenbühl*, HStR V, 3. Auflage 2007, § 101 Rn. 7.

[276] Ausdrücklich BVerfG, Beschluss v. 8.8.1978 – 2 BvL 8/77, BVerfGE 49, 89, juris Rn. 74; BVerfG, Urteil v. 18.12.1984 – 2 BvE 13/83, BVerfGE 68, 1, juris Rn. 137; BVerfG, Urteil v.

eine Normenhierarchie: Dort wo der Gesetzgeber zuständig ist und Regelungen erlässt, müssen Verwaltung und Rechtsprechung seinen Entscheidungen folgen und dem gesetzgeberischen Willen durch ihre Handlungen zu möglichst umfassender Wirkung verhelfen.

Der Gesetzgeber wiederum ist (nur) an die Verfassung gebunden (Art. 20 Abs. 3 Hs. 1 GG). Dieser Vorrang der Verfassung[277] relativiert zwar die Stellung des Parlamentsgesetzes und begrenzt damit auch die Reichweite des Vorrangs des Gesetzes: Nicht das Gesetz, sondern die Verfassung steht an der Spitze der Normpyramide. Entsprechend sind Gerichte nach Art. 100 Abs. 1 GG verpflichtet, ein in ihren Augen verfassungswidriges Gesetz dem Bundesverfassungsgericht vorzulegen. Das Bundesverfassungsgericht kontrolliert den Gesetzgeber,[278] kann Gesetze für nichtig erklären[279] und damit den Vorrang der Verfassung auch gegenüber der Legislative durchsetzen. Gleichzeitig zeigt der Vergleich zur weitergehenden Bindung von Exekutive und Judikative aber erneut die Schlüsselstellung des Gesetzes:[280] Für den Gesetzgeber besteht ein größerer Gestaltungs- und Beurteilungsspielraum, er wählt unter der Vielzahl der verfassungskonformen Handlungsoptionen aus. Diese grundlegende Entscheidung muss sodann von Verwaltung und Rechtsprechung akzeptiert und befolgt werden.

Aus der nur eingeschränkten Bindung des Gesetzgebers ergibt sich sodann ein weiteres Alleinstellungsmerkmal des Gesetzes gegenüber den Akten anderer Gewalten: Der Gesetzgeber kann seine Entscheidungen grundsätzlich frei

---

14.7.1998 – 1 BvR 1640/97, BVerfGE 98, 218, juris Rn. 132; BVerfG, Urteil v. 21.10.2014 – 2 BvE 5/11, BVerfGE 137, 185, juris Rn. 141; *Di Fabio*, HStR II, 3. Auflage 2004, §27 Rn. 18; *Möllers*, Gewaltengliederung, 2005, S. 93; *ders.*, Die drei Gewalten, 2008, S. 108; *G. Kirchhof*, Die Allgemeinheit des Gesetzes, 2012, S. 299 f.

[277] Vgl. zum Begriff nur BVerfG, Urteil v. 22.6.1982 – 1 BvR 1376/79, BVerfGE 61, 1, juris Rn. 19; BVerfG, Urteil v. 21.6.2016 – 2 BvE 13/13, 2 BvR 2728/13, 2 BvR 2729/13, 2 BvR 2730/13, 2 BvR 2731/13, WM 2016, 1275, juris Rn. 164; *Ossenbühl*, HStR V, 3. Auflage 2007, §101 Rn. 2; *Hofmann*, in: Schmidt-Bleibtreu/Hofmann/Henneke, GG, 14. Auflage 2018, Art. 20 Rn. 58; *Jarass*, in: Jarass/Pieroth, GG, 15. Auflage 2018, Art. 20 Rn. 45; auch Exekutive und Judikative sind – in der Regel mediatisiert über Gesetze – an die Verfassung gebunden; vgl. *Grzeszick*, in: Maunz/Dürig, GG, Art. 20 VI. Rn. 17 ff. m. w. N. zu unterschiedlichen Begründungssträngen.

[278] Neben einer konkreten Normenkontrolle können Parlamentsgesetze auch im Rahmen einer abstrakten Normenkontrolle (Art. 93 Abs. 1 Nr. 2 GG) oder einer Verfassungsbeschwerde (Art. 93 Abs. 1 Nr. 4a GG) unmittelbar vor dem Bundesverfassungsgericht überprüft werden. Daneben tritt eine Inzidentkontrolle, wenn nicht das Gesetz selbst, sondern eine auf dem Gesetz beruhende Entscheidung der Judikative oder der Exekutive Verfahrensgegenstand sind.

[279] Diese (mögliche) Entscheidungswirkung lässt sich bereits aus dem Wortlaut des Art. 100 Abs. 1 GG ableiten („Gültigkeit“) und entspricht ständiger Verfassungspraxis (vgl. auch §82 Abs. 1 i. V. m. §78 S. 1, 2 BVerfGG sowie §31 Abs. 2 S. 2 BVerfGG); vgl. auch schon BVerfG, Urteil v. 23.10.1951 – 2 BvG 1/51, BVerfGE 1, 14, juris Rn. 93.

[280] Vgl. *Zimmer*, Funktion, Kompetenz, Legitimation, 1979, S. 265; *Grzeszick*, in: Maunz/Dürig, GG, Art. 20 VI. Rn. 72; *Di Fabio*, HStR II, 3. Auflage 2004, §27 Rn. 18.

widerrufen.[281] Er ist – wie bereits dargelegt[282] – verfassungsrechtlich nicht an seine früheren Entscheidungen gebunden.[283] Grenzen ergeben sich erst dort, wo gerade durch eine Gesetzesänderung subjektive Rechte des einzelnen Bürgers verletzt werden. Der Steuergesetzgeber ist insoweit im Wesentlichen durch das aus Art. 3 Abs. 1 GG abgeleitete Folgerichtigkeitsgebot[284] sowie das aus dem Vertrauensschutzprinzip folgende Rückwirkungsverbot[285] beschränkt. Damit wird zwar gleichzeitig in gewissem Umfang auch die demokratisch legitimierte Entscheidung der Vergangenheit gegen eine Änderung im Rahmen neuer Mehrheitsverhältnisse geschützt.[286] Der Gesetzgeber hat aber immer noch einen weiten Änderungsspielraum: Das Folgerichtigkeitsgebot verlangt nur, dass ein in sich kohärentes Regelwerk aufgestellt wird und verhindert damit vor allem punktuelle Abweichungen. Das Rückwirkungsverbot wiederum wirkt nicht absolut, sondern lässt eine Rechtfertigung zu. Außerdem wird dadurch allenfalls die zeitliche Reichweite einer Änderung begrenzt, während inhaltlich eine völlige Umkehr der bisherigen Regelung erlaubt bleibt. Verwaltungsentscheidungen können demgegenüber nur insoweit geändert werden, wie der Gesetzgeber dies ausdrücklich vorgesehen hat.[287] Gerichtsentscheidungen wiederum zeichnen sich gerade durch ihre Rechtskraft und damit ihre prinzipielle Unveränderbarkeit aus.[288]

Neben die geringe inhaltliche Bindung nur an die Verfassung und die weitgehende Reversibilität des Gesetzes tritt ein weiterer Aspekt seiner Flexibilität: Gesetze werden zwar meist abstrakt-generelle Regelungen für eine Vielzahl von Fällen enthalten, weil die vom Gesetzgeber getroffenen grundlegenden Entscheidungen in der Regel nicht nur Einzelfälle betreffen.[289] Zwingend ist

---

[281] *Siedler*, Gesetzgeber und Bundesverfassungsgericht, 1999, S. 36; *Lepsius*, JZ 2014, 488, 494; *ders.*, JZ 2015, 435, 441.

[282] Siehe § 3 A. III. 2. b).

[283] A. A. auf Grundlage eines weitreichenden Kontinuitätsgebots *Leisner-Egensperger*, Kontinuität als Verfassungsprinzip, 2002, S. 165 ff.

[284] St. Rspr., vgl. nur BVerfG, Beschluss v. 7.5.1968 – 1 BvR 420/64, BVerfGE 23, 242, juris Rn. 42; BVerfG, Beschluss v. 7.11.2006 – 1 BvL 10/02, BVerfGE 117, 1, juris Rn. 97; BVerfG, Beschluss v. 24.3.2015 – 1 BvR 2880/11, BStBl II 2015, 622, juris Rn. 40; jew. m. w. N.; vgl. zum Folgerichtigkeitsgebot bereits unter § 2 B. III. 1. und § 3 A. III. 2. a) bb).

[285] Zum Rückwirkungsverbot als Ausprägung des Vertrauensschutzprinzips noch im Detail unter § 6 A.

[286] Diesen Zusammenhang insbesondere mit dem Rückwirkungsverbot betont BVerfG, Beschluss v. 17.12.2013 – 1 BvL 5/08, BVerfGE 135, 1, juris Rn. 54; kritisch dazu BVerfG, Beschluss v. 17.12.2013 – 1 BvL 5/08, BVerfGE 135, 1, juris Rn. 100, Sondervotum *Masing*; *Buchheim/Lassahn*, NVwZ 2014, 562, 564; *Lepsius*, JZ 2014, 488, 494; *ders.*, JZ 2015, 435, 440.

[287] Deutlich z. B. BVerwG, Beschluss v. 21.3.1990 – 9 B 276/89, NVwZ 1990, 774, juris Rn. 3.

[288] Zur Rechtskraft als prägendem Merkmal judikativer Entscheidungen noch im Detail unter § 4 C. II.

[289] Vgl. *Di Fabio*, HStR II, 3. Auflage 2004, § 27 Rn. 51; *Ossenbühl*, HStR V, 3. Auflage 2007, § 100 Rn. 11.

das aber nicht. Die Verfassung erlaubt es durchaus auch, konkrete Sachverhalte im Rahmen eines Gesetzes zu regeln. So enthält Art. 19 Abs. 1 S. 1 GG zwar ein Verbot von Einzelfallgesetzen, das nach seiner systematischen Stellung am Ende des Grundrechtsteils auf alle grundrechtsbeschränkenden Gesetze[290] Anwendung findet.[291] Allerdings wird damit nicht jede gesetzliche Regelung eines konkreten Sachverhalts untersagt, sondern nur die systemwidrige Sonderbehandlung eines einzelnen Falls: Art. 19 Abs. 1 S: 1 GG fordert schon seinem Wortlaut nach kein allgemeines, sondern ein allgemein *geltendes* Gesetz.[292] Das Einzelfallverbot ergänzt und verschärft damit den Gleichheitssatz aus Art. 3 Abs. 1 GG:[293] Wenn der Gesetzgeber von einer allgemein gültigen Regelung abweicht, einen Einzelfall „herausgreift" und einer Sonderbehandlung unterwirft, schließt Art. 19 Abs. 1 S. 1 GG jede Rechtfertigung aus.[294] Konkretisiert er hingegen die allgemeinen Grundsätze nur für einen spezifischen Fall, bleibt das Einzelfallgesetz also systemkonform, so steht diesem Gesetz Art. 19 Abs. 1 S. 1 GG nicht entgegen.[295] Ebenso wenig ist eine Einzelfallregelung aus-

[290] Insbesondere greift das Einzelfallverbot auch bei Gesetzen, die nur Gleichheitsrechte beeinträchtigen oder Grundrechte ausgestalten; wie hier *Hufeld*, in: Bonner Komm. GG, Art. 19 Abs. 1 S. 1 Rn. 7; *Remmert*, in: Maunz/Dürig, GG, Art. 19 Abs. 1 Rn. 30 ff.; *G. Kirchhof*, Die Allgemeinheit des Gesetzes, 2012, S. 211 ff. m. w. N.

[291] Insbesondere die Rechtsprechung beschränkt den Anwendungsbereich demgegenüber mit Verweis auf den Wortlaut auf solche Gesetze, die Freiheitsgrundrechte aufgrund eines ausdrücklichen Gesetzesvorbehalts beschränken; vgl. z. B. BVerfG, Beschluss v. 18.12.1968 – 1 BvR 638/64, 1 BvR 673/64, 1 BvR 200/56, 1 BvR 238/56, 1 BvR 249/56, BVerfGE 24, 367, juris Rn. 100 f.; BVerfG, Urteil v. 7.5.1969 – 2 BvL 15/67, BVerfGE 25, 371, juris Rn. 96; BVerfG, Beschluss v. 27.11.1990 – 1 BvR 402/87, BVerfGE 83, 130, juris Rn. 85; *Enders*, in: BeckOK GG, Art. 19 Rn. 2 ff.

[292] Es ist verfassungsrechtlich unschädlich, wenn eine allgemein anwendbare Regelung aus Anlass eines bestimmten Sachverhalts geschaffen wurde; vgl. nur BVerfG, Urteil v. 29.7.1959 – 1 BvR 394/58, BVerfGE 10, 89, juris Rn. 65 f.; BVerfG, Urteil v. 7.5.1969 – 2 BvL 15/67, BVerfGE 25, 371, juris Rn. 83; BVerfG, Beschluss v. 5.3.1974 – 1 BvL 17/72, BVerfGE 36, 383, juris Rn. 55; BVerfG, Urteil v. 8.7.1976 – 1 BvL 19/75, 1 BvL 20/75, 1 BvR 148/75, BVerfGE 42, 263, juris Rn. 144; BVerfG, Urteil v. 2.3.1999 – 1 BvL 2/91, BVerfGE 99, 367, juris Rn. 124 f.; BVerfG, Urteil v. 12.3.2008 – 2 BvF 4/03, BVerfGE 121, 30, juris Rn. 85; BVerfG, Nichtannahmebeschluss v. 12.5.2015 – 2 BvR 2954/10, NStZ-RR 2015, 357, juris Rn. 51; *Remmert*, in: Maunz/Dürig, GG, Art. 19 Abs. 1 Rn. 36; *Enders*, in: BeckOK GG, Art. 19 Rn. 9; *Ossenbühl*, HStR V, 3. Auflage 2007, § 100 Rn. 32.

[293] Vgl. nur BVerfG, Urteil v. 7.5.1969 – 2 BvL 15/67, BVerfGE 25, 371, juris Rn. 97; BVerfG, Beschluss v. 11.7.2013 – 2 BvR 2302/11, 2 BvR 1279/12, BVerfGE 134, 33, juris Rn. 128; *Hufeld*, in: Bonner Komm. GG, Art. 19 Abs. 1 S. 1 Rn. 8, 10, 22; *Remmert*, in: Maunz/Dürig, GG, Art. 19 Abs. 1 Rn. 15 ff.; *G. Kirchhof*, Die Allgemeinheit des Gesetzes, 2012, S. 232 ff. m. w. N. auch zu anderen Auffassungen.

[294] BVerfG, Urteil v. 7.5.1969 – 2 BvL 15/67, BVerfGE 25, 371, juris Rn. 97; BVerfG, Urteil v. 10.3.1992 – 1 BvR 454/911 u. a., BVerfGE 85, 360, juris Rn. 49; BVerfG, Beschluss v. 11.7.2013 – 2 BvR 2302/11, 2 BvR 1279/12, BVerfGE 134, 33, juris Rn. 128; *Hufeld*, in: Bonner Komm. GG, Art. 19 Abs. 1 S. 1 Rn. 83 f., 99 ff., 111, 113.

[295] BVerfG, Urteil v. 29.11.1961 – 1 BvR 148/57, BVerfGE 13, 225, juris Rn. 15 f.; *Hufeld*, in: Bonner Komm. GG, Art. 19 Abs. 1 S. 1 Rn. 18, 48, 106, 148, 151 ff.; *G. Kirchhof*, Die Allgemeinheit des Gesetzes, 2012, S. 216 f.; jew. mit Beispielen.

geschlossen, wenn es nur einen einzigen regelungsbedürftigen Fall gibt und sachliche Gründe für die gesetzliche Regelung streiten.[296] Aus Art. 19 Abs. 1 S. 1 GG lässt sich damit keine generelle Grenze für die Regelungsbefugnisse des Gesetzgebers ableiten.[297] Auch Art. 14 Abs. 3 S. 2 GG, der eine Enteignung zum Wohle der Allgemeinheit durch Gesetz zulässt, zeigt, dass der Gesetzgeber bei hinreichenden Gründen auch Einzelfallanordnungen treffen kann.[298]

Bestätigt wird dieser Befund wertungsmäßig zudem durch die bereits angestellten Überlegungen zur Stellung des Parlaments und des Gesetzes in der parlamentarischen Demokratie: Wenn sich das parlamentarische Verfahren gerade dadurch auszeichnet, dass es offen für diverse Einflüsse ist und verschiedene Lösungsmöglichkeiten diskursiv einer Lösung zuführt,[299] dann muss auch das Gesetz als Handlungsinstrument der Legislative flexibel einsetzbar sein. Wenn der Vorbehalt des Gesetzes gebietet, dass alle wesentlichen Entscheidungen vom Gesetzgeber selbst getroffen werden müssen und damit auch die Regelungsdichte angesprochen ist,[300] dann kann das unter Umständen auch eine Regelung bis hin zu konkreten Einzelentscheidungen erfordern.[301] Der Grad an verschiedenen möglichen Regelungstypen – von der abstrakt-generellen Anordnung bis hin zum konkret-individuellen Einzelfallgesetz – korreliert mit den weitgehenden verfassungsrechtlichen Aufgaben und Pflichten des Gesetzgebers.

Es ist allerdings abermals zu betonen, dass damit keine Überlegenheit der Legislative gegenüber Judikative und Exekutive begründet wird; der Gesetzgeber muss die funktionalen Zuständigkeiten der anderen Gewalten respektieren:[302] Typischerweise wird das Gesetz abstrakt-generelle Regelungen enthalten, die durch die Judikative konkretisiert und durch die Exekutive im Einzelfall

[296] BVerfG, Urteil v. 7.5.1969 – 2 BvL 15/67, BVerfGE 25, 371, juris Rn. 97; BVerfG, Urteil v. 10.3.1992 – 1 BvR 454/911 u. a., BVerfGE 85, 360, juris Rn. 49f.; *Hufeld*, in: Bonner Komm. GG, Art. 19 Abs. 1 S. 1 GG Rn. 12, 86, 154ff.

[297] Ebenso BVerfG, Urteil v. 8.7.1976 – 1 BvL 19/75, 1 BvL 20/75, 1 BvR 148/75, BVerfGE 42, 263, juris Rn. 144; BVerfG, Beschluss v. 17.7.1996 – 2 BvF 2/93, BVerfGE 95, 1, juris Rn. 49; BVerfG, Beschluss v. 30.6.2015 – 2 BvR 1282/11, NVwZ 2015, 1434, juris Rn. 126; *Remmert*, in: Maunz/Dürig, GG, Art. 19 Abs. 1 Rn. 28; *Zimmer*, Funktion, Kompetenz, Legitimation, 1979, S. 335ff.

[298] BVerfG, Beschluss v. 18.12.1968 – 1 BvR 638/64, 1 BvR 673/64, 1 BvR 200/56, 1 BvR 238/56, 1 BvR 249/56, BVerfGE 24, 367, juris Rn. 103; BVerfG, Beschluss v. 17.7.1996 – 2 BvF 2/93, BVerfGE 95, 1, juris Rn. 49, 79; *Hufeld*, in: Bonner Komm. GG, Art. 19 Abs. 1 S. 1 GG Rn. 164ff.; *Remmert*, in: Maunz/Dürig, GG, Art. 19 Abs. 1 Rn. 23.

[299] Siehe bereits unter § 4 B. I. 1.

[300] Siehe die Nachweise in Fn. 266.

[301] BVerfG, Beschluss v. 11.7.2013 – 2 BvR 2302/11, 2 BvR 1279/12, BVerfGE 134, 33, juris Rn. 129; BVerfG, Beschluss v. 30.6.2015 – 2 BvR 1282/11, NVwZ 2015, 1434, juris Rn. 126; *Remmert*, in: Maunz/Dürig, GG, Art. 19 Abs. 1 Rn. 15; *Möllers*, Gewaltengliederung, 2005, S. 109f.; *Ossenbühl*, HStR V, 3. Auflage 2007, § 100 Rn. 12; *Möllers*, Die drei Gewalten, 2008, S. 96f.

[302] Siehe die Nachweise in Fn. 276.

vollzogen werden.[303] Die Subsumtion eines konkreten Sachverhalts unter allgemeine Vorgaben ist funktional grundsätzlich der Verwaltung vorbehalten, weil diese die Bedingungen des Einzelfalls besser ermitteln und mit anderen Sachverhalten vergleichen kann.[304] Durch diese funktionale Zuordnung wird zugleich ein effektiver Rechtsschutz (Art. 19 Abs. 4 GG) durch die Judikative gesichert,[305] da Verwaltungsakte uneingeschränkt der gerichtlichen Kontrolle unterliegen, während der Bürger gegen vollziehende Gesetze nur Verfassungsbeschwerde erheben kann.[306] Eine Einzelfallregelung muss daher auch jenseits des Anwendungsbereichs von Art. 19 Abs. 1 S. 1 GG die Ausnahme bleiben und bedarf stets besonderer Rechtfertigungsgründe.[307]

Bei zusammenfassender Betrachtung stellt sich das Parlamentsgesetz als wirkungsmächtigste Entscheidungsform im demokratischen Rechtsstaat dar. Zentrale Entscheidungen können nur in Gesetzesform ergehen und binden – solange sie die verfassungsrechtlichen Grenzen wahren – auch Exekutive und Judikative an den gesetzgeberischen Willen. Dabei zeichnen sich Gesetze durch eine hohe inhaltliche Flexibilität und weitgehende Reversibilität aus. Dies ermöglicht es, den im parlamentarischen Verfahren ermittelten Willen des Volkes effektiv in die Wirklichkeit zu transformieren.

2. *Die konkret-individuelle und abstrakt-generelle Konkretisierung der Rechtslage durch Gerichtsentscheidungen*

Auch wenn das Gesetz eine Schlüsselfunktion bei der juristischen Bewältigung der Lebenswirklichkeit einnimmt, kann es seine volle Wirksamkeit erst im Zusammenspiel mit Exekutive und Judikative entfalten. Die grundlegenden Entscheidungen des Gesetzgebers betreffen in der Regel eine Vielzahl von Sachverhalten und sollen eine möglichst gleichmäßige Behandlung vieler unterschiedlicher Personen sicherstellen.[308] Um dieses Ziel zu erreichen, werden Gesetze typischerweise als abstrakt-generelle Normen verfasst, die unbestimmte Rechtsbegriffe enthalten. Nur so kann die legislative Entscheidung über-

---

303 *Ossenbühl*, HStR V, 3. Auflage 2007, § 100 Rn. 11 f.

304 BVerfG, Beschluss v. 11.7.2013 – 2 BvR 2302/11, 2 BvR 1279/12, BVerfGE 134, 33, juris Rn. 128; BVerfG, Beschluss v. 30.6.2015 – 2 BvR 1282/11, NVwZ 2015, 1434, juris Rn. 127; *Zimmer*, Funktion, Kompetenz, Legitimation, 1979, S. 221.

305 Zur Gewährung von Rechtsschutz als wesentlicher Aufgabe der Judikative sogleich unter § 4 C. I. 2.

306 BVerfG, Beschluss v. 30.6.2015 – 2 BvR 1282/11, NVwZ 2015, 1434, juris Rn. 128 ff.; *Remmert*, in: Maunz/Dürig, GG, Art. 19 Abs. 1 Rn. 16.

307 BVerfG, Urteil v. 10.3.1992 – 1 BvR 454/911 u. a., BVerfGE 85, 360, juris Rn. 49 f.; BVerfG, Beschluss v. 17.7.1996 – 2 BvF 2/93, BVerfGE 95, 1, juris Rn. 51; BVerfG, Beschluss v. 30.6.2015 – 2 BvR 1282/11, NVwZ 2015, 1434, juris Rn. 127; BVerfG, Beschluss v. 11.7.2013 – 2 BvR 2302/11, 2 BvR 1279/12, BVerfGE 134, 33, juris Rn. 129.

308 Vgl. zum Zusammenhang zwischen der Allgemeinheit des Gesetzes und dem Gleichbehandlungsgebot nur *Di Fabio*, HStR II, 3. Auflage 2004, § 27 Rn. 51; *G. Kirchhof*, Die Allgemeinheit des Gesetzes, 2012, S. 232 ff.

haupt die umfassende Wirkungsweise erhalten, die die Verfassung ihr zumisst. Gleichzeitig müssen Gesetze dadurch notwendigerweise im Einzelfall konkretisiert werden: Jede sprachliche Abstraktion schafft Interpretationsspielräume und Abgrenzungsschwierigkeiten.[309] In besonderem Maße gilt dies, wenn der gewählte Begriff auf eine normative Wertentscheidung verweist (z.B. „gute Sitten").[310] Ein „eindeutiges" abstrakt-generelles Gesetz kann es nicht geben. Erst der Blick auf die Umstände des Einzelfalls ermöglicht die trennscharfe Abgrenzung, wann ein gesetzlicher Tatbestand erfüllt ist und wann nicht.[311] Diese Konkretisierung muss bei der Anwendung der gesetzlichen Maßstäbe durch Exekutive und Judikative erfolgen (Art. 20 Abs. 3 Hs. 2 GG).[312]

Nach Art. 92 Hs. 1 GG ist die rechtsprechende Gewalt den Richtern anvertraut. Die Verfassung spezifiziert allerdings nicht ausdrücklich, was unter „rechtsprechender Gewalt" zu verstehen ist, sondern bestimmt in Art. 92 Hs. 2 GG nur, dass diese durch das Bundesverfassungsgericht, die in Art. 95 f. GG genannten Bundesgerichte oder die Gerichte der Länder ausgeübt wird. Damit werden zwar die Richter als „besondere Organe" im Sinne von Art. 20 Abs. 2 S. 2 GG benannt, die in der Organisationsform der Gerichte handeln. Die funktionale und organisatorische Gewaltenteilung, die sich auch schon aus Art. 1 Abs. 3 GG, Art. 20 Abs. 2 S. 2 und Abs. 3 GG ableiten lässt, wird dadurch für die rechtsprechende Gewalt bestätigt und bekräftigt.[313] Welche Aufgaben genau den Gerichten zugeordnet werden, lässt sich aber nur mit Blick auf weitere Verfassungsnormen und in Abgrenzung zu den funktionalen Zuständigkeiten der anderen Gewalten bestimmen.

---

309 Vgl. nur *Hillgruber*, in: Maunz/Dürig, GG, Art. 97 Rn. 43; *Schmidt-Aßmann*, HStR II, 3. Auflage 2004, § 26 Rn. 55; *Hassemer*, in: Hassemer/Neumann/Saliger (Hrsg.), Einführung in Rechtsphilosophie und Rechtstheorie der Gegenwart, 9. Auflage 2016, S. 227, 235 f.; *Schroth*, in: Hassemer/Neumann/Saliger (Hrsg.), Einführung in Rechtsphilosophie und Rechtstheorie der Gegenwart, 9. Auflage 2016, S. 243, 243 ff.; *Rüthers/Fischer/Birk*, Rechtstheorie, 10. Auflage 2018, 161, 164 ff.; *Möllers*, Die drei Gewalten, 2008, S. 94.

310 Vgl. nur *Röhl/Röhl*, Allgemeine Rechtslehre, 3. Auflage 2008, S. 633; *Rüthers/Fischer/Birk*, Rechtstheorie, 10. Auflage 2018, Rn. 183; *Hergenröder*, Zivilprozessuale Grundlagen richterlicher Rechtsfortbildung, 1995, S. 4 f.; *Röthel*, Normkonkretisierung im Privatrecht, 2004, S. S. 28 f., 31 ff.; *Rüthers*, Die unbegrenzte Auslegung, 7. Auflage 2012, S. 436 ff.

311 Vgl. nur *Röhl/Röhl*, Allgemeine Rechtslehre, 3. Auflage 2008, S. 503; *Schroth*, in: Hassemer/Neumann/Saliger (Hrsg.), Einführung in Rechtsphilosophie und Rechtstheorie der Gegenwart, 9. Auflage 2016, S. 243, 247 ff.; *Rüthers/Fischer/Birk*, Rechtstheorie, 10. Auflage 2018, Rn. 658 ff.; *Jestaedt*, Grundrechtsentfaltung im Gesetz, 1999, S. 314 f.

312 Siehe bereits unter § 4 C. I. 1 und speziell zum rechtschöpfenden Beitrag der Judikative § 2 B. III. 2. b).

313 BVerfG, Beschluss v. 9.5.1962 – 2 BvL 13/60, BVerfGE 14, 56, juris Rn. 37 ff.; BVerfG, Urteil v. 2.3.1977 – 2 BvE 1/76, BVerfGE 44, 125, juris Rn. 51; *H. A. Wolff*, in: Hömig/Wolff, GG, 12. Auflage 2018, Art. 92 Rn. 1; *Detterbeck*, in: Sachs, GG, 7. Auflage 2014, Art. 92 Rn. 24; *Pieroth*, in: Jarass/Pieroth, GG, 15. Auflage 2018, Art. 92 Rn. 1; *Hufeld*, in: Bonner Komm. GG, Art. 19 Abs. 1 S. 1 Rn. 65; *D. Wilke*, HStR V, 3. Auflage 2007, § 112 Rn. 19; *Zimmer*, Funktion, Kompetenz, Legitimation, 1979, S. 207.

Ähnlich wie bei der Legislative bestehen zum einen ausdrückliche Zuständigkeitszuweisungen an Gerichte. Diese betreffen zunächst die Zuständigkeit des Bundesverfassungsgerichts, das über die Wahrung der Verfassung durch alle staatlichen Institutionen wacht. Sowohl die Rechtmäßigkeit der Beeinträchtigung von Grundrechten oder grundrechtsgleichen Rechten des Bürgers durch den Staat als auch innerstaatliche Auseinandersetzungen über die Reichweite verfassungsrechtlicher Rechte und Pflichten einzelner Hoheitsträger werden durch das Bundesverfassungsgericht auf Grundlage des Grundgesetzes entschieden. Die prozessualen Wege sind dabei vielfältig,[314] gemeinsam ist ihnen allen, dass das Bundesverfassungsgericht nicht aus eigener Zuständigkeit, sondern nur auf Antrag tätig wird.

Die einfachen Gerichte sind zunächst für die Anordnung besonders schwerwiegender Grundrechtseingriffe zuständig (sog. Richtervorbehalte),[315] wirken also insoweit am Vollzug der Gesetze unmittelbar mit.[316] Daneben wird ihnen aber vor allem die Entscheidung von Streitigkeiten zugeordnet (sog. spruchrichterliche Tätigkeiten).[317] Neben den besonderen Rechtsweggarantien für Entschädigungen bei Enteignungen (Art. 14 Abs. 3 S. 4 GG) und Schadensersatz bei Amtspflichtverletzungen (Art. 34 S. 3 GG) wird die Stellung der Gerichte im positiven Verfassungsrecht durch das Gebot effektiven Rechtsschutzes (Art. 19 Abs. 4 S. 1 GG) bestimmt:[318] Verletzt die öffentliche Gewalt den Bürger in seinen Rechten, so steht ihm der Rechtsweg offen, d. h. die insbesondere[319] von der

---

[314] Vgl. insbesondere Art. 41 Abs. 2, Art. 93 Abs. 1 Nr. 1–4c, Art. 98 Abs. 2 Art. 100 Abs. 1–3, Art. 126 GG.

[315] Vgl. insbesondere Art. 13 Abs. 2 Hs. 1, Abs. 3, Abs. 4, Abs. 5 S. 2 Hs. 1, Art. 104 Abs. 2 S. 1 f., Abs. 3 GG.

[316] Dass es sich hierbei – jedenfalls bei der gebotenen materiellen und funktionellen Betrachtung – nicht um die Ausübung rechtsprechender Gewalt handelt, zeigt sich schon daran, dass die Anordnung bei Gefahr im Verzug häufig auch durch andere Stellen erfolgen kann, was der exklusiven Zuordnung der rechtsprechenden Gewalt zu den Richtern in Art. 92 GG widerspricht; ebenso BVerfG, Beschluss v. 30.4.2003 – 1 PBvU 1/02, BVerfGE 107, 395, juris Rn. 32; *Hillgruber*, in: Maunz/Dürig, GG, Art. 92 Rn. 40; *Sachs*, in: Sachs, GG, 7. Auflage 2014, Art. 19 Rn. 120a.

[317] BVerfG, Beschluss v. 30.4.2003 – 1 PBvU 1/02, BVerfGE 107, 395, juris Rn. 32; BVerfG, Beschluss v. 3.8.2004 – 1 BvR 135/00, 1 BvR 1086/01, BVerfGK 4, 1, juris Rn. 18; BVerfG, Beschluss v. 2.12.2014 – 1 BvR 3106/09, BVerfGE 138, 33, juris Rn. 17; *D. Wilke*, HStR V, 3. Auflage 2007, § 112 Rn. 60; *Schmidt-Aßmann*, in: Maunz/Dürig, GG, Art. 19 Abs. 4 Rn. 99.

[318] Zum Gebot effektiven Rechtsschutzes noch detailliert unter § 5 A.

[319] Rechtsschutz gegen Akte der Legislative wird in der Regel durch die Inzidentkontrolle von Gesetzen bei der Prüfung der Rechtmäßigkeit eines Verwaltungsaktes gewährleistet. Verfassungsrechtlich abgesichert ist diese Inzidentkontrolle durch die Vorlagepflicht nach Art. 100 Abs. 1 GG sowie die Möglichkeit zur Verfassungsbeschwerde nach Art. 93 Abs. 1 Nr. 4a GG nach Erschöpfung des Rechtswegs. Die Verfassungsbeschwerde ermöglicht auch effektiven Rechtsschutz gegen Gesetze, die keines zusätzlichen Vollzugsaktes bedürfen. Gegen gerichtliche Entscheidungen besteht ein Anspruch auf effektiven Rechtsschutz nach Art. 19 Abs. 4 GG nur insoweit die Gerichte gesetzesvollziehend tätig werden; BVerfG, Beschluss v. 30.4.2003 – 1 PBvU 1/02, BVerfGE 107, 395, juris Rn. 32; BVerfG, Beschluss v.

Exekutive getroffene Entscheidung muss einer Überprüfung durch ein Gericht unterliegen.

Es ist allerdings anerkannt, dass sich der Begriff der Rechtsprechung nicht rein formell mit Blick auf die im Grundgesetz ausdrücklich normierten Zuständigkeiten der Gerichte bestimmen lässt. Vielmehr ging der Verfassungsgeber von einem traditionellen Aufgabenbestand der bereits bestehenden Gerichtsbarkeiten aus, die ebenfalls rechtsprechende Gewalt ausüben. Nur so erklärt sich, dass in den Art. 95 und 96 GG teils obligatorisch, teils fakultativ die Einrichtung von obersten Gerichtshöfen für bestimmte Rechtsbereiche angeordnet wird, die nach Art. 92 Hs. 2 GG an der Ausübung der rechtsprechenden Gewalt mitwirken.[320] Entsprechend zählen beispielsweise die Entscheidung bürgerlicher Rechtsstreitigkeiten vermögensrechtlicher Art zum Kernbereich zivilgerichtlicher[321] und die Verhängung von Kriminalstrafen zum Kernbereich strafgerichtlicher Tätigkeit.[322] Aus dem Rechtsstaatsprinzip und den Grundrechten wird zudem abgeleitet, dass auch jenseits der spezifischen Gewährleistungen von Art. 19 Abs. 4 GG eine Pflicht des Staates (und ein damit korrespondierendes Recht des Einzelnen) besteht, eine staatliche Entscheidung im Sinne einer verbindlichen Klärung der Rechtslage herbeizuführen (sog. Justizgewährleistungspflicht).[323] Der Staat muss ein Verfahren schaffen, in dem der Bürger sich gegen von ihm behauptete Rechtsverletzungen wehren kann. Erst durch eine solche befriedende staatliche Instanz können Konflikte zwischen Bürgern einer gewaltfreien Lösung zugeführt und damit das Gewaltmonopol des Staates gewahrt werden.[324]

Die Entscheidung des Konflikts ist dabei Richtern vorbehalten, weil deren neutrale Stellung verfassungsrechtlich besonders abgesichert ist:[325] Sie sind in

3.8.2004 – 1 BvR 135/00, 1 BvR 1086/01, BVerfGK 4, 1, juris Rn. 18; BVerfG, Beschluss v. 16.7.2015 – 1 BvR 625/15, BFH/NV 2015, 1790, juris Rn. 15; *Schmidt-Aßmann*, in: Maunz/Dürig, GG, Art. 19 Abs. 4 Rn. 100.

[320] BVerfG, Beschluss v. 6.6.1967 – 2 BvR 375/60, 2 BvR 53/60, 2 BvR 18/65, BVerfGE 22, 49, juris Rn. 101; *Hillgruber*, in: Maunz/Dürig, GG, 35; BVerfG, Beschluss v. 31.5.1983 – 1 BvL 34/79, BVerfGE 64, 175, juris Rn. 14; BVerfG, Beschluss v. 23.6.1987 – 2 BvL 5/83, BVerfGE 76, 100, juris Rn. 18.

[321] BVerfG, Beschluss v. 9.5.1962 – 2 BvL 13/60, BVerfGE 14, 56, juris Rn. 31.

[322] BVerfG, Entscheidung v. 14.10.1958 – 1 BvR 510/52, BVerfGE 8, 197, juris Rn. 38; BVerfG, Beschluss v. 15.3.1961 – 2 BvL 8/60, BVerfGE 12, 264, juris Rn. 20; BVerfG, Beschluss v. 6.6.1967 – 2 BvR 375/60, 2 BvR 53/60, 2 BvR 18/65, BVerfGE 22, 49, juris Rn. 112; BVerfG, Beschluss v. 28.6.1983 – 2 BvR 539/80, 2 BvR 612/80, BVerfGE 64, 261, juris Rn. 86.

[323] BVerfG, Beschluss v. 8.5.1973 – 2 BvL 5/72, 2 BvL 6/72, 2 BvL 7/72, 2 BvL 13/72, BVerfGE 35, 41, juris Rn. 55; BVerfG, Beschluss v. 11.6.1980 – 1 PBvU 1/79, BVerfGE 54, 277, juris Rn. 47; BVerfG, Nichtannahmebeschluss v. 26.3.2014 – 1 BvR 3185/09, NJW 2014, 736, juris Rn. 39; *Hofmann*, in: Schmidt-Bleibtreu/Hofmann/Henneke, GG, 14. Auflage 2018, Art. 20 Rn. 59; *Hillgruber*, in: Maunz/Dürig, GG, Art. 92 Rn. 10; *Schmidt-Aßmann*, in: Maunz/Dürig, GG, Art. 19 Abs. 4 Rn. 16.

[324] BVerfG, Beschluss v. 11.6.1980 – 1 PBvU 1/79, BVerfGE 54, 277, juris Rn. 49; *Hillgruber*, in: Maunz/Dürig, GG, Art. 92 Rn. 11; *Schmidt-Jortzig*, NJW 1994, 2569, 2571.

[325] Vgl. BVerfG, Beschluss v. 9.11.1955 – 1 BvL 13/52, 1 BvL 21/52, BVerfGE 4, 331, juris Rn. 46; BVerfG, Beschluss v. 22.6.1960 – 2 BvR 37/60, BVerfGE 11, 232, juris Rn. 4; BVerfG,

sachlicher (Art. 97 Abs. 1 GG) und persönlicher (Art. 97 Abs. 2 GG) Hinsicht unabhängig. Ihre Entscheidungen treffen sie allein nach Maßgabe des Gesetzes (Art. 97 Abs. 1 Hs. 2 GG). Weder sind sie Weisungen unterworfen, noch dürfen Legislative oder Exekutive auf sonstige Weise in den richterlichen Entscheidungsprozess eingreifen.[326]

Die aus der Verfassung abgeleiteten Aufgaben der Gerichte lassen sich also nicht unter einem formellen, sondern nur unter einem materiellen Rechtsprechungsbegriff zusammenfassen.[327] Eine einheitliche Definition wurde insoweit bisher noch nicht gefunden, die wesentlichen Merkmale rechtsprechender Tätigkeit, die sich aus den positiven verfassungsrechtlichen Regelungen und den traditionellen Zuständigkeiten ableiten lassen, sind aber weitgehend unumstritten:[328]

Rechtsprechung ist die Entscheidung von konkreten Streitigkeiten zwischen verschiedenen Parteien über die Auslegung des Rechts. Dabei handeln die Gerichte typischerweise retrospektiv.[329] Konflikte über den Inhalt von Verfassungsrecht entscheidet das Bundesverfassungsgericht, die Auslegung des einfachen Gesetzesrechts obliegt den Fachgerichten. Voraussetzung für eine Entscheidung ist stets, dass (mindestens) eine betroffene Person eine gerichtliche Entscheidung verlangt.[330] Hierfür sehen das Grundgesetz bzw. das einfachgesetzliche Prozessrecht besonders geregelte Verfahren vor. Während jedes Verfahren den Anstoß durch einen der Beteiligten voraussetzt, ergeht die Ent-

Beschluss v. 10.10.1978 – 1 BvR 475/78, BVerfGE 49, 252, juris Rn. 17; BVerfG, Beschluss v. 11.10.1978 – 2 BvR 1055/76, BVerfGE 49, 329, juris Rn. 34f.; BVerfG, Nichtannahmebeschluss v. 26.11.2009 – 1 BvR 339/09, WM 2010, 218, juris Rn. 8; *Detterbeck*, in: Sachs, GG, 7. Auflage 2014, Art. 97 Rn. 1; *Hillgruber*, in: Maunz/Dürig, GG, Art. 92 Rn. 14; *Pieroth*, in: Jarass/Pieroth, GG, 15. Auflage 2018, Art. 97 Rn. 1; *Schmidt-Aßmann*, in: Maunz/Dürig, GG, Art. 19 Abs. 4 Rn. 17.

[326] St. Rspr.; vgl. z. B. BVerfG, Beschluss v. 17.1.1961 – 2 BvL 25/60, BVerfGE 12, 67, juris Rn. 21; BVerfG, Beschluss v. 24.1.1961 – 2 BvR 74/60, BVerfGE 12, 81, juris Rn. 32; BVerfG, Beschluss v. 27.6.1974 – 2 BvR 429/72 u. a., BVerfGE 38, 1, juris Rn. 66; BVerfG, Nichtannahmebeschluss v. 22.6.2006 – 2 BvR 957/05, juris, juris Rn. 7; BVerfG, Nichtannahmebeschluss v. 17.1.2013 – 2 BvR 2576/11, NJW 2013, 2102, juris Rn. 8; BVerfG, Nichtannahmebeschluss v. 4.2.2016 – 2 BvR 2223/15, NVwZ 2016, 521, juris Rn. 76.

[327] BVerfG, Beschluss v. 23.6.1987 – 2 BvL 5/83, BVerfGE 76, 100, juris Rn. 18; BVerfG, Urteil v. 8.2.2001 – 2 BvF 1/00, BVerfGE 103, 111, juris Rn. 96f.; *H. A. Wolff*, in: Hömig/Wolff, GG, 12. Auflage 2018, Art. 92 Rn. 2; *Hillgruber*, in: Maunz/Dürig, GG, Art. 92 Rn. 40; *Detterbeck*, in: Sachs, GG, 7. Auflage 2014, Art. 92 Rn. 9; *D. Wilke*, HStR V, 3. Auflage 2007, § 112 Rn. 57.

[328] *Hillgruber*, in: Maunz/Dürig, GG, Art. 92 Rn. 18; BVerfG, Urteil v. 8.2.2001 – 2 BvF 1/00, BVerfGE 103, 111, juris Rn. 96; *Möllers*, Gewaltengliederung, 2005, S. 98f.; vgl. auch die Übersicht zu verschiedenen Definitionen bei *D. Wilke*, HStR V, 3. Auflage 2007, § 112 Rn. 79f.

[329] Nur ausnahmsweise kommt ein vorbeugender Rechtsschutz in Betracht; *Möllers*, Die drei Gewalten, 2008, S. 101f.

[330] *H. A. Wolff*, in: Hömig/Wolff, GG, 12. Auflage 2018, Art. 92 Rn. 2; *D. Wilke*, HStR V, 3. Auflage 2007, § 112 Rn. 62; *Zimmer*, Funktion, Kompetenz, Legitimation, 1979, S. 307f.

scheidung selbst durch eine neutrale staatliche Instanz mit besonders dafür ausgewählten Amtswaltern (Art. 97 Abs. 1 Hs. 1, Abs. 2 GG).[331]

Entscheidungsmaßstab ist dabei allein das Gesetz (Art. 20 Abs. 3 Hs. 2 GG, Art. 97 Abs. 1 Hs. 2 GG). Zwar kann die Antwort für die konkrete Streitfrage regelmäßig nicht unmittelbar aus einer gesetzlichen Anordnung entnommen werden. Die gesetzlichen Vorgaben müssen für den jeweiligen Einzelfall konkretisiert werden. Die Gerichte dürfen dabei aber nicht ihre eigenen Wert- und Gerechtigkeitsvorstellungen an die Stelle derjenigen des Gesetzgebers setzen.[332] Aufgabe der Gerichte ist es vielmehr, mit Hilfe der juristischen Methodik die vom Gesetzgeber getroffenen Grundentscheidungen im Einklang mit der sonstigen Rechtsordnung (insbesondere den verfassungsrechtlichen Gewährleistungen) bestmöglich umzusetzen und damit dem Gesetz zur vollen Wirksamkeit im Einzelfall zu verhelfen.[333]

Um eine dauerhafte Konfliktlösung zu gewährleisten, zeichnen sich gerichtliche Entscheidungen durch eine besondere Beständigkeit und Verbindlichkeit aus. Nur sie erwachsen in Rechtskraft, d. h. sie können weder durch das Gericht selbst noch durch andere staatliche Institutionen geändert werden. Damit schaffen gerichtliche Entscheidungen für die am Verfahren Beteiligten Rechtssicherheit. Gerichte haben gewissermaßen „das letzte Wort".[334] Ebenso wie beim Verfahrensbeginn zeigt sich auch bei diesen Entscheidungswirkungen der besondere Einzelfallbezug gerichtlicher Tätigkeit. Gerichtsentscheidungen entfalten keine gesetzesgleiche Wirkung:[335] Sie sind – wenn nicht ausnahmswei-

---

331 *H. A. Wolff*, in: Hömig/Wolff, GG, 12. Auflage 2018, Art. 92 Rn. 4; *Schmidt-Aßmann*, HStR II, 3. Auflage 2004, 26 Rn. 52; *D. Wilke*, HStR V, 3. Auflage 2007, § 112 Rn. 60.

332 BVerfG, Beschluss v. 3.11.1992 – 1 BvR 1243/88, BVerfGE 87, 273, juris Rn. 19 f.; BVerfG, Beschluss v. 12.11.1997 – 1 BvR 479/92, 1 BvR 307/94, BVerfGE 96, 375, juris Rn. 52; BVerfG, Beschluss v. 25.1.2011 – 1 BvR 918/10, BVerfGE 128, 193, juris Rn. 52; BVerfG, Nichtannahmebeschluss v. 26.3.2014 – 1 BvR 3185/09, NJW 2014, 736, juris Rn. 39 f.; BVerfG, Nichtannahmebeschluss v. 23.5.2016 – 1 BvR 2230/15, 1 BvR 2231/15, WM 2016, 407, juris Rn. 39; *H. A. Wolff*, in: Hömig/Wolff, GG, 12. Auflage 2018, Art. 92 Rn. 2; *Grzeszick*, in: Maunz/Dürig, GG, Art. 20 V. Rn. 100 ff.; *Detterbeck*, in: Sachs, GG, 7. Auflage 2014, Art. 92 Rn. 20; *Jarass*, in: Jarass/Pieroth, GG, 15. Auflage 2018, Art. 20 Rn. 34; *Robbers*, in: Bonner Komm. GG, Art. 20 Abs. 2 Rn. 3225 f.; *Schmidt-Aßmann*, HStR II, 3. Auflage 2004, § 26 Rn. 66; *Di Fabio*, HStR II, 3. Auflage 2004, § 27 Rn. 26.

333 BVerfG, Beschluss v. 12.11.1997 – 1 BvR 479/92, 1 BvR 307/94, BVerfGE 96, 375, juris Rn. 53 f.; BVerfG, Beschluss v. 14.6.2007 – 2 BvR 1447/05, 2 BvR 136/05, BVerfGE 118, 212, juris Rn. 91; BVerfG, Nichtannahmebeschluss v. 23.5.2016 – 1 BvR 2230/15, 1 BvR 2231/15, WM 2016, 407, juris Rn. 39; *H. A. Wolff*, in: Hömig/Wolff, GG, 12. Auflage 2018, Art. 97 Rn. 9; *Jarass*, in: Jarass/Pieroth, GG, 15. Auflage 2018, Art. 20 Rn. 60; *Schmidt-Aßmann*, HStR II, 3. Auflage 2004, § 26 Rn. 66; *Zimmer*, Funktion, Kompetenz, Legitimation, 1979, S. 96.

334 BVerfG, Beschluss v. 8.5.1973 – 2 BvL 5/72, 2 BvL 6/72, 2 BvL 7/72, 2 BvL 13/72, BVerfGE 35, 41, juris Rn. 56 m. w. N.; *Grzeszick*, in: Maunz/Dürig, GG, Art. 20 V. Rn. 106; *Detterbeck*, in: Sachs, GG, 7. Auflage 2014, Art. 92 Rn. 21a f.; *Pieroth*, in: Jarass/Pieroth, GG, 15. Auflage 2018, Art. 92 Rn. 4; *D. Wilke*, HStR V, 3. Auflage 2007, § 112 Rn. 76; *Zimmer*, Funktion, Kompetenz, Legitimation, 1979, S. 247 f.

335 BVerfG, Beschluss v. 26.6.1991 – 1 BvR 779/85, BVerfGE 84, 212, juris Rn. 42;

se ausdrücklich etwas anderes angeordnet ist (so z. B. bei einem Normenkontrollverfahren) – unmittelbar nur den Sachverhalt verbindlich, der Anlass für die Entscheidung war. Für andere Sachverhalte kann derselbe gesetzliche Tatbestand durch dasselbe oder ein anderes Gericht mit einem anderen Inhalt konkretisiert werden.[336]

Gleichwohl wurde am Beispiel des Bundesfinanzhofs bereits gezeigt, dass insbesondere höchstrichterliche Entscheidungen als Präjudizien auch über den Einzelfall hinaus erhebliche Bedeutung haben:[337] Im steuerlichen Massenverfahren stellen sich Auslegungsfragen nicht nur in einem einzelnen, sondern in einer Vielzahl von (Parallel-)Fällen. Dies gilt insbesondere angesichts der weitgehenden Vereinheitlichung der Rechtsanwendung durch Verwaltungsanweisungen der Finanzverwaltung.[338] Um für mehrere unterschiedliche Verfahren eine vergleichbare gerichtliche Bewertung sicherzustellen, sieht die Verfassung die Einrichtung von obersten Bundesgerichten vor (Art. 95 Abs. 1 GG).[339] Diese stehen jeweils an der Spitze eines Instanzenzuges und haben den verfassungsrechtlichen Auftrag, die Rechtsprechung innerhalb der einzelnen Fachgerichtsbarkeiten zu vereinheitlichen.[340] Einfachrechtlich ist dieser Auftrag durch die prozessuale Möglichkeit zur Revision abgesichert, wenn ein Instanzgericht von

---

BVerfG, Beschluss v. 6.11.1991 – 1 BvR 825/88, NVwZ-RR 1992, 491, juris Rn. 15; BVerfG, Beschluss v. 15.1.2009 – 2 BvR 2044/07, BVerfGE 122, 248, juris Rn. 85; BVerfG, Beschluss v. 21.7.2010 – 1 BvL 11/06, 1 BvL 12/06, 1 BvL 13/06, 1 BvR 2530/05, BVerfGE 126, 369, juris Rn. 79; BVerfG, Nichtannahmebeschluss v. 25.4.2015 – 1 BvR 2314/12, NJW 2015, 1867, juris Rn. 13; BVerfG, Nichtannahmebeschluss v. 5.11.2015 – 1 BvR 1667/15, DB 2015, 2927, juris Rn. 12.

[336] BVerfG, Beschluss v. 11.11.1964 – 1 BvR 488/62, 1 BvR 562/63, 1 BvR 216/64, BVerfGE 18, 224, juris Rn. 38; BVerfG, Beschluss v. 11.5.1965 – 2 BvR 259/63, BVerfGE 19, 38, juris Rn. 28; BVerfG, Beschluss v. 8.2.1972 – 1 BvR 170/71, BVerfGE 32, 311, juris Rn. 21; BVerfG, Beschluss v. 26.6.1991 – 1 BvR 779/85, BVerfGE 84, 212, juris Rn. 42; BVerfG, Nichtannahmebeschluss v. 4.8.2004 – 1 BvR 1557/01, BVerfGK 4, 12, juris Rn. 9; BVerfG, Nichtannahmebeschluss v. 6.5.2008 – 2 BvR 1926/07, BVerfGK 13, 521, juris Rn. 29; BVerfG, Beschluss v. 15.1.2009 – 2 BvR 2044/07, BVerfGE 122, 248, juris Rn. 57; *Pieroth*, in: Jarass/Pieroth, GG, 15. Auflage 2018, Art. 97 Rn. 7; *Detterbeck*, in: Sachs, GG, 7. Auflage 2014, Art. 97 Rn. 14f.; *Jarass*, in: Jarass/Pieroth, GG, 15. Auflage 2018, Art. 20 Rn. 53; *Maurer*, HStR IV, 3. Auflage 2006, §79 Rn. 149; siehe auch schon unter §2 B. III. 2. b); §3 A. III. 2. b).

[337] Vgl. bereits ausführlich unter §2 B. III. 3.

[338] Zum Einfluss von Verwaltungsanweisungen im Steuerrecht bereits ausführlich unter §2 B. III. 2.

[339] *Schulze-Fielitz*, in: Dreier, GG, 3. Auflage 2018, Art. 95 Rn. 13, 33; *Hergenröder*, Zivilprozessuale Grundlagen richterlicher Rechtsfortbildung, 1995, S. 179f.; *Reinhardt*, Konsistente Jurisdiktion, 1997, S. 190ff.; *Kähler*, Strukturen und Methoden der Rechtsprechungsänderung, 2. Auflage 2011, S. 420; vgl. auch *Larenz*, FS Schima, 1969, S. 247, 255.

[340] Ausdrücklich genannt wird das Ziel der Vereinheitlichung in der Verfassung zwar nur für den Gemeinsamen Senat der obersten Bundesgerichte genannt (Art. 95 Abs. 3 GG), eine Vereinheitlichung zwischen den obersten Bundesgerichten macht aber nur Sinn, wenn auch innerhalb eines Gerichtszweigs die Rechtsprechung angeglichen wird; ebenso *Desens*, Bindung der Finanzverwaltung an die Rechtsprechung, 2011, S. 306; *Payandeh*, Judikative Rechtserzeugung, 2017, S. 187.

der Rechtsprechung des zuständigen Bundesgerichts abweicht.[341] Verfassungsrechtlich verbietet der allgemeine Gleichheitssatz zumindest eine sachgrundlose und damit willkürliche Abweichung von einer einschlägigen höchstrichterlichen Entscheidung.[342]

Entscheidungen der obersten Bundesgerichte werden damit zwar nicht allgemeinverbindlich, sie bilden aber maßgebliche Orientierungspunkte für die weitere Rechtsanwendung: Nachfolgende Gerichtsentscheidungen – sowohl solche von Instanzgerichten als auch solche des entscheidenden Gerichts selbst – übernehmen regelmäßig einmal aufgestellte Auslegungsgrundsätze.[343] Die Finanzverwaltung veröffentlicht Entscheidungen des Bundesfinanzhofs regelmäßig im Bundessteuerblatt II oder im Internet und erklärt damit die zugrundeliegenden rechtlichen Erwägungen für allgemein anwendbar.[344] Nur wenn sachliche Gründe gegen die Übertragung der Entscheidungsgründe bestehen, kann die Finanzverwaltung ausnahmsweise einen Nichtanwendungserlass erlassen.[345] Legt ein Beamter eine Rechtsnorm entgegen einer gefestigten und im Bundessteuerblatt II veröffentlichten Rechtsprechung des Bundesfinanzhofs aus, kann dies eine fahrlässige Verletzung seiner Amtspflicht zu gesetzmäßigem Handeln darstellen.[346] Einspruchs- und Klageverfahren können unterbrochen werden, wenn vor dem Bundesfinanzhof bereits ein Verfahren zu derselben Rechtsfrage anhängig ist.[347] Rechtsanwälte und Steuerberater richten ihre Beratung an der

[341] Vgl. §§511 Abs. 4 S. 1 Nr. 1 Var. 3, 543 Abs. 2 S. 1 Nr. 2 ZPO, §115 Abs. 2 Nr. 2 FGO: Revision zulässig zur „Sicherung einer einheitlichen Rechtsprechung"; §§124 Abs. 2 Nr. 4, 132 Abs. 2 Nr. 2 VwGO, §§64 Abs. 3 Nr. 3, 72 Abs. 2 Nr. 2 ArbGG, §§144 Abs. 2 Nr. 2, 160 Abs. 2 Nr. 2 SGG: Die Revision ist zuzulassen, wenn das Urteil von der Entscheidung eines höherrangigen Gerichts abweicht und auf dieser Abweichung beruht.

[342] BVerfG, Beschluss v. 14.11.1989 – 1 BvR 956/89, BVerfGE 81, 97, juris Rn. 28; BVerfG, Beschluss v. 3.11.1992 – 1 BvR 1243/88, BVerfGE 87, 273, juris Rn. 16f.; BVerfG, Beschluss v. 26.5.1993 – 1 BvR 208/93, BVerfGE 89, 1, juris Rn. 38ff.; BVerfG, Kammerbeschluss v. 19.7.1995 – 1 BvR 1506/93, NJW 1995, 2911, juris Rn. 11; BVerfG, Stattgebender Kammerbeschluss v. 24.9.2002 – 2 BvR 742/02, NJW 2003, 501, juris Rn. 28; BVerfG, Stattgebender Kammerbeschluss v. 18.1.2010 – 2 BvR 906/09, juris, juris Rn. 20f.

[343] Vgl. zum Streit um den Grund für die präjudizielle Wirkung höchstrichterlicher Entscheidungen bereits ausführlich unter §2 B. III. 3. b); zur Kontinuität in der Rechtsprechung des Bundesfinanzhofs bereits ausführlich unter §3 B.

[344] Zur Veröffentlichungspraxis der Finanzverwaltung bereits ausführlich unter §2 B. III. 4. a).

[345] Zu den Anforderungen an konkludente und ausdrückliche Nichtanwendungserlasse bereits ausführlich unter §2 B. III. 4. b).

[346] Ständige Rechtsprechung, vgl. nur BGH, Urteil v. 23.3.1959 – III ZR 207/57, BGHZ 30, 19, juris Rn. 11; BGH, Beschluss v. 19.12.1991 – III ZR 9/91, NJW-RR 1992, 919, juris Rn. 2; BGH, Urteil v. 9.12.2004 – III ZR 263/04, BGHZ 161, 305, juris Rn. 12; BGH, Urteil v. 4.7.2013 – III ZR 342/12, BGHZ 198, 1, juris Rn. 10.

[347] Steuerfestsetzungen können nach §165 Abs. 1 S. 2 Nr. 4 AO vorläufig erfolgen; Einspruchsverfahren ruhen gemäß §363 Abs. 2 S. 2 AO kraft Gesetzes; Klageverfahren vor den Finanzgerichten können nach §155 S. 1 FGO i. V. m. §251 S. 1 ZPO zum Ruhen gebracht werden; vgl. noch im Einzelnen unter §5 B. Die präjudizielle Wirkung von Entscheidungen des Bundesfinanzhofs lässt sich im steuerlichen Verfahrensrecht daneben auch an §176 Abs. 1

höchstrichterlichen Rechtsprechung aus, da ihnen andernfalls Schadensersatzansprüche ihrer Mandanten drohen.[348]

Die von den obersten Bundesgerichten vorgenommene Konkretisierung der Rechtslage hat also nicht nur eine konkret-individuelle, sondern auch eine einzelfallübergreifende abstrakt-generelle Dimension. Funktional ist die Judikative auch für diese abstrakt-generelle Konkretisierungsaufgabe besonders geeignet: Nur sie ist ständig und unmittelbar mit den in der Wirklichkeit auftretenden Sachverhalten und Auslegungsfragen konfrontiert und muss diese verbindlich entscheiden. Der Gesetzgeber kann beim Erlass eines Gesetzes weder alle möglichen Sachverhalte antizipieren, noch ähnlich schnell und häufig auf Entwicklungen in der Rechtspraxis reagieren.[349] Die funktionale Begrenzung der legislativen Entscheidungen auf grundsätzliche Fragen und die beabsichtigte umfassende Wirkungsweise bringt es vielmehr notwendig mit sich, dass nicht alle Auslegungsfragen bereits auf Gesetzesebene geklärt werden können.[350] Die gerichtlichen Entscheidungen ergänzen und vervollständigen insoweit die gesetzlichen Grundlagen: Erst durch die Konkretisierung der abstrakten Vorgaben für bestimmte Sachverhaltskonstellationen und durch die institutionelle Absicherung, dass zukünftige Gerichtsentscheidungen sich weitgehend an den bisherigen Maßstäben orientieren werden, kann der Bürger die rechtliche Beurteilung seiner eigenen Situation prognostizieren und sein Verhalten am Gesetz ausrichten.

Die Judikative übernimmt damit in zweierlei Hinsicht eine wesentliche Konkretisierungsfunktion bei der rechtlichen Beurteilung eines Sachverhalts: Nur der Rechtsprechung obliegt es, einen Streit über die Auslegung des Rechts verbindlich zu entscheiden. Sie entscheidet, was im Einzelfall rechtens ist. Gleichzeitig bilden die getroffenen Entscheidungen Orientierungspunkte für die Beurteilung vergleichbarer Sachverhalte und machen damit das zukünftige Verhalten von Gerichten und Verwaltung für den Bürger kalkulierbarer. Gerichtsentscheidungen konkretisieren die gesetzlichen Vorgaben in konkret-individueller und abstrakt-genereller Hinsicht.

Nr. 3 AO belegen, nach dem bei der Korrektur eines bestandskräftigen Steuerbescheids eine Änderung der Rechtsprechung des Bundesfinanzhofs zulasten des Steuerpflichtigen nicht berücksichtigt werden darf.

[348] Ständige Rechtsprechung, vgl. nur BGH, Urteil v. 28.9.2000 – IX ZR 6/99, BGHZ 145, 256, juris Rn. 31 ff.; BGH, Urteil v. 6.11.2008 – IX ZR 140/07, BGHZ 178, 258, juris Rn. 9; BGH, Urteil v. 23.9.2010 – IX ZR 26/09, DStR 2010, 2374, juris Rn. 8 jew. m. w. N.

[349] BVerfG, Beschluss v. 12.11.1997 – 1 BvR 479/92, 1 BvR 307/94, BVerfGE 96, 375, juris Rn. 53; BVerfG, Nichtannahmebeschluss v. 28.8.2000 – 1 BvR 1821/97, NJW 2000, 3635, juris Rn. 30; BVerfG, Beschluss v. 25.1.2011 – 1 BvR 918/10, BVerfGE 128, 193, juris Rn. 53; *H. A. Wolff*, in: Hömig/Wolff, GG, 12. Auflage 2018, Art. 97 Rn. 9; *Zimmer*, Funktion, Kompetenz, Legitimation, 1979, S. 333 ff.

[350] *Zimmer*, Funktion, Kompetenz, Legitimation, 1979, S. 321 f.

II. Nichtanwendungsgesetze als Verletzung des judikativen Kernbereichs

Ausgehend von dem dargestellten Zusammenwirken von Gesetzgeber und Gerichten bei der rechtlichen Beurteilung von Sachverhalten kann nunmehr der Blick erneut auf das Phänomen der Nichtanwendungsgesetze gelenkt werden. Zunächst ist zu hinterfragen, ob die Legislative mit dem Erlass eines Nichtanwendungsgesetzes in den Kernbereich der Judikative eingreift.[351]

Die Rechtsprechung ist gegen Eingriffe der anderen Gewalten in besonderem Maße geschützt: Art. 92 Hs. 1 GG vertraut die rechtsprechende Gewalt exklusiv den Richtern an; Art. 97 Abs. 1 Hs. 1, Abs. 2 GG betont ausdrücklich die Unabhängigkeit der Richter von Einflüssen der Exekutive und Legislative. Funktionale und personelle Verschränkungen, wie sie insbesondere für das Verhältnis zwischen erster und zweiter Gewalt typisch sind, existieren zwischen Legislative und Judikative kaum.[352] Nur Gerichte sind zur Rechtsprechung berufen, Gesetzgeber und Verwaltung dürfen diese Aufgaben nicht an sich ziehen oder Akte der Rechtsprechung aufheben.[353] Dies zeigt sich auch an den Stellen, in denen die Verfassung anderen Gewalten die Befugnis zur Entscheidung von Rechtsstreitigkeiten einräumt (vgl. z. B. die Beschlusskompetenz des Bundestags im Rahmen der Wahlprüfung, Art. 41 Abs. 1 GG, oder diejenige des Bundesrats im Rahmen der Landeseigenverwaltung, Art. 84 Abs. 4 S. 1 GG): Stets wird eine erneute Überprüfung durch die Judikative angeordnet (vgl. z. B. die Möglichkeiten zur Beschwerde beim Bundesverfassungsgericht in Art. 41 Abs. 2, Art. 84 Abs. 4 S. 2 GG).[354] Die Letztentscheidung über die Auslegung des Rechts liegt bei den Gerichten, nur ihre Entscheidungen klären die Rechtslage verbindlich.

Nichtanwendungsgesetze verletzen also dann den Kernbereich der Judikative, wenn sie diese Kompetenz zur verbindlichen Entscheidung beeinträchtigen. Insoweit ist zwischen der konkret-individuellen und der abstrakt-generellen Wirkung von Gerichtsentscheidungen zu trennen:

Für den betroffenen Einzelfall erwächst eine gerichtliche Entscheidung in Rechtskraft; sie stellt juristisch „das letzte Wort“ zwischen den Parteien dar. Erlässt der Gesetzgeber als Reaktion auf ein ihm missfallendes Urteil ein Nicht-

---

[351] So lässt sich der Vorwurf begreifen, der Gesetzgeber übe mit einem Nichtanwendungsgesetze eine „genuin rechtsprechende“ Tätigkeit aus, vgl. die Nachweise in Fn. 245.

[352] *Sommermann*, in: v. Mangoldt/Klein/Starck, 7. Auflage 2018, Art. 20 Abs. 2 Rn. 221; *Pieroth*, in: Jarass/Pieroth, GG, 15. Auflage 2018, Art. 92 Rn. 11.

[353] *Hillgruber*, in: Maunz/Dürig, GG, Art. 92 Rn. 13; *Hofmann*, in: Schmidt-Bleibtreu/Hofmann/Henneke, GG, 14. Auflage 2018, Art. 20 Rn. 53; *D. Wilke*, HStR V, 3. Auflage 2007, § 112 Rn. 23.

[354] Auch die Entscheidung der Bundesregierung (im Einvernehmen mit dem Bundesrat) aus Art. 129 Abs. 1 S. 2 GG über den Übergang von Ermächtigungen ist (obwohl eine ausdrückliche Regelung dazu im Grundgesetz fehlt) verfassungsgerichtlich überprüfbar; *H. H. Klein*, in: Maunz/Dürig, GG, Art. 129 Rn. 17 m. w. N.; vgl. auch BVerfG, Beschluss v. 15.3.1960 – 2 BvG 1/57, BVerfGE 11, 6, juris Rn. 22.

anwendungsgesetz, das (rückwirkend) auch auf bereits rechtskräftig entschiedene Fälle Anwendung findet, maßt er sich diese der Rechtsprechung vorbehaltene letztverbindliche Konkretisierungsaufgabe verfassungswidrig an.[355] In der Praxis erfassen aber auch rückwirkende Nichtanwendungsgesetze regelmäßig nur solche Fälle, die noch nicht rechtskräftig veranlagt wurden,[356] sodass ein Eingriff in den judikativen Kernbereich ausdrücklich vermieden wird.

Liegt hingegen noch keine rechtskräftige Gerichtsentscheidung vor, so ist auch die Konkretisierung der Rechtslage für diesen Einzelfall durch die Rechtsprechung noch nicht erfolgt. Ein Nichtanwendungsgesetz verändert dann zwar den gerichtlichen Entscheidungsmaßstab. Dies entspricht aber gerade der verfassungsrechtlichen Rollenverteilung zwischen Legislative und Judikative: Der Gesetzgeber liefert die abstrakten Vorgaben, nach denen die Gerichte den konkreten Einzelfall entscheiden müssen. Die unabhängige richterliche Entscheidung besteht nur im Rahmen der gesetzlichen Vorgaben.[357] Dies gilt auch bei rückwirkenden Nichtanwendungsgesetzen. Zwar lässt sich das Zusammenwirken von Gesetzgebung und Rechtsprechung bei der Rechtsetzung auch unter einem temporalen Blickwinkel umschreiben, wonach sich die Rechtsprechung mit der Vergangenheit und der Gesetzgeber mit der Zukunft beschäftigt.[358]

---

[355] Ebenso *Hillgruber*, in: Maunz/Dürig, GG, Art. 97 Rn. 52, 92; *Detterbeck*, in: Sachs, GG, 7. Auflage 2014, Art. 97 Rn. 12; *Hufeld*, in: Bonner Komm. GG, Art. 19 Abs. 1 S. 1 Rn. 65; *D. Wilke*, HStR V, 3. Auflage 2007, § 112 Rn. 55; *Mishra*, Zulässigkeit und Grenzen der Urteilsschelte, 1997, S. 234, 236; *Hey*, BB 2000, 1453, 1460; *dies.*, Steuerplanungssicherheit als Rechtsproblem, 2002, S. 329; in diese Richtung auch BVerfG, Beschluss v. 12.6.1986 – 2 BvL 5/80, 2 BvL 17/82, 2 BvR 635/80, BVerfGE 72, 302, juris Rn. 14: „an den Grundsatz der Gewaltenteilung rührend".

[356] Vgl. nur § 52 Abs. 3a und Abs. 19a EStG i. d. F. des Gesetzes zur Änderung des Einkommensteuergesetzes und des Körperschaftsteuergesetzes v. 25.7.1984 (BGBl I 1984, 1006) zur Anwendung von § 4 Abs. 5 S. 1 Nr. 8 EStG und § 12 Nr. 4 EStG § 52 Abs. 20b S. 1 ff. EStG i. d. F. des Steuerbereinigungsgesetz 1986 v. 19.12.1985 (BGBl I 1985, 2436) zur Anwendung von § 15 Abs. 3 Nr. 2 EStG; § 52 Abs. 59a S. 8 EStG i. d. F. des Jahressteuergesetzes 2009 v. 19.12.2008 (BGBl I 2008, 2794) zur Anwendung der ursprünglichen Fassung von § 50d Abs. 10 EStG; § 52a Abs. 8 S. 2 EStG i. d. F. des Jahressteuergesetzes 2010 v. 8.12.2010 (BGBl I 2010, S. 1768) zur Anwendung von § 20 Abs. 1 Nr. 7 S. 3 EStG; § 52 Abs. 12 S. 11 EStG und § 52 Abs. 23d S. 5 EStG, jew. i. d. F. des Beitreibungsrichtlinie-Umsetzungsgesetzes v. 7.12.2011 (BGBl I 2011, S. 2592) zur Anwendung von § 4 Abs, 9 EStG und § 9 Abs. 6 EStG; § 52 Abs. 59a S. 9 und S. 10 EStG i. d. F. des Amtshilferichtlinie-Umsetzungsgesetzes v. 26.6.2013 (BGBl I 2013, S. 1809) zur Anwendung von § 50d Abs. 9 S. 3 EStG sowie der reformierten Fassung von § 50d Abs. 10 EStG.

[357] Die Verknüpfung zwischen richterlicher Unabhängigkeit und Gesetzesbindung betonen z. B. auch *H. A. Wolff*, in: Hömig/Wolff, GG, 12. Auflage 2018, Art. 97 Rn. 8: „Gegenstück"; *Hillgruber*, in: Maunz/Dürig, GG, Art. 97 Rn. 25: „notwendiges Korrelat"; *ders.*, in: Maunz/Dürig, GG, Art. 97 Rn. 30 f.: „Kehrseite".

[358] Der Exekutive obliegt nach diesem temporalen Verständnis die Bewältigung der Gegenwart; vgl. insbesondere *Husserl*, Recht und Zeit, 1955, S. 52 ff.; *Dürig*, FS Tübinger Juristenfakultät, 1977, S. 21, 33 f.; *Hey*, BB 2000, 1453, 1459; *Möllers*, Gewaltengliederung, 2005, S. 97; *P. Kirchhof*, HStR V, 3. Auflage 2007, § 99 Rn. 45; *ders.*, HFSt 3, 2016, S. 27, 44 f.; *G. Kirchhof*, Die Allgemeinheit des Gesetzes, 2012, S. 303 f.

Dabei handelt es sich aber nicht um absolute Zuordnungen:[359] Die Rechtsprechung knüpft zwar regelmäßig an konkrete Streitigkeiten aus der Vergangenheit an, die präjudizielle Wirkung ihrer Entscheidungen erstreckt sich aber auch auf gegenwärtige und zukünftige Fälle. Der Gesetzgeber wird zwar typischerweise zukünftige Sachverhalte regeln, weil diese noch vollumfänglich gestaltbar sind und seine Regelungen dementsprechend größtmögliche Steuerungswirkung entfalten können.[360] Wenn er den verfassungsrechtlich garantierten Vertrauensschutz des Bürgers achtet, darf er aber auch rückwirkende Regelungen erlassen.[361] Auch an diese Regelungen sind die Gerichte dann bei der Entscheidung eines konkreten Einzelfalls gebunden.[362]

Eine unzulässige Einflussnahme der Legislative auf die konkret-individuelle Konkretisierungsfunktion der Judikative ist allenfalls dann vorstellbar, wenn der Gesetzgeber den Entscheidungsmaßstab nur für einen einzigen Fall verändert, wenn er also ein rückwirkendes Einzelfallgesetz erlässt, um das Ergebnis eines Klageverfahrens zu beeinflussen.[363] Nichtanwendungsgesetze ergehen aber regelmäßig nicht dann, wenn nur noch ein einziges weiteres Verfahren anhängig ist, sondern wenn eine Entscheidung potentiell weitreichende präjudizielle Wirkungen für eine Vielzahl von Verfahren hat und diese Wirkungen eingedämmt werden sollen. Ein Eingriff in den judikativen Kernbereich durch die Beeinflussung der konkret-individuellen Wirkung von Gerichtsentscheidungen liegt bei Nichtanwendungsgesetzen in ihren typischen Erscheinungsformen mithin nicht vor.

Nichtanwendungsgesetze berühren aber die abstrakt-generellen Konkretisierungswirkungen, die von Gerichtsentscheidungen ausgehen. Gerade die präjudizielle Wirkung, die höchstrichterlichen Entscheidungen innewohnt, bewegt den Gesetzgeber zu einer gesetzlichen Reaktion. Es ist das Ziel jedes Nichtanwendungsgesetzes, eine Übertragung der von den Gerichten entwickelten Auslegung auf weitere Fälle zu vermeiden. Auch die abstrakt-generelle Konkretisierung der Gesetze ist funktional der Rechtsprechung zugeordnet; die Auslegung der Gesetze ist im gewaltengeteilten Staat Aufgabe der (Fach-)Gerichte.[364] Dies betont auch das Bundesverfassungsgericht, wenn es in ständiger Rechtsprechung ein Recht des Gesetzgebers zur „authentischen Interpretation" der von ihm erlassenen Gesetze ablehnt.[365]

---

[359] Siehe auch noch im Detail unter §4 C. III. 2.

[360] *Möllers*, Gewaltengliederung, 2005, S. 91.

[361] Zu den verfassungsrechtlichen Grenzen rückwirkender Gesetze noch im Detail unter §6 B.

[362] *Hillgruber*, in: Maunz/Dürig, GG, Art. 97 Rn. 87.

[363] *H. A. Wolff*, in: Hömig/Wolff, GG, 12. Auflage 2018, Art. 97 Rn. 5; *Hillgruber*, in: Maunz/Dürig, GG, Art. 97 Rn. 92; *Detterbeck*, in: Sachs, GG, 7. Auflage 2014, Art. 97 Rn. 12; *Morgenthaler*, in: BeckOK GG, Art. 97 Rn. 8.

[364] *Birk*, FR 2014, 338, 339; *P. Kirchhof*, DStR 2015, 717, 722; *D. Wilke*, HStR V, 3. Auflage 2007, §112 Rn. 55; *Hillgruber*, in: Maunz/Dürig, GG, Art. 97 Rn. 55.

[365] BVerfG, Urteil v. 19.12.1961 – 2 BvL 6/59, BVerfGE 13, 261, juris Rn. 59; BVerfG,

Dennoch kann die von Nichtanwendungsgesetzen ausgehende Beeinträchtigung dieser abstrakt-generellen Konkretisierungswirkung nicht als Eingriff in den Kernbereich judikativen Handelns begriffen werden. Andernfalls wäre dem Gesetzgeber jede Neuregelung versagt, die sich in Widerspruch zu einer von den Fachgerichten gefundenen Auslegung einer Norm setzt. Angesichts der vielfältigen Wechselbeziehungen zwischen einzelnen Regelungen gerade in komplexen Rechtsgebieten wie dem Ertragsteuerrecht sind aber kaum Fälle denkbar, in denen eine gesetzliche Neuregelung keinen Einfluss auf irgendeine bereits erfolgte Auslegung einer Norm hat. Der Gesetzgeber würde damit nahezu handlungsunfähig, er könnte nur auf noch gar nicht geregelte Sachbereiche zugreifen und hätte auch hier nur „einen Versuch".[366] Insbesondere wäre es ihm untersagt, einmal geschaffene und von der Rechtsprechung ausgelegte Gesetze wieder aufzuheben. Ein wesentliches Merkmal von Gesetzen, dass deren verfassungsrechtliche Schlüsselfunktion mitbegründet, liegt aber gerade in ihrer Reversibilität. Erst die Möglichkeit, eine einmal getroffene Entscheidung auch wieder zu ändern, erlaubt es der Legislative immer wieder aufs Neue, den Ergebnissen des demokratischen Meinungsbildungsprozesses im Parlament umfassende Wirkung in der Realität zu verschaffen. Die parlamentarische Demokratie baut geradezu darauf auf, dass eine Minderheit, die sich zur Mehrheit entwickelt, auch in der Lage ist, die von der bisherigen Mehrheit getroffenen Entscheidungen zu revidieren.[367] Ebenso können tatsächliche Veränderungen eine Neubewertung notwendig machen. Nichtanwendungsgesetze als Eingriff in den juristischen Kernbereich zu werten, würde diese Revisionsmöglichkeit erheblich einschränken. Die Rechtsprechung andererseits kann eine einmal getroffene Auslegung erst im nächsten vergleichbaren Fall ändern – wann ein solcher die Gerichte erreicht, haben sie aber nicht selbst in der Hand. Fehlentwicklungen und Veränderungen der tatsächlichen Verhältnisse könnten damit unter Umständen erst mit erheblicher Verzögerung korrigiert werden, wenn man dem Gesetzgeber ein Zugriffsrecht verweigern würde.[368]

Die Handlungsbefugnisse des Gesetzgebers wegen einer einschlägigen Gerichtsentscheidung einzuschränken, erscheint auch deshalb nicht sachgerecht, weil die Informations- und Entscheidungsmöglichkeiten des Gesetzgebers deutlich über diejenige der Gerichte hinausgehen. Im Gesetzgebungsverfah-

---

Beschluss v. 17.6.2004 – 2 BvR 383/03, BVerfGE 111, 54, juris Rn. 235; BVerfG, Beschluss v. 2.5.2012 – 2 BvL 5/10, BVerfGE 131, 20, juris Rn. 68; BVerfG, Beschluss v. 17.12.2013 – 1 BvL 5/08, BVerfGE 135, 1, juris Rn. 48.

[366] BVerfG, Beschluss v. 17.12.2013 – 1 BvL 5/08, BVerfGE 135, 1, juris Rn. 95, Sondervotum *Masing*; ähnlich kritisch *Schlenk*, Bundesfinanzhof und Finanzverwaltung in Kooperation und Unabhängigkeit, 2012, S. 135; *Lepsius*, JZ 2014, 488, 495; *ders.*, JZ 2015, 435, 440.

[367] *Buchheim/Lassahn*, NVwZ 2014, 562, 564; *Lepsius*, JZ 2014, 488, 494; *ders.*, JZ 2015, 435, 440.

[368] BVerfG, Beschluss v. 17.12.2013 – 1 BvL 5/08, BVerfGE 135, 1, juris Rn. 100, Sondervotum *Masing*; *Zimmer*, Funktion, Kompetenz, Legitimation, 1979, S. 319f.

ren können beispielsweise Anhörungen mit wissenschaftlichen Experten oder Vertretern betroffener Fachkreise abgehalten werden,[369] während Gerichte in der Regel auf entsprechendes Vorbringen der Prozessparteien angewiesen sind. Gerichte können zudem nur die Fälle entscheiden, die durch den Antrag eines Betroffenen zu ihnen gelangen, während der Gesetzgeber auch eine umfassende Regelung mit Blick auf ähnliche Konstellationen treffen kann. Eine gesetzliche Regelung ist einer gerichtlichen Entscheidung insoweit also (zumindest potentiell) überlegen,[370] sodass eine Sperrwirkung der letzteren für erstere nicht überzeugen kann. Damit würden schließlich auch die verfassungsrechtlichen Vorgaben zur Beziehung zwischen Legislative und Judikative geradezu in ihr Gegenteil verkehrt: Die rechtsprechende Gewalt ist nach Art. 20 Abs. 3 Hs. 2 GG an die Gesetze und nicht die gesetzgebende Gewalt an die Entscheidungen der Gerichte gebunden.[371]

Dass die abstrakt-generelle Konkretisierungswirkung von Gerichtsentscheidungen durch Nichtanwendungsgesetze zumindest stark begrenzt wird, verletzt schließlich auch nicht die richterliche Unabhängigkeit (Art. 97 Abs. 1 GG).[372] Nichtanwendungsgesetze haben für die an der entsprechenden Entscheidung beteiligten Richter keinerlei negative Konsequenzen. Es ist daher nicht ersichtlich, wie die gesetzgeberische Korrektur einer Entscheidung den Richter bei der zukünftigen Entscheidungsfindung in die eine oder die andere Richtung beeinflussen soll. Erneut ist zudem darauf hinzuweisen, dass die richterliche Unabhängigkeit und ihre Gesetzesbindung eng zusammenhängen: Erst die strenge Bindung an das Gesetz, auch an das Nichtanwendungsgesetz, ermöglicht und rechtfertigt die unabhängige richterliche Entscheidung.[373]

Auch bei rückwirkenden Nichtanwendungsgesetzen kann insoweit nichts anderes gelten: Dass der Gesetzgeber kein Recht zur authentischen Interpretation hat, bedeutet noch nicht, dass er keinerlei Einfluss mehr auf die rechtliche Beurteilung eines vergangenen Sachverhalts nehmen darf. Auch eine für die Vergangenheit getroffene Entscheidung muss (zumindest unter eingeschränkten Voraussetzungen) geändert werden können, wenn sich im demokratischen Prozess später herausstellt, dass sie politisch nicht mehr für richtig erachtet wird. Es ist abermals Ausdruck der parlamentarischen Meinungsbildung und

---

369 Vgl. im Detail schon oben unter § 4 B. I. 1.

370 Ebenso *Zimmer*, Funktion, Kompetenz, Legitimation, 1979, S. 311 f.; *Siedler*, Gesetzgeber und Bundesverfassungsgericht, 1999, S. 34; *Lepsius*, JZ 2015, 435, 440.

371 BFH, Beschluss v. 22.2.2006 – I B 145/05, BFHE 213, 29 = BStBl II 2006, 546, juris Rn. 29 f.; BFH, Urteil v. 14.3.2006 – I R 1/04, BFHE 213, 38 = BStBl II 2006, 549, juris Rn. 34; ähnlich *Schlenk*, Bundesfinanzhof und Finanzverwaltung in Kooperation und Unabhängigkeit, 2012, S. 134; *Drüen*, StuW 2015, 210, 215.

372 So aber *Völker/Ardizzoni*, NJW 2004, 2413, 2416.

373 Ausdrücklich auch für rückwirkende Nichtanwendungsgesetze *Hillgruber*, in: Maunz/Dürig, GG, Art. 97 Rn. 87; *Schlenk*, Bundesfinanzhof und Finanzverwaltung in Kooperation und Unabhängigkeit, 2012, S. 135.

damit des Demokratieprinzips, wenn auf Basis der bisher gemachten Erfahrungen oder veränderter Mehrheiten ein in der Vergangenheit begonnener oder beendeter Sachverhalt anders beurteilt und behandelt werden soll. Dementsprechend betont auch das Bundesverfassungsgericht, dass der Gesetzgeber trotz der Konkretisierungsaufgabe der Judikative zur Korrektur eines Gesetzes berechtigt bleibt. Der Gesetzgeber ist insoweit (nur) durch die subjektiven Verfassungsrechte der Betroffenen, insbesondere den individualrechtlichen Anspruch auf Vertrauensschutz, beschränkt.[374] Ein absolutes Verbot, auf vergangene Zeiträume zuzugreifen, würde aber der herausgehobenen Stellung von Parlament und Gesetz im demokratischen Rechtsstaat widersprechen.[375]

Nichtanwendungsgesetze verletzen mithin in ihren typischen Erscheinungsformen nicht den Kernbereich der Judikative:[376] Nur wenn sich ihre Wirkung auch auf rechtskräftige Entscheidungen erstreckt oder mit einem Einzelfallgesetz spezifisch die Entscheidungsfindung in einem noch laufenden Gerichtsverfahren beeinträchtigt werden soll, kommt eine Verletzung des Grundsatzes der Gewaltenteilung unter diesem Aspekt in Betracht. Die Beschränkung der abstrakt-generellen Konkretisierungsfunktion höchstrichterlicher Entscheidungen stellt hingegen keine Kernbereichsverletzung dar.

Als Beleg für dieses Ergebnis kann schließlich auch die bereits im Detail dargestellte[377] Aufgabenteilung zwischen den Gewalten bei der Gewährung von Rechtskontinuität dienen: Der Bundesfinanzhof versucht seine abstrakt-generelle Konkretisierung der Steuergesetze in möglichst kontinuierlicher Weise vorzunehmen und mildert Kontinuitätsbrüche in Einzelfällen selbst ab, indem er Vertrauensschutz gewährt. Gleichwohl sieht er sich insoweit nicht als allein zuständig an. Die Gewährung von Rechtskontinuität (als Teilelement der abstrakt-generellen Konkretisierungsfunktion der höchstrichterlichen Rechtsprechung) fällt nicht in ein judikatives Funktionsreservat. Vielmehr berücksichtigt der Bundesfinanzhof bei seiner Abwägung die vom Steuergesetzgeber getrof-

---

[374] Ausdrücklich BVerfG, Beschluss v. 17.12.2013 – 1 BvL 5/08, BVerfGE 135, 1, juris Rn. 94, Sondervotum *Masing*; aber auch BVerfG, Beschluss v. 21.7.2010 – 1 BvL 11/06, 1 BvL 12/06, 1 BvL 13/06, 1 BvR 2530/05, BVerfGE 126, 369, juris Rn. 73; BVerfG, Beschluss v. 17.12.2013 – 1 BvL 5/08, BVerfGE 135, 1, juris Rn. 48.

[375] *Lepsius*, JZ 2014, 488, 493; *ders.*, JZ 2015, 435, 441; BVerfG, Beschluss v. 17.12.2013 – 1 BvL 5/08, BVerfGE 135, 1, juris Rn. 95; einschränkend *Michael*, JZ 2015, 425, 430 f.; *ders.*, JZ 2015, 425, 433.

[376] So i. E. auch BVerfG, Nichtannahmebeschluss v. 15.10.2008 – 1 BvR 1138/06, BVerfGK 14, 338, juris Rn. 20; BFH, Urteil v. 19.4.2012 – VI R 74/10, BFHE 237, 156 = BStBl II 2012, 577, juris Rn. 25; *Hillgruber*, in: Maunz/Dürig, GG, Art. 92 Rn. 13; *ders.*, in: Maunz/Dürig, GG, Art. 97 Rn. 52; *Grund*, FS 50 Jahre Finanzgerichtsbarkeit, 1968, S. 27, 44 f.; *Uelner*, in: Deutsches Anwaltsinstitut e. V. (Hrsg.), Jahrbuch der Fachanwälte für Steuerrecht 1985/86, 1986, S. 276, 278; *Flume*, DB 1985, 1152, 1152; *Hey*, BB 2000, 1453, 1459; *dies.*, JZ 2014, 500, 506; *Möllers*, Die drei Gewalten, 2008, S. 105; *Fleischer/Wedemann*, AcP 209 (2009), 597, 617 f.; *Geserich*, DStR 2012, 1490, 1492; *Rüsken*, FS Haarmann, 2015, S. 812, 822; *Mellinghoff*, FS Landau, 2016, S. 69, 83 f.

[377] Vgl. bereits unter § 3 B.–D.

fenen verfahrensrechtlichen Regelungen, um die danach von einer Rechtsprechungsänderung überhaupt betroffene Zahl „offener" Fälle zu ermitteln, und regt zudem ausdrücklich Vertrauensschutz durch Billigkeitsmaßnahmen der Verwaltung an.[378]

III. Nichtanwendungsgesetze als Verletzung der Gewaltenloyalität zwischen Legislative und Judikative

Dass Nichtanwendungsgesetze regelmäßig nicht den Kernbereich der rechtsprechenden Gewalt verletzen, bedeutet noch nicht, dass aus dem verfassungsrechtlichen Verhältnis zwischen Legislative und Judikative keinerlei Vorgaben für Nichtanwendungsgesetze abgeleitet werden können. Abermals folgt aus dem Grundsatz der Gewaltenloyalität, dass der Gesetzgeber seine Befugnisse nicht missbrauchen darf und auf die funktionellen Zuständigkeiten der Judikative Rücksicht nehmen muss. Die Gewalten sollen sich nicht antagonistisch gegenüberstehen, sondern konstruktiv zusammenwirken.[379] Es wurde bereits herausgestellt, dass die abstrakt-generelle Konkretisierung der gesetzlichen Vorgaben notwendige Aufgabe der Rechtsprechung ist. Dabei handelt es sich aber nicht um eine exklusive Zuweisung. Auch der Gesetzgeber darf (weiterhin) gestaltend auf die Rechtslage einwirken. Das Gebot der Gewaltenloyalität fordert insoweit eine Abstimmung der sich überschneidenden Befugnisse aufeinander.

1. Gewaltenloyalität bei Nichtanwendungsgesetzen pro futuro

Bei der Suche nach konkreten Folgerungen aus dieser verfassungsrechtlichen Ausgangslage soll der Blick zunächst auf Nichtanwendungsgesetze ohne Rückwirkung gelenkt werden: In der Literatur wird insoweit gefordert, der Gesetzgeber solle nur dann zum Mittel eines Nichtanwendungsgesetzes greifen, wenn damit eine „Verbesserung des Rechtszustands" erreicht werde.[380] Grundsätzlich würden insbesondere die Entscheidungen von Revisionsgerichten eine „Vermutung der Richtigkeit" in sich tragen und sollten daher auch vom Gesetzgeber nicht geändert werden.[381] Unbedenklich sei nur die Korrektur eines rechtsdogmatischen Fehlurteils. Ansonsten benötige der Gesetzgeber besondere Recht-

---

[378] Vgl. z. B. aus der Rechtsprechung des Großen Senats BFH, Beschluss v. 25.6.1984 – GrS 4/82, BFHE 141, 405 = BStBl II 1984, 751, juris Rn. 161; BFH, Beschluss v. 4.7.1990 – GrS 2/88, GrS 3/88, BFHE 161, 290 = BStBl II 1990, 817, juris Rn. 125; BFH, Beschluss v. 17.12.2007 – GrS 2/04, BFHE 220, 129 = BStBl II 2008, 608, juris Rn. 111; BFH, Beschluss v. 31.1.2013 – GrS 1/10, BFHE 240, 162 = BStBl II 2013, 317, juris Rn. 80.

[379] *Gosch*, FS Spindler, 2011, S. 379, 428.

[380] *Flume*, DB 1985, 1152, 1152; *J. Lang*, StuW 1992, 14, 20f.; *Scholtz*, FS Klein, 1994, S. 1041, 1059; in diese Richtung auch *Drüen*, StuW 2015, 210, 215: Nichtanwendungsgesetze sind immer dann bedenklich, wenn sie zu einem „Konflikt zwischen Gesetz und Recht" führen.

[381] *H.-F. Lange*, NJW 2002, 3657, 3659.

fertigungsgründe, die über bloß fiskalische Interessen hinausgehen, um von einer höchstrichterlichen Entscheidung abzuweichen.[382]

Nach diesen Maßstäben wurde beispielsweise die Einführung der gesetzlichen Abzugsverbote für Geldbußen und -strafen in § 4 Abs. 5 Nr. 8 und § 12 Nr. 4 EStG als Reaktion auf die Beschlüsse des Großen Senats des Bundesfinanzhofs vom 21.11.1983[383] weitgehend begrüßt. Die Abzugsverbote stärkten den Gedanken der Einheit der Rechtsordnung, indem sie verhinderten, dass die durch Geldbuße oder -strafe angeordnete Belastungswirkung durch einen steuerlichen Abzug (teilweise) unterlaufen werde.[384] Scharfe Kritik wurde demgegenüber zum Beispiel an der Einführung von § 15 Abs. 3 Nr. 2 EStG geübt, mit dem die vom Bundesfinanzhof aufgegebene Geprägerechtsprechung in gesetzlicher Form wiederhergestellt wurde.[385] Der Bundesfinanzhof habe seine Rechtsprechung aus systematisch überzeugenden Gründen geändert, der Gesetzgeber reagiere darauf ausschließlich zur Sicherung von Steuereinnahmen.[386]

Dieser differenzierende Ansatz führt mit der „Verbesserung des Rechtszustands“ bzw. dem „dogmatischen Fortschritt“ zwar ein Abgrenzungskriterium ein und ermöglicht dadurch theoretisch einen Ausgleich zwischen den Kompetenzen von Judikative und Legislative. Dieses Kriterium mit verfassungsrechtlichem Rang auszustatten und damit den Gestaltungsspielraum des Gesetzgebers zu beschneiden, erscheint aber höchst problematisch: Um einen „Fortschritt“ oder eine „Verbesserung“ ausmachen zu können, bedarf es eines Ideals. Es müsste also möglich sein, einen Zielzustand des (Steuer-)Rechts zu bestimmen, der durch Rechtsprechung und Gesetzgeber erreicht werden soll.[387] Damit dieses Ziel auch für den Gesetzgeber verbindlich ist, müsste es sich aus der Verfassung ergeben. Wenn eine Gerichtsentscheidung eine gesetzliche Vorschrift in einer Weise konkretisiert, die sie diesem Zustand näherbringt, dürfte der Gesetzgeber sie nicht korrigieren. Entfernt sich die Rechtslage durch die Entscheidung vom Idealzustand, dürfte der Gesetzgeber eingreifen.

Aus der Verfassung lässt sich aber kein solcher Idealzustand des Rechts ableiten. Zwar sind mit dem Schutz der Grundrechte und den allgemeinen und spe-

---

[382] *J. Lang*, StuW 1992, 14, 20 f.; *Pezzer*, DStR 2004, 525, 528; *Vinken*, FS Spindler, 2011, S. 549, 559.

[383] BFH, Beschluss v. 21.11.1983 – GrS 2/82, BFHE 140, 50 = BStBl II 1984, 160; BFH, Beschluss v. 21.11.1983 – GrS 3/82, BFHE 140, 62.

[384] Z. B. *Pezzer*, DStR 2004, 525, 528; vgl. auch *Desens*, Bindung der Finanzverwaltung an die Rechtsprechung, 2011, S. 69 f.

[385] Exemplarisch nur *Flume*, in: Deutsches Anwaltsinstitut e. V. (Hrsg.), Jahrbuch der Fachanwälte für Steuerrecht 1985/86, 1986, S. 287, 289: „Ihr Gesetzesentwurf ist […] eine reformatio in peius. Deshalb sage ich: […] Werft das Scheusal in die Wolfsschlucht!“

[386] Z. B. *Flume*, DB 1985, 1152, 1153; *Knobbe-Keuk*, BB 1985, 941, 946; *Crezelius*, FS Felix, 1989, S. 37, 40.

[387] Vgl. auch *Desens*, Bindung der Finanzverwaltung an die Rechtsprechung, 2011, S. 69 f.: Ob ein rechtsdogmatischer Fortschritt vorliegt, „wird sich nicht immer eindeutig beantworten lassen.“

ziellen Diskriminierungsverboten in gewissem Umfang auch materielle Wertentscheidungen vorgegeben. Gerade im Steuerrecht verbleibt danach aber ein erheblicher Spielraum.[388] Die Besteuerung muss sich im Rahmen der typisierten Steuerarten der Art. 105 ff. GG halten, an der wirtschaftlichen Leistungsfähigkeit orientieren und einmal getroffene Belastungsentscheidungen müssen grundsätzlich konsequent umgesetzt werden.[389] Die Auswahl der Belastungsmerkmale ist danach aber noch weitgehend offen und in begründeten Fällen (beispielsweise zu Lenkungszwecken) können auch Ausnahmen und Sonderbelastungen vorgesehen werden.[390] Zur Bewältigung der massenhaften Fallkonstellationen darf zudem typisiert und vereinfacht werden.[391] Die Verfassung liefert keinen Idealzustand des einfachen Rechts, sie umschreibt nur Mindestanforderungen und Grenzen.[392] Diese Grenzen darf der Gesetzgeber selbstverständlich nicht überschreiten (Art. 1 Abs. 3, Art. 20 Abs. 3 Hs. 1 GG). Das mag auch dazu führen, dass er eine Auslegungsentscheidung eines Gerichts nicht gesetzlich korrigieren darf, wenn die Auslegung verfassungsrechtlich zwingend geboten war. Dies beruht aber auf dem Vorrang der Verfassung und nicht auf der Loyalität der Legislative gegenüber der Judikative.

Die genaue Ausformung des Steuerrechts wird vielmehr ganz wesentlich durch politische Gestaltungsentscheidungen beeinflusst. Was innerhalb des verfassungskonformen Rahmens überzeugend ist und einen angemessenen Ausgleich der verschiedenen mit dem Steuerrecht verfolgten Regelungsziele darstellt, lässt sich nicht mehr (allein) mit juristischen Kriterien erfassen. Solche Entscheidungen sind funktional gerade dem Gesetzgeber vorbehalten und nicht (oder jedenfalls nicht vollständig) justiziabel. Das Parlament ist der Ort, in dem widerstreitende politische Ansichten ausgetauscht und einer mehrheitsfähigen Lösung zugeführt werden. Die Judikative wiederum ist an die Wertentscheidung des Gesetzgebers gebunden. Sie darf keine eigenen Gerechtigkeitsvorstellungen entwickeln und diese an die Stelle der gesetzgeberischen setzen.[393]

---

[388] Zum Gestaltungsspielraum des Gesetzgebers bereits ausführlich unter § 2 B. I.

[389] St. Rspr., vgl. nur BVerfG, Beschluss v. 7.5.1968 – 1 BvR 420/64, BVerfGE 23, 242, juris Rn. 42; BVerfG, Beschluss v. 7.11.2006 – 1 BvL 10/02, BVerfGE 117, 1, juris Rn. 97; BVerfG, Beschluss v. 24.3.2015 – 1 BvR 2880/11, BStBl II 2015, 622, juris Rn. 40; jew. m. w. N.

[390] Vgl. z. B.: BVerfG, Beschluss v. 7.11.2006 – 1 BvL 10/02, BVerfGE 117, 1, juris Rn. 97; BVerfG, Beschluss v. 15.1.2008 – 1 BvL 2/04, BVerfGE 120, 1, juris Rn. 82 jew. m. w. N.

[391] Vgl. z. B. BVerfG, Urteil v. 20.4.2004 – 1 BvR 905/00, 1 BvR 1748/99, BVerfGE 110, 274, juris Rn. 58; BVerfG, Beschluss v. 15.1.2008 – 1 BvL 2/04, BVerfGE 120, 1, juris Rn. 83 jew. m. w. N.

[392] Vgl. auch *Sachs*, in: Sachs, GG, 7. Auflage 2014, Art. 20 Rn. 99; *Osterloh*, StuW 2015, 201, 205.

[393] BVerfG, Beschluss v. 3.11.1992 – 1 BvR 1243/88, BVerfGE 87, 273, juris Rn. 19 f.; BVerfG, Beschluss v. 12.11.1997 – 1 BvR 479/92, 1 BvR 307/94, BVerfGE 96, 375, juris Rn. 52; BVerfG, Beschluss v. 25.1.2011 – 1 BvR 918/10, BVerfGE 128, 193, juris Rn. 52; BVerfG, Nichtannahmebeschluss v. 26.3.2014 – 1 BvR 3185/09, NJW 2014, 736, juris Rn. 39 f.; BVerfG, Nichtannahmebeschluss v. 23.5.2016 – 1 BvR 2230/15, 1 BvR 2231/15, WM 2016, 407, juris Rn. 39; *Di Fabio*, HStR II, 3. Auflage 2004, § 27 Rn. 26; *H. A. Wolff*, in: Hömig/Wolff, GG,

Damit bestimmen nicht die Gerichte, sondern der Gesetzgeber, was das „richtige“ bzw. „ideale“ Recht ist.[394]

Da sich gesetzgeberische Entscheidungen gerade durch ihre Reversibilität auszeichnen, muss dies auch gelten, wenn eine einmal getroffene und von der Rechtsprechung konkretisierte Wertentscheidung korrigiert werden soll. Der Gesetzgeber ist an die verfassungsrechtlichen Vorgaben zum Schutz individueller Rechte, insbesondere an das allgemeine Gleichbehandlungsgebot in seiner Ausprägung als Folgerichtigkeitsgebot, gebunden. Je punktueller ein Nichtanwendungsgesetz eine bestimmte, von der Rechtsprechung behandelte Konstellation regelt, desto eher mag ein Verstoß gegen dieses Gebot naheliegen.[395] Wenn der Gesetzgeber diesen individualrechtsschützenden Rahmen wahrt, darf er aber auch eine einmal getroffene Entscheidung wieder korrigieren. Eine „Vermutung der Richtigkeit“ können Entscheidungen der Judikative nur insoweit in sich tragen, als es darum geht, die abstrakten Vorgaben des Gesetzes im konkreten Fall zur Geltung bringen. Eine Grenze für den Regelungszugriff des Gesetzgebers lässt sich daraus aber nicht ableiten:[396] Ihm verbleibt die politische Gestaltungsentscheidung, eine neue Idealvorstellung zu formulieren. Er bedarf dazu weder der Zustimmung der wissenschaftlichen Kommentatoren noch der gesetzesgebundenen Richter.[397] Dass er an bestehende dogmatische Entwicklungen aus Rechtsprechung und Wissenschaft anknüpfen soll, überzeugt nur als rechtspolitische Folgerung.[398]

Die vorgeschlagene Abgrenzung, Nichtanwendungsgesetze müssten zu einer „Verbesserung der Rechtslage“ führen, scheitert also daran, dass es gerade die Aufgabe des Gesetzgebers ist, die ideale Rechtslage zu formulieren. Seine Zugriffsmöglichkeiten jenseits der individualrechtschützenden verfassungsrechtlichen Grenzen zu beschränken, würde die politischen Aspekte der Recht-

---

12. Auflage 2018, Art. 92 Rn. 2; *Grzeszick*, in: Maunz/Dürig, GG, Art. 20 V. Rn. 100ff.; *Detterbeck*, in: Sachs, GG, 7. Auflage 2014, Art. 92 Rn. 20; *Jarass*, in: Jarass/Pieroth, GG, 15. Auflage 2018, Art. 20 Rn. 34; *Robbers*, in: Bonner Komm. GG, Art. 20 Abs. 2 Rn. 3225f.; *Schmidt-Aßmann*, HStR II, 3. Auflage 2004, §26 Rn. 66.

394 *Weber-Grellet*, FS Lang, 2011, S. 927, 934.

395 Vgl. *J. Lang*, StuW 1992, 14, 24; *Hey*, BB 2000, 1453, 1459.

396 Wohl aber sprechen die funktionale Stellung der Judikative und ihre persönliche Besetzung dafür, dass sie im Zweifel besser als die Verwaltung zur Ermittlung des gesetzgeberischen Willens geeignet ist und deshalb Nichtanwendungserlasse nur unter besonderen Voraussetzungen zulässig sind; vgl. *Desens*, Bindung der Finanzverwaltung an die Rechtsprechung, 2011, S. 297ff.

397 A. A. insbesondere *J. Lang*, StuW 1992, 14, 22, der den Rahmen der gesetzgeberischen „Verantwortung für ein rechtsstaatliches Steuerrecht“ auch von den Äußerungen „prominente[r] Kommentatoren des Einkommensteuergesetzes“ abhängig macht und *Pezzer*, DStR 2004, 525, 530f., der auf den „jeweiligen Diskussionsstand“ abstellt, um zwischen „richtigen“, einer gesetzlichen Änderung entzogenen, und „falschen“ Urteilen zu unterscheiden.

398 Ebenso *Fleischer/Wedemann*, AcP 209 (2009), 597, 618f.; *Desens*, Bindung der Finanzverwaltung an die Rechtsprechung, 2011, S. 69f.; ähnlich auch *Englisch*, in: Tipke/Lang, 23. Auflage 2018, §5 Rn. 40.

setzung zu sehr in den Hintergrund und den Gesetzgeber aus seiner demokratischen Verantwortung drängen.[399] Die Gewaltenloyalität kann den Gesetzgeber nicht davon abhalten, ein Nichtanwendungsgesetz zu erlassen, wenn er es für politisch erforderlich hält und dabei die sonstigen aus dem Verfassungsrecht abzuleitenden Grenzen beachtet.[400]

Dem Gesetzgeber ist es aber verwehrt, von diesem Recht missbräuchlich Gebrauch zu machen. Nichtanwendungsgesetze dürfen nicht allein deshalb erlassen werden, um die Rechtsprechung zu maßregeln und damit gleichsam „Richterschelte" in Gesetzesform zu betreiben.[401] Der Gesetzgeber muss vielmehr darlegen, dass er aus politischen Gründen (dazu zählt auch der Finanzierungsbedarf des Staates) nicht mit der bisherigen Auslegung übereinstimmt und deshalb eine Neuregelung veranlasst. Dies und die ebenfalls aus der Gewaltenloyalität folgende Rücksichtnahmepflicht verbieten es dem Gesetzgeber über die sachlichen Erwägungen, die Grundlage der korrigierten Entscheidung waren, einfach hinwegzugehen. Er muss sich vielmehr argumentativ mit der von der Rechtsprechung vorgenommenen Auslegung auseinandersetzen und offenlegen, warum er sie nicht weiterhin gelten lassen will.[402] Aus Transparenzgründen sollte diese argumentative Auseinandersetzung nicht nur tatsächlich in Fraktions-, Ausschuss- oder Plenumssitzungen erfolgen, sondern auch in den Gesetzesmaterialien aufgenommen worden. Diese oben bereits aus dem Verhältnis zwischen Exekutive und Legislative für den Regierungsentwurf abgeleitete Forderung nach argumentativer Auseinandersetzung und Dokumentation derselben wird also durch die Gewaltenloyalität zwischen Legislative und Judikative auch auf den folgenden parlamentarischen Entscheidungsprozess bzw. die diesen Prozess nach außen hin dokumentierenden Materialien ausgedehnt.

2. *Gewaltenloyalität bei rückwirkenden Nichtanwendungsgesetzen*

Besondere Beachtung verdienen rückwirkende Nichtanwendungsgesetze. Einerseits zeigt sich gerade bei diesen der Kompetenzkonflikt zwischen Legislative und Judikative besonders deutlich. Andererseits stellt sich hier angesichts bereits vorhandener spezifischer verfassungsrechtlicher Regeln die Frage, welche Konsequenzen aus der Gewaltenloyalität abgeleitet werden können.

Es wurde bereits dargelegt, dass die funktionale Aufgabenteilung zwischen Legislative und Judikative auch eine zeitliche Dimension hat:[403] Der Gesetzgeber beschäftigt sich in der Regel mit zukünftigen Sachverhalten, da nur diese

---

399 Vgl. auch *Drüen*, StuW 2015, 210, 215: „Gewaltenloyalität darf nicht die verfassungsrechtliche Kompetenzarchitektur grundlegend verschieben."

400 So i.E. auch *Desens*, Bindung der Finanzverwaltung an die Rechtsprechung, 2011, S. 70f.; *Hey*, JZ 2014, 500, 506; *Mellinghoff*, FS Landau, 2016, S. 69, 83f.

401 *Mishra*, Zulässigkeit und Grenzen der Urteilsschelte, 1997, S. 234, 236.

402 Ähnlich auch *Drüen*, StuW 2015, 210, 215.

403 Siehe bereits unter §4 C. I. 2.

sich noch vollumfänglich gestalten lassen. In der Vergangenheit begonnene Sachverhalte können nur noch eingeschränkt, bereits vollständig abgeschlossene Sachverhalte gar nicht mehr verändert werden. Der Gesetzgeber kann zwar deren rechtliche Behandlung anpassen – indem er beispielsweise eine höhere Besteuerung bereits abgeschlossener Geschäftsvorfälle anordnet – eine Steuerungswirkung im Sinne einer Veränderung des tatsächlichen Verhaltens der Bürger kann aber immer nur für die Zukunft eintreten. Die funktionale Aufgabe der Legislative, politische Grundentscheidungen zu entwickeln und durch die wirkungsmächtige Form der Gesetze in die Realität umzusetzen, lässt sich mithin am besten mit Wirkung für die Zukunft verwirklichen.[404] Umgekehrt ist die Rechtsprechung in ihrem Zugriff in der Regel auf vergangene Fälle beschränkt: Die getroffenen Entscheidungen mögen zwar abstrakt-generelle Konkretisierungswirkungen auch für die Gegenwart und die Zukunft entfalten, Anknüpfungspunkt ist aber typischerweise[405] ein in der Vergangenheit liegendes Rechtsverhältnis und der Streit über dessen rechtliche Beurteilung. Gerade für diese abschließende juristische Bewertung der Vergangenheit ist die mit unabhängigen Richtern besetzte Judikative in besonderem Maße geeignet. In der Regel befasst sich also der Gesetzgeber mit der Zukunft und die Rechtsprechung mit der Vergangenheit.[406]

Der legislative Zugriff auf vergangene Sachverhalte ist demnach zwar möglich, weil er den Kernbereich judikativer Aufgaben nicht verletzt, er stellt aber angesichts der funktionalen Aufteilung der Staatsgewalt eine Ausnahmekonstellation dar. Dieses Regel-Ausnahme-Verhältnis spiegelt sich auch in den besonderen verfassungsrechtlichen Anforderungen für rückwirkende Gesetze wider: Der Gesetzgeber muss eine Regelung mit Wirkung für die Vergangenheit stets rechtfertigen und die Anforderungen an diese Rechtfertigung steigen, je weniger der Sachverhalt noch verändert werden kann. Knüpft der Gesetzgeber an in der Vergangenheit begonnene, aber noch nicht abgeschlossene Sachverhalte an, so liegt ein Fall der unechten Rückwirkung vor. Diese ist bei periodisch veranlagten Steuern nicht grundsätzlich unzulässig,[407] sondern kann durch zwingende Gründe des Allgemeinwohls gerechtfertigt werden. Erfasst der Gesetzgeber hingegen auch bereits abgeschlossene Sachverhalte, so liegt ein

[404] *Möllers*, Gewaltengliederung, 2005, S. 91.

[405] Eine Ausnahme bildet insoweit nur der vorbeugende Rechtsschutz. Vorbeugende Feststellungs- und Unterlassungsklagen spielen aber gerade im Steuerrecht eine untergeordnete Rolle.

[406] *Husserl*, Recht und Zeit, 1955, S. 52 ff.; *Dürig*, FS Tübinger Juristenfakultät, 1977, S. 21, 33 f.; *Hey*, BB 2000, 1453, 1459; *Möllers*, Gewaltengliederung, 2005, S. 97; *P. Kirchhof*, HStR V, 3. Auflage 2007, § 99 Rn. 45; *ders.*, HFSt 3, 2016, S. 27, 44 f.; *G. Kirchhof*, Die Allgemeinheit des Gesetzes, 2012, S. 303 f.

[407] Zur Abwägungslastverteilung bei der unechten Rückwirkung im Allgemeinen („grundsätzlich zulässig“) und im Steuerrecht bei Abgrenzung nach der sog. Veranlagungszeitraum-Rechtsprechung („nicht grundsätzlich unzulässig“) noch im Detail unter § 6 B. III. 2.

Fall der grundsätzlich unzulässigen und nur in Ausnahmekonstellationen zulässigen echten Rückwirkung vor.[408] Damit sind die Anforderungen an den Gesetzgeber umso höher, je mehr er sich von dem typischen Bild des nur in die Zukunft wirkenden Gesetzes entfernt. Je mehr er auf Sachverhalte zugreift, bei denen das Gesetz keine tatsächliche Steuerungswirkung mehr entfalten kann, desto bessere Gründe muss er dafür vorbringen. Durch die besonderen Anforderungen an rückwirkende Gesetze wird also auch die typische funktionale und temporale Aufgabenverteilung zwischen Legislative und Judikative abgesichert. Das grundsätzliche Verbot rückwirkender Gesetze lässt sich in dieser Hinsicht als Ausprägung des Gewaltenteilungsgrundsatzes verstehen.[409]

Dieser Gedankengang liegt auch der jüngeren Rechtsprechung des Bundesverfassungsgerichts zu sog. „klarstellenden" Gesetzen zugrunde:[410] Das Rückwirkungsverbot findet immer dann Anwendung, wenn eine Norm nicht bloß deklaratorischen Charakter hat, sondern konstitutiv zu einer Veränderung der Rechtslage führt.[411] Eine solche konstitutive Änderung liegt insbesondere dann vor, wenn der Gesetzgeber mit der gesetzlichen Neuregelung einer höchstrichterlich geklärten oder auch nur einer fachgerichtlichen Auslegung des Gesetzes den Boden zu entziehen sucht.[412] Damit ist genau die Fallgruppe der Nichtanwendungsgesetze umschrieben, auch wenn das Bundesverfassungsgericht diesen Terminus nicht gebraucht.[413] Das Bundesverfassungsgericht begründet die Anwendbarkeit des Rückwirkungsverbots in diesen Fällen ausdrücklich mit Argumenten der Gewaltenteilung: Zur verbindlichen Auslegung einer Norm sei in der Regel die rechtsprechende Gewalt berufen.[414] Die demokratische Legitimation des Gesetzgebers erstrecke sich demgegenüber vor allem auf

[408] Zur Abgrenzung von echter und unechter Rückwirkung noch §6 B. II. 1. Zum jeweiligen Rechtfertigungsmaßstab noch unter §6 B. II. 2., III.

[409] Ebenso *Möllers*, Gewaltengliederung, 2005, S. 400; tendenziell kritisch zur Verbindung von Gewaltenteilung und Rückwirkungsverbot *Lepsius*, JZ 2014, 488, 493.

[410] Zur Bedeutung dieser Rechtsprechung für die Dogmatik des Rückwirkungsverbots noch ausführlich unter §6 B. I. 2. c) cc).

[411] BVerfG, Beschluss v. 17.12.2013 – 1 BvL 5/08, BVerfGE 135, 1, juris Rn. 44 ff.; die Abgrenzung zwischen konstitutiven und bloß deklaratorischen Gesetzen findet sich auch schon in BVerfG, Beschluss v. 2.5.2012 – 2 BvL 5/10, BVerfGE 131, 20, juris Rn. 68; BVerfG, Nichtannahmebeschluss v. 16.2.2012 – 1 BvR 127/10, BFH/NV, 545, juris Rn. 30; BVerfG, Beschluss v. 21.7.2010 – 1 BvL 11/06, 1 BvL 12/06, 1 BvL 13/06, 1 BvR 2530/05, BVerfGE 126, 369, juris Rn. 73; zum Anwendungsbereich des Rückwirkungsverbots noch im Detail unter §6 B. I.

[412] BVerfG, Beschluss v. 2.5.2012 – 2 BvL 5/10, BVerfGE 131, 20, juris Rn. 68; BVerfG, Beschluss v. 17.12.2013 – 1 BvL 5/08, BVerfGE 135, 1, juris Rn. 52; BVerfG, Beschluss v. 12.11.2015 – 1 BvR 2961/14, 1 BvR 3051/14, NVwZ 2016, 300, juris Rn. 49.

[413] Die Bedeutung der Entscheidung gerade für Nichtanwendungsgesetze wird ausdrücklich betont von *Hey*, JZ 2014, 500; *Drüen*, StuW 2015, 210; *Mellinghoff*, FS Landau, 2016, S. 69, 70.

[414] BVerfG, Beschluss v. 17.6.2004 – 2 BvR 383/03, BVerfGE 111, 54, juris Rn. 235; BVerfG, Beschluss v. 21.7.2010 – 1 BvL 11/06, 1 BvL 12/06, 1 BvL 13/06, 1 BvR 2530/05, BVerfGE 126, 369, juris Rn. 73; BVerfG, Beschluss v. 17.12.2013 – 1 BvL 5/08, BVerfGE 135, 1, juris Rn. 48.

die Regelung der Gegenwart und der Zukunft; der legislative Zugriff auf die Vergangenheit müsse die Ausnahme bleiben. Früher getroffene gesetzgeberische Entscheidungen könnten dann, wenn sie ihre Rechtswirkungen bereits entfaltet hätten, nicht ohne Weiteres durch ein späteres Parlament auch mit Wirkung für die Vergangenheit korrigiert werden.[415] Der Gesetzgeber könne sich daher nicht auf ein weitergehendes Recht zur „authentischen Interpretation" oder zur „Klarstellung" eines erlassenen Gesetzes berufen, sondern sei nur unter den besonderen Voraussetzungen für rückwirkende Gesetze berechtigt, konstitutiv auf die Vergangenheit einzuwirken.[416] Gerade bei Nichtanwendungsgesetzen sichert also das Rückwirkungsverbot die durch die Gewaltenteilung vorgesehene funktionale Aufgabenverteilung zwischen Legislative und Judikative.[417]

Wenn aber das Rückwirkungsverbot mit seinen spezifischen Voraussetzungen diese Abgrenzung zwischen Legislative und Judikative bereits übernimmt, stellt sich die Frage, ob aus dem deutlich unbestimmteren Gebot der Gewaltenloyalität noch weitere, den Gesetzgeber bei seinem Zugriff auf die Vergangenheit einschränkende Voraussetzungen abgeleitet werden können. Die Gewaltenloyalität knüpft – ebenso wie die verwandten Grundsätze der Bundestreue und Verfassungsorgantreue – akzessorisch an eine bestehende verfassungsrechtliche Beziehung an und gestaltet dieses Rechtsverhältnis konkreter aus. Sie soll verhindern, dass eine Gewalt die Machtbalance zu ihren Gunsten verschiebt, indem sie ihre Befugnisse missbraucht oder die Kompetenzen anderer Gewalten missachtet. Das spezifische Rechtsverhältnis und die besonderen verfassungsrechtlichen Regeln bilden aber zugleich auch die Grenze für den Einflussbereich der Gewaltenloyalität. Wegen ihrer akzessorischen Natur kann die Gewaltenloyalität nur bestehende Pflichten konkretisieren oder bestehende Rechte begrenzen. Bei der Ableitung weitergehender Pflichten ist Vorsicht geboten, damit das unbestimmte Prinzip der Gewaltenloyalität nicht zu einem „juristischen Zauberkasten"[418] mutiert.[419] Da das Rückwirkungsverbot bereits die wesentlichen Aspekte der Aufgabenverteilung zwischen Legislative und Judikative – insbesondere das Regel-Ausnahme-Verhältnis für die temporale Verteilung der staatlichen Macht – enthält, kann die Gewaltenloyalität hier keine weiteren eigenständigen Abwägungsaspekte liefern.[420] Die Gewaltenloyalität geht gleichermaßen im Rückwirkungsverbot auf.

---

[415] BVerfG, Beschluss v. 17.12.2013 – 1 BvL 5/08, BVerfGE 135, 1, juris Rn. 54.

[416] BVerfG, Urteil v. 19.12.1961 – 2 BvL 6/59, BVerfGE 13, 261, juris Rn. 59; BVerfG, Beschluss v. 17.6.2004 – 2 BvR 383/03, BVerfGE 111, 54, juris Rn. 235; BVerfG, Beschluss v. 2.5.2012 – 2 BvL 5/10, BVerfGE 131, 20, juris Rn. 68; BVerfG, Beschluss v. 17.12.2013 – 1 BvL 5/08, BVerfGE 135, 1, juris Rn. 48; BVerfG, Beschluss v. 12.11.2015 – 1 BvR 2961/14, 1 BvR 3051/14, NVwZ 2016, 300, juris Rn. 48.

[417] Vgl. auch *Schnapp*, JZ 2011, 1125, 1129; *Drüen*, StuW 2015, 210, 221.

[418] *Desens*, Bindung der Finanzverwaltung an die Rechtsprechung, 2011, S. 272.

[419] Siehe zur begrenzten Reichweite der Gewaltenloyalität § 4 A. III.

[420] Ähnlich auch BFH, Urteil v. 10.7.1986 – IV R 12/81, BFHE 147, 63 = BStBl II 1986,

Dagegen kann auch nicht eingewandt werden, dass Rückwirkungsverbot und Gewaltenloyalität auf unterschiedlichen verfassungsrechtlichen Grundlagen beruhen und auf den ersten Blick unterschiedlichen Zielen dienen. Zwar wird das Rückwirkungsverbot zunehmend aus den subjektiven Rechten des Bürgers abgeleitet, nämlich aus dem grundrechtlich fundierten Anspruch auf Vertrauensschutz. Das Gebot der Gewaltenloyalität ergibt sich demgegenüber unmittelbar aus dem Grundsatz der Gewaltenteilung und dem Ziel staatlicher Integration.[421] Allerdings relativiert sich diese unterschiedliche Herleitung mit Blick auf den historischen Hintergrund und die staatstheoretische Zielsetzung des Gewaltenteilungsgrundsatzes erheblich: Weder die Gewaltenteilung noch die daraus abgeleitete Gewaltenloyalität dienen einem Selbstzweck. Sie sollen zu einer gegenseitigen Mäßigung und Beschränkung der Gewalten führen, ohne dass diese sich antagonistisch gegenüberstehen. Damit soll einerseits die Funktionsfähigkeit des Staates gewahrt bleiben; vor allem dient die gegenseitige Mäßigung der Staatsgewalten aber ebenfalls dem Schutz der subjektiven Rechte des Bürgers.[422] Ein grundlegender Unterschied in der Zielrichtung von Gewaltenloyalität und Rückwirkungsverbot besteht mithin nicht. Vielmehr entspricht die insoweit integrierende Prüfung dem auch oben in der Rechtsprechung des Bundesverfassungsgerichts herausgearbeiteten Grundsatz, dass die Gewaltenteilung regelmäßig nicht als eigenständiger Prüfungsmaßstab fungiert, sondern als Auslegungsmaßstab andere, spezifischere Normen des Verfassungsrechts konkretisiert.[423]

Aus der Gewaltenloyalität können daher für rückwirkende Nichtanwendungsgesetze keine anderen Anforderungen abgeleitet werden als für Nichtanwendungsgesetze ohne Rückwirkung. Der legislative Zugriff auf die Vergangenheit verschärft zwar den Kompetenzkonflikt zwischen Gesetzgeber und Rechtsprechung, allerdings erfolgt die funktionale Abgrenzung zwischen den Gewalten insoweit bereits abschließend über das Rückwirkungsverbot.

D. Fazit

Beim Erlass eines Nichtanwendungsgesetzes wird nur in atypischen Ausnahmesituationen der Kernbereich der Legislative oder der Judikative verletzt. Dies kann insbesondere dann der Fall sein, wenn der Gesetzgeber mit der Neurege-

---

811, juris Rn. 11; BFH, Beschluss v. 22.2.2006 – I B 145/05, BFHE 213, 29 = BStBl II 2006, 546, juris Rn. 29f.; BFH, Urteil v. 14.3.2006 – I R 1/04, BFHE 213, 38 = BStBl II 2006, 549, juris Rn. 34; BVerfG, Nichtannahmebeschluss v. 15.10.2008 – 1 BvR 1138/06, BVerfGK 14, 338, juris Rn. 20; *Möllers*, Gewaltengliederung, 2005, S. 110f.; *Buchheim/Lassahn*, NVwZ 2014, 562, 564; *Lepsius*, JZ 2014, 488, 492f.

[421] Siehe zur Herleitung der Gewaltenloyalität § 4 A. III.

[422] Siehe zur historischen und staatstheoretischen Zielsetzung der Gewaltenteilung den Überblick unter § 4 A. I.

[423] Siehe bereits unter § 4 A. II. 2.

lung die Entscheidungsfindung in einem ganz bestimmten Gerichtsverfahren beeinträchtigen will oder eine rückwirkende Regelung auch auf bereits rechtskräftig entschiedene Fälle erstreckt. Typischerweise erfassen Nichtanwendungsgesetze aber eine Vielzahl von Fällen und beschränken sich dabei auf Sachverhalte, die verfahrensrechtlich noch änderbar sind.

In diesen Konstellationen lassen sich aus dem Gebot der Gewaltenloyalität nur besondere Anforderungen für das Gesetzgebungsverfahren ableiten. Die Rücksichtnahmepflicht der Legislative gegenüber der Judikative gebietet es, dass die sachlichen Gründe, die zu der bisherigen Auslegung des Gesetzes durch die Gerichte führten, nicht einfach übergangen werden. Der Gesetzgeber muss sich vielmehr mit der Argumentation der Gerichte auseinandersetzen und politische Gründe anführen, warum er die bisherige Auslegung nicht weiterhin gelten lassen will. Diese besondere Begründungspflicht trifft auch schon die Regierung bzw. das Finanzministerium als federführendes Ministerium bei der Erstellung des Regierungsentwurfs für ein Nichtanwendungsgesetz. Eine unabhängige und ergebnisoffene Entscheidung der Abgeordneten setzt voraus, dass diese die gerichtliche Argumentation und die spezifischen Gründe, aus denen die Ministerialverwaltung eine gesetzliche Korrektur vorschlägt, kennen.

Diese Untersuchungsergebnisse wecken Zweifel an der Angemessenheit des Begriffs „Nichtanwendungsgesetz“: Durch die Parallelität zum Begriff des Nichtanwendungserlasses wird eine pauschale Rechtfertigungslast suggeriert,[424] die zumindest bei Nichtanwendungsgesetzen mit Wirkung *pro futuro* tatsächlich nicht besteht. Auch die Beteiligung der Finanzverwaltung am Gesetzgebungsverfahren ist regelmäßig unproblematisch. In seiner allgemeinen Verwendung und der implizierten Kritik unter Aspekten der Gewaltenteilung erscheint der Begriff des Nichtanwendungsgesetzes mithin zu Unrecht pejorativ. Für eine abschließende Bewertung der Begriffsbildung sind indes auch die Ergebnisse der folgenden Analyse miteinzubeziehen.[425]

---

[424] Siehe bereits unter § 2 A.

[425] Siehe noch unter § 5 D., § 6 D. und § 7.

§5 Das Gebot effektiven Rechtsschutzes als Maßstab für Nichtanwendungsgesetze

Der zweite wesentliche verfassungsrechtliche Kritikpunkt an Nichtanwendungsgesetzen betrifft ihre Vereinbarkeit mit dem Gebot effektiven Rechtsschutzes, das sich (im Steuerrecht) aus der Rechtsweggarantie des Art. 19 Abs. 4 S. 1 GG ergibt.

Der Steuerpflichtige hat die Möglichkeit, sich gegen vermutete Rechtsverletzungen, also gegen seiner Meinung nach rechtswidrige Steuerbescheide, durch Klage vor den Finanzgerichten zur Wehr zu setzen. Im steuerlichen Massenverfahren kommt es dabei häufig vor, dass mehrere Klageverfahren dieselben Auslegungsfragen behandeln. Welches Verfahren zuerst entschieden wird, hängt letztlich vom Zufall ab. Reagiert der Gesetzgeber auf eine Gerichtsentscheidung zugunsten eines Steuerpflichtigen nun mit einem Nichtanwendungsgesetz, das auch auf noch laufende Gerichtsverfahren Anwendung findet, so nimmt er allen anderen Steuerpflichtigen die Chance, mit derselben rechtlichen Argumentation erfolgreich zu sein.

Schön hat diese Situation auf die plakative Formel gebracht, dass der Bürger nur verlieren könne – „entweder schon vor dem BFH oder spätestens vor dem Parlament."[1] *Hey* befürchtet, Nichtanwendungsgesetze könnten das Vertrauen in die Rechtsweggarantie „unterminieren" und den Schutzgehalt von Art. 19 Abs. 4 GG „aushöhlen".[2] *Drüen* spricht davon, dass Nichtanwendungsgesetze sowohl in individueller als auch in objektiv-institutioneller Hinsicht gegen ein aus dem Rechtsschutzgebot folgendes „doppeltes Frustrationsverbot" verstoßen.[3] Gerade im Steuerrecht, das angesichts der massenhaften Konstellationen auf Musterverfahren angewiesen sei, müsse sich der Steuerpflichtige darauf verlassen können, dass eine positive fachgerichtliche Auslegung in einem Parallelverfahren auch für ihn gilt.[4]

[1] *Schön*, FS Lang, 2011, S. 221, 231; aufgegriffen von: *Drüen*, StuW 2015, 210, 219; *ders.*, IStR 2015, 609, 613; der Sache nach auch *Schönfeld/Bergmann*, DStR 2015, 257, 261: „doppeltes Risiko".

[2] *Hey*, JZ 2014, 500, 505; *dies.*, in: Tipke/Lang, 23. Auflage 2018, §3 Rn. 269; ähnlich anhand von konkreten Beispielen auch schon *Forchhammer*, FR 1986, 84, 87; *van Lishaut*, FR 1986, 452, 456.

[3] *Drüen*, StuW 2015, 210, 218f.

[4] *Drüen*, IStR 2015, 609, 613; ähnlich *Schönfeld/Bergmann*, DStR 2015, 257, 261; mit besonderem Bezug zu Musterverfahren auch schon *Raupach*, in: Drenseck/Seer (Hrsg.), Fest-

Um die Kritik dogmatisch einordnen und hinterfragen zu können, müssen in einem ersten Schritt die verschiedenen Gewährleistungsfunktionen des Rechtsschutzgebots herausgearbeitet und jeweils in Beziehung zur besonderen Situation der Nichtanwendungsgesetze gesetzt werden.[5] Nur insoweit aus dem Rechtsschutzgebot danach eigenständige verfassungsrechtliche Maßstäbe abgeleitet werden können, die weder in der Gewaltenteilung[6] noch im Rückwirkungsverbot[7] aufgehen, ist sodann der Blick auf die besonderen steuerrechtlichen Verfahrensvorschriften zu lenken, die zum Phänomen steuerlicher Musterverfahren führen.[8] Auf dieser Basis kann schließlich überprüft werden, in welchem Umfang Nichtanwendungsgesetze das Gebot effektiven Rechtsschutzes beeinträchtigen und welche Konsequenzen aus einer etwaigen Beeinträchtigung zu ziehen sind.[9]

A. Nichtanwendungsgesetze im Konflikt mit den verschiedenen Gewährleistungsfunktionen von Art. 19 Abs. 4 S. 1 GG

Wird jemand durch die öffentliche Gewalt in seinen Rechten verletzt, so steht ihm der Rechtsweg offen – schon aus dem Wortlaut von Art. 19 Abs. 4 S. 1 GG wird deutlich, dass aus dieser Norm, teils im Verbund mit anderen verfassungsrechtlichen Regelungen, verschiedene Gewährleistungsgarantien mit unterschiedlicher Zielrichtung folgen:[10]

Zunächst richtet sich die Norm an den Bürger, der sich einem belastenden Akt öffentlicher Gewalt gegenübersieht. Für ihn eröffnet Art. 19 Abs. 4 S. 1 GG den Rechtsweg, also den Weg zu den Gerichten. Gemeinsam mit dem aus dem Rechtsstaatsprinzip abgeleiteten Justizgewährleistungsanspruch[11] gewährleistet die Rechtswegeröffnung, dass materiellrechtlich eingeräumte Rechtspositionen auch rechtssicher durchgesetzt werden können. Erst durch diese Möglichkeit zur Effektuierung erhalten die materiellen Rechte für den Bürger überhaupt einen tatsächlichen Wert. Insoweit komplettiert Art. 19 Abs. 4 S. 1 GG entsprechend seiner systematischen Stellung am Ende des Abschnitts über die Grund-

schrift für Heinrich Wilhelm Kruse zum 70. Geburtstag, 2001, S. 253, 268; *P. Kirchhof/Raupach*, DB Beilage 2001, 1, 17; *Völker/Ardizzoni*, NJW 2004, 2413, 2414f.

[5] Dazu sogleich unter § 5 A.

[6] Siehe zur Vereinbarkeit mit dem Grundsatz der Gewaltenteilung bereits § 4.

[7] Siehe zur Vereinbarkeit mit dem Rückwirkungsverbot noch § 6.

[8] Dazu unter § 5 B.

[9] Dazu unter § 5 C.

[10] Ausdrücklich differenzierend z. B. auch *Jarass*, in: Jarass/Pieroth, GG, 15. Auflage 2018, Art. 19 Rn. 32; *Krebs*, in: v. Münch/Kunig, GG, 6. Auflage 2012, Art. 19 Rn. 55; *Schmidt-Aßmann*, in: Maunz/Dürig, GG, Art. 19 Abs. 4 Rn. 6ff.; *Enders*, in: BeckOK GG, Art. 19 Rn. 71f.

[11] *Enders*, in: BeckOK GG, Art. 19 Rn. 51.

rechte, den verfassungsrechtlichen Schutz der Individualrechte des einzelnen Bürgers.[12]

Gleichzeitig ist die Rechtswegeröffnung Ausdruck einer staatsorganisationsrechtlichen Grundentscheidung: Indem potentielle Rechtsverletzungen durch die öffentliche Gewalt gerichtlich gerügt werden können, werden die Gerichte zur zentralen Kontrollinstanz im gewaltengeteilten Rechtsstaat.[13] Es ist Aufgabe der Gerichte, zu überwachen, dass insbesondere die Exekutive die Rechte des Bürgers nicht gesetzes- und damit kompetenzwidrig verkürzt (Art. 20 Abs. 3 Hs. 2 GG).[14] Weil die Gerichte dabei inzident die anzuwendenden Gesetze auf ihre Verfassungskonformität prüfen (vgl. Art. 100 Abs. 1 GG) trägt die Rechtsweggarantie gleichzeitig zur (verfassungsgerichtlichen) Kontrolle des Gesetzgebers bei.[15] In seiner objektiven Gewährleistungsfunktion steht die Rechtswegeröffnung also in engem Zusammenhang zum bereits untersuchten Grundsatz der Gewaltenteilung.[16] Für die Frage, ob sich aus Art. 19 Abs. 4 GG verfassungsrechtliche Grenzen für Nichtanwendungsgesetze ableiten lassen, kann damit zunächst an die insoweit bereits angestellten Überlegungen angeknüpft werden.

I. Objektive Wertentscheidung und institutionelle Garantie

1. Der verfassungsrechtliche Maßstab

Die objektiv-rechtliche Aussagekraft von Art. 19 Abs. 4 S. 1 GG erschließt sich erst, wenn man die Norm im Zusammenhang mit anderen verfassungsrechtlichen Bestimmungen betrachtet: Neben Art. 19 Abs. 4 S. 1 GG eröffnen auch Art. 14 Abs. 3 S. 4 GG und Art. 34 S. 3 GG für bestimmte Streitigkeiten den Rechtsweg zu den Fachgerichten. Daneben tritt der allgemeine, aus dem Rechtsstaatsprinzip in Verbindung mit den Grundrechten abgeleitete Justizgewährleistungsanspruch,[17] der dem Bürger auch jenseits der ausdrücklichen Rechts-

---

[12] *Schmidt-Jortzig*, NJW 1994, 2569, 2571.

[13] *Jarass*, in: Jarass/Pieroth, GG, 15. Auflage 2018, Art. 19 Rn. 32; *Papier*, HStR VIII, 3. Auflage 2010, § 177 Rn. 3.

[14] BVerfG, Beschluss v. 20.4.1982 – 2 BvL 26/81, BVerfGE 60, 253, juris Rn. 54; der Individualrechtsschutz des Bürgers wird dabei noch durch spezielle Rechtsweggarantien, den allgemeinen Justizgewährleistungsanspruch und die verfassungsgerichtlichen Prüfungskompetenzen ergänzt; vgl. dazu sogleich unter § 5 A. I. 1.

[15] Zum Rechtsschutz gegen Legislativakte noch unter § 5 A. II. 2.

[16] Siehe bereits unter § 4 C. II., III. 2.

[17] BVerfG, Beschluss v. 11.6.1980 – 1 PBvU 1/79, BVerfGE 54, 277, juris Rn. 47; BVerfG, Beschluss v. 2.3.1993 – 1 BvR 249/92, BVerfGE 88, 118, juris Rn. 21 ff.; BVerfG, Beschluss v. 20.6.1995 – 1 BvR 166/93, BVerfGE 93, 99, juris Rn. 29 ff.; BVerfG, Beschluss v. 27.1.1998 – 1 BvL 15/87, BVerfGE 97, 169, juris Rn. 56; BVerfG, Beschluss v. 30.4.2003 – 1 PBvU 1/02, BVerfGE 107, 395, juris Rn. 13; BVerfG, Beschluss v. 7.10.2003 – 1 BvR 10/99, BVerfGE 108, 341, juris Rn. 19, 21; BVerfG, Beschluss v. 28.6.2012 – 1 BvR 2952/08, BVerfGK 19, 467, juris Rn. 22.

weggarantien[18] – insbesondere gegenüber anderen Bürgern – einen Anspruch auf ein staatliches Verfahren zur Überprüfung und Ahndung von Rechtsverletzungen einräumt. Art. 93 Abs. 1 Nr. 4a GG gewährt dem Bürger schließlich die (subsidiäre) Möglichkeit, eine potentielle Verletzung seiner Grundrechte oder grundrechtsgleichen Rechte vor dem Bundesverfassungsgericht geltend zu machen. Aus der Zusammenschau dieser verschiedenen verfassungsrechtlichen Institute ergibt sich das Bild einer umfassenden Rechtswegeröffnung: Wird das subjektive Recht eines Bürgers (vermeintlich) verletzt, besteht stets die Möglichkeit, gerichtlich gegen diese Verletzung vorzugehen. Erst dieses lückenlose Kontroll- und Sanktionssystem, das der Staat für den Bürger bereithält, macht eine gewaltsame Verteidigung der Rechte durch den Bürger selbst überflüssig und rechtfertigt damit zugleich das Gewaltmonopol des Staates.[19] Art. 19 Abs. 4 S. 1 GG ist damit zunächst ein wesentlicher Ausdruck des Rechts(weg)staats, in dem die gerichtliche Überprüfung und Durchsetzung subjektiver Rechte an die Stelle des „Recht des Stärkeren" tritt.

Gleichzeitig verweist Art. 19 Abs. 4 S. 1 GG auf die Gerichte: Der Rechtsweg ist der verfahrensrechtliche Weg zu einem Gericht, das die Voraussetzungen der Art. 92 und 97 GG erfüllt. Die Rechtswegeröffnung ist damit zugleich Kompetenzzuweisung an die Gerichte: Die endgültige Entscheidung darüber, ob ein subjektives Recht des Bürgers verletzt wird oder nicht, obliegt dem Richter; der grundgesetzliche Rechtswegstaat ist ein Richterstaat.[20] Dies zeigt sich neben Art. 19 Abs. 4 S. 1 GG abermals auch in den anderen Rechtsweggarantien und dem allgemeinen Justizgewährleistungsanspruch, sowie in dem von Art. 100 GG vorausgesetzten Prüfungsrecht der Gerichte in Bezug auf die Gültigkeit von Gesetzen und sonstigen Rechtssätzen.

Werden die Gerichte damit auch und gerade durch Art. 19 Abs. 4 S. 1 GG zur Kontrollinstanz mit weitreichender Zuständigkeit erhoben, spiegelt die Norm zugleich aber auch die Grenzen der gerichtlichen Kontrolle wider. Der

[18] Nach traditioneller und immer noch herrschender Meinung liegt öffentliche Gewalt im Sinne von Art. 19 Abs. 4 GG nur vor, wenn der Bürger dem Staat in einer typischen Abhängigkeits- oder Unterordnungssituation gegenübersteht und damit vor allem bei exekutiven Handlungen; vgl. nur BVerfG, Beschluss v. 12.1.1960 – 1 BvL 17/59, BVerfGE 10, 264, juris Rn. 3; BVerfG, Beschluss v. 9.1.1991 – 1 BvR 207/87, BVerfGE 83, 182, juris Rn. 44; BVerfG, Beschluss v. 30.4.2003 – 1 PBvU 1/02, BVerfGE 107, 395, juris Rn. 24 ff.; *Jarass*, in: Jarass/Pieroth, GG, 15. Auflage 2018, Art. 19 Rn. 44 f.; *Enders*, in: BeckOK GG, Art. 19 Rn. 57 ff. Richterliche Tätigkeiten sind nur dann öffentliche Gewalt, wenn sie funktional gesetzesvollziehenden Charakter haben (insbesondere im Bereich der verfassungs- oder einfachrechtlichen Richtervorbehalte); BVerfG, Beschluss v. 30.4.2003 – 1 PBvU 1/02, BVerfGE 107, 395, juris Rn. 32; BVerfG, Beschluss v. 2.12.2014 – 1 BvR 3106/09, BVerfGE 138, 33, juris Rn. 17 ff.; die spruchrichterliche Tätigkeit selbst unterfällt hingegen nur dem allgemeinen Justizgewährleistungsanspruch; BVerfG, Beschluss v. 2.12.2014 – 1 BvR 3106/09, BVerfGE 138, 33, juris Rn. 17; *Enders*, in: BeckOK GG, Art. 19 Rn. 57 ff. zum Rechtsschutz gegen Legislativakte noch unter § 5 A. II. 2.

[19] *Schmidt-Aßmann*, in: Maunz/Dürig, GG, Art. 19 Abs. 4 Rn. 16.

[20] *Enders*, in: BeckOK GG, Art. 19 Rn. 74.

Rechtsweg wird nämlich nur für die Verletzung eines subjektiven Rechts eröffnet. Damit trifft Art. 19 Abs. 4 S. 1 GG eine Systementscheidung zugunsten des Individualrechtsschutzes: Die Judikative übt ihre Kontrolle nicht als rein objektive Rechtskontrolle aus, sondern greift nur dann ein, wenn die subjektiven Rechte eines Bürgers beeinträchtigt sind.[21] Art. 19 Abs. 4 S. 1 GG trifft aber keine Aussage darüber, ob und in welchem Umfang solche Rechte bestehen, sondern setzt sie voraus.[22] Subjektive Rechte können sich als Grundrechte oder grundrechtsgleiche Rechte unmittelbar aus der Verfassung ergeben, in der Regel werden sie aber erst durch das einfache Recht und mithin durch den Gesetzgeber gewährt (der dazu wiederum aus der Schutz- und Gewährleistungsdimension der Grundrechte verpflichtet sein kann). Die Rechtsweggarantie des Art. 19 Abs. 4 S. 1 GG ist damit schon bei der Bestimmung ihres Anwendungsbereichs gesetzesakzessorisch.[23]

Zudem gewährleistet Art. 19 Abs. 4 S. 1 GG keine beliebige richterliche Kontrolle, sondern eine am Maßstab des Rechts. Der Rechtsweg führt zu den zwar sachlich und personell unabhängigen, aber gleichzeitig gesetzesgebundenen Richtern (Art. 20 Abs. 3 Hs. 2, Art. 97 Abs. 1 Hs. 2 GG). Nur wenn die Richter einen Konflikt zwischen Gesetz und Verfassung erkennen, dürfen sie dem Gesetz nicht mehr folgen, sondern müssen das Verfahren aussetzen und die Norm dem Bundesverfassungsgericht vorlegen (Art. 100 Abs. 1 GG). Ansonsten bestimmt der Gesetzgeber nicht nur den Anwendungsbereich, sondern auch den Maßstab der gerichtlichen Prüfung.[24]

In objektiver Hinsicht ist Art. 19 Abs. 4 S. 1 GG damit Ausdruck der gerichtsgeprägten Gewaltenteilung des Grundgesetzes, die der Gefahr gesetzgeberischer und exekutiver Willkür mit der Überprüfung durch neutrale Gerichte begegnet, gleichzeitig diese Gerichte aber wiederum auf eine rechtliche Prüfung anhand des materiellen Rechts beschränkt.[25] Zugleich lässt sich aus der Norm – im Verbund mit den Art. 92 ff. GG – eine institutionelle Garantie zu-

---

[21] *Papier*, HStR VIII, 3. Auflage 2010, § 177 Rn. 2; *Jarass*, in: Jarass/Pieroth, GG, 15. Auflage 2018, Art. 19 Rn. 32; *Krebs*, in: v. Münch/Kunig, GG, 6. Auflage 2012, Art. 19 Rn. 64.

[22] BVerfG, Beschluss v. 5.2.1963 – 2 BvR 21/60, BVerfGE 15, 275, juris Rn. 17; BVerfG, Beschluss v. 8.7.1982 – 2 BvR 1187/80, BVerfGE 61, 82, juris Rn. 77; BVerfG, Beschluss v. 31.5.1988 – 1 BvR 520/83, BVerfGE 78, 214, juris Rn. 34; BVerfG, Beschluss v. 9.1.1991 – 1 BvR 207/87, BVerfGE 83, 182, juris Rn. 44; BVerfG, Beschluss v. 17.4.1991 – 1 BvR 419/81, 1 BvR 213/83, BVerfGE 84, 34, juris Rn. 47; BVerfG, Urteil v. 20.2.2001 – 2 BvR 1444/00, BVerfGE 103, 142, juris Rn. 51; BVerfG, Beschluss v. 31.5.2011 – 1 BvR 857/07, BVerfGE 129, 1, juris Rn. 69; *Papier*, HStR VIII, 3. Auflage 2010, § 177 Rn. 8; *Schmidt-Aßmann*, in: Maunz/Dürig, GG, Art. 19 Abs. 4 Rn. 118 f.; *Krebs*, in: v. Münch/Kunig, GG, 6. Auflage 2012, Art. 19 Rn. 65; *Enders*, in: BeckOK GG, Art. 19 Rn. 51, 60 ff.; *Jarass*, in: Jarass/Pieroth, GG, 15. Auflage 2018, Art. 19 Rn. 36; *Payandeh*, Judikative Rechtserzeugung, 2017, S. 181.

[23] *Sachs*, in: Sachs, GG, 7. Auflage 2014, Art. 19 Rn. 130 f.; *Papier*, HStR VIII, 3. Auflage 2010, § 177 Rn. 8.

[24] *Schmidt-Aßmann*, in: Maunz/Dürig, GG, Art. 19 Abs. 4 Rn. 12; *Papier*, HStR VIII, 3. Auflage 2010, § 177 Rn. 70.

[25] So schon unter § 4 C. I. 2., II., III. 2.; ebenso *Schmidt-Aßmann*, in: Maunz/Dürig, GG,

gunsten einer funktionsfähigen Gerichtsbarkeit ableiten, da nur eine solche dem verfassungsrechtlichen Prüfungsauftrag nachkommen kann.[26]

2. *Nichtanwendungsgesetze im Konflikt mit der objektiv-institutionellen Gewährleistungsfunktion*

Betrachtet man vor diesem Hintergrund nunmehr Nichtanwendungsgesetze, so ergeben sich aus der objektiv-institutionellen Gewährleistungsfunktion von Art. 19 Abs. 4 GG keine anderen Grenzen als sie oben bereits aus dem Prinzip der Gewaltenteilung entwickelt wurden:

Dass der Gesetzgeber eine einmal erfolgte gerichtliche Auslegung einer Norm gesetzlich korrigiert, beeinträchtigt zunächst nicht die Funktionsfähigkeit der Gerichtsbarkeit als solche. Der Gesetzgeber beschränkt nicht die Kontrollrechte oder beeinträchtigt die Stellung der Richter. Er verändert lediglich den materiellrechtlichen Rahmen, in dem diese handeln. Die Institutionsgarantie wird durch die Veränderung des Prüfungsmaßstabs also nicht berührt.

Mit Blick auf die objektive Kompetenzverteilung, die aus Art. 19 Abs. 4 S. 1 GG folgt, sind Nichtanwendungsgesetze mit Wirkung für die Zukunft unproblematisch: Bei der Prüfung, ob die öffentliche Gewalt ein subjektives Recht des Bürgers verletzt, muss das Gericht sich an der jeweils aktuellen Gesetzeslage orientieren. Wenn der Gesetzgeber dem Bürger das subjektive Recht entzieht, kann er es auch nicht mehr gerichtlich geltend machen. Schon der Anwendungsbereich von Art. 19 Abs. 4 S. 1 GG ist nicht mehr eröffnet. Begrenzt der Gesetzgeber die Reichweite des subjektiven Rechts, schlägt auch dies sich als veränderter Prüfungsmaßstab bei der gerichtlichen Prüfung nieder. Nur wenn der Gesetzgeber durch die Neuregelung andere, individualrechtsschützende Normen der Verfassung verletzt, muss ein Fachgericht das Nichtanwendungsgesetz dem Bundesverfassungsgericht vorlegen (Art. 100 Abs. 1 S. 1 GG). Die Vorlage beruht dann aber nicht auf einer Verletzung von Art. 19 Abs. 4 S. 1 GG. Bei rückwirkenden Nichtanwendungsgesetzen ergibt sich grundsätzlich die gleiche Ausgangslage: Wenn das Gesetz zulässigerweise zurückwirkt, müssen die Gerichte es ihrer Entscheidungsfindung zugrunde legen. Art. 19 Abs. 4 S. 1 GG dient nur der Durchsetzung des materiellen Rechts und dieses wird durch die jeweils gültigen Gesetze bestimmt.[27] Dies hat auch das Bundesverfassungsgericht in einem Beschluss zur Verfassungskonformität der rückwirkenden Wiedereinführung der sog. „Mehrmütterorganschaft" ausgeführt:[28] Der Bundesfinanzhof

Art. 19 Abs. 4 Rn. 10; *D. Wilke*, HStR V, 3. Auflage 2007, § 112 Rn. 7; vgl. auch BVerfG, Beschluss v. 30.6.2015 – 2 BvR 1282/11, NVwZ 2015, 1434, juris Rn. 124.

[26] *Papier*, HStR VIII, 3. Auflage 2010, § 177 Rn. 3; *Krebs*, in: v. Münch/Kunig, GG, 6. Auflage 2012, Art. 19 Rn. 55; *Schmidt-Aßmann*, in: Maunz/Dürig, GG, Art. 19 Abs. 4 Rn. 14.

[27] Vgl. die Nachweise in Fn. 22; mit Blick auf Nichtanwendungsgesetze als Ausgangspunkt ebenso *Schönfeld/Bergmann*, DStR 2015, 257, 261.

[28] BVerfG, Nichtannahmebeschluss v. 15.10.2008 – 1 BvR 1138/06, BVerfGK 14, 338.

hatte – entgegen seiner bisherigen ständigen Rechtsprechung[29] und der dauerhaften Verwaltungspraxis[30] – entschieden, dass eine Organschaftsbeziehung für gewerbesteuerliche Zwecke auch zu mehreren Muttergesellschaften bestehen kann und nicht nur zu einer von diesen Muttergesellschaften gebildeten GbR.[31] Nachdem die Finanzverwaltung die entsprechenden Entscheidungen mit einem Nichtanwendungserlass belegt hatte,[32] normierte der Gesetzgeber die bisherige Rechtspraxis mit Wirkung auch für die Vergangenheit.[33] Die rückwirkende Neuregelung wurde sowohl vom Bundesfinanzhof[34] als auch vom Bundesverfassungsgericht[35] für zulässig gehalten. Vor diesem Hintergrund sah das Bundesverfassungsgericht auch keine Verletzung von Art. 19 Abs. 4 S. 1 GG darin, dass Steuerpflichtigen, die sich auf die geänderte Rechtsprechung des Bundesfinanzhofs berufen hatten, zunächst mit Verweis auf den Nichtanwendungserlass und sodann mit Verweis auf die rückwirkend geänderte Rechtslage keine Aussetzung der Vollziehung gewährt wurde. Letztlich habe sich der rechtliche Standpunkt der Finanzverwaltung als geltendes Recht durchgesetzt, sodass eine Verletzung von Art. 19 Abs. 4 S. 1 GG nicht in Betracht komme.[36]

Für die Frage, ob und unter welchen Voraussetzungen ein Nichtanwendungsgesetz Rückwirkung auch für die Vergangenheit entfalten darf, lassen sich hingegen allein aus Art. 19 Abs. 4 S. 1 GG in seiner objektiven Gewährleistungsfunktion kaum Maßstäbe ableiten. Allenfalls kann man argumentieren, dass schon im Hinblick auf die in Art. 19 Abs. 4 S. 1 GG konstituierte Kontrollfunktion der Gerichte rückwirkend keine Sachverhalte mehr erfasst werden dürfen, in denen bereits abschließend darüber entschieden wurde, ob eine Rechtsverletzung vorliegt. Die Rechtsweggarantie zielt auf eine verbindliche Entscheidung des Einzelfalls durch ein Gericht.[37] Sie verlöre ihren Wert, wenn entsprechende

---

[29] BFH, Urteil v. 25.6.1957 – I 22/55 U, BFHE 66, 449 = BStBl III 1958, 174; BFH, Urteil v. 8.10.1986 – I R 65/85, BFH/NV 1988, 190, juris Rn. 17; BFH, Urteil v. 14.4.1993 – I R 128/90, BFHE 171, 223 = BStBl II 1994, 124.

[30] Abschn. 52 Abs. 6 KStR 1995 und Abschn. 14 Abs. 6 GewStR 1998.

[31] BFH, Urteil v. 9.6.1999 – I R 43/97, BFHE 189, 518 = BStBl II 2000, 695, juris Rn. 18ff.; BFH, Urteil v. 9.6.1999 – I R 37/98, BFH/NV 2000, 347, juris Rn. 14ff.; BFH, Urteil v. 26.4.2001 – IV R 75/99, BFHE 194, 421, juris Rn. 27ff.

[32] Bundesministerium der Finanzen vom 4.12.2000, IV A 2-S 2770–3/00, BStBl I 2000, 1571.

[33] Entsprechende Neuregelungen wurden in § 14 Abs. 2 S. 1 KStG und § 2 Abs. 2 S. 3 GewStG eingefügt durch das Gesetz zur Fortentwicklung des Unternehmensteuerrechts (UntStFG) v. 20.12.2001 (BGBl I 2001, S. 3858).

[34] BFH, Beschluss v. 22.2.2006 – I B 145/05, BFHE 213, 29 = BStBl II 2006, 546, juris Rn. 24ff.; BFH, Urteil v. 14.3.2006 – I R 1/04, BFHE 213, 38 = BStBl II 2006, 549, juris Rn. 28ff.

[35] BVerfG, Nichtannahmebeschluss v. 15.10.2008 – 1 BvR 1138/06, BVerfGK 14, 338, juris Rn. 15, 17; BVerfG, Nichtannahmebeschluss v. 10.7.2009 – 1 BvR 1416/06, BFH/NV 2009, 1768, juris Rn. 14.

[36] BVerfG, Nichtannahmebeschluss v. 15.10.2008 – 1 BvR 1138/06, BVerfGK 14, 338, juris Rn. 21.

[37] BVerfG, Beschluss v. 11.6.1980 – 1 PBvU 1/79, BVerfGE 54, 277, juris Rn. 47; BVerfG,

gerichtliche Entscheidungen per Gesetz wieder aufgehoben werden könnten. In der Praxis der Nichtanwendungsgesetze stellt sich dieses Problem aber nicht, da diese regelmäßig nur alle noch nicht rechtskräftig entschiedenen Fälle erfassen.[38]

Ansonsten betont auch die Rechtsschutzgarantie des Art. 19 Abs. 4 S. 1 GG mit ihrer Gesetzesakzessorietät die grundsätzliche Gestaltungsbefugnis des Gesetzgebers. Die Befugnis zur verbindlichen Entscheidung über individuelle Rechtsverletzungen steht in funktionaler Spannung zur gesetzgeberischen Kompetenz, den Rahmen für diese Entscheidungsfindung zu bestimmen. Bereits im Kontext der Gewaltenteilung wurde insoweit herausgearbeitet, dass sich aus den objektiven Kompetenznormen des Grundgesetzes (inklusive derjenigen des Art. 19 Abs. 4 S. 1 GG) keine strenge temporale Verteilung der Befugnisse, sondern allenfalls ein Regel-Ausnahme-Verhältnis ableiten lässt. Dieses Regel-Ausnahme-Verhältnis liegt aber auch dem speziellen Rückwirkungsverbot zugrunde, das mithin den geeigneten und abschließenden Prüfungsmaßstab bildet.[39]

Dieses Verhältnis zwischen dem individualrechtsschützenden Rückwirkungsverbot und den objektiv wirkenden verfassungsrechtlichen Kompetenzschranken fügt sich auch gerade in die Dogmatik der Rechtsweggarantie ein: Das Rückwirkungsverbot konkretisiert das subjektive öffentliche Recht des Bürgers in temporaler Hinsicht. Diese Konkretisierung wird von Art. 19 Abs. 4 S. 1 GG vorausgesetzt, eigene Maßstäbe zur Bestimmung des subjektiven Rechts enthält die Norm aber nicht.[40]

II. Grundrecht auf Individualrechtsschutz

1. Verfassungsrechtlicher Maßstab

Auch wenn sich aus Art. 19 Abs. 4 S. 1 GG selbst keine Maßstäbe für die Bestimmung eines subjektiven öffentlichen Rechts ableiten lassen, hat die Norm auch eine subjektiv-rechtliche Gewährleistungsdimension: Für den Einzelnen folgt aus der Eröffnung des Rechtswegs ein grundrechtlicher Anspruch auf Individualrechtsschutz:[41] Vermutet er eine Rechtsverletzung durch die öffentliche

Beschluss v. 20.4.1982 – 2 BvL 26/81, BVerfGE 60, 253, juris Rn. 58; BVerfG, Beschluss v. 12.2.1992 – 1 BvL 1/89, BVerfGE 85, 337, juris Rn. 28; BVerfG, Nichtannahmebeschluss v. 21.11.2018 – 1 BvR 1653/18, 1 BvR 1888/18, 1 BvR 1889/18, 1 BvR 1890/18, 1 BvR 2381/18, NZA 2019, 343, juris Rn. 4; *Schmidt-Aßmann*, in: Maunz/Dürig, GG, Art. 19 Abs. 4 Rn. 10; *Jarass*, in: Jarass/Pieroth, GG, 15. Auflage 2018, Art. 19 Rn. 67; *Enders*, in: BeckOK GG, Art. 19 Rn. 74.

[38] Vgl. die Beispiele unter § 4 C. II.

[39] Siehe bereits unter § 4 C. III. 2.

[40] Vgl. die Nachweise in Fn. 22.

[41] *Schmidt-Aßmann*, in: Maunz/Dürig, GG, Art. 19 Abs. 4 Rn. 7 f.; *Jarass*, in: Jarass/Pieroth, GG, 15. Auflage 2018, Art. 19 Rn. 32.

Gewalt, gewährt ihm die Verfassung zwingend die Möglichkeit, sich gerichtlich zur Wehr zu setzen. Dafür reicht die bloße Eröffnung des Rechtswegs allein noch nicht aus. Die angerufenen Gerichte müssen vielmehr auch in der Lage sein, den Verletzten tatsächlich schützen zu können. Für den Einzelnen ergibt sich mithin nicht nur ein Anspruch auf Rechtsschutz, sondern auf *effektiven* Rechtsschutz gegen die öffentliche Gewalt.[42] Dieser ist teilweise hinsichtlich bestimmter Gewährleistungsinhalte in anderen Normen der Verfassung speziell geregelt.[43] Daneben besitzt der Gesetzgeber bei der Ausgestaltung der jeweiligen Prozessordnungen einen weiten Gestaltungsspielraum,[44] solange er den Verhältnismäßigkeitsgrundsatz wahrt.[45] Aus Art. 19 Abs. 4 S. 1 GG lassen sich zum Schutz des Bürgers nur verschiedene Mindeststandards, insbesondere zur Ausgestaltung des gerichtlichen und außergerichtlichen Verfahrens sowie zur Entscheidungskompetenz der Gerichte ableiten:

Das Rechtsschutzgebot fordert zunächst keinen schrankenlosen Zugang zum Rechtsschutz. Vielmehr darf der Gesetzgeber aus sachlichen Gründen, insbesondere um die knappen Ressourcen der Gerichte zwischen den Rechtsuchenden angemessen zu verteilen und für alle Beteiligten zumindest nach gewisser Zeit Rechtssicherheit zu schaffen, besondere Anforderungen an ein Rechtsschutzgesuch stellen. Zulässig sind danach insbesondere Klage- und Antragsfristen[46] sowie das Erfordernis eines besonderen Rechtsschutzbedürfnisses.[47] Auch Gerichtsgebühren dürfen erhoben und als Vorschuss eingefordert

[42] BVerfG, Beschluss v. 2.12.1987 – 1 BvR 1291/85, BVerfGE 77, 275, juris Rn. 25; BVerfG, Beschluss v. 27.10.1999 – 1 BvR 385/90, BVerfGE 101, 106, juris Rn. 66; BVerfG, Beschluss v. 31.5.2011 – 1 BvR 857/07, BVerfGE 129, 1, juris Rn. 68; BVerfG, Beschluss v. 2.12.2014 – 1 BvR 3106/09, BVerfGE 138, 33, juris Rn. 17; *Jarass*, in: Jarass/Pieroth, GG, 15. Auflage 2018, Art. 19 Rn. 50; *Krebs*, in: v. Münch/Kunig, GG, 6. Auflage 2012, Art. 19 Rn. 68; *Sachs*, in: Sachs, GG, 7. Auflage 2014, Art. 19 Rn. 143 f.

[43] Zu nennen sind insbesondere der Anspruch auf den gesetzlichen Richter in Art. 101 Abs. 1 GG und der Anspruch auf rechtliches Gehör in Art. 103 Abs. 1 GG.

[44] BVerfG, Beschluss v. 20.4.1982 – 2 BvL 26/81, BVerfGE 60, 253, juris Rn. 55 f.; BVerfG, Beschluss v. 20.6.1995 – 1 BvR 166/93, BVerfGE 93, 99, juris Rn. 31; BVerfG, Beschluss v. 27.10.1999 – 1 BvR 385/90, BVerfGE 101, 106, juris Rn. 69; BVerfG, Urteil v. 10.4.2018 – 1 BvR 1236/11, juris Rn. 160; *Schmidt-Aßmann*, in: Maunz/Dürig, GG, Art. 19 Abs. 4 Rn. 5; *Papier*, HStR VIII, 3. Auflage 2010, § 177 Rn. 11; *Krebs*, in: v. Münch/Kunig, GG, 6. Auflage 2012, Art. 19 Rn. 70; *Enders*, in: BeckOK GG, Art. 19 Rn. 52 f.

[45] BVerfG, Beschluss v. 20.4.1982 – 2 BvL 26/81, BVerfGE 60, 253, juris Rn. 55 f.; BVerfG, Beschluss v. 20.6.1995 – 1 BvR 166/93, BVerfGE 93, 99, juris Rn. 31; BVerfG, Beschluss v. 2.3.1993 – 1 BvR 249/92, BVerfGE 88, 118, juris Rn. 23; BVerfG, Beschluss v. 27.10.1999 – 1 BvR 385/90, BVerfGE 101, 106, juris Rn. 73; *Jarass*, in: Jarass/Pieroth, GG, 15. Auflage 2018, Art. 19 Rn. 53; *Schmidt-Aßmann*, in: Maunz/Dürig, GG, Art. 19 Abs. 4 Rn. 4.

[46] BVerfG, Beschluss v. 20.4.1982 – 2 BvL 26/81, BVerfGE 60, 253, juris Rn. 57 ff.; BVerfG, Beschluss v. 2.12.1987 – 1 BvR 1291/85, BVerfGE 77, 275, juris Rn. 28; BVerfG, Beschluss v. 2.3.1993 – 1 BvR 249/92, BVerfGE 88, 118, juris Rn. 22; BVerfG, Beschluss v. 20.6.1995 – 1 BvR 166/93, BVerfGE 93, 99, juris Rn. 30; BVerfG, Urteil v. 14.5.1996 – 2 BvR 1516/93, BVerfGE 94, 166, juris Rn. 136 ff.; *Papier*, HStR VIII, 3. Auflage 2010, § 177 Rn. 62; *Enders*, in: BeckOK GG, Art. 19 Rn. 75.

[47] BVerfG, Beschluss v. 30.4.1997 – 2 BvR 817/90, 2 BvR 728/92, 2 BvR 802/95, 2 BvR

werden.[48] Erst wenn solche Normen den Zugang zu einem Gericht in unzumutbarer, aus Sachgründen nicht mehr zu rechtfertigender Weise erschweren, treten sie in Konflikt mit Art. 19 Abs. 4 S. 1 GG.[49] Es darf für den Bürger nicht praktisch unmöglich werden, Rechtsschutz zu erlangen.[50] Auch das vorgelagerte Verwaltungsverfahren darf nicht so ausgestaltet werden, dass der sich anschließende gerichtliche Rechtsschutz faktisch vereitelt wird.[51]

Erforderlich ist sodann eine gerichtliche Entscheidung innerhalb angemessener Zeit. Nur rechtzeitiger Rechtsschutz ist effektiver Rechtsschutz.[52] Die angemessene Verfahrensdauer ist dabei eine Frage des jeweiligen Einzelfalls.[53] In jedem Fall folgt für die Gerichte aus dem effektiven Rechtsschutzgebot eine Pflicht zur Verfahrensbeschleunigung.[54]

Schließlich liegt ein effektiver Rechtsschutz nur dann vor, wenn das zur Entscheidung berufene Gericht die Rechtsverletzung umfassend beurteilen und effizient beseitigen kann. Erforderlich ist eine tatsächliche wirksame gerichtliche Kontrolle des angegriffenen Aktes öffentlicher Gewalt.[55] Dies bedeutet in der Regel eine umfassende Überprüfung in tatsächlicher und rechtlicher Hinsicht.

1065/95, BVerfGE 96, 27, juris Rn. 49; BVerfG, Beschluss v. 5.12.2001 – 2 BvR 527/99, 2 BvR 1337/00, 2 BvR 1777/00, BVerfGE 104, 220, juris Rn. 34; *Papier*, HStR VIII, 3. Auflage 2010, § 177 Rn. 63; *Enders*, in: BeckOK GG, Art. 19 Rn. 81.

[48] BVerfG, Beschluss v. 12.2.1992 – 1 BvL 1/89, BVerfGE 85, 337, juris Rn. 29 f.; BVerfG, Beschluss v. 26.3.1999 – 1 BvR 1431/90, NVwZ 1999, 450, juris Rn. 8; BVerfG, Nichtannahmebeschluss v. 19.3.2014 – 1 BvR 2169/13 u. a., juris, juris Rn. 10; *Papier*, HStR VIII, 3. Auflage 2010, § 177 Rn. 65.

[49] St. Rspr., vgl. z. B. BVerfG, Beschluss v. 12.1.1960 – 1 BvL 17/59, BVerfGE 10, 264, juris Rn. 13; BVerfG, Beschluss v. 2.4.1974 – 2 BvR 444/73, BVerfGE 37, 93, juris Rn. 13; BVerfG, Beschluss v. 2.12.1987 – 1 BvR 1291/85, BVerfGE 77, 275, juris Rn. 25; BVerfG, Beschluss v. 29.10.2015 – 2 BvR 1493/11, NVwZ 2016, 238, juris Rn. 33.

[50] *Papier*, HStR VIII, 3. Auflage 2010, § 177 Rn. 60.

[51] *Krebs*, in: v. Münch/Kunig, GG, 6. Auflage 2012, Art. 19 Rn. 72.

[52] BVerfG, Beschluss v. 20.4.1982 – 2 BvL 26/81, BVerfGE 60, 253, juris Rn. 57; BVerfG, Beschluss v. 2.3.1993 – 1 BvR 249/92, BVerfGE 88, 118, juris Rn. 22; BVerfG, Beschluss v. 16.5.1995 – 1 BvR 1087/91, BVerfGE 93, 1, juris Rn. 28; BVerfG, Stattgebender Kammerbeschluss v. 20.9.2007 – 1 BvR 775/07, NJW 2008, 503, juris Rn. 7; BVerfG, Stattgebender Kammerbeschluss v. 14.12.2010 – 1 BvR 404/10, juris, juris Rn. 11; *Schmidt-Jortzig*, NJW 1994, 2569, 2572 f.; *Papier*, HStR VIII, 3. Auflage 2010, § 177 Rn. 93.

[53] BVerfG, Stattgebender Kammerbeschluss v. 20.9.2007 – 1 BvR 775/07, NJW 2008, 503, juris Rn. 7; BVerfG, Stattgebender Kammerbeschluss v. 14.12.2010 – 1 BvR 404/10, juris, juris Rn. 11; BVerfG, Stattgebender Kammerbeschluss v. 7.6.2011 – 1 BvR 194/11, NVwZ-RR 2011, 1042, juris Rn. 26; für finanzgerichtliche Verfahren BVerfG, Stattgebender Kammerbeschluss v. 7.6.2011 – 1 BvR 194/11, NVwZ-RR 2011, 1042, juris Rn. 28 ff.: Dauer von fünf Jahren bei zweijähriger gerichtlicher Untätigkeit unzulässig; BVerfG, Kammerbeschluss v. 20.5.1988 – 1 BvR 273/88, BB 1988, 1716, juris Rn. 18: Dauer von acht Jahren für relativ unproblematische Fragestellung begegnet starken Bedenken.

[54] *Papier*, HStR VIII, 3. Auflage 2010, § 177 Rn. 94.

[55] BVerfG, Beschluss v. 27.10.1999 – 1 BvR 385/90, BVerfGE 101, 106, juris Rn. 67; *Papier*, HStR VIII, 3. Auflage 2010, § 177 Rn. 90; *Krebs*, in: v. Münch/Kunig, GG, 6. Auflage 2012, Art. 19 Rn. 71.

Insbesondere muss die Auslegung unbestimmter Rechtsbegriffe durch die Verwaltung von den Gerichten voll nachprüfbar sein.[56]

2. Nichtanwendungsgesetze im Konflikt mit der subjektiv-rechtlichen Gewährleistungsdimension

Mit Blick auf Nichtanwendungsgesetze ist erneut eine differenzierte Betrachtungsweise angezeigt:

Es geht im Folgenden nicht um den effektiven Rechtsschutz gegen das Nichtanwendungsgesetz selbst. Insoweit bestehen keine Besonderheiten gegenüber anderen Gesetzen.[57] Ob der Gesetzgeber individuelle Verfassungsrechte der Bürger verletzt hat, wird von den Fachgerichten, die zur Vorlage eines in ihren Augen verfassungswidrigen Gesetzes an das Bundesverfassungsgericht verpflichtet sind (Art. 100 Abs. 1 S. 1 GG), inzident im Verfahren gegen den gesetzesvollziehenden Verwaltungsakt geprüft. Subsidiär besteht zudem die Möglichkeit, Verfassungsbeschwerde zu erheben (Art. 93 Abs. 1 Nr. 4a GG).[58]

Besondere Beachtung bedarf vielmehr der Einfluss von Nichtanwendungsgesetzen auf den effektiven Rechtsschutz gegen einen (vermeintlich) rechtswidrigen Steuerbescheid. Dabei muss zunächst betont werden, dass Art. 19 Abs. 4 S. 1 GG auch in seiner subjektiv-rechtlichen Dimension nicht der Veränderung der materiellen Rechtslage als solcher entgegensteht. Das subjektive Recht des Bürgers auf gesetzmäßige und verfassungskonforme Besteuerung wird von dem Rechtsschutzgebot vorausgesetzt und nicht selbst definiert. Grenzen für

---

[56] BVerfG, Beschluss v. 17.4.1991 – 1 BvR 419/81, 1 BvR 213/83, BVerfGE 84, 34, juris Rn. 47 f.; BVerfG, Beschluss v. 27.10.1999 – 1 BvR 385/90, BVerfGE 101, 106, juris Rn. 67; BVerfG, Beschluss v. 31.5.2011 – 1 BvR 857/07, BVerfGE 129, 1, juris Rn. 68 ff.; BVerfG, Nichtannahmebeschluss v. 21.11.2018 – 1 BvR 1653/18, 1 BvR 1888/18, 1 BvR 1889/18, 1 BvR 1890/18, 1 BvR 2381/18, NZA 2019, 343, juris Rn. 4; *Jarass*, in: Jarass/Pieroth, GG, 15. Auflage 2018, Art. 19 Rn. 67; *Enders*, in: BeckOK GG, Art. 19 Rn. 74. Nur ausnahmsweise können Entscheidungsspielräume bei der Beurteilung von Tatsachen oder der Anordnung von Rechtsfolgen auf die Behördenebene delegiert werden; vgl. nur BVerfG, Beschluss v. 31.5.2011 – 1 BvR 857/07, BVerfGE 129, 1, juris Rn. 73 ff.; *Jarass*, in: Jarass/Pieroth, GG, 15. Auflage 2018, Art. 19 Rn. 69 f. jew. m. w. N.

[57] Es kann deshalb auch auf eine Auseinandersetzung mit der Frage verzichtet werden, inwieweit sich der verfassungsrechtliche Maßstab für die gerichtliche Überprüfung legislativer Akte aus Art. 19 Abs. 4 GG oder aus dem allgemeinen Justizgewährleistungsanspruch ergibt; vgl. dazu nur *Krebs*, in: v. Münch/Kunig, GG, 6. Auflage 2012, Art. 19 Rn. 62; *Sachs*, in: Sachs, GG, 7. Auflage 2014, Art. 19 Rn. 123 f.; *Enders*, in: BeckOK GG, Art. 19 Rn. 59; *Jarass*, in: Jarass/Pieroth, GG, 15. Auflage 2018, Art. 19 Rn. 44 f.

[58] In der Regel richtet sich die Verfassungsbeschwerde gegen den gesetzesvollziehenden Einzelakt, nachdem zuvor der Rechtsweg erschöpft wurde (§ 90 Abs. 2 S. 1 BVerfGG). Ausnahmsweise kann auch direkt gegen das Gesetz Verfassungsbeschwerde erhoben werden, wenn der Bürger gegenwärtig und unmittelbar durch die gesetzliche Regelung betroffen ist, insbesondere, wenn es zur Anwendung des Gesetzes keines weiteren Umsetzungsaktes bedarf; vgl. nur BVerfG, Beschluss v. 8.6.2010 – 1 BvR 2011/07, 1 BvR 2959/07, BVerfGE 126, 112, juris Rn. 78; *Morgenthaler*, in: BeckOK GG, Art. 93 Rn. 66. jew. m. w. N.

Nichtanwendungsgesetze können sich aus dem Gebot effektiven Rechtsschutzes nur deshalb ergeben, weil dem Bürger durch die gesetzliche Neuregelung die Chance genommen wird, seinen rechtlichen Standpunkt in bereits laufenden Verfahren weiterhin zu verfolgen. Daraus folgt zugleich, dass nur rückwirkende Nichtanwendungsgesetze in Konflikt mit Art. 19 Abs. 4 S. 1 GG in seiner subjektiv-rechtlichen Gewährleistungsdimension stehen können. Verändert sich die materielle Rechtslage nur für die Zukunft, berührt dies die bestehenden Rechtsschutzmöglichkeiten in keiner Weise, die Verfahrensposition des Steuerpflichtigen verändert sich nicht.

Der Konflikt lässt sich sogar noch weiter eingrenzen: Nach der ständigen Rechtsprechung des Bundesverfassungsgerichts[59] liegt bei periodisch veranlagten Steuern eine echte Rückwirkung nur dann vor, wenn eine Rechtsfolge auf einen bereits abgeschlossenen Veranlagungszeitraum erstreckt wird. Regelungen, die nur den laufenden oder zukünftige Veranlagungszeiträume betreffen, entfalten demgegenüber (allenfalls) unechte Rückwirkung. Legt man diese Abgrenzung zugrunde[60] so können auch unecht rückwirkende Steuergesetze das Rechtsschutzgebot in seiner subjektiv-rechtlichen Dimension nicht beeinträchtigen. Bevor ein Veranlagungszeitraum nicht abgeschlossen und ein entsprechender Steuerbescheid erlassen worden ist, kann der Bürger mangels anfechtbarem Verwaltungsakt gar keine gerichtliche Überprüfung herbeiführen. Wird das materielle Recht für diese Zeiträume geändert, muss das geänderte Recht also allenfalls zukünftigen Einspruchs- und Gerichtsverfahren zugrunde gelegt werden. Damit wird ausschließlich das subjektive Recht des Steuerpflichtigen auf eine gesetzmäßige Besteuerung umgestaltet. Die Rechtsschutzmöglichkeiten des Bürgers bleiben unverändert.

Erfolgt die Änderung der materiellen Rechtslage hingegen mit echter Rückwirkung, wird zwar unmittelbar ebenfalls nur das von Art. 19 Abs. 4 S. 1 GG vorausgesetzte subjektive Recht auf gesetzmäßige Besteuerung verändert. Echt rückwirkende Nichtanwendungsgesetze wirken aber auch in bereits laufenden Veranlagungs-, Einspruchs- und Klageverfahren. Hier ergibt sich eine Wechselwirkung mit besonderen verfahrensrechtlichen Instrumenten, die gerade im

[59] Vgl. nur BVerfG, Urteil v. 19.12.1961 – 2 BvL 6/59, BVerfGE 13, 261, juris Rn. 56; BVerfG, Beschluss v. 16.11.1965 – 2 BvL 8/64, BVerfGE 19, 187, juris Rn. 31; BVerfG, Beschluss v. 10.3.1971 – 2 BvL 3/68, BVerfGE 30, 272, juris Rn. 43; BVerfG, Beschluss v. 13.3.1979 – 2 BvR 72/76, BVerfGE 50, 386, juris Rn. 19f.; BVerfG, Beschluss v. 14.5.1986 – 2 BvL 2/83, BVerfGE 72, 200, juris Rn. 114ff.; BVerfG, Beschluss v. 7.7.2010 – 2 BvL 14/02, 2 BvL 2/04, 2 BvL 13/05, BVerfGE 127, 1, juris Rn. 59; BVerfG, Beschluss v. 7.7.2010 – 2 BvL 1/03, 2 BvL 57/06, 2 BvL 58/06, BVerfGE 127, 31, juris Rn. 70; BVerfG, Beschluss v. 7.7.2010 – 2 BvR 748/05, 2 BvR 753/05, 2 BvR 1738/05, BVerfGE 127, 61, juris Rn. 48; BVerfG, Beschluss v. 10.10.2012 – 1 BvL 6/07, BVerfGE 132, 302, juris Rn. 44; BVerfG, Beschluss v. 17.12.2013 – 1 BvL 5/08, BVerfGE 135, 1, juris Rn. 42; BVerfG, Beschluss v. 25.3.2021 – 2 BvL 1/11, juris, juris Rn. 55.

[60] Zur sogenannten Veranlagungszeitraum-Rechtsprechung und der – im Ergebnis unberechtigten – Kritik an ihr noch im Detail unter § 6 B. II. 1. d).

Steuerrecht bestehen, um die massenhaften Fallzahlen durch Musterverfahren zu bewältigen. Mag auch die Veränderung des materiellen Rechts selbst für den subjektiv-rechtlichen Schutzbereich von Art. 19 Abs. 4 S. 1 GG nicht relevant sein, so kann sie doch dazu führen, dass grundsätzlich akzeptable verfahrensmäßige Beschränkungen des effektiven Rechtsschutzes, denen der Steuerpflichtige in einem laufenden Verfahren unterworfen ist, eine andere Intensität erlangen und damit zu verfassungswidrigen Konsequenzen im Einzelfall führen.[61]

Um diesem Gedankengang nachgehen zu können, müssen zunächst die besonderen verfahrensrechtlichen Beschränkungen des effektiven Rechtsschutzes im steuerrechtlichen Massenverfahren betrachtet werden. Es ist herauszuarbeiten, inwieweit sie den individuellen Anspruch des Steuerpflichtigen auf effektiven Rechtsschutz wahren.[62] Im Anschluss daran wird untersucht, welchen Effekt rückwirkende Nichtanwendungsgesetze in diesem Kontext haben.[63]

B. Effektiver Rechtsschutz bei steuerlichen Musterverfahren

Das steuerliche Verfahrensrecht steht vor der besonderen Herausforderung, die massenhaften Fallzahlen zu bewältigen. Nach Angaben des Bundesfinanzministeriums gibt es in Deutschland ca. 40 Millionen einkommensteuerpflichtige natürliche Personen und ca. 3,3 Millionen steuerpflichtige Unternehmen.[64] Neben die laufenden Veranlagungsverfahren[65] treten ca. 3,3 Millionen Einspruchsverfahren und ungefähr 60.000 finanzgerichtliche Klagen.[66] Materiellrechtliche Fragestellungen betreffen kaum einmal nur einen einzigen Steuerfall, sondern in der Regel gleich eine Vielzahl gleich oder sehr ähnlich gelagerter Verfahren.[67]

Um Finanzämter und -gerichte zu entlasten bzw. diesen die Bewältigung der Fallzahlen überhaupt zu ermöglichen und gleichzeitig eine (auch verfassungsrechtlich geforderte) möglichst gleichmäßige Behandlung der Steuerpflichtigen zu gewährleisten, bedarf es besonderer verfahrensrechtlicher Instrumente. Gleichzeitig gebietet Art. 19 Abs. 4 S. 1 GG für jeden einzelnen Steuerpflichtigen einen Anspruch auf effektiven Individualrechtsschutz gegen (vermeintlich)

[61] Inhaltlich ähnlich differenzieren *Schönfeld/Bergmann*, DStR 2015, 257, 261.

[62] Dazu sogleich unter § 5 B.

[63] Dazu unter § 5 C.

[64] Bundesministerium der Finanzen, Datensammlung zur Steuerpolitik, Ausgabe 2018, S. 37 ff., 63, abrufbar unter www.bundesfinanzministerium.de.

[65] Zwischen 12 und 13 Millionen unbeschränkt einkommensteuerpflichtige natürliche Personen werden nicht veranlagt, sondern unterliegen mit ihren Einkünften nur einer Quellenbesteuerung (insbesondere Lohnsteuer); vgl. Bundesministerium der Finanzen, Datensammlung zur Steuerpolitik, Ausgabe 2018, S. 38.

[66] Bundesministerium der Finanzen, Statistik über die Einspruchsbearbeitung in den Finanzämtern im Jahr 2017, abrufbar unter www.bundesfinanzministerium.de.

[67] Siehe schon im Einzelnen unter § 2 B. III. 2. und 3.

rechtswidrige Steuerbescheide. Das steuerliche Verfahrensrecht begegnet diesem (potenziellen) Interessenkonflikt vor allem damit, die Wirkung einzelner finanz- oder verfassungsgerichtlicher Klageverfahren auch auf Parallelverfahren zu erstrecken. Es entstehen *de facto* Musterverfahren.[68]

Die insoweit anwendbaren Rechtsinstitute unterscheiden sich in ihren Voraussetzungen und Rechtsfolgen und sind abhängig vom jeweiligen Verfahrensstand: Zunächst kann eine Steuerfestsetzung nach § 165 Abs. 1 S. 2 Nr. 3 oder Nr. 4 AO vorläufig im Hinblick auf ein Musterverfahren ergehen.[69] Ist bereits Einspruch oder Klage gegen einen Steuerbescheid erhoben worden, können das Einspruchs-[70] bzw. das finanzgerichtliche Klageverfahren[71] ausgesetzt (§ 363 Abs. 1 AO bzw. § 74 FGO) oder zum Ruhen gebracht werden (§ 363 Abs. 2 AO bzw. § 155 S. 1 FGO i. V.m § 251 S. 1 ZPO).

I. Vorläufige Steuerfestsetzung (§ 165 Abs. 1 S. 2 Nr. 3 und Nr. 4 AO)

Nach § 165 Abs. 1 S. 1 AO können Steuerbescheide vorläufig ergehen, soweit ungewiss ist, ob die Voraussetzungen für die Entstehung einer Steuer eingetreten sind. Soweit der Vorläufigkeitsvermerk reicht, kann die Steuerfestsetzung nach § 165 Abs. 2 S. 1 AO weiterhin geändert werden. Wenn die Ungewissheit beseitigt ist, ist eine vorläufige Steuerfestsetzung aufzuheben, zu ändern oder für endgültig zu erklären (§ 165 Abs. 2 S. 2 Hs. 1 AO). Während Satz 1 Fälle einer tatsächlichen Unsicherheit behandelt, können nach § 165 Abs. 1 S. 2 AO auch bestimmte Konstellationen, in denen eine rechtliche Unsicherheit besteht, zu einer vorläufigen Steuerfestsetzung führen.

Vorläufige Festsetzungen wegen einer rechtlichen Unsicherheit wurden zuvor bereits im Hinblick auf ihre (nur sehr eingeschränkte) Wirkung untersucht.[72] Im Folgenden geht es um ihren Einfluss auf den effektiven Rechtsschutz des Steuerpflichtigen.

1. Vereinbarkeit nationaler Steuergesetze mit höherrangigem Recht (§ 165 Abs. 1 S. 2 Nr. 3 AO)

Nach § 165 Abs. 1 S. 2 Nr. 3 AO kann ein Steuerbescheid dann vorläufig erlassen werden, wenn die Vereinbarkeit eines Steuergesetzes mit höherrangigem Recht

---

[68] Der Begriff taucht weder in der Abgabenordnung noch in der Finanzgerichtsordnung auf und dient mithin primär der verallgemeinernden Beschreibung der hier dargestellten Verfahrenssituationen; vgl. auch *Seer*, in: Tipke/Kruse, § 165 AO Rn. 16. Davon abzugrenzen sind gesonderte Musterprozessvereinbarungen, in denen sich Steuerpflichtiger und Finanzverwaltung freiwillig an den Ausgang eines bestimmten Parallelverfahrens binden; vgl. dazu *Hendricks/Paß*, DStR 2015, 2589, 2590 ff.

[69] Dazu sogleich unter § 5 B. I.

[70] Dazu unter § 5 B. II.

[71] Dazu unter § 5 B. III.

[72] Vgl. dazu bereits unter § 3 C. I. 2. b).

Gegenstand eines Verfahrens beim EuGH, dem Bundesverfassungsgericht oder einem obersten Bundesgericht (insbesondere dem Bundesfinanzhof) ist. Die Vorschrift kompensiert in gewissem Umfang, dass die Entscheidungen der genannten Gerichte trotz ihrer grundlegenden Bedeutung nicht automatisch Anwendung auf alle gleichgelagerten Fälle finden.

Eine Entscheidung des Bundesverfassungsgerichts, mit der ein Gesetz für verfassungswidrig und nichtig erklärt wird, hat zwar Gesetzeskraft (§78 S.1 BVerfGG). Nicht mehr anfechtbare Steuerbescheide, die auf der verfassungswidrigen Norm beruhen, bleiben aber grundsätzlich wirksam (§79 Abs.2 S.1 BVerfGG). Nur die Vollstreckung solcher Bescheide ist unzulässig (§79 Abs.2 S.2 BVerfGG). Wird also eine für den Steuerpflichtigen belastende Vorschrift vor dem Bundesverfassungsgericht überprüft, müsste er grundsätzlich Einspruch einlegen, damit seine Steuerfestsetzung nicht bestandskräftig wird und er von einer Entscheidung des Bundesverfassungsgerichts ebenfalls profitieren kann.[73] Eine ähnliche Situation ergibt sich mit Blick auf Entscheidungen des Europäischen Gerichtshofs: Erklärt dieser im Vorabentscheidungsverfahren nach Art.267 AEUV eine nationale Norm für unvereinbar mit den Vorgaben des europäischen Rechts, so wirkt diese Entscheidung in der Regel *ex tunc*.[74] Allerdings stellt auch hier die Bestandskraft nationaler Verwaltungsakte eine anerkannte Grenze für die temporalen Urteilswirkungen dar: Nur wenn nach nationalem Verfahrensrecht die Möglichkeit besteht, Verwaltungsakte noch zu ändern, muss die Rechtsprechung des Europäischen Gerichtshofs auch mit Wirkung für die Vergangenheit umgesetzt werden.[75] Auch insoweit ist ein Steuerpflichtiger daher grundsätzlich gezwungen, Einspruch einzulegen, um von einer für ihn positiven Entscheidung des Europäischen Gerichtshofs in einem anhängigen Verfahren profitieren zu können.

Angesichts der immer häufigeren Verfahren, in denen die Verfassungs- oder Unionsrechtskonformität steuerrechtlicher Regelungen hinterfragt werden, vermeidet die Möglichkeit einer vorläufigen Festsetzung massenhafte Rechtsbehelfe mit identischem Inhalt. Schon wenn ein entsprechendes Verfahren den

---

[73] Zum Teil wurden auch schon vor Einführung der ausdrücklichen Ermächtigung in §165 Abs.1 S.2 Nr.3 AO Steuerbescheide zur Vermeidung von Massenrechtsbehelfen vorläufig erlassen; vgl. den historischen Überblick bei *Ende*, DStR 2006, 878, 878f.; *Busch*, Die §§164, 165 AO als besondere Nebenbestimmungen zum Steuerbescheid, 2019, S.200f.

[74] Demgegenüber wird eine Wirkung *ex nunc* nur ausnahmsweise angeordnet; vgl. aus der ständigen Rechtsprechung nur EuGH, Urteil v. 17.2.2005 – C-453/02 und C-462/02, Slg. I 2005, 1131, juris Rn.41; EuGH, Urteil v. 6.3.2007 – C-292/04, Slg. I 2007, 1835, juris Rn.34; EuGH, Urteil v. 10.4.2014 – C-190/12, IStR 2014, 333, juris Rn.108; vgl. insgesamt zur zeitlichen Wirkung und den Querverknüpfungen zum unionsrechtlichen Vertrauensschutzgrundsatz *Maciejewski/Theilen*, ELR 2017, 706; *dies.*, in: Weitemeyer/Schauhoff/Achatz (Hrsg.), Umsatzsteuerrecht für den Nonprofitsektor, 2019, Rn.5.25ff.

[75] Vgl. insbesondere EuGH, Urteil v. 13.1.2004 – C-453/00, Slg. I 2004, 837, juris Rn.24ff.; EuGH, Urteil v. 19.9.2006 – C-392/04 und C-422/04, C-392/04, C-422/04, Slg. I 2006, 8559, juris Rn.51ff.; EuGH, Urteil v. 12.2.2008 – C-2/06, Slg. I 2008, 411, juris Rn.37ff.

Bundesfinanzhof erreicht hat, können alle Steuerbescheide, für die die vermeintlich verfassungs- oder unionsrechtswidrige Regelung ebenfalls relevant ist, vorläufig erlassen werden. Der Vorläufigkeitsvermerk muss sich dabei nicht auf bestimmte Gerichtsverfahren beschränken, sondern wird in der Regel so formuliert, dass er sich auch auf Verfahren mit der gleichen verfassungs- oder unionsrechtlichen Fragestellung erstreckt, die erst nach Erlass des Bescheids anhängig geworden sind.[76] Um eine bundesweit einheitliche Handhabung zu gewährleisten, erlässt das Bundesministerium der Finanzen regelmäßig aktualisierte Schreiben, in denen genau festgelegt wird, für welche Fragen eine vorläufige Festsetzung erfolgen soll und wie der Vorläufigkeitsvermerk zu aktualisieren ist.[77] Sobald in dem Musterverfahren eine Entscheidung ergangen ist, sind gemäß § 165 Abs. 2 S. 2 AO die Folgen zwingend in allen vorläufig veranlagten Festsetzungen zu berücksichtigen, indem diese geändert, aufgehoben oder für endgültig erklärt werden. Dies gilt auch, wenn das entsprechende Gericht eine verfassungs- oder unionsrechtskonforme Auslegung des Steuergesetzes getroffen hat. Auch hierin liegt eine Entscheidung über die Vereinbarkeit des einfachen Rechts mit höherrangigem Verfassungs- oder Unionsrecht.[78] Sollte die Entscheidung in dem Musterverfahren die rechtliche Unsicherheit nicht vollständig beseitigt haben, kann auch die geänderte Festsetzung erneut vorläufig ergehen.[79] Denkbar ist beispielsweise, dass das Gericht aus verfahrensrechtlichen Gründen nur über Teilfragen entschieden hat und zu anderen Teilfragen weitere Musterverfahren anhängig sind, oder zwar der Bundesfinanzhof eine Norm für verfassungskonform hält, der Steuerpflichtige im Musterverfahren gegen diese Entscheidung aber nunmehr Verfassungsbeschwerde erhebt. Aus Vereinfachungsgründen sieht § 165 Abs. 2 S. 4 AO schließlich vor, dass Steuerbescheide, bei denen sich infolge der Entscheidung im Musterverfahren keine Änderungen ergeben, nur auf Antrag des Steuerpflichtigen für endgültig erklärt werden müssen.

Für den Steuerpflichtigen ist die durch den Vorläufigkeitsvermerk erreichte verfahrensrechtliche Position zunächst einmal positiv: Er profitiert von dem Ausgang des Musterverfahrens, ohne dass er selbst Einspruch einlegen oder

[76] BFH, Urteil v. 30.9.2010 – III R 39/08, BFHE 231, 7 = BStBl II 2011, 11, juris Rn. 42; BFH, Urteil v. 23.1.2013 – X R 32/08, BFHE 240, 202 = BStBl II 2013, 423, juris Rn. 61; *Steinhauff*, SteuK 2011, 139, 140; *Seer*, in: Tipke/Kruse, § 165 AO Rn. 17.

[77] Zuletzt Bundesministerium der Finanzen vom 10.1.2019, IV A 3-S 0338-17-10007, BStBl I 2019, 2; vgl. für Vorjahre Bundesministerium der Finanzen vom 16.5.2011, IV A 3-S 0338/07/10010, BStBl I 2011, 464; zuletzt aktualisiert durch Bundesministerium der Finanzen vom 20.1.2017, IV A 3-S 0338/07/10010, BStBl I 2017, 66.

[78] BFH, Urteil v. 30.9.2010 – III R 39/08, BFHE 231, 7 = BStBl II 2011, 11, juris Rn. 48; *von Wedelstädt*, in: von Wedelstädt, AO/FGO, 22. Auflage 2018, § 165 AO Rn. 28.

[79] *Seer*, in: Tipke/Kruse, § 165 AO Rn. 45; *Heuermann*, in: HHSp., § 165 AO Rn. 145; vgl. auch BFH, Urteil v. 19.10.1999 – IX R 23/98, BFHE 190, 44 = BStBl II 2000, 282, juris Rn. 17; BFH, Beschluss v. 20.7.2004 – XI B 189/03, BFH/NV 2005, 206, juris Rn. 16f.

sogar eine (kostenbehaftete) Klage erheben muss. Vor einer materiellrechtlichen Verschlechterung durch den Ausgang des Musterverfahrens ist er hingegen weitgehend geschützt: Nach § 176 Abs. 1 Nr. 1 AO darf bei einer Änderung oder Aufhebung des Steuerbescheids nicht zulasten des Steuerpflichtigen berücksichtigt werden, dass das Bundesverfassungsgericht die Nichtigkeit eines Gesetzes feststellt, auf dem die Steuerfestsetzung beruht. Diese Änderungsbeschränkung greift auch bei einer Korrektur nach § 165 Abs. 2 S. 2 AO.[80] Stellt der Europäische Gerichtshof fest, dass eine den Steuerpflichtigen begünstigende Norm nicht mit europäischem Recht vereinbar ist, wirkt diese Entscheidung häufig auch nicht zulasten des Steuerpflichtigen, weil insbesondere unionsrechtliche Richtlinien nicht unmittelbar zulasten des Bürgers anwendbar sind. Dieser kann sich vielmehr solange weiterhin auf die günstige nationale Vorschrift berufen, bis diese vom deutschen Gesetzgeber geändert wird.[81] Eine analoge Anwendung von § 176 Abs. 1 Nr. 1 AO auch auf Entscheidungen des Europäischen Gerichtshofs[82] ist damit zum Schutz des Steuerpflichtigen gar nicht erforderlich und mithin mangels vergleichbarer Interessenlage abzulehnen.[83] In allen praxisrelevanten Konstellationen[84] kann ein Vorläufigkeitsvermerk nach § 165 Abs. 1 S. 2 Nr. 3 AO damit nur zu einer Änderung zugunsten des Steuerpflichtigen führen.[85]

Allerdings bedeutet eine vorläufige Steuerfestsetzung für den Steuerpflichtigen zugleich eine erhebliche Einschränkung seiner Rechtsschutzmöglichkeiten: Insoweit der Bescheid vorläufig ergangen ist, fehlt für eine finanzgerichtliche Klage das Rechtsschutzbedürfnis, wenn die verfassungsrechtliche Fragestellung sich in einer Vielzahl im wesentlich gleichgelagerter Verfahren stellt und bereits ein nicht von vornherein aussichtsloses Musterverfahren beim Bundesverfassungsgericht anhängig ist.[86] Nur wenn besondere materiell- oder ver-

---

[80] *Loose*, in: Tipke/Kruse, § 176 AO Rn. 3; *von Groll*, in: HHSp., § 176 AO Rn. 90; *Rüsken*, in: Klein, AO, 14. Auflage 2018, § 176 AO Rn. 6.

[81] Vgl. nur EuGH, Urteil v. 5.7.2007 – C-321/05, Slg. I 2007, 5795, juris Rn. 42; *Englisch*, in: Schaumburg/Englisch (Hrsg.), Europäisches Steuerrecht, 2. Auflage 2019, Rn. 12.32 jew. m. w. N.

[82] Dafür *Koenig*, in: Koenig, AO, 3. Auflage 2014, § 176 AO Rn. 16; *Rüsken*, in: Klein, AO, 14. Auflage 2018, § 176 Rn. 11; *Bartone*, in: von Wedelstädt, AO/FGO, 22. Auflage 2018, § 176 AO Rn. 15.

[83] Ablehnend auch *von Groll*, in: HHSp., § 176 AO Rn. 144; *Loose*, in: Tipke/Kruse, § 176 AO Rn. 13; *Maciejewski/Theilen*, in: Weitemeyer/Schauhoff/Achatz (Hrsg.), Umsatzsteuerrecht für den Nonprofitsektor, 2019, Rn. 5.80.

[84] Denkbar wäre eine Änderung zulasten des Steuerpflichtigen theoretisch, wenn im Musterverfahren das Steuergesetz verfassungs- oder unionsrechtskonform zulasten des Steuerpflichtigen ausgelegt wird. Dem könnten allerdings je nach Konstellation schon das Verböserungsverbot im finanzgerichtlichen (Muster-)Verfahren oder bei einer Änderung der Rechtsprechung der besondere Vertrauensschutz nach § 176 Abs. 1 S. 1 Nr. 3 AO entgegenstehen. Auch eine Analogie zu § 176 Abs. 1 S. 1 Nr. 1 AO käme ggfs. in Betracht. Praktische Beispiele für eine solche Konstellation finden sich soweit ersichtlich bisher aber ohnehin nicht.

[85] Ebenso *Heuermann*, in: HHSp., § 165 AO Rn. 46; *von Wedelstädt*, DB 2011, 788, 789.

[86] St. Rspr.; vgl. nur BFH, Beschluss v. 22.3.1996 – III B 173/95, BFHE 180, 217 = BStBl II

fahrensrechtliche Gründe vorliegen, beispielsweise wenn der Sachverhalt im Klagefall zusätzliche, ggfs. vorrangige Fragen aufwirft[87] oder der Kläger beim Bundesverfassungsgericht zusätzliche neue Gesichtspunkte vortragen will,[88] ist eine weitere Klage zulässig. Für unionsrechtliche Fragestellungen, die bereits in einem Musterverfahren vor dem Europäischen Gerichtshof behandelt werden, gilt Entsprechendes.[89] Die bloße Anhängigkeit eines Verfahrens vor dem Bundesfinanzhof lässt hingegen das Rechtsschutzbedürfnis noch nicht entfallen, weil dann noch unklar ist, ob der Bundesfinanzhof die Fragestellung überhaupt dem Bundesverfassungsgericht oder dem Europäischen Gerichtshof vorlegt.[90] Soweit und solange der Bescheid vorläufig ist und ein Musterverfahren vor dem Bundesverfassungsgericht oder dem Europäischen Gerichtshof anhängig ist, kann der Steuerpflichtige also nicht selbst eine gerichtliche Entscheidung herbeiführen, sondern muss den Ausgang dieses Verfahrens abwarten. Er kann keine eigenen Argumente vorbringen, um das Gericht von seinem Rechtsstandpunkt zu überzeugen oder auf eine zügige Entscheidung hinzuwirken. Es besteht zudem das Risiko, dass die Klage im Musterverfahren unzulässig ist, vom Kläger zurückgenommen wird oder sich auf andere Weise erledigt und deshalb in der Sache gar keine Entscheidung getroffen werden kann.

Diese Einschränkungen des effektiven Rechtsschutzes hat der Steuerpflichtige aber grundsätzlich hinzunehmen, weil sie in verhältnismäßiger Weise dazu dienen, die knappen Ressourcen von Finanzbehörden und -gerichten zu schonen. Erst die Beschränkung des Rechtsschutzbedürfnisses verwirklicht letztlich den Zweck des Vorläufigkeitsvermerks, die Zahl der parallelen Rechtsbehelfs- und Klageverfahren zu reduzieren. Das Begehren des Steuerpflichtigen, von der Entscheidung des Bundesverfassungsgerichts oder des Europäischen Gerichtshofs zu profitieren, wird durch den Vorläufigkeitsvermerk geschützt. Der Steuerpflichtige muss nur darauf hinwirken, dass eine Korrektur nach Abschluss

---

1996, 506, juris Rn. 23; BFH, Beschluss v. 18.2.1994 – VI B 123/93, BFH/NV 1994, 548, juris Rn. 11; BFH, Beschluss v. 10.11.1993 – X B 83/93, BFHE 172, 197 = BStBl II 1994, 119, juris Rn. 13f.; BFH, Beschluss v. 9.8.1994 – X B 26/94, BFHE 174, 498 = BStBl II 1994, 803, juris Rn. 17; BFH, Urteil v. 16.2.2005 – VI R 37/01, BFH/NV 2005, 1323, juris Rn. 10.

[87] BFH, Beschluss v. 22.3.1996 – III B 173/95, BFHE 180, 217 = BStBl II 1996, 506, juris Rn. 24f.; BFH, Urteil v. 16.2.2005 – VI R 37/01, BFH/NV 2005, 1323, juris Rn. 10; *Rüsken*, in: Klein, AO, 14. Auflage 2018, § 165 Rn. 25; *Steinhauff*, SteuK 2011, 139, 140f.

[88] BFH, Beschluss v. 7.2.1992 – III B 24, 25/91, III B 24/91, III B 25/91, BFHE 166, 418 = BStBl II 1992, 408, juris Rn. 28; BFH, Beschluss v. 22.3.1996 – III B 173/95, BFHE 180, 217 = BStBl II 1996, 506, juris Rn. 23; *Cöster*, in: Koenig, AO, 3. Auflage 2014, § 165 Rn. 63; *Seer*, in: Tipke/Kruse, § 165 AO Rn. 18.

[89] *Heuermann*, in: HHSp., § 165 AO Rn. 49; *Cöster*, in: Koenig, AO, 3. Auflage 2014, § 165 Rn. 63.

[90] *Seer*, in: Tipke/Kruse, § 165 AO Rn. 18; *von Wedelstädt*, in: von Wedelstädt, AO/FGO, 22. Auflage 2018, § 165 Rn. 14; BFH, Beschluss v. 22.3.1996 – III B 173/95, BFHE 180, 217 = BStBl II 1996, 506, juris Rn. 28.

des Musterverfahrens noch innerhalb der Festsetzungsfrist erfolgt. Da § 171 Abs. 8 S. 2 AO insoweit aber eine Ablaufhemmung von zwei Jahren, nachdem die Ungewissheit beseitigt ist, vorsieht und die Finanzbehörde nach § 165 Abs. 2 S. 2 AO zur Korrektur von Amts wegen verpflichtet ist, stellt dies keine gravierende Beeinträchtigung dar.[91] Auch während das Musterverfahren läuft, erleidet der Steuerpflichtige keine Nachteile. Er kann zwar – mangels anhängigen Einspruchs bzw. anhängiger Klage – keine Aussetzung der Vollziehung nach § 361 Abs. 2 AO bzw. § 69 FGO beantragen. Es besteht aber auch bei vorläufigen Bescheiden nach § 165 Abs. 1 S. 4 AO die Möglichkeit, die Steuer bis zur Beseitigung der Ungewissheit auszusetzen.[92] Die mögliche Zinslast nach § 233a AO übersteigt die bei einer Aussetzung der Vollziehung im Einspruchs- oder Klageverfahren zu zahlenden Zinsen nach § 237 AO nicht.[93] Wird das Musterverfahren schließlich nicht im Sinne des Steuerpflichtigen entschieden, verliert er damit nicht seine Rechtsschutzmöglichkeiten. Er kann vielmehr nach § 165 Abs. 2 S. 4 AO beantragen, dass der Steuerbescheid für endgültig erklärt wird und gegen diesen endgültigen Steuerbescheid wiederum Einspruch oder Klage erheben; sein Rechtsschutzbedürfnis für eine solche Klage lebt nach Abschluss des Musterverfahrens also wieder auf.[94] Damit verbleibt im Wesentlichen eine zeitliche Verzögerung des Rechtsschutzes,[95] wobei zu bezweifeln ist, dass bei einer Vielzahl paralleler Verfahren die Gerichte zu schnelleren Entscheidungen kommen würden.[96] Die vorläufige Steuerfestsetzung nach § 165 Abs. 1 S. 2 Nr. 3 AO und die damit verbundene vorübergehende Beschränkung des Rechtsschutzbedürfnisses verstoßen mithin für sich genommen nicht gegen Art. 19 Abs. 4 S. 1 GG.[97]

---

[91] BFH, Beschluss v. 10.11.1993 – X B 83/93, BFHE 172, 197 = BStBl II 1994, 119, juris Rn. 15; BFH, Beschluss v. 9.8.1994 – X B 26/94, BFHE 174, 498 = BStBl II 1994, 803, juris Rn. 19.

[92] BFH, Urteil v. 23.1.2013 – X R 32/08, BFHE 240, 202 = BStBl II 2013, 423, juris Rn. 57 ff.

[93] Ebenso BFH, Urteil v. 23.1.2013 – X R 32/08, BFHE 240, 202 = BStBl II 2013, 423, juris Rn. 60; *Seer*, in: Tipke/Kruse, § 165 AO Rn. 25; demgegenüber geht *Heuermann*, in: HHSp., § 165 AO Rn. 75 f. sogar davon aus, dass eine Aussetzung nach § 165 Abs. 1 S. 4 AO gar keine Verzinsung zulasten des Steuerpflichtigen verursachen kann.

[94] BFH, Beschluss v. 9.8.1994 – X B 26/94, BFHE 174, 498 = BStBl II 1994, 803, juris Rn. 20; BFH, Urteil v. 30.9.2010 – III R 39/08, BFHE 231, 7 = BStBl II 2011, 11, juris Rn. 51; BFH, Urteil v. 23.1.2013 – X R 32/08, BFHE 240, 202 = BStBl II 2013, 423, juris Rn. 62; *von Wedelstädt*, in: von Wedelstädt, AO/FGO, 22. Auflage 2018, § 165 Rn. 14.

[95] Kritisch mit Blick auf die lange Verfahrensdauer beim Bundesverfassungsgericht *Steinhauff*, SteuK 2011, 139, 141.

[96] Ähnlich auch zur Zurückstellung einzelner Verfahren zugunsten von Musterverfahren im Verwaltungsprozess BVerfG, Beschluss v. 27.3.1980 – 2 BvR 316/80, BVerfGE 54, 39, juris Rn. 5; *Schmidt-Aßmann*, in: Maunz/Dürig, GG, Art. 19 Abs. 4 Rn. 268; *Krebs*, in: v. Münch/Kunig, GG, 6. Auflage 2012, Art. 19 Rn. 75 „Musterverfahren".

[97] So auch ausdrücklich BFH, Urteil v. 30.9.2010 – III R 39/08, BFHE 231, 7 = BStBl II 2011, 11, juris Rn. 47 ff.

2. Auslegung eines Steuergesetzes (§ 165 Abs. 1 S. 2 Nr. 4 AO)

Nach § 165 Abs. 1 S. 2 Nr. 4 AO kann eine Steuerfestsetzung auch dann vorläufig erfolgen, wenn die Auslegung eines Steuergesetzes Gegenstand eines Verfahrens bei dem Bundesfinanzhof ist. Die Regelung ergänzt einerseits § 165 Abs. 1 S. 2 Nr. 3 AO, weil häufig nicht nur die Vereinbarkeit bestimmter Normen mit höherrangigem Recht, sondern auch deren einfachgesetzliche Auslegung zweifelhaft ist. Dies hatte dazu geführt, dass auch gegen vorläufige Bescheide noch zahlreiche Einsprüche erhoben wurden und das Ziel einer Entlastung der Finanzbehörden und -gerichte somit nur teilweise erreicht wurde.[98] Die Norm ermöglicht aber auch losgelöst von verfassungs- oder unionsrechtlichen Fragestellungen eine vorläufige Festsetzung hinsichtlich einer einfachgesetzlichen Auslegungsfrage. Auch insoweit weist das Bundesministerium der Finanzen die Finanzämter an, welche Fragestellungen von einem Vorläufigkeitsvermerk erfasst werden sollen.[99] Damit soll der Anwendungsbereich der Vorschrift in der Praxis auf echte Massenverfahren beschränkt werden.[100]

Nach § 165 Abs. 2 S. 3 AO endet die rechtliche Ungewissheit über die Auslegung des einfachen Rechts erst dann, wenn feststeht, dass die Grundsätze der Entscheidung des Bundesfinanzhofs über den entschiedenen Einzelfall hinaus allgemein anzuwenden sind. Grundsätzlich binden Entscheidungen des Bundesfinanzhofs nur die jeweiligen Prozessparteien und entfalten darüber hinaus lediglich präjudizielle Wirkung, d. h. die Finanzbehörden können mit hinreichender Begründung von einer Entscheidung des Bundesfinanzhofs abweichen.[101] Regelmäßig werden allerdings Entscheidungen des Bundesfinanzhofs im Bundessteuerblatt II veröffentlicht und in der Folge von den Finanzbehörden der Länder auch über den entschiedenen Einzelfall hinaus angewendet.[102] Mit der Veröffentlichung der Entscheidung endet die Ungewissheit im Sinne von § 165 Abs. 2 S. 3 AO.[103] Ergeht die Entscheidung zulasten des Steuerpflichtigen, kann die Unsicherheit auch dadurch beseitigt werden, dass das Bundesministerium der Finanzen eine Allgemeinverfügung nach § 367 Abs. 2b S. 1 AO erlässt, mit der alle anhängigen Einsprüche, die die vom Gericht entschiedene Rechtsfrage betreffen, zurückgewiesen werden. Auch dann steht fest, dass die Entscheidungsgründe über den Einzelfall hinaus angewendet werden.[104]

---

[98] BT-Drs. 16/10188, S. 30; *Lühn/Tepper*, BB 2009, 591, 592; *Ende*, DStR 2008, 2197, 2197; *Heuermann*, in: HHSp., § 165 AO Rn. 60.

[99] Siehe die Nachweise in Fn. 77.

[100] BT-Drs. 16/10188, S. 30; *Cöster*, in: Koenig, AO, 3. Auflage 2014, § 165 Rn. 27; *Lühn/Tepper*, BB 2009, 591, 592.

[101] Siehe im Detail bereits unter § 2 B. II. 3.

[102] Siehe zur Veröffentlichungs- und Anwendungspraxis bereits im Detail unter § 2 B. II. 4. a).

[103] BT-Drs. 16/10188, S. 31.

[104] BT-Drs. 16/10188, S. 31.

Das Bundesministerium der Finanzen kann aber auch von einer Veröffentlichung der Entscheidung des Bundesfinanzhofs absehen bzw. diese mit einem Nichtanwendungserlass belegen.[105] Das dient in der Regel dazu, eine erneute Entscheidung des Bundesfinanzhofs in einem weiteren Verfahren herbeizuführen, weil die bisherige Argumentation des Gerichts aus Sicht der Finanzverwaltung wesentliche Aspekte nicht hinreichend berücksichtigt.[106] Die rechtliche Unsicherheit im Sinne von §165 Abs.1 S.2 Nr.4 AO besteht in diesen Fällen regelmäßig fort.[107] Wenn der Bundesfinanzhof seine Entscheidung in einem weiteren Verfahren bestätigt, hebt das Bundesministerium der Finanzen den Nichtanwendungserlass typischerweise auf und erklärt die Grundsätze der Entscheidungen für allgemein anwendbar.[108] Teilweise ergehen Nichtanwendungserlasse allerdings auch nur deshalb, weil die umstrittene Auslegungsfrage gesetzlich neu geregelt werden und diese Neuregelung auch Wirkung für die Vergangenheit entfalten soll.[109] Diese gesetzesvorbereitenden Nichtanwendungserlasse werden wegen ihrer notwendigen funktionalen Verknüpfung mit einem rückwirkenden Nichtanwendungsgesetz noch gesondert betrachtet.[110]

Blendet man die zuletzt genannte Sonderkonstellation also zunächst aus, so ist die verfahrensrechtliche Position des Steuerpflichtigen im Grundsatz mit derjenigen bei einer Vorläufigkeit nach §165 Abs.1 S.2 Nr.3 AO vergleichbar: Ergeht die Entscheidung im Musterverfahren zu seinen Gunsten, ist das Finanzamt nach Wegfall der Ungewissheit zur entsprechenden Anpassung seiner Steuerfestsetzung verpflichtet (§165 Abs.2 S.2 AO). Zwar kann die Fi-

[105] Zu den einzelnen Möglichkeiten der Nichtanwendung bereits ausführlich unter §2 B. III. 4. b) und c).

[106] Vgl. zu möglichen Gründen eines Nichtanwendungserlasses bereits im Einzelnen unter §2 B. III. 4. b).

[107] Wenn die Finanzverwaltung eine erneute Entscheidung des Bundesfinanzhofs in der Sache anstrebt und ein entsprechendes Verfahren bereits anhängig ist, besteht die Ungewissheit nach §165 Abs.1 S.2 Nr.4, Abs.2 S.3 AO fort. Andernfalls muss der Vorläufigkeitsvermerk nach §165 Abs.2 S.2 AO aufgehoben und der Steuerbescheid für endgültig erklärt werden; *Cöster*, in: Koenig, AO, 3. Auflage 2014, §165 Rn.52; *Heuermann*, in: HHSp., §165 AO Rn.158f.; *Seer*, in: Tipke/Kruse, §165 AO Rn.46; *Suck*, Das Nichtanwendungsgesetz als Instrument der Steuerpolitik, 2018, S.84. Da das Finanzamt aber wegen des Nichtanwendungserlasses bei seiner ursprünglichen Rechtsansicht bleiben wird und danach eine Änderung des Bescheids regelmäßig nicht erforderlich ist, wird es erst auf Antrag des Steuerpflichtigen eine endgültige Festsetzung erlassen (§165 Abs.2 S.4 AO). Um die materiellen Grundsätze des Musterverfahrens auch auf seinen Fall zu übertragen, muss der Steuerpflichtige dann gegen diesen Bescheid Einspruch erheben und klagen. Sobald ein entsprechendes Verfahren den Bundesfinanzhof erreicht, liegen für Parallelverfahren wiederum die Voraussetzungen des §165 Abs.1 S.2 Nr.4 AO vor.

[108] Teilweise reagiert die Finanzverwaltung erst nach mehrfacher Bestätigung der Rechtsprechung; vgl. die detaillierte Darstellung mit zahlreichen Beispielen bei *Desens*, Bindung der Finanzverwaltung an die Rechtsprechung, 2011, S.27ff.

[109] Vgl. bereits im Einzelnen unter §2 B. III. 4. b).

[110] Zu den Auswirkungen der parallelen Anwendung von exekutiven und legislativen Nichtanwendungsinstrumenten auf den effektiven Rechtsschutz sogleich unter §5 C.

nanzverwaltung durch Erlass eines Nichtanwendungserlasses die Umsetzung des Urteils verzögern. In aller Regel bleibt der Bundesfinanzhof aber auch in den Folgeentscheidungen bei seiner Rechtsauffassung,[111] sodass die Entscheidungsgründe dann letztlich doch für allgemein anwendbar erklärt werden. Der Steuerpflichtige kann also abermals von der Entscheidung im Musterverfahren profitieren, ohne selbst ein Einspruchs- oder gar ein (kostenbehaftetes) Klageverfahren führen zu müssen.

Gleichzeitig beeinträchtigt der Vorläufigkeitsvermerk wiederum den effektiven Rechtsschutz des Steuerpflichtigen. Auch bei einem nach § 165 Abs. 1 S. 2 Nr. 4 AO vorläufigen Bescheid, fehlt für einen Einspruch oder eine Klage das Rechtsschutzbedürfnis, wenn bereits ein Musterverfahren anhängig ist.[112] Nur dann kann das gesetzgeberische Ziel verwirklicht werden, mit dem Vorläufigkeitsvermerk noch effektiver Massenrechtsbehelfen vorzubeugen.[113] Auch insoweit müssen sich die Einschränkungen des effektiven Rechtsschutzes aber als verhältnismäßiges Mittel zur Schonung der Kapazitäten von Finanzverwaltung und -gerichten darstellen:

Grundsätzlich kann der Steuerpflichtige bei einem Vorläufigkeitsvermerk nach § 165 Abs. 1 S. 2 Nr. 4 AO ebenfalls darauf verwiesen werden, dass ihm nach Beseitigung der Ungewissheit weiterhin alle Rechtsschutzmöglichkeiten offenstehen und er wegen der Möglichkeit zur Aussetzung der Steuer in § 165 Abs. 1 S. 4 AO auch während der Dauer des Musterverfahrens keine Nachteile erleidet. Insoweit kann es zwar im Vergleich zu der Konstellation bei § 165 Abs. 1 S. 2 Nr. 3 AO zu einer weiteren Verzögerung kommen, wenn die Finanzverwaltung die Entscheidung in dem Musterverfahren mit einem Nichtanwendungserlass belegt und eine weitere Entscheidung des Bundesfinanzhofs abgewartet werden muss. Allerdings besteht ohnehin immer die Gefahr, dass ein einzelnes Musterverfahren die Rechtsfrage nicht vollumfänglich klärt, weitere Verfahren erforderlich werden und die Vorläufigkeit somit für einen längeren Zeitraum besteht.[114] Solange die Finanzverwaltung Nichtanwendungserlasse nur dazu einsetzt, aus ihrer Sicht noch offene Rechtsfragen zu klären,[115] ist daher auch diese zusätzliche potentielle Verzögerung noch hinzunehmen. Auch die materielle Rechtsposition des Steuerpflichtigen wird in der Regel nicht stärker beeinträchtigt, wenn die vorläufige Festsetzung auf § 165 Abs. 1 S. 2 Nr. 4

[111] *Desens* weist nach, dass der Bundesfinanzhof nur sehr selten auf einen Nichtanwendungserlass mit einer Änderung seiner Rechtsprechung reagiert, vgl. *Desens*, Bindung der Finanzverwaltung an die Rechtsprechung, 2011, S. 26 f.; vgl. bereits unter § 2 B. III. 4. b).

[112] Ebenso *Cöster*, in: Koenig, AO, 3. Auflage 2014, § 165 Rn. 63; *Heuermann*, in: HHSp., § 165 AO Rn. 179.

[113] BR-Drs. 547/08, S. 37.

[114] *Heuermann*, in: HHSp., § 165 AO Rn. 61 ff.; vgl. zu entsprechenden Konstellationen bei § 165 Abs. 1 S. 2 Nr. 3 AO bereits die Nachweise in Fn. 79.

[115] Zu den verfassungsrechtlichen Anforderungen an Nichtanwendungserlasse bereits unter § 2 B. III. 4. b).

AO und nicht auf § 165 Abs. 1 S. 2 Nr. 3 AO gestützt wird. Zwar besteht für Entscheidungen des Bundesfinanzhofs keine Vorschrift, die § 176 Abs. 1 S. 1 Nr. 1 AO vergleichbar ist, das heißt, eine Auslegung zulasten des Steuerpflichtigen im Musterverfahren kann im Prinzip auch bei der Änderung anderer Bescheide (insbesondere nach § 165 Abs. 2 S. 2 AO) berücksichtigt werden. Nur wenn der Bundesfinanzhof mit seiner Entscheidung im Musterverfahren von einer bisherigen Rechtsprechungslinie abweicht, die auch der Steuerfestsetzung des Steuerpflichtigen zugrunde lag, schützt ihn § 176 Abs. 1 S. 1 Nr. 3 AO vor einer Änderung zu seinen Lasten. Allerdings sind auch die Gerichte im Musterverfahren an das Klagebegehren gebunden (§ 96 Abs. 1 S. 2 FGO), sodass es zumindest in diesem Verfahren nicht zu einer Verböserung kommen kann.[116] Theoretisch denkbar wäre, dass der Bundesfinanzhof im Musterverfahren zu einer Auslegung kommt, die noch schlechter ist, als die von der Finanzverwaltung bisher vertretene und sie nur wegen des Verböserungsverbots im Musterverfahren nicht anwendet. In aller Regel erklärt der Bundesfinanzhof aber entweder die vom Finanzamt vertretene Rechtsauffassung für rechtmäßig oder gibt der Klage des Steuerpflichtigen (teilweise) statt und lässt Rechtsfragen, für die ein Verböserungsverbot greifen würde, ausdrücklich offen.[117] Eine Änderung nach § 165 Abs. 2 S. 2 AO zulasten des Steuerpflichtigen ist damit auch bei einem Vorläufigkeitsvermerk nach § 165 Abs. 1 S. 2 Nr. 4 AO allenfalls eine theoretische Möglichkeit. Damit wird der effektive Rechtsschutz des Steuerpflichtigen durch einen Vorläufigkeitsvermerk nach § 165 Abs. 1 S. 2 Nr. 4 AO nicht erheblich stärker beeinträchtigt als durch einen Vermerk nach § 165 Abs. 1 S. 2 Nr. 3 AO. Angesichts des weiten Gestaltungsspielraums des Gesetzgebers und des schutzwürdigen Interesses an der Entlastung von Finanzämtern und -gerichten im steuerlichen Massenverfahren genügt auch diese Vorschrift damit grundsätzlich noch Art. 19 Abs. 4 S. 1 GG.

II. Aussetzung oder Ruhen eines Einspruchsverfahrens (§ 363 AO)

Hat der Steuerpflichtige bereits Einspruch erhoben, hält die Abgabenordnung mit der Aussetzung des Verfahrens (§ 363 Abs. 1 AO) und der Verfahrensruhe (§ 363 Abs. 2 AO) zwei weitere Instrumente bereit, mit denen die Ent-

[116] BFH, Urteil v. 26.11.1997 – X R 146/94, BFH/NV 1998, 961, juris Rn. 19; BFH, Urteil v. 7.3.2006 – VII R 12/05, BFHE 212, 388 = BStBl II 2006, 584, juris Rn. 11; BFH, Urteil v. 15.1.2015 – VI R 85/13, BFHE 249, 114 = BStBl II 2015, 586, juris Rn. 17; BFH, Urteil v. 4.3.2015 – IV R 38/12, BFH/NV 2015, 984, juris Rn. 41; BFH, Beschluss v. 10.3.2016 – X B 198/15, BFH/NV 2016, 1042, juris Rn. 8; *Ratschow*, in: Gräber, FGO, 9. Auflage 2019, § 96 Rn. 51.

[117] Vgl. aus jüngerer Zeit z. B. BFH, Urteil v. 22.4.2015 – IV R 13/12, BFHE 250, 295 = BStBl II 2015, 989, juris Rn. 50; BFH, Urteil v. 27.10.2015 – VIII R 70/13, BFH/NV 2016, 736, juris Rn. 39; BFH, Urteil v. 14.6.2016 – IX R 2/16, BFHE 254, 260 = BStBl II 2016, 901, juris Rn. 19.

scheidung im aktuellen Einspruchsverfahren von der rechtlichen Bewertung in einem Musterverfahren abhängig gemacht werden kann. Dabei unterscheidet man bei der Verfahrensruhe noch einmal zwischen Zustimmungs- (§363 Abs. 2 S. 1 AO), Zwangs- (§363 Abs. 2 S. 2 AO) und Anordnungsruhe (§363 Abs. 2 S. 3 AO). Die beiden letztgenannten Varianten wurden explizit im Hinblick auf Massenrechtsbehelfe und Musterverfahren geschaffen[118] und gehen als speziellere Regelungen der Aussetzung und der Zustimmungsruhe vor.[119]

1. Zwangsruhe (§363 Abs. 2 S. 2 AO)

Das Einspruchsverfahren ruht kraft Gesetzes, soweit wegen der Verfassungsmäßigkeit einer Rechtsnorm oder wegen einer Rechtsfrage ein Verfahren beim Europäischen Gerichtshof, dem Bundesverfassungsgerichts oder einem obersten Bundesgericht (insbesondere beim Bundesfinanzhof) anhängig ist und der Einspruch hierauf gestützt wird (§363 Abs. 2 S. 2 Hs. 1 AO). Der Steuerpflichtige muss sich zur Begründung seines Einspruchs also auf ein für seinen konkreten Fall relevantes anhängiges Musterverfahren berufen.[120] Das Einspruchsverfahren wird dann bis zu einer Entscheidung im Musterverfahren unterbrochen[121] und dessen Ausgang kann bei der späteren Entscheidung im Einspruchsverfahren berücksichtigt werden. Eine Bindung an das Ergebnis des Verfahrens besteht – außer bei Entscheidungen des Bundesverfassungsgerichts, die mit Gesetzeskraft ergehen – allerdings nicht.[122] Insbesondere kann der Steuerpflichtige gegen eine Einspruchsentscheidung, die auf dem für ihn nachteiligen Ergebnis des Musterverfahrens aufbaut, erneut Klage erheben.[123]

Eine Zwangsruhe scheidet gemäß §363 Abs. 2 S. 2 Hs. 2 AO aus, soweit der Steuerbescheid gemäß §165 Abs. 1 S. 2 Nr. 3 oder Nr. 4 AO vorläufig ergangen ist, weil dann ohnehin schon eine verfahrensrechtliche Verknüpfung mit den entsprechenden Musterverfahren besteht. Der Vorläufigkeitsvermerk kann auch noch während des Einspruchsverfahrens und nach Eintritt der Zwangsruhe aufgenommen werden.[124] Mit der vorläufigen Steuerfestsetzung werden die Interessen des Steuerpflichtigen regelmäßig vollumfänglich gewahrt, da er

118 Vgl. BT-Drs. 12/7427, S. 37.

119 *Birkenfeld*, in: HHSp., §363 AO Rn. 32; *Brandis*, in: Tipke/Kruse, §363 AO Rn. 5; *Cöster*, in: Koenig, AO, 3. Auflage 2014, §363 Rn. 4.

120 *Birkenfeld*, in: HHSp., §363 AO Rn. 180; *Brandis*, in: Tipke/Kruse, §363 AO Rn. 14; *Bergan/Martin*, DStR 2006, 1923, 1923.

121 *Birkenfeld*, in: HHSp., §363 AO Rn. 237; *Brandis*, in: Tipke/Kruse, §363 AO Rn. 15.

122 Ausdrücklich BFH, Beschluss v. 22.2.2006 – I B 145/05, BFHE 213, 29 = BStBl II 2006, 546, juris Rn. 32.

123 Im Ergebnis verfehlt dann die Zwangsruhe ihr Ziel der Verfahrensökonomisierung zugunsten des effektiven Rechtsschutzes des Steuerpflichtigen; vgl. auch *Hendricks/Paß*, DStR 2015, 2589, 2589 f.

124 BFH, Urteil v. 23.1.2013 – X R 32/08, BFHE 240, 202 = BStBl II 2013, 423, juris Rn. 50; *Krömker*, in: Lippross/Seibel, Basiskommentar Steuerrecht, §363 AO Rn. 17.

ebenso wie im Einspruchsverfahren (nach §361 AO) die Aussetzung der Steuer nach §165 Abs. 1 S. 4 AO beantragen und nach Abschluss des Musterverfahrens gegen den dann für endgültig erklärten Bescheid wiederum Einspruch einlegen und ggfs. Klage erheben kann.[125] Die vorläufige Steuerfestsetzung hilft dem Einspruch also (teilweise) ab, soweit er nur auf das entsprechende Musterverfahren gestützt wird.[126] Wenn das Bundesministerium der Finanzen die Finanzämter anweist, Steuerbescheide nach §165 Abs. 1 S. 2 Nr. 3 oder Nr. 4 AO vorläufig zu erlassen, ergeht daher regelmäßig auch die Anweisung, entsprechende Einspruchsverfahren soweit wie möglich durch vorläufige Steuerfestsetzungen zu beenden.[127]

Auch wenn im Musterverfahren noch keine Entscheidung ergangen ist, kann das Finanzamt zudem gemäß §363 Abs. 2 S. 4 Var. 2 AO im Rahmen einer Ermessensentscheidung[128] die Fortsetzung des Einspruchsverfahrens anordnen.[129] Die Fortsetzung ist dabei angesichts der gesetzlich angeordneten Verfahrensruhe und der gebotenen Gleichbehandlung aller Steuerpflichtigen nur rechtmäßig, wenn besondere Gründe vorliegen. Dies kann beispielsweise der Fall sein, wenn das Einspruchsverfahren als weiteres Musterverfahren vor die Finanzgerichte gebracht werden soll,[130] oder wenn zwar nicht das Musterverfahren, aber ein Parallelverfahren mittlerweile entschieden wurde.[131] Das ruhende Verfahren ist schließlich auf Antrag des Steuerpflichtigen fortzusetzen (§363 Abs. 2 S. 4 Var. 1 AO). Der Antrag ist nicht an weitere Voraussetzungen geknüpft, sodass es der Steuerpflichtige jederzeit in der Hand hat, die Zwangsruhe zu beenden.

Dieses bedingungslose Antragsrecht zur Fortsetzung des Verfahrens führt auch dazu, dass die Zwangsruhe den Anspruch des Steuerpflichtigen auf effekti-

---

[125] BFH, Urteil v. 23.1.2013 – X R 32/08, BFHE 240, 202 = BStBl II 2013, 423, juris Rn. 55 ff.; siehe auch schon unter §5 B. I.

[126] Es kann dahinstehen, ob die Zwangsruhe in diesen Fällen automatisch endet oder das Finanzamt mit der vorläufigen Festsetzung konkludent zunächst auch (ermessensgerecht) die Fortsetzung des Einspruchsverfahrens nach §363 Abs. 2 S. 4 AO anordnet; vgl. BFH, Urteil v. 23.1.2013 – X R 32/08, BFHE 240, 202 = BStBl II 2013, 423, juris Rn. 33 ff.; *Brandis*, in: Tipke/Kruse, §363 AO Rn. 15; *Birkenfeld*, in: HHSp., §363 AO Rn. 240 f.; *Bergan/Martin*, DStR 2006, 1923, 1926.

[127] Vgl. Bundesministerium der Finanzen vom 16.5.2011, IV A 3-S 0338/07/10010, BStBl I 2011, 464, Tz. III Nr. 2, 3.

[128] BFH, Urteil v. 26.9.2006 – X R 39/05, BFHE 215, 1 = BStBl II 2007, 222, juris Rn. 34; BFH, Urteil v. 23.1.2013 – X R 32/08, BFHE 240, 202 = BStBl II 2013, 423, juris Rn. 36; *Bergan/Martin*, DStR 2006, 1923, 1925 f.; jew. m. w. N.

[129] Die Vorschrift ist auf alle Varianten der Verfahrensruhe gleichermaßen anwendbar; vgl. nur BFH, Urteil v. 26.9.2006 – X R 39/05, BFHE 215, 1 = BStBl II 2007, 222, juris Rn. 31 f.; *Rätke*, in: Klein, AO, 14. Auflage 2018, §363 Rn. 29; jew. m. w. N.

[130] BFH, Urteil v. 26.9.2006 – X R 39/05, BFHE 215, 1 = BStBl II 2007, 222, juris Rn. 47; *Rätke*, in: Klein, AO, 14. Auflage 2018, §363 Rn. 27.

[131] BFH, Urteil v. 26.9.2006 – X R 39/05, BFHE 215, 1 = BStBl II 2007, 222, juris Rn. 22; *Brandis*, in: Tipke/Kruse, §363 AO Rn. 17.

ven Rechtsschutz nicht eigenständig beeinträchtigt.[132] Die individuellen Rechtsschutzmöglichkeiten werden durch die Zwangsruhe nicht beseitigt, sondern nur zeitlich suspendiert und selbst diese zeitliche Verzögerung kann der Steuerpflichtige jederzeit durch einen Fortsetzungsantrag beseitigen. Das Finanzamt muss dann grundsätzlich eine Einspruchsentscheidung erlassen, gegen die wiederum die Möglichkeit zur Klage vor dem Finanzgericht besteht. Der Steuerpflichtige kann also selbst eine zeitnahe gerichtliche Klärung herbeiführen.

Nur insoweit das Einspruchsverfahren dadurch beendet wird, dass die Steuerfestsetzung im Hinblick auf anhängige Musterverfahren nach § 165 Abs. 1 S. 2 Nr. 3 oder Nr. 4 AO für vorläufig erklärt wird, kann es zu einer weiteren Verfahrensverzögerung und damit zu einer Beeinträchtigung des effektiven Rechtsschutzes kommen. Diese Beeinträchtigung ist allerdings grundsätzlich durch die Entlastungswirkung zugunsten der Finanzämter und -gerichte gerechtfertigt, wie bereits gezeigt wurde.[133]

2. Anordnungsruhe (§ 363 Abs. 2 S. 3 AO)

Die in § 363 Abs. 2 S. 3 AO normierte Anordnungsruhe ergänzt die Zwangsruhe: Danach kann auch in Fällen, in denen die Voraussetzungen des § 363 Abs. 2 S. 2 AO nicht vorliegen, durch öffentlich bekannt zu gebende Allgemeinverfügung (§ 118 S. 2 AO) mit Zustimmung der obersten Finanzbehörde für bestimmte Gruppen gleichgelagerter Fälle angeordnet werden, dass Einspruchsverfahren ruhen. Damit werden insbesondere Konstellationen erfasst, in denen zwar eine rechtliche Frage eine Vielzahl von Fällen betrifft, aber noch nicht Gegenstand eines Musterverfahrens bei einem der in § 363 Abs. 2 S. 2 Hs. 1 AO genannten Gerichte ist. Ist beispielsweise die Auslegung eines Steuergesetzes Gegenstand zahlreicher paralleler Rechtsbehelfe, aber hat bisher noch keines der Verfahren den Bundesfinanzhof oder gar ein Finanzgericht erreicht, so scheidet eine Zwangsruhe ebenso aus wie eine vorläufige Steuerfestsetzung nach § 165 Abs. 1 S. 2 Nr. 4 AO. Die Anordnungsruhe erlaubt in diesen Fällen bereits frühzeitig eine Entlastung der Finanzämter und -gerichte, indem die parallelen Einspruchsverfahren zum Ruhen gebracht werden können und nur ein einzelnes Verfahren als Musterverfahren vor die Finanzgerichte und den Bundesfinanzhof gebracht wird. Eine entsprechende Anordnung wird also immer dann ermessensgerecht sein, wenn absehbar ist, dass in Kürze ein entsprechendes Musterverfahren anhängig sein wird.[134]

Der effektive Rechtsschutz des Steuerpflichtigen wird auch durch die Anordnungsruhe nicht weiter beeinträchtigt. Zwar kann er der Allgemeinverfügung

---

132 So auch BT-Drs. 12/7427, S. 37.

133 Siehe bereits unter § 5 B. I.

134 *Birkenfeld*, in: HHSp., § 363 AO Rn. 220 f.; *Brandis*, in: Tipke/Kruse, § 363 AO Rn. 18; *Krömker*, in: Lippross/Seibel, Basiskommentar Steuerrecht, § 363 AO Rn. 14; *Rätke*, in: Klein, AO, 14. Auflage 2018, § 363 Rn. 24.

nicht widersprechen, sodass mit deren Bekanntgabe das Einspruchsverfahren zunächst ruht und eine entsprechende Verzögerung droht. Er kann aber jederzeit die Fortsetzung des Verfahrens nach §363 Abs. 2 S. 4 Var. 1 AO beantragen, wenn er den Ausgang des Musterverfahrens nicht abwarten will.

Sobald das Musterverfahren die in §363 Abs. 2 S. 2 Hs. 1 AO genannten Gerichte erreicht, kann einerseits der Steuerpflichtige sich hierauf berufen und damit eine Zwangsruhe nach §363 Abs. 2 S. 2 Hs. 1 AO herbeiführen. Andererseits kann die Finanzverwaltung dem Einspruch durch Erlass eines nach §165 Abs. 1 S. 2 Nr. 3 oder Nr. 4 AO vorläufigen Bescheids abhelfen.

3. Zustimmungsruhe (§363 Abs. 2 S. 1 AO)

Nach §363 Abs. 2 S. 1 AO kann die Finanzbehörde schließlich das Verfahren mit Zustimmung des Steuerpflichtigen ruhen lassen, wenn das aus wichtigem Grund zweckmäßig erscheint. Ausnahmsweise können auch mit diesem Instrument Einsprüche im Hinblick auf ein Musterverfahren zum Ruhen gebracht werden. Insbesondere kann eine Zustimmungsruhe zweckmäßig sein, wenn ein Musterverfahren noch nicht die in §363 Abs. 2 S. 2 Hs. 1 AO genannten Gerichte erreicht hat und auch keine Allgemeinverfügung nach §363 Abs. 2 S. 3 AO erlassen wird.[135] Dies wird regelmäßig der Fall sein, wenn nur eine begrenzte Zahl von Fällen von der im Musterverfahren behandelten Rechtsfrage betroffen sind.

Auch durch die Zustimmungsruhe wird der effektive Rechtsschutz des Steuerpflichtigen nicht beeinträchtigt, da er die mit der Verfahrensruhe einhergehende Verzögerung jederzeit abwehren kann, indem er seine Zustimmung verweigert.[136] Ebenso kann er – genau wie bei den anderen Varianten des §363 Abs. 2 AO – jederzeit die Wiederaufnahme eines einmal zum Ruhen gebrachten Verfahrens beantragen (§363 Abs. 2 S. 4 Var. 1 AO). Schreitet das Musterverfahren zu den in §363 Abs. 2 S. 2 Hs. 1 AO genannten Gerichten voran, kann der Steuerpflichtige eine Zwangsruhe herbeiführen und die Finanzbehörde dem Einspruch durch Erlass eines vorläufigen Bescheids abhelfen.

4. Aussetzung des Verfahrens (§363 Abs. 1 AO)

Nach §363 Abs. 1 AO kann die Finanzbehörde das Einspruchsverfahren schließlich ganz oder teilweise aussetzen, wenn und insoweit die Entscheidung von dem Bestehen oder Nichtbestehen eines Rechtsverhältnisses abhängt, das

---

[135] *Birkenfeld*, in: HHSp., §363 AO Rn. 157; *Krömker*, in: Lippross/Seibel, Basiskommentar Steuerrecht, §363 AO Rn. 9; *Nebe*, Stbg 2014, 106, 107 f.; mangels Anhaltspunkt im Gesetz zu eng: *Brandis*, in: Tipke/Kruse, §363 AO Rn. 7 (Musterverfahren muss denselben Steuerpflichtigen betreffen).

[136] *Birkenfeld*, in: HHSp., §363 AO Rn. 163 f.; *Rätke*, in: Klein, AO, 14. Auflage 2018, §363 Rn. 12; vgl. auch BFH, Beschluss v. 26.10.2011 – X B 230/10, BFH/NV 2012, 174, juris Rn. 27: Wenn der Steuerpflichtige einer Verfahrensruhe zustimmt, kann er sich später nicht auf eine überlange Verfahrensdauer berufen.

den Gegenstand eines anhängigen Rechtsstreits bildet. Ausreichend ist ein tatsächlicher oder rechtlicher Einfluss des vorgreiflichen Rechtsverhältnisses auf das Einspruchsverfahren.[137] Ein solcher Einfluss liegt allerdings noch nicht vor, wenn in dem anhängigen Verfahren über die gleiche Auslegungsfrage entschieden wird – die bloße Auslegung einer Norm ist kein Rechtsverhältnis.[138]

Eine Aussetzung kommt demgegenüber in Betracht, wenn eine im Einspruchsverfahren streitentscheidende Norm Gegenstand eines Verfahrens vor dem Bundesverfassungsgericht ist. Da das Bundesverfassungsgericht die Norm mit abstrakt-genereller Wirkung für nichtig erklären kann (§ 78 BVerfGG), wirkt sich dessen Entscheidung unmittelbar auf das Einspruchsverfahren aus. Einer Aussetzung bedarf es insoweit nur dann, wenn der Steuerpflichtige sich nicht auf das anhängige Verfahren beruft und deshalb die Voraussetzungen des § 363 Abs. 2 S. 2 Hs. 1 AO nicht vorliegen[139] und das Finanzamt dem Einspruch auch nicht durch eine vorläufige Festsetzung nach § 165 Abs. 1 S. 2 Nr. 3 AO abhilft (insbesondere, weil keine entsprechende Anweisung des Bundesministeriums der Finanzen vorliegt).[140]

Das Ermessen des Finanzamts ist in diesen Konstellationen zur Wahrung der Prozessökonomie zugunsten einer Aussetzung auf null reduziert, wenn das beim Bundesverfassungsgericht anhängige Musterverfahren nicht offensichtlich aussichtslos ist und bei den Finanzämtern oder vor den Finanzgerichten eine Vielzahl paralleler Einspruchs- und Klageverfahren anhängig sind.[141] Nur wenn einer der Verfahrensbeteiligten ein besonderes Interesse an einer

[137] *Birkenfeld*, in: HHSp., § 363 AO Rn. 83 f.; *Krömker*, in: Lippross/Seibel, Basiskommentar Steuerrecht, § 363 AO Rn. 5; *Rätke*, in: Klein, AO, 14. Auflage 2018, § 363 Rn. 4; *Cöster*, in: Koenig, AO, 3. Auflage 2014, § 363 Rn. 12.

[138] *Birkenfeld*, in: HHSp., § 363 AO Rn. 79; *Rätke*, in: Klein, AO, 14. Auflage 2018, § 363 Rn. 6 f.; *Cöster*, in: Koenig, AO, 3. Auflage 2014, § 363 Rn. 22; vgl. auch BFH, Beschluss v. 7.2.1992 – III B 24, 25/91, III B 24/91, III B 25/91, BFHE 166, 418 = BStBl II 1992, 408, juris Rn. 15; BFH, Beschluss v. 24.9.2012 – VI B 79/12, BFH/NV 2013, 70, juris Rn. 10; BFH, Beschluss v. 22.8.2006 – I B 23/06, BFH/NV 2006, 2287, juris Rn. 5.

[139] *Birkenfeld*, in: HHSp., § 363 AO Rn. 38; *Brandis*, in: Tipke/Kruse, § 363 AO Rn. 3.

[140] *Birkenfeld*, in: HHSp., § 363 AO Rn. 142; vgl. auch BFH, Beschluss v. 10.11.1993 – X B 83/93, BFHE 172, 197 = BStBl II 1994, 119, juris Rn. 11 f.; BFH, Urteil v. 18.9.2007 – IX R 42/05, BFHE 219, 81 = BStBl II 2008, 26, juris Rn. 19; BFH, Urteil v. 3.6.2014 – II R 45/12, BFHE 245, 374 = BStBl II 2014, 806, juris Rn. 27.

[141] So die ständige Rechtsprechung zur Aussetzung im finanzgerichtlichen Verfahren nach § 74 FGO; vgl. nur BFH, Beschluss v. 7.2.1992 – III B 24, 25/91, III B 24/91, III B 25/91, BFHE 166, 418 = BStBl II 1992, 408, juris Rn. 20 ff.; BFH, Beschluss v. 8.5.1992 – III B 138/92, BFHE 167, 303 = BStBl II 1992, 673, juris Rn. 34 ff.; BFH, Beschluss v. 9.8.1994 – X B 26/94, BFHE 174, 498 = BStBl II 1994, 803, juris Rn. 12; BFH, Beschluss v. 27.11.1992 – III B 133/91, BFHE 169, 498 = BStBl II 1993, 240, juris Rn. 15; BFH, Beschluss v. 15.3.2006 – X B 8/06, BFH/NV 2006, 1140, juris Rn. 7; BFH, Beschluss v. 24.9.2012 – VI B 79/12, BFH/NV 2013, 70, juris Rn. 10 Diese Rechtsprechung gilt für die Aussetzung nach § 363 Abs. 1 AO gleichermaßen; vgl. BFH, Beschluss v. 8.5.1992 – III B 138/92, BFHE 167, 303 = BStBl II 1992, 673, juris Rn. 36; *Birkenfeld*, in: HHSp., § 363 AO Rn. 104 ff.; *Rätke*, in: Klein, AO, 14. Auflage 2018, § 363 Rn. 7; *Cöster*, in: Koenig, AO, 3. Auflage 2014, § 363 Rn. 22.

Einspruchsentscheidung hat, kann eine Aussetzung ermessensfehlerhaft sein. Ähnlich wie beim Rechtsschutzbedürfnis gegen eine nach § 165 Abs. 1 S. 2 Nr. 3 AO vorläufig ergangene Steuerfestsetzung wird ein besonderes Interesse insbesondere dann vorliegen, wenn der Steuerpflichtige weitere Argumente an das Bundesverfassungsgericht herantragen will.[142] Wirft das Verfahren noch andere Rechtsfragen auf, können diese hingegen auch vorab im Rahmen einer Teileinspruchsentscheidung (§ 367 Abs. 2a AO) vom Finanzamt beschieden und sodann finanzgerichtlich geklärt werden.

Die Aussetzung ist nicht von der Zustimmung des Steuerpflichtigen abhängig und ein ermessensgerecht ausgesetztes Verfahren wird auch nicht durch einen entsprechenden Antrag des Steuerpflichtigen fortgesetzt. Anders als bei der Verfahrensruhe hat der Steuerpflichtige es also nicht selbst in der Hand, ob das Verfahren unterbrochen wird oder nicht. Das ausgesetzte Verfahren wird vielmehr erst dann fortgesetzt, wenn der vorgreifliche Rechtsstreit, also insbesondere das Verfahren beim Bundesverfassungsgericht, entschieden wurde oder wenn das Finanzamt die Aussetzung widerruft. Ein Widerruf nach § 131 Abs. 1 AO kann in Betracht kommen, wenn der Bescheid nunmehr nach § 165 Abs. 1 S. 2 Nr. 3 AO für vorläufig erklärt und damit dem Einspruch (teilweise) abgeholfen werden soll. Will die Finanzbehörde nach Fortsetzung des Verfahrens dem Einspruch nicht abhelfen, erlässt sie eine ablehnende Einspruchsentscheidung oder eine Allgemeinverfügung nach § 367 Abs. 2b AO, mit der alle anhängigen Einsprüche, die die entschiedene Rechtsfrage betreffen, zurückgewiesen werden. Gegen diese ablehnenden Entscheidungen kann der Steuerpflichtige abermals Klage vor den Finanzgerichten erheben und ggfs. auch eine erneute Vorlage an das Bundesverfassungsgericht anstreben.

Der Anspruch des Steuerpflichtigen auf effektiven Rechtsschutz wird durch die Aussetzung des Verfahrens ähnlich wie durch die vorläufige Festsetzung nach § 165 Abs. 1 S. 2 Nr. 3 oder Nr. 4 AO betroffen. Dem Steuerpflichtigen bleiben zwar seine Klagemöglichkeiten erhalten, er muss aber eine unter Umständen erhebliche Verfahrensverzögerung in Kauf nehmen, auf die er selbst keinen Einfluss nehmen kann. Allerdings droht ihm durch die Verfahrensunterbrechung abermals keine Verschlechterung seiner materiellrechtlichen Position, da er auf eine negative Entscheidung im Musterverfahren mit einer Rücknahme seines Einspruchs reagieren kann (§ 362 Abs. 1 S. 1 AO). Ebenso wenig muss er zwingend hinsichtlich des strittigen Steuerbetrags in Vorleistung treten, da die Möglichkeit zur Aussetzung der Vollziehung nach § 361 Abs. 2 AO besteht. Die bloße Verzögerung des Verfahrens und das damit ggfs. verbundene erhöhte Zinsrisiko (§ 237 AO) beschränken damit zwar den Anspruch auf effektiven, insbesondere auf zeitnahen Rechtsschutz. Zwingend ist eine Aussetzung aber nur bei Massenrechtsbehelfen, in allen anderen Fällen müssen die Interessen des

---

[142] Vgl. die Nachweise in Fn. 88.

Steuerpflichtigen an einer schnellen Verfahrensbeendigung im Rahmen der Ermessensausübung berücksichtigt werden.[143] Da bei Massenrechtsbehelfen nur die tatsächliche Unterbrechung paralleler Verfahren eine effektive Entlastung der Finanzämter und -gerichte bewirken kann und selbst in diesen Konstellationen eine Aussetzung unterbleibt, wenn ein besonderes Interesse an der Verfahrensfortführung besteht, ist die verbleibende Beeinträchtigung des effektiven Rechtsschutzes des Steuerpflichtigen zur Förderung der Prozessökonomie verhältnismäßig.

III. Aussetzung oder Ruhen eines Klageverfahrens

Auch das finanzgerichtliche Verfahren kann im Hinblick auf ein Musterverfahren ausgesetzt oder zum Ruhen gebracht werden. Es bestehen zahlreiche Parallelen, aber auch einige markante Unterschiede zu den Instrumenten des behördlichen Einspruchsverfahrens.

1. Aussetzung (§ 74 FGO)

Gemäß § 74 FGO kann das Gericht, wenn die Entscheidung (teilweise) von dem Bestehen oder Nichtbestehen eines Rechtsverhältnisses abhängt, das den Gegenstand eines anderen anhängigen Rechtsstreits bildet, anordnen, dass die Verhandlung bis zur Entscheidung dieses Rechtsstreits ausgesetzt wird. Die Vorschrift entspricht im Wesentlichen § 363 Abs. 1 AO und wird auch im Hinblick auf Musterverfahren weitgehend identisch ausgelegt:

Wenn in einem anderen Verfahren die gleiche einfachgesetzliche Auslegungsfrage streitig ist wie im auszusetzenden Verfahren, begründet dies allein noch kein vorgreifliches Rechtsverhältnis. Eine Aussetzung wegen eines Musterverfahrens vor dem Bundesfinanzhof oder einem anderen Finanzgericht ist also nicht möglich.[144] Das Verfahren kann aber ausgesetzt werden, wenn die Verfassungskonformität einer streitentscheidenden Norm Gegenstand eines nicht von vornherein aussichtslosen Verfahrens vor dem Bundesverfassungsgericht ist. Bestehen keine besonderen Interessen der Beteiligten an einer Verfahrensfortführung[145] und liegen bei Finanzämtern oder -gerichten noch zahlreiche weitere parallele Einsprüche oder Klagen vor, so ist das Ermessen des Gerichts in diesen Fällen zugunsten einer Aussetzung sogar auf null reduziert.[146]

---

[143] *Birkenfeld*, in: HHSp., § 363 AO Rn. 127; *Cöster*, in: Koenig, AO, 3. Auflage 2014, § 363 Rn. 26; *Rätke*, in: Klein, AO, 14. Auflage 2018, § 363 Rn. 10.

[144] BFH, Beschluss v. 7.2.1992 – III B 24, 25/91, III B 24/91, III B 25/91, BFHE 166, 418 = BStBl II 1992, 408, juris Rn. 15; *Herbert*, in: Gräber, FGO, 9. Auflage 2019, § 74 Rn. 2.

[145] Vgl. dazu z. B. BFH, Beschluss v. 8.2.2006 – I B 91/05, BFH/NV 2006, 1115, juris Rn. 10; BFH, Urteil v. 22.11.2007 – III R 54/02, BFHE 220, 45 = BStBl II 2009, 913, juris Rn. 7.

[146] BFH, Urteil v. 23.1.2013 – X R 32/08, BFHE 240, 202 = BStBl II 2013, 423, juris Rn. 76; BFH, Beschluss v. 7.2.1992 – III B 24, 25/91, III B 24/91, III B 25/91, BFHE 166, 418 = BStBl II

Ebenso wie bei einer behördlichen Aussetzung nach §363 Abs. 1 AO bedarf es auch im finanzgerichtlichen Verfahren keiner Aussetzung, wenn das Finanzamt den Steuerbescheid spätestens in der Einspruchsentscheidung bereits nach §165 Abs. 1 S. 2 Nr. 3 AO für vorläufig erklärt hat.[147] Ist die Klage ausschließlich auf die verfassungsrechtliche Fragestellung begrenzt, fehlt für sie ohnehin das Rechtsschutzbedürfnis.[148] Sind noch weitere Punkte streitig, kann das Finanzgericht über diese entscheiden, da die Rechte des Steuerpflichtigen durch den Vorläufigkeitsvermerk ausreichend gewahrt sind.

Anders sind indes die Fälle zu beurteilen, in denen das Finanzamt einen Vorläufigkeitsvermerk erst nach Klageerhebung aufnimmt: Während die vorläufige Festsetzung im Einspruchsverfahren zu einer Teilabhilfe und damit zu einem Verlust des Einspruchs führt, wird das Klageverfahren fortgeführt. Der vorläufige Bescheid wird nach §68 S. 1 FGO Gegenstand des Verfahrens und das Rechtsschutzbedürfnis des Steuerpflichtigen erlischt nicht.[149] Andernfalls könnte das Finanzamt den Kläger durch eine vorläufige Festsetzung aus dem Verfahren drängen, was bereits aus Kostengründen unzulässig ist und auch der Wertung aus §68 S. 1 FGO, der gerade die Fortführung des Verfahrens anordnet, zuwiderlaufen würde.[150] Das finanzgerichtliche Verfahren ist vielmehr auch in diesen Konstellationen auszusetzen, sofern keine besonderen Interessen an einer Verfahrensfortführung bestehen.

Für den Steuerpflichtigen bedeutet die Aussetzung des Klageverfahrens ebenso wie diejenige des Einspruchsverfahrens eine Verzögerung der Sachentscheidung und damit eine Beschränkung seines Anspruchs auf effektiven Rechtsschutz. Abermals erscheint diese Beschränkung aber zur Förderung der Prozessökonomie grundsätzlich verhältnismäßig, da sie nur dann zwingend eintritt, wenn die erhobenen verfassungsrechtlichen Bedenken in zahlreichen parallelen Rechtsbehelfen vorgetragen werden und kein besonderes Interesse des Steuerpflichtigen an der Verfahrensfortführung besteht. In allen ande-

---

1992, 408, juris Rn. 20ff.; BFH, Beschluss v. 24.9.2012 – VI B 79/12, BFH/NV 2013, 70, juris Rn. 10; BFH, Beschluss v. 27.11.1992 – III B 133/91, BFHE 169, 498 = BStBl II 1993, 240, juris Rn. 15; *H. Schwarz*, Handbuch des finanzgerichtlichen Verfahrens, 7. Auflage 2010, Rn. 666; *Herbert*, in: Gräber, FGO, 9. Auflage 2019, §74 Rn. 12.

[147] BFH, Urteil v. 3.6.2014 – II R 45/12, BFHE 245, 374 = BStBl II 2014, 806, juris Rn. 27; *Herbert*, in: Gräber, FGO, 9. Auflage 2019, §74 Rn. 12; BFH, Urteil v. 18.9.2007 – IX R 42/05, BFHE 219, 81 = BStBl II 2008, 26, juris Rn. 19.

[148] Siehe die Nachweise in Fn. 86.

[149] St. Rspr., vgl. nur BFH, Beschluss v. 18.9.1992 – III B 43/92, BFHE 169, 110, juris Rn. 15; BFH, Beschluss v. 10.2.1995 – III B 73/94, BFHE 176, 435 = BStBl II 1995, 415, juris Rn. 13; BFH, Urteil v. 17.9.1997 – X R 87/94, BFH/NV 1998, 560, juris Rn. 16; BFH, Beschluss v. 23.12.2005 – XI B 98/04, BFH/NV 2006, 952, juris Rn. 5; BFH, Beschluss v. 15.10.2008 – X B 60/07, BFH/NV 2009, 205, juris Rn. 19.

[150] Vgl. BFH, Beschluss v. 18.9.1992 – III B 43/92, BFHE 169, 110, juris Rn. 15; *Rüsken*, in: Klein, AO, 14. Auflage 2018, §165 Rn. 24a; *Krömker*, in: Lippross/Seibel, Basiskommentar Steuerrecht, §165 AO Rn. 37.

ren Fällen muss das Gericht Prozessökonomie und Rechtsschutzinteressen des Steuerpflichtigen im Rahmen seiner Ermessensentscheidung gegeneinander abwägen.[151]

2. *Ruhen (§ 155 S. 1 FGO i. V. m. § 251 S. 1 ZPO)*

Gemäß § 251 S. 1 ZPO, der im finanzgerichtlichen Verfahren nach § 155 S. 1 FGO ebenfalls Anwendung findet, hat das Gericht auf Antrag der beiden Parteien das Ruhen des Verfahrens anzuordnen, wenn diese Anordnung zweckmäßig ist. Eine Zwangsruhe, die § 363 Abs. 2 S. 2, 3 AO vergleichbar wäre, kennt die Finanzgerichtsordnung nicht. Anders als im behördlichen Einspruchsverfahren setzt eine Verfahrensruhe also immer auch die Zustimmung des Steuerpflichtigen voraus. Der Steuerpflichtige kann zudem – insoweit parallel zu seinem Antragsrecht im behördlichen Verfahren nach § 363 Abs. 2 S. 4 Var. 1 AO – jederzeit die Wiederaufnahme eines einmal zum Ruhen gebrachten Verfahren verlangen.[152]

Eine Verfahrensruhe ist insbesondere dann zweckmäßig, wenn in einem Musterverfahren eine im Streitfall ebenfalls relevante Auslegungsfrage entschieden wird. Mit Zustimmung beider Parteien kann das Klageverfahren damit vor allem im Hinblick auf anhängige Verfahren bei dem Bundesfinanzhof oder anderen Finanzgerichten zum Ruhen gebracht werden.[153] Wie bei der Aussetzung nach § 74 FGO (und der Zwangsruhe nach § 363 Abs. 2 S. 2 AO) scheidet die Anordnung einer Verfahrensruhe aus, soweit der Steuerbescheid bereits während des Einspruchsverfahrens vorläufig erlassen wurde.[154] In Betracht kommt hier eine Vorläufigkeit nach § 165 Abs. 1 S. 2 Nr. 3 oder Nr. 4 AO. Auch hier gilt wiederum, dass ein erst während des Klageverfahrens aufgenommener Vorläufigkeitsvermerk das Rechtsschutzbedürfnis nicht entfallen lässt.[155] Das Gericht muss das Verfahren entweder – wenn Kläger und Beklagter zustimmen – bis zur Entscheidung im Musterverfahren zum Ruhen bringen oder selbst ein Urteil in der Sache fällen.

Der Anspruch des Steuerpflichtigen auf effektiven Rechtsschutz wird durch die Verfahrensruhe nicht beeinträchtigt, da diese nur mit seiner Zustimmung

---

[151] *Herbert*, in: Gräber, FGO, 9. Auflage 2019, § 74 Rn. 7; *H. Schwarz*, Handbuch des finanzgerichtlichen Verfahrens, 7. Auflage 2010, Rn. 667.

[152] Anders als im Einspruchsverfahren steht dieses Recht ohne Einschränkung auch dem beteiligten Finanzamt zu; vgl. *Herbert*, in: Gräber, FGO, 9. Auflage 2019, § 74 Rn. 26.

[153] BFH, Beschluss v. 22.8.2006 – I B 23/06, BFH/NV 2006, 2287, juris Rn. 5; BFH, Beschluss v. 24.9.2012 – VI B 79/12, BFH/NV 2013, 70, juris Rn. 10; *H. Schwarz*, Handbuch des finanzgerichtlichen Verfahrens, 7. Auflage 2010, Rn. 668; *Herbert*, in: Gräber, FGO, 9. Auflage 2019, § 74 Rn. 23.

[154] *Herbert*, in: Gräber, FGO, 9. Auflage 2019, § 74 Rn. 23; vgl. auch die Nachweise in Fn. 147.

[155] BFH, Beschluss v. 10.2.1995 – III B 73/94, BFHE 176, 435 = BStBl II 1995, 415, juris Rn. 14.

zulässig ist und er sie auch jederzeit durch einen entsprechenden Antrag an das Gericht beenden kann. Die Situation entspricht damit aus der Perspektive des Steuerpflichtigen im Wesentlichen derjenigen bei der Zustimmungsruhe (§ 363 Abs. 2 S. 1 AO) im Einspruchsverfahren.

IV. Zusammenfassung

Die Abgaben- und die Finanzgerichtsordnung sehen diverse Wege vor, um das Ergebnis eines Musterverfahrens auf parallele Steuerverfahren zu übertragen. Vor dem Hintergrund des individuellen Anspruchs auf effektiven, insbesondere auch zeitnahen Rechtsschutz ist das Ruhen des Einspruchs- oder Klageverfahrens unbedenklich, da der Steuerpflichtige diese Verfahrensunterbrechung entweder schon durch die Verweigerung seiner Zustimmung von vornherein vermeiden oder aber durch einen Antrag auf Wiederaufnahme des Verfahrens jederzeit beenden kann. Wenn er sich nicht auf den Ausgang des Musterverfahrens verlassen möchte, hat er es also selbst in der Hand, sein Verfahren voranzutreiben.

Eben diese Möglichkeit fehlt bei den anderen Verfahrensinstrumenten. Dabei nimmt insbesondere die Möglichkeit einer vorläufigen Steuerfestsetzung nach § 165 Abs. 1 S. 2 Nr. 3 oder Nr. 4 AO eine zentrale Rolle ein: Wird der Vorläufigkeitsvermerk bis zum Ende des Einspruchsverfahrens aufgenommen, entfällt insoweit in aller Regel das Rechtsschutzbedürfnis des Steuerpflichtigen für einen Einspruch bzw. eine finanzgerichtliche Klage, das heißt, der Steuerpflichtige muss die vorläufige Festsetzung hinnehmen. Erst wenn der Steuerbescheid nach Abschluss des Musterverfahrens für endgültig erklärt wird, kann er seine Rechtsansicht weiterverfolgen. In einer vergleichbaren Situation befindet der Steuerpflichtige sich auch, wenn das Einspruchs- oder Klageverfahren ohne seine Zustimmung im Hinblick auf ein vor dem Bundesverfassungsgericht anhängiges Musterverfahren ausgesetzt wird. Die eintretende Verzögerung beschränkt den effektiven Rechtsschutz, lässt sich aber durch Gründe der Prozessökonomie rechtfertigen, da nur eine effektive Begrenzung der Parallelverfahren tatsächlich zu einer Entlastung von Finanzämtern und -gerichten führt. Verhältnismäßig sind die Regelungen zur vorläufigen Steuerfestsetzung und zur Aussetzung des Verfahrens vor allem, weil der Steuerpflichtige nach Abschluss des Musterverfahrens zu seinen Gunsten auch von dessen Ergebnis profitieren kann, seine Rechtsbehelfsmöglichkeiten bei einer für ihn negativen Entscheidung im Musterverfahren wiederaufleben und er Liquiditätsnachteile während des laufenden Verfahrens durch einen Antrag auf Aussetzung der Steuer nach § 165 Abs. 1 S. 4 AO, § 361 Abs. 2 AO oder § 69 Abs. 2–7 FGO vermeiden kann.

Die Anwendung der verfahrensrechtlichen Instrumente zur Bewältigung steuerrechtlicher Musterverfahren führt für sich genommen also nicht zu einer Verletzung des individuellen Anspruchs der Steuerpflichtigen auf effektiven

Rechtsschutz. Im verbleibenden Abschnitt ist zu untersuchen, wie sich diese Ausgangslage verändert, wenn auf die Entscheidung im Musterverfahren ein echt rückwirkendes Nichtanwendungsgesetz folgt.[156]

C. Beschränkung des Individualanspruchs auf effektiven Rechtsschutz durch rückwirkende Nichtanwendungsgesetze

Die soeben dargestellten verfahrensrechtlichen Instrumente lassen sich grundsätzlich durch eine Abwägung zwischen dem individuellen Anspruch auf effektiven Rechtsschutz und der im steuerlichen Massenverfahren erforderlichen Prozessökonomisierung rechtfertigen. In Konstellationen, in denen auf ein Musterverfahren ein echt rückwirkendes Nichtanwendungsgesetz folgt, wird diese Abwägung aber in doppelter Hinsicht beeinflusst: Zum einen beeinträchtigt die Verfahrensunterbrechung den individuelle Anspruch auf effektiven Rechtsschutz in erheblich stärkerem Maße.[157] Zum anderen werden Finanzämter und -gerichte nur in geringerem Umfang entlastet.[158]

I. Stärkere Beeinträchtigung des Anspruchs auf effektiven Rechtsschutz

Zunächst führt ein echt rückwirkendes Nichtanwendungsgesetz dazu, dass die Beschränkung des effektiven Rechtsschutzes, die mit einer vorläufigen Festsetzung nach § 165 Abs. 1 S. 2 Nr. 3 oder Nr. 4 AO und einer Aussetzung des Verfahrens nach § 363 Abs. 1 AO oder § 74 FGO einhergeht, bedeutend schwerer wiegt.[159]

Grundsätzlich kann es der Steuerpflichtige hinnehmen, wenn ihm vorübergehend die Möglichkeit genommen wird, sein Verfahren voranzutreiben, weil er nach Abschluss des Musterverfahrens in verfahrensrechtlicher und materiellrechtlicher Hinsicht nicht schlechter steht: Vertritt das Gericht im Musterverfahren eine für ihn nachteilige Auffassung, muss er diese für sein paralleles Verfahren nicht hinnehmen. Seine Rechtsschutzmöglichkeiten leben wieder auf; er kann den für endgültig erklärten Steuerbescheid mit Einspruch oder Klage anfechten[160] bzw. in dem fortgesetzten Gerichtsverfahren für eine abweichende Entscheidung in der Sache streiten.[161] Wird im Musterverfahren die Rechtsauffassung des Steuerpflichtigen bestätigt, kann er sich auf diese Recht-

156 Dazu sogleich unter § 5 C.
157 Dazu sogleich unter § 5 C. I.
158 Dazu unter § 5 C. II.
159 Zur im Ausgangspunkt anderen Konstellation bei ruhenden Einspruchs- oder Klageverfahren noch sogleich.
160 Vgl. die Nachweise in Fn. 94.
161 Siehe bereits unter § 5 B. II. 4. Und § 5 B. III. 1.

sprechung berufen und eine entsprechende Beurteilung seines parallelen Falles einfordern.

Ebendiese Übertragung der Entscheidungsgründe auf parallele Fälle verhindert ein echt rückwirkendes Nichtanwendungsgesetz. Der Steuerpflichtige kann dann nicht vom Ausgang des Musterverfahrens profitieren und keine Änderung der bisherigen – nach der Entscheidung im Musterverfahren rechtswidrig belastenden – Steuerfestsetzung mehr erreichen, da dieser der normative Boden entzogen wird. Damit führt die temporäre Unterbrechung seines Verfahrens für den Steuerpflichtigen im Nachhinein zu einer verschlechterten Verfahrensposition: Hätte er seinen Rechtsbehelf parallel zum Musterprozess vorantreiben können, wäre auch in seinem Verfahren die nun vom Gericht erkannte günstige Rechtslage zugrunde gelegt worden. Nun bleibt Ihm nur das begrenztes Zeitfenster zwischen Abschluss des Musterverfahrens und Inkrafttreten des Nichtanwendungsgesetzes, um auch für ihn die günstige materielle Rechtslage durchzusetzen.

Wie schwer diese Beeinträchtigung wiegt, hängt zunächst von der Reaktionszeit des Gesetzgebers ab: Folgt das rückwirkende Nichtanwendungsgesetz schon wenige Wochen nach der Entscheidung im Musterverfahren, so steht der Steuerpflichtige unter größerem Zeitdruck, als wenn mehrere Monate bis zur gesetzlichen Neuregelung vergehen. Beeinflussen kann der Steuerpflichtige den zeitlichen Ablauf des Gesetzgebungsverfahrens keinesfalls und es wird allenfalls in Ausnahmefällen möglich sein, den Zeitpunkt einer gesetzlichen Neuregelung abzuschätzen. Der Steuerpflichtige wird damit zum Schutz seiner individuellen Rechtsposition stets auf eine schnellstmögliche Korrektur seines Steuerbescheids hinwirken.

Wie erfolgreich er dabei sein wird, hängt maßgeblich davon ab, wie die Finanzverwaltung auf die Entscheidung des Musterverfahrens reagiert. Wird die gerichtlich festgestellte Auslegung zumindest bis zum Inkrafttreten des rückwirkenden Nichtanwendungsgesetzes auch von den Finanzämtern akzeptiert, so werden Parallelverfahren in der Regel zeitnah und mit geringem Aufwand durch Abhilfebescheide nach § 172 Abs. 1 S. 1 Nr. 2 a) AO erledigt werden können. Anders ist die Situation, wenn die Finanzverwaltung die Entscheidung nicht über den entschiedenen Einzelfall hinaus anwendet, weil ein ausdrücklicher[162] oder konkludenter Nichtanwendungserlass vorliegt:[163] War das Ver-

---

162 Vgl. als Beispiele für Nichtanwendungserlasse, die ausdrücklich zur Vorbereitung eines Nichtanwendungsgesetzes ergangen sind, aus jüngerer Zeit nur Bundesministerium der Finanzen vom 7.1.2010, IV C 3-S 2411/07/10013, BStBl I 2010, 44 zu BFH, Urteil v. 27.5.2009 – I R 86/07, BFHE 225, 126 = BStBl II 2010, 120 (Steuerbarkeit von Transferzahlungen an ausländische Fußballvereine; in der Folge rückwirkendes Nichtanwendungsgesetz durch das Jahressteuergesetz 2010 vom 8.12.2010 [BGBl I 2010, S. 1768] mit der Einfügung von § 49 Abs. 1 Nr. 2 g) EStG und § 50a Abs. 1 Nr. 3 Var. 3 EStG) und Bundesministerium der Finanzen vom 20.12.2011, IV C 4-S 2284/07/0031:002, BStBl I 2011, 1286 zu BFH, Urteil v. 12.5.2011 – VI R 42/10, BFHE 234, 30 = BStBl II 2011, 1015 (Berücksichtigung von Zivilprozesskosten als

fahren bisher nach § 363 Abs. 1 AO oder § 74 FGO ausgesetzt, so endet die Aussetzung kraft Gesetzes mit Erledigung des Rechtsstreits. Der Steuerpflichtige muss nun darauf drängen, dass eine rechtskräftige gerichtliche Entscheidung zu seinen Gunsten ergeht, bevor das rückwirkende Nichtanwendungsgesetz in Kraft tritt. Allerdings wird die Finanzverwaltung Einsprüchen und Klagen nicht abhelfen, sondern im Zweifel sogar gegen finanzgerichtliche Entscheidungen Revision einlegen. Eine tatsächliche Übertragung der Grundsätze aus der Musterentscheidung auf sein Verfahren kann der Steuerpflichtige dann erst mit einer erneuten Entscheidung des Bundesfinanzhofs gerade in seinem Verfahren erreichen. Ist bisher nur eine vorläufige Steuerfestsetzung nach § 165 Abs. 1 S. 2 Nr. 3 oder Nr. 4 AO ergangen, kommt hinzu, dass der Steuerpflichtige zunächst eine endgültige Festsetzung anstreben muss, gegen die er sich sodann mit Einspruch und Klage zur Wehr setzen kann.

Besondere Probleme ergeben sich insoweit, wenn die Steuer bisher nach § 165 Abs. 1 S. 2 Nr. 4 AO, also insbesondere mit Blick auf eine einfachrechtliche Auslegungsfrage in einem Musterverfahren vor dem Bundesfinanzhof, vorläufig festgesetzt wurde. Nach § 165 Abs. 2 S. 3 AO endet die rechtliche Ungewissheit insoweit nicht schon mit der Entscheidung im Musterverfahren, sondern erst, sobald feststeht, dass die Grundsätze der Entscheidung über den entschiedenen Einzelfall hinaus allgemein anzuwenden sind. Eine Entscheidung des Bundesfinanzhofs wird erst dann allgemein angewendet, wenn sie im Bundessteuerblatt II veröffentlicht bzw. auf der Website des Bundesfinanzministeriums zur Veröffentlichung vorgesehen wird.[164] Solange die Finanzverwaltung noch keine Entscheidung über die Veröffentlichung getroffen hat, besteht die rechtliche Ungewissheit fort. Während der Phase der verwaltungsinternen Entscheidungsfindung („temporärer Nichtanwendungserlass“[165]), die in Einzelfällen durchaus mehrere Monate in Anspruch nehmen kann, kann der Steuerpflichtige damit weder erfolgreich beantragen, die Festsetzung für endgültig zu erklären, noch kann er gegen den vorläufigen Steuerbescheid Einspruch erheben oder klagen, weil ihm dafür nach herrschender Meinung das Rechtsschutzbedürfnis fehlt.[166]

Auch in dem Zeitpunkt, in dem die interne Abstimmung innerhalb der Finanzverwaltung beendet ist und feststeht, dass die Entscheidung aus dem Mus-

---

außergewöhnliche Belastungen; nachfolgend [teilweise] rückwirkendes Nichtanwendungsgesetz durch das Amtshilferichtlinie-Umsetzungsgesetz vom 26.6.2013 [BGBl I 2013, S. 1809] mit der Einfügung von § 33 Abs. 2 S. 4 EStG); zahlreiche ältere Beispiele bei *Desens*, Bindung der Finanzverwaltung an die Rechtsprechung, 2011, S. 30 Fn. 104.

[163] Zu den verschiedenen Varianten der Nichtanwendungserlasse bereits unter § 2 B. II. 4. b).

[164] Vgl. zur Veröffentlichungs- und Anwendungspraxis bereits unter § 2 B. II. 4. a).

[165] Begrifflich ebenso *Desens*, Bindung der Finanzverwaltung an die Rechtsprechung, 2011, S. 62 f.; ähnlich auch *Suck*, Das Nichtanwendungsgesetz als Instrument der Steuerpolitik, 2018, S. 99 f.; vgl. bereits unter § 2 B. II. 4. b).

[166] Vgl. die Nachweise in Fn. 112, 86.

terverfahren nicht über den Einzelfall hinaus angewendet wird, entfällt der Vorläufigkeitsvermerk nicht automatisch. Die rechtliche Ungewissheit endet nicht nach §165 Abs. 2 S. 3 AO, weil diese Norm gerade voraussetzt, dass die Entscheidung des Bundesfinanzhofs allgemein angewendet wird. Wenn noch ein anderes Verfahren zu derselben Rechtsfrage vor dem Bundesfinanzhof anhängig ist, so liegen weiterhin die Voraussetzungen des §165 Abs. 1 S. 2 Nr. 4 AO vor und der Vorläufigkeitsvermerk bleibt bestehen. Ist kein weiteres Verfahren anhängig, so liegen zwar die Voraussetzungen des §165 Abs. 1 S. 2 Nr. 4 AO nicht mehr vor, sodass die Festsetzung für endgültig zu erklären ist (§165 Abs. 2 S. 2 AO).[167] Da die Finanzverwaltung aber wegen des Nichtanwendungserlasses bei ihrer bisherigen Rechtsansicht bleiben wird und eine Änderung des Steuerbescheids infolge der Musterentscheidung danach nicht erforderlich wäre, wird die Finanzverwaltung nicht von Amts wegen, sondern nur auf Antrag des Steuerpflichtigen einen endgültigen Steuerbescheid erlassen (§165 Abs. 2 S. 4 AO). Der Steuerpflichtige muss also zunächst Kenntnis vom Nichtanwendungserlass erhalten, sodann einen Antrag auf endgültige Festsetzung stellen und schließlich Einspruch und Klage erheben. Bei einem konkludenten Nichtanwendungserlass wird dies insbesondere deshalb praktisch schwierig, weil der Steuerpflichtige gar nicht erkennen kann, wann der interne Entscheidungsprozess der Finanzverwaltung abgeschlossen ist und wann er dementsprechend einen Antrag auf endgültige Festsetzung stellen kann.

In jedem Fall kommt es bei vorläufigen Steuerfestsetzungen zu erheblichen weiteren Verzögerungen, die seine Rechtsschutzmöglichkeiten im Falle eines rückwirkenden Nichtanwendungsgesetzes empfindlich verkürzen können:[168] Tritt das echt rückwirkende Nichtanwendungsgesetz während der Phase der verwaltungsinternen Entscheidungsfindung in Kraft, so hat er gar keine Möglichkeit, eine Übertragung der Grundsätze der Musterentscheidung auf sein Verfahren zu erreichen, weil ihm für einen Einspruch oder eine Klage gegen den vorläufigen Bescheid das Rechtsschutzbedürfnis fehlt und er auch nicht beantragen kann, den Bescheid für endgültig zu erklären, weil die rechtliche Ungewissheit noch fortbesteht. Dasselbe gilt faktisch, wenn der Steuerpflichtige aufgrund eines konkludenten Nichtanwendungserlasses nicht erkennen kann, dass der Entscheidungsprozess abgeschlossen ist und er einen Antrag auf endgültige Festsetzung stellen könnte. Auf einen ausdrücklichen Nichtanwendungserlass kann der Steuerpflichtige zwar unmittelbar reagieren, auch dann besteht aber die Gefahr, dass das rückwirkende Nichtanwendungsgesetz in Kraft tritt, bevor

[167] Die Konstellation ist in §165 Abs. 2 S. 3 AO nicht erfasst; wie hier aber ebenfalls *Cöster*, in: Koenig, AO, 3. Auflage 2014, §165 Rn. 52; *Heuermann*, in: HHSp., §165 AO Rn. 158ff.; *Seer*, in: Tipke/Kruse, §165 AO Rn. 46; *Suck*, Das Nichtanwendungsgesetz als Instrument der Steuerpolitik, 2018, S. 84.

[168] Plakativ *Hey*, BB 2000, 1453, 1459: „Finanzverwaltung und Gesetzgeber arbeiten Hand in Hand gegen den Steuerpflichtigen".

der Steuerpflichtige eine rechtskräftige gerichtliche Entscheidung (des Bundesfinanzhofs) zu seinen Gunsten erwirken konnte.

Die Beschränkung der Rechtsschutzmöglichkeiten wiegt noch einmal schwerer, weil der Steuerpflichtige, dessen Verfahren im Hinblick auf den Ausgang eines Musterprozesses unterbrochen ist, in vielen Fällen einem zusätzlichen Zinsrisiko ausgesetzt ist: Dies gilt zum einen, wenn sein Verfahren bislang nach § 361 Abs. 2 AO bzw. § 69 Abs. 2–7 FGO ausgesetzt war und der Steuerpflichtige erfolgreich Aussetzung der Vollziehung beantragt hatte (oder die Finanzverwaltung ohne seinen Antrag die Vollziehung des Steuerbescheids ausgesetzt hat).[169] Da der eingelegte Rechtsbehelf auf Basis des rückwirkenden Nichtanwendungsgesetzes endgültig keinen Erfolg hat, sind die ausgesetzten Beträge nach § 237 AO mit 0,5 % pro Monat zu verzinsen. Eine entsprechende Zinsbelastung ergibt sich zum anderen nach § 233a AO für all denjenigen Fällen, in denen nach Erlass des rückwirkenden Nichtanwendungsgesetzes eine Steuerfestsetzung zum Nachteil des Steuerpflichtigen geändert wird und sich eine Steuernachzahlung ergibt. Dies ist insbesondere der Fall, wenn der Steuerpflichtige zunächst vorläufig auf Basis der von ihm vertretenen und vom Bundesfinanzhof im Musterverfahren letztendlich bestätigten Rechtsansicht veranlagt wurde, nunmehr aber die mit dem rückwirkenden Nichtanwendungsgesetz geschaffene Rechtslage zugrunde gelegt wird.

Ohne rückwirkendes Nichtanwendungsgesetz droht dem Steuerpflichtigen durch eine vorläufige Festsetzung oder eine Aussetzung des Einspruchs- oder Klageverfahrens also nur eine Verzögerung seines Rechtsschutzes, ohne dass er dadurch materielle oder verfahrensrechtliche Nachteile erleidet. Die Kombination aus temporärer Rechtsschutzbeschränkung und rückwirkender Neuregelung kann demgegenüber je nach Verfahrensverlauf im Extremfall dazu führen, dass die gerichtlich bestätigte positive Rechtslage gar nicht mehr effektiv durchgesetzt werden kann und der Steuerpflichtige mit empfindlichen Zinszahlungen konfrontiert wird.

Bei ruhenden Einspruchs- oder Klageverfahren stellt sich das dargestellte Problem auf den ersten Blick nicht in der gleichen Schärfe, da der Steuerpflichtige hier stets die Möglichkeit hat, sein Verfahren selbst voranzutreiben, indem er seine Zustimmung zur Verfahrensruhe verweigert oder einen Antrag auf Fortsetzung des Verfahrens stellt. Das rückwirkende Nichtanwendungsgesetz beeinträchtigt insoweit also nicht die tatsächlichen Rechtsschutzmöglichkeiten,

---

[169] Bei der Ermessensentscheidung über die Aussetzung der Vollziehung muss die Finanzbehörde angesichts des marktunüblich hohen Zinssatzes von 0,5 % pro Monat die Refinanzierungsmöglichkeiten des Steuerpflichtigen mitberücksichtigen; eine Aussetzung gegen seinen Willen ist regelmäßig ermessensfehlerhaft; vgl. nur FG Hamburg, Urteil v. 13.5.2013 – 2 K 50/12, EFG 2013, 1734, juris Rn. 27; *Cöster*, in: Koenig, AO, 3. Auflage 2014, § 361 Rn. 27, 69; *Rätke*, in: Klein, AO, 14. Auflage 2018, § 361 Rn. 56; *Anzinger*, FS 100 Jahre Steuerrechtsprechung, 2018, S. 1801, 1826 ff.

sondern nur die Erwartung, an einem positiven Ergebnis des Musterverfahrens zu partizipieren, ohne selbst das Rechtsbehelfsverfahren fortführen zu müssen. Diese Erwartung ist als solche nicht schutzwürdig, weil die Finanzverwaltung an die Musterentscheidung über den entschiedenen Einzelfall hinaus nicht gebunden ist.[170] Auch das gegebenenfalls bestehende Zinsrisiko kann er selbst geringhalten, indem er frühzeitig auf eine Fortsetzung des Verfahrens drängt.

Allerdings wird der Steuerpflichtige dann zu einem Verhalten gezwungen, das dem Sinn und Zweck der Verfahrensruhe diametral entgegensteht. Da er im Vorfeld nicht wissen kann, ob nach der Musterentscheidung eine rückwirkende gesetzliche Neuregelung droht, muss er zur Wahrung seiner Rechtsschutzmöglichkeiten eine Verfahrensruhe stets beenden und auf eine möglichst zügige gerichtliche Entscheidung drängen.[171] Das steht im Konflikt zu dem mit der Verfahrensruhe verfolgten Ziel, parallele Verfahren bei Finanzämtern und -gerichten zu vermeiden.[172] Solange das Einspruchsverfahren noch läuft, kann das Finanzamt zudem den Bescheid auch nachträglich noch für vorläufig erklären und damit das Rechtsschutzbedürfnis des Steuerpflichtigen für ein weiteres Rechtsbehelfsverfahren beseitigen. Dann ergeben sich durch das rückwirkende Nichtanwendungsgesetz wiederum die oben dargestellten Rechtsschutzverkürzungen.

II. Verminderte Entlastung von Finanzämtern und -gerichten

Echt rückwirkende Nichtanwendungsgesetze beeinträchtigen gleichzeitig die Entlastungswirkung, die von der vorläufigen Steuerfestsetzung, den verschiedenen Varianten der Verfahrensruhe sowie der Aussetzung des Verfahrens ausgehen soll. Gemeinsames Ziel der genannten Instrumente ist es, die knappen Ressourcen von Finanzämtern und -gerichten nicht durch massenhafte parallele Verfahren zu belasten, sondern Rechtsfragen möglichst in einzelnen Musterverfahren zu klären.[173] Dass die Parallelverfahren vorläufig nicht fortgeführt werden (Aussetzung oder Verfahrensruhe) bzw. Einspruch und Klage bis zum Abschluss des Musterverfahrens unzulässig sind (vorläufige Steuerfestsetzung), führt dabei zunächst zu einer temporären Verschiebung der Arbeitsbelastung in die Zukunft. Eine endgültige Entlastung tritt dann dadurch ein, dass das Er-

---

[170] Ebenso spezifisch zu ruhenden Verfahren BFH, Beschluss v. 22.2.2006 – I B 145/05, BFHE 213, 29 = BStBl II 2006, 546, juris Rn. 32; allgemein *Schmidt-Aßmann*, in: Maunz/Dürig, GG, Art. 19 Abs. 4 Rn. 289. Will der Steuerpflichtige eine solche Bindung erreichen, muss er mit dem zuständigen Finanzamt eine entsprechende Musterprozessvereinbarung schließen; vgl. im Detail *Hendricks/Paß*, DStR 2015, 2589, 2590 ff.

[171] So auch *P. Kirchhof/Raupach*, DB Beilage 2001, 1, 17; *Völker/Ardizzoni*, NJW 2004, 2413, 2414 f.

[172] Zu dem negativen Effekt von echt rückwirkenden Nichtanwendungsgesetzen auf dieses Entlastungsziel sogleich noch im Detail.

[173] Vgl. zur Umsetzung dieses Ziels im Rahmen der einzelnen Instrumente unter § 5 B.

gebnis des Musterverfahrens auf die Parallelverfahren übertragen wird. Auch für diesen Schritt sieht die Abgabenordnung dementsprechend Erleichterungen vor. So muss eine vorläufige Steuerfestsetzung nicht ausdrücklich für endgültig erklärt werden, wenn das Ergebnis des Musterverfahrens nicht zu einer Änderung der festzusetzenden Steuer führt (§ 165 Abs. 2 S. 4 AO). Einsprüche, die auf ein Musterverfahren vor dem Europäischen Gerichtshof, dem Bundesverfassungsgericht oder dem Bundesfinanzhof gestützt sind, und denen nach Ausgang des Musterverfahrens nicht abgeholfen werden kann, können durch Allgemeinverfügung abgelehnt werden (§ 367 Abs. 2b AO).

Echt rückwirkende Nichtanwendungsgesetze beeinträchtigen diesen endgültigen Entlastungseffekt. Sie verhindern, dass das Ergebnis des Musterverfahrens auf die bisher zurückgestellten Parallelverfahren übertragen wird. Finanzämter und -gerichte werden gezwungen, sich auf veränderter rechtlicher Grundlage erneut mit den Verfahren auseinanderzusetzen. Wenn der Gesetzgeber lediglich ein konservierendes Nichtanwendungsgesetz erlässt, also die Rechtslage so wiederherstellt, wie sie bis zu der Entscheidung im Musterverfahren in der Rechtspraxis zumindest weitverbreitet gehandhabt wurde, wird sich der entstehende Mehraufwand noch in Grenzen halten. Finanzämter und -gerichte können bereits entwickelte Auslegungsgrundsätze auf das neue Gesetz übertragen und damit die Verfahren in den meisten Fällen einer schnellen Entscheidung zuführen. Häufig geht der Gesetzgeber aber über die Wiederherstellung einer früheren Rechtslage hinaus und schafft durch das Nichtanwendungsgesetz neue Fragestellungen und Normkonflikte.[174] In diesen Konstellationen wird der durch das Musterverfahren bezweckte Vereinfachungs- und Ökonomisierungseffekt dann endgültig verfehlt. Es bestehen weiterhin zahlreiche Parallelverfahren, in denen sich ähnliche oder identische rechtliche Fragestellungen stellen. Vorläufige Festsetzung, Aussetzung und Verfahrensruhe haben dann im Ergebnis nicht dazu geführt, dass die Rechtslage prozessökonomisch geklärt wird, sondern nur ermöglicht, dass eine materiellrechtliche Fragestellung durch eine andere ersetzt wird. Für Verwaltungsbehörden und Gerichte ist damit aber nichts gewonnen.

Zudem führt – wie bereits oben dargestellt[175] – schon die Möglichkeit eines echt rückwirkenden Nichtanwendungsgesetzes dazu, dass ein Steuerpflichtiger, der seine Rechtsschutzmöglichkeiten möglichst umfassend wahren will, einer Verfahrensruhe nicht zustimmen kann bzw. diese schnellstmöglich durch einen Antrag auf Fortsetzung des Verfahrens beenden muss. Nur eine rechtskräftige Gerichtsentscheidung vor Erlass des echt rückwirkenden Nichtanwendungsgesetzes sichert ihm die Chance auf eine Auslegung des materiellen Rechts zu seinen Gunsten. Echt rückwirkende Nichtanwendungsgesetze setzen damit einen Anreiz, parallele Verfahren bei Finanzämtern und -gerichten zu betrei-

[174] Vgl. zur Abgrenzung von konservierenden und punktuell verschärfenden Nichtanwendungsgesetzen bereits unter § 2 C. V.

[175] Vgl. unter § 5 C. I.

ben und verringern auch dadurch den von der Verfahrensruhe intendierten Entlastungseffekt.

III. Verfassungsrechtliche Konsequenzen

Rückwirkende Nichtanwendungsgesetz intensivieren also den Eingriff in den individuellen Schutzbereich des Rechtsschutzgebots und schwächen gleichzeitig den prozessökonomischen Entlastungseffekt, der diesen Eingriff rechtfertigen kann. In Extremfällen, insbesondere, wenn ein echt rückwirkendes Nichtanwendungsgesetz durch einen Nichtanwendungserlass vorbereitet wird und die Steuerfestsetzung dadurch bis zum Erlass des Nichtanwendungsgesetzes nach §165 Abs.1 S.2 Nr.4 AO vorläufig bleibt, verbleibt dem Steuerpflichtigen keine effektive Möglichkeit mehr zur Durchsetzung seiner Rechte. Gleichzeitig verursacht das Nichtanwendungsgesetz unter Umständen nur erneute Massenrechtsbehelfe bei den Finanzämtern und -gerichten und setzt darüber hinaus einen Anreiz, die prozessökonomisierende Verfahrensruhe bewusst zu unterlaufen. Selbst wenn man zugrunde legt, dass der Gesetzgeber einen weitgehenden Gestaltungs- und Pauschalierungsspielraum hat, um das steuerliche Massenrecht auch verfahrensrechtlich zu bewältigen, sind damit ohne Weiteres Konstellationen denkbar, in denen der effektive Rechtsschutz unverhältnismäßig beschränkt wird.

Diese unverhältnismäßige Beschränkung ergibt sich allerdings nicht aus dem echt rückwirkenden Nichtanwendungsgesetz allein. Im Einzelnen lassen sich vielmehr (in zeitlicher Reihenfolge) vier verschiedene Elemente unterscheiden, die erst in ihrem Zusammenspiel einen verfassungswidrigen Zustand herbeiführen können: Zunächst beeinträchtigen die Verfahrensunterbrechungen als solche (vor allem Vorläufigkeit und Aussetzung des Verfahrens) den individuellen Anspruch auf einen effektiven, insbesondere zeitnahen Rechtsschutz. Dies ergibt sich insbesondere daraus, dass sie – zweitens – zumindest temporär die Fortführung des Einspruchs- oder Klageverfahrens auch gegen den Willen des Steuerpflichtigen ausschließen. Die Finanzverwaltung kann sodann – drittens – die Beeinträchtigung auch nach der Entscheidung im Musterverfahren aufrechterhalten, indem sie eine Übertragung der Entscheidungsgrundsätze auf parallele Verfahren vermeidet, bis schließlich – viertens – der Gesetzgeber die materielle Rechtslage mit echter Rückwirkung korrigiert und damit den Rechtsbehelfen des Steuerpflichtigen die Grundlage entzieht.

Nimmt man nun an, dass das Zusammenspiel dieser vier Komponenten den individuellen Anspruch des Steuerpflichtigen auf effektiven Rechtsschutz in verfassungswidriger Weise verletzen kann, stellt sich die Frage, auf welcher Ebene dies zu verhindern ist. Oder anders ausgedrückt: Für welches der dargestellten Elemente müssen verfassungsrechtliche Grenzen formuliert werden, um Art. 19 Abs.4 S.1 GG in seiner subjektiv-rechtlichen Dimension zu schützen? Für die

Beantwortung dieser Frage ist nach einer Lösung zu suchen, die nicht nur die individuellen Rechte des Steuerpflichtigen wahrt. Es gilt vielmehr den verhältnismäßigen Ausgleich zwischen Rechtsschutz und Verfahrensökonomisierung, den der Gesetzgeber vornehmen wollte und im Grundsatz mit den Regeln zur Verfahrensunterbrechung auch geschaffen hat, auf möglichst schonende Weise auch bei echt rückwirkenden Nichtanwendungsgesetzen zu erhalten.

1. *Verfahrensunterbrechung*

Man könnte zunächst annehmen, dass schon die Unterbrechung des Verfahrens verfassungswidrig sein kann. Es wäre dann unzulässig, eine Steuerfestsetzung vorläufig zu erlassen oder ein laufendes Einspruchs- oder Klageverfahren auszusetzen, wenn sich hieraus im Zusammenspiel mit einem späteren echt rückwirkenden Nichtanwendungsgesetz eine Verletzung des effektiven Rechtsschutzes ergeben kann.

Gegen diesen Ansatz sprechen aber gleich mehrere Gründe: Zunächst ist zu dem Zeitpunkt, in dem über die Aufnahme eines Vorläufigkeitsvermerks oder die Aussetzung eines Verfahrens entschieden wird, noch gar nicht absehbar, ob es überhaupt einmal zu einem echt rückwirkenden Nichtanwendungsgesetz kommen wird. Ob der Gesetzgeber tätig wird, hängt maßgeblich vom Ausgang des Musterverfahrens, von der Anzahl der betroffenen Steuerpflichtigen und den damit verbundenen fiskalischen Auswirkungen einer flächendeckenden Anwendung der Entscheidungsgründe ab. Dies lässt sich kaum prognostizieren. Wartet man den weiteren Verfahrensverlauf ab, ist dem Steuerpflichtigen nicht mehr damit geholfen, dass die bereits eingetretene Verfahrensunterbrechung für verfassungswidrig erklärt wird. Die verstrichene Zeit, in der er seine Rechtsmittel nicht weiterverfolgen konnte, erhält er dadurch nicht zurück. Zudem würde eine Einschränkung der Möglichkeiten zur vorläufigen Festsetzung bzw. zur Aussetzung des Verfahrens im Hinblick auf Musterverfahren die objektiv erforderliche und vom Gesetzgeber ausdrücklich gewünschte Entlastung von Finanzämtern und -gerichten konterkarieren. Im steuerlichen Massenverfahren ist es rechtspolitisch wünschenswert und vom Gesetzgeber ausdrücklich beabsichtigt, die Anzahl paralleler Rechtsbehelfsverfahren möglichst gering zu halten und Rechtsfragen in einem Musterverfahren mit breitflächiger Wirkung zu klären.[176] Es überzeugt daher nicht, gerade die verfahrensrechtlichen Instrumente, die dies ermöglichen, in ihrer Wirkung zu beschneiden.

2. *Rechtsschutzbedürfnis bzw. Anspruch auf Verfahrensfortsetzung*

Aus ähnlichen Gründen erscheint es auch zweifelhaft, verfassungswidrige Einschränkungen des Anspruchs auf effektiven Rechtsschutz dadurch zu vermei-

[176] Vgl. z. B. BT-Drs. 16/10188, S. 30.

den, dass dem Steuerpflichtigen stets die Möglichkeit eingeräumt wird, eine Fortführung seines Verfahrens zu erzwingen. Könnte der Steuerpflichtige auch gegen einen vorläufigen Steuerbescheid uneingeschränkt Einspruch einlegen oder klagen und bei einem ausgesetzten Verfahren jederzeit die Fortsetzung verlangen, so würde damit der Entlastungseffekt zugunsten der Finanzämter und -gerichte weitgehend beseitigt.

Zudem würde von echt rückwirkenden Nichtanwendungsgesetzen dann – ähnlich wie bei ruhenden Einspruchsverfahren – geradezu ein Anreiz ausgehen, Parallelverfahren anzustrengen und sich nicht auf die Übertragung der Entscheidungsgründe aus dem Musterverfahren zu verlassen. Damit könnte zwar der Anspruch des Steuerpflichtigen auf effektiven Rechtsschutz besser gewahrt werden, aber nur unter fast vollständiger Aufgabe des gleichsam schützenswerten Ziels der Verfahrensökonomisierung.

Eine differenzierende Lösung, wonach der Steuerpflichtige nur dann eine Möglichkeit hat, das Verfahren fortzuführen, wenn ein echt rückwirkendes Nichtanwendungsgesetz droht, scheitert wiederum an der praktischen Umsetzbarkeit. Es ist bis zur Musterentscheidung kaum vorauszusagen, ob ein Nichtanwendungsgesetz erlassen werden wird. Mit Abschluss des Musterverfahrens endet sodann ohnehin der Grund für die Verfahrensunterbrechung, sodass der Steuerpflichtige schon *de lege lata* die Verfahrensfortführung anstrengen kann. Anders ist dies nur, wenn die Steuer nach §165 Abs. 1 S. 2 Nr. 4 AO vorläufig festgesetzt wurde und noch nicht feststeht, dass die Entscheidungsgründe der Musterentscheidung über den entschiedenen Einzelfall hinaus angewendet werden (§165 Abs. 2 S. 3 AO). Erlaubt man dem Steuerpflichtigen in dieser Konstellation aus verfassungsrechtlichen Gründen, Einspruch oder Klage gegen die Steuerfestsetzung zu erheben, so würde dies seine Rechtsschutzmöglichkeiten verbessern. Allerdings müsste er weiterhin das Risiko tragen, dass es ihm nicht gelingt in dem (unter Umständen sehr engen) Zeitfenster bis zum Erlass des rückwirkenden Nichtanwendungsgesetzes eine Entscheidung herbeizuführen. Dies gilt insbesondere, weil die Finanzverwaltung auch ein laufendes Einspruchs- oder Klageverfahren zeitlich noch verschleppen kann.

3. Reaktion der Finanzverwaltung auf die Musterentscheidung

Ein effektiverer Ansatz zum Schutz des Steuerpflichtigen würde daher darin bestehen, der Finanzverwaltung aus verfassungsrechtlichen Gründen zu verbieten, die Übertragung einer höchstrichterlichen Entscheidung auf Parallelverfahren zu verzögern oder gar zu vermeiden. Das würde beispielsweise bedeuten, dass die Finanzverwaltung verfassungsrechtlich verpflichtet wäre, Entscheidungen des Bundesfinanzhofs zeitnah im Bundessteuerblatt zu veröffentlichen und sie nicht mit Nichtanwendungserlassen zu belegen, sodass sie zur Grundlage der allgemeinen Veranlagungspraxis der Finanzämter erhoben werden.[177] Damit könnte insbesondere bei vorläufigen Festsetzungen nach § 165 Abs. 1 S. 2 Nr. 4 AO vermieden werden, dass der Steuerpflichtige faktisch keine Rechtsschutzmöglichkeit hat.

Der Steuerpflichtige würde allerdings immer noch keinen umfassenden Schutz erreichen, da ihm weiterhin nur das enge Zeitfenster bis zur rückwirkenden gesetzlichen Regelung für den Abschluss seines eigenen Verfahrens zur Verfügung steht. Zudem darf der Finanzverwaltung nicht grundsätzlich das Recht genommen werden, Musterentscheidungen noch einmal gerichtlich überprüfen zu lassen, wenn die Entscheidung nach ihrer Einschätzung noch nicht alle rechtlichen Aspekte berücksichtigt.[178] Wenn aus diesen Gründen ein Nichtanwendungserlass ergeht und ein erneutes Musterverfahren angestrebt wird, handelt die Finanzverwaltung nicht, um den Bürger um seine Rechte zu bringen, sondern in ihrer verfassungsrechtlichen Verantwortung für eine Besteuerung nach Recht und Gesetz.[179] Nichtanwendungserlasse ließen sich demnach nur dann als verfassungswidrig einstufen, wenn die Finanzverwaltung ihre verfassungsrechtliche Argumentationslast nicht erfüllen kann und als einzig denkbare Motivation für einen Nichtanwendungserlass die Vorbereitung eines echt rückwirkenden Nichtanwendungsgesetzes verbleibt.[180] Formuliert man die verfassungsrechtlichen Grenzen aber auf diese Weise, wird der Schutz für den Steuerpflichtigen ein weiteres Mal abgeschwächt. Es ist dann denkbar, dass die Finanzverwaltung aus legitimen Motiven eine höchstrichterliche Entscheidung nicht auf Parallelverfahren überträgt, der Gesetzgeber sich aber parallel zum Erlass eines rückwirkenden Nichtanwendungsgesetzes entschließt. Dem Steuerpflichtigen droht erneut der Verlust jeder effektiven Rechtsschutzmöglichkeit.

Schließlich erscheint es auch mit Blick auf die Sanktionen nicht angemessen, wenn die verfassungswidrige Verletzung des effektiven Rechtsschutzes durch besondere Anforderungen an das Verhalten der Finanzverwaltung ver-

---

[177] Dafür z. B. *Völker/Ardizzoni*, NJW 2004, 2413, 2413; *P. Kirchhof/Raupach*, DB Beilage 2001, 1, 4 ff.

[178] Zur grundsätzlichen verfassungsrechtlichen Zulässigkeit von sachlich begründeten Nichtanwendungserlassen bereits im Einzelnen unter § 2 B. II. 4. b).

[179] Ebenso *Hey*, DStR 2004, 1897, 1898; *Spindler*, FS Solms, 2005, S. 53, 59 f.; *Harald Schaumburg*, in: Brandt (Hrsg.), Für eine bessere Steuerrechtskultur, 2004, S. 73, 88 f.; *Raupach*, in: Raupach/Tipke/Uelner (Hrsg.), Niedergang oder Neuordnung des deutschen Einkommensteuerrechts?, 1985, S. 15, 72; *Scholtz*, FS Klein, 1994, S. 1041, 1048; *Desens*, Bindung der Finanzverwaltung an die Rechtsprechung, 2011, S. 311.; vgl. auch schon unter § 2 B. III. 4. b).

[180] So auch *P. Kirchhof/Raupach*, DB Beilage 2001, 1, 4 ff.; *Pezzer*, DStR 2004, 525, 530; *Raupach*, DStR 2001, 1325, 1327; *Spindler*, FS Solms, 2005, S. 53, 59 f.; *ders.*, DStR 2007, 1061, 1065; *Harald Schaumburg*, in: Brandt (Hrsg.), Für eine bessere Steuerrechtskultur, 2004, S. 73, 90; *Raupach*, in: Drenseck/Seer (Hrsg.), Festschrift für Heinrich Wilhelm Kruse zum 70. Geburtstag, 2001, S. 253, 258; *Desens*, Bindung der Finanzverwaltung an die Rechtsprechung, 2011, S. 315 f.; *Völker/Ardizzoni*, NJW 2004, 2413, 2417; *Müller/Funk/Müller*, BB 2005, 2271, 2273; Beispiele für entsprechende Nichtanwendungserlasse bereits unter § 2 B. III. 4. d).

hindert werden soll. Überschreitet die Finanzverwaltung die Grenzen des verfassungsrechtlich Erlaubten, erlässt sie beispielsweise einen verfassungswidrigen Nichtanwendungserlass, und ergeht dann in der Folge ein rückwirkendes Nichtanwendungsgesetz, so ist nur der Erlass und nicht das Gesetz nichtig. Der Steuerpflichtige kann dann allenfalls Ansprüche aus Staatshaftung geltend machen und seinen finanziellen Schaden regulieren,[181] er muss aber akzeptieren, dass auch für ihn die Rechtslage rückwirkend verändert und damit ggfs. seine Position im Verhältnis zu Mitbewerbern verschlechtert wurde.[182] Der eigentliche Kern des individuellen Anspruchs aus Art. 19 Abs. 4 S. 1 GG, die eigene Rechtsansicht gerichtlich überprüfen zu lassen, wird dann durch eine rein finanzielle Kompensation ersetzt, die zudem erneut Zeitaufwand und Prozesskosten verursacht.[183]

4. Zeitliche Wirkung des Nichtanwendungsgesetzes

Überzeugender erscheint es vor diesem Hintergrund, auf Grundlage von Art. 19 Abs. 4 S. 1 GG das Nichtanwendungsgesetz selbst bzw. präziser dessen zeitliche Reichweite zu beschränken.[184] Damit wird an genau das Element angeknüpft, das die an sich verfassungskonforme Abwägung des Gesetzgebers aus dem Gleichgewicht bringt. Folgt auf eine Musterentscheidung kein echt rückwirkendes Nichtanwendungsgesetz, ergeben sich die diskutierten Folgeprobleme nicht und der Rechtsschutz des Steuerpflichtigen wird nur zeitlich nach hinten verlagert. Finanzämter und -gerichte profitieren davon, dass die Rechtslage prozessökonomisch in einem Musterverfahren geklärt wurde. Sowohl Finanzverwaltung als auch Steuerpflichtiger behalten die Möglichkeit, gegebenenfalls ein weiteres Verfahren anzustrengen, wenn sie die Musterentscheidung für unzutreffend halten.

Erst in dem Zeitpunkt, in dem der Gesetzgeber über die zeitliche Wirkung eines Nichtanwendungsgesetzes entscheidet, sind auch alle Problemlagen offensichtlich. Der Gesetzgeber kann bei seiner Entscheidung einbeziehen, ob und wenn ja wie viele Verfahren im Hinblick auf die zu korrigierende Entscheidung offengehalten wurden und wie die Finanzverwaltung auf die Musterentscheidung reagiert hat. Je weniger die Steuerpflichtigen die Möglichkeit hatten, ihre

---

[181] *Vinken*, FS Spindler, 2011, S. 549, 551; vgl. *obiter dicta* auch BVerfG, Nichtannahmebeschluss v. 15.10.2008 – 1 BvR 1138/06, BVerfGK 14, 338, juris Rn. 21.

[182] Vgl. bereits unter § 3 A. I. 2.

[183] Aus diesem Grund ebenfalls kritisch *Völker/Ardizzoni*, NJW 2004, 2413, 2419.

[184] So (zum Teil allerdings ohne das Zusammenwirken mit den anderen Elementen zu thematisieren) i. E. auch *Forchhammer*, FR 1986, 84, 87; *van Lishaut*, FR 1986, 452, 456; *P. Kirchhof/Raupach*, DB Beilage 2001, 1, 17; *Raupach*, in: Drenseck/Seer (Hrsg.), Festschrift für Heinrich Wilhelm Kruse zum 70. Geburtstag, 2001, S. 253, 268; *Völker/Ardizzoni*, NJW 2004, 2413, 2419; *Schön*, FS Lang, 2011, S. 221, 231; *Hey*, JZ 2014, 500, 505; *Drüen*, Ubg 2014, 683, 692; *Hey*, in: Tipke/Lang, 23. Auflage 2018, § 3 Rn. 269; *Drüen*, StuW 2015, 210, 219 f.; *ders.*, IStR 2015, 609, 613; *Schönfeld/Bergmann*, DStR 2015, 257, 261.

Rechtsansicht vor den Finanzgerichten durchzusetzen, desto eher muss der Gesetzgeber auf eine echt rückwirkende Regelung verzichten. Gleichzeitig kann er aber auch weitere Aspekte in eine Verhältnismäßigkeitsprüfung einstellen: Der individuelle Anspruch auf effektiven Rechtsschutz kann zur Wahrung anderer Güter von Verfassungsrang beschränkt werden.[185] Die Instrumente des Verfahrensrechts dienen der Schonung und gerechten Verteilung der knappen Ressourcen von Finanzämtern und -gerichten, aber für eine echt rückwirkende gesetzliche Korrektur der Rechtsprechung können noch andere Gemeinwohlgründe sprechen.[186] Gleichzeitig steht ein rückwirkendes Nichtanwendungsgesetz auch in Konflikt mit dem (auch) grundrechtlich fundierten Vertrauensschutz des Einzelnen. Folgert man aus Art. 19 Abs. 4 S. 1 GG Grenzen für die zeitliche Wirkung eines Nichtanwendungsgesetzes, so lassen sich all diese widerstreitenden Interessen in einen verhältnismäßigen Ausgleich im Einzelfall bringen.[187] Damit ist das Nichtanwendungsgesetz selbst als geeigneter Anknüpfungspunkt identifiziert, um den individuellen Anspruch auf effektiven Rechtsschutz zu schützen, und es steht gleichzeitig fest, dass der Schutz im Rahmen einer umfassenden Verhältnismäßigkeitsprüfung im Einzelfall erfolgen muss.

Auf dieser Grundlage kann nunmehr auch das Verhältnis zum letzten verfassungsrechtlichen Kritikpunkt an rückwirkenden Nichtanwendungsgesetzen, dem Verstoß gegen das verfassungsrechtliche Rückwirkungsverbot, und damit der Verlauf der weiteren Prüfung geklärt werden: Unabhängig von dem Streit über die genauen dogmatischen Grundlagen des Rückwirkungsverbots[188] besteht Einigkeit dahingehend, dass dieses in eine Abwägung zwischen dem Vertrauensschutz des Bürgers und dem Änderungsinteresse des Gesetzgebers, also in eine (modifizierte) Verhältnismäßigkeitsprüfung mündet.[189] Der Gesetzgeber muss die Gründe, die für eine zeitliche Erstreckung des Gesetzes auch auf vergangene Zeiträume sprechen, in Ausgleich mit der Beeinträchtigung des verfassungsrechtlichen Vertrauensschutzes bringen. Je stärker der Vergangenheitsbezug ist, desto höher sind die Anforderungen an die rechtfertigenden Gründe. Umgekehrt ist eine rückwirkende Regelung umso eher möglich, je weniger schutzwürdig das vom Steuerpflichtigen aufgebrachte Vertrauen in die bisheri-

---

[185] Vgl. BVerfG, Beschluss v. 12.1.1960 – 1 BvL 17/59, BVerfGE 10, 264, juris Rn. 13; BVerfG, Beschluss v. 2.12.1987 – 1 BvR 1291/85, BVerfGE 77, 275, juris Rn. 25; BVerfG, Beschluss v. 27.10.1999 – 1 BvR 385/90, BVerfGE 101, 106, juris Rn. 69; BVerfG, Beschluss v. 29.10.2015 – 2 BvR 1493/11, NVwZ 2016, 238, juris Rn. 33; *Papier*, HStR VIII, 3. Auflage 2010, § 177 Rn. 11; *Jarass*, in: Jarass/Pieroth, GG, 15. Auflage 2018, Art. 19 Rn. 54.

[186] Insbesondere kann ein rückwirkendes Nichtanwendungsgesetz dazu dienen, eine kontinuierliche Rechtslage zu gewährleisten; siehe dazu im Detail § 6 C. III. 3.

[187] Den erforderlichen Ausgleich zwischen Vertrauensschutz und effektivem Rechtsschutz einerseits und dem legislativen Interesse gerade an einer rückwirkenden Regelung betonen auch *Hey*, in: Tipke/Lang, 23. Auflage 2018, § 3 Rn. 269; *Drüen*, Ubg 2014, 683, 692; *ders.*, StuW 2015, 210, 219 f.

[188] Dazu noch im Detail unter § 6 A., B. IV.

[189] Dazu noch im Detail unter § 6 B. III.

ge Rechtslage ist. Damit bietet das Rückwirkungsverbot einen geeigneten dogmatischen Rahmen, um auch die potentielle Beschränkung des individuellen Anspruchs auf effektiven Rechtsschutz durch ein echt rückwirkendes Nichtanwendungsgesetz zu berücksichtigen. Der effektive Rechtsschutz erhöht den Rechtfertigungsdruck für den Gesetzgeber, wenn er mit dem Nichtanwendungsgesetz auch in der Vergangenheit abgeschlossene Sachverhalte erfassen will.[190] Erst die gemeinsame Betrachtung der Eingriffe in Vertrauensschutz und Rechtsschutzgebot macht die Dimension der individuellen Rechtsbeeinträchtigung durch ein echt rückwirkendes Nichtanwendungsgesetz sichtbar. Gleichzeitig ermöglicht die gemeinsame Prüfung den angemessenen Ausgleich mit den gegenläufigen Regelungsinteressen des Gesetzgebers.

Die Beeinträchtigung des individuellen Anspruchs auf effektiven Rechtsschutz durch echt rückwirkende Nichtanwendungsgesetze muss damit im Rahmen der nun folgenden Untersuchung des Rückwirkungsverbots als ein Abwägungsfaktor erneut aufgegriffen werden.

D. Fazit

Zwar stellt das Gebot effektiven Rechtsschutzes aus Art. 19 Abs. 4 S. 1 GG eine Grundentscheidung in der objektiven Verfassungsordnung zugunsten eines Rechtswegstaates dar. Aus dieser objektiven Wirkdimension lassen sich aber keine eigenständigen verfassungsrechtlichen Grenzen für Nichtanwendungsgesetze ableiten. Nichtanwendungsgesetze mit Wirkung für die Zukunft beeinträchtigen den Gewährleistungsinhalt von Art. 19 Abs. 4 S. 1 GG nicht, sondern verändern nur das an dieser Stelle bereits vorausgesetzte subjektive Recht des Einzelnen. Rückwirkende Nichtanwendungsgesetze verstoßen allenfalls dann gegen das Rechtsschutzgebot in seiner objektiven Dimension, wenn bereits rechtskräftig entschiedene Fälle ebenfalls von der Neuregelung betroffen werden. Dies ist praktisch aber nicht relevant. Von diesem Extremfall abgesehen spiegelt Art. 19 Abs. 4 S. 1 GG in objektiver Hinsicht die Gewaltenteilung zwischen Legislative und Judikative wider. Starre Grenzen für den temporalen Zugriff des Gesetzgebers lassen sich insoweit aber allein aus den objektiven Wertungen des Grundgesetzes nicht begründen. Die angelegte Kompetenzverteilung in zeitlicher Hinsicht im Sinne eines Regel-Ausnahme-Verhältnisses erfolgt über das individualschützende verfassungsrechtliche Rückwirkungsverbot.

---

[190] Vgl. auch *Raupach*, DStR 2001, 1325, 1327; *ders.*, in: Drenseck/Seer (Hrsg.), Festschrift für Heinrich Wilhelm Kruse zum 70. Geburtstag, 2001, S. 253, 268, der im Zusammenhang mit dem Nichtanwendungsgesetz zur Mehrmütterorganschaft davon spricht, dass die Verfahrensruhe nach §363 Abs. 2 S. 2 AO zu einem vom Gesetzgeber zu berücksichtigenden „verstärkten Vertrauensschutz“ führen kann.

Echt rückwirkende Nichtanwendungsgesetze können aber den individuellen Anspruch des Steuerpflichtigen auf effektiven Rechtsschutz gegen einen (vermeintlich) rechtswidrigen Steuerbescheid verletzen. Dies ergibt sich aus dem Zusammenwirken des rückwirkenden Gesetzes mit den besonderen verfahrensrechtlichen Regelungen in Abgaben- und Finanzgerichtsordnung, die ein laufendes Verwaltungsverfahren mit Blick auf ein anhängiges Verfahren vor dem Bundesfinanzhof unterbrechen. Um eine solche Verletzung zu verhindern, kann es dem Gesetzgeber verfassungsrechtlich verwehrt sein, ein Nichtanwendungsgesetz mit umfassender Rückwirkung zu versehen. Erforderlich ist insoweit eine Abwägung im Einzelfall, die die bisherigen Rechtsschutzmöglichkeiten des Steuerpflichtigen und die Reaktion der Verwaltung auf die Entscheidung des Bundesfinanzhofs berücksichtigt. Diese Abwägung wird dogmatisch in die Verhältnismäßigkeitsprüfung integriert, die Ausfluss des verfassungsrechtlichen Rückwirkungsverbots ist. Die mögliche Verletzung von Art. 19 Abs. 4 S. 1 GG kann als weiterer, den Gesetzgeber im Zweifel in seinem Regelungszugriff beschränkender Faktor eingepreist werden. Gleichzeitig ermöglicht diese Prüfung die Rechtfertigung des Eingriffs in den subjektiven Zuweisungsgehalt des Rechtsschutzgebots durch besondere legislative Interessen gerade an einer rückwirkenden gesetzlichen Korrektur der Rechtsprechung.

Lenkt man den Blick abschließend erneut auf den Begriff des Nichtanwendungsgesetzes so erscheint dieser auch mit Blick auf eine mögliche Beeinträchtigung des effektiven Rechtsschutzes in den meisten Fällen pejorativ:[191] Nur bei echt rückwirkenden Nichtanwendungsgesetzen droht eine Beeinträchtigung des individuellen Anspruchs auf effektiven Rechtsschutz, sodass die durch den Begriff suggerierte Rechtfertigungslast des Gesetzgebers[192] tatsächlich besteht. Insoweit ist allerdings die Parallelität zum Begriff des Nichtanwendungserlasses durchaus angemessen, weil sich die mögliche Verletzung von Art. 19 Abs. 4 GG in seiner subjektiven Gewährleistungsdimension gerade durch die kombinierte Anwendung von exekutiven und legislativen Maßnahmen zur Begrenzung der präjudiziellen Wirkung höchstrichterlicher Entscheidungen ergibt.

---

[191] Ähnlich mit Blick auf eine mögliche Verletzung des Grundsatzes der Gewaltenteilung schon unter § 4 D.

[192] Siehe bereits unter § 2 A.

§ 6 Das Rückwirkungsverbot als Maßstab für Nichtanwendungsgesetze

Viele Nichtanwendungsgesetze entfalten nicht nur Wirkung für die Zukunft, sondern erfassen auch vergangene Sachverhalte. Dies überrascht mit Blick auf die Zielsetzung solcher Gesetze nicht: Nichtanwendungsgesetze sollen die präjudizielle Reichweite einer fachgerichtlichen Entscheidung eindämmen, diese Entscheidung wirkt in der Regel aber uneingeschränkt auch für die Vergangenheit. Nur in Ausnahmefällen beschränkt der Bundesfinanzhof die zeitliche Wirkung seiner Entscheidungen auf zukünftige Fälle. Da diese Beschränkung der zeitlichen Wirkung aus dem Vertrauensschutzprinzip hergeleitet wird, betrifft sie zudem nur Entscheidungen, die zulasten des Steuerpflichtigen ergangen sind.[1] In aller Regel erfasst also nur ein umfassend rückwirkendes Nichtanwendungsgesetz alle Sachverhalte, die auch von der Fachgerichtsentscheidung betroffen sind.

Gleichzeitig stehen rückwirkende Nichtanwendungsgesetze im Zentrum der verfassungsrechtlichen Kritik: Sie berühren – wie bereits gezeigt wurde – die Grenzen der temporalen Aufgabenverteilung zwischen Legislative und Judikative[2] und können zu einer potentiell verfassungswidrigen Beeinträchtigung des effektiven Rechtsschutzes führen.[3] Vor allem aber beeinträchtigen sie das Vertrauen des Bürgers in das Steuergesetz. Der Steuerpflichtige, so eine Vielzahl der kritischen Stimmen in der Literatur, müsse sich darauf verlassen können, dass der Gesetzestext für die Vergangenheit unverändert bleibt und etwaige Zweifelsfragen letztverbindlich durch die Fachgerichte geklärt werden.[4] Wenn es dem Gesetzgeber nicht gelinge, seinen Regelungswillen im Gesetzestext umzusetzen, so dürfe er dieses Risiko nicht durch eine rückwirkende Änderung des Gesetzes dem Steuerpflichtigen aufladen.[5] Zumindest soweit ein Nicht-

---

[1] Vgl. im Einzelnen bereits unter § 3 B.

[2] Siehe bereits unter § 4 C. II. und III.

[3] Siehe bereits unter § 5 C.

[4] *Schnapp*, JZ 2011, 1125, 1131; *Drüen*, DStR-Beih 2012, 85, 97 f.; *Hey*, JZ 2014, 500, 502 f.; *Schüppen*, BB 2014, 3104, 3108 f.; *P. Kirchhof*, DStR 2015, 717, 723; *Mellinghoff*, FS Landau, 2016, S. 69, 82.

[5] Besonders prägnant *Michael*, JZ 2015, 425, 432 f.: „Gesetzgeber muss sich beim Wort nehmen lassen"; in der Sache ebenso: *Hey*, Steuerplanungssicherheit als Rechtsproblem, 2002, S. 328 f.; *Völker/Ardizzoni*, NJW 2004, 2413, 2415; *Birk*, FR 2014, 338, 340; *Wissenschaftlicher Beirat Ernst & Young Steuern*, DB 2015, 513, 517; *Schnapp*, JZ 2011, 1125, 1132.

anwendungsgesetz Wirkung auch für vergangene Sachverhalte entfaltet, sei es regelmäßig nicht zu rechtfertigen und damit verfassungswidrig.[6]

Um dieser Kritik nachgehen zu können, soll zunächst der verfassungsrechtliche Maßstab des Rückwirkungsverbots nachgezeichnet werden.[7] Sodann kann der Blick auf das besondere Phänomen der rückwirkenden Nichtanwendungsgesetze gerichtet werden.[8]

A. Dogmatische Grundlagen

Die Suche nach den verfassungsrechtlichen Maßstäben des Vertrauensschutzprinzips im Allgemeinen und des Rückwirkungsverbots im Besonderen zählt zu den am intensivsten diskutierten Fragen im modernen Verfassungsrecht. Aufsätze, Dissertationen und Habilitationen entwickeln eine kaum überschaubare[9] Vielfalt von Erklärungsmodellen und Detailabgrenzungen, die sich an der Rechtsprechung des Bundesverfassungsgerichts anlehnen, diese fortführen oder dessen Dogmatik eigene Überlegungen entgegensetzen.[10] Angesichts dieser Vielzahl von Lösungsansätzen stellt sich die Frage, auf welcher Grundlage

---

[6] Vgl. mit teils unterschiedlichen Akzentuierungen: *Hey*, Steuerplanungssicherheit als Rechtsproblem, 2002, S. 328 f.; *Drüen*, Ubg 2014, 683, 691; *Hey*, JZ 2014, 500, 504 f.; *Schüppen*, BB 2014, 3104, 3108; *Drüen*, StuW 2015, 210, 217 f.; *Schönfeld/Bergmann*, DStR 2015, 257, 260; *Wissenschaftlicher Beirat Ernst & Young Steuern*, DB 2015, 513, 517.

[7] Siehe dazu unter § 6 A und § 6 B.

[8] Siehe dazu unter § 6 C.

[9] Diese Einschätzung wird in der Literatur immer wieder geäußert, vgl. nur *Schmidt*, DÖV 1972, 36, 37; *Weber-Dürler*, Vertrauensschutz im öffentlichen Recht, 1983, S. 6; *Blanke*, Vertrauensschutz im deutschen und europäischen Verwaltungsrecht, 2000, S. 13; *Leisner-Egensperger*, Kontinuität als Verfassungsprinzip, 2002, S. 455.

[10] Vgl. insbesondere die monografischen Bearbeitungen durch *Scheerbarth*, Die Anwendung von Gesetzen auf früher entstandene Sachverhalte, 1961; *Kisker*, Die Rückwirkung von Gesetzen, 1963; *F. Klein/Barbey*, Bundesverfassungsgericht und Rückwirkung von Gesetzen, 1964; *Niehues*, Die Zulässigkeit der Rückwirkung von Gesetzen nach dem Recht der Bundesrepublik Deutschland, 1973; *Burmeister*, Vertrauensschutz im Prozessrecht, 1979; *Pieroth*, Rückwirkung und Übergangsrecht, 1981; *Weber-Dürler*, Vertrauensschutz im öffentlichen Recht, 1983; *Aschke*, Übergangsregelungen als verfassungsrechtliches Problem, 1987; *Hahn*, Zur Rückwirkung im Steuerrecht, 1987; *Muckel*, Kriterien des verfassungsrechtlichen Vertrauensschutzes bei Gesetzesänderungen, 1989; *Blanke*, Vertrauensschutz im deutschen und europäischen Verwaltungsrecht, 2000; *Berger*, Zulässigkeitsgrenzen der Rückwirkung von Gesetzen, 2002; *Hey*, Steuerplanungssicherheit als Rechtsproblem, 2002; *Stötzel*, Vertrauensschutz und Gesetzesrückwirkung, 2002; *K.-A. Schwarz*, Vertrauensschutz als Verfassungsprinzip, 2002; *Fuhrmanns*, Vertrauensschutz im deutschen und österreichischen öffentlichen Recht, 2004; *Albert*, Vertrauensschutz und rückwirkende Besteuerung, 2005; *Werder*, Dispositionsschutz bei der Änderung von Steuergesetzen zwischen Rückwirkungsverbot und Kontinuitätsgebot, 2005; *Ebner*, Vertrauensschutz und Kontinuitätsgewähr in der höchstrichterlichen Rechtsprechung am Beispiel des Steuerrechts, 2010; *Helbich*, Vertrauensschutz in Verwaltungsvorschriften des Steuerrechts, 2015; vgl. für kürzere Abhandlungen in Sammelwerken und Zeitschriften (vor allem mit steuerrechtlichem Bezug und Fokus auf jüngeren

das Detailproblem der rückwirkenden Nichtanwendungsgesetze untersucht und einer Lösung zugeführt werden kann.

Da eine erschöpfende Darstellung sämtlicher Ansätze und der für oder gegen sie sprechenden Argumente den Rahmen dieser Arbeit sprengen würde, soll in einem ersten Schritt die rechtshistorische Entwicklung von Rückwirkungsverbot und Vertrauensschutzgrundsatz bzw. der verfassungsrechtlichen Diskussion um diese Topoi umrissen werden.[11] Angesichts der bereits vorliegenden detaillierten rechtshistorischen Untersuchungen anderer Autoren[12] kann ich mich dabei insbesondere für die Zeit vor dem Zweiten Weltkrieg auf wesentliche Entwicklungsschritte beschränken. Ausgehend von diesem Überblick können sodann historische Leitlinien und gemeinsame Argumentationsmuster identifiziert werden, die den Weg zu einer dogmatischen Grundlage für die folgende Detailuntersuchung weisen.[13]

Beiträgen) nur *Preuß*, JA 1977, 265; *P. Kirchhof*, DStR 1979, 275; *Bauer*, JuS 1984, 241; *Pieroth*, JZ 1984, 971; *J. Lang*, StuW 1985, 10; *Forchhammer*, FR 1986, 84; *Schulze-Osterloh*, in: Deutsches Anwaltsinstitut e. V. (Hrsg.), Jahrbuch der Fachanwälte für Steuerrecht 1985/86, 1986, S. 231 ff.; *van Lishaut*, FR 1986, 452; *Rose*, in: Curtius-Hartung/Herzig/Niemann (Hrsg.), Steuerberater-Jahrbuch 1987/88, 1988, S. 363 ff.; *K. Vogel*, in: Institut der Wirtschaftsprüfer in Deutschland e. V. (Hrsg.), Generalthema Unternehmensbesteuerung und Steuerreform, 1988, S. 109 ff.; *ders.*, JZ 1988, 833; *P. Kirchhof*, DStR 1989, 263; *K. Vogel*, DStJG 12, 1989, S. 123 ff.; *Pieroth*, JZ 1990, 279; *Kruse*, FS 75 Jahre RFH-BFH, 1993, S. 239 ff.; *Isensee*, FS Klein, 1994, S. 611 ff.; *Münch*, DStR 1997, 1674; *Möller/Rührmair*, NJW 1999, 908; *K. Vogel*, FS Heckel, 1999, S. 875 ff.; *Hey*, BB 2000, 1453; *P. Kirchhof*, StuW 2000, 221; *P. Kirchhof/Raupach*, DB Beilage 2001, 1; *Raupach*, DStR 2001, 1325; *Birk*, DStJG 27, 2004, S. 9 ff.; *Hey*, DStR 2004, 1897; *Leisner-Egensperger*, DStJG 27, 2004, S. 192 ff.; *Meyer*, FS 50 Jahre BSG, 2004, S. 221 ff.; *Völker/Ardizzoni*, NJW 2004, 2413; *Desens*, in: Rensen/Brink (Hrsg.), Linien der Rechtsprechung des Bundesverfassungsgerichts, 2009, S. 329 ff.; *Spindler*, FS Spiegelberger, 2009, S. 471 ff.; *Birk*, FR 2011, 1; *ders.*, FS Spindler, 2011, S. 13 ff.; *Desens*, StuW 2011, 113; *F. Kirchhof*, FS Spindler, 2011, S. 463 ff.; *Musil/Lammers*, BB 2011, 155; *Schnapp*, JZ 2011, 1125; *Heide Schaumburg/Harald* Schaumburg, FS Spindler, 2011, S. 171 ff.; *Schön*, FS Lang, 2011, S. 221 ff.; *Drüen*, DStR-Beih 2012, 85; *Desens*, FR 2013, 148; *Birk*, FR 2014, 338; *Buchheim/Lassahn*, NVwZ 2014, 562; *Drüen*, Ubg 2014, 683; *Hey*, JZ 2014, 500; *dies.*, NJW 2014, 1564; *Lepsius*, JZ 2014, 488; *Müller*, DB 2014, 635; *Nacke*, NWB 2014, 2699; *Schüppen*, BB 2014, 3104; *Drüen*, StuW 2015, 210; *P. Kirchhof*, DStR 2015, 717; *Lepsius*, JZ 2015, 435; *Michael*, JZ 2015, 425; *Osterloh*, StuW 2015, 201; *Schönfeld/Bergmann*, DStR 2015, 257; *Wissenschaftlicher Beirat Ernst & Young Steuern*, DB 2015, 513; *Mellinghoff*, FS Landau, 2016, S. 69 ff.

[11] Dazu sogleich unter § 6 A. I.

[12] Siehe nur *Goeppert*, JherJb 22, 1884, S. 1 ff.; *Affolter*, Das intertemporale Privatrecht, 1902, S. 572 ff.; *Niehues*, Die Zulässigkeit der Rückwirkung von Gesetzen nach dem Recht der Bundesrepublik Deutschland, 1973, S. 4 ff.; *K.-A. Schwarz*, Vertrauensschutz als Verfassungsprinzip, 2002, S. 56 ff.; speziell zum strafrechtlichen Rückwirkungsverbot *Schreiber*, Gesetz und Richter, 1976; *Krey*, Keine Strafe ohne Gesetz, 1983; *Loré*, Aspekte des Vertrauensschutzes im Strafrecht, 1997, S. 78 ff.

[13] Siehe dazu § 6 A. II.

I. Rechtshistorische Entwicklungslinien

1. Die historischen Ursprünge des Rückwirkungsverbots

Auch wenn der „Siegeszug des Vertrauensschutzprinzips"[14] hin zu einem wesentlichen Element des deutschen Verfassungsrechts erst nach dem Zweiten Weltkrieg begann, liegen die historischen Wurzeln gerade für das Verbot belastender rückwirkender Gesetze bedeutend weiter zurück. Ob Rechtssätze auch auf vergangene Sachverhalte angewendet werden können, wird diskutiert, seitdem sich schriftliche Gesetze herausgebildet haben. Besonders deutlich lässt sich diese Entwicklungslinie für ein strafrechtliches Rückwirkungsverbot zurückverfolgen, aber auch mit Blick auf andere Rechtsbereiche wurden schon früh Probleme aufgeworfen und Abgrenzungen vertreten, die heute unter den Topoi Vertrauensschutz und Rückwirkungsverbot gebündelt sind.

Erste Stellungnahmen über den zeitlichen Anwendungsbereich von Gesetzen lassen sich schon in der klassischen hellenistischen Rechtswissenschaft nachweisen: *Aristoteles* unterscheidet die Aufgaben von Legislative und Judikative unter anderem danach, dass Gesetze die Zukunft behandeln, während sich das Urteil des Richters auf gegenwärtige oder vergangene Sachverhalte bezieht.[15] In der Rede des *Demosthenes* gegen *Timokrates* findet sich eine erste eindeutige Kritik an rückwirkenden Gesetzen, die als „Übelstände aus Oligarchien" nicht in eine Demokratie übertragen werden sollen.[16] Im Gegensatz zu diesen noch vereinzelten Ansätzen,[17] war im römischen Recht anerkannt, dass Gesetze grundsätzlich keine Wirkung für die Vergangenheit entfalten sollten.[18] Damit war aber zunächst nur eine Auslegungsmaxime beschrieben, die vom Gesetzgeber durch ausdrückliche Anordnung einer Rückwirkung durchbrochen werden konnte und auch durchbrochen wurde.[19] So war beispielsweise

---

[14] *Ossenbühl*, DÖV 1972, 25, 27; *Püttner*, VVDStRL 32, 1974, S. 200, 209; ähnlich auch *Maurer*, HStR IV, 3. Auflage 2006, § 79 Rn. 5: „kometenhafter Aufstieg."

[15] *Aristoteles*, Rhetorik, 2002, 1354b.

[16] *Demosthenes*, Gegen Timokrates wegen eines gesetzwidrigen Gesetzesvorschlags, S. 137 f. Rn. 75, zitiert nach *K.-A. Schwarz*, Vertrauensschutz als Verfassungsprinzip, 2002, S. 63.

[17] *Goeppert*, JherJb 22, 1884, S. 1, 19 f.; *Niehues*, Die Zulässigkeit der Rückwirkung von Gesetzen nach dem Recht der Bundesrepublik Deutschland, 1973, S. 8 f.

[18] Dies lässt sich insbesondere auch anhand der Verankerungen eines Rückwirkungsverbots in den Konstitutionen der Kaiser Theodosius I. und II. sowie Valentianius III. und im Corpus Iuris Civilis belegen; vgl. mit detaillierten Nachweisen OVG Hamburg, Beschluss v. 28.2.1952 – Bf II 434/51, JZ 1952, 416, 416 f.; *Goeppert*, JherJb 22, 1884, S. 1, 25 ff.; *Tietz*, NJW 1951, 468, 468; *Niehues*, Die Zulässigkeit der Rückwirkung von Gesetzen nach dem Recht der Bundesrepublik Deutschland, 1973, S. 9 ff.; *Schreiber*, Gesetz und Richter, 1976, S. 21 f.; *Krey*, Keine Strafe ohne Gesetz, 1983, Rn. 49; *K.-A. Schwarz*, Vertrauensschutz als Verfassungsprinzip, 2002, S. 64 f.

[19] Siehe mit diversen Beispielen *Goeppert*, JherJb 22, 1884, S. 1, 21 ff.; ebenso *Niehues*, Die Zulässigkeit der Rückwirkung von Gesetzen nach dem Recht der Bundesrepublik Deutschland, 1973, S. 11.

die Rückwirkung von Strafgesetzen dann zulässig, wenn eine Handlung unter Strafe gestellt wurde, deren Strafwürdigkeit auch ohne gesetzliche Regelung allgemein anerkannt war (deklaratorische Strafgesetze).[20]

Bis zum Ende der Epoche des *ius commune* ergaben sich kaum neue Impulse. Die Zusammenfassung und Rezeption des römischen Rechts wurde nicht als konstitutive Schaffung neuen, sondern als im Wesentlichen deklaratorische Wiederentdeckung und -anwendung bestehenden Rechts begriffen, sodass sich kein Rückwirkungsproblem ergab. Zudem widersprach die (wenn auch nur zeitliche) Begrenzung staatlicher Macht dem Grundkonzept umfassender (gottgegebener) Herrschaftsgewalt, wie sie im europäischen Mittelalter und bis zur französischen Revolution den jeweiligen Fürsten oder Monarchen zugemessen wurde.[21]

Nachhaltig wiederbelebt wurde die Diskussion um die Grenzen der zeitlichen Wirkung von Recht durch die neuzeitlichen Vernunfts- und Naturrechtslehren. Die Vorstellung, dass jeder Mensch von Natur aus Inhaber bestimmter unveräußerbarer Rechte ist, lieferte einen Ansatzpunkt zur Begrenzung des staatlichen Herrschaftsanspruchs. Gleichzeitig legitimierte *Hobbes*[22] mit seiner Theorie vom Gesellschaftsvertrag die staatliche (Gesetzes-)Ordnung als ein Instrument zur Sicherung der Rechte des Einzelnen: Der Bürger überträgt im Rahmen eines Gesellschaftsvertrags seine natürlichen Rechte auf den Souverän. Dessen Aufgabe ist es sodann, Schutz und Sicherheit für jeden einzelnen Bürger zu gewährleisten, insbesondere indem er durch positive Gesetze im Detail bestimmt, was Recht und was Unrecht ist. Das Gesetz entwickelt sich damit vom Machtinstrument des Herrschenden zum Schutzinstrument gerade für den Bürger: Es drückt nicht mehr nur den Willen des Herrschers, sondern den Willen der Allgemeinheit nach einem friedlichen Zusammenleben aus. Der Bürger gewinnt Rechtssicherheit im Sinne einer Sicherheit durch das Recht. Nach dem Konzept von *Hobbes* war der so erreichte Schutz des Bürgers indes noch lückenhaft, weil er sich gerade nicht gegen eine Rechtsverletzung durch den Souverän selbst richtet.[23] Den Souverän sieht *Hobbes* zwar auch an gewisse naturrecht-

---

[20] Diese Differenzierung findet sich insbesondere bei *Cicero*, In Verrem, Bd. II, 1, 108; vgl. auch *Scheerbarth*, Die Anwendung von Gesetzen auf früher entstandene Sachverhalte, 1961, S. 31; *Schreiber*, Gesetz und Richter, 1976, S. 19f.; *Krey*, Keine Strafe ohne Gesetz, 1983, Rn. 48; *Loré*, Aspekte des Vertrauensschutzes im Strafrecht, 1997, S. 77f.; zur Rechtfertigung von rückwirkenden Gesetzen außerhalb des Strafrechts vgl. *Niehues*, Die Zulässigkeit der Rückwirkung von Gesetzen nach dem Recht der Bundesrepublik Deutschland, 1973, S. 11.

[21] *Schreiber*, Gesetz und Richter, 1976, S. 22ff.; *Krey*, Keine Strafe ohne Gesetz, 1983, Rn. 52; *K.-A. Schwarz*, Vertrauensschutz als Verfassungsprinzip, 2002, S. 58.

[22] *Hobbes*, Leviathan, 1996 (orig. 1651), S. 145ff.

[23] *Hobbes* geht zwar von einem strafrechtlichen Rückwirkungsverbot aus, da der Bürger die Befehle des Souveräns nur dann befolgen könne, wenn er sie auch kennt. Dieses Verbot soll aber dann nicht greifen, wenn der Souverän nur ein ohnehin bestehendes Gebot des Naturrechts wiederholt; vgl. *Hobbes*, Leviathan, 1996 (orig. 1651), S. 247ff.; *K.-A. Schwarz*, Vertrauensschutz als Verfassungsprinzip, 2002, S. 71.

liche Rechtssätze gebunden, es fehlte aber noch an Instrumenten, um diese Begrenzung staatlicher Macht auch durchzusetzen.[24]

Die Begrenzung staatlicher Macht durch die Mittel des Rechts rückte erst mit der Aufklärung in den Mittelpunkt staatstheoretischer und rechtsphilosophischer Betrachtungen: So bilden insbesondere die Überlegungen von *Montesquieu* und *Locke* auch eine wesentliche Grundlage für die Diskussion über die zeitliche Wirkung von Gesetzen.[25] *Montesquieu* umschreibt die Freiheit des Bürgers im gewaltengeteilten Staat als eine gesetzesdeterminierte Freiheit. Niemand darf gezwungen werden, etwas zu tun, wozu er nach dem Gesetz nicht verpflichtet ist, oder etwas zu unterlassen, das ihm die Gesetze erlauben.[26] Gesetze schützen den Bürger vor staatlicher Willkür, zeichnen aber gleichzeitig auch den Rahmen für die Freiheit des Einzelnen. Sie müssen deshalb hinreichend bestimmt und für den Bürger vorhersehbar sein. Im Ergebnis ähnlich sieht *Locke* den Bürger zwar dazu verpflichtet, sich an bestehende Gesetze zu halten. Diese umschreiben mit allgemeiner Wirkung, welche Pflichten der einzelne Bürger hat. Dort aber, wo keine festen Regeln bestehen, kann der Einzelne nach seinem freien Willen handeln.[27] Auch wenn weder *Locke* noch *Montesquieu* ausdrücklich zur Rückwirkungsproblematik Stellung nehmen, ergibt sich unmittelbar aus den von Ihnen aufgestellten Prämissen die von der modernen Diskussion um Vertrauensschutz und Rückwirkungsverbot zugrunde gelegte Interessenverteilung: Jede nachteilige Veränderung des Rechts für die Vergangenheit ist für den Bürger nicht vorhersehbar, beschneidet ihn in einer einmal gewährten Freiheit und ist damit rechtfertigungsbedürftig. Die Rückwirkung von Gesetzen ist also problematisch, weil sie die Verlässlichkeit des Rechts als Basis für das Zusammenleben aller in Freiheit beeinträchtigt, und weil sie die subjektiven Rechte des Einzelnen, die diesem durch das Gesetz gewährt wurden, verletzt.[28]

Auf der Grundlage der Überlegungen von *Montesquieu* und *Locke* wurden moderne Rückwirkungsverbote für Gesetze erstmals in den Verfassungen der amerikanischen Bundesstaaten Maryland von 1776[29] und Massachusetts von 1780[30] positiv verankert. Diese Regelungen bezogen sich nur auf Strafgesetze.

---

[24] Deutlich *Hobbes*, Leviathan, 1996 (orig. 1651), S. 146ff., 180f.

[25] Zur Bedeutung der Überlegungen von *Montesquieu* und *Locke* für die moderne Gewaltenteilung bereits unter §4 A. I.

[26] *Montesquieu*, Vom Geist der Gesetze, 1965 (orig. 1748), S. 215.

[27] *Locke*, Zwei Abhandlungen über die Regierung, 1977 (orig. 1689), §§4ff., 134ff.

[28] Vgl. zum Einfluss von *Montesquieu* und *Locke* auf die Diskussion um das Rückwirkungsverbot auch *Schreiber*, Gesetz und Richter, 1976, S. 57ff.; *Loré*, Aspekte des Vertrauensschutzes im Strafrecht, 1997, S. 79ff.; *K.-A. Schwarz*, Vertrauensschutz als Verfassungsprinzip, 2002, S. 77ff.

[29] A Declaration of Rights agreed to by the Delegates of Maryland, in Free and Full Convention Assembled, Art. XV: „*That retrospective laws, punishing facts committed before the existence of such laws, and by them only declared criminal, are oppressive, unjust and incompatible with liberty, wherefore no ex post facta law ought to be made.*"

[30] A Declaration of the Rights of the Inhabitants of the Commonwealth of Massachu-

Die Verfassung des Bundesstaats New Hampshire von 1784 hingegen erstreckte das Rückwirkungsverbot seinem Wortlaut nach auch auf andere Gesetze.[31] In dieser allgemeineren Form findet sich ein generell formuliertes Rückwirkungsverbot sodann in der amerikanischen Bundesverfassung vom 17.9.1787 mit Wirkung sowohl für den Bund[32] als auch für die Einzelstaaten.[33] Dieses Verbot wurde durch die Rechtsprechung in der Folge aber einschränkend so ausgelegt, dass es nur Strafgesetze erfasst.[34]

Auch europäische Verfassungen des späten 18. Jahrhunderts nahmen erstmals Rückwirkungsverbote auf.[35] So sah Art. 8 der Erklärung- der Menschen und Bürgerrechte vom 26.8.1789 ein strafrechtliches Rückwirkungsverbot vor,[36] das in den folgenden Verfassungen der Jahre 1791–1795 teils wörtlich, teils der Sache nach übernommen wurde.[37] Für die deutsche Rechtsentwicklung ist insbesondere das Allgemeine Landrecht für die Preußischen Staaten von 1794 relevant, das die Gesetzesbindung im Bereich des Strafrechts besonders betonte[38] und in § 14 der Einleitung ein allgemeines Rückwirkungsverbot für Gesetze formulierte.[39] Während diese Regelungen zwar auch dem aufklärerischen Grundgedanken der Bindung staatlicher Macht an Gesetze zum Schutz des Bürgers vor staatlicher Willkür Ausdruck verliehen, war ihre Reichweite in der Regel noch beschränkt. So entfaltete insbesondere das Rückwirkungsverbot aus § 14 der Einleitung zum Allgemeinen Landrecht für die Preußischen

---

setts, Art. XXIV.: „*Laws made to punish for actions done before the existence of such laws, and which have not been declared crimes by preceeding laws are unjust, oppressive and inconsistent with the fundamental principles of a free government.*"

[31] Constitution of New Hampshire, Part I.: Bill of Rights, Art. XXIII.: „*Retrospective laws are highly injurious, oppressive unjust. No such laws, therefore, should be made, either for the decision of civil causes, or punishment of offences.*"

[32] Art. 1 Section IX § 3: „*No bill of attainder or ex post facto law shall be passed.*"

[33] Art. 1 Section X § 1: „*No State shall [...] pass any bill of attainder or ex post facto law.*"

[34] Vgl. den Überblick über die amerikanische Rechtsprechung bei *Goeppert*, JherJb 22, 1884, S. 1, 34; *Kisker*, Die Rückwirkung von Gesetzen, 1963, S. 71 ff.

[35] Vgl. die Beispiele bei *Goeppert*, JherJb 22, 1884, S. 1, 31 ff.

[36] Déclaration des Droits de l'Homme et du Citoyen, Art. 8: „*La loi ne doit établir que des peines strictement et évidemment nécessaires, et nul ne peut être puni qu'en vertu d'une loi établie et promulguée antérieurement au délit et légalement appliquée.*"

[37] Rückwirkungsverbote wurden sodann auch in den Code civil und den Code pénal aufgenommen, vgl. im Einzelnen *Schreiber*, Gesetz und Richter, 1976, S. 39 f.; *Krey*, Keine Strafe ohne Gesetz, 1983, Rn. 56 sowie zu den Debatten um die Reichweite der Verbote *Niehues*, Die Zulässigkeit der Rückwirkung von Gesetzen nach dem Recht der Bundesrepublik Deutschland, 1973, S. 16 f.; *Schreiber*, Gesetz und Richter, 1976, S. 43.

[38] Allgemeines Landrecht für die Preußischen Staaten, zweiter Teil, zwanzigster Titel, § 9: „Handlungen und Unterlassungen, welche nicht in den Gesetzen verboten sind, können als eigentliche Verbrechen nicht angesehen werden, wenngleich Einem oder dem Anderen daraus ein wirklicher Nachteil entstanden sein sollte."

[39] Allgemeines Landrecht für die Preußischen Staaten, Einleitung, § 14: „Neue Gesetze können auf schon vorhin vorgefallene Handlungen und Begebenheiten nicht angewendet werden."

Staaten nur Wirkung gegenüber Verwaltung und Gerichten.[40] Diese durften gesetzliche Regelungen nicht auf Zeiträume vor dem Erlass des Gesetzes anwenden. Der rückwirkende Erlass von Gesetzen war damit aber noch nicht ausgeschlossen.[41] Diese Situation veränderte sich auch noch nicht maßgeblich durch den Konstitutionalismus des 19. Jahrhunderts, der zwar eine Vielzahl weiterer vor allem strafrechtlicher Rückwirkungsverbote hervorbrachte.[42] Auch diese entfalteten aber regelmäßig nur Bindungswirkung für Verwaltung und Gerichte. Beispielsweise entsprach es der allgemeinen Auffassung zu Art. 8 der Preußischen Verfassung, dass diese Norm dem Gesetzgeber keine Schranken auferlegt.[43]

Die gleiche rechtspraktische Schwäche zeigte sich auch für den Versuch, Grenzen für den gesetzgeberischen Zugriff auf die Vergangenheit aus einer „Lehre von den wohlerworbenen Rechten" abzuleiten. Nach diesem vor allem im 19. Jahrhundert prominent vertretenen Ansatz sollte ein Rechtszustand, der sich als wohlerworbenes Recht darstellt, nachträglich nicht mehr beeinträchtigt werden können. Allerdings gab es eine Vielzahl widersprüchlicher Abgrenzungen, wodurch sich ein wohlerworbenes Recht auszeichnet:[44] Angeknüpft wurde beispielsweise entweder an die Art des Rechtserwerbs oder an den Inhalt des erworbenen Rechts. Außerdem wurde vielfach angenommen, dass zumindest aus zwingenden Gründen des Gemeinwohls oder gegen Entschädigung des finanziellen Schadens auch wohlerworbene Rechte beeinträchtigt oder entzogen

---

[40] *Jellinek*, Verwaltungsrecht, 3. Auflage 1931, S. 143; *K.-A. Schwarz*, Vertrauensschutz als Verfassungsprinzip, 2002, S. 81 f.; gleiches galt beispielsweise auch für das Rückwirkungsverbot im französischen Code civil, vgl. *Niehues*, Die Zulässigkeit der Rückwirkung von Gesetzen nach dem Recht der Bundesrepublik Deutschland, 1973, S. 16 mit Fn. 56.

[41] Eine entsprechende Regelung zur Beschränkung des Gesetzgebers war noch in § 20 des Entwurfs vorgesehen, dieser wurde dann aber nicht veröffentlicht. Vielmehr sah § 15 der Einleitung zum Allgemeinen Landrecht für die Preußischen Staaten ausdrücklich die Möglichkeit vor, zumindest deklaratorische Gesetze auch mit Rückwirkung zu erlassen. Als Verbotsgesetz gegenüber dem Gesetzgeber kam § 14 damit nie zur Anwendung; vgl. *Scheerbarth*, Die Anwendung von Gesetzen auf früher entstandene Sachverhalte, 1961, S. 33; *Krey*, Keine Strafe ohne Gesetz, 1983, Rn. 55.

[42] Siehe die umfangreiche Beispielssammlung aus den Verfassungen deutscher Kleinstaaten bei *Goeppert*, JherJb 22, 1884, S. 1, 49 ff.; *K.-A. Schwarz*, Vertrauensschutz als Verfassungsprinzip, 2002, S. 87. Die einzige Ausnahme bildete insoweit § 47 des Grundgesetzes für das Herzogtum Sachsen-Altenburg vom 29.4.1831: „Keinem neuen Gesetz darf rückwirkende Kraft beigelegt werden."

[43] *K.-A. Schwarz*, Vertrauensschutz als Verfassungsprinzip, 2002, S. 88 f.; *E. R. Huber*, Deutsche Verfassungsgeschichte, Bd. III, 3. Auflage 1988, S. 112; vgl. auch *Aschke*, Übergangsregelungen als verfassungsrechtliches Problem, 1987, S. 224.

[44] *Tietz*, NJW 1951, 468, 468; *Pieroth*, Rückwirkung und Übergangsrecht, 1981, S. 132 f.; *Heß*, Intertemporales Privatrecht, 1998, S. 70 ff.; *K.-A. Schwarz*, Vertrauensschutz als Verfassungsprinzip, 2002, S. 83; vergleiche aus der zeitgenössischen Literatur die umfassende Übersicht über die verschiedenen Meinungsströmungen bei *Goeppert*, JherJb 22, 1884, S. 1, 78 ff.; *Affolter*, Das intertemporale Privatrecht, 1902, S. 572 ff.

werden könnten.[45] Eine klare Linie bildete sich nie heraus, sodass auch der Einfluss der Lehre von den wohlerworbenen Rechten beschränkt blieb: Sie wurde nie ausdrücklich kodifiziert[46] und in der Rechtspraxis nicht als bindende Grenze für den Gesetzgeber aufgefasst.[47] So entschied das Reichsgericht in seiner Entscheidung vom 17.2.1883, dass „der Grundsatz, nach welchem die Gesetzgebung wohlerworbene Rechte nicht verletzen darf [...] nicht [...] dahin zu verstehen ist, dass eine von der gesetzgebenden Gewalt getroffene Anordnung von dem Richter unbeachtet gelassen werden dürfe, weil dieselbe wohlerworbene Rechte verletze."[48] Der Beitrag der Lehre von den wohlerworbenen Rechten für die moderne Diskussion über Rückwirkungsverbot und Vertrauensschutz ist darin zu sehen, dass auch diese Lehre den legislativen Zugriff auf die Vergangenheit gerade deshalb kritisierte, weil er in Rechte des Einzelnen eingreift. Zudem führen die Gedanken zu einer möglichen Rechtfertigung eines Eingriffs in wohlerworbene Rechte durch zwingende Gründe des Gemeinwohls zu der auch die moderne Diskussion prägenden Abwägung zwischen individuellen Bestandsinteressen des Bürgers und kollektiven Änderungsinteressen des Staates.[49]

Das wesentliche Hindernis für einen effektiveren Schutz gegen rückwirkendes Recht bestand mithin auch am Ende des 19. und zu Beginn des 20. Jahrhunderts darin, dass die Rechtsordnung keine Möglichkeit vorsah, etwaige aus überpositivem oder Verfassungsrecht abgeleitete Schranken für den Gesetzgeber in der Praxis durchzusetzen. Erst die weitere Stärkung der Judikative hin zu einer Verfassungsgerichtsbarkeit sollte diese Situation nachhaltig verändern: In dem gerade erwähnten Urteil vom 17.2.1883 sah sich das Reichsgericht noch außer Stande, darüber zu entscheiden, ob ein Gesetz „ohne Abänderung der Verfassung hätte erlassen werden dürfen. Diese Frage ist [...] der Nachprüfung durch den Richter entzogen."[50] Das Reichsgericht setzte sich in den folgenden Jahrzehnten zwar mit rückwirkenden Gesetzen auseinander. Es ging dann aber stets nur um die Frage, ob ein Gesetz so auszulegen ist, dass es sich

---

[45] Dieser Gedankengang lässt sich auch in den §§ 74 und 75 der Einleitung zum Allgemeinen Landrecht für die Preußischen Staaten nachvollziehen.

[46] In gewissem Umfang wurden die Überlegungen zum Schutz wohlerworbener Rechte in die Dogmatik zu Art. 14 GG überführt; vgl. *Niehues*, Die Zulässigkeit der Rückwirkung von Gesetzen nach dem Recht der Bundesrepublik Deutschland, 1973, S. 86 f.; *Pieroth*, Rückwirkung und Übergangsrecht, 1981, S. 134; *K.-A. Schwarz*, Vertrauensschutz als Verfassungsprinzip, 2002, S. 86.

[47] Vgl. *Tietz*, NJW 1951, 468, 468; *Scheerbarth*, Die Anwendung von Gesetzen auf früher entstandene Sachverhalte, 1961, S. 37 ff.; *Pieroth*, Rückwirkung und Übergangsrecht, 1981, S. 133 f.; *Bauer*, JuS 1984, 241, 242; *Maurer*, HStR IV, 3. Auflage 2006, § 79 Rn. 32.

[48] RG, Urteil v. 17.2.1883 – I 513/82, RGZ 9, 232, 235.

[49] Zum Zusammenhang mit der modernen Vertrauensschutzdogmatik auch *Schneider*, VVDStRL 32, 1974, 239; *Pieroth*, Rückwirkung und Übergangsrecht, 1981, S. 121 f.; *K.-A. Schwarz*, Vertrauensschutz als Verfassungsprinzip, 2002, S. 84 ff.

[50] RG, Urteil v. 17.2.1883 – I 513/82, RGZ 9, 232, 235 f.

auch auf vergangene Sachverhalte erstreckt.[51] Das gleiche Bild ergibt sich für die Rechtsprechung des Reichsfinanzhofs[52] und des Preußischen Oberverwaltungsgerichts[53] aus dieser Zeit. Die Befugnis des Gesetzgebers, rückwirkendes Recht zu erlassen, konnte nach diesem Selbstverständnis der Gerichte nicht in Frage gestellt werden. Erst mit seinem Urteil vom 4.11.1925 änderte das Reichsgericht seine Auffassung: Die verfassungsrechtlich garantierte Bindung nur an das Gesetz enthalte auch die Verpflichtung eines Gerichts, bei einem Widerspruch zwischen zwei Gesetzen zu entscheiden, welches zur Anwendung kommt. Ein solcher Konflikt könne auch zwischen der Verfassung und einem einfachrechtlichen Gesetz bestehen, sodass das Gericht als Vorfrage dann auch entscheiden müsse, ob das einfache Gesetz überhaupt zur Anwendung kommen kann.[54]

Auch wenn damit die dogmatische Grundlage gelegt war, um Gesetze wegen eines Verstoßes gegen die Verfassung nicht anzuwenden, führte dies zunächst nur zu begrenzten Schranken für rückwirkende Gesetze. Während für Strafgesetze zunächst in § 2 des Reichsstrafgesetzbuchs vom 15.5.1871[55] ein absolutes Rückwirkungsverbot formuliert und sodann wortlautgleich in Art. 116 der Verfassung des Deutschen Reichs vom 11.8.1919 (Weimarer Reichsverfassung, WRV) mit umfassender Bindung auch für den Gesetzgeber versehen wurde,[56] fehlte eine ausdrückliche Bestimmung für rückwirkendes Recht außerhalb des Strafrechts. Das Reichsgericht deutete zwar an, dass sich aus dem Schutz des Eigentums in Art. 153 WRV Grenzen für die Zulässigkeit einer Rückwirkung ergeben könnten,[57] erklärte aber kein Gesetz für verfassungswidrig. Der Gesetzgeber wurde also – außerhalb des Strafrechts – von der Rechtsprechung weiterhin für befugt gehalten, rückwirkende Gesetze zu erlassen und es wurde nur

[51] Vgl. z. B. RG, Urteil v. 8.7.1890 – II 120/90, RGZ 27, 1, 2 ff.; RG, Urteil v. 7.12.1898 – I 409/98, RGZ 43, 23, 24 ff.; RG, Urteil v. 7.4.1902 – IV 7/02, RGZ 51, 160, 161 f.; RG, Urteil v. 29.11.1918 – III 260/18, RGZ 94, 159, 161 f.; RG, Urteil v. 6.3.1923 – III 308/22, RGZ 106, 350, 351.

[52] Vgl. z. B. RFH, Beschluss v. 27.5.1919 – I C 2/18, RFHE 1, 131, 131 ff.; RFH, Urteil v. 27.2.1920 – I A 56/20, RFHE 2, 213, 214; RFH, Urteil v. 27.4.1921 – IV a 77/20, RFHE 5, 271, 275 f.; RFH, Urteil v. 20.4.1923 – I A 48/23, RFHE 12, 107, 109 f.; RFH, Urteil v. 18.6.1924 – VI v A 20/24, RFHE 114, 118, 120 ff.

[53] Vgl. (auch m. w. N. zur Rechtsprechung des Reichsgerichts und des Reichsfinanzhofs) den Überblick bei *Niehues*, Die Zulässigkeit der Rückwirkung von Gesetzen nach dem Recht der Bundesrepublik Deutschland, 1973, S. 36 ff. mit Fn. 151–159.

[54] RG, Urteil v. 4.11.1925 – V 621/24, RGZ 111, 320, 322 f.

[55] Strafgesetzbuch für das Deutsche Reich, § 2: „Eine Handlung kann nur dann mit einer Strafe belegt werden, wenn diese Strafe gesetzlich bestimmt war, bevor die Handlung begangen wurde."

[56] *Krey*, Keine Strafe ohne Gesetz, 1983, Rn. 62 mit Nachweisen auch zu einer Minderauffassung, die keine Bindung des Gesetzgebers annahm.

[57] RG, Urteil v. 4.11.1925 – V 621/24, RGZ 111, 320, 324 ff.; zu Art. 153 WRV als Grenze für die Rückwirkung von Gesetzen beispielsweise auch *Jellinek*, Verwaltungsrecht, 3. Auflage 1931, S. 142.

im Einzelnen durch Auslegung ermittelt, inwieweit er von diesem Recht Gebrauch gemacht hatte.[58]

2. *Das Rückwirkungsverbot in der Rechtsprechung des Bundesverfassungsgerichts*

Der nächste Evolutionsschritt des Rückwirkungsverbots hin zu einer wirksamen verfassungsrechtlichen Grenze für den Gesetzgeber vollzog sich erst unter der Geltung des Grundgesetzes.[59] Auch das Grundgesetz enthält zwar in Art. 103 Abs. 2 GG nur ein ausdrückliches Rückwirkungsverbot für Strafgesetze,[60] bindet aber den Gesetzgeber ausdrücklich an die Grundrechte (Art. 1 Abs. 3 GG) sowie an die verfassungsmäßige Ordnung (Art. 20 Abs. 3 GG) und kennt mit dem Bundesverfassungsgericht eine herausgehobene Kontrollinstanz zur Überprüfung von Gesetzen auf ihre Verfassungskonformität. Die positivistische Vorstellung eines omnipotenten Gesetzgebers geriet damit zusehends unter Druck.

Schon in der Literatur der frühen 1950er Jahre wurde die (uneingeschränkte) Zulässigkeit rückwirkender Gesetze mit ganz unterschiedlichen Begründungen angezweifelt.[61] Häufig wurde dabei argumentativ auf einzelne Aspekte aus der historischen Entwicklung des Rückwirkungsverbots zurückgegriffen. So wurde vielfach vertreten, dass rückwirkende Gesetze in die in Art. 2 GG garantierte Freiheit des Einzelnen bzw. die freie Entfaltung seiner Persönlichkeit eingreifen.[62] Solange der Bürger nicht die Rechte anderer beeinträchtige, garantie-

---

[58] Vgl. z. B. RG, Urteil v. 18.5.1927 – V 354/26, RGZ 117, 97, 101; RG, Urteil v. 28.6.1932 – III 264/31, RGZ 137, 81, 82 f.; RFH, Urteil v. 17.12.1930 – VI A 2230/30, RFHE 27, 308, 308 ff.; RFH, Urteil v. 13.7.1932 – VI A 2287/31, RFHE 31, 169, 170 f.; vgl. auch *Aschke*, Übergangsregelungen als verfassungsrechtliches Problem, 1987, S. 224 f.

[59] Im Nationalsozialismus wurde das Rückwirkungsverbot außer Kraft gesetzt und es wurden insbesondere auch rückwirkende Strafgesetze erlassen; vgl. *Krey*, Keine Strafe ohne Gesetz, 1983, Rn. 63; *Aschke*, Übergangsregelungen als verfassungsrechtliches Problem, 1987, S. 225 ff.; *Loré*, Aspekte des Vertrauensschutzes im Strafrecht, 1997, S. 88 f.; *K.-A. Schwarz*, Vertrauensschutz als Verfassungsprinzip, 2002, S. 95. Rückwirkende Gesetze wurden auch bei der Bestrafung von NS-Kriegsverbrechern durch die alliierten Siegermächte angewendet; vgl. *Krey*, Keine Strafe ohne Gesetz, 1983, Rn. 64 ff. mit Nachweisen zur zeitgenössischen Diskussion um die verfassungsrechtliche Zulässigkeit dieser Gesetze.

[60] Die Regelung knüpft an Art. 116 WRV und § 2 des Strafgesetzbuchs für das Deutsche Reich an und wurde lediglich redaktionell neu gefasst: „Eine Tat kann nur bestraft werden, wenn die Strafbarkeit gesetzlich bestimmt war, bevor die Tat begangen wurde."

[61] Vgl. die detaillierte Darstellung der bis dahin entwickelten Begründungsansätze bei *Scheerbarth*, Die Anwendung von Gesetzen auf früher entstandene Sachverhalte, 1961, S. 35 ff. sowie die Übersicht über die zeitgenössische Literatur bei *F. Klein*, StuW 1954, Sp. 1, 2; *Kisker*, Die Rückwirkung von Gesetzen, 1963, S. 7 mit Fn. 17; *Aschke*, Übergangsregelungen als verfassungsrechtliches Problem, 1987, S. 227 f. mit Fn. 33.

[62] OVG Hamburg, Beschluss v. 28.2.1952 – Bf II 434/51, JZ 1952, 416; *Meyer-Cording*, JZ 1952, 161, 164 ff.; *ders.*, JZ 1952, 418, 418; *Ehlers*, DB 1951, 556, 556; *ders.*, StuW 1953, Sp. 113, 115 ff.; *Forsthoff*, BB 1953, 421, 422 f.; *Giese*, DÖV 1954, 321, 323, der diese Beschränkung als herrschende Lehre in der Literatur bezeichnet, siehe *Giese*, DÖV 1954, 321, 321.

re ihm die Verfassung eine Sphäre persönlicher (Handlungs-)Freiheit, die auch der Gesetzgeber respektieren müsse. Dieser gedankliche Ansatz deckt sich mit dem Bild der gesetzesgeprägten Freiheit des Einzelnen, das in der Aufklärung vor allem von *Montesquieu* und *Locke* gezeichnet wurde. Eine andere Begründungslinie nahm an, dass im Grundgesetz auch die Lehre von den wohlerworbenen Rechten ihren Niederschlag gefunden habe (entweder in Art. 14 GG oder in Art. 2 GG) und eine Rückwirkung daher verfassungswidrig sei, sobald sie zu einem Eingriff in wohlerworbene Rechte des Einzelnen führt.[63] Neben dieser Anknüpfung an grundrechtliche Bestimmungen dominierten im Einzelnen voneinander abweichende Ableitungen aus dem Rechtsstaatsprinzip bzw. dem Prinzip der Rechtssicherheit: Zum Teil wurde die historische Kritik an rückwirkenden Gesetzen bzw. an der rückwirkenden Anwendung von Gesetzen zu einem „anerkannten" Grundsatz der Nichtrückwirkung von Recht verdichtet.[64] Das Rechtsstaatsprinzip bzw. das aus diesem Prinzip abgeleitete Prinzip der Rechtssicherheit mache diesen historischen Grundsatz nunmehr zu einem bindenden Verfassungsgebot. Andere Autoren argumentierten (meist unabhängig von historischen Bezügen), dass der Bürger in einem Rechtsstaat die Folgen seiner Handlungen planen und daher gesetzliche Rechtsfolgen vorhersehen können müsse. Rückwirkende Gesetze müssten zum Schutz dieser Vorhersehbarkeit eine Ausnahme bleiben.[65] In eine ähnliche Richtung zielte schließlich die Argumentation, der Gesetzgeber dürfe sich nicht durch rückwirkende Gesetze in Widerspruch zu der bisher bestehenden Rechtsansicht setzen, weil dies den auch im öffentlichen Recht gültigen Grundsatz von Treu und Glauben[66] verletzt.

Die vielfältige und -stimmige verfassungsrechtliche Kritik an rückwirkenden Gesetzen spiegelte sich auch in der fachgerichtlichen Rechtsprechung wider. So betonte beispielsweise der Bundesfinanzhof in Entscheidungen zu Beginn der 1950er Jahre noch die positivistische Perspektive, dass der Gesetzgeber nur im Strafrecht durch die Verfassung an rückwirkenden Gesetzen gehindert sei.[67]

---

[63] OVG Lüneburg, Urteil v. 9.1.1952 – IV OVG – A 463/51, NJW, 1230, juris Rn. 1231; *Loewer*, StuW 1953, Sp. 305, 308f.; vgl. auch *Jellinek*, Verwaltungsrecht, 3. Auflage 1931, S. 142; *Meyer-Cording*, JZ 1952, 161, 161; *Enneccerus/Kipp/M. Wolff*, Lehrbuch des bürgerlichen Rechts, 14. Auflage 1952, §61 S. 221; *Scholz*, Die Rechtssicherheit, 1955, S. 24f.; *Zunft*, AcP 153 (1952), 289, 292ff.

[64] Prägnant z. B. BVerwG, Urteil v. 9.5.1960 – I C 55.59, BVerwGE 10, 282, juris Rn. 20ff.; in die gleiche Richtung *Forsthoff*, BB 1953, 421, 422; *Krüger*, DVBl 1955, 791, 795.

[65] *Tietz*, NJW 1951, 468, 469; *F. Klein*, StuW 1954, Sp. 1, 41ff.; *Giese*, DÖV 1954, 321, 323; *Scheerbarth*, Die Anwendung von Gesetzen auf früher entstandene Sachverhalte, 1961, S. 55ff.; *Enneccerus/Kipp/M. Wolff*, Lehrbuch des bürgerlichen Rechts, 14. Auflage 1952, §61 S. 219ff. Von *Paulick*, Zur Frage der Zulässigkeit verschärfender Rückwirkungsanordnungen in Steuergesetzen, 1954, S. 31ff. wird das gleiche Ergebnis ergänzend mit dem aus Art. 3 Abs. 1 GG abzuleitenden Willkürverbot begründet.

[66] Insb. *Ehlers*, DB 1951, 556, 556; *ders.*, StuW 1953, Sp. 113, 123f.; *Krüger*, DVBl 1955, 791, 795.

[67] BFH, Urteil v. 16.11.1950 – III 117/50 S, BFHE 55, 11 = BStBl III 1951, 5, juris Rn. 4; BFH, Urteil v. 19.6.1951 – III 81/50 S, BFHE 56, 59 = BStBl III 1952, 25, juris Rn. 3.

Schon wenig später bezeichnete er die Frage als umstritten und begründete für den jeweils entschiedenen Einzelfall, warum die vom Gesetzgeber angeordnete Rückwirkung (noch) zulässig sei.[68] Dabei prüfte er teilweise einen Verstoß gegen Art. 2 GG und argumentierte häufig damit, dass die Regelung für den Steuerpflichtigen vorhersehbar und daher hinzunehmen gewesen sei.[69] Es finden sich aber auch Bezugnahmen auf das Rechtsstaatsprinzip bzw. den rechtsstaatlichen Vertrauensschutz.[70] Auch die verwaltungsgerichtliche Rechtsprechung formulierte zunehmend Grenzen für rückwirkende Gesetze. Besonders progressiv waren insoweit zwei Entscheidungen der Oberverwaltungsgerichte Hamburg[71] und Lüneburg[72] aus dem Jahr 1952, die sich ausdrücklich von der bisherigen positivistischen Begründungslinie abgrenzten und stattdessen aus der historischen Entwicklung die Freiheit des Einzelnen bzw. wohlerworbene Rechte als Grenzen für rückwirkende Gesetze ableiteten. Auch das Bundesverwaltungsgericht ging schließlich einige Jahre später davon aus, dass die seit dem römischen Recht diskutierten Grenzen für rückwirkende Gesetze unter der Geltung des Grundgesetzes nunmehr zu verfassungsrechtlichen Schranken erstarkt seien, sodass Gesetze nur in rechtfertigungsbedürftigen Ausnahmefällen zurückwirken dürfen.[73]

Das Bundesverfassungsgericht vermied in seinen ersten Entscheidungen ausdrücklich eine umfassende Stellungnahme zum Problem der rückwirkenden Gesetze, die generelle Tendenz hin zu einer rückwirkungskritischeren Position lässt sich aber auch hier ohne Weiteres nachvollziehen.[74] So betonte das Gericht, dass es außerhalb des Strafrechts keine positive Bestimmung gibt, die jede Rückwirkung ausschließt, und nahm auch in den konkret entschiedenen Fällen keinen Verfassungsverstoß an. Gleichwohl führte es bereits aus, dass die Verfassung dem rückwirkend handelnden Gesetzgeber Schranken ziehen kann.[75] Ohne eine feste Dogmatik zu entwickeln, nannte es insoweit das Rechtsstaats-

---

[68] BFH, Urteil v. 30.4.1953 – V 84/51 S, BFHE 57, 473 = BStBl III 1953, 183, juris Rn. 52 f.; BFH, Urteil v. 9.6.1953 – I 34/53 S, BFHE 57, 654 = BStBl III 1953, 250, juris Rn. 8 ff.

[69] BFH, Urteil v. 9.6.1953 – I 34/53 S, BFHE 57, 654 = BStBl III 1953, 250, juris Rn. 18 ff.; BFH, Urteil v. 6.10.1953 – I 64/53 U, BFHE 58, 67, juris Rn. 6; BFH, Urteil v. 7.3.1958 – VI 26/57 U, BFHE 66, 577 = BStBl III 1958, 223, juris Rn. 11; BFH, Urteil v. 6.11.1959 – III 158/58 S, BFHE 70, 40 = BStBl III 1960, 17, juris Rn. 14.

[70] Z. B. BFH, Urteil v. 17.4.1959 – VI 45/59 U, BFHE 68, 616 = BStBl III 1959, 235, juris Rn. 12.

[71] OVG Hamburg, Beschluss v. 28.2.1952 – Bf II 434/51, JZ 1952, 416.

[72] OVG Lüneburg, Urteil v. 9.1.1952 – IV OVG – A 463/51, NJW, 1230.

[73] BVerwG, Urteil v. 9.5.1960 – I C 55.59, BVerwGE 10, 282, juris Rn. 18 ff.; auch die Zivilgerichte griffen die diskutierten verfassungsrechtlichen Schranken auf, vgl. stellvertretend nur BGH, Urteil v. 8.7.1955 – I ZR 24/55, GRUR 1955, 393, 397; BGH, Urteil v. 24.11.1959 – VI ZR 221/58, VerwRspr 1960, 415, 415 f.

[74] Ebenso *Götz*, FG 25 Jahre BVerfG, 1976, Bd. 2, S. 421, 430; *Pieroth*, Rückwirkung und Übergangsrecht, 1981, S. 53.

[75] BVerfG, Beschluss v. 30.4.1952 – 1 BvR 14/52, 1 BvR 25/52, 1 BvR 167/52, BVerfGE 1, 264, juris Rn. 40; BVerfG, Beschluss v. 24.4.1953 – 1 BvR 102/51, BVerfGE 2, 237, juris Rn. 67;

prinzip,[76] das „rechtsstaatliche Prinzip der Rechtssicherheit"[77] und den „rechtsstaatlichen Grundsatz des Vertrauensschutzes"[78] als mögliche Grenzen für einen legislatorischen Zugriff auf die Vergangenheit.

Eine dogmatische Zusammenführung dieser Gedanken erfolgte sodann mit der Grundsatzentscheidung vom 19.12.1961: Die verfassungsrechtliche Zulässigkeit eines rückwirkenden Gesetzes ist danach „nach Rechtssätzen zu beurteilen, die aus dem Rechtsstaatsprinzip herzuleiten sind."[79] Zur Konkretisierung dieser Rechtssätze verband das Bundesverfassungsgericht die in den vorherigen Entscheidungen angesprochenen Elemente wie folgt:

> „Zu den wesentlichen Elementen des Rechtsstaatsprinzips gehört die Rechtssicherheit. Der Staatsbürger soll die ihm gegenüber möglichen staatlichen Eingriffe voraussehen und sich dementsprechend einrichten können; er muss darauf vertrauen können, dass sein dem geltenden Recht entsprechendes Handeln von der Rechtsordnung mit allen ursprünglich damit verbundenen Rechtsfolgen anerkannt bleibt. In diesem Vertrauen wird der Bürger aber verletzt, wenn der Gesetzgeber an abgeschlossene Tatbestände ungünstigere Folgen knüpft als an diejenigen, von denen der Bürger bei seinen Dispositionen ausgehen durfte. Für den Bürger bedeutet Rechtssicherheit in erster Linie Vertrauensschutz."[80]

Auf dieser verfassungsrechtlichen Grundlage sah es das Gericht als grundsätzlich unzulässig an, wenn ein Gesetz Wirkung auch für bereits abgeschlossene Sachverhalte entfaltet.[81] Etwas Anderes sollte nur dann gelten, wenn das Vertrauen in die bisherige Rechtslage nicht gerechtfertigt war. Das sei insbesondere anzunehmen, wenn mit einer Neuregelung gerechnet werden musste, wenn die bisherige Rechtslage unklar oder verworren war, wenn eine unwirksame Rechtsnorm ersetzt wird oder, wenn zwingende Gründe des Allgemeinwohls eine Rückwirkungsanordnung erforderlich machen.[82]

Während das Gericht bis dahin nur solche Gesetze als rückwirkend ansah, die auf bereits abgeschlossene Sachverhalte einwirkten (sog. Gesetze mit echter oder retroaktiver Rückwirkung),[83] erweiterte es im Laufe der 1960er Jahre

---

BVerfG, Urteil v. 17.12.1953 – 1 BvR 147/52, BVerfGE 3, 58, juris Rn. 256; BVerfG, Entscheidung v. 24.7.1957 – 1 BvL 23/52, BVerfGE 7, 89, juris Rn. 15.

76 BVerfG, Urteil v. 17.12.1953 – 1 BvR 147/52, BVerfGE 3, 58, juris Rn. 256; BVerfG, Entscheidung v. 24.7.1957 – 1 BvL 23/52, BVerfGE 7, 89, juris Rn. 15.

77 BVerfG, Beschluss v. 4.5.1960 – 1 BvL 17/57, BVerfGE 11, 64, juris Rn. 28 f.; vgl. auch schon BVerwG, Urteil v. 19.6.1957 – V C 23.55, BVerwGE 5, 122, juris Rn. 14.

78 BVerfG, Beschluss v. 27.6.1961 – 1 BvL 26/58, BVerfGE 13, 39, juris Rn. 24.

79 BVerfG, Urteil v. 19.12.1961 – 2 BvL 6/59, BVerfGE 13, 261, juris Rn. 48.

80 BVerfG, Urteil v. 19.12.1961 – 2 BvL 6/59, BVerfGE 13, 261, juris Rn. 49.

81 BVerfG, Urteil v. 19.12.1961 – 2 BvL 6/59, BVerfGE 13, 261, juris Rn. 50.

82 BVerfG, Urteil v. 19.12.1961 – 2 BvL 6/59, BVerfGE 13, 261, juris Rn. 51 ff.

83 Die unechte oder retrospektive Rückwirkung sah das Gericht anfangs noch als verfassungsrechtlich unproblematisch an („Problem der Rückwirkung besteht nicht"); vgl. BVerfG, Beschluss v. 31.5.1960 – 2 BvL 4/59, BVerfGE 11, 139, juris Rn. 29; ähnlich auch noch BVerfG, Urteil v. 10.5.1962 – 1 BvL 31/58, BVerfGE 14, 76, juris Rn. 93.

den Anwendungsbereich des Rückwirkungsverbots: Auch Gesetze, die zwar nur auf noch nicht abgeschlossene Sachverhalte einwirken, können im Einzelfall den durch die Rechtssicherheit garantierten Vertrauensschutz des Bürgers verletzen.[84] Anders als bei einer echten Rückwirkung ist eine unechte Rückwirkung aber nicht grundsätzlich unzulässig, sondern nur, wenn das Vertrauensschutzinteresse des Bürgers das gesetzgeberische Änderungsinteresse überwiegt.[85]

Mit der Ableitungskette „Rechtsstaat – Rechtssicherheit – Vertrauensschutz" sowie der Abgrenzung zwischen einer grundsätzlich unzulässigen echten und einer grundsätzlich zulässigen unechten Rückwirkung waren damit spätestens Mitte der 1970er Jahre wesentliche dogmatischen Grundpfeiler gefunden, die die Rechtsprechung des Bundesverfassungsgerichts bis in die heutige Zeit prägen. Im Einzelnen wurde die Dogmatik gleichwohl noch verfeinert und ergänzt. Neben kleineren Anpassungen wie beispielsweise der Einführung des sog. Bagatellvorbehalts als zusätzlichem Rechtfertigungsgrund für echt zurückwirkende Gesetze[86] verdienen insbesondere vier (vermeintliche) Neuorientierungen Beachtung:

Die erste betraf den verfassungsrechtlichen Prüfungsmaßstab: Zunehmend sah das Gericht (auch) die Grundrechte als verfassungsrechtliche Grenze für rückwirkende Gesetze an. Teilweise rekurrierte es insoweit ausschließlich auf das Eigentum,[87] die Berufsfreiheit[88] oder die hergebrachten Rechte des Berufs-

---

[84] BVerfG, Beschluss v. 11.10.1962 – 1 BvL 22/57, BVerfGE 14, 288, juris Rn. 25; BVerfG, Beschluss v. 17.1.1967 – 2 BvL 28/63, BVerfGE 21, 117, juris Rn. 52; BVerfG, Beschluss v. 19.7.1967 – 2 BvL 1/65, BVerfGE 22, 241, juris Rn. 25; BVerfG, Urteil v. 7.5.1969 – 2 BvL 15/67, BVerfGE 25, 371, juris Rn. 114; BVerfG, Beschluss v. 2.12.1969 – 2 BvR 560/65, BVerfGE 27, 231, juris Rn. 26.

[85] Dies kommt vor allem in der Kurzformel zum Ausdruck, die echte Rückwirkung sei grundsätzlich unzulässig, die unechte Rückwirkung hingegen grundsätzlich zulässig, vgl. BVerfG, Beschluss v. 23.3.1971 – 2 BvL 17/69, BVerfGE 30, 392, juris Rn. 32; BVerfG, Beschluss v. 22.6.1971 – 2 BvL 6/70, BVerfGE 31, 222, juris Rn. 21; BVerfG, Beschluss v. 22.1.1975 – 2 BvL 51/71, 2 BvL 10/73, 2 BvL 14/73, BVerfGE 39, 128, juris Rn. 51; BVerfG, Urteil v. 8.2.1977 – 1 BvR 79/70, 1 BvR 278/70, 1 BvR 282/70, BVerfGE 43, 242, juris Rn. 125; seitdem ständige Rechtsprechung: vgl. nur BVerfG, Beschluss v. 14.5.1986 – 2 BvL 2/83, BVerfGE 72, 200, juris Rn. 120, 126; BVerfG, Urteil v. 5.2.2004 – 2 BvR 2029/01, BVerfGE 109, 133, juris Rn. 169 ff.; BVerfG, Beschluss v. 16.12.2015 – 2 BvR 1958/13, NVwZ 2016, 682, juris Rn. 43; zu den unterschiedlichen Maßstäben noch unter § 6 B. II.

[86] BVerfG, Beschluss v. 23.3.1971 – 2 BvL 2/66, 2 BvR 168/66, 2 BvR 196/66, 2 BvR 197/66, 2 BvR 210/66, 2 BvR 472/66, BVerfGE 30, 367, juris Rn. 80; BVerfG, Beschluss v. 14.5.1986 – 2 BvL 2/83, BVerfGE 72, 200, juris Rn. 129, 131; BVerfG, Beschluss v. 15.10.1996 – 1 BvL 44/92, 1 BvL 48/92, BVerfGE 95, 64, juris Rn. 110.

[87] Vgl. insb. BVerfG, Beschluss v. 8.7.1971 – 1 BvR 766/66, BVerfGE 31, 275, juris Rn. 28 f.; BVerfG, Beschluss v. 15.1.1974 – 1 BvL 5/70, 1 BvL 6/70, 1 BvL 9/70, BVerfGE 36, 281, juris Rn. 36; BVerfG, Urteil v. 8.7.1976 – 1 BvL 19/75, 1 BvL 20/75, 1 BvR 148/75, BVerfGE 42, 263, juris Rn. 133; BVerfG, Beschluss v. 8.6.1977 – 2 BvR 499/74, 2 BvR 1042/75, BVerfGE 45, 142, juris Rn. 73; BVerfG, Urteil v. 28.2.1980 – 1 BvL 17/77, 1 BvL 7/78, 1 BvL 9/78, 1 BvL 14/78, 1 BvL 15/78, 1 BvL 16/78, 1 BvL 37/78, 1 BvL 64/78, 1 BvL 74/78, 1 BvL 78/78, 1 BvL

beamtentums[89] als vorrangige Ausprägungen des allgemeinen Rückwirkungsverbots. Beginnend in den 1970er Jahren nahm das Gericht zudem an, dass die unechte Rückwirkung vorrangig an den Grundrechten, die echte Rückwirkung demgegenüber vorrangig an der Rechtssicherheit zu messen sei.[90] Allerdings hat sich diese Tendenz zur Auffächerung des Prüfungsmaßstabs in jüngerer Vergangenheit wieder relativiert. In der Regel nennt das Gericht nunmehr die Grundrechte einerseits und das Rechtsstaatsprinzip bzw. die Rechtssicherheit andererseits als gemeinsame Quellen des Rückwirkungsverbots nebeneinander.[91]

100/78, 1 BvL 5/79, 1 BvL 16/79, 1 BvR 807/78, BVerfGE 53, 257, juris Rn. 189; BVerfG, Beschluss v. 8.4.1987 – 1 BvR 564/84, 1 BvR 684/84, 1 BvR 877/84, 1 BvR 886/84, 1 BvR 1134/84, 1 BvR 1636/84, 1 BvR 1711/84, BVerfGE 75, 78, juris Rn. 74; BVerfG, Beschluss v. 15.10.1996 – 1 BvL 44/92, 1 BvL 48/92, BVerfGE 95, 64, juris Rn. 109f.; BVerfG, Urteil v. 23.11.1999 – 1 BvF 1/94, BVerfGE 101, 239, juris Rn. 93.

[88] Vgl. insb. BVerfG, Beschluss v. 15.2.1967 – 1 BvR 569/62, BVerfGE 21, 173, juris Rn. 29; BVerfG, Beschluss v. 15.7.1967 – 1 BvR 585/62, BVerfGE 22, 275, juris Rn. 6; BVerfG, Beschluss v. 25.2.1969 – 1 BvR 224/67, BVerfGE 25, 236, juris Rn. 51; BVerfG, Beschluss v. 28.7.1971 – 1 BvR 40/69, 1 BvR 47/69, 1 BvR 47/69, 1 BvR 175/69, 1 BvR 155/69, 1 BvR 159/69, BVerfGE 32, 1, juris Rn. 69f.; BVerfG, Beschluss v. 5.5.1987 – 1 BvR 724/81, 1 BvR 1000/81, 1 BvR 1015/81, 1 BvL 16/82, 1 BvL 5/84, BVerfGE 75, 246, juris Rn. 56; BVerfG, Beschluss v. 4.5.1983 – 1 BvL 46/80, 1 BvL 47/80, BVerfGE 64, 72, juris Rn. 38; in jüngeren Entscheidungen leitet das Gericht demgegenüber Übergangsregelungen aus einer Zusammenschau von Art. 12 GG und dem rechtsstaatlichen Gebot des Vertrauensschutzes ab, vgl. z. B. BVerfG, Beschluss v. 14.10.1997 – 1 BvL 5/93, BVerfGE 96, 330, juris Rn. 41; BVerfG, Urteil v. 27.10.1998 – 1 BvR 2306/96, 1 BvR 2314/96, 1 BvR 1108/97, 1 BvR 1109/97, 1 BvR 1110/97, BVerfGE 98, 265, juris Rn. 188; BVerfG, Einstweilige Anordnung v. 4.5.2012 – 1 BvR 367/12, BVerfGE 131, 47, juris Rn. 36 m. w. N.

[89] BVerfG, Beschluss v. 7.11.1979 – 2 BvR 513/73, 2 BvR 558/74, BVerfGE 52, 303, juris Rn. 108; BVerfG, Urteil v. 28.2.1980 – 1 BvL 17/77, 1 BvL 7/78, 1 BvL 9/78, 1 BvL 14/78, 1 BvL 15/78, 1 BvL 16/78, 1 BvL 37/78, 1 BvL 64/78, 1 BvL 74/78, 1 BvL 78/78, 1 BvL 100/78, 1 BvL 5/79, 1 BvL 16/79, 1 BvR 807/78, BVerfGE 53, 257, juris Rn. 189; BVerfG, Beschluss v. 7.1.1981 – 2 BvR 401/76, 2 BvR 606/76, BVerfGE 55, 372, juris Rn. 43; BVerfG, Beschluss v. 10.4.1984 – 2 BvL 19/82, BVerfGE 67, 1, juris Rn. 39; BVerfG, Beschluss v. 30.9.1987 – 2 BvR 933/82, BVerfGE 76, 256, juris Rn. 171; zuletzt BVerfG, Nichtannahmebeschluss v. 24.2.2017 – 2 BvR 2524/16, NVwZ 2017, 871, juris Rn. 56; es finden sich aber auch Entscheidungen, in denen das Rückwirkungsverbot eigenständig neben Art. 33 Abs. 5 GG geprüft wird, so z. B. aus jüngerer Zeit BVerfG, Nichtannahmebeschluss v. 7.10.2015 – 2 BvR 413/15, NVwZ 2016, 57, juris Rn. 18ff.; BVerfG, Beschluss v. 16.12.2015 – 2 BvR 1958/13, NVwZ 2016, 682, juris Rn. 30.

[90] BVerfG, Beschluss v. 14.5.1986 – 2 BvL 2/83, BVerfGE 72, 200, juris Rn. 90f.; BVerfG, Beschluss v. 3.12.1997 – 2 BvR 882/97, BVerfGE 97, 67, juris Rn. 40f.; BVerfG, Urteil v. 5.2.2004 – 2 BvR 2029/01, BVerfGE 109, 133, juris Rn. 169f.

[91] Vgl. z. B. BVerfG, Beschluss v. 7.7.2010 – 2 BvL 14/02, 2 BvL 2/04, 2 BvL 13/05, BVerfGE 127, 1, juris Rn. 55; BVerfG, Beschluss v. 2.5.2012 – 2 BvL 5/10, BVerfGE 131, 20, juris Rn. 71; BVerfG, Beschluss v. 10.10.2012 – 1 BvL 6/07, BVerfGE 132, 302, juris Rn. 41; BVerfG, Beschluss v. 17.12.2013 – 1 BvL 5/08, BVerfGE 135, 1, juris Rn. 63; BVerfG, Nichtannahmebeschluss v. 25.4.2015 – 1 BvR 2314/12, NJW 2015, 1867, juris Rn. 13; BVerfG, Beschluss v. 12.11.2015 – 1 BvR 2961/14, 1 BvR 3051/14, NVwZ 2016, 300, juris Rn. 39; BVerfG, Urteil v. 10.4.2018 – 1 BvR 1236/11, juris Rn. 132f.; BVerfG, Beschluss v. 25.3.2021 – 2 BvL 1/11, juris, juris Rn. 51; vgl. auch BVerfG, Nichtannahmebeschluss v. 20.9.2016 – 1 BvR 1299/15, NVwZ 2017, 702, juris Rn. 41.

Eine ähnliche Entwicklung lässt sich auch für die zweite Neuorientierung feststellen, die die Abgrenzung der verschiedenen Rückwirkungsarten betraf. Anstatt materiell danach zu differenzieren, ob die gesetzliche Neuregelung auch abgeschlossene Sachverhalte erfasst (echte Rückwirkung) oder nicht (unechte Rückwirkung), grenzt der zweite Senat des Bundesverfassungsgerichts seit Mitte der 1980er Jahre formal ab: Wenn das Gesetz schon in einem Zeitraum vor seiner Verkündung Rechtswirkungen entfalten soll, liegt eine grundsätzlich unzulässige Rückbewirkung von Rechtsfolgen vor. Entfaltet das Gesetz hingegen nur Rechtswirkungen für die Zukunft, die aber (auch) von Umständen abhängen, die sich bereits vor seiner Verkündung realisiert haben, ergibt sich eine grundsätzlich zulässige tatbestandliche Rückanknüpfung.[92] Mittlerweile benutzen die beiden Senate des Gerichts die unterschiedlichen Begriffspaare aber weitgehend synonym,[93] sodass auch insoweit nicht von einer grundlegenden Abkehr von den bereits früh entwickelten Rechtsprechungsgrundsätzen gesprochen werden kann.[94]

Besondere Bedeutung für die Rückwirkung im Steuerrecht hatten drei Entscheidungen des zweiten Senats aus dem Jahr 2010, in denen dieser die verfassungsrechtlichen Maßstäbe für unechte Rückwirkungen präzisierte: Zum einen bezeichnete der Senat die unechte Rückwirkung nicht mehr als „grundsätzlich zulässig", sondern als „nicht grundsätzlich unzulässig", hob also das bisher bestehende Regel-Ausnahme-Verhältnis auf und verteilte die Argumentationslast zugunsten des Steuerpflichtigen neu.[95] Zum anderen sah der Senat das Vertrauen des Steuerpflichtigen insbesondere dann als schutzwürdig an, wenn dieser nach bisheriger Rechtslage bereits eine konkrete Vermögensposition innehatte[96] oder mit Blick auf die bisherige Rechtslage verbindlich disponiert hatte.[97] Auf

---

[92] BVerfG, Beschluss v. 22.3.1983 – 2 BvR 475/78, BVerfGE 63, 343, juris Rn. 42 ff.; BVerfG, Beschluss v. 10.4.1984 – 2 BvL 19/82, BVerfGE 67, 1, juris Rn. 40; BVerfG, Beschluss v. 14.5.1986 – 2 BvL 2/83, BVerfGE 72, 200, juris Rn. 85 ff.

[93] BVerfG, Beschluss v. 3.12.1997 – 2 BvR 882/97, BVerfGE 97, 67, juris Rn. 40 f.; BVerfG, Beschluss v. 21.7.2010 – 1 BvL 11/06, 1 BvL 12/06, 1 BvL 13/06, 1 BvR 2530/05, BVerfGE 126, 369, juris Rn. 71; BVerfG, Beschluss v. 7.12.2010 – 1 BvR 2628/07, BVerfGE 128, 90, juris Rn. 45, 47; BVerfG, Beschluss v. 2.5.2012 – 2 BvL 5/10, BVerfGE 131, 20, juris Rn. 65 f.; BVerfG, Urteil v. 10.4.2018 – 1 BvR 1236/11, juris Rn. 135 f.; BVerfG, Beschluss v. 25.3.2021 – 2 BvL 1/11, juris, juris Rn. 52 f.

[94] Zu noch bestehenden Differenzen zwischen beiden Senaten noch unter § 6 B. II. 1. c).

[95] BVerfG, Beschluss v. 7.7.2010 – 2 BvL 14/02, 2 BvL 2/04, 2 BvL 13/05, BVerfGE 127, 1, juris Rn. 57; BVerfG, Beschluss v. 7.7.2010 – 2 BvL 1/03, 2 BvL 57/06, 2 BvL 58/06, BVerfGE 127, 31, juris Rn. 68; BVerfG, Beschluss v. 7.7.2010 – 2 BvR 748/05, 2 BvR 753/05, 2 BvR 1738/05, BVerfGE 127, 61, juris Rn. 46.

[96] BVerfG, Beschluss v. 7.7.2010 – 2 BvL 14/02, 2 BvL 2/04, 2 BvL 13/05, BVerfGE 127, 1, juris Rn. 66; BVerfG, Beschluss v. 7.7.2010 – 2 BvR 748/05, 2 BvR 753/05, 2 BvR 1738/05, BVerfGE 127, 61, juris Rn. 54.

[97] BVerfG, Beschluss v. 7.7.2010 – 2 BvL 1/03, 2 BvL 57/06, 2 BvL 58/06, BVerfGE 127, 31, juris Rn. 73 ff.; vgl. auch schon BVerfG, Beschluss v. 3.12.1997 – 2 BvR 882/97, BVerfGE 97, 67, juris Rn. 46.

dieser Grundlage wurden in den genannten Entscheidungen erstmals steuerliche Normen wegen einer unechten Rückwirkung für verfassungswidrig erklärt. Ob das Gericht damit endgültig von den bisherigen Maßstäben abgekehrt ist, ist allerdings abermals zweifelhaft. So wurden in Kammerentscheidungen des ersten Senats insbesondere auch weiterhin unecht zurückwirkende Gesetze als „grundsätzlich zulässig" bezeichnet.[98]

Zuletzt betonte das Gericht in seinem Beschluss vom 17.12.2013, dass der Gesetzgeber sich den besonderen Voraussetzungen für rückwirkende Gesetze nicht dadurch entziehen kann, dass er eine Regelung als bloße „Klarstellung" der bisherigen Rechtlage bezeichnet. Er hat kein Recht zu einer authentischen Interpretation.[99] Ob eine Neuregelung die Position des Bürgers für die Vergangenheit verschlechtert, ist vielmehr von den Fachgerichten zu entscheiden, die für die verbindliche Auslegung des einfachen Rechts zuständig sind.[100] Auch mit dieser Entscheidung griff das Gericht im Wesentlichen frühere Beurteilungsmaßstäbe auf und präzisierte sie.[101]

3. Kontextualisierung des Rückwirkungsverbots durch die verwaltungsgerichtliche Rechtsprechung

Die Fachgerichte haben sich der Rechtsprechung des Bundesverfassungsgerichts angeschlossen. Insbesondere die Rechtsprechung der Verwaltungsgerichte hat dabei dazu beigetragen, das verfassungsrechtliche Rückwirkungsverbot weiter zu kontextualisieren. Diese hinterfragten in den 1950er Jahren zunehmend, ob begünstigende Verwaltungsakte von den Verwaltungsbehörden frei oder nur unter bestimmten Voraussetzungen aufgehoben werden können. Auch hierbei handelte es sich nicht um eine völlig neue Problemstellung. Vielmehr wurde bereits unter Geltung der Weimarer Reichsverfassung in der staatsrechtlichen Literatur vertreten, dass eine Aufhebung nur im überwiegenden öffentlichen Interesse möglich sein sollte.[102] Es lassen sich auch – sowohl hinsichtlich des

---

[98] BVerfG, Beschluss v. 30.11.2010 – 1 BvL 3/07, ZfWG 2011, 33, juris Rn. 49; BVerfG, Nichtannahmebeschluss v. 20.7.2011 – 1 BvR 2624/05, NVwZ-RR 2011, 793, juris Rn. 39; BVerfG, Nichtannahmebeschluss v. 29.2.2012 – 1 BvR 2378/10, NZA 2012, 1979, juris Rn. 48, 50; BVerfG, Nichtannahmebeschluss v. 17.12.2012 – 1 BvR 488/10, 1 BvR 1047/10, NVwZ 2013, 575, juris Rn. 26; BVerfG, Nichtannahmebeschluss v. 5.3.2018 – 1 BvR 2864/13, NVwZ 2018, 972, juris Rn. 44. Zur zumindest bei periodischen Steuern bestehenden weitgehenden Einigkeit zwischen den Senaten über den Prüfungsmaßstab noch unter §6. B. II. 2.

[99] BVerfG, Beschluss v. 17.12.2013 – 1 BvL 5/08, BVerfGE 135, 1, juris Rn. 48.

[100] BVerfG, Beschluss v. 17.12.2013 – 1 BvL 5/08, BVerfGE 135, 1, juris Rn. 50.

[101] Vgl. zur „Klarstellung" oder „authentischen Interpretation" der bisherigen Rechtslage bereits BVerfG, Entscheidung v. 20.12.1960 – 1 BvL 21/60, BVerfGE 12, 45, juris Rn. 24; BVerfG, Urteil v. 19.12.1961 – 2 BvL 6/59, BVerfGE 13, 261, juris Rn. 39ff.; BVerfG, Beschluss v. 21.7.2010 – 1 BvL 11/06, 1 BvL 12/06, 1 BvL 13/06, 1 BvR 2530/05, BVerfGE 126, 369, juris Rn. 73; BVerfG, Beschluss v. 2.5.2012 – 2 BvL 5/10, BVerfGE 131, 20, juris Rn. 68; zur dogmatischen Verortung des Beschlusses vom 17.12.2013 noch im Detail unter §6 B. I. 2. c) cc).

[102] Vgl. *Püttner*, VVDStRL 32, 1974, S. 200, 209ff.; *K.-A. Schwarz*, Vertrauensschutz als Verfassungsprinzip, 2002, S. 90ff.

Interessenwiderstreits zwischen Bürger und Staat als auch hinsichtlich der Interessenabwägung als vorgeschlagener Lösung des Konflikts – Parallelen zur Diskussion um den Entzug wohlerworbener Rechte ziehen. Verbindliche Regeln und damit Grenzen für die Verwaltung entwickelten sich aber auch hier erst nach Inkrafttreten des Grundgesetzes. So entschied das Oberverwaltungsgericht Berlin, dass – anders als bisher von der Rechtsprechung angenommen – rechtswidrige begünstigende Verwaltungsakte dem Bürger eine schützenswerte Rechtsposition vermitteln und daher von der Verwaltung nicht ohne Weiteres aufgehoben werden dürfen. Der Verwaltungsakt sei Ausdruck staatlicher Autorität, auf die der Bürger vertrauen dürfe.[103] Dass ein solches Vertrauen des Bürgers geschützt werden müsse, sei „allgemein anerkannt" und bedürfe „keiner weiteren Begründung".[104] Das Bundesverwaltungsgericht bestätigte diese Entscheidung, leitete den Vertrauensschutz des Bürgers aber vor allem aus dem Grundsatz von Treu und Glauben als „Kern der Rechtsordnung" ab.[105] In der Folge konkretisierte das Bundesverwaltungsgericht seine Rechtsprechung dahingehend, dass ein rechtswidriger Verwaltungsakt ohne Verstoß gegen das verfassungsrechtliche Rechtsstaatsprinzip (Art. 20 Abs. 3 GG) nur dann aufgehoben werden dürfe, wenn das öffentliche Interesse an der Aufhebung das Vertrauensinteresse des Bürgers an der Beibehaltung der Begünstigung überwiegt.[106] Diese Rechtsprechung wurde letztlich vom Gesetzgeber in den §§ 48 ff. des Verwaltungsverfahrensgesetzes und vergleichbar auch in den §§ 130, 131 der Abgabenordnung kodifiziert. Das Bundesverfassungsgericht entschied mit ausdrücklichem Bezug auf diese Regelungen und die zugrundeliegende Rechtsprechung des Bundesverwaltungsgerichts,[107] dass das verfassungsrechtliche Rechtsstaatsprinzip (Art. 20 Abs. 3 GG) fordere, den Vertrauensschutz des einzelnen Bürgers bei der Verwaltungsentscheidung über die Aufhebung eines rechtswidrigen Verwaltungsaktes zu berücksichtigen.[108] Mit dieser verwaltungsrechtlichen Entwicklung wurde das Vertrauen des Bürgers in staatliche Entscheidungen als verfassungsrechtliches Schutzgut identifiziert, das von allen

---

[103] OVG Berlin, Urteil v. 14.11.1956 – VII B 12/56, DVBl. 1957, 503.

[104] OVG Berlin, Urteil v. 14.11.1956 – VII B 12/56, DVBl. 1957, 503, juris Rn. 506; Vertrauensschutz wurde zwar durchaus schon als Abwägungskriterium für die Aufhebung von Verwaltungsakten diskutiert (vgl. z. B. *Jellinek*, Verwaltungsrecht, 3. Auflage 1931, S. 144), diese Begründung des OVG Berlin war aber gleichwohl revolutionär, vgl. *Ossenbühl*, DÖV 1972, 25, 28.

[105] BVerwG, Urteil v. 28.10.1959 – VI C 88.57, BVerwGE 9, 251, juris Rn. 20 ff.

[106] Vgl. nur BVerwG, Urteil v. 26.8.1971 – VIII C 44.70, BVerwGE 38, 290, juris Rn. 17; BVerwG, Urteil v. 28.2.1975 – IV C 77.74, BVerwGE 48, 87, juris Rn. 26 ff., jew. m. w. N.

[107] BVerfG, Beschluss v. 16.12.1981 – 1 BvR 898/79, 1 BvR 1132/79, 1 BvR 1150/79, 1 BvR 1333/79, 1 BvR 1181/79, 1 BvR 83/80, 1 BvR 416/80, 1 BvR 1117/79, 1 BvR 603/80, BVerfGE 59, 128, juris Rn. 82 ff.

[108] BVerfG, Beschluss v. 16.12.1981 – 1 BvR 898/79, 1 BvR 1132/79, 1 BvR 1150/79, 1 BvR 1333/79, 1 BvR 1181/79, 1 BvR 83/80, 1 BvR 416/80, 1 BvR 1117/79, 1 BvR 603/80, BVerfGE 59, 128, juris Rn. 81.

staatlichen Gewalten respektiert werden muss.[109] Dieser Gedanke bildet auch heute noch den Kern der verfassungsgerichtlichen Rechtsprechung zum Rückwirkungsverbot.

4. Die moderne wissenschaftliche Diskussion um das Rückwirkungsverbot

Die Entwicklung der fachgerichtlichen und insbesondere der bundesverfassungsgerichtlichen Rechtsprechung wurde in der Literatur vielstimmig und häufig kritisch begleitet. Dabei behandeln maßgebliche Arbeiten[110] teilweise ausschließlich die verfassungsrechtlichen Grenzen für rückwirkende Gesetze. Häufig wird die Frage des Rückwirkungsverbot aber auch in einen größeren thematischen Zusammenhang eingebettet.

Ausschließlich mit den verfassungsrechtlichen Grenzen für den Gesetzgeber setzt sich *Scheerbarth*[111] auseinander. Er stellt verschiedene dogmatische Ansätze für ein Rückwirkungsverbot vor und entwickelt daraus ein differenziertes Regelsystem, nach dem rückwirkende Gesetze unter anderem mit dem Rechtsstaatsprinzip, dem Gebot von Treu und Glauben oder dem Gleichheitsgrundsatz in Konflikt geraten können.[112] *Kisker* vergleicht die Entwicklung im deutschen und anglo-amerikanischen Recht und setzt sich insbesondere kritisch mit der Abgrenzung von echter und unechter Rückwirkung durch das Bundesverfassungsgericht auseinander.[113] *Klein* und *Barbey*[114] unterziehen erstmals schwerpunktmäßig die Rechtsprechung des Bundesverfassungsgerichts einer eingehenden kritischen Analyse[115] und versuchen – ebenso wie *Kisker*[116] – die

109 Mit anderen Worten: Der Vertrauensschutz hat sich zu einem grundlegenden Maßstab staatlicher Entscheidungen entwickelt, *Maurer*, FS 50 Jahre Boorberg Verlag, 1977, S. 223, 224 ff.

110 Für Zwecke dieser Arbeit genügt es, dass ich mich hier – ohne Anspruch auf Vollständigkeit – auf unmittelbar einschlägige Monographien und in der Literatur häufig zitierte Beiträge in Sammelwerken beschränke.

111 *Scheerbarth*, Die Anwendung von Gesetzen auf früher entstandene Sachverhalte, 1961.

112 *Ders.*, Die Anwendung von Gesetzen auf früher entstandene Sachverhalte, 1961, S. 59 ff.; zusammenfassend *ders.*, Die Anwendung von Gesetzen auf früher entstandene Sachverhalte, 1961, S. 91 ff.

113 *Kisker*, Die Rückwirkung von Gesetzen, 1963, S. 28 f.; die von *Kisker* alternativ vorgeschlagene Kategorisierung in rückanknüpfende und einwirkende Gesetze erinnert bereits an die zwanzig Jahre später vom zweiten Senat vorgenommene Neuausrichtung bei der Abgrenzung der verschiedenen Rückwirkungsarten; vgl. insb. *ders.*, Die Rückwirkung von Gesetzen, 1963, S. 30.

114 *F. Klein/Barbey*, Bundesverfassungsgericht und Rückwirkung von Gesetzen, 1964.

115 Nach Ansicht von *Klein/Barbey* fehlt der Rechtsprechung eine „verfassungsrechtlich stichhaltige Grundlegung" (*F. Klein/Barbey*, Bundesverfassungsgericht und Rückwirkung von Gesetzen, 1964, Vorwort). Sie kritisieren insbesondere, dass das Merkmal des abgeschlossenen Tatbestands zu unspezifisch sei, um zwischen verschiedenen Arten der Rückwirkung abzugrenzen (*dies.*, Bundesverfassungsgericht und Rückwirkung von Gesetzen, 1964, S. 44 ff.) und dass nur ein Teil der problematischen Rückwirkungsfälle erfasst wird, wenn die Verfassungswidrigkeit über einen Verletzung des Vertrauensschutzes begründet wird (*dies.*, Bundesverfassungsgericht und Rückwirkung von Gesetzen, 1964, S. 70 ff.).

Rückwirkung von Gesetzen schon aus objektiven verfassungsrechtlichen Gründen zu beschränken.[117] *Niehues*[118] stellt demgegenüber verschiedene in der Literatur entwickelte Herleitungen dar, bewertet diese und plädiert im Ergebnis für ein grundrechtlich fundiertes individualrechtsschützendes Rückwirkungsverbot, nach dem es maßgeblich auf die Vorhersehbarkeit einer gesetzlichen Änderung für den Bürger ankommt.[119]

Die Rechtsprechung des Bundesverfassungsgerichts steht wiederum ganz im Zentrum der Arbeit von *Pieroth*,[120] der – in der Grundtendenz mit *Scheerbarth* übereinstimmend[121] – eine Abkehr von einer einheitlichen Rückwirkungsdogmatik hin zu einer nach Rechtsgebieten und Normtypen differenzierenden Orientierung an verschiedenen konkreten Verfassungsnormen als Prüfungsmaßstäben vorschlägt.[122] Diesem Ansatz folgt auch *Aschke*,[123] der nach einer kritischen Analyse sowohl der verfassungsgerichtlichen Rechtsprechung[124] als auch in der Literatur vertretener Ansätze[125] der Methodik *Pieroths* ausdrück-

---

[116] *Kisker* nimmt an, dass rückwirkende Gesetze in Konflikt mit dem Grundsatz der Zeitgebundenheit von Recht stehen, der aus dem Wesen des Gesetzes selbst folgt; *Kisker*, Die Rückwirkung von Gesetzen, 1963, S. 15f.

[117] *Klein/Barbey* sehen in der erneuten Bewertung eines bereits in der Vergangenheit rechtlich bewerteten Sachverhalts (*F. Klein/Barbey*, Bundesverfassungsgericht und Rückwirkung von Gesetzen, 1964, S. 42ff.) durch ein rückwirkendes Gesetz einen Verstoß gegen den aus dem Rechtsstaatsprinzip abzuleitenden Grundsatz der Unverbrüchlichkeit des Rechts (*dies.*, Bundesverfassungsgericht und Rückwirkung von Gesetzen, 1964, S. 81ff.).

[118] *Niehues*, Die Zulässigkeit der Rückwirkung von Gesetzen nach dem Recht der Bundesrepublik Deutschland, 1973.

[119] Auch *Niehues* nimmt aber zur Rechtsprechung des Bundesverfassungsgerichts Stellung und kritisiert insbesondere, dass das Gericht belastende Gesetze in zu großem Umfang als für den Bürger vorhersehbar ansieht, *Niehues*, Die Zulässigkeit der Rückwirkung von Gesetzen nach dem Recht der Bundesrepublik Deutschland, 1973, S. 134ff. Er stimmt dem Gericht zwar darin zu, dass eine Abwägung zwischen individuellem Vertrauensschutz und Änderungsinteressen des Gesetzgebers erfolgen muss, dieser Maßstab ergebe sich aber nicht aus dem Rechtsstaatsprinzip, sondern aus Artikel 2 GG, *ders.*, Die Zulässigkeit der Rückwirkung von Gesetzen nach dem Recht der Bundesrepublik Deutschland, 1973, S. 136f.

[120] *Pieroth* kritisiert insbesondere die Abgrenzung zwischen echter und unechter Rückwirkung (*Pieroth*, Rückwirkung und Übergangsrecht, 1981, S. 79f.), die unklaren Abwägungsmaßstäbe zur Rechtfertigung einer unechten Rückwirkung (*ders.*, Rückwirkung und Übergangsrecht, 1981, S. 86f.), den Katalog von Rechtfertigungstatbeständen für die echte Rückwirkung (*ders.*, Rückwirkung und Übergangsrecht, 1981, S. 87ff.) sowie das Verhältnis der Rückwirkungsdogmatik zu geschriebenen Verfassungsgrundsätzen (*ders.*, Rückwirkung und Übergangsrecht, 1981, S. 91ff.).

[121] *Pieroth*, Rückwirkung und Übergangsrecht, 1981, S. 147.

[122] *Pieroth*, Rückwirkung und Übergangsrecht, 1981, S. 279ff.

[123] *Aschke*, Übergangsregelungen als verfassungsrechtliches Problem, 1987.

[124] Auch *Aschke* wendet sich insbesondere gegen die schematische Differenzierung, die mit der kategorischen Unterscheidung von echter und unechter Rückwirkung verbunden ist (*Aschke*, Übergangsregelungen als verfassungsrechtliches Problem, 1987, S. 274ff.), und gegen die fehlenden materiellen Maßstäbe für die Frage, wann das Vertrauen des Bürgers schutzwürdig ist (*ders.*, Übergangsregelungen als verfassungsrechtliches Problem, 1987, S. 266ff.).

[125] *Aschke* lehnt insbesondere die formalen Rückwirkungsverbote von *Kisker* und *Klein/*

lich zustimmt[126] und konkrete verfassungsrechtliche Grenzen für rückwirkende Gesetze und Übergangsregelungen aus den Grundrechten, insbesondere aus Art. 12 GG und Art. 14 GG entwickeln will.[127]

Hahn[128] kritisiert insbesondere die formale Abgrenzung des Rückwirkungsbegriffs durch den zweiten Senat des Bundesverfassungsgerichts[129] und plädiert für ein umfassendes auf das Rechtsstaatsprinzip, die Rechtssicherheit und das Gebot von Treu und Glauben gestütztes Rückwirkungsverbot.[130] Auch *Muckel*[131] geht davon aus, dass sich Grenzen für rückwirkende Gesetze nicht aus einer einzigen, sondern situationsabhängig aus verschiedenen Verfassungsnormen ergeben: Das Vertrauen des Bürgers sei im Anwendungsbereich von Art. 12 GG, Art. 14 GG oder 33 Abs. 5 GG durch diese Grundrechte, subsidiär durch die Rechtssicherheit geschützt[132] und müsse mit den Änderungsinteressen des Gesetzgebers in einen verhältnismäßigen Ausgleich gebracht werden (praktische Konkordanz).[133] Die Rechtsprechung des Bundesverfassungsgerichts verwirkliche diesen Ausgleich nur unzureichend,[134] vielmehr müsse in größerem Umfang auf die Ausgestaltung der gesetzlichen Vertrauensgrundlage[135]

Barbey ab (*Aschke*, Übergangsregelungen als verfassungsrechtliches Problem, 1987, S. 119 ff.) und leitet die Grenzen für rückwirkende Gesetze nicht aus objektiven Verfassungsbestimmungen (*ders.*, Übergangsregelungen als verfassungsrechtliches Problem, 1987, S. 203 ff.), sondern aus dem Schutz individueller Rechtspositionen ab (*ders.*, Übergangsregelungen als verfassungsrechtliches Problem, 1987, S. 191 f.).

126 *Aschke*, Übergangsregelungen als verfassungsrechtliches Problem, 1987, S. 193 ff., 358 ff.

127 *Aschke*, Übergangsregelungen als verfassungsrechtliches Problem, 1987, S. 423 ff.

128 *Hahn*, Zur Rückwirkung im Steuerrecht, 1987.

129 *Hahn* verwirft die Differenzierung des Gerichts zwischen dem sachlichen und dem zeitlichen Anwendungsbereich einer Norm als logisch nicht haltbar (*Hahn*, Zur Rückwirkung im Steuerrecht, 1987, S. 24 ff.). Er kritisiert zudem, dass die formale Abgrenzung dem Gesetzgeber letztlich erlaubt, durch entsprechende Gesetzesformulierungen zwischen den verschiedenen Rückwirkungsarten zu wählen (*ders.*, Zur Rückwirkung im Steuerrecht, 1987, S. 8 f.) und in Verbindung mit der Veranlagungszeitrechtsprechung zu widersprüchlichen Ergebnissen führt (*ders.*, Zur Rückwirkung im Steuerrecht, 1987, S. 10 ff.).

130 Eine Rückwirkung kann nach Ansicht von *Hahn* nur in absoluten Ausnahmefällen erforderlich sein, um materielle Gerechtigkeit zu schaffen; *Hahn*, Zur Rückwirkung im Steuerrecht, 1987, S. 55 ff.

131 *Muckel*, Kriterien des verfassungsrechtlichen Vertrauensschutzes bei Gesetzesänderungen, 1989.

132 *Muckel*, Kriterien des verfassungsrechtlichen Vertrauensschutzes bei Gesetzesänderungen, 1989, S. 35 ff., 58 ff.

133 Praktische Konkordanz kann nach *Muckels* Ansicht vor allem durch Übergangsregelungen hergestellt werden; *Muckel*, Kriterien des verfassungsrechtlichen Vertrauensschutzes bei Gesetzesänderungen, 1989, S. 104 ff.

134 *Muckel* kritisiert insbesondere die schematische Abgrenzung zwischen verschiedenen Rückwirkungsarten, die das jeweilige Abwägungsergebnis bereits vorwegnehme, *Muckel*, Kriterien des verfassungsrechtlichen Vertrauensschutzes bei Gesetzesänderungen, 1989, S. 74 ff.

135 *Muckel*, Kriterien des verfassungsrechtlichen Vertrauensschutzes bei Gesetzesänderungen, 1989, S. 81 ff.

und darauf abgestellt werden, ob der Bürger durch das Gesetz zu Dispositionen veranlasst wurde.[136]

Berger[137] stellt die Rechtsprechung des Bundesverfassungsgerichts und die Kritik an ihr dar[138] und vergleicht sie mit der Rechtsprechung des EuGH zur Zulässigkeit rückwirkender Normen des Unionsrechts.[139] Er arbeitet als Gemeinsamkeiten insbesondere die dogmatische Fundierung im Rechtsstaatsprinzip bzw. dem Vertrauensschutz als dessen subjektiver Ausprägung sowie die Differenzierung zwischen grundsätzlich unzulässiger echter und regelmäßig zulässiger unechter Rückwirkung heraus.[140] Wenn *Berger* dabei das Rückwirkungsverbot jeweils auf den Gemeinwohlvorbehalt und das Vertrauensschutzprinzip zurückführt,[141] liegt er auf einer Linie mit *Stötzel*,[142] der als Grundproblem rückwirkender Gesetze die Abwägung von gesetzgeberischem Änderungsinteresse und individualrechtlichem Bestandsschutz identifiziert.[143] Zur Lösung schlägt *Stötzel* in Abkehr von der Rechtsprechung des Bundesverfassungsgerichts[144] ein typisierendes Konzept mit verschiedenen Grundtypen vertrauensschützender Normen vor.[145]

Albert[146] setzt sich für eine verstärkte Orientierung des Rückwirkungsverbots an den vom Bürger getroffenen Dispositionen ein[147] und leitet Bewertungsmaßstäbe vor allem aus dem Grundsatz von Treu und Glauben ab.[148] Auch *Werder*[149] sieht das Rückwirkungsverbot, das er ähnlich wie *Pieroth*, *Aschke* und

---

136 *Muckel*, Kriterien des verfassungsrechtlichen Vertrauensschutzes bei Gesetzesänderungen, 1989, S. 97ff.

137 *Berger*, Zulässigkeitsgrenzen der Rückwirkung von Gesetzen, 2002.

138 *Berger* begrüßt insbesondere die neu eingeführte Abgrenzung des zweiten Senats zwischen Rückbewirkung von Rechtsfolgen und tatbestandlicher Rückanknüpfung als wesentlichen Fortschritt und weist die Kritik hieran zurück (*Berger*, Zulässigkeitsgrenzen der Rückwirkung von Gesetzen, 2002, S. 75ff.). Er wendet sich gegen eine Ableitung von Rückwirkungsgrenzen ausschließlich aus den Grundrechten (*ders.*, Zulässigkeitsgrenzen der Rückwirkung von Gesetzen, 2002, S. 153ff.).

139 *Berger*, Zulässigkeitsgrenzen der Rückwirkung von Gesetzen, 2002, S. 179ff.

140 *Berger*, Zulässigkeitsgrenzen der Rückwirkung von Gesetzen, 2002, S. 203ff.

141 *Berger*, Zulässigkeitsgrenzen der Rückwirkung von Gesetzen, 2002, S. 157ff.; zum Gemeinwohlvorbehalt als dogmatischem Kern der Rechtsprechung des Bundesverfassungsgerichts siehe auch *ders.*, Zulässigkeitsgrenzen der Rückwirkung von Gesetzen, 2002, S. 116ff.

142 *Stötzel*, Vertrauensschutz und Gesetzesrückwirkung, 2002.

143 *Stötzel*, Vertrauensschutz und Gesetzesrückwirkung, 2002, S. 57ff.

144 *Stötzel*, Vertrauensschutz und Gesetzesrückwirkung, 2002, S. 70f., 101ff.

145 *Stötzel*, Vertrauensschutz und Gesetzesrückwirkung, 2002, S. 139ff.

146 *Albert*, Vertrauensschutz und rückwirkende Besteuerung, 2005.

147 Die vom Bundesverfassungsgericht etablierte Dogmatik soll nach Ansicht von Albert durch einen einheitlichen dispositionsorientierten Rückwirkungsbegriff ersetzt werden, *Albert*, Vertrauensschutz und rückwirkende Besteuerung, 2005, S. 86ff.

148 *Albert*, Vertrauensschutz und rückwirkende Besteuerung, 2005, S. 72ff.

149 *Werder*, Dispositionsschutz bei der Änderung von Steuergesetzen zwischen Rückwirkungsverbot und Kontinuitätsgebot, 2005.

Muckel aus verschiedenen verfassungsrechtlichen Normen ableitet,[150] zumindest im Steuerrecht primär als Instrument zum Schutz von Dispositionen und Planungssicherheit des Steuerpflichtigen.[151]

Eine zweite Gruppe von Autoren setzt sich mit dem Rückwirkungsverbot als Ausprägung eines in größerem Kontext untersuchten verfassungsrechtlichen Vertrauensschutzprinzips auseinander. Der Schutz des Vertrauens des Bürgers in staatliche Entscheidungen rückt mit Beginn der 1970er Jahre in das Zentrum der verfassungsrechtlichen Diskussion. Zwar besteht schnell Einigkeit über die grundlegende dreistufige Struktur des Vertrauensschutzes (Vertrauensgrundlage – Vertrauensbetätigung – Schutzwürdigkeit des Vertrauens), seine verfassungsrechtliche Relevanz und Reichweite bleibt aber umstritten. Wegweisend ist insoweit die Tagung der Vereinigung der Deutschen Staatsrechtslehrer in Mannheim vom 3. bis 6. Oktober 1973 mit den Beiträgen von *Kisker*[152] und *Püttner*.[153] Die in der dortigen Diskussion aufscheinende Meinungsvielfalt[154] setzt sich in den Folgejahren in einer Vielzahl von Veröffentlichungen fort, die sich auch mit dem Rückwirkungsverbot beschäftigen.[155]

Götz[156] unterzieht zunächst die Rechtsprechung des Bundesverfassungsgerichts einer eingehenden Analyse und verbindet dabei grundsätzliche Zustim-

---

[150] *Werder*, Dispositionsschutz bei der Änderung von Steuergesetzen zwischen Rückwirkungsverbot und Kontinuitätsgebot, 2005, S. 82 ff.

[151] *Werder*, Dispositionsschutz bei der Änderung von Steuergesetzen zwischen Rückwirkungsverbot und Kontinuitätsgebot, 2005, S. 166 ff.; vgl. auch die Analyse zur Änderungsfestigkeit verschiedener einkommensteuerrechtlicher Normen, *ders.*, Dispositionsschutz bei der Änderung von Steuergesetzen zwischen Rückwirkungsverbot und Kontinuitätsgebot, 2005, S. 198 ff.

[152] *Kisker*, VVDStRL 32, 1974, S. 149 ff.

[153] *Püttner*, VVDStRL 32, 1974, S. 200 ff.

[154] Ein verfassungsrechtlicher Vertrauensschutzgrundsatz wurde in der Diskussion auf diversen Wegen begründet, z. B. aus dem Rechtsstaatsprinzip (*Rüfner*, VVDStRL 32, 1974, 232), unmittelbar oder mittelbar aus den Grundrechten (Element der Grundrechtsprüfung: *Grabitz*, VVDStRL 32, 1974, 238; *Kisker*, VVDStRL 32, 1974, 235 f.; *W. Schmidt*, VVDStRL 32, 1974, 234 f.; Ausfluss des grundrechtlich fundierten Verhältnismäßigkeitsgrundsatzes: *Bachof*, VVDStRL 32, 1974, 242 f.; Element des Eigentums i. S. v. Art. 14 GG: *Selmer*, VVDStRL 32, 1974, 259 f.), aus dem Grundsatz von Treu und Glauben (*Blümel*, VVDStRL 32, 1974, 243 f.) oder aus Art. 3 Abs. 1 GG (*Achterberg*, VVDStRL 32, 1974, 234; *Dürig*, VVDStRL 32, 1974, 247 ff.). Teilweise wurde ein eigenständiges verfassungsrechtliches Vertrauensschutzprinzip auch insgesamt abgelehnt (*Ossenbühl*, VVDStRL 32, 1974, 240 f.; *Püttner*, VVDStRL 32, 1974, 236 f.). Plakativ spricht *Burmeister* nur wenige Jahre später von „totaler Verwirrung" über die verfassungsrechtliche Verortung des Grundsatzes; *Burmeister*, Vertrauensschutz im Prozessrecht, 1979, S. 17.

[155] Monographisch hatte sich auch schon *Mainka*, Vertrauensschutz im öffentlichen Recht, 1963 mit dem Vertrauensschutzgrundsatz beschäftigt und für dessen Ableitung aus Rechtsstaats- und Sozialstaatsprinzip argumentiert (*ders.*, Vertrauensschutz im öffentlichen Recht, 1963, S. 27 ff.), er ging dabei aber nicht auf das Rückwirkungsverbot als Ausprägung dieses Grundsatzes ein.

[156] *Götz*, FG 25 Jahre BVerfG, 1976, Bd. 2, S. 421 ff.

mung[157] mit Kritik in Detailfragen[158] – eine Linie, auf der sich auch eine Vielzahl der folgenden Veröffentlichungen einordnen lassen. Eine Ausnahme davon bildet *Burmeister*,[159] für den das Vertrauensschutzprinzip nur als Ergebnis eines Verfassungswandels erklärt werden kann[160] und der es deshalb nur sehr zurückhaltend zum Einsatz bringen will.[161] Die Verknüpfung von Rückwirkungsverbot und Vertrauensschutz bezeichnet *Burmeister* als dogmatische Fehlentwicklung.[162] *Weber-Dürler*[163] untersucht das Rückwirkungsverbot hingegen als eine Ausformung eines gewaltenspezifisch wirkenden Vertrauensschutzgrundsatzes. Sie arbeitet primär zum Recht der Schweiz, bezieht aber auch die Diskussion in Deutschland und die Rechtsprechung des Bundesverfassungsgerichts ein.[164] *Blanke*[165] untersucht den Vertrauensschutz zwar schwerpunktmäßig im Verhältnis zwischen Bürger und Verwaltung, entwickelt ihn aber als ein auch im Verhältnis zum Gesetzgeber gültiges Verfassungsprinzip,[166] das insbesondere die Dispositionen des Bürgers schützt.[167]

Für *Schwarz*[168] ist Vertrauensschutz identisch mit Grundrechtsschutz, sodass auch das Verbot rückwirkender Gesetze – entgegen der Rechtsprechung des Bundesverfassungsgerichts[169] – nur aus der Abwehrfunktion der Grund-

---

[157] Vgl. beispielsweise die Ausführungen zu den verfassungsrechtlichen Grenzen der echten Rückwirkung, *Götz*, FG 25 Jahre BVerfG, 1976, Bd. 2, S. 421, 426 ff. sowie zu den dogmatischen Grundlagen des Rückwirkungsverbots, *ders.*, FG 25 Jahre BVerfG, 1976, Bd. 2, S. 421, 431.

[158] Beispielsweise an dem Begriff der unechten Rückwirkung *Götz*, FG 25 Jahre BVerfG, 1976, Bd. 2, S. 421, 435 f. und an der Abgrenzung von echter und unechter Rückwirkung bei der Erhöhung von periodisch veranlagten Steuern (später sog. Veranlagungszeitraum-Rechtsprechung), *ders.*, FG 25 Jahre BVerfG, 1976, Bd. 2, S. 421, 429.

[159] *Burmeister*, Vertrauensschutz im Prozessrecht, 1979.

[160] Vertrauensschutz ist für *Burmeister* Ausdruck der „verfassungsbildenden Kraft des Faktischen", *Burmeister*, Vertrauensschutz im Prozessrecht, 1979, S. 20 f.

[161] Insbesondere will *Burmeister* unter Rückgriff auf das Vertrauensschutzprinzip bei einer Änderung der höchstrichterlichen Rechtsprechung Dispositionsschutz für bereits anhängige Verfahren gewähren, *Burmeister*, Vertrauensschutz im Prozessrecht, 1979, S. 42 ff.

[162] *Burmeister*, Vertrauensschutz im Prozessrecht, 1979, S. 15 mit Fn. 10, S. 25.

[163] *Weber-Dürler*, Vertrauensschutz im öffentlichen Recht, 1983.

[164] *Weber-Dürler* stimmt beispielsweise der durch das Bundesverfassungsgericht geprägten Ableitungskette Rechtsstaat – Rechtssicherheit – Vertrauensschutz im Wesentlichen zu (*Weber-Dürler*, Vertrauensschutz im öffentlichen Recht, 1983, S. 49 f.), kritisiert aber die Kategorisierung in echte und unechte Rückwirkung als zu schematisch und das Abgrenzungsmerkmal des abgeschlossenen Tatbestands als unklar (*dies.*, Vertrauensschutz im öffentlichen Recht, 1983, S. 285 ff.).

[165] *Blanke*, Vertrauensschutz im deutschen und europäischen Verwaltungsrecht, 2000.

[166] *Blanke* nimmt an, dass der Vertrauensschutz insbesondere in den Grundrechten, subsidiär im Rechtsstaatsprinzip verfassungsrechtlich verankert ist, *Blanke*, Vertrauensschutz im deutschen und europäischen Verwaltungsrecht, 2000, S. 51 ff.

[167] *Blanke*, Vertrauensschutz im deutschen und europäischen Verwaltungsrecht, 2000, S. 41 ff.

[168] *K.-A. Schwarz*, Vertrauensschutz als Verfassungsprinzip, 2002.

[169] Die Rechtsprechung des Bundesverfassungsgerichts kritisiert *Schwarz* sowohl hin-

rechte herzuleiten ist.[170] Er schlägt auf dieser gedanklichen Grundlage vor, die Abgrenzung zwischen verschiedenen Arten der Rückwirkung als Elemente einer gestuften Verhältnismäßigkeitsprüfung zu betrachten.[171] *Fuhrmanns*[172] stimmt bei seiner vergleichenden Analyse von deutschem und österreichischem Verfassungsrecht zwar insoweit mit diesem Ansatz überein, als er die Vertrauensschutzprüfung ebenfalls weitgehend in die Grundrechtsprüfung integrieren will.[173] Anders als *Schwarz* und stattdessen in Übereinstimmung mit *Blanke* und *Muckel* geht er aber davon aus, dass subsidiär auch das Rechtsstaatsprinzip das Vertrauen des Bürgers schützt.[174]

Ebner[175] untersucht – ebenso wie *Burmeister* – das Vertrauensschutzprinzip als Grenze für die rückwirkende Anwendung höchstrichterlicher Präjudizien (insbesondere Entscheidungen des Bundesfinanzhofs)[176] auf Parallelfälle,[177] geht dabei aber von einer übergreifenden Verpflichtung aller Staatsgewalten zum Schutz des individuellen Vertrauens des Bürgers aus.[178] *Helbich* behandelt schließlich den Schutz des Vertrauens in steuerliche Verwaltungsvorschriften, geht aber für die dogmatische Fundierung des Vertrauensschutzes von der Rechtsprechung des Bundesverfassungsgerichts zu rückwirkenden Gesetzen aus:[179] Diese hält er für grundsätzlich geeignet, das individuelle Vertrauen des

---

sichtlich der verfassungsrechtlichen Herleitung als auch hinsichtlich des erreichten Schutzniveaus, vgl. insbesondere die Kritik an den Ausnahmetatbeständen zur echten Rückwirkung (*K.-A. Schwarz*, Vertrauensschutz als Verfassungsprinzip, 2002, S. 128 ff.) sowie zur dogmatischen Herleitung der unechten Rückwirkung (*ders.*, Vertrauensschutz als Verfassungsprinzip, 2002, S. 132 f.).

[170] *K.-A. Schwarz*, Vertrauensschutz als Verfassungsprinzip, 2002, S. 232 ff.

[171] *K.-A. Schwarz*, Vertrauensschutz als Verfassungsprinzip, 2002, S. 260 ff., insbesondere *ders.*, Vertrauensschutz als Verfassungsprinzip, 2002, S. 286 ff.

[172] *Fuhrmanns*, Vertrauensschutz im deutschen und österreichischen öffentlichen Recht, 2004.

[173] *Fuhrmanns*, Vertrauensschutz im deutschen und österreichischen öffentlichen Recht, 2004, S. 67.

[174] *Fuhrmanns*, Vertrauensschutz im deutschen und österreichischen öffentlichen Recht, 2004, S. 18 ff.

[175] *Ebner*, Vertrauensschutz und Kontinuitätsgewähr in der höchstrichterlichen Rechtsprechung am Beispiel des Steuerrechts, 2010.

[176] Den Anlass für die Arbeit von *Ebner* bildet insbesondere die Entscheidung des Großen Senats des Bundesfinanzhofs zur Vererblichkeit des ertragsteuerlichen Verlustabzugs nach § 10d EStG; BFH, Beschluss v. 17.12.2007 – GrS 2/04, BFHE 220, 129 = BStBl II 2008, 608.

[177] *Ebner*, Vertrauensschutz und Kontinuitätsgewähr in der höchstrichterlichen Rechtsprechung am Beispiel des Steuerrechts, 2010, S. 70 ff.

[178] So nimmt *Ebner*, Vertrauensschutz und Kontinuitätsgewähr in der höchstrichterlichen Rechtsprechung am Beispiel des Steuerrechts, 2010, S. 89 ff. an, dass zum Schutz der Vertrauens- und Kontinuitätsinteressen, die bei einem Rechtsprechungswechsel beeinträchtigt sein können, auch Übergangsregelungen durch die Finanzverwaltung oder durch den Gesetzgeber erlassen werden können. Er erkennt damit den kontinuitätswahrenden Beitrag von Nichtanwendungsgesetzen; vgl. dazu bereits unter § 3 D.

[179] Insbesondere schließt *Helbich* sich der Auffassung des Gerichts an, die dogmatische Grundlage des Vertrauensschutzprinzips in einer Kombination von Rechtsstaatsprinzip und

Bürgers und die staatlichen Änderungsinteressen im Rahmen einer gestuften Abwägung in einen angemessenen Ausgleich zu bringen.[180]

Eine weitere Gruppe von Autoren setzt sich ausführlich mit dem Rechtsstaatsprinzip bzw. mit der Rechtssicherheit auseinander und bezieht in diesem Zusammenhang auch zur Frage des Rückwirkungsverbots Stellung. *Kunig*[181] spricht sich – mit Verweis auf die Ergebnisse von *Pieroth* – dafür aus, das Rückwirkungsverbot nicht aus einem allgemeinen Rechtsstaatsprinzip,[182] sondern bereichsspezifisch aus verschiedenen Verfassungsnormen, insbesondere aus einzelnen Grundrechten, abzuleiten.[183] *Sobota*[184] leitet die verfassungsrechtlichen Grenzen für rückwirkende Gesetze parallel aus Grundrechten und dem Prinzip der Rechtssicherheit ab: Das jeweils einschlägige Grundrecht steht dem verletzten Rechtsgut näher, die Rechtssicherheit umschreibt spezifischer den Grund für die mögliche Verfassungswidrigkeit der Norm.[185] Auch *von Arnauld*[186] betont, dass sich zeitliche Grenzen für die Gestaltungsmöglichkeiten des Gesetzgebers sowohl aus den Grundrechten als auch aus der Rechtssicherheit ableiten lassen, weil beide Begründungen letztlich auf die rechtliche Absicherung der individuellen Autonomie des Bürgers abzielen.[187] Er spricht sich grundsätzlich dafür aus, die Kategorisierung in verschiedene Rückwirkungstypen beizubehalten,[188] da diese in verschieden starkem Maße die durch die Rechtssicherheit garantierte Orientierungswirkung des Rechts beeinträchtigen.[189]

---

jeweils einschlägigem Grundrecht zu sehen, *Helbich*, Vertrauensschutz in Verwaltungsvorschriften des Steuerrechts, 2015, S. 122 f.

[180] *Helbich* stimmt mit der Differenzierung in echte und unechte Rückwirkung sowie der Veranlagungszeitraum-Rechtsprechung überein (*Helbich*, Vertrauensschutz in Verwaltungsvorschriften des Steuerrechts, 2015, S. 128 f.) und befürwortet im Grundsatz auch den fallgruppenorientierten verstärkten Schutz bei unechter Rückwirkung (*ders.*, Vertrauensschutz in Verwaltungsvorschriften des Steuerrechts, 2015, S. 153 ff.). Er kritisiert demgegenüber die dogmatische Herleitung der einzelnen Tatbestände, die seiner Ansicht nach konsequent nur über eine stärkere Betonung der Freiheitsgrundrechte, insbesondere der Berufsfreiheit, erfolgen kann (*ders.*, Vertrauensschutz in Verwaltungsvorschriften des Steuerrechts, 2015, S. 149 ff.).

[181] *Kunig*, Das Rechtsstaatsprinzip, 1986.

[182] *Kunig* kritisiert, dass das Bundesverfassungsgericht die Kritik an seiner aus dem Rechtsstaatsprinzip abgeleiteten Rückwirkungsrechtsprechung nicht aufgreift und sich stattdessen durch „schwammige Formeln“ den größtmöglichen Abwägungsspielraum erhält, *Kunig*, Das Rechtsstaatsprinzip, 1986, S. 420.

[183] *Kunig*, Das Rechtsstaatsprinzip, 1986, S. 418 ff.

[184] *Sobota*, Das Prinzip Rechtsstaat, 1997.

[185] *Sobota*, Das Prinzip Rechtsstaat, 1997, S. 172 f.

[186] *Von Arnauld*, Rechtssicherheit, 2006.

[187] *Von Arnauld*, Rechtssicherheit, 2006, S. 340 ff.

[188] Die Differenzierung zwischen echter und unechter Rückwirkung aufzugeben, würde es nach Ansicht *von Arnaulds* nicht leichter sondern schwieriger machen, die Fälle zu identifizieren, in denen das Vertrauen des Bürgers schutzwürdig ist; vgl. *von Arnauld*, Rechtssicherheit, 2006, S. 345 f.

[189] *Von Arnauld*, Rechtssicherheit, 2006, S. 346 f.; auch *von Arnauld* erkennt aber an, dass

Schließlich sind zwei Arbeiten hervorzuheben, die eigenständige verfassungsrechtliche Konzepte gerade für eine Anwendung im Steuerrecht entwickeln. So sieht *Hey*[190] die Steuerplanung als notwendige Konsequenz eines wirtschaftlich handelnden Bürgers aus der Vielzahl sich teilweise widersprechender steuerlicher Einzelregelungen.[191] Sie begründet einen gegenüber allen Gewalten bestehenden verfassungsrechtlichen Anspruch des Einzelnen auf Steuerplanungssicherheit, den sie vor allem in den Grundrechten und dem Rechtsstaatsprinzip als dispositionsschützenden Normen verankert.[192] Von diesem Ausgangspunkt aus kritisiert sie die Rechtsprechung des Bundesverfassungsgerichts zum Rückwirkungsverbot[193] und entwickelt als Alternative ein typisierendes Abwägungskonzept, in dem Bestandsinteressen des Steuerpflichtigen und Änderungsinteressen des Gesetzgebers gegenübergestellt, gewichtet und in einen möglichst schonenden Ausgleich gebracht werden müssen.[194] Auch *Leisner-Egensperger*[195] umschreibt das Steuerrecht als ein Rechtsgebiet, in dem der Bürger sich einer Vielzahl von teils widersprüchlichen Regelungen gegenüber sieht, wobei sie vor allem die stetige Veränderung der Normen als wesentliche Ursache identifiziert.[196] Um dieser Überkomplexität zu begegnen entwickelt sie aus dem allgemeinen Gleichheitssatz ein verfassungsrechtliches Kontinuitätsgebot, das alle Staatsgewalten zu einer möglichst schonenden Veränderung der Rechtslage verpflichtet.[197] Mit diesem Kontinuitätsgebot will *Leisner-Egensperger* den verfassungsrechtlichen Vertrauensschutz ergänzen[198] und explizit auch von ihr identifizierte Schwächen in der Rechtsprechung des Bundesverfassungsgerichts überwinden.[199]

---

es gerade im Steuerrecht Fallkonstellationen geben kann, in denen eine unechte Rückwirkung das Vertrauen des Bürgers ähnlich stark erschüttert wie eine echte Rückwirkung; *ders.*, Rechtssicherheit, 2006, S. 349 ff.

190 *Hey*, Steuerplanungssicherheit als Rechtsproblem, 2002.

191 *Hey*, Steuerplanungssicherheit als Rechtsproblem, 2002, S. 13 ff.

192 *Hey*, Steuerplanungssicherheit als Rechtsproblem, 2002, S. 178 ff. m. w. N.

193 *Hey* kritisiert insbesondere die Differenzierung zwischen verschiedenen Arten der Rückwirkung, die ihrer Ansicht nach vom Bundesverfassungsgericht nicht hinreichend begründet wird und das Ergebnis der Rückwirkungsprüfung regelmäßig in schematischer Weise präjudiziert, *Hey*, Steuerplanungssicherheit als Rechtsproblem, 2002, S. 209 ff.

194 *Hey*, Steuerplanungssicherheit als Rechtsproblem, 2002, S. 245 ff.

195 *Leisner-Egensperger*, Kontinuität als Verfassungsprinzip, 2002.

196 *Leisner-Egensperger*, Kontinuität als Verfassungsprinzip, 2002, S. 547 f.

197 *Leisner-Egensperger*, Kontinuität als Verfassungsprinzip, 2002, S. 165 ff.; zur berechtigten Kritik an diesem zu weitgehenden Kontinuitätsgebot bereits unter § 3 A. III. 2. b).

198 *Leisner-Egensperger*, Kontinuität als Verfassungsprinzip, 2002, S. 504 ff.

199 *Leisner-Egensperger* kritisiert beispielsweise die weitgehend von der Formulierung des Gesetzes abhängige Abgrenzung zwischen echter und unechter Rückwirkung (*Leisner-Egensperger*, Kontinuität als Verfassungsprinzip, 2002, S. 480 ff.), die Veranlagungszeitraum-Rechtsprechung (*dies.*, Kontinuität als Verfassungsprinzip, 2002, S. 565 ff.) und die Ausnahmen zum Verbot der echten Rückwirkung (*dies.*, Kontinuität als Verfassungsprinzip, 2002, S. 494 ff.).

Neben Darstellungen der Rechtsprechung und bestehender Alternativkonzepte in Kommentaren und Handbüchern[200] findet sich insbesondere in der steuerrechtlichen Literatur eine wahre Flut von kürzeren Beiträgen, die das Rückwirkungsverbot entweder abstrakt oder in Bezug auf bestimmte Anwendungsfälle thematisieren.[201] Dabei werden in der Regel strengere Grenzen für den Gesetzgeber und ein besserer Schutz von Dispositionsentscheidungen des Steuerpflichtigen gefordert. Auffällig ist, dass immer wieder einzelne Entscheidungen des Bundesverfassungsgerichts aufgegriffen und in diesen dann „Wendepunkte" mit weitreichenden Folgen für die gesamte Rückwirkungsdogmatik erkannt werden.[202]

[200] Hervorzuheben ist die umfassende Darstellung von *Maurer*, HStR IV, 3. Auflage 2006, § 79, der den Vertrauensschutzgrundsatz im Verhältnis zu allen Gewalten darstellt und dabei insbesondere die Rechtsprechung des Bundesverfassungsgerichts zur Rückwirkung von Gesetzen einer kritischen dogmatischen Würdigung unterzieht.

[201] Vgl. ohne Anspruch auf Vollständigkeit und mit einem Fokus auf Darstellungen aus jüngerer Zeit nur *Preuß*, JA 1977, 265; *P. Kirchhof*, DStR 1979, 275; *Bauer*, JuS 1984, 241; *Pieroth*, JZ 1984, 971; *J. Lang*, StuW 1985, 10; *Forchhammer*, FR 1986, 84; *Schulze-Osterloh*, in: Deutsches Anwaltsinstitut e. V. (Hrsg.), Jahrbuch der Fachanwälte für Steuerrecht 1985/86, 1986, S. 231 ff.; *van Lishaut*, FR 1986, 452; *Rose*, in: Curtius-Hartung/Herzig/Niemann (Hrsg.), Steuerberater-Jahrbuch 1987/88, 1988, S. 363 ff.; *K. Vogel*, in: Institut der Wirtschaftsprüfer in Deutschland e. V. (Hrsg.), Generalthema Unternehmensbesteuerung und Steuerreform, 1988, S. 109 ff.; *ders.*, JZ 1988, 833; *P. Kirchhof*, DStR 1989, 263; *K. Vogel*, DStJG 12, 1989, S. 123 ff.; *Pieroth*, JZ 1990, 279; *Kruse*, FS 75 Jahre RFH-BFH, 1993, S. 239 ff.; *Isensee*, FS Klein, 1994, S. 611 ff.; *Münch*, DStR 1997, 1674; *Möller/Rührmair*, NJW 1999, 908; *K. Vogel*, FS Heckel, 1999, S. 875 ff.; *Hey*, BB 2000, 1453; *P. Kirchhof*, StuW 2000, 221; *P. Kirchhof/Raupach*, DB Beilage 2001, 1; *Raupach*, DStR 2001, 1325; *Birk*, DStJG 27, 2004, S. 9 ff.; *Hey*, DStR 2004, 1897; *Leisner-Egensperger*, DStJG 27, 2004, S. 192 ff.; *Meyer*, FS 50 Jahre BSG, 2004, S. 221 ff.; *Völker/Ardizzoni*, NJW 2004, 2413; *Desens*, in: Rensen/Brink (Hrsg.), Linien der Rechtsprechung des Bundesverfassungsgerichts, 2009, S. 329 ff.; *Spindler*, FS Spiegelberger, 2009, S. 471 ff.; *Birk*, FR 2011, 1; *ders.*, FS Spindler, 2011, S. 13 ff.; *Desens*, StuW 2011, 113; *F. Kirchhof*, FS Spindler, 2011, S. 463 ff.; *Musil/Lammers*, BB 2011, 155; *Schnapp*, JZ 2011, 1125; *Heide Schaumburg/Harald* Schaumburg, FS Spindler, 2011, S. 171 ff.; *Schön*, FS Lang, 2011, S. 221 ff.; *Drüen*, DStR-Beih 2012, 85; *Desens*, FR 2013, 148; *Birk*, FR 2014, 338; *Buchheim/Lassahn*, NVwZ 2014, 562; *Drüen*, Ubg 2014, 683; *Hey*, JZ 2014, 500; *dies.*, NJW 2014, 1564; *Lepsius*, JZ 2014, 488; *Müller*, DB 2014, 635; *Nacke*, NWB 2014, 2699; *Schüppen*, BB 2014, 3104; *Drüen*, StuW 2015, 210; *P. Kirchhof*, DStR 2015, 717; *Lepsius*, JZ 2015, 435; *Michael*, JZ 2015, 425; *Osterloh*, StuW 2015, 201; *Schönfeld/Bergmann*, DStR 2015, 257; *Wissenschaftlicher Beirat Ernst & Young Steuern*, DB 2015, 513; *Mellinghoff*, FS Landau, 2016, S. 69 ff.

[202] In diesem Sinne beispielsweise zu den Beschlüssen vom 22.3.1983 und vom 14.5.1986: *Fiedler*, NJW 1988, 1624, 1624 f.; *K. Vogel*, JZ 1988, 833, 837 f.; zu den Beschlüssen vom 7.7.2010: *Birk*, FR 2011, 1, 5; *Desens*, StuW 2011, 113, 113; *Musil/Lammers*, BB 2011, 155, 160 und zum Beschluss vom 17.12.2013: *Hey*, JZ 2014, 500, 501; *dies.*, NJW 2014, 1564, 1567; *Osterloh*, StuW 2015, 201, 201; *Schönfeld/Bergmann*, DStR 2015, 257, 258, 259; *Michael*, JZ 2015, 425; *Mellinghoff*, FS Landau, 2016, S. 69, 78.

II. Dogmatische Grundlage für die folgende Untersuchung

Betrachtet man die historische Entwicklung und die moderne Diskussion zusammenfassend, so muss man feststellen, dass die Debatte um die verfassungsrechtlichen Grundlagen und die Reichweite eines Rückwirkungsverbots weiterhin in vollem Gange ist. Zwar besteht unter Geltung des Grundgesetzes Einigkeit darüber, dass der Gesetzgeber beim Zugriff auf die Vergangenheit verfassungsrechtlichen Schranken unterliegt, deren Einhaltung vom Bundesverfassungsgericht überwacht wird. Aus welchen Verfassungsnormen sich diese Grenzen ergeben und wie sie im Einzelnen zu bestimmen sind, ist aber auch nach einer über Jahrzehnte andauernden Diskussion umstritten. Auch der mittlerweile nahezu einhellige Rückgriff auf das Prinzip des Vertrauensschutzes hat wenig zur Konsolidierung des Meinungsbildes beigetragen, sondern die Diskussion im Wesentlichen nur auf den Streit über Grundlagen und Ausformungen dieses Prinzips verlagert.[203]

Die Grundpositionen, die eingenommen werden, lassen sich dabei teils weit in die Vergangenheit zurückverfolgen. Insbesondere ist die aufklärerische Vorstellung, dass die Rechtsordnung die Freiheit des Bürgers bestimmt und eine nachträgliche Veränderung dieser Freiheit per se rechtfertigungsbedürftig ist, weiterhin lebendig. Sie liegt der Begründung des Rückwirkungsverbots als individualrechtsschützendem Prinzip zugrunde – sei es über den Vertrauensschutzgrundsatz als subjektive Ausprägung des objektiven Grundsatzes der Rechtssicherheit oder über eine unmittelbare oder mittelbare Anknüpfung an die Grundrechte. Mit den Begriffen des Dispositionsschutzes oder der Steuerplanungssicherheit wird die Freiheit des Einzelnen lediglich (bereichsspezifisch für das Steuerrecht) konkretisiert. Neben diesem Schutz subjektiver Rechte lässt sich der Konflikt mit dem Rechtsstaatsprinzip als ein zweites dauerhaftes Thema der Rückwirkungsdiskussion ausmachen. Der Zugriff auf vergangene Sachverhalte berührt die Frage, welche Regelungswirkungen Gesetze in einem gewaltengeteilten Rechtsstaat haben können und sollen.

Beide Begründungsstränge liegen auch der Rechtsprechung des Bundesverfassungsgerichts zugrunde, die die Diskussion als maßgeblicher Orientierungspunkt prägt. Nicht nur nimmt jede Untersuchung zum Rückwirkungsverbot Bezug auf die Kategorien des Bundesverfassungsgerichts – sei es auch häufig, um diese zu kritisieren oder sich von ihnen abzugrenzen – die Rechtsprechung dominiert auch die Praxis der Gesetzgebung und der Fachgerichte. Dabei lässt sich festhalten, dass das Gericht zwar durchaus Anpassungen in seiner Dogmatik vorgenommen hat, Grundpositionen aber mittlerweile seit mehr als fünfzig

[203] Nicht umsonst wird Vertrauensschutz angesichts seiner vielfältigen Ausgestaltungen und Anwendungsmöglichkeiten als „ewige Kategorie" (*Schneider*, VVDStRL 32, 1974, 239) mit geradezu „magischer Wirkung" (*Ossenbühl*, DÖV 1972, 25, 36; *K.-A. Schwarz*, Vertrauensschutz als Verfassungsprinzip, 2002, S. 21) beschrieben.

Jahren aufrechtgehalten werden. Die in der Literatur oftmals erkannte oder angemahnte grundlegende Wende oder Neuausrichtung hat nicht stattgefunden und ist auch für die Zukunft wohl kaum zu erwarten. Vielmehr hat das Gericht einzelne Konfliktfälle bisher stets in den hergebrachten Bahnen der Abgrenzung zwischen echter und unechter Rückwirkung und mit Blick auf das schutzwürdige Vertrauen des Bürgers gelöst.

Das spricht dafür, auch für die Untersuchung des Detailproblems der rückwirkenden Nichtanwendungsgesetze an die Dogmatik des Bundesverfassungsgerichts anzuknüpfen. Dadurch kann gewährleistet werden, dass die gefundenen Ergebnisse in der Praxis rezipiert und umgesetzt werden können. Gleichzeitig hat sich die Dogmatik des Bundesverfassungsgerichts – trotz der Konstanz in grundlegenden Parametern – als flexibel genug erwiesen, um Einflüsse aus der literarischen Diskussion aufzunehmen und einzubinden. Dies lässt sich beispielsweise für die zunehmende Orientierung (auch) an Grundrechten, die nunmehr gemischt formale und materielle Abgrenzung zwischen verschiedenen Rückwirkungsarten und die verstärkte Berücksichtigung von Dispositionsentscheidungen des Steuerpflichtigen bei der Bestimmung seines Vertrauensschutzinteresses belegen. Wenn das Gericht diesem individuellen Vertrauensschutzinteresse sodann die (kollektiven) Änderungsinteressen des Gesetzgebers gegenüberstellt und diese nach bestimmten Regeln (echte oder unechte Rückwirkung) miteinander abwiegt, so stimmt auch dieses Vorgehen im Wesentlichen mit den Forderungen in der Literatur überein. Differenzen bestehen in der dogmatischen Einbettung, den zu bildenden Kategorien und den Abwägungsregeln. Diese Unterschiede sollen hier nicht marginalisiert werden, aber sie erscheinen keineswegs so unüberwindbar, dass sich die Detailprobleme nicht auch unter dem dogmatischen Aufbau des Bundesverfassungsgerichts einer materiell befriedigenden Lösung zuführen lassen.[204]

Wenn die Prüfung daher der in der Folge detailliert darzustellenden Dogmatik des Bundesverfassungsgerichts folgt, verlieren die vielzähligen kritischen Stimmen aus der Literatur damit trotzdem nicht ihre Relevanz für diese Arbeit. Dies gilt zunächst insoweit die verschiedenen Beiträge die Entscheidungsmaßstäbe des Gerichts offenlegen und in Beziehung zueinander setzen. Gerade weil das Gericht immer wieder (zumindest kleinere) Anpassungen seiner Dogmatik vornimmt, kommt der wissenschaftlichen Interpretation und Kontextualisierung der einzelnen Urteile besondere Bedeutung zu.[205] Dies gilt vor allem dort, wo die Rechtsprechung des Gerichts verschiedene Interpretationsmöglichkeiten bietet oder wo sie zu einem Problem bisher noch keine Stellung genommen hat. Die Fragen nach den Grenzen der legislativen Rückwirkung bzw. nach der Schutzwürdigkeit des Vertrauens des Einzelnen ist zudem immer eine wertende

[204] Ähnlich auch *Pieroth*, Rückwirkung und Übergangsrecht, 1981, S. 128f.
[205] Ähnlich *Maciejewski/Theilen*, DÖV 2015, 271, 271.

materiellrechtliche Entscheidung. Auch bei der Bestimmung von Wertungskriterien wird – eingebettet in den dogmatischen Aufbau des Bundesverfassungsgerichts – auf die Stellungnahmen in der Literatur zurückzukommen sein.

B. Der aktuelle Stand der Rückwirkungsdogmatik des Bundesverfassungsgerichts

Die Rückwirkungsdogmatik des Bundesverfassungsgerichts lässt sich grob in drei Prüfungsschritte gliedern: Zunächst bestimmt das Gericht, ob überhaupt ein rückwirkendes Gesetz vorliegt.[206] Sodann legt es fest, welcher Prüfungsmaßstab anzuwenden ist, indem es echte und unechte Rückwirkung voneinander abgrenzt.[207] Diese Abgrenzung bestimmt das Regel-Ausnahme-Verhältnis und die Argumentationslastverteilung für die im letzten Schritt vorgenommene Abwägung staatlicher Änderungs- und individueller Vertrauensschutzinteressen des Bürgers im konkreten Fall.[208] Erst im Rahmen dieses dritten Prüfungsschrittes entscheidet das Gericht über die verfassungsrechtliche (Un-)Zulässigkeit des Gesetzes. Da die beiden ersten Prüfungsschritte die Abwägung nur vorstrukturieren, fasst das Gericht sie teilweise auch zusammen (ohne dabei die jeweiligen Maßstäbe zu ändern) oder lässt die genaue Einordnung der Norm dahinstehen, wenn die Rückwirkung selbst nach dem strengeren Maßstab einer echten Rückwirkung gerechtfertigt wäre.

Zu allen drei Prüfungsschritten besteht eine gewachsene, durch vielzählige Entscheidungen untermauerte Dogmatik. Lassen sich dadurch Grundpositionen des Gerichts häufig über Jahrzehnte zurückverfolgen, so bedeutet das gleichwohl nicht, dass sich die Entscheidungsmaßstäbe nicht verändern. Vielmehr hat das Gericht in der jüngeren Vergangenheit auf allen Ebenen seine Rechtsprechung präzisiert und fortentwickelt.[209]

I. Eröffnung des Anwendungsbereichs: rückwirkende Gesetze

Schon der Begriff des rückwirkenden Gesetzes bedarf weiterer Erläuterung. Aus logischen Gründen kann Rückwirkung nicht eine tatsächliche Veränderung vergangener Zustände beschreiben. Kein Gesetz kann die tatsächlichen Geschehnisse der Vergangenheit ändern. Normen können erst mit ihrer Entstehung und Verkündung vom Bürger befolgt werden. Rückwirkende Gesetze können nur die rechtliche Bewertung eines vergangenen Sachverhalts ändern

---

[206] Dazu sogleich unter § 6 B. I.
[207] Dazu unter§ 6 B. II.
[208] Dazu unter § 6 B. III.
[209] Dazu im Einzelnen sogleich; mit Blick auf gemeinsame Entwicklungslinien zusammenfassend unter § 6 B. IV.

bzw. für die Anordnung von Rechtsfolgen in der Gegenwart und Zukunft an bereits (teilweise) verwirklichte Sachverhalte anknüpfen. Ihnen liegt damit – in unterschiedlichem Maße – stets auch ein fiktives Element zugrunde: Das Gesetz soll so angewendet werden, als wäre es auch schon in der Vergangenheit der rechtliche Maßstab gewesen. Dieser gedankliche Ausgangspunkt wurde insbesondere zu Beginn der modernen Diskussion um das Rückwirkungsverbot noch stark betont,[210] wird mittlerweile aber in der Regel als selbstverständlich vorausgesetzt.[211]

Auch das Bundesverfassungsgericht fragt nur danach, ob und in welchem Maß das in Rede stehende Gesetz Sachverhalte mit Vergangenheitsbezug einer neuen rechtlichen Bewertung zuführt. Dabei wendet es eine Kombination aus formalen und materiellen Kriterien an, wobei letztlich die materielle Abgrenzung entscheidend ist.

1. Rückwirkung im formalen Sinne

Ein Gesetz entfaltet zunächst im formalen Sinne Rückwirkung, wenn der besondere Vergangenheitsbezug des Gesetzes sich diesem ausdrücklich entnehmen lässt. Abhängig von den verschiedenen Arten der Rückwirkung kann das Gesetz entweder ausdrücklich Rechtswirkungen für Zeiträume vor seiner Verkündung anordnen (echte Rückwirkung in formaler Hinsicht) oder bei der Regelung zukünftiger Rechtsfolgen ausdrücklich auch bereits in der Vergangenheit begonnene Sachverhalte mit einschließen (unechte Rückwirkung in formaler Hinsicht).[212]

Besonders augenfällig ist eine solche formale Rückwirkung, wenn das Datum, an dem ein Gesetz in Kraft tritt, vor den Zeitpunkt der Verkündung zurückdatiert wird. So trat beispielsweise das am 11.2.2009 verkündete Dienstrechtsneuordnungsgesetz[213] (teilweise) bereits mit Wirkung zum 24.6.2005 in Kraft.[214] Als weiteres Beispiel aus der jüngeren Rechtsprechung des Bundesver-

---

[210] Vgl. z.B. *Meyer-Cording*, JZ 1952, 161, 161 f.; *Scheerbarth*, Die Anwendung von Gesetzen auf früher entstandene Sachverhalte, 1961, S. 8 ff.; *Kimminich*, JZ 1962, 518, 518.

[211] Ausdrücklich aufgegriffen z.B. noch von *Hahn*, Zur Rückwirkung im Steuerrecht, 1987, S. 24 f.; *K. Vogel*, FS Heckel, 1999, S. 875, 877 f.; *Berger*, Zulässigkeitsgrenzen der Rückwirkung von Gesetzen, 2002, S. 33; *Leisner-Egensperger*, Kontinuität als Verfassungsprinzip, 2002, S. 484; *Maurer*, HStR IV, 3. Auflage 2006, § 79 Rn. 17; *P. Kirchhof*, DStR 2015, 717, 717; *ders.*, in: Maunz/Dürig, GG, Art. 3 Abs. 1 Rn. 347; argumentativ wird der fiktive Charakter häufig insbesondere bei der echten Rückwirkung betont, vgl. z.B. *P. Kirchhof*, StuW 2000, 221, 222 f.; *von Arnauld*, Rechtssicherheit, 2006, S. 346 f.; *Osterloh*, StuW 2015, 201, 207; vgl. dazu im Detail noch unter § 6 B. II.

[212] Zu der ebenso sowohl auf formalen als auch auf materiellen Kriterien beruhenden Abgrenzung zwischen echter und unechter Rückwirkung im Detail noch unter § 6 B. II.

[213] Gesetz zur Neuordnung und Modernisierung des Bundesdienstrechts (Dienstrechtsneuordnungsgesetz – DNeuG), BGBl I 2009, S. 160.

[214] Vgl. im Einzelnen BVerfG, Beschluss v. 2.5.2012 – 2 BvL 5/10, BVerfGE 131, 20, juris Rn. 34 ff.; zu dieser Entscheidung im Detail noch unter § 6 B. I. 2. c) bb).

fassungsgerichts kann das am 21.7.2004 verkündete Rentenversicherungsnachhaltigkeitsgesetz[215] dienen, das für einzelne Bestimmungen bereits ein Inkrafttreten zum 7.5.1996 anordnete.[216]

Der gleiche Effekt wird erzielt, wenn das Gesetz zwar nicht zu einem vor der Verkündung liegenden Zeitpunkt in Kraft tritt, aber eine ausdrückliche zeitliche Anordnungsregel enthält, die seine Wirkung auch schon auf Zeiträume vor der Verkündung erstreckt. Eine solche Anordnung findet sich insbesondere in Steuergesetzen häufig. Schon die erste Grundsatzentscheidung zu einer rückwirkenden Steuernorm behandelte eine entsprechende Konstellation: Das Gesetz zur Ergänzung des Einkommensteuergesetzes und des Körperschaftsteuergesetzes vom 20.5.1952 (ESt- und KSt-Ergänzungsgesetz)[217] trat am 27.5.1952 in Kraft. Die in diesem Gesetz angeordnete Erhöhung der Körperschaftsteuersätze (§ 3 Nr. 1 ESt- und KSt-Ergänzungsgesetz) war indes bereits für den Veranlagungszeitraum 1951 und damit (echt) rückwirkend anzuwenden (§ 5 Abs. 1 S. 1 ESt- und KSt-Ergänzungsgesetz).[218] Vielfach findet sich in Steuergesetzen auch eine rückwirkende Anwendung einzelner Normen für alle noch änderbaren Steuerfestsetzungen. Aus der jüngeren Rechtsprechung kann insoweit exemplarisch auf die Regelungen im Gesetz über Kapitalanlagegesellschaften (KAGG) verwiesen werden, die Gegenstand der Entscheidung des Bundesverfassungsgerichts vom 17.12.2013[219] waren. Durch das sog. Korb II-Gesetz[220] wurde § 40a Abs. 1 S. 2 KAGG um einen Verweis auf § 8b Abs. 3 KStG ergänzt, um den steuerlichen Abzug von Teilwertabschreibungen auch für inländische Investmentgesellschaften auszuschließen.[221] Das Korb II-Gesetz sah in Art. 6 Abs. 2 vor, dass die Änderungen des KAGG am 31.12.2003 und damit wenige Tage nach seiner Verkündung am 27.12.2003 in Kraft treten soll. In § 43 Abs. 18 KAGG wurde allerdings gleichzeitig eine Anwendungsvorschrift eingeführt, nach der § 40a Abs. 1 S. 2 KAGG für alle Veranlagungszeiträume Anwendung findet, soweit entsprechende Steuerfestsetzungen noch nicht bestandskräf-

---

215 Gesetz zur Sicherung der nachhaltigen Finanzierungsgrundlagen der gesetzlichen Rentenversicherung (RV-Nachhaltigkeitsgesetz), BGBl I 2004, S. 1791.

216 Vgl. im Einzelnen BVerfG, Beschluss v. 21.7.2010 – 1 BvL 11/06, 1 BvL 12/06, 1 BvL 13/06, 1 BvR 2530/05, BVerfGE 126, 369, juris Rn. 20, 72; *Götz*, FG 25 Jahre BVerfG, 1976, Bd. 2, S. 421, 426 verweist als weiteres Beispiel aus der früheren Rechtsprechung des BVerfG auf das Vierte Rentenversicherungs-Änderungsgesetz vom 30.3.1973; vgl. BVerfG, Beschluss v. 25.6.1974 – 2 BvF 2/73, 2 BvF 3/73, BVerfGE 37, 363, juris Rn. 110.

217 Gesetz zur Ergänzung des Einkommensteuergesetzes und des Körperschaftsteuergesetzes vom 20.5.1952, BGBl I 1952, S. 302.

218 Vgl. BVerfG, Urteil v. 19.12.1961 – 2 BvL 6/59, BVerfGE 13, 261, juris Rn. 47.

219 Vgl. im Einzelnen BVerfG, Beschluss v. 17.12.2013 – 1 BvL 5/08, BVerfGE 135, 1, juris Rn. 3 f.

220 Gesetz zur Umsetzung der Protokollerklärung der Bundesregierung zur Vermittlungsempfehlung zum Steuervergünstigungsabbaugesetz vom 22. Dezember 2003, BGBl I 2003, S. 2840.

221 Zur einfachrechtlichen Problematik noch ausführlicher unter § 6 B. I. 2. c) bb).

tig sind. Damit galt die Neuregelung ausdrücklich auch für Veranlagungszeiträume, die vor der Verkündung des Gesetzes endeten,[222] und entfaltete mithin (echte) Rückwirkung im formalen Sinne.[223]

2. *Rückwirkung im materiellen Sinne*

Allein mit einem formalen Ansatz lassen sich Gesetze mit einem rechtfertigungsbedürftigen Vergangenheitsbezug allerdings nicht identifizieren. Entscheidend stellt das Bundesverfassungsgericht vielmehr auf eine materielle Betrachtung ab: Dem Rückwirkungsverbot unterliegen nur Gesetze, die eine für den Bürger nachteilige Rechtsänderung mit Vergangenheitsbezug herbeiführen.

a) *Erweiterung gegenüber dem formalen Rückwirkungsbegriff*

Der materielle Rückwirkungsbegriff ist zugleich weiter und enger als die formale Abgrenzung. Einerseits kann es Konstellationen geben, in denen ein Gesetz zwar in formaler Hinsicht keinen oder nur einen eingeschränkten Vergangenheitsbezug aufweist, aber gleichwohl materiell (in größerem Umfang) zurückwirkt. Dies ergibt sich meist aus dem Zusammenspiel mit verfahrensrechtlichen Regelungen.

Ein aktuelles Beispiel liefert der Beschluss des Bundesverfassungsgerichts vom 12.11.2015:[224] Das Kommunalabgabengesetz für das Land Brandenburg (KAG Bbg) sah in §8 Abs.7 S.2 KAG Bbg vor, dass die sachliche Beitragspflicht für Anschlussbeiträge frühestens mit dem Inkrafttreten der entsprechenden kommunalen Satzung entsteht. Dabei kam es nach der Rechtsprechung des Oberverwaltungsgerichts Brandenburg[225] nicht darauf an, ob die Satzung rechtswirksam aufgestellt wurde. Auch eine nichtige Satzung führte dazu, dass die sachliche Beitragspflicht entsteht und damit insbesondere auch die abgabenrechtliche Festsetzungsverjährung beginnt (§12 Abs.1 Nr.4 b) KAG Bbg i.V.m. §170 Abs.1 AO). Erwies sich eine Satzung als nichtig, blieben der Gemeinde damit nur vier Jahre (§12 Abs.1 Nr.4 b) KAG Bbg i.V.m. §169 Abs.2 Nr.2 AO) Zeit, um eine rechtswirksame Satzung (in der Regel rückwirkend auf den Zeitpunkt der nichtigen Satzung) zu erlassen und die entstandenen Beiträge auf dieser Grundlage zu erheben (vgl. auch §2 Abs.1 S.1 KAG Bbg). Häufig stellte sich die Nichtigkeit von Satzungen erst nach Ablauf dieser Frist heraus,

[222] Zum Ablauf des Veranlagungszeitraums als maßgeblichem Abgrenzungskriterium zwischen echter und unechter Rückwirkung bei periodischen Steuern noch unter §6 B. II.

[223] Ebenso BVerfG, Beschluss v. 17.12.2013 – 1 BvL 5/08, BVerfGE 135, 1, juris Rn.43; mittlerweile hat der BFH auch eine Sachverhaltskonstellation vorgelegt, in der §40a Abs.1 S.2 KAGG formal unechte Rückwirkung entfaltet; BFH, Vorlagebeschluss v. 23.10.2019 – XI R 43/18, DStR 2020, 538, juris Rn.38ff.; anhängig beim BVerfG unter Az. 2 BvL 2/20.

[224] BVerfG, Beschluss v. 12.11.2015 – 1 BvR 2961/14, 1 BvR 3051/14, NVwZ 2016, 300.

[225] OVG BB, Urteil v. 8.6.2000 – 2 D 29/98.NE, LKV 2001, 132, juris Rn.43ff.; OVG BB, Urteil v. 3.12.2003 – 2 A 733/03, LKV 2004, 555, juris Rn.24.

sodass entsprechende Anschlussbeiträge wegen der bereits eingetretenen Festsetzungsverjährung nicht mehr erhoben werden konnten.

Durch das Zweite Gesetz zur Entlastung der Kommunen von pflichtigen Aufgaben vom 17.12.2003[226] wurde § 8 Abs. 7 S. 2 KAG Bbg mit Wirkung zum 1.2.2004 dahingehend geändert, dass die sachliche Beitragspflicht frühestens mit dem Erlass einer rechtswirksamen Satzung entsteht. Damit bleibt den Gemeinden grundsätzlich unbegrenzt Zeit, um eine rechtsunwirksame Satzung durch eine rechtswirksame Satzung zu ersetzen, weil erst letztere zu einem Beginn der Festsetzungsverjährung führt. Die Neuregelung entfaltete in formaler Hinsicht keine Rückwirkung. Weder trat die Regelung vor ihrer Verkündung in Kraft, noch enthielt sie einen ausdrücklichen Vergangenheitsbezug. Gleichwohl wurde durch den veränderten zeitlichen Bezugspunkt auch die Rechtslage für Altfälle verändert, in denen bisher nur eine unwirksame Satzung vorlag und die Festsetzungsfrist seit dem Erlass dieser Satzung bereits abgelaufen war. Hier ergab sich für die Gemeinden nun erstmals die Möglichkeit, die Anschlussbeiträge auf Grundlage einer neu erlassenen rechtswirksamen Satzung noch zu erheben. Aus der Perspektive der betroffenen Bürger stellt dies eine erhebliche Verschlechterung ihrer in der Vergangenheit wurzelnden Rechtsposition und damit bei materieller Betrachtung eine (echte) Rückwirkung dar. Das Bundesverfassungsgericht hat die Neuregelung dementsprechend an den Grenzen des Rückwirkungsverbots gemessen.[227]

Ähnliche Effekte ergeben sich im Steuerrecht durch die neu geschaffene Korrekturvorschrift des § 32a Abs. 1 S. 1 KStG: Danach kann immer dann, wenn auf Ebene einer Körperschaft eine Steuerfestsetzung wegen einer verdeckten Gewinnausschüttung erlassen, aufgehoben oder geändert wird, auch die Steuerfestsetzung des Gesellschafters, dem die verdeckte Gewinnausschüttung zuzurechnen ist, korrigiert werden. Der Ablauf der Festsetzungsfrist für die Steuerfestsetzung des Gesellschafters ist insoweit nach § 32a Abs. 1 S. 2 KStG bis zum Ablauf eines Jahres nach Unanfechtbarkeit des Steuerbescheids der Körperschaft gehemmt.[228] Die Vorschrift wurde durch das Jahressteuergesetz 2007 vom 13.12.2006 (JStG 2007)[229] eingeführt und war nach § 34 Abs. 13b S. 1 KStG i. d. F. JStG 2007 erstmals anzuwenden, wenn nach dem 18.12.2006 ein Steuerbescheid erlassen, aufgehoben oder geändert wird. Nach § 34 Abs. 13b S. 2 KStG

[226] Zweites Gesetz zur Entlastung der Kommunen von pflichtigen Aufgaben vom 17. Dezember 2003, GVBl. I 2003, S. 294.

[227] Vgl. im Detail BVerfG, Beschluss v. 12.11.2015 – 1 BvR 2961/14, 1 BvR 3051/14, NVwZ 2016, 300, juris Rn. 44 ff.; nochmals bestätigt durch BVerfG, Beschluss v. 10.5.2016 – 1 BvR 2322/14, NVwZ-RR 2016, 721, juris Rn. 15.

[228] Nach § 32a Abs. 2 S. 1 KStG kann umgekehrt die Festsetzung der Körperschaft geändert werden, wenn gegenüber einem Gesellschafter eine Steuerfestsetzung wegen einer an die Körperschaft geleisteten verdeckten Einlage erlassen oder geändert wird. In § 32a Abs. 2 S. 2 KStG ist eine entsprechende Ablaufhemmung vorgesehen.

[229] Jahressteuergesetz 2007 v. 13.12.2006 (BGBl I 2006, S. 2878).

i. d. F. JStG 2007 konnten allerdings auch solche Steuerfestsetzungen gegenüber der Gesellschaft geändert werden, die bereits vor dem 18.12.2006 erlassen worden waren. Durch diesen ausdrücklichen Vergangenheitsbezug entfaltete die Norm zwar schon in formaler Hinsicht unechte Rückwirkung.[230] Die Reichweite dieses Vergangenheitsbezugs zeigt sich aber erst unter dem Blickwinkel des materiellen Rückwirkungsbegriffs: Da die neu geschaffene Ablaufhemmung in §32a Abs. 1 S. 2 KStG auch Fälle betrifft, in denen die Festsetzungsfrist für den Steuerbescheid des Gesellschafters am 18.12.2006 schon abgelaufen war, erfasst §32a Abs. 1 S. 1 auch abgeschlossene Sachverhalte und führt damit aus materieller Perspektive zu einer echten Rückwirkung.[231]

b) Begrenzung gegenüber dem formalen Rückwirkungsbegriff

Andererseits beeinträchtigt nicht jede formal rückwirkende Regelung das Vertrauensschutzinteresse des Bürgers.

aa) Begünstigende Gesetze

Dies gilt zunächst für begünstigende Gesetze.[232] Das Rückwirkungsverbot bildet nach seiner historischen Entwicklung[233] und seiner dogmatischen Fundierung (auch) in den Grundrechten des Einzelnen keine objektive Schranke. Gesetzgeberisches Handeln mit Vergangenheitsbezug ist nicht per se unzulässig, sondern nur wenn und soweit es individuelle Rechtspositionen beeinträchtigt. Der Bürger vertraut auf die Beständigkeit des Rechts gerade deshalb, weil das Recht den Rahmen für die Ausübung seiner Freiheit bildet. Wenn der Handlungsrahmen erweitert wird, wird dieses Vertrauen nicht erschüttert. Vor einer rückwirkenden Verbesserung seiner Rechtsposition muss der Einzelne nicht geschützt werden. Auch diejenigen Bürger, auf die das rückwirkende Gesetz keine Anwendung findet, werden nicht in ihrem Vertrauen auf die Beständigkeit des Rechts enttäuscht. Zwar verschlechtert sich ihre Rechtsposition im Vergleich zu den rückwirkend Begünstigten. Ihre individuelle Handlungsfreiheit wird aber nicht beschränkt. Die relative Schlechterstellung durch eine selektive rückwir-

---

[230] Vgl. auch BFH, Beschluss v. 29.8.2012 – VIII B 45/12, BFHE 238, 187 = BStBl II 2012, 839, juris Rn. 20f.

[231] So auch BFH, Urteil v. 16.12.2014 – VIII R 30/12, BFHE 248, 325 = BStBl II 2015, 858, juris Rn. 30ff.; FG Köln, Vorlagebeschluss v. 20.4.2016 – 4 K 2717/09, EFG 2016, 975, juris Rn. 54f.; anhängig unter Az. 2 BvL 7/16.

[232] St. Rspr., vgl. nur BVerfG, Beschluss v. 14.3.1963 – 1 BvL 28/62, BVerfGE 15, 313, juris Rn. 28; BVerfG, Beschluss v. 14.3.1963 – 1 BvL 28/62, BVerfGE 15, 313, juris Rn. 29; BVerfG, Beschluss v. 7.2.1968 – 1 BvR 628/66, BVerfGE 23, 85, juris Rn. 32; BVerfG, Beschluss v. 26.1.1971 – 2 BvL 2/68, BVerfGE 30, 129, juris Rn. 41; BVerfG, Beschluss v. 17.1.1979 – 1 BvR 446/77, 1 BvR 1174/77, BVerfGE 50, 177, juris Rn. 49; BVerfG, Beschluss v. 16.5.1996 – 1 BvR 473/65, 1 BvR 578/65, BVerfGE 20, 52, juris Rn. 10.

[233] Siehe dazu bereits oben unter §6 A. I.

kend begünstigende Norm kann allenfalls gegen den Gleichbehandlungsgrundsatz (Art. 3 GG) verstoßen.[234] Diese Maßstäbe lassen sich für das Steuerrecht an der ersten Entscheidung des Bundesverfassungsgerichts zu einem rückwirkenden Nichtanwendungsgesetz illustrieren:

Durch Art. 1 Nr. 8 des Steueränderungsgesetzes 1960 (StÄndG 1960) vom 30.7.1960[235] wurde die Definition der freiberuflichen Tätigkeit in § 18 Abs. 1 Nr. 1 EStG um die auch heute noch gültigen Sätze 3 und 4 ergänzt. Danach darf ein Angehöriger eines freien Berufs auch auf die Mithilfe fachlich vorgebildeter Arbeitskräfte zurückgreifen, solange er noch auf Grund eigener Fachkenntnisse leitend und eigenverantwortlich tätig ist. Eine vorübergehende Vertretung steht einer leitenden und eigenverantwortlichen Tätigkeit nicht entgegen. Mit dieser Neuregelung wurde die bis dahin von Rechtsprechung und Finanzverwaltung angewendete sog. Vervielfältigungstheorie abgelöst.[236] Danach erzielte ein grundsätzlich freiberuflich tätiger Steuerpflichtiger dann Einkünfte aus Gewerbebetrieb, wenn er durch den Einsatz qualifizierter Hilfskräfte seine Arbeitskraft vervielfachte oder seine Tätigkeit ersetzte.[237] Bereits die Beschäftigung von mehr als einem qualifizierten Mitarbeiter konnte zu einer Umqualifikation der Einkünfte und damit zu einer Belastung des Gewinns mit Gewerbesteuer führen.[238] Die im Vergleich zur Vervielfältigungstheorie deutlich günstigere Regelung in § 18 Abs. 1 Nr. 1 S. 3 und 4 EStG war nach Art. 2 Abs. 7 StÄndG 1960 erstmals für den Veranlagungszeitraum 1955 anwendbar, soweit nicht rechtskräftige Veranlagungen vorlagen.

Der Bundesfinanzhof sah in dieser rückwirkenden Begünstigung einen Verstoß gegen das Rückwirkungsverbot. Die Steuerpflichtigen, die gegen ihre Ver-

---

[234] Vgl. auch *Dürig/Scholz*, in: Maunz/Dürig, GG, Art. 3 Rn. 221 (Stand: 74. EL 5/2015) sowie nunmehr *P. Kirchhof*, in: Maunz/Dürig, GG, Art. 3 Abs. 1 Rn. 346, die das Rückwirkungsverbot insgesamt aus dem Gleichheitsgrundsatz begründen und auf dieser Basis dann auch begünstigende rückwirkende Normen als grundsätzlich verfassungsrechtlich bedenklich ansehen. Umgekehrt kann ein rückwirkend begünstigendes Gesetz auch eine bestehende verfassungswidrige Ungleichbehandlung zugunsten der bisher benachteiligten Bürger auch mit Wirkung für die Vergangenheit beseitigen. Dann ist die rückwirkende Begünstigung Einzelner nicht nur verfassungsrechtlich zulässig, sondern sogar ein Weg, um den verfassungsrechtlich gebotenen Rechtszustand herzustellen; vgl. dazu *Pieroth*, Rückwirkung und Übergangsrecht, 1981, S. 40f.

[235] Gesetz zur Änderung des Einkommensteuergesetzes, des Körperschaftsteuergesetzes, des Gewerbesteuergesetzes und des Wohnungsbau-Prämiengesetzes (Steueränderungsgesetz 1960) vom 30.7.1960, BGBl I 1960, S. 616.

[236] Zur entsprechenden Zielsetzung des Gesetzes siehe BT-Drs. 3/1811, S. 11f.

[237] Siehe nur BFH, Urteil v. 29.1.1952 – I 65/51 U, BFHE 56, 252 = BStBl III 1952, 99, juris Rn. 7f.; BFH, Urteil v. 2.10.1952 – IV 474/51 U, BFHE 56, 749 = BStBl III 1952, 287, juris Rn. 4; BFH, Urteil v. 15.10.1953 – IV 221/52 U, BFHE 58, 180 = BStBl III 1953, 361, juris Rn. 14 jew. m. w. N. auf die schon vom RFH begründete ständige Rechtsprechung.

[238] Vgl. z. B. BFH, Urteil v. 29.1.1952 – I 65/51 U, BFHE 56, 252 = BStBl III 1952, 99, juris Rn. 8; BFH, Urteil v. 15.10.1953 – IV 221/52 U, BFHE 58, 180 = BStBl III 1953, 361, juris Rn. 15.

anlagung unter Anwendung der Vervielfältigungstheorie keinen Einspruch eingelegt hatten, hätten darauf vertraut, dass der Gesetzgeber nicht rückwirkend eine günstigere Regelung treffen würde bzw. eine solche Regelung nicht abhängig vom jeweiligen Verfahrensstand machen würde.[239] Das Bundesverfassungsgericht folgte dieser Argumentation nicht. Inhalt des verfassungsrechtlichen Vertrauensschutzes sei nur, dass die Rechtsposition des Steuerpflichtigen nachträglich nicht verschlechtert wird. Die Neuregelung in § 18 Abs. 1 Nr. 1 S. 3 und 4 EStG führe aber im Rahmen ihres Anwendungsbereichs zu einer Milderung der steuerlichen Belastung.[240] Für diejenigen Steuerpflichtigen, deren Veranlagung bereits rechtskräftig erfolgt sei und die daher nicht von der Neuregelung profitierten, liege allenfalls eine relative Schlechterstellung vor.[241] Diese maß das Gericht am Gleichbehandlungsgrundsatz, sah aber für die Differenzierung zwischen rechtskräftigen und nicht rechtskräftigen Veranlagungen hinreichende Rechtfertigungsgründe.[242]

bb) Deklaratorische Gesetze

Ebenso wenig wie begünstigende Regelungen beeinträchtigen sog. deklaratorische Gesetze, die lediglich die bereits geltende Rechtslage festschreiben, das Vertrauensschutzinteresse des Steuerpflichtigen. Die Handlungsmöglichkeiten des Steuerpflichtigen werden nicht beschränkt, wenn das rückwirkende Gesetz nur das wiederholt, was auch schon bisher verbindlich für ihn galt.[243] Es ergibt sich auch keine relative Verschlechterung seiner Position, da niemand durch die gesetzliche Regelung begünstigt wird. Eine deklaratorische Regelung mag man sogar in gewisser Hinsicht als vorteilhaft für den Steuerpflichtigen erachten, weil sie die Rechtsklarheit verbessert und eine eindeutige Dispositionsgrundlage schafft. In der Regel wird der Steuerpflichtige Dispositionsentscheidungen aber nicht mehr mit Wirkung für die Vergangenheit ändern können.[244] Der Vorteil einer gesteigerten Rechtsklarheit kann sich dann allenfalls für Dispositionen in zukünftigen Veranlagungszeiträumen ergeben, wenn das Gesetz auch für

[239] BFH, Beschluss v. 2.8.1962 – IV 255/58 U, BFHE 75, 418 = BStBl III 1962, 420, juris Rn. 19.

[240] BVerfG, Beschluss v. 14.3.1963 – 1 BvL 28/62, BVerfGE 15, 313, juris Rn. 28.

[241] BVerfG, Beschluss v. 14.3.1963 – 1 BvL 28/62, BVerfGE 15, 313, juris Rn. 29.

[242] BVerfG, Beschluss v. 14.3.1963 – 1 BvL 28/62, BVerfGE 15, 313, juris Rn. 21 ff.

[243] Gleiches gilt, wenn eine Neuregelung zwar zu einer Verschärfung der Rechtslage führt, der Steuerpflichtige aber kein Adressat dieser Regelung ist; vgl. zur fehlenden Betroffenheit einer Kapitalgesellschaft durch die Feststellung des steuerlichen Einlagekontos i. S. d. § 27 KStG BFH, Urteil v. 19.7.2017 – I R 96/15, BFH/NV 2018, 237, juris Rn. 29.

[244] Unter Umständen kann der Steuerpflichtige vergangene Dispositionsentscheidungen noch (teilweise) korrigieren, indem er ein steuerliches Wahlrecht wahrnimmt oder ein sowohl zivilrechtlich als auch steuerrechtlich zurückwirkendes Gestaltungsmittel (bspw. die Anfechtung einer Willenserklärung) ausübt. Solche Gestaltungsmöglichkeiten werden sich aber nur in atypischen Fällen ergeben.

diese Zeiträume noch gilt. Für den Rückwirkungszeitraum bleibt es dabei, dass das deklaratorische Gesetz die Rechtsstellung des Steuerpflichtigen jedenfalls nicht verschlechtert und daher ebenso wie eine begünstigende Regelung nicht am Rückwirkungsverbot gemessen werden muss.

Dass deklaratorische Gesetze die verfassungsrechtliche Position des Bürgers nicht beeinträchtigen, hat das Bundesverfassungsgericht schon in einer seiner ersten Entscheidungen herausgearbeitet: Im Urteil vom 18.3.1953[245] musste es sich mit einer Kürzung der Ruhestandspensionen von Beamten des Bundeslands Rheinland-Pfalz für die Zeit nach Ende des Zweiten Weltkriegs bis zum 31.12.1949 auseinandersetzen. Die Kürzung wurde erstmals im Rahmen des sog. Märzgesetzes vom 10.3.1950[246] in einem Landesgesetz thematisiert. Das Bundesverfassungsgericht stellte aber fest, dass die Pensionen auf Anweisung der Besatzungsmächte bereits im Jahr 1946 durch Verfügungen von Exekutivorganen rechtswirksam gekürzt worden waren.[247] Da das Märzgesetz damit nur die bereits bestehende Rechtslage wiederholte, konnte es keine Grundrechte der pensionierten Beamten verletzen.[248] Wenig später übertrug das Gericht diesen Gedanken in einer Entscheidung zu versorgungsrechtlichen Ansprüchen von Angestellten, die von der britischen Militärregierung entlassen worden waren, auf Art. 14 GG: Da die entsprechenden Angestelltenverhältnisse mit der Entlassung wirksam beendet worden waren, konnte ein später erlassenes Gesetz nicht mehr zu einer Enteignung in Bezug auf etwaige versorgungsrechtliche Ansprüche für die Zeit nach der Entlassung führen.[249] Im Jahr 1960 fügte das Gericht die Unbedenklichkeit deklaratorischer Gesetze sodann in seine Rechtsprechung zum Rückwirkungsverbot ein: Die rückwirkende Abschaffung einer besonderen Entschädigung für die Witwen ehemaliger Wehrmachtsangehöriger durch das sog. Niedersächsische Dritte Maßnahmengesetz vom 14.9.1954[250] mit Wirkung vom 1.3.1951 verstieß nicht gegen das Rückwirkungsverbot, weil die entsprechende Regelung zur Witwenabfindung bereits durch das Kontrollratsgesetz Nr. 34 vom 20.8.1946[251] außer Kraft gesetzt worden war.[252]

In der Folge hat das Bundesverfassungsgericht den Ausschluss deklaratorischer Gesetze vom Rückwirkungsverbot mehrfach bestätigt.[253] Wenn es von

---

245 BVerfG, Urteil v. 18.3.1953 – 1 BvL 11/51, BVerfGE 2, 181.

246 Landesgesetz über den Wegfall von Kürzungen der Versorgungsbezüge v. 10.3.1950, GVBl. I 1950, S. 75.

247 BVerfG, Urteil v. 18.3.1953 – 1 BvL 11/51, BVerfGE 2, 181, juris Rn. 58 ff.

248 BVerfG, Urteil v. 18.3.1953 – 1 BvL 11/51, BVerfGE 2, 181, juris Rn. 55, 128.

249 BVerfG, Urteil v. 17.12.1953 – 1 BvL 59/52, BVerfGE 3, 187, juris Rn. 49; vgl. auch schon BVerfG, Urteil v. 1.7.1953 – 1 BvL 23/51, BVerfGE 2, 380, juris Rn. 33.

250 Drittes Gesetz über Maßnahmen auf dem Gebiete des Besoldungs- und Versorgungsrechts v. 14.9.1954, GVBl. 1954, S. 93.

251 Kontrollratsgesetz Nr. 34 (Auflösung der Wehrmacht) v. 20.8.1946, ABlKR S. 172.

252 BVerfG, Beschluss v. 23.2.1960 – 2 BvL 8/59, BVerfGE 10, 332, juris Rn. 23, 40.

253 BVerfG, Beschluss v. 14.11.1961 – 2 BvL 15/59, BVerfGE 13, 206, juris Rn. 39 ff.; BVerfG, Beschluss v. 31.3.1965 – 2 BvL 17/63, BVerfGE 18, 429, juris Rn. 31; BVerfG, Be-

einer bloßen Wiedergabe der bisherigen Rechtslage ausging, nahm es keine weitere Rückwirkungsprüfung mehr vor.[254] Teilweise ließ es die Einstufung einer Norm als deklaratorisch oder konstitutiv auch dahinstehen, wenn eine konstitutive Rückwirkung der Norm jedenfalls gerechtfertigt war.[255]

c) Entscheidung über den konstitutiv belastenden Charakter einer Norm

Eine Norm mit Vergangenheitsbezug unterliegt also immer dann besonderen Rechtfertigungsbedingungen, wenn sie die Rechtslage konstitutiv für den Bürger verschlechtert. Der Blick richtet sich bei der Prüfung des verfassungsrechtlichen Rückwirkungsverbots zunächst auf die einfachgesetzliche Rechtslage. Damit berühren sich gleichzeitig die Kompetenzen des Bundesverfassungsgerichts und der Fachgerichte:

aa) Kompetenzverteilung zwischen Fachgerichten und Bundesverfassungsgericht

Es wurde bereits oben gezeigt, dass die Rechtslage durch ein Zusammenspiel des abstrakt-generellen und damit notwendigerweise auslegungsbedürftigen Gesetzes mit der Rechtsprechung, die dieses Gesetz in konkret-individueller und abstrakt-genereller Weise konkretisiert, herausgebildet wird.[256] Die Gewaltenteilung des Grundgesetzes macht es zur Aufgabe der Rechtsprechung, das Recht verbindlich auszulegen.[257] Dabei besteht eine funktionale Aufgaben-

schluss v. 15.11.1967 – 2 BvL 7/64, 2 BvL 20/64, 2 BvL 22/64, BVerfGE 22, 330, juris Rn. 57; BVerfG, Urteil v. 7.5.1969 – 2 BvL 15/67, BVerfGE 25, 371, juris Rn. 63 f.; BVerfG, Beschluss v. 21.1.1970 – 2 BvL 27/63, BVerfGE 27, 364, juris Rn. 11; BVerfG, Beschluss v. 12.1.1971 – 2 BvL 2/65, BVerfGE 30, 68, juris Rn. 21; BVerfG, Beschluss v. 20.10.1971 – 1 BvR 757/66, BVerfGE 32, 111, juris Rn. 38; BVerfG, Beschluss v. 17.1.1979 – 1 BvR 446/77, 1 BvR 1174/77, BVerfGE 50, 177, juris Rn. 49; BVerfG, Nichtannahmebeschluss v. 4.10.1995 – 1 BvR 1881/95, WM 1995, 2004, juris Rn. 8 f.; BVerfG, Beschluss v. 12.3.1996 – 1 BvR 609/90, 1 BvR 692/90, BVerfGE 94, 241, juris Rn. 51; BVerfG, Beschluss v. 8.4.1998 – 1 BvR 1680/93, 1 BvR 183/94, 1 BvR 1580/94, BVerfGE 98, 17, juris Rn. 74; BVerfG, Nichtannahmebeschluss v. 15.2.2001 – 2 BvR 1319/96, NJW 2001, 2323, juris Rn. 6; BVerfG, Beschluss v. 21.7.2010 – 1 BvL 11/06, 1 BvL 12/06, 1 BvL 13/06, 1 BvR 2530/05, BVerfGE 126, 369, juris Rn. 74; BVerfG, Beschluss v. 2.5.2012 – 2 BvL 5/10, BVerfGE 131, 20, juris Rn. 67; BVerfG, Beschluss v. 17.12.2013 – 1 BvL 5/08, BVerfGE 135, 1, juris Rn. 45.

[254] BVerfG, Urteil v. 7.5.1969 – 2 BvL 15/67, BVerfGE 25, 371, juris Rn. 63 f.; BVerfG, Beschluss v. 21.1.1970 – 2 BvL 27/63, BVerfGE 27, 364, juris Rn. 11; BVerfG, Beschluss v. 12.1.1971 – 2 BvL 2/65, BVerfGE 30, 68, juris Rn. 21; BVerfG, Beschluss v. 12.3.1996 – 1 BvR 609/90, 1 BvR 692/90, BVerfGE 94, 241, juris Rn. 51; BVerfG, Nichtannahmebeschluss v. 15.2.2001 – 2 BvR 1319/96, NJW 2001, 2323, juris Rn. 6.

[255] BVerfG, Beschluss v. 17.1.1979 – 1 BvR 446/77, 1 BvR 1174/77, BVerfGE 50, 177, juris Rn. 50; BVerfG, Beschluss v. 18.2.2009 – 1 BvR 3076/08, BVerfGE 122, 374, juris Rn. 43 ff.; BVerfG, Beschluss v. 21.7.2010 – 1 BvL 11/06, 1 BvL 12/06, 1 BvL 13/06, 1 BvR 2530/05, BVerfGE 126, 369, juris Rn. 74.

[256] Siehe bereits ausführlich unter § 4 C. I. 2.

[257] Siehe bereits ausführlich unter § 4 C. II., III.

teilung zwischen den Fachgerichten und dem Bundesverfassungsgericht: Über verfassungsrechtliche Zweifelsfragen entscheidet (nur)[258] das Bundesverfassungsgericht letztverbindlich. Demgegenüber ist es primär Aufgabe der Fachgerichte, das einfache Recht auszulegen. Das Bundesverfassungsgericht hinterfragt in der Regel nur, ob die Ergebnisse der Fachgerichte die Reichweite betroffener Grundrechte nicht grundsätzlich verkennen, sich noch im Rahmen einer vertretbaren Auslegung bewegen und die Grenzen richterlicher Rechtsfortbildung wahren.[259] Es findet also grundsätzlich keine (erneute) Vollprüfung des einfachen Rechts statt, sondern das Bundesverfassungsgericht untersucht Entscheidungen von Fachgerichten nur auf spezifische Verfassungsverstöße. Nur wenn diese ihre verfassungsmäßigen Kompetenzen überschreiten und beispielsweise durch eine völlig von den gesetzlichen Grundlagen gelöste Rechtsprechung einem Normgeber gleich agieren, korrigiert das Bundesverfassungsgericht die einfachgesetzliche Auslegung.

Wenn das Bundesverfassungsgericht hingegen auf Vorlage eines Fachgerichts im Rahmen eines konkreten Normenkontrollverfahrens über die Verfassungskonformität einer Norm entscheidet (Art. 100 GG) kann es unter Umständen gezwungen sein, selbst das einfache Recht auszulegen: Da der Ausspruch der Verfassungswidrigkeit mit Wirkung *erga omnes* erfolgt, muss sichergestellt sein, dass der verfassungsrechtlichen Prüfung keine einseitige (wenn auch noch vertretbare) Auslegung der Norm zugrunde gelegt wird. Dies gilt insbesondere, wenn die gesetzliche Regelung von den Fachgerichten nicht einheitlich ausgelegt wird. Das Bundesverfassungsgericht ist daher an die Auslegung des vorlegenden Gerichts nicht gebunden, sondern kann entscheidungserhebliche Vorfragen des einfachen Rechts selbst in vollem Umfang prüfen.[260] Es bleibt dem Bundesverfassungsgericht dabei unbenommen, die Deutung des vorlegenden Gerichts zu übernehmen, wenn keine Zweifel an deren Richtigkeit bestehen.

Das Bundesverfassungsgericht hat diese eigene Prüfungskompetenz jahrzehntelang auch für die Entscheidung in Anspruch genommen, ob eine Norm

[258] Auch Fachgerichte müssen zwar die Gültigkeit einer von ihnen anzuwendenden Norm prüfen, wenn der zu entscheidende Fall Anlass dazu gibt. Sind sie von einem Verstoß gegen Verfassungsrecht überzeugt, müssen sie aber das Verfahren aussetzen und eine Entscheidung des Bundesverfassungsgerichts einholen (Art. 100 GG). Nur das Bundesverfassungsgericht kann die betreffende Norm dann für verfassungswidrig erklären. Die Fachgerichte nehmen also durchaus eine Inzidentkontrolle der von ihnen angewendeten Gesetze vor, das Verwerfungsmonopol liegt aber beim Bundesverfassungsgericht.

[259] Ständige Rspr., vgl. nur BVerfG, Beschluss v. 12.11.1997 – 1 BvR 479/92, 1 BvR 307/94, BVerfGE 96, 375, juris Rn. 52 ff.; BVerfG, Urteil v. 7.6.2005 – 1 BvR 1508/96, BVerfGE 113, 88, juris Rn. 37; BVerfG, Beschluss v. 15.1.2009 – 2 BvR 2044/07, BVerfGE 122, 248, juris Rn. 37; BVerfG, Beschluss v. 17.12.2013 – 1 BvL 5/08, BVerfGE 135, 1, juris Rn. 50 jew. m. w. N.

[260] Ständige Rspr., vgl. nur BVerfG, Urteil v. 18.3.1953 – 1 BvL 11/51, BVerfGE 2, 181, juris Rn. 56; BVerfG, Beschluss v. 9.6.1964 – 2 BvL 9/62, BVerfGE 18, 70, juris Rn. 34; BVerfG, Beschluss v. 19.6.1979 – 2 BvL 14/75, BVerfGE 51, 304, juris Rn. 27; BVerfG, Beschluss v. 5.6.1998 – 2 BvL 2/97, BVerfGE 98, 145, juris Rn. 33; BVerfG, Beschluss v. 17.12.2013 – 1 BvL 5/08, BVerfGE 135, 1, juris Rn. 51 jew. m. w. N.

mit Vergangenheitsbezug lediglich deklaratorisch die bisherige Rechtslage wiedergibt oder konstitutiv eine Belastung für den Bürger schafft. Es ermittelte durch Auslegung die einfachgesetzliche Rechtslage mit und ohne die potenziell rückwirkende Norm. Häufig schloss es sich dabei der Deutung des vorlegenden Fachgerichts an.[261] Teilweise nahm es aber auch eine eigenständige Interpretation mit Rückgriff auf verschiedene Auslegungsmethoden vor.[262]

Als Beispiel aus dem Steuerrecht kann insoweit auf die Entscheidung des Bundesverfassungsgerichts über das Zusatzprotokoll zum Doppelbesteuerungsabkommen zwischen Deutschland und der Schweiz verwiesen werden.[263] Das Zusatzprotokoll wurde am 9.9.1957 beschlossen und trat mit Vertragsgesetz vom 5.3.1959[264] in Deutschland am 20.4.1959 in Kraft.[265] Es sah in Abschnitt II Nr. 14 als Ergänzung des bisherigen Abkommens vor, dass nach dem Doppelbesteuerungsabkommen freigestellte Einkünfte vom Ansässigkeitsstaat bei der Veranlagung im Rahmen eines Progressionsvorbehalts einbezogen werden können. Dieser Progressionsvorbehalt war nach Abschnitt IV Abs. 3 S. 1 des Zusatzprotokolls auf alle Steuern anzuwenden, die nach dem 31.12.1956 erhoben werden. Der Bundesfinanzhof musste auf dieser Grundlage über einen Fall entscheiden, in dem der Einkommensteuersatz eines in Deutschland unbeschränkt einkommensteuerpflichtigen Arbeitnehmers für die Veranlagungszeiträume 1957 und 1958 unter Einbeziehung seiner in der Schweiz erzielten und nach dem Doppelbesteuerungsabkommen freigestellten Einkünfte ermittelt worden war. Der dem Verfahren beigetretene Bundesfinanzminister führte aus, die Finanzbehörden seien auch schon vor Inkrafttreten des Zusatzprotokolls berechtigt gewesen, nach dem Doppelbesteuerungsabkommen freigestellte Einkünfte bei der Ermittlung des Steuersatzes einzubeziehen: Dem deutschen Einkommensteuerrecht liege insgesamt das Welteinkommensprinzip zugrunde, weshalb der

---

261 Vgl. z. B. BVerfG, Urteil v. 1.7.1953 – 1 BvL 23/51, BVerfGE 2, 380, juris Rn. 34 ff.; BVerfG, Beschluss v. 31.3.1965 – 2 BvL 17/63, BVerfGE 18, 429, juris Rn. 32 ff.; BVerfG, Beschluss v. 12.1.1971 – 2 BvL 2/65, BVerfGE 30, 68, juris Rn. 21; BVerfG, Beschluss v. 22.3.1983 – 2 BvR 475/78, BVerfGE 63, 343, juris Rn. 40; BVerfG, Nichtannahmebeschluss v. 5.8.2009 – 2 BvR 2098/08, 2 BvR 2633/08, NJW 2010, 1514, juris Rn. 31; BVerfG, Nichtannahmebeschluss v. 16.2.2012 – 1 BvR 127/10, BFH/NV, 545, juris Rn. 19 ff.

262 Vgl. z. B. BVerfG, Urteil v. 24.7.1968 – 1 BvR 537/65, BVerfGE 24, 75, juris Rn. 43 ff.; BVerfG, Beschluss v. 23.3.1971 – 2 BvL 2/66, 2 BvR 168/66, 2 BvR 196/66, 2 BvR 197/66, 2 BvR 210/66, 2 BvR 472/66, BVerfGE 30, 367, juris Rn. 55 ff.; BVerfG, Beschluss v. 8.4.1998 – 1 BvR 1680/93, 1 BvR 183/94, 1 BvR 1580/94, BVerfGE 98, 17, juris Rn. 74 f.

263 BVerfG, Beschluss v. 10.3.1971 – 2 BvL 3/68, BVerfGE 30, 272.

264 Gesetz zu dem Zusatzprotokoll vom 9. September 1957 zum Abkommen vom 15. Juli 1931 zwischen dem Deutschen Reiche und der Schweizerischen Eidgenossenschaft zur Vermeidung der Doppelbesteuerung auf dem Gebiete der direkten Steuern und der Erbschaftsteuern vom 5.3.1959, BGBl II 1959, S. 182.

265 Bekanntmachung über das Inkrafttreten Zusatzprotokoll vom 9. September 1957 zum Abkommen vom 15. Juli 1931 zwischen dem Deutschen Reiche und der Schweizerischen Eidgenossenschaft zur Vermeidung der Doppelbesteuerung auf dem Gebiete der direkten Steuern und der Erbschaftsteuern vom 3.4.1959, BGBl II 1959, S. 408.

persönliche Einkommensteuersatz stets auf Basis sämtlicher Einkünfte eines Steuerpflichtigen zu ermitteln sei.[266] Das Zusatzprotokoll habe insoweit nur klarstellende Bedeutung und eine verfassungswidrige Rückwirkung scheide demnach aus.[267] Nach der Auslegung des Bundesfinanzhofs zählten nach einem Doppelbesteuerungsabkommen freigestellte Einkünfte hingegen grundsätzlich nicht mehr zur Bemessungsgrundlage für den Einkommensteuersatz nach dem deutschen Einkommensteuergesetz, sodass der mit dem Zusatzprotokoll eingeführte Progressionsvorbehalt die Rechtslage für die betroffenen Steuerpflichtigen verschlechtert habe.[268] Die mit dem Gesetz vom 5.3.1959 ins deutsche Recht übernommene Regelung in Abschnitt II Nr. 14 des Zusatzprotokolls, nach der der Progressionsvorbehalt schon für die Veranlagungszeiträume 1957 und 1958 anzuwenden sei, verstoße mangels Rechtfertigung gegen das verfassungsrechtliche Rückwirkungsverbot.[269]

Das Bundesverfassungsgericht betonte zu Beginn seiner Rückwirkungsprüfung ausdrücklich, dass es selbst ermitteln müsse, ob das Zusatzprotokoll die Rechtslage (nachteilig) verändert habe.[270] Nach dem Wortlaut von § 1 Abs. 1 S. 1 f. EStG erstrecke sich die unbeschränkte Einkommensteuerpflicht auf sämtliche Einkünfte eines Steuerpflichtigen, auch dann, wenn diese zugleich in einem anderen Staat der Einkommensteuer unterliegen. Allerdings habe der deutsche Staat im Rahmen des Doppelbesteuerungsabkommens mit der Schweiz vorbehaltlos auf die Besteuerung bestimmter Einkünfte verzichtet. Dieser Verzicht erstrecke sich nach seinem Wortlaut und nach dem systematischen Zusammenspiel zwischen nationalem Recht und Doppelbesteuerungsabkommen auch auf die Ermittlung des Einkommensteuersatzes. Erst die Einführung des Progressionsvorbehalts durch das Zusatzprotokoll habe diese Rechtslage – zum Nachteil der Steuerpflichtigen – verändert.[271]

bb) Neuausrichtung (insb.) durch den KAGG-Beschluss des Bundesverfassungsgerichts

Mittlerweile hat das Bundesverfassungsgericht aber speziell für die Entscheidung über den konstitutiven Charakter einer vergangenheitsbezogenen Norm die Aufgabenverteilung zwischen den Gerichten neu vermessen und damit

---

[266] Vgl. BFH, Beschluss v. 4.10.1967 – I 422/62, BFHE 90, 357 = BStBl II 1968, 101, juris Rn. 21 f.

[267] Vgl. BVerfG, Beschluss v. 12.6.1986 – 2 BvL 5/80, 2 BvL 17/82, 2 BvR 635/80, BVerfGE 72, 302, juris Rn. 74.

[268] BFH, Beschluss v. 4.10.1967 – I 422/62, BFHE 90, 357 = BStBl II 1968, 101, juris Rn. 25 ff.; ähnlich zuvor schon BFH, Urteil v. 9.11.1966 – I 29/65, BFHE 87, 273 = BStBl III 1967, 88, juris Rn. 10 f.

[269] BFH, Beschluss v. 4.10.1967 – I 422/62, BFHE 90, 357 = BStBl II 1968, 101, juris Rn. 28 ff.

[270] BVerfG, Beschluss v. 10.3.1971 – 2 BvL 3/68, BVerfGE 30, 272, juris Rn. 31.

[271] BVerfG, Beschluss v. 10.3.1971 – 2 BvL 3/68, BVerfGE 30, 272, juris Rn. 32 ff.

gleichzeitig auch die Anwendungsgrenzen für das Rückwirkungsverbot präzisiert:

Im Beschluss vom 2.5.2012[272] verzichtete das Gericht erstmals darauf, verbindlich zu bestimmen, ob die einfachgesetzliche Rechtslage durch die potenziell rückwirkende Norm überhaupt verändert wurde.[273] Streitgegenstand war eine Neufassung von § 14a BeamtVG. Diese Norm will eine temporäre Versorgungslücke bei bestimmten Beamten im vorgezogenen Ruhestand schließen: Wenn ein Beamter neben dem beamtenrechtlichen Versorgungsanspruch auch einen Anspruch auf Rente aus einer gesetzlichen Rentenversicherung erworben hat, aber bereits vor Erreichen der Regelaltersgrenze in den Ruhestand getreten ist, ist er für einen Übergangszeitraum ausschließlich auf seine Versorgungsbezüge angewiesen. Um diesen vorübergehenden Engpass abzumildern, sieht § 14a Abs. 1 BeamtVG vor, dass die beamtenrechtlichen Versorgungsbezüge (bzw. der diesen Bezügen zugrundeliegende Ruhegehaltssatz, der nach § 14 BeamtVG ermittelt wird) bis zum Beginn des Rentenbezugs aus der gesetzlichen Rentenversicherung erhöht werden. Umstritten war, ob diese Erhöhung auch für Mindestruhegehälter greift. Der ursprüngliche Wortlaut von § 14a BeamtVG verwies insoweit nur auf den „nach den sonstigen Vorschriften berechneten Ruhegehaltssatz". Das Bundesverwaltungsgericht nahm an, dass damit sowohl der abhängig von der ruhegehaltsfähigen Dienstzeit berechnete Ruhegehaltssatz (§ 14 Abs. 1 BeamtVG) als auch der amtsabhängige (§ 14 Abs. 4 S. 1 BeamtVG) und der amtsunabhängige (§ 14 Abs. 4 S. 2 BeamtVG) Mindestruhegehaltssatz erfasst waren.[274] Dies widersprach der Verwaltungsauffassung,[275] die auch von verschiedenen Verwaltungsgerichten geteilt wurde.[276] Der Gesetzgeber änderte daraufhin § 14a Abs. 1 BeamtVG durch Art. 4 Nr. 11 a) aa) Dienstrechtsneuordnungsgesetz (DNeuG)[277] formal rückwirkend[278] dahingehend, dass dieser nunmehr nur noch auf den nach § 14 Abs. 1 BeamtVG berechneten Ruhegehaltssatz verweist.

---

[272] BVerfG, Beschluss v. 2.5.2012 – 2 BvL 5/10, BVerfGE 131, 20.

[273] In der früheren Rechtsprechung sah das Bundesverfassungsgericht zwar vereinzelt auch schon von einer präzisen Bestimmung der einfachgesetzlichen Rechtslage ab, dies aber nur deshalb, weil die genaue Bestimmung für die folgende verfassungsrechtliche Prüfung dahinstehen konnte (vgl. z. B. BVerfG, Beschluss v. 12.6.1986 – 2 BvL 5/80, 2 BvL 17/82, 2 BvR 635/80, BVerfGE 72, 302, juris Rn. 65 ff.; BVerfG, Beschluss v. 21.7.2010 – 1 BvL 11/06, 1 BvL 12/06, 1 BvL 13/06, 1 BvR 2530/05, BVerfGE 126, 369, juris Rn. 74).

[274] BVerwG, Urteil v. 23.6.2005 – 2 C 25/04, BVerwGE 124, 19, juris Rn. 11 ff.; BVerwG, Urteil v. 12.11.2009 – 2 C 29/08, ZBR 2010, 258, juris Rn. 9 ff.

[275] Anwendungserlass des Bundesministeriums des Innern vom 10. Juni 1994 – D III 4–223 100/28.

[276] Vgl. nur VG Berlin, Urteil v. 2.3.2004 – 7 A 207.02, juris, juris Rn. 16; OVG Lüneburg, Urteil v. 11.5.2004 – 5 LC 4/03, NordÖR 2004, 368, juris Rn. 27 ff.; auch nach der Entscheidung des BVerwG noch OVG NRW, Urteil v. 16.1.2008 – 21 A 2098/06, ZBR 2008, 275, juris Rn. 26 ff.

[277] Gesetz zzur Neuordnung und Modernisierung des Bundesdienstrechts (Dienstrechtsneuordnungsgesetz – DNeuG) v. 5.2.2009, BGBl I 2009, S. 160.

[278] Die Neuregelung trat gemäß Art. 17 Abs. 1 DNeuG mit Wirkung zum 24.6.2005 und

Das Bundesverfassungsgericht musste im Rahmen eines konkreten Normenkontrollverfahrens nach Vorlage durch das Bundesverwaltungsgericht über die Verfassungskonformität dieser Rückwirkung entscheiden. Es nahm insoweit keine Stellung dazu, ob nach bisheriger Rechtslage die Auslegung der Verwaltung oder diejenige des Bundesverwaltungsgerichts zutraf. Es stellte lediglich fest, dass beide Auffassungen auf Basis der bisherigen Fassung von § 14a BeamtVG vertretbar waren. Durch die Neuregelung sei diese Streitfrage nunmehr aber eindeutig und abweichend von der höchstrichterlichen Rechtsprechung entschieden. Damit liege eine konstitutive Wirkung der Norm vor. Für eine solche genüge es, wenn zum Nachteil des Bürgers eine aufgrund des bisherigen Normtextes vertretbare und vertretene Auslegung durch die gesetzliche Neuregelung ausgeschlossen wird.[279]

Mit dieser Entscheidung war eine Abkehr von den bisherigen Maßstäben eingeläutet, die in der Folge im viel diskutierten KAGG-Beschluss des Bundesverfassungsgerichts vom 17.12.2013[280] verdeutlicht und argumentativ untermauert wurde. Anlass war ein steuerrechtlicher Sachverhalt: Die Besteuerung von inländischen Investmentgesellschaften wurde vor Geltung des Investmentsteuergesetzes unter anderem durch das Gesetz über Kapitalanlagegesellschaften (KAGG) geregelt. In § 40a Abs. 1 KAGG wurden die in § 3 Nr. 40 EStG und § 8b Abs. 2 KStG geregelten Steuerbegünstigungen für Gewinne aus der Veräußerung von Anteilen an Körperschaften oder Personenvereinigungen, deren Leistungen beim Empfänger zu Einnahmen nach § 20 Abs. 1 Nr. 1 EStG führen, teilweise auch auf die Einnahmen aus der Rückgabe oder Veräußerung von Anteilsscheinen an einem im Betriebsvermögen gehaltenen Wertpapier-Sondervermögen erstreckt. Soweit der vom Anteilsscheineigner erhaltene Veräußerungs- bzw. Rückgabepreis auf Beteiligungen des Wertpapier-Sondervermögens an Körperschaften oder Personenvereinigungen (oder noch nicht zugeflossene Einnahmen für die Veräußerung solcher Beteiligungen) entfiel, deren unmittelbare Veräußerung nach § 3 Nr. 40 EStG bzw. § 8b Abs. 2 KStG begünstigt gewesen wäre, wurde auch die Veräußerung des Anteils am Wertpapier-Sondervermögens begünstigt. In der wissenschaftlichen Diskussion war indes umstritten, ob auch die in § 3c Abs. 2 EStG und in § 8b Abs. 3 KStG enthaltenen (partiellen) Abzugsverbote für Gewinnminderungen (insbesondere Teilwertabschreibungen) in Zusammenhang mit einem nach § 3 Nr. 40 EStG bzw. § 8b Abs. 2 KStG begünstigten Anteil bei einer Veräußerung oder Rückgabe von Anteilen an einem Wertpapier-Sondervermögen (teilweise) Anwendung finden sollten.[281]

---

damit rückwirkend auf den Zeitpunkt der entgegenstehenden Entscheidung des Bundesverwaltungsgerichts in Kraft; so auch ausdrücklich BT-Drs. 16/7076, S. 186.

[279] BVerfG, Beschluss v. 2.5.2012 – 2 BvL 5/10, BVerfGE 131, 20, juris Rn. 69.

[280] BVerfG, Beschluss v. 17.12.2013 – 1 BvL 5/08, BVerfGE 135, 1.

[281] Vgl. mit umfangreichen Nachweisen für beide Auffassungen FG München, Urteil v.

Bevor diese Auslegungsfrage finanzgerichtlich entschieden wurde, ergänzte das Korb II-Gesetz[282] §40a Abs. 1 KAGG um einen zweiten Satz, der ausdrücklich auf §3c Abs. 2 EStG und §8b Abs. 3 KStG verwies. Die Neuregelung war gemäß §43 Abs. 18 KAGG auf alle noch nicht bestandskräftigen Steuerfestsetzungen anwendbar, entfaltete also Rückwirkung im formalen Sinne.[283] Laut der Gesetzesbegründung handelte es sich insoweit ausschließlich um eine „redaktionelle Klarstellung" der ohnehin bestehenden Rechtslage.[284] Dieser Einschätzung schloss sich in der Folge das Finanzgericht München an und hielt dementsprechend auch die rückwirkende Anwendung der Neuregelung für verfassungsrechtlich unbedenklich.[285] Das Finanzgericht Münster nahm demgegenüber an, dass der ursprüngliche Verweis in §40a Abs. 1 KAGG a. F. nach Wortlaut, Historie, Systematik und Telos des Gesetzes nicht auch auf §3c Abs. 2 EStG und §8b Abs. 3 KStG erstreckt werden konnte.[286] Dementsprechend habe die Neuregelung zu einer Verschlechterung der Rechtslage für den Steuerpflichtigen und damit zu einer materiellen Rückwirkung geführt. Da diese Rückwirkung nach Ansicht des Finanzgerichts nicht gerechtfertigt war, legte es das Verfahren dem Bundesverfassungsgericht vor (Art. 100 GG).[287] Bis zur Entscheidung des Bundesverfassungsgerichts hatte sich der Bundesfinanzhof weder unmittelbar zur Auslegung von §40a Abs. 1 KAGG a. F. noch zum konstitutiven Charakter des neu eingefügten §40a Abs. 1 S. 2 KAGG n. F. geäußert.[288]

Das Bundesverfassungsgericht stellt in seinem Beschluss vom 17.12.2013 zunächst fest, dass die Einstufung der Neuregelung als lediglich deklaratorisch in den Gesetzgebungsmaterialien keine bindende Wirkung hat.[289] Der Inhalt des alten und des neuen Rechts lasse sich vielmehr regelmäßig nur durch Auslegung

28.2.2008 – 7 K 917/07, EFG 2008, 991, juris Rn. 25 und FG Münster, Vorlagebeschluss v. 22.2.2008 – 9 K 5096/07 K, EFG 2008, 983, juris Rn. 42.

[282] Gesetz zur Umsetzung der Protokollerklärung der Bundesregierung zur Vermittlungsempfehlung zum Steuervergünstigungsabbaugesetz vom 22.12.2003, BGBl I 2003, S. 2840.

[283] Siehe bereits unter §6 B. I. 1; der Entscheidung des BVerfG lag ein Sachverhalt, in dem §40a Abs. 1 S. 2 KAGG echte Rückwirkung entfaltet, zugrunde. Mittlerweile hat der BFH auch eine Sachverhaltskonstellation unechter Rückwirkung vorgelegt; BFH, Vorlagebeschluss v. 23.10.2019 – XI R 43/18, DStR 2020, 538, juris Rn. 38ff.; anhängig beim BVerfG unter Az. 2 BvL 2/20.

[284] BT-Drs. 15/1518, S. 17.

[285] FG München, Urteil v. 28.2.2008 – 7 K 917/07, EFG 2008, 991, juris Rn. 26ff.; FG München, Urteil v. 17.3.2009 – 6 K 3474/06, EFG 2009, 1053, juris Rn. 19ff.

[286] FG Münster, Vorlagebeschluss v. 22.2.2008 – 9 K 5096/07 K, EFG 2008, 983, juris Rn. 92ff.

[287] FG Münster, Vorlagebeschluss v. 22.2.2008 – 9 K 5096/07 K, EFG 2008, 983, juris Rn. 135ff.

[288] In der bis dahin einzig vorliegenden Entscheidung hatte der BFH die Frage ausdrücklich offengelassen, weil nach seiner Ansicht in dem entschiedenen Fall eine Anwendung von §8b Abs. 3 KStG aus unionsrechtlichen Gründen ohnehin ausschied; vgl. im Detail BFH, Urteil v. 28.10.2009 – I R 27/08, BFHE 227, 73 = BStBl II 2011, 229, juris Rn. 23ff.

[289] BVerfG, Beschluss v. 17.12.2013 – 1 BvL 5/08, BVerfGE 135, 1, juris Rn. 48.

ermitteln, die wiederum Aufgabe der Gerichte sei. Diese Kompetenz dürfe nicht durch die Behauptung unterlaufen werden, eine rückwirkende Norm habe (nur) klarstellenden Charakter.[290] Da Recht allgemein auslegungsfähig und -bedürftig ist, könnte der Gesetzgeber eine Neuregelung regelmäßig als Klarstellung bezeichnen. Ließe man dies allein ausreichen, wäre der legislative Zugriff auf vergangene Zeiträume letztlich nur noch von politischen Opportunitätserwägungen abhängig. Dies würde wiederum den rechtsstaatlich gebotenen Schutz des Vertrauens in die Stabilität des Rechts empfindlich schwächen.[291] Wenn der Gesetzgeber den Inhalt einer Norm mit Wirkung für die Vergangenheit konkretisieren wolle, unterliege er bei Änderungen zulasten des Bürgers daher stets den Schranken des Rückwirkungsverbots; das Grundgesetz kenne keine weitergehende Befugnis zur authentischen Interpretation.[292]

Das Gericht betont damit die Dimension des Rückwirkungsverbots im gewaltengeteilten System des Grundgesetzes:[293] Die Schranken für einen gesetzgeberischen Zugriff auf die Vergangenheit spiegeln wider, dass die Legislative typischerweise mit der Gestaltung der Gegenwart und der Zukunft betraut ist.[294] Dies bekräftigt das Bundesverfassungsgericht auch mit Blick auf das Demokratieprinzip: In der Vergangenheit getroffene Entscheidungen, insbesondere solche aus einer vorangegangenen Legislaturperiode, seien demokratisch durch den damaligen Entscheidungszusammenhang (insbesondere durch die damalige Zusammensetzung des Parlaments und die daraus folgenden politischen Mehrheitsverhältnisse) gerechtfertigt. Diese Entscheidungen dürften von einem späteren Parlament nicht ohne Weiteres mit Wirkung für die Vergangenheit revidiert werden.[295] Die Bewältigung von Problemen mit Vergangenheitsbezug ist im gewaltengeteilten System vielmehr primäre Aufgabe der Judikative.[296] Es obliegt den Gerichten und nicht dem Gesetzgeber, festzustellen, ob eine Neuregelung tatsächlich nur die bisher gültige Rechtslage wiederholt oder ob die Position des Bürgers verschlechtert wird. Liegt ein rückwirkend belastendes Gesetz vor, greifen zum Schutz des Bürgers bzw. seines Vertrauens in die Stabilität des Rechts die besonderen Rechtfertigungsanforderungen des Rückwirkungsverbots.

In einem zweiten Schritt wendet sich das Gericht der Frage zu, wann für Zwecke des Rückwirkungsverbots von einer solchen nachteiligen Wirkung auszugehen ist. Hierzu wiederholt es zunächst bekannte Grundsätze der Kompetenzverteilung zwischen Fachgerichten und Bundesverfassungs-

290 BVerfG, Beschluss v. 17.12.2013 – 1 BvL 5/08, BVerfGE 135, 1, juris Rn. 47f.
291 BVerfG, Beschluss v. 17.12.2013 – 1 BvL 5/08, BVerfGE 135, 1, juris Rn. 53.
292 BVerfG, Beschluss v. 17.12.2013 – 1 BvL 5/08, BVerfGE 135, 1, juris Rn. 48.
293 Siehe bereits unter §4 C. II., III. 2.
294 Siehe bereits unter §4 C. I. 1., II. 2., III. 2.
295 BVerfG, Beschluss v. 17.12.2013 – 1 BvL 5/08, BVerfGE 135, 1, juris Rn. 54.
296 Siehe bereits unter §4 C. I. 2., II, III. 2.

gericht:[297] Die Auslegung des einfachen Rechts obliegt grundsätzlich den Fachgerichten, das Bundesverfassungsgericht korrigiert diese nur auf Verfassungsverstöße.[298] Eine Vollprüfung des einfachen Rechts erfolgt nur, wenn es auf dessen Inhalt im Rahmen eines konkreten Normenkontrollverfahrens ankommt.[299]

Für die Abgrenzung zwischen deklaratorischen und konstitutiven Normen formuliert das Gericht sodann aber Besonderheiten: Eine Norm sei bereits dann aus verfassungsrechtlicher Sicht als konstitutiv zu behandeln, „wenn sie sich für oder gegen eine vertretbare Auslegung entscheidet und damit ernstliche Auslegungszweifel im geltenden Recht beseitigt."[300] Diesen Maßstab konkretisiert das Gericht für zwei typische Fallgruppen:[301] Eine konstitutive Neuregelung liege insbesondere vor, „wenn die geänderte Norm in ihrer ursprünglichen Fassung von den Gerichten in einem Sinn ausgelegt werden konnte und ausgelegt worden ist, der mit der Neuregelung ausgeschlossen wird."[302] Dies wiederum sei jedenfalls dann der Fall, wenn der Gesetzgeber nachträglich eine höchstrichterlich geklärte Auslegung mit Wirkung für die Vergangenheit korrigiert.[303] Diese letztgenannte Konstellation lag im Fall der geänderten Vorschriften zur vorübergehenden Erhöhung der Mindestruhegehälter vor,[304] auf den das Bundesverfassungsgericht hier auch verweist. Aber auch wenn noch keine höchstrichterliche Rechtsprechung vorliegt, sondern der Gesetzgeber eine kontroverse Auslegungsfrage für die Vergangenheit klärt und damit eine bisher vertretbare Auslegungsalternative ausschließt, liege eine konstitutive Regelung vor.[305] Mit Bezug auf die im Vorlageverfahren umstrittene Auslegung stellt das Gericht schließlich fest, dass es nicht darauf ankommt, ob beim Erlass der rückwirkenden Regelung überhaupt schon gerichtliche Entscheidungen zu der Auslegungsfrage ergangen sind. Durch den neu eingefügten Satz 2 sei die bisher vertretbare Auslegung, dass § 3c Abs. 2 EStG und § 8b Abs. 3 KStG nicht vom Verweis in § 40a Abs. 1 KAGG a. F. umfasst sind, ausgeschlossen worden. Dieser Aus-

---

297 Siehe mit Nachweisen auf die ständige Rechtsprechung des BVerfG bereits unter § 6 B. I. 2. c) aa).

298 BVerfG, Beschluss v. 17.12.2013 – 1 BvL 5/08, BVerfGE 135, 1, juris Rn. 50.

299 BVerfG, Beschluss v. 17.12.2013 – 1 BvL 5/08, BVerfGE 135, 1, juris Rn. 51.

300 BVerfG, Beschluss v. 17.12.2013 – 1 BvL 5/08, BVerfGE 135, 1, juris Rn. 49; als Maßstab bestätigt in BVerfG, Nichtannahmebeschluss v. 20.9.2016 – 1 BvR 1387/15, NVwZ 2017, 705, juris Rn. 41.

301 Zum Verhältnis zwischen den einzelnen Obersätzen ebenso *Wiese/Berner*, DStR 2014, 1260, 1262 f.

302 BVerfG, Beschluss v. 17.12.2013 – 1 BvL 5/08, BVerfGE 135, 1, juris Rn. 52; ebenso schon BVerfG, Beschluss v. 2.5.2012 – 2 BvL 5/10, BVerfGE 131, 20, juris Rn. 68; bestätigt in BVerfG, Beschluss v. 12.11.2015 – 1 BvR 2961/14, 1 BvR 3051/14, NVwZ 2016, 300, juris Rn. 49.

303 BVerfG, Beschluss v. 17.12.2013 – 1 BvL 5/08, BVerfGE 135, 1, juris Rn. 55.

304 BVerfG, Beschluss v. 2.5.2012 – 2 BvL 5/10, BVerfGE 131, 20, siehe oben.

305 BVerfG, Beschluss v. 17.12.2013 – 1 BvL 5/08, BVerfGE 135, 1, juris Rn. 56.

schluss einer vertretbaren Auslegungsalternative genüge, um eine konstitutive Regelung anzunehmen.[306]

Die Auslegung des einfachen Rechts soll aber ausdrücklich nicht präjudiziert werden: Auch wenn das Bundesverfassungsgericht zu der Auffassung komme, dass eine konstitutive Regelung gegen das Rückwirkungsverbot verstoße, bleibe es weiterhin Aufgabe der Fachgerichte, den Inhalt der ursprünglichen Norm verbindlich zu bestimmen. Dabei könnten die Gerichte auch zu der Auffassung kommen, dass das Gesetz in der Weise auszulegen ist, die durch die rückwirkende Neuregelung festgeschrieben werden sollte.[307] Im konkreten Fall nimmt das Bundesverfassungsgericht in der Folge zwar an, dass die konstitutive Ergänzung von § 40a Abs. 1 KAGG als echte Rückwirkung mangels Rechtfertigung verfassungswidrig war.[308] Den Fachgerichten bleibe es aber (in den verfassungsrechtlichen Grenzen richterlicher Auslegung) unbenommen, die ursprüngliche Regelung so auszulegen, dass sie auch auf die einkommen- und körperschaftsteuerlichen Abzugsverbote verweist.[309] Gerade hierin zeige sich die Funktionsteilung zwischen Bundesverfassungsgericht und Fachgerichten.[310]

Der neue Prüfungsmaßstab führt damit zu einer veränderten Kompetenzverteilung zwischen den Gerichten und konkretisiert zugleich den Anwendungsbereich des Rückwirkungsverbots: Es kommt nicht (mehr) darauf an, ob sich die Rechtslage für den Bürger tatsächlich verschlechtert hat, dies wird vom Bundesverfassungsgericht zukünftig regelmäßig nicht abschließend geprüft. Schon wenn eine Neuregelung die Auslegungsmöglichkeiten zu Lasten des Bürgers beschränkt, muss ihre zeitliche Anwendung auch auf Sachverhalte mit Vergangenheitsbezug besonders gerechtfertigt werden. Angesichts der grundlegenden Auslegungsoffenheit gesetzlicher Normen wird nach diesem Maßstab kaum einmal eine nur deklaratorische Regelung vorliegen.[311] Dies hat insbesondere im Steuerrecht Bedeutung, wo die Rückwirkung einer Norm in den Gesetzgebungsmaterialien besonders häufig mit dem Hinweis gerechtfertigt wird, es handele sich nur um eine Klarstellung der bisherigen Rechtslage.[312]

---

[306] BVerfG, Beschluss v. 17.12.2013 – 1 BvL 5/08, BVerfGE 135, 1, juris Rn. 59.

[307] BVerfG, Beschluss v. 17.12.2013 – 1 BvL 5/08, BVerfGE 135, 1, juris Rn. 57 f.

[308] BVerfG, Beschluss v. 17.12.2013 – 1 BvL 5/08, BVerfGE 135, 1, juris Rn. 61 ff.; vgl. im Einzelnen auch noch unter § 6 B. III. 1. a).

[309] BFH, Urteil v. 25.6.2014 – I R 33/09, BFHE 246, 310 = BStBl II 2016, 699, juris Rn. 16 stellte hingegen in der Folge fest, dass die Abzugsverbote nicht vom ursprünglichen Verweis umfasst waren.

[310] BVerfG, Beschluss v. 17.12.2013 – 1 BvL 5/08, BVerfGE 135, 1, juris Rn. 58.

[311] Ebenso *Hey*, JZ 2014, 500, 502; *dies.*, NJW 2014, 1564, 1565; *dies.*, in: Tipke/Lang, 23. Auflage 2018, § 3 Rn. 269; *Wiese/Berner*, DStR 2014, 1260, 1263; *Maciejewski/Theilen*, DÖV 2015, 271, 273.

[312] Vgl. aus jüngerer Zeit beispielsweise BT-Drs. 12/5016, S. 87; BT-Drs. 16/7076, S. 186; BT-Drs. 17/3549, S. 17; BT-Drs. 17/7524, S. 10; BR-Drs. 184/14 S. 64, 97 f.; zu „klarstellenden“ Gesetzen auch schon unter § 2 C. II.

Das Bundesverfassungsgericht hat diesen weiten Maßstab mittlerweile bestätigt.[313]

cc) Die dogmatischen Konsequenzen des KAGG-Beschlusses

Der KAGG-Beschluss des Bundesverfassungsgerichts hat teils heftige Kritik hervorgerufen. Der Richter *Masing* wirft der Senatsmehrheit[314] in einem Sondervotum (vor allem) vor, mit der Entscheidung das Fundament des Rückwirkungsverbots zu verändern: Der subjektive Vertrauensschutz werde durch objektive Gewaltenteilungserwägungen ersetzt. Nicht mehr der einzelne Bürger und sein Vertrauen in die Stabilität des Rechts, sondern die Einflusssphäre der Fachgerichtsbarkeit werde geschützt. Damit weiche die Senatsmehrheit dogmatisch und in den materiellen Maßstäben deutlich von bisherigen Entscheidungen ab.[315] In der Literatur wird die Kritik *Masings* teilweise geteilt.[316] Demgegenüber wird die Entscheidung von einer Vielzahl anderer Autoren grundsätzlich begrüßt, teils als moderate Weiterentwicklung und Präzisierung der bestehenden Dogmatik,[317] teils als lange erwartete grundlegende Umgestaltung derselben.[318]

An dieser Stelle soll keine generelle Auseinandersetzung mit allen Aspekten des Beschlusses und der daran anknüpfenden Rezeption in der wissenschaftlichen Fachliteratur vorgenommen werden. Da es dieser Arbeit darum geht, die Gesamtdogmatik des Bundesverfassungsgerichts zum Rückwirkungsverbot zu erfassen und für die Beurteilung von rückwirkenden Nichtanwendungsgeset-

---

[313] Bemerkenswert ist, dass der zweite Leitsatz des KAGG-Beschlusses weder den genauen Wortlaut des im Urteilstext entwickelten Maßstabs noch der konkretisierenden Fallgruppen wiedergibt, sondern formuliert: „Eine nachträgliche, klärende Feststellung des geltenden Rechts durch den Gesetzgeber ist grundsätzlich als konstitutiv rückwirkende Regelung anzusehen, wenn dadurch eine in der Fachgerichtsbarkeit offene Auslegungsfrage entschieden wird oder eine davon abweichende Auslegung ausgeschlossen werden soll." Das Bundesverfassungsgericht rekurriert in den bislang ergangenen Folgeentscheidungen aber nicht auf diesen Leitsatz, sondern auf die – präziseren – im Urteilstext entwickelten Formulierungen; vgl. BVerfG, Beschluss v. 12.11.2015 – 1 BvR 2961/14, 1 BvR 3051/14, NVwZ 2016, 300, juris Rn. 49; BVerfG, Nichtannahmebeschluss v. 20.9.2016 – 1 BvR 1387/15, NVwZ 2017, 705, juris Rn. 41: „hinreichend geklärt."

[314] Die Entscheidung ist im Ergebnis mit 5:3 Stimmen, hinsichtlich der verfassungsrechtlichen Grundsätze mit 6:2 Stimmen ergangen.

[315] BVerfG, Beschluss v. 17.12.2013 – 1 BvL 5/08, BVerfGE 135, 1, juris Rn. 86ff. (abw. Meinung *Masing*).

[316] Insbesondere *Lepsius*, JZ 2014, 488; *ders.*, JZ 2015, 435; teilweise Kritik an der Argumentation der Senatsmehrheit auch bei *Buchheim/Lassahn*, NVwZ 2014, 562, 564; *Wißmann*, ZJS 2014, 333, 336.

[317] *Birk*, FR 2014, 338; *Wiese/Berner*, DStR 2014, 1260; *Maciejewski/Theilen*, DÖV 2015, 271.

[318] *Drüen*, Ubg 2014, 683, 691f.; *ders.*, StuW 2015, 210, 217f.; *Hey*, NJW 2014, 1564; *dies.*, JZ 2014, 500; *Michael*, JZ 2015, 425; *Osterloh*, StuW 2015, 201; *Schönfeld/Bergmann*, DStR 2015, 257.

zen fruchtbar zu machen, folgt die Darstellung vielmehr der etablierten Prüfungsstruktur und hinterfragt an den jeweiligen Stellen, ob und inwieweit sich diese im Lichte des KAGG-Beschlusses gewandelt hat.[319] Die Integration des Beschlusses in die bestehende Dogmatik entspricht im Übrigen auch dem Vorgehen der Senatsmehrheit, die durch vielfältige Verweise auf vorangegangene Entscheidungen erkennbar versucht, ihre Ausführungen zu kontextualisieren.[320]

Betrachtet man danach hier nur die Abgrenzung zwischen konstitutiven und deklaratorischen Gesetzen so stellt sich der KAGG-Beschluss zunächst als konsequente Fortführung bisheriger Rechtsprechungslinien dar: Es entspricht ständiger Rechtsprechung des Bundesverfassungsgerichts, dass der Gesetzgeber kein Recht zur authentischen Interpretation losgelöst von den Grenzen des Rückwirkungsverbots hat.[321] Wenn der Gesetzgeber durch ein Gesetz verbindlich die Interpretation eines früheren Gesetzes festschreiben will oder nachträglich den Gesetzeswortlaut an einen mutmaßlich immer schon so bestehenden gesetzgeberischen Willen anpasst,[322] muss er den besonderen verfassungsrechtlichen Anforderungen des Rückwirkungsverbots gerecht werden.[323] Vor diesem Hintergrund ist es nur folgerichtig, wenn die Senatsmehrheit den Gesetzgeber auch nicht mit dem bloßen Hinweis auf eine nur deklaratorische Wirkung seiner Gesetzesänderung aus den Schranken des Rückwirkungsverbots entlässt. Würde man dem Gesetzgeber schon wegen eines (vermeintlichen) Klarstellungsbedarfs erlauben, interpretationsoffene Gesetze rückwirkend in eine bestimmte Richtung zu verändern, stünde das Rückwirkungsverbot – wie die Senatsmehrheit richtig ausführt[324] – *de facto* zur Disposition des Gesetz-

---

[319] Vgl. zum Einfluss des KAGG-Beschlusses noch unter § 6 B. III. 1. a) und § 6 B. IV.

[320] Auch *Masing* erkennt an, dass der Beschluss an bisherige Entscheidungen anknüpft, wirft der Senatsmehrheit allerdings vor, Obersätze aus der Einbindung an die Grundsätze des Vertrauensschutzes zu lösen und sie zu wesentlich strengeren abstrakten Regeln umzudeuten; BVerfG, Beschluss v. 17.12.2013 – 1 BvL 5/08, BVerfGE 135, 1, juris Rn. 102 (abw. Meinung *Masing*). Inwieweit dieser Vorwurf berechtigt ist, wird in der Folge an den jeweils betroffenen Prüfungspunkten zu beantworten sein.

[321] BVerfG, Entscheidung v. 20.12.1960 – 1 BvL 21/60, BVerfGE 12, 45, juris Rn. 24; BVerfG, Beschluss v. 17.6.2004 – 2 BvR 383/03, BVerfGE 111, 54, juris Rn. 235; BVerfG, Beschluss v. 21.7.2010 – 1 BvL 11/06, 1 BvL 12/06, 1 BvL 13/06, 1 BvR 2530/05, BVerfGE 126, 369, juris Rn. 73; BVerfG, Beschluss v. 2.5.2012 – 2 BvL 5/10, BVerfGE 131, 20, juris Rn. 68.

[322] Die erstgenannte Alternative entspricht dem klassischen Begriff der authentischen Interpretation, vgl. *Kisker*, Die Rückwirkung von Gesetzen, 1963, S. 24 f.; *Meyer*, FS 50 Jahre BSG, 2004, S. 221, 224; *Schnapp*, JZ 2011, 1125, 1128 m. w. N. Unter der Geltung des Grundgesetzes gibt es in Deutschland allerdings kein Beispiel für ein solches Interpretationsgesetz; vielmehr wird der Begriff regelmäßig im Sinne der zweiten Alternative verwendet; vgl. *Heß*, Intertemporales Privatrecht, 1998, S. 309 f.; *Meyer*, FS 50 Jahre BSG, 2004, S. 221, 226.

[323] Vgl. zur Einbeziehung der authentischen Interpretation in den Anwendungsbereich des Rückwirkungsverbots *Giese*, DÖV 1954, 321, 322 f.; *Scholz*, Die Rechtssicherheit, 1955, S. 24; *Kisker*, Die Rückwirkung von Gesetzen, 1963, S. 114.

[324] BVerfG, Beschluss v. 17.12.2013 – 1 BvL 5/08, BVerfGE 135, 1, juris Rn. 53.

gebers. Auch *Masing* erkennt in seinem Sondervotum an, dass es gefestigter Rechtsprechung des Bundesverfassungsgerichts entspricht, dem Gesetzgeber kein Recht auf authentische Interpretation zuzubilligen, sondern vergangenheitsbezogenes legislatives Handeln am Rückwirkungsverbot zu messen.[325] Nichts anderes erreicht die Senatsmehrheit, indem sie jede potenziell nachteilige Veränderung des Gesetzestextes bereits als konstitutiv belastende Regelung qualifiziert und mithin den Anwendungsbereich des Rückwirkungsverbots weit fasst.

Die konsequent weite Fassung des Anwendungsbereichs führt – jedenfalls für sich genommen – auch nicht dazu, dass das Rückwirkungsverbot – wie *Masing* befürchtet[326] – von seinen vertrauensschützenden Wurzeln gelöst wird. Vielmehr gewährleistet umgekehrt erst die umfassende verfassungsrechtliche Bindung des Gesetzgebers beim Zugriff auf die Vergangenheit die Stabilität des Rechts und damit die Basis für das individuelle Vertrauen des Steuerpflichtigen. Nur wenn der Gesetzgeber nicht schon aus politischen Opportunitätserwägungen eine Norm mit Wirkung für die Vergangenheit ändern kann, kann der Steuerpflichtige sein Verhalten an dieser Norm ausrichten. Eben diesen Gesichtspunkt stellt auch die Senatsmehrheit in ihrer Argumentation heraus.[327] Die Abgrenzung zwischen deklaratorischen und konstitutiven Gesetzen ist nicht mehr als der erste Schritt in der Prüfung des Rückwirkungsverbots. Konstitutive und damit materiell zurückwirkende Gesetze können weiterhin gerechtfertigt werden. Insoweit folgt der KAGG-Beschluss der hergebrachten Dogmatik mit ihrer kategorisierenden Abgrenzung zwischen echter und unechter Rückwirkung und knüpft in der Folge ausdrücklich an den individuellen Vertrauensschutz als Grund und Grenze des Rückwirkungsverbots an.[328] Auch wenn die Senatsmehrheit im entschiedenen Fall keine rechtfertigenden Gründe erkennen vermochte, macht sie durch abgrenzende Verweise auf andere Entscheidungen deutlich,[329] dass eine Rechtfertigung durchaus möglich ist und Maßstab hierfür das Vertrauensschutzprinzip bleibt.[330]

Der Gesetzgeber wird damit durch den weiten Anwendungsbereich des Rückwirkungsverbots zwar in seinen Handlungsmöglichkeiten beschränkt, es kommt aber gleichwohl nicht zu einer Entmachtung des Parlaments. Die neue Abgrenzung gewährt der Fachgerichtsbarkeit keine aus der Gewaltenteilung begründete Funktionsreserve. Rückwirkende Gesetze bleiben zulässig, wenn

[325] BVerfG, Beschluss v. 17.12.2013 – 1 BvL 5/08, BVerfGE 135, 1, juris Rn. 109 (abw. Meinung *Masing*).

[326] BVerfG, Beschluss v. 17.12.2013 – 1 BvL 5/08, BVerfGE 135, 1, juris Rn. 86ff. (abw. Meinung *Masing*).

[327] BVerfG, Beschluss v. 17.12.2013 – 1 BvL 5/08, BVerfGE 135, 1, juris Rn. 53.

[328] Ausdrücklich BVerfG, Beschluss v. 17.12.2013 – 1 BvL 5/08, BVerfGE 135, 1, juris Rn. 64 mit Verweis auf die ständige Rspr. des BVerfG.

[329] BVerfG, Beschluss v. 17.12.2013 – 1 BvL 5/08, BVerfGE 135, 1, juris Rn. 79ff.

[330] Ebenso *Wiese/Berner*, DStR 2014, 1260, 1264.

dem Vertrauensschutz des Bürgers hinreichend Rechnung getragen wird. Die Senatsmehrheit betont in ihrer Argumentation zwar besonders die unterschiedlichen Funktionen von Legislative und Judikative, entwickelt daraus aber keine absolute Aufgabenteilung in zeitlicher Hinsicht. Ebenso dürfen die Ausführungen zum Demokratieprinzip nicht so verstanden werden, dass dem Parlament die Korrektur einer vergangenen Entscheidung wegen deren damaliger demokratische Legitimation gar nicht offenstehe[331] – eine Sichtweise, die mit einem demokratischen System mit regelmäßigen Mehrheitswechseln kaum vereinbar wäre.[332] Der rückwirkende Zugriff soll nach dem Willen der Senatsmehrheit nur nicht „ohne Weiteres“,[333] sondern ausschließlich in den Grenzen des Rückwirkungsverbots erfolgen dürfen.[334] Damit ist die Judikative in der Regel und der Gesetzgeber nur ausnahmsweise und unter besonderen Rechtfertigungsbedingungen für die (rückwirkende) Bewältigung vergangener Sachverhalte zuständig – eine Aufgabenverteilung, die der typischen Gewaltenverschränkung des Grundgesetzes entspricht.[335]

Masing ist allerdings darin zuzustimmen, dass der weite Anwendungsbereich des Rückführungsverbots zwingend Überlegungen zur Vertrauensgrundlage nach sich zieht: Nach der neuen Abgrenzung ist es für den konstitutiven Charakter einer Neuregelung nicht erforderlich, dass diese tatsächlich zu einer Rechtsänderung führt. Es genügt vielmehr, dass eine bisher vertretbare Auslegung nach der Änderung nicht mehr vertretbar ist. Mit Blick auf die ursprüngliche Regelung als Vertrauensgrundlage bedeutet dies, dass nicht nur das Vertrauen in die später tatsächlich von den Gerichten verbindlich bestätigte Auslegung prima facie geschützt ist, sondern auch das Vertrauen in jede andere vertretbare Auslegung.[336] *Masing* spricht insoweit von einem „abstrakten Vertrauen auf die Gültigkeit einer inhaltsoffenen Norm.“[337] Hierin zeige sich, dass die Senatsmehrheit mit dem Rückwirkungsverbot nicht mehr das Vertrauen des Steuerpflichtigen in eine bestimmte Rechtslage als Grundlage seiner Dispositio-

---

[331] Vgl. BVerfG, Beschluss v. 17.12.2013 – 1 BvL 5/08, BVerfGE 135, 1, juris Rn. 86 (abw. Meinung *Masing*): „Verantwortung wird [dem Gesetzgeber] schon prinzipiell aus der Hand geschlagen.“; a. A. *Hey*, NJW 2014, 1564, 1566: Aussagen zur Gewaltenteilung sind in großem Umfang nicht tragend.

[332] *Buchheim/Lassahn*, NVwZ 2014, 562, 564; *Lepsius*, JZ 2014, 488, 494; *Wiese/Berner*, DStR 2014, 1260, 1263; insoweit zurecht kritisch auch BVerfG, Beschluss v. 17.12.2013 – 1 BvL 5/08, BVerfGE 135, 1, juris Rn. 91 ff. (abw. Meinung *Masing*).

[333] BVerfG, Beschluss v. 17.12.2013 – 1 BvL 5/08, BVerfGE 135, 1, juris Rn. 54.

[334] Ebendies fordert *Masing* ein, vgl. BVerfG, Beschluss v. 17.12.2013 – 1 BvL 5/08, BVerfGE 135, 1, juris Rn. 94 (abw. Meinung *Masing*).

[335] Im Ergebnis ebenso zuletzt BFH, Vorlagebeschluss v. 23.10.2019 – XI R 43/18, DStR 2020, 538, juris Rn. 57; anhängig beim BVerfG unter Az. 2 BvL 2/20.

[336] *Wiese/Berner*, DStR 2014, 1260, 1263; *Birk*, FR 2014, 338, 339 f.; *Schönfeld/Bergmann*, DStR 2015, 257, 259 ff.; ähnlich auch *Hey*, JZ 2014, 500, 502 f.; *dies.*, NJW 2014, 1564, 1566.

[337] BVerfG, Beschluss v. 17.12.2013 – 1 BvL 5/08, BVerfGE 135, 1, juris Rn. 90 (abw. Meinung *Masing*).

nen schütze, sondern nur sicherstelle, dass die Fachgerichte und nicht der Gesetzgeber bestehende Auslegungszweifel beseitigen.[338]

Masings Kritik verfängt allerdings mit Blick auf die allgemeine Vertrauensschutzdogmatik nicht. Die Ansicht der Senatsmehrheit lässt sich schlüssig ableiten: Anknüpfungspunkt für das Vertrauen des Bürgers ist stets eine bestimmte staatliche Handlung.[339] Beim Rückwirkungsverbot, das das individuelle Vertrauen im Verhältnis zur Legislative schützt, ist Vertrauensgrundlage das bisher bestehende Gesetz. Dieses soll vom Gesetzgeber nicht ohne Weiteres rückwirkend verändert werden können, da es vom Zeitpunkt seiner Verkündung an Grundlage für die Dispositionen des Bürgers ist. Dabei wird der Normtext in der Regel verschiedene Interpretationen zulassen. Der Bürger muss mit dieser Unsicherheit umgehen und sie bei seiner Dispositionsentscheidung berücksichtigen. Er muss einkalkulieren, dass sich seine Interpretation gegebenenfalls in einem Streit mit der Verwaltung oder in einem sich anschließenden gerichtlichen Verfahren nicht durchsetzen wird. Er kann sich aber darauf verlassen, dass die Streitentscheidung methodisch im Rahmen der anerkannten Auslegungsmethoden und prozessual gelenkt durch die behördlichen und gerichtlichen Verfahrensordnungen erfolgt, sodass er seine Interpretation zumindest argumentativ verteidigen kann. Damit ist die aus der Interpretationsoffenheit der Norm folgende Unsicherheit für den Bürger kalkulierbar.[340] Das Gesetz selbst ist eine taugliche Vertrauensgrundlage, die der Bürger zum Anlass für eine Vertrauensbetätigung in Form einer Disposition nehmen kann.[341] Sobald der Gesetzgeber rückwirkend den Normtext verändert und damit die vom Bürger vertretene Interpretation ausschließt, beeinträchtigt er diese Vertrauensgrundlage.

---

338 BVerfG, Beschluss v. 17.12.2013 – 1 BvL 5/08, BVerfGE 135, 1, juris Rn. 90 (abw. Meinung *Masing*).

339 Vgl. statt aller nur *Weber-Dürler*, Vertrauensschutz im öffentlichen Recht, 1983, S. 79ff.; *Blanke*, Vertrauensschutz im deutschen und europäischen Verwaltungsrecht, 2000, S. 88ff.; *K.-A. Schwarz*, Vertrauensschutz als Verfassungsprinzip, 2002, S. 36ff.; *Fuhrmanns*, Vertrauensschutz im deutschen und österreichischen öffentlichen Recht, 2004, S. 68ff.; *Helbich*, Vertrauensschutz in Verwaltungsvorschriften des Steuerrechts, 2015, S. 123f.

340 Ebenso *Schön*, FS Lang, 2011, S. 221, 228; *Buchheim/Lassahn*, NVwZ 2014, 562, 563; vgl. auch *Weber-Dürler*, Vertrauensschutz im öffentlichen Recht, 1983, S. 279.

341 Mit Bezug zum KAGG-Beschluss ebenso *Wiese/Berner*, DStR 2014, 1260, 1263; *Hey*, in: Tipke/Lang, 23. Auflage 2018, § 3 Rn. 269; *P. Kirchhof*, DStR 2015, 717, 723; *Osterloh*, StuW 2015, 201, 204; *Schönfeld/Bergmann*, DStR 2015, 257, 259ff.; *Nacke*, NWB 2014, 2699, 2703; i. E. auch BFH, Vorlagebeschluss v. 23.10.2019 – XI R 43/18, DStR 2020, 538, juris Rn. 41ff.; anhängig beim BVerfG unter Az. 2 BvL 2/20; allgemein schon *Weber-Dürler*, Vertrauensschutz im öffentlichen Recht, 1983, S. 279ff.; *Muckel*, Kriterien des verfassungsrechtlichen Vertrauensschutzes bei Gesetzesänderungen, 1989, S. 81ff.; *K.-A. Schwarz*, Vertrauensschutz als Verfassungsprinzip, 2002, S. 295ff.; *Schön*, FS Lang, 2011, S. 221, 225; differenzierend: *Drüen*, StuW 2015, 210, 213 (nur für Fälle echter Rückwirkung); *Hey*, JZ 2014, 500, 502f.; *dies.*, NJW 2014, 1564, 1566 (nur bis zur ersten höchstrichterlichen Entscheidung, danach Verengung der Vertrauensgrundlage auf die höchstrichterliche Interpretation).

Damit ist noch nicht gesagt, dass jede vertretbare Interpretation des Gesetzeswortlauts gegenüber jeder gesetzlichen Änderung abschließend geschützt ist. Der Vertrauensschutzdogmatik sind derartige absolute Grenzen fremd. Ihr geht es um einen schonenden Ausgleich widerstreitender Positionen.[342] Dass eine Vertrauensgrundlage besteht, eröffnet vielmehr nur den Anwendungsbereich für die weitere Prüfung. Notwendige Konkretisierungen und Beschränkungen erfolgen durch die Vertrauensbetätigung und die Schutzwürdigkeit des Vertrauens.[343] Dem entspricht in der Rückwirkungsdogmatik des Bundesverfassungsgerichts die Eingangsfrage nach einer konstitutiven rückwirkenden Regelung und die folgende Kategorisierung in echte und unechte Rückwirkung sowie die konkrete Abwägung zwischen Änderungs- und Vertrauensschutzinteresse. Indem das Bundesverfassungsgericht im KAGG-Beschluss die Vertrauensgrundlage erweitert hat, ergeben sich notwendigerweise auch neue Fragestellungen auf den nachgelagerten Ebenen.

Masing ist damit zwar zuzugeben, dass die verbreiterte Vertrauensgrundlage im Ergebnis den Zugriff des Gesetzgebers beschränkt und die Beseitigung von Auslegungszweifeln primär den Gerichten zuordnet. Durch die neue Abgrenzung sichert das Rückwirkungsverbot als Konsequenz (auch) die Chance des Steuerpflichtigen, seine Interpretation des Gesetzeswortlauts gerichtlich durchzusetzen. Dies lässt sich einerseits aus einem verstärkten Einfluss des objektiven Rechtsstaatsprinzips als Quelle des Rückwirkungsverbots erklären.[344] Zugleich tritt hier auch die bereits aufgezeigte Verbindung von Rückwirkungsverbot und effektivem Rechtsschutz zutage: Insoweit rückwirkende Gesetze in laufenden Veranlagungs-, Einspruchs- oder Klageverfahren zur Anwendung kommen, beeinträchtigen sie die Möglichkeit des Steuerpflichtigen, eine abweichende Rechtsansicht gerichtlich durchzusetzen. Dies kann insbesondere im Hinblick auf einen durch Art. 19 Abs. 4 GG gebotenen effektiven Rechtsschutz problematisch sein, wenn das Verfahren zuvor im Hinblick auf einen steuerrechtlichen Musterprozess unterbrochen oder die Steuerfestsetzung vorläufig war.[345]

Entscheidend – und insoweit zeichnet *Masings* Kritik an der Begründung der Senatsmehrheit ein zu drastisches Bild – ist jedenfalls, dass das Gericht damit keine absoluten Grenzen zieht und das Rückwirkungsverbot nicht hin zu einer strengen objektiv-rechtlichen Schranke umformt. Der (individuelle) Vertrauensschutz und damit auch der grundrechtliche Begründungseinfluss bleiben auf

---

[342] *Blanke*, Vertrauensschutz im deutschen und europäischen Verwaltungsrecht, 2000, S. 51 ff.; *K.-A. Schwarz*, Vertrauensschutz als Verfassungsprinzip, 2002, S. 273 ff.; *Fuhrmanns*, Vertrauensschutz im deutschen und österreichischen öffentlichen Recht, 2004, S. 84 ff.; vgl. auch *Osterloh*, StuW 2015, 201, 205.

[343] *Blanke*, Vertrauensschutz im deutschen und europäischen Verwaltungsrecht, 2000, S. 42 ff.; *K.-A. Schwarz*, Vertrauensschutz als Verfassungsprinzip, 2002, S. 36 ff.; *Fuhrmanns*, Vertrauensschutz im deutschen und österreichischen öffentlichen Recht, 2004, S. 78 ff.

[344] So insbesondere *Osterloh*, StuW 2015, 201, 204; vgl. auch *Drüen*, StuW 2015, 210, 213.

[345] Siehe bereits unter § 5 C.

den folgenden Prüfungsstufen wesentliches materielles Bewertungskriterium hin zu einer abwägenden Lösung.[346] Die durch den KAGG-Beschluss gefundene Abgrenzung zwischen konstitutiven und deklaratorischen Normen stellt zwar auf das Gesetz als Vertrauensgrundlage ab, erlaubt aber weiterhin eine Rechtfertigung rückwirkenden Handelns abhängig von der Schutzwürdigkeit des Vertrauens.[347] Sie lässt sich damit als Fortentwicklung und nicht als grundlegender Bruch mit der bisherigen Dogmatik des Bundesverfassungsgerichts begreifen.

3. Zusammenfassung

Das Bundesverfassungsgericht bestimmt den Anwendungsbereich des Rückwirkungsverbot durch eine Kombination formaler und materieller Kriterien, wobei die materielle Betrachtung letztlich entscheidend ist. Während sich der formale Rückwirkungsbegriff vor allem aus dem Rechtsstaatsprinzip speist, zeigt sich an der materiellen Abgrenzung die Ableitung des Rückwirkungsverbots (auch) aus den Freiheitsgrundrechten: Verfassungsrechtlich bedenklich ist ein Handeln des Staates (nur) dann, wenn es Rechtspositionen des Bürgers verkürzt. Zieht man eine Parallele zur abwehrrechtlichen Grundrechtsdogmatik, umschreibt der materielle Rückwirkungsbegriff eine besondere Form des Eingriffs in den Schutzbereich eines Grundrechts: Indem eine vergangenheitsbezogene Rechtslage zulasten des Bürgers verändert wird, werden seine verfassungsrechtlich garantierten Freiheiten in temporaler Hinsicht beschränkt. Der KAGG-Beschluss des Bundesverfassungsgerichts hat diese Abgrenzungsmaßstäbe bestätigt und präzisiert: Dem Rückwirkungsverbot unterliegen danach Regelungen mit Vergangenheitsbezug, die ein Gesetz in der Weise ändern, dass zulasten des Steuerpflichtigen eine bisher vertretbare Auslegung nunmehr nicht mehr vertretbar ist.

Diese Entscheidung rückt die Verbindungen zwischen Rückwirkungsverbot, Gewaltenteilung und effektivem Rechtsschutz (erneut) in den Blick: Indem das Rückwirkungsverbot den Zugriff des Gesetzgebers auf die Vergangenheit beschränkt, sichert es zugleich die aus der Gewaltenteilung[348] und dem Gebot effektiven Rechtsschutzes[349] ableitbare prinzipielle Aufgabenteilung zwischen Legislative und Judikative in temporaler Hinsicht: In der Regel ist es Aufgabe

---

[346] *Wiese/Berner*, DStR 2014, 1260, 1264; *Osterloh*, StuW 2015, 201, 204.

[347] Vgl. auch die nach der jeweiligen Ausgestaltung des Gesetzes differenzierenden Ansätze von *Muckel*, Kriterien des verfassungsrechtlichen Vertrauensschutzes bei Gesetzesänderungen, 1989, S. 81 ff.; *K.-A. Schwarz*, Vertrauensschutz als Verfassungsprinzip, 2002, S. 295 ff.; *Fuhrmanns*, Vertrauensschutz im deutschen und österreichischen öffentlichen Recht, 2004, S. 69 f.

[348] Vgl. schon unter § 4 C. II., III. 2.

[349] Insoweit ist die objektive Dimension des Rechtsschutzgebots betroffen; vgl. schon unter § 5 A. I. 2.

der Gerichte, über die Auslegung einer Norm für die Vergangenheit zu entscheiden; der Gesetzgeber darf in diesen Auslegungsprozess nur eingreifen, wenn er die besonderen Grenzen des Rückwirkungsverbots wahrt. Da eine rückwirkende Änderung nunmehr schon immer dann vorliegt, wenn eine vertretbare Auslegung durch die Neuregelung ausgeschlossen wird, besteht zudem eine verstärkte Verbindung zum Gebot effektiven Rechtsschutzes in seiner subjektiv-rechtlichen Dimension: Wenn rückwirkende Gesetze eine Auslegung nachträglich ausschließen, kann dies auch das subjektive Recht des Steuerpflichtigen beeinträchtigen, ebendiese Auslegung gerichtlich durchzusetzen.

Gleichwohl ist damit keine grundlegende Abkehr von der individualrechtschützenden Perspektive des Rückwirkungsverbots verbunden: Zum einen dienen auch Gewaltenteilung und Rechtsschutzgebot letztlich dem Schutz subjektiver Rechte. Zum anderen hat das Bundesverfassungsgericht mit dem KAGG-Beschluss nur den Anwendungsbereich des Rückwirkungsverbot erweitert, der individuelle Vertrauensschutz bleibt auf den folgenden Stufen aber das wesentliche Abgrenzungskriterium.

II. Entscheidungsmaßstab: echte oder unechte Rückwirkung

Das Bundesverfassungsgericht differenziert in ständiger Rechtsprechung zwischen zwei verschiedenen Rückwirkungsarten, die klassischerweise als echte und unechte Rückwirkung bezeichnet werden.[350] Zu Beginn der Rückwirkungsrechtsprechung erstreckte sich das Rückwirkungsverbot nur auf Fälle echter Rückwirkung.[351] Diesen Standpunkt gab das Gericht allerdings schon bald auf und formulierte auch für unecht rückwirkende Gesetze verfassungsrechtliche Grenzen.[352] Die Abgrenzung bestimmt seitdem nicht mehr über den Anwendungsbereich des Rückwirkungsverbot, sondern über den anzulegenden Prüfungsmaßstab: Gesetze mit echter Rückwirkung unterliegen strengeren Voraussetzungen als solche mit unechter Rückwirkung.[353]

Damit strukturiert die Differenzierung zwischen echter und unechter Rückwirkung die weitere Prüfung des Bundesverfassungsgerichts; sie hat eine Ordnungsfunktion:[354] Normen mit einem besonders starken Vergangenheitsbezug,

[350] Zu den vom zweiten Senat eingeführten abweichenden Begriffen der Rückbewirkung von Rechtsfolgen und der tatbestandlichen Rückanknüpfung noch unter §6 B. II. 1. b).

[351] BVerfG, Beschluss v. 31.5.1960 – 2 BvL 4/59, BVerfGE 11, 139, juris Rn. 29: Problem der Rückwirkung entsteht nicht; ebenso BVerfG, Urteil v. 10.5.1962 – 1 BvL 31/58, BVerfGE 14, 76, juris Rn. 93.

[352] BVerfG, Beschluss v. 11.10.1962 – 1 BvL 22/57, BVerfGE 14, 288, juris Rn. 25; BVerfG, Beschluss v. 17.1.1967 – 2 BvL 28/63, BVerfGE 21, 117, juris Rn. 52; BVerfG, Beschluss v. 19.7.1967 – 2 BvL 1/65, BVerfGE 22, 241, juris Rn. 25; BVerfG, Urteil v. 7.5.1969 – 2 BvL 15/67, BVerfGE 25, 371, juris Rn. 114; BVerfG, Beschluss v. 2.12.1969 – 2 BvR 560/65, BVerfGE 27, 231, juris Rn. 26.

[353] Siehe zu den jeweiligen Maßstäben im Einzelnen §6 B. II. 2.

[354] *Möller/Rührmair*, NJW 1999, 908, 911; *Desens*, in: Rensen/Brink (Hrsg.), Linien der

die das Vertrauensschutzinteresse des Bürgers in gesteigertem Maße beeinträchtigen, sollen identifiziert und von weniger gravierenden Fällen abgegrenzt werden. Eine abschließende Bewertung ist mit dieser Einordnung dogmatisch noch nicht verbunden. Echt und unecht rückwirkende Normen können gleichermaßen zulässig oder unzulässig sein, allein der Entscheidungsmaßstab unterscheidet sich abhängig von der Einordnung.[355] Versucht man eine Parallele zur Grundrechtsdogmatik herzustellen, so kann man die Differenzierung zwischen den beiden Rückwirkungsarten als eine besondere Strukturierung der Verhältnismäßigkeitsprüfung, ähnlich der sog. Stufentheorie bei Art. 12 GG begreifen.[356]

1. Abgrenzung zwischen den verschiedenen Rückwirkungsarten

Die Abgrenzung der verschiedenen Rückwirkungsarten erfolgt durch das Bundesverfassungsgericht und hier insbesondere durch den ersten Senat traditionell nach materiellen Kriterien.[357] Der zweite Senat des Gerichts hat in den 1980er Jahren eine (weitgehend) formale Betrachtungsweise eingeführt,[358] die zunächst als wesentliche Änderung der Rechtsprechung aufgefasst wurde, mittlerweile aber weitgehend mit der traditionellen Abgrenzung verschmolzen ist.[359] Damit spielen in der aktuellen Dogmatik – genau wie bei der Bestimmung des Anwendungsbereichs des Rückwirkungsverbots – formale und materielle Kriterien zusammen.[360]

Rechtsprechung des Bundesverfassungsgerichts, 2009, S. 329, 338f.; *Drüen*, Ubg 2014, 683, 689f.; *ders.*, StuW 2015, 210, 212; ähnlich auch schon *Friauf*, BB 1972, 669, 674f.; *P. Kirchhof*, DStR 1979, 275, 279.

355 Vor allem für steuerrechtliche Verfahren vor dem Jahr 2010 wurde die Kategorisierung zurecht häufig als präjudizierend kritisiert, vgl nur *Hey*, Steuerplanungssicherheit als Rechtsproblem, 2002, S. 209ff.; *Desens*, in: Rensen/Brink (Hrsg.), Linien der Rechtsprechung des Bundesverfassungsgerichts, 2009, S. 329, 335; *ders.*, StuW 2011, 113, 114; *Mellinghoff*, FS Landau, 2016, S. 69, 71; jew. mit Nachweisen auf die Entscheidungspraxis. Mittlerweile hat das Bundesverfassungsgericht den Vertrauensschutz allerdings auch bei unechter Rückwirkung im Steuerrecht erheblich gestärkt und damit die präjudizielle Wirkung der Abgrenzung entschärft. Zum gesteigerten Schutz bei unechter Rückwirkung noch im Detail unter §6 B. III. 2. b).

356 So auch schon *Möller/Rührmair*, NJW 1999, 908, 911; *K.-A. Schwarz*, Vertrauensschutz als Verfassungsprinzip, 2002, S. 286ff.; vgl. auch *Heß*, Intertemporales Privatrecht, 1998, S. 299f.

357 Dazu sogleich unter §6 B. II. 1. a).

358 Siehe dazu noch unter §6 B. II. 1. b).

359 Zum Verhältnis der beiden Abgrenzungsmethoden zueinander §6 B. II. 1. c).

360 Trotz dieser strukturellen Parallele und auch wenn das Gericht häufig die Eröffnung des Anwendungsbereichs und die Bestimmung der einschlägigen Rückwirkungsart gemeinsam abhandelt, unterscheiden sich die angewendeten Kriterien inhaltlich voneinander. Der Rückgriff auf formale und/oder materielle Kriterien prägt die Diskussion um das Rückwirkungsverbot in vielen Bereichen; vgl. nur die Kritik von *Aschke*, Übergangsregelungen als verfassungsrechtliches Problem, 1987, S. 119ff. an den seiner Meinung nach zu sehr auf formalen Kriterien beruhenden Definitionsansätzen von *Klein/Barbey*, *Kisker* und *Götz*.

a) Materielle Abgrenzung

Nach der Grundsatzentscheidung vom 31.5.1960, in der das Bundesverfassungsgericht erstmals beide Rückwirkungsarten gegenüberstellt, entfaltet ein Gesetz dann echte Rückwirkung, wenn es „nachträglich ändernd in abgewickelte, der Vergangenheit angehörende Tatbestände eingreift.“[361] Demgegenüber liegt eine unechte Rückwirkung vor, wenn das Gesetz „nur auf gegenwärtige, noch nicht abgeschlossene Sachverhalte und Rechtsbeziehungen für die Zukunft einwirkt“[362] und „dadurch die betroffene Rechtsposition nachträglich entwertet.“[363] Die traditionelle Differenzierung setzt mithin am tatbestand-

[361] BVerfG, Beschluss v. 31.5.1960 – 2 BvL 4/59, BVerfGE 11, 139, juris Rn. 29; in der Folge ständige Rechtsprechung, vgl. z. B. BVerfG, Urteil v. 10.5.1962 – 1 BvL 31/58, BVerfGE 14, 76, juris Rn. 93; BVerfG, Beschluss v. 11.10.1962 – 1 BvL 22/57, BVerfGE 14, 288, juris Rn. 24; BVerfG, Beschluss v. 24.9.1965 – 1 BvR 228/65, BVerfGE 19, 119, juris Rn. 20; BVerfG, Urteil v. 7.5.1969 – 2 BvL 15/67, BVerfGE 25, 371, juris Rn. 107; BVerfG, Beschluss v. 23.3.1971 – 2 BvL 2/66, 2 BvR 168/66, 2 BvR 196/66, 2 BvR 197/66, 2 BvR 210/66, 2 BvR 472/66, BVerfGE 30, 367, juris Rn. 71; BVerfG, Beschluss v. 26.6.1979 – 1 BvL 10/78, BVerfGE 51, 356, juris Rn. 27; BVerfG, Beschluss v. 23.3.1971 – 2 BvL 17/69, BVerfGE 30, 392, juris Rn. 29; BVerfG, Beschluss v. 28.11.1984 – 1 BvR 1157/82, BVerfGE 68, 287, juris Rn. 10; BVerfG, Beschluss v. 13.5.1986 – 1 BvR 99/85, 1 BvR 461/85, BVerfGE 72, 175, juris Rn. 51; BVerfG, Beschluss v. 23.6.1993 – 1 BvR 133/89, BVerfGE 89, 48, juris Rn. 64; BVerfG, Beschluss v. 12.3.1996 – 1 BvR 609/90, 1 BvR 692/90, BVerfGE 94, 241, juris Rn. 50; BVerfG, Beschluss v. 15.10.1996 – 1 BvL 44/92, 1 BvL 48/92, BVerfGE 95, 64, juris Rn. 110; BVerfG, Urteil v. 23.11.1999 – 1 BvF 1/94, BVerfGE 101, 239, juris Rn. 97; BVerfG, Nichtannahmebeschluss v. 7.9.2006 – 1 BvR 1798/06, WM 2006, 2019, juris Rn. 13; BVerfG, Nichtannahmebeschluss v. 23.2.2007 – 1 BvR 836/01, BVerfGK 10, 326, juris Rn. 7; BVerfG, Urteil v. 10.6.2009 – 1 BvR 706/08, 1 BvR 814/08, 1 BvR 819/08, 1 BvR 832/08, 1 BvR 837/08, BVerfGE 123, 186, juris Rn. 212; BVerfG, Nichtannahmebeschluss v. 3.9.2009 – 1 BvR 2384/08, NVwZ 2010, 313, juris Rn. 19; BVerfG, Nichtannahmebeschluss v. 14.1.2010 – 1 BvR 1627/09, NVwZ 2010, 771, juris Rn. 81; BVerfG, Nichtannahmebeschluss v. 29.2.2012 – 1 BvR 2378/10, NZA 2012, 1979, juris Rn. 48; BVerfG, Nichtannahmebeschluss v. 25.4.2015 – 1 BvR 2314/12, NJW 2015, 1867, juris Rn. 13.

[362] BVerfG, Beschluss v. 31.5.1960 – 2 BvL 4/59, BVerfGE 11, 139, juris Rn. 29.

[363] Mit diesem Zusatz in der Folge ständige Rechtsprechung, vgl. z. B. BVerfG, Beschluss v. 11.10.1962 – 1 BvL 22/57, BVerfGE 14, 288, juris Rn. 25; BVerfG, Beschluss v. 23.3.1971 – 2 BvL 2/66, 2 BvR 168/66, 2 BvR 196/66, 2 BvR 197/66, 2 BvR 210/66, 2 BvR 472/66, BVerfGE 30, 367, juris Rn. 71; BVerfG, Urteil v. 8.2.1977 – 1 BvF 1/76, 1 BvL 7/75, 1 BvL 8/75, 1 BvR 239/75, 1 BvR 92/76, 1 BvR 187/76, BVerfGE 43, 291, juris Rn. 222; BVerfG, Beschluss v. 13.3.1979 – 2 BvR 72/76, BVerfGE 50, 386, juris Rn. 21; BVerfG, Beschluss v. 26.6.1979 – 1 BvL 10/78, BVerfGE 51, 356, juris Rn. 28; BVerfG, Beschluss v. 13.5.1986 – 1 BvR 99/85, 1 BvR 461/85, BVerfGE 72, 175, juris Rn. 51; BVerfG, Beschluss v. 11.10.1988 – 1 BvR 743/86, 1 BvL 80/86, BVerfGE 79, 29, juris Rn. 53; BVerfG, Beschluss v. 15.10.1996 – 1 BvL 44/92, 1 BvL 48/92, BVerfGE 95, 64, juris Rn. 109; BVerfG, Nichtannahmebeschluss v. 22.4.1998 – 1 BvR 2146/94, 1 BvR 2180/94, WM 1998, 1343, juris Rn. 34; BVerfG, Nichtannahmebeschluss v. 29.10.1999 – 1 BvR 1996/97, VIZ 2000, 150, juris Rn. 19; BVerfG, Nichtannahmebeschluss v. 13.2.2003 – 1 BvR 1597/99, FamRZ 2003, 662, juris Rn. 10; BVerfG, Nichtannahmebeschluss v. 31.3.2006 – 1 BvR 1750/01, BVerfGK 7, 465, juris Rn. 37; BVerfG, Urteil v. 10.6.2009 – 1 BvR 706/08, 1 BvR 814/08, 1 BvR 819/08, 1 BvR 832/08, 1 BvR 837/08, BVerfGE 123, 186, juris Rn. 212; BVerfG, Nichtannahmebeschluss v. 3.9.2009 – 1 BvR 2384/08, NVwZ 2010, 313, juris Rn. 19; BVerfG, Nichtannahmebeschluss v. 14.1.2010 – 1 BvR 1627/09, NVwZ 2010, 771,

lichen Anwendungsbereich einer Neuregelung an und qualifiziert solche Gesetze als besonders rechtfertigungsbedürftig, die bereits beendete Vorgänge erfassen. Schon die uneinheitliche Wortwahl bei der Umschreibung der beiden Rückwirkungsarten – „abgewickelter Tatbestand" einerseits und „noch nicht abgeschlossener Sachverhalt" andererseits – zeigt allerdings, dass das Merkmal in verschiedener Hinsicht Interpretationsspielraum eröffnet. Aus den Formeln des Gerichts ist weder eindeutig zu entnehmen, was der genaue Bezugspunkt des Kriteriums ist (Was muss abgewickelt bzw. abgeschlossen sein?), noch wann genau das Kriterium erfüllt ist (Wann bzw. in Bezug auf was ist ein Vorgang abgewickelt oder abgeschlossen?).

Der Begriff des (abgewickelten) „Tatbestands" deutet zunächst auf den gesetzlichen Tatbestand der bisherigen Norm als Bezugspunkt hin. Die Abgeschlossenheit eines vergangenen Vorgangs lässt sich daran messen, ob er bereits den Tatbestand der bisher gültigen Regelung erfüllt hat. Lagen alle Tatbestandsvoraussetzungen vor und greift eine Neuregelung nunmehr ändernd ein, liegt eine echte Rückwirkung vor. Folgt man dieser Interpretation, ist die Grenzziehung zwischen besonders rechtfertigungsbedürftiger echter Rückwirkung und weniger gravierender unechter Rückwirkung allerdings maßgeblich von der Ausgestaltung des bisherigen gesetzlichen Tatbestands abhängig. Es droht eine Risikoverschiebung zulasten des Bürgers, wenn das Gesetz Tatbestandsmerkmale vorsieht, die erst nach langer Zeit erfüllt werden können oder auf deren Verwirklichung der Bürger keine Einflussmöglichkeit hat. Der Gesetzgeber kann – zumindest theoretisch – gesetzliche Tatbestände bewusst so formulieren, dass er für lange Zeit noch im Wege einer unechten Rückwirkung zum Nachteil des Bürgers gestaltend eingreifen kann, und damit an sich einheitliche Lebensvorgänge künstlich aufspalten.[364] Die Differenzierung zwischen echter und unechter Rückwirkung hängt maßgeblich von der gesetzgeberischen Formulierungskunst ab.[365]

Das Bundesverfassungsgericht begegnet dieser Gefahr, indem es nicht streng auf die Verwirklichung der bisherigen gesetzlichen Tatbestandsmerkmale abstellt, sondern fragt, ob der zugrundeliegende Lebenssachverhalt bereits beendet war. Diese Interpretation steht dem bei der Definition der unechten Rückwirkung verwendeten Begriff des „Sachverhalts" näher, wirft dann aber die Frage

---

juris Rn. 80; BVerfG, Nichtannahmebeschluss v. 29.2.2012 – 1 BvR 2378/10, NZA 2012, 1979, juris Rn. 48.

364 Vgl. das Beispiel bei *Stötzel*, Vertrauensschutz und Gesetzesrückwirkung, 2002, S. 122 f.

365 *Friauf*, BB 1972, 669, 674; *Grabitz*, DVBl 1973, 675, 677; *Weber-Dürler*, Vertrauensschutz im öffentlichen Recht, 1983, S. 285; *Bauer*, JuS 1984, 241, 245; *K.-A. Schwarz*, Vertrauensschutz als Verfassungsprinzip, 2002, S. 110; *Stötzel*, Vertrauensschutz und Gesetzesrückwirkung, 2002, S. 121 ff.; *Werder*, Dispositionsschutz bei der Änderung von Steuergesetzen zwischen Rückwirkungsverbot und Kontinuitätsgebot, 2005, S. 38; *Desens*, in: Rensen/Brink (Hrsg.), Linien der Rechtsprechung des Bundesverfassungsgerichts, 2009, S. 329, 336 f.

auf, wann ein Lebenssachverhalt abgewickelt bzw. abgeschlossen ist. Menschliche Handlungen ergeben sich stets aus einem Kontinuum, sie haben eine Vorgeschichte und gehen ineinander über, sodass sich schwer ein „Abschluss" bestimmen lässt.[366] Erst das Recht greift bestimmte Vorgänge heraus und knüpft an einzelne Ereignisse rechtliche Folgen.[367] So führt auch das Bundesverfassungsgericht aus, die Frage, ob ein abgeschlossener (Lebens-)Sachverhalt vorliegt, sei eine verfassungsrechtliche Frage, die „nur unter Berücksichtigung des ‚einfachen' Rechts entschieden werden kann."[368] Das Gericht orientiert sich danach regelmäßig an der vom Gesetzgeber vorgenommenen Strukturierung des Lebenssachverhalts durch Tatbestandsvoraussetzungen und nimmt eine echte Rückwirkung an, wenn ein Lebenssachverhalt bereits sämtliche Tatbestandsmerkmale einer Norm erfüllt hat. Darüber hinaus bezieht es aber im Rahmen einer wertenden Gesamtbetrachtung die Besonderheiten des jeweiligen Regelungsbereichs und der erfassten Lebenssachverhalte mit ein.[369] Häufig liegt ein abgeschlossener Lebenssachverhalt dann vor, wenn sich die rechtlichen Ansprüche, Möglichkeiten und Pflichten des Bürgers maßgeblich verändern.

So kommt es beispielsweise im Prozessrecht auf den Abschluss des Prozessrechtsverhältnisses der miteinander streitenden Parteien zueinander und zum Gericht an: Nur wenn eine Regelung auch auf bereits beendete Verfahren oder zumindest Verfahrensinstanzen einwirkt, entfaltet sie echte Rückwirkung.[370] Im Sozialversicherungsrecht stellt das Gericht auf den Eintritt des Versicherungsfalls[371] oder den Zeitpunkt der Antragstellung durch den Bürger ab.[372] Bei anderen öffentlich-rechtlichen Leistungsansprüchen kann die Verwirklichung der gesetzlichen Anspruchsvoraussetzungen genügen.[373] Im Zivilrecht nimmt das Gericht teilweise bereits mit Vertragsschluss einen abgeschlossenen Sachverhalt an, teilweise qualifiziert es die Einwirkung auf noch nicht vollständig

---

[366] *Werder*, Dispositionsschutz bei der Änderung von Steuergesetzen zwischen Rückwirkungsverbot und Kontinuitätsgebot, 2005, S. 38; *Desens*, in: Rensen/Brink (Hrsg.), Linien der Rechtsprechung des Bundesverfassungsgerichts, 2009, S. 329, 337; *K. Vogel*, FS Heckel, 1999, S. 875, 876 f.

[367] *Hey*, Steuerplanungssicherheit als Rechtsproblem, 2002, S. 204 f.

[368] BVerfG, Urteil v. 7.5.1969 – 2 BvL 15/67, BVerfGE 25, 371, juris Rn. 110; vgl. auch BVerfG, Beschluss v. 22.10.2008 – 2 BvR 749/08, BVerfGK 14, 357, juris Rn. 35: Anknüpfung an einen „auch im rechtlichen Sinne endgültig abgeschlossenen Lebenssachverhalt."

[369] Vgl. *Aschke*, Übergangsregelungen als verfassungsrechtliches Problem, 1987, S. 284; *Desens*, in: Rensen/Brink (Hrsg.), Linien der Rechtsprechung des Bundesverfassungsgerichts, 2009, S. 329, 337.

[370] BVerfG, Beschluss v. 31.5.1960 – 2 BvL 4/59, BVerfGE 11, 139, juris Rn. 29; BVerfG, Beschluss v. 2.12.1969 – 2 BvR 560/65, BVerfGE 27, 231, juris Rn. 25; BVerfG, Urteil v. 11.3.1975 – 2 BvR 135/75, 2 BvR 136/75, 2 BvR 137/75, 2 BvR 138/75, 2 BvR 139/75, BVerfGE 39, 156, juris Rn. 32.

[371] BVerfG, Beschluss v. 19.7.1967 – 2 BvL 1/65, BVerfGE 22, 241, juris Rn. 24.

[372] BVerfG, Beschluss v. 25.6.1974 – 2 BvF 2/73, 2 BvF 3/73, BVerfGE 37, 363, juris Rn. 110.

[373] BVerfG, Beschluss v. 23.3.1971 – 2 BvL 2/66, 2 BvR 168/66, 2 BvR 196/66, 2 BvR 197/66, 2 BvR 210/66, 2 BvR 472/66, BVerfGE 30, 367, juris Rn. 73.

erfüllte Verträge aber auch als unechte Rückwirkung.[374] Im Steuerrecht stellt das Gericht schließlich bei periodisch veranlagten Steuern auf den Ablauf des einfachgesetzlich bestimmten Veranlagungszeitraums ab.[375]

Das wertende Element und die nur bereichsspezifische Konkretisierung[376] führen notwendigerweise dazu, dass sich die Anwendung des materiellen Kriteriums durch das Gericht nur bedingt voraussagen lässt und Zweifelsfälle verbleiben.[377] Auch innerhalb der einzelnen Rechtsbereiche erscheint die Konkretisierung nicht immer frei von Widersprüchen.[378] Diesen Schwierigkeiten und der daran anknüpfenden Kritik in der verfassungsrechtlichen Literatur versuchte der zweite Senat des Bundesverfassungsgerichts mit der Einführung einer formalen (bzw. formaleren) Abgrenzung zu begegnen.

b) Formale Abgrenzung

Auch die vom zweiten Senat begründete formale Differenzierung dient dazu, zwei Kategorien legislativen Handelns mit Vergangenheitsbezug abzuschichten, führt insoweit aber zugleich eine neue Terminologie ein. Eine Norm entfaltet danach nur Rückwirkung im eigentlichen Sinne, wenn der Beginn ihres zeitlichen Anwendungsbereichs normativ auf einen Zeitpunkt festgelegt ist, der vor dem Zeitpunkt liegt, zu dem die Norm rechtlich gültig geworden ist.[379] Der besondere verfassungsrechtliche Rechtfertigungsbedarf ergibt sich daraus, dass die belastenden Rechtsfolgen der Norm bereits vor ihrer Verkündung eintreten sollen, also eine „Rückbewirkung von Rechtsfolgen" vorliegt.[380] Dem-

[374] BVerfG, Beschluss v. 9.6.1964 – 2 BvL 9/62, BVerfGE 18, 70, juris Rn. 35; BVerfG, Beschluss v. 22.6.1971 – 2 BvL 6/70, BVerfGE 31, 222, juris Rn. 20; BVerfG, Beschluss v. 20.6.1978 – 2 BvR 71/76, BVerfGE 48, 403, juris Rn. 33.

[375] Siehe dazu noch im Detail unter § 6 B. II. 1. d).

[376] Vgl. für weitere Einzelbeispiele die Übersichten bei *Aschke*, Übergangsregelungen als verfassungsrechtliches Problem, 1987, S. 280 ff.; *Berger*, Zulässigkeitsgrenzen der Rückwirkung von Gesetzen, 2002, S. 47 f.; *Werder*, Dispositionsschutz bei der Änderung von Steuergesetzen zwischen Rückwirkungsverbot und Kontinuitätsgebot, 2005, S. 41 ff.

[377] Vgl. nur die teils harsche Kritik an der materiellen Abgrenzung bei *Weber-Dürler*, Vertrauensschutz im öffentlichen Recht, 1983, S. 285: „schwer zu handhaben und wirft viele Zweifelsfragen auf"; *Aschke*, Übergangsregelungen als verfassungsrechtliches Problem, 1987, S. 284: „missverständlich, verwirrend, teilweise widersprüchlich und manipulierbar"; *K.-A. Schwarz*, Vertrauensschutz als Verfassungsprinzip, 2002, S. 110: „nahezu beliebig"; *Stötzel*, Vertrauensschutz und Gesetzesrückwirkung, 2002, S. 121: „teilweise willkürlich."

[378] Vgl. kritisch zur Abgrenzung im Prozessrecht *Bauer*, JuS 1984, 241, 246; im Rentenversicherungsrecht *Werder*, Dispositionsschutz bei der Änderung von Steuergesetzen zwischen Rückwirkungsverbot und Kontinuitätsgebot, 2005, S. 42 f. im Schuldrecht *Pieroth*, Rückwirkung und Übergangsrecht, 1981, S. 82 f.; *Bauer*, JuS 1984, 241, 246.

[379] Erstmals BVerfG, Beschluss v. 22.3.1983 – 2 BvR 475/78, BVerfGE 63, 343, juris Rn. 42 ff.; ebenso BVerfG, Beschluss v. 10.4.1984 – 2 BvL 19/82, BVerfGE 67, 1, juris Rn. 40.

[380] Mit dieser Terminologie erstmals BVerfG, Beschluss v. 14.5.1986 – 2 BvL 2/83, BVerfGE 72, 200, juris Rn. 86 f.; zuvor der Sache nach schon BVerfG, Beschluss v. 22.3.1983 – 2 BvR 475/78, BVerfGE 63, 343, juris Rn. 42 ff.; in der Folge z. B. BVerfG, Beschluss v. 7.7.1992 – 2 BvR 1631/90, 2 BvR 1728/90, BVerfGE 87, 48, juris Rn. 33; BVerfG, Nichtannah-

gegenüber liegt eine bloße „tatbestandliche Rückanknüpfung“ vor, wenn eine Norm den Eintritt der angeordneten Rechtsfolgen von Gegebenheiten aus der Zeit vor ihrer Verkündung abhängig macht.[381] Die Rückbewirkung von Rechtsfolgen versteht das Gericht als ein Problem des zeitlichen, die tatbestandliche Rückanknüpfung als ein Problem des sachlichen Anwendungsbereichs einer Norm.[382] Im Unterschied zur traditionellen materiellen Abgrenzung richtet die formale Abgrenzung den Blick nicht auf den Tatbestand der Norm bzw. den zugrundeliegenden Sachverhalt, sondern setzt auf der Rechtsfolgenseite an: Der Gesetzgeber unterliegt immer dann besonderen Rechtfertigungsbedingungen, wenn eine Norm Rechtsfolgen auch in Zeiträumen vor ihrer Verkündung entfalten soll.

Da sich der Verkündungszeitpunkt eindeutig bestimmen lässt, liegt damit zunächst ein trennscharfes Abgrenzungskriterium vor. Die Unsicherheiten, die sich aus dem wertungsoffenen Begriff des abgeschlossenen Tatbestands ergeben, werden vermieden.[383] Die neuen Begrifflichkeiten stellen zudem auch terminologisch die besondere Problematik rückwirkender Normen treffend heraus:[384] Das Vertrauensschutzinteresse des Bürgers wird besonders stark beeinträchtigt, wenn eine Norm für die Vergangenheit nachträglich die Rechtslage verändert (Rückbewirkung von Rechtsfolgen), weil er auf eine solche – fiktive – Veränderung nicht mehr reagieren kann. In Fällen einer tatbestandlichen Rückanknüpfung kann der Bürger zwar die in der Vergangenheit wurzelnden Sachverhaltselemente in der Regel ebenfalls nicht mehr beeinflussen, meist verbleiben ihm aber dennoch Handlungsspielräume, um sein Verhalten anzupassen und die nachteilige Rechtsfolge entweder zu vermeiden oder zumindest in seine (ökonomischen) Planungen einzubeziehen.[385]

Indes kann sich auch der formale Neuansatz den Schwierigkeiten, die schon unter der traditionellen materiellen Abgrenzung aufgezeigt wurden, nicht vollständig entziehen. Zunächst zeigte sich in der praktischen Handhabung durch

mebeschluss v. 26.2.1993 – 2 BvR 1288/89, NJW 1993, 2432, juris Rn. 2; BVerfG, Nichtannahmebeschluss v. 5.8.2009 – 2 BvR 2098/08, 2 BvR 2633/08, NJW 2010, 1514, juris Rn. 24f.

[381] Mit dieser Terminologie erstmals BVerfG, Beschluss v. 14.5.1986 – 2 BvL 2/83, BVerfGE 72, 200, juris Rn. 88; zuvor der Sache nach schon BVerfG, Beschluss v. 22.3.1983 – 2 BvR 475/78, BVerfGE 63, 343, juris Rn. 52ff.; in der Folge z. B. BVerfG, Nichtannahmebeschluss v. 15.1.1992 – 2 BvR 1824/89, NJW 1992, 2877, juris Rn. 3; BVerfG, Beschluss v. 15.5.1995 – 2 BvL 19/91, 2 BvR 1206/91, 2 BvR 1584/91, 2 BvR 2601/93, BVerfGE 92, 277, juris Rn. 222.

[382] BVerfG, Beschluss v. 14.5.1986 – 2 BvL 2/83, BVerfGE 72, 200, juris Rn. 85ff.; dazu kritisch *Hahn*, Zur Rückwirkung im Steuerrecht, 1987, S. 24ff.; *Muckel*, Kriterien des verfassungsrechtlichen Vertrauensschutzes bei Gesetzesänderungen, 1989, S. 73f.

[383] *Von Arnauld*, Rechtssicherheit, 2006, S. 343; *Maurer*, HStR IV, 3. Auflage 2006, § 79 Rn. 28; *Pieroth*, JZ 1984, 971, 973f.

[384] Lobend zur geänderten Terminologie auch *Brüning*, NJW 1998, 1525, 1526; *K. Vogel*, JZ 1988, 833, 838; *Leisner-Egensperger*, Kontinuität als Verfassungsprinzip, 2002, S. 482f.; kritisch *P. Kirchhof*, DStR 2015, 717, 718.

[385] Vgl. auch *Maurer*, HStR IV, 3. Auflage 2006, § 79 Rn. 31.

den zweiten Senat schon in den ersten Entscheidungen, dass einzelne Normen für unterschiedliche Adressaten zugleich tatbestandliche Rückanknüpfung oder Rückbewirkung von Rechtsfolgen sein können.[386] So eindeutig die Abgrenzung nach dem Verkündungszeitpunkt auf den ersten Blick erscheint, erfordert auch sie demnach eine differenzierte Betrachtung der jeweils erfassten Sachverhalte und nähert sich damit bereits der materiellen Betrachtung an. Da die Abgrenzung an den angeordneten Rechtsfolgen anknüpft, kann der Gesetzgeber die Art der Vergangenheitsanknüpfung zudem relativ leicht gestalten. Will er die strengen Anforderungen einer Rückbewirkung von Rechtsfolgen umgehen, muss er die Rechtsfolgen der Norm ausschließlich auf die Zukunft erstrecken. Häufig lässt sich aber auch mit in die Zukunft gerichteten Rechtsfolgen ein bei materiellrechtlicher Betrachtung zumindest ähnliches Ergebnis erzielen: Der Gesetzgeber kann beispielsweise anstatt die Voraussetzungen für den Erwerb eines Rechts mit Wirkung auch für vergangene Zeiträume zu verschärfen, das Recht für die Zukunft in genau diesen Konstellationen entziehen – in beiden Fällen verliert der Bürger seine Rechtsposition.[387] Die Bildung gewinnmindernder Rückstellungen kann zwar für vergangene Zeiträume toleriert, aber ihre gewinnerhöhende Auflösung für die Zukunft angeordnet werden. Jedenfalls dann, wenn der Eintritt einer zukünftigen Rechtsfolge ausschließlich von in der Vergangenheit verwirklichten Tatbestandsvoraussetzungen abhängt, ist der Bürger dadurch nicht weniger belastet, als wenn dieselbe Rechtsfolge mit Wirkung auf den Zeitpunkt der Tatbestandsverwirklichung in die Vergangenheit erstreckt wird. Auch die formale Abgrenzung sieht sich damit der Kritik ausgesetzt, dass die Einordnung zwischen den verschiedenen Rückwirkungsarten von der Formulierungskunst des Gesetzgebers abhängt und nicht immer mit einer unterschiedlich starken Beeinträchtigung des individuellen Vertrauensschutzinteresses korrespondiert.[388] Begegnen lässt sich dieser Kritik nur durch eine wertende Einschränkung des formalen Abgrenzungsmaßstabs, wodurch aber zugleich dessen Trennschärfe zumindest teilweise preisgegeben wird.

c) Verhältnis der Abgrenzungen zueinander

Die formale Abgrenzung wurde zunächst als Abkehr von den bisherigen Maßstäben und dementsprechend als Bruch in der Rechtsprechung des Bundesver-

[386] Vgl. nur BVerfG, Beschluss v. 14.5.1986 – 2 BvL 2/83, BVerfGE 72, 200, juris Rn. 112f.; BVerfG, Beschluss v. 12.6.1986 – 2 BvL 5/80, 2 BvL 17/82, 2 BvR 635/80, BVerfGE 72, 302, juris Rn. 74.

[387] *Werder*, Dispositionsschutz bei der Änderung von Steuergesetzen zwischen Rückwirkungsverbot und Kontinuitätsgebot, 2005, S. 38f.

[388] *Brüning*, NJW 1998, 1525, 1526; *K. Vogel*, FS Heckel, 1999, S. 875, 877f.; *Leisner-Egensperger*, Kontinuität als Verfassungsprinzip, 2002, S. 484; *Werder*, Dispositionsschutz bei der Änderung von Steuergesetzen zwischen Rückwirkungsverbot und Kontinuitätsgebot, 2005, S. 38f.; weniger kritisch *Fiedler*, NJW 1988, 1624, 1626.

fassungsgerichts interpretiert.[389] Tatsächlich entwickelte sich aber in der Folge kein Gegensatz zwischen materieller und formaler Abgrenzung. Vielmehr bewegten sich beide Senate des Gerichts aufeinander zu:

Der zweite Senat kehrte schon nach kurzer Zeit zu den hergebrachten Begriffen zurück[390] und verbindet seitdem die beiden Abgrenzungen miteinander: Durch Klammerzusätze werden die Begriffe der echten Rückwirkung und der Rückbewirkung von Rechtsfolgen sowie der unechten Rückwirkung und der tatbestandlichen Rückanknüpfung jeweils gleichgesetzt.[391] Teilweise geht der zweite Senat ausdrücklich davon aus, dass mit der formalen Rückbeziehung von Rechtsfolgen auf einen Zeitraum vor der Verkündung des Gesetzes zugleich stets auch materiell in einen abgeschlossenen Tatbestand eingegriffen wird.[392] Teilweise integriert er das materielle Kriterium als weiteres Element in die formale Definition der Rückbewirkung von Rechtsfolgen.[393] Der erste Senat prüft die beiden Abgrenzungen teilweise parallel[394] oder bildet Mischdefinitionen,[395] in den jüngsten Entscheidungen begreift er das formale Kriterium als Unterfall der materiellen Abgrenzung (insbesondere).[396] Auf Kammer-

---

[389] Insbesondere *K. Vogel*, JZ 1988, 833, 837f.: „dramatische Wendung"; später relativierend *ders.*, FS Heckel, 1999, S. 875, 875 (Fn. 7).

[390] Vgl. bereits BVerfG, Beschluss v. 30.9.1987 – 2 BvR 933/82, BVerfGE 76, 256, juris Rn. 168 nur etwas mehr als zwei Jahre nach Einführung der neuen Terminologie.

[391] BVerfG, Beschluss v. 3.12.1997 – 2 BvR 882/97, BVerfGE 97, 67, juris Rn. 40f.; BVerfG, Beschluss v. 5.2.2002 – 2 BvR 305/93, 2 BvR 348/93, BVerfGE 105, 17, juris Rn. 67; BVerfG, Urteil v. 5.2.2004 – 2 BvR 2029/01, BVerfGE 109, 133, juris Rn. 169f.; BVerfG, Beschluss v. 23.8.2006 – 2 BvR 226/06, BVerfGK 9, 108, juris Rn. 15; BVerfG, Nichtannahmebeschluss v. 8.12.2006 – 2 BvR 1339/06, NVwZ 2007, 441, juris Rn. 23; BVerfG, Urteil v. 4.5.2011 – 2 BvR 2333/08, 2 BvR 2365/09, 2 BvR 571/10, 2 BvR 740/10, 2 BvR 1152/10, BVerfGE 128, 326, juris Rn. 134; BVerfG, Beschluss v. 2.5.2012 – 2 BvL 5/10, BVerfGE 131, 20, juris Rn. 65f.; BVerfG, Beschluss v. 11.7.2013 – 2 BvR 2302/11, 2 BvR 1279/12, BVerfGE 134, 33, juris Rn. 72; BVerfG, Beschluss v. 16.12.2015 – 2 BvR 1958/13, NVwZ 2016, 682, juris Rn. 43; BVerfG, Beschluss v. 25.3.2021 – 2 BvL 1/11, juris, juris Rn. 52f.

[392] BVerfG, Urteil v. 27.9.2005 – 2 BvR 1387/02, BVerfGE 114, 258, juris Rn. 151; BVerfG, Nichtannahmebeschluss v. 24.9.2007 – 2 BvR 1673/03, 2 BvR 2267/03, 2 BvR 1046/04, 2 BvR 584/07, 2 BvR 585/07, 2 BvR 586/07, NVwZ 2008, 195, juris Rn. 63; BVerfG, Beschluss v. 8.9.2008 – 2 BvL 6/03, BVerfGK 14, 244, juris Rn. 23.

[393] BVerfG, Beschluss v. 7.7.2010 – 2 BvL 14/02, 2 BvL 2/04, 2 BvL 13/05, BVerfGE 127, 1, juris Rn. 56f.; BVerfG, Beschluss v. 7.7.2010 – 2 BvR 748/05, 2 BvR 753/05, 2 BvR 1738/05, BVerfGE 127, 61, juris Rn. 45f.; BVerfG, Beschluss v. 7.7.2010 – 2 BvL 1/03, 2 BvL 57/06, 2 BvL 58/06, BVerfGE 127, 31, juris Rn. 67f.

[394] BVerfG, Beschluss v. 21.7.2010 – 1 BvL 11/06, 1 BvL 12/06, 1 BvL 13/06, 1 BvR 2530/05, BVerfGE 126, 369, juris Rn. 71; BVerfG, Beschluss v. 7.12.2010 – 1 BvR 2628/07, BVerfGE 128, 90, juris Rn. 45, 47.

[395] BVerfG, Nichtannahmebeschluss v. 5.8.1998 – 1 BvR 2250/95, WM 1998, 2025, juris Rn. 16; BVerfG, Nichtannahmebeschluss v. 3.7.2001 – 1 BvR 382/01, DB 2001, 1650, juris Rn. 7; BVerfG, Nichtannahmebeschluss v. 12.2.2019 – 1 BvR 2914/17, NVwZ 2019, 715, juris Rn. 11.

[396] BVerfG, Beschluss v. 10.10.2012 – 1 BvL 6/07, BVerfGE 132, 302, juris Rn. 42; BVerfG, Beschluss v. 17.12.2013 – 1 BvL 5/08, BVerfGE 135, 1, juris Rn. 47; BVerfG, Beschluss v. 12.11.2015 – 1 BvR 2961/14, 1 BvR 3051/14, NVwZ 2016, 300, juris Rn. 41; BVerfG, Urteil v. 10.4.2018 – 1 BvR 1236/11, juris Rn. 135f.

ebene finden sich zudem auch Entscheidungen des ersten Senats, in denen nur auf das formale Kriterium abgestellt wird[397] oder solche des zweiten Senats, in denen nur materiell abgegrenzt wird.[398] In der Literatur wird diese Entwicklung ganz überwiegend dahingehend gedeutet, dass zumindest in der Handhabung durch das Bundesverfassungsgericht keine wesentlichen Unterschiede zwischen den beiden Abgrenzungsarten bestehen.[399] Der zweite Senat habe keine inhaltlich neuen Aspekte eingeführt, sondern die bisherigen Maßstäbe „umetikettiert".[400]

Diese Kritik erscheint mit Blick auf den Sinn und Zweck, den die Kategorisierung verschiedener Rückwirkungsarten in der Gesamtdogmatik des Bundesverfassungsgerichts hat, aber als zu weitgehend. Die Differenzierung zwischen echter und unechter Rückwirkung[401] soll besonders schutzwürdige von weniger schutzwürdigen Fällen abschichten. Dazu liefern beide Ansätze einen Beitrag. Sie stehen nicht in Widerspruch zueinander, sondern ergänzen sich durchaus sinnvoll: Die formale Abgrenzung setzt an der Rechtsfolge der zu überprüfenden Norm, die materielle Abgrenzung an dem zugrundeliegenden Sachverhalt an. Die Ansätze liefern also zwei alternative Betrachtungswinkel.[402] Ob eine Norm Rechtswirkungen auch für Zeiträume vor dem Zeitpunkt ihrer Verkündung entfalten soll, lässt sich in der Regel leicht bestimmen, sodass die formale Abgrenzung die Kategorisierung insbesondere in einfach gelagerten Fällen erleichtert.[403] Gleichzeitig schützt das wertungsabhängige Kriterium des abgeschlossenen Tatbestands vor einer zu schematischen und deshalb missbrauchs-

[397] BVerfG, Nichtannahmebeschluss v. 3.7.2006 – 1 BvR 2383/04, BVerfGK 8, 338, juris Rn. 341; BVerfG, Nichtannahmebeschluss v. 3.7.2006 – 1 BvR 1224/03, BVerfGK 8, 338, juris Rn. 9.

[398] BVerfG, Nichtannahmebeschluss v. 10.8.2006 – 2 BvR 563/05, BVerfGK 9, 28, juris Rn. 14; BVerfG, Beschluss v. 22.10.2008 – 2 BvR 749/08, BVerfGK 14, 357, juris Rn. 28.

[399] Vgl. statt aller nur *Brüning*, NJW 1998, 1525, 1526; *Heß*, Intertemporales Privatrecht, 1998, S. 292f.; *Hey*, Steuerplanungssicherheit als Rechtsproblem, 2002, S. 207f.; *Leisner-Egensperger*, Kontinuität als Verfassungsprinzip, 2002, S. 482f.; *Werder*, Dispositionsschutz bei der Änderung von Steuergesetzen zwischen Rückwirkungsverbot und Kontinuitätsgebot, 2005, S. 39f.; *Maurer*, HStR IV, 3. Auflage 2006, §79 Rn. 24; *von Arnauld*, Rechtssicherheit, 2006, S. 343; *Desens*, in: Rensen/Brink (Hrsg.), Linien der Rechtsprechung des Bundesverfassungsgerichts, 2009, S. 329, 333; so auch BVerfG, Nichtannahmebeschluss v. 7.9.2006 – 1 BvR 1798/06, WM 2006, 2019, juris Rn. 15.

[400] *Pieroth*, JZ 1990, 279, 280f.; kritisch auch *Desens*, in: Rensen/Brink (Hrsg.), Linien der Rechtsprechung des Bundesverfassungsgerichts, 2009, S. 329, 333f.

[401] Aus Vereinfachungsgründen folgt die Arbeit in der Folge den hergebrachten Begriffen des ersten Senats.

[402] Ebenso *Brüning*, NJW 1998, 1525, 1526; *Fiedler*, NJW 1988, 1624, 1626; *Berger*, Zulässigkeitsgrenzen der Rückwirkung von Gesetzen, 2002, S. 76f.; *Werder*, Dispositionsschutz bei der Änderung von Steuergesetzen zwischen Rückwirkungsverbot und Kontinuitätsgebot, 2005, S. 39.

[403] *Von Arnauld*, Rechtssicherheit, 2006, S. 343; *Maurer*, HStR IV, 3. Auflage 2006, §79 Rn. 28.

anfälligen Differenzierung.[404] Die Kombination von formalen und materiellen Kriterien kann das gefundene Ergebnis doppelt absichern und damit überzeugender begründen. Dies zeigt sich nicht zuletzt im Steuerrecht für die wichtigste Fallgruppe der periodisch veranlagten Steuern, für die beide Maßstäbe in derselben Hinsicht konkretisiert werden.[405] Die auch bei der Kombination von formalen und materiellen Kriterien verbleibenden Wertungsspielräume des Gerichts und die damit einhergehende Unsicherheit für den Bürger, wie eine bestimmte Norm beurteilt werden wird, bestätigen dogmatisch indes noch einmal den nur vorläufigen Charakter der Kategorisierung: Ob eine echte oder unechte Rückwirkung vorliegt, mag den Maßstab der weiteren Prüfung bestimmen, eine endgültige Entscheidung über die verfassungsrechtliche (Un-)Zulässigkeit der Norm kann damit aber noch nicht getroffen werden.

d) Insbesondere: Abgrenzung bei periodisch veranlagten Steuern

Besonderen Raum in der Rechtsprechung des BVerfG und der wissenschaftlichen Diskussion nimmt die Abgrenzung bei periodisch veranlagten Steuern ein. Auch für Nichtanwendungsgesetze stellt dies die wichtigste Fallgruppe dar.[406] Das Bundesverfassungsgericht grenzt echte und unechte Rückwirkung im Steuerrecht maßgeblich danach ab, ob eine Neuregelung eine bereits entstandene Steuerschuld verändert oder aber nur Sachverhalte betrifft, bei denen die Steuer noch nicht entstanden ist. Da bei den periodisch veranlagten Steuern die Steuerschuld erst mit Ablauf des jeweiligen Veranlagungszeitraums[407] entsteht (§38 AO i. V. m. §36 Abs. 1 EStG, §30 Nr. 3 KStG, §18 GewStG),[408] liegt eine echte Rückwirkung nur dann vor, wenn sich eine Neuregelung auf bereits beendete Veranlagungszeiträume erstreckt. Änderungen, die zwar an Lebenssachverhalte vor der Gesetzesverkündung anknüpfen, aber erst die steuerliche Belastung im laufenden oder einem zukünftigen Veranlagungszeitraum erhöhen, entfalten hingegen unechte Rückwirkung. Für die Abgrenzung zwischen den beiden

---

[404] Vgl. *Desens*, in: Rensen/Brink (Hrsg.), Linien der Rechtsprechung des Bundesverfassungsgerichts, 2009, S. 329, 336.

[405] Dazu sogleich unter §6 B. II. 1. d).

[406] Rückwirkende Nichtanwendungsgesetze lassen sich gleichwohl auch bei Steuerarten feststellen, deren Entstehung an die Verwirklichung eines einzelnen Steuertatbestands anknüpfen, wie beispielsweise der Grunderwerbsteuer. So korrigiert die rückwirkende Ergänzung von §16 Abs. 5 GrEStG durch das Kroatien-Anpassungsgesetz vom 25.7.2014 (BGBl I 2014, S. 1266) die Rechtsprechung des Bundesfinanzhofs (BFH, Urteil v. 18.4.2012 – II R 51/11, BFHE 236, 569 = BStBl II 2013, 830, juris Rn. 23 ff.).

[407] Im Umsatzsteuerrecht kommt es regelmäßig auf den Ablauf eines Voranmeldungszeitraums an (§13 Abs. 1 Nr. 1 a), b), Nr. 2, Nr. 5, Nr. 9 UStG); vgl. BVerfG, Beschluss v. 23.3.1971 – 2 BvL 17/69, BVerfGE 30, 392, juris Rn. 30.

[408] Bei nicht periodisch veranlagten Steuern sollte die Verwirklichung des gesetzlichen Tatbestands entscheidender Abgrenzungsmaßstab sein (ebenso *Hey*, Steuerplanungssicherheit als Rechtsproblem, 2002, S. 213). Rechtsprechung des Bundesverfassungsgerichts findet sich insoweit allerdings bislang nicht.

Rückwirkungsarten kommt es mithin nicht darauf an, ob der Steuerpflichtige bereits tatsächliche Dispositionen getätigt und damit die Voraussetzungen einer materiellen Steuernorm erfüllt hat.[409]

Diese Rechtsprechungslinie hat das Bundesverfassungsgericht ausgehend von der materiellen Abgrenzung zunächst für die Erhöhung des Steuertarifs etabliert,[410] sie sodann aber auch auf die Änderung von Normen des Besteuerungstatbestands übertragen:[411] Nicht die Verwirklichung einzelner Normen des materiellen Steuerrechts, sondern erst die Entstehung der Steuer mit Ablauf des Veranlagungszeitraums markiert den Abschluss des „Steuertatbestands". Nur bei einer Änderung mit Wirkung für beendete Veranlagungszeiträume liegt ein Eingriff in einen abgeschlossenen Tatbestand vor. Der zweite Senat kommt gleich in der ersten Entscheidung, in der er die formale Abgrenzung inklusive der geänderten Terminologie für die beiden Rückwirkungsarten entwickelt, für die Einkommensteuer zum selben Ergebnis:[412] Zwar sehen die einzelnen materiellen Steuernormen jeweils eigenständige Rechtsfolgen vor, beispielsweise indem sie die Steuerpflicht bestimmter Einnahmen anordnen oder bestimmte Ausgaben zum steuerlichen Abzug zulassen. Das Einkommensteuerrecht ist aber durchzogen von einer veranlagungszeitraumbezogenen Betrachtung. Einnahmen und Ausgaben werden innerhalb der jeweiligen Einkunftsart nach bestimmten Regeln als Gewinn oder Überschuss bzw. Verlust saldiert. Aus den so bestimmten Einkünften ermittelt sich dann (nach Abzug von Sonderausgaben, außergewöhnlichen Belastungen und sonstigen Abzugsbeträgen) das zu versteuernde Einkommen, nach dem sich die Einkommensteuer bemisst. Für den Steuerpflichtigen spürbar werden die Rechtsfolgen der einzelnen einkommensteuerlichen Bestimmungen damit erst als Elemente der Gesamtbemessungsgrundlage und mithin erst mit Ablauf des Veranlagungszeitraums. Daher liegt eine Rückbewirkung von Rechtsfolgen erst dann vor, wenn eine nach Ablauf des Veranlagungszeitraums verkündete Norm mit Wirkung für diesen Zeitraum die ursprünglich geltende Rechtsfolgenlage nachträglich ändert.

---

[409] Sowohl die Disposition des Steuerpflichtigen als auch die Verwirklichung des einzelnen Besteuerungstatbestands können aber wesentliche Abwägungskriterien bei der Rechtfertigung einer unechten Rückwirkung sein; vgl. im Einzelnen noch unter §6 B. III. 2. b).

[410] Zur Körperschaftsteuer: BVerfG, Urteil v. 19.12.1961 – 2 BvL 6/59, BVerfGE 13, 261, juris Rn. 56; BVerfG, Urteil v. 19.12.1961 – 2 BvR 1/60, BVerfGE 13, 274, juris Rn. 15 f.; Gewerbesteuer: BVerfG, Beschluss v. 16.11.1965 – 2 BvL 8/64, BVerfGE 19, 187, juris Rn. 31; Einkommensteuer (Einführung eines Progressionsvorbehalts): BVerfG, Beschluss v. 10.3.1971 – 2 BvL 3/68, BVerfGE 30, 272, juris Rn. 43.

[411] BVerfG, Beschluss v. 9.3.1971 – 2 BvR 326/69, 2 BvR 341/69, 2 BvR 342/69, 2 BvR 343/69, 2 BvR 344/69, BVerfGE 30, 250, juris Rn. 48; BVerfG, Beschluss v. 13.3.1979 – 2 BvR 72/76, BVerfGE 50, 386, juris Rn. 19 f.; vgl. auch schon BVerfG, Beschluss v. 7.7.1964 – 2 BvL 22/63, 2 BvL 23/63, BVerfGE 18, 135, juris Rn. 25; in all diesen Fällen war die Abgrenzung letztlich nicht streiterheblich, weil die jeweils betroffene Norm nur zukünftige Wirkungen entfaltete.

[412] BVerfG, Beschluss v. 14.5.1986 – 2 BvL 2/83, BVerfGE 72, 200, juris Rn. 114 ff.; ähnlich auch BVerfG, Nichtannahmebeschluss v. 7.3.1988 – 2 BvR 1743/87, DStR 1988, 265, juris Rn. 3.

Diese sog. „Veranlagungszeitraum-Rechtsprechung" ist in der Literatur auf vielstimmige Kritik gestoßen[413] und wurde auch vom Bundesfinanzhof in zwei Vorlagebeschlüssen abgelehnt:[414] Bei der Steuerfestsetzung nach Veranlagungszeiträumen handele es sich um ein rein formales oder technisches Element, um die Steuererhebung zu organisieren.[415] Für den Steuerpflichtigen sei demgegenüber entscheidend, wie sich die Rechtslage im Zeitpunkt seiner Disposition darstelle. Zu diesem Zeitpunkt müsse er die steuerlichen Folgen seiner Handlungen absehen können, um sie bei seiner ökonomischen Kalkulation zu berücksichtigen. Zudem könne sich durchaus auch schon vor Ablauf eines Veranlagungszeitraums eine steuerliche Belastung durch (ggfs. nachträglich erhöhte) Vorauszahlungen (§37 Abs. 1, 3 EStG, §31 Abs. 1, 3 KStG, §19 GewStG) oder durch einbehaltene Steuerabzüge (insbesondere Lohnsteuer) ergeben.[416] Die Abgrenzung zwischen echter und unechter Rückwirkung sollte daher nicht am Ablauf des Veranlagungszeitraums, sondern an der Verwirklichung des jeweiligen Einzeltatbestands ansetzen[417] oder generell zugunsten einer an der Disposition des Steuerpflichtigen ausgerichteten Rückwirkungsdogmatik aufgegeben werden.[418]

Das Bundesverfassungsgericht hat zwar in seinen Beschlüssen vom 3.12.1997[419] und vom 5.2.2002[420] ausgeführt, dass steuerliche Tatbestände, mit denen ein bestimmtes Verhalten des Steuerpflichtigen im Sinne einer Verscho-

---

[413] Vgl. die Nachweise bei BFH, Vorlagebeschluss v. 16.12.2003 – IX R 46/02, BFHE 204, 228 = BStBl II 2004, 284, juris Rn. 66f.; BFH, Vorlagebeschluss v. 2.8.2006 – XI R 34/02, BFHE 214, 386 = BStBl II 2006, 887, juris Rn. 53; *Desens*, StuW 2011, 113, 116; aus jüngerer Zeit *Birk*, FS Spindler, 2011, S. 13, 24; *Heide Schaumburg/Harald* Schaumburg, FS Spindler, 2011, S. 171, 184f.; *Hey*, JZ 2014, 500, 501.

[414] BFH, Vorlagebeschluss v. 3.11.1982 – I R 3/79, BFHE 137, 275 = BStBl II 1983, 259, juris Rn. 48ff.; BFH, Vorlagebeschluss v. 2.8.2006 – XI R 34/02, BFHE 214, 386 = BStBl II 2006, 887, juris Rn. 54ff.

[415] BFH, Vorlagebeschluss v. 3.11.1982 – I R 3/79, BFHE 137, 275 = BStBl II 1983, 259, juris Rn. 51; BFH, Vorlagebeschluss v. 2.8.2006 – XI R 34/02, BFHE 214, 386 = BStBl II 2006, 887, juris Rn. 57f.

[416] BFH, Vorlagebeschluss v. 2.8.2006 – XI R 34/02, BFHE 214, 386 = BStBl II 2006, 887, juris Rn. 59ff.

[417] Z.B. BFH, Vorlagebeschluss v. 3.11.1982 – I R 3/79, BFHE 137, 275 = BStBl II 1983, 259, juris Rn. 48ff.; BFH, Vorlagebeschluss v. 2.8.2006 – XI R 34/02, BFHE 214, 386 = BStBl II 2006, 887, juris Rn. 58; *K. Vogel*, FS Heckel, 1999, S. 875, 878f.; *Mellinghoff*, DStJG 27, 2004, S. 25, 43f.; *Spindler*, DStJG 27, 2004, S. 69, 86; vgl. auch die Nachweise bei *Desens*, StuW 2011, 113, 116.

[418] Z.B. *Hey*, BB 1998, 1444, 1446; *dies.*, BB 2000, 1453, 1457f.; *dies.*, Steuerplanungssicherheit als Rechtsproblem, 2002, S. 245ff.; *Tipke*, Die Steuerrechtsordnung, Band I, 2. Auflage 2000, S. 156; *P. Kirchhof/Raupach*, DB Beilage 2001, 1, 18; *Birk*, FS Spindler, 2011, S. 13, 24; *Heide Schaumburg/Harald* Schaumburg, FS Spindler, 2011, S. 171, 184f.; vgl. auch die Nachweise bei *Desens*, StuW 2011, 113, 116.

[419] BVerfG, Beschluss v. 3.12.1997 – 2 BvR 882/97, BVerfGE 97, 67, juris Rn. 46.

[420] BVerfG, Beschluss v. 5.2.2002 – 2 BvR 305/93, 2 BvR 348/93, BVerfGE 105, 17, juris Rn. 67ff.

nungssubvention gefördert werden soll, schon mit dem Tag der Investitionsentscheidung eine schutzwürdige Vertrauensgrundlage darstellen können.[421] Damit ist das Gericht aber nicht – wie in der Literatur teilweise erhofft[422] – von der grundsätzlichen Abgrenzung zwischen echter und unechter Rückwirkung anhand des Veranlagungszeitraums abgerückt. Diesen Maßstab hat das Gericht vielmehr in den folgenden Beschlüssen vom 7.7.2010 ausdrücklich gegen die Kritik aus dem wissenschaftlichen Schrifttum verteidigt[423] und in der Folge in ständiger Rechtsprechung beider Senate aufrechterhalten.[424]

Diese Position des Bundesverfassungsgerichts verdient Zustimmung. Die Veranlagungszeitraum-Rechtsprechung grenzt schutzwürdige von weniger schutzwürdigen Fällen anhand eines sachgerechten Maßstabs ab und erleichtert damit die erforderliche Abwägung zwischen staatlichen Änderungsinteressen und individuellem Vertrauensschutz des Steuerpflichtigen. Ein einheitlicher dispositionsbezogener Rückwirkungsbegriff würde zu einer offenen Abwägung der widerstreitenden Interessen führen. Insbesondere, weil die Dispositionsentscheidung des Steuerpflichtigen unterschiedlich schutzwürdig sein kann (abhängig beispielsweise von ihrer Reversibilität und ihrer finanziellen Reichweite), wären die Ergebnisse dieses Abwägungsvorgangs im Einzelfall schwer vorauszusagen.[425] Dadurch würde aber der für den Gesetzgeber abschreckende Effekt verloren gehen, der bisher von der Einordnung eines Vergangenheitszugriffs als echte Rückwirkung nach der Veranlagungszeitraum-Rechtsprechung ausgeht: Echte Rückwirkungen sind grundsätzlich unzulässig. Der Gesetzgeber orientiert sich an diesem Ergebnis und greift nur in Ausnahmesituationen (in denen häufig zudem erfolgreich rechtfertigende Gründe vorgebracht werden können) auf diesen Regelungstyp zurück.[426] Die Kategorisie-

[421] BFH, Vorlagebeschluss v. 2.8.2006 – XI R 34/02, BFHE 214, 386 = BStBl II 2006, 887, juris Rn. 45ff.; *Hey*, Steuerplanungssicherheit als Rechtsproblem, 2002, S. 214f.

[422] *Arndt/Schumacher*, NJW 1998, 1538, 1539; *Hey*, BB 1998, 1444, 1446f.; *dies.*, Steuerplanungssicherheit als Rechtsproblem, 2002, S. 214f.; *dies.*, DStR 2007, 1, 2.

[423] BVerfG, Beschluss v. 7.7.2010 – 2 BvL 14/02, 2 BvL 2/04, 2 BvL 13/05, BVerfGE 127, 1, juris Rn. 60f.; BVerfG, Beschluss v. 7.7.2010 – 2 BvR 748/05, 2 BvR 753/05, 2 BvR 1738/05, BVerfGE 127, 61, juris Rn. 49.

[424] BVerfG, Beschluss v. 7.7.2010 – 2 BvL 14/02, 2 BvL 2/04, 2 BvL 13/05, BVerfGE 127, 1, juris Rn. 59; BVerfG, Beschluss v. 7.7.2010 – 2 BvR 748/05, 2 BvR 753/05, 2 BvR 1738/05, BVerfGE 127, 61, juris Rn. 48; BVerfG, Beschluss v. 7.7.2010 – 2 BvL 1/03, 2 BvL 57/06, 2 BvL 58/06, BVerfGE 127, 31, juris Rn. 70; BVerfG, Beschluss v. 10.10.2012 – 1 BvL 6/07, BVerfGE 132, 302, juris Rn. 44; BVerfG, Beschluss v. 17.12.2013 – 1 BvL 5/08, BVerfGE 135, 1, juris Rn. 42; BVerfG, Urteil v. 10.4.2018 – 1 BvR 1236/11, juris Rn. 137; BVerfG, Beschluss v. 25.3.2021 – 2 BvL 1/11, juris, juris Rn. 55.

[425] *Desens*, in: Rensen/Brink (Hrsg.), Linien der Rechtsprechung des Bundesverfassungsgerichts, 2009, S. 329, 336; *Drüen*, Ubg 2014, 683, 689f.; *Mellinghoff*, DStJG 27, 2004, S. 25, 41f.

[426] Das Bundesverfassungsgericht haben nur 13 steuerrechtliche Verfahren, in denen eine echte Rückwirkung vorlag, erreicht. Ein Verfassungsverstoß wurde in fünf Fällen angenommen: BVerfG, Beschluss v. 14.11.1961 – 2 BvL 15/59, BVerfGE 13, 206; BVerfG, Urteil v. 19.12.1961 – 2 BvL 6/59, BVerfGE 13, 261; BVerfG, Beschluss v. 10.3.1971 – 2 BvL 3/68, BVerf-

rung erfüllt also in der Praxis ihre Aufgabe, indem sie besonders schutzwürdige Fälle anhand eines einfach handhabbaren Kriteriums identifiziert und für diese ein hohes Schutzniveau etabliert. Gibt man die Differenzierung zwischen verschiedenen Rückwirkungsarten zugunsten eines einheitlichen dispositionsbezogenen Rückwirkungsbegriff auf, gefährdet man dieses Schutzniveau.[427]

Der Abschluss eines Veranlagungszeitraums stellt dabei auch ein geeignetes Differenzierungskriterium dar. Es handelt sich nicht um ein bloß technisches Element der Steuererhebung, sondern um eine grundlegende Belastungsentscheidung des Steuergesetzgebers.[428] Aus der Perspektive des Staates führt die periodische Zusammenfassung einzelner Besteuerungstatbestände zu einer Verstetigung der staatlichen Einnahmen. Aus der Perspektive des Steuerpflichtigen hat der Abschluss des Veranlagungszeitraums Relevanz für seine Verwendungsplanung:[429] Mag auch mit der Verwirklichung des einzelnen Steuertatbestands die Steuerpflicht dem Grunde nach feststehen, die Höhe der Steuerbelastung ergibt sich erst mit Ablauf des Veranlagungszeitraums. Erst zu diesem Zeitpunkt steht damit fest, welcher Betrag für betriebliche Investitionen oder privaten Konsum in der Zukunft zur Verfügung steht. Vorher bereits anfallende Vorauszahlungen oder einbehaltene Steuerabzugsbeträge sind demgegenüber nur vorläufig und werden im Zweifel wieder erstattet. Erst mit Ablauf des Veranlagungszeitraums entfällt auch die Möglichkeit des Steuerpflichtigen, die endgültige Steuerbelastung durch weitere Dispositionen zu gestalten, beispielsweise indem er bewusst abzugsfähige Ausgaben generiert. Erst der Abschluss des Veranlagungszeitraums schafft damit für Steuerpflichtigen und Fiskus gleichermaßen endgültige Planungssicherheit.

Der kritischen Literatur ist zwar zuzugeben, dass für den Steuerpflichtigen und seine steuerliche Planung der Zeitpunkt der Dispositionsentscheidung ent-

---

GE 30, 272; BVerfG, Beschluss v. 14.5.1986 – 2 BvL 2/83, BVerfGE 72, 200; BVerfG, Beschluss v. 17.12.2013 – 1 BvL 5/08, BVerfGE 135, 1. Demgegenüber konnte der Gesetzgeber die echte Rückwirkung in acht Fällen rechtfertigen: BVerfG, Beschluss v. 14.11.1961 – 2 BvR 345/60, BVerfGE 13, 215; BVerfG, Urteil v. 19.12.1961 – 2 BvR 1/60, BVerfGE 13, 274; BVerfG, Beschluss v. 16.11.1965 – 2 BvL 8/64, BVerfGE 19, 187; BVerfG, Beschluss v. 15.11.1967 – 2 BvL 7/64, 2 BvL 20/64, 2 BvL 22/64, BVerfGE 22, 330; BVerfG, Beschluss v. 15.2.1978 – 2 BvL 8/74, BVerfGE 48, 1; BVerfG, Beschluss v. 23.1.1990 – 1 BvL 4/87; 1 BvL 5/87; 1 BvL 6/87; 1 BvL 7/87, BVerfGE 81, 228; BVerfG, Nichtannahmebeschluss v. 15.10.2008 – 1 BvR 1138/06, BVerfGK 14, 338; BVerfG, Nichtannahmebeschluss v. 3.9.2009 – 1 BvR 2384/08, NVwZ 2010, 313; BVerfG, Nichtannahmebeschluss v. 10.7.2009 – 1 BvR 1416/06, BFH/NV 2009, 1768.

[427] BFH, Vorlagebeschluss v. 16.12.2003 – IX R 46/02, BFHE 204, 228 = BStBl II 2004, 284, juris Rn. 69ff.; *Leisner-Egensperger*, Kontinuität als Verfassungsprinzip, 2002, S. 481f.; *Mellinghoff*, DStJG 27, 2004, S. 25, 41; *Desens*, in: Rensen/Brink (Hrsg.), Linien der Rechtsprechung des Bundesverfassungsgerichts, 2009, S. 329, 337; *ders.*, StuW 2011, 113, 117; *Helbich*, Vertrauensschutz in Verwaltungsvorschriften des Steuerrechts, 2015, S. 128f.

[428] Ebenso *P. Kirchhof*, StuW 2000, 221, 225; *ders.*, DStR 2015, 717, 718; *Spindler*, DStJG 27, 2004, S. 69, 86; *Helbich*, Vertrauensschutz in Verwaltungsvorschriften des Steuerrechts, 2015, S. 128f.

[429] *Hey*, Steuerplanungssicherheit als Rechtsproblem, 2002, S. 258f.

scheidende Bedeutung hat und sein Vertrauen auf die in diesem Zeitpunkt bestehende Rechtslage bei einem subjektiv orientierten Vertrauensschutz prima facie Schutz verdient. Dieser Schutz lässt sich jedoch auch nach Maßgabe der Veranlagungszeitraum-Rechtsprechung verwirklichen. Das Bundesverfassungsgericht hat gerade im Bereich der unechten Rückwirkung den materiellen Schutzstandard zuletzt merklich erhöht und dabei verstärkt auch die Dispositionen des Steuerpflichtigen als Abwägungskriterium mit einbezogen. Diese Vorgehensweise erlaubt auch, zwischen unterschiedlich schutzwürdigen Dispositionen zu differenzieren und damit insgesamt ausgewogene Ergebnisse zu erzielen, ohne die hergebrachte und in der Praxis bewährte Dogmatik aufzugeben.[430]

2. *Rechtsfolgen der Kategorisierung: Verteilung der Abwägungslasten*

Je nachdem, ob eine echte oder eine unechte Rückwirkung vorliegt, legt das Bundesverfassungsgericht unterschiedliche Maßstäbe an. Zwar kommt es in jedem Fall auf eine abwägende Gegenüberstellung widerstreitender Interessen an, das Änderungsinteresse des Gesetzgebers und der individuelle Vertrauensschutz des Steuerpflichtigen müssen in einen Ausgleich gebracht werden. Die Kategorisierung entscheidet aber über die Verteilung der Argumentations- bzw. Abwägungslasten:

Die echte Rückwirkung ist nach der ständigen Rechtsprechung beider Senate des Bundesverfassungsgerichts grundsätzlich unzulässig.[431] Zumindest bei abgeschlossenen Sachverhalten muss der Bürger darauf vertrauen können, dass der Gesetzgeber die Rechtslage nicht rückwirkend verändert. Nur wenn das Vertrauen des Steuerpflichtigen ausnahmsweise nicht schutzwürdig ist, was das Bundesverfassungsgericht anhand eines Katalogs von Fallgruppen abgrenzt, ist eine echte Rückwirkung zulässig. Die Argumentationslast trägt insoweit der Gesetzgeber. Nur wenn er rechtfertigende Gründe vorbringen kann, liegt kein Verfassungsverstoß vor. Im Zweifel ist die Rückwirkung unzulässig. Bei der unechten Rückwirkung wurden die Argumentationslasten traditionell genau umgekehrt verteilt: Zwar formulierte das Gericht auch für Normen mit

[430] Dementsprechend ist auch die Kritik an der Veranlagungszeitraum-Rechtsprechung in der Literatur mittlerweile merklich zurückgegangen. Wie hier beispielsweise *Maurer*, HStR IV, 3. Auflage 2006, §79 Rn. 30; *Musil/Lammers*, BB 2011, 155, 159; *Helbich*, Vertrauensschutz in Verwaltungsvorschriften des Steuerrechts, 2015, S. 128f.; *Mellinghoff*, FS Landau, 2016, S. 69, 76.

[431] Vgl. nur BVerfG, Beschluss v. 14.11.1961 – 2 BvL 15/59, BVerfGE 13, 206, juris Rn. 43; BVerfG, Beschluss v. 14.11.1961 – 2 BvR 345/60, BVerfGE 13, 215, juris Rn. 31; BVerfG, Urteil v. 19.12.1961 – 2 BvL 6/59, BVerfGE 13, 261, juris Rn. 50; BVerfG, Beschluss v. 22.1.1975 – 2 BvL 51/71, 2 BvL 10/73, 2 BvL 14/73, BVerfGE 39, 128, juris Rn. 51; BVerfG, Beschluss v. 14.5.1986 – 2 BvL 2/83, BVerfGE 72, 200, juris Rn. 120, 126; BVerfG, Beschluss v. 8.4.1998 – 1 BvR 1680/93, 1 BvR 183/94, 1 BvR 1580/94, BVerfGE 98, 17, juris Rn. 81; BVerfG, Urteil v. 5.2.2004 – 2 BvR 2029/01, BVerfGE 109, 133, juris Rn. 169ff.; BVerfG, Nichtannahmebeschluss v. 31.3.2006 – 1 BvR 1750/01, BVerfGK 7, 465, juris Rn. 39; BVerfG, Beschluss v. 25.3.2021 – 2 BvL 1/11, juris, juris Rn. 52.

unechter Rückwirkung verfassungsrechtliche Grenzen.[432] Diese sah es aber erst dann überschritten, wenn das Vertrauen des Steuerpflichtigen das gesetzgeberische Interesse an der Gesetzesänderung überwiegt. Die unechte Rückwirkung war grundsätzlich zulässig, der Steuerpflichtige musste die Argumentations- und Abwägungslast für Zweifelsfälle tragen.[433] Gerade der gering ausgeprägte Schutz bei der unechten Rückwirkung steht seit jeher im Zentrum der Kritik an der Differenzierung zwischen den Rückwirkungsarten allgemein und der Veranlagungszeitraum-Rechtsprechung im Besonderen.

In diese Rechtsprechungslinie ist aber Bewegung gekommen: Der zweite Senat hat die unechte Rückwirkung erstmals in seinen drei Beschlüssen zur Rückwirkung im Steuerrecht vom 7.7.2010 als „nicht grundsätzlich unzulässig“ bezeichnet.[434] Anlass waren jeweils unechte Rückwirkungen, die sich nach Anwendung der Veranlagungszeitraum-Rechtsprechung ergeben. Die Negativformulierung nimmt die Abwägungs- und Argumentationslast von den Schultern des Bürgers und eröffnet demgegenüber den Weg zu einer offenen Abwägung der widerstreitenden Positionen.[435] Wenn der Steuerpflichtige besonders schutzwürdig ist, was der zweite Senat anhand von noch im Detail darzustellenden Fallgruppen[436] abgrenzt, kommt es durch die dann angelegte strenge Verhältnismäßigkeitsprüfung sogar zu einer Umkehr der Argumentationslast.[437] Der

[432] So erstmals BVerfG, Beschluss v. 11.10.1962 – 1 BvL 22/57, BVerfGE 14, 288, juris Rn. 25; BVerfG, Beschluss v. 17.1.1967 – 2 BvL 28/63, BVerfGE 21, 117, juris Rn. 52; BVerfG, Beschluss v. 19.7.1967 – 2 BvL 1/65, BVerfGE 22, 241, juris Rn. 25; BVerfG, Urteil v. 7.5.1969 – 2 BvL 15/67, BVerfGE 25, 371, juris Rn. 114; BVerfG, Beschluss v. 2.12.1969 – 2 BvR 560/65, BVerfGE 27, 231, juris Rn. 26; anders noch BVerfG, Beschluss v. 31.5.1960 – 2 BvL 4/59, BVerfGE 11, 139, juris Rn. 29; BVerfG, Urteil v. 10.5.1962 – 1 BvL 31/58, BVerfGE 14, 76, juris Rn. 93.

[433] Vgl. nur BVerfG, Beschluss v. 23.3.1971 – 2 BvL 17/69, BVerfGE 30, 392, juris Rn. 32; BVerfG, Beschluss v. 22.6.1971 – 2 BvL 6/70, BVerfGE 31, 222, juris Rn. 21; BVerfG, Beschluss v. 22.1.1975 – 2 BvL 51/71, 2 BvL 10/73, 2 BvL 14/73, BVerfGE 39, 128, juris Rn. 51; BVerfG, Beschluss v. 20.6.1978 – 2 BvR 71/76, BVerfGE 48, 403, juris Rn. 36 f.; BVerfG, Beschluss v. 9.2.1983 – 1 BvL 8/80, 1 BvL 16/81, 1 BvR 257/80, 1 BvR 890/80, 1 BvR 1357/81, BVerfGE 63, 152, juris Rn. 92; BVerfG, Beschluss v. 28.11.1984 – 1 BvR 1157/82, BVerfGE 68, 287, juris Rn. 46; BVerfG, Beschluss v. 14.5.1986 – 2 BvL 2/83, BVerfGE 72, 200, juris Rn. 120, 126; BVerfG, Beschluss v. 25.5.1993 – 1 BvR 1509/91, 1 BvR 1648/91, BVerfGE 88, 384, juris Rn. 118; BVerfG, Beschluss v. 15.10.1996 – 1 BvL 44/92, 1 BvL 48/92, BVerfGE 95, 64, juris Rn. 109; BVerfG, Urteil v. 23.11.1999 – 1 BvF 1/94, BVerfGE 101, 239, juris Rn. 16; BVerfG, Urteil v. 5.2.2004 – 2 BvR 2029/01, BVerfGE 109, 133, juris Rn. 169 ff.; BVerfG, Urteil v. 27.9.2005 – 2 BvR 1387/02, BVerfGE 114, 258, juris Rn. 154; BVerfG, Nichtannahmebeschluss v. 14.1.2010 – 1 BvR 1627/09, NVwZ 2010, 771, juris Rn. 80.

[434] BVerfG, Beschluss v. 7.7.2010 – 2 BvL 14/02, 2 BvL 2/04, 2 BvL 13/05, BVerfGE 127, 1, juris Rn. 57; BVerfG, Beschluss v. 7.7.2010 – 2 BvL 1/03, 2 BvL 57/06, 2 BvL 58/06, BVerfGE 127, 31, juris Rn. 68; BVerfG, Beschluss v. 7.7.2010 – 2 BvR 748/05, 2 BvR 753/05, 2 BvR 1738/05, BVerfGE 127, 61, juris Rn. 46.

[435] *Wiese/Berner*, DStR 2014, 1260, 1261.

[436] Zu den Momenten besonderer Schutzwürdigkeit noch im Detail unter §6 B. III. 2. b).

[437] Vgl. BVerfG, Beschluss v. 7.7.2010 – 2 BvL 14/02, 2 BvL 2/04, 2 BvL 13/05, BVerfGE 127, 1, juris Rn. 57 f.; BVerfG, Beschluss v. 7.7.2010 – 2 BvR 748/05, 2 BvR 753/05, 2 BvR 1738/05,

zweite Senat hat diese Verschiebung der Argumentationslast in den Beschlüssen vom 2.5.2012[438] und vom 10.2.2021[439] sowie in zwei Kammerentscheidungen[440] ausdrücklich, in drei weiteren Entscheidungen in voller Besetzung zumindest durch impliziten Verweis[441] bestätigt.

Der erste Senat hat diesen neuen Ansatz in seinen Entscheidungen vom 10.10.2012 und vom 10.4.2018 nur in begrenztem Umfang aufgegriffen: Unechte Rückwirkungen sind danach – wie vom Bundesverfassungsgericht in ständiger Rechtsprechung entschieden – grundsätzlich zulässig.[442] Sofern allerdings eine Steuerrechtsnorm nach den Grundsätzen der Veranlagungszeitraum-Rechtsprechung unechte Rückwirkung entfaltet, gelten erhöhte Anforderungen, weil rückwirkende Änderungen innerhalb eines Veranlagungszeitraums in vielerlei Hinsicht den Fällen echter Rückwirkung nahestehen.[443] Dementsprechend sind diese Fälle (nur) nicht grundsätzlich unzulässig und der Gesetzgeber muss für eine Rechtfertigung dem verfassungsrechtlichen Vertrauensschutz in hinreichendem Maße (im Sinne einer strengen Verhältnismäßigkeitsprüfung) Rechnung tragen.[444] In voller Besetzung hat der erste Senat darüber hinaus in zwei weiteren Entscheidungen nur den allgemeinen Maßstab für die unechte Rückwirkung („grundsätzlich zulässig") ausdrücklich wiederholt, da beide Fälle keinen Bezug zum Steuerrecht aufwiesen.[445] Gleiches gilt – bis auf eine einzige Ausnahme[446] – auch für die Entscheidungen der Kammern des ersten Senats:

BVerfGE 127, 61, juris Rn. 46f.; BVerfG, Beschluss v. 7.7.2010 – 2 BvL 1/03, 2 BvL 57/06, 2 BvL 58/06, BVerfGE 127, 31, juris Rn. 68f.; BVerfG, Beschluss v. 2.5.2012 – 2 BvL 5/10, BVerfGE 131, 20, juris Rn. 73f.; BVerfG, Beschluss v. 1.4.2014 – 2 BvL 2/09, juris Rn. 61; BVerfG, Nichtannahmebeschluss v. 29.9.2015 – 2 BvR 2683/11, DStR 2015, 2757, juris Rn. 57f.; BVerfG, Nichtannahmebeschluss v. 30.9.2015 – 2 BvR 1066/10, FR 2016, 78, juris Rn. 63f.; BVerfG, Beschluss v. 16.12.2015 – 2 BvR 1958/13, NVwZ 2016, 682, juris Rn. 43; BVerfG, Urteil v. 10.4.2018 – 1 BvR 1236/11, juris Rn. 139; zur Schlussfolgerung einer Argumentationslastumkehr auch schon *Maciejewski/Theilen*, DÖV 2015, 271, 276.

[438] BVerfG, Beschluss v. 2.5.2012 – 2 BvL 5/10, BVerfGE 131, 20, juris Rn. 73; im konkreten Fall war der Maßstab letztlich aber nicht entscheidungserheblich, vgl. BVerfG, Beschluss v. 2.5.2012 – 2 BvL 5/10, BVerfGE 131, 20, juris Rn. 76ff.

[439] BVerfG, Beschluss v. 10.2.2021 – 2 BvL 8/19, NJW 2021, 122, juris Rn. 131.

[440] BVerfG, Nichtannahmebeschluss v. 29.9.2015 – 2 BvR 2683/11, DStR 2015, 2757, juris Rn. 57; BVerfG, Nichtannahmebeschluss v. 30.9.2015 – 2 BvR 1066/10, FR 2016, 78, juris Rn. 63.

[441] BVerfG, Beschluss v. 1.4.2014 – 2 BvL 2/09, juris Rn. 61; BVerfG, Beschluss v. 16.12.2015 – 2 BvR 1958/13, NVwZ 2016, 682, juris Rn. 43; BVerfG, Beschluss v. 25.3.2021 – 2 BvL 1/11, juris, juris Rn. 56.

[442] BVerfG, Beschluss v. 10.10.2012 – 1 BvL 6/07, BVerfGE 132, 302, juris Rn. 43; BVerfG, Urteil v. 10.4.2018 – 1 BvR 1236/11, juris Rn. 136.

[443] Die gesteigerten Anforderungen greifen trotz dieses Vergleichs für alle Fälle unechter Rückwirkung nach den Grundsätzen der Veranlagungszeitraum-Rechtsprechung, also auch für unechte Rückwirkungen in Veranlagungszeiträumen nach der Gesetzesverkündung.

[444] BVerfG, Beschluss v. 10.10.2012 – 1 BvL 6/07, BVerfGE 132, 302, juris Rn. 45f.; BVerfG, Urteil v. 10.4.2018 – 1 BvR 1236/11, juris Rn. 138.

[445] BVerfG, Beschluss v. 17.12.2013 – 1 BvL 5/08, BVerfGE 135, 1, juris Rn. 40; BVerfG, Beschluss v. 23.10.2013 – 1 BvR 1842/11, 1 BvR 1843/11, BVerfGE 134, 204, juris Rn. 98.

[446] Die erste Kammer hat in BVerfG, Beschluss v. 23.9.2010 – 1 BvQ 28/10, DVBl. 2010,

Unechte Rückwirkungen werden als grundsätzlich zulässig eingestuft.[447] In der einzigen Entscheidung mit steuerrechtlichem Bezug war mit der Energiesteuer keine periodisch veranlagte Steuer betroffen, sodass die erste Kammer des ersten Senats auch hier nicht den Maßstab „nicht grundsätzlich unzulässig" angewendet hat.[448]

Zumindest in steuerrechtlichen Fällen, in denen es nach der Veranlagungszeitraum-Rechtsprechung zu einer unechten Rückwirkung kommt, haben beide Senate also die Abwägungslasten verschoben.[449] Die Rückwirkung ist nicht mehr grundsätzlich zulässig, Zweifelsfälle gehen nicht mehr zulasten des Bürgers. Der Gesetzgeber muss dem Vertrauensschutz hinreichend Geltung verschaffen. Auch der Bundesfinanzhof folgt in seinen jüngeren Entscheidungen dieser Linie und geht davon aus, dass unechte Rückwirkungen, die sich nach den Maßstäben der Veranlagungszeitraum-Rechtsprechung ergeben, „nicht grundsätzlich unzulässig" sind.[450]

1432, juris Rn. 32 eine unechte Rückwirkung allgemein als nicht grundsätzlich unzulässig eingestuft.

[447] Erste Kammer: BVerfG, Nichtannahmebeschluss v. 20.9.2016 – 1 BvR 1299/15, NVwZ 2017, 702, juris Rn. 20; BVerfG, Nichtannahmebeschluss v. 20.9.2016 – 1 BvR 1387/15, NVwZ 2017, 705, juris Rn. 38; BVerfG, Nichtannahmebeschluss v. 13.12.2016 – 1 BvR 713/13, NJW 2017, 876, juris Rn. 15; BVerfG, Nichtannahmebeschluss v. 12.2.2019 – 1 BvR 2914/17, NVwZ 2019, 715, juris Rn. 11; Zweite Kammer: BVerfG, Beschluss v. 30.11.2010 – 1 BvL 3/07, ZfWG 2011, 33, juris Rn. 49; BVerfG, Nichtannahmebeschluss v. 20.7.2011 – 1 BvR 2624/05, NVwZ-RR 2011, 793, juris Rn. 39; BVerfG, Nichtannahmebeschluss v. 29.2.2012 – 1 BvR 2378/10, NZA 2012, 1979, juris Rn. 48, 50; BVerfG, Nichtannahmebeschluss v. 17.12.2012 – 1 BvR 488/10, 1 BvR 1047/10, NVwZ 2013, 575, juris Rn. 26; der Sache nach auch BVerfG, Nichtannahmebeschluss v. 26.4.2015 – 1 BvR 1420/13, NVwZ 2015, 1446, juris Rn. 12. Von diesen Entscheidungen nehmen drei ausdrücklich Bezug auf den Beschluss des ersten Senats vom 10.10.2012: BVerfG, Nichtannahmebeschluss v. 26.4.2015 – 1 BvR 1420/13, NVwZ 2015, 1446, juris Rn. 12; BVerfG, Nichtannahmebeschluss v. 20.9.2016 – 1 BvR 1299/15, NVwZ 2017, 702, juris Rn. 20; BVerfG, Nichtannahmebeschluss v. 20.9.2016 – 1 BvR 1387/15, NVwZ 2017, 705, juris Rn. 38.

[448] BVerfG, Nichtannahmebeschluss v. 4.11.2010 – 1 BvR 1981/07, NVwZ-RR 2011, 378, juris Rn. 23 f. Auffällig ist insoweit allerdings, dass die Ausführungen der Kammer zur Rechtfertigung der unechten Rückwirkung an dieser Stelle fast wortwörtlich aus den Beschlüssen des zweiten Senats vom 7.7.2010 übernommen sind; vgl. BVerfG, Beschluss v. 7.7.2010 – 2 BvL 14/02, 2 BvL 2/04, 2 BvL 13/05, BVerfGE 127, 1, juris Rn. 57 f.; BVerfG, Beschluss v. 7.7.2010 – 2 BvL 1/03, 2 BvL 57/06, 2 BvL 58/06, BVerfGE 127, 31, juris Rn. 68 f.; BVerfG, Beschluss v. 7.7.2010 – 2 BvR 748/05, 2 BvR 753/05, 2 BvR 1738/05, BVerfGE 127, 61, juris Rn. 46 f.

[449] Ebenso *Wiese/Berner*, DStR 2014, 1260, 1261; *Maciejewski/Theilen*, DÖV 2015, 271, 276. Noch nicht endgültig absehbar ist, ob der zweite Senat den Maßstab auch in anderen Konstellationen zur Anwendung bringen will und insoweit dann einen großzügigeren Ansatz vertritt als der erste Senat.

[450] BFH, Urteil v. 9.5.2012 – X R 30/06, BFHE 237, 484 = BStBl II 2012, 667, juris Rn. 43; BFH, Urteil v. 1.8.2012 – IX R 16/12, BFH/NV 2013, 19, juris Rn. 13; BFH, Beschluss v. 29.8.2012 – VIII B 45/12, BFHE 238, 187 = BStBl II 2012, 839, juris Rn. 18; BFH, Beschluss v. 6.6.2013 – I R 38/11, BFHE 241, 530 = BStBl II 2014, 398, juris Rn. 43; BFH, Beschluss v. 27.11.2013 – I R 36/13, BFHE 245, 108 = BStBl II 2014, 651, juris Rn. 43; BFH, Urteil v.

Schon damit wird die Position des Steuerpflichtigen in der Abwägung erheblich verbessert. Die offene Abwägung, die sich aus der Neuverteilung der Abwägungslasten ergibt, lässt sich zwar generell dafür kritisieren, dass sie weniger Orientierung bietet.[451] Auch dieser Kritik ist das Gericht aber – wie noch dargestellt wird[452] – begegnet, indem es bestimmte Fallgruppen herausgearbeitet hat, in denen das Vertrauen des Steuerpflichtigen besonders schutzwürdig ist und der Gesetzgeber daher die Abwägungslast trägt. Mit diesen dogmatischen Anpassungen hat das Gericht den Vertrauensschutz bei der unechten Rückwirkung gestärkt und damit ein Kernanliegen der wissenschaftlichen Kritik an der Veranlagungszeitraum-Rechtsprechung berücksichtigt, ohne die grundsätzliche Kategorisierung in echte und unechte Rückwirkung und die etablierten Abgrenzungsmaßstäbe in Frage zu stellen.[453]

III. Abwägung der widerstreitenden Interessen

Die unterschiedliche Abwägungslastverteilung wirkt sich dogmatisch auf den Aufbau der folgenden Gegenüberstellung von Vertrauensschutz des Bürgers und Änderungsinteresse des Gesetzgebers aus: Die echte Rückwirkung ist grundsätzlich unzulässig. Der Gesetzgeber muss außergewöhnliche Umstände darlegen, um sie ausnahmsweise zu rechtfertigen. Das Gericht prüft daher nur, ob eine solche außergewöhnliche Situation vorliegt und zieht sich ansonsten auf das grundsätzliche Verbot der Rückwirkung zurück. Bei der unechten Rückwirkung bewertet das Gericht demgegenüber beide Interessenlagen und stellt sie in eine Verhältnismäßigkeitsprüfung ein.

1. Der Ausnahmekatalog bei echter Rückwirkung

Das Bundesverfassungsgericht hat einen Katalog von Fallgruppen entwickelt, in denen eine echte Rückwirkung ausnahmsweise zulässig ist.[454] Die Ausnahme-

---

10.12.2014 – I R 76/12, BFHE 248, 303 = BStBl II 2016, 237, juris Rn. 15; BFH, Urteil v. 22.2.2017 – I R 2/15, BFHE 257, 120 = BStBl II 2017, 709, juris Rn. 23; BFH, Vorlagebeschluss v. 23.10.2019 – XI R 43/18, DStR 2020, 538, juris Rn. 35; anhängig beim BVerfG unter Az. 2 BvL 2/20; jenseits der Veranlagungszeitraum-Rechtsprechung betont auch der BFH den allgemeinen Maßstab der grundsätzlichen Zulässigkeit unechter Rückwirkungen; z. B. BFH, Beschluss v. 6.6.2013 – I R 38/11, BFHE 241, 530 = BStBl II 2014, 398, juris Rn. 41; BFH, Beschluss v. 27.11.2013 – I R 36/13, BFHE 245, 108 = BStBl II 2014, 651, juris Rn. 41; BFH, Urteil v. 12.8.2015 – XI R 6/13, BFHE 251, 265 = BStBl II 2015, 1063, juris Rn. 30.

[451] Vgl. die Nachweise in Fn. 425.

[452] Siehe noch unter §6 B. III. 2 b).

[453] *Birk*, FR 2011, 1, 5; *Desens*, StuW 2011, 113, 113; *Musil/Lammers*, BB 2011, 155, 156; *Drüen*, Ubg 2014, 683, 689.

[454] Erstmals BVerfG, Urteil v. 19.12.1961 – 2 BvL 6/59, BVerfGE 13, 261, juris Rn. 51 ff.; in der Folge (ergänzt um den Bagatellvorbehalt und nicht immer vollständig wiedergegeben) ständige Rechtsprechung, vgl. nur BVerfG, Beschluss v. 31.3.1965 – 2 BvL 17/63, BVerfGE 18, 429, juris Rn. 38 ff.; BVerfG, Beschluss v. 23.3.1971 – 2 BvL 2/66, 2 BvR 168/66, 2 BvR 196/66,

tatbestände lassen sich anhand von zwei Grundgedanken kategorisieren, auf die das Gericht zum Teil auch unmittelbar rekurriert:[455] Eine echte Rückwirkung ist zum einen ausnahmsweise zulässig, wenn das Vertrauen des Steuerpflichtigen nicht schutzwürdig ist. Diese Begründung greift, wenn die gesetzliche Vertrauensgrundlage fehlerhaft war oder mit einer Neuregelung gerechnet werden musste. Zum anderen lässt sich eine echte Rückwirkung dann rechtfertigen, wenn zwar das Vertrauen des Steuerpflichtigen grundsätzlich schutzwürdig ist, aber hinter vorrangigen Allgemeinwohlinteressen zurücktreten muss. Dieser zweite Gedanke liegt den Ausnahmetatbeständen der zwingenden Gründe des Gemeinwohls und des sogenannten Bagatellvorbehalts zugrunde.

Gerade die beiden letztgenannten Fallgruppen zeigen schon auf den ersten Blick, dass es sich bei den vom Bundesverfassungsgericht entwickelten Ausnahmen nicht um starre Kategorien handelt, sondern um typisierte Abwägungsentscheidungen.[456] Aber auch die Fallgruppen der fehlerhaften Vertrauensgrundlage und der vorhersehbaren Neuregelung basieren – wie sogleich dargelegt wird – auf einer gewichteten Gegenüberstellung der widerstreitenden Interessen von Bürger und Staat. Der Ausnahmekatalog strukturiert damit lediglich diese Abwägungsentscheidung und macht sie für typische Fälle kalkulierbarer. Das Gericht betont aber, dass die endgültige Entscheidung auch im Bereich der echten Rückwirkung von den Umständen des Einzelfalls abhängt.[457] Innerhalb der einzelnen Fallgruppen verbleiben Wertungsspielräume und auch eine Rechtfertigung außerhalb der etablierten Kategorien ist nicht ausgeschlossen.

---

2 BvR 197/66, 2 BvR 210/66, 2 BvR 472/66, BVerfGE 30, 367, juris Rn. 74 ff.; BVerfG, Beschluss v. 8.6.1977 – 2 BvR 499/74, 2 BvR 1042/75, BVerfGE 45, 142, juris Rn. 83; BVerfG, Beschluss v. 17.1.1979 – 1 BvR 446/77, 1 BvR 1174/77, BVerfGE 50, 177, juris Rn. 50; BVerfG, Beschluss v. 25.5.1993 – 1 BvR 1509/91, 1 BvR 1648/91, BVerfGE 88, 384, juris Rn. 109; BVerfG, Beschluss v. 15.10.1996 – 1 BvL 44/92, 1 BvL 48/92, BVerfGE 95, 64, juris Rn. 110; BVerfG, Urteil v. 23.11.1999 – 1 BvF 1/94, BVerfGE 101, 239, juris Rn. 97; BVerfG, Beschluss v. 18.2.2009 – 1 BvR 3076/08, BVerfGE 122, 374, juris Rn. 66; BVerfG, Beschluss v. 21.7.2010 – 1 BvL 11/06, 1 BvL 12/06, 1 BvL 13/06, 1 BvR 2530/05, BVerfGE 126, 369, juris Rn. 75; BVerfG, Beschluss v. 17.12.2013 – 1 BvL 5/08, BVerfGE 135, 1, juris Rn. 65; BVerfG, Beschluss v. 12.11.2015 – 1 BvR 2961/14, 1 BvR 3051/14, NVwZ 2016, 300, juris Rn. 56; BVerfG, Beschluss v. 10.2.2021 – 2 BvL 8/19, NJW 2021, 122, juris Rn. 142 f.

[455] Vgl. BVerfG, Beschluss v. 14.5.1986 – 2 BvL 2/83, BVerfGE 72, 200, juris Rn. 129; BVerfG, Beschluss v. 3.12.1997 – 2 BvR 882/97, BVerfGE 97, 67, juris Rn. 43; BVerfG, Beschluss v. 2.5.2012 – 2 BvL 5/10, BVerfGE 131, 20, juris Rn. 72; *Maurer*, HStR IV, 3. Auflage 2006, § 79 Rn. 44; vgl. auch BVerfG, Beschluss v. 17.12.2013 – 1 BvL 5/08, BVerfGE 135, 1, juris Rn. 64: „Typisierungen ausnahmsweise fehlenden Vertrauens in eine bestehende Gesetzeslage."

[456] Ebenso *Berger*, Zulässigkeitsgrenzen der Rückwirkung von Gesetzen, 2002, S. 116 ff.; *Streinz*, FS Häberle, 2004, S. 745, 764; *Desens*, in: Rensen/Brink (Hrsg.), Linien der Rechtsprechung des Bundesverfassungsgerichts, 2009, S. 329, 342 f.; *Krüger*, DStZ 2013, 137, 138; *Osterloh*, StuW 2015, 201, 206; *Schönfeld/Bergmann*, DStR 2015, 257, 260 f.; *Bäcker*, NVwZ 2017, 1414, 1419; *Drüen*, in: Tipke/Kruse, § 4 AO Rn. 19.

[457] Z. B. BVerfG, Beschluss v. 20.10.1971 – 1 BvR 757/66, BVerfGE 32, 111, juris Rn. 40; BVerfG, Beschluss v. 5.2.2002 – 2 BvR 305/93, 2 BvR 348/93, BVerfGE 105, 17, juris Rn. 65.

Vielmehr betont das Gericht in ständiger Rechtsprechung, dass der Ausnahmekatalog nicht abschließend ist.[458]

a) Fehlerhafte Vertrauensgrundlage

Das Vertrauen des Steuerpflichtigen ist nicht schutzwürdig, wenn es auf einer fehlerhaften Rechtsgrundlage beruht. Eine solche liegt zunächst bei verfassungswidrigen Gesetzen vor.[459] Zwar erzeugt auch eine unwirksame Rechtsnorm zumindest einen Rechtsschein, der den Bürger zu Dispositionen im Vertrauen auf ihre Gültigkeit veranlassen kann.[460] Das Bundesverfassungsgericht gewichtet aber das Allgemeininteresse an der Beseitigung des verfassungswidrigen Zustands höher: Bei einer *ex tunc* nichtigen Norm streitet der Grundsatz der Rechtssicherheit für die rückwirkende Beseitigung der entstandenen Regelungslücke. Erklärt das Bundesverfassungsgericht eine Norm wegen eines Verstoßes gegen den Gleichheitsgrundsatz für mit der Verfassung unvereinbar, beseitigt nur eine rückwirkende Neuregelung den Verfassungsverstoß vollumfänglich. Lassen sich damit verfassungsrechtliche Gründe anführen, die eine echte Rückwirkung unter Umständen sogar geboten machen können,[461] erscheint die typisierende Abwägung zulasten des Bürgers (die zumindest in atypischen Fällen immer noch eine abweichende Beurteilung im Einzelfall zulässt)[462] in diesen Fällen grundsätzlich überzeugend. Ausnahmsweise schutzwürdiges Vertrauen des Bürgers wird sich insbesondere dann ergeben, wenn die

---

[458] BVerfG, Urteil v. 19.12.1961 – 2 BvL 6/59, BVerfGE 13, 261, juris Rn. 51; BVerfG, Beschluss v. 14.5.1986 – 2 BvL 2/83, BVerfGE 72, 200, juris Rn. 129; BVerfG, Beschluss v. 3.12.1997 – 2 BvR 882/97, BVerfGE 97, 67, juris Rn. 43; BVerfG, Beschluss v. 17.12.2013 – 1 BvL 5/08, BVerfGE 135, 1, juris Rn. 64; vgl. auch BVerfG, Beschluss v. 17.12.2013 – 1 BvL 5/08, BVerfGE 135, 1, juris Rn. 79: „Sonstige Gründe, die jenseits der [...] anerkannten Fallgruppen hier ausnahmsweise eine gesetzliche Regelung mit echter Rückwirkung rechtfertigen könnten, liegen nicht vor."

[459] BVerfG, Urteil v. 19.12.1961 – 2 BvL 6/59, BVerfGE 13, 261, juris Rn. 54; BVerfG, Beschluss v. 31.3.1965 – 2 BvL 17/63, BVerfGE 18, 429, juris Rn. 7; BVerfG, Beschluss v. 16.11.1965 – 2 BvL 8/64, BVerfGE 19, 187, juris Rn. 6; BVerfG, Beschluss v. 17.1.1979 – 1 BvR 446/77, 1 BvR 1174/77, BVerfGE 50, 177, juris Rn. 9; BVerfG, Beschluss v. 14.5.1986 – 2 BvL 2/83, BVerfGE 72, 200, juris Rn. 133; BVerfG, Beschluss v. 17.12.2013 – 1 BvL 5/08, BVerfGE 135, 1, juris Rn. 65; BVerfG, Beschluss v. 12.11.2015 – 1 BvR 2961/14, 1 BvR 3051/14, NVwZ 2016, 300, juris Rn. 56.

[460] Vgl. *Leisner-Egensperger*, Kontinuität als Verfassungsprinzip, 2002, S. 499; *Hey*, DStJG 27, 2004, S. 91, 104 f.

[461] Vgl. z. B. BVerfG, Beschluss v. 11.6.1958 – 1 BvR 1/52, 1 BvR 46/52, BVerfGE 8, 1, juris Rn. 75, 79; BVerfG, Beschluss v. 8.10.1980 – 1 BvL 122/78, 1 BvL 61/79, 1 BvL 21/77, BVerfGE 55, 100, juris Rn. 46.

[462] Deutlich BVerfG, Urteil v. 19.12.1961 – 2 BvL 6/59, BVerfGE 13, 261, juris Rn. 54: Der Bürger kann sich „nicht immer" (aber in Ausnahmefällen!) auf den durch eine ungültige Norm erzeugten Rechtsschein verlassen. Im Ergebnis ähnlich auch BVerfG, Beschluss v. 31.3.1965 – 2 BvL 17/63, BVerfGE 18, 429, juris Rn. 41; BVerfG, Beschluss v. 17.1.1979 – 1 BvR 446/77, 1 BvR 1174/77, BVerfGE 50, 177, juris Rn. 50; BVerfG, Beschluss v. 17.12.2013 – 1 BvL 5/08, BVerfGE 135, 1, juris Rn. 65; BVerfG, Beschluss v. 12.11.2015 – 1 BvR 2961/14, 1 BvR 3051/14,

Verfassungswidrigkeit der Norm nicht erkennbar war und der Bürger schwer revidierbare Dispositionen getätigt hat.[463]

Eine echte Rückwirkung ist auch dann zulässig, wenn die bisherige Rechtslage unklar und verworren war.[464] Diese Fallgruppe wurde durch den KAGG-Beschluss des Bundesverfassungsgerichts zuletzt wieder aufgegriffen und präzisiert: Eine unklare Rechtslage liegt nicht schon dann vor, wenn eine Norm auslegungsbedürftig ist.[465] Dies leitet das Bundesverfassungsgericht überzeugend aus den gleichen Gründen ab, die auch für eine Einbeziehung „klarstellender" Gesetze in den Anwendungsbereich des Rückwirkungsverbots sprechen:[466] Dass eine Norm verschiedene Interpretationen zulässt und daher insbesondere bei neu geschaffenen Normen eine gewisse Unsicherheit über ihren genauen Regelungsinhalt bestehen kann, ist keine Ausnahmesituation, sondern der Normalzustand.[467] Dem Bürger ist diese Rechtsunsicherheit zumutbar, weil ihm der Rechtsweg zu den Gerichten offensteht, um eine für ihn günstige Interpretation durchzusetzen.[468] Würde man dem Gesetzgeber hingegen erlauben, jede auslegungsoffene Norm mit echter Rückwirkung zu korrigieren, wäre der legis-

---

NVwZ 2016, 300, juris Rn. 56: Eine echte Rückwirkung ist zulässig, *wenn* der Bürger sich nicht auf den durch eine ungültige Norm erzeugten Rechtsschein verlassen durfte.

[463] Siehe BVerfG, Beschluss v. 11.11.1998 – 2 BvL 10/95, BVerfGE 99, 280, juris Rn. 78; BVerfG, Urteil v. 6.3.2002 – 2 BvL 17/99, BVerfGE 105, 73, juris Rn. 223; BVerfG, Beschluss v. 4.12.2002 – 2 BvR 400/98; 2 BvR 1735/00, BVerfGE 107, 27, juris Rn. 75; vgl. auch *Hey*, Steuerplanungssicherheit als Rechtsproblem, 2002, S. 357 ff.; *dies.*, DStJG 27, 2004, S. 91, 110 f.

[464] BVerfG, Urteil v. 19.12.1961 – 2 BvL 6/59, BVerfGE 13, 261, juris Rn. 53; BVerfG, Beschluss v. 31.3.1965 – 2 BvL 17/63, BVerfGE 18, 429, juris Rn. 43; BVerfG, Beschluss v. 23.3.1971 – 2 BvL 2/66, 2 BvR 168/66, 2 BvR 196/66, 2 BvR 197/66, 2 BvR 210/66, 2 BvR 472/66, BVerfGE 30, 367, juris Rn. 78; BVerfG, Beschluss v. 17.1.1979 – 1 BvR 446/77, 1 BvR 1174/77, BVerfGE 50, 177, juris Rn. 9; BVerfG, Beschluss v. 14.5.1986 – 2 BvL 2/83, BVerfGE 72, 200, juris Rn. 129; BVerfG, Beschluss v. 25.5.1993 – 1 BvR 1509/91, 1 BvR 1648/91, BVerfGE 88, 384, juris Rn. 109; BVerfG, Beschluss v. 18.2.2009 – 1 BvR 3076/08, BVerfGE 122, 374, juris Rn. 66; BVerfG, Beschluss v. 21.7.2010 – 1 BvL 11/06, 1 BvL 12/06, 1 BvL 13/06, 1 BvR 2530/05, BVerfGE 126, 369, juris Rn. 75; BVerfG, Beschluss v. 17.12.2013 – 1 BvL 5/08, BVerfGE 135, 1, juris Rn. 65; BVerfG, Beschluss v. 12.11.2015 – 1 BvR 2961/14, 1 BvR 3051/14, NVwZ 2016, 300, juris Rn. 56; BVerfG, Urteil v. 24.7.1968 – 1 BvR 537/65, BVerfGE 24, 75, juris Rn. 65; BVerfG, Nichtannahmebeschluss v. 5.8.1998 – 1 BvR 2250/95, WM 1998, 2025, juris Rn. 16.

[465] BVerfG, Beschluss v. 17.12.2013 – 1 BvL 5/08, BVerfGE 135, 1, juris Rn. 67 f.; bestätigt durch BVerfG, Beschluss v. 12.11.2015 – 1 BvR 2961/14, 1 BvR 3051/14, NVwZ 2016, 300, juris Rn. 60; in diese Richtung vorher auch schon BVerfG, Urteil v. 24.7.1968 – 1 BvR 537/65, BVerfGE 24, 75, juris Rn. 65; BVerfG, Beschluss v. 23.3.1971 – 2 BvL 2/66, 2 BvR 168/66, 2 BvR 196/66, 2 BvR 197/66, 2 BvR 210/66, 2 BvR 472/66, BVerfGE 30, 367, juris Rn. 78 f.; erheblich weiter demgegenüber noch BVerfG, Beschluss v. 17.1.1979 – 1 BvR 446/77, 1 BvR 1174/77, BVerfGE 50, 177, juris Rn. 51.

[466] Siehe bereits unter § 6 B. I. 2. c) cc).

[467] Kritisch gegenüber der früheren Rechtsprechung des Bundesverfassungsgerichts daher schon *Pieroth*, Rückwirkung und Übergangsrecht, 1981, S. 88 f.; *Hey*, DStJG 27, 2004, S. 91, 100; *Mellinghoff*, DStJG 27, 2004, S. 25, 36; *Meyer*, FS 50 Jahre BSG, 2004, S. 221, 231; *Schnapp*, JZ 2011, 1125, 1131.

[468] Vgl. die Nachweise in Fn. 340.

lative Zugriff auf die Vergangenheit nur noch von Opportunitätserwägungen abhängig. Das damit einhergehende unkalkulierbare Änderungsrisiko würde Gesetze als Vertrauensgrundlage für den Bürger weitgehend entwerten.[469] Eine so weit verstandene Ausnahme würde zudem – worauf das Bundesverfassungsgericht ergänzend hinweist – das grundsätzliche Verbot echter Rückwirkungen in sein Gegenteil verkehren.[470] Damit würde letztlich auch die Differenzierung zwischen echter und unechter Rückwirkung, die gerade für die besonders gravierenden Fälle einer echten Rückwirkung ein höheres Schutzniveau etablieren soll, weitgehend eingeebnet.

Das Bundesverfassungsgericht geht dementsprechend erst dann von einer unklaren und verworrenen Rechtslage aus, wenn qualifizierende Umstände hinzutreten. Dies sei insbesondere dann der Fall, „wenn auch unter Berücksichtigung von Wortlaut, Systematik und Normzweck völlig unverständlich ist, welche Bedeutung die fragliche Norm haben soll."[471] Wenn sich indes der Bedeutungsgehalt selbst unter Einsatz aller Auslegungsmethoden nicht einmal ansatzweise ermitteln lässt, dürfte die Norm in der Regel gegen das Gebot der Rechtsklarheit verstoßen und damit verfassungswidrig sein.[472] Der verbliebene Anwendungsbereich für diesen Ausnahmetatbestand ist damit klein.[473] Mit Blick auf die bisher entschiedenen Fälle des Bundesverfassungsgericht könnten sich qualifizierende Umstände gegebenenfalls infolge – aktuell nicht absehbarer – grundlegender politischer Umbrüche ergeben: Unklare Rechtslagen wurden insbesondere nach Ende des zweiten Weltkriegs und nach der deutschen Wiedervereinigung wegen des Übergangs von einer Rechtsordnung zur anderen diskutiert (vom Recht der alliierten Besatzungsmächte bzw. vom Recht der Deutschen Demokratischen Republik hin zum Recht der Bundesrepublik Deutschland).[474] Mit Blick auf diese wenigen historischen Anwendungsbeispiele für den Ausnahmetatbestand erscheint der KAGG-Beschluss des Bundesver-

---

[469] BVerfG, Beschluss v. 17.12.2013 – 1 BvL 5/08, BVerfGE 135, 1, juris Rn. 69.

[470] BVerfG, Beschluss v. 17.12.2013 – 1 BvL 5/08, BVerfGE 135, 1, juris Rn. 71; deutlich auch *Müller*, DB 2014, 635, 635: „Damit gäbe es überhaupt keine verfassungsmäßige Schranke mehr für echte Rückwirkungen."

[471] BVerfG, Beschluss v. 17.12.2013 – 1 BvL 5/08, BVerfGE 135, 1, juris Rn. 72; vgl. auch BVerfG, Beschluss v. 12.11.2015 – 1 BvR 2961/14, 1 BvR 3051/14, NVwZ 2016, 300, juris Rn. 60.

[472] Ebenso *Tipke*, Die Steuerrechtsordnung, Band I, 2. Auflage 2000, S. 151; *Krüger*, DStZ 2013, 137, 138; *Drüen*, StuW 2015, 210, 221; *Osterloh*, StuW 2015, 201, 209.

[473] Ebenso schon *Maurer*, HStR IV, 3. Auflage 2006, § 79 Rn. 45: Ausnahme dürfte heute keine praktische Bedeutung mehr haben; *Schön*, FS Lang, 2011, S. 221, 227: Ausnahme erfasst Sonderkonstellationen der Nachkriegszeit, die nicht mit der heutigen Lage vergleichbar sind; *Drüen*, StuW 2015, 210, 221: Rechtfertigungsgrund einer unklaren und verworrenen Rechtslage ist überkommen.

[474] Vgl. z. B. BVerfG, Beschluss v. 25.5.1993 – 1 BvR 1509/91, 1 BvR 1648/91, BVerfGE 88, 384, juris Rn. 110 ff.; BVerfG, Nichtannahmebeschluss v. 5.8.1998 – 1 BvR 2250/95, WM 1998, 2025, juris Rn. 21.

fassungsgerichts auch insoweit nicht als grundlegende Neuorientierung, sondern vielmehr als konsequente Fortentwicklung der bestehenden Dogmatik.[475]

Eine fehlerhafte Vertrauensgrundlage nimmt das Bundesverfassungsgericht schließlich an, wenn das bisherige Recht „in einem Maße systemwidrig und unbillig war, dass ernsthafte Zweifel an seiner Verfassungsmäßigkeit bestanden".[476] Diese Ausnahme wurde vom Bundesverfassungsgericht nur in wenigen Fällen überhaupt diskutiert und bisher nur dann bejaht, wenn ein Verstoß gegen den Gleichheitsgrundsatz offensichtlich war.[477] In diesen Fällen muss der Gesetzgeber nicht erst die Entscheidung des Bundesverfassungsgerichts abwarten, sondern kann bereits vorher einen verfassungskonformen Zustand herstellen.[478] Lässt sich eine Ungleichbehandlung hingegen mit sachlichen Gründen erklären und bewegt sie sich damit noch im Gestaltungsspielraum des Gesetzgebers, so scheidet auch eine echt rückwirkende Korrektur der Norm aus.[479]

Zusammenfassend lässt das Bundesverfassungsgericht eine echte Rückwirkung mit Blick auf eine fehlerhafte Vertrauensgrundlage damit im Wesentlichen dann zu, wenn die bisherige Norm erkennbar verfassungswidrig war und mithin verfassungsrechtliche Gründe für ihre rückwirkende Korrektur sprechen. Bloße Zweifel an der Auslegung des einfachen Rechts genügen demgegenüber nicht.

b) Vorhersehbare Neuregelung

Der zweite Begründungsansatz, nach dem echte Rückwirkungen zulässig sein können, blickt nicht auf die bisher gültige Norm, sondern auf die beabsichtigte Neuregelung: Das Vertrauen des Bürgers auf das bisherige Recht ist dann nicht bzw. nicht mehr schutzwürdig, wenn er mit einer Änderung rechnen musste.[480]

---

475 Zur dogmatischen Bewertung des Beschlusses in Bezug auf den Anwendungsbereich des Rückwirkungsverbots bereits unter § 6 B. I. 2. c) cc).

476 BVerfG, Beschluss v. 14.11.1961 – 2 BvR 345/60, BVerfGE 13, 215, juris Rn. 31; BVerfG, Beschluss v. 16.11.1965 – 2 BvL 8/64, BVerfGE 19, 187, juris Rn. 37; BVerfG, Beschluss v. 22.10.1974 – 1 BvL 30/73, BVerfGE 38, 128, juris Rn. 29; BVerfG, Beschluss v. 17.12.2013 – 1 BvL 5/08, BVerfGE 135, 1, juris Rn. 65; BVerfG, Beschluss v. 12.11.2015 – 1 BvR 2961/14, 1 BvR 3051/14, NVwZ 2016, 300, juris Rn. 56; vgl. auch BVerfG, Beschluss v. 14.5.1986 – 2 BvL 2/83, BVerfGE 72, 200, juris Rn. 133; BVerfG, Beschluss v. 10.2.2021 – 2 BvL 8/19, NJW 2021, 122, juris Rn. 143.

477 *Maurer*, HStR IV, 3. Auflage 2006, § 79 Rn. 46; vgl. z. B. BVerfG, Beschluss v. 22.10.1974 – 1 BvL 30/73, BVerfGE 38, 128, juris Rn. 29, wo das Bundesverfassungsgericht in einer vorhergehenden Entscheidung bereits festgestellt hatte, dass die in Rede stehende Ungleichbehandlung nicht gerechtfertigt werden kann.

478 So ausdrücklich BVerfG, Beschluss v. 16.11.1965 – 2 BvL 8/64, BVerfGE 19, 187, juris Rn. 38.

479 So z. B. BVerfG, Beschluss v. 23.3.1971 – 2 BvL 2/66, 2 BvR 168/66, 2 BvR 196/66, 2 BvR 197/66, 2 BvR 210/66, 2 BvR 472/66, BVerfGE 30, 367, juris Rn. 79; BVerfG, Beschluss v. 14.5.1986 – 2 BvL 2/83, BVerfGE 72, 200, juris Rn. 133; BVerfG, Beschluss v. 17.12.2013 – 1 BvL 5/08, BVerfGE 135, 1, juris Rn. 75 ff.

480 Ständige Rspr., vgl. nur BVerfG, Beschluss v. 14.11.1961 – 2 BvL 15/59, BVerfGE 13,

In aller Regel kann der Bürger bis zum Beschluss des Änderungsgesetzes im Bundestag auf den Fortbestand der bisherigen Rechtslage vertrauen, danach ist sein Vertrauen nicht mehr schutzwürdig.[481]

Das Bundesverfassungsgericht hat an diesem Zeitpunkt – trotz vielstimmiger und wiederholter Kritik aus dem wissenschaftlichen Schrifttum[482] – ausdrücklich festgehalten, weil es in ihm einen angemessenen Ausgleich der widerstreitenden Interessen von Bürger und Gesetzgeber sieht:[483] Betrachtet man zunächst die Position des Bürgers, so dürfte erst die Verkündung des Gesetzes im Bundesgesetzblatt zu einem Wegfall der Schutzwürdigkeit führen, da die Neuregelung erst ab diesem Zeitpunkt rechtlich verbindlich ist und Gesetzgebungsverfahren von vielen Bürgern nicht verfolgt werden.[484] Das neue Gesetz ist zum Zeitpunkt des Bundestagsbeschlusses zudem nur eingeschränkt als Grundlage für die wirtschaftliche Planung des Bürgers geeignet, da es bis zur Verkündung noch in erheblichem Umfang geändert werden kann, wenn sich der

206, juris Rn. 44; BVerfG, Urteil v. 19.12.1961 – 2 BvL 6/59, BVerfGE 13, 261, juris Rn. 52; BVerfG, Beschluss v. 23.3.1971 – 2 BvL 2/66, 2 BvR 168/66, 2 BvR 196/66, 2 BvR 197/66, 2 BvR 210/66, 2 BvR 472/66, BVerfGE 30, 367, juris Rn. 75; BVerfG, Beschluss v. 25.6.1974 – 2 BvF 2/73, 2 BvF 3/73, BVerfGE 37, 363, juris Rn. 109; BVerfG, Beschluss v. 7.7.1992 – 2 BvR 1631/90, 2 BvR 1728/90, BVerfGE 87, 48, juris Rn. 7; BVerfG, Beschluss v. 14.5.1986 – 2 BvL 2/83, BVerfGE 72, 200, juris Rn. 135; BVerfG, Beschluss v. 15.10.1996 – 1 BvL 44/92, 1 BvL 48/92, BVerfGE 95, 64, juris Rn. 110; BVerfG, Beschluss v. 7.7.2010 – 2 BvL 14/02, 2 BvL 2/04, 2 BvL 13/05, BVerfGE 127, 1, juris Rn. 56; BVerfG, Beschluss v. 7.7.2010 – 2 BvL 1/03, 2 BvL 57/06, 2 BvL 58/06, BVerfGE 127, 31, juris Rn. 67; BVerfG, Beschluss v. 7.7.2010 – 2 BvR 748/05, 2 BvR 753/05, 2 BvR 1738/05, BVerfGE 127, 61, juris Rn. 45.

[481] Ständige Rspr., vgl. nur BVerfG, Beschluss v. 30.4.1952 – 1 BvR 14/52, 1 BvR 25/52, 1 BvR 167/52, BVerfGE 1, 264, juris Rn. 40; BVerfG, Beschluss v. 14.11.1961 – 2 BvL 15/59, BVerfGE 13, 206, juris Rn. 45; BVerfG, Urteil v. 19.12.1961 – 2 BvL 6/59, BVerfGE 13, 261, juris Rn. 58; BVerfG, Beschluss v. 29.10.1969 – 1 BvL 19/69, BVerfGE 27, 167, juris Rn. 32; BVerfG, Beschluss v. 22.6.1971 – 2 BvL 6/70, BVerfGE 31, 222, juris Rn. 22; BVerfG, Beschluss v. 25.6.1974 – 2 BvF 2/73, 2 BvF 3/73, BVerfGE 37, 363, juris Rn. 110; BVerfG, Beschluss v. 14.5.1986 – 2 BvL 2/83, BVerfGE 72, 200, juris Rn. 136 ff.; BVerfG, Beschluss v. 7.7.1992 – 2 BvR 1631/90, 2 BvR 1728/90, BVerfGE 87, 48, juris Rn. 7; BVerfG, Beschluss v. 3.12.1997 – 2 BvR 882/97, BVerfGE 97, 67, juris Rn. 42; BVerfG, Beschluss v. 7.7.2010 – 2 BvL 14/02, 2 BvL 2/04, 2 BvL 13/05, BVerfGE 127, 1, juris Rn. 56; BVerfG, Beschluss v. 7.7.2010 – 2 BvL 1/03, 2 BvL 57/06, 2 BvL 58/06, BVerfGE 127, 31, juris Rn. 67; BVerfG, Beschluss v. 7.7.2010 – 2 BvR 748/05, 2 BvR 753/05, 2 BvR 1738/05, BVerfGE 127, 61, juris Rn. 45; BVerfG, Beschluss v. 21.7.2010 – 1 BvL 11/06, 1 BvL 12/06, 1 BvL 13/06, 1 BvR 2530/05, BVerfGE 126, 369, juris Rn. 81; BVerfG, Beschluss v. 10.10.2012 – 1 BvL 6/07, BVerfGE 132, 302, juris Rn. 42.

[482] Z. B. *Pieroth*, Rückwirkung und Übergangsrecht, 1981, S. 87 f.; *Hey*, Steuerplanungssicherheit als Rechtsproblem, 2002, S. 324 f.; *Leisner-Egensperger*, Kontinuität als Verfassungsprinzip, 2002, S. 495 ff.; *K.-A. Schwarz*, Vertrauensschutz als Verfassungsprinzip, 2002, S. 128 f. jew. m. w. N.

[483] Vgl. zuletzt BVerfG, Beschluss v. 7.7.2010 – 2 BvL 1/03, 2 BvL 57/06, 2 BvL 58/06, BVerfGE 127, 31, juris Rn. 90; BVerfG, Beschluss v. 10.10.2012 – 1 BvL 6/07, BVerfGE 132, 302, juris Rn. 57; ausführlich BVerfG, Beschluss v. 14.5.1986 – 2 BvL 2/83, BVerfGE 72, 200, juris Rn. 136 ff.

[484] *Hey*, Steuerplanungssicherheit als Rechtsproblem, 2002, S. 324 f.; *Leisner-Egensperger*, Kontinuität als Verfassungsprinzip, 2002, S. 495 ff.; *Maurer*, HStR IV, 3. Auflage 2006, § 79 Rn. 50.

Bundesrat und ggfs. der Vermittlungsausschuss am Verfahren beteiligen. Nach der Lösung des Bundesverfassungsgerichts fehlt dem Bürger damit – zumindest für einen Übergangszeitraum – jede vollends verlässliche Vertrauensgrundlage: Auf das alte Gesetz darf er nicht mehr vertrauen, das neue Gesetz steht noch nicht fest.[485] Das Bundesverfassungsgericht rechtfertigt diese Einschränkung des individuellen Vertrauensschutzes mit dem entgegenstehenden staatlichen Regelungsinteresse: Sobald eine belastende Neuregelung bekannt wird, besteht für den Bürger ein Anreiz, die bisherige günstigere Regelung noch auszunutzen oder – soweit möglich – den Sachverhalt so umzugestalten, dass er von der Neuregelung nicht erfasst wird. Dieser Ankündigungseffekt kann unter Umständen den politischen Erfolg der Neuregelung erheblich mindern oder gar vereiteln.[486] Das Regelungsinteresse des Gesetzgebers kann umso besser erreicht werden, je früher die Neuregelung zeitlich in Kraft tritt. Danach würde es naheliegen, bereits vorbereitenden Handlungen im Gesetzgebungsverfahren vertrauenszerstörende Wirkung beizumessen. Ein denkbarer Anknüpfungspunkt wäre hier insbesondere die Einbringung einer Gesetzesinitiative in den Bundestag, mit der ein Vorhaben regelmäßig erstmals öffentlich wird.[487]

Den Gesetzesbeschluss im Bundestag zieht das Bundesverfassungsgericht mithin als vermittelnde Position heran, die beiden widerstreitenden Interessen gleichermaßen Ausdruck verleiht und damit einen tauglichen Anknüpfungspunkt für eine typisierende Abwägungsentscheidung bildet. Zurecht verweist das Gericht darauf, dass der Beschluss im Plenum einen wesentlichen Zwischenschritt im Gesetzgebungsverfahren darstellt.[488] Zwar geht dem Beschluss eine detaillierte Vorbereitungsarbeit auf Ministerialebene voraus, das Parlament bildet aber das Forum, um widerstreitende Ansichten auszugleichen und einen politisch tragfähigen Kompromiss zu finden.[489] Erst mit dem Beschluss im Bundestag steht das politische Regelungsinteresse inhaltlich weitgehend fest und bedarf des Schutzes vor etwaigem Ausweichverhalten des Bürgers. Zugleich liegt damit das Gesetz zwar noch nicht notwendigerweise in seiner endgültigen Form vor, in einer Vielzahl der Fälle bleiben aber wesentliche Inhalte auch im folgenden Verfahren unverändert, sodass der Bürger sich zumindest auf Grundzüge der Regelung einstellen kann.

---

[485] *Friauf*, BB 1972, 669, 672; *Maurer*, HStR IV, 3. Auflage 2006, § 79 Rn. 51; *Hey*, Steuerplanungssicherheit als Rechtsproblem, 2002, S. 320 f.

[486] BVerfG, Beschluss v. 14.5.1986 – 2 BvL 2/83, BVerfGE 72, 200, juris Rn. 137.

[487] An diesen Zeitpunkt knüpft das Gericht im Rahmen der unechten Rückwirkung teilweise an; siehe noch unter § 6 B. III. 2.; offengelassen für echte Rückwirkungen in BVerfG, Beschluss v. 23.3.1971 – 2 BvL 2/66, 2 BvR 168/66, 2 BvR 196/66, 2 BvR 197/66, 2 BvR 210/66, 2 BvR 472/66, BVerfGE 30, 367, juris Rn. 77; vgl. auch BVerfG, Beschluss v. 20.10.1971 – 1 BvR 757/66, BVerfGE 32, 111, juris Rn. 47.

[488] BVerfG, Beschluss v. 14.5.1986 – 2 BvL 2/83, BVerfGE 72, 200, juris Rn. 138 f.

[489] Vgl. zum Verhältnis von vorbereitenden Handlungen und Bundestagsbeschluss bereits unter § 4 B. I., II.

Dass sich das Bundesverfassungsgericht – entsprechend der dogmatischen Struktur als nur typisierter Abwägungsentscheidung – eine abweichende Beurteilung im Einzelfall vorbehält, zeigt sich schon an der vorsichtigen Formulierung: Der Bundestagsbeschluss wird nur als „in der Regel"[490] oder „grundsätzlich"[491] entscheidend genannt. Es finden sich dementsprechend auch Beispiele, in denen nicht erst dem Beschluss des Bundestags, sondern bereits vorherigen Stellungnahmen im Gesetzgebungsverfahren vertrauenszerstörende Wirkung beigemessen wird. Zu nennen sind insoweit zunächst Fälle, in denen der Gesetzgeber nach einem Wechsel in der fachgerichtlichen Rechtsprechung die bisher geltende und nunmehr aufgegebene Auslegung gesetzlich mit echter Rückwirkung festschreibt.[492] Wird das Gesetz unmittelbar nach dem Rechtsprechungswechsel angekündigt, so geht das Bundesverfassungsgericht davon aus, dass sich kein schutzwürdiges Vertrauen in die geänderte Auslegung des bisherigen Rechts bilden kann.[493] Nach der hier vertretenen Klassifizierung handelt es sich bei diesen gesetzgeberischen Reaktionen um konservierende Nichtanwendungsgesetze, weshalb auf diese Konstellation und die Argumentation des Bundesverfassungsgerichts an anderer Stelle noch vertieft zurückzukommen sein wird.[494] Über diese Fälle hinaus hat das Gericht das Vertrauen in die bisherige Rechtslage auch dann als nicht schutzwürdig angesehen, wenn die vom Bürger zugrunde gelegte Auslegung des einfachen Rechts in den Begründungen zu verschiedenen Gesetzesentwürfen und Stellungnahmen des Bundesrats als missbräuchlich bezeichnet wird.[495] In einer solchen Konstellation müsse der Bürger mit einer ausdrücklichen rückwirkenden Regelung in diesem Sinne rechnen.

c) *Zwingende Gründe des Gemeinwohls und Bagatellvorbehalt*

Eine echte Rückwirkung kann schließlich durch zwingende Gründe des Gemeinwohls, die das Vertrauen des Bürgers überwiegen, gerechtfertigt werden.[496]

---

[490] BVerfG, Beschluss v. 22.6.1971 – 2 BvL 6/70, BVerfGE 31, 222, juris Rn. 22; BVerfG, Beschluss v. 14.5.1986 – 2 BvL 2/83, BVerfGE 72, 200, juris Rn. 136ff.

[491] BVerfG, Beschluss v. 7.7.2010 – 2 BvL 1/03, 2 BvL 57/06, 2 BvL 58/06, BVerfGE 127, 31, juris Rn. 67; BVerfG, Beschluss v. 7.7.2010 – 2 BvR 748/05, 2 BvR 753/05, 2 BvR 1738/05, BVerfGE 127, 61, juris Rn. 45.

[492] BVerfG, Beschluss v. 23.1.1990 – 1 BvL 4/87; 1 BvL 5/87; 1 BvL 6/87; 1 BvL 7/87, BVerfGE 81, 228; BVerfG, Nichtannahmebeschluss v. 15.10.2008 – 1 BvR 1138/06, BVerfGK 14, 338; BVerfG, Beschluss v. 21.7.2010 – 1 BvL 11/06, 1 BvL 12/06, 1 BvL 13/06, 1 BvR 2530/05, BVerfGE 126, 369; BVerfG, Beschluss v. 2.5.2012 – 2 BvL 5/10, BVerfGE 131, 20.

[493] BVerfG, Beschluss v. 23.1.1990 – 1 BvL 4/87; 1 BvL 5/87; 1 BvL 6/87; 1 BvL 7/87, BVerfGE 81, 228, juris Rn. 34; BVerfG, Beschluss v. 21.7.2010 – 1 BvL 11/06, 1 BvL 12/06, 1 BvL 13/06, 1 BvR 2530/05, BVerfGE 126, 369, juris Rn. 78ff.; BVerfG, Beschluss v. 2.5.2012 – 2 BvL 5/10, BVerfGE 131, 20, juris Rn. 86; offen gelassen in BVerfG, Nichtannahmebeschluss v. 15.10.2008 – 1 BvR 1138/06, BVerfGK 14, 338, juris Rn. 16.

[494] Siehe noch im Detail unter §6 C. III. 1. b).

[495] BVerfG, Beschluss v. 18.2.2009 – 1 BvR 3076/08, BVerfGE 122, 374, juris Rn. 68f.

[496] BVerfG, Urteil v. 1.7.1953 – 1 BvL 23/51, BVerfGE 2, 380, juris Rn. 83; BVerfG, Ur-

Dieser Tatbestand hat zwar bisher für die Entscheidungspraxis des Bundesverfassungsgerichts keine größere Bedeutung erlangt, wird aber gleichwohl in ständiger Rechtsprechung als Maßstab wiederholt. Dies lässt sich vor allem dogmatisch erklären: Wie dargestellt wurde, liegt den Ausnahmen der fehlerhaften Vertrauensgrundlage und der vorhersehbaren Neuregelung eine typisierte Abwägung zwischen Vertrauensschutz des Bürgers und Regelungsinteresse des Gesetzgebers zugrunde. Der allgemein gehaltene Rechtfertigungsgrund der zwingenden Gemeinwohlgründe bestätigt diese gemeinsame Basis des Ausnahmekatalogs noch einmal und erlaubt eine Abwägung auch in Konstellationen, die nicht von den vorher genannten Ausnahmetatbeständen erfasst sind. Gleichwohl handelt es sich nicht um einen Auffangtatbestand, mit dem sich echte Rückwirkungen beliebig rechtfertigen lassen. Dies lässt sich schon allein damit belegen, dass erstmals im Beschluss vom 3.12.1997[497] ausdrücklich eine Rechtfertigung auf diesen Ausnahmetatbestand gestützt wurde.

Das Bundesverfassungsgericht ließ in dieser Entscheidung dahinstehen, ob die rückwirkende Abschaffung von Sonderabschreibungen für Handelsschiffe zu einer echten oder unechten Rückwirkung führte,[498] weil selbst eine echte Rückwirkung durch zwingende Gründe des Gemeinwohls gerechtfertigt sei: Die Schiffbausubvention war von der Bundesregierung als wirtschaftlich unsinnig eingeschätzt worden und sollte schnellstmöglich abgeschafft werden. Nach Ankündigung eines entsprechenden Gesetzesvorhabens kam es zum Abschluss weiterer Schiffbauverträge, die noch für viele weitere Jahre Sonderabschreibungen ermöglicht hätten.[499] Um diesem Effekt zu begegnen und das wirtschaftliche Ziel der Reform nicht zu gefährden, durfte der Gesetzgeber nach Ansicht des Bundesverfassungsgerichts die Abschaffung der Sonderabschreibungen auf

---

teil v. 19.12.1961 – 2 BvL 6/59, BVerfGE 13, 261, juris Rn. 55; BVerfG, Beschluss v. 31.3.1965 – 2 BvL 17/63, BVerfGE 18, 429, juris Rn. 42; BVerfG, Urteil v. 24.7.1968 – 1 BvR 537/65, BVerfGE 24, 75, juris Rn. 67; BVerfG, Beschluss v. 9.3.1971 – 2 BvR 326/69, 2 BvR 341/69, 2 BvR 342/69, 2 BvR 343/69, 2 BvR 344/69, BVerfGE 30, 250, juris Rn. 50; BVerfG, Beschluss v. 25.6.1974 – 2 BvF 2/73, 2 BvF 3/73, BVerfGE 37, 363, juris Rn. 109; BVerfG, Beschluss v. 8.6.1977 – 2 BvR 499/74, 2 BvR 1042/75, BVerfGE 45, 142, juris Rn. 83; BVerfG, Beschluss v. 14.5.1986 – 2 BvL 2/83, BVerfGE 72, 200, juris Rn. 129; BVerfG, Beschluss v. 25.5.1993 – 1 BvR 1509/91, 1 BvR 1648/91, BVerfGE 88, 384, juris Rn. 109; BVerfG, Beschluss v. 3.12.1997 – 2 BvR 882/97, BVerfGE 97, 67, juris Rn. 43; BVerfG, Beschluss v. 18.2.2009 – 1 BvR 3076/08, BVerfGE 122, 374, juris Rn. 66; BVerfG, Beschluss v. 17.12.2013 – 1 BvL 5/08, BVerfGE 135, 1, juris Rn. 51; BVerfG, Beschluss v. 12.11.2015 – 1 BvR 2961/14, 1 BvR 3051/14, NVwZ 2016, 300, juris Rn. 56.

497 BVerfG, Beschluss v. 3.12.1997 – 2 BvR 882/97, BVerfGE 97, 67.

498 Nach den Maßstäben der Veranlagungszeitraum-Rechtsprechung lag eine unechte Rückwirkung vor, das Gesetz deutete aber an, dass angesichts der bereits vor Ablauf des Veranlagungszeitraums erfolgten verbindlichen Dispositionen des Steuerpflichtigen unter Umständen eine echte Rückwirkung vorliegen könnte; BVerfG, Beschluss v. 3.12.1997 – 2 BvR 882/97, BVerfGE 97, 67, juris Rn. 47 ff. Diese (mögliche) Abkehr von der Veranlagungszeitraum-Rechtsprechung wurde in der weiteren Rechtsprechung des Gerichts nicht weiterverfolgt; vgl. im Detail schon unter §6 B. II. 1. d).

499 BVerfG, Beschluss v. 3.12.1997 – 2 BvR 882/97, BVerfGE 97, 67, juris Rn. 15.

alle Verträge erstrecken, die nach der Ankündigung der Gesetzesinitiative abgeschlossen wurden.[500] Die Rechtfertigung ergab sich also aus dem Ankündigungseffekt der verschärfenden Neuregelung, der auch schon der Ausnahme der vorhersehbaren Neuregelung zugrunde liegt.[501] Dass das Bundesverfassungsgericht hier eine Rückwirkung auch über den Zeitpunkt des Bundestagsbeschlusses hinaus akzeptiert hat, lässt sich aus den atypischen Umständen des entschiedenen Falles erklären (weitgehend nur durch die steuerliche Begünstigung bestimmter Investitionsmodelle). Die einzige andere Entscheidung, in der eine echte Rückwirkung mit zwingenden Gemeinwohlgründen gerechtfertigt wird, ist der Beschluss vom 10.2.2021:[502] Nach Einschätzung des zweiten Senats war es ausnahmsweise zulässig, die Einziehung von Vermögensvorteilen, die aus Straftaten stammen, auch für bereits verjährte Straftaten anzuordnen. Die zivilrechtlich geschützte Vermögensordnung zugunsten der rechtstreuen Opfer einer Straftat wiederherzustellen, sei ein überragend wichtiges gesetzgeberisches Ziel. Einem Straftäter werde hingegen auch in vermögensrechtlicher Hinsicht der Schutz der staatlichen Rechtsordnung weitgehend vorenthalten, sodass er – auch wenn eine Strafverfolgung nicht mehr möglich ist – nicht schutzwürdig sei.

Weitere vom Bundesverfassungsgericht positiv bestätigte Beispiele oder eine allgemeingültige Definition für zwingende Gründe des Gemeinwohls fehlen.[503] Für das Steuerrecht hat das Bundesverfassungsgericht entschieden, dass die bloße Absicht, steuerliche Mehreinnahmen zu erzielen oder steuerliche Entlastungsmaßnahmen zu finanzieren, keinen zwingenden Grund des Gemeinwohls darstellt.[504] Gleichwohl sind Fiskalinteressen damit nicht per se als Rechtfertigungsgrund ausgeschlossen.[505] Außerordentliche Finanzbedarfe oder unerwartete Mindereinnahmen, die ein sofortiges Handeln nötig machen, können unter Umständen auch eine rückwirkende Regelung notwendig machen.[506] Allgemein

---

[500] BVerfG, Beschluss v. 3.12.1997 – 2 BvR 882/97, BVerfGE 97, 67, juris Rn. 50.

[501] Siehe bereits unter § 6 B. III. 1. b).

[502] BVerfG, Beschluss v. 10.2.2021 – 2 BvL 8/19, NJW 2021, 122, juris Rn. 148 ff.

[503] Kritisch daher z. B. *Leisner*, FS Berber, 1973, S. 273, 286; *Pieroth*, Rückwirkung und Übergangsrecht, 1981, S. 89; *K.-A. Schwarz*, Vertrauensschutz als Verfassungsprinzip, 2002, S. 130; *Leisner-Egensperger*, Kontinuität als Verfassungsprinzip, 2002, S. 501 f.

[504] BVerfG, Beschluss v. 5.2.2002 – 2 BvR 305/93, 2 BvR 348/93, BVerfGE 105, 17, juris Rn. 82; BVerfG, Beschluss v. 7.7.2010 – 2 BvL 14/02, 2 BvL 2/04, 2 BvL 13/05, BVerfGE 127, 1, juris Rn. 75; BVerfG, Beschluss v. 7.7.2010 – 2 BvL 1/03, 2 BvL 57/06, 2 BvL 58/06, BVerfGE 127, 31, juris Rn. 82; BVerfG, Beschluss v. 7.7.2010 – 2 BvR 748/05, 2 BvR 753/05, 2 BvR 1738/05, BVerfGE 127, 61, juris Rn. 59; BVerfG, Beschluss v. 10.10.2012 – 1 BvL 6/07, BVerfGE 132, 302, juris Rn. 73; BVerfG, Beschluss v. 12.11.2015 – 1 BvR 2961/14, 1 BvR 3051/14, NVwZ 2016, 300, juris Rn. 66; BFH, Urteil v. 22.2.2017 – I R 2/15, BFHE 257, 120 = BStBl II 2017, 709, juris Rn. 23; jeweils zur unechten Rückwirkung, entsprechendes muss dann aber erst recht bei der Rechtfertigung echter Rückwirkung gelten.

[505] Ebenso *Desens*, in: Rensen/Brink (Hrsg.), Linien der Rechtsprechung des Bundesverfassungsgerichts, 2009, S. 329, 349; *Osterloh*, StuW 2015, 201, 208.

[506] Vgl. zur unechten Rückwirkung BVerfG, Beschluss v. 5.2.2002 – 2 BvR 305/93, 2 BvR

gilt, dass das staatliche Regelungsinteresse gerade den zeitlichen Anwendungsbereich der Norm rechtfertigen muss.[507]

Eng mit den zwingenden Gründe des Gemeinwohls hängt der Ausnahmetatbestand des sogenannten Bagatellvorbehalts zusammen: Eine echte Rückwirkung ist auch dann zulässig, wenn sie die Interessen des Bürgers in nur geringem Maße beeinträchtigt.[508] Dogmatisch lässt sich der Bagatellvorbehalt als besondere Ausprägung zwingender Gründe des Gemeinwohls verstehen: Das Regelungsinteresse des Gesetzgebers überwiegt den Vertrauensschutz des Bürgers, weil letzterer nur in besonders geringem Maße schutzwürdig ist. Es kommt dabei nicht auf die Zahl der Betroffenen, sondern auf die Intensität der mit der Neuregelung verbundenen Belastung an.[509] Darüber hinaus lässt sich der Rechtsprechung keine abstrakte Definition entnehmen, wann das Vertrauensschutzinteresse nur geringfügig betroffen ist.[510] Für das Steuerrecht hat das Bundesverfassungsgericht eine geringfügige Belastung vereint, wenn durch eine Neuregelung erstmalig Einkünfte in Höhe von 32.000 DM steuerpflichtig werden.[511] Denkbar wäre eine Anwendung der Ausnahme gegebenenfalls, wenn im Rahmen einer für den Steuerpflichtigen insgesamt günstigen Reform einzelne Vorschriften geringfügige Belastungen entfalten.[512]

d) Zusammenfassung

Nach der Rechtsprechung des Bundesverfassungsgerichts ist eine echte Rückwirkung ausnahmsweise dann zulässig, wenn entweder das Vertrauen des Bürgers nicht (mehr) schutzwürdig ist oder wenn ein besonderes Regelungsinteresse gerade für eine echt rückwirkende Norm besteht. Das Vertrauen des Bürgers

---

348/93, BVerfGE 105, 17, juris Rn. 82; BVerfG, Beschluss v. 7.7.2010 – 2 BvL 14/02, 2 BvL 2/04, 2 BvL 13/05, BVerfGE 127, 1, juris Rn. 76; BVerfG, Beschluss v. 7.7.2010 – 2 BvR 748/05, 2 BvR 753/05, 2 BvR 1738/05, BVerfGE 127, 61, juris Rn. 60; vgl. auch BFH, Urteil v. 18.4.2012 – II R 36/10, BFHE 237, 169 = BStBl II 2012, 867, juris Rn. 26; offen gelassen in BVerfG, Beschluss v. 7.7.2010 – 2 BvL 1/03, 2 BvL 57/06, 2 BvL 58/06, BVerfGE 127, 31, juris Rn. 82; vgl. zur Einnahmenstabilität als Element staatlicher Kontinuitätsinteressen bereits unter § 3 A. II. 1.

[507] *Wernsmann*, in: HHSp., § 4 AO Rn. 761; *Hey*, NJW 2007, 408, 411; *Desens*, FR 2013, 148, 154; vgl. auch BFH, Urteil v. 27.3.1981 – V R 97/77, BFHE 133, 106 = BStBl II 1981, 595, juris Rn. 15: Zwingende Gründe des Gemeinwohls jedenfalls dann, wenn die gesetzlichen Maßnahmen sofort greifen müssen, um der Allgemeinheit drohende Nachteile abzuwehren.

[508] BVerfG, Beschluss v. 23.3.1971 – 2 BvL 2/66, 2 BvR 168/66, 2 BvR 196/66, 2 BvR 197/66, 2 BvR 210/66, 2 BvR 472/66, BVerfGE 30, 367, juris Rn. 80; BVerfG, Beschluss v. 14.5.1986 – 2 BvL 2/83, BVerfGE 72, 200, juris Rn. 129, 131; BVerfG, Beschluss v. 15.10.1996 – 1 BvL 44/92, 1 BvL 48/92, BVerfGE 95, 64, juris Rn. 110; BVerfG, Beschluss v. 17.12.2013 – 1 BvL 5/08, BVerfGE 135, 1, juris Rn. 65; BVerfG, Beschluss v. 12.11.2015 – 1 BvR 2961/14, 1 BvR 3051/14, NVwZ 2016, 300, juris Rn. 56.

[509] BVerfG, Beschluss v. 23.3.1971 – 2 BvL 2/66, 2 BvR 168/66, 2 BvR 196/66, 2 BvR 197/66, 2 BvR 210/66, 2 BvR 472/66, BVerfGE 30, 367, juris Rn. 82.

[510] Daher kritisch *Leisner-Egensperger*, Kontinuität als Verfassungsprinzip, 2002, S. 500 f.

[511] BVerfG, Beschluss v. 14.5.1986 – 2 BvL 2/83, BVerfGE 72, 200, juris Rn. 131.

[512] Vgl. *Maurer*, HStR IV, 3. Auflage 2006, 55.

ist insbesondere dann nicht schutzwürdig, wenn es sich auf eine verfassungswidrige Norm stützt. Ist hingegen nur die Auslegung der einfachrechtlichen Vertrauensgrundlage unklar, rechtfertigt dies allein keine echte Rückwirkung. Der Bürger darf zudem dann nicht mehr auf die bisherige Regelung vertrauen, wenn eine Neuregelung bereits vorhersehbar ist. Dies nimmt das Bundesverfassungsgericht regelmäßig ab dem Zeitpunkt des Bundestagsbeschlusses an. Schließlich kann eine echt rückwirkende Regelung zulässig sein, wenn sie vorrangigen Gemeinwohlzwecken dient. Den Ausnahmetatbeständen liegt jeweils eine typisierte Abwägung zwischen dem gesetzgeberischen Interesse an einer rückwirkenden Regelung und dem Vertrauensschutz des Steuerpflichtigen zugrunde, sodass sowohl eine abweichende Entscheidung im atypischen Einzelfall als auch eine Rechtfertigung außerhalb der bisher etablierten Fallgruppen möglich bleibt.

2. Verhältnismäßigkeitsprüfung bei der unechten Rückwirkung

a) Allgemeine Abwägungsmaßstäbe

Die Abwägung zwischen gesetzgeberischem Änderungsinteresse und Vertrauensschutz des Bürgers bildet unmittelbar den Rechtfertigungsmaßstab für eine unechte Rückwirkung: Ein Zugriff auf in der Vergangenheit ins Werk gesetzte, aber noch nicht abgeschlossene Sachverhalte ist zulässig, wenn er zur Verwirklichung des gesetzgeberischen Ziels verhältnismäßig ist. Mithin müssen sowohl das Interesse des Gesetzgebers an einer rückwirkenden Regelung als auch der Vertrauensschutz des Bürgers bewertet und gewichtend einander gegenübergestellt werden.[513]

Das Bundesverfassungsgericht greift dabei im Wesentlichen auf die Argumentationsmuster zurück, die auch beim Ausnahmekatalog zur Rechtfertigung einer echten Rückwirkung zutage treten:[514] Der Gesetzgeber muss gerade für die Anwendung der Regelung auf in der Vergangenheit begründete Sachverhalte ein Gemeinwohlinteresse vorbringen.[515] Als Gründe werden (neben etwaigen sachlichen Gründen mit Bezug zur jeweiligen Regelung) beispielsweise

---

[513] Zur Verhältnismäßigkeitsprüfung als dogmatische Grundlage der Rechtfertigung einer unechten Rückwirkung z. B. *Aschke*, Übergangsregelungen als verfassungsrechtliches Problem, 1987, S. 257; *Desens*, in: Rensen/Brink (Hrsg.), Linien der Rechtsprechung des Bundesverfassungsgerichts, 2009, S. 329, 343; *ders.*, StuW 2011, 113, 117.

[514] Die Parallelität der typisierten Abwägung bei der echten und der einzelfallabhängigen Abwägung bei der unechten Rückwirkung betonend zuletzt auch *Bäcker*, NVwZ 2017, 1414, 1419.

[515] Ausdrücklich betont z. B. bei BVerfG, Beschluss v. 7.7.2010 – 2 BvL 14/02, 2 BvL 2/04, 2 BvL 13/05, BVerfGE 127, 1, juris Rn. 61; BVerfG, Beschluss v. 7.7.2010 – 2 BvR 748/05, 2 BvR 753/05, 2 BvR 1738/05, BVerfGE 127, 61, juris Rn. 49; *Wernsmann*, in: HHSp., § 4 AO Rn. 765; *Spindler*, Stbg 2010, 529, 530; *Desens*, StuW 2011, 113, 124; *Schönfeld/Häck*, DStR 2012, 1725, 1729.

die Vermeidung von Ankündigungs- und Mitnahmeeffekten,[516] die Beseitigung rechtlicher Mängel der bisherigen Regelung[517] sowie die Vereinfachung des Verwaltungsverfahrens[518] angeführt. Das Vertrauen des Bürgers ist weniger schutzwürdig, wenn es sich auf eine fehlerhafte Vertrauensgrundlage stützt oder die belastende Neuregelung bereits vorhersehbar war. Im Vergleich zur echten Rückwirkung besteht – wie sogleich für unecht rückwirkende Steuernormen im Detail gezeigt wird – aber größere Flexibilität bei der Handhabung dieser Argumentationsfiguren:[519] So stellt das Bundesverfassungsgericht beispielsweise für die Vorhersehbarkeit einer Neuregelung einzelfallabhängig auf verschiedene Zeitpunkte ab[520] und sieht das Vertrauen in die bisherige Rechtslage zum Teil auch schon dann als weniger schutzwürdig an, wenn die maßgebliche Norm nicht verfassungswidrig, sondern nur in ihrer Auslegung umstritten war.[521] Diese flexiblere Handhabung lässt sich dogmatisch daraus erklären, dass die unechte Rückwirkung aus Sicht des Bürgers weniger gravierende Fälle erfasst. Anders als bei der echten Rückwirkung geht es nicht um eine fiktive rechtliche Neubewertung der Vergangenheit, sondern um die zukünftige Bewertung bereits begonnener Sachverhalte. Für die insoweit (ggfs.) erforderlichen Übergangsregelungen besitzt der Gesetzgeber dementsprechend einen weitergehenden Gestaltungs- und Rechtfertigungsspielraum.

---

[516] Vgl. z. B. BVerfG, Beschluss v. 15.10.1996 – 1 BvL 44/92, 1 BvL 48/92, BVerfGE 95, 64, juris Rn. 114; BVerfG, Beschluss v. 3.12.1997 – 2 BvR 882/97, BVerfGE 97, 67, juris Rn. 50; BVerfG, Beschluss v. 25.3.2021 – 2 BvL 1/11, juris, juris Rn. 89.

[517] Vgl. z. B. BVerfG, Beschluss v. 18.2.1998 – 1 BvR 1318/86, BVerfGE 97, 271, juris Rn. 68; BVerfG, Nichtannahmebeschluss v. 29.9.2015 – 2 BvR 2683/11, DStR 2015, 2757, juris Rn. 69; BVerfG, Nichtannahmebeschluss v. 30.9.2015 – 2 BvR 1066/10, FR 2016, 78, juris Rn. 75.

[518] Vgl. z. B. BVerfG, Beschluss v. 5.2.2002 – 2 BvR 305/93, 2 BvR 348/93, BVerfGE 105, 17, juris Rn. 82.

[519] Ausdrücklich in Bezug auf die Vorhersehbarkeit einer Neuregelung BVerfG, Beschluss v. 7.7.2010 – 2 BvL 1/03, 2 BvL 57/06, 2 BvL 58/06, BVerfGE 127, 31, juris Rn. 90 f.: „Die in den Fällen der unechten Rückwirkung vorzunehmende Abwägung [...] lässt [...] Raum für differenzierende Lösungen.“; vgl. auch *Wernsmann*, in: HHSp., § 4 AO Rn. 770; *Maurer*, HStR IV, 3. Auflage 2006, § 79 Rn. 72; *Hey*, Steuerplanungssicherheit als Rechtsproblem, 2002, S. 321 f.

[520] Vgl. neben den sogleich darzustellenden besonderen Schutzmomenten bei einer unechten Rückwirkung im Steuerrecht z. B. auch BVerfG, Beschluss v. 15.10.1996 – 1 BvL 44/92, 1 BvL 48/92, BVerfGE 95, 64, juris Rn. 117; BVerfG, Beschluss v. 7.3.2017 – 1 BvR 1314/12, 1 BvR 1630/12, 1 BvR 1694/13, 1 BvR 1874/13, DVBl. 2017, 697, juris Rn. 199 f.; vgl. zum flexiblen Einfluss zeitlicher Elemente aus jüngerer Zeit auch einerseits BVerfG, Beschluss v. 23.10.2013 – 1 BvR 1842/11, 1 BvR 1843/11, BVerfGE 134, 204, juris Rn. 100; BVerfG, Urteil v. 6.12.2016 – 1 BvR 2821/11, NJW 2017, 217, juris Rn. 302 (geringere Schutzwürdigkeit bei zeitlich begrenzter Gültigkeit eines Gesetzes) und andererseits BVerfG, Nichtannahmebeschluss v. 20.9.2016 – 1 BvR 1299/15, NVwZ 2017, 702, juris Rn. 25 (erhöhter Vertrauensschutz bei gesetzlicher Garantie einer Leistung für bestimmte Zeit).

[521] Vgl. z. B. BVerfG, Beschluss v. 24.3.1998 – 1 BvL 6/92, BVerfGE 97, 378, juris Rn. 36; BVerfG, Beschluss v. 2.5.2012 – 2 BvL 5/10, BVerfGE 131, 20, juris Rn. 82; BVerfG, Nichtannahmebeschluss v. 20.9.2016 – 1 BvR 1387/15, NVwZ 2017, 705, juris Rn. 45 f.; BFH, Urteil v. 22.2.2017 – I R 2/15, BFHE 257, 120 = BStBl II 2017, 709, juris Rn. 26; vgl. auch BFH, Urteil v. 22.2.2017 – I R 2/15, BFHE 257, 120 = BStBl II 2017, 709, juris Rn. 26.

Aus der geringeren Eingriffsintensität einer unechten Rückwirkung folgt – wie bereits dargestellt – weiterhin, dass der Bürger bei der erforderlichen Abwägung der widerstreitenden Interessen in der Regel die Abwägungslast trägt:[522] Die unechte Rückwirkung ist „grundsätzlich zulässig". Nur wenn die angeordnete Rückwirkung zum Erreichen des Gesetzeszwecks ungeeignet oder nicht erforderlich ist oder wenn der Vertrauensschutz des Bürgers die Veränderungsgründe des Gesetzgebers überwiegt, ist die unechte Rückwirkung (ausnahmsweise) verfassungswidrig.[523]

b) Besondere Anforderungen an unecht rückwirkende Steuernormen

Besonderheiten ergeben sich nach der neueren Rechtsprechung des Bundesverfassungsgerichts im Steuerrecht. Erstreckt sich eine rückwirkende Regelung nur auf den noch laufenden oder einen zukünftigen Veranlagungszeitraum und liegt damit nach den Grundsätzen der Veranlagungszeitraum-Rechtsprechung eine unechte Rückwirkung vor, so gelten gesteigerte Rechtfertigungsanforderungen:

Zwar ist auch eine solche Rückwirkung „nicht grundsätzlich unzulässig":[524] Das Bundesverfassungsgericht betont, dass der am Gemeinwohl orientier-

---

522 Siehe zur Abwägungslastverteilung nach den Maßstäben „grundsätzlich zulässig" und „nicht grundsätzlich unzulässig" bereits unter § 6 B. II. 2. mit den dortigen umfassenden Nachweisen auf die Rechtsprechung des Bundesverfassungsgerichts.

523 BVerfG, Beschluss v. 9.3.1971 – 2 BvR 326/69, 2 BvR 341/69, 2 BvR 342/69, 2 BvR 343/69, 2 BvR 344/69, BVerfGE 30, 250, juris Rn. 50; BVerfG, Beschluss v. 22.6.1971 – 2 BvL 6/70, BVerfGE 31, 222, juris Rn. 21; BVerfG, Beschluss v. 20.6.1978 – 2 BvR 71/76, BVerfGE 48, 403, juris Rn. 37; BVerfG, Beschluss v. 13.3.1979 – 2 BvR 72/76, BVerfGE 50, 386, juris Rn. 22 f.; BVerfG, Beschluss v. 8.3.1983 – 2 BvL 27/81, BVerfGE 63, 312, juris Rn. 60; BVerfG, Beschluss v. 15.5.1985 – 2 BvL 24/82, BVerfGE 70, 69, juris Rn. 42; BVerfG, Urteil v. 10.12.1985 – 2 BvL 18/83, BVerfGE 71, 255, juris Rn. 56; BVerfG, Beschluss v. 13.5.1986 – 1 BvR 99/85, 1 BvR 461/85, BVerfGE 72, 175, juris Rn. 52; BVerfG, Beschluss v. 30.9.1987 – 2 BvR 933/82, BVerfGE 76, 256, juris Rn. 174; BVerfG, Beschluss v. 8.6.1988 – 2 BvL 9/85, 2 BvL 3/86, BVerfGE 78, 249, juris Rn. 90; BVerfG, Beschluss v. 15.10.1996 – 1 BvL 44/92, 1 BvL 48/92, BVerfGE 95, 64, juris Rn. 109; BVerfG, Urteil v. 23.11.1999 – 1 BvF 1/94, BVerfGE 101, 239, juris Rn. 96; BVerfG, Beschluss v. 9.12.2003 – 1 BvR 558/99, BVerfGE 109, 96, juris Rn. 68; BVerfG, Beschluss v. 23.9.2010 – 1 BvQ 28/10, DVBl. 2010, 1432, juris Rn. 32; BVerfG, Nichtannahmebeschluss v. 20.7.2011 – 1 BvR 2624/05, NVwZ-RR 2011, 793, juris Rn. 40; BVerfG, Nichtannahmebeschluss v. 29.2.2012 – 1 BvR 2378/10, NZA 2012, 1979, juris Rn. 50; BVerfG, Nichtannahmebeschluss v. 17.12.2012 – 1 BvR 488/10, 1 BvR 1047/10, NVwZ 2013, 575, juris Rn. 28; BVerfG, Nichtannahmebeschluss v. 20.9.2016 – 1 BvR 1387/15, NVwZ 2017, 705, juris Rn. 48; BVerfG, Beschluss v. 25.3.2021 – 2 BvL 1/11, juris, juris Rn. 54, 56; nur vereinzelt hat das Gericht demgegenüber formuliert, dass eine unechte Rückwirkung nur zulässig ist, wenn das Änderungsinteresse den Vertrauensschutz überwiegt; BVerfG, Beschluss v. 3.10.1973 – 1 BvL 30/71, BVerfGE 36, 73, juris Rn. 34; BVerfG, Beschluss v. 9.6.1975 – 1 BvR 2261/73, 1 BvR 2268/73, BVerfGE 40, 1975, 65, juris Rn. 40; BVerfG, Beschluss v. 25.5.1993 – 1 BvR 1509/91, 1 BvR 1648/91, BVerfGE 88, 384, juris Rn. 118; BVerfG, Beschluss v. 23.6.1993 – 1 BvR 133/89, BVerfGE 89, 48, juris Rn. 64.

524 Vgl. zum folgenden Maßstab BVerfG, Beschluss v. 7.7.2010 – 2 BvL 14/02, 2 BvL 2/04, 2 BvL 13/05, BVerfGE 127, 1, juris Rn. 57 f.; BVerfG, Beschluss v. 7.7.2010 – 2 BvR 748/05, 2 BvR 753/05, 2 BvR 1738/05, BVerfGE 127, 61, juris Rn. 46 f.; BVerfG, Beschluss v. 7.7.2010 –

te Gesetzgeber in der Lage bleiben muss, auf einen Wandel der Lebensverhältnisse auch mit Zugriff auf in der Vergangenheit bereits begonnene Sachverhalte zu reagieren. Der Bürger muss auch in dieser Konstellation nicht vor jeder Enttäuschung seines Vertrauens bewahrt werden. Die generelle Erwartung, das geltende Recht werde auch in Zukunft unverändert fortbestehen, ist nicht schutzwürdig. Treten indes besondere Schutzmomente hinzu, bekräftigt das Bundesverfassungsgericht das Verhältnismäßigkeitsprinzip als Prüfungsmaßstab: Eine unechte Rückwirkung ist nur dann zulässig, wenn sie zur Förderung des Gesetzeszwecks geeignet und erforderlich ist und wenn bei einer Gesamtabwägung zwischen dem Gewicht des enttäuschten Vertrauens und der Dringlichkeit der die Rechtsänderung rechtfertigenden Gründe die Grenze der Zumutbarkeit gewahrt bleibt. Wie die im Vergleich zum Maßstab der grundsätzlichen Zulässigkeit genau umgekehrte Formulierung zeigt, trägt der Gesetzgeber insoweit die Abwägungslast.[525]

Besondere Momente der Schutzbedürftigkeit liegen vor, wenn der Steuerpflichtige bereits (verbindliche) Dispositionen vorgenommen hat, nach dem bisherigen Recht eine konkret verfestigte Vermögensposition innehatte oder wegen eines in gesteigertem Maße abgeschlossenen Sachverhalts auf die Gewährleistungsfunktion des geltenden Rechts vertrauen durfte. Eingeführt wurden diese Maßstäbe in den Beschlüssen des Bundesverfassungsgerichts vom 7.7.2010 zur Verlängerung der Spekulationsfrist bei Grundstücksveräußerungen nach § 23 Abs. 1 S. 1 Nr. 1 EStG von zwei auf zehn Jahre,[526] zur Absenkung der Wesentlichkeitsquote für die Veräußerung von Anteilen an einer Kapitalgesellschaft nach § 17 Abs. 1 S. 1 EStG von 25 % auf 10 %[527] und zur Ersetzung des halben durchschnittlichen Steuersatzes auf Entschädigungen nach § 34 Abs. 1 EStG durch die sog. Fünftelregelung.[528] Mittlerweile haben sowohl beide Senate des Bundesverfassungsgerichts[529] als auch verschiedene Senate des Bundesfinanzhofs[530] diese Rechtsprechungslinie im Grundsatz bestätigt und in Details fortentwickelt.

---

2 BvL 1/03, 2 BvL 57/06, 2 BvL 58/06, BVerfGE 127, 31, juris Rn. 68 f.; BVerfG, Beschluss v. 2.5.2012 – 2 BvL 5/10, BVerfGE 131, 20, juris Rn. 73 f.; BVerfG, Beschluss v. 10.10.2012 – 1 BvL 6/07, BVerfGE 132, 302, juris Rn. 46; BVerfG, Beschluss v. 1.4.2014 – 2 BvL 2/09, juris Rn. 61; BVerfG, Nichtannahmebeschluss v. 29.9.2015 – 2 BvR 2683/11, DStR 2015, 2757, juris Rn. 57 f.; BVerfG, Nichtannahmebeschluss v. 30.9.2015 – 2 BvR 1066/10, FR 2016, 78, juris Rn. 63 f.; BVerfG, Beschluss v. 16.12.2015 – 2 BvR 1958/13, NVwZ 2016, 682, juris Rn. 43; BVerfG, Urteil v. 10.4.2018 – 1 BvR 1236/11, juris Rn. 139.

[525] Ebenso *Maciejewski/Theilen*, DÖV 2015, 271, 276; zurückhaltender *Wiese/Berner*, DStR 2014, 1260, 1261: offene Abwägung.

[526] BVerfG, Beschluss v. 7.7.2010 – 2 BvL 14/02, 2 BvL 2/04, 2 BvL 13/05, BVerfGE 127, 1.

[527] BVerfG, Beschluss v. 7.7.2010 – 2 BvR 748/05, 2 BvR 753/05, 2 BvR 1738/05, BVerfGE 127, 61.

[528] BVerfG, Beschluss v. 7.7.2010 – 2 BvL 1/03, 2 BvL 57/06, 2 BvL 58/06, BVerfGE 127, 31.

[529] BVerfG, Beschluss v. 10.10.2012 – 1 BvL 6/07, BVerfGE 132, 302; BVerfG, Beschluss v. 1.4.2014 – 2 BvL 2/09, BVerfGE 136, 1127; BVerfG, Beschluss v. 25.3.2021 – 2 BvL 1/11, juris.

[530] BFH, Urteil v. 7.12.2010 – IX R 48/07, BFHE 232, 2010, 118 = BStBl II 2011, 345; BFH,

aa) (Verbindliche) Disposition des Steuerpflichtigen

Ein erster Anknüpfungspunkt kann sich daraus ergeben, dass der Steuerpflichtige sein Vertrauen auf die Beständigkeit der bisherigen Rechtslage bereits betätigt hat. Allerdings begründet nicht jede Disposition einen besonderen Moment der Schutzbedürftigkeit.[531] So entschied der zweite Senat des Bundesverfassungsgerichts in den Beschlüssen vom 7.7.2010, dass der Abschluss eines Grundstückskaufvertrags[532] oder der Erwerb eines Anteils an einer Kapitalgesellschaft[533] in der Erwartung, mit der Veräußerung des Wirtschaftsguts später steuerfreie Gewinne zu erzielen, keine schutzwürdigen Dispositionen darstellen. Zum Zeitpunkt des Erwerbs steht noch gar nicht fest, ob es im Verlauf überhaupt zu Wertsteigerungen und einer Veräußerung kommen wird. Der Erwerb des Wirtschaftsguts mag damit zwar (ggfs. maßgeblich) durch die nach derzeitiger Rechtslage bestehenden steuerlichen Rahmenbedingungen bestimmt sein, letztlich liegt darin aber nur eine Betätigung der allgemeinen Erwartung, das geltende Recht werde unverändert bleiben. Ebendiese allgemeine Erwartung ist nicht schutzwürdig, weil andernfalls der Gesetzgeber in seinen Handlungsmöglichkeiten erheblich beschnitten würde.[534]

Vorlagebeschluss v. 7.12.2010 – IX R 70/07, BFHE 232, 2010, 121 = BStBl II 2011, 346; BFH, Urteil v. 26.1.2011 – IX R 81/06, BFHE 232, 2011, 460 = BStBl II 2012, 658; BFH, Beschluss v. 14.3.2011 – I R 95/04, BFH/NV 2011, 1192; BFH, Urteil v. 23.3.2011 – X R 28/09, BFHE 233, 404 = BStBl II 2011, 753; BFH, Urteil v. 13.4.2011 – X R 1/10, BFHE 233, 497 = BStBl II 2011, 915; BFH, Urteil v. 5.5.2011 – IV R 32/07, BFHE 223, 524 = BStBl II 2012, 98; BFH, Urteil v. 27.10.2011 – III R 6/09, BFHE 236, 172 = BStBl II 2012, 460; BFH, Beschluss v. 15.2.2012 – I B 7/11, BFHE 236, 444 = BStBl II 2012, 751; BFH, Urteil v. 27.3.2012 – I R 62/08, BFHE 236, 543 = BStBl II 2012, 745; BFH, Urteil v. 18.4.2012 – II R 36/10, BFHE 237, 169 = BStBl II 2012, 867; BFH, Urteil v. 9.5.2012 – X R 30/06, BFHE 237, 484 = BStBl II 2012, 667; BFH, Urteil v. 21.6.2012 – IV R 1/08, BFHE 237, 503; BFH, Urteil v. 1.8.2012 – IX R 16/12, BFH/NV 2013, 19; BFH, Beschluss v. 29.8.2012 – VIII B 45/12, BFHE 238, 187 = BStBl II 2012, 839; BFH, Beschluss v. 25.9.2012 – I B 189/11, BFH/NV 2013, 92; BFH, Urteil v. 6.3.2013 – I R 10/11, BFHE 241, 157 = BStBl II 2013, 707; BFH, Beschluss v. 6.6.2013 – I R 38/11, BFHE 241, 530 = BStBl II 2014, 398; BFH, Urteil v. 23.10.2013 – X R 33/10, BFHE 243, 332 = BStBl II 2014, 103; BFH, Urteil v. 23.10.2013 – X R 3/12, BFHE 243, 287 = BStBl II 2014, 58; BFH, Beschluss v. 27.11.2013 – I R 36/13, BFHE 245, 108 = BStBl II 2014, 651; BFH, Urteil v. 1.10.2014 – I R 95/04, BFHE 247, 246 = BStBl II 2015, 612; BFH, Urteil v. 10.12.2014 – I R 76/12, BFHE 248, 303 = BStBl II 2016, 237; BFH, Urteil v. 12.8.2015 – XI R 6/13, BFHE 251, 265 = BStBl II 2015, 1063; BFH, Urteil v. 28.10.2015 – I R 65/13, BFHE 253, 39 = BStBl II 2016, 414; BFH, Urteil v. 3.11.2015 – VIII R 37/13, BFHE 252, 274 = BStBl II 2016, 273; BFH, Urteil v. 24.8.2016 – X R 11/15, BFH/NV 2017, 295; BFH, Urteil v. 6.12.2016 – IX R 48/15, BFHE 256, 136 = BStBl II 2017, 313; BFH, Urteil v. 10.1.2017 – VII R 26/14, BFHE 257, 2017, 285; BFH, Urteil v. 22.2.2017 – I R 2/15, BFHE 257, 120 = BStBl II 2017, 709; BFH, Vorlagebeschluss v. 23.10.2019 – XI R 43/18, DStR 2020, 538; anhängig beim BVerfG unter Az. 2 BvL 2/20.

[531] Vgl. auch *Wernsmann*, in: HHSp., § 4 AO Rn. 768; *Desens*, StuW 2011, 113, 117 m. w. N.

[532] BVerfG, Beschluss v. 7.7.2010 – 2 BvL 14/02, 2 BvL 2/04, 2 BvL 13/05, BVerfGE 127, 1, juris Rn. 63.

[533] BVerfG, Beschluss v. 7.7.2010 – 2 BvR 748/05, 2 BvR 753/05, 2 BvR 1738/05, BVerfGE 127, 61, juris Rn. 51.

[534] Vgl. die Nachweise in Fn. 524.

Eine grundsätzlich schutzwürdige Dispositionen nahm das Gericht demgegenüber an, wenn sich Arbeitgeber und Arbeitnehmer auf die Aufhebung des Arbeitsverhältnisses und die Zahlung einer Entschädigung einigen.[535] Mit Abschluss der Vereinbarung steht bereits verbindlich fest, dass ein Besteuerungstatbestand verwirklicht wird: Der Arbeitnehmer muss bei Zufluss der Entschädigung nachträgliche Einkünfte versteuern (§ 19 Abs. 1 S. 1 Nr. 1 EStG i. V. m. § 24 Nr. 1 a) EStG), der Arbeitgeber kann (abhängig von seiner Gewinnermittlungsart) das Entstehen der Verbindlichkeit oder die Zahlung der Entschädigung als Betriebsausgabe abziehen (§ 4 Abs. 4 EStG). Zugleich fließen die erwarteten steuerlichen Konsequenzen unmittelbar in die Entschädigungsvereinbarung ein, da für den Arbeitnehmer letztlich entscheidend ist, welchen Nettobetrag er als Ersatz für die entfallenden Einnahmen aus dem Dienstverhältnis erhalten wird.[536] Im Unterschied zu den vorgenannten Anschaffungsvorgängen besteht also eine größere Verbindlichkeit im Hinblick auf den mit der Disposition verwirklichten Besteuerungstatbestand[537] und ein damit verbundenes spezifisches Vertrauen auf die Beständigkeit der Rechtslage.[538]

Auf dieser Abgrenzung aufbauend hat der Bundesfinanzhof insbesondere den Abschluss eines zivilrechtlich bindenden Vertrages als prinzipiell schutzwürdige Disposition anerkannt, wenn aus diesem Vertrag unmittelbar steuerliche Folgen erwachsen, die rückwirkend verschärft werden sollen.[539] Ebenso hat der erste Senat des Bundesverfassungsgerichts für die Veräußerung eines

---

535 BVerfG, Beschluss v. 7.7.2010 – 2 BvL 1/03, 2 BvL 57/06, 2 BvL 58/06, BVerfGE 127, 31, juris Rn. 73 ff.

536 BVerfG, Beschluss v. 7.7.2010 – 2 BvL 1/03, 2 BvL 57/06, 2 BvL 58/06, BVerfGE 127, 31, juris Rn. 73.

537 Vgl. auch *Desens*, StuW 2011, 113, 118.

538 *Ders.*, StuW 2011, 113, 118 nennt als weitere Elemente der Schutzwürdigkeit die Zwangslage, in der sich der Arbeitnehmer typischerweise beim Abschluss einer Entschädigungsvereinbarung befindet, sowie die sich fast zwangsläufig ergebende zeitliche Differenz zwischen Vertragsschluss und Auszahlung der Entschädigung. Zumindest der letzte Aspekt betrifft aber vorrangig die begrenzte zeitliche Reichweite des Vertrauensschutzes (dazu sogleich).

539 BFH, Vorlagebeschluss v. 7.12.2010 – IX R 70/07, BFHE 232, 2010, 121 = BStBl II 2011, 346, juris Rn. 34; BFH, Urteil v. 7.12.2010 – IX R 48/07, BFHE 232, 2010, 118 = BStBl II 2011, 345, juris Rn. 14: Kaufvertrag mit dem Recht, Erbbauzinsen in einem Einmalbetrag auszugleichen; BFH, Urteil v. 26.1.2011 – IX R 81/06, BFHE 232, 2011, 460 = BStBl II 2012, 658, juris Rn. 11: Abtretung eines GmbH-Anteils; BFH, Beschluss v. 15.2.2012 – I B 7/11, BFHE 236, 444 = BStBl II 2012, 751, juris Rn. 11, 13; BFH, Beschluss v. 6.6.2013 – I R 38/11, BFHE 241, 530 = BStBl II 2014, 398, juris Rn. 48; BFH, Beschluss v. 27.11.2013 – I R 36/13, BFHE 245, 108 = BStBl II 2014, 651, juris Rn. 47: Ergebnisabführungsvertrag; BFH, Urteil v. 27.3.2012 – I R 62/08, BFHE 236, 543 = BStBl II 2012, 745, juris Rn. 25: stiller Gesellschaftsvertrag; BFH, Urteil v. 1.8.2012 – IX R 16/12, BFH/NV 2013, 19, juris Rn. 2, 15: Vereinbarung über eine Abfindung bei Übergang in Altersteilzeit; BFH, Urteil v. 22.2.2017 – I R 2/15, BFHE 257, 120 = BStBl II 2017, 709, juris Rn. 1, 26: Abtretung eines Kommanditanteils; BFH, Vorlagebeschluss v. 23.10.2019 – XI R 43/18, DStR 2020, 538, juris Rn. 47; anhängig beim BVerfG unter Az. 2 BvL 2/20: Veräußerung oder Rückgabe von Anteilsscheinen.

Mitunternehmeranteils maßgeblich auf den Zeitpunkt der zivilrechtlichen Verbindlichkeit des Kaufvertrags[540] und der zweite Senat des Bundesverfassungsgericht auf den Abschluss einer Vorauszahlungsvereinbarung für Erbbauzinsen abgestellt.[541] Anknüpfungspunkt können aber auch steuerrechtlich erhebliche tatsächliche Handlungen sein, wenn diese nicht oder nicht mehr rückgängig gemacht werden können.[542] Schutzwürdige Dispositionen fehlen demgegenüber, wenn eine Kapitalgesellschaft zunächst auf Gewinnausschüttungen verzichtet, um in der Zukunft ein aus der Abschaffung des körperschaftsteuerlichen Anrechnungssystems entstandenes Körperschaftsteuerguthaben steuerfrei vereinnahmen zu können.[543] Der bloße Verzicht auf ein mögliches Alternativverhalten ist in der Regel weder verbindlich, noch sind an eine solche Entscheidung unmittelbare steuerliche Folgen geknüpft. Auf dieser Linie liegt auch die Entscheidung des ersten Senats des Bundesverfassungsgerichts, dass ein Gesellschafter einer Kapitalgesellschaft keine schutzwürdige Disposition tätigt, wenn er in Erwartung einer bestimmten steuerrechtlichen Behandlung zukünftiger Dividenden auf die Veräußerung seines Gesellschaftsanteils verzichtet.[544] Der erste Senat hat die Anforderungen darüber hinaus tendenziell noch weiter verschärft, indem er selbst den Beschluss über die (Vorab-)Ausschüttung des Gewinns einer Kapitalgesellschaft nicht als schutzwürdige Dispositionsentscheidung eines Gesellschafters einstufte, der nur eine Streubesitzbeteiligung hält.[545] Der Einfluss eines solchen Minderheitsgesellschafters in der Gesellschafterversammlung sei so gering, dass er die Entscheidung über das Ob und Wie einer Ausschüttung regelmäßig bloß hinnehme.[546] Der Steuerpflichtige muss die Dispositionsentscheidung also auch (zumindest mit-)bestimmen können.

Liegt nach diesen (immer noch recht weitgehenden) Maßstäben eine grundsätzlich schutzwürdige Disposition vor, so ist der Vertrauensschutz in doppelter Hinsicht zeitlich beschränkt. Zum einen kann der Steuerpflichtige nicht mehr darauf vertrauen, das gegenwärtig geltende Recht werde unverändert weitergelten, wenn eine nachteilige Änderung im Zeitpunkt der Disposition bereits vorhersehbar ist. Mit Blick auf die Entschädigungsvereinbarungen zwischen Ar-

---

540 BVerfG, Urteil v. 10.4.2018 – 1 BvR 1236/11, BVerfGE 148, 127, juris Rn. 154f.

541 BVerfG, Beschluss v. 25.3.2021 – 2 BvL 1/11, juris, juris Rn. 63ff.

542 BFH, Beschluss v. 14.3.2011 – I R 95/04, BFH/NV 2011, 1192, juris Rn. 15: Veränderung der wirtschaftlichen Identität einer Kapitalgesellschaft; BFH, Urteil v. 23.3.2011 – X R 28/09, BFHE 233, 404 = BStBl II 2011, 753, juris Rn. 24, 31: (Über-)Entnahme aus dem Betriebsvermögen; BFH, Urteil v. 10.1.2017 – VII R 26/14, BFHE 257, 2017, 285, juris Rn. 13: Verbringen von Kraftstoffen in einen anderen Mitgliedstaat der Europäischen Union.

543 BFH, Urteil v. 10.12.2014 – I R 76/12, BFHE 248, 303 = BStBl II 2016, 237, juris Rn. 26.

544 Vgl. den vom Senat nicht aufgegriffenen Klägervortrag bei BVerfG, Beschluss v. 10.10.2012 – 1 BvL 6/07, BVerfGE 132, 302, juris Rn. 18; vgl. auch *Desens*, FR 2013, 148, 150.

545 BVerfG, Beschluss v. 10.10.2012 – 1 BvL 6/07, BVerfGE 132, 302, juris Rn. 53.

546 Zudem erfolge eine Gewinnausschüttung per se nicht im Vertrauen auf den längerfristigen Bestand einer Rechtslage; BVerfG, Beschluss v. 10.10.2012 – 1 BvL 6/07, BVerfGE 132, 302, juris Rn. 53.

beitgeber und Arbeitnehmer hat der zweite Senat des Bundesverfassungsgerichts insoweit angenommen, dass es entscheidend auf den Zeitpunkt ankommt, in dem der Gesetzesentwurf zur Änderung der ermäßigten Besteuerung in § 34 Abs. 1 EStG in den Bundestag eingebracht wird.[547] Mit Einbringung durch ein gesetzesinitiativberechtigtes Organ wird die geplante Gesetzesänderung öffentlich. Der Steuerpflichtige muss sie dann bei seiner Dispositionsentscheidung berücksichtigen, beispielsweise indem er vertragliche Anpassungsklauseln für zukünftige Rechtsänderungen vereinbart. Der erste Senat des Bundesverfassungsgerichts[548] und der Bundesfinanzhof[549] haben diese Rechtsprechung bestätigt und präzisiert: Wird die nachteilige Änderung nicht schon im ursprünglichen Gesetzesentwurf, sondern erst zu einem späteren Zeitpunkt im Gesetzgebungsverfahren vorgeschlagen, so ist dieser Zeitpunkt entscheidend.[550] Eine schutzwürdige Disposition bildet also nur solange einen Moment besonderer Schutzwürdigkeit bis eine geplante belastende Gesetzesänderung öffentlich wird.[551]

---

[547] BVerfG, Beschluss v. 7.7.2010 – 2 BvL 1/03, 2 BvL 57/06, 2 BvL 58/06, BVerfGE 127, 31, juris Rn. 74.

[548] BVerfG, Beschluss v. 10.10.2012 – 1 BvL 6/07, BVerfGE 132, 302, juris Rn. 56; BVerfG, Urteil v. 10.4.2018 – 1 BvR 1236/11, BVerfGE 148, 217, juris Rn. 151; BVerfG, Beschluss v. 25.3.2021 – 2 BvL 1/11, juris, juris Rn. 63, 66 f.; ebenso öffentlich bekannt wird ein Gesetzesentwurf der Bundesregierung durch Zuleitung an den Bundesrat; BVerfG, Urteil v. 10.4.2018 – 1 BvR 1236/11, BVerfGE 148, 217, juris Rn. 152.

[549] BFH, Vorlagebeschluss v. 7.12.2010 – IX R 70/07, BFHE 232, 2010, 121 = BStBl II 2011, 346, juris Rn. 34; BFH, Urteil v. 7.12.2010 – IX R 48/07, BFHE 232, 2010, 118 = BStBl II 2011, 345, juris Rn. 14; BFH, Urteil v. 26.1.2011 – IX R 81/06, BFHE 232, 2011, 460 = BStBl II 2012, 658, juris Rn. 11, 13; BFH, Urteil v. 21.6.2012 – IV R 1/08, BFHE 237, 503, juris Rn. 32; BFH, Urteil v. 6.3.2013 – I R 10/11, BFHE 241, 157 = BStBl II 2013, 707, juris Rn. 23 ff.; BFH, Beschluss v. 6.6.2013 – I R 38/11, BFHE 241, 530 = BStBl II 2014, 398, juris Rn. 50; BFH, Beschluss v. 27.11.2013 – I R 36/13, BFHE 245, 108 = BStBl II 2014, 651, juris Rn. 49; BFH, Urteil v. 10.12.2014 – I R 76/12, BFHE 248, 303 = BStBl II 2016, 237, juris Rn. 25; BFH, Urteil v. 10.1.2017 – VII R 26/14, BFHE 257, 2017, 285, juris Rn. 13; BFH, Urteil v. 22.2.2017 – I R 2/15, BFHE 257, 120 = BStBl II 2017, 709, juris Rn. 23; sogar noch früher (Kabinettsbeschluss): BFH, Beschluss v. 15.2.2012 – I B 7/11, BFHE 236, 444 = BStBl II 2012, 751, juris Rn. 12 f.; BFH, Urteil v. 27.3.2012 – I R 62/08, BFHE 236, 543 = BStBl II 2012, 745, juris Rn. 26; abweichend nimmt BFH, Urteil v. 27.10.2011 – III R 6/09, BFHE 236, 172 = BStBl II 2012, 460, juris Rn. 8 Vertrauensschutz bis zum endgültigen Beschluss des Bundestags an. Dies erklärt sich aber aus der besonderen Anreizwirkung für Investitionen, die von der geänderten Vorschrift des Investitionszulagegesetzes ausging. Dementsprechend verweist der BFH insoweit auch (ausschließlich) auf die Entscheidung des Bundesverfassungsgerichts zur Abschaffung der Sonderabschreibungen auf Handelsschiffe; BVerfG, Beschluss v. 3.12.1997 – 2 BvR 882/97, BVerfGE 97, 67.

[550] BFH, Urteil v. 26.1.2011 – IX R 81/06, BFHE 232, 2011, 460 = BStBl II 2012, 658, juris Rn. 13; BFH, Urteil v. 23.3.2011 – X R 28/09, BFHE 233, 404 = BStBl II 2011, 753, juris Rn. 31 ff.: Beschluss des Vermittlungsausschusses; BFH, Beschluss v. 25.9.2012 – I B 189/11, BFH/NV 2013, 92, juris Rn. 9, 12: spätestens Beschluss des Bundestags; vgl. auch BFH, Urteil v. 19.4.2012 – VI R 74/10, BFHE 237, 156 = BStBl II 2012, 577, juris Rn. 24: Prüfbitte des Bundesrats.

[551] Vgl. auch BVerfG, Beschluss v. 10.10.2012 – 1 BvL 6/07, BVerfGE 132, 302, juris Rn. 58 f.; BVerfG, Urteil v. 10.4.2018 – 1 BvR 1236/11, juris Rn. 154 f. Dies gilt entgegen der Ansicht von *Helbich*, Vertrauensschutz in Verwaltungsvorschriften des Steuerrechts, 2015,

Zudem ist das Vertrauen in eine verbindliche Disposition umso weniger schutzwürdig je größer der zeitliche Abstand zwischen der Dispositionsentscheidung und ihren steuerlichen Wirkungen ist. Bei Entschädigungsvereinbarungen zwischen Arbeitgeber und Arbeitnehmer ist der zweite Senat des Bundesverfassungsgerichts davon ausgegangen, dass ein besonderer Moment der Schutzbedürftigkeit nur angenommen werden kann, wenn die Auszahlung der Entschädigung nicht später als in dem auf die Vereinbarung folgenden Veranlagungszeitraum erfolgt.[552] Ein gewisser zeitlicher Abstand zwischen Vereinbarung und Auszahlung der Entschädigung liege im beidseitigen Interesse von Arbeitgeber und Arbeitnehmer:[553] Der Arbeitgeber benötige den Zeitraum für eine angemessene Kosten- und Personalplanung, während der Arbeitnehmer Zeit für seine private und berufliche Umstellung benötige und daher von einer gewissen gestreckten Auszahlung profitiert. Gleichzeitig müssen beide Seiten bereits im Zeitpunkt der Vereinbarung abschätzen können, wie hoch die zu zahlende Entschädigung sein wird (Arbeitgeber) bzw. welcher Betrag nach Abzug von Steuern und Sozialversicherungsabgaben für den privaten Konsum verbleibt (Arbeitnehmer). Insoweit sich der Zeitraum zwischen Vereinbarung und Auszahlung noch im üblichen Rahmen für Entschädigungen bewege, müssten die Vertragspartner insoweit noch keine Anpassungsklauseln für eine etwaige Änderung der Rechtslage vorsehen. Der Senat folgt bei der Bestimmung des noch schutzwürdigen Zeitraums dem Periodizitätsprinzips der Einkommensteuer, weil Gesetzesänderungen im Einkommensteuerrecht typischerweise veranlagungszeitraumbezogen erfolgen und mithin für das Vertrauen in die Beständigkeit des Rechts entscheidend ist, wie viele Veranlagungszeitraumwechsel zwischen der Disposition und ihrer steuerlichen Wirksamkeit liegen.[554] Denselben Grundsätzen folgend – aber wegen der geringen Schutzwürdigkeit des Steuerpflichtigen mit einer kürzeren Frist – hat der zweite Senat im Beschluss vom 25.3.2021 einen besonderen Moment der Schutzbedürftigkeit nur dann angenommen, wenn eine Vorauszahlung noch in demselben Veranlagungszeitraum geleistet wurde, in dem eine Vorauszahlungsvereinbarung abgeschlossen wurde.[555]

S. 140f. auch für Gesetzesinitiativen die nicht von der Regierung oder den sie tragenden Funktionen stammen. Eine Differenzierung nach den voraussichtlichen politischen Erfolgschancen der Initiative lässt sich mit Blick auf die verfassungsrechtlichen Regelungen zum Initiativrecht nicht rechtfertigen und wäre auch praktisch kaum handhabbar; ebenso zuletzt auch BFH, Vorlagebeschluss v. 23.10.2019 – XI R 43/18, DStR 2020, 538, juris Rn. 46ff.; anhängig beim BVerfG unter Az. 2 BvL 2/20.

[552] BVerfG, Beschluss v. 7.7.2010 – 2 BvL 1/03, 2 BvL 57/06, 2 BvL 58/06, BVerfGE 127, 31, juris Rn. 75ff.; zustimmend *Krüger*, DStZ 2013, 137, 141.

[553] BVerfG, Beschluss v. 7.7.2010 – 2 BvL 1/03, 2 BvL 57/06, 2 BvL 58/06, BVerfGE 127, 31, juris Rn. 77.

[554] BVerfG, Beschluss v. 7.7.2010 – 2 BvL 1/03, 2 BvL 57/06, 2 BvL 58/06, BVerfGE 127, 31, juris Rn. 78.

[555] BVerfG, Beschluss v. 25.3.2021 – 2 BvL 1/11, juris, juris Rn. 68f.

Die Grundaussage dieser zweiten zeitlichen Beschränkung – je größer der Abstand zwischen der verbindlichen Disposition und ihrer steuerlichen Wirkung desto weniger schutzwürdig das Vertrauen – wird in der Rechtsprechung des Bundesfinanzhofs geteilt.[556] Teilweise wurde auch die spezifische Begrenzung auf den folgenden Veranlagungszeitraum übernommen.[557] Der zweite Senat des Bundesverfassungsgerichts hat demgegenüber in seinem Nichtannahmebeschluss vom 1.4.2014 die Interessenlage zwischen Arbeitgeber und Arbeitnehmer, die dem Beschluss vom 7.7.2010 zugrunde liegt, betont und einen Vertrauensschutz bis zum Ende des auf die Disposition folgenden Veranlagungszeitraums im Zusammenhang mit der früheren Mantelkaufregelung nach § 8 Abs. 4 KStG a. F. abgelehnt.[558] Nach dem bisherigen Stand der Rechtsprechung handelt es sich mithin nicht um eine fixe zeitliche Grenze, es kommt vielmehr auf die jeweilige Sachverhaltskonstellation an.[559]

bb) Konkret verfestigte Vermögensposition

Ein Moment besonderer Schutzwürdigkeit liegt auch dann vor, wenn der Steuerpflichtige bei Verkündung des belastenden Änderungsgesetzes bereits einen konkreten Vermögensbestand bzw. eine konkret verfestigte Vermögensposition[560] innehatte. In seinen Beschlüssen vom 7.7.2010 hat der zweite Senat des Bundesverfassungsgerichts angenommen, dass die Verlängerung der Spekulationsfrist für Grundstücksveräußerungen insoweit verfassungswidrig war, als dadurch auch Wertsteigerungen einer Besteuerung unterworfen werden, die nach den bisherigen Regelungen bereits steuerfrei vereinnahmt wurden oder hätten vereinnahmt werden können.[561] Mit Ablauf der bisherigen Zweijahresfrist habe der Steuerpflichtige eine geschützte Position erworben, die ihm nicht

---

[556] BFH, Urteil v. 1.8.2012 – IX R 16/12, BFH/NV 2013, 19, juris Rn. 15; BFH, Beschluss v. 6.6.2013 – I R 38/11, BFHE 241, 530 = BStBl II 2014, 398, juris Rn. 47; BFH, Beschluss v. 27.11.2013 – I R 36/13, BFHE 245, 108 = BStBl II 2014, 651, juris Rn. 47; zustimmend auch *Desens*, StuW 2011, 113, 119; kritisch demgegenüber *El Mourabit/Seufer*, FR 2012, 335, 341 f.

[557] BFH, Beschluss v. 14.3.2011 – I R 95/04, BFH/NV 2011, 1192, juris Rn. 15: Verlust der wirtschaftlichen Identität einer Kapitalgesellschaft; vgl. insoweit aber BVerfG, Beschluss v. 1.4.2014 – 2 BvL 2/09, juris Rn. 66 f.; BFH, Beschluss v. 15.2.2012 – I B 7/11, BFHE 236, 444 = BStBl II 2012, 751, juris Rn. 15: Abschluss eines Ergebnisabführungsvertrags; BFH, Urteil v. 1.8.2012 – IX R 16/12, BFH/NV 2013, 19, juris Rn. 15: Entschädigungsvereinbarung zwischen Arbeitgeber und Arbeitnehmer.

[558] BVerfG, Beschluss v. 1.4.2014 – 2 BvL 2/09, BVerfGE 136, 217, juris Rn. 66 f.

[559] Vgl. *Helbich*, Vertrauensschutz in Verwaltungsvorschriften des Steuerrechts, 2015, S. 142; a. A. noch *Desens*, StuW 2011, 113, 119.

[560] Der zweite Senat verwendet die beiden Formulierungen in seinen Beschlüssen vom 7.7.2010 synonym, greift aber überwiegend auf den Begriff der „konkret verfestigten Vermögensposition“ zurück, der auch vom Bundesfinanzhof aufgegriffen wurde (vgl. insgesamt die Nachweise in den folgenden Fußnoten) und daher in der Folge zugrunde gelegt wird.

[561] BVerfG, Beschluss v. 7.7.2010 – 2 BvL 14/02, 2 BvL 2/04, 2 BvL 13/05, BVerfGE 127, 1, juris Rn. 65 f.

mehr ohne besondere Rechtfertigung (die das Bundesverfassungsgericht im entschiedenen Fall nicht annahm) entzogen werden darf.[562] Eine konkret verfestigte Vermögensposition nahm der zweite Senat auch im Zusammenhang mit der Absenkung der Wesentlichkeitsgrenze für Beteiligungen an Kapitalgesellschaften von 25 % auf 10 % an.[563] Soweit aufgrund der geringeren Wesentlichkeitsschwelle nunmehr auch Wertsteigerungen einer Besteuerung unterliegen, die nach der bisherigen Rechtslage steuerfrei vereinnahmt wurden oder hätten vereinnahmt werden können, sei dies nicht ohne besondere Rechtfertigung mit dem Rückwirkungsverbot vereinbar.[564] In beiden Fällen betont der zweite Senat, dass dieser Moment besonderer Schutzwürdigkeit unabhängig von der konkreten Motivations- und Erwartungshaltung beim Erwerb des Wirtschaftsgut ist. Weiterhin kommt es auch nicht darauf an, ob der Steuerpflichtige im Vertrauen auf die bisherige Rechtslage disponiert hat oder eine belastende Änderung unter Umständen bereits vorhersehen konnte.[565] Der erhöhte Rechtfertigungsbedarf ergibt sich allein daraus, dass der Steuerpflichtige vor der Verkündung des Änderungsgesetzes nach altem Recht objektiv eine vorteilhafte vermögenswerte Rechtsposition innehatte, die er bereits hätte realisieren können.

Ergänzend greift der zweite Senat auf einen weiteren Begründungsstrang zurück:[566] Insoweit eine steuerfreie Realisation der Wertzuwächse bereits bis zum Abschluss eines vorangegangenen Veranlagungszeitraum möglich gewesen wäre, bewirkt die rückwirkende Einbeziehung dieser Wertzuwächse durch die Verlängerung der Spekulationsfrist bzw. durch die Absenkung der Wesentlichkeitsquote auch eine rechtfertigungsbedürftige Ungleichbehandlung. Steigt der Wert eines Wirtschaftsguts des Steuerpflichtigen, so erhöht sich seine wirtschaftliche Leistungsfähigkeit. Auf diese erhöhte Leistungsfähigkeit greift das Einkommensteuerrecht zwar im Sinne einer substanzschonenden Besteuerung erst im Zeitpunkt der Realisation zu, gleichwohl bezieht sich die sodann besteuerte höhere Leistungsfähigkeit materiell auf den gesamten Zeitraum, in dem das Wirtschaftsgut dem Steuerpflichtigen zuzurechnen ist. Im Zeitpunkt der Realisation wird damit gleichsam die erhöhte wirtschaftliche Leistungsfähigkeit der vorangegangenen Veranlagungszeiträume nachgeholt. Konnten Wertzuwächse aber nach der bisherigen Rechtslage steuerfrei vereinnahmt werden und werden

---

562 BVerfG, Beschluss v. 7.7.2010 – 2 BvL 14/02, 2 BvL 2/04, 2 BvL 13/05, BVerfGE 127, 1, juris Rn. 66.

563 BVerfG, Beschluss v. 7.7.2010 – 2 BvR 748/05, 2 BvR 753/05, 2 BvR 1738/05, BVerfGE 127, 61, juris Rn. 53 f.

564 BVerfG, Beschluss v. 7.7.2010 – 2 BvR 748/05, 2 BvR 753/05, 2 BvR 1738/05, BVerfGE 127, 61, juris Rn. 54.

565 BVerfG, Beschluss v. 7.7.2010 – 2 BvL 14/02, 2 BvL 2/04, 2 BvL 13/05, BVerfGE 127, 1, juris Rn. 66; BVerfG, Beschluss v. 7.7.2010 – 2 BvR 748/05, 2 BvR 753/05, 2 BvR 1738/05, BVerfGE 127, 61, juris Rn. 54.

566 BVerfG, Beschluss v. 7.7.2010 – 2 BvL 14/02, 2 BvL 2/04, 2 BvL 13/05, BVerfGE 127, 1, juris Rn. 67 ff.; BVerfG, Beschluss v. 7.7.2010 – 2 BvR 748/05, 2 BvR 753/05, 2 BvR 1738/05, BVerfGE 127, 61, juris Rn. 56 f.; vgl. im Einzelnen *Desens*, StuW 2011, 113, 128 f.

diese erst durch eine unecht rückwirkende Neuregelung in die steuerliche Bemessungsgrundlage einbezogen, so wird keine bisher aufgeschobene Besteuerung nachgeholt, sondern eine neue Steuerpflicht begründet. Mit Blick auf die bereits abgeschlossenen Veranlagungszeiträume ergibt sich eine Ungleichbehandlung im Vergleich zu Steuerpflichtigen, die in diesen Zeiträumen ebenfalls Wertzuwächse erzielten und mithin gleich leistungsfähig waren, diese Wertzuwächse aber vor Inkrafttreten der Neuregelung realisiert haben.

Die dogmatische Begründung weist einerseits eine (vom zweiten Senat allerdings allenfalls angedeutete) Nähe zu Art. 14 GG auf:[567] Das Eigentum bildet den Archetyp einer vermögenswerten Rechtsposition, auf die nur mit besonderer Rechtfertigung durch den Gesetzgeber zugegriffen werden kann und wird vom Bundesverfassungsgericht in ständiger Rechtsprechung (auch) als besondere Ausprägung des Vertrauensschutzgrundsatzes verstanden.[568] Gleichzeitig zeigt der Rückgriff auf Art. 3 GG, dass sich Rückwirkungsfragen auch als Probleme der temporalen Gleichbehandlung rekonstruieren lassen.[569] Dieser ergänzende Argumentationsstrang ist ausschließlich auf die Besteuerung von Wertzuwächsen gemünzt, woraus man folgern könnte, dass eine konkret verfestigte Vermögensposition generell nur im Bereich der Veräußerungsgewinnbesteuerung vorliegen kann.[570] Zwingend ist dies aber nicht. Der freiheitsrechtliche Begründungsansatz lässt sich auch auf andere Konstellationen übertragen, in denen der Steuerpflichtige sich eine bislang steuerlich privilegierte Vermögensposition über einen längeren Zeitraum aufgebaut hat, die nunmehr zumindest teilweise entwertet werden soll. Die konkret verfestigte Vermögensposition ist dann Ausdruck eines materiellen Abgeschlossenheitskriteriums:[571] Weil spe-

---

[567] *Birk*, FR 2011, 1, 5; *Desens*, StuW 2011, 113, 127f.; *P. Kirchhof*, in: Maunz/Dürig, GG, Art. 3 Abs. 1 Rn. 354f.; *ders.*, DStR 2015, 717, 719f.; kritisch dazu *Helbich*, Vertrauensschutz in Verwaltungsvorschriften des Steuerrechts, 2015, S. 132f.

[568] Vgl. z. B. BVerfG, Beschluss v. 15.1.1974 – 1 BvL 5/70, 1 BvL 6/70, 1 BvL 9/70, BVerfGE 36, 281, juris Rn. 36; BVerfG, Beschluss v. 8.6.1977 – 2 BvR 499/74, 2 BvR 1042/75, BVerfGE 45, 142, juris Rn. 73; BVerfG, Beschluss v. 8.4.1987 – 1 BvR 564/84, 1 BvR 684/84, 1 BvR 877/84, 1 BvR 886/84, 1 BvR 1134/84, 1 BvR 1636/84, 1 BvR 1711/84, BVerfGE 75, 78, juris Rn. 74; BVerfG, Beschluss v. 15.10.1996 – 1 BvL 44/92, 1 BvL 48/92, BVerfGE 95, 64, juris Rn. 109f.; BVerfG, Urteil v. 23.11.1999 – 1 BvF 1/94, BVerfGE 101, 239, juris Rn. 93; zum kumulativen Rückgriff des Bundesverfassungsgerichts auf Rechtssicherheit und Grundrechte als dogmatische Grundlagen des Vertrauensschutzes und des Rückwirkungsverbots bereits unter §6 A. I. 2.

[569] Zustimmend *Drüen*, in: Tipke/Kruse, §4 AO Rn. 29; kritisch zur parallelen Begründung aus Freiheits- und Gleichheitsrechten *Helbich*, Vertrauensschutz in Verwaltungsvorschriften des Steuerrechts, 2015, S. 136f.; allgemein zur Verbindung von Gleichbehandlungsgrundsatz und Rückwirkungsverbot *Dürig*, VVDStRL 32, 1974, 247ff.; *ders.*, FS Tübinger Juristenfakultät, 1977, S. 21, 29ff.; *Dürig/Scholz*, in: Maunz/Dürig, GG, Art. 3 Rn. 194ff. (Stand: 74. EL 5/2015); *P. Kirchhof*, in: Maunz/Dürig, GG, Art. 3 Abs. 1 Rn. 346.

[570] So *Desens*, StuW 2011, 113, 122.

[571] *Wernsmann*, in: HHSp., §4 AO Rn. 769; *P. Kirchhof*, in: Maunz/Dürig, GG, Art. 3 Abs. 1 Rn. 354f.; *ders.*, DStR 2015, 717, 719f.

zifische Voraussetzungen für eine Besteuerung nach der alten Rechtslage (Unterschreiten einer Frist, Erreichen einer Beteiligungshöhe) nicht oder nicht mehr vorlagen und damit eine Besteuerung nach altem Recht (endgültig) ausschied, bedarf es einer besonderen Rechtfertigung, wenn nunmehr eine Steuerpflicht angeordnet werden soll.[572]

Diesem Verständnis folgt auch der zehnte Senat des Bundesfinanzhofs, der in zwei Fällen konkret verfestigte Vermögenspositionen angenommen hat, in denen durch den Übergang zur nachgelagerten Besteuerung mit dem Alterseinkünftegesetz einmalige Kapitalzahlungen aus Altersvorsorgeverträgen erstmals als sonstige Einkünfte einer Besteuerung unterworfen wurden.[573] Ebenso wurde die Erhöhung des Besteuerungsanteils einer bereits vor Verkündung des Alterseinkünftegesetzes entstandenen Erwerbsminderungsrente von 4 % auf 50 % als besonders rechtfertigungsbedürftig eingestuft.[574] Der achte Senat des Bundesfinanzhofs nahm schließlich an, dass das Rückwirkungsverbot einer Besteuerung der Barabfindung aus einem Aktienkauf entgegensteht, wenn die übertragenen Aktien bereits nach Ablauf der einjährigen Spekulationsfrist in § 23 Abs. 1 Nr. 2 EStG steuerentstrickt waren.[575] Demgegenüber betonen verschiedene Senate des Bundesfinanzhofs in Übereinstimmung mit dem Bundesverfassungsgericht,[576] dass die bloße Erwartung, in der Zukunft steuerfreie Einnahmen erzielen zu können, noch keine konkret verfestigte Vermögensposition darstellt.[577]

---

[572] Damit taucht das materielle Abgeschlossenheitskriterium, das grundsätzlich über die Abgrenzung zwischen echter und unechter Rückwirkung entscheidet (siehe bereits unter § 6 B. II. 1. a)), hier in abgewandelter Form erneut auf. Dies zeigt einmal mehr, dass die Kategorisierung in verschiedene Rückwirkungsarten nur ein erster Schritt zur Vereinfachung des Abwägungsvorgangs ist und die nach materiellen Schutzwürdigkeitskriterien zu treffende Entscheidung nur strukturieren und vorbereiten kann.

[573] BFH, Urteil v. 23.10.2013 – X R 33/10, BFHE 243, 332 = BStBl II 2014, 103, juris Rn. 51; BFH, Urteil v. 23.10.2013 – X R 3/12, BFHE 243, 287 = BStBl II 2014, 58, juris Rn. 61 f.

[574] BFH, Urteil v. 13.4.2011 – X R 1/10, BFHE 233, 497 = BStBl II 2011, 915, juris Rn. 35; zur prinzipiellen Übertragbarkeit der Dogmatik auf punktuelle Steuerverschärfungen auch schon *Desens*, StuW 2011, 113, 123 f.

[575] BFH, Urteil v. 20.10.2016 – VIII R 10/13, BFHE 255, 537 = BStBl II 2017, 262, juris Rn. 10; BFH, Urteil v. 20.10.2016 – VIII R 42/13, BFH/NV 2017, 283, juris Rn. 12.

[576] BVerfG, Beschluss v. 7.7.2010 – 2 BvL 14/02, 2 BvL 2/04, 2 BvL 13/05, BVerfGE 127, 1, juris Rn. 64; BVerfG, Beschluss v. 7.7.2010 – 2 BvR 748/05, 2 BvR 753/05, 2 BvR 1738/05, BVerfGE 127, 61, juris Rn. 52.

[577] Zur potentiell steuerfreien Ausschüttung des verbliebenen Körperschaftsteuerguthabens nach Abschaffung des Anrechnungssystems BFH, Urteil v. 10.12.2014 – I R 76/12, BFHE 248, 303 = BStBl II 2016, 237, juris Rn. 27; BFH, Urteil v. 28.10.2015 – I R 65/13, BFHE 253, 39 = BStBl II 2016, 414, juris Rn. 16; zu potentiellen Steuerersparnissen durch die unbeschränkte Verrechnung von Verlusten aus Wertpapierverkäufen vor der Einführung der Abgeltungsteuer BFH, Urteil v. 3.11.2015 – VIII R 37/13, BFHE 252, 274 = BStBl II 2016, 273, juris Rn. 33; BFH, Urteil v. 6.12.2016 – IX R 48/15, BFHE 256, 136 = BStBl II 2017, 313, juris Rn. 31. Ebenso wenig greift die Einführung des Abzinsungsgebots für Rückstellungen in § 6 Abs. 1 Nr. 3a EStG mit Wirkung auch für bereits gebildete Rückstellungen in eine konkret verfestigte Vermögensposition ein, da dem Bürger damit nicht endgültig der Abzug der zu-

cc) Gewährleistungsfunktion des geltenden Rechts

Ein letzter Anknüpfungspunkt kann sich schließlich aus der Gewährleistungsfunktion des geltenden Rechts ergeben. Der zweite Senat des Bundesverfassungsgerichts sah in seinem Beschluss vom 7.7.2010 all diejenigen Fälle als besonders schutzwürdig an, in denen die Entschädigung bereits vor der Verkündung des Änderungsgesetzes beim Arbeitnehmer zugeflossen war.[578] Insoweit handele es sich um Einkommen, das bereits unter der Geltung des alten Rechts erzielt wurde. Der Arbeitnehmer habe nach Abzug der Lohnsteuer durch den Arbeitgeber einen bestimmten Nettobetrag erhalten und eine Entscheidung über die weitere Verwendung dieses Nettobetrags getroffen (Sparen, Konsum oder Investition der erzielten Einnahmen). Er dürfe sich darauf verlassen, dass der Gesetzgeber nicht ohne besonderen Grund die Rechtslage rückwirkend zu seinen Lasten verändert und dadurch den Nettobetrag der erhaltenen Entschädigung erheblich vermindert. Der Senat betont, dass die besondere Schutzwürdigkeit insoweit nicht an eine Disposition des Arbeitnehmers anknüpft.[579] Wann die Entschädigung gezahlt wird, ergibt sich in der Regel bereits aus der Entschädigungsvereinbarung und kann vom Arbeitnehmer dann nicht mehr beeinflusst werden. Er nimmt die Zahlung durch den Arbeitgeber nur noch hin. Mit Zufluss der Entschädigung erreicht der Sachverhalt aber einen „gesteigerten Grad an Abgeschlossenheit", was insbesondere an der nach Maßgabe des alten Rechts einbehaltenen Lohnsteuer plastisch sichtbar wird.[580] Dem Steuerpflichtigen erwachse daraus ein konkret vorhandener Vermögensbestand, der vom Gesetzgeber nur unter besonderen Voraussetzungen (teilweise) entwertet werden darf.

Diese Fallgruppe wurde in der steuerrechtlichen Literatur dahingehend verallgemeinert, dass sich eine besondere Schutzwürdigkeit stets aus der Verwirklichung des letzten Merkmals einer materiellen Steuernorm ergibt.[581] Mit Vollendung des steuerlichen Tatbestands stehe fest, ob und in welchem Umfang ein Vorgang der Besteuerung unterliege und der Steuerpflichtige könne dementsprechend Folgedispositionen treffen (Sparen, Konsumieren oder Investieren des verbleibenden Nettobetrags).[582] Bei bilanzierenden Steuerpflichtigen

---

rückgestellten Aufwendungen versagt wird, sondern sich nur der Zeitpunkt des Abzugs ändert; vgl. BFH, Urteil v. 5.5.2011 – IV R 32/07, BFHE 223, 524 = BStBl II 2012, 98, juris Rn. 64.

[578] Vgl. zum Folgenden: BVerfG, Beschluss v. 7.7.2010 – 2 BvL 1/03, 2 BvL 57/06, 2 BvL 58/06, BVerfGE 127, 31, juris Rn. 89.

[579] Wie *Desens*, StuW 2011, 113, 120 zutreffend feststellt, kommt es damit auch nicht darauf an, ob die vom Steuerpflichtigen vorgenommenen Dispositionen schutzwürdig waren.

[580] BVerfG, Beschluss v. 7.7.2010 – 2 BvL 1/03, 2 BvL 57/06, 2 BvL 58/06, BVerfGE 127, 31, juris Rn. 91.

[581] *Desens*, StuW 2011, 113, 120; *Schönfeld/Häck*, DStR 2012, 1725, 1728; *Drüen*, in: Tipke/Kruse, § 4 AO Rn. 29; in diese Richtung auch FG Münster, Beschluss v. 1.9.2011 – 9 K 5772, EFG 2011, 2182, juris Rn. 54: „Einkünfteermittlungstatbestand in vollem Umfang verwirklicht."

[582] *Desens*, FR 2013, 148, 153 f.

komme es insoweit auf die Verwirklichung des einzelnen Geschäftsvorfalls und nicht erst auf die Aufstellung der Bilanz am Ende des Wirtschaftsjahres an.[583]

Die Rechtsprechung folgt einem anderen Ansatz. So haben das Finanzgericht Münster in seinem ergänzten Vorlagebeschluss vom 1.9.2011[584] und der erste Senat des Bundesverfassungsgerichts in dem auf diese Vorlage hin ergangenen Beschluss vom 10.10.2012[585] angenommen, dass eine „gesteigerte Abgeschlossenheit des Sachverhalts" auch bei von einem bilanzierenden Steuerpflichtigen bezogenen Dividenden erst mit Zufluss der Dividendenzahlung vorliegt. Der Zeitpunkt des Gewinnausschüttungsbeschlusses, zu dem der Steuerpflichtige bereits eine Forderung aktiviert und mithin den Gewinn aus der Ausschüttung realisiert,[586] eigne sich nicht als Anknüpfungspunkt, weil der Gewinnausschüttungsbeschluss keinen besonderen Formbindungen unterliegt und mithin weder hinsichtlich seines Inhalts noch hinsichtlich des Beschlusszeitpunkts ohne Weiteres objektiv gesichert ist.[587] Erst wenn der Beschluss durch Überweisung an den Gesellschafter tatsächlich umgesetzt wird, hat der Steuerpflichtige einen definitiven Vorteil inne, der einen erhöhten Schutz gegen eine Rückwirkung rechtfertigt. Der erste Senat des Bundesverfassungsgerichts hat diese Linie in seinem Urteil vom 10.4.2018 zur Gewerbesteuerpflicht von Gewinnen aus der Veräußerung eines Mitunternehmeranteils bestätigt: Erst der Zufluss einer Leistung (hier der Zufluss des Veräußerungserlöses) führt zu einer besonderen Schutzwürdigkeit des Steuerpflichtigen.[588] Auch der Bundesfinanzhof stellt entscheidend nicht auf die Verwirklichung der materiellen Steuernorm ab, sondern nimmt eine besondere Schutzwürdigkeit erst dann an, wenn dem Steuerpflichtigen ein Vorteil definitiv zusteht[589] bzw. ihm keine (zumutbare) Möglichkeit mehr verbleibt, die Übertragung von Vermögenswerten zu verhindern. Letzteres hat der BFH angenommen, wenn Erbbauzinsen abgeflossen sind,[590] wenn Ergebnisabführungsverträge nicht mehr (rechtssicher) gekündigt werden können,[591] nicht

---

[583] *Desens*, StuW 2011, 113, 121; *Schönfeld/Häck*, DStR 2012, 1725, 1728; im Grundansatz auch FG Münster, Beschluss v. 1.9.2011 – 9 K 5772, EFG 2011, 2182, juris Rn. 60.

[584] FG Münster, Beschluss v. 1.9.2011 – 9 K 5772, EFG 2011, 2182, juris Rn. 58.

[585] BVerfG, Beschluss v. 10.10.2012 – 1 BvL 6/07, BVerfGE 132, 302, juris Rn. 71.

[586] Für eine Anknüpfung an diesen Zeitpunkt daher *Schönfeld/Häck*, DStR 2012, 1725, 1732; *Desens*, FR 2013, 148, 151.

[587] BVerfG, Beschluss v. 10.10.2012 – 1 BvL 6/07, BVerfGE 132, 302, juris Rn. 71.

[588] BVerfG, Urteil v. 10.4.2018 – 1 BvR 1236/11, BVerfGE 148, 217, juris Rn. 140, 157.

[589] BFH, Urteil v. 10.12.2014 – I R 76/12, BFHE 248, 303 = BStBl II 2016, 237, juris Rn. 32; BFH, Urteil v. 28.10.2015 – I R 65/13, BFHE 253, 39 = BStBl II 2016, 414, juris Rn. 16.

[590] BFH, Vorlagebeschluss v. 7.12.2010 – IX R 70/07, BFHE 232, 2010, 121 = BStBl II 2011, 346, juris Rn. 34, 63; bestätigt durch BVerfG, Beschluss v. 25.3.2021 – 2 BvL 1/11, juris, juris Rn. 95, 97.

[591] BFH, Beschluss v. 6.6.2013 – I R 38/11, BFHE 241, 530 = BStBl II 2014, 398, juris Rn. 51 ff.; BFH, Beschluss v. 27.11.2013 – I R 36/13, BFHE 245, 108 = BStBl II 2014, 651, juris Rn. 50 ff.

aber wenn bloß ein (widerruflicher) Antrag auf Eintragung einer Verschmelzung gestellt wurde.[592]

Abermals geht es um die Auslegung eines materiellen Abgeschlossenheitskriteriums: Die unterschiedlichen Standpunkte spiegeln dabei exakt die beiden Ansätze wider, die sich auch bei der materiellen Bestimmung einer echten Rückwirkung finden:[593] Es lässt sich entweder der rechtliche Tatbestand oder der zugrundeliegende Lebenssachverhalt betrachten. Die vom Bundesverfassungsgericht gewählte Formulierung, nach der der Sachverhalt einen gesteigerten Grad der Abgeschlossenheit erreichen muss, spricht dafür, mit der Rechtsprechung auf den Lebenssachverhalt abzustellen. Nur so lässt sich auch sinnvoll zu den bereits dargestellten Fallgruppen abgrenzen: Das Bundesverfassungsgericht erfasst die Verwirklichung bestimmter für den Steuerpflichtigen günstiger rechtlicher Voraussetzungen bereits unter der Fallgruppe der konkret verfestigten Vermögensposition, es gibt also bereits einen Tatbestand der „rechtlichen Abgeschlossenheit". Die Gewährleistungsfunktion des Rechts steht dieser Fallgruppe zwar dogmatisch nahe, wie sich insbesondere daran zeigt, dass das Bundesverfassungsgericht jeweils annimmt, der Steuerpflichtige habe einen „Vermögensbestand" inne, der nur unter besonderen Voraussetzungen vom Gesetzgeber entwertet werden darf.[594] Es würde aber die besonderen Voraussetzungen der konkret verfestigten Vermögensposition unterlaufen, wenn man im Rahmen der Gewährleistungsfunktion des Rechts ausschließlich die vollständige Verwirklichung eines beliebigen steuerlichen Tatbestands für eine gestärkte Vertrauensposition ausreichen ließe. Zugleich fällt die Verwirklichung des steuerlichen Tatbestands häufig mit der Disposition des Steuerpflichtigen zusammen (insbesondere wenn man bei bilanzierenden Steuerpflichtigen auf den jeweiligen Geschäftsvorfall abstellt), sodass sich ein Widerspruch zu den einschränkenden Anforderungen ergeben würde, die das Gericht insbesondere hinsichtlich der zeitlichen Reichweite des Vertrauensschutzes bei der Anknüpfung an Dispositionen stellt.[595] Der verstärkte Vertrauensschutz unter dem Aspekt der Gewährleistungsfunktion des Rechts erfasst damit nur Fälle „tatsächlicher Abgeschlossenheit."

Wann ein Lebenssachverhalt ein gesteigertes Maß an Abgeschlossenheit erreicht hat, lässt sich dabei häufig wiederum an einer Veränderung der rechtlichen

[592] BFH, Beschluss v. 25.9.2012 – I B 189/11, BFH/NV 2013, 92, juris Rn. 15.

[593] Siehe dazu bereits unter § 6 B. II. 1. a); auf die Parallelität der Fragestellung verweisen auch *Desens*, StuW 2011, 113, 120; *Morgenthaler/Stracke*, JZ 2011, 786, 790.

[594] BVerfG, Beschluss v. 7.7.2010 – 2 BvL 14/02, 2 BvL 2/04, 2 BvL 13/05, BVerfGE 127, 1, juris Rn. 66; BVerfG, Beschluss v. 7.7.2010 – 2 BvR 748/05, 2 BvR 753/05, 2 BvR 1738/05, BVerfGE 127, 61, juris Rn. 54; BVerfG, Beschluss v. 7.7.2010 – 2 BvL 1/03, 2 BvL 57/06, 2 BvL 58/06, BVerfGE 127, 31, juris Rn. 91; die Gemeinsamkeiten der beiden Fallgruppen betont auch FG Münster, Beschluss v. 1.9.2011 – 9 K 5772, EFG 2011, 2182, juris Rn. 54.

[595] Vgl. *Helbich*, Vertrauensschutz in Verwaltungsvorschriften des Steuerrechts, 2015, S. 146 f.; *Desens*, StuW 2011, 113, 120.

Bewertung dieses Sachverhalts festmachen:[596] In der Regel zeichnen sich diese Fälle dadurch aus, dass der Steuerpflichtige eine Rechtsposition (endgültig) erwirbt oder aufgibt. So erwirbt er bei Zufluss eines Vermögensvorteils regelmäßig Eigentum an einer Sache oder wird Inhaber einer Forderung;[597] beim Abfluss eines Vermögensvorteils verliert er die entsprechende Rechtsposition.[598] Auch wenn der Steuerpflichtige ein vertragliches Gestaltungsrecht ausübt oder auf die Ausübung verzichtet, verändert sich seine rechtliche Stellung nachhaltig.[599]

Da der Moment besonderer Schutzwürdigkeit sich beim Vertrauen auf die Gewährleistungsfunktion des Rechts nicht aus einer vom Steuerpflichtigen beeinflussbaren Disposition sondern aus einer rein objektiven Betrachtung des Sachverhalts ergibt, kommt es nach der Entscheidung des zweiten Senats vom 7.7.2010 auch auf die Vorhersehbarkeit der belastenden Neuregelung nicht an.[600] Selbst wenn zu dem Zeitpunkt, in dem der Lebenssachverhalt (teilweise) vollendet wird, die Absicht einer Gesetzesänderung bereits öffentlich bekannt war (in der Regel durch Einbringung einer Gesetzesinitiative in den Bundestag), mindert das die Schutzwürdigkeit nicht. Der Steuerpflichtige muss zwar bei seinen Dispositionen auf eine sich abzeichnende Änderung Rücksicht nehmen, er muss aber nicht damit rechnen, dass der Gesetzgeber rückwirkend auf ihm bereits zugeflossene Beträge zugreift.[601] Diese Differenzierung wird sowohl in der Literatur als auch in der Rechtsprechung überwiegend geteilt.[602]

---

[596] Es wurde bereits unter §6 B. II. 1. a) aufgezeigt, dass sich die tatsächliche und rechtliche Abgeschlossenheit nicht vollständig voneinander trennen lassen, weil erst rechtliche Tatbestände das kontinuierlich verlaufende tatsächliche Geschehen in bestimmte Abschnitte oder Vorgänge teilen.

[597] Vgl. *P. Kirchhof*, in: Maunz/Dürig, GG, Art. 3 Abs. 1 Rn. 352f.; *ders.*, DStR 2015, 717, 719.

[598] Vgl. BFH, Vorlagebeschluss v. 7.12.2010 – IX R 70/07, BFHE 232, 2010, 121 = BStBl II 2011, 346, juris Rn. 34, 63.

[599] Vgl. BFH, Beschluss v. 6.6.2013 – I R 38/11, BFHE 241, 530 = BStBl II 2014, 398, juris Rn. 51 ff.; BFH, Beschluss v. 27.11.2013 – I R 36/13, BFHE 245, 108 = BStBl II 2014, 651, juris Rn. 50 ff.

[600] BVerfG, Beschluss v. 7.7.2010 – 2 BvL 1/03, 2 BvL 57/06, 2 BvL 58/06, BVerfGE 127, 31, juris Rn. 89; im Grundsatz ebenso BVerfG, Beschluss v. 25.3.2021 – 2 BvL 1/11, juris, juris Rn. 94 ff., wobei der zweite Senat hier ausnahmsweise eine Rechtfertigung der Rückwirkung zur Vermeidung von Mitnahmeeffekten annimmt.

[601] BVerfG, Beschluss v. 7.7.2010 – 2 BvL 1/03, 2 BvL 57/06, 2 BvL 58/06, BVerfGE 127, 31, juris Rn. 91; die Unabhängigkeit von konkreten Erwartungen des Steuerpflichtigen lässt sich als verstärkter Einfluss des objektiven Rechtsstaatsprinzips als Teilbasis des Rückwirkungsverbots interpretieren; so auch *Wernsmann*, in: HHSp., §4 AO Rn. 770; *Desens*, StuW 2011, 113, 127; *ders.*, FR 2013, 148, 155; *Helbich*, Vertrauensschutz in Verwaltungsvorschriften des Steuerrechts, 2015, S. 146f.

[602] BFH, Vorlagebeschluss v. 7.12.2010 – IX R 70/07, BFHE 232, 2010, 121 = BStBl II 2011, 346, juris Rn. 34, 63; FG Münster, Beschluss v. 1.9.2011 – 9 K 5772, EFG 2011, 2182, juris Rn. 54; BFH, Beschluss v. 6.6.2013 – I R 38/11, BFHE 241, 530 = BStBl II 2014, 398, juris Rn. 50; BFH, Beschluss v. 27.11.2013 – I R 36/13, BFHE 245, 108 = BStBl II 2014, 651, juris Rn. 49; *Wernsmann*, in: HHSp., §4 AO Rn. 770; *Desens*, StuW 2011, 113, 120; *Gelsheimer/*

Einzig der erste Senat des Bundesverfassungsgerichts hat in seinen Entscheidungen vom 10.10.2012 und vom 10.4.2018 nicht auf die Verkündung des Gesetzes, sondern schon auf die Einbringung des Gesetzesentwurfs in den Bundestag abgestellt. Er begründet diese Abweichung damit, dass ein Minderheitsgesellschafter bei dem Bezug einer Dividende bzw. ein Mitunternehmer, der seinen Anteil veräußert, nicht in gleichem Maße schutzwürdig seien wie ein Arbeitnehmer, der in einer wirtschaftlichen Zwangslage eine Entschädigungsvereinbarung mit seinem (bisherigen) Arbeitgeber treffen muss.[603] Dies mag zwar zutreffend sein, für den objektiv begründeten Tatbestand der Gewährleistungsfunktion des geltenden Rechts kommt es auf die Motivationslage und die Rahmenbedingungen bei der Disposition des Steuerpflichtigen aber gerade nicht an. Der zweite Senat hat die Zwangslage des Arbeitnehmers bei Abschluss einer Entschädigungsvereinbarung auch nicht im Zusammenhang mit der Gewährleistungsfunktion des Rechts, sondern mit Blick auf die zeitliche Reichweite des Vertrauensschutzes in eine (verbindliche) Disposition des Steuerpflichtigen argumentativ benutzt.[604] Die Entscheidungen des ersten Senats fügen sich damit insoweit nicht schlüssig in die ansonsten weitgehend gefestigte Dogmatik[605] ein.

Erklärbar bleibt die abweichende Linie des ersten Senats als Ausfluss eines Abwägungsvorgangs, in dem zwar die gesteigerte Abgeschlossenheit des Sachverhalts als besonderer Schutzmoment eingestellt, gleichzeitig aber die Vorhersehbarkeit der Neuregelung als schutzmindernder Aspekt berücksichtigt wird. Dies entspricht zwar dem generellen Vorgehen bei unecht rückwirkenden Gesetzen,[606] weicht damit aber zugleich die Trennschärfe auf, die durch die gesteigerten Anforderungen für unecht rückwirkende Steuernormen geschaffen wurde.

dd) Rechtfertigungsgründe

Liegt einer der Momente besonderer Schutzbedürftigkeit vor, so findet die strengere Verhältnismäßigkeitsprüfung mit Abwägungslasten zugunsten des Steuerpflichtigen ihren Ausdruck in einer engen Auslegung der möglichen Rechtfertigungsgründe. Insbesondere kann der Staat nur bei unerwarteten Min-

Meyen, DStR 2011, 193, 195; *Schönfeld/Häck*, DStR 2012, 1725, 1728; *Krüger*, DStZ 2013, 137, 141.

[603] BVerfG, Beschluss v. 10.10.2012 – 1 BvL 6/07, BVerfGE 132, 302, juris Rn. 65 ff.; BVerfG, Urteil v. 10.4.2018 – 1 BvR 1236/11, juris Rn. 157.

[604] Kritisch zur insofern unpräzisen Abgrenzung des ersten Senats auch *Desens*, FR 2013, 148, 152 f.

[605] Da die Entscheidungen des ersten Senats bislang nicht zu einer deutlich strengeren Auslegung der Fallgruppe der Gewährleistungsfunktion des Rechts durch die Fachgerichte geführt hat, erscheint es nicht angezeigt, sie als generelle Einschränkung der Maßstäbe des zweiten Senats zu deuten; in diese Richtung aber *Scharfenberg*, DB 2013, 85, 88; *K.-A. Schwarz*, JA 2013, 683, 686.

[606] Vgl. schon unter § 6 B. III. 2. a).

dereinnahmen oder einem sonstigen außerordentlichen Finanzierungsbedarf mit unechter Rückwirkung die steuerliche Belastung erhöhen.[607] Es genügt demgegenüber nicht, wenn mit einer Steuerverschärfung eine Entlastung an anderer Stelle gegenfinanziert werden soll.[608] Ebenso dürfen vom Fiskus identifizierte Besteuerungslücken nur dann mit unechter Rückwirkung geschlossen werden, wenn hierfür eine besondere Dringlichkeit besteht.[609] Gleiches gilt, wenn die rückwirkende Regelung eine vom Gesetzgeber als missbräuchlich identifizierte Praxis beenden soll.[610] Ebenfalls nur in Ausnahmekonstellationen lässt sich eine Rückwirkung mit der Vermeidung eines Ankündigungs- oder Ausweicheffekts rechtfertigen. Das Bundesverfassungsgericht betont, dass es dem Steuerpflichtigen grundsätzlich unbenommen ist, günstige steuerliche Regelungen gestalterisch zu nutzen, bevor diese durch ungünstigere Bestimmungen ersetzt werden.[611] Allenfalls in Sondersituationen, in denen Steuerausfälle in erheblichen Größenordnungen drohen, könne anderes gelten.[612] Schließlich lasse sich eine unechte Rückwirkung in der Regel auch nicht damit begründen, dass durch die Neuregelung dem Grundsatz der Besteuerung nach der wirtschaftlichen Leistungsfähigkeit und der Steuergerechtigkeit besser zu entsprechen.[613] Allenfalls die Korrektur einer offensichtlich systemwidrigen Norm erscheint danach auch rückwirkend möglich.[614] Schließlich verweist der zweite Senat des Bundesverfassungsgerichts auf ordnungspolitische Sachziele, die möglicherweise auch eine Rückwirkung rechtfertigen können.[615]

---

[607] BVerfG, Beschluss v. 7.7.2010 – 2 BvL 14/02, 2 BvL 2/04, 2 BvL 13/05, BVerfGE 127, 1, juris Rn. 76; BVerfG, Beschluss v. 7.7.2010 – 2 BvR 748/05, 2 BvR 753/05, 2 BvR 1738/05, BVerfGE 127, 61, juris Rn. 60; offen gelassen in BVerfG, Beschluss v. 7.7.2010 – 2 BvL 1/03, 2 BvL 57/06, 2 BvL 58/06, BVerfGE 127, 31, juris Rn. 82; vgl. auch schon BVerfG, Beschluss v. 5.2.2002 – 2 BvR 305/93, 2 BvR 348/93, BVerfGE 105, 17, juris Rn. 82.

[608] BVerfG, Beschluss v. 7.7.2010 – 2 BvL 14/02, 2 BvL 2/04, 2 BvL 13/05, BVerfGE 127, 1, juris Rn. 76; BVerfG, Beschluss v. 7.7.2010 – 2 BvL 1/03, 2 BvL 57/06, 2 BvL 58/06, BVerfGE 127, 31, juris Rn. 82; BVerfG, Beschluss v. 7.7.2010 – 2 BvR 748/05, 2 BvR 753/05, 2 BvR 1738/05, BVerfGE 127, 61, juris Rn. 60; BVerfG, Beschluss v. 10.10.2012 – 1 BvL 6/07, BVerfGE 132, 302, juris Rn. 73; BVerfG, Beschluss v. 12.11.2015 – 1 BvR 2961/14, 1 BvR 3051/14, NVwZ 2016, 300, juris Rn. 66.

[609] BVerfG, Beschluss v. 7.7.2010 – 2 BvR 748/05, 2 BvR 753/05, 2 BvR 1738/05, BVerfGE 127, 61, juris Rn. 62.

[610] BVerfG, Beschluss v. 7.7.2010 – 2 BvR 748/05, 2 BvR 753/05, 2 BvR 1738/05, BVerfGE 127, 61, juris Rn. 61 f.

[611] BVerfG, Beschluss v. 7.7.2010 – 2 BvL 1/03, 2 BvL 57/06, 2 BvL 58/06, BVerfGE 127, 31, juris Rn. 92.

[612] BVerfG, Beschluss v. 7.7.2010 – 2 BvL 1/03, 2 BvL 57/06, 2 BvL 58/06, BVerfGE 127, 31, juris Rn. 92; BVerfG, Beschluss v. 25.3.2021 – 2 BvL 1/11, juris, juris Rn. 89, 96.

[613] BVerfG, Beschluss v. 7.7.2010 – 2 BvL 14/02, 2 BvL 2/04, 2 BvL 13/05, BVerfGE 127, 1, juris Rn. 74.

[614] *Desens*, FR 2013, 148, 155; BVerfG, Beschluss v. 10.10.2012 – 1 BvL 6/07, BVerfGE 132, 302, juris Rn. 75.

[615] BVerfG, Beschluss v. 7.7.2010 – 2 BvL 14/02, 2 BvL 2/04, 2 BvL 13/05, BVerfGE 127,

Auch der Bundesfinanzhof legt ausdrücklich strenge Rechtfertigungsmaßstäbe an,[616] was in gleich mehreren Fällen zu weiteren Vorlagen an das Bundesverfassungsgericht geführt hat. In anderen Fällen sah der Bundesfinanzhof eine unechte Rückwirkung trotz besonderer Schutzbedürftigkeit als gerechtfertigt an und griff dabei teilweise auch auf andere als die vom Bundesverfassungsgericht in den Beschlüssen vom 7.7.2010 angesprochenen Rechtfertigungsgründe zurück.[617]

c) *Zusammenfassung*

Auch die unechte Rückwirkung ist nur nach einer Abwägung zwischen dem Vertrauensschutz des Bürgers und den Änderungsinteressen des Gesetzgebers zulässig. Die Argumentationsmuster ähneln dabei denjenigen zur Rechtfertigung einer echten Rückwirkung: Der Gesetzgeber muss gerade für den Vergangenheitsbezug der Regelung besondere Gründe anführen. Das Vertrauen des Steuerpflichtigen ist insbesondere dann weniger schutzwürdig, wenn es an eine fehlerhafte Vertrauensgrundlage anknüpft oder eine Neuregelung bereits vorhersehbar war. Trotz dieser Parallelen ist das Schutzniveau für den Bürger in der Regel niedriger als bei einer echten Rückwirkung: Die einzelnen Fallgruppen bilden weniger strenge Grenzen, sondern werden vom Bundesverfassungsgericht flexibler gehandhabt und der Bürger trägt die Abwägungslast. Dogmatisch lassen sich die Unterschiede im Schutzniveau dadurch erklären, dass Fälle unechter Rückwirkung typischerweise den Vertrauensschutz des Bürgers weniger stark beeinträchtigen.

Im Steuerrecht hat das Bundesverfassungsgericht den Vertrauensschutz des Steuerpflichtigen bei einer unechten Rückwirkung, die sich nach den Grundsätzen der Veranlagungszeitraum-Rechtsprechung ergibt, durch die Beschlüsse vom 7.7.2010 hingegen deutlich gestärkt.[618] Eine solche Rückwirkung ist nicht

---

1, juris Rn. 77; BVerfG, Beschluss v. 7.7.2010 – 2 BvR 748/05, 2 BvR 753/05, 2 BvR 1738/05, BVerfGE 127, 61, juris Rn. 63.

[616] Vgl. z. B. zum Finanzierungsbedarf des Staates BFH, Urteil v. 18.4.2012 – II R 36/10, BFHE 237, 169 = BStBl II 2012, 867, juris Rn. 26; BFH, Urteil v. 22.2.2017 – I R 2/15, BFHE 257, 120 = BStBl II 2017, 709, juris Rn. 23; zur Missbrauchsvermeidung BFH, Urteil v. 22.2.2017 – I R 2/15, BFHE 257, 120 = BStBl II 2017, 709, juris Rn. 25; zur Besteuerung nach der wirtschaftlichen Leistungsfähigkeit BFH, Urteil v. 5.5.2011 – IV R 32/07, BFHE 223, 524 = BStBl II 2012, 98, juris Rn. 62; zum Ausweich- oder Ankündigungseffekt BFH, Vorlagebeschluss v. 7.12.2010 – IX R 70/07, BFHE 232, 2010, 121 = BStBl II 2011, 346, juris Rn. 60 f.; BFH, Urteil v. 23.3.2011 – X R 28/09, BFHE 233, 404 = BStBl II 2011, 753, juris Rn. 36.

[617] Z. B. Verwaltungsvereinfachung, vgl. BFH, Urteil v. 23.3.2011 – X R 28/09, BFHE 233, 404 = BStBl II 2011, 753, juris Rn. 38; BFH, Urteil v. 13.4.2011 – X R 1/10, BFHE 233, 497 = BStBl II 2011, 915, juris Rn. 37; BFH, Urteil v. 9.5.2012 – X R 30/06, BFHE 237, 484 = BStBl II 2012, 667, juris Rn. 50; allenfalls angedeutet in BVerfG, Beschluss v. 7.7.2010 – 2 BvL 14/02, 2 BvL 2/04, 2 BvL 13/05, BVerfGE 127, 1, juris Rn. 77; BVerfG, Beschluss v. 7.7.2010 – 2 BvR 748/05, 2 BvR 753/05, 2 BvR 1738/05, BVerfGE 127, 61, juris Rn. 63.

[618] Ebenso *Spindler*, Stbg 2010, 529, 529; *Desens*, StuW 2011, 113, 117; *Scharfenberg*, DB 2013, 85, 87; *Hey*, FS Kirchhof, 2013, § 153 Rn. 13.

grundsätzlich unzulässig, das heißt die Abwägungslast liegt nicht mehr beim Steuerpflichtigen. In besonders schutzwürdigen Konstellationen kehrt sich die Abwägungslast vielmehr vollständig um und potenzielle Rechtfertigungsgründe des Gesetzgebers werden eng ausgelegt. Dadurch wird das Schutzniveau demjenigen bei einer echten Rückwirkung angenähert.[619] In diesem Sinne besonders schutzwürdig ist das Vertrauen des Steuerpflichtigen, wenn er bereits weitgehend verbindliche Dispositionen vorgenommen hat oder nach der bisherigen Rechtslage bereits eine konkret verfestigte Vermögensposition innehatte. Ist der Sachverhalt, der der konkreten Steuernorm zugrunde liegt, bereits zu einem gesteigerten Grad abgeschlossen, liegt ebenfalls ein besonderer Moment der Schutzbedürftigkeit vor. Den beiden letztgenannten Konstellationen liegt jeweils ein materielles Abgeschlossenheitskriterium zugrunde – einerseits mit Blick auf die Tatbestandsvoraussetzungen der geänderten Norm, andererseits mit Blick auf den zugrundeliegenden Sachverhalt. Dies zeigt abermals die Nähe dieser Fälle zu echten Rückwirkungen. Die einzelnen Fallgruppen unterscheiden sich ansonsten insbesondere im Hinblick auf den Zeitpunkt, bis zu dem spätestens auf die bisherige Rechtslage vertraut werden darf. Dispositionen, die erst nach dem Einbringen einer Gesetzesinitiative in den Bundestag getätigt werden, sind nicht schutzwürdig. Eine konkret verfestigte Vermögensposition oder ein in gesteigertem Maße abgeschlossener Sachverhalt führen hingegen auch dann zu einer besonderen Schutzbedürftigkeit, wenn sie erst nach einer Gesetzesinitiative, aber noch vor Verkündung der Neuregelung begründet werden. Insoweit zeigt sich erneut die flexible Handhabung einzelner Argumentationsmuster bei der unechten Rückwirkung.

IV. Übergreifende Entwicklungslinien: Dualistische Begründung und Funktion des Rückwirkungsverbots

Löst man abschließend den Blick von den einzelnen Prüfungspunkten und betrachtet die Gesamtentwicklung der bundesverfassungsgerichtlichen Rückwirkungsdogmatik in den letzten Jahren, so drängt sich der Eindruck eines schleichenden Rechtsprechungswandels auf: Zwar bringt das Rückwirkungsverbot in hergebrachter Weise die staatlichen Änderungsinteressen und den individuellen Vertrauensschutz in typisierender Weise in einen Ausgleich zueinander. Dabei wurde die Position des Steuerpflichtigen aber auf allen Prüfungsebenen gestärkt. Die jüngere wissenschaftliche Literatur[620] versucht diese Entwicklung

---

[619] Ebenso *Desens*, StuW 2011, 113, 117; *Schönfeld/Häck*, DStR 2012, 1725, 1726 f.; *K.-A. Schwarz*, JA 2013, 683, 686 f.

[620] Insbesondere *Buchheim/Lassahn*, NVwZ 2014, 562, 563; *Hey*, JZ 2014, 500, 502 f.; *dies.*, NJW 2014, 1564, 1567; *Wiese/Berner*, DStR 2014, 1260, 1264; *P. Kirchhof*, in: Maunz/Dürig, GG, Art. 3 Abs. 1 Rn. 347; *ders.*, DStR 2015, 717, 718; *Michael*, JZ 2015, 425, 427 f.; *Schönfeld/Bergmann*, DStR 2015, 257, 258; *Osterloh*, StuW 2015, 201, 204; *Mellinghoff*, FS Landau, 2016, S. 69, 82.

auf die verfassungsrechtlichen Grundlagen des Rückwirkungsverbots zurückzuführen und greift dabei auch Argumentationsmuster wieder auf, die aus der historischen Entwicklung bekannt sind.

Die Position des Steuerpflichtigen wird zunächst dadurch gestärkt, dass das Bundesverfassungsgericht seit dem KAGG-Beschluss konsequent auf das Gesetz als Vertrauensgrundlage abstellt. Sämtliche vom Wortlaut gedeckte Auslegungsvarianten sind in den Schutzbereich des Rückwirkungsverbots einbezogen. Diese Präzisierung überzeugt vor allem aus objektiv-rechtsstaatlichen Gründen:[621] Es ist charakteristisch für Gesetze als abstrakt-generelle Normen, dass sie Auslegungsfragen aufwerfen. Die verbindliche Entscheidung dieser Fragen für verwirklichte Einzelfälle ist im gewaltengeteilten Rechtsstaat Aufgabe der Fachgerichte und ein rückwirkender legislativer Eingriff in diesen Auslegungsprozess ist rechtfertigungsbedürftig. Sichtbar wird der Einfluss des Rechtsstaatsprinzips auch darin, dass der Rechtfertigungsbedarf für einen staatlichen Eingriff immer dann steigt, wenn der Bürger bereits eine verfestigte, rechtlich anerkannte Position innehat.[622] Zunächst liegt dieses Argumentationsmuster der Abgrenzung zwischen echter und unechter Rückwirkung zugrunde: Ob der von einer rückwirkend geänderten Norm erfasste Lebenssachverhalt bereits abgeschlossen war, bestimmt sich regelmäßig danach, ob sich die Situation in rechtlicher Hinsicht maßgeblich verändert hat (beispielsweise weil der Bürger Inhaber eines Rechts geworden ist, einen verbindlichen Antrag gestellt hat oder eine ihn betreffende [Steuer-]Schuld in einer bestimmten Höhe entstanden ist).[623] Die besondere Relevanz des Rechtsstaatsprinzips für Fälle der echten Rückwirkung betonen vor allem *Drüen*[624] und *Michael*:[625] Nach den Grundsätzen des KAGG-Beschlusses sei nunmehr schon das abstrakte, nicht betätigte Vertrauen auf das Gesetz vor echten Rückwirkungen geschützt. Auf die grundrechtlich geschützten Dispositionen des Steuerpflichtigen komme es hingegen (nur) bei der unechten Rückwirkung an. Ähnlich differenziert *Osterloh* zwischen dem bisher etablierten, grundrechtlich hergeleiteten individualrechtsschützenden Vertrauensschutz und einer durch den KAGG-Beschluss anerkannten objektivrechtlichen Erweiterung.[626] Die von diesen Autoren betonte Verbindung zwischen echter Rückwirkung und Rechtsstaatsprinzip geht

---

[621] Siehe im Detail unter §6 B. I. 2. c) bb) und cc).

[622] Eine Verbindung zu Freiheitsgrundrechten lässt sich insoweit ziehen, als man dieses Argumentationsmuster auch als Ausfluss eines grundrechtlich (insbesondere aus Art. 14 GG begründeten Bestandsschutzes begreifen kann; in diese Richtung z. B. *Desens*, StuW 2011, 113, 127 f.; *Maciejewski/Theilen*, DÖV 2015, 271, 277.

[623] Siehe im Detail unter §6 B. II. 1. a), c) und d).

[624] *Drüen*, StuW 2015, 210, 213 f.

[625] *Michael*, JZ 2015, 425, 427 f.; ähnlich auch *Wißmann*, ZJS 2014, 333, 335 f.: Argumentationslast für Vertrauenstatbestand wird auf Gesetzgeber verschoben.

[626] *Osterloh*, StuW 2015, 201, 204: Vom subjektiven Vertrauensschutz „hat sich der Erste Senat tatsächlich recht deutlich verabschiedet."

auf die historischen Ursprünge des Rückwirkungsverbots zurück.[627] Auch die paarweise Verknüpfung von echter Rückwirkung und Rechtsstaatsprinzip und unechter Rückwirkung und Freiheitsgrundrechten taucht als Erklärungsmuster in der wissenschaftlichen Literatur häufig auf, lässt sich in der jüngeren Rechtsprechung des Gerichts aber zumindest nicht zweifelsfrei belegen.[628]

Vielmehr kommt es auch in Fällen unechter Rückwirkung verstärkt darauf an, ob bereits eine gesicherte, in einem materiellrechtlichen Sinne abgeschlossene Position des Steuerpflichtigen berührt wird: Waren bereits zentrale Tatbestandsmerkmale der rückwirkend geänderten Norm verwirklicht, sodass sich die Rückwirkung – wie bei der Verlängerung der Spekulationsfristen bei §23 EStG und der Absenkung der Beteiligungsgrenzen bei §17 EStG – als Entzug einer vorteilhaften Rechtsposition darstellt, liegt ein besonderes Schutzmoment im Sinne einer konkret verfestigten Vermögensposition vor.[629] Die Abwägungslast kehrt sich zugunsten des Bürgers um und der Gesetzgeber muss die Rückwirkung im Rahmen einer strengen Verhältnismäßigkeitsprüfung rechtfertigen.[630] Ebendiese gesteigerten Rechtfertigungsanforderungen greifen auch, wenn der Lebenssachverhalt zwar noch nicht vollständig abgeschlossen ist, die (in der Regel rechtlich determinierten) Einflussmöglichkeiten des Bürgers sich aber gleichwohl bereits deutlich erweitert oder beschränkt haben.[631] Der Bürger kann sich dann auf die Gewährleistungsfunktion des Rechts berufen – schon die Terminologie zeigt den Einfluss der objektiven Rechtssicherheit. *Kirchhof* nimmt sogar an, im Kern komme es gar nicht mehr darauf an, ob das (abstrakte oder konkrete) Vertrauen des Bürgers beeinträchtigt wird, sondern entscheidend sei allein, ob die gesetzliche Regelung verfestigte Rechtspositionen des Bürgers beeinträchtigt.[632] Auch dieser Erklärungsversuch ist nicht neu: Schon

---

[627] Dementsprechend fordert *Michael*, JZ 2015, 425, 426 eine „Rückbesinnung" auf die objektiven Garantien des Rechtsstaatsprinzips und verweist selbst auf die historische Entwicklung des Rückwirkungsverbots *ders.*, JZ 2015, 425, 429; ähnlich auch *Schönfeld/Bergmann*, DStR 2015, 257, 259.

[628] Zeitweise differenzierte auch die Rechtsprechung des Bundesverfassungsgerichts in dieser Weise; vgl. z.B. BVerfG, Beschluss v. 14.5.1986 – 2 BvL 2/83, BVerfGE 72, 200, juris Rn. 90f.; BVerfG, Beschluss v. 3.12.1997 – 2 BvR 882/97, BVerfGE 97, 67, juris Rn. 40f.; BVerfG, Urteil v. 5.2.2004 – 2 BvR 2029/01, BVerfGE 109, 133, juris Rn. 169f.; mittlerweile nennt das Gericht in der Regel Rechtsstaatsprinzip und Grundrechte als gleichrangige Quellen des Rückwirkungsverbots nebeneinander, vgl. z.B. BVerfG, Beschluss v. 7.7.2010 – 2 BvL 14/02, 2 BvL 2/04, 2 BvL 13/05, BVerfGE 127, 1, juris Rn. 55; BVerfG, Beschluss v. 2.5.2012 – 2 BvL 5/10, BVerfGE 131, 20, juris Rn. 71; BVerfG, Beschluss v. 10.10.2012 – 1 BvL 6/07, BVerfGE 132, 302, juris Rn. 41; BVerfG, Beschluss v. 17.12.2013 – 1 BvL 5/08, BVerfGE 135, 1, juris Rn. 63; BVerfG, Nichtannahmebeschluss v. 25.4.2015 – 1 BvR 2314/12, NJW 2015, 1867, juris Rn. 13; BVerfG, Beschluss v. 12.11.2015 – 1 BvR 2961/14, 1 BvR 3051/14, NVwZ 2016, 300, juris Rn. 39; BVerfG, Urteil v. 10.4.2018 – 1 BvR 1236/11, juris Rn. 132f.

[629] Siehe im Detail unter §6 B. III. 2. b) bb).

[630] Siehe im Detail unter §6 B. III. 2. b) dd).

[631] Siehe im Detail unter §6 B. III. 2. b) cc).

[632] *P. Kirchhof*, DStR 2015, 717, 718; *ders.*, in: Maunz/Dürig, GG, Art. 3 Abs. 1 Rn. 347;

die Lehre von den wohlerworbenen Rechten leitete den besonderen Rechtfertigungsbedarf für rückwirkende Normen daraus ab, dass sie dem Bürger eine unter dem Schutz der Rechtsordnung begründeten Vorteil entziehen.[633]

Das Bundesverfassungsgericht hat in seiner jüngeren Rechtsprechung neben dem rechtsstaatlichen aber auch den grundrechtlichen Begründungsstrang des Rückwirkungsverbots aufgegriffen und ausdrücklich gestärkt. Diese Herleitung liegt dem mittlerweile etablierten Prüfungsaufbau des Gerichts zugrunde: Betätigt der Bürger sein Vertrauen in den auslegungsoffenen Wortlaut des Gesetzes, so nimmt er hiermit zugleich ein Freiheitsgrundrecht wahr. Die rückwirkende Anpassung des Gesetzeswortlauts lässt sich von diesem gedanklichen Ausgangspunkt als temporaler Eingriff in den grundrechtlichen Schutzbereich begreifen. Der KAGG-Beschluss steht zu dieser grundrechtlichen Sichtweise nicht in Widerspruch, sondern bestätigt nur das Gesetz als Vertrauensgrundlage.[634] Da die Freiheitsgrundrechte nicht schrankenlos gewährt sind, besteht kein absolutes Rückwirkungsverbot. Der Eingriff kann vielmehr durch Gründe des Allgemeinwohls gerechtfertigt werden (praktische Konkordanz). Dabei steigen die Rechtfertigungsanforderungen in dem Maße, in dem der Bürger seine Freiheitsbetätigung nicht mehr rückgängig machen oder zumindest anpassen kann. Das Verbot echter Rückwirkungen wird auf diesem Weg in der aktuellen Rechtsprechung des Bundesverfassungsgerichts (zumindest auch) grundrechtlich hergeleitet.[635] Die zunehmende Betonung des Verhältnismäßigkeitsgrundsatzes und die (zumindest im Steuerrecht häufig eintretende) Umkehr der Abwägungslasten zugunsten des Bürgers[636] belegen insgesamt deutliche Parallelen zwischen dem Rückwirkungsverbot und der Dogmatik der Freiheitsgrundrechte.[637] Offensichtlich ist der freiheitsrechtliche Einfluss schließlich, wenn

---

Kirchhof unterscheidet dabei – anders als das Bundesverfassungsgericht – nicht zwischen Konstellationen, in denen der Tatbestand der rückwirkend geänderten Norm teilweise verwirklicht wurde (konkret verfestigte Vermögensposition, siehe §6 B. III. 2. b) bb)) und solchen, in denen der zugrundeliegende Lebenssachverhalt in gesteigertem Maße abgeschlossen ist, weil sich die (rechtlich determinierten) Einflussmöglichkeiten des Bürgers maßgeblich verändert haben (Gewährleistungsfunktion des Rechts, siehe §6 B. III. 2. b) cc)).

633 Ähnlich und mit Betonung der historischen Bezüge dieses Gedankens auch schon *Stern*, FS Maunz, 1981, S. 381, 391 f.; vgl. zum historischen Hintergrund schon im Detail unter §6 A. I. 1.

634 Siehe schon unter §6 B. I. 2. c) cc); die individualrechtsschützende Dimension des KAGG-Beschlusses betonen auch *Buchheim/Lassahn*, NVwZ 2014, 562, 563; *Hey*, JZ 2014, 500, 502f.; *dies.*, NJW 2014, 1564, 1566; *dies.*, in: Tipke/Lang, 23. Auflage 2018, §3 Rn. 269; *Nacke*, NWB 2014, 2699, 2703; *Wiese/Berner*, DStR 2014, 1260, 1264; *Schönfeld/Bergmann*, DStR 2015, 257, 259ff.; *Mellinghoff*, FS Landau, 2016, S. 69, 81 f.

635 Vgl. zuletzt ausdrücklich BVerfG, Beschluss v. 17.12.2013 – 1 BvL 5/08, BVerfGE 135, 1, juris Rn. 63 m. w. N.

636 Siehe im Detail unter §6 B. II. 2.

637 So schon *Maciejewski/Theilen*, DÖV 2015, 271, 277; jenseits des von ihr angenommenen objektivrechtlich erweiterten Vertrauensschutzes auch *Osterloh*, StuW 2015, 201, 206; allgemein *Grabitz*, DVBl 1973, 675, 683; *Maurer*, HStR IV, 3. Auflage 2006, §79 Rn. 71; *Möl-*

das Bundesverfassungsgericht bei der unechten Rückwirkung immer dann eine besonders schutzwürdige Situation annimmt, wenn der Steuerpflichtige bereits verbindliche Dispositionen getätigt hat.[638]

Beide Begründungsstränge sind miteinander verwoben: Sowohl bei der echten als auch bei der unechten Rückwirkung greifen objektiv-rechtsstaatliche und freiheitsgrundrechtliche Elemente ineinander. Das Bundesverfassungsgericht wägt das individualrechtlich geprägte Vertrauen des Einzelnen und die objektiven gesetzgeberischen Änderungsinteressen miteinander ab und rückt dabei an unterschiedlichen Stellen mal den einen und mal den anderen Begründungsstrang in den Vordergrund: Die Abwägung erfolgt nicht allein dispositionsbezogen, sondern insbesondere mit Rückgriff auf ein objektives Kriterium der materiellen Abgeschlossenheit. Erst die Zusammenschau von objektiven und subjektiven Elementen erklärt die Kategorien des Bundesverfassungsgerichts, ohne dass damit das genaue Verhältnis zwischen den verschiedenen Verfassungselementen bei der Herleitung des Rückwirkungsverbots als geklärt bezeichnet werden könnte: Im generellen Prüfungsaufbau und in der Struktur der Verhältnismäßigkeitsprüfung sind Annäherungen an die allgemeine Grundrechtsdogmatik festzustellen, das Rückwirkungsverbot bleibt in der Rechtsprechung des Bundesverfassungsgerichts gleichwohl eine Sondermaterie.

Dieser Sonderstatus wirft naturgemäß immer wieder Fragen über die Reichweite und das Verhältnis zwischen einzelnen Abgrenzungsmerkmalen des Gerichts auf. Ließe sich die Rechtsprechung (zumindest in Teilbereichen) nur als Ausfluss der Rechtssicherheit oder nur als temporale Dimension des Grundrechtsschutzes rekonstruieren, würde dies zweifellos die dogmatisch stringente Begründung der einzelnen Typisierungen und Rückausnahmen erleichtern. Dass das Bundesverfassungsgericht gleichwohl an seiner dualistischen Herleitung festhält, lässt sich mit der Doppelfunktion erklären, die dem Rückwirkungsverbot im System des Grundgesetzes zukommt: Einerseits wird das Vertrauen des Steuerpflichtigen in die Auslegung des Gesetzes geschützt. Andererseits sichern die Schranken für einen legislativen Zugriff auf vergangene Sachverhalte auch die funktionale Gewaltenteilung in temporaler Hinsicht und damit die Voraussetzungen für einen effektiven gerichtlichen Rechtsschutz.[639] Das Rückwirkungsverbot hat neben seiner individualrechtsschützenden auch eine staatsorganisationsrechtliche Dimension. Das Nebeneinander von subjektiven und objektiven Elementen in der Dogmatik des Gerichts spiegelt diese Doppelfunktion wider.

Diese allgemeinen dogmatischen Überlegungen zeigen sich bei rückwirkenden Nichtanwendungsgesetzen wie unter einem Brennglas: Die steuerrechtliche

ler/Rührmair, NJW 1999, 908, 910; speziell zur jüngeren Rechtsprechung des BVerfG auch *Birk*, FR 2011, 1, 5; *Desens*, StuW 2011, 113, 127f.

[638] Siehe im Detail unter §6 B. III. 2. b) aa).

[639] Siehe schon unter §4 C. I. 2., II, III. 2.; §5 A. I. 2.

Fachliteratur dogmatisiert die jüngere Rechtsprechung und insbesondere den KAGG-Beschluss zwar in unterschiedlicher Weise, geht aber übereinstimmend davon aus, dass sie sich gerade auf die Verfassungskonformität rückwirkender Nichtanwendungsgesetze auswirke.[640] Die im Rahmen dieser Arbeit bereits vorgenommenen Untersuchungen des Grundsatzes der Gewaltenteilung und des effektiven Rechtsschutzes belegen wiederum, dass die gesetzgeberische Korrektur einer Gerichtsentscheidung mit Wirkung für vergangene Parallelsachverhalte nicht nur das individuelle Vertrauen des Steuerpflichtigen verletzen kann, sondern auch die funktionale Kompetenzordnung im gewaltengeteilten Rechtsstaat berührt[641] und zumindest potenziell den effektiven Rechtsschutz des Steuerpflichtigen verkürzt.[642] Die hier detailliert untersuchte Rechtsprechung des Bundesverfassungsgerichts, die sowohl die individualrechtliche als auch die staatsorganisationsrechtliche Dimension des Rückwirkungsverbots abbildet, stellt sich damit auch inhaltlich[643] als angemessener Prüfungsmaßstab für rückwirkende Nichtanwendungsgesetze dar. Ob und inwieweit die nach den jüngsten Entscheidungen des Gerichts erneuerte und dogmatisch neu untermauerte Kritik an diesem legislativen Instrument zutrifft, ist im abschließenden Teil der Arbeit auf Grundlage dieser bundesverfassungsgerichtlichen Dogmatik und beispielhaft insbesondere anhand der derzeit vor dem Bundesverfassungsgericht anhängigen Verfahren zu untersuchen.[644]

C. Verfassungskonformität rückwirkender Nichtanwendungsgesetze

I. Eröffnung des Anwendungsbereichs

Rückwirkende Nichtanwendungsgesetze heben ihren Vergangenheitsbezug in aller Regel ausdrücklich hervor und sind damit schon formal rückwirkend. So erhalten sämtliche rückwirkende Nichtanwendungsgesetze, deren Verfassungskonformität derzeit vom Bundesverfassungsgericht in anhängigen Verfahren[645]

---

640 *Hey*, JZ 2014, 500, 503 ff.; *dies.*, NJW 2014, 1564, 1567; *dies.*, in: Tipke/Lang, 23. Auflage 2018, § 3 Rn. 269; *Drüen*, Ubg 2014, 683, 691 f.; *ders.*, Ubg 2014, 747, 748; *ders.*, StuW 2015, 210, 217 ff.; *Osterloh*, StuW 2015, 201, 208; *Schönfeld/Bergmann*, DStR 2015, 257, 262; *Wissenschaftlicher Beirat Ernst & Young Steuern*, DB 2015, 513, 517 f.; *Mellinghoff*, FS Landau, 2016, S. 69, 84.

641 Siehe schon unter § 4 C. II., III.

642 Siehe schon unter § 5 C.

643 Zu vor allem historisch-systematischen Gründen, die Dogmatik des Bundesverfassungsgerichts dieser Arbeit als Prüfungsmaßstab zugrunde zu legen, bereits unter § 6 A. II.

644 Dazu sogleich unter § 6 C.

645 Az. 2 BvL 15/14: § 50d Abs. 10 S. 1 EStG i. V. m. §§ 52 Abs. 59a S. 10 f. EStG i. d. F. des Gesetzes zur Umsetzung der Amtshilferichtlinie sowie zur Änderung steuerlicher Vorschriften (Amtshilferichtlinie-Umsetzungsgesetz) v. 26.6.2013 (BGBl I 2013, S. 1809) gegen

überprüft wird, ihre formale Rückwirkung durch eine ausdrückliche zeitliche Anwendungsregel. Dies gilt für die echt rückwirkenden §20 Abs. 1 Nr. 7 S. 3 EStG,[646] §50d Abs. 9 S. 3 EStG[647] und §50d Abs. 10 EStG.[648]

Einschränkend findet das Rückwirkungsverbot nach dem materiellen Rückwirkungsbegriff keine Anwendung auf begünstigende Nichtanwendungsgesetze. Der Gesetzgeber ist nur insoweit in seinem vergangenheitsbezogenen Handeln verfassungsrechtlich beschränkt, als er mit einer Neuregelung individuelle Interessen des Bürgers beeinträchtigt. Das Rückwirkungsverbot ist keine objektive Schranke, sondern wirkt individualrechtschützend. Wenn der Gesetzgeber mit Wirkung für die Vergangenheit die flächendeckende Anwendung einer für die Steuerpflichtigen nachteiligen Gerichtsentscheidung verhindert, verbessert er nur die Rechtslage für die Bürger, sodass gar kein Schutzbedarf besteht. Dass von einer solchen rückwirkenden Verbesserung die Steuerpflichtigen nicht mehr profitieren können, deren Veranlagungsverfahren bereits bestandskräftig abgeschlossen sind, muss allenfalls als Ungleichbehandlung vor Art. 3 GG gerechtfertigt werden. Diese relative Schlechterbehandlung Einzelner ist aber kein Problem des Rückwirkungsverbots.[649] Als Beispiel für ein rückwirkendes begünstigendes Nichtanwendungsgesetz kann die schon angesprochene Einführung von §18 Abs. 1 Nr. 1 S. 3 und 4 EStG dienen: Im Vergleich zu der von der Rechtsprechung entwickelten und im Laufe der Zeit zunehmend enger ausgelegten Vervielfältigungstheorie[650] erlaubte die gesetzliche Neuregelung Selbständigen in größerem Umfang, auf fachlich vorgebildete Arbeitskräfte zu-

BFH, Urteil v. 17.10.2007 – I R 5/06, BFHE 219, 518 = BStBl II 2009, 356 und BFH, Urteil v. 8.9.2010 – I R 74/09, BFHE 231, 84 = BStBl II 2014, 788; Az. 2 BvL 21/14: §50d Abs. 9 S. 3 EStG i. V. m. §52 Abs. 59a S. 9 EStG i. d. F. des Amtshilferichtlinie-Umsetzungsgesetzes gegen BFH, Urteil v. 11.1.2012 – I R 27/11, BFHE 236, 327; Az. 2 BvR 2674/14: §20 Abs. 1 Nr. 7 S. 3 EStG i. V. m. §52a Abs. 8 S. 2 EStG i. d. F. des Jahressteuergesetzes 2010 v. 8.12.2010 (BGBl I 2010, S. 1768) gegen BFH, Urteil v. 15.6.2010 – VIII R 33/07, BFHE 230, 109 = BStBl II 2011, 503.

[646] Die Norm war gemäß §52a Abs. 8 S. 2 EStG i. d. F. des Jahressteuergesetzes 2010 in allen Fällen anzuwenden, in denen die Einkommensteuer noch nicht bestandskräftig festgesetzt war; zum Regelungshintergrund bereits unter §2 C. IV.

[647] Die Norm wurde durch das Amtshilferichtlinie-Umsetzungsgesetz eingeführt und ist gemäß §52 Abs. 59a S. 9 EStG in der Fassung dieses Gesetzes auf alle Fälle anzuwenden, in denen die Einkommen- oder Körperschaftsteuer noch nicht bestandskräftig festgesetzt worden ist; vgl. zum Regelungshintergrund bereits unter §2 B. I.

[648] Die ursprüngliche Fassung der Norm war gemäß §52 Abs. 59a S. 8 EStG i. d. F. JStG 2009 in allen Fällen anzuwenden, in denen die Einkommen- und Körperschaftsteuer noch nicht bestandskräftig festgesetzt war. Gleiches gilt gemäß §52 Abs. 59a S. 10 f. EStG i. d. F. des Amtshilferichtlinie-Umsetzungsgesetzes für die Neufassung durch dieses Gesetz; vgl. zum Regelungshintergrund bereits unter §2 B. I.

[649] Siehe schon im Detail unter §6 B. I. 2. b) aa).

[650] Siehe nur BFH, Urteil v. 29.1.1952 – I 65/51 U, BFHE 56, 252 = BStBl III 1952, 99, juris Rn. 7 f.; BFH, Urteil v. 2.10.1952 – IV 474/51 U, BFHE 56, 749 = BStBl III 1952, 287, juris Rn. 4; BFH, Urteil v. 15.10.1953 – IV 221/52 U, BFHE 58, 180 = BStBl III 1953, 361, juris Rn. 14 jew. m. w. N. auf die schon vom RFH begründete ständige Rechtsprechung.

rückzugreifen.[651] Diese Begünstigung wurde durch das Steueränderungsgesetz 1960[652] rückwirkend erstmals für den Veranlagungszeitraum 1955 eingeführt.

Vom Anwendungsbereich des Rückwirkungsverbots ausgeschlossen sind zudem deklaratorische Regelungen, die nur die bestehende Rechtslage gesetzlich festschreiben.[653] Nichtanwendungsgesetze werden zwar in den Gesetzgebungsmaterialien teilweise als „bloß redaktionelle" Änderungen oder „Klarstellungen"[654] bezeichnet,[655] nach den vom Bundesverfassungsgericht insbesondere mit dem KAGG-Beschluss etablierten Maßstäben[656] sind sie aber in aller Regel konstitutiv belastende Vorschriften, die am Rückwirkungsverbot zu messen sind: Ob eine deklaratorische oder eine konstitutive Regelung vorliegt, hängt nicht von der Einschätzung des Gesetzgebers ab, sondern von den Auswirkungen der Gesetzesänderung auf die Auslegung der Vorschrift. Diese Auslegung ist Sache der Fachgerichte. Schon wenn sich die Neuregelung „für oder gegen eine vertretbare Auslegung einer Norm entscheidet und damit ernsthafte Auslegungszweifel im geltenden Recht beseitigt,"[657] liegt eine konstitutive Änderung vor und der Gesetzgeber muss für eine rückwirkende Anwendung die Voraussetzungen des Rückwirkungsverbots erfüllen. Die gerichtliche Auslegung einer Norm ist nach den Maßstäben des Bundesverfassungsgerichts nur in absoluten Ausnahmefällen unvertretbar.[658] Nichtanwendungsgesetze zielen gerade darauf ab, die bisherige Auslegung der Fachgerichte gesetzlich unmöglich zu machen. Sie setzen regelmäßig an der Begründung des Gerichts an und entziehen dieser durch eine Veränderung des Gesetzeswortlauts den argumentativen Boden.[659] Nichtanwendungsgesetze entfalten damit in allen praktisch relevanten Fällen konstitutive Wirkung.

---

[651] Vgl. BT-Drs. 3/1811, S. 11 f.

[652] Gesetz zur Änderung des Einkommensteuergesetzes, des Körperschaftsteuergesetzes, des Gewerbesteuergesetzes und des Wohnungsbau-Prämiengesetzes (Steueränderungsgesetz 1960) vom 30.7.1960, BGBl I 1960, S. 616.

[653] Siehe schon im Detail unter §6 B. I. 2. b) bb).

[654] Zum dogmatisch nicht trennscharfen Begriff der „klarstellenden Gesetze" bereits unter §2 B. II.

[655] Vgl. aus jüngerer Zeit z. B. BT-Drs. 16/7076, S. 186; BT-Drs. 17/3549, S. 8, 17; BT-Drs. 17/7524, S. 5, 10.

[656] Siehe schon im Detail unter §6 B. I. 2. c) bb).

[657] BVerfG, Beschluss v. 17.12.2013 – 1 BvL 5/08, BVerfGE 135, 1, juris Rn. 52; als Maßstab bestätigt durch BVerfG, Nichtannahmebeschluss v. 20.9.2016 – 1 BvR 1387/15, NVwZ 2017, 705, juris Rn. 41.

[658] Vgl. nur BVerfG, Beschluss v. 12.11.1997 – 1 BvR 479/92, 1 BvR 307/94, BVerfGE 96, 375, juris Rn. 52 ff.; BVerfG, Urteil v. 7.6.2005 – 1 BvR 1508/96, BVerfGE 113, 88, juris Rn. 37; BVerfG, Beschluss v. 15.1.2009 – 2 BvR 2044/07, BVerfGE 122, 248, juris Rn. 37; BVerfG, Beschluss v. 17.12.2013 – 1 BvL 5/08, BVerfGE 135, 1, juris Rn. 50 jew. m. w. N.; zur Aufgabenteilung zwischen den Fachgerichten und dem Bundesverfassungsgericht schon im Detail unter §6 B. I. 2. c) aa).

[659] Vgl. zur Abgrenzung von Nichtanwendungsgesetzen und sonstigen Reformgesetzen schon unter §2 B. I.

Dementsprechend konkretisiert auch das Bundesverfassungsgericht die allgemeinen Maßstäbe dahingehend, dass eine konstitutive Regelung jedenfalls dann vorliegt, wenn „der Gesetzgeber damit nachträglich einer höchstrichterlich geklärten Auslegung des Gesetzes den Boden zu entziehen sucht“[660] oder wenn er mit der Neuregelung „eine in der Fachgerichtsbarkeit kontroverse Auslegungsfrage entscheidet, die noch nicht höchstrichterlich geklärt ist.“[661] Inhaltlich identisch formuliert das Gericht auch, eine Regelung besitze konstitutive Wirkung, wenn „die geänderte Norm in ihrer ursprünglichen Fassung von den Gerichten in einem Sinn ausgelegt werden konnte und ausgelegt worden ist, der mit der Neuregelung ausgeschlossen werden soll.“[662]

Nach diesen Maßstäben stellt sich beispielsweise[663] die Einführung neuer Abzugsbeschränkungen für die Kosten der erstmaligen Berufsausbildung als konstitutive Regelung dar: Der Bundesfinanzhof hatte angenommen, dass weder das damalige Abzugsverbot in § 12 Nr. 5 EStG noch der eingeschränkte Sonderausgabenabzug in § 10 Abs. 1 Nr. 7 EStG dazu führten, dass Aufwendungen für eine erstmalige Berufsausbildung nicht als Werbungskosten oder Betriebsausgaben abzugsfähig sind.[664] Zwar war ein diesbezüglicher Wille des Gesetzgebers aus den Gesetzesmaterialien bei der Einführung von § 12 Nr. 5 EStG[665] klar erkennbar.[666] Der BFH entschied aber, dass die jeweiligen Einleitungssätze zu § 10 EStG und § 12 EStG den Abzug als Werbungskosten oder Betriebsausgaben gerade unberührt ließen. Der gesetzgeberische Wille habe sich nicht hinreichend deutlich im Wortlaut niedergeschlagen, um betrieblich bzw. beruflich

---

660 BVerfG, Beschluss v. 17.12.2013 – 1 BvL 5/08, BVerfGE 135, 1, juris Rn. 55; sehr ähnlich auch schon BVerfG, Beschluss v. 2.5.2012 – 2 BvL 5/10, BVerfGE 131, 20, juris Rn. 69.

661 BVerfG, Beschluss v. 17.12.2013 – 1 BvL 5/08, BVerfGE 135, 1, juris Rn. 56.

662 BVerfG, Beschluss v. 2.5.2012 – 2 BvL 5/10, BVerfGE 131, 20, juris Rn. 68; BVerfG, Beschluss v. 12.11.2015 – 1 BvR 2961/14, 1 BvR 3051/14, NVwZ 2016, 300, juris Rn. 49; BVerfG, Beschluss v. 17.12.2013 – 1 BvL 5/08, BVerfGE 135, 1, juris Rn. 52.

663 Auch die weiteren Nichtanwendungsgesetze, zu denen Verfahren vor dem Bundesverfassungsgericht anhängig sind, stellen konstitutive Regelungen dar. Auf eine detaillierte Darstellung kann hier verzichtet werden, weil auch in den Gesetzgebungsmaterialien insoweit kein bloß „klarstellender“ Charakter behauptet wird; zu § 50d Abs. 9 S. 3 EStG BR-Drs. 632/1/12, S. 11 f. (das Jahressteuergesetz 2013, zu dem die zitierte Begründung ergangen ist, wurde zwar nicht umgesetzt, die vorgeschlagenen Inhalte und Begründungen aber im Rahmen des Amtshilferichtlinie-Umsetzungsgesetzes wieder aufgegriffen; vgl. BT-Drs. 17/12532, S. 89 f.).

664 Insbesondere BFH, Urteil v. 28.7.2011 – VI R 38/10, BFHE 234, 279 = BStBl II 2012, 561, juris Rn. 13 ff.; BFH, Urteil v. 28.7.2011 – VI R 7/10, BFHE 234, 271 = BStBl II 2012, 557, juris Rn. 15 ff.

665 Die Norm wurde durch das AOÄndG (BGBl I 2004, 1753) eingeführt, nachdem der BFH die sog. „Lebenskampfthese“ aufgegeben hatte, nach der Aufwendungen für eine erstmalige Berufsausbildung und eine Umschulung stets der privaten Lebensführung zuzuordnen seien; vgl. BFH, Urteil v. 4.12.2002 – VI R 120/01, BFHE 201, 156 = BStBl II 2003, 403, juris Rn. 31 ff.

666 BT-Drs. 15/3339, S. 10 f.; vgl. auch BFH, Urteil v. 28.7.2011 – VI R 38/10, BFHE 234, 279 = BStBl II 2012, 561, juris Rn. 20.

veranlasste Aufwendungen ausnahmsweise vom Abzug auszuschließen.[667] Der Gesetzgeber reagierte auf diese Entscheidung, indem er ausdrückliche Betriebsausgaben- und Werbungskostenabzugsverbote in § 4 Abs. 9 EStG und § 9 Abs. 6 EStG verankerte, den Höchstbetrag für den Sonderausgabenabzug in § 10 Abs. 1 Nr. 7 EStG von 4.000 € auf 6.000 € erhöhte und das Abzugsverbot in § 12 Nr. 5 EStG noch einmal präzisierte.[668] Er knüpfte damit genau an die Argumentation des Bundesfinanzhofs an und entzog dieser die gesetzliche Grundlage. Dass die Gesetzesmaterialien dies als bloße Klarstellung bezeichneten, ändert nichts am konstitutiven Charakter der Neuregelung.[669]

Ebenso wenig war die Einführung eines gesonderten Einnahmetatbestands für Erstattungszinsen im Sinne von § 233a AO in § 20 Abs. 1 Nr. 7 S. 3 EStG nur eine deklaratorische Regelung.[670] Nachdem der Bundesfinanzhof auf Grundlage einer weiten Auslegung des Abzugsverbots für gezahlte Personensteuern in § 12 Nr. 3 EStG zu dem Ergebnis gekommen war, dass auch Zinsen im Zusammenhang mit der Erstattung solcher Steuern nicht zu den steuerbaren Einkünften zählen,[671] hat der Gesetzgeber ebendiese Steuerbarkeit von Erstattungszinsen positiv geregelt. Auch hier knüpft die gesetzliche Neuregelung ausdrücklich an die Argumentation des Gerichts an und macht diese nachträglich unmöglich, sodass eine konstitutive Regelung vorliegt.[672]

Auch die Neufassung von § 50d Abs. 10 EStG durch das Amtshilferichtlinie-Umsetzungsgesetz stellte nicht nur deklaratorisch den bisherigen Regelungsinhalt fest.[673] Die Norm wurde neugefasst, nachdem der Bundesfinanzhof entschieden hatte, dass ein deutsches Besteuerungsrecht an Zinszahlungen einer Mitunternehmerschaft an einen Mitunternehmer auch durch § 50d Abs. 10 i. d. F. JStG 2009 nicht begründet werde, weil die Zinszahlungen zwar zu Unternehmensgewinnen umqualifiziert werden, allerdings weder in der Norm noch

---

[667] BFH, Urteil v. 28.7.2011 – VI R 38/10, BFHE 234, 279 = BStBl II 2012, 561, juris Rn. 13 ff.; BFH, Urteil v. 28.7.2011 – VI R 38/10, BFHE 234, 279 = BStBl II 2012, 561, juris Rn. 21.

[668] Ob für die Regelung des § 12 Nr. 5 EStG neben den systematisch vorrangigen Regelungen in § 4 Abs. 9 EStG, § 9 Abs. 6 EStG und § 10 Abs. 1 Nr. 7 EStG ein eigener Anwendungsbereich verblieb, war umstritten; vgl. nur *Thürmer*, in: Blümich, § 12 EStG Rn. 5; *C. Korn*, SteuK 2015, 23, 25; *Paintner*, DStR 2015, 1, 7. Die Vorschrift wurde durch das Gesetz zur Anpassung der Abgabenordnung an den Zollkodex der Union und zur Änderung weiterer steuerlicher Vorschriften vom 22.12.2014 (BGBl I 2014, S. 2417) gestrichen; der Gesetzgeber ging davon aus, dass die Norm gegenstandslos geworden war; vgl. BT-Drs. 18/3017, S. 44.

[669] Vgl. BT-Drs. 17/7524, S. 5, 10.

[670] Vgl. aber BT-Drs. 17/3549, S. 8, 17: „Klarstellung."

[671] BFH, Urteil v. 15.6.2010 – VIII R 33/07, BFHE 230, 109 = BStBl II 2011, 503, juris Rn. 19 f.

[672] Ebenso *Drüen*, Ubg 2014, 683, 692 f.

[673] So aber BR-Drs. 632/1/12, S. 15: „Klarstellung" (das Jahressteuergesetz 2013, zu dem die zitierte Begründung ergangen ist, wurde zwar nicht umgesetzt, die vorgeschlagenen Inhalte und Begründungen aber im Rahmen des Amtshilferichtlinie-Umsetzungsgesetzes wieder aufgegriffen; vgl. BT-Drs. 17/12532, S. 89 f.).

in den Doppelbesteuerungsabkommen angeordnet werde, dass diese Sondervergütungen (bzw. die zugehörigen Vermögensgegenstände) auch einer inländischen Betriebsstätte zuzuordnen sind.[674] Indem die Neufassung um ebensolche Zuordnungsregeln ergänzt wurde, macht sie die bisherige Auslegung des Bundesfinanzhofs unmöglich und verändert damit konstitutiv die Rechtslage.[675]

Rückwirkende Nichtanwendungsgesetze erfüllen also – vom Ausnahmefall der rückwirkend begünstigenden Nichtanwendungsgesetze abgesehen – sowohl den formalen als auch den materiellen Rückwirkungsbegriff. Sie sind nur dann verfassungsrechtlich zulässig, wenn sie die besonderen Rechtfertigungsanforderungen des Rückwirkungsverbots erfüllen.

II. Bestimmung des Abwägungsmaßstabs

Ob ein Nichtanwendungsgesetz echte oder unechte Rückwirkung entfaltet, bestimmt sich im Ertragsteuerrecht[676] nach den Grundsätzen der Veranlagungszeitraum-Rechtsprechung:[677] Erstreckt sich die Neuregelung auch auf bereits abgeschlossene Veranlagungszeiträume, so liegt eine grundsätzlich unzulässige echte Rückwirkung vor. Der Gesetzgeber trägt die Abwägungslast, im Zweifel ist die Rückwirkung unzulässig.[678] Häufig wird der Gesetzgeber ein Nichtanwendungsgesetz mit echter Rückwirkung versehen, um die Rechtsfolgen einer fachgerichtlichen Entscheidung umfassend zu revidieren: Entscheidungen des Bundesfinanzhofs entfalten grundsätzlich uneingeschränkte Wirkung für die Vergangenheit. Zwar beschränkt der Bundesfinanzhof bei Entscheidungen, die den Steuerpflichtigen belasten, in eng umrissenen Ausnahmefällen die Anwendung der Entscheidungsgründe auf zukünftige Fälle.[679] Neuregelungen als Reaktion auf eine solche belastende Entscheidung unterliegen als begünstigende Nichtanwendungsgesetze aber ohnehin nicht dem Rückwirkungsverbot.[680] Entscheidet der Bundesfinanzhof hingegen zugunsten der Steuerpflichtigen, so konkretisiert er damit die Rechtslage in jedem Fall auch für alle bereits abgeschlossenen Veranlagungszeiträume. Die Auslegung des Bundesfinanzhofs entfaltet damit auch in der Vergangenheit (zumindest potenziell) Breitenwir-

---

[674] Insbes. BFH, Urteil v. 8.9.2010 – I R 74/09, BFHE 231, 84 = BStBl II 2014, 788, juris Rn. 17ff.; BFH, Urteil v. 7.12.2011 – I R 5/11, BFH/NV 2012, 556, juris Rn. 15.

[675] Ebenso BFH, Vorlagebeschluss v. 11.12.2013 – I R 4/13, BFHE 244, 1 = BStBl II 2014, 791, juris Rn. 54; anhängig unter Az. 2 BvL 15/14.

[676] Die meisten Nichtanwendungsgesetze betreffen ertragsteuerliche Fragen; ein Beispiel für ein Nichtanwendungsgesetz im Bereich der Verkehrssteuern (Grunderwerbsteuer) ist in Fn. 406 dargestellt.

[677] Siehe im Detail bereits unter § 6 B. II. 1. d).

[678] Siehe im Detail bereits unter § 6 B. II. 2. und III. 1.

[679] BFH, Beschluss v. 17.12.2007 – GrS 2/04, BFHE 220, 129 = BStBl II 2008, 608, juris Rn. 105, 110; BFH, Urteil v. 11.7.2017 – IX R 36/15, BFHE 258, 427, juris Rn. 40ff.; siehe dazu bereits im Detail unter § 3 B.

[680] Siehe bereits unter § 6 C. I.

kung. Die Anzahl der betroffenen Veranlagungen hängt zum einen davon ab, wie lange die ausgelegte Vorschrift schon in der entscheidungsrelevanten Fassung bestand, und zum anderen davon, wie viele Fälle verfahrensrechtlich noch änderbar sind. Insbesondere, wenn der Bundesfinanzhof in einem sog. Musterverfahren entscheidet, nachdem eine Vielzahl weiterer Veranlagungen im Hinblick auf dieses Verfahren nur vorläufig erfolgten (§ 165 Abs. 2 S. 1 Nr. 4 AO) bzw. Einspruchs- und Klageverfahren im Hinblick auf die Entscheidung im Musterverfahren zum Ruhen gebracht wurden[681] kann die Breitenwirkung der Entscheidung auch in abgeschlossenen Veranlagungszeiträumen beachtlich sein. Will der Gesetzgeber die flächendeckende Anwendung der Entscheidungsgrundsätze für die Vergangenheit verhindern, muss er dem Nichtanwendungsgesetz echte Rückwirkung beimessen.

So wurden die Neuregelungen in § 4 Abs. 9 EStG und § 9 Abs. 6 EStG, nach denen die Aufwendungen einer beruflichen Erstausbildung in der Regel keine Betriebsausgaben oder Werbungskosten sind, durch das Beitreibungsrichtlinie-Umsetzungsgesetz[682] rückwirkend mit Wirkung für Veranlagungszeiträume bis einschließlich 2004 eingeführt (§ 52 Abs. 12 S. 11 EStG und § 52 Abs. 23d S. 5 EStG, jeweils i. d. F. des Beitreibungsrichtlinie-Umsetzungsgesetzes). Die Ergänzung in § 20 Abs. 1 Nr. 7 S. 3 EStG durch das Jahressteuergesetz 2010[683], nach der auch Erstattungszinsen im Sinne des § 233a AO steuerbare Zinserträge sind, ist gemäß § 52a Abs. 8 S. 2 EStG i. d. F. des Jahressteuergesetzes 2010 in allen Fällen anzuwenden, in denen die Einkommensteuer noch nicht bestandskräftig festgesetzt ist. Auch die erstmalige Einführung von § 50d Abs. 10 EStG durch das Jahressteuergesetz 2009[684], dessen Neufassung durch das Amtshilferichtlinie-Umsetzungsgesetz[685] sowie die ebenfalls mit dem Amtshilferichtlinie-Umsetzungsgesetz eingeführte Vorschrift des § 50d Abs. 9 S. 3 EStG sind in allen noch nicht bestandskräftig veranlagten Fällen anzuwenden (§ 52 Abs. 59a S. 8 EStG i. d. F. JStG 2009 und §§ 52 Abs. 59a S. 9 und S. 10f. EStG i. d. F. des Amtshilferichtlinie-Umsetzungsgesetzes).

Knüpft ein Nichtanwendungsgesetz hingegen zwar an Sachverhalte an, die vor der Gesetzesverkündung verwirklicht wurden, erhöht es aber nur die Steuerschuld für den laufenden oder zukünftige Veranlagungszeiträume, so liegt ein Fall unechter Rückwirkung vor. Nach der jüngeren Rechtsprechung des Bundesverfassungsgerichts ist eine solche unechte Rückwirkung bei periodisch veranlagten Steuern nicht grundsätzlich unzulässig. Der Vertrauensschutz der betroffenen Steuerpflichtigen und das gesetzgeberische Änderungsinteresse stehen

[681] Vgl. zu den einzelnen verfahrensverzögernden Maßnahmen, die im Ergebnis zu Musterverfahren vor dem Bundesfinanzhof führen, bereits im Detail unter § 5 B. I.–III.

[682] Beitreibungsrichtlinie-Umsetzungsgesetz vom 7.12.2011 (BGBl I 2011, S. 2592).

[683] Jahressteuergesetz 2010 (JStG 2010) vom 8.12.2010 (BGBl I 2010, S. 1768).

[684] Jahressteuergesetz 2009 (JStG 2009) v. 19.12.2008 (BGBl I 2008, 2794).

[685] Gesetz zur Umsetzung der Amtshilferichtlinie sowie zur Änderung steuerlicher Vorschriften (Amtshilferichtlinie-Umsetzungsgesetz) v. 26.6.2013 (BGBl I 2013, S. 1809).

sich in einer offenen Abwägung gegenüber: Überwiegt der Vertrauensschutz, ist die rückwirkende Anwendung der Norm verfassungswidrig. Überwiegen die mit der Rückwirkung verfolgten Allgemeinwohlbelange, ist die Verletzung des individuellen Vertrauens gerechtfertigt.[686] Greift die Regelung in besonders schutzwürdige Positionen des Steuerpflichtigen ein, weil dieser bereits verbindliche Dispositionen getätigt hat, eine konkret verfestigte Vermögensposition vorliegt oder der zugrundeliegende Lebenssachverhalt bereits in gesteigertem Maße abgeschlossen ist, kehrt sich die Abwägungslast vollständig um. Auch die unechte Rückwirkung ist dann grundsätzlich unzulässig und kann nur im Rahmen einer strengen Verhältnismäßigkeitsprüfung gerechtfertigt werden.[687] Der Gesetzgeber stattet ein Nichtanwendungsgesetz insbesondere dann mit unechter Rückwirkung aus, wenn die Gerichtsentscheidung Dauersachverhalte oder gestreckte Besteuerungstatbestände betrifft.

Ein Beispiel für ein unecht rückwirkendes Nichtanwendungsgesetz bildet die durch das Richtlinien-Umsetzungsgesetz (EURLUmsG) vom 9.12.2004[688] eingeführte Neuregelung in §11 Abs.2 S.3 EStG, nach der für eine Nutzungsüberlassung von mehr als fünf Jahren vorausgezahlte Ausgaben gleichmäßig auf den Zeitraum zu verteilen sind. Die Vorschrift, mit der entgegen der Rechtsprechung des Bundesfinanzhofs[689] insbesondere vorausgezahlte Erbbauzinsen nicht mehr in vollem Umfang im Zahlungszeitpunkt abgezogen werden können,[690] ist nach §52 Abs.30 EStG i.d.F. des EURLUmsG auf alle Vorauszahlungen von Erbbauzinsen und anderen Entgelten für die Nutzung eines Grundstücks anzuwenden, die nach dem 31.12.2003 geleistet wurden. Sie erfasst damit auch den im Zeitpunkt der Gesetzesverkündung noch nicht abgeschlossenen Veranlagungszeitraum 2004 und entfaltet mithin nach den Grundsätzen der Veranlagungszeitraum-Rechtsprechung unechte Rückwirkung.[691]

Ebenfalls unechte Rückwirkung kommt der ursprünglichen Fassung von §50i Abs.1 S.1 EStG zu, mit der im Wege eines Treaty Overrides ein deutsches Besteuerungsrecht an den Gewinnen aus der Veräußerung oder Entnahme von Wirtschaftsgütern des Betriebsvermögens oder Anteilen im Sinne von §17 EStG begründet wird, die in der Vergangenheit steuerneutral auf eine nur fiktiv gewerblich tätige Personengesellschaft übertragen wurden.[692] Zwar erfasst die

---

[686] Siehe bereits im Detail unter §6 B.II.2. und III.2.a).

[687] Siehe bereits im Detail unter §6 B.III.2.b).

[688] Richtlinien-Umsetzungsgesetz (EURLUmsG) vom 9.12.2004 (BGBl I 2004, S.3310).

[689] BFH, Urteil v. 23.9.2003 – IX R 65/02, BFHE 203, 355 = BStBl II 2005, 159, juris Rn.10ff.

[690] Die Finanzverwaltung nahm an, dass in einem Einmalbetrag geleistete Erbbauzinsen Anschaffungskosten des Erbbaurechts bilden und ließ deshalb nur einen ratierlich auf die Dauer des Erbbaurechts verteilten Abzug zu; vgl. Bundesministerium der Finanzen vom 10.12.1996, 1996-12-10 IV B 3-S 2253-99/96, BStBl I 1996, 1440.

[691] Ebenso BVerfG, Beschluss v. 25.3.2021 – 2 BvL 1/11, juris, juris Rn.63ff.; BFH, Vorlagebeschluss v. 7.12.2010 – IX R 70/07, BFHE 232, 2010, 121 = BStBl II 2011, 346, juris Rn.33.

[692] Nach der Rechtsprechung des Bundesfinanzhofs erzielen nur fiktiv gewerblich täti-

mit dem Amtshilferichtlinie-Umsetzungsgesetz[693] eingeführte Norm nur zukünftige Veräußerungen oder Entnahmen.[694] Indem sie aber gerade für solche Wirtschaftsgüter und Anteile ein Besteuerungsrecht begründete, die vor Verkündung des Gesetzes auf eine nur fiktiv gewerblich tätige Personengesellschaft übertragen wurden, knüpft sie an einen bereits in der Vergangenheit begonnenen Sachverhalt an und entfaltet mithin unechte Rückwirkung.[695]

III. Rechtfertigung rückwirkender Nichtanwendungsgesetze

Das Bundesverfassungsgericht und der Bundesfinanzhof haben sich bereits in verschiedenen Entscheidungen mit der Rechtfertigung echt und unecht rückwirkender Nichtanwendungsgesetze auseinandergesetzt und dabei eine spezifisch auf diese Fälle zugeschnittene Argumentationsstruktur entwickelt. Diese Argumentation wird in einem ersten Schritt nachvollzogen[696] und sodann auf ihre Konsistenz mit den jüngsten Weiterentwicklungen der bundesverfassungsgerichtlichen Rückwirkungsdogmatik überprüft.[697] Ausgehend von dieser kritischen Bestandsaufnahme kann eine Rekonstruktion erfolgen, die die Stärkung von Rechtskontinuität als Rechtfertigungsgrund für Nichtanwendungsgesetze in das Zentrum der Betrachtung rückt.[698]

---

ge Personengesellschaften keine Unternehmensgewinne im Sinne der Doppelbesteuerungsabkommen, sodass nur dem Wohnsitzstaat der Gesellschafter ein Recht an der Besteuerung von Gewinnen aus der Veräußerung von Wirtschaftsgütern dieser Gesellschaft zusteht; BFH, Urteil v. 28.4.2010 – I R 81/09, BFHE 229, 252 = BStBl II 2014, 754, juris Rn. 22; BFH, Beschluss v. 19.5.2010 – I B 191/09, BFHE 229, 322 = BStBl II 2011, 156, juris Rn. 15; BFH, Urteil v. 9.12.2010 – I R 49/09, BFHE 232, 145 = BStBl II 2011, 482, juris Rn. 18; BFH, Urteil v. 24.8.2011 – I R 46/10, BFHE 234, 339 = BStBl II 2014, 764, juris Rn. 16; ebenso zu gewerblichen Einkünften, die sich nur nach den Grundsätzen der Betriebsaufspaltung ergeben BFH, Urteil v. 25.5.2011 – I R 95/10, BFHE 234, 63 = BStBl II 2014, 760, juris Rn. 22. Sind die Gesellschafter im Ausland ansässig, hat Deutschland also kein Besteuerungsrecht. Allenfalls kann im Zeitpunkt des Wegzugs eine Besteuerung nach § 6 AStG eintreten.

[693] Amtshilferichtlinie-Umsetzungsgesetz vom 26.6.2013 (BGBl I 2013, 1809).

[694] Nach § 52 Abs. 59d S. 1 i. d. F. des Amtshilferichtlinie-Umsetzungsgesetzes war § 50i Abs. 1 S. 1 EStG auf die Veräußerung oder Entnahme von Wirtschaftsgütern oder Anteilen anzuwenden, die nach dem 29.6.2013 (dem Tag der Verkündung des Gesetzes im Bundesgesetzblatt) stattfinden. Die ergänzende Regelung des § 50i Abs. 1 S. 2 EStG (nunmehr § 50i Abs. 1 S. 3 EStG), nach der auch alle laufenden Einkünfte aus einer Personengesellschaft im Sinne des § 50i Abs. 1 S. 1 EStG dem deutschen Besteuerungsrecht unterliegen, war demgegenüber in allen Fällen anzuwenden, in denen die Einkommensteuer noch nicht bestandskräftig festgesetzt war (§ 52 Abs. 59d S. 2 i. d. F. des Amtshilferichtlinie-Umsetzungsgesetzes) und entfaltete mithin echte Rückwirkung.

[695] Ebenso *Liekenbrock*, in: FWBS, § 50i EStG Rn. 35; *Loschelder*, in: Schmidt, EStG, 38. Auflage 2019, § 50i Rn. 3; a. A. *Pohl*, IStR 2013, 699, 703.

[696] Siehe dazu sogleich unter § 6 C. III. 1.

[697] Siehe dazu noch unter § 6 C. III. 2.

[698] Siehe dazu noch unter § 6 C. III. 3.

1. Ansätze in der Rechtsprechung des Bundesverfassungsgerichts und des Bundesfinanzhofs

Rückwirkende Nichtanwendungsgesetze wurden vom Bundesverfassungsgericht und vom Bundesfinanzhof immer dann für zulässig gehalten, wenn sie eine gefestigte Rechtspraxis wiederherstellen. Nach der hier eingeführten Terminologie geht es um die Fälle konservierender Nichtanwendungsgesetze. Insbesondere haben die Gerichte solche rückwirkenden Nichtanwendungsgesetze akzeptiert, mit denen der Gesetzgeber auf einen Wechsel in der fachgerichtlichen Rechtsprechung reagiert und diesen auch mit Wirkung für die Vergangenheit rückgängig gemacht hat. Derartige Neuregelungen würden kein schutzwürdiges Vertrauen des Steuerpflichtigen verletzen. Dabei differenzieren die Gerichte in der Begründung zwischen dem Zeitraum vor und nach der höchstrichterlichen Entscheidung, mit der eine gefestigte Rechtspraxis in Frage gestellt wird (insbesondere, indem eine ständige Rechtsprechung aufgegeben wird).

a) Zeitraum vor der höchstrichterlichen Entscheidung

Insoweit sich das rückwirkende Gesetz auf Sachverhalte erstreckt, die vor der höchstrichterlichen Entscheidung verwirklicht wurden, liegt regelmäßig eine echte Rückwirkung vor.[699] Die Gerichte sehen das Vertrauen des Steuerpflichtigen hier als nicht schutzwürdig an, weil es in Widerspruch zu der allgemein anerkannten Rechtspraxis steht.

Diese Argumentation taucht – soweit ersichtlich[700] – erstmals in zwei Vorlagebeschlüssen des achten Senats des Bundesfinanzhofs vom 21.5.1987 zur Verfassungskonformität des Abzugsverbots für Geldbußen in §4 Abs. 5 S. 1 Nr. 8 EStG auf:[701] Das Abzugsverbot hatte der Gesetzgeber eingeführt,[702] nachdem

[699] Das Bundesverfassungsgericht hat in den Beschlüssen zur Beamtenversorgung und zur Dienstpostenbündelung implizit nahegelegt, dass die Argumentationsstruktur auch auf Fälle unechter Rückwirkung übertragen werden kann, indem es die genaue Einordnung der Rückwirkung im konkreten Fall dahinstehen ließ; vgl. BVerfG, Beschluss v. 2.5.2012 – 2 BvL 5/10, BVerfGE 131, 20, juris Rn. 76ff.; BVerfG, Beschluss v. 16.12.2015 – 2 BvR 1958/13, NVwZ 2016, 682, juris Rn. 51. Dies zeigt erneut, dass das Gericht die beiden Rückwirkungsarten nicht als streng voneinander getrennte Kategorien, sondern als Abstufungen einer einheitlichen Verhältnismäßigkeitsabwägung zwischen dem Vertrauen des Einzelnen einerseits und den legislativen Änderungsinteressen andererseits begreift; vgl. dazu schon unter §6 B. II. 2.

[700] Auch der Bundesfinanzhof rekurriert auf den Entscheidungskomplex zur Verfassungskonformität von §4 Abs. 5 S. 1 Nr. 8 EStG als Ursprung der Rechtfertigungserwägungen für rückwirkende Nichtanwendungsgesetze; vgl. BFH, Vorlagebeschluss v. 19.4.2007 – IV R 4/06, BFHE 217, 117 = BStBl II 2008, 140, juris Rn. 92ff.; BFH, Vorlagebeschluss v. 19.4.2007 – IV R 59/05, BFH/NV 2007, 2334, juris Rn. 105ff.

[701] BFH, Vorlagebeschluss v. 21.5.1987 – VIII R 1/85, BFH/NV 1987, 636, juris Rn. 5ff.; BFH, Vorlagebeschluss v. 21.5.1987 – VIII R 194/84, juris, juris Rn. 5ff.; die Entscheidungsgründe zu zwei am selben Tag ergangenen Parallelbeschlüssen sind nicht dokumentiert, BFH, Vorlagebeschluss v. 21.5.1987 – VIII R 308/84, juris; BFH, Vorlagebeschluss v. 21.5.1987 – VIII R 311/84, juris.

der große Senat des Bundesfinanzhofs mit zwei Beschlüssen vom 21.11.1983 entschieden hatte, dass Geldbußen für betrieblich veranlasste Ordnungswidrigkeiten als Betriebsausgaben abzugsfähig sind.[703] Mit diesen Entscheidungen gab der Bundesfinanzhof seine ständige, auch von der Finanzverwaltung angewendete Rechtsprechung auf, nach der einem steuerwirksamen Abzug von Geldstrafen und -bußen der Grundsatz der Einheit der Rechtsordnung entgegenstehe.[704] Das neu geschaffene Abzugsverbot war uneingeschränkt auch auf Sachverhalte vor Verkündung des Änderungsgesetzes anwendbar.[705]

Der achte Senat des Bundesfinanzhofs hielt die damit einhergehende echte Rückwirkung verfassungsrechtlich für unproblematisch:[706] Vertrauensgrundlage sei nicht nur der Wortlaut des Gesetzes allein.[707] Der Steuerpflichtige müsse bei seinen Dispositionen vielmehr auch die Interpretation des Gesetzes durch die zuständigen höchsten Gerichte miteinbeziehen. Bestehe insoweit eine gefestigte höchstrichterliche Rechtsprechung, die auch von der Finanzverwaltung angewendet wird, so könne der Steuerpflichtige nicht geltend machen, er habe auf eine andere „wahre“ oder „richtige“ Auslegung vertraut, die in der bishe-

---

[702] Die Norm des § 4 Abs. 5 S. 1 Nr. 8 EStG wurde durch das Gesetz zur Änderung des Einkommensteuergesetzes und des Körperschaftsteuergesetzes vom 25.7.1984 (BGBl I 1984, 1006) eingeführt.

[703] BFH, Beschluss v. 21.11.1983 – GrS 2/82, BFHE 140, 50 = BStBl II 1984, 160, juris Rn. 49 ff.; der Parallelbeschluss BFH, Beschluss v. 21.11.1983 – GrS 3/82, BFHE 140, 62 = BStBl II 1984, 166 wurde nur mit seinem Leitsatz veröffentlicht.

[704] Vgl. nur BFH, Urteil v. 21.7.1955 – IV 373/54 U, BFHE 61, 361 = BStBl III 1955, 338, juris Rn. 15 ff.; BFH, Urteil v. 10.9.1957 – I 322/56 S, BFHE 65, 471 = BStBl III 1957, 415, juris Rn. 5 ff.; BFH, Urteil v. 25.8.1961 – VI 99/59 S, BFHE 73, 591 = BStBl III 1961, 482, juris Rn. 8 f.; BFH, Urteil v. 6.11.1968 – I R 12/66, BFHE 94, 56 = BStBl II 1969, 74, juris Rn. 8 ff.; BFH, Urteil v. 18.5.1972 – IV R 122/68, BFHE 105, 486 = BStBl II 1972, 623, juris Rn. 9; BFH, Urteil v. 18.12.1975 – IV R 12/72, BFHE 118, 307 = BStBl II 1976, 370, juris Rn. 13; zur Entwicklung in der Rechtsprechung des Reichsfinanzhofs siehe BFH, Beschluss v. 21.11.1983 – GrS 2/82, BFHE 140, 50 = BStBl II 1984, 160, juris Rn. 39 ff.

[705] Das Gesetz zur Änderung des Einkommensteuergesetzes und des Körperschaftsteuergesetzes vom 25.7.1984 trat nach seinem Artikel 4 am Tag nach seiner Verkündung und damit am 1.8.1984 in Kraft. Nach § 52 Abs. 3a EStG i. d. F. des Gesetzes zur Änderung des Einkommensteuergesetzes und des Körperschaftsteuergesetzes fand § 4 Abs. 5 S. 1 Nr. 8 EStG aber auch auf Veranlagungszeiträume vor 1983 Anwendung, soweit Steuerbescheide nicht bestandskräftig waren oder unter einem Vorbehalt der Nachprüfung standen.

[706] Der achte Senat des Bundesfinanzhofs hielt das Abzugsverbot aber für unvereinbar mit dem aus Art. 3 Abs. 1 GG herzuleitenden Grundsatz der Gleichmäßigkeit der Besteuerung und dem Übermaßverbot, insoweit auch der Teil der Geldbuße vom Betriebsausgabenabzug ausgeschlossen wird, der zur Abschöpfung des aus der Tat erzielten wirtschaftlichen Vorteils festgesetzt wurde; vgl. insoweit BFH, Vorlagebeschluss v. 21.10.1986 – VIII R 1/85, BFHE 148, 271 = BStBl II 1987, 212, juris Rn. 38 ff.; BFH, Vorlagebeschluss v. 21.10.1986 – VIII R 194/84, juris, juris Rn. 41; nicht dokumentiert ist die Begründung der Parallelbeschlüsse BFH, Vorlagebeschluss v. 21.10.1986 – VIII R 308/84, juris; BFH, Vorlagebeschluss v. 21.10.1986 – VIII R 311/84, juris. Erst die in Fn. 708 zitierten Beschlüsse ergänzten diese Vorlagen um Stellungnahmen zur Verfassungskonformität der Rückwirkung.

[707] Ausdrücklich BFH, Vorlagebeschluss v. 21.5.1987 – VIII R 1/85, BFH/NV 1987, 636, juris Rn. 6; BFH, Vorlagebeschluss v. 21.5.1987 – VIII R 194/84, juris, juris Rn. 6.

rigen Rechtspraxis verkannt wurde.[708] Vor den Entscheidungen des Bundesfinanzhofs vom 21.11.1983 habe keine „klare und eindeutige Rechtslage“ in dem Sinne bestanden, dass der Steuerpflichtige berechtigt von einem Abzug der Geldbußen als Betriebsausgaben habe ausgehen können.[709] Das Bundesverfassungsgericht folgte dieser Argumentation in seinem Beschluss vom 23.1.1990, indem es knapp feststellte, gegen die rückwirkende Anwendung des Abzugsverbots bestünden keine Bedenken, da die Neuregelung lediglich die Rechtslage wiederhergestellt habe, die bis zu den Entscheidungen des Großen Senats vom 21.11.1983 der allgemeinen Rechtsauffassung entsprach.[710]

Aus denselben sachlichen Erwägungen aber mit einem anderen dogmatischen Anknüpfungspunkt begründete fast zeitgleich der vierte Senat des Bundesfinanzhofs, dass der Gesetzgeber die mit der Entscheidung des Großen Senats des Bundesfinanzhofs vom 25.6.1984 aufgegebene[711] sog. Geprägerechtsprechung rückwirkend in §15 Abs. 3 Nr. 2 EStG gesetzlich verankern durfte:[712] Die Geprägerechtsprechung, nach der eine Personengesellschaft schon dann gewerbliche Einkünfte erzielte, wenn an ihr eine Kapitalgesellschaft beteiligt ist, die ihr das Gepräge gibt und ihre Tätigkeit entscheidend bestimmt,[713] sei bis zur Entscheidung des Großen Senats von der Rechtsprechung und der Finanzverwaltung[714] einhellig beachtet worden. Die Steuerpflichtigen hätten sie daher

---

[708] BFH, Vorlagebeschluss v. 21.5.1987 – VIII R 1/85, BFH/NV 1987, 636, juris Rn. 7; BFH, Vorlagebeschluss v. 21.5.1987 – VIII R 194/84, juris, juris Rn. 7.

[709] BFH, Vorlagebeschluss v. 21.5.1987 – VIII R 1/85, BFH/NV 1987, 636, juris Rn. 6f.; BFH, Vorlagebeschluss v. 21.5.1987 – VIII R 194/84, juris, juris Rn. 6f.; der erste Senat des Bundesfinanzhofs hat sich der Einschätzung des achten Senats ohne eigene Begründung angeschlossen; vgl. nur BFH, Urteil v. 30.11.1989 – I R 190/84, BFH/NV 1990, 557, juris Rn. 14; BFH, Urteil v. 20.6.1990 – I R 73/88, BFH/NV 1991, 32, juris Rn. 7; BFH, Urteil v. 20.6.1990 – I R 141/84, BFH/NV 1991, 38, juris Rn. 14; BFH, Urteil v. 31.7.1990 – I R 173/83, BFHE 162, 236 = BStBl II 1991, 66, juris Rn. 34.

[710] BVerfG, Beschluss v. 23.1.1990 – 1 BvL 4/87; 1 BvL 5/87; 1 BvL 6/87; 1 BvL 7/87, BVerfGE 81, 228, juris Rn. 34.

[711] BFH, Beschluss v. 25.6.1984 – GrS 4/82, BFHE 141, 405 = BStBl II 1984, 751, juris Rn. 133ff.

[712] Die Norm des §15 Abs. 3 Nr. 2 EStG wurde durch das Steuerbereinigungsgesetz 1986 vom 19.12.1985 (BGBl I 1985, 2436) eingefügt und war nach §52 Abs. 20b S. 1 EStG i. d. F. des Steuerbereinigungsgesetz 1986 auch schon für Veranlagungszeiträume vor 1986 anzuwenden. Soweit Veranlagungen noch nicht bestandskräftig waren oder unter dem Vorbehalt der Nachprüfung standen und sich eine Steuerpflicht von Veräußerungs- oder Entnahmegewinnen erst aus der Anwendung von §15 Abs. 3 Nr. 2 EStG ergab, nahm §52 Abs. 20b S. 3ff. EStG solche Gewinne von der Besteuerung aus, bei denen entweder das obligatorische Veräußerungsgeschäft, dessen dingliche Erfüllung oder die Entnahmehandlung in den Zeitraum zwischen Veröffentlichung des Beschlusses des Großen Senats vom 25.6.1984 und der Beschlussfassung der Bundesregierung über das Steuerbereinigungsgesetz 1986 fiel.

[713] Vgl. insbesondere BFH, Urteil v. 17.3.1966 – IV 233/65, IV 234/65, IV 233, 234/65, BFHE 84, 471 = BStBl III 1966, 171, juris Rn. 7ff.; BFH, Urteil v. 3.8.1972 – IV R 235/67, BFHE 106, 331 = BStBl II 1972, 799, juris Rn. 9ff.; BFH, Urteil v. 22.11.1972 – I R 252/70, BFHE 108, 208 = BStBl II 1973, 405, juris Rn. 11ff.

[714] Abschn. 28 Abs. 2 EStR 1981, Abschn. 16 Abs. 2 GewStR 1978.

ihren Dispositionen zugrunde legen müssen. Werde diese Rechtsprechung nun nachträglich gesetzlich bestätigt, so knüpfe der Gesetzgeber damit an den abgeschlossenen Sachverhalt keine ungünstigeren Rechtsfolgen als diejenigen, von denen der Bürger bei seinen Dispositionen ausgehen musste. Damit liege eine belastungsneutrale Regelung vor, die schon gar nicht in den Anwendungsbereich des Rückwirkungsverbots[715] falle.[716] Das Bundesverfassungsgericht nahm eine Verfassungsbeschwerde gegen diese Rechtsprechung des Bundesfinanzhofs ohne Begründung nicht zur Entscheidung an.[717]

Erst durch die Kammerentscheidung des Bundesverfassungsgerichts vom 15.10.2008[718] zur rückwirkenden gesetzlichen Regelung der sog. „Mehrmütterorganschaft", die zugleich die erste umfangreichere Stellungnahme des Gerichts zum Problem rückwirkender Nichtanwendungsgesetze enthielt, ordnete sich die dogmatische Begründung: Der Bundesfinanzhof hatte entschieden, dass mehrere Muttergesellschaften, die gemeinsam die Stimmmehrheit in einer Tochtergesellschaft innehaben, unmittelbar selbst Organträger in einer gewerbesteuerlichen[719] Organschaft sein können.[720] Damit rückte er von seiner ständigen Rechtsprechung[721] und der dauerhaften Verwaltungspraxis[722] ab, nach der in einem solchen Fall nur die von den Muttergesellschaften zur Koordinierung der Willensbildung gebildete Gesellschaft bürgerlichen Rechts Organträgerin sein konnte und mithin auch nur auf Ebene dieser Personengesellschaft Verluste der Tochtergesellschaft verrechnet werden konnten. Die Finanzverwaltung reagierte auf den Rechtsprechungswechsel mit einem Nichtanwendungserlass, in dem bereits eine gesetzliche Neuregelung mit Wirkung auch für die Vergangenheit angekündigt wurde.[723] Der Gesetzgeber ordnete sodann mit dem Gesetz zur Fortentwicklung des Unternehmenssteuerrechts

[715] Zum Ausschluss deklaratorischer Regelungen vom Anwendungsbereich des Rückwirkungsverbots bereits unter §6 B. I. 2. b) bb).

[716] BFH, Urteil v. 10.7.1986 – IV R 12/81, BFHE 147, 63 = BStBl II 1986, 811, juris Rn. 9; BFH, Beschluss v. 14.9.1989 – IV S 2/89, BFH/NV 1990, 311, juris Rn. 10; BFH, Urteil v. 11.12.1986 – IV R 222/84, BFHE 149, 149 = BStBl II 1987, 553, juris Rn. 10; der achte Senat hat sich dieser Rechtsprechung angeschlossen BFH, Beschluss v. 15.10.1991 – VIII B 168/90, juris, juris Rn. 23.

[717] BVerfG, Beschluss v. 2.11.1995 – 2 BvR 1568/90, StE 1996, 8.

[718] BVerfG, Nichtannahmebeschluss v. 15.10.2008 – 1 BvR 1138/06, BVerfGK 14, 338.

[719] Die Entscheidungsgründe wären gleichermaßen auf die körperschaftsteuerliche Organschaft übertragbar gewesen.

[720] BFH, Urteil v. 9.6.1999 – I R 43/97, BFHE 189, 518 = BStBl II 2000, 695, juris Rn. 18–24; BFH, Urteil v. 9.6.1999 – I R 37/98, BFH/NV 2000, 347, juris Rn. 14ff.; BFH, Urteil v. 26.4.2001 – IV R 75/99, BFHE 194, 421, juris Rn. 27ff.

[721] BFH, Urteil v. 25.6.1957 – I 22/55 U, BFHE 66, 449 = BStBl III 1958, 174; BFH, Urteil v. 8.10.1986 – I R 65/85, BFH/NV 1988, 190, juris Rn. 17; BFH, Urteil v. 14.4.1993 – I R 128/90, BFHE 171, 223 = BStBl II 1994, 124.

[722] Abschn. 52 Abs. 6 KStR 1995 und Abschn. 14 Abs. 6 GewStR 1998.

[723] Bundesministerium der Finanzen vom 4.12.2000, IV A 2-S 2770-3/00, BStBl I 2000, 1571.

(UntStFG)[724] in § 14 Abs. 2 S. 1 KStG und § 2 Abs. 2 S. 3 GewStG ausdrücklich an, dass bei einer Mehrmütterorganschaft nur die von den Muttergesellschaften gebildete Personengesellschaft Organträgerin sein kann. Die Vorschriften waren auch für bereits abgeschlossene Veranlagungszeiträume anwendbar (§ 34 Abs. 6 KStG i. d. F. UntStFG bzw. § 36 Abs. 2 S. 2 GewStG i. d. F. UntStFG) und entfalteten mithin formal echte Rückwirkung. Der erste Senat des Bundesfinanzhofs nahm – anders als der vierte Senat in seiner Argumentation zur Rückwirkung von § 15 Abs. 3 EStG – auch in materieller Hinsicht eine echte Rückwirkung an, die er aber für gerechtfertigt hielt: Die Neuregelungen kodifizierten lediglich die vor der Rechtsprechungsänderung herrschende Rechtspraxis; ein schutzwürdiges Vertrauen auf eine davon abweichende Rechtslage habe sich nicht bilden können.[725]

Das Bundesverfassungsgericht schloss sich dieser Argumentation auf Rechtfertigungsebene ausdrücklich an[726] und untermauerte sie mit einem Erst-Recht-Schluss: Wenn es dem Gesetzgeber nach der ständigen Rechtsprechung des Bundesverfassungsgerichts erlaubt sei, eine echte Rückwirkung mit Verweis auf eine bisher unklare und verworrene Rechtslage zu rechtfertigen,[727] so könne es ihm erst recht nicht verwehrt sein, eine Rechtslage festzuschreiben, die einer gefestigten Rechtsprechung und einer einheitlichen Rechtspraxis entsprach.[728] Schutzwürdiges Vertrauen des Steuerpflichtigen auf eine abweichende Rechtslage komme allenfalls dann in Betracht, wenn erhebliche Änderungen der tatsächlichen oder rechtlichen Rahmenbedingungen die gefestigte Rechtsprechung und Rechtspraxis derart in Frage stellen, dass eine Änderung offensichtlich geboten ist.[729]

Im Beschluss vom 12.5.2009 zum Passivierungsverbot für Jubiläumsrückstellungen in § 5 Abs. 4 EStG,[730] mit dem der durch die Entscheidung des Bun-

---

[724] Gesetz zur Fortentwicklung des Unternehmenssteuerrechts (UntStFG) v. 20.12.2001 (BGBl I 2001, S. 3858).

[725] BFH, Beschluss v. 22.2.2006 – I B 145/05, BFHE 213, 29 = BStBl II 2006, 546, juris Rn. 24 ff.; BFH, Urteil v. 14.3.2006 – I R 1/04, BFHE 213, 38 = BStBl II 2006, 549, juris Rn. 28 ff.

[726] BVerfG, Nichtannahmebeschluss v. 15.10.2008 – 1 BvR 1138/06, BVerfGK 14, 338, juris Rn. 15, 17; im Nachgang erneut bestätigt durch BVerfG, Nichtannahmebeschluss v. 10.7.2009 – 1 BvR 1416/06, BFH/NV 2009, 1768, juris Rn. 14, 22.

[727] Vgl. zu dieser Ausnahme vom grundsätzlichen Verbot echter Rückwirkungen bereits im Detail unter § 6 B. III. 1. a).

[728] BVerfG, Nichtannahmebeschluss v. 15.10.2008 – 1 BvR 1138/06, BVerfGK 14, 338, juris Rn. 19.

[729] BVerfG, Nichtannahmebeschluss v. 15.10.2008 – 1 BvR 1138/06, BVerfGK 14, 338, juris Rn. 18.

[730] Die Norm wurde durch das Steuerreformgesetz 1990 vom 25.7.1988 (BGBl I 1988, S. 1093) eingefügt und sah eine im Vergleich zur Rechtsprechung des Bundesfinanzhofs nur eingeschränkte Passivierungsmöglichkeit vor: Das Dienstverhältnis musste im Zeitpunkt der Rückstellung bereits mindestens zehn Jahre bestehen und eine Jubiläumszahlung frühestens für die Vollendung des fünfzehnten Dienstjahres schriftlich zugesagt sein.

desfinanzhofs vom 5.2.1987 eingeleitete Rechtsprechungswechsel[731] für die Vergangenheit umfassend revidiert wurde,[732] bezog sich das Bundesverfassungsgericht sodann ausdrücklich auf den Beschluss zur Mehrmütterorganschaft und wiederholte dessen Entscheidungsmaßstäbe: Grundsätzlich kann der Steuerpflichtige nicht schutzwürdig auf eine Auslegung vertrauen, die von einer gefestigten Rechtspraxis abweicht.[733] Etwas anderes kann allenfalls gelten, wenn diese Rechtspraxis offensichtlich änderungsbedürftig ist.[734]

Zuletzt übertrug das Bundesverfassungsgericht die Rechtfertigungsfigur auf drei nichtsteuerliche Sachverhalte und erfasste dabei auch Konstellationen, in denen kein Wechsel in der Rechtsprechung eines höchsten Bundesgerichts vorlag: Im Fremdrentenbeschluss vom 21.7.2010 hielt das Gericht eine echt rückwirkende Änderung von §22b Fremdrentengesetz (FRG) für verfassungsrechtlich zulässig: Diese Norm begrenzt die Rentenansprüche von Vertriebenen und Spätaussiedlern für Versicherungszeiten im Herkunftsland auf 25 Entgeltpunkte. Für den Fall, dass eine Einzelperson nicht nur eigene Altersrentenansprüche wegen einer Beschäftigung im Ausland, sondern zusätzlich noch Ansprüche auf eine Hinterbliebenenrente wegen einer Beschäftigung des Verstorbenen im Ausland hat, verstanden die Rentenversicherungsträger diese Begrenzung als gemeinsame Obergrenze für beide Rentenansprüche.[735] Während die Instanzgerichte dieser Auffassung zunächst folgten,[736] entschied das Bundessozialgericht, dass Alters- und Hinterbliebenenrente getrennt voneinander zu betrachten seien und mithin der Höchstbetrag von 25 Entgeltpunkten zweimal ausgenutzt werden könne.[737] Diese Rechtsprechung korrigierte der Gesetzgeber rückwirkend, indem er in §22b Abs. 1 S. 1 FRG ausdrücklich verankerte, dass für Ansprüche aus eigener Versicherung und wegen Todes eines anderen

---

[731] BFH, Urteil v. 5.2.1987 – IV R 81/84, BFHE 149, 55 = BStBl II 1987, 845; vgl. zur Entwicklung der Rechtsprechung BVerfG, Beschluss v. 12.5.2009 – 2 BvL 1/00, BVerfGE 123, 111, juris Rn. 4ff.

[732] Die Regelung des §5 Abs. 4 EStG fand gemäß §52 Abs. 6 EStG i. d. F. Steuerreformgesetz 1990 nur dann Anwendung, wenn der Arbeitnehmer seine Anwartschaft auf eine Jubiläumszahlung erst nach dem 31.12.1992 erwirbt. Für die Jahre 1988–1992 wurde die Bildung von Jubiläumsrückstellungen – im Einklang mit der bisherigen Rechtsprechung – vollständig ausgeschlossen. In den Vorjahren gebildete Rückstellungen mussten (zeitlich gestreckt über drei Veranlagungszeiträume) gewinnerhöhend aufgelöst werden.

[733] BVerfG, Beschluss v. 12.5.2009 – 2 BvL 1/00, BVerfGE 123, 111, juris Rn. 47.

[734] BVerfG, Beschluss v. 12.5.2009 – 2 BvL 1/00, BVerfGE 123, 111, juris Rn. 49.

[735] Vgl. die Nachweise bei BVerfG, Beschluss v. 21.7.2010 – 1 BvL 11/06, 1 BvL 12/06, 1 BvL 13/06, 1 BvR 2530/05, BVerfGE 126, 369, juris Rn. 12.

[736] LSG Baden-Württemberg, Urteil v. 26.10.2000 – L 12 RA 2663/99, juris, juris Rn. 16; das vom LSG bestätigte vorinstanzliche Urteil des SG Freiburg (Breisgau) v. 27.4.1999 – S 11 RA 2980/98 ist nicht veröffentlicht.

[737] BSG, Urteil v. 30.8.2001 – B 4 RA 118/00 R, BSGE 88, 288, juris Rn. 17ff.; dieser Auslegung schlossen sich in der Folge der achte und der 13. Senat des Bundessozialgerichts an; BSG, Urteil v. 11.3.2004 – B 13 RJ 44/03 R, BSGE 92, 248, juris Rn. 16ff.; BSG, Urteil v. 7.7.2004 – B 8 KN 10/03 R, BSGE 93, 85, juris Rn. 17ff.

Berechtigten insgesamt höchstens 25 Entgeltpunkte zugrunde gelegt werden können.[738] Das Bundesverfassungsgericht entschied, dass angesichts der ablehnenden Stellungnahmen der Rentenversicherungsträger und der Instanzgerichte bis zur Entscheidung des Bundessozialgerichts „jede objektive Grundlage" dafür fehlte, auf eine Auslegung der Entgeltpunktebegrenzung als gemeinsamer Obergrenze für Ansprüche aus eigenen und abgeleiteten Rechten zu vertrauen.[739] Bei der Entscheidung des Bundessozialgerichts habe es sich um eine in Fachkreisen nicht erwartete „Auslegungsüberraschung" gehandelt.[740]

An einer hinreichend gefestigten Vertrauensgrundlage fehlte es nach Ansicht des Bundesverfassungsgerichts auch im Fall der rückwirkenden Änderung von § 14a Abs. 1 BeamtVG durch das Dienstrechtsneuordnungsgesetz.[741] Die nach dieser Vorschrift mögliche vorübergehende Erhöhung von Ruhegehältern findet in ihrer geänderten Form keine Anwendung auf Mindestruhegehälter.[742] Damit stellte der Gesetzgeber die Rechtsauffassung der Verwaltung,[743] der Instanzrechtsprechung[744] sowie eines Teils der Literatur[745] wieder her, nachdem das Bundesverwaltungsgericht[746] in Übereinstimmung mit einer Gegenansicht in der Literatur[747] auch solche Mindestruhegehälter für erhöhungsfähig gehalten hatte. Das Bundesverfassungsgericht führte aus, dass die Vorschrift in ihrer ursprünglichen Fassung nicht eindeutig gewesen sei und sich deshalb kein schutzwürdiges Vertrauen in eine Auffassung bilden konnte, die nicht der Meinung der Verwaltung und der überwiegenden Literatur entsprach.[748]

---

[738] Die Vorschrift wurde durch Art. 9 Nr. 2 des Gesetzes zur Sicherung der nachhaltigen Finanzierungsgrundlagen der gesetzlichen Rentenversicherung (RVN) vom 21.7.2004 (BGBl I 2004, S. 1791) geändert. Die Neuregelung trat gemäß Art. 15 Abs. 3 RVN mit Wirkung vom 7.5.1996 in Kraft.

[739] BVerfG, Beschluss v. 21.7.2010 – 1 BvL 11/06, 1 BvL 12/06, 1 BvL 13/06, 1 BvR 2530/05, BVerfGE 126, 369, juris Rn. 77.

[740] BVerfG, Beschluss v. 21.7.2010 – 1 BvL 11/06, 1 BvL 12/06, 1 BvL 13/06, 1 BvR 2530/05, BVerfGE 126, 369, juris Rn. 80.

[741] Gesetz zur Neuordnung und Modernisierung des Bundesdienstrechts (Dienstrechtsneuordnungsgesetz – DNeuG) v. 5.2.2009, BGBl I 2009, S. 160.

[742] Die Neuregelung trat gemäß Art. 17 Abs. 1 DNeuG mit Wirkung zum 24.6.2005 in Kraft; zum Regelungshintergrund von § 14a BeamtVG bereits detailliert unter § 6 B. I. 2. c) bb).

[743] Anwendungserlass des Bundesministeriums des Innern vom 10. Juni 1994 – D III 4–223 100/28.

[744] Vgl. nur VG Berlin, Urteil v. 2.3.2004 – 7 A 207.02, juris, juris Rn. 16; OVG Lüneburg, Urteil v. 11.5.2004 – 5 LC 4/03, NordÖR 2004, 368, juris Rn. 27 ff.; auch nach der Entscheidung des BVerwG noch OVG NRW, Urteil v. 16.1.2008 – 21 A 2098/06, ZBR 2008, 275, juris Rn. 26 ff.

[745] *Schachel* in: Schütz, Beamtenrecht des Bundes und der Länder, § 14a BeamtVG Rn. 11 (Stand: 10/2000).

[746] BVerwG, Urteil v. 23.6.2005 – 2 C 25/04, BVerwGE 124, 19, juris Rn. 11 ff.; BVerwG, Urteil v. 12.11.2009 – 2 C 29/08, ZBR 2010, 258, juris Rn. 9 ff.

[747] *Plog/Wiedow*, Bundesbeamtengesetz, § 14a BeamtVG Rn. 13 (Stand: 6/2002).

[748] BVerfG, Beschluss v. 2.5.2012 – 2 BvL 5/10, BVerfGE 131, 20, juris Rn. 79, 88.

In seinem Beschluss vom 16.12.2015 stufte das Bundesverfassungsgericht es schließlich als unbedenklich ein, dass durch das Professorenbesoldungsneuregelungsgesetz[749] § 18 S. 2 BBesG rückwirkend so gefasst wurde,[750] dass ein Dienstposten mehreren Ämtern und Besoldungsgruppen zugeordnet und gebündelt bewertet werden kann (sog. Dienstpostenbündelung oder dienstrechtliche Topfwirtschaft).[751] Der Gesetzgeber reagierte damit auf die Entscheidung des Bundesverwaltungsgerichts vom 30.6.2011, in der das Gericht Zweifel an der Zulässigkeit einer solchen gebündelten Bewertung geäußert hatte.[752] Das Bundesverfassungsgericht sah durch die rückwirkende Neuregelung kein schutzwürdiges Vertrauen der Beamten verletzt, weil die Dienstpostenbündelung oftmals jahrzehntelanger Praxis entsprach.[753]

Der Bundesfinanzhof hat die gesetzliche Kodifizierung einer bislang gefestigten Rechtspraxis nach einem Rechtsprechungswechsel als typisierte Fallgruppe fehlenden schutzwürdigen Vertrauens[754] in seine ständige Rechtsprechung aufgenommen. So sah das Gericht in jüngerer Zeit beispielsweise keinen Verstoß gegen das Rückwirkungsverbot darin, dass der Gesetzgeber jeweils mit echter Rückwirkung positive Nebeneinkünfte als Voraussetzung für eine Pflichtveranlagung in § 46 Abs. 2 Nr. 1 EStG voraussetzte,[755] enge verfahrensrechtliche Verknüpfungen zwischen der Feststellung eines vortragsfähigen Verlustes und den Einkommensteuerfestsetzungen in § 10d Abs. 4 S. 4 EStG[756] und

[749] Gesetz zur Neuregelung der Professorenbesoldung und zur Änderung weiterer dienstrechtlicher Vorschriften (Professorenbesoldungsneuregelungsgesetz) v. 11.6.2013, BGBl I 2013, S. 1514.

[750] Die Neuregelung trat gemäß Art. 11 Abs. 3 Professorenbesoldungsneuregelungsgesetz mit Wirkung zum 1.1.2013 in Kraft.

[751] Vgl. zu den Begriffen BVerfG, Beschluss v. 16.12.2015 – 2 BvR 1958/13, NVwZ 2016, 682, juris Rn. 2 m. w. N.

[752] BVerwG, Urteil v. 30.6.2011 – 2 C 19/10, BVerwGE 140, 83, juris Rn. 27 ff.

[753] BVerfG, Beschluss v. 16.12.2015 – 2 BvR 1958/13, NVwZ 2016, 682, juris Rn. 51 f.

[754] Ausdrücklich als feststehende Fallgruppe bezeichnet z. B. in BFH, Beschluss v. 22.2.2006 – I B 145/05, BFHE 213, 29 = BStBl II 2006, 546, juris Rn. 23; BFH, Urteil v. 19.4.2012 – VI R 74/10, BFHE 237, 156 = BStBl II 2012, 577, juris Rn. 22; BFH, Urteil v. 17.1.2013 – VI R 32/12, BFHE 240, 131 = BStBl II 2013, 439, juris Rn. 10; BFH, Urteil v. 5.11.2013 – VIII R 22/12, BFHE 243, 486 = BStBl II 2014, 165, juris Rn. 15; BFH, Vorlagebeschluss v. 17.7.2014 – VI R 8/12, BFHE 247, 64, juris Rn. 106; FG Düsseldorf, Urteil v. 19.11.2015 – 8 K 3664/11 F, EFG 2016, 209, juris Rn. 73.

[755] Eingeführt durch das Jahressteuergesetz 2007 (JStG 2007) vom 13.12.2006 (BGBl I 2006, S. 2878); Nichtanwendungsgesetz gegen BFH, Urteil v. 21.9.2006 – VI R 47/05, BFHE 215, 149 = BStBl II 2007, 47, juris Rn. 11 ff.; BFH, Urteil v. 21.9.2006 – VI R 52/04, BFHE 215, 144 = BStBl II 2007, 45, juris Rn. 8 ff.; rückwirkende Anwendung auch auf Veranlagungszeiträume vor 2006 durch § 52 Abs. 55j EStG i. d. F. des JStG 2007; Verfassungskonformität der Rückwirkung bestätigt durch BFH, Urteil v. 17.1.2013 – VI R 32/12, BFHE 240, 131 = BStBl II 2013, 439, juris Rn. 11.

[756] Eingeführt durch das Jahressteuergesetz 2010 (JStG 2010) vom 8.12.2010 (BGBl I 2010, S. 1768); Nichtanwendungsgesetz gegen BFH, Urteil v. 17.9.2008 – IX R 70/06, BFHE 223, 50 = BStBl II 2009, 897, juris Rn. 13; BFH, Urteil v. 17.9.2008 – IX R 69/06, BFH/NV 2009, 555, juris Rn. 9; BFH, Urteil v. 17.9.2008 – IX R 65/06, BFH/NV 2009, 385, juris Rn. 9; BFH, Ur-

§10d Abs. 4 S. 6 Hs. 2 EStG[757] schuf, die Steuerbarkeit von Erstattungszinsen im Sinne des §233a AO in §20 Abs. 1 Nr. 7 S. 3 EStG[758] normierte, formalisierte Nachweisanforderungen für die Zwangsläufigkeit von Krankheitsaufwendungen in §33 Abs. 4 EStG i. V. m. §64 Abs. 1 EStDV[759] einführte und Abzugsverbote für die Kosten der erstmaligen Berufsausbildung in §4 Abs. 9 EStG und §9 Abs. 6 EStG[760] im Gesetz verankerte: Der Gesetzgeber habe jeweils nur im Anschluss an eine Rechtsprechungsänderung die bisher herrschende Rechtspraxis wiederhergestellt, so dass kein schutzwürdiges Vertrauen verletzt worden sei.

---

teil v. 17.9.2008 – IX R 81/07, BFH/NV 2009, 386, juris Rn. 11; BFH, Urteil v. 14.7.2009 – IX R 52/08, BFHE 225, 453 = BStBl II 2011, 26, juris Rn. 13; rückwirkende Anwendung auf alle nach dem 13.12.2010 abgegebenen Feststellungserklärungen durch §52 Abs. 25 S. 5 EStG i. d. F. JStG 2010, Verfassungskonformität der Rückwirkung bestätigt durch BFH, Urteil v. 10.2.2015 – IX R 6/14, BFH/NV 2015, 812, juris Rn. 20f.; BFH, Urteil v. 11.10.2017 – IX R 15/17, HFR 2018, 197, juris Rn. 19f.

757 Eingeführt durch das Jahressteuergesetz 2007 (JStG 2007) vom 13.12.2006 (BGBl I 2006, S. 2878) gegen BFH, Urteil v. 2.8.2006 – XI R 65/05, BFHE 214, 492 = BStBl II 2007, 921, juris Rn. 16; BFH, Urteil v. 1.3.2006 – XI R 33/04, BFHE 212, 497 = BStBl II 2007, 919, juris Rn. 13f.; BFH, Urteil v. 12.6.2002 – XI R 26/01, BFHE 198, 395 = BStBl II 2002, 681, juris Rn. 11 ff.; rückwirkende Anwendung auf alle noch nicht abgelaufenen Feststellungsfristen durch §52 Abs. 25 S. 5 EStG i. d. F. JStG 2007; Verfassungskonformität der Rückwirkung bestätigt durch BFH, Urteil v. 8.4.2014 – IX R 32/13, BFH/NV 2014, 1206, juris Rn. 18.

758 Eingeführt durch das Jahressteuergesetz 2010 (JStG 2010) vom 8.12.2010 (BGBl I 2010, S. 1768); Nichtanwendungsgesetz gegen BFH, Urteil v. 15.6.2010 – VIII R 33/07, BFHE 230, 109 = BStBl II 2011, 503, juris Rn. 19f.; rückwirkende Anwendung auf alle noch nicht bestandskräftig festgesetzten Fälle durch §52a Abs. 8 Satz 2 EStG i. d. F. des JStG 2010; Verfassungskonformität der Rückwirkung bestätigt durch BFH, Urteil v. 12.11.2013 – VIII R 36/10, BFHE 243, 506 = BStBl II 2014, 168, juris Rn. 30f.; BFH, Urteil v. 12.11.2013 – VIII R 1/11, BFH/NV 2014, 830, juris Rn. 32f.; BFH, Urteil v. 24.6.2014 – VIII R 29/12, BFHE 246, 306 = BStBl II 2014, 998, juris Rn. 20; BFH, Urteil v. 15.4.2015 – VIII R 30/13, juris, juris Rn. 34f.; Verfassungsbeschwerden anhängig unter Az. 2 BvR 482/14, 2 BvR 2674/14 und 2 BvR 1711/15.

759 Eingeführt durch das Steuervereinfachungsgesetz 2011 (StVereinfG 2011) vom 1.11.2011 (BGBl I 2011, S. 2131); Nichtanwendungsgesetz gegen BFH, Urteil v. 11.11.2010 – VI R 16/09, BFHE 232, 34 = BStBl II 2011, 966, juris Rn. 25; BFH, Urteil v. 11.11.2010 – VI R 17/09, BFHE 232, 40 = BStBl II 2011, 969, juris Rn. 18ff., rückwirkende Anwendung auf alle noch nicht bestandskräftigen Fälle gemäß §84 Abs. 3f EStDV i. d. F. StVereinfG 2011; Verfassungskonformität der Rückwirkung bestätigt durch BFH, Urteil v. 19.4.2012 – VI R 74/10, BFHE 237, 156 = BStBl II 2012, 577, juris Rn. 23; BFH, Urteil v. 18.6.2015 – VI R 31/14, BFHE 251, 147 = BStBl II 2016, 40, juris Rn. 16; BFH, Urteil v. 25.4.2017 – VIII R 52/13, BFHE 258, 53 = BStBl II 2017, 949, juris Rn. 57f.

760 Eingeführt durch das Beitreibungsrichtlinie-Umsetzungsgesetz (BeitrRLUmsG) vom 7.12.2011 (BGBl I 2011, S. 2592); Nichtanwendungsgesetz gegen BFH, Urteil v. 28.7.2011 – VI R 5/10, BFHE 234, 262 = BStBl II 2012, 553, juris Rn. 16ff.; BFH, Urteil v. 28.7.2011 – VI R 7/10, BFHE 234, 271 = BStBl II 2012, 557, juris Rn. 15ff.; BFH, Urteil v. 28.7.2011 – VI R 38/10, BFHE 234, 279 = BStBl II 2012, 561, juris Rn. 13ff.; BFH, Urteil v. 28.7.2011 – VI R 59/09, BFH/NV 2012, 19, juris Rn. 11ff.; rückwirkende Anwendung ab dem Veranlagungszeitraum 2004 durch §52 Abs. 23d und 30a EStG i. d. F. BeitrRLUmsG; Verfassungskonformität der Rückwirkung bestätigt durch BFH, Urteil v. 5.11.2013 – VIII R 22/12, BFHE 243, 486 = BStBl II 2014, 165, juris Rn. 16f.; BFH, Vorlagebeschluss v. 17.7.2014 – VI R 8/12, BFHE 247, 64, juris Rn. 106ff.; offen gelassen von BVerfG, Beschluss v. 19.11.2019 – 2 BvL 22–27/14, DStR 2020, 93, juris Rn. 92.

Demgegenüber grenzte der Bundesfinanzhof in anderen Fällen ausdrücklich von dieser Fallgruppe ab: So nahm der vierte Senat einen Verstoß gegen das Rückwirkungsverbot an, als der Gesetzgeber in § 10a S. 4 und 5 EStG[761] eine Regelung aufnahm, nach der vortragsfähige Gewerbeverluste einer Mitunternehmerschaft ausschließlich nach dem allgemeinen Gewinnverteilungsschlüssel auf die verschiedenen Mitunternehmer aufzuteilen sind. Ebenso hielt der erste Senat die rückwirkende Einführung des Treaty Overrides in § 50d Abs. 10 S. 1 EStG,[762] wonach Sondervergütungen im Sinne von § 15 Abs. 1 S. 1 Nr. 2 S. 1 Hs. 2 EStG für Zwecke eines Doppelbesteuerungsabkommens auch dann als Teil des Unternehmensgewinns gelten, wenn das Doppelbesteuerungsabkommen keine ausdrückliche Regelung für solche Vergütungen enthält, für nicht gerechtfertigt. In beiden Fällen habe der Bundesfinanzhof seine Rechtsprechung nicht geändert, sondern vielmehr die Rechtslage in mehreren übereinstimmenden Entscheidungen konkretisiert. Indem der Gesetzgeber diesen Entscheidungen rückwirkend die Grundlage entzog, habe er daher keine bisher herrschende Rechtspraxis wiederhergestellt, sondern das berechtigte Vertrauen des Steuerpflichtigen in die vom Bundesfinanzhof vertretene Auslegung des Gesetzes verletzt.[763]

Ähnlich argumentierte der neunte Senat des Bundesfinanzhofs in seinem Vorlagebeschluss vom 7.12.2010[764] zur rückwirkenden Einführung von § 11

[761] Eingeführt durch das Jahressteuergesetz 2007 (JStG 2007) vom 13.12.2006 (BGBl I 2006, S. 2878); Nichtanwendungsgesetz gegen BFH, Urteil v. 16.2.1994 – XI R 50/88, BFHE 173, 374, juris Rn. 11; rückwirkende Anwendung auch auf Erhebungszeiträume vor 2007 durch § 36 Abs. 9 GewStG i. d. F. des JStG 2007; dem Bundesverfassungsgericht vorgelegt durch BFH, Vorlagebeschluss v. 19.4.2007 – IV R 4/06, BFHE 217, 117 = BStBl II 2008, 140; BFH, Vorlagebeschluss v. 19.4.2007 – IV R 59/05, BFH/NV 2007, 2334; Vorlagebeschlüsse aufgehoben, nachdem die Finanzverwaltung den Klagen in den jeweiligen Ausgangsverfahren abgeholfen hat, durch BFH, Beschluss v. 30.10.2008 – IV R 4/06, BFH/NV 2009, 214; BFH, Beschluss v. 30.10.2008 – IV R 59/05, BFH/NV 2009, 214.

[762] Eingeführt durch das Jahressteuergesetz 2009 (JStG 2009) vom 19.12.2008 (BGBl I 2008, S. 2794); rückwirkende Anwendung auf alle noch nicht bestandskräftig veranlagten Fälle durch § 52 Abs. 59a S. 2 EStG i. d. F. des JStG 2009; Nichtanwendungsgesetz gegen BFH, Urteil v. 27.2.1991 – I R 15/89, BFHE 164, 38 = BStBl II 1991, 444, juris Rn. 27; BFH, Urteil v. 31.5.1995 – I R 74/93, BFHE 178, 74 = BStBl II 1995, 683, juris Rn. 23; BFH, Urteil v. 16.10.2002 – I R 17/01, BFHE 200, 521 = BStBl II 2003, 631, juris Rn. 19; BFH, Urteil v. 17.10.2007 – I R 5/06, BFHE 219, 518, juris Rn. 16 ff., Vorlage an das BVerfG durch BFH, Vorlagebeschluss v. 11.12.2013 – I R 4/13, BFHE 244, 1 = BStBl II 2014, 791; anhängig unter Az. 2 BvL 15/14.

[763] BFH, Vorlagebeschluss v. 19.4.2007 – IV R 59/05, BFH/NV 2007, 2334, juris Rn. 110 ff.; BFH, Vorlagebeschluss v. 19.4.2007 – IV R 4/06, BFHE 217, 117 = BStBl II 2008, 140, juris Rn. 97 ff.; Vorlagebeschlüsse aufgehoben, nachdem die Finanzverwaltung den Klagen in den jeweiligen Ausgangsverfahren abgeholfen hat, durch BFH, Beschluss v. 30.10.2008 – IV R 4/06, BFH/NV 2009, 214; BFH, Beschluss v. 30.10.2008 – IV R 59/05, BFH/NV 2009, 214; ebenso BFH, Vorlagebeschluss v. 11.12.2013 – I R 4/13, BFHE 244, 1 = BStBl II 2014, 791, juris Rn. 53; anhängig unter Az. 2 BvL 15/14.

[764] BFH, Vorlagebeschluss v. 7.12.2010 – IX R 70/07, BFHE 232, 2010, 121 = BStBl II 2011, 346, juris Rn. 56 f.

Abs. 2 S. 3 EStG:[765] Die Neuregelung, nach der für eine Nutzungsüberlassung von mehr als fünf Jahren vorausgezahlte Ausgaben gleichmäßig auf den Zeitraum zu verteilen sind, für den sie geleistet wurden, knüpfe allenfalls dem wirtschaftlichen Ergebnis nach an die bisherige Verwaltungspraxis an, die einen sofortigen Abzug von vorausgezahlten Erbbauzinsen als Werbungskosten ablehnte.[766] Die Steuerpflichtigen hätten demgegenüber auf die – jenseits der Finanzverwaltung auch allgemein anerkannte – ständige Rechtsprechung des Bundesfinanzhofs vertrauen können, nach der Erbbauzinsen Werbungskosten darstellen und – mangels besonderer Regelungen – im Zeitpunkt ihres Abflusses abgezogen werden können. Dem schloss sich auch der zweite Senat des Bundesverfassungsgerichts in seinem Beschluss vom 25.3.2021 an:[767] Die mit dem Nichtanwendungsgesetz korrigierte Entscheidung des Bundesfinanzhofs stelle sich als systematisch konsequente Fortentwicklung einer langjährigen und gefestigten Rechtsprechung dar, auf die der Steuerpflichtige habe vertrauen dürfen.

b) Zeitraum nach der höchstrichterlichen Entscheidung

Soweit sich die Rückwirkung auf Sachverhalte erstreckt, die erst nach der höchstrichterlichen Entscheidung, mit der die bisherige Rechtspraxis in Frage gestellt wird, begonnen bzw. verwirklicht werden, liegt eine andere Ausgangssituation vor: Tätigt der Steuerpflichtige nach Bekanntwerden der Entscheidung Dispositionen[768] und legt dabei die nunmehr (auch) vom Gericht erkannte Auslegung zugrunde, so kann die Schutzwürdigkeit seines Vertrauens nicht mehr deshalb angezweifelt werden, weil es in Widerspruch zur herrschenden Rechtspraxis steht. Der Steuerpflichtige handelt vielmehr gerade in Einklang mit der (neuen) höchstrichterlichen Rechtsprechung.

---

765 Eingeführt durch das Richtlinien-Umsetzungsgesetz (EURLUmsG) vom 9.12.2004 (BGBl I 2004, S. 3310); Nichtanwendungsgesetz gegen BFH, Urteil v. 23.9.2003 – IX R 65/02, BFHE 203, 355 = BStBl II 2005, 159, juris Rn. 10ff.; rückwirkende Anwendung auf Vorauszahlungen, die nach dem 31.12.2003 geleistet wurden durch §52 Abs. 30 EStG i. d. F. des EURLUmsG.

766 Die Finanzverwaltung nahm an, dass in einem Einmalbetrag geleistete Erbbauzinsen Anschaffungskosten des Erbbaurechts bilden und ließ deshalb nur einen ratierlich auf die Dauer des Erbbaurechts verteilten Abzug zu; vgl. Bundesministerium der Finanzen vom 10.12.1996, 1996-12-10 IV B 3-S 2253-99/96, BStBl I 1996, 1440.

767 BVerfG, Beschluss v. 25.3.2021 – 2 BvL 1/11, juris, juris Rn. 72ff.

768 Fehlt es an entsprechenden Dispositionen des Steuerpflichtigen, kann er sich auch nicht darauf berufen, auf die geänderte höchstrichterliche Rechtsprechung vertraut zu haben; vgl. BVerfG, Nichtannahmebeschluss v. 15.10.2008 – 1 BvR 1138/06, BVerfGK 14, 338, juris Rn. 16; BFH, Beschluss v. 22.2.2006 – I B 145/05, BFHE 213, 29 = BStBl II 2006, 546, juris Rn. 28; BFH, Urteil v. 14.3.2006 – I R 1/04, BFHE 213, 38 = BStBl II 2006, 549, juris Rn. 32; BFH, Urteil v. 19.4.2012 – VI R 74/10, BFHE 237, 156 = BStBl II 2012, 577, juris Rn. 24; BFH, Urteil v. 15.4.2015 – VIII R 30/13, juris, juris Rn. 37; BFH, Urteil v. 18.6.2015 – VI R 31/14, BFHE 251, 147 = BStBl II 2016, 40, juris Rn. 16.

Gleichwohl nehmen die Gerichte in vielen Fällen an, dass einer echten oder unechten Rückwirkung auch für diesen Zeitraum kein schutzwürdiges Vertrauen entgegensteht: Der Steuerpflichtige könne sein Vertrauen nicht auf eine einzelne höchstrichterliche Entscheidung stützen, weil damit noch keine neue gesicherte Rechtslage geschaffen werde. Dies gelte insbesondere, wenn schon kurze Zeit nach dem Rechtsprechungswechsel bekannt wird, dass der Gesetzgeber eine Änderung des Gesetzes beabsichtigt. So entschied das Bundesverfassungsgericht, dass auf die Abzugsfähigkeit von Geldbußen als Betriebsausgaben auch nach den Beschlüssen des Bundesfinanzhofs vom 21.11.1983[769] nicht schutzwürdig vertraut werden durfte, weil unverzüglich[770] die Einführung eines gesetzlichen Abzugsverbots angekündigt wurde.[771] Auf die Ankündigung einer gesetzlichen Neuregelung stellte das Bundesverfassungsgericht auch im Fall des Passivierungsverbots für Jubiläumsrückstellungen[772] sowie in den nichtsteuerlichen Entscheidungen zu Fremdrenten[773] und zur Beamtenversorgung[774] ab. Der sechste Senat des Bundesfinanzhofs nahm an, dass der Gesetzgeber rückwirkend positive Nebeneinkünfte für eine Pflichtveranlagung in § 46 Abs. 2 Nr. 1 EStG voraussetzen durfte, weil das entsprechende Gesetzgebungsverfahren bereits bekannt war, bevor die abweichende Entscheidung des Bundesfinanzhofs überhaupt veröffentlicht wurde.[775] Der achte Senat des Bundesfinanzhofs sah zuletzt die rückwirkende Einführung der Abzugsverbote für Erstausbildungskosten in § 4 Abs. 9 EStG und § 9 Abs. 6 EStG[776] und des Ein-

[769] BFH, Beschluss v. 21.11.1983 – GrS 2/82, BFHE 140, 50 = BStBl II 1984, 160; BFH, Beschluss v. 21.11.1983 – GrS 3/82, BFHE 140, 62 = BStBl II 1984, 166.

[770] Die Bundesregierung leitete dem Bundesrat einen entsprechenden Gesetzesentwurf am 16.3.1984 zu (BR-Drs. 117/84); mit Bezug auf diesen Gesetzesentwurf erließ das niedersächsische Finanzministerium bereits am 8.3.1984 einen Nichtanwendungserlass, dem sich die Finanzministerien der anderen Bundesländer bis zum 16.3.1984 anschlossen; vgl. Niedersächsisches Finanzministerium vom 8.3.1984, 1984-03-08 S 2227-20-31 1, juris.

[771] BVerfG, Beschluss v. 23.1.1990 – 1 BvL 4/87; 1 BvL 5/87; 1 BvL 6/87; 1 BvL 7/87, BVerfGE 81, 228, juris Rn. 34.

[772] BVerfG, Beschluss v. 12.5.2009 – 2 BvL 1/00, BVerfGE 123, 111, juris Rn. 50; die Neuregelung wurde erstmals am 28.12.1987 im Nichtanwendungserlass des Bundesministeriums der Finanzen angekündigt; vgl. Bundesministerium der Finanzen vom 28.12.1987, 1987-12-28 IV B 2-S 2137-50/87, BStBl I 1987, 770: „Im Hinblick auf eine mögliche Gesetzesänderung."

[773] BVerfG, Beschluss v. 21.7.2010 – 1 BvL 11/06, 1 BvL 12/06, 1 BvL 13/06, 1 BvR 2530/05, BVerfGE 126, 369, juris Rn. 81; die geplante Neuregelung wurde erstmals im Gesetzesentwurf der Fraktionen von SPD und Bündnis 90/Die Grünen vom 9.12.2003 öffentlich bekannt.

[774] BVerfG, Beschluss v. 2.5.2012 – 2 BvL 5/10, BVerfGE 131, 20, juris Rn. 86; das Gericht verweist insoweit auf Gesetzesinitiativen auf Bundes- und Landesebene (vgl. den Gesetzesentwurf der Landesregierung Thüringen vom 17.1.2007, LT-Drs. 4/2616, S. 11; den Gesetzesentwurf der Landesregierung Brandenburg vom 25.9.2007, LT-Drs. 4/5154, S. 7 und den Gesetzesentwurf der Bundesregierung vom 12.11.2007, BT-Drs. 16/7076, S. 186).

[775] BFH, Urteil v. 17.1.2013 – VI R 32/12, BFHE 240, 131 = BStBl II 2013, 439, juris Rn. 11; die Gesetzesänderung wurde erstmals im Bericht des Finanzausschusses des Bundesrats vom 29.9.2006 vorgeschlagen (BR-Drs. 622/1/06 S. 21 f.); die Entscheidungen des Bundesfinanzhofs vom 21.9.2006 wurden erst im Oktober veröffentlicht.

[776] BFH, Urteil v. 5.11.2013 – VIII R 22/12, BFHE 243, 486 = BStBl II 2014, 165, juris

nahmetatbestands für Steuererstattungszinsen in §20 Abs. 1 Nr. 7 S. 3 EStG[777] als gerechtfertigt an, weil sie jeweils innerhalb kurzer Zeit[778] nach der entsprechenden Änderung in der Rechtsprechung des Bundesfinanzhofs erfolgte. Der vierte Senat des Bundesfinanzhofs ließ in seinen Vorlagebeschlüssen zur rückwirkenden Änderung von §10a GewStG offen, ob bereits die unverzügliche Ankündigung eines Änderungsgesetzes verhindert, dass schutzwürdiges Vertrauen in eine geänderte Rechtsprechung entstehen kann.[779]

In den beiden Beschlüssen zu Fremdrenten und zur Beamtenversorgung führte das Bundesverfassungsgericht als weiteres Argument die fehlende Bindungswirkung einer fachgerichtlichen Entscheidung[780] an: Der Bürger könne sich nicht auf eine einzelne höchstrichterliche Entscheidung verlassen, weil das Gericht selbst und Gerichte niedrigerer Instanzen jederzeit von der nun gefundenen Auslegung wieder abweichen können.[781] Erst eine gefestigte (langjährige) Rechtsprechung schaffe einen gesicherten Vertrauenstatbestand.[782] Der Bürger müsse insbesondere dann mit einer erneuten Änderung der Rechtsprechung

Rn. 18; ebenso auch der achte Senat, der die Regelungen aber wegen einer Verletzung von Art. 3 Abs. 1 GG dem Bundesverfassungsgericht vorgelegt hat; BFH, Vorlagebeschluss v. 17.7.2014 – VI R 8/12, BFHE 247, 64, juris Rn. 113, offen gelassen von BVerfG, Beschluss v. 19.11.2019 – 2 BvL 22–27/14, DStR 2020, 93, juris Rn. 92.

[777] BFH, Urteil v. 12.11.2013 – VIII R 36/10, BFHE 243, 506 = BStBl II 2014, 168, juris Rn. 32; BFH, Urteil v. 12.11.2013 – VIII R 1/11, BFH/NV 2014, 830, juris Rn. 34; BFH, Urteil v. 24.6.2014 – VIII R 29/12, BFHE 246, 306 = BStBl II 2014, 998, juris Rn. 23; BFH, Urteil v. 15.4.2015 – VIII R 30/13, juris, juris Rn. 37.

[778] Bei den Abzugsverboten für Erstausbildungskosten wurde das Nichtanwendungsgesetz innerhalb von drei Monaten nach Veröffentlichung der Entscheidung des Bundesfinanzhofs verabschiedet; bei den Erstattungszinsen betrug der Zeitraum knapp sechs Monate.

[779] BFH, Vorlagebeschluss v. 19.4.2007 – IV R 59/05, BFH/NV 2007, 2334, juris Rn. 110; BFH, Vorlagebeschluss v. 19.4.2007 – IV R 4/06, BFHE 217, 117 = BStBl II 2008, 140, juris Rn. 97; Vorlagebeschlüsse nach Erledigung des Ausgangsverfahrens aufgehoben; vgl. BFH, Beschluss v. 30.10.2008 – IV R 4/06, BFH/NV 2009, 214; BFH, Beschluss v. 30.10.2008 – IV R 59/05, BFH/NV 2009, 214.

[780] Vgl. zur fehlenden Bindungswirkung fachgerichtlicher Entscheidungen aus der Rechtsprechung des Bundesverfassungsgerichts nur BVerfG, Beschluss v. 19.2.1975 – 1 BvR 418/71, BVerfGE 38, 386, juris Rn. 37; BVerfG, Beschluss v. 26.4.1988 – 1 BvR 669/87, 1 BvR 686/87, 1 BvR 687/87, BVerfGE 78, 123, juris Rn. 10; BVerfG, Beschluss v. 26.6.1991 – 1 BvR 779/85, BVerfGE 84, 212, juris Rn. 42; BVerfG, Beschluss v. 3.11.1992 – 1 BvR 1243/88, BVerfGE 87, 273, juris Rn. 15; BVerfG, Beschluss v. 15.1.2009 – 2 BvR 2044/07, BVerfGE 122, 248, juris Rn. 85; im Detail bereits unter §2 B. III. 3. b).

[781] Ähnlich schon BVerfG, Beschluss v. 12.6.1986 – 2 BvL 5/80, 2 BvL 17/82, 2 BvR 635/80, BVerfGE 72, 302, juris Rn. 91.

[782] BVerfG, Beschluss v. 21.7.2010 – 1 BvL 11/06, 1 BvL 12/06, 1 BvL 13/06, 1 BvR 2530/05, BVerfGE 126, 369, juris Rn. 80; BVerfG, Beschluss v. 2.5.2012 – 2 BvL 5/10, BVerfGE 131, 20, juris Rn. 81; vgl. auch BVerfG, Beschluss v. 12.11.2015 – 1 BvR 2961/14, 1 BvR 3051/14, NVwZ 2016, 300, juris Rn. 58f.; ebenso auch BVerfG, Beschluss v. 25.3.2021 – 2 BvL 1/11, juris, juris Rn. 75ff. für den Sonderfall einer erstmaligen Entscheidung über eine Rechtsfrage, die sich aber als systematisch konsequente Fortentwicklung einer langjährigen und gefestigten Rechtsprechung darstellt.

rechnen, wenn Instanzgerichte der Entscheidung des Bundesgerichts nicht folgen,[783] die Entscheidung in der wissenschaftlichen Literatur kritisiert wird[784] oder die Verwaltungsbehörden die Entscheidung nicht über den Einzelfall hinaus anwenden.[785]

Der neunte Senat des Bundesfinanzhofs schränkt in seinem Vorlagebeschluss vom 7.12.2010 zur rückwirkenden Einführung von § 11 Abs. 2 S. 3 EStG die Möglichkeit der Verwaltung, das Vertrauen des Steuerpflichtigen in eine höchstrichterliche Gesetzesauslegung zu erschüttern, ein: Grundsätzlich sei es Aufgabe der Bundesgerichte, das Recht letztverbindlich auszulegen und die Rechtslage – auch über den Einzelfall hinaus – zu konkretisieren.[786] Zweifel an der gerichtlichen Normauslegung könnten allenfalls dann angebracht sein, wenn die Verwaltung Gründe anführt, warum sie der Entscheidung nicht über den entschiedenen Fall hinaus folgen will.[787] Eine abweichende Verwaltungspraxis sei aber jedenfalls dann unbeachtlich, wenn das Gericht seine Auslegung erneut bestätigt[788] Noch weiter geht der erste Senat des Bundesfinanzhofs in seinem Vorlagebeschluss zur Verfassungskonformität der durch das Amtshilferichtlinien-Umsetzungsgesetz[789] angeordneten rückwirkenden Anwendung[790] von § 50d Abs. 9 S. 3 EStG: Auch eine erstmalige Entscheidung des Bundesfinanzhofs über eine bis dahin ungeklärte Auslegungsfrage sei – unabhängig von einer etwaigen abweichenden Verwaltungsauffassung – eine taugliche Ver-

---

[783] BVerfG, Beschluss v. 21.7.2010 – 1 BvL 11/06, 1 BvL 12/06, 1 BvL 13/06, 1 BvR 2530/05, BVerfGE 126, 369, juris Rn. 14, 80; BVerfG, Beschluss v. 2.5.2012 – 2 BvL 5/10, BVerfGE 131, 20, juris Rn. 82; BVerfG, Beschluss v. 25.3.2021 – 2 BvL 1/11, juris, juris Rn. 77.

[784] BVerfG, Beschluss v. 2.5.2012 – 2 BvL 5/10, BVerfGE 131, 20, juris Rn. 82; ebenso auch BVerfG, Beschluss v. 16.12.2015 – 2 BvR 1958/13, NVwZ 2016, 682, juris Rn. 52; vgl. auch BFH, Urteil v. 5.11.2013 – VIII R 22/12, BFHE 243, 486 = BStBl II 2014, 165, juris Rn. 18; BFH, Urteil v. 15.4.2015 – VIII R 30/13, juris, juris Rn. 37.

[785] BVerfG, Beschluss v. 21.7.2010 – 1 BvL 11/06, 1 BvL 12/06, 1 BvL 13/06, 1 BvR 2530/05, BVerfGE 126, 369, juris Rn. 14, 80; BVerfG, Beschluss v. 2.5.2012 – 2 BvL 5/10, BVerfGE 131, 20, juris Rn. 86.

[786] Zur konkret-individuellen und abstrakt-generellen Konkretisierungsfunktion der Rechtsprechung bereits unter § 4 C. I. 2.

[787] BFH, Vorlagebeschluss v. 7.12.2010 – IX R 70/07, BFHE 232, 2010, 121 = BStBl II 2011, 346, juris Rn. 53 ff.; bestätigt durch BVerfG, Beschluss v. 25.3.2021 – 2 BvL 1/11, juris, juris Rn. 78.

[788] BFH, Vorlagebeschluss v. 7.12.2010 – IX R 70/07, BFHE 232, 2010, 121 = BStBl II 2011, 346, juris Rn. 44 ff.; ähnlich argumentierte auch schon der vierte Senat in seinen Vorlagebeschlüssen zu § 10a S. 4 und 5 GewStG; vgl. BFH, Vorlagebeschluss v. 19.4.2007 – IV R 59/05, BFH/NV 2007, 2334, juris Rn. 118; BFH, Vorlagebeschluss v. 19.4.2007 – IV R 4/06, BFHE 217, 117 = BStBl II 2008, 140, juris Rn. 105; Vorlagebeschlüsse aufgehoben, nachdem die Finanzverwaltung den Klagen in den jeweiligen Ausgangsverfahren abgeholfen hat, durch BFH, Beschluss v. 30.10.2008 – IV R 4/06, BFH/NV 2009, 214; BFH, Beschluss v. 30.10.2008 – IV R 59/05, BFH/NV 2009, 214.

[789] Amtshilferichtlinen-Umsetzungsgesetz (AmtshilfeRLUmsG) vom 26.6.2013 (BGBl I 2013, S. 1809).

[790] Rückwirkende Anwendung auf alle Fälle, in denen die Einkommensteuer noch nicht bestandskräftig festgesetzt ist, durch § 52 Abs. 59a S. 9 EStG i. d. F. AmtshillfeRLUmsG.

trauensgrundlage und stehe mithin einer rückwirkenden Gesetzesänderung entgegen.[791]

2. *Kritik vor dem Hintergrund des jüngeren Rechtsprechungswandels*

Das Bundesverfassungsgericht hat im KAGG-Beschluss, mit dem der Anwendungsbereich des Rückwirkungsverbots deutlich erweitert wurde, ausdrücklich auf seine Beschlüsse zu Fremdrenten und zur Beamtenversorgung verwiesen.[792] Der Bundesfinanzhof schließt aus diesem Verweis, dass die dargestellte Argumentationslinie zur Rechtfertigung rückwirkender Nichtanwendungsgesetze grundsätzlich[793] auch mit der aktuellen Rückwirkungsdogmatik des Bundesverfassungsgerichts vereinbar ist.[794] Betrachtet man indes sowohl einzelne Begründungsansätze in der bisherigen Rechtsprechung als auch die für verschiedene Fallgruppen erzielten Ergebnisse, so ergeben sich erhebliche Zweifel daran, die bisherige Argumentation unverändert fortzuführen.[795]

a) Mit der neueren Rechtsprechung unvereinbare Begründungsansätze

Überholt ist zunächst die vom Bundesfinanzhof im Zusammenhang mit der Einführung von §15 Abs. 3 EStG entwickelte Argumentation, konservierende Nichtanwendungsgesetze würden für die Vergangenheit keine belastende Wirkung entfalten und als deklaratorische Regelungen schon nicht in den Anwendungsbereich des Rückwirkungsverbots fallen.[796] Denn eine im Sinne des Rück-

---

[791] BFH, Vorlagebeschluss v. 20.8.2014 – I R 86/13, BFHE 246, 486 = BStBl II 2015, 18, juris Rn. 40; anhängig unter Az. 2 BvL 21/14.

[792] Das Bundesverfassungsgericht spricht insoweit von „Sondersituationen", in denen ausnahmsweise eine echte Rückwirkung gerechtfertigt war; BVerfG, Beschluss v. 17.12.2013 – 1 BvL 5/08, BVerfGE 135, 1, juris Rn. 79ff. ausdrücklich abgrenzend auch BVerfG, Beschluss v. 25.3.2021 – 2 BvL 1/11, juris, juris Rn. 75.

[793] Einschränkend insbesondere die soeben dargestellten Vorlagebeschlüsse des ersten (BFH, Vorlagebeschluss v. 20.8.2014 – I R 86/13, BFHE 246, 486 = BStBl II 2015, 18, juris Rn. 40; anhängig unter Az. 2 BvL 21/14) und des neunten Senats (BFH, Vorlagebeschluss v. 7.12.2010 – IX R 70/07, BFHE 232, 2010, 121 = BStBl II 2011, 346, juris Rn. 44ff.

[794] Ausdrücklich BFH, Urteil v. 8.4.2014 – IX R 32/13, BFH/NV 2014, 1206, juris Rn. 20; BFH, Urteil v. 24.6.2014 – VIII R 29/12, BFHE 246, 306 = BStBl II 2014, 998, juris Rn. 25; BFH, Urteil v. 15.4.2015 – VIII R 30/13, juris, juris Rn. 39; FG Düsseldorf, Urteil v. 19.11.2015 – 8 K 3664/11 F, EFG 2016, 209, juris Rn. 91ff.; FG Köln, Urteil v. 16.2.2016 – 10 K 2335/11, EFG 2016, 793, juris Rn. 36; implizit BFH, Vorlagebeschluss v. 17.7.2014 – VI R 2/12, BFHE 247, 25, juris Rn. 106ff.; ebenso implizit BFH, Urteil v. 10.2.2015 – IX R 6/14, BFH/NV 2015, 812, juris Rn. 20f.; BFH, Urteil v. 18.6.2015 – VI R 31/14, BFHE 251, 147 = BStBl II 2016, 40, juris Rn. 16; so auch: *Mellinghoff*, FS Landau, 2016, S. 69, 84f.; *Wiese/Berner*, DStR 2014, 1260, 1264; *Wernsmann*, in: HHSp., §4 AO Rn. 754.

[795] Kritisch insbesondere *Hey*, JZ 2014, 500, 503ff.; *Schüppen*, BB 2014, 3104, 3108f.; *Drüen*, StuW 2015, 210, 217ff.; *Osterloh*, StuW 2015, 201, 208; *Schönfeld/Bergmann*, DStR 2015, 257, 260; *Wissenschaftlicher Beirat Ernst & Young Steuern*, DB 2015, 513, 517f.

[796] BFH, Urteil v. 10.7.1986 – IV R 12/81, BFHE 147, 63 = BStBl II 1986, 811, juris Rn. 9; BFH, Beschluss v. 14.9.1989 – IV S 2/89, BFH/NV 1990, 311, juris Rn. 10; BFH, Urteil v.

wirkungsverbots konstitutive Regelung liegt nach gefestigter Rechtsprechung des Bundesverfassungsgerichts bereits dann vor, wenn mit der Neuregelung die Auslegungsmöglichkeiten zulasten des Bürgers beschränkt werden, was jedenfalls dann der Fall ist, wenn einer begünstigenden Rechtsprechung durch ein Nichtanwendungsgesetz der Boden entzogen wird.[797] Die Argumentation über die vermeintlich fehlende belastende Wirkung eines Nichtanwendungsgesetzes ist aber ohnehin vereinzelt geblieben. Sowohl Bundesverfassungsgericht als auch Bundesfinanzhof begründen die Zulässigkeit rückwirkender Nichtanwendungsgesetze ganz überwiegend damit, dass kein (schutzwürdiges) Vertrauen des Steuerpflichtigen verletzt wird, und argumentieren mithin auf Rechtfertigungsebene. Das Vertrauen des Steuerpflichtigen und dessen Schutzwürdigkeit sind auch nach den jüngsten Entscheidungen des Bundesverfassungsgerichts feste (Abwägungs-)Elemente der Rückwirkungsdogmatik.[798] Der weit überwiegende Begründungsansatz lässt sich also grundsätzlich auch an der aktuellen Dogmatik andocken.

Widersprüche zwischen der bisherigen Argumentation und den insbesondere im KAGG-Beschluss aufgestellten Grundsätzen ergeben sich aber bei der Frage, was genau die Grundlage des Vertrauens des Steuerpflichtigen ist. In ihrer bisherigen Argumentation gingen Bundesverfassungsgericht und Bundesfinanzhof – teils ausdrücklich, teils implizit – davon aus, dass der Steuerpflichtige nicht allein auf den auslegungsoffenen Gesetzeswortlaut vertraut, sondern auf dessen Interpretation in der Rechtspraxis, insbesondere durch die höchstrichterliche Rechtsprechung.[799] Nur wenn man für den Vertrauensschutz an eine Rechtslage im Sinne einer spezifischen Interpretation des Gesetzeswortlauts anknüpft, lässt sich schlüssig argumentieren, dass es für Zeiträume vor einer höchstrichterlichen Entscheidung zugunsten des Steuerpflichtigen an einer hinreichend eindeutigen und klaren Vertrauensgrundlage fehlt.[800] Der KAGG-

---

11.12.1986 – IV R 222/84, BFHE 149, 149 = BStBl II 1987, 553, juris Rn. 10; der achte Senat hat sich dieser Rechtsprechung angeschlossen BFH, Beschluss v. 15.10.1991 – VIII B 168/90, juris, juris Rn. 23; Verfassungsbeschwerde ohne Begründung nicht zur Entscheidung angenommen; BVerfG, Beschluss v. 2.11.1995 – 2 BvR 1568/90, StE 1996, 8.

797 Siehe zum konstitutiven Charakter von Nichtanwendungsgesetzen bereits unter § 6 C. I.

798 Siehe bereits unter § 6 B. IV.

799 Zum gleichen Ergebnis kommen auch *Schönfeld/Bergmann*, DStR 2015, 257, 259; einschränkend: *Hey*, JZ 2014, 500, 502 f.: Vertrauensgrundlage ist zunächst das Gesetz selbst in allen denkbaren Auslegungsvarianten; mit der ersten höchstrichterlichen Entscheidung verengt sich die Vertrauensgrundlage auf die Interpretation des Gesetzes durch die Rechtsprechung.

800 So z. B. BVerfG, Beschluss v. 23.1.1990 – 1 BvL 4/87; 1 BvL 5/87; 1 BvL 6/87; 1 BvL 7/87, BVerfGE 81, 228, juris Rn. 34; BVerfG, Nichtannahmebeschluss v. 15.10.2008 – 1 BvR 1138/06, BVerfGK 14, 338, juris Rn. 15; BVerfG, Beschluss v. 12.5.2009 – 2 BvL 1/00, BVerfGE 123, 111, juris Rn. 47; BVerfG, Beschluss v. 21.7.2010 – 1 BvL 11/06, 1 BvL 12/06, 1 BvL 13/06, 1 BvR 2530/05, BVerfGE 126, 369, juris Rn. 77; BVerfG, Beschluss v. 2.5.2012 – 2 BvL 5/10, BVerfGE 131, 20, juris Rn. 79, 88; BFH, Vorlagebeschluss v. 21.5.1987 – VIII R

Beschluss bezieht demgegenüber gerade Konstellationen, in denen die fachgerichtliche Auslegung einer Norm noch nicht feststeht, in den Schutzbereich des Rückwirkungsverbots ein. Das setzt wiederum voraus, dass Vertrauensgrundlage das Gesetz selbst in allen methodisch vertretbaren Auslegungsvarianten ist.[801] Rückwirkende Nichtanwendungsgesetze können also nach der Ausweitung des Anwendungsbereichs des Rückwirkungsverbots nicht mehr damit gerechtfertigt werden, dass eine Vertrauensgrundlage für den Steuerpflichtigen insgesamt gefehlt hat.

Auch der argumentative Schluss, wenn schon eine unklare und verworrene Rechtslage rückwirkend korrigiert werden könne, müsse erst recht eine bis zu einem Rechtsprechungswechsel weithin akzeptierte Auslegung rückwirkend normiert werden können,[802] lässt sich kaum mit den veränderten dogmatischen Grundsätzen in Einklang bringen:[803] Zwar nimmt das Bundesverfassungsgericht auch weiterhin an, dass eine unklare und verworrene Rechtslage einen (echt) rückwirkenden Eingriff des Gesetzgebers rechtfertigt. Allerdings liegt ein solcher Zustand nach der Formulierung im KAGG-Beschluss erst dann vor, „wenn auch unter Berücksichtigung von Wortlaut, Systematik und Normzweck völlig unverständlich ist, welche Bedeutung die fragliche Norm haben soll."[804] Der Anwendungsbereich für diese Ausnahme ist also denkbar klein.[805] Ein so eng umrissener Ausnahmetatbestand bildet methodisch keinen geeigneten Anknüpfungspunkt für einen Erst-Recht-Schluss: Wenn eine Rechtslage nicht un-

---

1/85, BFH/NV 1987, 636, juris Rn. 6f.; BFH, Vorlagebeschluss v. 21.5.1987 – VIII R 194/84, juris, juris Rn. 6f.; BFH, Beschluss v. 22.2.2006 – I B 145/05, BFHE 213, 29 = BStBl II 2006, 546, juris Rn. 26f.

801 Vgl. bereits unter §6 B. I. 2. c) cc); mit Bezug zum KAGG-Beschluss ebenso *Nacke*, NWB 2014, 2699, 2703; *Wiese/Berner*, DStR 2014, 1260, 1263; *Hey*, in: Tipke/Lang, 23. Auflage 2018, §3 Rn. 269; *P. Kirchhof*, DStR 2015, 717, 723; *Osterloh*, StuW 2015, 201, 204; *Schönfeld/Bergmann*, DStR 2015, 257, 259ff.; *Mellinghoff*, FS Landau, 2016, S. 69, 82; allgemein schon *Weber-Dürler*, Vertrauensschutz im öffentlichen Recht, 1983, S. 279ff.; *Muckel*, Kriterien des verfassungsrechtlichen Vertrauensschutzes bei Gesetzesänderungen, 1989, S. 81ff.; *K.-A. Schwarz*, Vertrauensschutz als Verfassungsprinzip, 2002, S. 295ff.; *Schön*, FS Lang, 2011, S. 221, 225; differenzierend: *Drüen*, StuW 2015, 210, 213 (nur für Fälle echter Rückwirkung); *Hey*, JZ 2014, 500, 502f.; *dies.*, NJW 2014, 1564, 1566 (nur bis zur ersten höchstrichterlichen Entscheidung, danach Verengung der Vertrauensgrundlage auf die höchstrichterliche Interpretation); kritisch *Lepsius*, JZ 2014, 488, 491; BVerfG, Beschluss v. 17.12.2013 – 1 BvL 5/08, BVerfGE 135, 1, juris Rn. 90 (abw. Meinung *Masing*).

802 BVerfG, Nichtannahmebeschluss v. 15.10.2008 – 1 BvR 1138/06, BVerfGK 14, 338, juris Rn. 19 zur rückwirkenden gesetzlichen Regelung der sog. „Mehrmütterorganschaft."

803 Zweifelnd auch *Drüen*, StuW 2015, 210, 216f.

804 BVerfG, Beschluss v. 17.12.2013 – 1 BvL 5/08, BVerfGE 135, 1, juris Rn. 72; vgl. auch BVerfG, Beschluss v. 12.11.2015 – 1 BvR 2961/14, 1 BvR 3051/14, NVwZ 2016, 300, juris Rn. 60.

805 Vgl. bereits unter §6 B. III. 1. a); ebenso schon *Maurer*, HStR IV, 3. Auflage 2006, §79 Rn. 45: Ausnahme dürfte heute keine praktische Bedeutung mehr haben; *Schön*, FS Lang, 2011, S. 221, 227: Ausnahme erfasst Sonderkonstellationen der Nachkriegszeit, die nicht mit der heutigen Lage vergleichbar sind; *Drüen*, StuW 2015, 210, 221: Rechtfertigungsgrund einer unklaren und verworrenen Rechtslage ist überkommen.

klar und verworren ist, ist sie deshalb noch keineswegs eindeutig. Regelmäßig sind vielmehr verschiedene Interpretationen einer Norm vertretbar; die Rechtslage ist typischerweise auslegungsoffen. Dies gilt auch in den Fällen eines Rechtsprechungswechsels: Der Bundesfinanzhof gibt (im Einklang mit allen anderen obersten Bundesgerichten) eine ständige Rechtsprechung vielmehr nur dann auf, wenn schwerwiegende Gründe gegen die bisherige Auslegung sprechen.[806] Es bestanden also Zweifel an der bisherigen Auslegung; solche Zweifel über die Auslegung einer Norm rechtfertigen aber noch nicht per se einen rückwirkenden Zugriff des Gesetzgebers.[807] Das Bundesverfassungsgericht hat im KAGG-Beschluss vielmehr mehrfach betont, dass es primäre Aufgabe der Fachgerichte ist, letztverbindlich den Inhalt des einfachen Rechts zu bestimmen.[808]

b) Wertungswidersprüche

Dass einzelne Begründungselemente nicht mehr aufrechterhalten werden können, muss noch nicht automatisch bedeuten, dass die gesamte Rechtsprechungslinie zur Rechtfertigung rückwirkender Nichtanwendungsgesetze aufgegeben werden muss. Entscheidend ist vielmehr, ob sich die bislang erzielten Ergebnisse mit den veränderten dogmatischen Grundlagen und den insbesondere im KAGG-Beschluss getroffenen grundsätzlichen Aussagen in Einklang bringen lassen. Für die Beantwortung dieser Frage ist es hilfreich, noch einmal kurz die verschiedenen Ausgangssituationen und deren verfassungsrechtliche Behandlung durch die Gerichte zu rekapitulieren:

Nach der bisherigen gefestigten Rechtsprechung von Bundesverfassungsgericht und Bundesfinanzhof kann der Gesetzgeber einen Rechtsprechungswechsel korrigieren und nachträglich die vom Bundesfinanzhof aufgegebene Rechtsprechung gesetzlich fixieren. Das Gesetz darf sich dabei sowohl auf Sachverhalte vor als auch auf solche nach der Rechtsprechung erstrecken.[809]

In den Beschlüssen zu Fremdrenten und zur Beamtenversorgung hat das Bundesverfassungsgericht diese Argumentation auch auf solche Fälle erstreckt, in denen die Fachgerichte nicht eine bisherige Rechtsprechung aufgegeben, sondern erstmals zur Auslegung des einfachen Rechts Stellung genommen haben.

---

[806] Siehe oben unter § 3 B.

[807] Ausdrücklich BVerfG, Beschluss v. 17.12.2013 – 1 BvL 5/08, BVerfGE 135, 1, juris Rn. 67 f.; bestätigt durch BVerfG, Beschluss v. 12.11.2015 – 1 BvR 2961/14, 1 BvR 3051/14, NVwZ 2016, 300, juris Rn. 60; in diese Richtung vorher auch schon BVerfG, Urteil v. 24.7.1968 – 1 BvR 537/65, BVerfGE 24, 75, juris Rn. 65; BVerfG, Beschluss v. 23.3.1971 – 2 BvL 2/66, 2 BvR 168/66, 2 BvR 196/66, 2 BvR 197/66, 2 BvR 210/66, 2 BvR 472/66, BVerfGE 30, 367, juris Rn. 78 f.; erheblich weiter demgegenüber noch BVerfG, Beschluss v. 17.1.1979 – 1 BvR 446/77, 1 BvR 1174/77, BVerfGE 50, 177, juris Rn. 51.

[808] BVerfG, Beschluss v. 17.12.2013 – 1 BvL 5/08, BVerfGE 135, 1, juris Rn. 50 m. w. N.; ebenso zuletzt BVerfG, Beschluss v. 25.3.2021 – 2 BvL 1/11, juris, juris Rn. 78; ausführlich zur Entwicklung der Rechtsprechung bereits unter § 6 B. I. 2. c).

[809] Vgl. im Einzelnen unter § 6 C. III. 1. a) und b).

Der Gesetzgeber darf rückwirkend eine herrschende Rechtspraxis (insbesondere die von den zuständigen Verwaltungsbehörden flächendeckend angewendete Auslegung des Rechts) wiederherstellen und dabei abermals Zeiträume vor und nach der entsprechenden fachgerichtlichen Entscheidung erfassen.[810]

Im KAGG-Beschluss hat das Bundesverfassungsgericht demgegenüber einen Verstoß gegen das Rückwirkungsverbot darin gesehen, dass der Gesetzgeber rückwirkend eine Auslegungsfrage beantwortet hat, bevor der Bundesfinanzhof erstmals zu dieser Frage Stellung nehmen konnte.[811] In seiner Argumentation hat das Gericht dabei die funktionale Verantwortung der Judikative, Auslegungszweifel zu beseitigen, besonders betont.[812]

Von dem gedanklichen Ausgangspunkt des KAGG-Beschlusses aus erscheint es zunächst stimmig, die Wiederherstellung einer vom Bundesfinanzhof aufgegebenen Auslegung für Zeiträume vor dem Rechtsprechungswechsel[813] zuzulassen: Weil es primär Aufgabe des Bundesfinanzhofs ist, Steuergesetze verbindlich auszulegen, ist es naheliegend, seine Entscheidungen auch als letztlich maßgeblichen Orientierungspunkt für die Dispositionsentscheidungen des Steuerpflichtigen zu begreifen. Auch wenn das Steuergesetz in allen denkbaren Auslegungsvarianten Vertrauensgrundlage ist, kann das Vertrauen des Steuerpflichtigen in bestimmte Auslegungsvarianten unterschiedlich schutzwürdig sein. Grundsätzlich muss der Steuerpflichtige davon ausgehen, dass das Gesetz im Einklang mit der Rechtsprechung der zuständigen Fachgerichte ausgelegt wird. Kehrt der Gesetzgeber mit einem Nichtanwendungsgesetz für vergangene Zeiträume zu der damaligen Auslegung des Bundesfinanzhofs zurück, stellt er dann nur den Rechtszustand wieder her, von dem der Steuerpflichtige bei seinen Dispositionsentscheidungen ohnehin ausgehen musste. Das erscheint zumutbar. Mit dieser Herleitung könnte man die Argumentation der Gerichte, in eine andere als die gerichtliche Norminterpretation könne nicht schutzwürdig vertraut werden, solange die entsprechende Rechtsprechungslinie nicht offensichtlich änderungsbedürftig ist,[814] grundsätzlich aufrechterhalten. Dass das Bundesverfassungsgericht im KAGG-Beschluss im Ergebnis schutzwürdiges Vertrauen

---

[810] BVerfG, Beschluss v. 21.7.2010 – 1 BvL 11/06, 1 BvL 12/06, 1 BvL 13/06, 1 BvR 2530/05, BVerfGE 126, 369, juris Rn. 77; BVerfG, Beschluss v. 2.5.2012 – 2 BvL 5/10, BVerfGE 131, 20, juris Rn. 79, 88.

[811] BVerfG, Beschluss v. 17.12.2013 – 1 BvL 5/08, BVerfGE 135, 1, juris Rn. 61 ff.

[812] BVerfG, Beschluss v. 17.12.2013 – 1 BvL 5/08, BVerfGE 135, 1, juris Rn. 48.

[813] Zur bisherigen Dogmatik insoweit bereits unter § 6 C. III. 1. a).

[814] Vgl. insbesondere BVerfG, Nichtannahmebeschluss v. 15.10.2008 – 1 BvR 1138/06, BVerfGK 14, 338, juris Rn. 18; BVerfG, Beschluss v. 12.5.2009 – 2 BvL 1/00, BVerfGE 123, 111, juris Rn. 49; BFH, Vorlagebeschluss v. 21.5.1987 – VIII R 194/84, juris, juris Rn. 6 f.; BFH, Vorlagebeschluss v. 21.5.1987 – VIII R 194/84, juris, juris Rn. 7; BFH, Urteil v. 8.4.2014 – IX R 32/13, BFH/NV 2014, 1206, juris Rn. 18; BFH, Urteil v. 18.6.2015 – VI R 31/14, BFHE 251, 147 = BStBl II 2016, 40, juris Rn. 16; BFH, Urteil v. 10.2.2015 – IX R 6/14, BFH/NV 2015, 812, juris Rn. 20 f.; BVerfG, Nichtannahmebeschluss v. 10.7.2009 – 1 BvR 1416/06, BFH/NV 2009, 1768, juris Rn. 14, 22.

bejahte, ließe sich gerade mit dem Fehlen entgegenstehender fachgerichtlicher Entscheidungen begründen: Weil der Bundesfinanzhof noch keine Entscheidung über die Auslegung des einfachen Rechts getroffen hatte, war das schutzwürdige Vertrauen des Steuerpflichtigen noch nicht auf eine bestimmte Interpretation des Gesetzes verengt. Jede vertretbare Auslegungsvariante war gleichermaßen schutzwürdig, eine rückwirkende gesetzliche Regelung daher schon unzulässig, wenn sie auch nur eine dieser Auslegungen unmöglich macht.[815]

Widersprüche ergeben sich bei dieser Herleitung aber zu den Beschlüssen zu Fremdrenten und zur Beamtenversorgung:[816] Auch hier gab es zunächst noch keine fachgerichtliche Auslegung des einfachen Rechts, an der sich der Steuerpflichtige hätte orientieren können. Die erste höchstrichterliche Entscheidung war zugleich diejenige, die vom Gesetzgeber rückwirkend korrigiert wurde. Die Ausgangslage entspricht insoweit derjenigen im KAGG-Beschluss; die vom Bundesverfassungsgericht gezogenen Schlussfolgerungen weichen aber geradezu diametral ab: Das Gericht lässt die Rückwirkung in den Beschlüssen zu Fremdrenten und zur Beamtenversorgung zu, weil sie für Zeiträume vor der höchstrichterlichen Entscheidung die insbesondere von der Verwaltung praktizierte Rechtspraxis wiederherstellt. Auf eine andere Auslegung hätten die Steuerpflichtigen vor einer entsprechenden fachgerichtlichen Entscheidung nicht schutzwürdig vertrauen können. Beim KAGG-Beschluss führt die noch fehlende fachgerichtliche Auslegung der Norm zu einem erweiterten Vertrauensschutz, weil der Steuerpflichtige auf jede vertretbare Interpretation des Gesetzestextes vertrauen kann. Bei den Beschlüssen zu Fremdrenten und zur Beamtenversorgung soll das Vertrauen nicht schutzwürdig sein, wenn die vom Steuerpflichtigen unterstellte Auslegung noch nicht durch die Fachgerichte bestätigt wurde. Dass noch keine fachgerichtliche Entscheidung vorliegt, verringert also die Schutzwürdigkeit des Vertrauens. Erklärungsansätze für diesen Widerspruch finden sich in den Entscheidungen des Bundesverfassungsgerichts nicht.

Die Argumentation in den Beschlüssen zu Fremdrenten und zur Beamtenversorgung birgt zudem die Gefahr, den individualrechtlichen Anspruch auf einen effektiven Rechtsschutz des Steuerpflichtigen zu unterlaufen: Indem das Vertrauen des Steuerpflichtigen in eine Gesetzesauslegung generell schon dann nicht mehr schutzwürdig sein soll, wenn die Norm von der Verwaltung in der Rechtspraxis anders ausgelegt wird, wird letztlich nicht die gerichtliche sondern die exekutive Norminterpretation zum maßgeblichen Orientierungspunkt für den Steuerpflichtigen erhoben. Gelingt es dem Steuerpflichtigen bei einer

---

[815] In diese Richtung i. E. nunmehr auch für Konstellationen, in denen §40a Abs. 1 S. 2 KAGG unechte Rückwirkung entfaltet BFH, Vorlagebeschluss v. 23.10.2019 – XI R 43/18, DStR 2020, 538, juris Rn. 41 ff.; anhängig beim BVerfG unter Az. 2 BvL 2/20.

[816] Argumentative Widersprüche insbesondere mit den Beschlüssen zu Fremdrenten und zur Beamtenversorgung sehen auch *Hey*, JZ 2014, 500, 503; *Drüen*, StuW 2015, 210, 218; *Osterloh*, StuW 2015, 201, 208; *Wissenschaftlicher Beirat Ernst & Young Steuern*, DB 2015, 513, 517; *Schönfeld/Bergmann*, DStR 2015, 257, 260.

echt rückwirkenden gesetzlichen Regelung wegen der besonderen steuerlichen Verfahrensvorschriften nicht, in seinem Verfahren rechtzeitig eine gerichtliche Entscheidung herbeizuführen,[817] muss er die Verwaltungsauffassung, gegen die er sie sich gerichtlich zur Wehr gesetzt haben, in Gesetzesform doch akzeptieren.[818] Von der gerichtlichen Entscheidung profitiert nur noch der Steuerpflichtige, dessen Verfahren als Musterverfahren vor dem Bundesfinanzhof geführt wurde. Die Effektivität des gerichtlichen Rechtsschutzes wird abhängig von Zufälligkeiten.[819] Ein solcher Zustand lässt sich kaum damit vereinbaren, dass das Bundesverfassungsgericht im KAGG-Beschluss den besonderen Wert betont hat, der einer gerichtlichen Beseitigung von Auslegungszweifeln zukommt.

Ebenso deutliche Widersprüche ergeben sich zwischen dem KAGG-Beschluss und der Argumentation, mit der eine rückwirkende Regelung für Zeiträume nach der korrigierten höchstrichterlichen Entscheidung gerechtfertigt wird:[820] Während im KAGG-Beschluss und auch bei der Rechtfertigung einer Rückwirkung für Zeiträume vor einem Rechtsprechungswechsel der besondere vertrauensbildende Wert fachgerichtlicher Entscheidungen betont wird, verläuft die Argumentation hier genau entgegengesetzt.[821] Unabhängig davon, ob mit der Entscheidung eine bisherige Rechtsprechung aufgegeben oder erstmals über eine Auslegungsfrage entschieden wird, soll eine rückwirkende gesetzliche Korrektur zulässig sein, weil eine einzelne höchstrichterliche Entscheidung die Rechtslage noch nicht mit hinreichender Sicherheit kläre. Es sei vielmehr unsicher, ob die richterliche Entscheidung Bestand habe.

In den Beschlüssen zu Fremdrenten und zur Beamtenversorgung verweist das Bundesverfassungsgericht insoweit darauf, dass ein Fachgericht nicht an die einmal gefundene Auslegung gebunden ist und daher in einer Folgeentscheidung zu einer anderen Auslegung der Norm kommen könnte. Eine solche Entscheidung würde wiederum – dem kontinentaleuropäischen Verständnis von Gerichtsentscheidungen folgend – auch vergangene Sachverhalte betreffen. Zweifel an dieser Argumentation ergeben sich schon allein deshalb, weil ein Rechtsprechungswechsel mangels Bindungswirkung zwar jederzeit möglich ist, gleichwohl aber nur in Ausnahmefällen vorkommt. Der Bundesfinanzhof weicht – ebenso wie alle anderen Bundesgerichte – nur bei besonders schwerwiegenden

[817] Siehe bereits im Detail unter §5 C.I.

[818] Plastisch *Schön*, FS Lang, 2011, S. 221, 221 f.: „Am Ende stehen für den Steuerpflichtigen ein mit Mühen gewonnener Finanzprozess und ein vollständiges Unterliegen in der Sache."; *Schönfeld/Bergmann*, DStR 2015, 257, 261: „Bürger sieht sich einer Staatsgewalt gegenüber, gegen die er nicht gewinnen kann."; *Drüen*, StuW 2015, 210, 220: „Der Rechtsschutz bekäme [...] Kafkaeske Züge."

[819] *Schön*, FS Lang, 2011, S. 221, 231 f.; *Drüen*, IStR 2015, 609, 613; *Schönfeld/Bergmann*, DStR 2015, 257, 261.

[820] Zur bisherigen Dogmatik insoweit bereits unter §6 C. III. 1. b).

[821] Vgl. *Hey*, Steuerplanungssicherheit als Rechtsproblem, 2002, S. 328 f.; *dies.*, JZ 2014, 500, 504.

Gründen von einer früheren Auslegung ab.[822] Grundsätzlich kann der Steuerpflichtige mithin darauf vertrauen, dass eine einmal getroffene Auslegungsentscheidung beibehalten wird.[823] Dies gilt erst recht nach einem Rechtsprechungswechsel: Wenn die sachlichen Gründe für die neue Auslegung den besonderen Wert der Rechtsprechungskontinuität deutlich überwiegen, ist kaum damit zu rechnen, dass das Gericht die neu gefundene Auslegung in einer Folgeentscheidung gleich wieder aufgibt.[824]

Auf Grundlage der mit dem KAGG-Beschluss etablierten Dogmatik besteht aber ein noch grundsätzlicherer Einwand gegen die Argumentation des Bundesverfassungsgerichts: Bei der Rückwirkung von Gesetzen gründet sich das Vertrauen des Steuerpflichtigen auf das Gesetz selbst.[825] Nur so lässt sich die Entscheidung des Bundesverfassungsgerichts erklären, schon jede potenziell nachteilige Veränderung des Auslegungsspielraums dem Rückwirkungsverbot zu unterwerfen. Der Steuerpflichtige vertraut darauf, dass der Gesetzgeber den Wortlaut einer Norm nicht mit Wirkung für die Vergangenheit verändert. Es geht bei der Rückwirkung von Gesetzen mit anderen Worten um die Beständigkeit des Auslegungsmaterials. Die Frage, ob der Bundesfinanzhof eine einmal getroffene Auslegung auch in Folgeentscheidungen beibehalten wird, betrifft demgegenüber einen unter Vertrauensschutzgesichtspunkten eigenständigen Problemkomplex: Der Steuerpflichtige vertraut insoweit auf die Beständigkeit der Auslegung, nicht des Auslegungsmaterials.[826] Er hat keine Erwartungen an den Gesetzgeber, sondern an die Fachgerichte. Das Bundesverfassungsgericht vermischt diese beiden Ebenen. Es rekurriert in den entsprechenden Passagen der Beschlüsse zu Fremdrenten und zur Beamtenversorgung auf frühere Entscheidungen, in denen nicht die rückwirkende Wirkung von Gesetzen, sondern diejenige von Gerichtsentscheidungen angegriffen wurde. Ebenso – wenn auch mit anderem Ergebnis – argumentiert das Gericht auch in dem jüngsten Beschluss vo 25.3.2021. Im Ergebnis vertauscht das Gericht damit zulasten des Steuerpflichtigen die Vertrauensgrundlagen: Nur weil der Steuerpflichtige damit rechnen muss, dass sich die Rechtsprechung des Bundesfinanzhofs in der Zukunft ändern kann, muss er noch lange nicht damit rechnen, dass der Steuergesetzgeber rückwirkend den Gesetzeswortlaut verändert.[827]

---

[822] Siehe schon mit detaillierten Nachweisen § 3 B.

[823] Ebenso *Wissenschaftlicher Beirat Ernst & Young Steuern*, DB 2015, 513, 517.

[824] Ebenso *Hey*, JZ 2014, 500, 504; in der Rechtsprechung des Bundesfinanzhofs gibt es mit den Entscheidungen zum Abzug von Zivilprozesskosten als außergewöhnliche Belastungen durch BFH, Urteil v. 12.5.2011 – VI R 42/10, BFHE 234, 30 = BStBl II 2011, 1015, juris Rn. 12 ff. und BFH, Urteil v. 18.6.2015 – VI R 17/14, BFHE 250, 153 = BStBl II 2015, 800, juris Rn. 15 ff. – soweit ersichtlich – nur ein einziges Beispiel für einen zweimaligen Wechsel der Auslegung innerhalb kurzer Zeit.

[825] Siehe die Nachweise in Fn. 801 sowie ausführlich unter § 6 B. I. 2. c) cc).

[826] Ebenso differenzierend *Buchheim/Lassahn*, NVwZ 2014, 562, 563.

[827] Ähnlich *Hey*, JZ 2014, 500, 505.

Das gilt auch, wenn eine höchstrichterliche Entscheidung in der wissenschaftlichen Literatur kritisiert wird oder Instanzgerichte der Rechtsprechung nicht folgen: Hierin mögen zwar Anzeichen zu sehen sein, dass die Auslegung des Gerichts nicht vollends überzeugend begründet ist oder Gegenargumente nicht oder nicht in ausreichendem Maß berücksichtigt. Je umfassender die Kritik, desto höher mag die Chance sein, dass das Gericht seine Rechtsprechung noch einmal überdenkt und in einer Folgeentscheidung korrigiert. Allerdings zeigt das Beispiel der Fremdrenten, dass selbst eine von niemandem erwartete und vielfach kritisierte „Auslegungsüberraschung" nicht zwangsläufig wieder korrigiert wird.[828] Erst recht lässt sich kein Erfahrungssatz aufstellen, nach dem der Gesetzgeber auf Kritik an einer höchstrichterlichen Entscheidung mit einem Nichtanwendungsgesetz reagiert.[829]

Auch dass die Verwaltung eine Entscheidung nicht über den Einzelfall hinaus anwendet oder ausdrücklich mit einem Nichtanwendungserlass belegt, indiziert nicht unbedingt, dass eine gesetzliche Korrektur zu erwarten ist. Regelmäßig verfolgt die Verwaltung mit einem Nichtanwendungserlass vielmehr das Ziel, eine erneute gerichtliche Überprüfung der Rechtsfrage herbeizuführen.[830] Dann lässt sich ein Nichtanwendungserlass, der Argumente gegen eine Entscheidung des Bundesfinanzhofs aufführt, allenfalls als Hinweis auf einen bevorstehenden Rechtsprechungswechsel, nicht aber auf eine Änderung des Gesetzes deuten.[831] Angesichts der geringen Erfolgsquote der Verwaltung in den auf einen Nichtanwendungserlass folgenden Gerichtsverfahren kann selbst die Indizwirkung für einen Rechtsprechungswechsel nicht als besonders ausgeprägt bezeichnet werden.[832]

Rückschlüsse auf den Bestand der Gesetzeslage lassen sich nur dann ziehen, wenn der Nichtanwendungserlass ausdrücklich mit einer bevorstehenden (rückwirkenden) gesetzlichen Neuregelung begründet wird.[833] Wegen der einflussreichen federführenden Position des Bundesfinanzministeriums beim Er-

---

[828] Trotz abweichender instanzgerichtlicher Entscheidungen und breiter Kritik in der Literatur an der Entscheidung des vierten Senats des Bundessozialgerichts (BSG, Urteil v. 30.8.2001 – B 4 RA 118/00 R, BSGE 88, 288, juris Rn. 17ff.) bestätigten der dreizehnte und der achte Senat die Entscheidung ausdrücklich; vgl. BSG, Urteil v. 11.3.2004 – B 13 RJ 44/03 R, BSGE 92, 248, juris Rn. 16ff.; BSG, Urteil v. 7.7.2004 – B 8 KN 10/03 R, BSGE 93, 85, juris Rn. 17ff.

[829] Ebenso *Hey*, JZ 2014, 500, 504f.

[830] Siehe bereits unter § 2 B. III. 4. b); ausführlich *Desens*, Bindung der Finanzverwaltung an die Rechtsprechung, 2011, S. 25.

[831] *Wissenschaftlicher Beirat Ernst & Young Steuern*, DB 2015, 513, 518; *Hey*, JZ 2014, 500, 504f.

[832] Nach den Erhebungen von *Desens*, Bindung der Finanzverwaltung an die Rechtsprechung, 2011, S. 26f. erreichen nur 8 % der Nichtanwendungserlasse eine Rechtsprechungsänderung.

[833] Vgl. zu derartigen Nichtanwendungserlassen mit Beispielen aus der jüngeren Vergangenheit bereits unter § 2 B. III. 4. d).

lass eines Steuergesetzes[834] muss der Steuerpflichtige grundsätzlich damit rechnen, dass auf eine entsprechende Ankündigung durch die Verwaltung auch ein rückwirkendes Nichtanwendungsgesetz folgen wird.[835] Sein Vertrauen auf den Fortbestand des Normtextes erscheint weniger schutzwürdig.[836] Zweifelsfrei ist diese Argumentation aber gleichwohl nicht: Zumindest insoweit ein Gesetz echte Rückwirkung entfaltet, nimmt das Bundesverfassungsgericht in allen anderen Fällen regelmäßig erst im Zeitpunkt des Gesetzesbeschlusses im Bundestag an, dass eine Neuregelung für den Steuerpflichtigen vorhersehbar ist.[837] Vorherige Äußerungen von Institutionen oder Personen, die am Gesetzgebungsverfahren beteiligt sind, beeinträchtigen die Schutzwürdigkeit des Vertrauens hingegen (noch) nicht. Warum dies bei einem rückwirkenden Nichtanwendungsgesetz anders sein soll, leuchtet nicht ein: Der Steuerpflichtige kann bei einem Nichtanwendungsgesetz genauso gut oder schlecht wie bei einem sonstigen Gesetzesvorhaben voraussehen, ob auf eine Ankündigung durch das federführende Ministerium auch tatsächlich eine gesetzliche Neuregelung folgt. Zudem besteht abermals ein Spannungsverhältnis zu den Grundsätzen des KAGG-Beschlusses: Dort betont das Gericht, dass primär die Judikative dafür verantwortlich ist, Zweifel bei der Auslegung des einfachen Rechts durch eine Gerichtsentscheidung zu beseitigen. Diese klärende Wirkung eines Urteils wird aber stark relativiert, wenn die im Gerichtsverfahren als Partei unterlegene Verwaltung das Vertrauen des Steuerpflichtigen in die vom Gericht bestätigte Auslegung einseitig durch die Ankündigung einer Neuregelung wieder beseitigen kann.[838]

c) Zwischenfazit

Die bisherige Rechtsprechungslinie zur Rechtfertigung rückwirkender Nichtanwendungsgesetze lässt sich nicht ohne Widersprüche mit der fortentwickelten Rückwirkungsdogmatik des Bundesverfassungsgerichts vereinbaren. Insbesondere mit dem KAGG-Beschluss hat das Bundesverfassungsgericht den Anwendungsbereich des Rückwirkungsverbots erweitert und den besonderen

---

[834] Vgl. im Einzelnen schon unter § 4 B. I. 2.

[835] Damit ist nicht gesagt, dass ein bevorstehendes rückwirkendes Nichtanwendungsgesetz einen Nichtanwendungserlass rechtfertigt; vgl. dazu bereits unter § 5 C. III. 3.; kritisch auch *P. Kirchhof/Raupach*, DB Beilage 2001, 1, 4 ff.; *Raupach*, in: Drenseck/Seer (Hrsg.), Festschrift für Heinrich Wilhelm Kruse zum 70. Geburtstag, 2001, S. 253, 258; *ders.*, DStR 2001, 1325, 1327; *Pezzer*, DStR 2004, 525, 530; *Harald Schaumburg*, in: Brandt (Hrsg.), Für eine bessere Steuerrechtskultur, 2004, S. 73, 90; *Völker/Ardizzoni*, NJW 2004, 2413, 2417; *Müller/Funk/Müller*, BB 2005, 2271, 2273; *Spindler*, FS Solms, 2005, S. 53, 59 f.; *ders.*, DStR 2007, 1061, 1065; *Desens*, Bindung der Finanzverwaltung an die Rechtsprechung, 2011, S. 315 f.

[836] *Wissenschaftlicher Beirat Ernst & Young Steuern*, DB 2015, 513, 518.

[837] Siehe bereits im Detail unter § 6 B. III. 1. b); bei Gesetzen mit unechter Rückwirkung wird das Kriterium der Vorhersehbarkeit vom Bundesverfassungsgericht hingegen flexibler gehandhabt; vgl. unter § 6 B. III. 2. a).

[838] Vgl. *Hey*, JZ 2014, 500, 505; *Drüen*, StuW 2015, 210, 218.

Wert von gerichtlichen Entscheidungen für die Klärung der Rechtslage betont. Diese Argumentation entzieht diversen einzelnen Begründungselementen, mit denen rückwirkende Nichtanwendungsgesetze bislang gerechtfertigt wurden, den Boden. Insbesondere kann die Wiederherstellung einer ständigen Rechtsprechung nicht mehr mit einem Erst-Recht-Schluss aus dem Ausnahmetatbestand einer unklaren und verworrenen Rechtslage gerechtfertigt werden.

Der Fokus auf die gerichtliche Klärung von Auslegungszweifeln führt zudem zu grundlegenden Wertungswidersprüchen mit der bisherigen Argumentation der Gerichte. Der Steuerpflichtige kann nach der fortentwickelten Rückwirkungsdogmatik grundsätzlich auf den Bestand des Gesetzeswortlauts und alle auf Basis dieses Wortlauts vertretbaren Auslegungen vertrauen. Dies gilt nach dem KAGG-Beschluss gerade dann, wenn es bislang noch keine höchstrichterliche Entscheidung zur Auslegung des Gesetzes gibt. Wenn die Gerichte bislang die rückwirkende Normierung einer herrschenden Verwaltungspraxis damit gerechtfertigt haben, dass der Steuerpflichtige ohne eine bestätigende höchstrichterliche Entscheidung nicht schutzwürdig in eine günstige Auslegung des Gesetzes vertrauen könne, lässt sich dies nunmehr kaum aufrechterhalten. Hinzu kommt, dass eine solche Argumentation zumindest bei Gesetzen mit echter Rückwirkung den individualrechtlichen Anspruch auf einen effektiven Rechtsschutz bedroht.

Ebenso wenig kann eine rückwirkende Regelung für Zeiträume, in denen der Bundesfinanzhof eine für den Steuerpflichtigen günstige Auslegung bestätigt hat, mit fehlendem schutzwürdigem Vertrauen des Steuerpflichtigen gerechtfertigt werden. Auch wenn diese Entscheidung von einer bisherigen Rechtsprechungslinie oder einer herrschenden Rechtspraxis abweicht und diese Divergenz von Finanzgerichten, der Finanzverwaltung oder der wissenschaftlichen Literatur kritisiert wird, muss der Steuerpflichtige nicht automatisch mit dem Erlass eines Nichtanwendungsgesetzes rechnen. Allenfalls die ausdrückliche Ankündigung einer rückwirkenden Neuregelung kann das schutzwürdige Vertrauen in den Bestand des Gesetzes mindern. Ein vollständiger Vertrauensausfall würde aber wiederum den Grundwertungen des KAGG-Beschlusses widersprechen.

Diese gravierenden inhaltlichen Differenzen lassen sich nicht mit Verweis darauf ignorieren, dass das Bundesverfassungsgericht im KAGG-Beschluss ausdrücklich auf die Entscheidungen zu Fremdrenten und zur Beamtenversorgung verwiesen hat.[839] Zwar wollte die Senatsmehrheit hier offensichtlich die bisherigen Rechtsprechungslinien nicht aufgeben,[840] weil sie den KAGG-Beschluss

[839] BVerfG, Beschluss v. 17.12.2013 – 1 BvL 5/08, BVerfGE 135, 1, juris Rn. 79ff.

[840] Zurecht weisen die Gerichte insoweit die Einschätzung von *Schönfeld/Bergmann*, DStR 2015, 257, 260 zurück, der Verweis wolle nur den Anschein von tatsächlich nicht vorhandener Rechtsprechungskontinuität erwecken; vgl. BFH, Urteil v. 15.4.2015 – VIII R 30/13, juris, juris Rn. 39; FG Köln, Urteil v. 16.2.2016 – 10 K 2335/11, EFG 2016, 793, juris Rn. 33, 35.

insgesamt zurecht nicht als Bruch mit der bis dahin entwickelten Rückwirkungsdogmatik, sondern als deren konsequente Fortentwicklung versteht.[841] Gleichwohl trägt die bisherige Begründung zur Rechtfertigung rückwirkender Nichtanwendungsgesetze das Ergebnis nicht mehr. Da der KAGG-Beschluss vom Bundesverfassungsgericht mittlerweile mehrfach bestätigt wurde,[842] lässt sich der Konflikt auch nicht dadurch lösen, dass man diese Entscheidung als nicht verallgemeinerungsfähigen dogmatischen Ausreißer begreift.[843] Es bedarf vielmehr einer neuen Begründung, warum und in welchem Umfang rückwirkende Nichtanwendungsgesetze mit dem Rückwirkungsverbot vereinbar sein sollen. Nur wenn und insoweit sich eine solche Rechtfertigung finden lässt, kann die bisherige Rechtsprechungslinie – wie vom Bundesverfassungsgericht durch den Verweis auf die Beschlüsse zu Fremdrenten und zur Beamtenversorgung zumindest angedeutet und vom Bundesfinanzhof überwiegend angenommen[844] – fortgeführt werden.

3. Rekonstruktion und Neuansatz

Ausgangspunkt der weiteren Überlegungen ist das vorstehende Analyseergebnis, nach dem sich ein rückwirkendes Nichtanwendungsgesetz nicht generell damit rechtfertigen lässt, dass es kein schutzwürdiges Vertrauen des Steuerpflichtigen verletzt – weder für Zeiträume vor der korrigierten höchstrichterlichen Entscheidung noch für Zeiträume danach. Der Steuerpflichtige kann grundsätzlich schutzwürdig auf den Bestand des Gesetzeswortlauts, der eine für ihn günstige Auslegung ermöglicht, vertrauen. Damit ist gleichzeitig gewährleistet, dass Zweifel über die Auslegung des einfachen Rechts für die Vergangenheit primär durch Entscheidungen der Fachgerichte geklärt werden. Erneut zeigt sich das Rückwirkungsverbot als Ausdruck der grundgesetzlichen Gewaltenteilung und als ein Instrument der temporalen Kompetenzabgrenzung zwischen Judikative und Legislative.[845]

Gerade dieser Bezug zur temporalen Gewaltenteilung macht aber noch einmal deutlich, dass das bisherige Analyseergebnis nur ein grundsätzliches Verhältnis umschreibt: Die Einflussbereiche der einzelnen Gewalten sind nicht strikt voneinander getrennt, sondern miteinander verschränkt. Auch das Rückwirkungsverbot formuliert keine absolute Grenze, sondern ein Regel-Ausnahme-Verhältnis auf Basis einer typisierten Abwägung.[846] Selbst, wenn auf Seiten

---

[841] So bereits unter § 6 B. I. 2. c) cc), § 6 B. III. 1. a) und § 6 B. IV.; a. A. BVerfG, Beschluss v. 17.12.2013 – 1 BvL 5/08, BVerfGE 135, 1, juris Rn. 86 ff. (abw. Meinung *Masing*).

[842] Ausdrücklich BVerfG, Beschluss v. 12.11.2015 – 1 BvR 2961/14, 1 BvR 3051/14, NVwZ 2016, 300, juris Rn. 49; BVerfG, Nichtannahmebeschluss v. 20.9.2016 – 1 BvR 1387/15, NVwZ 2017, 705, juris Rn. 41: „Maßstäbe sind hinreichend geklärt."

[843] So der Vorschlag von *Lepsius*, JZ 2014, 488, 498.

[844] Vgl. die Nachweise in Fn. 793 f.

[845] Siehe bereits unter § 4 C. III. 2.; § 6 B. I. 3. und IV.

[846] Siehe bereits unter § 6 B. II. 2.

des Steuerpflichtigen schutzwürdiges Vertrauen vorliegt, kann eine rückwirkende Regelung gerechtfertigt sein, wenn sie vorrangigen Allgemeininteressen dient.

Die Untersuchung hat gezeigt, dass rückwirkende Nichtanwendungsgesetze nicht (oder zumindest nicht allein) damit gerechtfertigt werden können, dass das Vertrauen des Steuerpflichtigen und sein Anspruch auf effektiven Rechtsschutz in der Abwägung geringes Gewicht haben. Möglicherweise lassen sich die bisherigen Rechtsprechungslinien aber (zumindest teilweise) dadurch rekonstruieren, dass rückwirkende Nichtanwendungsgesetze vorrangigen Allgemeininteressen dienen. Der Blick wendet sich damit weg von der Position des Steuerpflichtigen hin zu den Zielen des Gesetzgebers und weg von den (vermeintlich fehlenden) negativen hin zu den möglichen positiven Effekten eines Nichtanwendungsgesetzes.

Auf Basis der bisherigen Rechtsprechung des Bundesverfassungsgerichts können dabei zunächst die möglichen Rechtfertigungsgründe eingeschränkt werden: Da die mit dem Gesetz verfolgten Allgemeininteressen gerade dessen rückwirkende Anwendung rechtfertigen müssen,[847] scheiden rein fiskalische Erwägungen aus.[848] Wenn der Gesetzgeber Mindereinnahmen durch andere Reformen ausgleichen oder das Steueraufkommen insgesamt erhöhen möchte, gewährt ihm das Verfassungsrecht hierfür einen weiten, im Wesentlichen nur durch das Folgerichtigkeitsgebot beschränkten Gestaltungsspielraum. Dieser ist aber auf zukünftige Sachverhalte beschränkt. Ebenso wenig kann ein rückwirkendes Nichtanwendungsgesetz generell mit dem Ziel der Missbrauchsvermeidung gerechtfertigt werden: Nur weil ein Gesetz von den Steuerpflichtigen anders ausgelegt wird, als dies vom Gesetzgeber bzw. den im Gesetzgebungsverfahren beteiligten Institutionen antizipiert und von der Verwaltung praktiziert wurde, liegt noch kein missbräuchliches Verhalten vor.[849] Dass auf Basis eines interpretationsoffenen Gesetzeswortlauts verschiedene Auslegungen ver-

---

[847] BVerfG, Beschluss v. 7.7.2010 – 2 BvL 14/02, 2 BvL 2/04, 2 BvL 13/05, BVerfGE 127, 1, juris Rn. 61; BVerfG, Beschluss v. 7.7.2010 – 2 BvR 748/05, 2 BvR 753/05, 2 BvR 1738/05, BVerfGE 127, 61, juris Rn. 49; *Spindler*, Stbg 2010, 529, 530; *Schönfeld/Häck*, DStR 2012, 1725, 1729; siehe bereits unter §6 B. III. 1. c) und §6 B. III. 2. a).

[848] BVerfG, Beschluss v. 7.7.2010 – 2 BvL 14/02, 2 BvL 2/04, 2 BvL 13/05, BVerfGE 127, 1, juris Rn. 76; BVerfG, Beschluss v. 7.7.2010 – 2 BvL 1/03, 2 BvL 57/06, 2 BvL 58/06, BVerfGE 127, 31, juris Rn. 82; BVerfG, Beschluss v. 7.7.2010 – 2 BvR 748/05, 2 BvR 753/05, 2 BvR 1738/05, BVerfGE 127, 61, juris Rn. 60; BVerfG, Beschluss v. 10.10.2012 – 1 BvL 6/07, BVerfGE 132, 302, juris Rn. 73; BVerfG, Beschluss v. 12.11.2015 – 1 BvR 2961/14, 1 BvR 3051/14, NVwZ 2016, 300, juris Rn. 66; BFH, Urteil v. 18.4.2012 – II R 36/10, BFHE 237, 169 = BStBl II 2012, 867, juris Rn. 26; BFH, Urteil v. 22.2.2017 – I R 2/15, BFHE 257, 120 = BStBl II 2017, 709, juris Rn. 23.

[849] Vgl. zur Vermeidung von steuerlichem Missbrauch bzw. Steuerumgehungen als Rechtfertigungsgrund zuletzt BVerfG, Beschluss v. 29.3.2017 – 2 BvL 6/11, BVerfGE 145, 106, juris Rn. 126f. m. w. N.

tretbar sind und vertreten werden, ist vielmehr der Normalzustand und rechtfertigt keinen rückwirkenden Eingriff des Gesetzgebers.[850]

Ein bestimmtes Allgemeininteresse, das nur durch rückwirkende Nichtanwendungsgesetze geschützt werden kann oder dem dieser Gesetzestyp zumindest in besonderem Maße dient, lässt sich der vornehmlich über die verminderte Schutzwürdigkeit des Steuerpflichtigen argumentierenden Rechtsprechung nicht entnehmen. Jedoch liefert die in dieser Arbeit vorgenommene Analyse von Nichtanwendungsgesetzen als rechtskontinuitätsschützenden Instrumenten einen bislang in Rechtsprechung und Literatur allenfalls angedeuteten Rechtfertigungsansatz.

a) Die Stärkung von Rechtskontinuität als Rechtfertigungsgrund

Bei der verfassungsrechtlichen Analyse[851] konnte herausgearbeitet werden, dass Rechtskontinuität verfassungsrechtlich gefördert und gefordert wird. Verschiedene verfassungsrechtliche Prinzipien und Institute zielen (auch) auf eine kontinuierliche Rechtsentwicklung: Beispielhaft sei nur auf die besonderen Hürden für eine Änderung der Verfassung selbst (Art. 79 GG), die Gesetzesbindung von Verwaltung und Gerichten, die Grundsätze der Bestands- und Rechtskraft sowie den allgemeinen Gleichheitssatz in seinen gewaltenspezifischen Ausprägungen verwiesen.[852]

Zwar lassen sich diese verschiedenen Einzelprinzipien nicht zu einem Kontinuitätsgebot mit dem Inhalt verdichten, dass eine staatliche Entscheidung sich stets zwingend an vorherigen Entscheidungen orientieren muss und nur in begründeten Fällen von diesen abweichen darf.[853] Eine damit implizierte gewaltenübergreifende Bindung an andere staatliche Entscheidungen würde die Kompetenzverteilung im gewaltengeteilten Bundesstaat überspielen und eine strenge Rechtfertigungslast des Gesetzgebers bei der grundlegenden Umgestaltung bestehender Regelungen würde den politischen Gestaltungsspielraum im Widerspruch zum Demokratieprinzip massiv einschränken.[854] Rechtskontinuität ist aber ein verfassungsrechtlich geschütztes Allgemeingut, an dem sowohl der einzelne Steuerpflichtige als auch der Fiskus interessiert sind. Für den Steuerpflichtigen gewährleistet eine kontinuierliche Rechtsentwicklung Steuer-

---

[850] Einen nicht verallgemeinerungsfähigen Extremfall bildet insoweit BVerfG, Beschluss v. 18.2.2009 – 1 BvR 3076/08, BVerfGE 122, 374, juris Rn. 68 f.: Das Bundesverfassungsgericht ließ eine rückwirkende Gesetzesanpassung zu, mit der eine über mehrere Jahre in verschiedenen Gesetzgebungsverfahren und in der wissenschaftlichen Literatur ausdrücklich als missbräuchlich bezeichnete Auslegung gesetzlich unmöglich gemacht wurde.

[851] Siehe bereits unter §3 A. III. 2.

[852] Siehe im Detail bereits unter §3 A. III. 2. a).

[853] Siehe zu den Gegenargumenten im Detail unter §3 A. III. 2. b).

[854] Zur politischen Kompromissbildung als Kernelement parlamentarischer Tätigkeit siehe bereits unter §4 B. I. 1.

planungssicherheit und Wettbewerbsgleichheit.[855] Aus Perspektive des Staates wird insbesondere die Haushaltsplanung gegen nicht einkalkulierte Einnahmeausfälle geschützt – was wiederum mittelbar auch im Interesse der Steuerpflichtigen liegt, die nicht von der überraschenden Veränderung der Rechtslage profitieren können, aber durch fiskalische Gegenfinanzierungsmaßnahmen belastet wären.[856] Daneben stärkt eine kontinuierliche Rechtsentwicklung die Steuermoral,[857] begünstigt eine volkswirtschaftlich effiziente Ressourcenallokation,[858] erleichtert eine effiziente Verwaltungstätigkeit[859] und verbessert die Position Deutschlands im internationalen Standortwettbewerb.[860]

Als verfassungsrechtlich geschütztes Allgemeingut kann und muss Rechtskontinuität in Ausgleich mit anderen verfassungsrechtlich geschützten Positionen gebracht werden. Stärkt eine staatliche Maßnahme die Rechtskontinuität, kann dies im Rahmen eines Abwägungsvorgangs einen Eingriff in andere verfassungsrechtlich geschützte Positionen rechtfertigen.[861] Das gilt auch im Kontext rückwirkender Nichtanwendungsgesetze: Diese beeinträchtigen den Vertrauensschutz der Steuerpflichtigen, die von einer generellen Anwendung der Entscheidung des Bundesfinanzhofs profitiert hätten, weil die Rechtslage durch das Gesetz zu ihren Lasten verändert wird.[862] Zudem kann durch das Zusammenspiel zwischen exekutiven und legislativen Nichtanwendungsmaßnahmen eine Verletzung des effektiven Rechtsschutzes drohen.[863] Andererseits können rückwirkende Nichtanwendungsgesetze die Rechtskontinuität stärken, indem sie eine stetige Rechtslage für vergangene, gegenwärtige und zukünftige Sachverhalte herstellen bzw. Übergänge in der zeitlichen Abfolge verschiedener Rechtslagen abmildern. Sie dienen dann nicht nur den (insbesondere fiskalischen) staatlichen Interessen, sondern schaffen auch Steuerplanungssicherheit für die Steuerpflichtigen, die mit einer gleichbleibenden Rechtslage kalkuliert und ihre wirtschaftlichen Dispositionen an dieser ausgerichtet haben. Indem sie die Rechtslage vereinheitlichen, gewährleisten sie zudem gleichmäßige Wettbewerbsbedingungen – sowohl zwischen verschiedenen Steuerpflichtigen, die zum selben Zeitpunkt aber mit unterschiedlichen Erwartungen an die gegenwärtige und zukünftige Rechtslage investiert haben, als auch zwischen Steuerpflichtigen, die zu unterschiedlichen Zeitpunkten investiert haben.[864] Die

---

[855] Siehe im Detail bereits unter § 3 A. I. 1. und 2.

[856] Siehe im Detail bereits unter § 3 A. II. 1. b).

[857] Siehe im Detail bereits unter § 3 A. II. 2.

[858] Siehe im Detail bereits unter § 3 A. II. 3.

[859] Siehe im Detail bereits unter § 3 A. II. 4.

[860] Siehe im Detail bereits unter § 3 A. II. 5.

[861] Siehe im Detail bereits unter § 3 A. III. 2. c) und IV.

[862] Siehe im Detail bereits unter § 6 C. I. und II.

[863] Siehe im Detail bereits unter § 5 C. III.

[864] Auch wenn man rückwirkendes legislatives Handeln (zumindest auch) als Problem der temporalen Gleichheit begreift (vgl. insbesondere *Dürig*, VVDStRL 32, 1974, 247 ff.; *ders.*,

gegenläufigen verfassungsrechtlichen Interessen müssen ermittelt und im Einzelfall gewichtet werden; ein möglicher Eingriff in den Vertrauensschutz und den effektiven Rechtsschutz kann durch eine mit dem rückwirkenden Gesetz erreichte Stärkung der Rechtskontinuität gerechtfertigt werden.[865]

Rückwirkende Nichtanwendungsgesetze stärken immer dann die Rechtskontinuität, wenn sie einen Kontinuitätsbruch verhindern oder abmildern, der durch eine Entscheidung des Bundesfinanzhofs droht: Ein solcher Kontinuitätsbruch kann vorliegen, wenn der Bundesfinanzhof erstmals über eine Rechtsfrage entscheidet und dabei von der bisher herrschenden Rechtspraxis abweicht. Aber auch wenn das Gericht seine Rechtsprechung ändert, kann dies einen Kontinuitätsbruch darstellen. Zwar berücksichtigt der Bundesfinanzhof die Stetigkeit seiner eigenen Rechtsprechung als einen wesentlichen Abwägungsaspekt bei der Entscheidungsfindung. Gleichwohl kann sich das Gericht bei überzeugenden sachlichen Gründen für eine Änderung auch gefestigter Rechtsprechungslinien entscheiden. Der Bundesfinanzhof selbst federt diesen Kontinuitätsbruch nur in absoluten Ausnahmefällen und nur zugunsten des Steuerpflichtigen ab, indem er Vertrauensschutz gewährt. Damit ergibt sich auch bei Rechtsprechungswechseln eine Lücke im Kontinuitätsschutz,[866] die der Gesetzgeber mit einem Nichtanwendungsgesetz schließen kann.[867]

Die Kontinuitätsinteressen von Bürger und Staat sind auch nicht bereits durch ein milderes Mittel geschützt. Zwar entfalten auch die verfahrensrechtlichen Regelungen für das Steuerschuldverhältnis zwischen Bürger und Staat kontinuitätswahrende Wirkung.[868] Der so gewährleistete Schutz ist aber defizitär. Insbesondere führt die Beschränkung auf das jeweilige Steuerschuldverhältnis dazu, dass die im beidseitigen Interesse von Bürger und Staat liegenden einheitlichen Wettbewerbsbedingungen durch verfahrensrechtliche Regelungen allein nicht hergestellt werden können. Insoweit eine Veranlagung vorläufig oder unter dem Vorbehalt der Nachprüfung erfolgt, sind die Kontinuitätsinte-

---

FS Tübinger Juristenfakultät, 1977, S. 21, 29 ff.; *Dürig/Scholz*, in: Maunz/Dürig, GG, Art. 3 Rn. 194 ff. [Stand: 74. EL 5/2015]; *P. Kirchhof*, in: Maunz/Dürig, GG, Art. 3 Abs. 1 Rn. 346; vgl. zum Einfluss entsprechender Gedanken auf die bestehende Dogmatik auch schon unter § 6 A. 4.; B. III. 2. b) bb)), lassen sich kontinuitätswahrende Gesetze also wegen der durch sie erreichten intra- und intertemporalen Gleichbehandlung zumindest grundsätzlich rechtfertigen.

[865] Auch *Hey*, JZ 2014, 500, 505 hält eine solche Rechtfertigung für prinzipiell denkbar; ausdrücklich andere Auffassung *Leisner-Egensperger*, Kontinuität als Verfassungsprinzip, 2002, S. 499 f., die allerdings – auf Basis des von ihr mit weit reichenden verfassungsrechtlichen Wirkungen ausgestatteten Kontinuitätsgebots – annimmt, dass eine diskontinuierliche Gerichtsentscheidung verfassungswidrig ist, sodass sich ein kontinuitätswahrendes Einschreiten des Gesetzgebers erübrigt; ablehnend auch *Drüen*, Ubg 2014, 747, 750.

[866] Siehe im Detail bereits unter § 3 B.

[867] Die Gewährung von Rechtskontinuität zählt nicht zum absolut geschützten Kernbereich judikativer Tätigkeit; siehe bereits unter § 4 C. III. 1.

[868] Siehe im Detail bereits unter § 3 C.

ressen von Staat und Bürger zudem selbst im einzelnen Steuerschuldverhältnis nur partiell geschützt. Rückwirkende Nichtanwendungsgesetze ermöglichen demgegenüber aufgrund ihrer abstrakt-generellen Wirkung einen umfassenden Schutz sowohl der staatlichen als auch der individuellen Kontinuitätsinteressen.[869]

Ob und in welchem Umfang ein rückwirkendes Nichtanwendungsgesetz die Rechtskontinuität stärkt, ist durch einen Vergleich zu bestimmen: Ein kontinuitätswahrendes Gesetz liegt dann vor, wenn es die Rechtslage im Grundsatz so wiederherstellt, wie sie vor der Entscheidung durch den Bundesfinanzhof vorlag. Geringfügige Abweichungen stehen dabei einer kontinuierlichen Entwicklung noch nicht entgegen. Legt man diesen Maßstab zugrunde, lösen sich die oben identifizierten Wertungswidersprüche in der Rechtsprechung des Bundesverfassungsgerichts zumindest dem Grunde nach auf und die einzelnen Entscheidungen lassen sich schlüssig rekonstruieren:

Die jeweils gültige Rechtslage wird maßgeblich durch die gesetzlichen Normen und ihre Interpretation durch die zuständigen Fachgerichte geprägt, weil es im gewaltengeteilten Rechtsstaat primär die Aufgabe der Fachgerichte ist, rechtliche Zweifelsfragen verbindlich zu klären.[870] Wegen dieser Leitfunktion der fachgerichtlichen Auslegung treten eine abweichende Auffassung der Finanzverwaltung oder Kritik in der wissenschaftlichen Literatur für die Bestimmung der Rechtslage in den Hintergrund. Korrigiert der Gesetzgeber mit einem Nichtanwendungsgesetz einen Rechtsprechungswechsel, indem er die bislang vertretene Rechtsprechungslinie (ggfs. mit geringen Anpassungen) gesetzlich verankert, stellt er also die bisher gültige Rechtslage wieder her und stärkt damit die Rechtskontinuität. Dies gilt nicht nur für die (in der Regel echte) Rückwirkung für Sachverhalte und Zeiträume vor der Gerichtsentscheidung, sondern – zumindest in abgeschwächter Form – auch insoweit der Gesetzgeber (meist unecht rückwirkend) die Rechtslage für Zeiträume nach der Entscheidung des Gerichts festschreibt. Die gesetzliche Regelung schafft dann ein zeitraumübergreifendes Kontinuum. Dass das Bundesverfassungsgericht und der Bundesfinanzhof in ständiger Rechtsprechung konservierende Nichtanwendungsgesetze als verfassungsrechtlich unbedenklich einstufen,[871] lässt sich mithin grundsätzlich durch diese kontinuitätswahrende Funktion erklären.

Fehlen bislang Stellungnahmen der zuständigen Fachgerichte, so wird die Rechtslage maßgeblich durch Verwaltungsanweisungen bzw. die darauf basierende Verwaltungspraxis geprägt: Angesichts der massenhaften Fallzahlen, die im Besteuerungsverfahren bewältigt werden müssen, kommt abstrakt-generellen Verwaltungsanweisungen und einer einheitlichen Verwaltungspraxis eine

---

[869] Siehe im Detail bereits unter § 3 D.

[870] Vgl. im Detail bereits unter § 4 C. I. 2.

[871] Zur Darstellung der bisherigen Rechtsprechungslinien siehe bereits im Detail unter § 6 C. III. 1.

erhebliche Breitenwirkung zu.[872] Stellungnahmen in der wissenschaftlichen Literatur haben demgegenüber keinen direkten Einfluss auf die Veranlagung und liefern allenfalls Argumente für Einspruchs- und Klageverfahren gegen einzelne Steuerfestsetzungen. Bis diese Argumente in einem fachgerichtlichen Verfahren aufgegriffen und die Verwaltungsauffassung damit öffentlich in Frage gestellt ist, bildet sie die einheitliche Grundlage für die Auslegung des Gesetzes. Auch ein Nichtanwendungsgesetz, das eine einheitliche Verwaltungspraxis wiederherstellt, kann also der Rechtskontinuität dienen. Damit lassen sich die Entscheidungen des Bundesverfassungsgerichts in seinen Beschlüssen zu Fremdrenten und zur Beamtenversorgung rekonstruieren: Die Ausgangssituation war insoweit derjenigen im Steuerrecht vergleichbar, weil auch im Beamten- und Rentenrecht große Fallzahlen mit identischen Fragestellungen bewältigt werden müssen. Mangels fachgerichtlicher Entscheidungen zu den jeweiligen Auslegungsfragen, orientierte sich die Rechtspraxis an den Auffassungen der zuständigen Verwaltungsbehörden.[873] Die Rechtslage war bis zur ersten Entscheidung der zuständigen Fachgerichte durch die Verwaltungsauffassung geprägt. Mit seiner Reaktion auf diese jeweils erste fachgerichtliche Entscheidung stellte der Gesetzgeber die Verwaltungsauffassung in Gesetzesform wieder her. Dass das Bundesverfassungsgericht diese rückwirkenden Regelungen für verfassungskonform hielt, lässt sich abermals mit ihrem kontinuitätswahrenden Charakter erklären.

Im KAGG-Beschluss ergab sich demgegenüber eine andere Ausgangslage: Weder gab es zur streitentscheidenden einfachgesetzlichen Frage fachgerichtliche Entscheidungen noch bestanden Verwaltungsanweisungen oder eine gefestigte Verwaltungspraxis.[874] Die Rechtslage war noch völlig offen und für eine kontinuitätswahrende gesetzliche Regelung fehlte damit schon der Anknüpfungspunkt. Die Entscheidung des Bundesverfassungsgerichts, eine unzulässige (echte) Rückwirkung anzunehmen, ist insoweit konsequent.

Der Perspektivwechsel weg von der Position des Steuerpflichtigen und dessen (vermeintlich) weniger schutzwürdigem Vertrauen hin zum positiven kontinuitätswahrenden Effekt eines Nichtanwendungsgesetzes liefert damit einen Ansatzpunkt, die bisher ergangenen Entscheidungen des Bundesverfassungsgerichts und des Bundesfinanzhofs widerspruchsfrei zu erklären. Damit wird ein Rahmen geschaffen, um bisherige Argumentationsstrukturen des Gerichts – zumindest teilweise – aufrechtzuerhalten. Zugleich wird ein höheres Maß an dogmatischer Transparenz erreicht. Die Rechtspositionen, die sich im

---

[872] Siehe bereits im Detail unter § 2. B. III. 2.

[873] Vgl. BVerfG, Beschluss v. 21.7.2010 – 1 BvL 11/06, 1 BvL 12/06, 1 BvL 13/06, 1 BvR 2530/05, BVerfGE 126, 369, juris Rn. 12; BVerfG, Beschluss v. 2.5.2012 – 2 BvL 5/10, BVerfGE 131, 20, juris Rn. 30; zu den Beschlüssen siehe im Detail bereits unter § 6 C. III. 1.

[874] Vgl. BVerfG, Beschluss v. 17.12.2013 – 1 BvL 5/08, BVerfGE 135, 1, juris Rn. 59; zum KAGG-Beschluss siehe im Detail bereits unter § 6 B. I. 2. c) bb).

Abwägungsvorgang gegenüberstehen, sind klarer erkennbar: Ein rückwirkendes Nichtanwendungsgesetz beeinträchtigt den Vertrauensschutz des Bürgers, der seine Dispositionen an dem Gesetz in der letztlich vom Bundesfinanzhof bestätigten Auslegung ausgerichtet hat. Soweit die Neuregelung echte Rückwirkung entfaltet, droht zudem eine Verletzung des individuellen Anspruchs auf effektiven Rechtsschutz. Demgegenüber kann ein Nichtanwendungsgesetz die Rechtskontinuität stärken, wenn ein Rechtsprechungswechsel korrigiert wird oder eine bislang in der Praxis anerkannte Verwaltungsauffassung wiederhergestellt wird. Ob der Schutz des Bürgers oder der positive Effekt für die Rechtskontinuität überwiegen, ist – wie stets bei der Rückwirkung von Gesetzen – eine Frage der Abwägung im Einzelfall. In den folgenden Abschnitten werden – orientiert am dogmatischen Aufbau des Bundesverfassungsgerichts – insoweit Leitlinien entwickelt und an konkreten Beispielen verprobt.

b) Abwägungsleitlinien bei echter Rückwirkung

Nach der Veranlagungszeitraum-Rechtsprechung liegt eine echte Rückwirkung bei periodisch veranlagten Steuern immer dann vor, wenn sich das Nichtanwendungsgesetz auch auf bereits beendete Veranlagungszeiträume erstreckt.[875] Grundsätzlich ist eine echte Rückwirkung unzulässig;[876] der Gesetzgeber trägt die Abwägungslast.[877] Die Fallgruppen, in denen das Bundesverfassungsgericht ausnahmsweise auch eine echte Rückwirkung für zulässig hält, sind bei rückwirkenden Nichtanwendungsgesetzen nur eingeschränkt anwendbar:

Die Vertrauensgrundlage des Steuerpflichtigen – das Gesetz in der Auslegung, die der Bundesfinanzhof letztlich bestätigt hat – ist regelmäßig nicht fehlerhaft. Allenfalls in atypischen Ausnahmefällen wird der Steuerpflichtige auf ein erkennbar verfassungswidriges Gesetz vertraut haben. Mit einem Nichtanwendungsgesetz wird in der Regel auch keine unklare und verworrene Rechtslage in dem Sinne beseitigt, dass ohne die gesetzliche Korrektur der Bedeutungsgehalt der streitentscheidenden Norm selbst bei Anwendung aller Auslegungsarten völlig unverständlich ist.[878] Vielmehr kommt es zu einem Nichtanwendungsgesetz immer dann, wenn die Rechtsprechung den Bedeu-

---

[875] Zur Veranlagungszeitraum-Rechtsprechung bereits im Einzelnen unter §6 B. II. 1. d).

[876] Vgl. nur BVerfG, Beschluss v. 14.11.1961 – 2 BvL 15/59, BVerfGE 13, 206, juris Rn. 43; BVerfG, Beschluss v. 14.11.1961 – 2 BvR 345/60, BVerfGE 13, 215, juris Rn. 31; BVerfG, Urteil v. 19.12.1961 – 2 BvL 6/59, BVerfGE 13, 261, juris Rn. 50; BVerfG, Beschluss v. 22.1.1975 – 2 BvL 51/71, 2 BvL 10/73, 2 BvL 14/73, BVerfGE 39, 128, juris Rn. 51; BVerfG, Beschluss v. 14.5.1986 – 2 BvL 2/83, BVerfGE 72, 200, juris Rn. 120, 126; BVerfG, Beschluss v. 8.4.1998 – 1 BvR 1680/93, 1 BvR 183/94, 1 BvR 1580/94, BVerfGE 98, 17, juris Rn. 81; BVerfG, Urteil v. 5.2.2004 – 2 BvR 2029/01, BVerfGE 109, 133, juris Rn. 169ff.; BVerfG, Nichtannahmebeschluss v. 31.3.2006 – 1 BvR 1750/01, BVerfGK 7, 465, juris Rn. 39.

[877] Zur Abwägungslastverteilung als maßgeblicher Konsequenz der Differenzierung zwischen echter und unechter Rückwirkung bereits unter §6 B. II. 2.

[878] Vgl. zum Maßstab bei fehlerhaften Vertrauensgrundlagen bereits unter §6 B. III. 1. a).

tungsgehalt der Norm durch Auslegung eindeutig ermitteln konnte und der Gesetzgeber diese Auslegung für korrekturwürdig hält.

Der Steuerpflichtige kann ein Nichtanwendungsgesetz auch nicht besser oder schlechter als andere Gesetzesvorhaben voraussehen. Zwar kann – entsprechend der generellen Rechtsprechungslinie des Bundesverfassungsgerichts – unter dem Gesichtspunkt der Vorhersehbarkeit eine Rückwirkung auf den Zeitpunkt des Gesetzesbeschlusses im Bundestag gerechtfertigt werden, um den von einer verschärfenden Neuregelung ausgehenden Ankündigungseffekt einzudämmen.[879] Vor diesem Zeitpunkt muss der Steuerpflichtige aber nicht generell mit einer Neuregelung rechnen. Auch wenn die Finanzverwaltung auf die Entscheidung des Bundesfinanzhofs mit einem Nichtanwendungserlass reagiert und darin eine gesetzliche Neuregelung ankündigt, beseitigt dies noch nicht das Vertrauen des Steuerpflichtigen auf den Fortbestand des Gesetzes.[880]

Eine weitergehende Rückwirkung für Zeiträume vor dem Tag des Gesetzesbeschlusses im Bundestag ist nur unter dem Gesichtspunkt möglich, dass die Rückwirkung zwingenden Gründen des Gemeinwohls dient.[881] An dieser Stelle kann dogmatisch die Stärkung der Rechtskontinuität als Rechtfertigungsgrund fruchtbar gemacht werden. Der Gesetzgeber muss darlegen, dass die mit der Neuregelung geschützten Kontinuitätsinteressen die individuellen Rechte der durch die Rückwirkung betroffenen Steuerpflichtigen überwiegen. Gelingt ihm dieser Nachweis nicht, ist – da der Gesetzgeber die Abwägungslast trägt – die Rückwirkung unzulässig.

aa) Gewichtung der Kontinuitätsinteressen

(1) Sicherheit der bisherigen Rechtslage

Das Interesse an Rechtskontinuität wiegt zunächst umso schwerer, je gesicherter die frühere Rechtslage war: Hat der Bundesfinanzhof in ständiger Rechtsprechung eine steuerliche Norm in einer bestimmten Art und Weise ausgelegt und stimmen Finanzgerichte, -verwaltung und wissenschaftliches Schrifttum dieser Auslegung zu, so wird auch die weit überwiegende Mehrheit der Steuerpflichtigen diese Rechtslage ihren wirtschaftlichen Dispositionen zugrunde legen. Bestehen keine Anzeichen für eine zukünftige Veränderung der Rechtslage, werden die Steuerpflichtigen auch keinen besonderen Wert auf die Reversibilität ihrer Investitionsentscheidungen legen[882] oder die rechtliche Behandlung durch zusätzliche verfahrensrechtliche Instrumente[883] (insbesondere

[879] Vgl. zum Maßstab bereits unter § 6 B. III. 1. b).

[880] Siehe bereits unter § 6 C. III. 2. b).

[881] Vgl. zum Maßstab bereits unter § 6 B. III. 1. c).

[882] Zur flexiblen Steuerplanung als Reaktion auf Planungsunsicherheiten bereits unter § 3 A. I. 1. c).

[883] Zum möglichen Schutz der Kontinuitätsinteressen durch verfahrensrechtliche Instrumente bereits unter § 3 C.

durch eine verbindliche Auskunft)[884] absichern. Der Fiskus wiederum wird die gesicherte Auslegung der Norm seiner Kalkulation aktueller und Schätzung zukünftiger Einnahmen zugrunde legen.[885]

Ändert der Bundesfinanzhof in einer solchen Konstellation seine Rechtsprechung mit Wirkung für die Vergangenheit, beeinträchtigt er die beidseitigen Kontinuitätsinteressen in erheblichem Maße: Aus Sicht der Steuerpflichtigen ändern sich nachträglich die Planungs- und Wettbewerbsgrundlagen. Führt die geänderte Auslegung zu einer höheren steuerlichen Belastung seiner Investition, ist der einzelne Steuerpflichtige für vergangene Zeiträume zwar häufig durch verfahrensrechtliche Regelungen (insbesondere durch § 176 Abs. 1 Nr. 3 AO)[886] geschützt, gerade bei langfristigen und irreversiblen Investitionen erleidet er aber einen Wettbewerbsnachteil für laufende und kommende Veranlagungszeiträume.[887] Verbessert die Rechtsprechungsänderung die steuerliche Behandlung einer bestimmten Investitionsalternative, werden die Investitionsentscheidungen all derjenigen, die sich auf Grundlage der bisherigen Auslegung für eine andere Investition entschieden haben, ineffizient.[888] Konkurrenten, die auf eine Änderung der Rechtslage spekuliert haben, erhalten nunmehr einen Wettbewerbsvorteil. Die nachträgliche Veränderung der Wettbewerbsgrundlagen widerspricht auch den Kontinuitätsinteressen des Staates, da ein unverfälschter Wettbewerb zwischen einzelnen Unternehmen grundsätzlich zu einer volkswirtschaftlich effizienten Ressourcenallokation führt.[889] Eine rückwirkende Rechtsprechungsänderung zugunsten der Steuerpflichtigen kann zudem zu erheblichen nicht kalkulierten Steuerausfällen führen. War die Rechtslage hingegen weniger gesichert, werden die Steuerpflichtigen eine mögliche Änderung der Rechtslage soweit möglich bereits bei ihren betrieblichen Investitionsentscheidungen einpreisen oder eine verfahrensrechtliche Absicherung ihrer Rechtsauslegung anstreben. Auch der Fiskus muss Einnahmeausfälle viel eher einkalkulieren, wenn die Auslegung der entscheidenden Rechtsnormen umstritten ist.

Maßgeblicher Orientierungspunkt dafür, inwieweit eine gesicherte Rechtslage vorliegt, sind zunächst die Entscheidungen der Fachgerichte. Ihnen wird im gewaltengeteilten Staat die Aufgabe zuteil, Auslegungszweifel verbindlich

---

[884] Die Finanzverwaltung behält sich in AEAO Nr. 3.5.4 S. 2 zu § 89 AO zudem vor, einen Antrag auf verbindliche Auskunft abzulehnen, wenn zu der zugrundliegenden Auslegungsfrage eine gefestigte höchstrichterliche Rechtsprechung besteht.

[885] Zur Kalkulierbarkeit der fiskalischen Einnahmen als wesentlichem staatlichen Kontinuitätsinteresse bereits unter § 3 A. II. 1.

[886] Vgl. im Detail bereits unter § 3 C. 1. und 2.

[887] Zur kontinuierlichen Rechtslage als Wettbewerbsgrundlage bereits unter § 3 A. I. 2.

[888] Vgl. auch *Robbers*, JZ 1988, 481, 484 f.: Die umfassende Rückwirkung der Gerichtsentscheidung legt einseitig den Steuerpflichtigen das Risiko auf, die auf eine andere Auslegung vertraut haben.

[889] Siehe bereits unter § 3 A. II. 3.

zu klären und damit die Aussage des Gesetzes zu konkretisieren.[890] Liegt eine einheitliche Rechtsprechung vor, haben abweichende Auffassungen in Verwaltungsanweisungen oder im wissenschaftlichen Schrifttum für die Konkretisierung der Rechtslage keine prägende Wirkung. Steuerpflichtiger und Fiskus können grundsätzlich davon ausgehen, dass die Gerichte ihre Rechtsprechungslinie beibehalten. Je mehr einzelne Finanzgerichte abweichende Auffassungen aus Literatur oder Verwaltung aufgreifen und von den bisherigen Rechtsprechungslinien abweichen, desto unsicherer wird die Rechtslage. Fehlen zu einer Rechtsfrage noch fachgerichtliche Stellungnahmen, so bilden die allgemeinen Verwaltungsanweisungen der Finanzverwaltung den maßgeblichen Orientierungspunkt, da sie die Rechtspraxis in der Regel prägen. Auch eine einheitliche, weitgehend unwidersprochene Verwaltungspraxis kann also eine gesicherte Rechtslage begründen. Da die Verwaltung aber nicht zur verbindlichen Auslegung des Gesetzes berufen ist, sondern in der Praxis lediglich den ersten Interpretationszugriff hat, muss abweichenden Auffassungen in der Fachliteratur insoweit größeres Gewicht eingeräumt werden. Erschüttert ist eine gesicherte Rechtslage auf Basis von Verwaltungsanweisungen jedenfalls dann, wenn ein Finanzgericht abweichend von der Verwaltungsauffassung entscheidet. Fehlt es schließlich sowohl an einer einheitlichen Rechtsprechung als auch an einer weithin einheitlichen, durch eine Verwaltungsanweisung geprägten Rechtspraxis, so besteht auch kein Kontinuitätsinteresse an der Wiederherstellung dieser Rechtslage.

Betrachtet man unter diesem Gesichtspunkt die rückwirkenden Nichtanwendungsgesetze, die derzeit vom Bundesverfassungsgericht überprüft werden oder zu denen sich das Gericht kürzlich geäußert hat, so ergibt sich ein differenziertes Bild: Mit den Neuregelungen zur Nichtabzugsfähigkeit von Kosten einer erstmaligen Berufsausbildung (§ 4 Abs. 9 EStG und § 9 Abs. 6 EStG) sowie mit der Sonderregelung zur Steuerbarkeit von Erstattungszinsen (§ 20 Abs. 1 Nr. 7 S. 3 EStG) wurden jeweils langjährige und weithin akzeptierte Rechtsprechungslinien des Bundesfinanzhofs wiederhergestellt.[891] Dass der Gesetzgeber den Begriff der erstmaligen Berufsausbildung legal definiert und die Abzugsmöglichkeiten im Sonderausgabenbereich erhöht hat, steht als bloß punktuelle Veränderung einer insgesamt kontinuierlichen Rechtsentwicklung nicht entgegen. Beide Nichtanwendungsgesetze dienen mithin in hohem Maße der Rechtskontinuität.

---

[890] Zur Konkretisierungsfunktion mit ihrer konkret-individuellen und abstrakt-generellen Dimension bereits unter § 4 C. I. 2.

[891] Vgl. zur Rechtsentwicklung bei Berufsausbildungskosten im Detail unter § 1 A.; zur Steuerbarkeit von Einkommensteuererstattungszinsen vgl. nur BFH, Urteil v. 18.2.1975 – VIII R 104/70, BFHE 115, 216 = BStBl II 1975, 568; BFH, Urteil v. 8.4.1986 – VIII R 260/82, BFHE 146, 408 = BStBl II 1986, 557; BFH, Urteil v. 8.11.2005 – VIII R 105/03, BFH/NV 2006, 527.

Anders ist die Situation bei den Regelungen zum deutschen Besteuerungsrecht an Sonderbetriebseinkünften (§ 50d Abs. 10 EStG) sowie der Konfliktregelung zum Verhältnis zwischen § 50d Abs. 9 EStG einerseits und Doppelbesteuerungsabkommen, § 50d Abs. 8 EStG und § 20 Abs. 2 AStG andererseits (§ 50d Abs. 9 S. 3 EStG). Zwar wurde mit dem Nichtanwendungsgesetz jeweils eine frühere Verwaltungspraxis wiederhergestellt.[892] Gleichwohl konnte in beiden Fällen von einer unumstrittenen Rechtslage im Sinne dieser Verwaltungsanweisung keine Rede sein. Der Bundesfinanzhof hatte vielmehr bereits in mehreren Entscheidungen entgegen der Verwaltungsauffassung[893] festgestellt, dass Sonderbetriebseinkünfte, die nach nationalem Recht zu den Einkünften aus Gewerbebetrieb zählen, im Kontext eines Doppelbesteuerungsabkommens mangels entsprechender Regelungen in dem Abkommen nicht automatisch Unternehmensgewinne sind.[894] Das Nichtanwendungsgesetz in § 50d Abs. 10 EStG wendete sich letztlich nur gegen die letzten[895] aus einer Kette von Entscheidungen, die die Rechtslage in dieser Hinsicht über Jahre hinweg entgegen der Verwaltungsauffassung konkretisiert hatten. Angesichts der maßgeblichen Rolle fachgerichtlicher Entscheidungen bei der Bestimmung der Rechtslage kann die Neuregelung daher kaum als kontinuitätswahrend betrachtet werden.[896] Für den Konflikt zwischen § 50d Abs. 9 EStG und § 50d Abs. 8 EStG fehlte es zwar bis zur – letztlich mit dem Nichtanwendungsgesetz des § 50d Abs. 9 S. 3 EStG korrigierten Entscheidung – an fachgerichtlichen Stellungnahmen. Die Verwaltung hatte sich aber zu der Frage auch nicht ausdrücklich, sondern allenfalls implizit positioniert.[897] In der Fachliteratur wurde § 50d Abs. 8 EStG zudem schon deutlich vor der Entscheidung des Bundesfinanzhofs als vorrangige Spezialregelung eingestuft, die einen Rückgriff auf die allgemeine Rückfallklausel des § 50d Abs. 9 EStG ausschließt.[898] Auch insoweit dient das Nichtanwendungsgesetz also allenfalls in eingeschränktem Maße der Herstellung von Rechtskontinuität.[899]

---

892 So auch die jeweiligen Gesetzesbegründungen zur Rückwirkung; vgl. zu § 50d Abs. 10 EStG BT-Drs. 16/11108, S. 25; zu § 50d Abs. 9 S. 3 EStG BR-Drs. 632/1/12, S. 12.

893 Bundesministerium der Finanzen vom 24.12.1999, BStBl I 1999, 10776, Tz. 1.2.3.

894 BFH, Urteil v. 27.2.1991 – I R 15/89, BFHE 164, 38 = BStBl II 1991, 444, juris Rn. 27; BFH, Urteil v. 31.5.1995 – I R 74/93, BFHE 178, 74 = BStBl II 1995, 683, juris Rn. 23; BFH, Urteil v. 16.10.2002 – I R 17/01, BFHE 200, 521 = BStBl II 2003, 631, juris Rn. 19.

895 BFH, Urteil v. 17.10.2007 – I R 5/06, BFHE 219, 518 = BStBl II 2009, 356, juris Rn. 16; BFH, Urteil v. 10.8.2006 – II R 59/05, BFHE 214, 518 = BStBl II 2009, 758, juris Rn. 65.

896 Ebenso BFH, Vorlagebeschluss v. 11.12.2013 – I R 4/13, BFHE 244, 1 = BStBl II 2014, 791, juris Rn. 53; anhängig unter Az. 2 BvL 15/14.

897 Vgl. Bundesministerium der Finanzen vom 12.11.2008, BStBl I 2008, 988; Bayerisches Landesamt für Steuern vom 8.6.2011, DStR 2011, 1714.

898 Vgl. nur *Urbahns*, StuB 2011, 420 m. w. N.; sowie die Nachweise auf den damaligen Stand einschlägiger Gesetzeskommentare in BFH, Urteil v. 11.1.2012 – I R 27/11, BFHE 236, 327, juris Rn. 14.

899 Kritisch ebenfalls BFH, Vorlagebeschluss v. 20.8.2014 – I R 86/13, BFHE 246, 486 = BStBl II 2015, 18, juris Rn. 39 f.; anhängig unter Az. 2 BvL 21/14.

Diese Gewichtung – je gesicherter die Rechtslage war, desto höher ist das Interesse an der Kontinuität dieser Rechtslage – führt zu einer zeitraumabhängigen Betrachtung: Selbst wenn die ursprüngliche Rechtslage weitgehend gesichert war und mithin eine rückwirkende Wiederherstellung dieser Rechtslage der Rechtskontinuität dient, steigen die Rechtfertigungsanforderungen regelmäßig, insoweit das Nichtanwendungsgesetz auch Sachverhalte erfasst, die erst nach der Veröffentlichung der korrigierten höchstrichterlichen Entscheidung verwirklicht wurden. Die Entscheidung des Bundesfinanzhofs schafft regelmäßig einen neuen Orientierungspunkt, der angesichts des Strebens der Gerichte nach der Kontinuität ihrer Entscheidungen, auch eine gewisse Beständigkeit aufweist.[900] Nachfolgende abweichende Entscheidungen der Finanzgerichte können die Rechtslage zwar wieder unsicherer machen. Der Bundesfinanzhof wird seine Auslegungsentscheidung aber nur in atypischen Ausnahmekonstellationen vollständig revidieren. Dies gilt erst recht, wenn die nunmehr gesetzlich korrigierte Entscheidung bereits einen Rechtsprechungswechsel darstellt. Gerade weil der Bundesfinanzhof seine Rechtsprechung nur bei zwingenden Gründen ändert, müssen Steuerpflichtige und Fiskus nach einem Rechtsprechungswechsel davon ausgehen, dass die nunmehr gefundene Auslegung Bestand hat.[901] Steuerpflichtige werden Dispositionen nach der Veröffentlichung der Gerichtsentscheidung also an der nun gefundenen Auslegung ausrichten, der Fiskus wird diese Auslegung seiner Einnahmenkalkulation zugrunde legen.

Dies gilt auch, wenn zeitnah nach Veröffentlichung der Gerichtsentscheidung eine gesetzliche Neuregelung angekündigt wird. Zwar können auch zukünftige Gesetze in die steuerliche Planung des Steuerpflichtigen und die Einnahmenkalkulation des Staates einbezogen werden. Allerdings muss insoweit eine gewisse Verlässlichkeit bestehen. Diese wird regelmäßig erst dann erreicht sein, wenn zumindest ein Gesetzesentwurf öffentlich bekannt ist. Kündigt demgegenüber die Finanzverwaltung im Rahmen eines Nichtanwendungserlasses zugleich an, dass auch eine (ggfs. rückwirkende) gesetzgeberische Korrektur des Urteils angestrebt werden soll, so ist damit noch keine ausreichende Planungsgrundlage geschaffen. Nichtanwendungsgesetze können auf vielfältige Art und Weise ergehen, sodass der konkrete Inhalt der neuen Regelung auf Grundlage einer so vagen Ankündigung nicht absehbar ist. Zudem kann es im Gesetzgebungsverfahren angesichts der Vielzahl der beteiligten politischen Akteure noch zu weitreichenden Änderungen kommen.[902]

Ein Interesse, die bisherige Rechtslage auch für Sachverhalte nach Veröffentlichung der Gerichtsentscheidung kontinuierlich fortzuführen, ergibt sich nur noch im Hinblick auf langfristige und schwer oder gar nicht reversible Investi-

900 Zur Kontinuität in der Rechtsprechung des BFH siehe bereits unter § 3 B.
901 Ebenso bereits unter § 6 C. III. 2. b); vgl. die Nachweise in Fn. 824.
902 Vgl. auch schon unter § 6 C. III. 2. b); allgemein unter § 6 B. III. 1. b).

tionen. Wenn beispielsweise durch die mit der Gerichtsentscheidung veränderte Rechtslage eine Entscheidung des Steuerpflichtigen, einen bestimmten Betriebsstandort zu wählen oder ein bestimmtes Produkt zu entwickeln und zu vertreiben, nachträglich ineffizient wird, kann der Steuerpflichtige regelmäßig nicht ohne Weiteres den Standort verlegen oder die Produktion komplett umstellen. Insoweit besteht dann weiterhin ein Interesse an Kontinuität der Rechtslage. Im Vergleich zur Situation vor Veröffentlichung der Gerichtsentscheidung wiegt das Kontinuitätsinteresse aber regelmäßig weniger schwer, weil jedenfalls für alle nun noch folgenden Dispositionen die neu geschaffene Rechtslage zugrunde gelegt werden kann.

(2) Zahl der betroffenen Fälle und Umfang der steuerlichen Änderung

Zusätzlich sind zur Gewichtung des Interesses an Rechtskontinuität quantitative Faktoren einzubeziehen. Je mehr Steuerpflichtige durch die Gerichtsentscheidung betroffen sind, desto wahrscheinlicher ist es, dass die veränderte Rechtslage zu einer Wettbewerbsbeeinträchtigung führt, weil innerhalb eines Marktes ein Konkurrent nunmehr einen Vorteil erhält. Ebenso ist die finanzielle Auswirkung im Einzelfall relevant: Je höher der Vorteil, der mit der Gerichtsentscheidung für einzelne Steuerpflichtige einhergeht, desto größer die potenzielle Wettbewerbsbeeinträchtigung.

Führt die Gerichtsentscheidung zu einer Entlastung der Steuerpflichtigen, hängt von der Zahl der betroffenen Fälle und dem Umfang der jeweiligen steuerlichen Entlastung auch unmittelbar der Umfang der nicht einkalkulierten fiskalischen Einnahmeausfälle ab. Kommt es zu Erstattungen an die Steuerpflichtigen, sind diese nach §233a AO mit 0,5 % pro Monat zu verzinsen. Auch insoweit gilt: Je mehr Steuerpflichtige betroffen sind und je höher die jeweilige steuerliche Entlastung ist, desto größer ist das staatliche Interesse an Rechtskontinuität.

bb) Gewichtung der Interessen der betroffenen Steuerpflichtigen

(1) Schutzwürdigkeit des Vertrauens

Das echt rückwirkende Nichtanwendungsgesetz beeinträchtigt die Interessen all derjenigen, die in das Steuergesetz in der letztendlich gerichtlich bestätigten Auslegung vertraut haben. Vertrauensgrundlage ist das Gesetz selbst,[903] das Vertrauen in unterschiedliche Auslegungen des Gesetzes kann aber unterschiedlich schutzwürdig sein.[904] Als Maßstab für die Schutzwürdigkeit lassen sich zunächst einzelne zur Gewichtung der Kontinuitätsinteressen angestellte Überlegungen spiegelbildlich übertragen. Kontinuitätsinteressen und Ver-

---

[903] Siehe die Nachweise in Fn. 801 sowie ausführlich unter §6 B. I. 2. c) cc).

[904] Ebenso schon unter §6 C. III. 2. b).

trauensschutz stehen sich im Fall der Nichtanwendungsgesetze zwar auf unterschiedlichen Seiten der Abwägung gegenüber, sie überschneiden sich inhaltlich aber teilweise: Als Teil der individuellen Kontinuitätsinteressen wird auch das Vertrauen derjenigen Steuerpflichtigen geschützt, die auf eine andere als die nun vom Bundesfinanzhof bestätigte Auslegung vertraut haben.[905]

Da es im gewaltengeteilten Rechtsstaat primäre Aufgabe der Fachgerichte ist, Gesetze verbindlich auszulegen, ist das Vertrauen des Steuerpflichtigen umso schutzwürdiger, je eher seine Auslegung sich im Einklang mit der bisherigen gerichtlichen Auslegung der Norm befindet. Wendet sich der Steuerpflichtige gegen eine einheitliche Rechtsprechung des Bundesfinanzhofs, muss er viel eher damit rechnen, dass das Gesetz nicht wie von ihm gewünscht ausgelegt wird, als wenn seine Gesetzesinterpretation zumindest auch von einzelnen Finanzgerichten vertreten wird. Insoweit gilt also prinzipiell: Je gesicherter die Rechtslage, desto geringer die Schutzwürdigkeit des Vertrauens in eine abweichende Auslegung des Gesetzestextes.

Dieser Gewichtung steht auch nicht entgegen, dass sich die vom Steuerpflichtigen vertretene Auslegung in Fällen eines rückwirkenden Nichtanwendungsgesetzes letztendlich vor Gericht durchgesetzt hat.[906] Zwar konkretisiert die Gerichtsentscheidung durch ihre präjudizielle Wirkung in abstrakt-genereller Weise die Rechtslage auch mit Wirkung für die Vergangenheit.[907] Dies macht das Vertrauen des Steuerpflichtigen in eine entsprechende Auslegung aber noch nicht uneingeschränkt schutzwürdig. Die abstrakt-generelle Konkretisierung der Rechtslage für vergangene Zeiträume zählt nicht zum Kernbereich judikativer Tätigkeit. Der Gesetzgeber bleibt insoweit – jenseits von rechtskräftig entschiedenen Einzelfällen – weiterhin zur Regelung befugt.[908] Nicht der vom Gericht abstrakt-generell aufgestellte Rechtssatz, sondern das konkrete Vertrauen des Steuerpflichtigen, dass die Gerichte seine Interpretation des Gesetzes bestätigen würden, steht der Rückwirkung eines Gesetzes entgegen.[909] Inwieweit dieses Vertrauen schutzwürdig war, lässt sich sinnvoll nur aus einer Perspektive ex ante beurteilen.

Dass der Bundesfinanzhof letztlich der Auslegung des Steuerpflichtigen gefolgt ist, ist für die Schutzwürdigkeit des Vertrauens nur in den Fällen relevant, in denen der Bundesfinanzhof mit seiner Entscheidung zugleich eine bisherige Rechtsprechungslinie aufgegeben hat: Zu einem Rechtsprechungswechsel

---

[905] Siehe zum Verhältnis von Vertrauensschutz und Kontinuität bereits im Detail unter § 3 A. III. 3.

[906] In diese Richtung aber *Hey*, JZ 2014, 500, 505; *Drüen*, Ubg 2014, 747, 754: Im Erfolgsfall kommt es auf konkretes Vertrauen des Steuerpflichtigen nicht an, ausreichend ist „abstraktes Gesetzesvertrauen."

[907] Siehe bereits unter § 2 B. III. 3.; § 4 C. I. 2.

[908] Siehe bereits unter § 4 C. II.

[909] In dieser Differenzierung spiegelt sich abermals die funktionale Gewaltenteilung in temporaler Hinsicht wieder, siehe bereits unter § 4 C. III. 2.

kommt es nur, wenn gewichtige Gründe gegen die bisherige Auslegung sprechen.[910] Nimmt der Bundesfinanzhof solche gewichtigen Gründe gegen die bisherige Auslegung an, spricht dies dafür, das Vertrauen des Steuerpflichtigen in eine andere Auslegung zumindest als nicht völlig schutzunwürdig anzusehen – selbst wenn seine Auffassung bis zur Entscheidung des Bundesfinanzhofs nicht durch die Finanzgerichte gestützt wurde.[911] Die Gewichtung des Vertrauens danach, ob sich die Auslegung des Steuerpflichtigen im Einklang mit der bisherigen fachgerichtlichen Rechtsprechung befand, wird bei Nichtanwendungsgesetzen demnach gegebenenfalls zu einer Minderung der Schutzwürdigkeit, aber nicht zu einem völligen Ausfall schutzwürdigen Vertrauens führen.

Mit Blick auf die vor dem Bundesverfassungsgericht derzeit zur Überprüfung anhängigen Verfahren erscheint demnach insbesondere das Vertrauen der Steuerpflichtigen in eine eigenständige Qualifikation von Sonderbetriebseinkünften für Zwecke der Doppelbesteuerungsabkommen besonders schutzwürdig. Der Bundesfinanzhof hatte diese Auslegung bereits durch mehrere Entscheidungen bestätigt,[912] bevor der Gesetzgeber auf die letzten Entscheidungen in dieser Kette[913] mit dem Nichtanwendungsgesetz in §50d Abs. 10 EStG reagierte.

Aus der Differenzierung anhand der gerichtlichen Normauslegung folgt die gleiche zeitliche Zäsur wie beim Blick auf die Kontinuitätsinteressen: Von dem Zeitpunkt an, in dem die vom Steuerpflichtigen vertretene Gesetzesauslegung höchstrichterlich bestätigt wird, ist sein Vertrauen deutlich schutzwürdiger. Dies gilt so lange, bis die Auslegung durch Folgeentscheidungen der zuständigen Fachgerichte wieder in Frage gestellt wird – was, da die Fachgerichte grundsätzlich eine kontinuierliche Entscheidungspraxis anstreben, aber nur in Ausnahmekonstellationen der Fall sein wird. Die bloße Ankündigung einer gesetzgeberischen Reaktion durch die Finanzverwaltung kann das schutzwürdige Vertrauen jedenfalls nicht erschüttern: Der Steuerpflichtige kann bei einem Nichtanwendungsgesetz ebenso gut oder schlecht wie bei anderen Gesetzen voraussagen, ob der Ankündigung durch das im Gesetzgebungsverfahren federführende Ministerium auch tatsächlich eine gesetzliche Regelung folgt.[914] Entsprechend der allgemeinen Grundsätze des Bundesverfassungsgerichts zur echten Rückwirkung wird das Vertrauen auf den Fortbestand der durch die Gerichtsentscheidung geschaffenen Rechtslage erst durch Beschluss des Nicht-

---

[910] Vgl. im Einzelnen unter §3 B.

[911] Ebenso schon unter §6 C. III. 2. a).

[912] BFH, Urteil v. 27.2.1991 – I R 15/89, BFHE 164, 38 = BStBl II 1991, 444, juris Rn. 27; BFH, Urteil v. 31.5.1995 – I R 74/93, BFHE 178, 74 = BStBl II 1995, 683, juris Rn. 23; BFH, Urteil v. 16.10.2002 – I R 17/01, BFHE 200, 521 = BStBl II 2003, 631, juris Rn. 19.

[913] BFH, Urteil v. 17.10.2007 – I R 5/06, BFHE 219, 518 = BStBl II 2009, 356, juris Rn. 16; BFH, Urteil v. 10.8.2006 – II R 59/05, BFHE 214, 518 = BStBl II 2009, 758, juris Rn. 65.

[914] Ebenso schon unter §6 C. III. 2. b).

anwendungsgesetzes im Bundestag zerstört.[915] Soll ein rückwirkendes Nichtanwendungsgesetz auch Sachverhalte erfassen, die erst nach der korrigierten Gerichtsentscheidung und vor dem Beschluss des Gesetzes im Bundestag verwirklicht werden, verletzt es daher regelmäßig besonders schutzwürdiges Vertrauen des Steuerpflichtigen.

Unterschiede zur Gewichtung der Kontinuitätsinteressen ergeben sich in Fällen, in denen bisher gerichtliche Stellungnahmen fehlen. Es mag zwar unter Kontinuitätsgesichtspunkten zutreffend sein, auch eine einheitliche Verwaltungspraxis als Ausgangspunkt einer gesicherten Rechtslage zu betrachten. Das Vertrauen des Steuerpflichtigen ist aber nicht weniger schutzwürdig, nur weil seine Auffassung nicht von der Finanzverwaltung geteilt wird.[916] Die Finanzverwaltung ist nicht mehr als die Erstinterpretin des Gesetzes. Die von ihr gefundene Auslegung ist nicht rechtlich verbindlich, sondern regelmäßig erst Ausgangspunkt des Rechtsfindungsprozesses: Erst wenn Steuerpflichtige andere Auffassungen einnehmen und es deshalb zu einem gerichtlichen Streit über die Auslegung der Norm kommt, können die Gerichte ihrem verfassungsrechtlichen Auftrag zur Konkretisierung des Norminhalts nachkommen. In einer Situation, in der es an fachgerichtlichen Aussagen zur Auslegung der Norm fehlt, ist daher jede mögliche Gesetzesauslegung prinzipiell gleich schutzwürdig.

Dementsprechend durften die Steuerpflichtigen vor Einführung von § 50d Abs. 9 S. 3 EStG trotz der abweichenden Ansicht der Finanzverwaltung[917] grundsätzlich schutzwürdig darauf vertrauen, dass § 50d Abs. 8 EStG eine gegenüber § 50d Abs. 9 EStG vorrangige Spezialregelung ist.[918]

Auch auf Seiten der durch das Nichtanwendungsgesetz negativ betroffenen Steuerpflichtigen lässt sich schließlich nach dem Maß der Betroffenheit differenzieren. Je größer die finanziellen Auswirkungen des Nichtanwendungsgesetzes für den einzelnen Steuerpflichtigen sind und je weniger der Steuerpflichtige seine Dispositionen noch an die gesetzliche Änderung anpassen kann, desto schutzwürdiger ist sein Vertrauen in die letztlich gerichtlich bestätigte Auslegung des Gesetzes.[919] Hat der Steuerpflichtige umgekehrt bewusst auf Grundlage der bisherigen Rechtslage vor der Gerichtsentscheidung disponiert, so ist es ihm in der Regel auch zuzumuten, dass dieser Zustand nachträglich durch das Nichtanwendungsgesetz wiederhergestellt wird.

---

[915] Im Einzelnen schon unter § 6 B. III. 1. b).

[916] Ebenso schon unter § 6 C. III. 2. b).

[917] Zumindest implizit Bundesministerium der Finanzen vom 12.11.2008, BStBl I 2008, 988; Bayerisches Landesamt für Steuern vom 8.6.2011, DStR 2011, 1714.

[918] Ebenso BFH, Vorlagebeschluss v. 20.8.2014 – I R 86/13, BFHE 246, 486 = BStBl II 2015, 18, juris Rn. 39 f.; anhängig unter Az. 2 BvL 21/14; a. A. BR-Drs. 632/1/12, S. 12.

[919] Die Differenzierung nach der persönlichen – auch betragsmäßigen – Betroffenheit des Bürgers lässt sich in der Rechtsprechung des Bundesverfassungsgerichts insbesondere an den Entscheidungen zum sogenannten Bagatellvorbehalt festmachen; vgl. im Einzelnen § 6 B. III. 1. c).

(2) Beeinträchtigung des Individualanspruchs auf effektiven Rechtsschutz

Ein echt rückwirkendes Nichtanwendungsgesetz kann den Steuerpflichtigen darüber hinaus in seinem individuellen Recht auf effektiven Rechtsschutz (Art. 19 Abs. 4 GG) beschränken: Um parallele Streitigkeiten über die Auslegung einer Norm im steuerlichen Massenverfahren zu verhindern, bestehen mit der vorläufigen Steuerfestsetzung (insbesondere nach § 165 Abs. 1 S. 2 Nr. 4 AO), sowie der Aussetzung bzw. dem Ruhen von Einspruchs- (§ 363 Abs. 1 und Abs. 2 AO) und Klageverfahren (§ 74 FGO und § 155 S. 1 FGO i. V. m. § 251 S. 1 ZPO) verschiedene Instrumente, die es dem Steuerpflichtigen im Hinblick auf ein bereits laufendes „Musterverfahren" temporär erschweren bzw. unmöglich machen, eine gerichtliche Entscheidung über seinen Fall herbeizuführen.[920] Verhindert ein echt rückwirkendes Nichtanwendungsgesetz nun, dass die Ergebnisse des Musterprozesses auf den Steuerpflichtigen übertragen werden, wiegt die temporäre Beschränkung der Rechtsschutzmöglichkeiten ungleich schwerer:[921] Hätte der Steuerpflichtige sein Verfahren parallel zum Musterprozess vorantreiben können, hätte er auch von der günstigen gerichtlichen Auslegung profitiert. Durch die Änderung der gesetzlichen Rahmenbedingungen drohen seine Rechtsmittel ins Leere zu laufen, obwohl der ihm gegenüber ergangene Bescheid ursprünglich rechtswidrig war. Dabei verstößt die rückwirkende Veränderung der Gesetzeslage als solche zwar nicht gegen das Gebot effektiven Rechtsschutzes: Aus Art. 19 Abs. 4 GG lässt sich kein Anspruch auf eine bestimmte materiellrechtliche Behandlung ableiten. Das subjektive Recht des Steuerpflichtigen auf gesetz- und verfassungsmäßige Besteuerung wird vom Rechtsschutzgebot vorausgesetzt und nicht definiert.[922] Die Kombination aus temporärer Rechtsschutzbeschränkung und echt rückwirkendem Nichtanwendungsgesetz kann aber – abhängig auch von der Reaktion der Finanzverwaltung auf die Entscheidung im Musterprozess – zu einer unverhältnismäßigen Beschränkung des individuellen Anspruchs auf effektiven Rechtsschutz führen. Es wurde bereits herausgearbeitet, dass diese Gefahr in die Beurteilung der Rückwirkung des Nichtanwendungsgesetzes einfließen muss.[923]

Wie stark der Anspruch auf effektiven Rechtsschutz beschränkt wird, ist abhängig vom Verfahrensablauf: Je kürzer die Zeit zwischen dem Gerichtsurteil und dem Inkrafttreten des Nichtanwendungsgesetzes, desto weniger Zeit verbleibt dem Steuerpflichtigen, um eine Entscheidung in seinem Fall herbeizuführen und desto schwerer wiegt mithin die langfristige Suspendierung seiner Rechtsschutzmöglichkeiten. Zusätzlich verstärkt wird die Beeinträchtigung, wenn die Finanzverwaltung die Übertragung der Entscheidungsgrundsätze des

[920] Im Detail unter § 5 B.
[921] Im Detail unter § 5 C. I.
[922] Im Detail unter § 5 A. II. 2.
[923] Siehe bereits unter § 5 C. III.

Musterverfahrens auf Parallelverfahren verzögert, indem sie das Urteil nicht im Bundessteuerblatt II veröffentlicht oder mit einem Nichtanwendungserlass belegt. Erfolgte die Festsetzung des Steuerpflichtigen bisher vorläufig nach § 165 Abs. 1 S. 2 Nr. 4 AO, kann der Steuerpflichtige auch nach Abschluss des Musterverfahrens so lange keine Entscheidung in seinem Verfahren herbeiführen, bis die Finanzverwaltung das Urteil für allgemein anwendbar erklärt (§ 165 Abs. 2 S. 3 AO). Dadurch kann im Extremfall bis zum Erlass eines Nichtanwendungsgesetzes gar keine Möglichkeit bestehen, das Verfahren fortzuführen – eine effektive Rechtsschutzmöglichkeit hat dann insgesamt gefehlt.

Zusätzlich ist bei der Gewichtung des Interesses des Steuerpflichtigen an einem effektiven Rechtsschutz das mit der langen Verfahrensdauer einhergehende Zinsrisiko zu berücksichtigen. Hat der Steuerpflichtige im Einspruchs- (§ 362 Abs. 2 AO) oder Klageverfahren (§ 69 Abs. 2–7 FGO) erfolgreich eine Aussetzung der Vollziehung beantragt (oder wurde die Steuer ohne seinen Antrag ausgesetzt), so steht mit Inkrafttreten des rückwirkenden Nichtanwendungsgesetzes zugleich fest, dass das Verfahren des Steuerpflichtigen endgültig nicht erfolgreich sein wird und er muss die ausgesetzten Beträge mit 0,5 % pro Monat verzinst zurückzahlen (§ 237 AO). Eine entsprechende Zinsbelastung kann sich ergeben, wenn das Nichtanwendungsgesetz zu einer Änderung des bisherigen Steuerbescheids führt und sich hieraus eine Steuernachzahlung ergibt (§ 233a AO). Dies kann beispielsweise der Fall sein, wenn der Steuerpflichtige zunächst vorläufig auf Basis der von ihm vertretenen Rechtsansicht veranlagt wurde. Droht eine zusätzliche Zinsbelastung, wiegt die Beschränkung der Rechtsschutzmöglichkeiten durch die temporäre Unterbrechung des Verfahrens und das folgende Nichtanwendungsgesetz besonders schwer.

cc) Leitlinien für die Abwägung

Die Abwägung zwischen den widerstreitenden Positionen ist eine Frage des jeweiligen Einzelfalls. Es kann dabei – insbesondere zum Schutz des Anspruchs auf effektiven Rechtsschutz – angezeigt sein, zwischen verschiedenen Personengruppen zu differenzieren. Aus den hier dargestellten Leitlinien für die Gewichtung der beidseitigen Interessen lassen sich einige grundsätzliche Regeln für die Abwägung entwickeln:

Je eher ein Nichtanwendungsgesetz eine bisher unumstrittene Rechtslage wiederherstellt, desto eher kann dies auch mit echter Rückwirkung erfolgen. Das Interesse an Rechtskontinuität streitet in besonderem Maße für die Wiederherstellung, gleichzeitig ist das Vertrauen der Steuerpflichtigen in eine abweichende Auslegung zumindest dann weniger schutzwürdig, wenn mit dem Nichtanwendungsgesetz eine bisherige ständige Rechtsprechung wiederhergestellt wird. Mit Blick auf die beim Bundesverfassungsgericht anhängigen oder kürzlich entschiedenen Verfahren erscheint demnach eine Rechtfertigung der rückwirkenden Einführung von Abzugsverboten für die Kosten einer erstmaligen Berufsausbildung (§4 Abs. 9 und §9 Abs. 6 EStG) und der Sondervorschrift zur Steuerbarkeit von Einkommensteuererstattungszinsen (§20 Abs. 1 Nr. 7 S. 3 EStG) grundsätzlich möglich.

Umgekehrt scheidet eine Rechtfertigung mit dem Schutz der Rechtskontinuität umso eher aus, je umstrittener die bisherige Rechtslage war. In einer Situation, in der weder eine einheitliche Rechtsprechung noch eine weitgehend anerkannte Verwaltungspraxis bestand, lässt sich eine Rechtfertigung nicht auf den Schutz der Rechtskontinuität stützen. Dementsprechend erscheint eine Rechtfertigung für die rückwirkende Einführung von §50d Abs. 10 EStG und §50d Abs. 9 S. 3 EStG schon dem Grunde nach problematisch.

Eine Rückwirkung für Sachverhalte, die erst verwirklicht werden, nachdem die mit dem Nichtanwendungsgesetz korrigierte Gerichtsentscheidung veröffentlicht wurde, unterliegt engeren Schranken als eine Rückwirkung für Sachverhalte vor dieser Entscheidung. Zwar kann es dem Schutz der Rechtskontinuität dienen, den mit der Gerichtsentscheidung einhergehenden Kontinuitätsbruch insgesamt zu beheben, sowohl Bürger als auch Fiskus werden sich aber regelmäßig ab der Veröffentlichung der Entscheidung auf die neue Rechtslage einstellen, sodass das beidseitige Kontinuitätsinteresse an der Fortführung der bisherigen Rechtslage – von langfristigen und irreversiblen Dispositionen abgesehen – sinkt. Gleichzeitig ist das Vertrauen des Steuerpflichtigen, der auf eine abweichende Auslegung vertraut hat, ab dem Moment schutzwürdiger, in dem die Auslegung gerichtlich bestätigt wird. Als vermittelnde Lösungen kommen insoweit Übergangsregelungen in Betracht, die die bisherige Rechtslage nur für bestimmte Sachverhalte und/oder nur für einen bestimmten Zeitraum auch über den Zeitpunkt der Gerichtsentscheidung hinaus festschreiben. Damit kann eine kontinuierliche, schrittweise Überleitung von der einen zur anderen Rechtslage ermöglicht und den Steuerpflichtigen zugleich eine Anpassung auch langfristiger Dispositionen erlaubt werden.

Die beim Bundesverfassungsgericht derzeit zu überprüfenden Nichtanwendungsgesetze differenzieren in ihrem zeitlichen Anwendungsbereich nicht. Allein das Nichtanwendungsgesetz zur Abzugsfähigkeit von Berufsausbildungskosten betrifft typischerweise besonders langfristig wirkende Dispositionen (Wahl einer Berufsausbildung). Für die Steuerbarkeit von Einkommensteuererstattungszinsen, die Qualifikation von Sondereinkünften nach Abkommensrecht sowie die Konfliktregelung des §50d Abs. 9 S. 3 EStG ist hingegen keine besondere Rechtfertigung erkennbar, die eine Rückwirkung auch für Zeiträume nach der entsprechenden Entscheidung des Bundesfinanzhofs rechtfertigen könnte.

Als Beispiel für eine solche schrittweise Überleitung von der alten zur neuen Rechtslage können die Übergangsregelungen bei der Einführung von §15

Abs. 3 Nr. 2 EStG durch das Steuerbereinigungsgesetz 1986 v. 19.12.1985[924] dienen: Nach § 52 Abs. 20b S. 1, 2 EStG in der Fassung dieses Gesetzes war die neu geschaffene Vorschrift, mit der die vom Großen Senat des Bundesfinanzhofs aufgegebene[925] Geprägerechtsprechung[926] für vermögensverwaltende Personengesellschaften gesetzlich wiederhergestellt wurde, zwar auch für alle Veranlagungszeiträume vor 1986 und damit echt rückwirkend anzuwenden. Allerdings waren gemäß § 52 Abs. 20b S. 3 ff. EStG solche Gewinne von der Besteuerung ausgenommen, die sich aus einer Disposition (Verkauf, Veräußerung, Entnahme) des Steuerpflichtigen in der Zeit zwischen der Veröffentlichung der nunmehr korrigierten Entscheidung des Bundesfinanzhofs und dem Beschluss des Nichtanwendungsgesetzes ergaben und die ohne § 15 Abs. 3 Nr. 2 EStG nicht steuerpflichtig gewesen wären. Damit stellt das Nichtanwendungsgesetz zwar grundsätzlich zum Schutz der Kontinuitätsinteressen von Fiskus und Steuerpflichtigen die bisherige Rechtslage wieder her, berücksichtigt aber gleichzeitig den erhöhten Vertrauensschutz und die verminderten Kontinuitätsinteressen für den Zeitraum ab der Veröffentlichung der Gerichtsentscheidung.

Ein weiteres Beispiel für eine differenzierende (Übergangs-)Regelung ist § 50i Abs. 1 S. 3 EStG, nach dem bei einer nur fiktiv gewerblich tätigen Personengesellschaft, auf die vor dem 29.6.2013 steuerneutral Wirtschaftsgüter des Betriebsvermögens oder Anteile im Sinne von § 17 EStG übertragen wurden, auch die laufenden Einkünfte aus der Personengesellschaft der deutschen Besteuerung unterliegen. Die echt rückwirkende Vorschrift[927] erfasst nur diejenigen Fälle, bei denen eine Übertragung auf die Personengesellschaft vor der Verkündung der Entscheidung des Bundesfinanzhofs stattgefunden hat. Nur insoweit wird die Entscheidung des Bundesfinanzhofs, dass eine nur fiktive gewerbliche Tätigkeit nicht zu Unternehmenseinkünften im Sinne der Doppelbesteuerungsabkommen führt,[928] korrigiert und die vorherige Verwaltungsauffassung wiederhergestellt. Für alle anderen Konstellationen bleibt es bei den nun

[924] Steuerbereinigungsgesetz 1986 vom 19.12.1985 (BGBl I 1985, 2436).

[925] BFH, Beschluss v. 25.6.1984 – GrS 4/82, BFHE 141, 405 = BStBl II 1984, 751, juris Rn. 133 ff.

[926] Vgl. insbesondere BFH, Urteil v. 17.3.1966 – IV 233/65, IV 234/65, IV 233, 234/65, BFHE 84, 471 = BStBl III 1966, 171, juris Rn. 7 ff.; BFH, Urteil v. 3.8.1972 – IV R 235/67, BFHE 106, 331 = BStBl II 1972, 799, juris Rn. 9 ff.; BFH, Urteil v. 22.11.1972 – I R 252/70, BFHE 108, 208 = BStBl II 1973, 405, juris Rn. 11 ff.

[927] Nach § 52 Abs. 59d S. 2 i. d. F. des Amtshilferichtlinie-Umsetzungsgesetzes war § 50i Abs. 1 S. 2 EStG, der dem heutigen S. 3 entspricht, in allen Fällen anzuwenden, in denen die Einkommensteuer noch nicht bestandskräftig festgesetzt war.

[928] BFH, Urteil v. 28.4.2010 – I R 81/09, BFHE 229, 252 = BStBl II 2014, 754, juris Rn. 22; BFH, Beschluss v. 19.5.2010 – I B 191/09, BFHE 229, 322 = BStBl II 2011, 156, juris Rn. 15; BFH, Urteil v. 9.12.2010 – I R 49/09, BFHE 232, 145 = BStBl II 2011, 482, juris Rn. 18; BFH, Urteil v. 24.8.2011 – I R 46/10, BFHE 234, 339 = BStBl II 2014, 764, juris Rn. 16; ebenso zu gewerblichen Einkünften, die sich nur nach den Grundsätzen der Betriebsaufspaltung ergeben BFH, Urteil v. 25.5.2011 – I R 95/10, BFHE 234, 63 = BStBl II 2014, 760, juris Rn. 22.

von der Rechtsprechung entwickelten Maßstäben. Das Nichtanwendungsgesetz beschränkt sich mithin auf eine Gruppe von Altfällen; zeitlicher Abgrenzungspunkt ist die Veröffentlichung des korrigierten Urteils. Die echte Rückwirkung bei diesen Altfällen erscheint berechtigt, weil zum einen das Vertrauen der Steuerpflichtigen weniger schutzwürdig ist: Wirtschaftsgüter und Anteile wurden regelmäßig bewusst auf fiktiv gewerblich tätige Personengesellschaften übertragen, um eine Entstrickungsbesteuerung im Zeitpunkt des Wegzugs zu verhindern[929] Es wird mithin nur diejenige Rechtslage wiederhergestellt, die die Steuerpflichtigen ohnehin zur Basis ihrer Gestaltung gemacht hatten.[930] Zum anderen beeinträchtigt die Entscheidung des Bundesfinanzhofs die Kontinuitätsinteressen des Fiskus und der Mitbewerber in intensiver Weise, weil den Steuerpflichtigen, die entsprechende Gestaltungen gewählt haben, ohne korrigierendes Nichtanwendungsgesetz ein definitiver Steuervorteil in erheblicher Höhe verbleiben würde: Nach der Rechtsprechung des Bundesfinanzhofs darf der deutsche Staat nur noch im Zeitpunkt des Wegzugs besteuern, insoweit lagen aber regelmäßig bestandskräftige Steuerbescheide oder verbindliche Auskünfte zugunsten der gestaltenden Steuerpflichtigen vor. Damit drohten massive Steuerausfälle[931] und eine erhebliche Verzerrung des Wettbewerbs zwischen den Steuerpflichtigen.

Insoweit ein Nichtanwendungsgesetz das Ergebnis eines steuerlichen Musterprozesses korrigiert und Steuerpflichtige ihre individuellen Rechtsschutzverfahren im Hinblick auf diesen Prozess nicht fortführen konnten, ergibt sich eine besondere Rechtfertigungslast. Dies gilt insbesondere, wenn das Nichtanwendungsgesetz der Entscheidung im Musterprozess zeitlich unmittelbar nachfolgt und die Finanzverwaltung eine Übertragung der Entscheidungsgrundsätze auf Parallelverfahren verhindert hat. Der individuelle Anspruch auf einen effektiven Rechtsschutz kann insoweit gewahrt werden, indem die Steuerpflichtigen, die ihre Verfahren nicht fortführen konnten, von der rückwirkenden Anwendung des Nichtanwendungsgesetzes ausgenommen werden. Das Gesetz würde rückwirkend dann nur noch diejenigen Steuerpflichtigen erfassen, die keine Rechtsbehelfe angestrengt haben und deren Steuerfestsetzungen auch nicht vorläufig im Hinblick auf das Musterverfahren erfolgten. Eine personell so eingeschränkte Rückwirkung geht allerdings mit einem eingeschränkteren Schutz

[929] Vgl. zur Üblichkeit derartiger Gestaltungen nur *von Brocke/Rottenmoser*, SteuK 2013, 419, 419; *Hruschka*, DStR 2014, 2421, 2422.

[930] Für eine verminderte Schutzwürdigkeit des Vertrauens auch *von Brocke/Rottenmoser*, SteuK 2013, 419, 422; *Pohl*, IStR 2013, 699, 703; *Loschelder*, in: Schmidt, EStG, 38. Auflage 2019, § 50i Rn. 3; *Bodden*, in: Korn, EStG, § 50i Rn. 31.2; *Ettinger/Beuchert*, IWB 2014, 680, 685; für den Grundtatbestand des § 50i Abs. 1 S. 1 EStG ebenso *Gosch*, in: Kirchhof, EStG, 18. Auflage 2019, § 50i Rn. 4a; *Rehfeld*, in: HHR, § 50i EStG Rn. 5, die aber jeweils die rückwirkende Erfassung der laufenden Einkünfte für problematisch halten *Gosch*, in: Kirchhof, EStG, 18. Auflage 2019, § 50i Rn. 6; *Rehfeld*, in: HHR, § 50i EStG Rn. 5.

[931] BR-Drs. 139/13, S. 142.

der Kontinuitätsinteressen einher, weil für eine potenziell große Gruppe von Steuerpflichtigen die mit der Gerichtsentscheidung begründete Rechtslage auch rückwirkend zur Anwendung kommt und damit die Gefahr von Wettbewerbsvorteilen für einzelne Steuerpflichtige und staatlichen Einnahmeausfällen steigt. Dies lässt sich insoweit rechtfertigen als der dem einzelnen Steuerpflichtigen zukommende Wettbewerbsvorteil nicht mehr ist als der finanzielle Ausdruck seines schutzwürdigen Vertrauens bzw. das Ergebnis seiner Rechtsschutzanstrengungen.

Vermittelnde Lösungen, die einerseits der Rechtskontinuität größeren Raum gewähren, aber gleichzeitig den Anspruch des Steuerpflichtigen auf effektiven Rechtsschutz zumindest teilweise berücksichtigen, könnten darin bestehen, die Folgen für die durch das Nichtanwendungsgesetz negativ betroffenen Steuerpflichtigen abzumildern. In Betracht kommt beispielsweise ein Anspruch auf Ersatz der Kosten eines nunmehr letztendlich erfolglos angestrengten Gerichtsverfahrens sowie der Erlass von Aussetzungs- oder Nachzahlungszinsen. Rechtfertigen ließe sich ein solcher Zinsverzicht damit, dass der Steuerpflichtige zwar während des laufenden Verfahrens einen Liquiditätsvorteil hatte, dieser Vorteil ihm aber nach der Entscheidung im Musterverfahren zurecht zustand. Hätte der Steuerpflichtige seinen Rechtsbehelf parallel zum Musterverfahren durchsetzen können, wäre er auch nicht mit Zinsen belastet gewesen. Der Zinsverzicht ist also eine (unvollständige) Kompensation für die nur eingeschränkten Rechtsschutzmöglichkeiten.

Keines der vor dem Bundesverfassungsgericht zur Überprüfung vorliegenden oder lürzlich überprüften Nichtanwendungsgesetze differenziert für seine rückwirkende Anwendung nach der potentiellen Beeinträchtigung des effektiven Rechtsschutzes, obwohl die jeweiligen Entscheidungen des Bundesfinanzhofs durch die Finanzverwaltung im Vorfeld des Nichtanwendungsgesetzes nicht über den Einzelfall hinaus angewendet wurden: In den Fällen von § 4 Abs. 9 und § 9 Abs. 6 EStG[932], § 20 Abs. 1 Nr. 7 S. 3 EStG[933] sowie § 50d Abs. 10 EStG[934] wurden die korrigierten Entscheidungen des Bundesfinanzhofs jeweils erst nach Inkrafttreten des rückwirkenden Nichtanwendungsgesetzes, im Fall von § 50d Abs. 9 S. 3 EStG[935] gar nicht im Bundessteuerblatt II veröffentlicht. Für die Steuerpflichtigen, die deshalb keine effektive Möglichkeit zur Durchsetzung ihrer Rechtsansicht hatten, ist eine rückwirkende Anwendung nicht zu rechtfertigen.

---

[932] BFH, Urteil v. 28.7.2011 – VI R 38/10, BFHE 234, 279 = BStBl II 2012, 561, juris Rn. 13 ff.; BFH, Urteil v. 28.7.2011 – VI R 7/10, BFHE 234, 271 = BStBl II 2012, 557, juris Rn. 15 ff.

[933] BFH, Urteil v. 15.6.2010 – VIII R 33/07, BFHE 230, 109 = BStBl II 2011, 503, juris Rn. 19 f.

[934] BFH, Urteil v. 10.8.2006 – II R 59/05, BFHE 214, 518 = BStBl II 2009, 758, juris Rn. 65; BFH, Urteil v. 17.10.2007 – I R 5/06, BFHE 219, 518 = BStBl II 2009, 356, juris Rn. 16.

[935] BFH, Urteil v. 11.1.2012 – I R 27/11, BFHE 236, 327, juris Rn. 12 f.

c) Abwägungsleitlinien bei unechter Rückwirkung

Eine unechte Rückwirkung liegt nach der Veranlagungszeitraum-Rechtsprechung bei periodischen Steuern immer dann vor, wenn das Nichtanwendungsgesetz zwar an Lebenssachverhalte anknüpft, die bereits vor Verkündung des Gesetzes begonnen haben, nachteilige Rechtsfolgen aber nur für den bei Verkündung laufenden oder folgende Veranlagungszeiträume entfaltet.[936] Insoweit Nichtanwendungsgesetze unechte Rückwirkung entfalten, betreffen sie damit ausschließlich Sachverhalte, in denen der Steuerpflichtige noch nicht veranlagt wurde. Damit kann auch noch keins der Instrumente zur Bewältigung steuerlicher Massenverfahren[937] zur Anwendung gekommen sein, sodass eine Beschränkung des Individualanspruchs auf effektiven Rechtsschutz durch ein unecht rückwirkendes Nichtanwendungsgesetz ausscheidet.[938] Die unechte Rückwirkung beeinträchtigt mithin ausschließlich das Vertrauen des Steuerpflichtigen in die vom Gericht bestätigte Auslegung des Gesetzes. Dieses Vertrauen ist abzuwägen gegen das Änderungsinteresse des Gesetzgebers und damit insbesondere gegen die mit dem Gesetz erreichte Stärkung der Rechtskontinuität.

Eine unechte Rückwirkung, die sich nach Maßgabe der Veranlagungszeitraum-Rechtsprechung ergibt, ist nach übereinstimmender Rechtsprechung der beiden Senate des Bundesverfassungsgerichts nicht grundsätzlich unzulässig.[939] Der Steuerpflichtige trägt damit – anders als in sonstigen Fällen unechter Rückwirkung, die zumindest vom ersten Senat des Bundesverfassungsgerichts in ständiger Rechtsprechung als grundsätzlich zulässig beurteilt werden[940] – nicht die

[936] Siehe bereits unter § 6 B. II. 1. d).

[937] Vorläufige Steuerfestsetzung, Aussetzung und Ruhen eines Einspruchs- oder Klageverfahrens; siehe im Detail unter § 5 B.

[938] Ebenso schon unter § 5 A. II. 2.

[939] BVerfG, Beschluss v. 7.7.2010 – 2 BvL 14/02, 2 BvL 2/04, 2 BvL 13/05, BVerfGE 127, 1, juris Rn. 57 f.; BVerfG, Beschluss v. 7.7.2010 – 2 BvR 748/05, 2 BvR 753/05, 2 BvR 1738/05, BVerfGE 127, 61, juris Rn. 46 f.; BVerfG, Beschluss v. 7.7.2010 – 2 BvL 1/03, 2 BvL 57/06, 2 BvL 58/06, BVerfGE 127, 31, juris Rn. 68 f.; BVerfG, Beschluss v. 2.5.2012 – 2 BvL 5/10, BVerfGE 131, 20, juris Rn. 73 f.; BVerfG, Beschluss v. 10.10.2012 – 1 BvL 6/07, BVerfGE 132, 302, juris Rn. 46; BVerfG, Beschluss v. 1.4.2014 – 2 BvL 2/09, juris Rn. 61; BVerfG, Nichtannahmebeschluss v. 29.9.2015 – 2 BvR 2683/11, DStR 2015, 2757, juris Rn. 57 f.; BVerfG, Nichtannahmebeschluss v. 30.9.2015 – 2 BvR 1066/10, FR 2016, 78, juris Rn. 63 f.; BVerfG, Beschluss v. 16.12.2015 – 2 BvR 1958/13, NVwZ 2016, 682, juris Rn. 43; BVerfG, Urteil v. 10.4.2018 – 1 BvR 1236/11, juris Rn. 139.

[940] Vgl. nur BVerfG, Beschluss v. 9.3.1971 – 2 BvR 326/69, 2 BvR 341/69, 2 BvR 342/69, 2 BvR 343/69, 2 BvR 344/69, BVerfGE 30, 250, juris Rn. 50; BVerfG, Beschluss v. 22.6.1971 – 2 BvL 6/70, BVerfGE 31, 222, juris Rn. 21; BVerfG, Beschluss v. 20.6.1978 – 2 BvR 71/76, BVerfGE 48, 403, juris Rn. 37; BVerfG, Beschluss v. 13.3.1979 – 2 BvR 72/76, BVerfGE 50, 386, juris Rn. 22 f.; BVerfG, Beschluss v. 8.3.1983 – 2 BvL 27/81, BVerfGE 63, 312, juris Rn. 60; BVerfG, Beschluss v. 15.5.1985 – 2 BvL 24/82, BVerfGE 70, 69, juris Rn. 42; BVerfG, Urteil v. 10.12.1985 – 2 BvL 18/83, BVerfGE 71, 255, juris Rn. 56; BVerfG, Beschluss v. 13.5.1986 – 1 BvR 99/85, 1 BvR 461/85, BVerfGE 72, 175, juris Rn. 52; BVerfG, Beschluss v. 30.9.1987 –

Abwägungslast. Es erfolgt im Grundsatz eine offene Abwägung von gesetzgeberischem Änderungsinteresse einerseits und Vertrauensschutz des Steuerpflichtigen andererseits; Zweifelsfälle gehen nicht zu Lasten des Steuerpflichtigen.[941]

aa) Gewichtung der Kontinuitätsinteressen

Die Kontinuitätsinteressen der Bürger und des Staates sind weniger stark betroffen, insoweit eine Gerichtsentscheidung die Besteuerung eines bereits in der Vergangenheit begonnenen Sachverhalts für den laufenden und die folgenden Veranlagungszeiträume verändert:[942] Anders als bei einer Wirkung für bereits abgeschlossene Sachverhalte verbleiben noch Reaktionsmöglichkeiten. Der Steuerpflichtige kann etwaige Mehrbelastungen oder Mindereinnahmen, die sich auf Grundlage der gerichtlichen Entscheidung ergeben, in seine Gesamtsteuerplanung einbinden und seine zukünftigen Investitionsentscheidungen auf dieser Basis treffen. Ebenso kann der Staat Einnahmeausfälle noch durch zusätzliche Einnahmen aus anderen Bereichen oder Kosteneinsparungen im selben Jahr kompensieren. Eine vollständige Anpassung an die veränderte Rechtslage ist aber gleichwohl nicht möglich: Die vergangenen Handlungen, die von der Gerichtsentscheidung betroffen sind, lassen sich nicht mehr rückgängig machen. Investitionsentscheidungen sind häufig allenfalls noch eingeschränkt reversibel. Die Steuerplanung des einzelnen Steuerpflichtigen und die Wettbewerbsgrundlagen insgesamt sind dadurch – zumindest partiell – auch für den laufenden und die kommenden Veranlagungszeiträume betroffen, sodass ein entsprechendes Nichtanwendungsgesetz den Kontinuitätsinteressen von Steuerpflichtigem und Staat dienen kann.

Für die Gewichtung der Kontinuitätsinteressen gelten dabei die oben für den Bereich der echten Rückwirkung entwickelten Leitlinien:[943] Je gesicherter die bisherige Rechtslage war, desto größer ist das Interesse an der Kontinuität dieser Rechtslage. Insoweit das Nichtanwendungsgesetz auch Sachverhalte erfasst, die erst nach der Gerichtsentscheidung begonnen wurden, sinkt das Interes-

2 BvR 933/82, BVerfGE 76, 256, juris Rn. 174; BVerfG, Beschluss v. 8.6.1988 – 2 BvL 9/85, 2 BvL 3/86, BVerfGE 78, 249, juris Rn. 90; BVerfG, Beschluss v. 15.10.1996 – 1 BvL 44/92, 1 BvL 48/92, BVerfGE 95, 64, juris Rn. 109; BVerfG, Urteil v. 23.11.1999 – 1 BvF 1/94, BVerfGE 101, 239, juris Rn. 96; BVerfG, Beschluss v. 9.12.2003 – 1 BvR 558/99, BVerfGE 109, 96, juris Rn. 68; BVerfG, Beschluss v. 23.9.2010 – 1 BvQ 28/10, DVBl. 2010, 1432, juris Rn. 32; BVerfG, Nichtannahmebeschluss v. 20.7.2011 – 1 BvR 2624/05, NVwZ-RR 2011, 793, juris Rn. 40; BVerfG, Nichtannahmebeschluss v. 29.2.2012 – 1 BvR 2378/10, NZA 2012, 1979, juris Rn. 50; BVerfG, Nichtannahmebeschluss v. 17.12.2012 – 1 BvR 488/10, 1 BvR 1047/10, NVwZ 2013, 575, juris Rn. 28; BVerfG, Nichtannahmebeschluss v. 20.9.2016 – 1 BvR 1387/15, NVwZ 2017, 705, juris Rn. 48.

941 Siehe bereits unter §6 B. III. 2. a).

942 Vgl. auch *Leisner-Egensperger*, Kontinuität als Verfassungsprinzip, 2002, S. 503 f., die eine unechte Rückwirkung auch nach Maßgabe eines verfassungsrechtlichen Kontinuitätsgebots für grundsätzlich zulässig hält.

943 Im Einzelnen bereits unter §6 C. III. 3. b) aa).

se an Rechtskontinuität, weil mit der Gerichtsentscheidung grundsätzlich eine neue Rechtslage als Planungsgrundlage für Steuerpflichtigen und Staat geschaffen wird. Zur Gewichtung der Kontinuitätsinteressen gilt außerdem: Je mehr Fälle durch die Gerichtsentscheidung betroffen sind und je höher die steuerlichen Auswirkungen im Einzelfall sind, desto größer ist das Interesse daran, einen durch die Gerichtsentscheidung drohenden Kontinuitätsbruch zu verhindern oder zumindest abzumildern.

Die unecht rückwirkende Einführung von §11 Abs.2 S.3 EStG i.V.m. §52 Abs.30 S.1 EStG i.d.F. des Richtlinien-Umsetzungsgesetzes, nach dem für mehr als fünf Jahre vorausgezahlte Erbbauzinsen auch schon im Veranlagungszeitraum 2004 nur noch ratierlich verteilt auf den gesamten Vorauszahlungszeitraum als Werbungskosten abgezogen werden können, dient nach diesen Maßstäben nur eingeschränkt der Wahrung von Rechtskontinuität. Zwar stellt die Regelung im Grundsatz die vorherige Verwaltungsauffassung[944] wieder her. Dass der Gesetzgeber Erbbauzinsen nicht den Anschaffungskosten des Erbbaurechts zugeordnet hat, sondern stattdessen eine Sonderregelung für die zeitliche Verteilung des Nutzungsentgelts getroffen hat,[945] ist angesichts des wirtschaftlich identischen Ergebnisses unter Kontinuitätsgesichtspunkten zu vernachlässigen. Die Verwaltungsauffassung war allerdings keineswegs allgemein anerkannt. Vielmehr hatte der Bundesfinanzhofs bereits zuvor in ständiger Rechtsprechung entschieden, dass Erbbauzinsen keine Anschaffungskosten sondern ein Nutzungsentgelt darstellen[946] und mithin eine ratierliche Verteilung vorausgezahlter Zinsen nur dort in Betracht kommt, wo eine Sondervorschrift dies anordnet.[947] Das Nichtanwendungsgesetz stellt damit keine unumstrittene Rechtslage wieder her.[948] Zudem erfasst es weit überwiegend Sachverhalte, die erst nach der Veröffentlichung der korrigierten Entscheidung des Bundesfinanzhofs begonnen wurden. Einzig für Sachverhalte, bei denen bereits vor Entscheidungsveröffentlichung eine vertragliche Vorauszahlungspflicht begründet wurde, besteht ein erhöhtes Kontinuitätsinteresse.[949]

[944] Bundesministerium der Finanzen vom 10.12.1996, 1996-12-10 IV B 3-S 2253-99/96, BStBl I 1996, 1440, Tz. 1.

[945] Dies betont BFH, Vorlagebeschluss v. 7.12.2010 – IX R 70/07, BFHE 232, 2010, 121 = BStBl II 2011, 346, juris Rn. 56.

[946] Vgl. nur BFH, Urteil v. 20.11.1980 – IV R 126/78, BFHE 132, 418 = BStBl II 1981, 398, juris Rn. 8f.; BFH, Urteil v. 24.10.1990 – X R 43/89, BFHE 162, 425 = BStBl II 1991, 175, juris Rn. 10ff.; BFH, Urteil v. 8.6.1994 – X R 51/91, BFHE 175, 76 = BStBl II 1994, 779, juris Rn. 17ff.; BFH, Urteil v. 27.7.1994 – X R 141/93, BFHE 175, 124 = BStBl II 1995, 111, juris Rn. 16f.; BFH, Urteil v. 17.7.2001 – IX R 41/98, BFH/NV 2002, 18, juris Rn. 19.

[947] Dies nahm BFH, Urteil v. 27.7.1994 – X R 141/93, BFHE 175, 124 = BStBl II 1995, 111, juris Rn. 22ff. im Anwendungsbereich von §10e Abs. 6 EStG an.

[948] Ebenso BFH, Vorlagebeschluss v. 7.12.2010 – IX R 70/07, BFHE 232, 2010, 121 = BStBl II 2011, 346, juris Rn. 56f.; bestätigt durch BVerfG, Beschluss v. 25.3.2021 – 2 BvL 1/11, juris, juris Rn. 73ff.

[949] Zum dann spiegelbildlich besonders schutzwürdigen Vertrauen sogleich unter §6 C.III.3.c)bb)(1).

bb) Schutzwürdigkeit des Vertrauens

(1) Beeinträchtigung von besonderen Schutzmomenten

Wie stark der Vertrauensschutz des Steuerpflichtigen wiegt, hängt zunächst maßgeblich davon ab, ob auf Seiten des Steuerpflichtigen bereits besondere Vertrauensschutzmomente verwirklicht wurden. Beeinträchtigt das Nichtanwendungsgesetz den Steuerpflichtigen in einer solchen besonders schutzwürdigen Situation, geht die Abwägungslast auf den Gesetzgeber über und es findet eine strenge Verhältnismäßigkeitsprüfung statt.[950] Besondere Schutzmomente können sich in drei Ausprägungen ergeben:

Zunächst ist der Steuerpflichtige besonders schutzwürdig, wenn er bereits verbindliche Dispositionen im Vertrauen auf die nunmehr durch das Gericht bestätigte Rechtslage getätigt hat. Eine solche verbindliche Disposition kann entweder durch einen zivilrechtlich bindenden Vertrag[951] oder durch eine irreversible tatsächliche Handlung vorliegen.[952] Der Vertrauensschutz bei verbindlichen Dispositionen ist in doppelter Hinsicht zeitlich beschränkt: Zum einen sind nur solche Dispositionen schutzwürdig, die bereits vor der förmlichen Einleitung des Gesetzgebungsverfahrens – in der Regel durch Einbringen einer Gesetzesinitiative in den Bundestag[953] – getätigt wurden. Zum anderen sinkt

[950] Siehe bereits unter §6 B. III. 2. b).

[951] BVerfG, Urteil v. 10.4.2018 – 1 BvR 1236/11, juris Rn. 154f.: Kaufvertrag über einen Mitunternehmeranteil erst mit Zustimmung der anderen Mitunternehmer; BFH, Vorlagebeschluss v. 7.12.2010 – IX R 70/07, BFHE 232, 2010, 121 = BStBl II 2011, 346, juris Rn. 34; BFH, Urteil v. 7.12.2010 – IX R 48/07, BFHE 232, 2010, 118 = BStBl II 2011, 345, juris Rn. 14: Kaufvertrag mit dem Recht, Erbbauzinsen in einem Einmalbetrag auszugleichen; BFH, Urteil v. 26.1.2011 – IX R 81/06, BFHE 232, 2011, 460 = BStBl II 2012, 658, juris Rn. 11: Abtretung eines GmbH-Anteils; BFH, Beschluss v. 15.2.2012 – I B 7/11, BFHE 236, 444 = BStBl II 2012, 751, juris Rn. 11, 13; BFH, Beschluss v. 6.6.2013 – I R 38/11, BFHE 241, 530 = BStBl II 2014, 398, juris Rn. 48; BFH, Beschluss v. 27.11.2013 – I R 36/13, BFHE 245, 108 = BStBl II 2014, 651, juris Rn. 47: Ergebnisabführungsvertrag; BFH, Urteil v. 27.3.2012 – I R 62/08, BFHE 236, 543 = BStBl II 2012, 745, juris Rn. 25: stiller Gesellschaftsvertrag; BFH, Urteil v. 1.8.2012 – IX R 16/12, BFH/NV 2013, 19, juris Rn. 2, 15: Vereinbarung über eine Abfindung bei Übergang in Altersteilzeit; BFH, Urteil v. 22.2.2017 – I R 2/15, BFHE 257, 120 = BStBl II 2017, 709, juris Rn. 1, 26: Abtretung eines Kommanditanteils.

[952] BFH, Beschluss v. 14.3.2011 – I R 95/04, BFH/NV 2011, 1192, juris Rn. 15: Veränderung der wirtschaftlichen Identität einer Kapitalgesellschaft; BFH, Urteil v. 23.3.2011 – X R 28/09, BFHE 233, 404 = BStBl II 2011, 753, juris Rn. 24, 31: (Über-)Entnahme aus dem Betriebsvermögen; BFH, Urteil v. 10.1.2017 – VII R 26/14, BFHE 257, 2017, 285, juris Rn. 13: Verbringen von Kraftstoffen in einen anderen Mitgliedstaat der Europäischen Union.

[953] BVerfG, Beschluss v. 25.3.2021 – 2 BvL 1/11, juris, juris Rn. 66ff.; BVerfG, Beschluss v. 7.7.2010 – 2 BvL 1/03, 2 BvL 57/06, 2 BvL 58/06, BVerfGE 127, 31, juris Rn. 74; BVerfG, Urteil v. 10.4.2018 – 1 BvR 1236/11, BVerfGE 148, 217 juris Rn. 151; BVerfG, Beschluss v. 10.10.2012 – 1 BvL 6/07, BVerfGE 132, 302, juris Rn. 56; BFH, Vorlagebeschluss v. 7.12.2010 – IX R 70/07, BFHE 232, 2010, 121 = BStBl II 2011, 346, juris Rn. 34; BFH, Urteil v. 7.12.2010 – IX R 48/07, BFHE 232, 2010, 118 = BStBl II 2011, 345, juris Rn. 14; BFH, Urteil v. 26.1.2011 – IX R 81/06, BFHE 232, 2011, 460 = BStBl II 2012, 658, juris Rn. 11; BFH, Urteil v. 21.6.2012 – IV R 1/08, BFHE 237, 503, juris Rn. 32; BFH, Urteil v. 6.3.2013 – I R 10/11, BFHE 241, 157 = BStBl II

die Schutzwürdigkeit des Vertrauens je größer der zeitliche Abstand zwischen der verbindlichen Disposition und ihren steuerlichen Auswirkungen ist.[954] Der noch schutzwürdige Zeitraum wird dabei – dem Periodizitätsprinzip der regelmäßig veranlagten Steuern folgend – abhängig von der Zahl der Veranlagungszeitraumwechsel zwischen Disposition und steuerlicher Wirkung bestimmt.[955] Für wie viele Veranlagungszeiträume nach einer verbindlichen Disposition das Vertrauen noch schutzwürdig ist, ist abhängig vom jeweiligen Einzelfall.[956] Besonders schutzwürdiges Vertrauen in eine verbindliche Disposition wird zum Beispiel in den Konstellationen beeinträchtigt, in denen die Neuregelung des § 11 Abs. 2 S. 3 EStG auch Vorauszahlungen von Erbbauzinsen betrifft, zu denen sich der Steuerpflichtige zivilrechtlich bindend bereits vor Beginn des Gesetzgebungsverfahrens verpflichtet hat.[957]

Sodann kann sich ein besonderer Schutzmoment daraus ergeben, dass das Nichtanwendungsgesetz Sachverhalte erfasst, deren rechtliche Behandlung nach der vom Gericht bestätigten Rechtslage bereits weitgehend feststand („konkret verfestigte Vermögensposition").[958] Dies kann beispielsweise der Fall sein, wenn nach der bisherigen Rechtslage nicht mehr steuerlich verstrickte Wertsteigerungen durch die gesetzliche Neuregelung (wieder) einer Besteuerung unterworfen werden.[959] Entscheidender Zeitpunkt ist insoweit die Verkündung des Nichtanwendungsgesetzes.[960]

2013, 707, juris Rn. 23 ff.; BFH, Beschluss v. 6.6.2013 – I R 38/11, BFHE 241, 530 = BStBl II 2014, 398, juris Rn. 50; BFH, Beschluss v. 27.11.2013 – I R 36/13, BFHE 245, 108 = BStBl II 2014, 651, juris Rn. 49; BFH, Urteil v. 22.2.2017 – I R 2/15, BFHE 257, 120 = BStBl II 2017, 709, juris Rn. 23; die Zuleitung einer Gesetzesentwurfs von der Bundesregierung an den Bundesrat oder die Beschlussempfehlung des Vermittlungsausschusses stehen der Einbringung des Entwurfs in den Bundestag hinsichtlich ihrer vertrauenszerstörenden Wirkung gleich; BVerfG, Beschluss v. 10.10.2012 – 1 BvL 6/07, BVerfGE 132, 302, juris Rn. 59; BVerfG, Urteil v. 10.4.2018 – 1 BvR 1236/11, juris Rn. 152; BFH, Urteil v. 26.1.2011 – IX R 81/06, BFHE 232, 2011, 460 = BStBl II 2012, 658, juris Rn. 13.

[954] BVerfG, Beschluss v. 7.7.2010 – 2 BvL 1/03, 2 BvL 57/06, 2 BvL 58/06, BVerfGE 127, 31, juris Rn. 75 ff.; BVerfG, Beschluss v. 1.4.2014 – 2 BvL 2/09, BVerfGE 136, 127 juris Rn. 66 f.; BFH, Beschluss v. 14.3.2011 – I R 95/04, BFH/NV 2011, 1192, juris Rn. 15; BFH, Beschluss v. 15.2.2012 – I B 7/11, BFHE 236, 444 = BStBl II 2012, 751, juris Rn. 15; BFH, Urteil v. 1.8.2012 – IX R 16/12, BFH/NV 2013, 19, juris Rn. 15; BFH, Beschluss v. 6.6.2013 – I R 38/11, BFHE 241, 530 = BStBl II 2014, 398, juris Rn. 47; BFH, Beschluss v. 27.11.2013 – I R 36/13, BFHE 245, 108 = BStBl II 2014, 651, juris Rn. 47.

[955] BVerfG, Beschluss v. 7.7.2010 – 2 BvL 1/03, 2 BvL 57/06, 2 BvL 58/06, BVerfGE 127, 31, juris Rn. 78; BVerfG, Beschluss v. 25.3.2021 – 2 BvL 1/11, juris, juris Rn. 69.

[956] Vgl. im Einzelnen unter § 6 B. III. 2. b) aa).

[957] Ebenso BFH, Vorlagebeschluss v. 7.12.2010 – IX R 70/07, BFHE 232, 2010, 121 = BStBl II 2011, 346, juris Rn. 34; BFH, Urteil v. 7.12.2010 – IX R 48/07, BFHE 232, 2010, 118 = BStBl II 2011, 345, juris Rn. 14; bestätigt durch BVerfG, Beschluss v. 25.3.2021 – 2 BvL 1/11, juris, juris Rn. 63 ff.

[958] Vgl. im Einzelnen unter § 6 B. III. 2. b) bb).

[959] Zur rückwirkenden Verlängerung der Haltefrist in § 23 Abs. 1 Nr. 1 EStG und der rückwirkenden Absenkung der Beteiligungsgrenze in § 17 Abs. 1 S. 1 EStG vgl. BVerfG, Beschluss v. 7.7.2010 – 2 BvL 14/02, 2 BvL 2/04, 2 BvL 13/05, BVerfGE 127, 1, juris Rn. 65 f.;

Eine konkret verfestigte Vermögensposition liegt daher beispielsweise bei den Steuerpflichtigen vor, die ein Wirtschaftsgut des Betriebsvermögens oder einen Anteil im Sinne von § 17 EStG vor dem 29.6.2013 steuerneutral auf eine nur fiktiv gewerblich tätige Personengesellschaft übertragen haben und sodann ins niedrig besteuerte Ausland verzogen sind. Im Zeitpunkt des Wegzugs kam es zu einer Entstrickung (§ 6 AStG), weil Deutschland an den Einkünften aus der Personengesellschaft nach der Rechtsprechung des Bundesfinanzhofs kein Besteuerungsrecht mehr zusteht.[961] Indem § 50i Abs. 1 S. 1 EStG für diese Konstellationen ein Besteuerungsrecht Deutschlands an Veräußerungs- und Entnahmegewinnen statuiert, werden die stillen Reserven erneut steuerlich verstrickt, sodass ein Eingriff in die besonders geschützte Vertrauensposition vorliegt.

Schließlich besteht auch dann besonders schutzwürdiges Vertrauen, wenn das Nichtanwendungsgesetz Sachverhalte erfasst, die in tatsächlicher Hinsicht bereits in gesteigertem Maße abgeschlossen waren.[962] Eine solche erhöhte Schutzbedürftigkeit unter dem Gesichtspunkt der „Gewährleistungsfunktion des geltenden Rechts“ kann insbesondere vorliegen, wenn dem Steuerpflichtigen bereits Leistungen zugeflossen[963] oder Ausgaben abgeflossen sind. Dabei kommt es nach zutreffender Ansicht auf den Zeitpunkt der Verkündung des Nichtanwendungsgesetzes an.[964] Die Gewährleistungsfunktion des Rechts wird

---

BVerfG, Beschluss v. 7.7.2010 – 2 BvR 748/05, 2 BvR 753/05, 2 BvR 1738/05, BVerfGE 127, 61, juris Rn. 53 f.

[960] BVerfG, Beschluss v. 7.7.2010 – 2 BvL 14/02, 2 BvL 2/04, 2 BvL 13/05, BVerfGE 127, 1, juris Rn. 66; BVerfG, Beschluss v. 7.7.2010 – 2 BvR 748/05, 2 BvR 753/05, 2 BvR 1738/05, BVerfGE 127, 61, juris Rn. 54; BFH, Urteil v. 13.4.2011 – X R 1/10, BFHE 233, 497 = BStBl II 2011, 915, juris Rn. 35; BFH, Urteil v. 23.10.2013 – X R 3/12, BFHE 243, 287 = BStBl II 2014, 58, juris Rn. 61 f.; BFH, Urteil v. 23.10.2013 – X R 33/10, BFHE 243, 332 = BStBl II 2014, 103, juris Rn. 51; BFH, Urteil v. 20.10.2016 – VIII R 10/13, BFHE 255, 537 = BStBl II 2017, 262, juris Rn. 10; BFH, Urteil v. 20.10.2016 – VIII R 42/13, BFH/NV 2017, 283, juris Rn. 12.

[961] BFH, Urteil v. 28.4.2010 – I R 81/09, BFHE 229, 252 = BStBl II 2014, 754, juris Rn. 22; BFH, Beschluss v. 19.5.2010 – I B 191/09, BFHE 229, 322 = BStBl II 2011, 156, juris Rn. 15; BFH, Urteil v. 9.12.2010 – I R 49/09, BFHE 232, 145 = BStBl II 2011, 482, juris Rn. 18; BFH, Urteil v. 24.8.2011 – I R 46/10, BFHE 234, 339 = BStBl II 2014, 764, juris Rn. 16.

[962] Vgl. im Einzelnen § 6 B. III. 2. b) cc).

[963] BVerfG, Beschluss v. 7.7.2010 – 2 BvL 1/03, 2 BvL 57/06, 2 BvL 58/06, BVerfGE 127, 31, juris Rn. 91; BVerfG, Beschluss v. 10.10.2012 – 1 BvL 6/07, BVerfGE 132, 302, juris Rn. 71; BVerfG, Urteil v. 10.4.2018 – 1 BvR 1236/11, juris Rn. 140; mit Zufluss erwirbt der Steuerpflichtige regelmäßig Eigentum; diese Veränderung seiner rechtlichen Position ist Ausdruck einer gesteigerten Abgeschlossenheit des tatsächlichen Sachverhalts; im Einzelnen mit weiteren Beispielen unter § 6 B. III. 2. b) cc).

[964] BVerfG, Beschluss v. 7.7.2010 – 2 BvL 1/03, 2 BvL 57/06, 2 BvL 58/06, BVerfGE 127, 31, juris Rn. 89; BFH, Vorlagebeschluss v. 7.12.2010 – IX R 70/07, BFHE 232, 2010, 121 = BStBl II 2011, 346, juris Rn. 34, 63; FG Münster, Beschluss v. 1.9.2011 – 9 K 5772, EFG 2011, 2182, juris Rn. 54; BFH, Beschluss v. 6.6.2013 – I R 38/11, BFHE 241, 530 = BStBl II 2014, 398, juris Rn. 50; BFH, Beschluss v. 27.11.2013 – I R 36/13, BFHE 245, 108 = BStBl II 2014, 651, juris Rn. 49; *Wernsmann*, in: HHSp., § 4 AO Rn. 770; *Desens*, StuW 2011, 113, 120; *Gelsheimer/Meyen*, DStR 2011, 193, 195; *Schönfeld/Häck*, DStR 2012, 1725, 1728; *Krüger*, DStZ 2013, 137, 141.; der erste Senat des Bundesverfassungsgerichts stellt demgegenüber auf den Zeitpunkt

beispielsweise in den Konstellationen beeinträchtigt, in denen die Neuregelung des § 11 Abs. 2 S. 3 EStG auch Vorauszahlungen von Erbbauzinsen erfasst, die bereits vor der Verkündung des Nichtanwendungsgesetzes geleistet wurden.[965] Der Steuerpflichtige hatte seine zivilrechtliche Position dann bereits aufgegeben und der Sachverhalt war deshalb in gesteigertem Maße abgeschlossen.

(2) Sonstige Gewichtungsmaßstäbe

Das Vertrauen des Steuerpflichtigen kann bei unecht rückwirkenden Nichtanwendungsgesetzen – ebenso wie bei solchen mit echter Rückwirkung[966] – zusätzlich danach gewichtet werden, inwieweit seine Auslegung des Gesetzes im Rückwirkungszeitraum in der fachgerichtlichen Rechtsprechung gestützt wurde. Weicht die Interpretation des Steuerpflichtigen von einer einheitlichen Rechtsprechung des Bundesfinanzhofs ab, so muss er eher damit rechnen, dass das Gesetz nicht wie von ihm gewünscht auszulegen ist, als wenn auch innerhalb der Fachgerichtsbarkeit unterschiedliche Interpretationen vertreten werden. Diese Gewichtung kann aber selbst dann nicht zu einem vollständigen Ausfall schutzwürdigen Vertrauens führen, wenn der Steuerpflichtige sich gegen eine bislang nicht ernsthaft in Zweifel gezogene ständige Rechtsprechung des Bundesfinanzhofs gewendet hat. Der Bundesfinanzhof wird eine solche Rechtsprechung nur dann aufgegeben haben, wenn gewichtige Gründe gegen die bisherige Auslegung sprachen. Dann kann das Vertrauen des Steuerpflichtigen in eine andere Auslegung nicht völlig schutzunwürdig sein.

Wegen der besonderen Bedeutung fachgerichtlicher Entscheidungen für die Schutzwürdigkeit des Vertrauens, ist der Steuerpflichtige ab dem Zeitpunkt besonders schutzwürdig, in dem der Bundesfinanzhof die vom Steuerpflichtigen unterstellte Auslegung des Gesetzes bestätigt hat. Werden auch Sachverhalte nach dieser bestätigenden Gerichtsentscheidung von einem unecht rückwirkenden Nichtanwendungsgesetz erfasst, müssen hierfür entsprechend stärkere Rechtfertigungsgründe vorliegen.

Dementsprechend verletzt die rückwirkende Anwendung von § 11 Abs. 2 S. 3 EStG auf vorausgezahlte Erbbauzinsen besonders schutzwürdiges Vertrauen, da es ständiger Rechtsprechung entsprach, dass Erbbauzinsen Nutzungsentgelte und damit grundsätzlich bei Abfluss als Werbungskosten abzugsfähig sind.[967]

des förmlichen Beginns des Gesetzgebungsverfahrens ab; BVerfG, Beschluss v. 10.10.2012 – 1 BvL 6/07, BVerfGE 132, 302, juris Rn. 65 ff.; BVerfG, Urteil v. 10.4.2018 – 1 BvR 1236/11, juris Rn. 157.

[965] Ebenso BFH, Vorlagebeschluss v. 7.12.2010 – IX R 70/07, BFHE 232, 2010, 121 = BStBl II 2011, 346, juris Rn. 34, 63; bestätigt durch BVerfG, Beschluss v. 25.3.2021 – 2 BvL 1/11, juris, juris Rn. 97; zu einer möglichen Rechtfertigung sogleich unter § 6 C. III. 3. c) cc).

[966] Siehe bereits im Detail unter § 6 C. III. 3. b) bb) (1).

[967] Vgl. nur BFH, Urteil v. 20.11.1980 – IV R 126/78, BFHE 132, 418 = BStBl II 1981, 398, juris Rn. 8 f.; BFH, Urteil v. 24.10.1990 – X R 43/89, BFHE 162, 425 = BStBl II 1991, 175, juris Rn. 10 ff.; BFH, Urteil v. 8.6.1994 – X R 51/91, BFHE 175, 76 = BStBl II 1994, 779, juris

Anders ist die Situation bei der durch § 50i Abs. 1 S. 1 EStG unecht rückwirkend angeordneten „Wiederverstrickung" der stillen Reserven, weil die Norm nicht nur an die spätere Entnahme oder Veräußerung anknüpft, sondern tatbestandlich schon die frühere Übertragung eines Wirtschaftsguts des Betriebsvermögens oder eines Anteils im Sinne von § 17 EStG voraussetzt. Sie erfasst damit (gestreckte) Sachverhalte, die nicht erst nach der korrigierten Gerichtsentscheidung, sondern bereits vorher begonnen wurden. Zudem wurde mit der Neuregelung lediglich die Rechtslage wiederhergestellt, die die Steuerpflichtigen ohnehin zur Basis ihrer Gestaltung gemacht hatten.[968]

Ebenso wie bei einer echten Rückwirkung sind schließlich die finanziellen Auswirkungen des Nichtanwendungsgesetzes für den Steuerpflichtigen bei der Gewichtung seines Vertrauensschutzes zu berücksichtigen: Hat der Steuerpflichtige im Vertrauen auf die gerichtlich bestätigte Auslegung finanziell weitreichende, schwer revidierbare Entscheidungen getroffen, so ist er in gesteigertem Maße schutzwürdig. Hat der Steuerpflichtige umgekehrt seine Dispositionen bewusst an der bisherigen Rechtslage vor der Gerichtsentscheidung ausgerichtet, kann er sich regelmäßig nicht darauf berufen, die nachträgliche Wiederherstellung dieser Rechtslage verletze schutzwürdiges Vertrauen in eine andere Auslegung des Gesetzes.

cc) Leitlinien für die Abwägung

Unabhängig davon, ob ein besonderer Vertrauensschutzmoment verwirklicht wurde oder nicht, gilt, dass eine Rechtfertigung über Kontinuitätserwägungen umso eher gelingt, je mehr mit dem Nichtanwendungsgesetz eine vormalige gesicherte Rechtslage wiederhergestellt wird. Das Interesse an Rechtskontinuität ist dann stark ausgeprägt, das Vertrauen des Steuerpflichtigen weniger schutzwürdig. Umgekehrt ist eine unechte Rückwirkung für Sachverhalte, die erst nach Veröffentlichung der korrigierten Gerichtsentscheidung begonnen wurden, in besonderem Maße rechtfertigungsbedürftig.

Liegt ein besonderer Vertrauensschutzmoment vor, so müssen die Änderungsinteressen des Gesetzgebers den Vertrauensschutz des Steuerpflichtigen im Rahmen einer strengen Verhältnismäßigkeitsprüfung überwiegen und der Gesetzgeber trägt die Abwägungslast. Eine Rechtfertigung im Hinblick auf die mit einem Nichtanwendungsgesetz gestärkte Rechtskontinuität ist danach möglich, der Rechtfertigungsdruck ist aber ähnlich hoch wie bei einer echten

---

Rn. 17 ff.; BFH, Urteil v. 27.7.1994 – X R 141/93, BFHE 175, 124 = BStBl II 1995, 111, juris Rn. 16 f.; BFH, Urteil v. 17.7.2001 – IX R 41/98, BFH/NV 2002, 18, juris Rn. 19; vgl. auch die Analyse bei BVerfG, Beschluss v. 25.3.2021 – 2 BvL 1/11, juris, juris Rn. 73 ff.

[968] Ebenso *von Brocke/Rottenmoser*, SteuK 2013, 419, 422; *Pohl*, IStR 2013, 699, 703; *Loschelder*, in: Schmidt, EStG, 38. Auflage 2019, § 50i Rn. 3; *Bodden*, in: Korn, EStG, § 50i Rn. 31.2; *Ettinger/Beuchert*, IWB 2014, 680, 685; *Gosch*, in: Kirchhof, EStG, 18. Auflage 2019, § 50i Rn. 4a; *Rehfeld*, in: HHR, § 50i EStG Rn. 5.

Rückwirkung. Berücksichtigt man darüber hinaus, dass Nichtanwendungsgesetze mit unechter Rückwirkung den Kontinuitätsinteressen grundsätzlich in geringerem Maße dienen, müssen für eine Rechtfertigung außergewöhnliche Umstände vorliegen. In Anlehnung an die bisher vom Bundesverfassungsgericht entschiedenen Konstellationen könnten solche Umstände beispielsweise gegeben sein, wenn die Entscheidung des Gerichts zu nicht einkalkulierten Steuerausfällen in besonderer Höhe führt[969] bzw. Steuergestaltungen mit entsprechender Wirkung ermöglicht.[970] In einer solchen Konstellation sind die Kontinuitätsinteressen des Staates durch die fiskalischen Ausfälle in besonderem Maße beeinträchtigt. Gleichzeitig werden außergewöhnliche Steuervorteile, die sich für einige Steuerpflichtige ergeben, regelmäßig zu einer gravierenden Beeinträchtigung der Wettbewerbsbedingungen führen, sodass auch die Kontinuitätsinteressen der Steuerpflichtigen berührt sind.
Danach erscheint eine Rechtfertigung der unechten Rückwirkung von § 50i Abs. 1 S. 1 EStG gerechtfertigt, weil das Vertrauen der Steuerpflichtigen, die gerade im Hinblick auf die bisherige Verwaltungsauffassung disponiert haben, weniger schutzwürdig ist und ohne eine korrigierende gesetzliche Regelung massive definitive Steuerausfälle drohen würden.[971] Bei der Neuregelung in § 11 Abs. 2 S. 3 EStG zur zeitlichen Verteilung von Vorauszahlungen sind demgegenüber keine besonderen Umstände erkennbar, die eine Rückwirkung rechtfertigen könnten[972] Der sofortige Abzug vorausgezahlter Erbbauzinsen mag im Einzelfall steuerlich günstiger sein als eine Verteilung, die steuerliche Belastung wird grundsätzlich aber nur zwischen verschiedenen Zeiträumen verschoben. Auch dass die Behandlung beim Leistenden von derjenigen beim Empfänger abweichen kann, wenn der Empfänger seinen Gewinn durch Bilanzierung ermittelt und die als Vorauszahlung erhaltenen Einnahmen auf die gesamte Dauer des Erbbaurechts verteilen muss, führt nicht zu Steuerausfällen, sondern ergibt sich unmittelbar aus der Systematik des Einkommensteuerrechts.

Wenn kein besonderer Vertrauensschutzmoment verwirklicht wurde, ist der Rechtfertigungsdruck für den Gesetzgeber geringer: Das Interesse an Rechtskontinuität und ggfs. weitere gesetzgeberische Erwägungen, die eine unechte Rückwirkung erforderlich machen, stehen dem schutzwürdigen Vertrauen des

---

[969] Vgl. BVerfG, Beschluss v. 7.7.2010 – 2 BvL 14/02, 2 BvL 2/04, 2 BvL 13/05, BVerfGE 127, 1, juris Rn. 76; BVerfG, Beschluss v. 7.7.2010 – 2 BvR 748/05, 2 BvR 753/05, 2 BvR 1738/05, BVerfGE 127, 61, juris Rn. 60; offen gelassen in BVerfG, Beschluss v. 7.7.2010 – 2 BvL 1/03, 2 BvL 57/06, 2 BvL 58/06, BVerfGE 127, 31, juris Rn. 82; vgl. auch schon BVerfG, Beschluss v. 5.2.2002 – 2 BvR 305/93, 2 BvR 348/93, BVerfGE 105, 17, juris Rn. 82.

[970] Vgl. BVerfG, Beschluss v. 7.7.2010 – 2 BvL 1/03, 2 BvL 57/06, 2 BvL 58/06, BVerfGE 127, 31, juris Rn. 92.

[971] Vgl. bereits unter § 6 C. III. 3. b) cc).

[972] Ebenso BFH, Vorlagebeschluss v. 7.12.2010 – IX R 70/07, BFHE 232, 2010, 121 = BStBl II 2011, 346, juris Rn. 58 ff.; bestätigt durch BVerfG, Beschluss v. 25.3.2021 – 2 BvL 1/11, juris, juris Rn. 85 ff.

Steuerpflichtigen in einer offenen Abwägung gegenüber; der Gesetzgeber trägt nicht die Abwägungslast. Insbesondere für Übergangsregelungen, die von einer Rechtslage zur anderen überleiten, hat der Gesetzgeber einen relativ weiten Gestaltungs- und Rechtfertigungsspielraum.

d) Vergleich mit den bisherigen Rechtfertigungsansätzen

Vergleicht man abschließend die nun gefundenen Abwägungslinien mit den bisherigen Rechtfertigungsansätzen in der Rechtsprechung des Bundesverfassungsgerichts und des Bundesfinanzhofs, so ergeben sich einige Parallelen, aber auch markante Unterschiede:

Bestätigen lässt sich zunächst die insbesondere mit dem KAGG-Beschluss etablierte Wertung, dass der Gesetzgeber nicht ohne weiteres rückwirkend eine umstrittene Rechtsfrage „klarstellend" regeln kann.[973] Eine solche Regelung dient nicht der Rechtskontinuität, weil schon eine gesicherte Rechtslage als Anknüpfungspunkt für eine kontinuierliche Regelung fehlt. Der Steuerpflichtige kann bis zu einer gerichtlichen Entscheidung grundsätzlich auf jede methodisch zulässige Interpretation des Gesetzes gleichermaßen vertrauen.

Umgekehrt kann eine bislang weitgehend anerkannte Rechtslage zur Stärkung der Rechtskontinuität grundsätzlich selbst mit echter Rückwirkung wiederhergestellt werden. Allerdings ist dies – anders als nach der bisherigen Rechtsprechung[974] – nicht uneingeschränkt möglich, weil das Vertrauen des Steuerpflichtigen in eine von der bisherigen Rechtspraxis abweichende Auslegung des Gesetzes nicht per se als schutzunwürdig eingestuft werden kann.[975] Das Vertrauen des Steuerpflichtigen ist insbesondere nicht deshalb weniger schutzwürdig, weil seine Gesetzesinterpretation von der Verwaltungspraxis abweicht. Umgekehrt macht die Bestätigung der Gesetzesinterpretation des Steuerpflichtigen durch den Bundesfinanzhof sein Vertrauen auch nicht nachträglich absolut schutzwürdig. Erforderlich ist vielmehr eine Abwägung im Einzelfall

[973] Vgl. nur BVerfG, Beschluss v. 2.5.2012 – 2 BvL 5/10, BVerfGE 131, 20, juris Rn. 68; BVerfG, Beschluss v. 17.12.2013 – 1 BvL 5/08, BVerfGE 135, 1, juris Rn. 52; BVerfG, Beschluss v. 12.11.2015 – 1 BvR 2961/14, 1 BvR 3051/14, NVwZ 2016, 300, juris Rn. 49; zu den dogmatischen Konsequenzen des KAGG-Beschlusses eingehend schon unter § 6 B. I. 2. c) cc).

[974] Vgl. im Einzelnen die Darstellung unter § 6 C. III. 1.

[975] So beispielsweise BVerfG, Beschluss v. 23.1.1990 – 1 BvL 4/87; 1 BvL 5/87; 1 BvL 6/87; 1 BvL 7/87, BVerfGE 81, 228, juris Rn. 34; BVerfG, Nichtannahmebeschluss v. 15.10.2008 – 1 BvR 1138/06, BVerfGK 14, 338, juris Rn. 15; BVerfG, Beschluss v. 12.5.2009 – 2 BvL 1/00, BVerfGE 123, 111, juris Rn. 47; BFH, Urteil v. 10.7.1986 – IV R 12/81, BFHE 147, 63 = BStBl II 1986, 811, juris Rn. 9; BFH, Beschluss v. 15.10.1991 – VIII B 168/90, juris, juris Rn. 23; BFH, Urteil v. 19.4.2012 – VI R 74/10, BFHE 237, 156 = BStBl II 2012, 577, juris Rn. 22; BFH, Urteil v. 12.11.2013 – VIII R 1/11, BFH/NV 2014, 830, juris Rn. 32 f.; BFH, Urteil v. 12.11.2013 – VIII R 36/10, BFHE 243, 506 = BStBl II 2014, 168, juris Rn. 30 f.; BFH, Urteil v. 10.2.2015 – IX R 6/14, BFH/NV 2015, 812, juris Rn. 20 f.; BFH, Urteil v. 18.6.2015 – VI R 31/14, BFHE 251, 147 = BStBl II 2016, 40, juris Rn. 16.

zwischen den Kontinuitätsinteressen der Steuerpflichtigen und des Staates, die mit einer Bestätigung der bisherigen Rechtslage durch den Bundesfinanzhof kalkuliert hatten, und dem Vertrauensschutz derjenigen Steuerpflichtigen, die gerade auf die nun vom Bundesfinanzhof bestätigte Auslegung vertrauten: Sowohl das Interesse an der Stärkung der Rechtskontinuität als auch die Schutzwürdigkeit des Vertrauens hängen davon ab, wie gesichert die bisherige Rechtslage war und welche quantitativen Folgen sich aus der veränderten Auslegung des Bundesfinanzhofs für einzelne Steuerpflichtige und den Fiskus ergeben. Selbst wenn danach ein rückwirkendes Nichtanwendungsgesetz zur Stärkung der Rechtskontinuität zulässig sein kann, wird häufig eine Differenzierung in zeitlicher und in persönlicher Hinsicht erforderlich sein.

In zeitlicher Hinsicht hat sich der Veröffentlichungszeitpunkt der mit dem Nichtanwendungsgesetz korrigierten Gerichtsentscheidung als wesentlicher Abgrenzungspunkt bestätigt. Allerdings bedarf es ab diesem Zeitpunkt nicht nur – wie nach der bisherigen Rechtsprechung[976] – einer anderen Begründung, um eine Rückwirkung rechtfertigen zu können. Vielmehr markiert die Veröffentlichung der Gerichtsentscheidung eine materielle Grenze, ab der die Rechtfertigungsanforderungen steigen: Das Interesse an Rechtskontinuität sinkt, die Schutzwürdigkeit des Vertrauens steigt. Dies gilt auch dann, wenn die Finanzverwaltung zeitnah eine gesetzliche Neuregelung ankündigt: Weil der Steuerpflichtige den weiteren Verlauf bei einem Nichtanwendungsgesetz genauso gut oder schlecht absehen kann wie bei jeder anderen Regelung, kann frühestens der Beginn des förmlichen Gesetzgebungsverfahrens, mit dem ein konkreter Gesetzesvorschlag öffentlich bekannt wird, die Schutzwürdigkeit des Vertrauens mindern.[977]

In persönlicher Hinsicht sind bei einer echten Rückwirkung all diejenigen Steuerpflichtigen besonders schutzwürdig, die ihre Rechtsansicht zumindest temporär nicht im Rahmen eines Einspruchs- oder Klageverfahrens durchsetzen konnten. Abhängig davon, wie stark die Rechtsverfolgung beeinträchtigt ist, kann es zum Schutz des individuellen Anspruchs auf effektiven Rechtsschutz insoweit angezeigt sein, zusätzliche Zins- und Gebührenbelastungen zu kompensieren oder sogar den persönlichen Anwendungsbereich des Nichtanwendungsgesetzes zu beschränken. Bei einer unechten Rückwirkung unterliegen all diejenigen Steuerpflichtigen einem verstärkten Schutz, die bereits einen besonderen Vertrauensschutzmoment verwirklicht haben. Die vom Bundesverfas-

[976] Vgl. §6 C. III. 1. b).

[977] So beispielsweise BVerfG, Beschluss v. 23.1.1990 – 1 BvL 4/87; 1 BvL 5/87; 1 BvL 6/87; 1 BvL 7/87, BVerfGE 81, 228, juris Rn. 34; BVerfG, Beschluss v. 2.5.2012 – 2 BvL 5/10, BVerfGE 131, 20, juris Rn. 86; BFH, Urteil v. 5.11.2013 – VIII R 22/12, BFHE 243, 486 = BStBl II 2014, 165, juris Rn. 18; BFH, Urteil v. 12.11.2013 – VIII R 36/10, BFHE 243, 506 = BStBl II 2014, 168, juris Rn. 32; BFH, Urteil v. 12.11.2013 – VIII R 1/11, BFH/NV 2014, 830, juris Rn. 34; BFH, Urteil v. 24.6.2014 – VIII R 29/12, BFHE 246, 306 = BStBl II 2014, 998, juris Rn. 23; BFH, Urteil v. 15.4.2015 – VIII R 30/13, juris, juris Rn. 37.

sungsgericht herausgebildeten[978] und vom Bundesfinanzhof in ständiger Rechtsprechung angewendeten[979] Kategorien der verbindlichen Disposition, der konkret verfestigten Vermögensposition sowie der Gewährleistungsfunktion des Rechts führen auch bei unecht rückwirkenden Nichtanwendungsgesetzen zu einem erhöhten Schutzniveau.

D. Fazit

Rückwirkende Nichtanwendungsgesetze heben ihren Vergangenheitsbezug regelmäßig ausdrücklich hervor und sind damit formal rückwirkend. Abgesehen von den seltenen begünstigenden rückwirkenden Nichtanwendungsgesetzen ist regelmäßig auch der materielle Rückwirkungsbegriff erfüllt. Zwar werden Nichtanwendungsgesetze in den Gesetzgebungsmaterialien häufig als „bloß redaktionelle" Änderungen oder „Klarstellungen" bezeichnet.[980] Da mit der gesetzlichen Neuregelung aber gerade die bisherige fachgerichtliche Auslegung unmöglich gemacht wird, liegen konstitutive und nicht bloß deklaratorische Regelungen vor, sodass der Anwendungsbereich des Rückwirkungsverbots eröffnet ist.

Nichtanwendungsgesetze können sowohl echte als auch unechte Rückwirkung entfalten. Da die meisten Nichtanwendungsgesetze periodisch veranlagte Steuern betreffen, erfolgt die Abgrenzung zwischen den verschiedenen Rückwirkungsarten nach der Veranlagungszeitraum-Rechtsprechung. Eine echte Rückwirkung liegt vor, wenn das Gesetz sich auch auf Veranlagungszeiträume erstreckt, die bei der Verkündung des Gesetzes bereits abgeschlossen waren. Knüpft das Nichtanwendungsgesetz hingegen zwar an vor der Verkündung begonnene Sachverhalte an, erhöht aber nur die steuerliche Belastung für den laufenden oder folgende Veranlagungszeiträume, so liegt nur eine unechte Rückwirkung vor.

In der bisherigen Rechtsprechung des Bundesverfassungsgerichts und des Bundesfinanzhofs finden sich verschiedene Entscheidungen, die konservierende Nichtanwendungsgesetze – also solche mit denen der Gesetzgeber an die Rechtslage vor der korrigierten fachgerichtlichen Entscheidung anknüpfen will – als verfassungskonform einstufen. Die Gerichte argumentieren dabei ausschließlich mit Blick auf die Schutzwürdigkeit des beeinträchtigten Vertrauens: Vor Verkündung der Gerichtsentscheidung könne nicht schutzwürdig auf eine

[978] Vgl. insbesondere BVerfG, Beschluss v. 7.7.2010 – 2 BvL 14/02, 2 BvL 2/04, 2 BvL 13/05, BVerfGE 127, 1; BVerfG, Beschluss v. 7.7.2010 – 2 BvL 1/03, 2 BvL 57/06, 2 BvL 58/06, BVerfGE 127, 31; BVerfG, Beschluss v. 7.7.2010 – 2 BvR 748/05, 2 BvR 753/05, 2 BvR 1738/05, BVerfGE 127, 61.

[979] Vgl. die Darstellung der BFH-Rechtsprechung unter §6 B. III. 2. b).

[980] Vgl. die Nachweise in Fn. 655.

von einer allgemeinen Rechtspraxis abweichende Auslegung des Gesetzes vertraut werden. Auch nach der Entscheidung könne sich zumindest dann kein schutzwürdiges Vertrauen bilden, wenn die Auslegung des Gerichts von den zuständigen Verwaltungsbehörden oder Instanzgerichten kritisiert wird und unverzüglich eine gesetzliche Neuregelung angekündigt werde. Das Bundesverfassungsgericht und verschiedene Senate des Bundesfinanzhofs machen durch Verweise auf die entsprechenden Leitentscheidungen deutlich, dass sie diese Argumentationsfiguren weiterhin aufrechterhalten wollen.

Allerdings ist die bisher entwickelte Argumentation kaum vereinbar mit jüngeren Entwicklungen in der Rückwirkungsdogmatik des Bundesverfassungsgerichts. Es lässt sich nicht schlüssig begründen, warum der Steuerpflichtige einerseits nicht auf eine Gesetzesauslegung entgegen der höchstrichterlichen Rechtsprechung vertrauen können soll, andererseits aber eine höchstrichterliche Entscheidung zu seinen Gunsten auch kein schutzwürdiges Vertrauen schafft. Wenn das Bundesverfassungsgericht insoweit damit argumentiert, dass sich die höchstrichterliche Rechtsprechung erneut ändern könnte, vertauscht es im Ergebnis die Vertrauensgrundlagen zulasten des Steuerpflichtigen, der bei der Rückwirkung von Gesetzen auf die Beständigkeit des Gesetzes und nicht auf die Beständigkeit von dessen Auslegung vertraut. Die Argumentation des Gerichts droht zudem in Fällen mit echter Rückwirkung den individuellen Anspruch auf effektiven Rechtsschutz von all denjenigen Steuerpflichtigen zu unterlaufen, die mit Blick auf ein anhängiges Musterverfahren zumindest temporär an der Durchsetzung ihres Rechtsbehelfsverfahrens gehindert waren.

Rückt man hingegen die mit einem rückwirkenden Nichtanwendungsgesetz verfolgten gesetzgeberischen Interessen in den Mittelpunkt und betrachtet dabei die Stärkung der Rechtskontinuität als Rechtfertigungsgrund, so lassen sich die Zulässigkeitsgrenzen für rückwirkende Nichtanwendungsgesetze rekonstruieren und präzisieren: Nichtanwendungsgesetze sind desto eher zulässig, je mehr sie eine gesicherte Rechtslage wiederherstellen und je größer die quantitativen Auswirkungen der korrigierten Gerichtsentscheidung waren. Dabei kann allerdings sowohl in zeitlicher als auch in persönlicher Hinsicht eine differenzierte Betrachtung erforderlich sein. In zeitlicher Hinsicht verdienen Sachverhalte, die erst nach der Verkündung der Gerichtsentscheidung begonnen bzw. verwirklicht werden, besonderen Schutz. In persönlicher Hinsicht müssen bei einer echten Rückwirkung solche Steuerpflichtige, deren individueller Anspruch auf effektiven Rechtsschutz beeinträchtigt wurde, und bei einer unechten Rückwirkung solche Steuerpflichtige, die bereits einen besonderen Vertrauensschutzmoment verwirklicht haben, gesondert betrachtet werden. Im Vergleich zu den bisherigen Rechtsprechungslinien und zu Alternativkonzepten in der Literatur werden dadurch kategorische Zulässigkeitsentscheidungen durch eine differenziertere Abwägung im Einzelfall ersetzt.

Der Begriff des Nichtanwendungsgesetzes[981] erfüllt im Kontext des Rückwirkungsverbots eine Ordnungsfunktion, weil Nichtanwendungsgesetze stets konstitutive Regelungen sind und mithin eine Rechtfertigungslast des Gesetzgebers für die zeitliche Anwendung begründen. Durch seine Parallelität zum Nichtanwendungserlass lenkt er zudem die Aufmerksamkeit auf den wechselseitig verstärkenden Effekt, der sich ergibt, wenn einem echt rückwirkenden Nichtanwendungsgesetz ein konkludenter oder ausdrücklicher Nichtanwendungserlass vorangeht: Die mögliche Beeinträchtigung des individuellen Anspruchs auf effektiven Rechtsschutz ist zugunsten des Steuerpflichtigen an der Seite des Vertrauensschutzes in die Abwägung mit den gesetzgeberischen Änderungsinteressen einzustellen. Mit dem Begriff der konservierenden Nichtanwendungsgesetze lässt sich darüber hinaus dem besonderen Interesse an der Wahrung von Rechtskontinuität Ausdruck verleihen. Im Kontext rückwirkender und insbesondere echt rückwirkender Gesetze erscheint der Begriff damit nicht pejorativ.[982]

[981] Siehe zur Begriffsbildung im Detail unter §2 A.

[982] Siehe demgegenüber zu Bedenken hinsichtlich der Begriffsbildung für Nichtanwendungsgesetze mit Wirkung *pro futuro* §4 D. und §5 D.

§ 7 Schlussbemerkungen

Die Ergebnisse der verfassungsrechtlichen Analyse mahnen zur terminologischen Präzisierung: Der Begriff des Nichtanwendungsgesetzes suggeriert eine gesetzgeberische Rechtfertigungslast,[1] die bei legislativen Maßnahmen mit Wirkung *pro futuro* tatsächlich nicht besteht.[2] Die höchstrichterliche Entscheidung mag zwar der Anlass für den Gesetzgeber sein, sich mit einem Sachproblem auseinanderzusetzen und dieses einer (angepassten) gesetzlichen Lösung zuzuführen. Es steht ihm dabei aber frei, die Normauslegung des Gerichts für zukünftige Fälle unmöglich zu machen. Insbesondere kann er sich bei der gesetzlichen Neuregelung auch an einer bisherigen Verwaltungspraxis oder einer früheren Rechtsprechungslinie orientieren. Zur Illustration dieses Ergebnisses kann der Blick zurück auf das in der Einleitung dargestellte[3] Beispiel der steuerlichen Behandlung von Erstausbildungskosten gelenkt werden: Der zweite Senat des Bundesverfassungsgerichts ist in seiner jüngsten Entscheidung zur Verfassungskonformität dieser Regelungen[4] zu Recht gar nicht darauf eingegangen, dass der Gesetzgeber im Wesentlichen die frühere Rechtslage wiederhergestellt und einen Rechtsprechungswechsel des Bundesfinanzhofs auf dem Gesetzeswege korrigiert hat.

Die Entstehungsgeschichte konnte der zweite Senat aber nur deshalb außer Acht lassen, weil er eine mögliche Verletzung des Rückwirkungsverbots durch die Anwendung der Abzugsverbote auch für bereits abgeschlossene Veranlagungszeiträume ausdrücklich offen ließ.[5] Im Kontext rückwirkender Gesetze hat der Begriff des Nichtanwendungsgesetzes eine Ordnungsfunktion und deutet auf die besondere Gefährdungslage für den individuellen Anspruch des Steuerpflichtigen auf effektiven Rechtsschutz durch das Zusammenwirken exekutiver und legislativer Reaktionen auf eine höchstrichterliche Entscheidung hin.[6] Der Begriff sollte mithin nicht vollständig verworfen, sondern in seinem Anwendungsbereich auf rückwirkende Gesetze beschränkt werden.

Auch bei rückwirkenden Nichtanwendungsgesetzen kann der Gesetzgeber seine Rechtfertigungslast erfüllen. Gerade wenn sich die gesetzliche Neurege-

---

[1] Siehe zur Begriffsbildung unter § 2 A.

[2] Siehe nur unter § 4 D. und § 5 D.

[3] Siehe im Detail unter § 1 A.

[4] BVerfG, Beschluss v. 19.11.2019 – 2 BvL 22–27/14, DStR 2020, 93.

[5] BVerfG, Beschluss v. 19.11.2019 – 2 BvL 22–27/14, DStR 2020, 93, juris Rn. 92.

[6] Siehe unter § 6 D.

lung – wie im Beispiel der Abzugsverbote für Erstausbildungskosten – an einer früheren Rechtslage orientiert, trägt sie zur Wahrung der Rechtskontinuität bei und dient damit einem schutzwürdigen Allgemeininteresse.[7] Konservierende Nichtanwendungsgesetze können einen Ausgleich zwischen Kontinuitätsschutz, Vertrauensschutz und effektivem Rechtsschutz schaffen und das Risiko einer sprunghaften Veränderung der Rechtslage zwischen verschiedenen Gruppen von Steuerpflichtigen und dem Fiskus verteilen.

In welchem Umfang dieser (Risiko-)Ausgleich durch den Gesetzgeber vorgenommen werden muss und darf, hängt maßgeblich auch vom Verhalten der anderen Staatsgewalten ab: Insoweit die Fachgerichte Kontinuitätsbrüche durch eine weitgehend stetige Rechtsprechung vermeiden,[8] besteht schon kein Anlass für gesetzgeberischen Kontinuitätsschutz. Erklärt die Finanzverwaltung eine Entscheidung in einem Musterverfahren zeitnah für allgemein anwendbar, ist die Gefahr deutlich geringer, dass ein folgendes rückwirkendes Nichtanwendungsgesetz den Anspruch der Steuerpflichtigen auf effektiven Rechtsschutz verletzt.[9] Diese wechselseitigen Verknüpfungen zeigen auch rechtspolitische Alternativen für einen Interessenausgleich auf: So könnten beispielsweise die finanziellen Folgen einer langfristigen Verfahrensunterbrechung dadurch abgemildert werden, dass Zinsfestsetzungen infolge einer rückwirkenden Gesetzesänderung gesetzlich ausgeschlossen werden. Dann würde ein rückwirkendes Nichtanwendungsgesetz den Anspruch auf effektiven Rechtsschutz in geringerem Maße beeinträchtigen. Sollten die Gerichte verstärkt dazu übergehen, die Wirkungen ihrer Entscheidungen bei einem Rechtsprechungswechsel nur auf zukünftige Fälle zu erstrecken, würde dies umgekehrt das Bedürfnis für legislativen Kontinuitätsschutz durch Nichtanwendungsgesetze verringern. Gleiches gilt, wenn die Rechtskontinuität im Verwaltungsverfahren[10] gestärkt wird. Vorstellbar wäre beispielsweise, dass verbindliche Auskünfte auch Bindungswirkung zulasten der Steuerpflichtigen entfalten oder es Steuerpflichtigen und Fiskus erlaubt wird, sich auf eine verbindliche rechtliche Behandlung eines Sachverhalts zu verständigen.

Das im Rahmen dieser Arbeit entwickelte Rechtfertigungsmodell[11] ist flexibel genug, um diese wechselseitigen Verknüpfungen und sich verändernde Rahmenbedingungen aufzunehmen und abzubilden. Rückwirkende Nichtanwendungsgesetze werden danach entsprechend ihrer funktionalen Stellung beurteilt. Sie bilden nicht mehr und nicht weniger als ein legislatives Gestaltungsinstrument, um in einer insgesamt auf Rechtskontinuität angewiesenen und nach Rechtskontinuität strebenden Teilrechtsordnung einen umfassenden Interessenausgleich im jeweiligen Einzelfall zu ermöglichen.

---

[7] Siehe unter § 3 A.
[8] Siehe unter § 3 B.
[9] Siehe unter § 5 C.
[10] Siehe unter § 3 C.
[11] Siehe unter § 6 C. III. 3.

§ 8 Ergebnisse der Arbeit

1. Als Nichtanwendungsgesetz werden im Steuerrecht Gesetze bezeichnet, mit denen der Gesetzgeber auf eine fachgerichtliche Entscheidung reagiert und durch Anpassung des Gesetzeswortlauts verhindert, dass die Entscheidungsgrundsätze auf Parallelfälle übertragen werden.[1] Derartige Gesetze prägen das deutsche Ertragsteuerrecht.[2] Erste historische Beispiele lassen sich bereits für die Weimarer Republik nachweisen. In der Bundesrepublik werden Nichtanwendungsgesetze regelmäßig erlassen. Zentrale Normen des deutschen Ertragsteuerrechts gehen auf Nichtanwendungsgesetze zurück oder wurden maßgeblich durch Nichtanwendungsgesetze verändert. Zwar korrigiert der Gesetzgeber auch in anderen Rechtsbereichen höchstrichterliche Entscheidungen, anders als im Steuerrecht handelt es sich dabei aber um Ausnahmefälle.[3] Auch die wissenschaftliche Kritik an Nichtanwendungsgesetzen ist vor allem eine steuerrechtliche.[4]

2. Dass Nichtanwendungsgesetze gerade im Steuerrecht besonders verbreitet sind und ihre verfassungsrechtliche Zulässigkeit vor allem im steuerrechtlichen Schrifttum diskutiert wird, lässt sich aus den Besonderheiten der steuerlichen Gewaltenteilung erklären.[5] In weiten Teilen fehlen verfassungs- und unionsrechtliche Vorgaben für die Ausgestaltung des Steuerrechts.[6] Zwar muss der Gesetzgeber unions- und verfassungsrechtliche Diskriminierungsverbote beachten, dies belässt ihm aber gleichwohl einen weitgehenden Ausgestaltungsspielraum. Dieser Gestaltungsspielraum wird insbesondere genutzt, um Steuergesetze als wirtschaftliche Lenkungsnormen mit positiver oder negativer Anreizwirkung einzusetzen. Das deutsche Ertragsteuerrecht hat sich dadurch zu einer hochkomplexen Materie entwickelt. Die einschlägigen Regelungen finden sich nicht in einer einzigen Kodifikation, sondern verteilt auf verschiedene Gesetze, die teils alternativ, teils kumulativ Anwendung finden. Auch die einzelnen Vorschriften sind durch die Verwendung unbestimmter Rechtsbegriffen, Querverweisen, Ausnahmen und Rückausnahmen komplex und streitanfällig.

---

[1] Siehe im Einzelnen § 2 A.
[2] Siehe im Einzelnen § 2 B. I.
[3] Siehe im Einzelnen § 2 B. II.
[4] Siehe im Einzelnen § 2 D. III. und IV.
[5] Siehe im Einzelnen § 2 B. III.
[6] Siehe im Einzelnen § 2 B. III. 1.

Auf externe Regelungsanlässe reagiert der Gesetzgeber häufig mit punktuellen und nicht mit systematischen Korrekturen, was die Komplexität abermals erhöht. Nichtanwendungsgesetze sind ein Beispiel für ein solches punktuelles Vorgehen infolge einer höchstrichterlichen Entscheidung zur Auslegung einer steuerrechtlichen Norm.

3. Die komplexen Gesetze müssen jedes Jahr in mehreren Millionen Einzelfällen zur Anwendung gebracht werden. Die Verwaltungspraxis wird dazu durch Richtlinien und Hinweise weitgehend koordiniert, wobei dem Bundesministerium für Finanzen eine zentrale Rolle zukommt.[7] Zugleich nimmt das Bundesministerium der Finanzen Einfluss auf den Steuergesetzgebungsprozess, indem es bei der Entwicklung von Gesetzesentwürfen maßgeblich mitwirkt.

4. Wegen der weitgehenden Vereinheitlichung der Rechtsanwendung durch Verwaltungsrichtlinien und -hinweise kommt finanzgerichtlichen Entscheidungen regelmäßig Wirkung über den entschiedenen Einzelfall hinaus zu.[8] Zwar bindet die Entscheidung nur die Verfahrensbeteiligten (§ 110 Abs. 1 Nr. 1 FGO) unmittelbar. Zugleich wird mit der Entscheidung aber eine Verwaltungspraxis entweder gerichtlich bestätigt oder verworfen, sodass die Entscheidung auch für Parallelfälle, in denen sich die gleiche Auslegungsfrage stellt, relevant ist. Dies gilt insbesondere für Entscheidungen des Bundesfinanzhofs, dessen Aufgabe an der Spitze des finanzgerichtlichen Instanzenzugs vor allem in der Vereinheitlichung der Rechtsprechung liegt. Seine Entscheidungen werden zu Präjudizien, die weit über den entschiedenen Einzelfall hinaus Beachtung finden. Das steuerrechtliche Verfahrensrecht hält mit der Möglichkeit zur vorläufigen Steuerfestsetzung nach § 165 Abs. 1 S. 2 Nr. 4 AO, der Zwangsruhe für Einspruchsverfahren nach § 363 Abs. 2 S. 2 AO, der Möglichkeit zur Verfahrensruhe für finanzgerichtliche Klageverfahren nach § 155 S. 1 FGO i. V. m. § 251 S. 1 ZPO sowie dem verstärkten Bestandsschutz im Falle einer Rechtsprechungsänderung nach § 176 Abs. 1 S. 1 Nr. 3 AO verschiedene Instrumente bereit, die auf dieser präjudiziellen Wirkung von Entscheidungen des Bundesfinanzhofs aufbauen.

5. Obwohl Einigkeit über die faktische Relevanz höchstrichterlicher Entscheidungen besteht, ist im Steuerrecht und darüber hinaus umstritten, worauf diese präjudizielle Wirkung zurückzuführen ist.[9] Während die immer noch herrschende Meinung eine rein faktische Wirkung annimmt, sprechen die besseren Gründe für ein normatives Verständnis. Gerichte und Behörden sind zwar über den entschiedenen Einzelfall nicht an eine höchstrichterliche Entscheidung gebunden. Sie sind aber verfassungsrechtlich verpflichtet, sich mit einschlägigen Präjudizien auseinander zu setzen und nur aus sachlichen Gründen von ihnen abzuweichen. Für ein solches normatives Verständnis sprechen die verfassungs-

---

[7] Siehe im Einzelnen § 2 B. III. 2.
[8] Siehe im Einzelnen § 2 B. III. 3. a).
[9] Siehe im Einzelnen § 2 B. III. 3. b).

rechtlichen Absicherungen für eine einheitliche Rechtsprechung (Art. 95 Abs. 1, 3 GG) sowie deren verfahrensrechtliche Ausformungen. Auch die zunehmende Erkenntnis, dass richterliche Tätigkeit stets einen rechtsschöpfenden Anteil enthält sowie die Rechtsprechung des Bundesverfassungsgerichts, nach der eine willkürliche Abweichung von höchstrichterlichen Präjudizien nicht mit Art. 3 Abs. 1 GG vereinbar ist, bestätigen diese These. Eine normative Berücksichtigungs- und Argumentationspflicht steht auch nicht in Konflikt mit dem Gebot der richterlichen Unabhängigkeit (Art. 97 GG).

6. Die Finanzverwaltung dokumentiert die präjudizielle Wirkungen höchstrichterlicher Entscheidungen regelmäßig dadurch, dass sie Entscheidungen des Bundesfinanzhofs im Bundessteuerblatt II veröffentlicht und dadurch für allgemein anwendbar erklärt.[10] Allerdings versucht die Finanzverwaltung vereinzelt auch, präjudizielle Entscheidungen zu vermeiden, indem sie der Klage durch eine Änderung des Steuerbescheids zugunsten des Steuerpflichtigen abhilft und dadurch die Einstellung des entsprechenden Verfahrens erzwingt (Nichtanwendungsprophylaxe).[11] Außerdem werden Entscheidungen des Bundesfinanzhofs teils erst mit erheblicher Verzögerung oder gar nicht im Bundessteuerblatt II veröffentlicht (konkludenter Nichtanwendungserlass) oder ausdrücklich mit einem Nichtanwendungserlass belegt, der eine Anwendung der Entscheidungsgrundsätze auf den entschiedenen Einzelfall begrenzt.[12] Dieses Vorgehen der Finanzverwaltung ist nicht per se verfassungswidrig, setzt aber voraus, dass die abweichende Behandlung einzelner Fälle sachlich begründet werden kann. Nichtanwendungsgesetze lassen sich systematisch als weiteres Instrument zur Überwindung der präjudiziellen Wirkung begreifen.[13] Treffen Nichtanwendungsgesetze mit Nichtanwendungsprophylaxe oder Nichtanwendungserlassen zusammen, verstärken sich die Instrumente in ihrer Wirkungsweise wechselseitig.

7. Neben seiner Komplexität zeichnet sich das deutsche Ertragsteuerrecht durch seine Unbeständigkeit aus.[14] Die gesetzlichen Grundlagen werden mit hoher Frequenz reformiert, was wiederum Änderungen in der finanzgerichtlichen Rechtsprechung nach sich zieht. Im einzelnen Steuerrechtsverhältnis führen die weitreichenden Änderungsmöglichkeiten insbesondere bei vorläufigen Steuerfestsetzungen oder Steuerfestsetzungen unter dem Vorbehalt der Nachprüfung zu Unbeständigkeit. Entscheidungen des Bundesfinanzhofs tragen schließlich zur Unbeständigkeit bei, wenn sie von einer bislang weithin anerkannten Rechtspraxis abweichen oder der Bundesfinanzhof eine bisherige Rechtsprechungslinie aufgibt. Am Beispiel von Nichtanwendungsgesetzen

[10] Siehe im Einzelnen § 2 B. III. 4. a).
[11] Siehe im Einzelnen § 2 B. III. 4. b).
[12] Siehe im Einzelnen § 2 B. III. 4. c).
[13] Siehe im Einzelnen § 2 B. III. 4. d).
[14] Siehe im Einzelnen § 2 B. IV.

lässt sich exemplarisch zeigen, dass die Phänomene der Komplexität und der Unbeständigkeit wechselseitig miteinander verknüpft sind: Komplexe rechtliche Zusammenhänge führen dazu, dass Normen von der Finanzgerichtsbarkeit anders ausgelegt werden als dies vom Gesetzgeber (und ggfs. einem Teil der Rechtspraxis, insbesondere der Finanzverwaltung) antizipiert wurde. Der Gesetzgeber reagiert dann auf die gerichtliche Entscheidung mit einem Nichtanwendungsgesetz, das abermals Anpassungsbedarf bei Steuerpflichtigen, Finanzverwaltung und -gerichtsbarkeit nach sich zieht und nicht selten neue Auslegungsfragen aufwirft. Gleichzeitig bergen Nichtanwendungsgesetze aber auch zumindest das Potential, die Rechtslage zu vereinfachen und zu verstetigen, insbesondere wenn sie eine bislang weithin anerkannte Rechtslage wiederherstellen (konservierende Nichtanwendungsgesetze).

8. Nichtanwendungsgesetze unterscheiden sich von sonstigen Reformgesetzen durch ihren spezifischen Zusammenhang zwischen der bisherigen Rechtsprechung und der gesetzlichen Neuregelung: Das Gesetz wird geändert, um die gerichtliche Normauslegung zu korrigieren. Oftmals wird dieser Zusammenhang in den Gesetzgebungsmaterialien offengelegt. Man kann dann von einem *ausdrücklichen Nichtanwendungsgesetz* sprechen. Der Zusammenhang kann sich aber auch aus einem engen zeitlichen Zusammenhang zwischen gerichtlicher Entscheidung und gesetzlicher Neuregelung ergeben, insbesondere wenn gleichsam vorbereitend ein Nichtanwendungserlass der Finanzverwaltung ergeht. Schließlich lässt sich der spezifische Zusammenhang materiellrechtlich daran festmachen, dass ein Nichtanwendungsgesetz regelmäßig an der Begründung des Gerichts ansetzt und dieser den argumentativen Boden entzieht.[15] Rückwirkende Nichtanwendungsgesetze werden oft als „klarstellende Gesetze" oder „authentische Interpretationen" bezeichnet.[16] Damit wird zu Unrecht suggeriert, dass die rückwirkende Anwendung keiner weiteren Rechtfertigung bedürfe. Zur begrifflichen Klarheit tragen die Bezeichnungen aber nicht bei.

9. Nichtanwendungsgesetze lassen sich nach ihrer Belastungswirkung in *begünstigende, neutrale* und *belastende Nichtanwendungsgesetze* unterteilen, wobei der weit überwiegende Teil der Nichtanwendungsgesetze belastende Wirkung hat.[17] Nach ihrer zeitlichen Wirkung lassen sich *Nichtanwendungsgesetze mit Wirkung pro futuro* und *rückwirkende Nichtanwendungsgesetze* unterscheiden.[18] Nach ihrer materiellrechtlichen Beziehung zur korrigierten Gerichtsentscheidung kann man zwischen *punktuellen Nichtanwendungsgesetzen*, die die gerichtliche Normauslegung nur partiell korrigieren, und *umfassenden Nichtanwendungsgesetzen*, die die Entscheidung vollständig außerkraftsetzen,

[15] Siehe im Einzelnen § 2 C. I.
[16] Siehe im Einzelnen § 2 C. II.
[17] Siehe im Einzelnen § 2 C. III.
[18] Siehe im Einzelnen § 2 C. IV.

differenzieren. Ein besonderer Typ eines umfassenden Nichtanwendungsgesetzes ist das *konservierende Nichtanwendungsgesetz,* mit dem der Gesetzgeber eine vor der korrigierten Entscheidung bestehende Rechtslage wiederherstellt.[19] Dies ist insbesondere der Fall, wenn das Nichtanwendungsgesetz einen Rechtsprechungswechsel korrigiert. Ein konservierendes Nichtanwendungsgesetz liegt aber auch vor, wenn der Gesetzgeber an eine bis zur Entscheidung des Bundesfinanzhofs weitgehend anerkannte Verwaltungsauffassung anknüpft.

10. In der Diskussion um die verfassungsrechtliche Zulässigkeit von Nichtanwendungsgesetzen lassen sich drei wesentliche Argumentationsstränge ausmachen. Zum einen wird vor allem in der steuerrechtlichen Literatur[20] eine Verletzung des Grundsatzes der Gewaltenteilung diskutiert. Zum einen könnte der Gesetzgeber mit der Überschreibung einer fachgerichtlichen Entscheidung in den Kernbereich der Judikative eingreifen. Zum anderen zeige sich gerade bei Nichtanwendungsgesetzen ein zu weitgehender Einfluss der Exekutive im Gesetzgebungsverfahren. Beide Kritikpunkte werden sowohl als Verletzung eines Kernbereichs der anderen Gewalt als auch als Verstoß einer zwischen den Gewalten bestehenden Rücksichtnahme- oder Loyalitätspflicht diskutiert. Im neueren steuerrechtlichen Schrifttum wird zudem die Vereinbarkeit von Nichtanwendungsgesetzen mit dem Gebot effektiven Rechtsschutzes in Frage gestellt. Diese beiden Argumentationsstränge finden sich in Stellungnahmen aus anderen Rechtsbereichen kaum, insbesondere ein Verstoß gegen den Gewaltenteilungsgrundsatz wird regelmäßig verneint.[21] Einigkeit besteht in der wissenschaftlichen Diskussion hingegen darüber, dass das Rückwirkungsverbot eine verfassungsrechtliche Grenze für Nichtanwendungsgesetze darstellt. Die obersten Bundesgerichte[22] und das Bundesverfassungsgericht[23] haben die Argumentationsstränge bislang nicht vollumfänglich aufgegriffen: Zur Vereinbarkeit von Nichtanwendungsgesetzen mit dem Rückwirkungsverbot bestehen spezifische Rechtsprechungslinien. Mögliche Verstöße gegen den Grundsatz der Gewaltenteilung und das Gebot effektiven Rechtsschutzes wurden nur in einzelnen Entscheidungen und nicht in allen denkbaren Konstellationen thematisiert.

11. Im Steuerrecht besteht ein besonderes Interesse an Rechtskontinuität. Für den Steuerpflichtigen bedeutet Rechtskontinuität vor allem Steuerplanungssicherheit. Die Steuerrechtslage ist Grundlage für seine betriebswirtschaftlichen Entscheidungen. Da das Ertragsteuerrecht nicht entscheidungsneutral ist, müssen die steuerlichen Folgen bei der Entscheidungsfindung einbezogen und – insoweit dies möglich ist – bewusst gestaltet werden, um ökonomisch op-

---

[19] Siehe im Einzelnen § 2 C. V.
[20] Siehe im Einzelnen § 2 D. IV.
[21] Siehe im Einzelnen § 2 D. III.
[22] Siehe im Einzelnen § 2 D. II.
[23] Siehe im Einzelnen § 2 D. I.

timale Entscheidungen zu treffen.[24] Steuerplanung in diesem Sinne setzt eine verlässliche und damit insbesondere beständige Planungsgrundlage voraus.[25] Zwar können ungewisse Entwicklungen in gewissem Umfang durch eine flexiblere Planung bei der Entscheidungsfindung eingepreist werden, insbesondere grundlegende Umgestaltungen der Steuerrechtslage lassen sich aber kaum antizipieren.[26] Der Steuerpflichtige hat darüber hinaus ein Interesse an Rechtskontinuität, weil nur eine kontinuierliche Rechtslage zu fairen Wettbewerbsbedingungen zwischen verschiedenen Steuerpflichtigen führt. Fehlende Steuerplanungssicherheit kann ähnliche Wirkungen entfalten wie eine direkte oder indirekte Steuersubvention.[27]

12. Für den Staat sichert Kontinuität im Steuerrecht zunächst eine verlässliche Finanzierungsbasis. Steuern bilden die Haupteinnahmequelle des modernen Staates, weil sie weitgehend flexibel erhoben und zur Finanzierung beliebiger Aufgaben verwendet werden können. Eine kontinuierliche Rechtsentwicklung ist Voraussetzung für verlässliche Steuerschätzungen und eine darauf aufbauende staatliche Haushaltsplanung.[28] In gravierendem Maße ist diese Fiskalplanung beeinträchtigt, wenn sich die Rechtslage rückwirkend zugunsten der Steuerpflichtigen ändert und dadurch fest eingeplante Steuereinnahmen ausfallen. Solche „überraschenden" Einnahmeausfälle drohen insbesondere durch Entscheidungen des Bundesfinanzhofs.[29] Eine kontinuierliche Steuerrechtslage steigert darüber hinaus die Steuermoral,[30] betriebliche Investitionen,[31] die Effizienz der Steuerverwaltung[32] sowie die Attraktivität Deutschlands als Investitionsstandort.[33]

13. Ausgehend vom allgemeinen Sprachgebrauch[34] umschreibt Rechtskontinuität einen zeitlichen Zusammenhang zwischen zwei oder mehr Rechtslagen, die durch verändernde Ereignisse – beispielsweise den Erlass eines Gesetzes oder eine Entscheidung des höchsten zuständigen Fachgerichts – getrennt sind.[35] Kontinuität besteht zwischen diesen Rechtslagen, wenn sie über einen gemeinsamen normativen Kern verfügen (Strukturkontinuität) oder ihr Aufeinanderfolgen einem bestimmten gleichbleibenden zeitlichen Muster folgt (Rhythmuskontinuität). Ob zwischen den Rechtslagen noch Kontinuität besteht, ist

[24] Siehe im Einzelnen § 3 A. I. 1. a).
[25] Siehe im Einzelnen § 3 A. I. 1. b).
[26] Siehe im Einzelnen § 3 A. I. 1. c).
[27] Siehe im Einzelnen § 3 A. I. 2.
[28] Siehe im Einzelnen § 3 A. II. 1. a).
[29] Siehe im Einzelnen § 3 A. II. 1. b).
[30] Siehe im Einzelnen § 3 A. II. 2.
[31] Siehe im Einzelnen § 3 A. II. 3.
[32] Siehe im Einzelnen § 3 A. II. 4.
[33] Siehe im Einzelnen § 3 A. II. 5.
[34] Siehe im Einzelnen § 3 A. III. 1. a).
[35] Siehe im Einzelnen § 3 A. III. 1. b).

durch einen objektiven Vergleich der Ausgangs- mit der Folgerechtslage zu bestimmen. Eine gravierende Abweichung beeinträchtigt die Strukturkontinuität. Eine Vielzahl von Änderungen kann die Rhythmuskontinuität beeinträchtigen. Kontinuitätsbeeinträchtigungen und -brüche können sich durch Maßnahmen aller drei Staatsgewalten ergeben, weil gerade im Steuerrecht die Rechtslage erst durch das Zusammenwirken aller Gewalten konstituiert wird. Entscheidungen des Bundesfinanzhofs können einen Kontinuitätsbruch bewirken, wenn sie von einer bisher weitgehend anerkannten Rechtspraxis abweichen oder der Bundesfinanzhof seine Rechtsprechung ändert.[36]

14. Rechtskontinuität wird durch verschiedene Rechtsinstitute und -prinzipien verwirklicht und geschützt, die sich entweder auf das Rechtsstaatsprinzip[37] oder auf den allgemeinen Gleichheitsgrundsatz[38] zurückführen lassen und von der Verfassung bis zur individuellen Beziehung zwischen Bürger und Staat sämtliche Ebenen des Rechts durchdringen. Rechtskontinuität ist ein verfassungsrechtlich geschütztes Allgemeingut,[39] aber kein eigenständiges verfassungsrechtliches Prinzip, das zu einer gewaltenübergreifenden Bindung an frühere staatliche Entscheidungen führt.[40] Eine so verstandene Rechtskontinuität umfasst zwar das individuelle Vertrauensschutzinteresse derjenigen Steuerpflichtigen, die im Hinblick auf die Beständigkeit der Rechtslage disponieren. Rechtskontinuität umfasst aber darüberhinausgehende Interessen, insbesondere solche des Staates.[41] Als verfassungsrechtliches Schutzgut kann die Stärkung von Rechtskontinuität in einer Abwägung die Beeinträchtigung anderer Verfassungsgüter rechtfertigen. Vertrauensschutz und Rechtskontinuität stehen sich in diesem Sinne im Rahmen einer Abwägung gegenüber, wenn eine kontinuitätswahrende staatliche Maßnahme das Vertrauen derjenigen beeinträchtigt, die im Hinblick auf eine Veränderung der Rechtslage disponiert haben.[42]

15. Der Bundesfinanzhof misst Rechtskontinuität einen besonderen Wert zu, sieht sich aber nicht an frühere Entscheidungen gebunden.[43] Auch eine langjährig gefestigte Rechtsprechung kann aufgegeben werden, wenn dafür gewichtige Gründe bestehen. Der Bundesfinanzhof wägt insoweit die sachlichen Erwägungen für und gegen die Auslegung einer bestimmten Norm, das rechtliche und tatsächliche Umfeld sowie die Rezeption der bisherigen Auslegung in der Rechtspraxis miteinander ab. Je anerkannter eine Rechtsprechungslinie in der Praxis war, desto gewichtiger müssen die Gründe für ihre Änderung sein. Nur wenn der Bundesfinanzhof seine Rechtsprechung zulasten der Steuerpflichtigen

[36] Siehe im Einzelnen § 3 A. III. 1. c).
[37] Siehe im Einzelnen § 3 A. III. 2. a) aa).
[38] Siehe im Einzelnen § 3 A. III. 2. a) bb).
[39] Siehe im Einzelnen § 3 A. III. 2. a) cc).
[40] Siehe im Einzelnen § 3 A. III. 2. b).
[41] Siehe im Einzelnen § 3 A. I., II. und § 3 A. III. 3.
[42] Siehe im Einzelnen § 3 A. III. 3.
[43] Siehe im Einzelnen § 3 B.

ändert, kann die zeitliche Wirkung der Entscheidungsgrundsätze aus Gründen des Vertrauensschutzes begrenzt werden. In der Regel regt der Bundesfinanzhof insoweit nur Billigkeitsmaßnahmen der Finanzverwaltung an (§§ 163, 227 AO), um den Übergang von einer Rechtslage zur anderen abzumildern. In eng umrissenen Ausnahmekonstellationen – wenn die Gerichte einem Normgeber gleich tätig waren – beschränkt der Bundesfinanzhof selbst die Wirkung seiner Entscheidungen auf Neufälle. Die Rechtsprechung des Bundesfinanzhofs bestätigt die verfassungsrechtliche Analyse:[44] Rechtskontinuität ist zwar ein verfassungsrechtliches Allgemeingut, es wirkt jedoch nicht als bindendes Verfassungsprinzip. Nur der Vertrauensschutzgrundsatz kann die zeitliche Wirkung staatlicher Entscheidungen begrenzen. Der durch die Rechtsprechung des Bundesfinanzhofs gewährte Kontinuitätsschutz ist lückenhaft. Insbesondere greift er nur bei Rechtsprechungswechseln, nicht aber wenn der Bundesfinanzhof mit einer erstmaligen Auslegungsentscheidung von einer in der Rechtspraxis anerkannten Auslegung abweicht. Ein Kontinuitätsschutz für Altfälle wird allenfalls bei Rechtsprechungswechseln zulasten des Steuerpflichtigen erreicht. Auch wenn sich der Bundesfinanzhof der Rechtskontinuität verpflichtet fühlt, können seine Entscheidungen damit zu Kontinuitätsbrüchen führen.

16. Im individuellen Steuerrechtsverhältnis zwischen Bürger und Staat sind die beidseitigen Kontinuitätsinteressen insbesondere dann geschützt, wenn eine bestandskräftige endgültige Steuerfestsetzung vorliegt. Zwar sehen die §§ 172 ff. AO und § 129 AO auch dann noch diverse Korrekturmöglichkeiten vor. Die Veränderung der Rechtslage – insbesondere durch eine höchstrichterliche Entscheidung – ist aber regelmäßig kein Anknüpfungspunkt, um die Bestandskraft zu durchbrechen.[45] Nur wenn die Steuerfestsetzung aus anderen Gründen geändert wird, können veränderte Rechtsmaßstäbe, die sich aus einer Entscheidung des Bundesfinanzhofs ergeben, in den Grenzen des § 177 AO kompensierend berücksichtigt werden.[46] Dabei greift der erweiterte Bestandskraftschutz des § 176 Abs. 1 S. 1 Nr. 3 AO, nach dem eine Änderung der höchstrichterlichen Rechtsprechung zulasten des Steuerpflichtigen nicht berücksichtigt werden darf. Liegt eine bestandskräftige Steuerfestsetzung vor, sind damit die Kontinuitätsinteressen des Steuerpflichtigen zumindest für vergangene Veranlagungszeiträume relativ weitgehend geschützt. Ein umfassender Kontinuitätsschutz besteht indes nicht, da bestandskräftige Steuerfestsetzungen keinerlei Bindung für andere Zeiträume oder andere Steuerpflichtige entfalten. Dem Steuerpflichtigen droht damit insbesondere noch eine Verschlechterung seiner Wettbewerbsposition, wenn eine Entscheidung des Bundesfinanzhofs die von Konkurrenten gewählte Investitionsalternative nachträglich begünstigt. Für die Kontinuitätsinteressen des Staates ergeben sich – mangels einer § 176 Abs. 1 S. 1

[44] Siehe im Einzelnen § 3 A. III.
[45] Siehe im Einzelnen § 3 C. I. 1. a)–f).
[46] Siehe im Einzelnen § 3 C. I. 1. g).

Nr. 3 AO vergleichbaren Regelungen für Rechtsprechungswechsel zugunsten des Steuerpflichtigen – noch größere Schutzlücken.[47]

17. Der mit einer endgültigen Steuerfestsetzung verbundene Schutz der Kontinuitätsinteressen wird in der Praxis häufig nicht erreicht, weil Steuern unter dem Vorbehalt der Nachprüfung oder vorläufig festgesetzt werden. *De facto* kann die Finanzverwaltung weitgehend frei darüber entscheiden, ob eine Steuer unter dem Vorbehalt der Nachprüfung festgesetzt wird und wie lange der Vorbehalt bestehen bleibt.[48] Eine solche Festsetzung kann sodann jederzeit geändert und damit auch an eine veränderte Rechtslage angepasst werden. Allein § 176 Abs. 1 S. 1 Nr. 3 AO begrenzt die Änderungsmöglichkeiten, wenn sich die Rechtsprechung des Bundesfinanzhofs zulasten des Steuerpflichtigen geändert hat. Bei erstmaligen Entscheidungen des Bundesfinanzhofs oder bei einer Rechtsprechungsänderung zugunsten des Steuerpflichtigen ist eine Änderung uneingeschränkt möglich. Vorläufige Steuerfestsetzungen erlauben demgegenüber von vornherein nur eine punktuelle Durchbrechung der Bestandskraft.[49] Steuern können insbesondere im Hinblick auf Rechtsfragen, die Gegenstand eines Verfahrens vor dem Bundesverfassungsgericht, dem Europäischen Gerichtshof oder dem Bundesfinanzhof sind, vorläufig festgesetzt werden. Die Grundsätze der entsprechenden Entscheidung können so auf alle vorläufig erfolgten Steuerfestsetzungen übertragen werden. Dabei ist eine Änderung zulasten des Steuerpflichtigen durch § 176 Abs. 1 S. 1 Nr. 1 und 3 AO begrenzt, sodass seine Kontinuitätsinteressen zumindest in gewissem Umfang geschützt sind. Eine Änderung zugunsten des Steuerpflichtigen, die die Kontinuitätsinteressen anderer Steuerpflichtiger und des Staates beeinträchtigen kann, ist hingegen uneingeschränkt möglich.

18. Zusagen der Finanzverwaltung gewährleisten zusätzliche Steuerplanungssicherheit und verbessern damit den Schutz für ein wesentliches Kontinuitätsinteresse des einzelnen Steuerpflichtigen. Insbesondere erlauben sie im Vergleich zu einem Steuerbescheid eine verbindliche Beurteilung der Rechtslage bereits vor Verwirklichung des zu besteuernden Sachverhalts. Allerdings entfalten sowohl die verbindliche Auskunft (§ 89 Abs. 2 AO)[50] als auch die Zusage nach einer Außenprüfung (§ 204 AO)[51] und die Lohnsteueranrufungsauskunft (§ 42e EStG)[52] nur eingeschränkte Bindungswirkung und sind gerichtlich nicht voll überprüfbar. Verbindliche Auskünfte nach § 89 Abs. 2 AO sind zudem gebührenpflichtig. Ein umfassender Kontinuitätsschutz kann durch Zusagen nicht erreicht werden, weil sie nur Wirkungen im jeweiligen Steuerrechtsver-

[47] Siehe im Einzelnen § 3 C. I. 1. h).
[48] Siehe im Einzelnen § 3 C. I. 2. a).
[49] Siehe im Einzelnen § 3 C. I. 2. b).
[50] Siehe im Einzelnen § 3 C. II. 1.
[51] Siehe im Einzelnen § 3 C. II. 2.
[52] Siehe im Einzelnen § 3 C. II. 3.

hältnis entfalten und nur für die Finanzverwaltung, nicht aber für den Steuerpflichtigen bindend sind. Das Interesse der Steuerpflichtigen an einer einheitlichen Wettbewerbsgrundlage und die staatlichen Kontinuitätsinteressen werden dementsprechend nicht geschützt.

19. Tatsächliche Verständigungen dienen dem Kontinuitätsschutz nur, wenn sie sich ausnahmsweise auch auf die rechtliche Bewertung eines Sachverhalts erstrecken. Selbst dann wirkt das Institut aber nur im jeweiligen Steuerrechtsverhältnis und kann damit das sowohl auf Seiten des Steuerpflichtigen als auch auf Seiten des Fiskus bestehende Interesse an einer einheitlichen Rechtslage als Grundlage eines fairen Wettbewerbs zwischen verschiedenen Steuerpflichtigen nicht schützen.[53]

20. Billigkeitsmaßnahmen der Finanzverwaltung, die auf die §§ 163, 227 AO gestützt werden, können ebenfalls zum Schutz der Kontinuitätsinteressen beitragen. Dies gilt insbesondere, wenn die Finanzverwaltung die Folgen eines Rechtsprechungswechsels durch Übergangsregelungen abmildert, die für eine Vielzahl von Steuerpflichtigen greifen. Allerdings sind abstrakt-generelle Billigkeitsmaßnahmen nur dann zulässig, wenn die bisherige Rechtslage eine hinreichend sichere Vertrauensgrundlage bildete und die Steuerpflichtigen im Vertrauen auf diese Rechtslage disponiert haben. Zudem werden Billigkeitsmaßnahmen nur bei einem Rechtsprechungswechsel zulasten, nicht aber bei einem Wechsel zugunsten der Steuerpflichtigen erlassen. Ein umfassender Schutz vor Wettbewerbsbeeinträchtigungen kann daher ebenso wenig erreicht werden wie der Schutz staatlicher Kontinuitätsinteressen.

21. Die Rechtsprechung des Bundesfinanzhofs und das steuerliche Verfahrensrecht gewährleisten keinen umfassenden Schutz der Kontinuitätsinteressen von Steuerpflichtigem und Fiskus. Nichtanwendungsgesetze können die bestehenden Lücken im Kontinuitätsschutz schließen. Insbesondere erlauben sie eine Anpassung der Rechtslage mit abstrakt-genereller Wirkung und eine korrigierende Reaktion auch auf Gerichtsentscheidungen zugunsten der Steuerpflichtigen. Inwieweit ein solcher gesetzlicher Kontinuitätsschutz überhaupt erforderlich ist, hängt vom jeweiligen Einzelfall und auch von den bereits ergriffenen Maßnahmen der anderen Gewalten ab. Dass Nichtanwendungsgesetze die verfassungsrechtlich abgesicherten Kontinuitätsinteressen schützen, macht diese Gesetze auch noch nicht automatisch verfassungskonform, sondern schafft lediglich Rechtfertigungspotential: Insoweit Nichtanwendungsgesetze verfassungsrechtlich geschützte Werte oder Prinzipien beeinträchtigen, die einer Abwägung zugänglich sind, können und müssen die Beeinträchtigung einerseits und der mit dem Nichtanwendungsgesetz erreichte Kontinuitätsschutz andererseits gegeneinander abgewogen werden.[54]

---

[53] Siehe im Einzelnen § 3 C. III.

[54] Siehe im Einzelnen § 3 D.

22. Das Grundgesetz knüpft in zentralen Normen an die verfassungshistorisch und -theoretisch hergebrachte Unterscheidung der Staatsgewalt in Legislative, Exekutive und Judikative an und gestaltet das Verhältnis zwischen den einzelnen Gewalten in verschiedenen Einzelvorschriften aus.[55] Die Gewalten sind nicht streng voneinander getrennt, sondern miteinander verschränkt: Nur ein Kernbereich der jeweiligen Kompetenzen einer Gewalt ist vor dem Zugriff anderer Gewalten geschützt. Die damit erreichte Verteilung staatlicher Befugnisse wirkt machtbeschränkend und schützt den Bürger.[56] Gleichzeitig dient die Gewaltenteilung aber auch der effizienten und kooperativen Verwirklichung staatlicher Aufgaben durch dafür funktional geeignete Organe.[57] Um dieses Ziel zu erreichen unterliegen Verfassungsorgane bei der Ausübung ihrer Kompetenzen einer wechselseitigen Rücksichtnahme- und Kooperationspflicht (Verfassungsorgantreue).[58] Der Gedanke gegenseitiger Rücksichtnahme und Loyalität als notwendigem Komplement zur Gewaltenteilung lässt sich auch auf staatliche Institutionen übertragen, die nicht im Rang eines Verfassungsorgans stehen. Auch diese dürfen die ihnen eingeräumten Befugnisse nicht missbrauchen, sondern müssen auf die Kompetenzen und Zuständigkeiten anderer Staatsorgane Rücksicht nehmen, um die mit der Gewaltenteilung angestrebte Balance zu erhalten (Gewaltenloyalität).[59] Die an Nichtanwendungsgesetzen geäußerte Kritik lässt sich sowohl als Verstoß gegen die Zuständigkeitsordnung als auch gegen die Gewaltenloyalität begreifen, jeweils im Verhältnis zwischen Exekutive und Legislative und im Verhältnis zwischen Legislative und Judikative.[60]

23. Der Bundestag ist der zentrale Ort der demokratischen Willensbildung. Durch die unmittelbare demokratische Legitimation der Abgeordneten und ihre Absicherung durch den Grundsatz des freien Mandats ist es maßgebliche Aufgabe des Parlaments, politisch widerstreitende Positionen in einen Ausgleich zu bringen und für die Allgemeinheit wesentliche Fragen durch Gesetze zu regeln.[61] Der Exekutive, insbesondere den Bundesministerien, kommt im Gesetzgebungsprozess eine begleitende und unterstützende Funktion zu.[62] Die Regierung hat ein eigenes Gesetzesinitiativrecht (Art. 76 Abs. 1 Var. 1 GG) und nimmt auch zu anderen Gesetzesvorlagen Stellung (Art. 76 Abs. 3 S. 2 GG). Jedes vom Bundestag verabschiedete Gesetz muss zudem vor seinem Inkrafttreten von einem Mitglied der Bundesregierung gegengezeichnet werden (Art. 82 Abs. 1 S. 1 GG). Die Rechte der Regierung werden dabei in der Pra-

---

[55] Siehe im Einzelnen § 4 A. I.
[56] Siehe im Einzelnen § 4 A. II. 1.
[57] Siehe im Einzelnen § 4 A. II. 2.
[58] Siehe im Einzelnen § 4 A. II. 3.
[59] Siehe im Einzelnen § 4 A. III.
[60] Siehe im Einzelnen § 4 A. II. 4. und III.
[61] Siehe im Einzelnen § 4 B. I. 1.
[62] Siehe im Einzelnen § 4 B. I. 2.

xis regelmäßig durch die zuständigen Fachministerien wahrgenommen, da nur die in diesen Ministerien arbeitenden Beamten über das nötige Fachwissen verfügen. Steuerliche Gesetzesvorlagen werden daher maßgeblich durch das Bundesministerium der Finanzen vorbereitet und im laufenden Gesetzgebungsverfahren (insbesondere in den Ausschüssen, vgl. Art. 43 Abs. 1 Var. 2 GG) vertreten.

24. Auch wenn den einzelnen Parlamentariern regelmäßig die Fachkenntnisse und die zeitlichen Ressourcen fehlen, um die Folgen jedes einzelnen Steuergesetzes zu überblicken, liegt in diesem Einfluss der Finanzverwaltung auf den Gesetzgebungsprozess kein Eingriff in den Kernbereich der Legislative.[63] Den Abgeordneten steht es frei, Gesetzesvorschläge abzulehnen oder inhaltlich zu verändern. Sie haben die Möglichkeit, über Spezialisierung innerhalb der jeweiligen Fraktionen, durch den wissenschaftlichen Dienst des Bundestags oder im Rahmen öffentlicher Anhörungen zusätzlichen Sachverstand einzubinden und sich dementsprechend umfassend über die Hintergründe und Folgen von Gesetzesentwürfen zu informieren. Aus dem Gebot der Gewaltenloyalität folgt, dass das Bundesministerium der Finanzen seinen Informationsvorsprung nicht missbrauchen darf, sondern die Abgeordneten vielmehr umfassend über Regelungsbedarf, -anlass und -alternativen unterrichten muss.[64]

25. Legislative und Judikative wirken bei der Bestimmung der Rechtslage arbeitsteilig zusammen. Zwar nehmen Gesetze im demokratischen System eine Schlüsselstellung ein, weil durch sie politische Entscheidungen in eine rechtlich verbindliche Form gebracht werden.[65] Der Gesetzgeber ist verpflichtet, bestimmte grundlegende Entscheidungen selbst zu treffen (Wesentlichkeitstheorie), die sodann von den anderen Gewalten beachtet und umgesetzt werden müssen. Die Legislative ist dabei allein an die Verfassung gebunden und hat als einzige Gewalt die Möglichkeit, einmal getroffene Entscheidungen grundsätzlich frei zu widerrufen. Typischerweise werden Gesetze als abstrakt-generelle Regelungen mit Wirkung für die Zukunft erlassen, weil auf diese Weise die Wirklichkeit in größtmöglichem Maße durch rechtliche Regelungen gestaltet werden kann. Der Gesetzgeber kann aber auch (unter einschränkenden Voraussetzungen) konkrete Fälle regeln und auf vergangene Sachverhalte zugreifen. Aufgabe der Rechtsprechung ist es, die gesetzlichen Vorgaben zu konkretisieren.[66] Weil gesetzliche Regelungen typischerweise eine Vielzahl von Fällen regeln sollen, müssen sie notwendigerweise sprachlich abstrahieren, woraus sich Interpretationsspielräume und Abgrenzungsschwierigkeiten ergeben. Die verbindliche Entscheidung, ob eine Norm in einem konkreten Einzelfall Anwendung findet oder nicht, ist verfassungsrechtlich den Gerichten zugewiesen. Diese

[63] Siehe im Einzelnen § 4 B. II.
[64] Siehe im Einzelnen § 4 B. III.
[65] Siehe im Einzelnen § 4 C. I. 1.
[66] Siehe im Einzelnen § 4 C. I. 2.

sind hierfür durch die fachliche Qualifikation und die garantierte Unabhängigkeit der Richter (Art. 97 Abs. 1, 2 GG), ihre alleinige Bindung an das Gesetz als Entscheidungsmaßstab (Art. 20 Abs. 3 Hs. 2, Art. 91 Abs. 1 Hs. 2 GG) sowie die Struktur des Entscheidungsprozesses in besonderem Maße geeignet. Durch die Entscheidung von Einzelfällen konkretisieren Gerichte zugleich die Rechtslage in abstrakt-genereller Hinsicht, da ihre Entscheidungen als Präjudizien auch die Auslegung in Parallelfällen prägen.

26. Nichtanwendungsgesetze verletzen nur dann den judikativen Kernbereich, wenn sie eine rechtskräftige Entscheidung korrigieren, weil damit die konkret-individuelle Konkretisierungsfunktion der Rechtsprechung in Frage gestellt wird.[67] Typischerweise ordnen Nichtanwendungsgesetze Wirkungen aber nur für solche Fälle an, die verfahrensrechtlich noch änderbar sind. Liegt keine rechtskräftige Entscheidung vor, so steht es im Einklang mit der verfassungsrechtlichen Kompetenzverteilung, dass der Gesetzgeber die Entscheidungsmaßstäbe setzt und die Judikative diese Maßstäbe im jeweiligen Einzelfall konkretisiert. Die unabhängige richterliche Entscheidung besteht nur nach Maßgabe des Gesetzes. Dies gilt auch bei rückwirkenden Nichtanwendungsgesetzen, da zwar typischerweise der Gesetzgeber Regelungen mit Wirkung für die Zukunft erlässt und die Rechtsprechung vergangene Sachverhalte verbindlich beurteilt, die temporalen Zuständigkeiten aber nicht absolut getrennt sind. Dass Nichtanwendungsgesetze die abstrakt-generelle Konkretisierungsfunktion der Rechtsprechung beschränken, stellt keine Verletzung des Kernbereichs der Judikative dar. Vielmehr ist der Gesetzgeber angesichts seiner Entscheidungsfreiheit, Informationsmöglichkeiten und demokratischen Legitimation besser in der Lage, Entscheidungen mit allgemeinverbindlichem Charakter zu treffen. Der Grundsatz der Gewaltenloyalität fordert einerseits, dass der Gesetzgeber offenlegt, aus welchen (politischen) Gründen er eine gerichtliche Normauslegung korrigiert.[68] Andererseits lässt sich aus ihm eine gewisse Zurückhaltung bei rückwirkenden Nichtanwendungsgesetzen fordern, weil die Beurteilung vergangener Sachverhalte typischerweise zu den Aufgaben der Judikative zählt.[69] Allerdings wird das insoweit angezeigte Regel-Ausnahme-Verhältnis bereits durch die Vorgaben des verfassungsrechtlichen Rückwirkungsverbots verwirklicht, das dem allgemeinen Grundsatz der Gewaltenloyalität als spezielleres Institut vorgeht.

27. Das Gebot effektiven Rechtsschutzes hat sowohl eine objektive als auch eine individualrechtliche Gewährleistungsfunktion. In objektiver Hinsicht ist die Rechtswegeröffnung Ausdruck einer staatsorganisationsrechtlichen Grundentscheidung, mit der Gerichte zur zentralen Kontrollinstanz im gewaltenge-

---

[67] Siehe im Einzelnen § 4 C. II.

[68] Siehe im Einzelnen § 4 C. III. 1.

[69] Siehe im Einzelnen § 4 C. III. 2.

teilten Rechtsstaat erhoben werden.[70] Sie überprüfen, ob insbesondere die Exekutive im Rahmen ihrer Kompetenzen agiert. Allerdings greift der Rechtsschutz nur dort, wo subjektive Rechte des einzelnen Bürgers verletzt werden. Der Rechtsschutz ist also gesetzesakzessorisch. Damit lassen sich in objektiver Hinsicht aus dem Gebot effektiven Rechtsschutzes keine zusätzlichen Grenzen für Nichtanwendungsgesetze ableiten:[71] Entzieht der Gesetzgeber dem Bürger ein subjektives Recht, das ihm nach einer höchstrichterlichen Gesetzesauslegung zugestanden hätte, so ist schon der Anwendungsbereich des Rechtsschutzgebotes nicht eröffnet. Dies gilt nicht nur, wenn der Gesetzgeber mit Wirkung *pro futuro* handelt. Auch rückwirkende Nichtanwendungsgesetze, die nicht bereits rechtskräftig entschiedene Verfahren einbeziehen, verändern lediglich die Konturen des subjektiven öffentlichen Rechts, das vom Gebot effektiven Rechtsschutzes vorausgesetzt wird.

28. In individualrechtlicher Hinsicht gewährt das Rechtsschutzgebot ein Grundrecht auf effektiven Rechtsschutz.[72] Der einzelne Bürger muss die Möglichkeit haben, eine vermeintliche Rechtsverletzung vor einem unabhängigen Gericht zu rügen. Dabei darf der Gesetzgeber den Rechtsweg zwar ausgestalten, Rechtsschutz darf aber damit nicht faktisch unmöglich gemacht werden und muss innerhalb angemessener Zeit erreicht werden können. Nichtanwendungsgesetze stellen diese Vorgaben grundsätzlich nicht in Frage, da sie nicht den Rechtsschutz als solchen betreffen, sondern das vermeintlich beeinträchtigte subjektive öffentliche Recht.[73]

29. Allerdings ergeben sich Wechselwirkungen mit verschiedenen verfahrensrechtlichen Instrumenten, die den effektiven Rechtsschutz im Steuerrecht im Hinblick auf Musterverfahren vor dem Bundesfinanzhof oder dem Bundesverfassungsgericht beschränken. So können Veranlagungen nach § 165 Abs. 1 S. 2 Nr. 3 oder Nr. 4 AO vorläufig erfolgen[74] und Einspruchsverfahren können ausgesetzt werden oder ruhen (§ 363 Abs. 1 und 2 AO).[75] Gleiches gilt für finanzgerichtliche Klageverfahren (§ 74 FGO; § 155 S. 1 FGO i. V. m. § 251 S. 1 ZPO).[76] Der individualrechtliche Anspruch auf effektiven Rechtsschutz wird jeweils dadurch beschränkt, dass das eigene Verfahren temporär nicht fortgesetzt werden kann. Grundsätzlich sind die verfahrensrechtlichen Beschränkungen zur Schonung der knappen Ressourcen von Behörden und Gerichten verhältnismäßig. Echt rückwirkende Nichtanwendungsgesetze verschärfen aber die Beschränkung des effektiven Rechtsschutzes, weil mit ihrem Inkrafttreten das

[70] Siehe im Einzelnen § 5 A. I. 1.
[71] Siehe im Einzelnen § 5 A. I. 2.
[72] Siehe im Einzelnen § 5 A. II. 1.
[73] Siehe im Einzelnen § 5 A. II. 2.
[74] Siehe im Einzelnen § 5 B. I.
[75] Siehe im Einzelnen § 5 B. II.
[76] Siehe im Einzelnen § 5 B. III.

zunächst bestehende subjektive öffentliche Recht endgültig nicht mehr durchgesetzt werden kann, sodass der Zeitraum für die Rechtsdurchsetzung verkürzt wird.[77] Wirft das Nichtanwendungsgesetz neue Auslegungsfragen auf, stellt dies auch die Entlastungswirkung der verfahrensunterbrechenden Maßnahmen für Behörden und Gerichte infrage.[78] Insbesondere wenn dem Steuerpflichtigen gegenüber bisher nur eine vorläufige Steuerfestsetzung ergangen ist und die Finanzverwaltung die Entscheidung im Musterverfahren nicht allgemein anwendet, sondern mit einem ausdrücklichen oder konkludenten Nichtanwendungserlass belegt, kann dem Steuerpflichtigen jede effektive Möglichkeit fehlen, sein ursprünglich bestehendes subjektiv öffentliches Recht durchzusetzen. Eine verfassungswidrige Beeinträchtigung kann (nur) dadurch vermieden werden, dass bei der Bestimmung des zeitlichen Anwendungsbereichs des rückwirkenden Gesetzes die von ihm ausgehenden Effekte auf den effektiven Rechtsschutz berücksichtigt werden.[79] Die Beeinträchtigung des Rechtsschutzgebots in seiner individualrechtlichen Gewährleistungsdimension ist in die Prüfung des Rückwirkungsverbots zu integrieren.[80]

30. Das Verbot rückwirkender Gesetze lässt sich bis auf historische Ursprünge im antiken Griechenland zurückverfolgen,[81] hat seine heutige Ausgestaltung aber vor allem durch die Rechtsprechung des Bundesverfassungsgerichts erhalten.[82] Das Gericht hat dabei historische Entwicklungslinien aufgegriffen und betrachtet das Rückwirkungsverbot gleichermaßen als objektiv-rechtsstaatliches wie auch als individualrechtsschützendes Instrument. In der modernen wissenschaftlichen Diskussion über Grundlage und Grenzen des Rückwirkungsverbots ist der individuelle Vertrauensschutz des Bürgers zunehmend in das Zentrum gerückt, ohne dass sich dadurch einheitliche Kriterien herausgebildet haben.[83] Die Rechtsprechung des Bundesverfassungsgerichts wird zwar vielfach kritisiert, bildet aber gleichwohl den Referenzpunkt für jede wissenschaftliche Annäherung. Zudem hat das Bundesverfassungsgericht verschiedene Argumentationsstränge aus der wissenschaftlichen Kritik aufgegriffen und seine Dogmatik – wenn auch nicht grundlegend, so doch zumindest in Details – fortwährend angepasst. Eine anschlussfähige Auseinandersetzung mit den verfassungsrechtlichen Grenzen von rückwirkenden Nichtanwendungsgesetzen muss daher auf den vom Bundesverfassungsgericht etablierten Kategorien aufbauen.[84]

[77] Siehe im Einzelnen § 5 C. I.
[78] Siehe im Einzelnen § 5 C. II.
[79] Siehe im Einzelnen § 5 C. III.
[80] Siehe im Einzelnen § 5 C. III. 4.
[81] Siehe im Einzelnen § 6 A. I. 1.
[82] Siehe im Einzelnen § 6 A. I. 2.
[83] Siehe im Einzelnen § 6 A. I. 3. und 4.
[84] Siehe im Einzelnen § 6 A. II.

31. Das Bundesverfassungsgericht bestimmt den Anwendungsbereich des Rückwirkungsverbot durch eine Kombination formaler[85] und materieller[86] Kriterien, wobei die materielle Betrachtung letztlich entscheidend ist. Während sich der formale Rückwirkungsbegriff vor allem aus dem Rechtsstaatsprinzip speist, zeigt sich an der materiellen Abgrenzung die Ableitung des Rückwirkungsverbots (auch) aus den Freiheitsgrundrechten. Der KAGG-Beschluss des Bundesverfassungsgerichts hat diese Abgrenzungsmaßstäbe bestätigt und präzisiert:[87] Dem Rückwirkungsverbot unterliegen danach Regelungen mit Vergangenheitsbezug, die ein Gesetz in der Weise ändern, dass zulasten des Steuerpflichtigen eine bisher vertretbare Auslegung nunmehr nicht mehr vertretbar ist. Das Gericht hat in seinen jüngeren Entscheidungen zwar die Querverbindungen zwischen dem Rückwirkungsverbot, dem Grundsatz der Gewaltenteilung und dem Gebot effektiven Rechtsschutzes gestärkt, eine grundlegende Abkehr von der individualrechtsschützenden Perspektive des Rückwirkungsverbots ist damit aber nicht verbunden.[88] Maßstab für die Zulässigkeit einer Rückwirkung bleibt weiterhin, inwieweit sie in schutzwürdiges Vertrauen der Bürger eingreift.

32. Das Bundesverfassungsgericht differenziert sodann zwischen echter und unechter Rückwirkung. Auch insoweit greift es sowohl auf materielle[89] als auch auf formale[90] Abgrenzungskriterien zurück, die aber in keinem Widerspruch zueinander stehen, sondern sich vielmehr ergänzen.[91] Für periodisch veranlagte Steuern führen beide Abgrenzungsmaßstäbe zur sog. Veranlagungszeitraum-Rechtsprechung, nach der eine echte Rückwirkung nur dann vorliegt, wenn eine Regelung sich auch auf bereits abgeschlossene Veranlagungszeiträume erstreckt.[92] Die Abgrenzung zwischen echter und unechter Rückwirkung führt zu einer unterschiedlichen Verteilung der Abwägungslasten bei der Abwägung zwischen dem Änderungsinteresse des Gesetzgebers und dem Vertrauensschutz des Bürgers:[93] Eine echte Rückwirkung ist grundsätzlich unzulässig, das heißt der Staat trägt die Abwägungslast. Eine unechte Rückwirkung ist grundsätzlich zulässig, das heißt der Bürger trägt die Abwägungslast. Dies gilt allerdings nicht, wenn sich die unechte Rückwirkung nach den Grundsätzen der Veranlagungszeitraum-Rechtsprechung ergibt. Eine solche Rückwirkung ist nicht grundsätzlich unzulässig, die Abwägungslasten sind also offen verteilt.

33. Da die echte Rückwirkung grundsätzlich unzulässig ist, muss der Gesetzgeber besondere Umstände nachweisen, damit die Abwägung zwischen

---

85 Siehe im Einzelnen § 6 B. I. 1.
86 Siehe im Einzelnen § 6 B. I. 2.
87 Siehe im Einzelnen § 6 B. I. 2. c).
88 Siehe im Einzelnen § 6 B. I. 2. c) cc) und IV.
89 Siehe im Einzelnen § 6 B. II. 1. a).
90 Siehe im Einzelnen § 6 B. II. 1. b).
91 Siehe im Einzelnen § 6 B. II. 1. c).
92 Siehe im Einzelnen § 6 B. II. 1. d).
93 Siehe im Einzelnen § 6 B. II. 2.

seinem Änderungsinteresse und dem Vertrauensschutz des Bürgers zu seinen Gunsten ausfällt. Das Bundesverfassungsgericht prüft diese außergewöhnlichen Umstände im Rahmen eines typisierenden Ausnahmekatalogs, der aber jeweils eine abweichende Beurteilung im Einzelfall zulässt.[94] Eine echte Rückwirkung ist danach zunächst ausnahmsweise zulässig, wenn die Vertrauensgrundlage fehlerhaft war.[95] Dies setzt voraus, dass das bisherige Gesetz erkennbar verfassungswidrig war. Bloße Zweifel über die Auslegung des einfachen Rechts genügen demgegenüber nicht. Eine echte Rückwirkung ist weiterhin zulässig, wenn die Neuregelung für den Steuerpflichtigen bereits vorhersehbar war.[96] Dies wird man regelmäßig ab dem Zeitpunkt des Beschlusses der Neuregelung durch den Bundestag annehmen können. Schließlich kann eine echte Rückwirkung zulässig sein, wenn zwingende Gründe des Gemeinwohls für eine rückwirkende Regelung sprechen.[97] Ein so deutliches Überwiegen des gesetzgeberischen Änderungsinteresses kann insbesondere dann vorliegen, wenn die Neuregelung die Interessen des Steuerpflichtigen nur in ganz geringem Maße beeinträchtigt werden.

34. Bei der unechten Rückwirkung werden das Änderungsinteresse des Gesetzgebers und der Vertrauensschutz des Steuerpflichtigen jeweils gewichtet und in einer Verhältnismäßigkeitsprüfung gegenübergestellt.[98] Grundsätzlich berücksichtigt das Gericht dabei dieselben Aspekte, die auch bei der echten Rückwirkung zur Gewichtung von Änderungsinteresse und Vertrauensschutz im Rahmen der Ausnahmetatbestände beitragen (beispielsweise die Vorhersehbarkeit einer Neuregelung), handhabt diese aber flexibler. Besondere Anforderungen wurden demgegenüber für solche Steuergesetze entwickelt, die nach der Veranlagungszeitraum-Rechtsprechung unechte Rückwirkung entfalten.[99] Zwar ist auch eine solche Rückwirkung nicht grundsätzlich unzulässig. Treten indes besondere Schutzmomente hinzu, kommt es zu einer Umkehr der Abwägungslasten zugunsten des Steuerpflichtigen. Die Rückwirkung ist dann nur zulässig, wenn das Änderungsinteresse des Gesetzgebers eindeutig überwiegt, wobei ein strenger Rechtfertigungsmaßstab angelegt wird.[100] Besondere Schutzmomente liegen zunächst vor, wenn der Steuerpflichtige im Vertrauen auf die bisherige Rechtslage verbindliche Dispositionen getroffen hat, bevor das Gesetzgebungsverfahren für das Änderungsgesetz offiziell eingeleitet wurde (in der Regel mit Einbringung eines Gesetzesentwurfs in den Bundestag).[101] Das Vertrauen des Steuerpflichtigen ist allerdings umso weniger schutzwür-

---

[94] Siehe im Einzelnen § 6 B. III. 1.
[95] Siehe im Einzelnen § 6 B. III. 1. a).
[96] Siehe im Einzelnen § 6 B. III. 1. b).
[97] Siehe im Einzelnen § 6 B. III. 1. c).
[98] Siehe im Einzelnen § 6 B. III. 2. a).
[99] Siehe im Einzelnen § 6 B. III. 2. b).
[100] Siehe im Einzelnen § 6 B. III. 2. b) dd).
[101] Siehe im Einzelnen § 6 B. III. 2. b) aa).

dig, je größer der zeitliche Abstand zwischen der Dispositionsentscheidung und ihrer zeitlichen Auswirkung ist. Ein besonderer Vertrauensschutzmoment kann sich sodann daraus ergeben, dass der Steuerpflichtige vor der Verkündung der Neuregelung bereits eine konkret verfestigte Vermögensposition innehatte.[102] Eine solche Vermögensposition setzt voraus, dass spezifische Voraussetzungen für eine Besteuerung nach der alten Rechtslage (Unterschreiten einer Frist, Erreichen einer bestimmten Beteiligungshöhe) nicht vorlagen und damit eine Besteuerung nach altem Recht endgültig ausschied. Schließlich kann sich ein besonderer Vertrauensschutzmoment aus der Gewährleistungsfunktion des Rechts ergeben.[103] Dies ist der Fall, wenn der zu besteuernde Lebenssachverhalt vor der Verkündung der Neuregelung bereits in gesteigertem Maße abgeschlossen war. Dies kann insbesondere der Fall sein, wenn der Steuerpflichtige bereits eine Rechtsposition erworben oder aufgegeben hat.

35. Rückwirkende Nichtanwendungsgesetze fallen, wenn sie nicht ausnahmsweise begünstigende Wirkung entfalten, stets in den Anwendungsbereich des Rückwirkungsverbots, weil sie ausdrücklich dazu dienen, eine bisher von den Fachgerichten vertretene Auslegung unmöglich zu machen.[104] Die Abgrenzung zwischen echten und unecht rückwirkenden Nichtanwendungsgesetzen folgt den allgemeinen Grundsätzen und damit insbesondere der Veranlagungszeitraum-Rechtsprechung.[105] Zur Rechtfertigung rückwirkender Nichtanwendungsgesetze hat das Bundesverfassungsgericht eine eigenständige Rechtsprechungslinie entwickelt, die auch vom Bundesfinanzhof grundsätzlich beachtet wird.[106] Danach sind insbesondere solche rückwirkenden Nichtanwendungsgesetze zulässig, mit denen im Anschluss an einen Rechtsprechungswechsel zeitnah die bisherige Rechtsprechung gesetzgeberisch wiederhergestellt wird. Diese Rechtfertigungsfigur wurde zuletzt auch auf Konstellationen übertragen, in denen nicht eine frühere fachgerichtliche Rechtsprechung, sondern eine vormalige Verwaltungsauffassung wiederhergestellt wird. In seiner Argumentation differenziert das Bundesverfassungsgericht dabei zwischen zwei Zeiträumen. Abgrenzungszeitpunkt ist die höchstrichterliche Entscheidung, mit der die bisherige Rechtsprechung aufgegeben bzw. die bisherige Verwaltungsauffassung für rechtswidrig erklärt wird. Im Zeitraum vor dieser höchstrichterlichen Entscheidung könne der Steuerpflichtige nicht schutzwürdig in eine andere Auslegung des Gesetzes vertrauen als diejenige, die vom zuständigen Bundesgericht vertreten oder von der Verwaltung einheitlich praktiziert wird.[107] Wenn dem Gesetzgeber eine Rückwirkung schon bei einer unklaren und verworre-

---

[102] Siehe im Einzelnen § 6 B. III. 2. b) bb).
[103] Siehe im Einzelnen § 6 B. III. 2. b) cc).
[104] Siehe im Einzelnen § 6 C. I.
[105] Siehe im Einzelnen § 6 C. II.
[106] Siehe im Einzelnen § 6 C. III. 1.
[107] Siehe im Einzelnen § 6 C. III. 1. a).

nen Rechtslage möglich sei, so müsse dies erst recht gelten, wenn er zu einer bisher weitgehend anerkannten Rechtslage zurückkehre. Ab dem Zeitpunkt der höchstrichterlichen Entscheidung sei das Vertrauen des Steuerpflichtigen dann nicht schutzwürdig, wenn zeitnah eine gesetzliche Neuregelung angekündigt wird, mit der der Gesetzgeber zur bisherigen Rechtspraxis zurückkehren will.[108]

36. Die bisherigen Rechtfertigungsansätze lassen sich nicht mit den neueren Entwicklungen in der Rückwirkungsdogmatik des Bundesverfassungsgerichts vereinbaren.[109] Teilweise stehen sie in offenem Widerspruch zu den Grundsätzen, die insbesondere mit dem KAGG-Beschluss des Bundesverfassungsgerichts etabliert wurden.[110] So liegt eine unklare und verworrene Rechtslage nur noch in absoluten Ausnahmekonstellationen vor, sodass sich dieser Ausnahmetatbestand nicht als methodischer Anknüpfungspunkt für einen Umkehrschluss eignet. Zudem lassen sich die Erwägungen des KAGG-Beschlusses nur erklären, wenn Vertrauensgrundlage das Gesetz selbst in allen methodisch vertretbaren Auslegungen ist. Dann kann für die Zeit vor der höchstrichterlichen Entscheidung aber nicht mehr pauschal jede Vertrauensgrundlage verneint werden. Wertungswidersprüche ergeben sich zudem dadurch, dass in der jüngeren Rechtsprechung des Bundesverfassungsgerichts die Verantwortung der Fachgerichte für die Auslegung des einfachen Rechts betont und deshalb eine Rückwirkung auch dann ausgeschlossen wurde, wenn sich die Fachgerichte noch nicht zur Auslegung einer Norm geäußert hatten.[111] Dem widerspricht es, wenn das Bundesverfassungsgericht andererseits eine rückwirkende Wiederherstellung einer Verwaltungsauffassung, die nicht durch fachgerichtliche Entscheidungen gestützt wird, zulassen will.

37. Betrachtet man Nichtanwendungsgesetze in ihrer kontinuitätswahrenden Funktion und nimmt man an, dass eine Stärkung der Rechtskontinuität Eingriffe in den Vertrauensschutz der Steuerpflichtigen rechtfertigen kann, so lassen sich die aufgezeigten Wertungswidersprüche auflösen und neue Maßstäbe zur Rechtfertigung rückwirkender Nichtanwendungsgesetze entwickeln.[112] Die Kontinuitätsinteressen einerseits[113] und das Vertrauensschutzinteresse andererseits[114] sind einander gewichtet gegenüberzustellen. Bei echt rückwirkenden Nichtanwendungsgesetzen ist zudem die mögliche Beeinträchtigung des Gebots effektiven Rechtsschutzes zu berücksichtigen.[115]

---

[108] Siehe im Einzelnen § 6 C. III. 1. b).
[109] Siehe im Einzelnen § 6 C. III. 2.
[110] Siehe im Einzelnen § 6 C. III. 2. a).
[111] Siehe im Einzelnen § 6 C. III. 2. b).
[112] Siehe im Einzelnen § 6 C. III. 3. a).
[113] Siehe im Einzelnen § 6 C. III. 3. b) aa) und c) aa).
[114] Siehe im Einzelnen § 6 C. III. 3. b) bb) (1) und c) bb).
[115] Siehe im Einzelnen § 6 C. III. 3. b) bb) (2).

38. Das Kontinuitätsinteresse ist umso schutzwürdiger, je gesicherter die Rechtslage war, zu der mit dem Nichtanwendungsgesetz zurückgekehrt werden soll und je näher die rückwirkende Regelung dieser Rechtslage kommt.[116] Angesichts der Verantwortung der Fachgerichte für die verbindliche Auslegung des Rechts kommt der fachgerichtlichen Rechtsprechung für die Bestimmung der Rechtslage entscheidende Bedeutung zu. Nur wenn es keine fachgerichtliche Rechtsprechung gibt, kann es auf die Auffassung der Verwaltung als Erstinterpretin des Rechts ankommen. Für Zeiträume ab dem Zeitpunkt, in dem die Fachgerichte ihre Rechtsprechung ändern bzw. die Verwaltungsauffassung für rechtswidrig erklären, sinkt das Interesse an der Herstellung von Rechtskontinuität, weil sich Steuerpflichtiger und Staat auf die neue Rechtslage einstellen werden. Das Kontinuitätsinteresse wird daneben durch die Zahl der betroffenen Fälle und die finanziellen Auswirkungen der Rechtsänderung beeinflusst.[117]

39. Das Vertrauen des Steuerpflichtigen ist umso schutzwürdiger, je eher seine Auslegung des Gesetzestextes durch die fachgerichtliche Rechtsprechung gestützt wurde.[118] Wendet der Steuerpflichtige sich gegen eine ständige Rechtsprechung, ist sein Vertrauen weniger schutzwürdig, als wenn die Fachgerichte seiner Auslegung zustimmen oder zumindest nicht widersprechen. Unerheblich ist demgegenüber, ob die Finanzverwaltung die gleiche Auslegung vertritt wie der Steuerpflichtige oder nicht. Besonders schutzwürdig ist der Steuerpflichtige danach, wenn sich die Rückwirkung auch auf Zeiträume erstrecken soll, nachdem der Bundesfinanzhof die Auslegung des Steuerpflichtigen bereits bestätigt hat. Für die Schutzwürdigkeit des Vertrauens ist weiterhin zu berücksichtigen, ob der Steuerpflichtige langfristige oder finanziell weitreichende Dispositionen getroffen hat, die er nur schwer revidieren kann.

40. Das Gebot effektiven Rechtsschutzes kann Ausnahmen für diejenigen Steuerpflichtigen erforderlich machen, deren Verfahren bislang im Hinblick auf die später korrigierte Entscheidung des Bundesfinanzhofs unterbrochen war, wenn durch das rückwirkende Nichtanwendungsgesetz keine realistische Möglichkeit mehr für den Steuerpflichtigen bestand, seine Rechtsposition gerichtlich durchzusetzen.[119] Vermittelnde Lösungen könnten darin bestehen, Steuerpflichtige zumindest von Zinsen und Prozesskosten zu entlasten.[120]

41. Der Begriff des Nichtanwendungsgesetzes sollte auf rückwirkende Regelungen beschränkt werden, da er nur insoweit eine Ordnungsfunktion erfüllt und zu Recht eine gesetzgeberische Rechtfertigungslast suggeriert.[121]

---

[116] Siehe im Einzelnen §6 C. III. 3. b) aa) (1) und c) aa).
[117] Siehe im Einzelnen §6 C. III. 3. b) aa) (2) und c) aa).
[118] Siehe im Einzelnen §6 C. III. 3. b) bb) (1) und c) bb).
[119] Siehe im Einzelnen §6 C. III. 3. b) bb) (2).
[120] Siehe im Einzelnen §6 C. III. 3. c).
[121] Siehe im Einzelnen §4 D., §5 D., §6 D. und §7.

Literaturverzeichnis

Abel, Gunther, Die Bedeutung der Lehre von den Einrichtungsgarantien für die Auslegung des Bonner Grundgesetzes, Berlin 1964.

Achatz, Markus, Rechtsprechungskontinuität und Rechtsprechungsänderungen – nachbarschaftliche Außensicht, in: Drüen, Klaus-Dieter/Hey, Johanna/Mellinghoff, Rudolf (Hrsg.), 100 Jahre Steuerrechtsprechung in Deutschland, 1918–2018 – Festschrift für den Bundesfinanzhof, Köln 2018, S. 207–226 (zit. *Achatz*, FS 100 Jahre Steuerrechtsprechung).

Achterberg, Norbert, Diskussionsbeitrag, in: Doehring, Karl/Isensee, Josef u. a. (Hrsg.), Die staatsrechtliche Stellung der Ausländer in der Bundesrepublik Deutschland; Vertrauensschutz im Verwaltungsrecht, Berlin, New York 1974 (zit. *Achterberg*, VVDStRL 32).

Affolter, Friedrich, Das intertemporale Privatrecht – Das Recht der zeitlich verschiedenen Rechtsordnungen, Leipzig 1902.

Albers, Marion, Höchstrichterliche Rechtsfindung und Auslegung gerichtlicher Entscheidungen, in: Grzeszick, Bernd/Calliess, Christian/Lienbacher, Georg (Hrsg.), Grundsatzfragen der Rechtsetzung und Rechtsfindung – Referate und Diskussionen auf der Tagung der Vereinigung der Deutschen Staatsrechtslehrer in Münster vom 5. bis 8. Oktober 2011, Berlin 2012, S. 258–295 (zit. *Albers*, VVDStRL 71).

Albert, Markus, Vertrauensschutz und rückwirkende Besteuerung, Bonn 2005.

Alternativkommentar zum Grundgesetz, Bäumlin, Richard/Azzola, Axel (Hrsg.), 3. Auflage, Neuwied 2001 (zitiert: *Bearbeiter*, in: AK GG).

Alexy, Robert, Theorie der Grundrechte, Baden-Baden 1985.

Andel, Norbert, Finanzwissenschaft, 4. Auflage, Tübingen 1998.

Anzinger, Heribert, Verzinsung als Hemmschuh richterlicher Entscheidungen, in: Drüen, Klaus-Dieter/Hey, Johanna/Mellinghoff, Rudolf (Hrsg.), 100 Jahre Steuerrechtsprechung in Deutschland, 1918–2018 – Festschrift für den Bundesfinanzhof, Köln 2018, S. 1801–1828 (zit. *Anzinger*, FS 100 Jahre Steuerrechtsprechung).

Arnauld, Andreas von, Rechtssicherheit – Perspektivische Annäherungen an eine *idée directrice* des Rechts, Tübingen 2006.

Arndt, Hans-Wolfgang/Schumacher, Andreas, Echte Fortschritte bei der unechten Rückwirkung?, NJW 1998, S. 1538–1539.

Aristoteles, Werke in deutscher Übersetzung, Band 4: Rhetorik, Halbband 1, herausgegeben von Hellmut Flashar, übersetzt und erläutert von Christof Rapp, Berlin 2002 (zit. *Aristoteles*, Rhetorik).

Aristoteles, Werke in deutscher Übersetzung, Band 9/III: Politik – Buch IV–VI, herausgegeben von Hellmut Flashar, übersetzt und eingeleitet von Eckart Schütrumpf, erläutert von Eckart Schütrumpf und Hans-Joachim Gehrke, 1. Auflage, Berlin 1996 (zit. *Aristoteles*, Politik Buch IV–VI).

Aschke, Manfred, Übergangsregelungen als verfassungsrechtliches Problem, Frankfurt am Main u. a. 1987.

Bach, Stefan, 100 Jahre deutschen Steuersystem: Revolution und Evolution, StuW 2019, S. 105–117.

Bachof, Otto, Diskussionsbeitrag, in: Doehring, Karl/Isensee, Josef u. a. (Hrsg.), Die staatsrechtliche Stellung der Ausländer in der Bundesrepublik Deutschland; Vertrauensschutz im Verwaltungsrecht, Berlin, New York 1974 (zit. *Bachof*, VVDStRL 32).

Bäcker, Carsten, Gesetztes Vertrauen – Zum Spannungsverhältnis zwischen Vertrauensschutz und materiellen öffentlichen Interessen, NVwZ 2017, S. 1414–1419.

Badura, Peter, Staatsrecht – Systematische Erläuterung des Grundgesetzes für die Bundesrepublik Deutschland, 6. Auflage, München 2015.

Battis, Ulrich, Outsourcing von Gesetzentwürfen?, ZRP 2009, S. 201–202.

Bauer, Hartmut, Bundesverfassungsgericht und Rückwirkungsverbot, JuS 1984, S. 241–249.

Becker, Jürgen, Gewaltenteilung im Gruppenstaat – Ein Beitrag zum Verfassungsrecht des Parteien- und Verbändestaates, Baden-Baden 1986.

Beck'scher Online-Kommentar GG, Epping, Volker/Hillgruber, Christian (Hrsg.), 45. Edition, Stand: 11/2020, München (zitiert: *Bearbeiter*, in: BeckOK GG).

Beck'scher Online-Kommentar StGB, Heintschel-Heinegg, Bernd von (Hrsg.), 48. Edition, Stand 11/2020, München (zitiert: *Bearbeiter*, in: BeckOK StGB).

Beermann/Gosch, AO/FGO, Steuerliches Verfahrensrecht, Gosch, Dietmar (Hrsg.), Loseblatt, Stand: 148. EL 9/2019, Bonn (zitiert: *Bearbeiter*, in: Beermann/Gosch, AO/FGO).

Bergan, Maik/Martin, Sascha, Die Verfahrensruhe nach § 363 Abs. 2 Satz 2 AO – Zwang ohne Ausweg?, DStR 2006, S. 1923–1926.

dies., Vorläufige Steuerfestsetzung – Änderungsnorm für materielle Fehler?, DStR 2007, S. 658–661.

dies., Rechtsschutz gegen eine Negativauskunft nach § 89 Abs. 2 – AO; Zugleich Anmerkung zum Urteil des BFH v. 29. 2. 2012, IX R 11/11, DStR 2012, 1272, DStR 2012, S. 2164–2166.

Berger, Thomas, Zulässigkeitsgrenzen der Rückwirkung von Gesetzen – Eine kritische Analyse der Rechtsprechung des Bundesverfassungsgerichts und des Gerichtshofs der Europäischen Gemeinschaften, Frankfurt am Main u. a. 2002.

Bettermann, Karl August, § 73 Die rechtsprechende Gewalt, in: Isensee, Josef/Kirchhof, Paul (Hrsg.), Das Handeln des Staates, 2. Auflage, Heidelberg 1996 (zit. *Bettermann*, HStR III).

Binding, Lothar, Diskussionsbeitrag, in: Deutsches Wissenschaftliches Institut der Steuerberater (Hrsg.), Die Finanzverwaltung – ein Ersatzgesetzgeber? – DWS-Symposium 2005, Berlin 2006, S. 53–54.

Birk, Dieter, Kontinuitätsgewähr und Vertrauensschutz, in: Pezzer, Heinz-Jürgen (Hrsg.), Vertrauensschutz im Steuerrecht – 28. Jahrestagung der Deutschen Steuerjuristischen Gesellschaft e. V., Graz, 15. und 16. September 2003; Veröffentlichungen der Deutschen Steuerjuristischen Gesellschaft e. V., DStJG Band 27, Köln 2004, S. 9–23 (zit. *Birk*, DStJG 27).

ders., Der Schutz vermögenswerter Positionen bei der Änderung von Steuergesetzen – Zur neuen Rückwirkungsrechtsprechung des 2. Senats des BVerfG, FR 2011, S. 1–8.

ders., Steuermoral, Steuerkultur und Rückwirkung von Steuergesetzen, in: Mellinghoff, Rudolf/Schön, Wolfgang/Viskorf, Hermann-Ulrich (Hrsg.), Steuerrecht im Rechtsstaat – Festschrift für Wolfgang Spindler zum 65. Geburtstag, Köln 2011, S. 13–28 (zit. *Birk*, FS Spindler).

ders., Anmerkung zu BVerfG, Beschl. v. 17.12.2013, FR 2014, S. 338–340.

ders., Die Finanzgerichtsbarkeit – Erwartungen, Bedeutung, Einfluss, DStR 2014, S. 65–73.

ders./Eckhoff, Rolf, Staatsfinanzierung durch Gebühren und Steuern: Vor- und Nachteile aus juristischer Perspektive, in: Sacksofsky, Ute/Wieland, Joachim (Hrsg.), Vom Steuerstaat zum Gebührenstaat, Baden-Baden 2000, S. 54–67.

Blankart, Charles B., Öffentliche Finanzen in der Demokratie – Eine Einführung in die Finanzwissenschaft, 9. Auflage, München 2017.

Blanke, Hermann-Josef, Vertrauensschutz im deutschen und europäischen Verwaltungsrecht, Tübingen 2000.

Blomeyer, Wolfgang, Zur Bindung des „Arbeitsgesetzgebers" an das Richterrecht, in: Bartlsperger, Richard (Hrsg.), Rechtsstaat, Kirche, Sinnverantwortung – Festschrift für Klaus Obermayer zum 70. Geburtstag, München 1986, S. 15–24 (zit. *Blomeyer*, FS Obermayer).

Blümel, Willi, Diskussionsbeitrag, in: Doehring, Karl/Isensee, Josef u. a. (Hrsg.), Die staatsrechtliche Stellung der Ausländer in der Bundesrepublik Deutschland; Vertrauensschutz im Verwaltungsrecht, Berlin/New York 1974 (zit. *Blümel*, VVDStRL 32).

Blümich, EStG/KStG/GewStG, Heuermann, Bernd/Brandis, Peter (Hrsg.), 154. Edition, Stand: 7/2020, München (zitiert: *Bearbeiter*, in: Blümich).

Blumenberg, Jens/Kring, Wulf, Europäisches Beihilferecht und Besteuerung, Berlin 2011.

Bohley, Peter, Die öffentliche Finanzierung – Steuern, Gebühren und öffentliche Kreditaufnahme; Einführung, München 2003.

Boller, Tino/Eilinghoff, Karolina/Schmidt, Sebastian, § 50d Absatz 10 EStG i. d. F. des JStG 2009 – ein zahnloser Tiger?, IStR 2009, S. 109–115.

ders./Schmidt, Sebastian, § 50d Abs. 10 EStG ist doch ein zahnloser Tiger – Replik zu Frotscher (IStR 2009, 593), IStR 2009, S. 852.

Bonner Kommentar zum Grundgesetz, Kahl, Wolfgang/Waldhoff, Christian/Walter, Christian (Hrsg.), Loseblatt, Stand: 198. EL 5/2019 (zitiert: *Bearbeiter*, in: Bonner Komm. GG).

Breithecker, Volker, Einführung in die Betriebswirtschaftliche Steuerlehre – Mit Fallbeispielen, Übungsaufgaben und Lösungen, 17. Auflage, Berlin 2016.

Brocke, Klaus von/Rottenmoser, Georg, § 50i EStG und Wegzugsbesteuerung in Kürze zusammengefasst, SteuK 2013, S. 419–422.

Brümmerhoff, Dieter/Büttner, Thiess, Finanzwissenschaft, 11. Auflage, München 2015.

Brüning, Christoph, Die Rückwirkung von Legislativakten, NJW 1998, S. 1525–1528.

Bruns, Jan-Willem, Die verbindliche Auskunft aus Perspektive der Finanzverwaltung – Zügige Bearbeitung und aktuelle Gebührenfragen, DStR 2017, S. 2360–2368.

Bruschke, Gerhard, Konfliktlösung durch eine tatsächliche Verständigung mit dem Finanzamt, DStR 2010, S. 2611–2615.

Bryde, Brun-Otto, Geheimgesetzgebung: Zum Zustandekommen des Justizmitteilungsgesetzes und Gesetzes zur Änderung kostenrechtlicher Vorschriften und anderer Gesetze, JZ 1998, S. 115–120.

Buchheim, Johannes/Lassahn, Philipp, Alles neu oder alles wie gehabt? – Zur aktuellen Rückwirkungsrechtsprechung des BVerfG, NVwZ 2014, S. 562–565.

Bühler, Ottmar, Allgemeines Steuerrecht, Berlin 1927.

ders., Die rechtsstaatlichen Forderungen auf dem Gebiet des Steuerrechts im Rahmen der dringendsten steuerpolitischen Anliegen, in: Spitaler, Armin (Hrsg.), Steuerberater-Jahrbuch 1955/1956 – zugleich Bericht über den VII. Fachkongreß der Steuerberater der Bundesrepublik Deutschland, Köln 1956, S. 19–57.

Bumke, Christian, Einführung in das Forschungsgespräch über die richterliche Rechtsarbeit, in: Bumke, Christian (Hrsg.), Richterrecht zwischen Gesetzesrecht und Rechtsgestaltung, Tübingen 2012, S. 1–32.

ders., Verfassungsrechtliche Grenzen fachrichterlicher Rechtserzeugung, in: Bumke, Christian (Hrsg.), Richterrecht zwischen Gesetzesrecht und Rechtsgestaltung, Tübingen 2012, S. 33–47.

Bundesfinanzhof, 60 Jahre Bundesfinanzhof – Eine Chronik 1950–2010, Bonn 2010 (zit. *Bundesfinanzhof*, FS 60 Jahre BFH).

Bundesministerium der Justiz, Handbuch der Rechtsförmlichkeit – Empfehlungen des Bundesministeriums der Justiz für die rechtsförmliche Gestaltung von Gesetzen und Rechtsverordnungen nach §2 Absatz 4 und §2 Absatz 2 der gemeinsamen Geschäftsordnung der Bundesministerien, 3. Auflage, Köln 2008.

Burbat, Daniela, Gesetzgebungsoutsourcing – Gesetzgebung durch Rechtsanwälte? – Wissenschaftliche Fachtagung am 24. 9. 2010 an der Humboldt-Universität zu Berlin, NVwZ 2010, S. 1475–1477.

Burda, Michael C./Wyplosz, Charles, Makroökonomie – Eine europäische Perspektive, 4. Auflage, München 2018.

Burmeister, Joachim, Vertrauensschutz im Prozessrecht – Ein Beitrag zur Theorie vom Dispositionsschutz des Bürgers bei Änderung des Staatshandelns, Berlin/New York 1979.

Busch, Philipp, Die §§164, 165 AO als besondere Nebenbestimmungen zum Steuerbescheid, Baden-Baden 2019.

Bydlinski, Franz, Juristische Methodenlehre und Rechtsbegriff, 2. Auflage, Wien/New York 1991.

Canaris, Claus-Wilhelm, Die Vertrauenshaftung im deutschen Privatrecht, München 1971.

Christiansen, Alfred, Zum Grundsatz der Einzelbewertung – insbesondere zur Bildung so genannter Bewertungseinheiten, DStR 2003, S. 264–268.

ders., Rückstellung für öffentlich-rechtliche Verfüllungs- und Rekultivierungsverpflichtungen – Erfordernis der hinreichenden Konkretisierung – BFH, Gerichtsbescheid vom 15. 12. 2004 – I R 35/03 (gilt als nicht ergangen), DStR 2005, S. 1485–1489.

Cölln, Ira von, Die Zinsschranke unter immobilienwirtschaftlichen Aspekten, DStR 2008, S. 1853–1859.

Cordewener, Axel, Europäische Grundfreiheiten und nationales Steuerrecht – „Konvergenz" des Gemeinschaftsrechts und „Kohärenz" der direkten Steuern in der Rechtsprechung des EuGH, Köln 2002.

Crezelius, Georg, Steuerrechtliche Rechtsanwendung und allgemeine Rechtsordnung – Grundlagen für eine liberale Besteuerungspraxis, Herne 1983.

ders., Rechtsprechungsüberholende Gesetzgebung und gesetzesüberholende Rechtsprechung, in: Felix, Günther/Carlé, Dieter u. a. (Hrsg.), Herausforderungen, Steuerberatung im Spannungsfeld der Teilrechtsordnungen – Festgabe für Günther Felix zum 60. Geburtstag, Köln 1989, S. 37–54 (zit. *Crezelius*, FS Felix).

Däke, Karl Heinz, Gesetzgebungsoutsourcing – Bereicherung oder Verschwendung?, in: Kloepfer, Michael (Hrsg.), Gesetzgebungsoutsourcing – Gesetzgebung durch Rechtsanwälte?, Baden-Baden 2011, S. 19–24.

Dauner-Lieb, Barbara, Die Freistellung geringfügig beteiligter Gesellschafter von der Kapitalersatzhaftung – Ein Eingriff in die Fortbildungskompetenz der Gerichte?, DStR 1998, S. 609–617.

Demuth, Ralf, Trennung von der modifizierten Trennungstheorie? – Anmerkung zum Beschluss des BFH v. 19.3.2014 – X R 28/12, EStB 2014, S. 373–376.

Depenheuer, Otto, Der Wortlaut als Grenze – Thesen zu einem Topos der Verfassungsinterpretation, Heidelberg 1988.

Desens, Marc, Vertrauen in das Steuergesetz, in: Rensen, Hartmut/Brink, Stefan (Hrsg.), Linien der Rechtsprechung des Bundesverfassungsgerichts – erörtert von den wissenschaftlichen Mitarbeitern, Berlin 2009, S. 329–353.

ders., Bindung der Finanzverwaltung an die Rechtsprechung – Bedingungen und Grenzen für Nichtanwendungserlasse, Tübingen 2011.

ders., Die neue Vertrauensschutzdogmatik des Bundesverfassungsgerichts für das Steuerrecht, StuW 2011, S. 113–130.

ders., Echter Vertrauensschutz bei „unechten" Rückwirkungen im Steuerrecht – Zur Fortentwicklung des Rückwirkungsverbots bei periodisch erhobenen Steuern durch BVerfG v. 10.10.2012 – 1 BvL 6/07, DStR 2012, 2322, FR 2013, S. 148–155.

Deutsche Steuerjuristische Gesellschaft, Stellungnahme zum Entwurf eines Steuerreformgesetzes 1990, BB 1988, S. 1089–1094.

Di Fabio, Udo, Gewaltenteilung, in: Isensee, Josef/Kirchhof, Paul (Hrsg.), Verfassungsstaat, 3. Auflage, Heidelberg 2004 (zit. *Di Fabio*, HStR II).

Dichgans, Hans, Recht und Politik in der Judikatur des Bundesverfassungsgerichts, in: Leibholz, Gerhard (Hrsg.), Menschenwürde und freiheitliche Rechtsordnung – Festschrift für Willi Geiger zum 65. Geburtstag, Tübingen 1974, S. 945–962 (zit. *Dichgans*, FS Geiger).

Dixit, Avinash K./Pindyck, Robert S., Investment under uncertainty, Princeton 1994.

Döllerer, Georg, Steuerbilanz und Beutesymbol – Gedanken zu einer ungewöhnlichen Geschichte des Bilanzrechts, BB 1988, S. 238–241.

Dornheim, Bertram, Teilentgeltliche Übertragung einzelner Wirtschaftsgüter bei Mitunternehmerschaften – BFH fordert BMF zum Beitritt auf, FR 2014, S. 869–876.

Dötsch, Franz, Vertrauensschutz gegen die rückwirkende Anwendung einer zum Nachteil des Bürgers wirkenden Änderung der höchstrichterlichen Rechtsprechung durch die Rechtsprechung, DStR 2009, S. 409–411.

Dräger, Jürgen/Dorn, Katrin, Quo vadis Trennungstheorie? Kein Ende des Meinungsstreits in Sicht, NWB 2019, S. 17–19.

Dreier, Horst (Hrsg.), Grundgesetz – Kommentar, 2. Auflage, Tübingen 2006 (zitiert: *Bearbeiter*, in: Dreier, GG).

ders. (Hrsg.), Grundgesetz – Kommentar, 3. Auflage, Tübingen 2018 (zitiert: *Bearbeiter*, in: Dreier, GG).

Droege, Michael, Der Beitrag des Steuerrechts und der Fortschritt der Verfassung, in: Baer, Susanne/Lepsius, Oliver u. a. (Hrsg.), Jahrbuch des öffentlichen Rechts der Gegenwart, 2016, S. 539–553.

Drüen, Klaus-Dieter, 2010: Der Aufbruch zu einer neuen Steuerkultur?, DStR 2010, S. 2–8.

ders., Vom Steuerabzug zur Zahlungsgarantie? – Geplante Korrekturgesetzgebung zur Entrichtungsschuld, DStR-Beih 2012, S. 85–100.
ders., Verfassungsrechtliche Grenzen „klarstellender" Gesetzesänderungen – Dargestellt am Beispiel der Besteuerung von Erstattungszinsen, Ubg 2014, S. 683–693.
ders., Verfassungsrechtliche Grenzen rückwirkender Rechtsprechungskorrektur – Dargestellt am Beispiel der Besteuerung von Erstattungszinsen (Teil II), Ubg 2014, S. 747–758.
ders., Richterseminar K: Effektiver Rechtsschutz für Steuerpflichtige – Garantie und Herausforderungen, IStR 2015, S. 609–616.
ders., Rückwirkende Nichtanwendungsgesetze im Steuerrecht, StuW 2015, S. 210–221.
ders., Entwicklungslinien und Zukunftsfragen des Unternehmenssteuerrechts, in: Drüen, Klaus-Dieter/Hey, Johanna/Mellinghoff, Rudolf (Hrsg.), 100 Jahre Steuerrechtsprechung in Deutschland, 1918–2018 – Festschrift für den Bundesfinanzhof, Köln 2018, S. 1317–1348 (zit. *Drüen*, FS 100 Jahre Steuerrechtsprechung).
Dürig, Günter, Diskussionsbeitrag, in: Doehring, Karl/Isensee, Josef u. a. (Hrsg.), Die staatsrechtliche Stellung der Ausländer in der Bundesrepublik Deutschland; Vertrauensschutz im Verwaltungsrecht, Berlin, New York 1974 (zit. *Dürig*, VVDStRL 32).
ders., Zeit und Rechtsgleichheit, in: Gernhuber, Joachim (Hrsg.), Tradition und Fortschritt im Recht – Festschrift gewidmet der Tübinger Juristenfakultät zu ihrem 500jährigen Bestehen 1977 von ihren gegenwärtigen Mitgliedern, Tübingen 1977, S. 21–46 (zit. *Dürig*, FS Tübinger Juristenfakultät).
Ebner, Markus/Malzahn, Bettina/Martini, Ruben/Avvento, Christina, et al., Verzinsung von Ansprüchen aus dem Steuerschuldverhältnis sowie methodischer und verfassungsrechtlicher Rahmen richterlicher Gesetzeskorrektur – Tagungsbericht zum 6. Steuerwissenschaftlichen Symposium beim BFH, DStR-Beih 2017, S. 77–87.
Ebner, Stephan M., Vertrauensschutz und Kontinuitätsgewähr in der höchstrichterlichen Rechtsprechung am Beispiel des Steuerrechts – Eine Untersuchung unter besonderer Einbeziehung des Beschlusses des Großen Senats des BFH vom 17.12.2007, GrS 2/04 (Keine Vererblichkeit von Verlustvorträgen), Frankfurt am Main 2010.
Eggesiecker, Fritz/Ellerbeck, Eike, Fünftelregelung und Progressionsvorbehalt, DStR 2007, S. 1281–1289.
dies., Nichtanwendungsprophylaxe der Finanzverwaltung durchkreuzen, DStR 2007, S. 1427–1430.
Ehlers, Hans, Steuergesetze mit rückwirkender Kraft?, DB 1951, S. 556.
ders., Über die rückwirkende Kraft von Steuergesetzen, StuW 1953, Sp. 113–126.
Eich, Andreas, Die tatsächliche Verständigung im Steuerverfahren und Steuerstrafverfahren – Zulässigkeit, Rechtsnatur, Auswirkungen, Strategien, Köln 1992.
Eismann, Günther, Die neue steuerliche Förderung der Elektromobilität ab 2019, DStR 2019, S. 903–907.
El Mourabit, Francis/Seufer, Ramona, Die zeitliche Reichweite des Vertrauensschutzes im Ertragsteuerrecht – Kritische Würdigung der Rückwirkungsdogmatik des BVerfG aus Anlass des jüngsten Vorlagebeschlusses des FG Münster v. 1.9.2011, FR 2012, S. 335–343.
Ende, Claudia, Der Vorläufigkeitsvermerk in der steuerlichen Beratungspraxis, DStR 2006, S. 878–882.
dies., Gesetzgeber plant Erweiterung der Regelung zum Vorläufigkeitsvermerk, DStR 2008, S. 2197–2200.
Engisch, Karl, Logische Studien zur Gesetzesanwendung, 3. Auflage, Heidelberg 1963.

ders., Einführung in das juristische Denken, 11. Auflage, Stuttgart 2010.

Enneccerus, Ludwig/Kipp, Theodor/Wolff, Martin, Lehrbuch des bürgerlichen Rechts, 14. Auflage, Tübingen 1952.

Ettinger, Jochen/Beuchert, Tobias, Wegzugsbesteuerung im Lichte des § 50i EStG – Auswirkungen auf die Gestaltungspraxis bei Wegzug, IWB 2014, S. 680–688.

Farle, Valentina, Verbindlichkeiten in der Liquidation – Überprüfung verbindlicher Auskünfte; Zugleich Besprechung von FG Köln v. 6. 3. 2012, 13 K 3006/11, DStR 2012, S. 1590–1593.

Fehling, Michael/Kastner, Berthold/Störmer, Rainer (Hrsg.), Verwaltungsrecht – VwVfG, VwGO, Nebengesetze; Handkommentar, 4. Auflage, Baden-Baden 2016 (zitiert: *Bearbeiter*, in: Fehling/Kastner/Störmer).

Felix, Günther, Die Auslegung der Steuergesetze aus dem Blickwinkel der Steuerberatung, Stbg 1988, S. 15–21.

ders., Zur steuergerichtlichen Verwerfungskompetenz steuerwidriger Steuernormen – Dargestellt am Beispiel steuerlicher Nichtanwendungsgesetze, BB 1988, S. 1500–1502.

ders., Zum Rückwirkungsverbot verschärfend geänderter Steuerrechtsprechung, in: Lang, Joachim (Hrsg.), Die Steuerrechtsordnung in der Diskussion – Festschrift für Klaus Tipke zum 70. Geburtstag, Köln 1995, S. 71–92 (zit. *Felix*, FS Tipke).

Fiedler, Neuorientierung der Verfassungsrechtsprechung zum Rückwirkungsverbot und zum Vertrauensschutz?, NJW 1988, S. 1624–1631.

Fikentscher, Wolfgang, Methoden des Rechts in vergleichender Darstellung – Dogmatischer Teil, Tübingen 1977 (zit. *Fikentscher*, Methoden des Rechts IV).

Fischedick, Walter, Legislatives Handeln im Vollzug – Eine Situationsbeschreibung, in: Baldus, Christian/Theisen, Frank/Vogel, Friederike (Hrsg.), „Gesetzgeber" und Rechtsanwendung – Entstehung und Auslegungsfähigkeit von Normen, Tübingen 2013, S. 63–74.

Fischer, Lutz, Die Reform des Untemehmenssteuerrechts in den wichtigsten Industriestaaten – Übereinstimmungen und Unterschiede, in: Herzig, Norbert (Hrsg.), Betriebswirtschaftliche Steuerlehre und Steuerberatung – Gerd Rose zum 65. Geburtstag, Wiesbaden 1991, S. 217–238 (zit. *Fischer*, FS Rose).

ders., Steuerchaos und betriebliche Standortwahl – unter besonderer Berücksichtigung der steuerlichen Fördermaßnahmen in den neuen Bundesländern, in: Bömelburg, Peter/Peemöller, Volker H./Uecker, Peter (Hrsg.), Standort Deutschland – Grundsatzfragen und aktuelle Perspektiven für die Besteuerung, die Prüfung und das Controlling: Anton Heigl zum 65. Geburtstag, Berlin 1995, S. 171–197 (zit. *Fischer*, FS Heigl).

Fischer, Michael, Rückwirkende Rechtsprechungsänderung im Steuerrecht, DStR 2008, S. 697–702.

Fischer, Peter, Innere Unabhängigkeit und Fiskalinteresse, StuW 1992, S. 121–134.

Fleischer, Holger, 100 Jahre GmbH-Reform und 100 Jahre GmbH-Rundschau, GmbHR 2009, S. 1–13.

ders./Wedemann, Frauke, Kodifikation und Derogation von Richterrecht – Zum Wechselspiel von höchstrichterlicher Rechtsprechung und Reformgesetzgebung im Gesellschaftsrecht, AcP 209 (2009), S. 597–627.

Flick, Hans/Wassermeyer, Franz/Baumhoff, Hubertus/Schönfeld, Jens (Hrsg.), Außensteuerrecht, Loseblatt, Stand: 88. EL 3/2019, Köln (zitiert: *Bearbeiter*, in: FWBS).

Flume, Werner, Der Entwurf eines Gepräge-Rechtsprechungs-Gesetzes, DB 1985, S. 1152–1155.

ders., Diskussionsbeitrag, in: Deutsches Anwaltsinstitut e. V. (Hrsg.), Jahrbuch der Fachanwälte für Steuerrecht 1985/86 – Aktuelle steuerrechtliche Beiträge, Referate und Diskussionen der 36. Steuerrechtlichen Jahresarbeitstagung, Wiesbaden vom 13. bis 15. Mai 1985, Herne, Berlin 1986, S. 287–289.

Forchhammer, Josef, Rückwirkung des Abzugsverbotes für Geldbußen verfassungswidrig?, FR 1986, S. 84–88.

Förster, Ursula, Unentgeltliche Übertragung von Mitunternehmeranteilen und Ausgliederung von Sonderbetriebsvermögen – Folgefragen aus der neueren BFH-Rechtsprechung, DB 2013, S. 2047–2052.

Forsthoff, Ernst, Zur verfassungsrechtlichen Problematik der Investitionshilfe, BB 1953, S. 421–423.

Franz, Einiko/Spielmann, Sebastian, Die Zukunft von Selbstbehalten bei Pflichtversicherungen aus versicherungsteuerlicher Sicht, VersR 2012, S. 960.

Frechen, Gabriele, Die Finanzverwaltung – ein Ersatzgesetzgeber? Aus Sicht des Gesetzgebers, in: Deutsches Wissenschaftliches Institut der Steuerberater (Hrsg.), Die Finanzverwaltung – ein Ersatzgesetzgeber? – DWS-Symposium 2005, Berlin 2006, S. 32–34.

Friauf, Karl Heinrich, Gesetzesankündigung und rückwirkende Gesetzgebung im Steuer- und Wirtschaftsrecht, BB 1972, S. 669–678.

Frotscher, Gerrit, Treaty Override und § 50d Abs. 10 EStG, IStR 2009, S. 593–600.

Frotscher, Werner/Pieroth, Bodo, Verfassungsgeschichte, 17. Auflage, München 2018.

Fuhrmanns, Achim, Vertrauensschutz im deutschen und österreichischen öffentlichen Recht, Gießen 2004.

Gabel, Monika, Verfassungsrechtliche Maßstäbe spezieller Missbrauchsnormen im Steuerrecht, Baden-Baden 2011.

Gärtner, Marcus, Kontinuität und Wandel in der neueren deutschen Literaturwissenschaft nach 1945, Bielefeld 1997.

Gattermann, Hans, Bundesfinanzhof und Gesetzgebung – wechselseitiger Einfluß, in: Klein, Franz (Hrsg.), 75 Jahre Reichsfinanzhof – Bundesfinanzhof – Festschrift, Bonn 1993, S. 91–103 (zit. *Gattermann*, FS 75 Jahre RFH-BFH).

Gebhardt, Roland/Quilitzsch, Carsten, Erste höchstrichterliche Entscheidung zu § 50d Abs. 10 EStG – Implikationen und offene Fragen, BB 2011, S. 669–674.

Geiger, Theodor Julius/Rehbinder, Manfred, Vorstudien zu einer Soziologie des Rechts, 4. Auflage, Berlin 1987.

Gelsheimer, Bernd/Meyen, Thomas, Verfassungsrechtliche Anforderungen an steuerverschärfende Vorschriften mit rückwirkendem Anwendungsbereich, DStR 2011, S. 193–199.

Geserich, Stephan, Der Nachweis der Zwangsläufigkeit von Krankheitskosten nach der Neuregelung im StVereinfG 2011, DStR 2012, S. 1490–1494.

ders., Das stete Ringen um den Werbungskostenabzug von Aufwendungen für die berufliche (Erst-)Ausbildung, DStR 2018, S. 2084–2090.

Giese, Friedrich, Können Verfassungsgesetze sich rückwirkende Kraft beilegen?, DÖV 1954, S. 321–324.

Goeppert, Heinrich, Gesetze haben keine rückwirkende Kraft – Das Prinzip geschichtlich und dogmatisch entwickelt, in: Jhering, Rudolf von/Unger, Joseph/Bähr, Otto

(Hrsg.), Jherings Jahrbücher für die Dogmatik des heutigen römischen und deutschen Privatrechts, Jena 1884, S. 1–206 (zit. *Goeppert*, JherJb 22 (1884)).

Goette, Wulf, Einführung in das neue GmbH-Recht – Mit Materialien zum Gesetz zur Modernisierung des GmbH-Rechts und zur Bekämpfung von Missbräuchen (MoMiG), München 2008.

Golombek, Stephan, Zum Umfang der richterlichen Inhaltskontrolle einer verbindlichen Auskunft – ein Rettungsversuch, BB 2015, S. 1946–1952.

Gosch, Dietmar, Über das Nichtanwenden höchstrichterlicher Rechtsprechung – aufgezeigt am Beispiel der Spruchpraxis des I. Senats des BFH, in: Mellinghoff, Rudolf/Schön, Wolfgang/Viskorf, Hermann-Ulrich (Hrsg.), Steuerrecht im Rechtsstaat – Festschrift für Wolfgang Spindler zum 65. Geburtstag, Köln 2011, S. 379–428 (zit. *Gosch*, FS Spindler).

Götz, Volkmar, Bundesverfassungsgericht und Vertrauensschutz, in: Starck, Christian (Hrsg.), Bundesverfassungsgericht und Grundgesetz – Festgabe aus Anlaß des 25jährigen Bestehens des Bundesverfassungsgerichts, Bd. 2, Tübingen 1976, S. 421–452 (zit. *Götz*, FG 25 Jahre BVerfG, Bd. 2).

Goworek, Falk/Sellering, Britta, Schuldenregeln in Deutschland, in: Gatzer, Werner/Schweisfurth, Tilmann (Hrsg.), Öffentliche Finanzwirtschaft in der Staatspraxis, Berlin 2015, S. 221–252.

Grabitz, Eberhard, Vertrauensschutz als Freiheitsschutz, DVBl 1973, S. 675–684.

ders., Diskussionsbeitrag, in: Doehring, Karl/Isensee, Josef u. a. (Hrsg.), Die staatsrechtliche Stellung der Ausländer in der Bundesrepublik Deutschland; Vertrauensschutz im Verwaltungsrecht, Berlin, New York 1974 (zit. *Grabitz*, VVDStRL 32).

Graw, Christian, Teilentgeltliche Übertragung von Einzelwirtschaftsgütern bei Mitunternehmerschaften – strenge vs. modifizierte Trennungstheorie, FR 2015, S. 260–267.

Greve, Holger, Gesetzgebungsoutsourcing – Gesetzgebung durch Rechtsanwälte?, DVBl 2011, S. 30–32.

Grosche, Nils, Das allgemeine Rückwirkungsverbot – Ablösung vom Vertrauensschutz, Der Staat 2015, S. 309–347.

Grossekettler, Heinz, Steuerstaat vs. Gebührenstaat: Vor- und Nachteile, in: Sacksofsky, Ute/Wieland, Joachim (Hrsg.), Vom Steuerstaat zum Gebührenstaat, Baden-Baden 2000, S. 24–45.

Grund, Walter, Gegenwartsfragen des Ertragsteuerrechts, in: Spitaler, Armin (Hrsg.), Steuerberater-Jahrbuch 1955/1956 – zugleich Bericht über den VII. Fachkongreß der Steuerberater der Bundesrepublik Deutschland, Köln 1956, S. 371–395.

ders., Steuergesetzgebung – Steuerverwaltung – Steuergerichtsbarkeit, in: Bundesfinanzhof (Hrsg.), 50 Jahre Deutsche Finanzgerichtsbarkeit – Festschrift des Bundesfinanzhofs, Bonn 1968, S. 27–50 (zit. *Grund*, FS 50 Jahre Finanzgerichtsbarkeit).

Grürmann, Harald, Die Finanzverwaltung – ein Ersatzgesetzgeber? Aus Sicht des Steuerberaters, in: Deutsches Wissenschaftliches Institut der Steuerberater (Hrsg.), Die Finanzverwaltung – ein Ersatzgesetzgeber? – DWS-Symposium 2005, Berlin 2006, S. 45–48.

Gusy, Christoph, Richterrecht und Grundgesetz, DÖV 1992, S. 461–470.

Haase, Florian, Internationales und Europäisches Steuerrecht, Heidelberg 2017.

Häberle, Peter, Verfassungsprinzipien „im" Verwaltungsverfahrensgesetz, in: Schmitt Glaeser, Walter (Hrsg.), Verwaltungsverfahren – Festschrift zum 50-jährigen Bestehen des Richard Boorberg Verlags, Stuttgart, München 1977, S. 47–94 (zit. *Häberle*, FS 50 Jahre Boorberg Verlag).

Hahn, Hartmut, Zur Rückwirkung im Steuerrecht – Zugleich eine Kritik am Beschluß des Bundesverfassungsgerichts vom 14. Mai 1986, Bonn 1987.

ders., BFH: Zur verfassungsrechtlich unzulässigen rückwirkenden Anwendung des § 11 Abs. 2 Satz 3 EStG bei im Voraus geleisteten Erbbauzinsen (§ 52 Abs. 30 Satz 1 EStG), BB 2011, S. 545–551.

Haller, Heinz, Die Steuern – Grundlinien eines rationalen Systems öffentlicher Abgaben, 3. Auflage, Tübingen 1981.

Hanke, Bernd/Baumann, Elke, Volkswirtschaftliche und finanzwirtschaftliche Darstellung der öffentlichen Haushalte: Öffentlicher Gesamthaushalt und Staatskonto, in: Gatzer, Werner/Schweisfurth, Tilmann (Hrsg.), Öffentliche Finanzwirtschaft in der Staatspraxis, Berlin 2015, S. 157–193.

Hansmann, Marc, Kommunale Haushaltswirtschaft, in: Gatzer, Werner/Schweisfurth, Tilmann (Hrsg.), Öffentliche Finanzwirtschaft in der Staatspraxis, Berlin 2015, S. 593–608.

Hassemer, Winfried, Rechtssystem und Kodifikation: Die Bindung des Richters an das Gesetz, in: Hassemer, Winfried/Neumann, Ulfrid/Saliger, Frank (Hrsg.), Einführung in Rechtsphilosophie und Rechtstheorie der Gegenwart, 9. Auflage, Heidelberg 2016, S. 227–242.

Heck, Philipp, Gesetzesauslegung und Interessenjurisprudenz, Tübingen 1914.

Heilgeist, Klaus, Nichtanwendung von BFH-Urteilen – Gewaltenteilung gerät durcheinander, DStR-KK 2004, S. 47.

ders., in: Deutsches Wissenschaftliches Institut der Steuerberater (Hrsg.), Die Finanzverwaltung – ein Ersatzgesetzgeber? – DWS-Symposium 2005, Berlin 2006, S. 7–10.

ders., Finanzpolitik gestern und in Zukunft, DStR 2009, S. 2625–2630.

Heim, Johanna, Prozesskosten als außergewöhnliche Belastungen – Gesetzliche Regelung ab 2013, DStZ 2013, S. 165–170.

Heintzen, Markus, Das Steuerrecht zwischen Autarkie und Vernetzung, in: Baer, Susanne/Lepsius, Oliver u. a. (Hrsg.), Jahrbuch des öffentlichen Rechts der Gegenwart, 2016, S. 493–504.

Helbich, Julius, Vertrauensschutz in Verwaltungsvorschriften des Steuerrechts, Berlin 2015.

Heller, Hermann, Staatslehre – in der Bearbeitung von Gerhart Niemeyer, 6. Auflage, Tübingen 1983.

Helsper, Helmut, Die Chaotisierung der Steuerrechtsordnung und die Verantwortung der Führungskräfte – Die Kollision von Praktikerrecht (practised law) und Papierrecht (law in the books) als Mittel zur Wiederherstellung der Lernfähigkeit des Rechtsstaates, BB 1996, S. 2326–2332.

Hendler, Reinhard, Staatsfinanzierung durch Gebühren oder Steuern: Vor- und Nachteile aus juristischer Perspektive, in: Sacksofsky, Ute/Wieland, Joachim (Hrsg.), Vom Steuerstaat zum Gebührenstaat, Baden-Baden 2000, S. 68–84.

Hendricks, Michael/Paß, Philip, Musterprozessvereinbarungen im Steuerrecht, DStR 2015, S. 2589–2594.

Hensel, Albert, Steuerrecht, 3. Auflage, Berlin 1933.

Herbert, Ulrich (Hrsg.), Finanzgerichtsordnung – Mit Nebengesetzen; Kommentar, 9. Auflage, München/München 2019 (zitiert: *Bearbeiter*, in: Gräber, FGO).

Herden, Christian, Nichtanwendung von Entscheidungen des Bundesfinanzhofs, in: Mellinghoff, Rudolf/Schön, Wolfgang/Viskorf, Hermann-Ulrich (Hrsg.), Steuerrecht im Rechtsstaat – Festschrift für Wolfgang Spindler zum 65. Geburtstag, Köln 2011, S. 445–461 (zit. *Herden*, FS Spindler).

Hergarten, Lothar, Die gesetzliche Kodifizierung des anschaffungsnahen Aufwandes – Analyse eines Versuchs des Steuergesetzgebers, DStR 2003, S. 397–402.

Hergenröder, Curt Wolfgang, Zivilprozessuale Grundlagen richterlicher Rechtsfortbildung, Tübingen 1995.

Herschel, Wilhelm, Die Gefährdung der Rechtskultur, AuR 1985, S. 265–266.

Herzog, Roman, Gesetzgeber und Gerichte, in: Brandt, Willy/Gollwitzer, Helmut/Henschel, Johann Friedrich (Hrsg.), Ein Richter, ein Bürger, ein Christ – Festschrift für Helmut Simon, Baden-Baden 1987, S. 103–112 (zit. *Herzog*, FS Simon).

ders./Pietzner, Rainer, Möglichkeiten und Grenzen einer Beteiligung des Parlaments an der Ziel- und Ressourcenplanung der Bundesregierung, Speyer 1979.

Heß, Burkhard, Intertemporales Privatrecht, Tübingen 1998.

Heuermann, Bernd, Einheit, Trennung oder modifiziertes Trennen? – Verbilligte Wirtschaftsgutübertragung und §6 Abs. 5 EStG; konzise Bemerkungen zur sog. Trennungstheorie, DB 2013, S. 1328–1330.

ders., Übertragen von Wirtschaftsgütern vom Gesellschafter auf die Personengesellschaft: Umsatzsteuerrechtliche (Vorsteuerabzug) und einkommensteuerrechtliche (§6 Abs. 5 EStG) Implikationen – Transparenz in Einheit und Vielheit, jM 2014, S. 117–123.

Heun, Werner, Die Entwicklung des Steuerstaatskonzepts in theoretischer und tatsächlicher Hinsicht, in: Sacksofsky, Ute/Wieland, Joachim (Hrsg.), Vom Steuerstaat zum Gebührenstaat, Baden-Baden 2000, S. 10–21.

Hey, Johanna, Die rückwirkende Abschaffung der Sonderabschreibungen auf Schiffsbeteiligungen – Wider steuerliche Planungssicherheit: Anmerkungen zum Beschluß des Zweiten Senats des BVerfG vom 3.12.1997 – 2 BvR 882/97, BB 1998, S. 1444–1451.

dies., Verbot und Auflösung von Rückstellungen für Jubiläumszuwendungen: Gerechtigkeit in der Zeit? – Zugleich Besprechung der Vorlage des BFH vom 10.11.1999 – X R 60/95, BB 2000, 347, BB 2000, S. 1453–1460.

dies., Steuerplanungssicherheit als Rechtsproblem, Köln 2002.

dies., Schutz des Vertrauens in BFH-Rechtsprechung und Verwaltungspraxis, DStR 2004, S. 1897–1904.

dies., Vertrauen in das fehlerhafte Steuergesetz, in: Pezzer, Heinz-Jürgen (Hrsg.), Vertrauensschutz im Steuerrecht – 28. Jahrestagung der Deutschen Steuerjuristischen Gesellschaft e. V., Graz, 15. und 16. September 2003; Veröffentlichungen der Deutschen Steuerjuristischen Gesellschaft e. V., DStJG Band 27, Köln 2004, S. 91–114 (zit. *Hey*, DStJG 27).

dies., Vom Eintreten des Bundesfinanzhofs für mehr Steuerplanungssicherheit – Zugleich zum Gedenken an Gerd Rose, DStR 2007, S. 1–9.

dies., Wird die Gesetzesverkündung wieder zum Maß des Vertrauensschutzes? – BFH wendet sich gegen Vorhersehbarkeitsrechtsprechung des BVerfG, NJW 2007, S. 408–411.

dies., Spezialgesetzliche Missbrauchsgesetzgebung, StuW 2008, S. 167–183.

dies., Steuerplanung, in: Kube, Hanno/Mellinghoff, Rudolf u. a. (Hrsg.), Leitgedanken des Rechts – Paul Kirchhof zum 70. Geburtstag, Heidelberg, Hamburg 2013 (zit. *Hey*, FS Kirchhof).

dies., Rückwirkende Klarstellung und rückwirkende Nichtanwendungsgesetzgebung – Eine Bewertung in vertrauensschutzrechtlicher Hinsicht nach dem Beschluss des BVerfG v. 17.12.2013 – 1 BvL 5/08, JZ 2014, S. 500–507.

dies., Verbot rückwirkender Klarstellung als Weg zu besserer Gesetzgebung?, NJW 2014, S. 1564–1567.

dies., Entwicklungslinien und Zukunftsfragen des Steuerverfassungsrechts, in: Drüen, Klaus-Dieter/Hey, Johanna/Mellinghoff, Rudolf (Hrsg.), 100 Jahre Steuerrechtsprechung in Deutschland, 1918–2018 – Festschrift für den Bundesfinanzhof, Köln 2018, S. 451–500 (zit. *Hey*, FS 100 Jahre Steuerrechtsprechung).

Herrmann/Heuer/Raupach, Einkommensteuer- und Körperschaftsteuergesetz, Hey, Johanna/Prinz, Ulrich/Wendt, Michael (Hrsg.), Loseblatt, Stand: 294. EL 10/2019, Köln (zitiert: *Bearbeiter*, in: HHR).

Hoesch, Kirsten, Kontinuität und Wandel in der Kommunikationsstrategie der EU-Kommission, Osnabrück 2003.

Homburg, Stefan, Allgemeine Steuerlehre, 7. Auflage, München 2015.

Hömig, Dieter/Wolff, Heinrich Amadeus Wolff (Hrsg.), Grundgesetz für die Bundesrepublik Deutschland, 12. Auflage, Baden-Baden 2018 (zitiert: *Bearbeiter*, in: Hömig/Wolff, GG).

Hommelhoff, Peter, Das Gesellschafterdarlehen als Beispiel institutioneller Rechtsfortbildung, ZGR 1988, S. 460–493.

Höng, Gregor/Baumgartner, Egid, Nichtanwendungsgesetzgebung im Unternehmenssteuerrecht – Handlungsempfehlungen für die Praxis, Ubg 2016, S. 751–760.

Horlemann, Heinz-Gerd, Nochmals: Finanzgerichtsbarkeit im gewaltengeteilten Verfassungsstaat – Replik auf Pezzer in DStR 2004, 525, DStR 2004, S. 1113.

ders., Nochmals: Wirkung und Bindung von Normen, Urteilen und Anweisungen, StW 2012, S. 87–90.

Hruschka, Franz, Das neue BMF-Schreiben zur Anwendung von DBA auf Personengesellschaften, DStR 2014, S. 2421–2427.

Huber, Ernst Rudolf, Deutsche Verfassungsgeschichte, Band 3: Bismarck und das Reich, 3. Auflage, Stuttgart 1988 (zit. *Huber*, Deutsche Verfassungsgeschichte, Bd. III).

Huber, Hans, Vertrauensschutz – Ein Vergleich zwischen Recht und Rechtsprechung in der Bundesrepublik und in der Schweiz, in: Bachof, Otto/Heigl, Ludwig (Hrsg.), Verwaltungsrecht zwischen Freiheit, Teilhabe und Bindung – Festgabe aus Anlass des 25jährigen Bestehens des Bundesverwaltungsgerichts, München 1978, S. 313–336 (zit. *Huber*, FG 25 Jahre BVerwG).

Hübschmann/Hepp/Spitaler, Abgabenordnung, Finanzgerichtsordnung – Kommentar, Söhn, Hartmut/Heuermann, Bernd (Hrsg.), Loseblatt, Stand: 255. EL 10/2019, Köln (zitiert: *Bearbeiter*, in: HHSp.).

Hufeld, Ulrich, Europäisierung der Finanzverfassung, in: Hufeld, Ulrich/Reimer, Ekkehart/Kube, Hanno (Hrsg.), Entwicklungslinien der Finanzverfassung, Berlin 2016, S. 75–94 (zit. *Hufeld*, HFSt 3).

Hülsmann, Christoph, Bindung der Finanzverwaltung aufgrund von Treu und Glauben, DStR 2018, S. 1850–1853.

Hummel, David, Die Missachtung des parlamentarischen Gesetzgebers durch die Fachgerichte unter dem Deckmantel des Anwendungsvorrangs europäischen Rechts, NVwZ 2008, S. 36–41.

Hundsdoerfer, Jochen/Kiesewetter, Dirk/Sureth, Caren, Forschungsergebnisse in der Betriebswirtschaftlichen Steuerlehre – eine Bestandsaufnahme, ZfB 2008, S. 62–139.

Husserl, Gerhart, Recht und Zeit – Fünf rechtsphilosophische Essays, Frankfurt am Main 1955.

Hüttemann, Rainer, Systematik der Umsatzbesteuerung im Dritten Sektor, in: Weitemeyer, Birgit/Schauhoff, Stephan/Achatz, Markus (Hrsg.), Umsatzsteuerrecht für den Nonprofitsektor – MwStSystRL, deutsches und österreichisches UStG, Köln 2019.

Ipsen, Jörn, Verfassungsrechtliche Schranken des Richterrechts, DVBl. 1984, S. 1102–1107.

Isensee, Josef, Steuerstaat als Staatsform, in: Stödter, Rolf/Thieme, Werner (Hrsg.), Hamburg, Deutschland, Europa – Festschrift für Hans Peter Ipsen zum 70. Geburtstag, Tübingen 1977, S. 409–436 (zit. *Isensee*, FS Ipsen).

ders., Vertrauensschutz für Steuervorteile – Ein Folgeproblem der Wirtschaftslenkung durch Steuer am Beispiel des § 3a EStG, in: Kirchhof, Paul/Offerhaus, Klaus/Schöberle, Horst (Hrsg.), Steuerrecht, Verfassungsrecht, Finanzpolitik – Festschrift für Franz Klein, Köln 1994, S. 611–630 (zit. *Isensee*, FS Klein).

Ismer, Roland, Wieder eine Revolution bei den Bildungsaufwendungen? – Zugleich Besprechung der Entscheidungen des BFH v. 28.7.2011 – VI R 7/10, FR 2011, 856 und VI R 38/10, FR 2011, 859, FR 2011, S. 846–852.

Jakob, Wolfgang/Jüptner, Roland, Zur Problematik sogenannter Nichtanwendungsverfügungen im Steuerrecht – Ein Beitrag zum Verhältnis von Finanzgerichtsbarkeit und Finanzverwaltung, StuW 1984, S. 148–165.

Jarass, Hans D./Pieroth, Bodo (Hrsg.), Grundgesetz für die Bundesrepublik Deutschland – Kommentar, 15. Auflage, München 2018 (zitiert: *Bearbeiter*, in: Jarass/Pieroth, GG).

Jellinek, Walter, Verwaltungsrecht, 3. Auflage, Berlin 1931.

Jestaedt, Matthias, Grundrechtsentfaltung im Gesetz – Studien zur Interdependenz von Grundrechtsdogmatik und Rechtsgewinnungstheorie, Tübingen 1999.

ders., Richterliche Rechtsetzung statt richterliche Rechtsfortbildung – Methodologische Betrachtungen zum sog. Richterrecht, in: Bumke, Christian (Hrsg.), Richterrecht zwischen Gesetzesrecht und Rechtsgestaltung, Tübingen 2012, S. 49–69.

Jürgens, Günter, Gutes Steuerklima, wichtiger denn je!, in: Herzig, Norbert (Hrsg.), Betriebswirtschaftliche Steuerlehre und Steuerberatung – Gerd Rose zum 65. Geburtstag, Wiesbaden 1991 (zit. *Jürgens*, FS Rose).

Kaernbach, Andreas, Bismarcks Konzepte zur Reform des Deutschen Bundes: Zur Kontinuität der Politik Bismarcks und Preußens in der deutschen Frage, Göttingen 1991.

Kägi, Werner, Von der klassischen Dreiteilung zur umfassenden Gewaltenteilung – Erstarrte Formeln – bleibende Idee – neue Formen, in: Huber, Hans (Hrsg.), Verfassungsrecht und Verfassungswirklichkeit – Festschrift für Hans Huber zum 60. Geburtstag, 24. Mai 1961, Bern 1961, S. 151–173 (zit. *Kägi*, FS Huber).

Kahl, Bruno/Kerst, Andreas, Öffentliche Unternehmen, in: Gatzer, Werner/Schweisfurth, Tilmann (Hrsg.), Öffentliche Finanzwirtschaft in der Staatspraxis, Berlin 2015, S. 613–640.

Kahlenberg, Christian/Kopec, Agnieszka, Unterkapitalisierungsvorschriften in der EU-eine Analyse im Vorfeld des OECD-Berichts zur Maßnahme 4 des BEPS-Aktionsplans, IStR 2015, S. 84–92.

Kähler, Lorenz, Strukturen und Methoden der Rechtsprechungsänderung, 2. Auflage, Baden-Baden 2011.

Kaminski, Bert/Strunk, Günther, Einfluss von Steuern auf unternehmerische Entscheidungen, 2. Auflage, Wiesbaden 2012.

Kanzler, Hans-Joachim, Der Verlust der Existenzgrundlage und die Unmöglichkeit der Befriedigung lebensnotwendiger Bedürfnisse – Neue Tatbestandsvoraussetzungen für den Abzug außergewöhnlicher Belastungen durch Prozesskosten, FR 2014, S. 209–218.

Kauffmann, Thomas Anton, Kontinuität und Wandel: Entwicklung der Militärdoktrin und Kriegsplanung des Warschauer Paktes im Verlauf der 80er Jahre unter Berücksichtigung der Landesverteidigung der DDR, München 2002.

Kempis, Friedrich Karl von, Die Treuepflicht zwischen Gemeinden und Staat und der Gemeinden untereinander, Köln 1970.

Kessler, Wolfgang/Eicke, Rolf, Warten auf den Wandel – Staatshaftung für Nichtanwendungserlasse im Steuerrecht, DStR 2006, S. 1913–1919.

Kienemund, Andreas/Reimeier, Andreas, Die Finanzverfassung der Bundesrepublik Deutschland, in: Gatzer, Werner/Schweisfurth, Tilmann (Hrsg.), Öffentliche Finanzwirtschaft in der Staatspraxis, Berlin 2015, S. 29–70.

Kimminich, Otto, Zur Rückwirkung von Gesetzen – Zu dem Urteil des Bundesverfassungsgerichts vom 19.12.1961, JZ 1962, S. 518–524.

Kirchhof, Ferdinand, Die Methoden zur Sicherung zukünftigen Verwaltungsverhaltens – Zur unterschiedlichen Gestaltung von Zusagen und Zusicherungen in verschiedenen Bereichen des öffentlichen Rechts, in: Mellinghoff, Rudolf/Schön, Wolfgang/Viskorf, Hermann-Ulrich (Hrsg.), Steuerrecht im Rechtsstaat – Festschrift für Wolfgang Spindler zum 65. Geburtstag, Köln 2011, S. 463–471 (zit. *Kirchhof*, FS Spindler).

ders., Die Entwicklung des Sozialverfassungsrechts, NZS 2015, S. 1.

ders., Das Leistungsfähigkeitsprinzip nach dem Grundgesetz – Zustand und Zukunft, BB 2017, S. 662–667.

ders., Die Teilung der Gewalten im Finanzrecht, JZ 2018, S. 1068–1072.

Kirchhof, Gregor, Die Allgemeinheit des Gesetzes – Über einen notwendigen Garanten der Freiheit, der Gleichheit und der Demokratie, Tübingen 2012.

ders., Drei Bereiche privaten Aufwands im Einkommensteuerrecht – Zur Trennung der Erwerbs- von der Privatsphäre unter besonderer Berücksichtigung der außergewöhnlichen Belastungen, DStR 2013, S. 1867–1872.

Kirchhof, Paul, Die Rückwirkung steuerkonkurrenzlösender Rechtssätze, DStR 1979, S. 275–283.

ders., Richterliche Rechtsfindung, gebunden an „Gesetz und Recht“, NJW 1986, S. 2275–2280.

ders., Kontinuität und Vertrauensschutz bei Änderungen der Rechtsprechung, DStR 1989, S. 263–270.

ders., Rechtsstaatliche Anforderungen an den Rechtsschutz in Steuersachen, in: Trzaskalik, Christoph (Hrsg.), Der Rechtsschutz in Steuersachen, Köln 1995, S. 17–46 (zit. *Kirchhof*, DStJG 18).

ders., Rückwirkung von Steuergesetzen, StuW 2000, S. 221–231.

ders., Die Steuern, in: Isensee, Josef/Kirchhof, Paul (Hrsg.), Rechtsquellen, Organisation, Finanzen, 3. Auflage, Heidelberg 2007 (zit. *Kirchhof*, HStR V).

ders., Mittel staatlichen Handelns, in: Isensee, Josef/Kirchhof, Paul (Hrsg.), Rechtsquellen, Organisation, Finanzen, 3. Auflage, Heidelberg 2007 (zit. *Kirchhof*, HStR V).

ders., Nichtsteuerliche Abgaben, in: Isensee, Josef/Kirchhof, Paul (Hrsg.), Rechtsquellen, Organisation, Finanzen, 3. Auflage, Heidelberg 2007 (zit. *Kirchhof*, HStR V).

ders., Allgemeiner Gleichheitssatz, in: Isensee, Josef/Kirchhof, Paul (Hrsg.), Wirtschaft, Verfahren, Gleichheit, 3. Auflage, Heidelberg 2010, § 181–181 (zit. *Kirchhof*, HStR VIII).

ders., Bundessteuergesetzbuch – Ein Reformentwurf zur Erneuerung des Steuerrechts, Heidelberg 2011.

ders., Die verfassungsrechtlichen Grenzen rückwirkender Steuergesetze, DStR 2015, S. 717–724.

ders., Kontinuität dank Finanzverfassung, in: Hufeld, Ulrich/Reimer, Ekkehart/Kube, Hanno (Hrsg.), Entwicklungslinien der Finanzverfassung, Berlin 2016, S. 27–51 (zit. *Kirchhof*, HFSt 3).

ders., Neue Maßstäbe zur rückwirkenden Änderung von Gesetz und Rechtsprechung, FR 2016, S. 530–535.

ders. (Hrsg.), Einkommensteuergesetz – Kommentar, 18. Auflage, Köln 2019 (zitiert: *Bearbeiter*, in: Kirchhof, EStG).

ders./Raupach, Arndt, Die Unzulässigkeit einer rückwirkenden gesetzlichen Änderung der Mehrmütterorganschaft, DB Beilage 2001, S. 1–18.

Kisker, Gunter, Die Rückwirkung von Gesetzen – Eine Untersuchung zum anglo-amerikanischen und deutschen Recht, Tübingen 1963.

ders., Diskussionsbeitrag, in: Doehring, Karl/Isensee, Josef u. a. (Hrsg.), Die staatsrechtliche Stellung der Ausländer in der Bundesrepublik Deutschland; Vertrauensschutz im Verwaltungsrecht, Berlin, New York 1974 (zit. *Kisker*, VVDStRL 32).

ders., Vertrauensschutz im Verwaltungsrecht, in: Doehring, Karl/Isensee, Josef u. a. (Hrsg.), Die staatsrechtliche Stellung der Ausländer in der Bundesrepublik Deutschland; Vertrauensschutz im Verwaltungsrecht, Berlin, New York 1974, S. 149–199 (zit. *Kisker*, VVDStRL 32).

ders., Zur Reaktion von Parlament und Exekutive auf „unerwünschte" Urteile, NJW 1981, S. 889–894.

Klass, Tobias, Vertrauensschutz im Steuerrecht außerhalb von verbindlicher Auskunft und verbindlicher Zusage, DB 2010, S. 2464–2468.

Klatt, Matthias, Theorie der Wortlautgrenze – Semantische Normativität in der juristischen Argumentation, Baden-Baden 2004.

Klein, Abgabenordnung– Einschließlich Steuerstrafrecht, Brockmeyer, Hans Bernhard/Gersch, Eva-Maria/Jäger, Markus/Rätke, Bernd, et al. (Hrsg.), 14. Auflage, München 2018 (zitiert: *Bearbeiter*, in: Klein, AO).

Klein, Friedrich, Von der Zulässigkeit zur Unzulässigkeit rückwirkender Steuergesetze – Eine Zwischenbilanz zum steuerlichen Rückwirkungsproblem, StuW 1954, 1–44.

ders./Barbey, Günther, Bundesverfassungsgericht und Rückwirkung von Gesetzen, Bonn 1964.

Klein, Hans Hugo, Stellung und Aufgaben des Bundestages, in: Isensee, Josef/Kirchhof, Paul (Hrsg.), Demokratie – Bundesorgane, 3. Auflage, Heidelberg 2005, 50 (zit. *Klein*, HStR III).

Klein, Oliver, Zur Frage der Bindung höchster Gerichte an ihre Rechtsprechung – Bausteine zu einer Dogmatik der Rechtsprechungsänderung, JZ 2018, S. 64–70.

Klenner, Hermann, Thomas Hobbes, Leviathan, aus dem Englischen übertragen von Jutta Schlösser, mit einer Einführung von Hermann Klenner, Hamburg 1996 (zit.: *Hobbes*, Leviathan).

Kloepfer, Michael, Vorwirkung von Gesetzen, München 1974.

ders., Gesetzgebung im Rechtsstaat, in: Eichenberger, Kurt (Hrsg.), Gesetzgebung im Rechtsstaat, Berlin, New York 1982, S. 63–98 (zit. *Kloepfer*, VVDStRL 40).

ders., Gesetzgebungsoutsourcing – Die Erstellung von Gesetzentwürfen durch Rechtsanwälte, NJW 2011, S. 131–134.

ders./Bettermann, Karl August, Kontinuität und Diskontinuität in der deutschen Verfassungsgeschichte – Von der Reichsgründung zur Wiedervereinigung: Seminar zum 80. Geburtstag von Karl August Bettermann, Berlin 1994.

Knobbe-Keuk, Brigitte, Wieder ein Tritt für die Finanzrechtsprechung – Die Finanzverwaltung demoralisiert das oberste Steuergericht, BB 1985, S. 820–821.

dies., Zum Entwurf eines Gesetzes zur vordringlichen Regelung von Fragen der Besteuerung von Personengesellschaften 1, BB 1985, S. 941–948.

dies., Diskussionsbeitrag, in: Deutsches Anwaltsinstitut e. V. (Hrsg.), Jahrbuch der Fachanwälte für Steuerrecht 1985/86 – Aktuelle steuerrechtliche Beiträge, Referate und Diskussionen der 36. Steuerrechtlichen Jahresarbeitstagung, Wiesbaden vom 13. bis 15. Mai 1985, Herne, Berlin 1986, S. 282–286.

dies., Zum Verfall der Steuergesetzgebung – am Beispiel der beabsichtigten Streichung der Jubiläumsrückstellungen, BB 1988, S. 1086–1089.

Koch, Karl, Der Einfluß der Rechtsprechung des Bundesfinanzhofs auf die Verwaltung und Gesetzgebung, DStZ/A 1975, S. 370–373.

Koenig, Ulrich (Hrsg.), Abgabenordnung – §§ 1 bis 368; Kommentar, 3. Auflage, München 2014 (zitiert: *Bearbeiter*, in: Koenig, AO).

Kokott, Juliane, Steuerrecht und unionsrechtlicher Beihilfebegriff, in: Lang, Michael (Hrsg.), Europäisches Steuerrecht – 42. Jahrestagung der Deutschen Steuerjuristischen Gesellschaft e. V., Wien, 18. und 19. September 2017; Veröffentlichungen der Deutschen Steuerjuristischen Gesellschaft e. V., DStJG Band 41, Köln 2018, S. 535–560 (zit. *Kokott*, DStJG 42).

König, Klaus, Gesetzgebungsvorhaben im Verfahren der Ministerialverwaltung, in: Blümel, Willi/Merten, Detlef/Quaritsch, Helmut (Hrsg.), Verwaltung im Rechtsstaat – Festschrift für Carl Hermann Ule zum 80. Geburtstag am 26. Februar 1987, Köln 1987, S. 121–141 (zit. *König*, FS Ule).

Koops, Ulrich/Dräger, Jürgen, Verfassungsrechtliche Grenzen der „unechten" Rückwirkung von Steuergesetzen – Der verfassungsrechtlich gebotene Vertrauensschutz nach den BVerfG-Beschlüssen vom 7. 7. 2010 – 2 BvL 14/02, 2 BvR 748/05 und 2 BvL 1/03, DB 2010, S. 2247–2251.

Kopp, Ferdinand O./Ramsauer, Ulrich (Hrsg.), Verwaltungsverfahrensgesetz – Kommentar, 20. Auflage, München 2019 (zitiert: *Bearbeiter*, in: Kopp/Ramsauer, VwVfG).

Korn, Christian, Wesentliche Änderungen durch das Gesetz zur Anpassung der Abgabenordnung an den Zollkodex der Union und zur Änderung weiterer steuerlicher Vorschriften, SteuK 2015, S. 23–28.

Korn, Klaus (Hrsg.), Einkommensteuergesetz – Kommentar, Loseblatt, Stand: 119. EL 11/2019, Bonn (zitiert: *Bearbeiter*, in: Korn, EStG).

Korthals, Kerstin, Haushaltspolitische Überwachung und Koordinierung in der EU, in: Gatzer, Werner/Schweisfurth, Tilmann (Hrsg.), Öffentliche Finanzwirtschaft in der Staatspraxis, Berlin 2015, S. 71–96.

Kraft, Cornelia/Kraft, Gerhard, Grundlagen der Unternehmensbesteuerung – Die wichtigsten Steuerarten und ihr Zusammenwirken, 5. Auflage, Wiesbaden 2018.

Kramer, Jörg-Dietrich, Nochmal: Das Darlehen des ausländischen Mitunternehmers an seine deutsche Personengesellschaft und § 50d Abs. 10 EStG, IStR 2010, S. 239–241.

Kreile, Reinhold, Die Steuergesetzgebung in der Bundesrepublik Deutschland aus der Sicht des Parlamentariers, StuW 1977, S. 1–8.

ders., Die Entscheidungen des Bundesfinanzhofs und ihre Auswirkungen auf die Tätigkeit des Finanzausschusses des Deutschen Bundestages – Festschrift für Hugo von Wallis zum 75. Geburtstag am 12. April 1985, in: Klein, Franz/Vogel, Klaus (Hrsg.), Der Bundesfinanzhof und seine Rechtsprechung – Grundfragen, Grundlagen: Festschrift für Hugo von Wallis zum 75. Geburtstag am 12. April 1985, Bonn 1985, S. 183–194 (zit. *Kreile*, FS Wallis).

Krey, Volker, Keine Strafe ohne Gesetz – Einführung in die Dogmengeschichte des Satzes „nullum crimen, nulla poena sine lege", Berlin 1983.

Kriele, Martin, Theorie der Rechtsgewinnung – Entwickelt am Problem der Verfassungsinterpretation, 2. Auflage, Berlin 1976.

Krüger, Elmar, Die Rückwirkungsrechtsprechung des Bundesverfassungsgerichts: Der Beschluss des BVerfG vom 10.10.2012 (1 BvL 6/07) und der eingeschränkte Vertrauensschutz, DStZ 2013, S. 137–143.

Krüger, Hildegard, Die Verfassungswidrigkeit der lex Schörner, DVBl 1955, S. 758–763.

dies., Die Verfassungswidrigkeit der lex Schörner – Zugleich ein Beitrag zu Art. 19 Abs. 1 Satz 1 GG, DVBl 1955, S. 791–796.

Krumm, Marcel, Verbindliche Auskunft und gerichtliche Kontrolle – Zu den Voraussetzungen und Grenzen einer administrativen Letztentscheidungskompetenz bei verbindlichen Auskünften, DStR 2011, S. 2429–2436.

Krüper, Julian, Lawfirm – legibus solutus? – Legitimität und Rationalität des inneren Gesetzgebungsverfahrens und das ‚Outsourcing' von Gesetzentwürfen, JZ 2010, S. 655–662.

Kruschwitz, Lutz/Husmann, Sven, Finanzierung und Investition, 7. Auflage, München 2012.

ders./Lorenz, Daniela, Investitionsrechnung, 15. Auflage, Berlin 2019.

Kruse, Heinrich Wilhelm, Kontinuität und Fortschritt der höchstrichterlichen Rechtsprechung, in: Klein, Franz (Hrsg.), 75 Jahre Reichsfinanzhof – Bundesfinanzhof – Festschrift, Bonn 1993, S. 239–254 (zit. *Kruse*, FS 75 Jahre RFH-BFH).

ders., Der Standort der Finanzgerichtsbarkeit gegenüber der Finanzverwaltung und der Steuergesetzgebung, in: Trzaskalik, Christoph (Hrsg.), Der Rechtsschutz in Steuersachen, Köln 1995, S. 115–136 (zit. *Kruse*, DStJG 18).

Kube, Hanno, Steuerkonkurrenzen in der Finanzverfassung, in: Hufeld, Ulrich/Reimer, Ekkehart/Kube, Hanno (Hrsg.), Entwicklungslinien der Finanzverfassung, Berlin 2016, S. 53–74 (zit. *Kube*, HFSt 3).

Kunig, Philip, Das Rechtsstaatsprinzip – Überlegungen zu seiner Bedeutung für das Verfassungsrecht der Bundesrepublik Deutschland, Tübingen 1986.

ders. (Hrsg.), Grundgesetz-Kommentar, 6. Auflage, München 2012 (zitiert: *Bearbeiter*, in: v. Münch/Kunig, GG).

Kußmaul, Heinz, Betriebswirtschaftliche Steuerlehre, 7. Auflage, München 2014.

Lang, Joachim, Verfassungsmäßigkeit der rückwirkenden Steuerabzugsverbote für Geldstrafen und Geldbußen – Ein Beitrag zur Anwendung des Gleichheitssatzes und der Rückwirkungsverbote nach Art. 20 III; 103 II GG auf Vorschriften, die das Leistungsfähigkeitsprinzip durchbrechen, StuW 1985, S. 10–32.

ders., Reaktion der Finanzverwaltung auf mißliebige Entscheidungen des Bundesfinanzhofs, StuW 1992, S. 14–24.

ders., Reaktion der Finanzverwaltung auf mißliebige Entscheidungen des Bundesfinanzhofs, DRiZ 1992, S. 365–373.
ders., Einkommensteuer – quo vadis?, FR 1993, S. 661–670.
ders., Wege aus dem Steuerchaos, Stbg 1994, S. 10–23.
ders./Eilfort, Michael, Strukturreform der deutschen Ertragssteuern – Bericht über die Arbeit und Entwürfe der Kommission „Steuergesetzbuch“ der Stiftung Marktwirtschaft, München 2013.
Lange, Hans-Friedrich, Die Nichtanwendung von Urteilen des BFH durch die Finanzverwaltung: Nichtanwendungserlass und Nichtveröffentlichung, NJW 2002, S. 3657–3661.
Lange, Ulrich, Teilung und Trennung der Gewalten bei Montesquieu, Der Staat 1980, S. 213–234.
Larenz, Karl, Über die Bindungswirkung von Präjudizien, in: Fasching, Hans-Walter/ Kralik, Winfried (Hrsg.), Festschrift für Hans Schima, Wien 1969, S. 247–264 (zit. *Larenz*, FS Schima).
Larenz, Karl, Methodenlehre der Rechtswissenschaft, 6. Auflage, Berlin 1991.
ders./Canaris, Claus-Wilhelm, Methodenlehre der Rechtswissenschaft, 4. Auflage, Berlin 2014.
Leisner, Walter, Das Gesetzesvertrauen des Bürgers – Zur Theorie der Rechtsstaatlichkeit und der Rückwirkung der Gesetze, in: Blumenwitz, Dieter (Hrsg.), Festschrift für Friedrich Berber zum 75. Geburtstag, München 1973, S. 273–297 (zit. *Leisner*, FS Berber).
ders., Die allgemeine Bindung der Finanzverwaltung an die Rechtsprechung, Wiesbaden 1980.
Leisner-Egensperger, Anna, Kontinuität als Verfassungsprinzip – Unter besonderer Berücksichtigung des Steuerrechts, Tübingen 2002.
dies., Anna, Kontinuitätsgewähr in der Finanzrechtsprechung, in: Pezzer, Heinz-Jürgen (Hrsg.), Vertrauensschutz im Steuerrecht – 28. Jahrestagung der Deutschen Steuerjuristischen Gesellschaft e. V., Graz, 15. und 16. September 2003, Köln 2004, S. 192–209 (zit. *Leisner-Egensperger*, DStJG 27).
Lepsius, Oliver, Zur Neubegründung des Rückwirkungsverbots aus der Gewaltenteilung – Besprechung von BVerfG, Beschluss v. 17. 12. 2013 – 1 BvL 5/08, JZ 2014, S. 488–500.
ders., Brauchen wir einen Schutz des abstrakten Vertrauens in die Geltung von Gesetzen? – Replik auf Lothar Michael JZ 2015, 425 ff., JZ 2015, S. 435–443.
Lerche, Peter, Gewaltenteilung – deutsche Sicht, in: Isensee, Josef (Hrsg.), Gewaltenteilung heute – Symposium aus Anlass der Vollendung des 65. Lebensjahres von Fritz Ossenbühl, Heidelberg 2000, S. 75–98 (zit. *Lerche*, FS Ossenbühl).
Levedag, Christian, Rechtsprechungskontinuität und Rechtsprechungsänderungen – nationale Sicht, in: Drüen, Klaus-Dieter/Hey, Johanna/Mellinghoff, Rudolf (Hrsg.), 100 Jahre Steuerrechtsprechung in Deutschland, 1918–2018 – Festschrift für den Bundesfinanzhof, Köln 2018, S. 181–205 (zit. *Levedag*, FS 100 Jahre Steuerrechtsprechung).
Lippross, Otto-Gerd/Seibel, Wolfgang (Hrsg.), Basiskommentar Steuerrecht, Loseblatt, Stand: 116. EL 11/2019, Köln (zitiert: *Bearbeiter*, in: Lippross/Seibel, Basiskommentar Steuerrecht).
Lishaut, Ingo van, Verfassungsrechtliche Bedenken gegen die rückwirkende Einfügung des § 4 Abs. 5 Satz 1 Nr. 8 EStG, FR 1986, S. 452–456.

List, Heinrich, Zur Veröffentlichung von Entscheidungen des BFH und zur Nichtanwendung von BFH-Entscheidungen durch die Verwaltung, DStR 1976, S. 651–655.

Locke, John, Zwei Abhandlungen über die Regierung, herausgegeben und eingeleitet von Walter Euchner, Frankfurt am Main 1977 (zit.: *Locke*, Zwei Abhandlungen über die Regierung).

Loewer, Albrecht, Rückwirkung der Steuergesetze und wohlerworbene Rechte, StuW 1953, Sp. 305–312.

Looschelders, Dirk/Roth, Wolfgang, Juristische Methodik im Prozess der Rechtsanwendung – Zugleich ein Beitrag zu den verfassungsrechtlichen Grundlagen von Gesetzesauslegung und Rechtsfortbildung, Berlin 1996.

Loré, Ellen, Aspekte des Vertrauensschutzes im Strafrecht, Frankfurt am Main 1997.

Lorz, Ralph Alexander, Interorganrespekt im Verfassungsrecht – Funktionenzuordnung, Rücksichtnahmegebote und Kooperationsverpflichtungen: eine rechtsvergleichende Analyse anhand der Verfassungssysteme der Bundesrepublik Deutschland, der Europäischen Union und der Vereinigten Staaten, Tübingen 2001.

ders., Die Gesetzesauslegung im Blick des Gesetzgebers?, in: Baldus, Christian/Theisen, Frank/Vogel, Friederike (Hrsg.), „Gesetzgeber“ und Rechtsanwendung – Entstehung und Auslegungsfähigkeit von Normen, Tübingen 2013, S. 87–110.

Loschelder, Friedrich, Verständigungen im finanzgerichtlichen Verfahren, StuW 2018, S. 329–336.

Luhmann, Niklas, Grundrechte als Institution – Ein Beitrag zur politischen Soziologie, 6. Auflage, Berlin 2019.

Lühn, Tim/Tepper, Frank, Änderung der vorläufigen Festsetzung durch das Steuerbürokratieabbaugesetz, BB 2009, S. 591–594.

Macher, Ludwig, Der Grundsatz des gemeindefreundlichen Verhaltens – Zur Aktualisierung der Garantie der kommunalen Selbstverwaltung (Art. 28 II GG), Berlin 1971.

Maciejewski, Tim, Die steuerliche Behandlung von Gesellschafterdarlehen nach MoMiG und UntStRefG, GmbHR 2012, S. 1335–1346.

ders., Kein Korrespondenzprinzip bei der steuerlichen Behandlung von Zinsen nach § 233a AO, Anmerkung zum Urteil des BFH vom 12.11.2013, VIII R 36/10, FR 2014, 432–438.

ders, Nicht für den Beruf, für das Leben studieren wir, Die Entscheidung des Bundesverfassungsgerichts über die steuerliche Absetzbarkeit von (Erst-)Ausbildungskosten, BLJ 2020, S. 5–10.

ders, Gestaltungsmöglichkeiten für den steuerlichen Abzug von Berufsausbildungskosten – de lege lata, de lege ferenda, FR 2020, S. 545–551.

ders./Theilen, Jens, Steuern an ihren Grenzen: Der (erweiterte) Inlandsbegriff im deutschen Ertragsteuerrecht und seine völkerrechtlichen Bezüge, IStR 2013, S. 846–850.

dies., Die aktuelle bundesverfassungsgerichtliche Spruchpraxis zu rückwirkenden Gesetzen – Klarstellungen und Wandel, DÖV 2015, S. 271–278.

dies., Von vermeintlichen Klarstellungen und zunehmenden Besteuerungsrechten: Der reformierte erweiterte Inlandsbegriff, IStR 2016, S. 401–406.

dies., Temporal Aspects of the Interaction between National Law and EU Law: Reintroducing the Protection of Legitimate Expectations, ELR 2017, S. 706–721.

dies., Vertrauensschutz, in: Weitemeyer, Birgit/Schauhoff, Stephan/Achatz, Markus (Hrsg.), Umsatzsteuerrecht für den Nonprofitsektor – MwStSystRL, deutsches und österreichisches UStG, Köln 2019.

Mager, Ute, Einrichtungsgarantien – Entstehung, Wurzeln, Wandlungen und grundgesetzgemäße Neubestimmung einer dogmatischen Figur des Verfassungsrechts, Tübingen 2003.

Mainka, Johannes, Vertrauensschutz im öffentlichen Recht, Bonn 1963.

Mainzer, Claudia, Die dogmatische Figur der Einrichtungsgarantie, Baden-Baden 2003.

Maluschke, Günther, Philosophische Grundlagen des demokratischen Verfassungsstaates, Freiburg (Breisgau) 1982.

Mandla, Christoph, Gesetz über den Umfang der Personensorge bei einer Beschneidung des männlichen Kindes – Von abzuschneidenden Vorhäuten und einem Gesetz, das zu spät und doch zu früh kommt, FPR 2013, S. 244–250.

Mankiw, Nicholas Gregory/Taylor, Mark P., Grundzüge der Volkswirtschaftslehre, 7. Auflage, Stuttgart 2018.

Marx, Franz Jürgen/Kläne, Sebastian/Korff, Matthias/Schlarmann, Bernd, Unternehmensbesteuerung, 3. Auflage, Herne 2018.

Maunz/Dürig, Grundgesetz – Kommentar, Herzog, Roman/Scholz, Rupert/Herdegen, Matthias/Klein, Hans Hugo (Hrsg.), Loseblatt, Stand: 88. EL 8/2019, München (zitiert: *Bearbeiter*, in: Maunz/Dürig, GG).

Maurer, Hartmut, Das Vertrauensschutzprinzip bei Rücknahme und Widerruf von Verwaltungsakten, in: Schmitt Glaeser, Walter (Hrsg.), Verwaltungsverfahren – Festschrift zum 50-jährigen Bestehen des Richard Boorberg Verlags, Stuttgart, München 1977, S. 223–255 (zit. *Maurer*, FS 50 Jahre Boorberg Verlag).

ders., Kontinuitätsgewähr und Vertrauensschutz, in: Isensee, Josef/Kirchhof, Paul (Hrsg.), Aufgaben des Staates, 3. Auflage, Heidelberg 2006 (zit. *Maurer*, HStR IV).

Meister, Edgar, Zum Spannungsfeld zwischen Rechtsprechung und Steuergesetzgebung – dargestellt am Beispiel der Unternehmensbesteuerung, DStZ 1992, S. 449–455.

Mellinghoff, Rudolf, Zugang zu Gericht in Steuersachen sowie die Gewährleistung von Eigentum und Gleichbehandlung – Seminar F: Richterseminar, IStR 2016, S. 714–717.

ders., Vertrauen in das Steuergesetz, in: Pezzer, Heinz-Jürgen (Hrsg.), Vertrauensschutz im Steuerrecht – 28. Jahrestagung der Deutschen Steuerjuristischen Gesellschaft e. V., Graz, 15. und 16. September 2003; Veröffentlichungen der Deutschen Steuerjuristischen Gesellschaft e. V., DStJG, Band 27, Köln 2004, S. 25–53 (zit. *Mellinghoff*, DStJG 27).

ders., Rückwirkung von Steuergesetzen und Nichtanwendungsgesetzgebung, in: Bouffier, Volker/Horn, Hans-Detlef u. a. (Hrsg.), Grundgesetz und Europa – Liber Amicorum für Herbert Landau zum Ausscheiden aus dem Bundesverfassungsgericht, Tübingen 2016, S. 69–85 (zit. *Mellinghoff*, FS Landau).

Mennel, Annemarie/Förster, Jutta (Hrsg.), Steuern in Europa, Amerika und Asien, Loseblatt, Stand: 120. EL 8/2019, Herne/Berlin (zitiert: *Bearbeiter*, in: Steuern in Europa).

Meßmer, Kurt, „Steuergerechtigkeit" durch Normenflut, offene und verdeckte Subventionen und Entlastung der Finanzgerichtsbarkeit, BB-Beilage 1/1981, S. 1–19.

Meyer, Wolfgang, Authentische Interpretation oder Rückbewirkung von Rechtsfolgen?, in: Wulffen, Matthias von/Krasney, Otto Ernst (Hrsg.), Festschrift 50 Jahre Bundessozialgericht, Köln 2004, S. 221–244 (zit. *Meyer*, FS 50 Jahre BSG).

Meyer-Cording, Ulrich, Anmerkung zu OVG Hamburg v. 28.2.1952, JZ 1952, S. 418–419.

ders., Die Rückwirkung von Gesetzen, JZ 1952, S. 161–167.

Michael, Lothar, Das Verbot echter Rückwirkung als Schutz des abstrakten Vertrauens in die Geltung von Gesetzen und eines Kernbereichs der Judikative – Zugleich Erwiderung zu Oliver Lepsius JZ 2014, 488ff., JZ 2015, S. 425–435.

Milatz, Jürgen/Herbst, Catarina, Verbot der Rückwirkung im Steuerrecht – Absenkung der Beteiligungsquote des § 17 Abs. 1 EStG – Anmerkungen zum BVerfG-Beschluss vom 7.7.2010, GmbHR 2010, S. 1018–1022.

Mill, John Stuart, Principles of Political Economy – with Some of Their Applications to Social Philosophy, published by John Robson, introduction by Vincent Bladen, Toronto 1965 (zit.: *Mill*, Principles of Political Economy).

Mishra, Robin, Zulässigkeit und Grenzen der Urteilsschelte, Berlin 1997.

Mlynek, Steffen, Die Rolle des Auswärtigen Amtes in der deutschen Rußlandpolitik 1930–1934: Kontinuität und Wandel, Hamburg 1996.

Möller, Johannes/Rührmair, Alfred, Die Bedeutung der Grundrechte für die verfassungsrechtlichen Anforderungen an rückwirkende Gesetze, NJW 1999, S. 908–911.

Möllers, Christoph, Gewaltengliederung – Legitimation und Dogmatik im nationalen und internationalen Rechtsvergleich, Tübingen 2005.

ders., Die drei Gewalten – Legitimation der Gewaltengliederung in Verfassungsstaat, europäischer Integration und Internationalisierung, Weilerswist 2008.

Momen, Leila, Rückwirkung von Steuergesetzen, BB 2011, S. 2781–2787.

Montesquieu, Charles-Louis de Secondat, Baron de la Brède et de, Vom Geist der Gesetze, herausgegeben, übertragen, ausgewählt und eingeleitet von Kurt Weigand, Stuttgart 1986 (zit.: *Montesquieu*, Vom Geist der Gesetze).

Morgenthaler, Gerd/Stracke, Melanie, Das Ertragsteuerrecht in der aktuellen Rechtsprechung des Bundesverfassungsgerichts, JZ 2011, S. 786–792.

Mösbauer, Heinz, Die tatsächliche Verständigung – ein vages Beweismittel-Surrogat im Besteuerungsverfahren, BB 2003, S. 1037–1041.

Mössner, Jörg Manfred, Das Verhältnis der Finanzverwaltung zur Gesetzgebung, in: Deutsches Wissenschaftliches Institut der Steuerberater (Hrsg.), Die Finanzverwaltung – ein Ersatzgesetzgeber? – DWS-Symposium 2005, Berlin 2006, S. 11–22.

ders., Prinzipien im Steuerrecht, in: Tipke, Klaus/Seer, Roman Matthias u. a. (Hrsg.), Festschrift für Joachim Lang zum 70. Geburtstag: Gestaltung der Steuerrechtsordnung, Köln 2011, S. 83–99 (zit. *Mössner*, FS Lang).

Muckel, Stefan, Kriterien des verfassungsrechtlichen Vertrauensschutzes bei Gesetzesänderungen, Berlin 1989.

Müller, Gerd-Jürgen/Funk, Thomas/Müller, Helmut, Die neue BFH-Rechtsprechung zur Abfärbung – Halten einer gewerblichen Personengesellschaftsbeteiligung durch eine vermögensverwaltende Personengesellschaft – Nichtanwendungserlass, BB 2005, S. 2271–2278.

Müller, Hanswerner, Der Anlaß zur Gesetzgebung, DÖV 1964, S. 226–231.

Müller, Thomas, Anmerkung zu BVerfG, Beschl. v. 17.12.2013, DB 2014, S. 635.

Münch, Christof, Rechtssicherheit als Standortfaktor, NJW 1996, S. 3320–3324.

ders., Die Rückwirkungsproblematik im „Gesetz zur Fortsetzung der Unternehmenssteuerreform“, DStR 1997, S. 1674–1677.

ders., Rechtssicherheit als Standortfaktor – Gedanken aus der Sicht vorsorgender Rechtspflege, in: Weber, Albrecht/Gramlich, Ludwig (Hrsg.), Währung und Wirtschaft – Das Geld im Recht: Festschrift für Prof. Dr. Hugo J. Hahn zum 70. Geburtstag, Baden-Baden 1997, S. 673–695 (zit. *Münch*, FS Hahn).

Münchener Kommentar zum Gesetz betreffend die Gesellschaften mit beschränkter Haftung – GmbHG, Fleischer, Holger/Goette, Wulf (Hrsg.), 3. Auflage, München 2018 (zitiert: *Bearbeiter*, in: MüKo GmbHG).

Musgrave, Richard Abel/Musgrave, Peggy B./Kullmer, Lore, Die öffentlichen Finanzen in Theorie und Praxis, 6. Auflage, Tübingen 1994.

Musil, Andreas, Richterliche Rechtsfortbildung und Rechtsprechungsinnovationen, in: Drüen, Klaus-Dieter/Hey, Johanna/Mellinghoff, Rudolf (Hrsg.), 100 Jahre Steuerrechtsprechung in Deutschland, 1918–2018 – Festschrift für den Bundesfinanzhof, Köln 2018, S. 151–180 (zit. *Musil*, FS 100 Jahre Steuerrechtsprechung).

ders./Lammers, Lutz, Die verfassungsrechtlichen Grenzen der Rückwirkung von Steuergesetzen am Beispiel der §§ 17, 23 EStG, BB 2011, S. 155–160.

ders./Weber-Grellet, Heinrich (Hrsg.), Europäisches Steuerrecht – Kommentar, München 2019 (zitiert: *Bearbeiter*, in: Musil/Weber-Grellet, Europäisches Steuerrecht).

Nacke, Alois, Sind rückwirkende Steuergesetze generell verfassungswidrig? – Verfassungsrechtliche Grenzen für „Klarstellungen" des geltenden Rechts durch den Gesetzgeber, NWB 2014, S. 2699–2704.

Nebe, Johannes, Update: Praxishinweise zum Ruhen von Einspruchsverfahren aus Zweckmäßigkeitsgründen nach § 363 Abs. 2 Satz 1 AO – Aktualisierungen und Ergänzungen zu den Praxishinweisen in Stbg 2010 S. 293, Stbg 2014, S. 106–112.

Neumark, Fritz, Grundsätze gerechter und ökonomisch rationaler Steuerpolitik, Tübingen 1970.

Neus, Werner, Einführung in die Betriebswirtschaftslehre, 10. Auflage, Tübingen 2018.

Niehues, Wolfgang, Die Zulässigkeit der Rückwirkung von Gesetzen nach dem Recht der Bundesrepublik Deutschland, Münster 1973.

Niemann, Ursula, Steuerliche Absicherung langfristiger Dispositionen ein Gesetzgebungsvorschlag – Bericht über die Podiumsdiskussion, in: Curtius-Hartung, Rudolf/Herzig, Norbert/Niemann, Ursula (Hrsg.), Steuerberater-Jahrbuch 1987/88 – Zugleich Bericht über den 39. Fachkongreß der Steuerberater, Köln, 23. bis 25. November 1987, Köln 1988, S. 392–399.

Nieuwenhuis, Helmut, Sind Scheidungskosten ab VZ 2013 nicht mehr als außergewöhnliche Belastungen zu berücksichtigen?, DStR 2014, S. 1701–1703.

Odenthal, Reiner/Seifert, Michael, Auswirkungen der Entscheidung des BVerfG vom 6. 7. 2010 zur steuerlichen Berücksichtigung des häuslichen Arbeitszimmers, DStZ 2010, S. 683–688.

Offerhaus, Klaus, Die Dreiteilung der Staatsgewalten – Reaktionen des Gesetzgebers und der Finanzverwaltung auf die Rechtsprechung des Bundesfinanzhofs, in: Herzig, Norbert/Günkel, Manfred/Niemann, Ursula (Hrsg.), Steuerberater-Jahrbuch 1995/1996 – zugleich Bericht über den 47. Fachkongreß der Steuerberater Köln, 17. und 18. Oktober 1995, Köln 1996, S. 7–27.

Ogorek, Regina, Richterkönig oder Subsumtionsautomat? – Zur Justiztheorie im 19. Jahrhundert, 2. Auflage, Frankfurt am Main 2008.

Ossenbühl, Fritz, Die Verwaltungsvorschriften in der verwaltungsgerichtlichen Praxis, AöR 92 (1967), S. 1–33.

ders., Die Bindung der Verwaltung an die höchstrichterliche Rechtsprechung, AöR 92 (1967), S. 478–495.

ders., Vertrauensschutz im sozialen Rechtsstaat, DÖV 1972, S. 25–36.

ders., Diskussionsbeitrag, in: Doehring, Karl/Isensee, Josef u. a. (Hrsg.), Die staatsrechtliche Stellung der Ausländer in der Bundesrepublik Deutschland; Vertrauensschutz im Verwaltungsrecht, Berlin, New York 1974 (zit. *Ossenbühl*, VVDStRL 32).

ders., Gesetz und Recht – Die Rechtsquellen im demokratischen Rechtsstaat, in: Isensee, Josef/Kirchhof, Paul (Hrsg.), Rechtsquellen, Organisation, Finanzen, 3. Auflage, Heidelberg 2007 (zit. *Ossenbühl*, HStR V).

ders., Verfahren der Gesetzgebung, in: Isensee, Josef/Kirchhof, Paul (Hrsg.), Rechtsquellen, Organisation, Finanzen, 3. Auflage, Heidelberg 2007 (zit. *Ossenbühl*, HStR V).

ders., Vorrang und Vorbehalt des Gesetzes, in: Isensee, Josef/Kirchhof, Paul (Hrsg.), Rechtsquellen, Organisation, Finanzen, 3. Auflage, Heidelberg 2007 (zit. *Ossenbühl*, HStR V).

Osterloh, Lerke, Neuere Entwicklungen zum verfassungsrechtlichen Vertrauensschutz im Steuerrecht, StuW 2015, S. 201–209.

Paintner, Thomas, Das Gesetz zur Umsetzung der Amtshilferichtlinie sowie zur Änderung steuerlicher Vorschriften im Überblick Teil 1: Die Änderungen im Bereich des Ertragsteuerrechts, DStR 2013, S. 1629–1646.

ders., Das Gesetz zur Anpassung der Abgabenordnung an den Zollkodex der Union und zur Änderung weiterer steuerlicher Vorschriften im Überblick, DStR 2015, S. 1–15.

Papier, Hans-Jürgen, Der Bestimmtheitsgrundsatz, in: Friauf, Karl Heinrich (Hrsg.), Steuerrecht und Verfassungsrecht, Köln 1989, S. 61–78 (zit. *Papier*, DStJG 12).

ders., Steuerreform und Verfassungsrecht, in: Kirchhof, Paul/Lehner, Moris u. a. (Hrsg.), Staaten und Steuern – Festschrift für Klaus Vogel zum 70. Geburtstag, Heidelberg 2000, S. 117–137 (zit. *Papier*, FS Vogel).

ders., Justizgewähranspruch, in: Isensee, Josef/Kirchhof, Paul (Hrsg.), Wirtschaft, Verfahren, Gleichheit, 3. Auflage, Heidelberg 2010 (zit. *Papier*, HStR VIII).

ders., Rechtsschutzgarantie gegen die öffentliche Gewalt, in: Isensee, Josef/Kirchhof, Paul (Hrsg.), Wirtschaft, Verfahren, Gleichheit, 3. Auflage, Heidelberg 2010 (zit. *Papier*, HStR VIII).

Paulick, Heinz, Zur Frage der Zulässigkeit verschärfender Rückwirkungsanordnungen in Steuergesetzen – Rechtsgutachten erstattet im Auftrage des Deutschen Industrie- und Handelstags, Bonn 1954.

Payandeh, Mehrdad, Das Gebot der Folgerichtigkeit: Rationalitätsgewinn oder Irrweg der Grundrechtsdogmatik?, AöR 136 (2011), S. 578–615.

ders., Judikative Rechtserzeugung – Theorie, Dogmatik und Methodik der Wirkungen von Präjudizien, Tübingen 2017.

Peters, Albert, Steuersystem und Steuerpolitik, in: Gatzer, Werner/Schweisfurth, Tilmann (Hrsg.), Öffentliche Finanzwirtschaft in der Staatspraxis, Berlin 2015, S. 97–131.

Pezzer, Heinz-Jürgen, Finanzgerichtsbarkeit im gewaltengeteilten Verfassungsstaat, DStR 2004, S. 525–534.

ders., Finanzverwaltung und Finanzgerichtsbarkeit – zwei Staatsgewalten in Konkurrenz um die Anwendung des Steuerrechts, in: Deutsches Wissenschaftliches Institut der Steuerberater (Hrsg.), Die Finanzverwaltung – ein Ersatzgesetzgeber? – DWS-Symposium 2005, Berlin 2006, S. 23–31.

ders., Kommentar zu BFH, Urt. v. 14.3.2006 – I R 1/04, FR 2006, S. 646–653.

Pieroth, Bodo, Rückwirkung und Übergangsrecht – Verfassungsrechtliche Massstäbe für intertemporale Gesetzgebung, Berlin 1981.

ders., Die neuere Rechtsprechung des Bundesverfassungsgerichts zum Grundsatz des Vertrauensschutzes, JZ 1984, S. 971–978.

ders., Die neuere Rechtsprechung des Bundesverfassungsgerichts zum Grundsatz des Vertrauensschutzes, JZ 1990, S. 279–286.

Pindyck, Robert S./Rubinfeld, Daniel L., Mikroökonomie, 9. Auflage, Hallbergmoos 2018.

Pohl, Carsten, Die „vermögensverwaltende" Personengesellschaft im Abkommensrecht – Rechtsänderungen durch den neuen § 50i EStG, IStR 2013, S. 699–703.

Pohl, Heike, Rechtsprechungsänderung und Rückanknüpfung, Berlin 2005.

Poscher, Ralf, Funktionenordnung des Grundgesetzes, in: Hoffmann-Riem, Wolfgang/Schmidt-Aßmann, Eberhard (Hrsg.), Methoden, Maßstäbe, Aufgaben, Organisation, Grundlagen des Verwaltungsrechts, Band 2, München 2012, § 8.

Preuß, Ulrich, Vertrauensschutz als Statusschutz, JA 1977, S. 265–271.

Püttner, Günter, Vertrauensschutz im Verwaltungsrecht, in: Doehring, Karl/Isensee, Josef u. a. (Hrsg.), Die staatsrechtliche Stellung der Ausländer in der Bundesrepublik Deutschland; Vertrauensschutz im Verwaltungsrecht, Berlin, New York 1974, S. 200–227 (zit. *Püttner*, VVDStRL 32).

Raupach, Arndt, Niedergang des deutschen Einkommensteuerrechts, Möglichkeiten der Neubesinnung, in: Raupach, Arndt/Tipke, Klaus/Uelner, Adalbert (Hrsg.), Niedergang oder Neuordnung des deutschen Einkommensteuerrechts?, Köln 1985, S. 15–130.

ders., Wege aus dem Chaos, in: Kirchhof, Paul/Offerhaus, Klaus/Schöberle, Horst (Hrsg.), Steuerrecht, Verfassungsrecht, Finanzpolitik – Festschrift für Franz Klein, Köln 1994, S. 309–328 (zit. *Raupach*, FS Klein).

ders., Vom Nichtanwendungs- zum Untätigkeitserlaß – Dargestellt am Beispiel des Untätigkeitserlasses zur Mehrmütterorganschaft, in: Drenseck, Walter/Seer, Roman Matthias (Hrsg.), Festschrift für Heinrich Wilhelm Kruse zum 70. Geburtstag, Köln 2001, S. 253–268.

ders., Was hat die Gepräge-Theorie mit der Mehrmütterorganschaft zu tun? – Ein Beitrag zum Vertrauensschutz bei Änderung langjähriger Rechtsprechung mit nachfolgendem „Nichtanwendungsgesetz", DStR 2001, S. 1325–1331.

Redeker, Konrad, Legitimation und Grenzen richterlicher Rechtsetzung, NJW 1972, S. 409–415.

Reding, Kurt/Müller, Walter, Einführung in die allgemeine Steuerlehre, München 1999.

Reimer, Ekkehart, Diskriminierungs- und Beschränkungsverbote im direkten Steuerrecht, in: Schaumburg, Harald/Englisch, Joachim (Hrsg.), Europäisches Steuerrecht, 2. Auflage, Köln 2019.

ders., Zusammenspiel von Rechtsprechung und Gesetzgebung, in: Drüen, Klaus-Dieter/Hey, Johanna/Mellinghoff, Rudolf (Hrsg.), 100 Jahre Steuerrechtsprechung in Deutschland, 1918–2018 – Festschrift für den Bundesfinanzhof, Köln 2018, S. 227–250 (zit. *Reimer*, FS 100 Jahre Steuerrechtsprechung).

ders./Englisch, Joachim, Diskriminierungs- und Beschränkungsverbote im direkten Steuerrecht, in: Schaumburg, Harald/Englisch, Joachim (Hrsg.), Europäisches Steuerrecht, 2. Auflage, Köln 2019.

Reimer, Franz, Verfassungsprinzipien – Ein Normtyp im Grundgesetz, Berlin 2001.

ders., Das Parlamentsgesetz als Steuerungsmittel und Kontrollmaßstab, in: Hoffmann-Riem, Wolfgang/Schmidt-Aßmann, Eberhard (Hrsg.), Methoden, Maßstäbe, Aufgaben, Organisation, Grundlagen des Verwaltungsrechts, Band 2, München 2012, § 9.

Reinhardt, Michael, Konsistente Jurisdiktion – Grundlegung einer verfassungsrechtlichen Theorie der rechtsgestaltenden Rechtsprechung, Tübingen 1997.

Reiß, Wolfram, Steuergesetzgebung aus München, FR 2011, S. 863–865.

Riegel, Martin/Amler, Falk, Die tatsächliche Verständigung – Entfallen der Bindungswirkung bei Fehlen oder Wegfall der Geschäftsgrundlage, BB 2018, S. 605–609.

Riehl, Claudia Maria, Kontinuität und Wandel von Erzählstrukturen – Am Beispiel der Legende, Göppingen 1993.

Risse, Heinz, Rechtsprechung und Gesetzgebung, BB 1961, S. 1225.

Risse, Horst, Verfassungsrechtliche und politische Grenzen des Gesetzgebungsoutsourcing, in: Kloepfer, Michael (Hrsg.), Gesetzgebungsoutsourcing – Gesetzgebung durch Rechtsanwälte?, Baden-Baden 2011, S. 109–122.

Robbers, Gerhard, Rückwirkende Rechtsprechungsänderung, JZ 1988, S. 481–489.

Rödder, Thomas, Gestaltungssuche im Ertragsteuerrecht – Entwicklung von Gestaltungsmöglichkeiten und Gestaltungsbeispiele, Wiesbaden 1991.

Roderburg, Georg/Richter, Thomas, Offene Fragen und Probleme bei der Anwendung des § 50i EStG idF des Kroatiengesetzes, IStR 2015, S. 227–236.

Röhl, Klaus F./Röhl, Hans Christian, Allgemeine Rechtslehre – Ein Lehrbuch, 3. Auflage, Köln 2008.

Rose, Gerd, Überlegungen zur Steuergerechtigkeit aus betriebswirtschaftlicher Sicht, StuW 1985, S. 330–344.

ders., Schwerpunkte der Steuerplanung in der mittelständischen Unternehmung, in: Helmrich, Herbert (Hrsg.), Vierzig Jahre Der Betrieb, Stuttgart 1988, S. 93–113 (zit. *Rose*, FS Der Betrieb).

ders., Steuerliche Absicherung langfristiger Dispositionen – ein Gesetzgebungsvorschlag, in: Curtius-Hartung, Rudolf/Herzig, Norbert/Niemann, Ursula (Hrsg.), Steuerberater-Jahrbuch 1987/88 – Zugleich Bericht über den 39. Fachkongreß der Steuerberater, Köln, 23. bis 25. November 1987, Köln 1988, S. 363–389.

ders., Steuerrechtssprünge und Betriebswirtschaftliche Steuerplanung, in: John, Gerd (Hrsg.), Besteuerung und Unternehmenspolitik – Festschrift für Günter Wöhe, München 1989, S. 290–308 (zit. *Rose*, FS Wöhe).

ders., Betriebswirtschaftliche Steuerlehre – Eine Einführung für Fortgeschrittene, 3. Auflage, Wiesbaden 1992.

Röthel, Anne, Normkonkretisierung im Privatrecht, Tübingen 2004.

Rottmann, Joachim, Wandlungen im Prozeß der Gesetzgebung in der Bundesrepublik Deutschland, in: Rüthers, Bernd/Stern, Klaus (Hrsg.), Freiheit und Verantwortung im Verfassungsstaat – Festgabe zum 10jährigen Jubiläum der Gesellschaft für Rechtspolitik, München 1984, S. 329–342 (zit. *Rottmann*, FG 10 Jahre Gesellschaft für Rechtspolitik).

Rüfner, Wolfgang, Diskussionsbeitrag, in: Doehring, Karl/Isensee, Josef u. a. (Hrsg.), Die staatsrechtliche Stellung der Ausländer in der Bundesrepublik Deutschland; Vertrauensschutz im Verwaltungsrecht, Berlin, New York 1974 (zit. *Rüfner*, VVDStRL 32).

ders., Verhinderung von Grundsatzentscheidungen und Nichtanwendung von Urteilen durch betroffene Verwaltungen und Verbände, DRiZ 1992, S. 457–463.

Rümelin, Max, Die Rechtssicherheit – Rede gehalten bei der akademischen Preisverleihung am 6. November 1924, Tübingen 1924.

Rüsken, Reinhart, Steuerlicher Dispositionsschutz durch verbindliche Auskünfte?, in: Blumenberg, Jens/Crezelius, Georg u. a. (Hrsg.), Festschrift für Wilhelm Haarmann, Düsseldorf 2015, S. 812–822 (zit. *Rüsken*, FS Haarmann).

Rüthers, Bernd, Die unbegrenzte Auslegung – Zum Wandel der Privatrechtsordnung im Nationalsozialismus, 7. Auflage, Tübingen 2012.

ders./Fischer, Christian/Birk, Axel, Rechtstheorie – Mit juristischer Methodenlehre, 10. Auflage, München 2018.

Rzepka, Peter, Die Finanzverwaltung – ein Ersatzgesetzgeber? Aus Sicht des Gesetzgebers, in: Deutsches Wissenschaftliches Institut der Steuerberater (Hrsg.), Die Finanzverwaltung – ein Ersatzgesetzgeber? – DWS-Symposium 2005, Berlin 2006, S. 35–37.

Sachs, Michael (Hrsg.), Grundgesetz – Kommentar, Hrsg.: *Battis*, Ulrich/*Huber*, Peter M., 7. Auflage, München 2014 (zitiert: *Bearbeiter*, in: Sachs, GG).

Sachverständigenrat zur Begutachtung der gesamtwirtschaftlichen Entwicklung, Reform der Einkommens- und Unternehmensbesteuerung durch die duale Einkommensteuer – Expertise im Auftrag der Bundesminister der Finanzen und für Wirtschaft und Arbeit, Bonn 2006.

Sacksofsky, Ute, Staatsfinanzierung durch Gebühren?, in: Sacksofsky, Ute/Wieland, Joachim (Hrsg.), Vom Steuerstaat zum Gebührenstaat, Baden-Baden 2000, S. 188–204.

Saenger, Ingo/Inhester, Michael/Bayer, Frank/Bergjan, Ralf, et al. (Hrsg.), GmbHG – Handkommentar, 3. Auflage, Baden-Baden 2016 (zitiert: *Bearbeiter*, in: Saenger/Inhester, GmbHG).

Samuelson, Paul A./Nordhaus, William D., Economics, 19. Auflage, Boston 2010.

Schanz, Deborah, Steuerplanung – Der Steuerberater als betriebswirtschaftlicher Ratgeber (Teil I), DStR 2015, S. 1986–1991.

dies., Steuerrechtsprechung und Betriebswirtschaftliche Steuerlehre, in: Drüen, Klaus-Dieter/Hey, Johanna/Mellinghoff, Rudolf (Hrsg.), 100 Jahre Steuerrechtsprechung in Deutschland, 1918–2018 – Festschrift für den Bundesfinanzhof, Köln 2018, S. 679–697 (zit. *Schanz*, FS 100 Jahre Steuerrechtsprechung).

dies./Schanz, Sebastian, Business taxation and financial decisions, Berlin 2011.

Scharfenberg, Jens, Grenzen der „unechten" Rückwirkung von Steuergesetzen nach der neueren Rspr. des BVerfG, DB 2013, S. 85–90.

Schaumburg, Harald, Nichtanwendungserlasse, Nichtanwendungsgesetze und Bindung der Verwaltung an Recht und Gesetz, in: Brandt, Jürgen (Hrsg.), Für eine bessere Steuerrechtskultur – Erster Deutscher Finanzgerichtstag 2004, Stuttgart 2004, S. 73–96.

Schaumburg, Heide/Schaumburg, Harald, Legislativer Gehorsam im Steuerrecht, in: Mellinghoff, Rudolf/Schön, Wolfgang/Viskorf, Hermann-Ulrich (Hrsg.), Steuerrecht im Rechtsstaat – Festschrift für Wolfgang Spindler zum 65. Geburtstag, Köln 2011, S. 171–187 (zit. *Schaumburg/Schaumburg*, FS Spindler).

dies., Steuergerechtigkeit in der Zeit, StuW 2013, S. 61–71.

Scheerbarth, Hans Walter, Die Anwendung von Gesetzen auf früher entstandene Sachverhalte – (sogenannte Rückwirkung von Gesetzen), Berlin 1961.

Scheffler, Wolfram, Besteuerung von Unternehmen, 2. Auflage, Heidelberg u. a. 2013.

Schenk, Monika, Strukturelle Entwicklung der Staatseinnahmen – Eine theoretische und empirische Analyseaus politisch-institutioneller Sicht, Nürnberg 1994.

Schenke, Wolf-Rüdiger, Die Verfassungsorgantreue, Berlin 1977.

Scherf, Wolfgang, Öffentliche Finanzen – Einführung in die Finanzwissenschaft, 2. Auflage, Konstanz 2011.

Schlaich, Klaus/Korioth, Stefan, Das Bundesverfassungsgericht – Stellung, Verfahren, Entscheidungen; ein Studienbuch, 10. Auflage, München 2015.

Schlenk, Axel, Bundesfinanzhof und Finanzverwaltung in Kooperation und Unabhängigkeit – Allgemeine Bindungswirkung der Rechtsprechung, Reaktionsformen der Finanzverwaltung, Reformüberlegungen, Heidelberg, Neckar 2012.

Schlenker, Rolf-Ulrich, Soziales Rückschrittsverbot und Grundgesetz – Aspekte verfassungsrechtlicher Einwirkung auf die Stabilität sozialer Rechtslagen, Berlin 1986.

Schlüter, Wilfried, Das Orbiter dictum; Die Grenzen höchstrichterlicher Entscheidungsbegründung, dargestellt an Beispielen aus der Rechtsprechung des Bundesarbeitsgerichts, München 1973.

Schmidt, Einkommensteuergesetz, Weber-Grellet, Heinrich (Hrsg.), 38. Auflage, München 2019 (zitiert: *Bearbeiter*, in: Schmidt, EStG).

Schmidt, Christian, Anwendung der Doppelbesteuerungsabkommen (DBA) auf Personengesellschaften – Eine Analyse des BMF-Schreibens vom 16. 4. 2010, IV B 2 – S 1300/09/10003, BStBl I 2010, 354, IStR 2010, S. 413–432.

Schmidt, Ekkehard, Steuergesetzgebung, in: Kube, Hanno/Mellinghoff, Rudolf u. a. (Hrsg.), Leitgedanken des Rechts – Paul Kirchhof zum 70. Geburtstag, Heidelberg, Hamburg 2013 (zit. *Schmidt*, FS Kirchhof).

Schmidt, Georg, Anmerkung zu Eggesiecker/Ellerbeck, Nichtanwendungsprophylaxe der Finanzverwaltung durchkreuzen, DStR 2007, 1427, DStR 2007, S. 1996–1998.

Schmidt, Karl, Die Vertrauensschutzrechtsprechung des Bundesverwaltungsgerichts und das Bundesverfassungsgericht, DÖV 1972, S. 36–41.

Schmidt, Karsten, Gesetzgebung und Rechtsfortbildung im Recht der GmbH und der Personengesellschaften – Zur Aufgabenteilung zwischen Gesetzgebung, Justiz und Wissenschaft, JZ 2009, S. 10–20.

Schmidt, Lutz/Renger, Stefan, Die Folgewirkungen der BVerfG-Beschlüsse vom 7.7.2010 für die Besteuerung von Wertzuwächsen, DStR 2011, S. 693–698.

Schmidt, Walter, „Vertrauensschutz" im öffentlichen Recht – Randpositionen des Eigentums im spätbürgerlichen Rechtsstaat, JuS 1973, S. 529–537.

Schmidt-Aßmann, Eberhard, Der Rechtsstaat, in: Isensee, Josef/Kirchhof, Paul (Hrsg.), Verfassungsstaat, 3. Auflage, Heidelberg 2004 (zit. *Schmidt-Aßmann*, HStR II).

Schmidt-Bleibtreu, Bruno/Hofmann, Hans/Henneke, Hans-Günter (Hrsg.), GG, Kommentar zum Grundgesetz, 14. Auflage, Köln 2018 (zitiert: *Bearbeiter*, in: Schmidt-Bleibtreu/Hofmann/Henneke, GG).

ders./Klein, Franz/Bethge, Herbert (Hrsg.), Bundesverfassungsgerichtsgesetz – Kommentar, Loseblatt, Stand: 57. EL 6/2019, München (zitiert: *Bearbeiter*, in: Maunz/Schmidt-Bleibtreu/Klein/Bethge, BVerfGG).

Schmidt-Jortzig, Edzard, Effektiver Rechtsschutz als Kernstück des Rechtsstaatsprinzips nach dem Grundgesetz, NJW 1994, S. 2569–2573.

Schmitt, Michael, Zusammenspiel von Rechtsprechung und Verwaltung – nationale Sicht, in: Drüen, Klaus-Dieter/Hey, Johanna/Mellinghoff, Rudolf (Hrsg.), 100 Jahre Steuerrechtsprechung in Deutschland, 1918–2018 – Festschrift für den Bundesfinanzhof, Köln 2018, S. 251–274 (zit. *Schmitt*, FS 100 Jahre Steuerrechtsprechung).

Schnapp, Friedrich, Unbegrenzte Nachbesserung von Gesetzen bei unklarer und verworrener Rechtslage?, JZ 2011, S. 1125–1133.

Schneeloch, Dieter, Betriebliche Steuerpolitik, 3. Auflage, München 2011.

Schneider, Hans, Gesetzgebung – Ein Lehr und Handbuch, 3. Auflage, Heidelberg 2002.

Scholtz, Rolf-Detlev, Nichtanwendungserlaß – Nichtanwendungsrechtsprechung – Nichtanwendungsgesetzgebung, in: Kirchhof, Paul/Offerhaus, Klaus/Schöberle, Horst (Hrsg.), Steuerrecht, Verfassungsrecht, Finanzpolitik – Festschrift für Franz Klein, Köln 1994, S. 1041–1060 (zit. *Scholtz*, FS Klein).

Scholz, Franz, Die Rechtssicherheit, Berlin 1955.

Schön, Wolfgang, Steuerpolitik 2008 – Das Ende der Illusionen?, DStR-Beih 2008, S. 10–20.

ders., „Rückwirkende Klarstellungen" des Steuergesetzgebers als Verfassungsproblem, in: Tipke, Klaus/Seer, Roman Matthias u. a. (Hrsg.), Festschrift für Joachim Lang zum 70. Geburtstag: Gestaltung der Steuerrechtsordnung, Köln 2011, S. 221–235 (zit. *Schön*, FS Lang).

Schönberger, Christoph, Höchstrichterliche Rechtsfindung und Auslegung gerichtlicher Entscheidungen, in: Grzeszick, Bernd/Calliess, Christian/Lienbacher, Georg (Hrsg.), Grundsatzfragen der Rechtsetzung und Rechtsfindung – Referate und Diskussionen auf der Tagung der Vereinigung der Deutschen Staatsrechtslehrer in Münster vom 5. bis 8. Oktober 2011, Berlin 2012, S. 298–335 (zit. *Schönberger*, VVDStRL 71).

Schönfeld, Jens/Bergmann, Malte, Das Ende rückwirkend „klarstellender" Gesetze im Steuerrecht, DStR 2015, S. 257–262.

ders./Häck, Nils, Verfassungsrechtliche Zulässigkeit „unecht" rückwirkender Steuergesetze – Dargestellt anhand der möglichen Steuerpflicht von Beteiligungserträgen aus Streubesitz durch das JStG 2013, DStR 2012, S. 1725–1733.

Schreiber, Hans-Ludwig, Gesetz und Richter – Zur geschichtlichen Entwicklung des Satzes nullum crimen, nulla poena sine lege, Frankfurt am Main 1976.

Schroth, Ulrich, Juristische Hermeneutik und Norminterpretation dargestellt an Problemen strafrechtlicher Normanwendung, in: Hassemer, Winfried/Neumann, Ulfrid/Saliger, Frank (Hrsg.), Einführung in Rechtsphilosophie und Rechtstheorie der Gegenwart, 9. Auflage, Heidelberg 2016, S. 243–271.

Schulze-Fielitz, Helmuth, Wege, Umwege oder Holzwege zu besserer Gesetzgebung – durch sachverständige Beratung, Begründung, Folgeabschätzung und Wirkungskontrolle?, JZ 2004, S. 862–871.

Schulze-Osterloh, Joachim, Die Qualifikation der Einkünfte einer vermögensverwaltenden Personengesellschaft – Zum Beschluß des Großen Senats des BFH vom 25. Juni 1984, DStZ 1985, S. 315–322.

ders., Der Beschluß des Großen Senats des Bundesfinanzhofs GrS 4/82 vom 25. Juni 1984, in: Deutsches Anwaltsinstitut e. V. (Hrsg.), Jahrbuch der Fachanwälte für Steuerrecht 1985/86 – Aktuelle steuerrechtliche Beiträge, Referate und Diskussionen der 36. Steuerrechtlichen Jahresarbeitstagung, Wiesbaden vom 13. bis 15. Mai 1985, Herne/Berlin 1986, S. 231–264.

Schüppen, Matthias, Warten auf Godot und warum „Steuerrecht und Verfassungsrecht" auch sonst ein Thema ist, BB 2014, S. 3104–3110.

Schütz, Michael, Die teilentgeltliche Übertragung von Wirtschaftsgütern des Betriebsvermögens unter Beteiligung von Mitunternehmerschaften im Meinungsstreit zwischen Finanzverwaltung und BFH, SteuK 2014, S. 419–422.

Schwarz, Hansjürgen, Handbuch des finanzgerichtlichen Verfahrens, 7. Auflage, Berlin 2010.

Schwarz, Kyrill-Alexander, Vertrauensschutz als Verfassungsprinzip – Eine Analyse des nationalen Rechts, des Gemeinschaftsrechts und der Beziehungen zwischen beiden Rechtskreisen, Baden-Baden 2002.

ders., Rückwirkung von Gesetzen, JA 2013, S. 683–687.

Schwarze, Ulla/Zinkan, Carsten, Finanzbeziehungen zwischen Bund und Ländern – Koordinierung der öffentlichen Haushalte, in: Gatzer, Werner/Schweisfurth, Tilmann (Hrsg.), Öffentliche Finanzwirtschaft in der Staatspraxis, Berlin 2015, S. 467–501.

Seer, Roman Matthias, Verständigungen in Steuerverfahren, Köln 1996.

ders., Verständigungen an der Schnittstelle von Steuer- und Steuerstrafverfahren, BB 2015, S. 214–220.

ders./Hey, Johanna/Montag, Heinrich/Englisch, Joachim/Hennrichs, Joachim (Hrsg.), Steuerrecht, Hrsg.: *Tipke*, Klaus, 23. Auflage, Köln 2018 (zitiert: *Bearbeiter*, in: Tipke/Lang).

Seibert, Ulrich, „Gesetzesmaterialien“ in der Gesetzgebungspraxis, in: Fleischer, Holger (Hrsg.), Mysterium „Gesetzesmaterialien“ – Bedeutung und Gestaltung der Gesetzesbegründung in Vergangenheit, Gegenwart und Zukunft, Tübingen 2013, S. 111–126.

Selmer, Peter, Diskussionsbeitrag, in: Doehring, Karl/Isensee, Josef u. a. (Hrsg.), Die staatsrechtliche Stellung der Ausländer in der Bundesrepublik Deutschland; Vertrauensschutz im Verwaltungsrecht, Berlin, New York 1974 (zit. *Selmer*, VVDStRL 32).

Siedler, Nina-Luisa, Gesetzgeber und Bundesverfassungsgericht – Eine funktionell-rechtliche Kompetenzabgrenzung, Hamburg 1999.

Siegel, Thorsten, Das Gleichgewicht der Gewalten in der Bundesrepublik Deutschland und in der Europäischen Gemeinschaft, DÖV 2010, 1–11.

Simonek, Madeleine, Zusammenspiel von Rechtsprechung und Verwaltung – nachbarschaftliche Außensicht, in: Drüen, Klaus-Dieter/Hey, Johanna/Mellinghoff, Rudolf (Hrsg.), 100 Jahre Steuerrechtsprechung in Deutschland, 1918–2018 – Festschrift für den Bundesfinanzhof, Köln 2018, S. 275–288 (zit. *Simonek*, FS 100 Jahre Steuerrechtsprechung).

Smend, Rudolf, Das Recht der freien Meinungsäußerung, in: Rothenbücher, Karl/Smend, Rudolf u. a. (Hrsg.), Das Recht der freien Meinungsäußerung. Der Begriff des Gesetzes in der Reichsverfassung, Berlin 1928, S. 44–74 (zit. *Smend*, VVDStRl 4).

ders., Verfassung und Verfassungsrecht, München 1928.

Smith, Adam, The wealth of nations, published by Edwin Cannan, introduction by Robert Reich, New York 2000 (zit.: *Smith*, The wealth of nations).

Snelting, Martin, Übergangsgerechtigkeit beim Abbau von Steuervergünstigungen und Subventionen – Untersuchung eines finanzwissenschaftlichen und staatsrechtlichen Problems, Heidelberg 1997.

ders., Vertrauensschutz als Instrument der Steuerpolitik, StuW 1999, S. 382–391.

Sobota, Katharina, Das Prinzip Rechtsstaat – Verfassungs- und verwaltungsrechtliche Aspekte, Tübingen 1997.

Sodan, Helge, Der Status des Richters, in: Isensee, Josef/Kirchhof, Paul (Hrsg.), Rechtsquellen, Organisation, Finanzen, 3. Auflage, Heidelberg 2007 (zit. *Sodan*, HStR V).

Söffing, Andreas, Auswirkungen des Beschlusses des BVerfG zur Absenkung der Beteiligungsgrenze i. S. d. § 17 EStG auf die Nachfolgeplanung, BB 2011, S. 917–922.

Spindler, Wolfgang, Zur Abgrenzung von Anschaffungskosten, Herstellungskosten und Erhaltungsaufwendungen bei grundlegenden Instandsetzungs- und Modernisierungsmaßnahmen an Gebäuden, insbesondere auch bei sog. anschaffungsnahen Aufwendungen, BB 2002, S. 2041–2049.

ders., Rückwirkung von Steuergesetzen, in: Pezzer, Heinz-Jürgen (Hrsg.), Vertrauensschutz im Steuerrecht – 28. Jahrestagung der Deutschen Steuerjuristischen Gesellschaft e. V., Graz, 15. und 16. September 2003; Veröffentlichungen der Deutschen Steuerjuristischen Gesellschaft e. V., DStJG, Band 27, Köln 2004, S. 69–90 (zit. *Spindler*, DStJG 27).

ders., Wie geht es weiter mit dem anschaffungsnahen Aufwand?, DB 2004, S. 507–510.

ders., Das Steuerrecht zwischen Gesetzgebung, Verwaltung und Rechtsprechung, in: Kirchhof, Paul/Lambsdorff, Otto/Pinkwart, Andreas (Hrsg.), Perspektiven eines modernen Steuerrechts – Festschrift für Hermann Otto Solms, Berlin 2005, S. 53–61 (zit. *Spindler*, FS Solms).

ders., Steuerrecht im Spannungsverhältnis zwischen Gesetzgebung, Verwaltung und Rechtsprechung, Stbg 2006, S. 1.

ders., Der Nichtanwendungserlass im Steuerrecht, DStR 2007, S. 1061–1066.

ders., Steuerrecht und Verfassungsrecht – eine Bestandsaufnahme, in: Wachter, Thomas (Hrsg.), Festschrift für Sebastian Spiegelberger zum 70. Geburtstag – Vertragsgestaltung im Zivil- und Steuerrecht, Bonn 2009, S. 471–479 (zit. *Spindler*, FS Spiegelberger).

ders., Vertrauensschutz im Steuerrecht, Stbg 2010, S. 529–534.

Staats, Wendelin, Zur „Begrenzung der Gewinnverkürzung durch Abzug von Zins- oder sonstigen finanziellen Aufwendungen" – Der OECD-Bericht zu Maßnahme 4 des BEPS-Aktionsplans, IStR 2016, S. 135–140.

Stadler, Max, Gesetzgebungsoutsourcing – Bereicherung oder Armutszeugnis?, in: Kloepfer, Michael (Hrsg.), Gesetzgebungsoutsourcing – Gesetzgebung durch Rechtsanwälte?, Baden-Baden 2011, S. 15–18.

Stahl, Rainer, Die Bindung der Staatsgewalten an die höchstrichterliche Rechtsprechung – Eine rechtstheoretische Untersuchung auf der Grundlage des Bonner Grundgesetzes, Bern 1973.

Starck, Christian (Hrsg.), Kommentar zum Grundgesetz, 7. Auflage, München 2018 (zitiert: *Bearbeiter*, in: v. Mangoldt/Klein/Starck).

Steinhauff, Dieter, Auswirkungen von Vorläufigkeitsvermerken und Teil-Einspruchsentscheidungen auf den Rechtsschutz des Steuerpflichtigen, SteuK 2011, S. 139–144.

ders., Zivilprozesskosten als außergewöhnliche Belastungen, jurisPR-SteuerR 2011, Nr. 5–5.

ders., Verfassungsrechtliche Zulässigkeit der echten Rückwirkung – Anmerkung zu BFH 6. Senat, Urteil vom 19.04.2012 – VI R 74/10, jurisPR-SteuerR 2012, Nr. 4–4.

Stelkens, Paul/Bonk, Heinz Joachim/Sachs, Michael (Hrsg.), Verwaltungsverfahrensgesetz – Kommentar, 9. Auflage, München 2018 (zitiert: *Bearbeiter*, in: Stelkens/Bonk/Sachs, VwVfG).

Stenert, Jens, Der neue Realteilungserlass ist da!, DStR 2019, S. 245.

Stern, Klaus, Zur Problematik rückwirkender Gesetze – Eine Skizze für eine Neuorientierung, in: Lerche, Peter (Hrsg.), Festschrift für Theodor Maunz zum 80. Geburtstag am 1. September 1981, München 1981, S. 381–393 (zit. *Stern*, FS Maunz).

ders., Das Staatsrecht der Bundesrepublik Deutschland – Grundbegriffe und Grundlagen des Staatsrechts, Strukturprinzipien der Verfassung, 2. Auflage, München 1984.

Stötzel, Martin, Vertrauensschutz und Gesetzesrückwirkung – Grundtypen abgestufter Vertrauensschutzpositionen, abgeleitet aus der Rückwirkungsrechtsprechung des Bundesverfassungsgerichts, Frankfurt am Main 2002.

Strahl, Martin, Teilentgeltliche Übertragung einzelner Wirtschaftsgüter: Beitrittsaufforderung an das BMF, FR 2014, S. 763–765.

Straub, Thomas, Einführung in die allgemeine Betriebswirtschaftslehre, 2. Auflage, Hallbergmoos 2015.

Streinz, Rudolf, Rechtssicherheit als Bewährungsprobe des Verfassungsstaates, in: Blankenagel, Alexander/Pernice, Ingolf/Schulze-Fielitz, Helmuth (Hrsg.), Verfassung im Diskurs der Welt – Liber amicorum für Peter Häberle zum siebzigsten Geburtstag, Tübingen 2004, S. 745–775 (zit. *Streinz*, FS Häberle).

Suck, Jendrik, Das Nichtanwendungsgesetz als Instrument der Steuerpolitik, Frankfurt am Main 2018.

Theisen, Frank, Die Entstehung von Gesetzen – Einsichten aus Sicht der Ministerialverwaltung eines Bundeslandes, in: Baldus, Christian/Theisen, Frank/Vogel, Friederike (Hrsg.), „Gesetzgeber" und Rechtsanwendung – Entstehung und Auslegungsfähigkeit von Normen, Tübingen 2013, S. 43–62.

Thiemann, Christian, Der BFH und die Gesetzesbindung, in: Drüen, Klaus-Dieter/Hey, Johanna/Mellinghoff, Rudolf (Hrsg.), 100 Jahre Steuerrechtsprechung in Deutschland, 1918–2018 – Festschrift für den Bundesfinanzhof, Köln 2018, S. 129–150 (zit. *Thiemann*, FS 100 Jahre Steuerrechtsprechung).

Thieme, Hauke, Finanzgerichtliche Überprüfung negativer verbindlicher Auskünfte – verbindlich ist nur die (inhaltliche) Unverbindlichkeit, DStR 2014, S. 1093–1097.

Thommen, Jean-Paul/Achleitner, Ann-Kristin/Gilbert, Dirk Ulrich/Hachmeister, Dirk/Kaiser, Gernot, Allgemeine Betriebswirtschaftslehre, 8. Auflage, Wiesbaden 2017.

Tietz, Edwin, Rückwirkung von Gesetzen – Zugleich eine Kritik der neueren höchstrichterlichen Rechtsprechung, NJW 1951, S. 468–470.

Tipke, Klaus, Steuerrecht – Chaos, Konglomerat oder System?, StuW 1971, S. 2–17.

ders., Rechtsetzung durch Steuergerichte und Steuerverwaltungsbehörden? – Zum Thema der Mainzer Tagung der Deutschen Steuerjuristischen Gesellschaft, StuW 1981, S. 189–200.

ders., Zu Gerd Roses Bemühen um mehr Steuerplanungssicherheit, in: Herzig, Norbert (Hrsg.), Betriebswirtschaftliche Steuerlehre und Steuerberatung – Gerd Rose zum 65. Geburtstag, Wiesbaden 1991, S. 91–110 (zit. *Tipke*, FS Rose).

ders., Die Steuerrechtsordnung, Band I, 2. Auflage, Köln 2000.

ders., Die Steuerrechtsordnung, Band III, 2. Auflage, Köln 2012.

ders., Warum Steuerrechtswissenschaft und Steuerpolitik nicht harmonieren, StuW 2013, 97–106.

ders./Kruse, Heinrich Wilhelm/Seer, Roman Matthias/Brandis, Peter, et al. (Hrsg.), Abgabenordnung – Finanzgerichtsordnung: Kommentar zur AO und FGO (ohne Steuerstrafrecht), Loseblatt, Stand: 158. EL 10/2019, Köln (zitiert: *Bearbeiter*, in: Tipke/Kruse).

Töben, Thomas, § 50i EStG n. F. – Fälle und Unfälle – Wegzugsbesteuerung nach neuen Regeln außerhalb des § 6 AStG, IStR 2013, S. 682–689.

Toepffer, Gabriele, Steuervorteile für Elektro-Dienstwagen ab 2019, BB 2019, S. 279–280.

Uelner, Adalbert, Über Niedergang oder Neuordnung des deutschen Einkommensteuerrechts aus der Sicht der Gesetzgebungspraxis, in: Raupach, Arndt/Tipke, Klaus/

Uelner, Adalbert (Hrsg.), Niedergang oder Neuordnung des deutschen Einkommensteuerrechts?, Köln 1985, S. 175–192.

Urbahns, Rüdiger, Das Rangverhältnis von § 50d Abs. 8 und 9 EStG – Einkünfte aus nichtselbständiger Arbeit bei DBA-Freistellung, StuB 2011, S. 420.

Vinken, Horst, Der Nichtanwendungserlass im Steuerrecht – die Finanzverwaltung als „Kontrollinstanz" der Rechtsprechung?, in: Mellinghoff, Rudolf/Schön, Wolfgang/Viskorf, Hermann-Ulrich (Hrsg.), Steuerrecht im Rechtsstaat – Festschrift für Wolfgang Spindler zum 65. Geburtstag, Köln 2011, S. 549–561 (zit. *Vinken*, FS Spindler).

Vogel, Klaus, Die Abschichtung von Rechtsfolgen im Steuerrecht – Lastenausteilungs-, Lenkungs- und Vereinfachungsnormen und die ihnen zuzurechnenden Steuerfolgen: ein Beitrag zur Methodenlehre des Steuerrechts, StuW 1977, S. 97–121.

ders., Die Besonderheit des Steuerrechts, DStZ/A 1977, S. 5–12.

ders., Rechtssicherheit im Spannungsfeld zwischen steuerlicher Rechtsprechung und Gesetzgebung, in: Institut der Wirtschaftsprüfer in Deutschland e. V. (Hrsg.), Generalthema Unternehmensbesteuerung und Steuerreform – Bericht über d. Steuerfachtagung 1988 d. Inst. d. Wirtschaftsprüfer in Deutschland e. V., 9. Juni 1988 in Düsseldorf, Düsseldorf 1988, S. 109–122.

ders., Rechtssicherheit und Rückwirkung zwischen Vernunftrecht und Verfassungsrecht, JZ 1988, S. 833–839.

ders., Der Verlust des Rechtsgedankens im Steuerrecht als Herausforderung an das Verfassungsrecht, in: Friauf, Karl Heinrich (Hrsg.), Steuerrecht und Verfassungsrecht, Köln 1989, S. 123–144 (zit. *Vogel*, DStJG 12).

ders., Rückwirkung: eine festgefahrene Diskussion – Ein Versuch, die Blockade zu lösen, in: Heckel, Martin/Kästner, Karl Hermann u. a. (Hrsg.), Festschrift für Martin Heckel – Zum siebzigsten Geburtstag, Tübingen 1999, S. 875–884 (zit. *Vogel*, FS Heckel).

Vogel/Lehner, Doppelbesteuerungsabkommen der Bundesrepublik Deutschland auf dem Gebiet der Steuern vom Einkommen und Vermögen – Kommentar auf der Grundlage der Musterabkommen, Lehner, Moris (Hrsg.), 6. Auflage, München 2015 (zitiert: *Bearbeiter*, in: Vogel/Lehner, DBA).

Völker, Dietmar/Ardizzoni, Marco, Rechtsprechungsbrechende Nichtanwendungsgesetze im Steuerrecht – neue bedenkliche Gesetzgebungspraxis, NJW 2004, S. 2413–2420.

Voß, Joachim, Ungewißheit im Steuerrecht – Formen, Konsequenzen, Maßnahmen, Wiesbaden 1992.

Voß, Reimer, Bundesfinanzhof unter Kuratel des Bundesfinanzministeriums? – Finanzverwaltung verweigert und verzögert Umsetzung der BFH-Rechtsprechung, DStR 2003, S. 441–446.

Voßkuhle, Andreas, Sachverständige Beratung des Staates, in: Isensee, Josef/Kirchhof, Paul (Hrsg.), Demokratie – Bundesorgane, 3. Auflage, Heidelberg 2005, § 43–43 (zit. *Voßkuhle*, HStR III).

Wagner, Franz W./Dirrigl, Hans, Die Steuerplanung der Unternehmung, Stuttgart 1980.

Wagschal, Uwe/Wenzelburger, Georg, Haushaltskonsolidierung, Wiesbaden 2008.

Waldhoff, Christian, Entwicklung des Steuerrechtsschutzes in Deutschland, in: Drüen, Klaus-Dieter/Hey, Johanna/Mellinghoff, Rudolf (Hrsg.), 100 Jahre Steuerrechtsprechung in Deutschland, 1918–2018 – Festschrift für den Bundesfinanzhof, Köln 2018, S. 3–20 (zit. *Waldhoff*, FS 100 Jahre Steuerrechtsprechung).

Wank, Rolf, Grenzen richterlicher Rechtsfortbildung, Berlin 1978.

Wassermeyer, Franz, Das Änderungsgesetz zum KStG – ein neues BFH-Rechtsprechungs-Korrekturgesetz, DB 1988, S. 2531–2533.

ders., Über die Kontinuität in der Rechtsprechung des BFH, DStR 1989, S. 561–567.

Weber, Frank, Anlässe und Methoden der Rechtsrückbildung im Gesellschaftsrecht – Eine Darstellung anhand des Bezugsrechtsausschlusses bei Kapitalerhöhungen und des Rechts der eigenkapitalersetzenden Gesellschafterleistungen, Baden-Baden 2003.

Weber, Jörg-Andreas, Fortsetzungsfeststellungsklage bei Judiz-Kassation – Eine Alternative zu Eggesiecker/Ellerbeck, DStR 2007, 1427, DStR 2007, S. 2298–2304.

Weber-Dürler, Beatrice, Vertrauensschutz im öffentlichen Recht, Basel 1983.

Weber-Grellet, Heinrich, Die positive Bedeutung von Nichtanwendungserlassen – Der Nichtanwendungserlass als Element und Teil eines demokratischen Rechtsanwendungsdiskurses, in: Tipke, Klaus/Seer, Roman Matthias u. a. (Hrsg.), Festschrift für Joachim Lang zum 70. Geburtstag: Gestaltung der Steuerrechtsordnung, Köln 2011, S. 927–938 (zit. *Weber-Grellet*, FS Lang).

Wedelstädt, Alexander von, Verbindliche Zusage im Anschluss an eine Außenprüfung – Ein solides Fundament für wirtschaftliche Dispositionen?, AO-StB 2009, S. 15–19.

ders., Rechtsschutz in Fällen des Zweifels an der Vereinbarkeit einer Rechtsnorm mit höherrangigem Recht, DB 2011, S. 788–791.

ders., Abschnittsbesteuerung: keine Bindung an frühere Besteuerungsperioden – Trotzdem: Wege zur Planungssicherheit?, AO-StB 2013, S. 219–223.

ders. (Hrsg.), Abgabenordnung und Finanzgerichtsordnung – Kommentar, 22. Auflage, Stuttgart 2018 (zitiert: *Bearbeiter*, in: von Wedelstädt, AO/FGO).

Weitemeyer, Birgit, Zur Zulässigkeit politischer Betätigungen von gemeinnützigen Organisationen nach dem Attac-Urteil des BFH, npoR 2019, S. 97–106.

dies./Süß, Christian, Nachgelagerte Zahlung von Studiengebühren – Ein Plädoyer unter Berücksichtigung der steuerlichen Wirkungen, NJW 2011, S. 2844–2849.

Wellisch, Dietmar, Finanzwissenschaft, München 2000.

Wember, Viktor, Verfassungsmischung und Verfassungsmitte – Moderne Formen gemischter Verfassung in der politischen Theorie des beginnenden Zeitalters der Gleichheit, Berlin 1977.

Werder, Alexander, Dispositionsschutz bei der Änderung von Steuergesetzen zwischen Rückwirkungsverbot und Kontinuitätsgebot, Berlin 2005.

ders./Dannecker, Achim, Entwicklungen bei der verbindlichen Auskunft, BB 2015, S. 1687–1694.

Wernsmann, Rainer/Desens, Marc, Gleichheitswidrige Gewerbesteuernachbelastung durch ein Nichtanwendungsgesetz Zur Verfassungswidrigkeit des § 18 Abs. 3 UmwStG i. d. F. JStG 2008, DStR 2008, S. 221–228.

Westermann, Harm Peter, Probleme mit der Rechtsrückbildung im Gesellschaftsrecht, in: Lieb, Manfred (Hrsg.), Festschrift für Wolfgang Zöllner – Zum 70. Geburtstag, Köln 1998, S. 607–633 (zit. *Westermann*, FS Zöllner).

Widmann, Werner, Die Finanzverwaltung – ein Ersatzgesetzgeber? Aus Sicht der Verwaltung, in: Deutsches Wissenschaftliches Institut der Steuerberater (Hrsg.), Die Finanzverwaltung – ein Ersatzgesetzgeber? – DWS-Symposium 2005, Berlin 2006, S. 38–44.

Wieland, Joachim, Bedeutung der Rechtsprechung des Bundesfinanzhofs für die Finanzverwaltung, DStR 2004, S. 1–5.

ders., Steuerrecht als Innovationsressource des Verfassungsrechts?, in: Baer, Susanne/Lepsius, Oliver u. a. (Hrsg.), Jahrbuch des öffentlichen Rechts der Gegenwart, 2016, S. 505–512.

Wiese, Götz/Berner, Hans-Joachim, Rückwirkende Gesetzesklarstellungen und ihre verfassungsrechtliche Zulässigkeit – Zugleich Anmerkung zum BVerfG vom 17.12.2013, 1 BvL 5/08, DStR 2014, S. 1260–1266.

Wilke, Dieter, Die rechtsprechende Gewalt, in: Isensee, Josef/Kirchhof, Paul (Hrsg.), Rechtsquellen, Organisation, Finanzen, 3. Auflage, Heidelberg 2007 (zit. *Wilke*, HStR V).

Wilke, Ulrich, Der Kampf um die Abziehbarkeit – Zur aktuellen Auseinandersetzung um die Abziehbarkeit von Ausbildungskosten zwischen Bundesfinanzhof und Gesetzgeber, BLJ 2009, S. 111–115.

Winnefeld, Robert, Bilanz-Handbuch – Handels- und Steuerbilanz, rechtsformspezifisches Bilanzrecht, bilanzielle Sonderfragen, Sonderbilanzen, IAS/IFRS-Rechnungslegung, 5. Auflage, München 2015.

Wissenschaftlicher Beirat Ernst & Young Steuern, Fragen zur künftigen Entwicklung der BVerfG-Rechtsprechung zur Rückwirkung von Nichtanwendungsgesetzen – Dargestellt an drei BFH-Vorlagebeschlüssen, DB 2015, S. 513–520.

Wißmann, Hinnerk, Rückwirkungsverbot und Handlungsspielraum des Gesetzgebers, ZJS 2014, S. 333–336.

Woerner, Lothar, Diskussionsbeitrag, in: Deutsches Anwaltsinstitut e. V. (Hrsg.), Jahrbuch der Fachanwälte für Steuerrecht 1985/86 – Aktuelle steuerrechtliche Beiträge, Referate und Diskussionen der 36. Steuerrechtlichen Jahresarbeitstagung, Wiesbaden vom 13. bis 15. Mai 1985, Herne, Berlin 1986, S. 278–281.

Wöhe, Günter, Betriebswirtschaftliche Steuerlehre, 4. Auflage, München 1996.

ders./Döring, Ulrich/Brösel, Gerrit, Einführung in die allgemeine Betriebswirtschaftslehre, 26. Auflage, München 2016.

Zimmer, Gerhard, Funktion, Kompetenz, Legitimation – Gewaltenteilung in d. Ordnung d. Grundgesetzes: Staatsfunktionen als gegliederte Wirk- und Verantwortungsbereiche – zu einer verfassungsgemässen Funktions- u. Interpretationslehre, Berlin 1979.

Zimmermann, Horst/Henke, Klaus-Dirk/Broer, Michael, Finanzwissenschaft – Eine Einführung in die Lehre von der öffentlichen Finanzwissenschaft, 12. Auflage, München 2017.

Zitzlaff, Franz, Bindung der Verwaltung an die Rechtsauffassung des BFH, DStZ/A 1955, S. 113–114.

Zunft, Fritz, Grenzen der Rückwirkung im Zivil- und Zivilprozessrecht, AcP 153 (1952), S. 289–322.

Sachverzeichnis

Veröffentlichungen zum Steuerrecht

herausgegeben von
Joachim Englisch, Heike Jochum
und André Meyer

Die Schriftenreihe *Veröffentlichungen zum Steuerrecht* (SteuerR) wurde 2015 gegründet. Das Steuerrecht ist öffentliches Eingriffsrecht von großer wirtschaftlicher und gesellschaftlicher Relevanz; es durchdringt alle Lebensbereiche und knüpft dabei vielfach an zivilrechtlich vorstrukturierte und gestaltete Vorgänge an. Dessen ungeachtet folgt es einer eigenständigen Teleologie, ist darüber hinaus Untersuchungsgegenstand nicht nur der Steuerrechtswissenschaft, sondern zahlreicher weiterer wissenschaftlicher Disziplinen, und zudem rechtspolitisch ein von hoher Dynamik geprägtes Rechtsgebiet. Grundlegende, nicht selten von der tagespolitischen Diskussion überdeckte Probleme zu identifizieren, sie in den Gesamtkontext der Steuerrechtswissenschaft einzuordnen, sie methodisch wie auch verfassungsrechtlich rückzubinden und zukunftsweisende Lösungsansätze zu entwickeln, stellt deshalb eine besondere Herausforderung dar. Arbeiten, die steuerrechtwissenschaftlichen Forschungsfragen in dieser Weise auf den Grund gehen, bietet die Reihe eine gemeinsame Plattform. Willkommen sind Arbeiten mit öffentlich-rechtlichem, privatrechtlichem oder auch strafrechtlichem Hintergrund, doch ist die Reihe auch offen für interdisziplinäre Ansätze, vornehmlich aus dem Bereich der Wirtschaftswissenschaften, der Soziologie und der Politikwissenschaften.

ISSN: 2509-3347
Zitiervorschlag: SteuerR

Alle lieferbaren Bände finden Sie unter *www.mohrsiebeck.com/steuerr*

Mohr Siebeck
www.mohrsiebeck.com